언어심리학

Introduction to Psycholinguistics (2nd ed.)

언어심리학

언어과학의 이해

Matthew J. Traxler 저

최원일 · 김나연 · 남윤주 · 백현아 · 윤홍옥 · 이윤형 · 최지연 · 이동훈 공역

Introduction
to Psycholinguistics
Understanding Language Science, 2nd Edition

학지사

Introduction to Psycholinguistics: Understanding Language Science, 2nd Edition
by Matthew J. Traxler

© 2023 Matthew J. Traxler

역자 서문

캘리포니아 주립대학교 데이비스 캠퍼스의 Traxler 교수님께서 집필하신 『Introduction to Psycholinguistics: Understanding Language Science』의 초판은 본 역자가 박사과정 재학 중이던 2012년에 출판되었습니다. 저는 이 당시 이미 수업을 다 듣고 졸업 논문만 남겨두고 있던 때라 이 교과서로 수업을 듣지는 않았지만, 당시 은사님들께서 이 교과서로 학부나 대학원 수업을 하시는 모습은 심심치 않게 볼 수 있었습니다. 2016년에 광주과학기술원에 부임하여 '언어와 마음'이라는 학부 수업에서 사용하기 위한 교과서를 선택하는 과정에서 이 책을 다시 자세히 살펴보았는데, 두 가지 이유에서 제 수업의 교과서로 이 책은 선택받지 못했습니다. 첫째, 영어 원서였기 때문이고, 둘째, 학부 수업에서 쓰기에는 교과서가 다루는 내용의 범위가 너무 넓었기 때문이었습니다. 두 번째 이유는 교수가 그 범위를 재조정하는 방식으로 극복할 수 있으나, 첫 번째 이유는 해결하기 어려웠습니다. 당시 경합을 벌이던 다른 교과서들과 비교해도 내용의 범위, 깊이, 디자인에서 분명히 선두권에 있는 교재였으나, 영어 원서라는 점은 한국어를 모국어로 사용하며, 심리학이나 언어학을 전공하지 않는, 교양 수업으로 이 수업을 듣는 학부생들을 고려한다면 쉽게 무시할 수 없는 장애물임은 분명했습니다.

적당한 교재를 찾지 못하던 중 작년, 이 교과서의 2판이 출간되었다는 소식을 들었습니다. 2판이 나왔다는 뜻은 이 교과서가 대학 교재 시장에서 인정받고 있다는 뜻임과 동시에 언어 정보처리 분야의 최신 연구 결과들이 교재에 업데이트되었음을 의미하는 것이었습니다. 본 교재의 초판이 가지는 장점은 언어 정보처리 연구의 세부 분야를 핵심이 되는 영역부터 응용 영역까지 폭넓게 다루고 있다는 점이었는데, 개정된 2판 원서를 살펴보니 이러한 장점이 더욱 강조되어, 이 책을 통해 학생들은 언어심리학이 다루고 있는 분야를 전반적으로 조망할 수 있을 뿐만 아니라 최신 연구의 동향까지도 잘 파악할 수 있겠다는 확신이 들었습니다. 또한 다루는 영역의 범위가 넓은 것만이 아니라 언어심리학의 세부 영역을 꽤 자세히 다루고 있어서 학부생들과 대학원생들 모두에게 큰 도움이 될 수 있는 교과서가 될 수 있겠다는 점도 마음에 들었습니다.

기쁜 마음으로 이 책을 번역하기로 마음먹었지만, 교과서가 개정되면서 16개 장으로 구성이 늘어났고, 이에 따라 100쪽가량 페이지 수도 늘어났기 때문에 혼자서 번역하기에는 방대한 양이 주는 압박이 컸습니다(교과서가 두꺼워지는 것은 역자도, 학생도, 출판사도 원하는 일이 아닙니다). 천만다행으로 본 역자와 비슷한 고민을 하시는 교수님들께서 주변에 꽤 계셨습니다. 언어심리학(혹은 심리언어학)을 전공하여 대학에서 언어 정보처리를 연구하고 가르치시는 일곱 분의 교수님을 역자로 모실 수 있게 되었고, 필자를 포함한 여덟 명의 역자진이 구성되었습니다. 그리하여 여덟 명의 교수가 이 책, 『언어심리학』의 번역을 완성하였습니다. 1장, 10장, 16장은 최원일 교수, 2장과 13장은 백현아 교수, 3장과 8장은 윤홍옥 교수, 4장과 11장은 김나연 교수, 5장과 12장은 남윤주 교수, 6장과 15장은 이윤형 교수, 7장은 이동훈 교수, 9장과 14장은 최지연 교수가 맡아서 초벌 번역을 하였고, 완성된 초고에 대해 역자들이 돌아가면서 검토하였습니다. 꼼꼼하고 정확하게 원서를 번역하려고 애썼지만, 부족한 부분이 있을 것입니다. 이는 모두 부족한 역자들의 탓입니다. 이 책에서 잘못된 부분을 발견하시면 출판사나 역자들에게 알려주시기를 바랍니다.

원서에서 저자도 언급하다시피, 최근 인간의 언어 정보처리 분야 연구는 양이나 질의 측면에서 엄청나게 발전하고 있고, 교과서라는 특성상 이 책이 급속도로 진행되는 언어심리학 분야의 학문적 진보를 전부 담아낼 수는 없습니다. 하지만 이 책을 통해 언어심리학 혹은 심리언어학을 폭넓게 공부해 보고 싶은 학생들, 그리고 신경언어학, 신경심리학을 비롯한 인간의 언어 정보처리 연구와 관련이 깊은 타 분야 연구자들께서 더욱 쉽고 즐겁게 언어심리학의 세계를 누비실 수 있기를 기대합니다. 마지막으로 출판의 결정부터 교정, 편집, 그리고 완성된 책으로 세상에 나오기까지 애써 주신 (주)학지사 김진환 대표님, 백소현 실장님, 그리고 관계자 여러분께 깊은 감사의 마음을 전합니다.

2024년 7월
역자를 대표하여
최원일

저자 서문

자, 이제 이렇게 하자. 내가 널 가르쳐 줄게.[1]

—Alfred Matthew Yankovic

안녕하세요, 여러분? 오랜만이네요. 제가 이 교과서 작업을 하기 위해 자리에 앉아 펜을 처음 들었던 이래로 많은 일들이 일어났습니다. 어디서부터 시작해 볼까요?

가장 먼저 이 교과서의 1판을 읽고 의견을 주느라 귀한 시간을 들이신 여러분 모두에게 감사의 말씀을 드리고 싶습니다. 개정판을 쓰면서 독자들께서 주신 1판에 대한 의견을 염두에 두고 수정하는 데 최선을 다했습니다. 의견 대부분이 매우 긍정적이었고, 심지어 비판적인 의견도 깊이 생각해 볼 만한 가치가 있었습니다. 이를테면 철학자 키르케고르(Kirkegaard)가 받은 다음과 같은 의견 말이죠. "전반적으로 서론은 흥미로웠습니다. 어떤 장은 다른 장들보다 훨씬 더 흥미로웠는데, 다른 장들을 읽을 때는 약간 지루함과 지루함 사이 정도의 지루함을 느꼈습니다." 2판을 쓰면서 비평의 요점을 파악해서 더 흥미로운 교과서를 만들기 위해 제가 할 수 있는 일들을 했습니다[그러나 장거리 의존성(long-distance dependencies)과 같은 개념과 사랑에 빠지기 위해서는 당신은 아마 좀 특별한 사람이어야만 할 겁니다. Martin 교수님, 지금 교수님께 이야기하는 거예요!].

다음으로 제가 이 책을 쓰게 된 동기에 대해서 조금 말씀드리고 싶습니다. 제가 대학 교육자(대학에 관해 가르치는 사람은 아니고, 대학에서 가르치는 사람이죠)로 산 지가 벌써 30년이 넘었습니다(정말 시간이 너무 빠르네요). 이 서문을 쓰는 오늘로 캘리포니아 주립대학의 데이비스 캠퍼스의 심리학과에서 교수로 재직한 지 딱 20년이 되었습니다. 제 연구주제는 언어 이해와 글 읽기에 관한 학습 방법으로서의 신경생리학과 행동 연구에 초점이 있습니다. 언어는 사람들이 서로 의사소통하고, 사회적 유대를 형성하고, 서로로부터 배우기 위한 핵심적인 수단이 됩니다. 인간의 조건을 주제로 공부하는 학생이라면 언어가 어떻게 작동하고, 언어 이해와 산출을 위해 인간의 인지 및 신경 체계가 어떻게 조직화되어 있는가를 잘 이해하는 것이 필수적입니다.

이 책을 쓴 주된 목적은 학생들에게 언어 과학의 기본을 다지기 위한 군건한 기초를 제공하기 위함입니다. 물론 언어 과학을 더 깊게 파고 들어가고자 하는 학생들을 위해 특화된 심화 학습 자료를 제공하는 것 역시 중요한 목적입니다. 두 번째 주요한 목적은 언어 과학을 가르치는 교수자들

---

1) 역자 주: 이 말은 위어드 알 얀코빅(Weird Al Yankovic)이라는 이름으로 활동하는 패러디 전문 가수의 노래 〈Word Crimes〉 속 가사의 일부이다. 실제 이 노래는 영문법을 가르치는 내용으로 이루어져 있다.

을 위한 것으로, 이들이 이 책의 자료를 통해 교실에서 유기적인 강의를 할 수 있도록 하기 위함입니다. 언어 연구는 탐구할 아이디어와 연구 결과들이 넘쳐나는데, 이는 언어 연구는 다양한 분야에서 서로 다른 많은 연구자가 연구를 수행하기 때문이기도 하고, 또한 이 분야가 아주 활기가 넘쳐서 많은 언어과학자가 언어에 대한 깊이 있는 질문을 던지고 답을 찾는 일에 몰두해 왔기 때문입니다. 따라서 이 책에서 다루지 못한 언어 과학의 가치 있는 연구주제와 관점이 너무 많다는 것은 더 말할 필요도 없습니다. 책의 내용이 언어 과학의 활기차고 중요한 분야들, 그리고 이 지식을 창출한 연구자들을 정당하게 다루었기를 바랍니다. 연구자 모두를 존경하며 개인적으로 이 연구자들 중 많은 분을 알게 되어 영광입니다.

지금 제가 이 자리에 오기까지 저를 도와주신 수많은 분께 감사를 표하고 싶습니다. 먼저 제 학문 여정의 멘토이신 Morton Ann Gernsbacher, Martin Pickering, Don Foss, Robin Morris, 그리고 Debra Long 선생님께 정말로 큰 감사를 드립니다. 또한 캘리포니아 주립대학 데이비스 캠퍼스의 심리학과와 언어학과의 멋진 동료 당신께 역시 감사를 드립니다. 특히 저의 아주 좋은 동료이자 협력 연구자인 Tamara Swaab과 Dave Corina 교수에게 감사를 표합니다. 또한 저의 학생들, Kristen Tooley, Megan Zirnstein, Trevor Brothers, Liv Hoversten, Agnes Gao, 그리고 Zoe Yang에게도 감사를 전합니다. 언급한 이 학생들은 모두 훌륭하며, 많은 것을 이루어 냈고, 밝은 미래가 함께할 것입니다.

그리고 마지막으로, 하지만 정말로 중요한 한 사람, 매일 제가 좋은 싸움을 할 수 있도록 영감을 주는, 아름답고 재능있는 제 아내 Michelle에게 큰 감사를 전합니다.

2022년 7월 1일
캘리포니아 캐머론 파크에서

차례

1부
언어의 산출,
이해 및 습득의
주요 개념

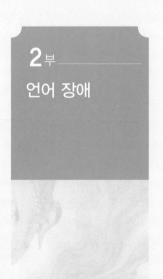

2부
언어 장애

※ 각 장별 참고문헌과 미주는 학지사 홈페이지(www.hakjisa.co.kr) 자료실을 참고하세요.

〈일러두기〉

1. 책의 전체 분량을 고려할 때 원서의 다음 페이지 내용들은 언어심리학과 관련되지만 응용, 치료, 임상 분야와 더 큰 관련이 있다고 판단되어, 원저자 및 저작권사의 승인하에 생략합니다.

   Chapter 12: Cochlear Implants, pp. 477–480

   Chapter 13: Treatment and Recovery from Aphasia, pp. 516–520

   Chapter 14: Treatment Options, pp. 549–552

   Chapter 15: Treatments for Autism-Facilitated Communication, pp. 588–595

   Chapter 16: Cognitive Deficits in Schizophrenia, p. 611

2. 각 장별 참고문헌과 미주는 원저자 및 저작권사의 승인하에 본 책에서는 생략하였으며, 학지사 홈페이지(www.hakjisa.co.kr)에서 회원가입 후 다운로드받아 사용하실 수 있습니다.

1부 언어의 산출, 이해 및 습득의 주요 개념

PSYCHOLINGUISTICS

1장

서론

규칙이란 우리가 학교에서 배우는 것이 아니다.

– Ivan Sag

원래 복음주의 교단의 기독교 선교사였던 Dan Everett은 Piraha(피다한으로 발음함) 부족과 30년 이상을 함께 살면서 이 부족을 연구했는데, 약 300명의 부족민은 거의 훼손되지 않은 아마존 열대 우림의 깊숙한 곳에서 수렵채집 생활을 하며 강 근처에 터를 잡고 살고 있다. Everett은 원래 그 부족의 언어를 배워 그 언어로 성경을 번역하여 그 부족에게 복음을 전하기 위해 피다한에 갔었다. 이러한 사명을 감당하기 위해 그는 여러 어려움을 극복해야만 했는데, 이를테면 더위, 열대성 질환, 재규어, 적대적인 상인들, 거대한 아나콘다,[1] 사람을 무는 벌레들, 천장에서 떨어지는 뱀, 뱀장어, 피라냐, 중남미의 악어(caimans),[2] 무방비 상태인 몸의 구멍을 보면 몸속으로 헤집고 들어가는 작은 물고기[3] 등이 그러한 것이었다. 당신은 이러한 모험담을 그의 자전적인 책인 『잠들면 안 돼, 거기 뱀이 있어(Don't Sleep, There Are Snakes)』에서 읽을 수 있다. 더 중요한 것은 이 책에서 당신은 피다한 사람들의 언어에 관해 배울 수 있는데, 이들은 산업화된 국가에 사는 사람들에게 더 친숙한 언어들과는 전혀 다른 방식의 언어를 사용한다. 실제로 Everett의 연구는 언어를 연구하는 과학자들이 해결하려 애쓰는 가장 크고 일반적이며 어려운 다음과 같은 질문들을 다룬다. 언어를 안다는 것은 어떤 의미인가? 언어는 어떻게 작동하는가? 언어는 어디서 왔는가? 현재의 언어 형태는 어떻게 갖추게 되었는가? 언어와 사고는 어떤 관련이 있는가? 이 책의 첫 장에서도 이러한 질문들을 다룬다. 이것은 우리가 이 질문들에 대한 명확한 답을 알고 있어서라기보다는(실제로 질문 대부분에 대해 답을 모름), 이러한 질문들로 씨름하는 것이 우리를 언어의 본질이 무엇이며, 어떻게 지금에 이르게 되었으며, 어떻게 우리의 언어 능력이 다른 인지 및 사고 능력에 걸맞게 되었는가에 관한 더 깊은 이해로 다다를 수 있게 하기 때문이다.

Everett의 연구 일부는 언어 과학에서 가장 근본적인 질문 중 하나인 '언어란 무엇인가?'를 다룬다. 이는 언어와 관련된 행동이나 정신 과정, 그리고 뇌의 과정을 연구하는 심리학자들인 언어심리학자라면 가능한 한 피하고자 하는 본질주의적인 질문이다(Stanovich, 2009). 그러나 언어를 정확하게 정의하고 그 구성 성분의 특징을 기술하는 것은 다음과 같은 연구 주제에 관심이 있는 연구자에게는 중요하다. 언어를 사용하는 데 필요한 정신 능력이 무엇인지, 어떤 정신 능력이 언어 사용과 관련되어 있고 다른 인지 과제와는 관련이 없는지, 그리고 인간이 아닌 동물들도 인간처럼 언어를 이해하고 산출할 수 있는 능력을 갖추고 있는지와 같은 주제들이다(Everett, 2005, 2007; Hauser et al., 2002; Jackendoff and Pinker, 2005; Pinker, 1994; Pinker and Bloom, 1990; Pinker and Jackendoff, 2005; Talmy, 2009).

언어의 특징

언어의 속성을 설명할 때 종종 언급하는 참고문헌으로 Charles Hockett(1960)에 나온 디자인 특성이 있다. 그가 제안한 디자인 특성 중 일부는 반드시 언어에 필요치 않을 수(예를 들어, 메시지를 보내고 받기 위해 음성을 사용하는 것과 같은 특성과 관련하여, 수어 사용자들은 음성 없이도 이 일을 잘 해냄)도 있고, 다른 특성들은 언어에만 국한된 것이 아니다(예를 들어, 언어만이 아니라 폴란드식 만두인 피르오기를 빚는 법이나 스웨터를 짜는 법 등도 문화적으로 전승됨). 따라서 이 특성 중 몇몇만을 집중적으로 살펴보자. 언어와 관련하여 중요한 일련의 디자인 특성은 바로 의미성(semanticity), 자의성(arbitrariness), 분별성(discreteness), 이동성(displacement), 체계의 이중성(duality of patterning), 그리고 생산성(generativity)이다. 각각을 차례로 생각해 보자.

의미성은 언어가 의미를 전달할 수 있으며, 특정 신호가 특정 의미에 할당될 수 있다는 생각을 뜻한다. 이는 언어의 다양한 수준에서 나타나는데, 개별 어휘는 특정 의미에 할당될 수 있고, 하나 이상의 단어로 구성된 더 긴 표현도 마찬가지로 특정 의미가 있을 수 있다.

자의성은 이 세상의 실제 사물이나 사건과 이를 나타내기 위해 언어가 사용하는 상징 사이에는 어떤 필연적인 관계도 없다는 사실을 뜻한다. 예를 들어, 한 사물을 지칭하는 단어는 어떤 방식으로든 그 사물과 닮을 필요가 없다. 자의성으로 인한 한 가지 결과는 한 사물의 이름이 언어마다 전혀 다를 수 있다는 것이다(koshka, gato, chat, neko 그리고 mao는 모두 고양이를 나타내는 단어임). 그리고 이름은 충분한 수의 사람들이 동의하기만 한다면 바뀔 수도 있으며, 이름의 변경이 그 개념을 표현하는 능력에 영향을 미치지도 않는다. 자, 내일부터 영어를 사용하는 사람이 모두 고양이를 'lerps'로 부르기로 한다고 해서 문제가 될 것은 없다. 때때로 사람들은 소리와 의미 사이의 관계가 자의적이지 않은 예로 영어의 의성어('moo'나 'oink'와 같은 단어들)를 들기도 한다. 또 어떤 사람들은 거대한 사물을 나타내는 단어('ocean'이나 'tower'와 같은 단어)는 깊은 소리를 내는 모음이 사용되어 성대의 공간을 크게 열도록 만들고, 작은 사물을 나타내는 단어('pin'이나 'bisty'와 같은 단어)는 높은 소리를 내는 모음이 사용되어 성대 공간을 닫아 좁게 만든다고 주장하기도 한다. 하지만 의성어는 사람들이 생각하는 것만큼 체계적이지 않고('oink'에 해당하는 네덜란드어는 'knorr-knorr'임), 큰 개념−큰 모음 가설에 대한 반증은 수도 없이 많다(예: 'infinity').

분별성은 언어를 구성하는 요소가 명확한 경계가 있는 일련의 구별된 범주로 조직되어 있다는 생각을 나타낸다. 예를 들어, 영어의 모든 언어음은 약 40개의 음소 범주 중 하나에 속하는 것으로 지각된다(/p/나 /b/ 중 하나의 소리 혹은 /t/나 /d/ 중 하나의 소리). 피다한 화자들에게는 다른 피다한 화자가 만들어 낸 모든 언어음이 11개의 음소 중 하나로 인식될 것이다.[4] 한 언어를 사용하는 화자의 수가 얼마나 많을지, 이들의 목소리가 얼마나 다를지, 말하는 속도에 있어서, 명확성에 있어서 등 이들의 언어가 상황에 따라 얼마나 크게 달라질 수 있는지 생각해 보라. 화자들 사이의 이러한 엄청난 차이, 그리고 시간의 흐름에 따른 한 화자 안에서의 차이가 있음에도 불구하고 한 언어를 말하는 사람은 같은 언어를 사용하는 어떤 화자가 산출한 어떤 소리라도 가능한 음소 범주 중 하나에 꼭 맞게 인식할 수 있다.

이동성은 화자의 시야 바깥에서 일어나는 사건에 대한 정보를 전달(공간적 이동)하고, 말하는 순간 전에 일어났던 사건이나 말하는 순간에 아직 일어나지 않은 사건에 대한 정보를 전달(시간적 이동)할 수 있는 언어의 능력을 말한다. 여러 언어는 서로 다른 방식으로 이동성을 보여 준다. 영어는 말하는 시점이나 다른 사건과 비교하여 특정 사건이 언제 일어났는가를 이야기하기 위해 조동사(예: will, was, were, had)나 접사(예: predates에서 pre, dated에서 -ed) 체계를 사용한다. 중국어와 같은 다른 언어에서는 이러한 종류의 시제를 나타내는 표지가 부족하므로 부사적 표현과 같은 다른 수단을 이용한다(영어로 표현한다면, 'The man went' 대신에, 'Yesterday, the man goes'라고 쓰는 식이다). 이동성은 인간의 언어에서 편재하는 특성이지만, 몇몇 언어에서는 그 정도나 범위가 더 제한적이다(Everett, 2008). 그리고 동물의 의사소통 체계에서는 이동성이 거의 혹은 전혀 존재하지 않는다. 영장류나 꿀벌은 포식자나 먹이의 존재를 알리기 위해 서로를 부르지만, 이러한 행동은 정보 전달을 위해 통제되고 의도된 욕구의 결과라기보다는 일종의 반사적 행동의 성격이 더 강하다(Tomasello, 2007).

체계의 이중성은 우리가 언어의 다양한 측면을 동시에 지각한다는 사실을 말한다. 예를 들어, 우리는 일련의 단어를 들으면서 동시에 음소의 조합을 듣는다. wasp이라는 단어는 /w/, /o/, /s/, /p/, 이렇게 네 개의 기본적인 소리 혹은 음소로 구성되어 있다. 보통 우리는 화자가 전달하려는 의미 속에서 개별 단어와 그 단어의 음소까지도 꿰뚫어 본다. 하지만 이러한 음소와 단어 각각의 체계는 화자가 전달하는 메시지의 의미가 아니라 형태에 집중했을 때 탐지될 수 있다.

마지막으로 생산성이란 언어가 고정된 숫자의 기호를 가지고 있음에도 불구하고 이 기호들을 서로 다른 패턴으로 조합하여 아주 많은, 잠재적으로는 무한한 숫자의 메시지를 만들어 낼 수 있다는 사실을 뜻한다. 영어는 약 40개의 음소가 있지만 이는 무한한 방법으로 조합될 수 있다. 이와 유사하게, 고등학교를 졸업한 평균적인 사람은 자신이 알고 있는 약 오만여 개의 단어를 새로운 형태로 조합하여 무한한 수의 메시지를 산출할 수 있다.

언어과학자들은 지금 우리가 앞에서 살펴본 언어의 특징에 동의하지만, 언급된 특징 외에 다른 특징에는 모든 언어과학자가 동의하는 것은 아니다. 이러한 불일치의 중심에는 문법(어떤 이론가들은 통사라고 명명함)이라 불리는 언어의 구성 요소가 있다. 아주 기본적인 수준에서 언어는 우리에게 소리와 의미를 연합하기 위한 수단을 제공한다(Hauser et al., 2002). 다른 동물 역시 사람들이 소리와 의미를 연합하는 방식과 유사하게 임의의 소리와 환경의 사물을 연합할 수 있다. 베르벳 원숭이는 날아다니는 포식자를 볼 때 내는 소리와 땅에 있는 포식자를 볼 때 내는 소리가 다르다. 그리고 어떤 소리가 들리느냐에 따라 적절한 방식으로 반응한다. 만약 들리는 소리가 독수리를 의미한다면 숲속으로 들어가 버리고 표범을 의미한다면 나무 위로 올라간다. 베르벳 원숭이는 더 긴 메시지를 표현하기 위해 이 소리를 결합할 수 있는 능력은 부족하다(나중에 살펴보겠지만, 어떤 원숭이들은 이러한 능력을 갖추고 있다는 증거도 있음). 만약 베르벳 원숭이들에게 더 복잡한 메시지(예: 저 표범의 크기 좀 봐라!)를 만들어 내기 위해 소리를 결합하는 일련의 규칙 체계가 있다면, 이들이 문법을 가지고 있다고 말할 수 있을 것이다.

문법은 언어의 두 가지 주요한 구성 성분 중 하나이다. 다른 하나는 단어에 대한 정보를 저장하고 있는 장기기억의 일부인 어휘집이다(Sag et al., 2003). 언어는 이 두 구성 성분이 모두 필요하고 이를 통해 화자는 명제(대략적인 의미로, 누가 누구에게 무엇을 했는가에 대한 진술)를 표현하는 메시지를 형성할 수 있다. 이러한 메시지를 창조하기 위해 화자는 자신이 전달하기를 원하는 개념과 일치하는 기호들을 어휘집에서 찾는다. 그리고 문법이 화자가 청자에게 메시지를 전달할 때 어떻게 이러한 기호들을 결합하여 적절한 음성 언어로 산출하는지를 알려준다.

문법에 대해 조금 더 깊이 들어가기 전에 먼저 문법(grammar)이라는 단어에 대한 일반적인 오해를 풀고 갈 필요가 있다. 사람들이 '문법'이라는 단어를 들을 때 보통 '문법 학교', 즉 당신의 중학교 영어 선생님이 기억하라고 가르치는, 그래서 당신이 표준 영어를 잘 말하고 쓸 수 있게 해 주는 규칙 체계를 떠올린다. 필자인 나처럼, 당신도 중학교 영어 선생님의 문법 수업 내용 대부분을 내면화하는 데 실패했을 것이다. 물론 이것은 중학교 영어 수업이 참을 수 없을 정도로 지루하기 때문이기도 하지만, 선생님들께서 당신에게 주입하려는 문법 원리들이 자의적이고 인위적이기 때문이기도 하다. 예를 들어, Heidemann 선생님은 문장이 전치사로 끝날 수 없다는 것을 나에게 가르치려 애쓰셨다.[5] 그러나 아버지가 늘 잠잘 때 같은 이야기책을 읽어주시는 한 친구가 있었는데, 아버지가 같은 책을 펼친 어느 날 밤에 이 친구는 "아빠! 내가 읽고 싶어 하지도 않은 그 책은 왜 가져 왔어요?(Hey Dad! What did you bring that book that I didn't want to be read to out of up for?)"라고 말했는데, 이 문장은 다섯 개의 전치사가 문장 마지막에 나오지만 완벽하게 해석할 수 있다.[6] Heidemann 선생님께서 나에게 가르치려 하신 문법은 규범 문법(prescriptive grammar)이었다. 규범 문법은 인위적인 규칙들로 가득하다. 만약 당신이 (의사의 처방을 따르듯이) 문법 선생님이 가르쳐 준 규범 문법을 잘 따른다면 당신의 영어는 영국 런던 교외 지역의 상위 계층 구성원들이 사용하는 영어처럼 들릴 것이다.

언어과학자 대다수는 사람들이 '현실 세계에서' 사용하는 언어를 지배하는 일련의 규칙이나 원리인 기술 문법(descriptive grammar)에 더 많은 관심이 있다. 즉, 사람들이 자연스럽고 일반적으로 생각하고 행동하는 방식에 관심이 있는 것이다. 기술 문법의 규칙 하나를 예로 들어보자. '하나의 절은 한 개의 본동사를 가질 수 있다.' 누구도 이 규칙을 당신에게 가르치려 하지 않았지만, 당신은 이미 이 규칙을 알고 있다. 그 결과 당신은 'Mrs. Heidemann brewed drank the coffee.'와 같이는 절대 말하지 않을 것이다. 이와 유사하게, 영어의 기술 문법에서는 '동사는 문장 가운데 위치해야 하고 문장 맨 앞에 놓지 않는다.' 당신이 'Drank the coffee Mrs. Heidemann.'라고 말하지 않는 것을 보면 이미 이 규칙 역시 알고 있다는 것이다. 자, 이제 앞으로 이 책에서 문법에 관해 이야기한다면 그것은 (자연스러운 종류인) 기술 문법에 관해 이야기하는 것임을 기억하기를 바란다.

문법을 연구하는 언어과학자들이 기술 문법 연구를 선호하는 것은 우리 대부분이 인간의 마음에 관심이 있기 때문이며, Ivan Sag와 동료들이 지적했듯이, '문법 이론은 언어 지식의 정신 표상에 관한 이론이다(Sag et al., 2003, p. 42).' 기술 문법은 왜 언어가 지금의 형태를 갖추게 되었는가를 설명한다.

Steven Pinker와 Ray Jackendoff는 세 가지 방식을 통해 문법이 기호의 결합을 통한 메시지 표현을 조절한다고 제안한다(Pinker and Jackendoff, 2005). 첫째, 문법은 표현에서 기호가 제시되는 순서를 결정한다. 영어에서는 형용사가 명사 앞에 나오고(red wine), 프랑스어에서는 예외가 있긴 하지만(예: grande dame, 'great woman'), 대부분은 명사가 형용사 앞에 온다(vin rouge). 둘째, 문법은 여러 종류의 일치(agreement)를 규정한다. 일치란 한 문장 안의 특정 단어들이 그 문장 안 다른 단어의 존재 때문에 특정 형태로만 쓰여야 함을 뜻한다. 영어에서는 수를 일치시켜야 하고(Girls like books와 같은 문장에서 girls likes나 girl like로 쓰지 않고 girls like로 쓰며, girls likes books라고도 쓰지 않음), 다른 언어에서는 다른 일치도 있는데, 스페인어에서는 성의 일치가 있다(el toro라고 쓰지, la toro라고 쓰지 않). 마지막으로 문법은 격 표지(case marking)를 결정하는데, 단어들이 어떤 문법적 기능을 갖느냐에 따라 특정 형태를 가져야만 한다는 것이다. 영어는 이제 격 표지에 관한 대부분의 문법이 사라졌지만 대명사 체계에서는 일부가 남아 있다(Him left가 아니라 He left로 쓰고, I like he가 아니라 I like him이라고 씀). 러시아어는 수많은 격 표지를 하고 있는데, 명사나 다른 단어들이 문장 안에서 어떤 역할을 하느냐에 따라 같은 단어를 다른 형태로 써야 한다(예를 들어, vodka는 주어에서 목적어로 이동될 때 vodku로 써야 함. '여기 보드카 있어요.'라고 쓸 때는 Водка здесь(vodka zdes)라고 쓰지만, '나는 보드카를 마신다.'는 Я пил bodka(Ya pil vodka)라고 쓰지 않고, Я пил bodку(Ya pil vodky)라고 씀).

사람들의 머릿속에서 실제 작동하는 문법의 규칙을 이해하기 위해서 언어학자들은 사람들의 자발적 발화를 관찰하고, 이들이 긴 표현을 만들기 위해 단어를 결합하는 세부적인 방식을 녹음하는 데 많은 시간과 노력을 기울인다. 그 후 이 녹음을 들으며 왜 단어들이 구와 문장의 특정 부분에서 특정 형태를 가지고 나오는지를 이해하려 한다. 이러한 유형의 분석을 통해 이들은 전사된 음성 언어에서 표현되는 언어 기저에 있는 규칙을 찾아낼 수 있다. 영어를 가지고 이 분석을 하면 영어 문법에 관한 몇 가지 결론에 이를 수 있다. 예를 들어, 영어는 주어–동사–목적어 순서의 언어이다. 명시적 진술로 표현한다면, 문장의 문법적 주어, 즉 일반적으로 담화의 주제나 주의의 초점이 되는 부분은 문장의 앞에 나온다. 동사는 가운데 나온다. 문법적 목적어, 즉 일반적으로 행위가 이루어지는 대상은 마지막에 나온다. 다른 언어에서는 다른 방식으로 이러한 요소들의 순서가 정해진다. 예를 들어, 일본어는 동사를 가장 마지막에 놓고, 러시아어는 영어와 비교하면 어순이 자유로운 대신에 누가 행위를 주도하고 누가 그 행위의 대상인지를 표현하기 위해 서로 다른 형태의 명사를 더 많이 사용한다. 한 언어가 어떤 체계를 가졌는지 이해하려면 당신은 실제로 밖으로 나가서 사람들이 사용하는 언어를 관찰해 봐야 한다. 때때로 이러한 관찰은 엄청난 놀라움을 선사한다.

영어와 다른 언어를 관찰한 결과, Chomsky와 그의 동료들은 모든 언어가 가진 문법의 핵심적인 특질이 회귀(recursion)라고 제안했다(Fitch et al., 2005; Hauser et al., 2002). 또한 인간의 언어와 동물의 의사소통 체계를 상세히 분석한 결과에 근거하여 이들은 회귀야말로 인간 언어에 특화된 유일한 특질이라고 제안하며 다음과 같이 썼다. "좁은 의미의 언어 능력이란 회귀를 말하며, 이것이 바로 인간 언어 능력을 독특하게 만드는 요소이다(Hauser et al., 2002, p. 1569)." Chomsky의 연구진은 언어의 다른 특성들은 비언어 사고 과정이나 비인간 의사소통 체계와 공유하는 것이라고 제안한다. 도대체 이들이 말하는 것은 무엇이며 이것이 왜 중요할까?

회귀는 '같은 유형의 성분 안에 그 성분을 놓을 수 있는 능력'으로 정의된다. 그래서 이를 언어의 관점에서 설명하면, 같은 유형의 구 안에 다른 구를 놓을 수 있거나 한 문장 안에 다른 문장을 포함할 수 있을 때 회귀가 일어난다고 할 수 있다.[7]

영어에서는 한 문장 안에 다른 문장을 놓을 수 있다. 여기 한 문장이 있다.

Tom likes beans.

우리는 다음 문장 안에 위 문장을 놓을 수 있다.

Susan thinks (X) (여기서 X는 문장임)

그 결과는 다음과 같다.

Susan thinks Tom likes beans.

이러한 방식의 회귀는 무한히 반복될 수 있으며, 이러한 반복을 계속할 의지와 능력이 화자에게 있느냐에 따라 멈춰진다.

John knows Dave believes Jenny hopes Carol recognizes Bob realizes … Susan thinks Tom likes beans.

그러므로 회귀는 언어가 유한의 수단으로부터 무한의 메시지(심지어 무한히 긴 메시지)를 생산할 수 있는 능력인 이산적 무한성(discrete infinity)이라는 특성을 갖도록 만드는 특징 중 하나이다.

그동안 연구되었던 언어 대부분은 회귀라는 특징을 가지고 있다. 그러나 적어도 하나의 예외는 있다. 바로 피다한어이다(Everett, 2005; 2008; Everett and Gibson, 2019). 영어에서 회귀는 보통 문장의 성분 중 하나의 의미를 수식하거나 변경하는 표현을 만들어 내기 위해 사용된다. 예를 들어, nails라는 단어에 더 특별한 의미를 주기 위해 우리는 다음 문장에서처럼 that Dan bought와 같은 목적격 관계대명사 절을 사용할 수 있다.

Hand me the nails that Dan bought.

이 문장에서 관계대명사 절 that Dan bought(Dan bought the nails로 해석될 수 있음)은 더 큰 명사 구인 the nails 안에 포함된다. 즉, 관계대명사 절은 더 큰 구 안에 내포되고 이는 마치 켜켜이 쌓인 그릇더미와 같다. 그런데 피다한어는 같은 의미를 전혀 다른 형태, 회귀를 이용하지 않는 형태로 표현한다. 'Hand me the nails that Dan bought.'와 같은 의미를 갖는 문장을 표현하기 위해서 피다한어 화자는 다음과 같이 말할 것이다.

Give me the nails. Dan bought those very nails. They are the same. (Everett, 2008, p. 227)

이 경우 어떤 표현도 같은 유형의 다른 표현 안에 포함된 것은 없다. 심지어 피다한어는 매우 단순한 형태의 회귀, 예를 들어 Dan and Ted went to Brazil과 같은 문장에서처럼 두 명사구를 하나로 결합하는 등위 구조를 사용할 때 나타나는 회귀도 일어나지 않는 것처럼 보인다(Gibson과의 개인적 대화). 앞 문장의 Dan and Ted에서처럼 (명사구 and 명사구의 형태로) 지배적인 명사구는 Dan과 Ted라는 두 개의 분리된 명사구를 포함한다. 이와 같은 의미를 표현하기 위해 피다한어 화자는 다음과 같이 말할 것이다. 'Dan went to Brazil. Ted went to Brazil.' 그릇을 쌓아 올리는 것 대신에 피다한어는 진주를 하나씩 옆에 붙여 진주목걸이를 만든다. 모든 서술문은 중요한 방식으로 연결되지만, 각 서술문은 다른 서술문 안에 포함되지 않는다. 피다한어에서 회귀를 사용하지 않으면서도 여전히 의미를 전달하는 능력에 있어서 다른 언어에 못지않다면 회귀는 인간 언어의 필수적인 특징이 아닐 것이다. 언어 대부분에서 회귀가 일어난다고 할지라도 말이다.

왜 피다한어에서는 회귀가 일어나지 않을까? Everett(2008)의 대답은 회귀가 이 세상에 대해 직접적으로 주장하지 않는 진술을 언어에 도입하기 때문에 피다한어에는 회귀가 없다는 것이다. 우리가 Give me the nails that Dan bought, 라고 말할 때, 이 문장은 Dan이 못을 샀다는 것이 사실이라고 전제하고 있지만 이를 직접적으로 말하지 않는다. 피다한어에서는 개별 문장 각각은 이 세상에 대한 직접적 진술 혹은 주장이다. 'Give me the nails'는 'I want the nails'와 동등한 명령이다. 'Dan bought the nails'는 사실에 대한 직접적인 주장으로, 화자의 정신 상태를 다시 표현하는 것이다 (Dan이 못을 샀다는 것을 자신이 안다는 뜻이다). 'They are the same'이라는 문장은 사실에 대한 추가 진술이다. Everett은 피다한 사람들이 문자 그대로 생각하는 사람들이라고 기술한다. 이들은 창조 신화가 없다. 허구적인 이야기를 하지 않는다. 또한 이들은 화자가 어떤 사건에 대한 직접적인 지식이 있거나 그 사건을 아는 사람을 자신이 알지 않는 한 그 사건에 대해 다른 사람이 하는 말을 믿지 않는다. 그 결과, 이들은 기독교나 보이지 않는 것을 믿기를 요구하는 어떤 다른 신앙으로의 개종에 관해 매우 저항적이다. Everett은 이러한 피다한족의 문화적 특징이 피다한어의 문법의 형태를 결정한 것이라고 주장한다. 특히 이들은 직접 경험한 지식을 중시하기 때문에 피다한어의 문장은 반드시 단언이어야 한다. 관계절과 같이 중첩된 문장은 (단언이 아닌) 전제를 필요로 하기 때문에 피다한어에서는 배제된다. Everett의 말이 맞다면 피다한어는 피다한족의 문화에 의해 형성된 것이다. 언어가 취하는 형태는 그들의 문화적 가치와 그들이 사회적으로 서로 관계를 맺는 방식에 의해 만들어진다. 만약 그렇다면 피다한어 문법에 관한 Everett의 연구는 문법이 어디에서 왔으며 왜 그러한 형태를 보이게 되었는가에 대한 기존의 통념을 뒤집는 일이다. 이 논의를 계속 이어가 보자.

문법, 언어의 기원, 그리고 비인간 의사소통 체계

언어과학자들은 언어의 정확한 정의와 다양한 언어의 문법에 대한 자세한 설명에 관심을 기울이는데, 그 이유는 이 두 가지가 명확해지면 인간의 사고방식 및 주변의 다른 생명체와 인간을 비교하는 방법을 이해하는 데 도움이 되기 때문이다. 한 가지 근본적인 질문은 바로 이것이다. 인간에게 언어가 있는 이유는 무엇일까? 이 질문은 인간 진화 계통에서 언어 능력의 출현에 관한 연구뿐만 아니라 인간이 아닌 동물의 언어 능력에 관한 연구에도 동기를 촉발한다. 인간의 진화 계보에서 언어 능력이 어떻게 발달했는지 알아내려면 오래전에 죽은 조상들의 언어 능력을 분석해야 한다. 언어와 비언어 특징 모두의 관점에서 진화상 우리의 조상과 어떤 유사점이나 차이점이 있는지 이해할 필요가 있다. 그러나 우리는 이들의 신경계나 행동을 직접적으로 관찰하는 방법이 전혀 없다. 따라서 연구자들은 화석의 기록과 화석 유적과 함께 발견된 유물을 통해 추론할 수밖에 없다. 이에 반해 살아 있는 다른 동물들과 우리가 어떤 관계가 있는지 이해하는 것은 잠재적으로 더 쉬운 접근이다. 왜냐하면 우리가 연구할 대상이 살아 있기 때문이다. 하지만 여기에도 복잡한 문제들이 있는데, 이 중 일부를 다음 문단에서 살펴보자.

현대 인류의 언어 능력이 언어가 없던 진화론적 조상으로부터 어떻게 출현했는지에 대한 우리의 생각을 뒷받침하는 두 가지 핵심적인 아이디어가 있다. 우리는 인간과 인간 이외의 가까운 친척(예: 침팬지, 보노보, 고릴라, 그리고 기타 영장류)과의 관계를 설명하는 데에도 이 아이디어를 사용할 수 있다. 연속성(continuity)과 불연속성(discontinuity)이라는 개념이 이 두 가지 아이디어를 담고 있다(Lenneberg, 1967; Lieberman, 2000; Penn et al., 2008). 연속성 가설에 따르면, 현대 인간의 언어는 선조들의 정신 능력과 양적으로만 다를 뿐, 기본적인 의사소통 시스템의 관점에서 그 종류나 질이 다르지는 않다. 이 가설에 따르면 인간의 언어 능력은 기존의 의사소통 능력과 밀접한 관련이 있으며, 이러한 능력으로부터 비교적 소폭의 향상이 있었다는 것을 나타낸다. 이러한 접근이 가지는 한 가지 장점은 우리가 인간의 다른 특징에 적응과 자연 선택을 적용하는 것과 마찬가지로 인간 언어의 역사적 발달에도 동일한 원리를 적용할 수 있다는 것이다. 이와는 대조적으로 불연속성 가설은 현대 인간의 언어 능력은 과거와는 명확하게 구분할 수 있는 몇 가지 측면이 있다는 것을 제안한다. 이 가설은 우리의 언어 능력은 진화상 우리의 조상이나 인간이 아닌 살아있는 동물의 의사소통 체계와는 질적으로 다르다는 것을 제안한다. 불연속성 가설은 또한 인간은 다른 원시적인 체계에는 존재하지 않는 의사소통 능력을 소유하고 있다고 말한다. 이 가설을 지지하는 이론가들이 직면한 과제 중 하나는 인간에게는 존재하지만 다른 종에게는 존재하지 않는 언어 능력을 확인하고, 이 두 의사소통 체계가 어떻게 서로 어긋나 있는가를 설명하는 것이다. 자, 먼저 침팬지, 돌고래, 원숭이와 같이 현대에 사는 다른 종의 언어 능력을 고찰한 후 우리의 직계 조상으로부터 인간의 언어 능력이 어떻게 진화했는지 생각해 보자.

유인원의 의사소통 능력에 관한 연구

유인원들이 언어적으로 의사소통할 수 없다는 것을 증명하는 연구 결과는 없다.

-Sue Savage-Rumbaugh

동물의 의사소통 방법에 관한 연구를 통해 연속성 가설과 연관된 생각을 검증할 수 있다. Lenneberg(1967, p. 228)는 이를 다음과 같이 기술했다. "만약 인간 의사소통의 형태가 원시 동물의 의사소통 형태로부터 전승되었다면, 동물 의사소통 연구를 통해 이 기능이 실제로 선형적으로 진화했다는 사실이 밝혀질 가능성이 있다.”

　유인원과 원숭이 연구는 인간과의 비교 연구에 사용되는데, 침팬지와 같은 유인원은 생물학적으로 인간과 가깝게 연관되어 있기 때문이다. 이들은 또한 아주 지적이기에 언어를 산출하고 이해하는 것과 관련된 복잡한 능력의 일부 측면을 인간과 공유할 가능성이 있는 후보 종이기도 하다. 예를 들어, 언어 이해는 청자가 발화의 의미를 인식하는 것을 요구하는데, 이와 유사한 능력이 몇몇 원숭이 종에게서 발견되었다. 다이애나 원숭이는 공중의 포식자와 육지의 포식자를 나타내기 위해 각기 다른 소리를 내고 다른 종의 원숭이들도 이러한 능력이 있다(Zuberbühler, 2003; Zuberbühler et al., 1999).

　원숭이들은 포식자를 보고 맹목적 혹은 본능적으로 울음소리를 내는 것일까, 아니면 실제로 다양한 울음소리에 어떤 의미를 부여하는 것일까? 다이애나 원숭이에게 다른 다이애나 원숭이가 독수리와 같은 공중 포식자가 있을 때 내는 소리의 녹음 파일을 들려준 다음, 독수리 울음소리를 들려주면, 이 연속된 녹음을 들은 다이애나 원숭이들은 놀라지 않았다. 적어도 ‘독수리’를 나타내는 원숭이 울음소리에 이어 실제 독수리 자체와 관련된 자극이 이어 나와도 놀라지 않는다. 반대로 ‘독수리’에 대한 다이애나 원숭이의 경고 소리를 들려준 다음 재규어 울음소리인 으르렁거리는 소리를 들려주면 원숭이들은 미쳐 날뛴다. 마치 독수리가 있다고 말해 주는 소리를 듣고 주변에 독수리가 있을 것이라는 기대가 깨진 것처럼 말이다.[1] 그래서 실제 독수리의 울음소리와 독수리가 있다고 경고하는 원숭이의 소리가 전혀 다름에도 불구하고 행동적으로 다이애나 원숭이들은 이 둘을 동등하게 취급한다. 임의의 소리를 환경에 존재하는 사물에 대한 지시물로 취급할 수 있는 이러한 능력은 사람들이 임의의 소리 조합(단어)을 다른 어떤 것(개념)에 연관시키는 능력과 매우 유사하다.

　유인원은 포식자 외에 다른 사물을 가리킬 때도 각각 다른 발성을 낼 수도 있다. 예를 들어, 갇혀서 자라는 유인원인 칸지는 상황에 따라 조금씩 다른 소리를 만들어 낸다. 칸지의 조련사가 바나나, 포도, 주스에 대해 언급하거나 질문할 때 칸지는 종종 특정한 소리의 발성을 포함한 반응을 보였다. 이러한 발성 반응을 음성학적으로 분석해 보면 각각의 맥락에서 소리의 특성이 조금씩 달랐다(Tagliatela et al., 2003). 칸지가 포도, 바나나, 주스에 대해 자신만의 ‘단어’를 가지고 있다고 말하는 것은 시기상조이지만, 각기 다른 상황에서 서로 다른 음성 반응을 생성하는 것은 구어를 위해 필요한 전조인 것이 사실이다. 왜냐하면 구어에서 서로 다른 개념을 나타내기 위해서 각기 다른 소리를 만들어 내야 하기 때문이다.

　많은 연구자가 인간의 언어 능력이 유전적 요인에 의해 결정되는지, 아니면 언어를 지속해서 사용하는 문화에 몰입한 결과인지 알아보기 위해 침팬지에게 언어를 가르치려고 시도했다. 침팬지가 언어 사용을 배울 수 있다면 인간의 언어 능력이 전적으로 인간 유전자에 기인하는 것만은 아니라는 것을 말해 준다.

---

1) 역자 주: 독수리의 출현을 기대하고 대비했지만, 재규어의 소리를 들었을 때 전혀 이에 대한 대비가 되지 않았기 때문이다.

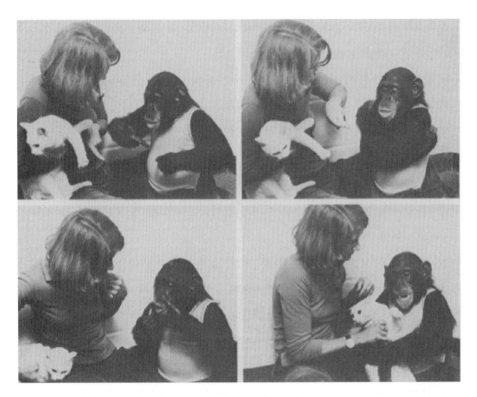

[그림 1.1] 님 침스키가 조련사에게 '나' '안아줘' '고양이'에 대한 수화를 하는 모습. 고양이는 무척 걱정스럽게 바라보고 있다.
출처: Terrace et al. (1979), American Association for the Advancement of Science

초창기 연구 중 하나에서 비키(Vicki)라는 이름의 침팬지는 음성 반응을 만들어 내면 보상을 받는 훈련을 받았다. 비키는 이 훈련을 잘 해내지 못했는데, 이는 비키의 조음 기관이 말소리를 내도록 잘 구성되어 있지 않았고, 발성을 자발적으로 잘 조절하지 못했기 때문이었다(R. A. Gardner and Gardner, 1969; Lieberman, 2000). 이 사실을 알아낸 후 연구자들은 침팬지가 제스처를 써 의사소통하도록 훈련하기 시작했다. 이들 중 가장 유명한 두 침팬지는 님 침스키(Nim Chimpsky, [그림 1.1] 참조)와 와슈(Washoe)였다. 침팬지는 발성보다 제스처를 훨씬 더 자발적으로 잘 통제할 수 있으므로 이를 통한 의사소통을 더 성공적으로 해낼 수 있었다. 산악 고릴라 코코(Koko)와 같은 다른 종의 동물들도 이러한 방식으로 의사소통하는 것을 배울 수 있었다(Jensvold and Gardner, 2000; B. T. Gardner and Gardner, 1975).

유인원이 제스처 사용을 배울 때 이는 대부분 음식과 관련이 있다(〈표 1.1〉 참조). 님이나 와슈와 같은 침팬지가 목표 행동을 수행할 때 먹이를 주는 것처럼 조작적 조건 형성 기법을 이용하여 수화를 배운 것을 보면 이는 당연한 결과였다(Premack, 1990). 그러나 이들과 함께했던 사람들에 따르면, 와슈와 님은 훈련한 것 이상의 수화를 할 수 있었고, 인간 언어의 특징 중 일부 역시 보여 주었다.

한 유명한 예에서 와슈는 자신의 울타리 안에 있는 연못에 내려앉은 오리에 대한 반응으로 '물'과 '새'라는 수화를 만든 것으로 알려졌다(Fouts, 1975). 이 예는 이전에 학습한 상징을 생성적으로 사용했음을 반영한다. 즉, 와슈는 새로운 개념을 나타내기 위해, 다른 개념을 나타내기 위해 배운 수화를 결합할 수 있었던 것 같다. 마치 우리가 새로운 의미를 만들기 위해, 단어들을 결합하는 것처럼 말이다. (침팬지와 아주 가까운 종인) 보노보를 대상으로 한 연구에서도 유사한 주장이 보고된다. 조련사들은 칸지가 'M&M 포도'와 '감자 기름'과 같이 두 개의 상징을 이어서 만들어 내는 것을 보

표 1.1 님 침스키가 발화한 수화 중 가장 빈도가 높았던 10개의 세 단어 연속 수화

수화	빈도
놀다 나 님 (play me Nim)	81
먹다 나 님 (eat me Nim)	48
먹다 님 먹다 (eat Nim eat)	46
간지럽히다 나 님 (tickle me Nim)	44
포도 먹다 님 (grape eat Nim)	37
바나나 님 먹다 (banana Nim eat)	33
님 나 먹다 (Nim me eat)	22
바나나 먹다 님 (banana eat Nim)	26

출처: Terrace et al. (1979), p. 894에서 각색됨

고 기본적인 문법 지식을 가지고 있다고 주장했다. 그러나 유인원들이 단지 상징을 연속해서 만들 뿐 합성어와 동등한 것을 만들지 않았을 수도 있다. 즉, 유인원이 오리를 지칭하기 위해 '물'과 '새'를 조합하려는 의도가 반드시 없어도, 이 둘을 연속적으로 상징할 수 있다.

침팬지가 의문문을 해석하는 능력을 포함한 다른 문법 능력 역시 학습할 수 있다고 주장하기도 한다(예: 저건 누구야?(Who is that?), 저건 뭐야?(What is that?); B. T. Gardner and Gardner, 1975). 또한 기본적인 어순 규칙을 따를 수 있고, 다중 부호 연쇄에서 특정 위치에 특정 의미를 표현하는 수화를 만들 수 있다고 알려져 있다(Terrace et al., 1979).[8] 예를 들어, 님(Nim)은 다른 수화와 함께 'more'라는 수화를 생성할 때 역순(banana more)을 사용하는 것보다 (more banana에서와 같이) 'more'라는 부호를 앞에 배치하려 했다. Terrace와 동료들은 님은 'more'를 포함한 수화 연쇄(예로 'more X', 여기서 X 자리에는 어떤 사물도 들어갈 수 있음)를 구성할 때 자신만의 내적인 규칙을 가지고 있음이 분명하다고 결론지었다. 이와 유사하게 give X라는 형태가 X give의 형태보다 훨씬 더 빈번하게 나타났다.

유인원이 특정한 일련의 신호를 생성하게 된 원인을 알아내는 것은 종종 어렵다. 유인원이 인간 어린이와 비슷한 언어 능력을 갖추고 있다고 믿는다면(그리고 비슷한 이유로) 당신은 다음과 같은 대화가 어린이와 매우 유사하다고 볼 것이다(Jensvold and Gardner, 2000에서 발췌).

와슈: 과일 줘 나(fruit gimme).

조련사: 누가 웃겨?(Who funny?)

와슈: 로저(Roger).

조련사: 고양이 어디 있니?(Where cat?)

와슈: 로저 줘 나(Roger gimme).

조련사: 고양이 어디 있니?(Where cat?)

와슈: 줘 나(gimme).

조련사의 첫 번째 질문(누가 웃겨?)에 대한 대답을 보면 침팬지가 질문을 듣고 이해하고, 가능한 답을 생각한 후, 로저라는 사람을 웃긴 사람으로 적절히 선택한 후 표현했다고 생각할 수 있다. 그

러나 회의적인 관찰자는 다른 대화를 보면 이러한 해석에 의심을 가질 수밖에 없다고 주장한다. 와슈는 대화 전반에 걸쳐 과일에 집중하는 것 같다(아마도 이전에도 유사한 행동을 한 후에 과일을 얻었기 때문일 것이다). 그러면 '누가 웃겨?' 다음에 나오는 '로저'라는 수화는 단지 '로저, 줘 나(Roger gimme)'라는 표현의 잘못된 시작일 수 있다. 이는 '로저, 나에게 과일을 주세요.'라는 의미로 다시 쓸 수 있다. 어떤 표현이든 간에 전체 대화는 유기적으로 연결되는 의사소통이라기보다는 그저 우연히 한 번 의미가 통한 것처럼 보이는 것에 불과하다.

조작적 조건화 기법은 침팬지가 수화를 만들어 내도록 하는 데 성공했고, 다른 훈련 기법 역시 침팬지, 그리고 이와 아주 유사한 종인 보노보를 대상으로 성공시켰다. Sue Savage-Rumbaugh 와 그녀의 동료들은 조작적 조건화의 대안으로 관찰 학습 기법을 개척했다(Brakke and Savage-Rumbaugh, 1996a, 1996b; Lyn et al., 2006; Lyn and Savage-Rumbaugh, 2000; Savage-Rumbaugh and Fields, 2000; Sevcik and Savage-Rumbaugh, 1994; Shanker et al., 1999; Tagliatela et al., 2003; Williams and Savage-Rumbaugh, 1997). 관찰 학습 상황에서는 동물에게 제스처와 같은 언어 행동을 수행하는 인간을 보도록 한다. 이 동물은 이 행동을 반복하거나 모방하는 것을 선택할 수 있다. 그러나 이런 행동을 한다고 해서 보상이 주어지지는 않는다.

Savage-Rumbaugh는 (인간을 포함하여) 동물이 자신이 구사할 수 있는 어떤 의사소통 능력을 보이게 되는지 설명하기 위해 다음의 세 가지 요인을 중요하게 생각하는 모형을 제시했다. 첫째는 종의 생물학적 특성(계통 발생), 둘째는 개체의 성숙 특성(개체 발생), 그리고 셋째는 문화 또는 환경 요인이다. 이들 모두 혹은 일부가 언어를 말하고 이해하는 데 필요한 능력을 얼마나 갖추게 되는가를 결정할 수 있다(예를 들어, 인간은 물고기보다 언어 사용 능력이 뛰어나고, 12세 어린이는 12개월 유아보다 더 뛰어나며, 구성원 간 상호작용이 많은 가정의 아이들이 적은 가정의 아이들에 비해 더 뛰어난 언어 능력을 보이는 경향이 있다). 그녀는 비인간 의사소통에 관한 초기 연구에서 관찰된 침팬지 언어 능력에 나타난 한계 일부는 언어 훈련이 개별 침팬지의 생애에서 비교적 늦게 시작되었다는 사실, 그리고 침팬지에게 노출된 언어 환경의 특성과 침팬지의 유전적 혹은 생물학적 특성에서 비롯되었을 수 있다고 제안했다. 이러한 가능성에 대한 추가 증거를 수집하기 위해 그녀는 판판지(Panpanzee)라는 이름의 침팬지와 판바니샤(Panbanisha)라는 이름의 보노보를 어렸을 때부터 언어가 풍부한 환경에서 키웠다.

침팬지는 인간과 가장 가까운 종이다. 인간과 침팬지의 마지막 공통 조상은 약 500만 년에서 800만 년 전에 살았다. 보노보는 침팬지와 신체적으로 비슷하지만, 평균적으로 보노보가 조금 더 작다. 집단으로서의 보노보는 침팬지와 구별되는 사회적 특성도 가지고 있다. 보노보는 종 내 공격성이 낮고 집단 내 수컷 구성원에 의한 지배가 덜한 경향이 있다.[9] 신체적 유사성에도 불구하고 이 두 종은 생물학적으로는 구분된다. 침팬지와 보노보 둘 다 실험함으로써 Savage-Rumbaugh는 환경 요인을 일정하게 유지하면서 시간에 따른 변화(개체 발생)와 두 종의 차이(계통 발생)를 관찰할 수 있었다. 만약 두 동물이 같은 수준의 언어 능력을 습득했다면, 이것은 문화 또는 환경 요인이 언어 발달에 가장 큰 영향을 준다는 것을 의미한다. 두 종의 차이는 계통 발생학적 생물학적 차이를 반영하는 것이며, 시간에 따른 언어 기술의 차이는 개체 발생학적 혹은 성숙 요인을 반영할 가능성이 크다.

어린 유인원이 수화를 구사한 것에 대한 대가로 음식을 주는 기법 대신 성인 양육자들은 이들이 언어 행동을 모방할 수 있도록 했다.

> 양육자들은 유인원들과 영어와 '렉시그램'이라 부르는 시각적 기호를 사용하여 의사소통했다. 시각적 기호는 카드에 인쇄되어 있었고, 동물들은 다양한 개념과 연관된 서로 다른 기호를 가리킬 수 있었다. 훈련 기간 동안 유인원들은 (모방할 수 없는) 영어 구어와 (모방할 수 있는) 제스처, 그리고 (사용할 수 있는) 렉시그램에 모두 노출되었다. 이 양육 패러다임은 관찰 학습, 즉 보고 배우기와 어린 유인원의 언어 이해를 강조했기 때문에, 이러한 의사소통에 주의를 기울이도록 장려되긴 했지만, 음식이나 다른 보상을 받기 위해 그 신호를 만들어 낼 필요는 없었다(Brakke and Savage-Rumbaugh, 1996b, p. 363).

Savage-Rumbaugh는 자신이 키운 침팬지와 보노보가 조작적 조건화에 의해 언어를 배운 이전 연구의 침팬지에 비해 얼마나 더 잘 언어를 배웠는가를 비교함으로써 유인원의 언어 학습에 미치는 문화적/환경적 요인의 효과를 추산할 수 있었다.

이 연구는 4년이 채 되지 않는 기간 동안 이루어졌는데, 유인원은 제스처와 렉시그램을 모두 사용하여 의사소통하는 기술을 발전시켰다(Brakke and Savage-Rumbaugh, 1996a, 1996b). 판판지(침팬지)와 판바니샤(보노보) 모두 렉시그램을 사용하는 것보다 제스처를 통한 의사소통 기술을 먼저 습득했다. 그리고 판판지는 판바니샤가 렉시그램을 사용하기 시작한 후에도 1년 내내 제스처에만 의존하여 의사소통했다. 판판지는 조련사가 사용하는 렉시그램을 흉내 내는 것처럼 보였지만, 자발적으로 사용하지는 않았다. 판바니샤에 비해 판판지는 연구 기간 내내 제스처와 렉시그램을 더 많이 결합하여 사용하는 것 같았다. 조련사와 상호작용할 때 판판지는 제스처와 특정 렉시그램을 가리키는 동작을 결합할 가능성이 약 50% 더 컸다. 전반적으로 판판지는 연구 수행 기간 '단어'를 더 적게 만들어 냈다. 이 두 유인원은 본질적으로 같은 환경 조건에서 동일한 방법으로 양육되었기 때문에 이 둘의 차이는 환경의 차이에 기인하는 것이 아니라 종 간의 생물학적/유전적 차이에서 비롯된 것일 수 있다.[10]

Savage-Rumbaugh에 따르면 유아기부터 풍부한 언어 환경에 노출된 동물 중 4마리는 500단어 이상의 수용 어휘와 150단어 이상의 생산 어휘를 습득했다고 한다. 또한 언어가 풍부한 환경에서 자란 보노보들(칸지와 그의 이복 여동생 물리카)은 조작적 조건화 기법에 의해 자란 침팬지(주로 인간이 주도하는 교환 상황에서 수화를 사용하는 경향이 있음)에 비해 기호를 더 자발적으로 사용하는 것처럼 보인다고 한다. 만약 그렇다면 유인원에게 언어를 가르치기 위해 Savage-Rumbaugh가 사용한 몰입 방식이 제스처 행동의 자발성을 높이는 데 영향을 미쳤을 수 있다.

'원숭이는 말하지 않는다'

> 침팬지의 수화는 언어적이라고 해서는 안 된다.
>
> -Esterban Rivas

이 더러운 유인원아, 내 몸에서 냄새나는 발을 치워라.[2]

-Charlton Heston

일부 연구자들은 유인원의 제스처가 어린이들의 언어 행동과 일치하는 부분이 크다고 해석한다. 하지만 어떤 면에서는 유인원의 제스처와 어린이의 언어 관련 행동은 크게 다르다. 무엇보다도 유인원의 언어와 관련된 (혹은 언어와 유사한) 행동의 습득은 유인원마다 매우 다양하다. 정상적인 뇌 기능을 가졌고 안정적인 환경에 살며 모델에 노출된 어린이들이라면 보편적으로 언어를 습득할 수 있는 것과는 달리, 어떤 유인원은 상징을 구별하고 의사소통을 위해 이를 사용할 수 있는 능력을 습득할 수 있지만, 다른 유인원은 그렇지 못하다. 심지어 같은 환경에 노출되었을 때도 마찬가지이다(예를 들어, 칸지와 마타타의 차이를 보려면 Sevcik and Savage-Rumbaugh, 1994를 참조할 것). 이 사실은 그 자체로 유인원들이 의사소통 기술을 습득하기 위해 인간과는 다른 기제를 사용함을 의미하는 것 같다. 또한 아이들은 성인 양육자의 행동을 단순히 모방하는 것 이상의 행동을 보인다. 이들은 (유아들이 옹알이할 때처럼) 언어를 가지고 적극적으로 실험하고 (유인원의 제스처와 유사한) 첫 단어를 발화하기 시작하기 전에 언어의 소리 체계에 대한 지식을 발달시킨다. 이러한 언어 이전 옹알이 행동은 유인원에게는 보고된 바 없는데, 이는 인간과 유인원의 언어 습득과 발달의 기제가 다르다는 것을 시사한다.

아동과 유인원은 문법의 습득과 사용도 다르게 작동하는 것으로 보인다. 아이들이 여러 단어를 발화할 때 더 긴 발화에는 짧은 발화의 요소가 포함되어 있지만, 새로운 요소 역시 포함되어 있다. 발화 내 요소의 반복은 아동의 언어에서는 거의 찾아볼 수 없지만, 유인원의 수화에서는 흔한 일이다. 예를 들어, 님의 수화 연쇄에서는 '먹다 님 먹다 님(eat Nim eat Nim)'이나 '바나나 나 먹다 바나나(banana me eat banana)'와 같은 표현을 찾아볼 수 있다(Terrace et al., 1979, p. 894). 사실 반복이야 말로 님(그리고 다른 침팬지들)의 긴 발화를 구성하는 주요한 기제인 것 같다(예: 'give orange me give eat orange me eat orange give me eat orange give me you,' Terrace et al., 1979, p. 895; Rivas, 2005). 일부 유인원(예: 코코)의 제스처 행동의 90% 이상에서 반복이 나타난다.

이러한 반복적 연쇄는 비둘기, 개, 그리고 대학생들이 만들어 내는 '미신' 행동과 유사하다. 행동과 보상 사이에 수반성은 존재하지만, 보상의 제공이 지연될 때 이러한 미신 행동이 나타난다(Bruner and Revusky, 1961). 와슈가 제스처를 만들어 낸 뒤 보상을 받는 상황을 상상해 보자. 와슈가 하나의 제스처를 한 시간과 보상을 받는 시간 사이 시간 간격이 있다면, 이 간격 동안 와슈는 부가적인 제스처를 만들어 낼지도 모른다. 그리고 와슈는 하나의 제스처가 아닌, 동작의 연쇄가 보상을 가져왔다고 '믿을' 수 있다. 또한 간헐적 강화는 일반적으로 동물이 특정 행동을 할 가능성을 증가시킨다. 만약 유인원이 특정 강화 계획에 의해 학습한다면 더욱더 긴 일련의 제스처 집합을 생산할 것이다. 이것은 복잡한 문법 규칙을 습득해서가 아니라 단순히 강화 계획에 의해 주어지는 외부 보상이 동물로부터 더 많은 행동을 끌어내기 때문이다.[11]

---

2) 역자 주: 영화 〈혹성탈출〉에서 우주 비행사 조지 테일러(찰턴 헤스턴 분)가 그물에 갇힌 채 유인원들에게 소리치며 한 대사이다.

유인원 언어 연구에 관해 비판적으로 바라보는 연구자들은 또한 유인원이 수화를 사용하는 방식이 인간이 단어를 사용하는 방식과 다르다는 점을 지적한다(Rivas, 2005; Seidenberg and Petitto, 1987; Tomasello, 2007). 인간은 의도(발화의 동기나 기저의 생각)를 표현하기 위해 단어를 사용하지만, 유인원의 상징 사용은 훨씬 더 표층적이며 덜 의도적인 것 같다. 인간은 또한 환경의 사물이나 사건에 주의를 끌기 위해서거나 그 사물이나 사건에 관해 이야기하기 위해 단어를 사용하는 것이 일반적이다. 하지만 유인원은 대부분 뭔가를 얻기 위해 제스처를 사용한다. 좀 더 중립적인 용어를 빌려 표현하자면, 대부분의 유인원 제스처는 자신에게 보상이 되는 사물(과일, 주스, M&M)이나 행동(간지럽히기, 쫓기)과 관련되어 있다. Tomasello(2007, p. 152)에 따르면, "모두 그런 것은 아니지만, 대부분의 유인원 제스처는 다른 이의 행동에 직접적으로 영향을 미치기 위해 만들어지지만, 인간의 제스처는 대부분 서술하거나 정보를 제공하려는 목적으로 사용된다." 따라서 유인원의 제스처가 외적 보상에 의해 유지되는 정도와 특정 생각을 전달하려는 의도가 얼마나 반영되는지 판단하는 것은 어려운 일이다.

이러한 보상 지향성은 관찰 기법을 사용해서 훈련받은 유인원에게서도 여전히 나타나는 것으로 보인다. 예를 들어, 보노보 칸지는 조작적 조건화가 아닌 관찰 학습 방법을 통해 훈련받았음에도 불구하고 그가 보이는 제스처의 양상은 전통적인 조작적 조건화 기법을 사용해 훈련받은 유인원들의 양상과 거의 일치하였다. 칸지 수화의 96%는 요구로 해석될 수 있는데(Greenfield and Savage-Rumbaugh, 1990), 이는 이 행동이 보상이나 미래의 보상 때문에 유지된다는 생각과 일치한다. Brakke와 Savage-Rumbaugh(1996b, p. 365)는 칸지와 유사한 방식으로 양육된 침팬지 판판지와 보노보 판바니샤 역시도 요구 유사 행동 양상이 나타난다고 보고하였다.[12]

유인원은 또한 인간보다 문법 규칙을 훨씬 덜 일관적으로 적용하는 것 같다. 예를 들어 보자. 와슈의 제스처를 보면 'more X'가 'X more'보다 훨씬 더 많다. 그러나 이 차이는 실제 문법 규칙을 엄밀하게 적용할 때 나타나야만 하는 차이만큼 나타나지는 않는다. 영어와 같은 언어에서 문법 규칙이 적용될 때는 거의 100% 일치하는 결과가 나타난다. 영어를 사용하는 아이는 거의 항상 I want more juice라고 말하지, 결코 I want juice more라고 말하지 않는다. 물론 문법 규칙의 일관적인 적용을 벗어나는 예외도 제한적으로 존재하지만, 이는 동일한 생각을 표현하는 두 가지 이상의 방식이 문법적으로 허용되는 경우이다. 예를 들어, 당신은 Give Mary more juice(목적어를 두 개 취하는 문장)라고 말할 수도 있고, Give more juice to Mary(여격 문장)라고 말할 수도 있다. 개별 화자는 이 두 선택지를 왔다 갔다 할 수 있지만, 이는 한 사람으로부터 다른 사람으로 사물을 옮기는 것을 표현하는 문장을 구성하는 방법에 대한 두 가지 문법 규칙이 있기 때문이다(대략 X 동사 Y to Z, 혹은 X 동사 Z Y와 같은 형태). 때에 따라 서로 다른 규칙이 떠오르지만, 일단 규칙이 떠오르면 그 규칙을 그대로 따른다(그래서 Give to more juice Mary나 John Mary give more juice와 같은 문장은 절대 만들어질 수 없다).[13] 또한 인간이 아닌 영장류가 인간 언어의 문법과 같은 특징의 패턴 중 일부를 학습할 수 있다고 해도 다른 유형의 문법은 전혀 습득할 수 없는 것 같다(Hauser et al., 2001; Newport et al., 2004; Ramus et al., 2000).

유인원과 사람은 대화에서 상호작용하는 방식도 크게 다르다. 대화에서 한 화자의 발화가 다른 화자의 발화와 겹치는 정도는 문화마다 다소 다르지만, 끼어드는 경우는 비교적 드물게 발생한다

(말을 끊고 끼어드는 일이 분명 발생하지만, 말을 끊는 사람에 의해 끼어든 것으로 표시되는 경우가 많다). 유인원은 보통 음식을 달라고 요구하기 위해 항상 사람의 말을 끊는다(Terrace et al., 1979). 이렇게 항상 유인원만 말을 끊는다는 것을 보면 본격적인 언어 탄생의 전제 조건 중 하나가 개인이 충동을 조절할 수 있는 능력이라는 것을 시사한다. 만약 의사소통을 주고받는 개인이 말하고자 하는 충동을 조절할 수 없다면, 즉 그들의 언어 행동을 집단의 다른 구성원들과 조정하지 못한다면, 소리가 겹치면서 불협화음이 발생하고(물개 서식지나 인터넷을 생각해 보자), 이러한 일반적인 소음 때문에 다른 사람의 말을 듣기 어렵거나 불가능하게 될 것이다.

정리해 보자. 유인원은 특정 사물이나 사건을 가리키기 위해 제스처를 만들 수 있는 것을 포함하여 인간이 하는 행동 일부를 할 수 있다는 것을 보여 준다. 하지만 인간과 유인원이 언어를 사용하는 방식 사이에는 실재적인 차이가 존재한다(유인원과 인간의 언어 능력 사이의 유사성을 열렬히 옹호하는 견해를 보려면 Lieberman, 2000을 볼 것). 이러한 차이가 연속성 가설에 치명적이라고 볼지는 당신이 유인원과 인간의 의사소통 능력 사이의 관계를 어떻게 보느냐에 따라 달라진다. 유인원의 능력을 인간 능력의 원시적 형태로 본다면 연속성 가설이 이기는 것이지만, 인간과 유인원 사이의 차이가 너무 커서 인간의 언어 행동이 유인원과는 전혀 다른 일련의 정신 과정에 의해 발생한다고 생각한다면 불연속성 가설의 승리이다.

언어의 기원

유인원 의사소통을 연구하는 것은 인간이 자신이 누리는 언어 능력을 왜 가지게 되었는가를 탐구하는 하나의 방법이다. 유인원이 보여 주는 능력은 유인원과 인간의 마지막 공통 조상에게 존재했을 가능성이 크다. 가능성은 작지만, 인간과 유인원이 공유하는 능력은 약 500에서 800만 년 전에 두 종이 분리된 후 독립적으로 발달했을 수도 있다. 언어의 기원을 연구하는 다른 방법은 현대 인간과 진화적 조상을 비교하는 것과 관련된다. 인류 조상의 신체적 특징과 유물을 평가함으로써 이론가들은 현대의 언어 능력이 어떻게 그리고 언제 나타났는가에 관한 생각을 발전시킬 수 있다. 이러한 연구는 대부분 추측에 근거할 수밖에 없는데, 서로 다른 이론의 진위를 판별하는 데 필요한 결정적 증거가 없기 때문이다. 살아있는 인간과 유인원을 비교하는 연구와 마찬가지로 진화적 접근에서 언어의 기원에 관한 이론화 대부분은 연속성과 불연속성 가설 주위를 맴돈다. 연속성 가설은 현대 인간의 언어 능력이 우리 조상에게 존재하던 능력이 수정된 것이라고 보는 데 반해, 불연속성 가설은 이 둘은 구별되고 분리된 능력이라고 본다.

다윈주의 관점에서 보면 인간의 발화 능력은 적응(adaptation)이다. 적응이란 환경적 요인에 의해 선택되고 유지된 종의 특성이다. 즉, 과거 특정 시점에 종 내에서 변산성이 있는데, 어떤 개체는 다른 개체보다 적응적 특성을 더 많이 가지고 있었다. 이러한 개체는 생존과 번식의 가능성이 더 크고(생물학적으로 더 적합하고), 적응적 특성이 없는 개체들은 그 수가 영이 될 때까지 개체수가 점점 줄어들게 된다.

음성 언어는 일면 개인 간에 복잡한 지식을 거의 즉각적으로 공유하고 공동의 활동을 조정할 수 있다는 명백한 장점이 있을 뿐만 아니라 다른 면으로는 명백한 약점이 덜하므로 적응의 산물로 볼 수 있다(Aitchison, 2000; Darwin, 1859/1979). 다양한 말소리를 산출하기 위해서는 인간의 후두가 다른 종(우리와 친척인 침팬지나 보노보)에 비해 목구멍 깊숙이 있어야 한다. 목구멍 깊은 곳에 있는 후두 덕분에 인간은 음식을 먹을 때 공기가 유입되는 것을 막을 수 없다. 이는 인간이 질식하여 돌연사할 가능성을 증가시킨다. 미국 질병통제센터에 따르면 미국에서 매년 약 150명의 아동이 기도에 이물질이 끼어서 사망한다. 다른 동물들은 인간만큼 자주 이렇게 질식사하지 않는다. 왜냐하면 동물들은 음식을 먹을 때 공기가 유입되지 않도록 기도를 닫을 수 있기 때문이다. 인간의 하행 후두가 계속 유지된다는 사실은 그것이 가지는 단점에도 불구하고 그 선택적 장점 때문에 이 특성이 계속 유지된다는 증거이다.

현대의 언어 능력, 그중에서도 특히 음성 언어를 산출할 수 있는 능력은 현대인의 두 가지 특성이 없었다면 가능하지 않았을 것이다. 첫째는 다양한 음성(음소)을 생성할 수 있게 하는 발성 장치이고, 둘째는 이 발성 장치를 매우 세밀하게 제어할 수 있는 능력이다(Lieberman, 2000; MacLarnon and Hewitt, 1999).

언제 정확하게 현대 언어가 출현했을까? 우리는 추측할 수밖에 없다. 우리 조상들은 언어에 필요한 통제력이 부족했기 때문에(그리고 언어가 발성 체계로 발전하기 전에 몸짓 체계로 발전했을 가능성을 무시한다는 견해는 Falk, 2004 참조 및 그에 대한 답변을 보려면 Hewes, 1973 참조) 복잡한 현대 언어는 지금으로부터 20만 년에서 7만 년 전 사이에 출현했을 가능성이 크다. 일부 학자들은 약 5만 년 전 인류의 문화 및 예술 혁명과 완전한 현대 언어의 출현을 연관 짓기도 한다.

Philip Lieberman(2000)은 (호모 에렉투스와 같은) 인류의 조상은 말할 수 있는 능력이 있었다고 주장한다. 물론 그들의 발화는 현대 인간의 언어만큼 정제된 것은 아니었지만 말이다. 이러한 결론은 왜 인간의 성도가 지금의 모양을 갖게 되었는지에 관한 추론에 근거한다. Lieberman은 (meet에서의) /i/나 (you에서의) /u/같은 모음을 산출하기 위해서는 목구멍의 후두 위 공간은 목구멍 위쪽과 입 사이의 수평 공간과 거의 같은 길이여야만 한다고 지적한다. 그는 자연 선택이 이러한 구성을 만들어 내고 유지하려면 그 이전에 초보적인 언어 능력이 존재했어야 한다고 주장한다. 자연 선택은 더 넓은 범위의 모음을 산출할 수 있는 신체적 특징을 가진 개체를 선호했을 수 있다. 호모 사피엔스의 출현 전에 초보적인 언어 능력이 존재하지 않았다면, 후두가 낮아지고 그에 수반하여 많은 모음 산출 능력을 갖추게 된 것은 자연 선택에 의한 점진적 진화가 아니라 엄청나게 운이 좋은 돌연변이의 결과여야 할 것이다.

다른 연구자들은 호모 사피엔스가 출현하면서 비로소 언어가 생겨났다고 본다. 말하기는 날숨을 조절하는 운동이다. 각각의 단어와 음절을 얼마나 강조하고 강세를 두어야 하는 것과 같은 발화의 미세한 측면을 제어하기 위해서는 연속적인 움직임으로 부드럽게 숨을 내쉬는 것이 아니라 폐로부터 나오는 공기의 흐름을 빠르게 바꿀 수 있어야 한다.[14] MacLarnon과 Hewitt은 우리 조상에게는 음성 언어가 존재할 수 없었을 것이라고 주장한다. 왜냐하면 현대의 유인원처럼 이들도 미세한 제어 기능을 발휘할 능력이 부족했기 때문이다. 이는 뇌로부터 신체의 상부나 목의 근육으로 이어지는 신경의 지름이 상대적으로 짧다는 것에 근거한다(MacLarnon and Hewitt, 1999). 초기 호모 사피엔스의 화석과 오스트랄로피테쿠스 아파렌시스, 호모 에렉투스, 네안데르탈인의 화석을 비교하면, 초기 호모 사피엔스만이 현대 인간과 연관된 신경관 유형을 가지고 있었다. 이러한 호흡 조절 능력의 향상은 사람이 낼 수 있는 말소리의 범위를 늘릴 뿐만 아니라 숨을 멈추지 않고 말할 수 있는 절대적인 시간도 늘린다. 영장류의 발성 시간은 약 5초로 제한되어 있지만, 인간은 숨을 멈추지 않고 10초 이상 말을 계속 할 수 있다.[15]

화석 기록에 따르면 약 7만 년에서 20만 년 전 호모 사피엔스가 출현하기 전 인류의 조상은 도구를 만들고 음식을 조리하는 등 현대 인류의 문화적, 신체적 특징의 일부를 가지고 있었다고 한다. 만약 현대의 언어가 호모 사피엔스 시대의 어느 시점에 출현했다고 가정한다면 왜 그 전이 아니라 바로 그때 출현했는가를 알면 좋을 것이다. 한 가지 설명은 몸무게 대비 두뇌 크기가 전반적으로 증가하면서 일반 지능이 높아졌고, 이것이 언어 혁명을 촉발했다는 것이다. 두 번째 설명은 큰 두뇌가 먼저 출현하고 그 다음 언어가 출현했다는 것이다. 그러나 이러한 가설은 몇 가지 풀리지 않는 의문점을 남긴다. 예를 들어, 언어가 출현하기 전 그렇게 큰 두뇌는 무엇을 했을까? 만약 답이 '특별히 한 일이 없음'이라면, 그 종에서 왜 그렇게 큰 두뇌를 유지해야 했을까(특히 두뇌가 우리 몸의 자원의 큰 부분을 요구한다는 점을 생각하면 말이다.)? 그리고 만약 언어가 큰 두뇌의 사피엔스의 선택적 특징이라면 왜 언어는 지금 생존하는 인류의 보편적인 특징으로 남아 있을까? 또한 왜 더 작은 두뇌를 가진 집단의 사람들 역시 언어 능력을 완벽하게 발달시킬 수 있었을까?

또 다른 설명은 더 복잡한 단어 연쇄가 언어에 출현하기 전에 단어와 유사한 언어 단위가 존재해야 한다는 생각에서 시작된다(Aitchison, 2000). 단어를 사용하기 전에 소리가 사물과 연관될 수 있다는 생각, 즉 명명 통찰력을 이해해야 한다. 하지만 이러한 명명 통찰력은 어디에서 발전했을까? 한 가지 가능성은 더 원시적인 발성 체계의 확장일 수 있다. 인간이 아닌 영장류는 이미 울음소리를 단순한 소음으로 취급하지 않고, 의미론(의미)의 일부 측면을 가지고 있었는데, 특정 종류의 동물에 대한 지식을 활성화하기 위한 경고로써 소리를 사용하였다. 인간 언어에서 첫 번째로 출현한 단어와 유사한 단위의 후보로는 포식자나 먹이를 모방한 소음, 육체적 활동과 함께 내는 끙끙거리는 소리, 유인원이 인사할 때 내는 입술을 깨물거나 꽥꽥거리는 소리에 해당하는 것 등이 있다. 이론에 따르면 음성 언어 체계를 발달시키기 위해서는 작은 원형 단어 모음이 필요하다. 또한 더 넓은 범위의 개념을 표현하기 위해 더 큰 단어 집합을 조합하는 과정에서도 역시 음성 언어 체계가 필요하다. 안타깝게도 기존 자료에는 이러한 후보 중 어떤 것이 최초의 단어가 출현하도록 촉발했는지에 대한 정보가 없다. 그러나 일단 명명 통찰력이 자리를 잡으면서 단어의 목록이 빠르게 확장되었을 가능성이 크다.

언어 진화의 다음 단계는 현대 피진(pidgin)[3]에 가까운 수준까지의 발전이었을 것이다. 피진은 서로 다른 언어를 사용하는 성인들이 의사소통을 해야 하는 상황에 놓일 때 발달한다(Bickerton, 1988). 피진은 일반적으로 완전히 발달한 언어에 비해 어휘가 제한적이고 문법이 단순하다. 예를 들어, 파푸아뉴기니에서 사용되는 피진어인 톡 피신(Tok Pisin)에서는 다음과 같은 표현이 사용된다.

    han bilong diwai   '나무 가지'

---

3) 역자 주: 피진(pidgin)은 서로 다른 두 언어 화자가 만나 의사소통을 위해 자연스럽게 형성한 혼성어를 일컫는 말로, 피진이 뿌리내려 모국어로 사용되는 경우 '크리올(creole)어'라고 한다.

han bilong pik   '돼지의 앞다리'

han bilong pisin   '새의 날개'

(기존에 존재하는 두 개 이상의 언어가 결합하여 생겨난 언어인) 크리올어 또는 다른 종류의 완전히 발달한 언어에서는 가지, 다리, 날개와 같은 개념은 각각 더 짧은 이름이 있고, 손이라는 한 가지 용어를 확장하여 다양한 범위의 사물을 지칭하지는 않을 것으로 기대한다(물론 이렇게 한 단어로 쓰면 손, 가지, 다리, 날개 사이의 유사성이 명확해진다는 이점이 있긴 하다). 피진은 동사의 과거 및 현재 시제 표시, 주어와 동사 간의 수 일치, 고유 전치사 집합(on, of, below 등), 격 표지(예: 문장 내 위치 또는 의미적 역할에 따른 명사 형태 변화) 등 진정한 언어의 문법적 특징이 결여된 경향이 있다. 따라서 피진은 문법이 전혀 없는 것과 완전히 발달한 언어의 특징인 복잡한 문법을 가진 것 사이의 중간 형태를 나타낸다.

일부 이론가들은 문법이야말로 인간의 언어 능력을 인류의 조상이나 현생 인류와 가까운 동물(예: 유인원)의 언어 능력과 구별하는 유일한 요소라고 주장한다. 그렇다면 문법은 어디에서 유래했을까? 언어 생체 프로그램 가설은 한 가지 해답을 제시한다(Bickerton, 1988; Lenneberg, 1967; Pinker, 1994). 이 가설에 따르면, 인간의 유전자는 심장, 위, 폐 또는 기타 기관에 상응하는 정신적 기관을 만들어 낸다. 다른 기관의 도움을 받는 심장과 마찬가지로 언어 기관도 다른 정신 능력에 의존하여 도움을 받는다. 하지만 혈액을 이동시키는 데 특화된 심장과 마찬가지로 언어 기관도 특화된 기관이다. 특히 말을 하고 들은 말을 이해하기 위한 능력의 기반이 되는 위계적이고 상징적인 심적 표상을 만드는 데 특화되어 있다. 인간의 언어 능력, 특히 문법을 형성하는 데 유전이 기여한다는 증거가 있을까?

문법의 유전적 기원을 지지하는 증거는 두 가지 주요한 출처로부터 나온다.[16] 하나는 크리올어에 관한 연구이고, 다른 하나는 언어 장애와 관련된 유전적 기형에 대한 연구이다. 만약 유전이 인간의 언어 능력에 기여한다면, 문법적으로 완벽한 언어 모형에 노출되었는지 여부에 상관없이 아이들이 문법적으로 완벽한 언어 능력을 갖추게 될 것으로 기대할 수 있다. 몇몇 연구는 그러한 양상을 발견하였다(Bickerton, 1988). 이 연구에서 부모의 피진어를 듣고 자란 아이들은 자신들의 언어에 격, 시제, 일치 기능과 같은 문법적 표시를 자발적으로 추가하여 부모가 사용하는 피진어와는 질적으로 다른 버전의 언어를 사용하게 되는 것으로 나타났다. 이 연구 중 일부는 연구에 참여한 노인들이 어린 시절의 사건에 대해 이야기하는 회고적(역사적) 보고에 의존했거나, 집에서 부모가 완전한 문법을 가진 자신들의 모국어를 사용할 때 연구 대상자가 이 언어에 노출되었다는 점에서 비판을 받기도 했다. 그러나 니카라과 수어에 관한 더 최근 연구는 이러한 비판으로부터 훨씬 자유롭다(Emmorey, 2002; Senghas and Coppola, 2001).

산디니스타 혁명[4] 이전의 니카라과에서는 청각장애를 가진 아이들이 서로 고립되어 양육되는 경향이 있었고, 대다수가 듣고 말할 수는 있지만 수화를 할 수 없는 부모에게서 태어났다. 따라서

---

4) 역자 주: 니카라과에서 일어난 사회주의 혁명으로, 국내에서는 니카라과 혁명이라는 명칭을 훨씬 더 많이 쓴다.

이 청각장애 아동들은 따를 수 있는 수화 모델이 없었다. 그들 대부분은 양육자 및 가족과 소통할 수 있는 독특한 제스처 체계인 가정 수화 체계를 개발했다. 1977년부터 니카라과 최초로 전국 각지의 청각장애 아동을 한데 모은 청각장애 중앙학교가 설립되었다. 아이들은 공식적으로 구두 교육(말하기 및 입술 읽기 훈련)을 받았지만, 여가 시간에는 제스처를 사용하여 서로 의사소통했다. 초기에 청각장애 아동의 제스처 시스템은 표준적이고 공유된 어휘를 개발했지만, 이 시스템에는 완전히 발달한 수화의 문법적 특징이 많이 부족했다. 그러나 어린 아이들이 더 많이 모이면서 자연스럽게 문법적 특징이 추가되었다. 이는 청각장애 아동이 성인 언어 모델에 노출되지 않았음에도 불구하고 달성된 것이었다. 이 현상을 설명하는 한 가지 방법은 아이들의 유전적 유산이 문법 체계를 '발명'하는 데 필요한 정신적 도구를 제공할 뿐만 아니라 그러한 체계가 아직 환경에 존재하지 않는 경우 이를 구현하려는 추진력을 공급한다는 것이다.

선택적 언어 장애(selective language impairment: SLI)를 가진 사람들에 관한 연구 역시 언어 능력에 유전적 요인이 기여한다는 점을 제안한다(Enard et al., 2002; Gopnik, 1990, 1994; Gopnik and Crago, 1991). 일련의 연구는 영국에 거주하는 특정 가족(KE 가족)에 초점을 맞췄다. 이 가족 구성원의 절반은 일반 지능과 언어 능력이 완전히 정상인 것으로 나타났다. 나머지 절반의 가족 구성원도 본질적으로는 정상적인 지적 능력을 가지고 있었지만, 언어를 산출하고 이해하는 데 여러 가지 문제가 있었다. 예를 들어, 언어 능력에 문제가 있었던 가족 구성원은 동사의 과거 시제를 쓰는 데 어려움을 겪었다. 이들은 '어제 그는 걷는다(Yesterday he walks).' 또는 '한참을 생각한 후 마침내 그녀는 뛰어서 떨어진다(After thinking about it for a while, she finally jump and fell).'와 같이 말하곤 했다. 문장을 쓸 때도 이 사람들은 때때로 시제에 맞게 동사를 변형하기도 했지만, 일반적으로 이는 개별 동사에 대한 명시적인 지침이 있을 때만 나타났다. 즉, '과거 시제를 만들려면 끝에 —ed를 붙인다.'는 일반적인 규칙을 적용하지 않는 것으로 보인다. 다른 동사 관련 표지도 쓰지 않거나 잘못 적용하여 썼다[예: '캐롤은 교회에서 울고 있다(Carol is cry in the church)']. 이들은 또한 단수 명사로부터 복수 명사를 만드는 것도 문제가 있었다. wug 과제(wug test)라는 검사에서 사람들은 wug나 zat와 같은 비단어가 주어지면 이를 복수 형태로 만들어야 한다. '여기 zat가 하나 있습니다. 이제 두 개의 _____가 있습니다.'에서 빈칸을 채워달라는 요청에 이들은 'zacko'라고 대답했다. 유전자 검사 결과에 따르면 이 가족 중 언어 장애가 없는 사람들은 FOXP2라는 유전자가 일반적인 형태를 띠고 있었지만, 언어 장애가 있는 사람들은 FOXP2가 특이한 형태를 띠고 있었다(Lai et al., 2001).

KE 가계에서 보이는 언어 장애가 특히 문법적 결함에 기인함에도 불구하고, 몇몇 연구자들은 이 가족이 일련의 행동을 계획하고 실행하는 보다 일반적인 문제가 있다는 설명을 선호한다(Vargha-Khadem et al., 1998; Watkins et al., 2002). 이 후자의 해석은 왜 이 가족 중 언어 장애가 있었던 구성원이 명령에 따라 얼굴 근육을 움직이는 데 어려움을 나타냈는지, 왜 한 단어를 명확하게 반복해서 말하는 데 문제가 있는지를 설명하는 데 도움이 된다. 따라서 유전자는 (유전적 생체 프로그램 가설에 따라) 인간 인지 능력의 선천적 특징으로서 문법의 일부 측면을 습득하는 데 직접적으로 관여할 수도 있고(Bickerton, 1988; Pinker, 1994), 혹은 유전자가 일반적으로 일련의 행동을 계획하는 데 관여하는 뇌 부위에 영향을 미치며, 언어 이해 및 산출 과정에서 우리가 말하거나 들은 말을 이해할 때 이러한 두뇌 자원을 활용할 수도 있다.

언어와 사고

> 따라서 목구멍의 운동 담당 영역은 몸의 제어 영역이 된다.
>
> –J. B. Watson

　당신이 무언가를 생각하거나 어떤 활동을 계획할 때 머릿속에서 목소리가 들리는 것을 경험한 적이 있을 것이다. 이것은 아마도 당신 자신의 목소리처럼 들리며, 당신이 생각하고 있는 것에 대해 말하고 있는 상황일 것이다. 이러한 내적 독백은 '혼잣말'과 '생각'이 같은 것이라고 믿을 때 흔히 나타날 수 있는 경험이다. 만약 당신이 인지 과정이 이렇게 작동한다고 생각했다면 당신은 혼자가 아니다. 저명한 행동주의자인 J. B. Watson과 B. F. Skinner 모두 이러한 형태의 생각을 옹호했기 때문이다. Watson은 이 문제를 다음과 같이 묻고 답했다(Watson, 1924, pp. 341, 347). "우리는 말로만, 즉 언어적 운동 수축을 통해서만 생각할까? 이 질문에 대한 나의 대답은 '그렇다'이다. '사고'는 목소리를 내지 않고 말하는 것이다." 그러나 Watson의 시대 이후로 사고와 언어가 연결되어 있긴 하지만 분리된 능력임을 보여 주는 수많은 증거가 축적됐다.

　언어와 사고에 관한 Watson의 이론의 종말은 1947년 시작되었는데, 솔트레이크시티에서 의사들이 건강한 34세의 연구 지원자를 들것에 묶고 큐라레를 주사했을 때였다(Smith et al., 1947; 〈표 1.2〉 참조). 큐라레는 Watson이 사고 과정에 중요하다고 믿었던 인두(목) 근육을 포함하여 신체의 근육을 완전히 마비시킨다. 큐라레 주사가 완료된 지 약 4분 후, 연구 지원자는 목 근육이 더 이상 움직이지 않아 말을 할 수 없게 되었다. 말을 잃었지만, 이 지원자는 여전히 주변에서 일어나는 모든 일을 인식할 수 있었다. 회복 후 이 사람은 마비된 시간 내내 '종소리처럼 선명했다.'라고 말했다. 또한 말을 할 수 없는 동안 지원자는 눈썹과 눈꺼풀 근육 등 아직 완벽히 마비되지 않은 근육을 움직여 예/아니요로 대답할 수 있는 질문에 응답했는데, 그의 대답은 '모두 정답'이었다. Smith의

표 1.2　큐라레 주사 후 생긴 근육 마비 기간 보고된 몇 가지 사건들

시간	사건
오후 2:11	15분간 큐라레 주사제 주입
오후 2:20	언어 발화가 더 이상 가능하지 않음. 선명하게 들을 수 있음. 아직 머리를 끄덕이거나 손을 움직일 수 있음
오후 2:22	지원자는 이 경험이 불쾌하지는 않다고 머리를 움직여서 보고함
오후 2:26	질문을 정확하게 이해하고 답변하는 능력은 질문이 부정 또는 이중 부정의 형태로 재차 이루어졌을 때도 정확한 대답을 하는 것을 통해 확인됨
오후 2:45	완전히 마비되어 지원자는 질문에 반응을 하지 못함
오후 2:48	눈꺼풀을 손으로 엶. 지원자는 회복 후 마비 기간 내내 자신이 '종소리처럼 맑은 상태'였다고 진술함
오후 4:50	지원자는 침대 끝에 앉을 수 있고 구두로 주관적 보고를 마침

출처: Smith et al. (1947), pp. 1–14에서 발췌함. 모든 사건은 직접 인용이거나 보고서 원본을 다시 씀.

연구팀은 실험 중에 발생한 사건과 이후 지원자가 자기 경험에 관해 설명한 내용을 바탕으로 언어 근육을 불활성화한 것이 지원자가 전신 근육 마비 상태에서 발생한 사건을 인지, 사고 또는 기억하는 능력에는 아무런 영향을 미치지 않는다는 결론을 내렸다.

큐라레 실험의 결과는 그것이 명시적이든 속으로 한 것이든 사고와 목구멍의 근육 움직임이 같은 것이라는 Watson의 생각에 치명적이었지만, (어떤 근육의 움직임 없이 하는) '혼잣말'이 사고와 같은 것이라면 그의 주장이 맞을 수도 있다. 하지만 이러한 대안적 가설 역시 큰 문제점들이 있다. 첫째, 언어를 말하거나 이해하는 능력을 상실한 사람이라고 하더라도 생각하는 것은 가능하다. 이 경우 문제는 근육이 마비된 것이 아니라 내적 독백을 전혀 만들어 내지 못하는 것이다. 그러한 사례 중 하나는 프랑스어를 사용하는 수도사 '존(John) 사제'였는데, 그는 간질 발작으로 인해 주기적으로 말을 하거나 말 또는 글을 이해하지 못하는 경험을 보고하였다(Lecours and Joanette, 1980). 존 사제의 간질 발작은 짧게는 몇 분, 길게는 몇 시간 동안 지속되었다. 발작이 가장 심할 때 존 사제는 일관성 있게 말을 할 수 없었고 종종 글을 쓸 수도 없었지만, 그렇다고 해서 사고 능력이 파괴되지는 않았다. 그는 또한 발작 중에 내적 독백을 하는 능력도 무력화되었다고 주관적으로 보고했다. 그러나 그는 발작 중에도 익숙한 물체를 계속 인식할 수 있었고, 복잡한 도구를 다룰 수 있었으며, 간질 발작이 시작되기 전에 받았던 지시(연구진에게 큰 발작이 있다고 알리고 발작 중 자기 말을 녹음기에 녹음하라는 지시를 포함)를 수행할 수 있었고, 짧고 긴 곱셈과 나눗셈을 수행할 수 있었다. 존 사제는 긴 발작이 진행되는 동안 때때로 잠을 자기도 했지만, 발작이 진행되는 내내 (비록 기분이 좋지 않았지만) 의식이 완전히 유지되는 경우가 많았다. 또한 큐라레 실험의 연구 지원자와 마찬가지로 존 사제는 언어 능력이 무력화된 상태에서 일어난 사건을 기억하고 나중에 자세히 이야기할 수 있었다. 기차를 타고 유럽을 여행하던 중 주요한 발작이 한 번 있었는데 존 사제는 정확한 역에서 내려 호텔을 찾아 체크인하고 (주문할 메뉴를 가리키며) 식사를 주문했다. 존 사제 자신이 말했듯이, "내면에서는 스스로 분명하게 생각할 수 있었지만, [조용히] 혼잣말을 할 때는 단어들을 찾는 데 어려움을 겪었다"(Lecours and Joanette, 1980, p. 10).

존 사제와 같은 사례는 사고(여기서 사고란 추론하고, 계획하고, 결정을 내리고, 복잡한 환경 자극에 적절하게 반응하는 능력으로 정의됨)를 하기 위해 언어가 필요하지 않다는 것을 보여 준다. 다른 사례는 언어를 사용하기 위해 특별히 잘 생각할 필요가 없다는 것을 보여 준다. 윌리엄스 증후군을 앓고 있는 사람들과 자폐증 환자 중 외국어 학습 능력이 뛰어난 '크리스토퍼(Christopher)'가 그 예이다.

윌리엄스 증후군은 비정상적인 뇌 구조와 기능, 지적장애를 초래하는 질환이다(Lightwood, 1952; Williams et al., 1961). 심각한 정신 능력의 한계가 있다고 해서 윌리엄스 증후군을 앓고 있는 사람들의 언어 사용 능력이 마비되지는 않는다. 윌리엄스 증후군을 앓고 있는 한 여성은 기본적인 산술 계산을 하지 못하고, 물건 몇 개를 떠올리라는 요구를 따를 수 없다. 그러나 그녀는 다음과 같이 폭풍처럼 말을 할 수 있다.

저는 음악 듣기를 좋아합니다. 베토벤도 조금 좋아하지만, 모차르트와 쇼팽, 바흐를 특히 좋아해요. 저는 이 작곡가들의 음악 전개 방식이 마음에 드는데, 음악이 매우 활기차고 경쾌하며 매우 명랑하죠. 저는 베토벤은 우울하다고 생각해요. (Finn, 1991, p. 54)

Karmiloff-Smith 등(1998, p. 343)이 "언어의 일부 측면은 상대적으로 손상되지 않지만, 공간 인지, 숫자 계획, 문제 해결과 같은 많은 비언어적 기능은 심각하게 손상된다."라고 지적한 것처럼, 윌리엄스 증후군 환자의 언어 능력이 정상이라는 것을 의미하지는 않는다. 그들은 의미(의미론)와 언어 구조(통사론)의 일부 측면에 대해 정상인과 다르게 반응하는 것으로 보인다. 그러나 중요한 것은 윌리엄스 증후군이 있는 사람들의 전반적인 지능 수준을 고려할 때 이들의 언어 능력이 예상보다 더 정교하며, 언어 능력이 매우 손상된 다운 증후군을 포함한 다른 지적장애인과 비교해도 마찬가지이다(Reilly et al., 1990; Thomas et al., 2001; Tyler et al., 1997; 그러나 Tomasello, 1995도 참조할 것).

윌리엄스 증후군과 수어 연구 분야에 엄청난 공헌을 한 Ursula Bellugi는 상황을 다음과 같이 요약하였다(Losh et al., 2000, pp. 268-269).

> 윌리엄스 증후군이 있는 청소년은 다양한 언어 과제에서 또래 및 IQ가 비슷한 다운 증후군 청소년보다 훨씬 우수한 성적을 보인다. 윌리엄스 증후군이 있는 성인과 청소년의 자발적 언어는 가끔 오류가 없는 것은 아니지만 유창하고 보통 문법적으로 잘 형성되어 있다는 것이 특징이다.

크리스토퍼는 자신을 스스로 돌볼 수 없는 자폐가 있는 한 사람의 가명인데, 이 사람은 13개의 외국어를 배우는 데 성공했다(Smith and Tsimpli, 1995; Tsimpli and Smith, 1999). 그러나 윌리엄스 증후군과 마찬가지로 크리스토퍼의 언어 능력이 완전히 정상인 것은 아니다. 그는 은유(예: 경주마가 트랙을 날아다녔다)와 반어(예: 발가락을 찧렀을 때, 기분이 좋았어요! 라고 말하는 상황)는 물론 농담과 수사학적 질문 등 비유적 표현을 담은 언어를 이해하는 데 어려움을 겪는다. 하지만 지금은 그게 중요한 것이 아니다. 중요한 것은 크리스토퍼의 전반적인 언어 능력이 그의 인지 기능의 일반적 수준에서 기대할 수 있는 정도를 훨씬 뛰어넘는다는 것이다. 실제로 그의 외국어 학습 능력은 지능이 높다고 해도 기대할 수 있는 수준을 훨씬 뛰어넘는다.

이러한 예들은 (존 사제의 경우처럼) 사고를 하기 위해 언어가 꼭 필요한 것은 아니며, (크리스토퍼나 윌리엄스 증후군의 경우처럼) 비언어 사고 영역에서의 기능이 저하된 상황에서도 정교한 언어 능력을 가질 수 있음을 보여 준다. 이러한 양상을 과학자들은 이중 해리(double dissociation)라 부르는데, 이는 2×2 행렬의 네 개의 셀을 모두 채울 수 있을 때 발생한다. 이 행렬 한쪽에는 (비언어적) 사고 과정이 있고 다른 한쪽에는 언어 능력이 있다. 만약 좋은 언어와 좋은 사고력이 동시에 나타나고, 나쁜 언어와 나쁜 사고력이 동시에 나타난다면, 이는 언어와 사고가 서로 의존하며 심지어 같은 것일 수도 있음을 강력하게 시사한다. 그러나 하나가 없이도 다른 하나의 능력이 좋을 수 있다면 이것은 적어도 부분적으로 분리되어 있으며 같은 것이 아니라는 것을 의미한다. 따라서 Watson의 '말은 곧 사고이다.'라는 가설의 약한 버전, 즉 내적 독백과 생각이 같은 것이라는 생각 역시 반증된다.

워프(Whorf), 언어 결정론, 언어 상대성

언어와 사고가 동일한 것은 아님에도 불구하고, 이들이 서로 영향을 주고받지 않는다는 것을 의미하지는 않는다. 언어의 주요한 목적 중 하나는 우리의 생각을 표현하는 것이며, 우리가 사용하는 언어는 우리가 세상에 관해 생각하고 세상을 인식하는 방식에도 영향을 미칠 수 있다. 스타 트렉의 사령관 워프(Worf)가 등장하기 전부터 우리 언어심리학자, 언어학자, 철학자들은 벤자민 리 워프 (Benjamin Lee Whorf)에게 영감을 받을 수 있을 것으로 기대했다. Whorf와 그의 지도교수인 언어학 자 Edward Sapir는 우리가 사용하는 언어가 우리가 생각하는 방식에 영향을 줄 수 있다는 생각을 발전시켰다. 이들의 이론은 여러 이름으로 불리지만, 여기서는 언어 결정론(linguistic determinism) 이라는 이름을 쓰도록 하자. 이 이름은 언어가 사고를 주도하고, 우리가 생각하는 방식이 사용하는 언어에 의해 결정된다는 생각을 강조하는 데 도움이 된다. 이러한 태도는 인종 차별적이거나 성차 별적인 용어 또는 표현을 사용하는 것을 반대하는 사회적 규범에서 드러나는데, 이러한 표현을 언 어에서 제거하면 해당 언어를 듣는 사람들이 그에 수반되는 생각을 할 가능성이 줄어든다는 아이 디어에서 비롯된 것이다. 만약 한 언어에 특정 계층의 사람들을 경멸적으로 지칭하는 용어가 없다 면, 그 언어를 사용하는 화자들이 그러한 생각을 표현하기 어려울 것이고, 그 대신에 그와는 다른, 조금 더 수용 가능한 생각을 표현하게 될 것이다.

　언어 결정론을 제안한 워프의 주요 동기 중 하나는 에스키모어 어휘 분석이었다.[17] 워프는 에스 키모어에 대한 Boas(1911)의 분석에 근거하여 영어에는 눈이 한 단어지만, 에스키모어에는 여러 단어가 있다는 결론을 내렸다. 영어에는 단어가 하나인데 에스키모어에는 왜 여러 개의 단어가 있 을까? 워프는 에스키모인들이 '눈'이라는 개념을 여러 개의 뚜렷한 하위 개념으로 나누고 각기 다 른 하위 개념에 다른 단어를 할당했기 때문에 에스키모어에 눈에 관한 단어가 더 많다고 주장했다. 사람들은 자녀가 둘 이상일 때 각각 다른 이름을 부여한다. 이와 같은 이유로 에스키모인들도 이 렇게 했을 것이다. 자녀를 별개의 개인으로 생각하기 때문에 모두 같은 이름으로 부르는 것은 상상 할 수 없는 일이다. 하지만 언어 결정론은 실제로 여기서 한 걸음 더 나아간다. 만약 당신의 언어에 눈을 지칭하는 단어가 많다면, 당신은 그러한 구분이 없는 사람들이 볼 수 없는 여러 종류의 눈 사 이의 차이를 인식할 수 있다고 말한다. 즉, 당신이 에스키모어를 쓴다면 더 많은 종류의 눈을 볼 수 있다. 하지만 나는 영어를 쓰기 때문에 당신이 보는 차이를 볼 수 없다. 스코틀랜드 에든버러의 언 어학자 Geoffrey Pullum은 에스키모어 어휘의 내용, 그리고 단어와 지각의 관계라는 언어 결정론 의 두 기둥을 무너뜨린 충격적인 비판[18]을 내놓았다(Pullum, 1989; Martin, 1986도 참조할 것). 첫째, 에 스키모어가 영어에 비해 눈에 관한 단어가 더 많이 존재하지는 않는 것 같다.[19] Martin(1986, p. 422) 에 따르면, "에스키모어에서의 '눈'은 영어가 '눈'에 대해 단일 단어 수준에서는 눈과 눈송이를 구별 하는 정도의 구분 정도만 되어 있다. 그러나 영어에는 존재하지 않는 의미의 구별을 하기 위해 이 러한 눈에 대한 어근과 다른 어근을 수정할 수 있다는 점은 어휘 수준이 아닌 에스키모어의 형태론 (단어의 형태)과 통사론(언어의 구조)의 총체적인 특징의 결과이다." Pullum 역시도 Martin의 분석 에 동의하며 다음과 같이 지적했다. "C. W. Schultz-Lorentzen의 서부 그린란드 에스키모어 사전 에 따르면 '공중에 있는 눈' 혹은 '눈송이'를 의미하는 카닉(qanik)과 '땅에 쌓인 눈'을 의미하는 아풋 (aput)이라는 두 가지 어근을 제시한다"(Pullum, 1989, p. 280). 에스키모어와 영어가 눈의 세계를 거 의 같은 수와 종류의 범주로 나눈다면 에스키모어 화자(알류트, 이누이트, 유픽)와 다른 언어 화자가 세상을 인식하는 방식에서 언어가 그 차이의 원천이 될 수 없다.

　그러나 언어 결정론에 대한 더 심각한 문제는 에스키모인과 다른 언어를 쓰는 구성원이 서로 다른 종류의 눈을 구별하는 능력에 차이가 있다는 실제 증거가 없다는 것이다. 알류트족, 이누이트 족, 유픽족이 평균적인 뉴요커보다 눈을 더 잘 인식하거나 더 정교하게 인식한다는 것이 사실인지 도 확실하지 않다. 에스키모인이 눈에 대한 단어가 더 많다고 가정하더라도 이러한 언어적 차이가 지각의 차이로 이어지지는 않는 것으로 나타났다. 언어 결정론의 두 기둥 모두 문제가 있다.

워프는 서로 다른 집단에 따라 세상을 다르게 인식한다는 증거를 제시하지 못했다. 워프 이후 많은 연구자가 서로 다른 언어를 사용하는 사람들이 비슷한 방식으로 세상을 인식한다는 증거를 찾았다. 그들은 감정과 색채 지각 분야에서 어느 정도 일관된 결과를 보여 주었다(Berlin and Kay, 1969; Ekman et al., 1969; Hardin and Maffi, 1997; Huang et al., 2009; Kay and Maffi, 2000; Lenneberg and Roberts, 1956). 감정 지각에 관한 연구에서 산업화되었든 원시 문화이든 간에 전 세계 사람들은 모두 행복과 분노와 혐오를 보여 주는 그림에서 같은 기본 감정을 지각한다. 언어가 달라도 감정을 특징지을 때 비슷한 용어를 사용하고, 유사한 방식으로 구조화한다. 감정을 나타내는 단어가 두 개만 있는 언어라면 그 두 단어는 분노와 죄책감에 해당한다(Hupka et al., 1999). 그다음으로는 즐거움, 놀람, 숭배, 그리고 우울에 해당하는 단어들이 나타난다. 6개보다 더 많은 감정 단어를 가진 언어에는 앞에서 언급한 6개의 단어는 꼭 있다. 즉, 외로움에 해당하는 단어가 있으면서 죄책감에 해당하는 단어가 없는 언어는 존재하지 않는다. 사진에 나타난 감정 표현을 유사하게 지각하며 언어마다 감정 단어가 일관적으로 구성되어 있다는 점은 서로 다른 언어를 사용하는 화자들 사이에 언어와 문화가 매우 다르지만, 문화 전반에 걸쳐 인간의 감정에 관한 개념이 공유되고 있음을 뜻한다.

색상 지각과 색상 단어도 감정과 유사하게 작동한다. 많은 언어는 7개 이하의 기본 색상 단어가 있다(Kay and Maffi, 1999). 두 가지 색상 단어만 있는 언어에는 대략 영어의 검정(black)과 하양(white)에 해당하는 단어 두 개가 존재한다.[20] 다음에 나올 단어는 빨강이고, 그다음으로 노랑, 초록, 혹은 노랑과 초록이 함께 나온다. 그다음 색상 단어 집단은 파랑, 갈색, 보라, 분홍, 오렌지색, 그리고 회색이다. '행복한'에 해당하는 단어 없이 '혼란스러운'에 해당하는 단어가 있는 언어가 존재할 수 없듯이, 빨강에 해당하는 단어 없이 오렌지색에 해당하는 단어가 있는 언어 역시 존재하지 않는다. 이러한 색상 분류의 유사성은 색맹을 제외한 모든 사람이 색을 인식하는 기본 물리적 기제와 과정이 동일하다는 사실을 반영하는 것일 수 있다. 우리는 모두 빛에 반응하는 세 가지 유형의 원추체를 가지고 있으며, 이 세 가지 원추체는 각각 명−암 대비, 파랑−노랑 대비, 빨강−녹색 대비를 처리하는 신경 시스템으로 연결된다(Goldstein, 2006). 언어 집단 간에 동일한 해부학 및 생리학적 특징을 가진 것을 고려할 때, 우리가 모두, 동일하지는 않더라도, 비슷한 방식으로 색상을 지각한다는 것이 놀라운 일은 아니다. 따라서 적어도 지각의 두 영역에서는 한 사람이 사용하는 언어가 그 사람이 세상을 지각하는 방식을 결정하지 않는 것으로 보인다.

Pullum이 제기한 것과 같은 우려와 서로 다른 언어를 사용하는 화자들이 세상을 비슷하게 인식한다는 연구 결과를 바탕으로 많은 언어과학자는 언어 결정론은 이미 죽은 이론으로 간주해 왔다(예: Pinker, 1994 참조). 그들 중 다수는 언어가 생각을 지시하는 것이 아니라 생각에 도움이 된다고 주장한다. 언어가 무엇에 좋은지 묻는다면 가장 분명한 대답 중 하나는 언어가 우리의 생각을 다른 사람들에게 전달할 수 있게 해 준다는 것이다. 그러므로 우리는 사고가 언어의 요구에 적응하는 것이 아니라 언어가 사고의 요구에 적응하는 경우를 기대할 수 있다. 한 개인이나 문화에서 말로 표현할 어떤 것을 발견하면, (워프의 가설이 제안하는 것처럼 언어에 의해 새로운 생각이 움트는 것을 방해하는 것이 아니라) 그 언어는 그 새로운 생각에 맞게 확장될 것이다.

워프의 가설에 반대하는 측은 서로 다른 언어의 어휘와 개별 언어 내 서로 다른 하위문화로부터 어느 정도 지지받고 있다. 예를 들어, 대부분의 서구 문화와 같이 기술이나 사회가 급격하게 변화하는 문화권에서는 사물이나 사건을 지칭하는 단어의 종류(개방 부류(open class))가 급격하게 변한다. 수십 년 전 내가 대학에 다닐 때는 인터넷이라는 단어가 존재하지 않았다. 또한 20년 전만 해도 구글이라는 단어도 없는 단어였다. 구글이란 단어가 처음 언어로 사용될 때 이것은 특정 웹브라우저를 지칭하는 명사였다. 얼마 가지 않아서 이 단어는 '정보 검색을 위해 인터넷을 찾는 것'이란 의미를 가진 동사가 되었다. 이 같은 경우가 바로 기술적, 문화적, 사회적 발전이 언어가 변화하는 원인이 되는 예시이다. 사고가 언어를 이끈다. 그렇다면 언어도 사고를 이끌 수 있을까? 물론이다. 만약 사람들이 '구글'이라고 말하는 것을 들으면 당신은 그게 무슨 의미인지 알기 원할 것이다. 이 새로운 개념이 당신에게 익숙해질 때까지 그 언어를 사용하는 사람들과 소통할 가능성이 크다. 조류 관찰자나 개 사육사와 같은 특정 하위문화에 속하는 사람들은 의사소통을 더 효율적으로 하기 위해 많은 전문 용어를 사용하지만, 새의 종류에 대한 이름을 알아야만 새의 차이를 인식할 수 있다고 생각할 이유는 없다(쇠오리와 들오리는 그 이름이 뭐든지 간에 서로 다르게 생겼다).

워프의 부활

> 우리가 배우는 언어 혹은 언어들이 우리가 생각하는 방식을 결정한다는 주장은
> 명백히 옹호될 수 없다. 하지만 이 말이 언어란 사고가 진행되는 과정이나 이 과정에서 조작되는
> 사고의 본질에 아무런 영향도 주지 못하는 부호 체계에 지나지 않는다는 뜻은 아니다.
>
> ‒Alfred Bloom

쇠오리와 들오리라는 단어를 몰라도 이 둘을 구별할 수 있지만, 쇠오리라는 단어를 알면 의사소통을 더 효율적으로 할 수 있다. 예를 들어, '오늘은 노란 눈과 볏을 가진 작고 검은 물에 사는 새를 사냥하고 있다.'라고 말하는 것 대신에, '오늘은 약삭빠른 쇠오리를 사냥하고 있다.'라고 말할 수 있게 된다. 만약 내 언어에 특정 개념에 해당하는 바로 사용할 수 있는 단어가 없다면, 나의 사고 과정은 이를 쉽게 표현할 수 있는 개념들로 향하게 될 것이다(Hunt and Agnoli, 1991). 반대로, 내 언어에 그 개념에 해당하는 단어가 존재한다면, 대화에서 그 단어가 나올 때 그 개념을 떠올릴 가능성이 더 크다. 또한 그 개념에 대한 단어가 없어서 다른 개념으로부터 무언가를 만들어서 해당 개념을 지칭해야 할 때보다 해당 단어가 있다면 주의가 산만해지거나 그 개념에 집중하지 못할 가능성이 더 낮다. 즉, Alfred Bloom이 말했듯이, "간접적으로 끌어내는 것은 청자나 독자가 의도한 개념을 이해하는 데 방해가 될 수 있는 산만한 복잡성의 영향에 더 취약해지기 쉽다."

언어 결정론(우리가 사용하는 언어가 우리의 생각을 강력하게 제한한다는 생각)은 심리학과 언어학에서 인기가 떨어졌지만, 언어가 덜 급격한 방식으로 사고에 영향을 미친다는 생각은 지난 10여 년

동안 실제로 주목받고 있다. 현재 많은 이론가는 언어가 비언어적 지각 및 사고 과정에 영향을 미칠 수 있으며, 따라서 한 언어를 사용하는 사람은 다른 언어를 사용하는 사람과 다양한 지각 및 인지 과제에서 다르게 수행할 수 있다고 믿는다. 중국어는 다음과 같은 두 가지 예를 보여 준다.[21] 첫째는 계산 능력이고, 둘째는 사후가정사고이다. 먼저 계산 능력을 살펴보자.

언어마다 수 개념을 표현하는 방식이 다르다. 그러므로 언어가 특정 문화권 어린이의 수 개념 습득 방식에 영향을 미칠 수 있다(Hunt and Agnoli, 1991; Miller and Stigler, 1987). 중국어 숫자 단어는 영어 및 일부 다른 언어와 다른데, 특히 중국어에서 11에서 19 사이의 숫자 단어가 영어보다 더 명료하다. 예를 들어, 10 이상의 중국어 두 자리 숫자 단어는 마치 영어에서 이 단어들을 ten-one, ten-two, ten-three 등처럼 쓰는 것과 같다. 따라서 중국어는 두 자릿수와 한 자릿수의 관계가 영어에 비해 훨씬 명확하다. 영어의 twelve와 같은 예를 생각해 보라. 그 결과 중국어를 사용하는 어린이는 영어를 사용하는 어린이보다 두 자릿수 세는 법을 더 빨리 배운다. 이렇게 숫자 단어를 산출하는 정확도가 높으면 어린이에게 일련의 물건을 주고 한 세트에 몇 개의 물건이 있는지 말하도록 요청할 때 더 정확도가 높다. 중국어를 사용하는 어린이는 영어를 사용하는 또래보다 이 과제를 더 정확하게 수행하는데, 그 이유는 사물을 세는 동안 숫자 단어를 산출할 때 오류가 거의 없기 때문이다. 이러한 결과를 해석하는 한 가지 방법은 중국어가 (숫자는 10개의 그룹으로 구성되며, '1'이라는 단어로 끝나는 서로 다른 숫자 사이에는 관계가 있다는 것과 같은) 특정 관계를 더 명확하게 만들고, 이러한 관계의 명확성이 수 세기 시스템을 더 쉽게 학습하도록 만든다고 제안하는 것이다.[22]

피다한어는 숫자 단어가 인지 능력에 영향을 미치는 더 극적인 사례를 제공한다(Everett, 2008; Frank et al., 2008; Gelman and Gallistel, 2004; Gordon, 2004). 피다한어에는 (일, 이, 삼 등과 같은) 아라비아 숫자에 대응하는 단어가 없다. 사물을 양화하기 위해 그들이 사용하는 단어(hói, hoi, baágiso; 알파벳 위의 악센트 기호는 높은 소리로 발음해야 하는 모음을 가리킴)는 '더 적은'과 '더 많은'의 연속선에 있는 관계형 단어인 것처럼 보인다.[23] 언어에 숫자 단어가 없다고 해서 이들이 각 물건의 개수가 서로 다른 물건들의 집합을 구분하지 못하는 것은 아니다. 피다한인들은 각 뭉텅이의 물건 개수에 따라 실타래, 풍선 등 서로 다른 물건끼리 모아 놓을 수 있다. 그러나 숫자 단어가 없다는 것이 각 뭉텅이에 정확히 몇 개의 물건들이 있었는지를 기억하는 능력에는 영향을 미치는 것으로 보인다. 예를 들어, 캔에 여러 개의 물체를 넣고 한 번에 하나씩 캔에서 물체를 꺼내는 경우, 피다한어 화자는 캔이 언제 비었는지 (몇 개의 물체를 꺼냈는지) 알려달라는 요청을 받을 때 오류를 일으킬 가능성이 크다. 이러한 오류의 가능성은 캔에 들어 있는 물체의 수가 증가함에 따라 더 커진다. 물건에 대한 기억이 필요한 경우라면 이들은 불리한 상황에 부닥친다. 그러나 관련된 물체를 직접 인식하고 어떤 유형의 기억도 필요하지 않은 과제를 수행해야 할 때는 이들도 타 언어 화자들처럼 잘 해낸다. 하지만 이러한 결과는 '약한' 형태의 언어 결정론을 지지한다. 언어가 지각 자체에 직접적인 영향을 미치지는 않지만, 언어를 통해 화자는 상대적으로 유지하기 쉬운 형태로 지식을 부호화할 수 있다(당신의 머릿속에 정확히 여덟 개의 사물이 있는 그림을 기억하는 것보다는 '여덟'이라는 소리를 기억하기가 훨씬 쉽다).

중국인의 뛰어난 산술 능력에도 불구하고 중국어 화자들에게 햇살과 빛만 있는 것은 전혀 아니다. 중국어의 특성으로 인해 영어 화자보다 사후가정 진술에 더 어려움을 겪을 수 있다. 사후가정 진술은 있을 수 있는 일이지만 일어나지 않은 일을 표현하는 방법이다. "사후가정사고는 과거에 무슨 일이 있을 수 있었는지, 과거가 어떻게 다르게 변했을지에 관한 사고이다"(Chen et al., 2006). 사후가정적 추론은 사건에 관해 추론할 때 유용한 도구이다(영화 〈무서운 이야기 3〉에서 사야만의 대사, "그날 밤 일은 미안해. 내가 정확히 그 20분 동안 잠들지 않았더라면, 예거마이스터 한 병을 전부 마시지 않았더라면"과 같은 경우처럼). 우리가 다르게 행동했다면 어떤 일이 일어났을지 고려하는 것은 미래에 유사한 실수를 피하기 위한 중요한 측면이다. 영어는 (if x, …would y…처럼) 사후가정사고를 표현하는 직접적인 수단이 있지만, 중국어는 그렇지 않다. Bloom에 따르면 중국어에서는 덜 직접적인 방법을 사용해서 이를 표현한다(Bloom, 1984, p. 276).

> 중국어 화자는 '존은 언어학을 수강하지 않았다.'라고 명시적으로 말한 다음에 '만약 그가 수강했다면, 언어학에 흥미를 느꼈을 것이다.'와 같이 과거 시제의 함축적 문장을 덧붙인다. 이 문장들이 합쳐져서 두 번째 문장이 다시 사후가정적 해석, 즉 영어의 '만약 그가 언어학을 수강했다면, 그는 언어학에 흥미를 느꼈을 것이다(If he had taken linguistics, he would have been excited about it).'와 거의 같은 의미로 해석될 수 있다.

영어 화자와 (대만의) 중국어 화자를 대상으로 한 사후가정적 추론 실험에서 Bloom은 영어 화자의 약 4분의 3이 사후가정적 진술을 기꺼이 받아들이지만, 중국어 화자는 약 4분의 1만이 이를 받아들이는 것으로 나타났다. (중국어에서는 'If all circles are large, and if this small triangle were a circle, would it be large?'라고 말하지 않고, 'If all circles are large and if this small triangle is a circle, is the triangle large?'라고 말함). Bloom은 이러한 결과가 중국어에서 사후가정적 진술을 표현하는 방식에 기인한다고 설명했다. Bloom은 중국어 화자들은 이러한 질문에 다소 당황했다고 하며 다음과 같이 보고한다. "중국어 화자는 '어떻게 모든 원이 클 수 있나요?' '어떻게 삼각형이 원이 되죠? 도대체 무슨 말을 하는 건가요?'와 같이 질문 자체를 궁금해하는 경향이 있었다." 따라서 두 언어가 제공하는 형식 때문에 영어 화자는 중국어 화자보다 추론의 일부 측면을 더 간단하게 처리할 수 있는 것 같다. 다른 문화적 차이도 중국어 화자들이 사후가정적 추론을 할 때 생각하는 대안 시나리오의 종류에 영향을 미치는 것 같다. Chen과 동료들의 연구에 따르면 개인이 생산하는 사후가정적 시나리오의 종류에 문화가 영향을 미친다(Chen et al., 2006). 예를 들어, 연애에 불운을 겪은 중국어 화자들은 자신들이 했던 일에 어떤 것을 더 하기보다는(긍정적 사후가정) 했던 일을 없애려는(부정적 사후가정) 사후가정사고를 떠올릴 가능성이 더 크다.[24]

최근의 연구는 Berlin과 Kay와 같은 보편주의 학파 학자들의 주장과는 대조적으로 색상 지각의 일부 측면이 인간에게 보편적으로 존재하지 않을 수 있다는 증거를 제공한다. 최근 한 연구에서는 여러 화자 집단이 파란색의 다양한 색조를 구별(차이점을 알아차림)하는 능력에 관한 실험을 수행했다(Winawer et al., 2007). 왜 파란색일까? 영어가 아닌 러시아어는 서로 다른 색조를 가진 파란색들 사이의 구분이 반드시 이루어져야 하기 때문이다. 영어에서는 royal blue(감청색), robin's egg blue(청록색), powder blue(흐린 파란색), sky blue(하늘색), 그리고 midnight blue(검은 빛이 도는 청색)는 모두 파란색이다. 일반적인 '파란색'이 위와 같은 표현에 비해 덜 구체적이지만, 어떤 경우라도 파란색으로 부른다고 해서 잘못된 것은 아니다. 하지만 러시아어는 다르다. 러시아어는 청록색이나 진청색(스코틀랜드 친구들의 모자의 끝부분 색)과 같이 밝은 파란색과 감청색과 같이 어두운 색조의 파란색을 반드시 구분한다. 더 밝은 색조의 파란색을 '골루보이(голубой)'라고 하고, 어두운 색조의 파란색을 '시니이(синий)'라고 한다. 당신이 러시아인에게 흐린 파란색을 '골루보이(голубой)'라고 하거나 감청색을 '시니이(синий)'라고 하면 잘못된 것이다. 따라서 러시아어 화자가 파란색 사물에 관해 대화하고자 할 때는 말하기 전에 해당 물체가 밝은 파란색 범주에 속하는지 어두운 파란색 범주에 속하는지 결정해야 한다. 색상(색조)은 지속적으로 변화하는 특성이기 때문에 러시아어 화자는 파란색 사물에 관해 이야기하기 위해 파란색 사물의 세계를 범주적으로 조직화해야 한다. 러시아어 화자마다 '골루보이'와 '시니이' 범주 사이의 경계가 약간 다르긴 해도 이들은 모두 둘을 구분한다.

　언어에 의해 파란색을 하위 범주로 나누어야 하는 이 필요성이 러시아어 화자가 파란색을 인식하는 방식에 영향을 미칠까? 일부 실험에 따르면 그런 것으로 나타났다(Winawer et al., 2007). 일련의 실험에서 두 집단의 화자를 비교했다. 한 집단은 러시아어 화자로 구성되었고 다른 그룹은 영어 화자로 구성되었다. 러시아어와 영어 화자에게 세 가지 색상의 사각형이 인쇄된 카드를 줬는데, 위쪽에는 하나의 사각형이 있고 그 아래에는 두 개의 사각형이 나란히 놓여 있었다. 참가자들은 두 개의 아래쪽 사각형 중 위쪽 사각형과 같은 색의 사각형이 무엇인지 말하기만 하면 되는 단순한 과제를 수행했다. 한 조건에서는 세 개의 사각형이 모두 '골루보이'/'시니이' 중 하나의 범주에 속했는데, 세 사각형 모두 밝은 파란색이거나 모두 어두운 파란색이었다. 다른 조건에서는 두 개의 사각형이 같은 범주에 속했고 세 번째 사각형은 반대쪽 범주에 속한 카드였다. 언어가 지각에 영향을 미치지 않는다면, 즉 모든 사람이 파란색을 같은 방식으로 지각한다면 이들은 과제에서 같은 방식으로 응답해야 한다. 다시 말해, 러시아어 화자와 영어 화자는 이 판단 과제를 유사하게 수행해야 한다. 그러나 우리가 세상을 지각하는 방식을 조직화하는 데 언어가 영향을 준다면, 러시아어 화자와 영어 화자는 서로 다른 결과를 보여야 한다. 조금 더 구체적으로 말하자면, 러시아어 화자는 한 사각형이 밝은 파랑에, 나머지 두 사각형은 어두운 파랑에 속했을 때, 혹은 한 사각형이 어두운 파랑에, 나머지 두 사각형이 밝은 파랑에 속했을 때 이 과제가 더 쉬울 것이다. 만약 모든 사각형이 같은 범주에만 속해 있다면 러시아어 화자들은 과제를 더 어려워할 것이다. 왜 그럴까? 러시아어 화자는 그들이 보는 모든 파란색의 색조를 범주화하도록 언어가 영향을 미치기 때문이다. 이러한 범주화는 자동적이기에 매우 빨리 일어나며 사각형을 '시니이' 혹은 '골루보이'로 범주화하는 것은 두 색이 다르다는 것을 아주 빨리 결정하는 데 도움이 된다. 이와는 대조적으로 영어 화자들은 이 파란색 사각형들의 색조를 신경쓰지 않는다. 왜냐하면 모두 '파란색'으로 범주화되기 때문이다. 언어 결정론 가설에 따라 러시아어 화자는 파란색 사각형들의 색조 범주가 일치하지 않을 때 이 사각형들을 더 빠르고 정확하게 판단했다. 반면 모든 사각형이 '시니이'나 '골루보이' 중 한 범주에 속할 때는 판단하는 데 어려움을 겪었다. 영어 화자들에게는 이러한 조건의 차이가 중요하지 않았다. 그들은 카드에 보이는 사각형의 색상 조합이 어떠하든 반응 시간과 정확도가 유사했다.

　이 연구보다 더 앞선 연구들에서는 연구자들이 언어에 특정 색상에 대한 용어가 있으면 사람들이 그 색상을 더 잘 기억할 수 있다는 사실을 보여 주었다. 이 실험은 워프의 가설에 따라 언어가 색상 지각과 범주화에 미치는 영향을 보여 주기 위한 것이었다. 그러나 Pinker(1994)와 다른 연구자들은 이 연구 결과를 비판했다. 왜냐하면 이러한 연구 결과가 언어가 다르므로 사람들이 세상을 다르게 지각하거나 범주화한다는 것을 보여 주는 것은 아니기 때문이다. 대신에 이 결과는 언어에 색상에 대한 단어가 있는 경우 시각 정보보다 언어 정보가 더 안정적이고 오래 지속되기 때문에 색상이 아니라 단어를 기억하는 것임을 보여 준다. 그러나 윗 문단에서 설명한 Winawer와 동료들의 연구는 이러한 종류의 비판에서 벗어난다. 왜냐하면 실험 과제가 기억 과정을 거의 혹은 전혀 요구하지 않기 때문이다. 따라서 러시아어 화자의 수행에 대한 가장 가능성 있는 설명은 다음과 같다. 평생 러시아어를 사용하여 파란색 사물에 관해 이야기할 때는 밝은 파란색과 어두운 파란색 사물의 차이를 감지하는 습관이 생겼기 때문에 다른 언어 화자들이 대부분 무시하는 자극의 한 측면에 러시아어 화자들이 특히 주의를 기울이게 되었다는 것이다. 즉, 러시아인들이 초인적인 시력이나 판단 능력이 있다기보다는 수십 년 동안의 연습을 통해 색상 스펙트럼의 한 영역을 분류하는 기술을 정교하게 만들었다는 것이다.

유사한 종류의 효과가 수어를 사용하는 사람들에게서도 발견된다(Emmorey, 2002; 이 책의 12장도 참조할 것). Karen Emmorey는 능숙한 수어 사용자가 구어로 의사소통하는 사람보다 다양한 시공간(visuospatial) 과제를 더 잘 수행한다고 말한다. 시공간 과제는 시각 능력을 사용하여 공간상 사물의 정체, 이동 궤적, 상대적 위치 등을 구축하는 일과 관련된다. 이러한 과제의 예시로는 가현 운동 지각, 얼굴 지각 및 변별, 심적 심상, 심성 회전이 있다. 가현 운동(apparent motion)은 극장의 간판(혹은 천막)의 조명과 같은 정지된 물체들에 일련의 순서로 불이 켜지게 하여 마치 움직임이 있는 것처럼 만들 때 발생한다. (영화 역시 일련의 정지 화면으로 구성되지만, 각각의 정지 화면이 빠른 속도로 상영되기 때문에 마치 부드럽게 움직이는 듯한 착각을 일으킨다.) 만약 수어를 하지 못하는 사람이 한 사람의 정지된 두 자세를 위와 같이 본다면 가현 운동을 지각할 수 있다. 신체의 일부가, 그것이 무엇이든지 간에, 한 곳에서 다른 곳으로 직선 경로로 움직인다고 지각하는 것이다. 그러나 가현 신체 운동이 곡선 경로를 따라 움직이는 수어를 모방한다면 농인들은 그 신체 일부의 움직임을 직선이 아니라 곡선 경로를 따라 움직인 것으로 지각한다. 따라서 적어도 시각 정보 자체가 실제 신체 움직임을 명확하게 나타내지 않는 경우에는 수어로부터 얻은 지식이 시지각에 영향을 미치는 것으로 보인다.

수어는 얼굴 표정을 사용하여 의미의 특정 측면을 전달하므로 수어 사용자는 대화 상대가 의도한 의미를 정확하게 해석하기 위해 서로의 얼굴에 세심한 주의를 기울여야 한다. 러시아인이 파란색의 색조에 주의를 기울이는 것처럼 수어를 이해할 때 수어 사용자들은 얼굴 표정의 미세한 차이에 더 민감해진다. 얼굴 지각 과제의 한 종류인 벤튼 얼굴 지각 과제(Benton Test of Face Recognition)에서 사람들은 화면에 정면으로 나오는 얼굴 사진을 보기도 하고, 다른 각도에서 찍은 같은 사람의 사진도 본다. 이 과제는 다른 각도에서 찍은 두 사진 중 어떤 것이 정면 사진과 일치하는지 판단하는 것이다. 수어를 사용하는 어린이와 성인은 연령이 같은 수어 비사용자 어린이와 성인보다 이 과제를 더 잘 수행한다. 얼굴 지각 및 기억과 관련된 다른 과제에서도 수어 사용자가 수어 비사용자보다 유리한 것으로 나타났다.

심성 회전 과제는 인지 혁명[26]의 특공대에 비유할 수 있을 만큼 길고 영광스러운 역사를 가지고 있다. 이 과제에서 참가자는 두 개의 복잡한 기하학적 도형을 보고 두 도형이 동일한지 또는 서로가 거울상인지 가능한 한 빨리 판단해야 한다. 수어를 사용하지 않는 청인은 두 도형의 회전 정도가 커질수록 과제를 수행하는 데 시간이 더 오래 걸리며, 같은 방향으로 제시된 두 도형을 가장 빨리 판단한다. 서로에 대해 180도 회전된 두 도형은 판단하는 데 시간이 더 오래 걸린다. 반면에 수어 사용자는 두 도형의 방향에 관계없이 거의 같은 속도로 반응하며, 수어 비사용자보다 전반적으로 더 빠르게 반응한다. Emmorey는 수어 사용자의 뛰어난 공간 능력은 수어로 대화 시, 누가 누구에게 무엇을 했는지 추적하기 위해 상대방 수화의 방향을 심적으로 회전할 필요가 있기 때문이라고 제안한다.

요약하자면, 언어와 사고의 관계에 관한 연구에 따르면 당신의 언어가 작동하는 방식이 당신이 세상을 인식하는 방식을 바꾸지는 않지만, 즉 다른 사람들이 당신의 언어를 사용하지 않는 한 가질 수 없는 초인적인 지각 능력을 제공하지는 않지만, 일부 인지 과제를 더 쉽게 수행하도록 한다는 것을 보여 준다. 언어가 (색상 명명과 같이) 세상의 특정 지각적 속성에 주의를 기울이도록 동기를 부여하거나, (심성 회전이나 얼굴 지각과 같은) 특정 종류의 정신적 과정을 훈련하도록 만든다면 그러한 과제를 더 쉽게 수행할 수 있다.

언어 처리 체계 및 이 책의 개관

이 책의 나머지 부분에서는 언어를 산출하고 이해하는 데 관여하는 정신적 과정에 관해 논의할 것이다. 앞으로 나올 각 단원에서는 언어를 다른 인지 체계와는 거의 독립적으로 작동하는 일련의 정신적 기제 및 과정으로 다룬다. 즉, 이 책은 언어가 어떻게 그리고 왜 산출되고 이해되는지를 설명하고자 한다. 이를 위해 언어 능력을 주요 하위 구성 요소로 나누고 각 하위 구성 요소를 개별적으로 검토할 것이다. 이러한 언어에 대한 접근 방식은 단원성(modularity) 전통(Fodor, 1983)을 따른다. Fodor는 언어를 하나의 심적 단원이라고 제안했는데, 영역 특정적(domain specific)이고, 구별된 신경 구조(distinct neural structure)를 가졌다는 측면에서 유전적으로 결정되어 있으며(genetically determined), 계산적으로 자율적인(computationally autonomous) 정신 능력으로 정의했다(Fodor, 1983, p. 21). 지금 당장은 유전적으로 결정되어 있다는 것이 무슨 말인지는 생각하지 말자. 영역 특정적이란 뜻은 심적 처리 단위가 어떤 종류의 정보는 다루지만 다른 종류의 정보는 다루지 않는다는 것을 의미한다. 예를 들어, 시각 체계는 빛에 반응하지만 소리에는 반응하지 않는다. 구별된 신경 구조란 특정 뇌 영역이 특정 계산과만 관련되어 있다는 의미이다. 예를 들어, 기본적인 시각 처리는 시각 피질에서 일어나고, 더 복잡한 시각 처리는 다른 뇌 영역에서 일어난다. 계산적으로 자율적이란 하나의 심적 처리 기제는 다른 처리 기제에서 동시에 일어나는 일과 독립적으로 작동한다는 의미이다(이 특징은 때때로 캡슐화(encapsulation)란 용어로 사용되기도 함). 언어 처리가 Fodor의 조건을 어느 정도 충족하는지에 대해서는 상당한 이견이 있지만, 언어 처리의 여러 측면을 독립적인 단원적 처리처럼 취급하면 매우 복잡한 시스템을 관리하기 쉬운 덩어리로 분해하는 데 도움이 된다(언어를 산출하고 이해하려면 전체 시스템이 조화롭게 함께 작동해야 한다는 점을 명심하기 바란다). 그렇다면 언어 시스템에는 어떤 단원이나 하위 구성 요소가 있을까? 언어 산출과 이해를 따로 설명하면 이 질문을 다루기가 더 쉬워진다. 산출부터 알아보기 시작하자.

언어 산출 체계는 개념적 지식으로 시작하여 일련의 말소리로 끝난다. 이 체계의 첫 번째 잠재적 하위 구성 요소는 활성화된 개념 지식을 가져와서 심성 어휘집에서 관련 단어 지식을 활성화하는 데 사용하는 일련의 과정이다(2장 참조). 개념 지식은 선형적이지 않지만, 말하기는 한 번에 한 단어만 발음할 수 있으므로 후보 단어 표상 집합이 활성화되면 특정 순서로 각 후보들을 배치해야 한다. 단어가 특정 순서로 배치된 후에는 단어는 굴절될(inflected) 필요가 있다. 즉, 단어는 적절한 음운적 형태(phonological form)가 주어져야 한다. 예를 들어, 영어 화자는 한 사건이 발화 전 혹은 후에 발생했는지에 따라 동사 kick을 다른 형태로 사용한다. 따라서 산출 기제의 일부는 언어의 순서 규칙이 무엇인지, 형태론적(단어 형태) 체계는 어떻게 작동하는지 추적하여 올바른 단어가 올바른 위치에 올바른 형태로 나타나도록 해야 한다. 발화의 세부 사항이 결정되면 말소리 산출 체계는 실제 조음 기관을 작동시키는 계획을 세워야 하는데, 발화의 일부 요소를 다른 요소보다 크게 만드는 계획(강세)과 발화의 톤과 속도(운율)를 조절하는 계획을 포함한다. 이러한 각 하위 구성 과정(개념−어휘 매핑, 단어 순서와 굴절, 조음)은 논리적으로 필요한 것은 아니지만 다른 단원에 의해 제어될 수 있으며, 일부 증거에 따르면 말소리 산출 체계 내에서 일어나는 과정은 Fodor의 단원적 과정에 관한 기준을 충족하지 않는다(자세한 논의는 2장에서 다룰 예정). 그럼에도 불구하고 말소리 산출이 어떻게 작동하는지 이해하려면 전체 체계의 여러 하위 부분을 개별적으로 살펴보는 것이 도움이 되므로 그렇게 설명할 것이다.

언어 이해 체계는 일련의 말소리(음소, 음절, 단어)로 시작하여 이를 일련의 개념이나 의미에 짝을 맞춘다. 산출과 마찬가지로 이해 과정을 여러 하위 단위로 잘게 쪼개서 각각을 하나의 개별 단원처럼 생각하는 것이 유용하다(이해 체계의 구성 요소는 Fodor의 단원에 관한 정의와 딱 맞지 않을 수 있지만 말이다). 말소리 지각은 이해 과정의 시작이며 2장에서는 이를 별도의 단계로 간주한다. 말소리 지각의 첫 번째 목표는 입력된 자극에 들어있는 단어를 식별하는 것이다. 이 어휘 접근(lexical access) 과정은 3장에서 설명한다. 단어 집합을 식별한 후에는 그 단어들이 어떻게 구성되어 있고 서로 어떻게 연관되어 있는지 파악해야 한다. 이 구문 분석(parsing) 과정은 별도의 심적 사건으로 간주하여 4장에서 다룬다. 처리해야 할 문장이 두 개 이상이면 그 문장이 서로 어떻게 연관되어 있는지 파악해야 하는데, 5장과 6장에서는 이 단계의 과정에 관해 설명한다. 화자는 은유나 다른 형태의 비유적 언어를 사용하여 자신을 표현하는 경우가 종종 있다. 이러한 종류의 표현을 해석하는 데 사용하는 처리 과정은 7장에서 다룬다.

언어 이해와 산출은 일반적으로 독립적인 주제로 간주되지만, 우리가 언어 처리에 관여하는 대부분의 시간은 누군가가 말하는 것을 이해하는 일과 그다음 내가 무슨 말을 해야 하는가를 계획하는 일을 동시에 진행한다. 사실 언어 입력 대부분은 대화에서 온다. 화자와 청자가 대화에서 상호작용할 때 나타나는 쟁점들은 8장에서 다룬다.

9장은 개인이 어릴 때 언어 능력을 어떻게 발달시키는가를 생각해 볼 것인데, 주로 단어 학습을 특히 강조해서 다룰 것이다.

내가 생각하기에 언어를 공부하는 데 있어서 '핵심'을 나타내는 것은 1장에서 9장까지의 내용이다. 그러나 다른 영역에서도 정말 뛰어난 연구들이 있다. 이 다른 영역의 일부를 10장에서 12장까지 다룬다. 때때로 뇌, 인지, 언어에 문제가 생길 수 있다. 13장에서 16장까지는 언어 장애와 그 치료의 몇 가지 중요한 측면을 다룬다. 많은 교사와 연구자는 이 뒷부분의 단원에서 다루는 주제를 언어 연구의 중심에 속하는 것으로 간주하며, 이는 전혀 잘못된 것이 아니다.

요약 및 결론

이 장에서는 언어의 기본적인 속성을 소개하고 언어가 어디에서 유래했는지에 대해 살펴보고자 했다. 언어는 이를 사용하는 개인 간에 정보를 전달하는 데 이용되는 의사소통의 한 형태이며, 사회적 유대감과 같은 다른 기능도 수행한다. 언어는 의사소통의 한 형태이지만 의미성, 자의성, 분별성, 이동성, 생산성, 체계의 이중성 등 다른 의사소통 형태에는 없는 특별한 속성을 가지고 있다. 또한 언어는 언어의 상징을 결합하는 방법과 상징 조합에 의미를 부여하는 방법을 결정하는 일련의 규칙 또는 원칙인 문법에 의해 다른 의사소통 체계와 구별된다. 문법은 언어 사용자가 유한한 수의 상징으로 무한한 수의 메시지를 생성할 수 있게 해 주는 강력한 장치이다.

언어 과학의 많은 연구는 현대 언어가 어떻게 현재의 형태를 갖추게 되었는지에 관한 질문에 답하고자 한다. 한 이론에서는 문법과 언어가 밀접하게 관련된 의사소통 체계에서 점진적으로 진화한 산물(연속성 가설)이라고 주장한다. 다른 이론에서는 현대 인류의 언어, 즉 인류 조상의 의사소통 체계와 우리의 가장 가까운 친척인 유인원의 의사소통 체계가 완전히 구별된 것이라고 주장하기도 한다. 연속성 가설 지지자들은 칸지나 님 침스키와 같은 유인원들의 정교한 의사소통 기술을 지적하며 호모 에렉투스와 같은 인간의 조상에게도 복잡한 언어 능력이 있었다고 결론 내린다. 불연속성 가설 지지자들은 유인원 언어 능력이 인간의 언어 능력과 질적으로 다르며 열등하다고 주장한다. 문법이 유전적으로 결정되기는 하지만 자연 선택의 결과는 아니라는 이들의 주장은 약간 이상하고, 유전자가 어떻게 인간의 마음에 문법의 구성 요소를 설치할 수 있는지는 현재 명확하지 않지만, 불연속성 지지자들은 크리올어와 특정 언어 장애를 가진 사람들의 증거를 제시하여 현대 언어 능력에 대한 유전적 기여에 대한 그들의 주장을 강화한다. 마지막으로, 언어와 사고의 관계에 대한 연구는 그림이 다소 복잡하다. 언어가 지각을 좌우하고 서로 다른 언어를 사용하는 개인은 질적으로 다른 지각 능력을 가지고 있다는 워프의 주장은 틀린 것으로 보이지만, 사용하는 언어가 다양한 색상을 구별하거나 많은 사물을 추적하는 것과 같은 특정 인지 과제를 얼마나 쉽게 수행할 수 있는지에 영향을 줄 수 있다는 주장은 옳은 것 같다.

스스로 점검하기

1. 모든 언어가 공통으로 가지고 있는 주요 특징은 무엇인가?

2. 기술 문법과 규범 문법의 예를 각각 들어 보자.

3. 문법이 형태를 지배하는 방식을 세 가지 측면에서 설명해 보자. 그리고 각각의 예를 제시해 보자.

4. 회귀의 예를 제시하라. 일부 언어에 회귀가 없다는 것을 시사하는 증거를 설명해 보자.

5. 연속성 가설과 불연속성 가설은 어떻게 다른가? 각 가설에 대해 어떤 증거를 제시할 수 있을까? 두 가설 중 하나에 의문을 제기하는 증거는 무엇일까? 당신은 어떤 가설을 선호하며 그 이유는 무엇인가?

6. 인간이 아닌 영장류는 어떤 종류의 언어적 능력을 가지고 있을까? 우리는 그들을 '언어를 아는' 것으로 생각해야 할까?

7. 현대 인간의 언어가 적응과 자연 선택의 결과라는 어떤 증거가 있을까? 현대 언어는 언제 처음 등장했을까? 인간의 언어 능력이 비인간 영장류와 차이가 나게 된 주요 요인은 무엇인가?

8. 언어와 사고의 관계는 어떤가? 일반적인 사고 능력과 언어가 서로 구별되는 심적 기술과 관련된다는 것을 시사하는 증거를 설명해 보자. 언어가 인간의 사고방식에 영향을 미친다는 것을 시사하는 증거를 설명해 보자. 언어에 적절한 어휘가 부족하면 할 수 없는 일들이 있을까?

더 생각해 보기

1. 이 장에서는 모든 자연 언어가 가진 특징을 제시하였다. (이 특징들은 무엇인가?) 이 목록에 추가되어야만 하는 다른 특징이 또 있을까?

2. 당신이 야생에서 새로운 영장류 종을 관찰하고 있다고 상상해 보자. 이 새로운 종이 언어를 사용하고 있었다고 결론 내리기 위해서는 어떤 행동을 관찰했어야 하는가?

3. 스페인어나 러시아어와 같은 몇몇 언어는 화자들이 발화하기 전에 명사의 성(남성, 여성, 중성)을 결정하도록 요구한다. 영어나 페르시아어는 그렇지 않다. 문법적인 성 체계가 있는 언어를 가진 문화가 그렇지 않은 문화보다 더 성차별적이 되기 쉬울까? 왜 그럴까? 또는 왜 그렇지 않을까?

2장

말소리의 산출과 지각

사람들이 갑자기 아무 이유 없이 스코틀랜드인으로 변하지는 않는다.

– Graham Chapman

〈몬티 파이썬(Monty Python)〉이라는 영국 TV 프로그램의 한 에피소드를 보면, 잉글랜드의 전체 인구가 남녀노소 할 것 없이 모두 스코틀랜드인으로 변해 버리는 이야기가 나온다('인구가 넘쳐나는 것이 측은할 정도였다. 한 장대(caber)에 세 명의 남자가 달려들었다.'). 스카이론(Skyron)이라는 행성에서 온 외계인이 이런 상황을 벌인 것이다. 신기한 것은, 현실에서도 사람을 스코틀랜드인으로 만들어 버릴 수 있는 신경학적 증후군이 있다는 것이다. 사실 진짜로 스코틀랜드 사람이 된다기보다는 스코틀랜드인처럼 말하게 되는 현상이다. 사람의 뇌에 손상이 생김으로써 스코틀랜드 느낌이 나는 억양으로 말하게 되는 것이다. 실제 이런 증후군을 보인 한 성인 환자의 경우, 그녀의 뇌에 손상이 생기기 전에는 런던(영국 남부) 억양이 있는 영어로 말했지만 '뇌졸중을 앓고 난 후 그녀의 말소리는 세 명의 스코틀랜드 원어민이 듣기에 정말 스코틀랜드 억양으로 느껴졌다.'고 한다 (Dankovičová et al., 2001, p. 213). 이러한 억양 변화는 다양한 종류로 발견되었는데, 예를 들면 영어에서 스페인어 또는 노르웨이어 억양이 생기거나, 벨기에의 네덜란드어에서 프랑스어 또는 모로코어 억양이 생기거나, 아니면 노르웨이어에서 독일어 억양이 생기기도 한다(이 중 마지막의 경우는 아이러니하게도 독일군 포탄의 파편에 의해 생긴 부상으로 나타났다; Moen, 2000). 이러한 신경학적 현상은 의미 그대로 외국 억양 증후군(foreign accent syndrome: FAS)이라고 불린다. 외국 억양 증후군은 드문 현상이지만, 1900년대 초반 이래로 수십 건의 사례가 발견된 바 있다. 이런 외국인 같은 억양은 왜 생기는 걸까? 이것은 뇌의 손상으로 인해 말소리의 산출(말하기)에 관여하는 정신적, 운동적 과정이 변화하는 방식과 관련이 있다. 이번 장의 주요 목표 중 하나는 이러한 말하기 계획과 산출 과정에 대해 설명하는 것이다. (또 다른 주요 목표는 말소리가 어떻게 지각되는지를 설명하는 것이다.) 말소리 산출에 대한 이론들에 대해 공부한 다음, 외국 억양 증후군과 그 원인에 대해 더 살펴보도록 하자. 그때 우리는 어떻게 뇌 손상이 누군가를 스코틀랜드인으로 바꿔 놓을 수 있는지, 혹은 적어도 스코틀랜드 사람처럼 말하게 할 수 있는지 더 자세히 들여다볼 것이다.

인간의 의사소통은 대부분 말소리를 통해 이루어지고, 따라서 말소리의 산출(말하기)과 이해에 대해 아는 것은 인간의 언어 능력을 이해하기 위한 기초가 된다. 말소리 산출에 대한 현대의 이론들은 화자가 전달하고 싶은 생각을 떠올리는 순간을 발화의 시작점으로 간주한다. 따라서 이 이론들은 화자가 전달하고자 하는 생각이 이미 있는 상태를 가정하고, 화자가 이 생각을 말소리를 통해 표현될 수 있는 형태로 변환시키는 과정에 주로 초점을 둔다(인지심리학의 또 다른 분야에서는 사람들이 생각들을 떠올리고 그중에서 표현하고자 하는 생각을 골라내는 과정에 초점을 두기도 한다; 예: Goldstein, 2007 참조). 말하기를 계획하는 기본 과정은 매우 간단해 보이지만(생각을 떠올리고, 생각을 표현할 단어들을 고른 다음, 단어들을 말하면 되니까), 말소리 계획과 산출에 대한 연구들은 생각을 떠올리는 것과 말소리를 만드는 신체적인 움직임을 실행하는 것 사이에는 꽤 복잡한 정신적 과정이 관여함을 보여 준다. 이 장의 중요한 목표 중 하나는 이러한 발화 체계에 숨겨진 복잡성을 설명하는 데 있다.

화자가 무엇을 어떻게 말할지 결정하고 나면 주변의 물리적 환경에 변화를 주는 일련의 행동을 하게 되는데, 이는 보통 청자가 들을 수 있는 특정한 소리의 파동(음향 신호; acoustic signal)을 만들어 내는 방식으로 실현된다. 청자의 주요 과제는 이러한 음향 신호를 어떻게든 분석하여 청자가 의도한 뜻을 알아내는 것이다. 이것 역시 매우 간단해 보인다. 화자가 발화한 단어를 알아듣고, 단어와 그 뜻을 연결 지으면, 짜잔! 화자가 의도한 바를 이해하는 것이다. 그러나 말소리를 음향적으로 분석해 보면 화자들이 만들어 내는 음파는 지독하게 복잡하며, 음파가 청자의 고막에 닿는 시점부터 청자가 화자의 의도를 이해하기까지는 엄청난 정신적 작업이 필요하다는 것을 보여 준다. 이 장은 말소리의 물리적 특성을 분석하는 일이 왜 그리 까다로운지를 살펴보고, 말소리가 가진 독특한 음향적 특성들에서 기인하는 이해의 어려움을 청자들이 어떻게 극복해 내는지에 대한 최근 이론들을 살펴볼 것이다.

말소리의 산출

사람들의 말소리 산출을 설명하는 이론이라면 우리 마음에 비언어적인 형태로 표상된 생각과 근육을 움직이기 위한 정신적 계획 사이의 전환을 가능케 하는 정신적 표상을 설명할 수 있어야 한다.[2] 말(speech)을 하려면 결국 조음(articulation)이라고 불리는 신체적인 활동이 있어야 한다. 실제로 발화는 동시에 움직이는 100개 이상의 근육에 대한 세밀하고 엄격한 제어를 필요로 한다는 점에서 우리가 수행하는 다른 많은 신체 활동보다 더 복잡하다(Meister et al., 2007). 말소리 산출의 이론들이 답하고자 하는 질문들은 다음과 같다. 우리가 전달하고자 하는 생각이 생겼을 때, 이 생각을 표현하는 언어적 표상들을 가져오기 위해 어떤 단계를 거쳐야 할까? 우리는 이러한 표상들을 어떤 방식으로 조직할까? 또 이러한 표상들을 우리의 운동 체계가 말소리를 내는 실제 신체적 움직임을 만들어 내는 데 사용되는 형태로 변환하려면 어떤 과정을 거쳐야 할까?

말소리의 산출은 세 가지 정신적 활동을 필요로 한다(Griffin and Ferreira, 2006). 먼저, 우리는 말할 무언가를 생각해내야 한다. 이는 개념화(conceptualization)의 과정이다. 말할 거리가 생기고 나면, 우리 언어가 제공하는 도구들을 가지고 이 생각을 표현할 좋은 방법을 찾아내야 한다. 이는 형식화(formulation)의 과정이다. 마지막으로, 실제로 근육을 움직임으로써 청자들이 지각할 수 있는 음파를 만들어 내야 한다. 이는 조음(articulation)의 과정이다.

　　Willem Levelt의 발화 이론은 말소리 산출에 관여하는 인지적 과정을 설명하는 이론으로, 위버 ++(WEAVER++)라는 수학적 모형으로 정리되었다(Levelt et al., 1999; Jescheniak and Levelt, 1994; Levelt, 1989; Roelofs et al., 2007). [그림 2.1]은 WEAVER++의 발화 체계를 요약해서 보여 준다. 잠시 이 그림을 살펴보되, 겁먹을 필요는 없다! 하나씩 천천히 살펴보자. 발화에 대해 깨달아야 할 가장 중요한 사실은, 어떤 생각이 활성화된다고 해서 그 생각을 표현하기 위한 말소리들이 자동적으로 활성화되지는 않는다는 것이다. 다시 말해, '고양이(cat)'라는 개념을 떠올린다고 해서 /k/, /a/, /t/와 같은 말소리들이 자동적으로 활성화되는 것은 아니다. 생각의 활성화와 생각을 표현할 말소리들의 활성화 사이에 필요한 정신적 과정들을 설명하는 것이 바로 WEAVER++ 모형의 목표 중 하나이다. 말소리 산출은 일련의 정신적 과정을 통해 이루어진다. 각각의 과정은 하나의 하위 목표들을 달성하며, 한 과정의 결과물은 다음 과정에 필요한 정보를 제공해 준다.

　　[그림 2.1]의 모형에서 각 상자는 하나의 정신적 과정을 나타낸다. 예를 들어, '어휘 개념을 사용하여 개념 준비'라는 것은 표현하고자 하는 생각을 고르되, 그 생각들이 주어진 언어에 있는 단어들과 연결되도록 하는 단계이다. 이 단계의 결과물인 어휘 개념(lexical concept)이란 언어에 이름표

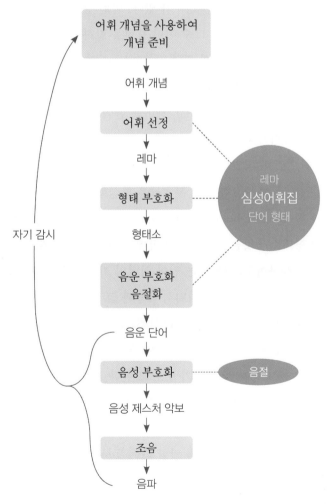

[그림 2.1] 도식으로 나타낸 Levelt와 동료들의 말소리 산출 모형

출처: Levelt et al. (1999), Cambridge University Press, p. 3

를 가진 생각들을 말한다(Levelt et al., 1999).

당신도 아마 어떤 생각이 떠올랐을 때 이 생각을 말로 적절히 표현하기가 어려웠던 경험이 있을 것이다. 이런 일은 당신에게 떠오른 (비언어적) 생각이 당신의 언어에 있는 단어들과 딱 맞아떨어지지 않을 때 생길 수 있다. 이럴 때 한 단어로는 표현되지 않는 이 생각을 표현하려면 여러 개의 어휘 개념들을 함께 조합해 사용해야 한다.

예를 들어 보자. 영어에는 '암컷 말'을 표현하는 단어가 있다. 바로 mare라는 단어이다. 암컷 말이라는 개념을 표현하려면 mare라는 어휘 개념을 활성화하면 된다. 그러나 영어에는 '암컷 코끼리'를 표현할 수 있는 단일 단어가 없다. 따라서 이 개념을 표현하려면 두 개의 서로 다른 어휘 개념 (female, elephant)을 골라 조합해서 사용해야 한다. (13세 미만에게는 보호자의 지도가 필요할 수 있는 독일어의 예시를 보려면 다음 주석을 따라가 보자.[3]) 생각이 항상 개별 단어로 깔끔하게 표현되는 것은 아니기 때문에, 이러한 (비언어적) 생각을 표현할 수 있는 (언어적) 어휘 형태를 찾는 과정이 필요한 것이다. 따라서 어휘화 과정(lexicalization process)은 비언어적 사고 과정과 이를 전달할 말을 만들어 주는 언어적 체계 사이를 이어주는 접점이라고 할 수 있다.

사용하는 언어에 화자가 표현하고자 하는 생각에 맞는 단어가 있으면 어휘 개념(단어로 표현할 수 있는 생각)의 활성화는 어휘 선정(lexical selection)으로 이어진다. 종종 우리가 표현하고자 하는 생각과 비슷한 의미를 가진 단어가 하나 이상인 경우가 있다. 이런 경우 우리 기억 속에 저장된 여러 개의 서로 다른 표상들이 활성화될 것이고, 그중 어떤 표상을 발화에 사용할 것인지 선정해야 한다. 이 과정이 바로 어휘 선정이며, 어휘 선정의 결과로 레마(lemma)가 활성화된다.

레마란 생각의 활성화와 이 생각을 표현하는 말소리들의 활성화 사이 중간 단계에 관여하는 정신적 표상을 말한다(Kempen and Huijbers, 1983). 레마는 단어가 무엇을 의미하는지에 대한 정보와 이 단어를 다른 단어들과 조합하는 데 필요한 통사적(syntactic) 정보를 함께 갖는다. 레마는 일련의 단어들을 문법적인 방식으로 이어 말할 수 있도록 하는 정보를 제공해 준다. 몇 개의 레마가 활성화되고 나면 우리는 말하기 위해 필요한 소리 부호들을 활성화하는 과정을 시작한다.

첫 번째 과정은 형태 부호화(morphological encoding)이다. 형태소(morpheme)는 언어 표상의 기본 단위이다. 언어에서 형태소가 갖는 위치는 물리학에서 원자가 갖는 위치와 비슷하다. 원자는 물질의 기본 단위이자 구성 성분이고, 형태소는 언어 의미의 기본 단위이자 구성 성분이다. 형태 부호화가 중요한 이유는 단어가 그들이 갖는 의미적 측면과 그 단어를 포함하는 문장의 문법적 특성에 따라 다양한 형태로 나타나기 때문이다. Levelt(1989, p. 182)는 이에 대한 좋은 예시를 보여 준다. Levelt는 우리가 알고 있는 각 단어들에는 그 단어가 문장 안에서 어떻게 사용되는지 알려주는 형태적 상세 정보(morphological specification)가 있다고 한다. 예를 들어, eat이라는 단어의 형태적 상세 정보에는 '이것은 어근의 형태이며(즉, 이 형태소는 더 작은 형태소로 나뉠 수 없으며), 이 단어의 3인칭 현재 시제 굴절형은 eats이고, 이 단어의 과거 시제 굴절형은 ate이다.'와 같은 내용이 포함되어 있다. 따라서 우리가 과거에 일어난 일을 말할 때는 동사 eat의 과거 시제 형태(ate, was eating, had eaten 등)를 사용할 것이다. 만약 우리가 말하는 시점에 두 사람이 이 행위를 하고 있다면 eat이라고 하겠지만, 만약 한 사람이 이 행위를 하고 있다면 eats라고 할 것이다(they eat과 he eats). 단어의 형태, 즉 단어의 형태적 상세 정보(ate, was eating, eat, eats 등)는 문장 안에서 그 레마가 정확히 어떤 역할을 하느냐에 따라 달라진다.

산출할 형태소들을 고르고 나면, 형태 부호화를 통해 음성 신호를 만드는 조음 동작을 계획하는 데 필요한 말소리(음소)들이 활성화된다. 우리가 산출하는 말소리는 우리가 활성화하는 형태소에 달려 있기 때문에, 말소리를 활성화하기 위해서는 적절한 형태소들이 활성화되어야 하고, 이 형태소들이 적절한 순서로 배열되어야 한다.

지금까지의 산출 과정을 요약하면 다음과 같다. 개념을 통해 레마가 활성화된다. 활성화된 레마를 통해 이들을 조합하여 더 큰 구문을 만들기 위한 형태적 정보를 얻는다. 형태 부호화를 통해 이 레마들을 특정 형태로 말하기 위해 필요한 말소리(음소)들이 활성화된다.

적절한 형태소들이 활성화되어 적절한 순서로 배열되고 나면 조음 근육들을 움직이는 단계에 한 발 가까워졌지만, 이게 끝이 아니다. 형태소들이 적절한 위치에 배치되면 개별 말소리(음소)들을 활성화할 수는 있지만, 발화는 단순히 일련의 음소를 말하는 것보다 복잡하다. 현대 말소리 산출 이론에 따르면 레마는 단어의 문법적 범주나 의미, 다른 레마와 결합하는 방식 등과 같은 추상적 정보를 나타내는데, 이것은 실제로 우리가 단어(말소리들의 집합)라고 생각하는 어휘소(lexeme)와는 다른 개념이다. 어휘소를 산출하기 위해서는 일련의 음소(말소리)들을 활성화한 후, 그 소리들을 우리가 발화할 수 있는 그룹으로 묶어야 한다.

어휘소라는 표상이 우리 마음에 실제로 존재한다는 증거는 동음이의어(homophone) 발화를 살펴본 연구에서 찾아볼 수 있다(Jescheniak and Levelt, 1994; Jescheniak et al., 2003; 조금 다른 관점을 보려면 Lohman, 2018 참조). 동음이의어란 하나 이상의 의미를 가지는 단어를 말한다. 예를 들어, /but/이라는 어휘소는 두 종류의 철자로 표기될 수 있으며(butt과 but) 하나 이상의 서로 다른 의미를 가진다. 영어에서 이 어휘소의 but 버전은 매우 빈번하게 사용되지만 butt 버전은 드물게 나타난다(예: I was often the butt of her sick practical jokes[1]). 오늘날의 산출 이론(Dell, 1986; Levelt et al., 1999)에 의하면 but과 butt 버전은 동일한 어휘소를 활성화시키는데, 이는 어휘소가 단어의 발음을 나타내며 /but/의 두 버전이 동일하게 발음되기 때문이다. 이것이 사실이라면 어휘소는 빈도 상속 효과(frequency inheritance effect)를 보여야 한다. 즉, 고빈도의 쌍둥이를 갖는 단어(but은 butt의 고빈도 쌍둥이이다)의 경우, 저빈도 버전의 단어(butt)를 고빈도 버전의 단어(but)만큼이나 빠르게 산출할 수 있어야 한다. 어휘소의 전체 빈도가 높기 때문이다. 반면, 만약 두 버전의 단어가 모두 저빈도 단어라면, 그 단어에 대해 반응하는 데 상대적으로 오랜 시간이 걸릴 것이다(예를 들어 flecks와 flex는 모두 저빈도 단어이다). 빈도 상속 효과에 대한 증거는 그림을 보여 주고 단어를 말하도록 하는 실험들에서 발견된 바 있으며, 한 언어에서 다른 언어로 단어를 번역하는 실험에서도 유사한 결과가 나타났다. 두 가지 실험에서 모두 저빈도 단어들이 고빈도 쌍둥이를 가질 때(즉, 어휘소의 빈도가 높을 때) 더 빠르게 산출되었다. 그러므로 특정 단어를 산출하는 데 걸리는 시간은 그 단어의 의미가 얼마나 자주 사용되는지에 달려 있는 것이 아니라, 그 단어가 가진 특정 말소리 집합(어휘소)이 얼마나 자주 사용되는지에 일부 달려 있는 것이다.

---

1) 역자 주: '나는 종종 그녀가 하는 병적인 장난의 희생자(butt)가 되곤 했다.'는 의미

우리는 말할 때 단순히 연속된 음소를 산출하지 않는다. 우리는 말할 때 음절 단위로 말하기 때문에, 음소들은 더 큰 단위로 모아져야 한다. 각 음절을 발화하려면 여러 개의 조직화된 동작들이 필요하므로 우리는 각 조직화된 동작들을 계획해야 한다. 말을 시작하기 전에 어떤 말소리(음소)들이 필요한지 생각해야 하며, 이렇게 활성화된 음소들을 어떻게 음절로 연결시킬지도 생각해야 한다. 이 두 번째 과정을 음절화(syllabification)라고 부른다.[4] 음절화는 두 개의 더 작은 과정으로 구성된다. 운율 구조(metrical structure)를 활성화시키는 과정과 개별 말소리(음소)들을 운율 구조상의 위치에 넣는 과정이다. 운율 구조는 음절 크기의 단위들로 구성되어 있고, 필요한 음절의 개수를 정할 뿐 아니라 각각의 음절이 받을 상대적인 강조나 음량(강세; accent)을 정하기도 한다. 예를 들자면 banana라는 단어는 두 번째 음절에 강세가 있고 Panama라는 단어는 첫 번째 음절에 강세가 있다. 따라서 banana의 운율 구조는 'σ σ′ σ'로 나타낼 수 있고, Panama의 운율 구조는 'σ′ σ σ'의 구조로 나타낼 수 있다. σ 기호는 음절을 나타내며, ′ 기호는 어떤 음절이 강세를 받는지 나타낸다. 운율 구조가 정해지면 개별 음소들을 각 음절 안에 있는 자리에 삽입할 수 있다.

음절화가 형태소의 처리 이후 조음이 이루어지기 전에 실제로 일어나는 심리적 과정이라는 증거는 사람들의 발화 양상을 조사한 연구들에서 찾아볼 수 있다. 한 예로 escorting이라는 단어를 생각해 보자(Levelt et al., 1999, p. 5). 이 단어는 두 개의 형태소, 즉 어근인 escort와 접미사인 −ing으로 구성된다. 사람들이 이 단어를 말할 때는 보통 'ess' 'core' 'ting'처럼 소리나는 세 개의 부분으로 나누어 말한다(즉, ess-cort-ing이 아니고 ess-core-ting). 발화에서 음절화 과정이 /t/ 음소를 어근 형태소 escort가 아니라 접미사 −ing과 함께 붙여 놓았다는 뜻이다. 따라서 우리는 단순히 형태소를 활성화하고 각 형태소의 음소를 활성화해서 쭉 산출해 내는 것이 아니다. 대신 형태소들이 활성화되면 우리는 그 말소리들을 음절 단위로 조직화할 수 있는 최적의 방법을 찾아내며, 이 음절들이 발화의 기초가 되는 것이다. 음절을 조직하는 이 과정에서 다른 단어들의 음소들을 함께 묶어놓는 것도 마찬가지 원리이다. 우리가 He will escort us라는 구문이 들어간 문장을 발화한다면, 우리는 아마 /t/ 음소를 escort 단어로부터 떼어내서 다음 단어의 음절인 us에 갖다 붙일 것이다. 그래서 우리는 실제로 ('es-cort-us'가 아니라) 'es-core-tuss'와 같은 소리로 말하게 된다. (그렇다면 'escort-us' 버전으로 이 구문을 발화하는 것이 자연스러운 상황은 어떤 상황일까?)

요약하자면, 발화를 계획하려면 형태소와 단어가 필요하지만, 단순히 개별 단어들의 말소리들을 활성화하는 것으로 끝나는 것이 아니다. 우리의 발화 계획 체계는 일련의 형태소나 단어를 활성화시킨 후 이 형태소와 단어들을 음절 단위로 조직화하는 최선의 방법을 찾아낸다. 음절은 형태소나 단어 사이의 경계를 유지할 수도 있지만, 그렇지 않은 경우도 많다. Levelt와 Wheeldon(1994, p. 243)의 말을 빌리자면, "화자들은 단어들의 단독 형태(citation form)를 이어 붙이는 것이 아니라, 단어 사이의 경계를 무시하여 박자를 갖고 발음하기 좋은 운율 구조를 만들어 낸다."[5]

음절화 과정의 결과물은 일련의 음운 단어(phonological word)들이다. 음운 단어란 하나의 단위로 발화되는 음절들의 집합을 말한다. 즉, 'escort'와 'us'는 두 개의 서로 다른 레마이자 서로 다른 단어이지만, 실제 발화에서는 /ess-core-tuss/라는 하나의 음운 단어로 발음된다. WEAVER++ 모형에 따르면 주어진 음운 단어의 모든 음절들이 활성화되는 순간 우리는 말을 시작할 수 있다.

우리가 말을 할 때 형태소나 (어휘적) 단어가 아니라 음운 단어를 사용한다는 또 다른 증거는 (일상적으로 쓰이는) 구어체 언어와 방언에서 찾아볼 수 있다. 만약 당신이 1990년대 미국에 살았다면 코미디언 Jeff Foxworthy가 엄청나게 재미있다고 생각했을 것이다. Foxworthy의 코미디 중에는 wichadidja라고 발음되는 말이 들어간 것이 있었다. Wichadidja는 네 개의 어휘 단어 with, you, did, you로 구성된 하나의 음운 단어이다. 예를 들어, 'You didn't bring your varmint gun wichadidja?' 처럼 쓰일 수 있는 말이다. 만약 사람들이 어휘 단어('사전적' 단어 또는 단어의 단독 형태)로 말한다면, wichadidja와 같은 표현은 존재하지 않을 것이다.

산출할 말을 계획할 때는 여러 개의 레마와 형태소들을 동시에 활성화할 수 있는 반면, 실제 발화 동작(조음)을 계획할 때는 한 번에 하나의 음운 단어씩 계획하며, 각 음운 단어의 발화에 필요한 동작을 왼쪽부터 오른쪽으로 한 음절씩 계획한다. 즉, 첫 번째 음절의 음소들을 먼저 활성화시키고 (예: escort us에서의 'ess'), 그 후 다음에 나올 음절의 음소들을 활성화시킨다.

음운 단어의 음소들이 왼쪽부터 차례대로 활성화된다는 증거는 음소 탐지(phoneme monitoring)를 사용한 그림 명명 실험 연구들에서 찾아볼 수 있다. 이런 실험에서 참가자들은 주어진 그림을 보고 그 그림을 묘사하는 단어를 가능한 한 빠르게 말하는 과제를 수행한다. 만약 말랑말랑한 털 있는 동물의 그림을 본다면 rabbit이라는 단어를 최대한 빠르게 말하는 것이다. 두 번째 과제는 탐지해야 할 목표 음소가 주어지고, 그림의 이름에 이 음소가 포함될 경우 가능한 한 빠르게 버튼을 누르는 것이다. 그러니까 만약 /r/ 또는 /b/의 목표 음소를 탐지해야 한다면, 말랑말랑한 털 있는 동물의 그림을 보고 최대한 빠르게 버튼을 눌러야 한다. 목표 음소가 /k/라면 버튼을 눌러서는 안 된다. 사람들은 이 음소 탐지 과제를 매우 정확하게 수행할 수 있으며, 목표 음소가 단어의 중간이나 끝에 나올 때보다 단어의 시작 부분에 목표 음소가 있을 때 더 빠르게 반응한다(Wheeldon and Levelt, 1995).

WEAVER++ 모형의 작동 원리를 요약하자면, 발화는 화자가 표현하고자 하는 생각들로부터 시작된다. 다음 단계에서 이런 생각들은 어휘 개념으로 연결된다. 이는 어떤 생각들은 언어에 있는 구체적인 단어들로 표현될 수 있지만 여러 단어를 조합해야만 표현되는 생각들이 있기 때문이기도 하고, 한 가지 생각을 표현할 수 있는 단어가 여러 개 있기 때문일 수도 있다. 몇 개의 어휘 개념들이 활성화되면, 이 어휘 개념들에 해당하는 레마가 활성화된다. 레마가 활성화되면 단어들이 어떻게 조합될 수 있는지와 같은 단어의 형태적 특징들을 알 수 있다. 형태소들이 활성화되어 적절한 순서로 나열되면 말소리(음소)들이 활성화되고 순서에 맞게 나열된다. 음운 부호화 과정에서는 운율 구조의 활성화와 음절화(음소들을 같은 형태소나 단어에 속하는지 아닌지와 상관없이 음절 단위로 조직하는 일)가 일어난다. 이 과정의 결과물은 음운 단어이며, 각 음운 단어는 음절 단위의 프레임들로 구성된다. 음성 부호화 단계에서는 말소리 산출 체계가 음절들에 대해 정해진 표상들을 참고하여 적절한 음절 표상을 활성화하고 프레임의 적절한 자리에 위치시킨다. 그러면 운동 체계가 이 표상을 사용하여 음성 제스처 악보(phonetic gestural score)를 만들고, 이 음성 제스처 악보 표상을 사용하여 청자들이 듣게 될 말소리를 만들어 내는 근육의 움직임(조음)을 계획한다.

WEAVER++와 같은 말소리 산출 모형들을 지지해 주는 증거는 세 가지 연구에서 찾아볼 수 있는데, 발화 오류 연구, 설단 현상 연구, 그리고 일종의 그림과 단어 간 간섭을 활용하는 그림 명명에서의 반응 시간 연구가 이에 해당한다. 컴퓨터 프로그래밍을 통해 발화 오류, 설단 현상, 그림 명명 실험에서 관찰되는 현상을 시뮬레이션하는 수학적 모델링 연구들 또한 말소리 산출 체계에서의 정보 흐름에 대한 다양한 아이디어들을 검증해 준다.

발화 오류

발화 오류에 대한 분석은 일반 심리학에서도 그렇고 특히 언어심리학에서는 더욱 길고 화려한 역사를 가지고 있다. 지그문트 프로이트(Sigmund Freud)는 발화 오류가 무의식을 향한 창문이라고 생각했다. 그는 발화 오류가 우리의 내면의 진실된 생각(우리가 예의를 갖추기 위해 억누르고 있는 생각)을 드러내 준다고 믿었다. 현대 언어심리학 이론들은 발화 오류가 말소리 산출 과정의 다양한 요소들에서 발생하는 오류를 반영한다고 본다(Dell, 1986; El-Zawawy, 2021; Garrett, 1975, 1980; Levelt, 1983; Levelt et al., 1999; Postma, 2000). 발화 오류가 아무렇게나 나타나는 것은 아니기 때문에, 발화 오류를 통해 우리는 말소리 산출 과정을 더 잘 이해할 수 있다. 특히 말실수(slips of the tongue)는 체계적인 양상으로 나타나며, 이러한 양상들은 말소리 산출 과정의 다양한 측면들과 연결된다. Dell(1986, p. 286)이 말했듯, "말실수는 언어가 가진 생산성의 산물이라고 할 수 있다. 말실수는 의도되지 않은 참신함이다. 단어의 오류는 통사적으로 참신하며, 형태적 오류는 참신한 새로운 단어를 만들어 내고, 소리의 오류는 참신하면서도 음운적으로 허용되는 새로운 소리 조합을 만든다."

이런 다양한 종류의 오류들은 발화 체계의 각기 다른 구성 요소들이 어떻게 작동하는지에 대한 정보를 제공해 준다. 예를 들어, 사람들은 말을 할 때 종종 한 단어를 다른 단어로 대체시킨다. 시간의 압박이 있는 상황에서 고양이 그림에 대한 단어를 빠르게 말해야 할 때 사람들은 종종 rat이라든가 dog와 같은 단어를 말하곤 한다. 이런 의미적 대체(semantic substitution) 오류는 말소리 산출 과정 중에서 개념 준비 또는 어휘 선정의 요소를 반영할 가능성이 높다. 만약 화자가 실수로 잘못된 (비언어적) 개념을 떠올렸다면 의미적 대체는 개념 준비에서의 오류를 반영할 것이다. 혹은 의미적 대체가 (비언어적) 개념들이 서로 관련된 방식이라든가 (비언어적) 개념의 활성화가 어떻게 레마의 활성화와 연결되어 있는지를 보여 줄 수도 있다(Dell et al., 1997; Levelt et al., 1999; S. Nooteboom, 1973). WEAVER++ 모형에 의하면, 개념들은 우리의 장기기억에 네트워크 또는 개념 군집의 형태로 저장된다. 서로 비슷한 의미를 가진 개념들은 이 네트워크상에서 서로 연결되어 있다. 따라서 우리가 '고양이'라는 개념을 떠올리면, 이 개념의 활성화가 '쥐'나 '개'와 같이 밀접하게 관련된 다른 개념들로 확산된다(혹은 흘러간다). 적절한 레마를 고르려면 우리는 이런 관련된 개념들을 무시하고 우리가 목표(target)하는 개념인 '고양이'에 집중해야 한다.

(비언어적) 개념이 활성화되면 그 개념과 연관된 레마들도 활성화시키므로, 의미적 대체는 개념 선정의 오류가 아니라 레마 선정의 오류를 반영할 수도 있다. 즉, '고양이' 개념을 활성화하면 관련 개념들('쥐'와 '개')도 활성화되며, 이런 개념들에 해당하는 레마들이 활성화될 것이다. 화자가 다음 단계를 위해 레마를 선정할 때 대부분의 경우에는 자신이 의도한 레마(cat)를 고르겠지만, rat이나 dog와 같은 다른 레마들도 역시 활성화되어 있기 때문에 가끔은 헷갈리기도 한다. 이럴 때 사람들은 주어진 그림에 적절한 용어를 알고 있음에도 불구하고(이런 실험에서 사람들이 보통 스스로 오답을 수정하는 것을 보면 이를 알 수 있다) 흔히 용인되는 이 용어를 사용하지 않기 때문에, 이런 행동은 발

화 오류, 또는 '말실수(slips of the tongue)'로 분류된다.

말소리 산출 체계의 다른 요소들에서 생기는 오류를 보여 주는 발화 오류들도 있다. 말을 하다 보면 적절한 음소들을 발화하긴 하지만 음소들이 틀린 위치에서 나타날 때가 있다. 이러한 소리 교환(sound exchange) 현상은 레마와 형태소들이 활성화되고 나서 조음 계획(말소리 근육들을 움직일 계획)이 만들어지기 이전의 단계에서 생긴 오류로 간주된다. 소리 교환이 일어나면 우리는 big feet 이라는 말을 하려고 했지만 그 대신 fig beet이라고 말해버리게 된다. 실험실에서는 실험 참가자들에게 시간의 압박을 가함으로써 이런 오류를 이끌어 낼 수 있다. 연구자들은 실험 참가자들이 특정한 말소리 패턴을 발화하는 데 익숙해지도록 한 다음 발화할 패턴을 바꿔버리기도 한다(Baars and Motley, 1974). 예를 들어, 먼저 참가자들에게 첫 음절이 /b/로 시작하고 두 번째 음절이 /m/으로 시작하는 bid meek, bud muck, big men과 같은 구문을 말하도록 한다. 그런 직후에 참가자들에게 mad back을 말하도록 하는 것이다. 약 10%의 경우 참가자들은 발화 오류를 내고 bad mack이나 bad back과 같이 말한다.[6] (친구들과 함께 직접 해 보자!)

소리 교환은 거의 항상 같은 구문 안에 있는 단어 사이에 나타나며, 대부분의 경우 각 단어에서 하나의 음소만 바뀌는 형태로 나타난다(Nooteboom, 1969). 또 These beet are really fig(의도한 문장: These feet are really big)과 같이 한 단어는 주어 명사구에 있고 다른 단어는 뒤에 나오는 동사구에 있는 경우에 비해 That guy has fig beet과 같이 두 목표 단어가 같은 명사구에 있는 경우에 발화 오류가 더 흔하게 나타난다. 또 소리 교환은 거의 항상 위치 제약(positional constraint)을 따른다. 즉, 소리가 서로 뒤바뀔 때, 이 소리들은 거의 항상 단어의 같은 위치(보통 단어의 첫 음소)에서 온다는 것이다. 따라서 tig feeb이라는 발화 오류를 저지를 경우는 거의 없을 것이다.

Dell(1986)의 발화 모형에서 위치 제약은 활성화된 개별 음소들이(Levelt의 모형에서처럼 음절 단위의 심리적 표상과 같은) 프레임(frame) 속에 삽입되는 방식을 보여 준다. 이 모형에 따르면 여러 개의 음절 프레임이 동시에 활성화된다. 그래서 big feet을 발화하려고 계획할 때 화자는 두 개의 음절 프레임을 활성화하고, 음소들을 활성화해서 이 프레임을 채워간다. 이 음소들은 각각 어떤 음소가 첫 번째이고, 두 번째인지 등을 말해 주는 순서표(order tag)를 갖고 있다. 두 개의 음절 프레임이 동시에 활성화되었으므로 '첫 번째' 순서표를 가진 음소 또한 두 개가 동시에 활성화되는데, 가끔은 발화 체계가 두 음소를 혼동해서 각 '첫 번째' 위치에 틀린 음소를 넣어버린다. 보통 이 두 개의 '첫 번째' 음소는 시간에 따라 활성화되는 정도가 서로 다르기 때문에(보통 발화 계획 과정의 초반에는 /b/ 음소가 더 활성화되고, 나중에는 /f/ 음소가 더 활성화될 것이다), 말실수는 비교적 드물게 일어난다. 하지만 가끔 두 '첫 번째' 음소들의 활성화 정도가 너무 비슷하면 서로 뒤바뀌기도 한다. 대부분의 발화 오류가 위치 제약을 따르는 이유는 발화 체계가 '첫 번째' 표시를 가진 음소를 '마지막' 자리에 끼워넣지는 않으며, 그 반대도 마찬가지이기 때문이다. 게다가 대부분의 소리 교환은 같은 구문 안에 있는 두 음소에서 나타나는데, 이는 조음 계획이 한 번에 하나 이상의 구문에 대해서 수립되지는 않는다는 것을 보여 준다.

음소의 경우, 발화 체계는 라벨이 표시된 일련의 자리들을 만들고 이 자리들에 맞는 순서표를 가진 단위들을 활성화한다. 단어 교환(word exchange) 오류 역시 비슷한 원인에서 기인한다. 단어 교환은 한 위치에 나타나야 하는 단어가 다른 위치에서 발화되는 현상을 말한다. 예를 들면,

'My girlfriend plays the piano'라고 말하려고 했는데 실수로 'My piano plays the girlfriend'라고 말해버리는 것이다. 여기서는 girlfriend와 piano가 교환되었다. 대부분의 단어 교환 오류서는 범주 (category) 제약을 따른다(Dell, 1986; Postma, 2000). 범주란 명사, 동사, 형용사와 같은 품사를 말한다. 두 단어가 교환될 때 대부분의 경우 그 두 단어는 같은 범주에 속한다(따라서 범주 제약이라고 불린다). 프레임과 빈칸 모형(frame-and-slot model)들에 의하면(예: Garrett, 1975; Mackay, 1972) 발화에는 어느 정도 사전 계획이 포함된다고 한다. 한 번에 한 단어씩 계획하는 것이 아니라, 단어를 고르고 그 단어를 발화할 정확한 형태를 탐색함과 동시에 전체 절이나 문장에 대한 프레임을 만들어 놓는 것이다. 이 프레임은 여러 개의 빈칸(개별 단어들이 들어갈 자리)으로 구성되어 있고, 각 빈칸은 그 자리에 들어갈 수 있는 단어의 종류(명사, 동사, 형용사 등)에 대한 라벨을 갖고 있다. 소리 교환에서와 마찬가지로, 여러 개의 단어 후보가 동시에 활성화되고 하나 이상의 후보가 동일한 라벨(예: 명사)을 갖고 있을 때, 그리고 발화 체계가 빈칸에 잘못된 후보를 넣어버릴 때 단어 교환이 발생한다. 그러나 각 빈칸에도 라벨이 있기 때문에 발화 체계가 범주를 혼동하는 경우는 없다. 동사가 명사 자리에 온다거나, 명사가 전치사 자리에 오고 전치사가 동사 자리에 오지는 않는다.

설단 현상

명백한 발화 오류들을 통해 말소리 산출 체계가 작동하는 방법에 대한 시사점을 얻을 수 있지만, 발화 오류가 유일한 자료인 것은 아니다. 설단 현상(Tip-of-the-tongue experience; 줄여서 TOT) 또한 말소리 산출 과정에 대한 증거를 제시해 준다. 설단 현상은 어떤 단어를 떠올리려고 할 때 자신이 그 단어를 알고 있다는 강한 느낌을 받으면서도 순간 그 단어를 의식적으로 기억해 내거나 말할 수 없는 현상이다. 오늘날의 발화 이론에 따르면(예: Dell, 1986; Levelt et al., 1999; Roelofs et al., 2007), 설단 현상은 적절한 레마에 접속하긴 했으나 그 레마에 해당하는 음운 정보를 완전히 활성화하지 못했을 때 일어난다. 설단 현상은 오늘날 모든 말소리 산출 이론에서 가정하듯 의미 정보(뜻)의 활성화와 음운 정보(소리)의 활성화가 구분되어 있다는 증거가 된다.[7] 그렇다면 왜 설단 현상을 단순히 뜻과 관련된 의미 정보 처리의 실패로 보면 안 되는 걸까? 왜 설단 현상을 음운 정보 처리의 일시적 오류로 봐야 할까? 다양한 연구 결과들을 살펴보면 의미 처리가 아니라 음운 처리가 설단 현상의 주범이라는 사실을 확인할 수 있다(Brown, 1991; Brown and McNeil, 1966; Rubin, 1975; Schwartz and Pournaghdali, 2020).

하지만 그보다 먼저, 언어 과학자들은 어떻게 설단 현상을 연구할까? 설단 현상을 연구할 수 있는 방법에는 여러 가지가 있다(Brown, 1991). 연구자들은 종종 사람들에게 정해진 기간(보통 몇 주 또는 몇 달) 동안 수첩을 가지고 다니면서 자신이 경험하는 설단 현상을 모두 기록하도록 하기도 한다. 이런 연구들은 사람들이 일주일에 한두 번 정도 설단 현상을 경험하며, 나이가 들수록 설단 현상의 빈도가 증가함을 보여 준다. 또는 사람들에게 익숙하긴 하지만 자주 쓰이지 않는 단어의 뜻을 제시함으로써 설단 현상을 이끌어 낼 수도 있다. 예를 들어, 다음 정의에 맞는 단어를 떠올려 보자.

1. 찰스 디킨스의 소설 『크리스마스 캐럴』에 나오는 인물인 스크루지의 이름[2]

2. 극동 지역에서 사용되는 작은 배로, 선미에 있는 하나의 노를 저어 나가며 판자로 만들어진 지붕이 있다.

3. 향유고래의 내장 분비물로, 향수를 만드는 데 사용되는 물질. 영화 〈한니발〉에서 한니발 렉터 (Hannibal Lecter) 박사가 FBI 요원인 클레어 스털링(Clarice Starling)에게 보낸 향수의 원료이다.

4. 우표를 수집하는 사람을 일컫는 한 단어로 이루어진 말.

(스포일러 주의: 정답은 8번 주석에 있음.[8])

재미삼아 친구들 중에 몇 명이 정답을 맞추는지 시험해 보고, 그들이 설단 현상을 보이는지 확인해 보자. 흥미로운 것은 그들이 단어를 알고 있는지가 아니다. 정말 흥미로운 것은 그들이 만약 단어를 알고 있다면, 그 단어의 소리 정보를 바로 떠올릴 수 있는지, 아니면 설단 현상을 경험하는지이다. 이렇게 설단 현상을 측정하는 방법을 발굴(prospecting)이라고 부른다. 충분히 많은 인원의 사람들을 대상으로 시험해 보면 많은 사람들이 위 뜻에 적합한 단어를 떠올리는 과정에서 설단 현상을 경험했다고 말할 것이다. 연구자들은 이 경험에 대해 더 자세히 질문함으로써 사람들이 목표 단어에 대해 얼마만큼의 정보를 갖고 있는지(그들이 목표 단어를 정말 알고 있는가? 단어에 들어가는 소리를 하나라도 생각해 낼 수 있는가? 몇 개의 음절로 이루어진 단어인지 생각해 낼 수 있는가?)를 알아낼 수 있으며, 정보 인출의 실패가 일시적인지 아닌지 판단하고, 문제의 원인을 찾아낼 수 있다.

설단 현상을 겪는 사람들이 자신이 짧은 시간 안에 정답을 떠올릴 수 있을지 없을지를 꽤나 정확하게 예측한다는 점을 고려할 때, 설단 현상은 의미적 활성화나 레마의 인출 과정에서 기인하는 것이 아니다(Nelson, 1984). 설단 현상을 겪을 때 오랫동안 적절한 뜻이 활성화되지 않는다면, 사람들은 이후에 자신이 목표 단어 인출에 성공할지 아닐지를 스스로 예측할 수 없을 것이다. 설단 현상을 겪는 동안 적절한 레마를 활성화시킬 수 있다면, 단어의 음운(소리) 정보가 조금이라도 활성화할 수 있을까? 증거들을 살펴보면 그럴 수 있는 것 같다. 설단 현상을 겪고 있는 사람들은 (순간적으로 생각나지 않는) 단어의 음절 수를 정확히 맞출 수 있는 경우가 많고, 단어의 첫 음소가 무엇인지 정확히 말할 수 있으며, 목표 단어와 비슷한 단어를 말해 보라고 했을 때 대부분 목표 단어와 비슷한 소리를 가진 단어들을 말한다(Lovelace, 1987). 또한 설단 현상을 겪고 있는 사람들은 목표 단어의 가운데 글자들보다 단어의 첫 번째와 마지막 글자를 더 정확하게 기억하는 경향이 있는데, 이는 설단 현상이 일어나는 동안 단어의 전체적인 형태나 단어를 구성하는 소리들에 대한 주요 정보들이 활성화됨을 시사한다.

설단 현상이 나타날 확률은 개념, 레마, 음운 수준에서의 표상들이 얼마나 강하게 연결되어 있는지를 반영할지도 모른다. 우리가 드물게 접하는 단어들은 우리가 자주 접하는 단어보다 설단 현상을 일으키기 쉬운데, 드물게 접하는 단어의 소리와 뜻을 연결 지을 일이 비교적 적기 때문이다. 실험실에서 이끌어 낸 설단 현상의 약 40%는 설단 현상이 발생한 시점으로부터 몇 초 또는 몇 분 안에 해소되곤 하는데, 이는 설단 현상이 발화 과정의 다른 측면보다는 음운 활성화의 일시적 오류를

---

2) 역자 주: '스크루지'는 이 인물의 성(姓)이다.

나타내는 현상이라는 관점을 더욱 지지해 준다.

그림 명명과 그림-단어 간 간섭 연구

그림 명명 연구들은 우리가 개념을 표현하는 데 필요한 단어를 어떻게 찾아내며, 이 단어를 구성하는 소리들을 어떻게 활성화하는지와 같은 발화의 근본적인 측면들을 보여 주므로 말소리 산출에 대한 증거를 제공해 줄 수 있다. 그림 재인과 그림 명명에 대한 초기의 연구들은 사람들이 서로다른 개념들을 거의 동일한 속도로 활성화하지만, 말이나 글에서 드물게 사용되는 개념들에 대해서는 더 긴 반응 시간이 나타난다는 것을 보여 주었다(Oldfield and Wingfield, 1965; Wingfield, 1968). 이런 실험에서 참가자들은 그림을 보고 두 종류의 과제 중 하나를 수행하였다. 그중 한 과제는 단순히 그 물체를 이전에 본 적이 있는지 없는지를 말하는 것이다(재인 검사). 또 다른 과제는 그림의 물체에 맞는 이름을 말하는 것이다. 덜 익숙한 물체와 더 익숙한 물체를 알아보는 데 걸리는 시간사이에는 아주 미미한 차이가 있었다. 덜 익숙한 물체와 더 익숙한 물체의 이름을 말하는 데 걸리는 시간 사이에는 훨씬 더 큰 차이가 나타났다. 따라서 사람들이 답을 말하려고 계획하는 데 걸리는 시간은 그들이 특정 개념을 얼마나 자주 생각하는지보다는 그 개념을 가리키는 말소리들의 집합을 얼마나 자주 산출하는지로부터 더 큰 영향을 받는 것으로 보인다.

또한 우리의 장기기억에서 개념들이 어떻게 조직되어 있으며 어떻게 서로 연결되어 있는지를살펴보는 연구들도 있다. 개념들이 조직되어 있는 방식은 특정한 상황에서 필요한 특정한 개념이얼마나 쉽게 인출되는지에 영향을 줄 수 있다. 한 개념이 필요해지는 즉시 바로 그 개념을 활성화할까? 아니면 활성화된 여러 개의 개념들을 샅샅이 살펴본 후 그중에서 필요한 개념을 골라낼까?

그림 명명 연구의 결과들은 말소리 산출 과정에서 여러 개념들이 서로 선택되기 위해 경쟁한다는 것을 보여 준다(Bürki et al., 2020; Dell et al., 1997; Garrett, 1975; Griffin and Ferreira, 2006; but see Gauvin et al., 2018).[9] 그림-단어 간 간섭 과제(picture-word interference task)를 사용하는 실험에서 참가자들은 위에 단어가 쓰여 있는 그림을 보게 된다([그림 2.2]). 여기에서 연구자들은 그림과 단어사이의 관계를 조작할 수 있다. 어떤 경우에는 단어가 그림에 나타난 물체를 일컫는다(동일 조건; identity condition). 동일 조건에서는 비교적 빠른 명명 반응이 나타나는데, 이는 단어와 그림 자극이 둘 다 같은 어휘소를 가리키기 때문일 가능성이 높다. 따라서 목표 단어가 두 개의 정보원으로부터 활성화되는 것이다. 또 어떤 경우에는 단어가 그림의 물체와 관련된 다른 물체를 일컫기도 한다(의미 조건; semantic condition). 또, 단어가 그림의 물체와 비슷한 이름을 가진 다른 물체를 일컫는경우도 있다(음운 조건; phonological condition). 예를 들어, 집(house)을 나타내는 그림에 대해 음운조건에서 제시되는 단어는 mouse가 될 수 있다. 이러한 실험 연구들이 답하고자 하는 질문은 잠재적으로 서로 경쟁이 될 만한 자극들을 제시했을 때 이것이 그림 이름에 대한 접속과 산출에 어떤영향을 미치는지이다. 일반적으로 의미 조건은 간섭 효과를 보인다. 제시되는 단어가 그림의 물체와 비슷한 뜻을 가질 때 사람들이 그림을 명명하는 데 걸리는 시간이 길어지는 것이다(Cutting and Ferreira, 1999).[10] 그러나 제시되는 단어가 그림의 이름과 비슷한 소리를 가졌을 경우에는 그림을더 빠르게 명명할 수 있다. 단어와 그림 사이의 의미적 관계(뜻)가 하나의 양상을 보이고(명명을 느

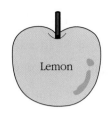

[그림 2.2] 그림-단어 간 간섭 실험의 자극 예시

출처: Arieh and Algom (2002), American Psychological Association, p. 222

리게 함), 단어와 그림 사이의 음운적 관계(소리)는 또 다른 양상을 보이기 때문에(명명을 빠르게 함), 그림-단어 간 간섭 실험들은 말소리 산출에서 개념/의미의 활성화 과정과 음운 부호화 과정이 구분되어 있다는 점을 더 확실히 보여 준다. 말소리 산출의 이러한 두 가지 측면들은 서로 일부 독립되어 있는 처리 체계의 통제를 받는 것으로 보인다(이 처리 체계들이 서로 일부만 독립적인 이유는 활성화되는 소리가 활성화되는 개념에 따라 달라지기 때문이다).[11]

말소리 산출의 활성화 확산 모형

WEAVER++와 같은 발화 모형은 말하기에 관여하는 여러 심적 표상들(개념, 레마, 어휘소, 음절화된 운율 표상, 제스처 악보 등)을 설명하며, 많은 발화 연구자들이 말소리에 기저하는 이러한 표상들(또한 이와 유사한 개념들)에 대해 동의한다. 그러나 WEAVER++는 이에 더해 사람들이 개념을 활성화시키고 레마를 활성화하여 음절화된 음소를 활성화하는 과정에서의 특정한 정보의 흐름을 가정한다. 구체적으로 말하면, 이 모형은 활성화가 엄격하게 앞으로만 흘러가는 피드포워드 (feed-forward) 양상을 가정하고 있으며, 특정 수준 안에 있는 표상들 사이에는 상호 간섭(mutual inhibition) 관계가 없다고 가정한다(상호 간섭이란 한 심적 표상이 활성화를 받으면 다른 표상의 활성화 정도를 감소시키는 관계를 말한다). WEAVER++에 의하면 발화가 시작되면 일련의 개념들이 활성화되고, 그 후 일련의 레마들이 활성화된다. 다음 단계에서 음운(소리) 정보가 활성화되기 전에 이 레마들 중 하나가 선정되어야 한다. 몇 개의 레마들이 활성화되었는지, 그리고 이 레마들이 각각 얼마만큼 활성화되었는지에 상관없이, 음운 부호화 체계는 그중에서 선정된 오직 한 레마에 대해서만 작동한다. WEAVER++에서는 정보가 개념으로부터 시작해, 레마, 어휘소, 음소까지 한 방향으로만 움직이기 때문에 이 모형은 피드포워드(feed-forward) 유형의 처리 모형에 속한다. 이 시스템에서는 활성화가 반대 방향으로 피드백(feed back)할 수 없다. 어휘소는 피드백하여 레마의 활성화에 영향을 미칠 수 없고, 레마도 피드백하여 개념의 활성화에 영향을 줄 수 없다. 이 이론에 따르면 가끔 관찰되는 의미 대체 오류는 목표 개념이 관련된 개념들을 활성화하였고, 그에 해당하는 여러 레마들을 활성화하였고, 그중에서 종종 잘못된 레마가 선택될 때 발생한다.

하지만 이것이 의미 대체 오류를 설명하는 유일한 관점은 아니다. Gary Dell이 주장한 말소리 산출의 활성화 확산(spreading activation) 모형과 같은 이론들은 말소리 산출 체계 안에서 WEAVER++와는 다른 양상의 정보 흐름을 제시한다(Dell, 1986; Dell et al., 1997; Nozari and Pinet, 2020). Dell은 정보가 (WEAVER++에서와 같이) 피드포워드 방향으로도 흘러갈 수 있고 (WEAVER++와는 반대로)

피드백 방향으로도 흘러갈 수 있다고 가정한다. 그러나 WEAVER++에서와는 달리 활성화 확산 모형에서는 활성화가 산출 체계 전반으로 퍼져나갈(cascade) 수도 있다. WEAVER++에서는 산출 체계의 한 수준에서 선택이 일어나야만 다음 단계를 위한 활성화가 시작된다. 레마의 선택이 완료되기 전까지는 어떤 음소도 활성화되지 않는다. 반면 활성화 확산 모형에서는 한 수준에서 활동이 시작되는 순간 활성화는 다음 단계로 확산된다. 따라서 한 수준에서 꼭 선택이 일어나지 않았더라도 다음 단계의 활동이 시작될 수 있는 것이다. 또한 활성화 확산 모형은 각 표상 수준 사이에 피드백이 일어난다고 가정한다. 즉, 'cat'이라는 레마가 활성화되면 이것이 개념 수준에 피드백을 주어서 '고양이'의 개념적 표상을 더욱 활성화시키는 것이다. 그리고 /kat/이라는 소리에 대한 음운 정보가 활성화되면, 이것이 레마 수준에 피드백을 주어서 'cat'이라는 레마를 더욱 활성화시킨다.

언어 산출 체계에서 정보가 앞으로, 뒤로 모두 퍼져나갈 수 있다고 가정하면 사람들이 말할 때 나타나는 여러 가지 현상을 설명할 수 있게 된다. 예를 들어, 음운(소리) 처리 체계로부터 레마(추상적인 단어의 형태)로 연결된 피드백은 어휘 편향(lexical bias) 효과를 설명할 수 있다. 어휘 편향 효과란 사람들이 소리 교환의 오류를 낼 때 오류의 결과로 말하게 되는 것이 대개 실제 단어일 가능성이 높다는 사실을 일컫는다. 만약 발화 오류가 음운 단위에 마구잡이로 생기는 오류를 반영한다면, 소리 교환의 오류가 굳이 실제 단어의 발화를 야기할 이유는 없다. 만약 오류가 순전히 음운 산출 과정에 생기는 일시적인 고장 때문이라면 bnip이라든가 tlip과 같은 다른 아무 헛소리들도 충분히 나올 수 있을 것이다. 그러나 실제 관찰되는 발화 오류가 음소 배열 제약(phonotactic constraints; 음소들의 배열에 대한 규칙)을 위반하는 경우가 거의 없으며, 실제 단어로 발현될 가능성이 단순히 우연이라 하기엔 훨씬 높다(blip이라는 목표 단어에 대해 tlip이나 blep보다는 slip이라는 발화 오류가 나올 확률이 훨씬 높다[3]). 비슷한 원리로, 단어의 첫 음소를 뒤바꾸는 발화 오류는 big horse에서보다 big feet에서 발생 가능성이 더 높다. big feet의 경우 fig와 beet이 둘 다 단어가 되는 반면 big horse의 경우에는 hig와 borse 둘 다 실제 단어가 아니기 때문이다.

상호작용적 활성화 확산 모형 이론(예: Dell, 1986; Dell et al., 1997)은 이러한 어휘 편향 효과를 레마와 음운 산출 기제 사이의 피드포워드, 피드백 연결을 통해 설명한다. [그림 2.3]은 이러한 두 하위 과정이 서로 어떻게 연결되어 있는지 보여 준다(Dell et al., 1997, p. 805). 이런 모형에서는 레마(이 그림에서 '단어'로 표시된 부분)의 활성화가 시작되자마자, 그러나 최종 후보가 선택되기 이전에 음운 활성화가 시작된다. 개별 음소가 활성화되기 시작하면, 이 음소들은 자신과 연결된 레마로 피드백을 보냄으로써 그 레마의 활성화 정도를 높인다. 실제 단어들은 레마 수준에서 표상을 갖고 있는 반면, 비단어는 레마 수준의 표상이 없기 때문에, 음소가 실수로 활성화되면 이것이 의도된 목표 단어와 비슷한 소리를 가진 실제 단어의 활성화를 강화시킬 수 있다. 반면 비단어를 구성하는 음소들이 레마 수준으로부터 활성화를 받을 일은 없으므로 실수로 비단어를 말하게 되는 일은 비교적 적은 것이다. 따라서 비단어를 구성하는 음소들은 실제 단어를 구성하는 음소들보다 평균적으로 덜 활성화된다.

---

3) 역자 주: tlip은 비단어임과 동시에 영어의 음소 배열 제약에 위배된다. blep은 비단어이지만 음소 배열 제약을 위반하지는 않는다. slip은 실제 단어이다.

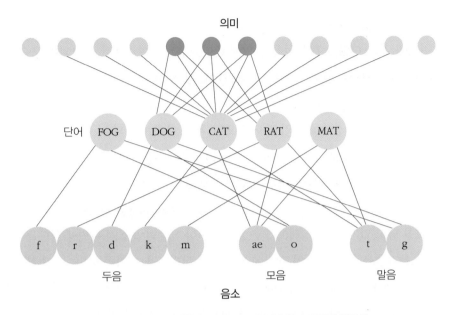

[그림 2.3] 말소리 산출의 상호작용적 활성화 확산 모형의 형상화

출처: Dell et al. (1997), American Psychological Association, p. 805

상호작용적 활성화 이론은 혼합 오류(mixed errors)도 설명해 줄 수 있다. 혼합 오류는 화자가 실수로 발화한 단어가 원래 의도한 단어와 뜻과 소리의 측면에서 모두 관련 있는 경우를 말한다. 즉, 사람들은 oyster이라는 단어를 의도했을 때 octopus보다는 lobster라고 잘못 말할 확률이 높은데, 이것은 lobster가 목표 단어와 소리도 비슷하고 뜻도 비슷하기 때문이다. 더 나아가, 이런 혼합 오류는 발화 오류가 정말 마구잡이였을 경우 예상되는 빈도에 비해 더 자주 발생한다(Baars et al., 1975; Dell and Reich, 1981; Levelt et al., 1991). 말소리 산출의 활성화 확산 이론은 혼합 오류가 비교적 높은 확률로 나타나는 이유가 여러 수준들 사이에 활성화가 퍼져나가고 피드백을 주는 과정에서 기인한다고 본다. 굴(oyster)을 떠올리면 랍스터나 문어와 같이 의미적으로 관련된 항목들이 활성화되고, 그러면 oyster라는 레마뿐 아니라 lobster와 octopus의 레마들도 활성화될 것이다. 이렇게 oyster, lobster, octopus 레마들의 활성화가 피드포워드를 보내면 이 단어들을 구성하는 소리들이 활성화된다. 이 중에서 ster이라는 음소 세트는 목표 레마뿐 아니라 활성화된 경쟁 상대인 레마로부터도 활성화를 받기 때문에 최종 산출물로 선정될 확률이 매우 높다. 반면 목표 레마에만 들어가는 소리나 경쟁 상대인 레마에만 들어가는 소리들은 선정될 확률이 비교적 낮다. 만약 이렇게 활성화가 퍼져나가는 과정이 없다고 가정하면 octopus와 lobster는 개념 단계나 레마 단계에서 모두 목표 단어(oyster)를 능가할 확률이 서로 동일할 것이므로, 왜 혼합 오류가 다른 유형의 발화 오류보다 더 흔하게 나타나는지를 설명할 수 없게 된다. 따라서 Dell과 그의 동료들은 혼합 오류의 비교적 높은 발생 빈도가 활성화 확산의 증거가 된다고 해석한다.[12]

레마 이론의 잠재적 한계점

WEAVER++와 활성화 확산 유형의 모형들은 모두 언어 산출 과정이 레마와 같은 수준의 표상을 거친다고 주장한다. 레마는 음운(소리) 이전의 심적 표상으로, 단어의 의미와 그 단어가 단어들

과 어떻게 함께 사용되는지에 대한 정보를 담고 있다고 여겨진다. 이러한 이론은 그림 명명, 발화 오류, 설단 현상과 같은 다양한 현상들을 설명해 준다. 그러나 여기에서 설명되는 모습의 레마 이론이 모두에게 받아들여지는 것은 아니다. 예를 들어, Alfonso Caramazza는 레마 이론이 뇌 손상을 입은 환자들이 보여 주는 증거들에 대해서는 적합한 설명을 제시하지 못한다고 주장한다.

뇌의 손상은 언어 산출의 장애를 야기할 수 있으며, 서로 다른 종류의 뇌 손상은 각각 다른 양상의 장애를 가져온다(Caramazza, 1997). Caramazza는 먼저, 만약 레마가 정말로 언어 산출에 필수로 관여하는 표상이라면, 레마 표상에 영향을 주는 뇌 손상이 생겼을 때 이것은 말하기이든 글쓰기이든 상관없이 사람들의 언어 산출 능력에 일관된 영향을 주어야 한다고 생각했다. 레마는 특정 단어와 관련된 문법적 정보를 담고 있기 때문에, 레마가 손상되면 언어 산출의 문법적 측면에 영향을 줄 것이다.

실제로 일부 환자들은 특정 종류의 단어에 대해서만 어려움을 보이곤 한다. 어떤 환자들은 내용어(content words; cat, table, Hannibal Lecter와 같이 풍부한 의미를 가진 단어들)에 대해서는 어려움을 보이지만 기능어(function words; the, of, was처럼 비교적 의미가 얇은 문법적 기능을 하는 단어들)에 대해서는 거의 어려워하지 않기도 한다. 레마 이론은 이런 환자들에 대해 기능어의 레마들은 그대로 남아있는 반면 내용어의 레마들만 선택적으로 손상된 결과라고 설명할 것이다. 그러나 Caramazza가 말했듯, 어떤 환자들은 주어진 단어를 어떤 방식으로 산출하느냐에 따라서 정반대의 장애 양상을 보이기도 한다. 같은 환자에게서도 말을 할 때는 어떤 한 가지 결함이 나타나고, 글을 쓸 때는 그 반대의 결함이 나타나는 것이다. 예를 들어, 한 환자가 글쓰기에서는 (내용어가 아닌) 기능어에 대해서만 어려움을 보이다가 말하기에서는 (기능어가 아닌) 내용어에 대해서만 어려움을 보일 수 있다. 만약 두 산출 과정에 같은 레마들이 관여한다면 이런 현상은 나타날 수 없다. 만약 말하기에서 내용어에 대한 결함이 나타나는 이유가 내용어의 레마가 손상되었기 때문이라면, 글쓰기에서도 동일한 결함이 나타나야 한다.

레마 이론에 대한 또 다른 반증은 뇌 손상 환자들이 보이는 의미 대체 오류에서 찾아볼 수 있다. 어떤 환자들은 그림에 대한 이름을 소리내 말하는 과제를 수행할 때 일관적으로 잘못된 단어를 사용하곤 한다. 예를 들어, 한 환자의 경우 요리사의 그림을 보고 단어를 말해야 할 때 계속해서 dish라는 단어를 말했다. 같은 환자가 같은 그림을 보고 단어를 (말하는 것이 아니라) 써야 할 때는 forks라는 단어를 썼다. 이런 오류는 마구잡이로 나타난 것이 아니고, 이 환자는 말할 때는 일관적으로 한 단어(dish)를 산출했고, 글쓰기에서는 또 다른 단어(forks)를 산출했다. Caramazza는 각각 말하기와 글쓰기에 관여하는 별개의 단어 형태 정보 자료가 두 개 있다고 가정하면 이런 문제를 설명할 수 있다고 제안했다. 그는 또한 동일한 환자가 말을 하느냐, 글을 쓰느냐에 따라서 기능어와 내용어에 대한 결함이 다르게 나타나는 현상을 설명하려면 문법적 정보는 레마 표상과 별개로 따로 저장되어 있다고 보아야 한다고 제안했다.

자기 감시와 자기 교정

화자들은 말을 하다가 종종 발화 오류를 보이기도 하지만, 말소리 산출 과정의 복잡성에도 불구하고 보통은 자신들의 생각을 성공적으로 표현해 낸다. 화자들은 말실수를 하고 나서 이를 알아채고 수정하기도 하고(자기 교정, self-repair), 말소리 산출 체계에 내재된 심리적 기제를 작동시킴으로 써 내부에서 일시적으로 발생하는 오류들이 실제 발화 오류로 이어지지 않도록 방지하기도 한다 (Gauvin and Hartsuiker, 2020).

이렇게 실제 발화 이전에 작동하는 내재적 감시 체계에 대한 증거로는 화자들이 발화 오류를 내고 잘못된 단어를 옳은 단어로 수정할 때 오류와 수정 사이에 시간차가 거의 없다는 연구 결과들이 있다. 한 개념에 대해 말로 응답할 준비를 하려면 약 0.5초의 시간이 걸릴 수 있으므로, 이런 '즉각적인 교정'이 일어나려면 잘못된 발화가 발생한 순간 오류에 대한 감시와 수정 계획이 함께 이루어져야 한다. Postma(2000, p. 105)는 다음과 같이 말했다. "화자들이 앞으로 일어날 말실수를 예측할 수 있다는, 즉 그들이 조음 단계 이전에 발화 과정을 점검할 수 있다는 증거는 충분히 있다. … 화자들은 많은 경우 말실수에 대해 즉각적으로 반응하며, 시간의 지체 없이 바로 수정을 실행한다 (즉, 오류가 발생하기 전에 오류를 수정할 준비가 이미 되어 있었다는 의미이다)."

신기하게도 이 내재적 감시 과정은 어떤 말실수가 부끄러운 결과를 가져올지 아닐지를 판단할 수 있다. 피부의 전기적 반응(피부가 전류에 대해 보이는 저항의 정도)과 특정 유형의 오류가 일어날 확률을 통해 이러한 내재적 감시 체계가 작동하고 있음을 관찰할 수 있다(Hartsuiker and Kolk, 2001; Levelt, 1983; Motley et al., 1983, 1982; Wheeldon and Levelt, 1995). 만약 우리가 toolkits라는 구문을 말해야 할 때 소리 교환의 오류를 내버린다면 부끄러운 상황이 생길 수 있다.[4] (철물점에 가서 'Could I grab one of your toolkits?'라고 말하려 했는데 소리 교환의 오류가 일어난다면 어떻게 될지 생각해 보자.) 이런 상황에서 소리 교환의 오류는 금기어로 이어지지 않는 다른 소리 교환들에 비해 발생 확률이 비교적 낮다. 또한 참가자들에게 시간의 압박이 있을 때, poolkits처럼 첫 음소가 교환되어도 금기어를 만들지 않는 단어들에 비해 toolkits와 같은 자극들에 대해 피부의 전기적 반응이 더 커진다.[13]

자기 감시의 어떤 측면들은 실제 발화 이전에 이루어지지만, 여기에는 그에 대한 대가가 따른다. 자기 감시 능력은 말소리 계획 과정과 감시 과정을 둘 다 수행할 만한 충분한 심리적 자원이 있는지에 달려 있다. 게다가 말소리 계획과 말소리 감시는 같은 심리적 자원을 두고 서로 경쟁한다. 말소리 계획에 더 많은 자원을 활용하면 자기 감시에 쓸 수 있는 자원이 적어진다. 구문이나 구절의 끝으로 갈수록 오류에 대한 감시가 더 강해지는데, 이때는 대부분의 말이 이미 계획되어 있으므로 계획에 대한 부담이 매우 낮기 때문이다(Blackmer and Mitton, 1991; Postma, 2000).

말소리의 조음

WEAVER++나 Dell의 활성화 확산 모형에서 가정하는 발화 계획의 최종 목표는 말하는 근육을 움직여 소리를 만들어 내는 것이다. 이 과정이 바로 조음(articulation)이다. 말을 할 때 우리는 성대에서부터 올라와서 입술과 코까지를 아우르는 성도(vocal tract)를 움직인다. 조음은 말소리 계획과

---

4) 역자 주: 소리 교환의 오류가 일어난다면 이는 cool tits라는 구문이 된다. 이 구문의 뜻은 사전을 찾아 확인해 보자.

산출의 종착점이자 말소리 이해의 시작점이다. 발화에서의 조음에 대한 일부 이론들은 말소리(음소)들을 조음 기관들이 움직이는 방식에 따라 분류하기도 한다(Browman and Goldstein, 1989, 1990, 1991). 조음 기관으로는 입술, 혀끝(tongue tip), 혓날(tongue body), 연구개(velum; 입천장 뒤쪽의 부드러운 부분), 성문(glottis; 성대 주름(vocal folds)을 포함하는 목에 있는 구조) 등이 있다. 이런 조음 기관들은 각각 반독립적으로 움직임으로써 폐에서 나오는 공기의 흐름을 방해하거나 막기도 한다. 원활한 공기의 흐름을 방해하면 공기가 진동하게 되는데, 이 진동은 조음 기관의 움직임에 따라 모양을 바꾸어 인간의 말소리라고 할 수 있는 소리의 파동을 만들어 낸다.

조음 음운 이론에 따르면 말소리 계획 과정의 결과물은 대조적 제스처(contrastive gesture; 한 언어에서 현재의 음성 신호(소리)와 다른 음성 신호(소리) 사이를 뚜렷하게 구별해 주는 동작)를 만들기 위한 제스처 악보이다. 이 제스처 악보(gestural score)는 조음 기관들이 어떻게 움직여야 하는지 말해 주는 역할을 한다. 더 구체적으로 말하면, 이 악보는 운동 체계에게 '(1) 어떤 조음 기관들을 (2) 성도의 어떤 위치를 향해 수축할지, (3) 얼마만큼 수축할지, 그리고 (4) 어떤 역학적 방식으로 움직일지' 등을 말해 준다(Pardo and Remez, 2006, p. 217). 조음 기관들의 움직임은 일련의 말소리(음소)들을 만들어 내며, 이 말소리들은 그들의 조음 위치(place of articulation), 조음 방식(manner of articulation), 유무성(voicing)에 따라 분류될 수 있다. 예를 들어, 영어에는 여섯 개의 파열 자음이 있고(/k/, /g/, /t/, /d/, /p/, /b/), 이들은 각각 다른 조음 위치를 갖는다. /p/와 /b/는 양 입술을 서로 붙여 만들어지는 소리이므로 순음(labial)이다. /t/와 /d/는 공기의 흐름이 (입술이나 어떤 다른 위치가 아니라) 치아의 뒷부분에서 차단되며 만들어지는 소리이므로 치음(dental) 또는 치경음(alveolar)이다. /k/와 /g/는 혀의 뒷부분을 연구개에 붙여 공기의 흐름을 차단하는 소리이므로 연구개음(velar)이다. 이러한 세 가지 제스처(입술을 붙이거나, 혀를 치아에 붙이거나, 또는 혀를 연구개에 붙이는 제스처)는 각각 성대가 진동하면서 실행될 수도 있고, 성대의 진동 없이 실행될 수도 있다. 차단되었던 공기가 방출되면서 동시에 성대 주름이 진동하면 유성(voiced) 파열음이 된다(/b/, /d/, /g/의 경우). 공기가 풀어지고 나서 성대 주름의 진동이 시작되기까지 시간차가 있다면 무성(unvoiced) 파열음이 된다(/p/, /t/, /k/의 경우). 조음 방식이란 공기의 흐름이 얼마만큼 방해받는지를 일컫는다. 공기 흐름을 최대한으로 막으면 파열음(stop)이 되고, 공기의 흐름을 완전히 막지 않고 압착시키면 마찰음(fricative)이 되며(/z/ 또는 /sh/의 경우), 공기가 비교적 자유롭게 흘러가도록 두면 모음이 된다.

언어에 대해 잘 알고 관찰하는 사람들이라면 우리가 음소를 개별적으로 발화하지 않는다는 사실을 알아챘을 것이다. 우리는 말할 때 여러 개의 음소들을 같이 발화하는데, 일상 대화에서는 평균 약 100 밀리초마다 하나의 음소를 말하는 꼴이다. (더 빠르게 말하려고 하면 훨씬 빠른 속도도 가능하다.) 짧은 시간 동안 많은 음소들을 발화하려면 우리는 한 음소로부터 다음 음소까지 원활하고 효율적으로 연결하는 방법을 찾아야만 한다. 그래서 우리는 동시 조음(coarticulate)을 한다. 다시 말해, 한 음소의 발화에 관여하는 제스처들은 앞뒤 음소에 필요한 제스처들과 시간상 겹쳐지는 것이다.[14] 동시 조음은 말소리의 산출과 말소리의 지각 둘 다에 영향을 미친다. 예를 들어, 우리가 음소 /p/를 말하기 위해 조음 기관을 움직이는 방식은 그다음에 어떤 음소가 나오느냐에 따라 달라진다. pool이라는 단어를 소리내어 말해 보자. 이번에는 pan이라는 단어를 말해 보자. 그리고 이 단어를 말하기 직전에 입술이 어떤 위치에 있는지 생각해 보자. (각 단어를 말하기 직전에 입술의 위치가 어떻게 다른지 알아낼 때까지 필요한 만큼 반복해 보자. 거울을 사용해도 좋고, 친구의 도움을 받을 수 있다면 더욱 좋다.)

***

pool과 pan을 연습하기 위한 휴식 시간.

***

진짜로, 직접 해 보자.

***

pool이라는 단어를 말하기 전에는 입술이 동그랗게 모이고 살짝 앞으로 내밀어질 것이다. 그리고 pan을 말하기 전에는 입술이 동그랗게 모이지 않고 약간 뒤로 당겨질 것이다. 왜 이런 차이가 생기는 걸까? 이 차이는 뒤에 어떤 음소가 따라오느냐에 달려 있다. pool에 있는 'oo'와 같은 소리는 원순 모음(rounded vowel)이며, 비교적 낮은 음으로 발화되는 모음이다. 입술을 동그랗게 모으면 이 모음이 갖는 원순적(rounded) 특징과 잘 어울린다. 입술을 앞으로 내밀면 성도 내부에서 공기가 공명하는 공간이 길어지는데, 그러면 기본 주파수(fundamental frequency; 음파를 구성하는 규칙적인 진동들 중 가장 낮은 진동의 주파수)가 낮아지고, 'oo' 모음이 더 낮고 깊은 소리를 갖게 해 준다. 'oo' 모음이 갖는 입술이 동그랗게 모아지고 앞으로 내밀어지는 특징은 발화 계획 과정에서 미리 예측되기 때문에, 모음의 이런 특징들(원순적인 특징과 앞으로 내밀어지는 특징)의 일부 측면들이 앞에 나오는 자음의 제스처로 할당되는 것이다. pan에 있는 'a' 소리는 입의 뒷부분에서 공기가 수축되며 발음되는 후설 모음(back vowel)이다. 발화 계획 체계는 이러한 움직임을 예측해서 모음의 앞에 나오는/p/ 음소가 약간 뒤로 편평하게 당겨진 형태로 발음되도록 조정한다.

동시 조음은 이렇게 우리가 다양한 음소의 조합들을 발음할 때 조음 기관을 사용하는 방식에 영향을 줄 뿐 아니라, 그 소리들을 말할 때 우리가 만들어 내는 음파에도 영향을 미친다(Liberman and Mattingly, 1985). 우리가 말하는 동안 동시 조음이 음파에 미치는 영향을 살펴보기 전에, 먼저 말소리가 갖는 물리적, 음향적인 특징들에 대해서 간단하게 알아보도록 하자.

조음 기관을 움직이는 것은 기타 여러 신체 활동들이 그렇듯 공기 중으로 퍼져나가는 소리의 파동을 일으키는 신체적인 활동이다. 따라서 다른 소리들과 마찬가지로 말소리 또한 물리적, 음향적인 신호로 간주할 수 있다. 음향 신호들은, 그것들이 얼마나 복잡하든지 간에, 주파수와 진폭이라는 두 가지 속성으로 분석될 수 있다(Goldstein, 2006). 모든 음향 신호는 음향의 매개체(보통은 공기이지만 나무, 물, 강철 같은 다른 물질들도 될 수 있음)를 압축했다가(즉, 밀도를 높였다가) 팽창시키는(즉, 밀도를 낮추는) 반복적인 물리적 힘이 가해질 때 생긴다. 압축과 팽창이 한 번씩 일어나는 과정을 주기(cycle)라고 부르며, 하나의 주기가 완료되는 데 얼마만큼의 시간이 필요한지에 따라 그 음파의 주파수(frequency)가 결정된다. 주어진 시간 동안 더 많은 주기가 반복되면 주파수가 높아지고, 더 적은 주기가 반복되면 주파수가 낮아진다. 음향학에서 주파수를 측정하는 표준 단위는 1초당 주기 수를 일컫는 헤르츠(Hertz; Hz)이다. 주파수의 차이를 우리는 음고(pitch)의 차이로서 주관적으로 느낄 수 있다. 높은 소리(미니 마우스의 목소리, 물 끓이는 주전자 소리 등)는 높은 주파수의 진동으로부터 생기며, 낮은 소리(뱃고동 소리나 파도의 울림소리 등)는 낮은 주파수의 진동으로부터 생긴다. 진폭(amplitude)이란 음파에서 압력이 가장 높은 지점과 가장 낮은 지점 사이의 압력 차이를 일컫는다. 진폭이 커지면 우리는 이것을 음량 또는 소리의 크기가 커지는 것으로서 느낄 수 있다. 진폭을 측정하는 표준 단위는 데시벨(Decibel: dB)이다. 진폭이 큰 소리는 크게 들리고, 진폭이 작은 소리는 조용하게 들린다.

외국 억양 증후군에 대한 고찰

지금까지 우리가 말소리 산출에 대해 새로 배운 지식들을 이제 실제로 활용해 볼 때가 왔다. 외국 억양 증후군(FAS)은 '자신의 것이 아닌 다른 방언의 특징을 보이는 말을 하게 되거나 언어의 원어민이 아닌 사람들처럼 말을 하게 되는 것'을 말한다(Moen, 2000, p. 5). FAS에 대한 일반적인 설명 방식은 Levelt나 Gary Dell의 모형과 같은 이론을 가지고 왜 사람들이 뇌 손상을 겪었을 때 외국어 같은 억양을 갖게 되는지 설명하는 것이다(Blumstein et al., 1987; Kurowski et al., 1996; Mariën et al., 2019, 2009). 말소리는 조음 기관들이 특정한 속도와 방향으로 움직여서 특정한 정도의 폐쇄(closure)를 만들고 특정한 시점에서 유성(voicing)이 시작됨으로써 만들어진다. 이런 운동 동작들이 시작되려면 그 전에 먼저 조음 기관들이 정확히 언제 어떻게 움직일지를 알려주는 제스처 악보가 있어야 한다. 이런 제스처 악보를 만들려면 화자들은 음절화를 통해 계획된 산출물을 음절 단위의 덩어리들로 나누어야 한다. 발화할 산출물이 음절화되고 나면 화자들은 여러 개의 음절에 걸친 운율적인 윤곽을 만들어 내야 한다. 외국인 같은 억양은 이러한 운율적 윤곽이 망가짐으로써 발생할 수도 있고, 음절화 과정이나 개별 음소의 조음 과정에 지장이 생겨 발생할 수도 있다. 예를 들어, FAS를 보이는 환자들은 의문문을 말할 때 다른 사람들보다 음고의 변화를 덜 사용하기도 하고, 비정상적인 억양을 보이기도 하고(어떤 단어나 음절을 더 크게 혹은 더 약하게 발화), 모음을 비정상적으로 길게 발음하기도 하고, 혹은 말의 중간에 비정상적인 휴지(pause)를 갖기도 한다. 이런 양상들은 모두 운율 윤곽을 만들어 내는 과정에서 문제가 생기면 나타날 수 있는 현상이다. 또한 말하는 도중에 긴 휴지를 갖는 것은 환자들이 조음 계획이나 제스처 악보를 만들어 내는 과정에서 어려움을 겪고 있기 때문일 수 있다. 개별 음소를 조음하는 데에서 생기는 문제도 환자의 말에서 외국 억양이 나타나게 하는 원인이 된다. 어떤 경우에는 입의 뒷부분에서 조음되어야 하는 말소리들이 그보다 전방(앞)의 위치에서 공기의 흐름을 막는 방법으로 발음되기도 한다. 또 특히 자음군(consonant clusters, 예: spl, rtr)의 경우에는 환자들이 개별 제스처들을 수행하기 어려우므로 음소를 삽입하거나 제거하여 말하기도 한다. 음절화 역시 영향을 받을 수 있는데, 그러면 환자들이 각 음절들을 보다 독립된 단위인 것처럼 말하게 된다. Escort us와 같은 구문의 경우, 't'가 'us'와 함께 음절화되는 일반적인 방식으로 말하는 대신 'ess' 'cort' 'us'와 같이 말하게 되는 것이다. 따라서 발화 계획의 여러 다양한 측면들(음절화, 운율 등)과 특정 말소리 제스처의 실행(혹은 잘못된 실행)들로 인해 잉글랜드인이 갑자기 스코틀랜드인처럼 변할 수 있는 것이다.

말소리의 지각

> 나는 당신이 지금까지 한 말에서 단 한 단어도 이해할 수가 없다.
>
> –Ricky Bobby

[그림 2.4]를 보자. 이 그림은 누군가가 'to catch pink salmon'이라고 말했을 때 발생하는 음파를 시각적으로 보여 주고 있다(Cooper et al., 1952; Liberman et al., 1952). [그림 2.4]와 같은 그림들을 우리는 소리 스펙트로그램(sound spectrogram)이라고 부른다.[15] 그림의 y-축은 주파수(Hz)를, x-축

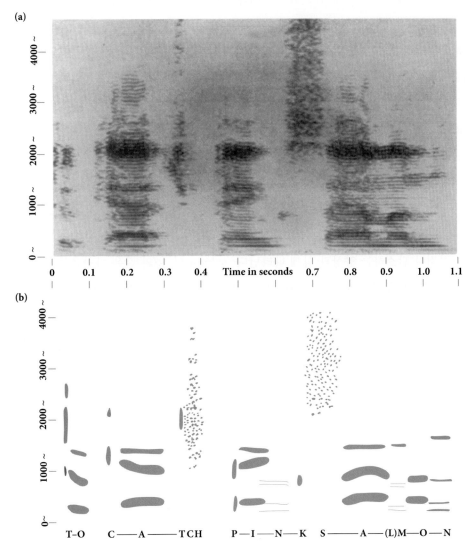

[그림 2.4] 'to catch pink salmon'이라는 구문의 실제 말소리(위)와 단순화된 인공 말소리(아래)의 스펙트로그램
출처: Liberman, A. M. (1952), University of Illinois Press

은 시간을 나타낸다. 실제 말소리를 보여 주고 있는 위쪽 그림을 먼저 살펴보자. 이 그래프에서 어두운 부분은 음성 신호에서 소리의 에너지가 있는 주파수 대역을 보여 준다. 위아래로 훑어보면 소리 에너지가 있는 대역(어두운 부분들)과 소리 에너지가 없는 대역(밝은 부분들)이 번갈아 나타난다. 이러한 에너지의 패턴은 시간에 따라 변한다. 예를 들어, 이 사람이 catch의 /a/를 말하는 동안에는 스펙트럼의 낮은 주파수 부분에 많은 활동이 일어나는 것이 보이고, salmon의 /a/를 말하는 동안에도 마찬가지이다. 그러나 catch의 /ch/ 소리나 salmon의 /s/ 소리를 말하는 동안에는 낮은 주파수 대역에는 에너지가 거의 없고 더 높은 주파수 대역에 훨씬 많은 에너지가 관찰된다.

이제 [그림 2.4]의 아래쪽 그림을 살펴보자. 주파수의 대역은 위쪽 그림과 동일하지만, 어둡고 밝은 부분들의 패턴은 훨씬 단순하다는 것을 알 수 있다. Liberman 등(1952)은 이 아래쪽 그림에 나타난 패턴을 수작업으로 그린 후, 패턴 재생 기계(pattern playback machine)라는 장치([그림 2.5])에 입력해 보았다. 패턴 재생 기계는 이렇게 사람이 수작업으로 그린 스펙트로그램에 나타난 어둡고 밝은 부분들의 패턴을 읽고 이를 일련의 음파로 변환해 주었다. Liberman과 그의 동료들은 음파에 있는 에너지의 패턴을 아주 단순화시켜도 사람들이 소리 자극의 음운적 정보를 잘 알아들을 수 있다는 것을 알아냈다. 다시 말해, [그림 2.4]의 아래쪽 그림에 있는 패턴을 패턴 재생 기계에 넣었을 때도, 실험 참가자들은 'to catch pink salmon'과 같은 소리를 들었다고 말했다. 즉, 말소리가 완전히 자연스럽게 들리려면, 그리고 듣는 사람의 입장에서 말소리가 누구의 목소리인지를 알아들으려면 [그림 2.4]의 위쪽 그림과 같은 전체 에너지 패턴들이 필요하겠지만, [그림 2.4]의 아래쪽 그림과 같은 단순화된 정보만으로도 사람들은 신호가 전달하고자 하는 음소들을 충분히 지각할 수 있다는 것이다(Remez et al., 1994 참조).

Liberman과 동료들(Cooper et al., 1952; Liberman et al., 1952)은 말의 음운적인 정보는 포먼트(formant)와 포먼트 전이(formant transition)로 설명될 수 있다고 제안했다. 포먼트란 'to catch pink salmon'의 /a/와 /u/ 소리에서와 같이 안정적이고 일관된 진동 패턴을 말한다. 실제로 포먼트는 모음에 나타나는 속성이다. 포먼트 전이란 짧고 갑작스러운 소리들로 이루어지며 보통 주파수가 빠르게 증가하거나 감소하는 양상과 함께 나타난다. salmon의 /s/와 같은 마찰음들은 넓은 주파수 대역에 퍼져 있는 마구잡이의 에너지 패턴으로 나타난다(라디오 채널들 사이에서 들리는 백색 소음과

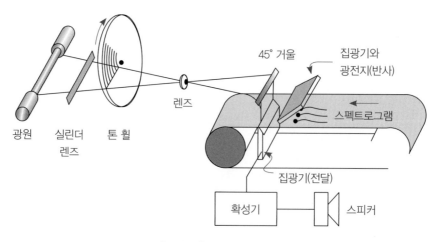

[그림 2.5] 패턴 재생 기계

출처: Liberman, A. M. (1952), University of Illinois Press

비슷하다). 각각의 말소리들은 일련의 포먼트와 포먼트 전이로 이루어진다. 포먼트와 포먼트 전이는 그들의 평균 주파수에 따라 분류된다. 음소에서 가장 낮은 주파수를 갖는 구성 성분이 (모음의) 첫 번째 포먼트 또는 (자음의) 첫 번째 포먼트 전이가 된다. 그다음으로 주파수가 높은 구성 성분이 두 번째 포먼트 또는 포먼트 전이가 되는 식이다. 말소리 연구자들은 처음에는 각각의 음소가 갖는 고유의 음향적 패턴이 있을 것이라고 생각했지만, 현실은 그보다 더 복잡하다는 것을 금방 알게 되었다. 이러한 사실은 다시 우리를 동시 조음에 대해 생각해 보도록 해 준다.

동시 조음이 말소리 지각에 미치는 영향

앞서 얘기한 것처럼, 주어진 한 음소를 말하려고 우리가 조음 기관들을 움직이는 방식은 그 음소가 나타나는 맥락에 따라 달라진다. [그림 2.6]은 /di/('dee'처럼 발음됨)와 /du/('doo'처럼 발음됨) 두 음절에 대한 스펙트로그램을 단순화시켜 보여 주고 있다. 각 음절은 두 개의 포먼트(가로로 그려진 막대)와 두 개의 포먼트 전이(주파수의 빠른 변화를 나타내는 기울어진 막대)로 구성된다. 왼쪽에 있는 음성 신호에서 /d/와 /i/를 떼어놓고 오른쪽의 음성 신호에서 /d/와 /u/를 떼어놓아보면 어떤지 생각해 보자. 서로 다른 모음(/i/와 /u/)의 앞에 나오는 두 개의 /d/ 부분은 듣기엔 완전히 동일한 소리로 들리지만, /d/ 음소에 해당하는 두 부분의 실제 물리적인 신호는 매우 다르다. /di/ 음절에서는 /d/의 신호가 두 개의 포먼트 전이로 이루어져 있고, 두 전이 모두 시간에 따라 주파수가 빠르게 증가하는 모습을 보인다(두 포먼트 전이에 해당하는 막대가 오른쪽 위를 향해 기울어져 있음). 이제 /du/ 음절에 있는 /d/ 소리의 신호를 살펴보자. /di/와 비교했을 때 /du/에 있는 두 번째 포먼트 전이가 훨씬 낮은 주파수에서 나타날 뿐 아니라, 시간에 따라 주파수가 증가(오른쪽 위를 향해 기울어진 양상)하는 것이 아니라 시간에 따라 주파수가 감소(오른쪽 아래를 향해 기울어진 양상)하고 있다. 이렇게 실제 음향 신호가 서로 매우 다름에도 불구하고, 이 두 신호들이 각각 뒤따라오는 모음과 함께 재생되면 둘 다 동일하게 /d/로 들린다. 하지만 음절의 나머지(모음을 이루는 포먼트 부분)를 빼고 딱 포먼트 전이 부분만 재생한다면 결과는 달라진다. 음절의 나머지를 빼고 두 포먼트 전이 부분을 각각 따로 들려주면 사람들은 이 둘을 서로 다른 소리로 듣는다. 둘 다 휘파람 소리 또는 쨱쨱거리는 소리로 들리긴 하지만 /di/ 음절에서 나온 /d/는 소리가 올라가는 휘파람처럼, /du/ 음절에서 나온

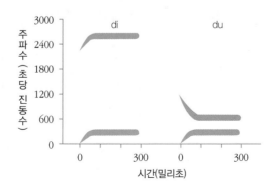

[그림 2.6] /di/와 /du/ 음절을 인공적으로 나타낸 스펙트로그램

/d/는 소리가 더 낮고 내려가는 휘파람처럼 들린다. Liberman 등(1967, p. 435)은 이러한 연구 결과를 요약하여 "서로 다른 맥락에서 우리가 동일한 음소라고 느끼는 소리는 음향적으로는 굉장히 다른 특징을 지닌 신호들로 나타난다."라고 했다.

여기에는 중요한 몇 가지 사실들이 있다. 먼저, 우리가 /d/ 소리를 말할 때 /d/를 발화하는 방식과 소리의 물리적인 형태는 그 소리 뒤에 어떤 모음이 나오느냐에 따라 달라진다(이것이 바로 동시 조음이다). 두 번째로, 우리가 /d/를 발화하는 방식과 음파의 물리적인 형태가 다름에도 불구하고 우리는 두 음성 신호를 같은 음소로 지각한다(이것은 서로 다른 물리적 패턴이 동일하게 지각되는 지각적 일관성(perceptual constancy)의 일종이다). 마지막으로, 이렇게 두 신호를 같은 소리라고 지각하는 것은 우리가 두 포먼트 전이 사이의 차이를 감지하지 못하거나 이러한 차이에 대해 둔감하기 때문이 아니다. 사람들이 두 전이를 따로 들었을 때는 두 소리가 서로 다르다는 것을 지각할 수 있었다.

동시 조음의 또 다른 측면은 말소리가 시간상 넓게 퍼져 있다는 사실과 관련이 있다. 말을 글로 나타내면 한 글자가 한 자리를 차지하고, 다음 글자가 그 옆에서 별도의 자리를 차지한다. 그러나 말소리에서는 음소들 사이에 뚜렷한 경계가 없으며 한 음소가 갖는 음향적 신호의 일부가 다른 음소와 부분적으로 또는 완전히 겹칠 수 있다. Carol Fowler는 음소를 부활절 달걀에 비유하면서, 말을 하는 것은 여러 개의 부활절 달걀을 한꺼번에 으깨버리는 롤러(roller)에 넣는 것과 같다고 했다. Liberman과 Mattingly(1985, p. 4)가 말했듯, "하나의 글자(음소)에 필요한 제스처들은 보통 동시적이지 않으며, 일련의 연속된 글자들에 필요한 제스처들은 서로 상당히 겹쳐지는 경우가 많다." 따라서 말을 듣는 사람은 으깨진 달걀들의 덩어리를 가지고 원래의 부활절 달걀들을 복원해 내는 임무를 떠맡게 된다.

그러나 이렇게 한 음소에 대한 정보가 시간상 넓게 '번져 있는(smearing)' 것은 나름의 장점을 갖기도 하는데, 이런 장점은 소리 없는 중간 모음(silent center vowel)의 지각을 통해 드러난다(Liberman and Whalen, 2000). 소리 없는 중간 모음의 지각은 연구자들이 말소리를 녹음한 후 그 소리에서 음향 신호의 일부를 제거했을 때 나타나는 현상이다. 예를 들어, 연구자들이 bag이라는 말소리에서 중간 부분의 음향 신호를 제거한다고 해 보자. 우리가 bag이라는 단어를 말하면 동시 조음을 통해 모음에 대한 정보가 /b/을 발음하는 동안 나타나기 시작해서 /g/를 발음할 때까지 이어지게 된다. 중간 부분을 제거하면 단어가 완전히 정상적으로 들리지는 않더라도 사람들은 원래 있던 음소가 무엇인지 알아낼 수 있다(즉, 사람들은 big, bug, bog 같은 다른 소리들이 아니라 bag와 비슷한 소리를 듣는다). 따라서 동시 조음의 결과로 앞뒤 자음이 모음에 대한 정보를 전달해 주는 한 청자들은 제거된 모음을 정확히 알아들을 수 있는 것이다.

동시 조음이 말소리 지각에 미치는 영향을 보여 주는 또 다른 증거는 교차 접합 자극(cross-spliced stimuli)을 활용한 실험 연구들에서 찾아볼 수 있다. 교차 접합 자극은 녹음된 단어의 일부를 떼어내서 다른 단어에 갖다 붙인, 마치 프랑켄슈타인 같은 자극을 말한다(동명의 소설에서 프랑켄슈타인은 여러 신체 부분을 가져다 붙여 만든 괴물의 이름이다). 더 자세히 말하자면, 하나의 음절로 이루어진 단어는 두음(onset; pink의 /p/나 press의 /pr/와 같이 음절의 시작에서 터져나오는 소리)과 각운(rhyme, 음절의 끝)으로 나뉜다. 각운은 모음과 마지막 자음 혹은 자음군을 포함한다. 동시 조음은 두음이 발음되는 방식이 각운에 따라 달라지며, 각운이 발음되는 방식이 두음에 따라 달라지도록 한다. 이 두 위치는 서로 영향을 주지만, 두음이 지각되는 방식이 각운이 지각되는 방식에 미치는 영향이 그 반대의 영향보다 더 크다(즉, 먼저 도달하는 정보가 뒤에 나오는 정보의 지각에 미치는 영향이 더 크다; Gaskell and Marslen-Wilson, 1997; Marslen-Wilson and Warren, 1994; Martin and Brunell, 1982; Streeter and Nigro, 1979; Warren and Marslen-Wilson, 1987, 1988). 만약 두 개의 음절을 녹음한 후 한 음절의 끝 부분을 떼어내서 다른 음절의 시작 부분에 갖다 붙이면, 사람들은 원래 두음이 있었던 음절의 원본에 있는 말음을 들었다고 잘못 생각할 확률이 높다. 즉, 사람들이 job이라는 단어를 들었을 때 여기에서 jo 부분이 jog이라는 단어에서 따온 소리라면, 사람들은 이 단어를 jog으로 잘못 들을 확률이 높은 것이다. 또한 여기서 /g/와 /b/ 음소를 두음 없이 따로 들려주면 사람들은 두 음소를 잘 구별하지 못한다. 따라서 동시 조음이 주는 정보를 제거해 버리면 말소리를 알아듣기가 어려워지는 것이다. 이것은 청자들이 화자가 실제 말하려던 음소가 무엇인지를 알아내기 위해 이렇게 '일찍' 혹은 '뒤늦게' 나타나는 정보를 일상적으로 활용한다는 것을 보여 준다(여기에서 '일찍'이란 앞 음소를 조음하는 동안 나타나는 정보를 말하며 '뒤늦게'는 뒤 음소를 조음할 때까지 남아 있는 정보를 말한다).

역설적이게도 동시 조음은 청자들이 화자가 의도한 음소를 알아내도록 도와주기도 하지만 동시에 말소리의 음향적 특성에 대한 객관적인 분석을 어렵게 하는 주요 요인이기도 하다. 이상적으로 우리는 어떤 음향 신호들이 어떤 음소에 해당되는지를 알아내고자 한다. 단순한 세상에서라면 음향 신호와 음소 사이에 일대일의 관계가 있을 것이다. 그러면 우리는 주어진 음소를 말하려면 어떤 음향 신호를 만들어 내면 되는지 쉽게 알 수 있을 것이다. 또 어떤 음향 신호를 들으면 어떤 음소를 말하는지도 쉽게 알 수 있을 것이다(우리의 장기기억에 저장된 음소들 중 그 신호에 맞는 후보는 딱 하나일 테니까). 안타깝게도 동시 조음뿐 아니라 화자 내, 화자 간 변산성이라는 요인들 때문에 실제 시스템은 그렇게 간단하게 작동하지 않는다. Liberman과 Mattingly(1985, p. 12)가 말했듯, "음성적 범주들을 온전히 음향적으로만 정의하기란 불가능하다." 그러나 만약 음성 신호들을 해석해서 그 신호를 구성하는 음소들을 파악할 수 있다면(이것은 실제로 가능하다), 이 문제를 풀 방법이 틀림없이 있을 것이다. 다음 섹션들에서 우리는 사람들이 어떻게 음향 신호를 분석해서 의도된 음소들을 복원하는지를 설명하려는 주요 이론들을 간단히 살펴볼 것이다. 말소리 지각의 운동 이론(motor theory)과 일반 음향적(general acoustic) 접근은 오늘날 말소리 지각 연구의 중심이 되는 두 개의 대안적인 이론이다(Diehl et al., 2004; Kluender and Kiefte, 2006; Pardo and Remez, 2006).

말소리 지각의 운동 이론

말소리 지각의 운동 이론은 말소리의 심적 표상을 나타내는 기본 단위가 소리가 아닌 제스처라고 제안한다(Cooper et al., 1952; Liberman et al., 1952, 1954, 1967; Liberman and Mattingly, 1985; Liberman and Whalen, 2000; 또한 Fowler, 1986, 2008; Galantucci et al., 2006; Stokes et al., 2019 참조).[16] 말을 할 때 우리는 조음 기관들을 특정한 방법으로 특정한 위치를 향해 움직이려고 한다. 이러한 움직임들이 각각 하나의 제스처를 이룬다. 말소리 산출 체계의 운동 부분에서는 우리가 말하고자 하는 일련의 단어를 가지고 조음 기관들이 어떻게 움직여야 하는지를 말해 주는 제스처 악보(gestural score; 움직임에 대한 계획)를 만들어 낸다. 이 이론에 따르면, 음성 신호를 만들어 낸 제스처들을 알면 애초에 이 제스처 계획이 어떤 음절이나 단어에 대해서 만들어졌는지를 알 수 있다. 즉, 제스처가 무엇인지를 알아냄으로써 그 제스처들을 만들어 낸 단어들을 알 수 있는 것이다. 다시 동시 조음에 대한 /di/와 /du/의 예시로 돌아가 보자. 여기서 '핵심적인' 제스처는 혀의 끝부분으로 치아의 뒷부분(또는 치경(alveolar ridge)이라고 불리는 부분)을 한 번 두드리는 것이다. 입술의 위치와 같은 다른 제스처들은 동시 조음의 영향을 받지만(/di/에서는 편평한 입술, /du/에서는 동그랗게 내민 입술 등), 제스처의 이 핵심적인 부분은 음운적 맥락에 상관없이 똑같이 유지된다. 따라서 Alvin Liberman과 그의 동료들은 음소가 음향 신호보다 제스처와 더 밀접하게 관련되어 있기 때문에, 청자들은 음향 신호들을 직접 음소로 연결시키기보다는 음향 신호를 먼저 해당 제스처로 연결시킨다고 주장했다. 그들은 "지각과 음향 자극 사이의 관계보다는 지각과 조음 사이의 관계가 훨씬 더 단순하다(더 직접적이다)."라고 하였다(Liberman et al., 1952, p. 513). 또 더 나아가, "두 소리 간의 지각된 유사성(또는 차이점)은 그들의 음향적 유사성보다는 조음적 유사성과 더 관련 있을 것이다."라고도 하였다. 따라서 두 음향 신호가 서로 다르더라도 그 신호들을 만들어 낸 제스처가 동일하다면 우리는 두 소리를 다른 음소라고 지각하지 않을 것이다.

또한 운동 이론은 우리가 어떻게 동일한 음향적 자극을 어떤 맥락에서는 쩍쩍 소리나 윙윙 소리로 듣고 또 다른 맥락에서는 음소로 지각하게 되는지(예: [그림 2.6]에 있는 포먼트 전이)를 설명하고자 한다. 이를 설명하기 위해 운동 이론은 말소리의 지각이 자연적으로 선택된 단원(module)에 의해 이루어진다고 가정한다(Fodor, 1983). 이 말소리 지각 단원은 입력되는 음향적인 정보를 감시하고 말소리를 구성하는 특징을 보이는 복잡한 패턴의 신호가 감지되면 그에 대해 강한 반응을 보인다. 입력된 자극이 말소리라고 판단되면 이 말소리 단원은 다른 청각 처리 체계들을 선취(preempt)해 버림으로써 그들의 산출물이 의식 영역에 들어오지 못하도록 한다. 그래서 말소리가 아닌 다른 소리들은 주파수, 강도, 음색과 같은 기본 특성들에 따라 분석되고 우리가 이러한 특성들을 정확하게 지각할 수 있는 반면, 음향 자극을 말소리 단원이 단독으로 담당하게 되면 보통 일반적 청각 처리 기제가 다른 소리들에 대해 수행하는 이러한 스펙트럼적 분석(spectral analysis; 자극의 주파수와 강도 패턴에 대한 분석)을 가로막는다(Liberman and Mattingly, 1985, 1989; Liberman and Whalen, 2000). 이러한 선취의 원칙(principle of preemption)은 포먼트 전이가 왜 단독으로 재생될 때는 쩍쩍 소리나 높은 음의 휘파람 소리로 지각되는 반면 다른 말소리들과 함께 재생될 때는 음소로 지각되는지 설명해 준다. 포먼트 전이가 단독으로 재생되면 말소리로 인지되지 않아 스펙트럼적 분석이 지각을 담당하기 때문에 쩍쩍 소리로 들리게 된다. "두 번째 포먼트 전이가 … 단독으로 제시되면, 우리는 이 소리를 예상되는 그대로 듣는다. 즉, 음이 변하는 소리라든가 음이 다른 '쩍쩍' 소리로 듣는 것이다. 그러나 이 포먼트 전이를 합성된 음절 소리 안에 넣어 제시하면 우리는 이것을 [bæ], [dæ], [gæ]와 같이 음향적으로 분석할 수 없는 고유한 언어적인 사건으로 듣게 된다"(Mattingly et al., 1971, p. 132).

특수하게 통제된 실험실 환경에서는 말소리에 대한 일반적 청각 처리의 선취가 이중 지각(duplex perception) 현상을 일으키기도 한다(Liberman and Mattingly, 1989; Whalen and Liberman, 1987). 연구자들은 두 번째 포먼트 전이에서 주파수가 점점 감소하는지(/da/) 혹은 증가하는지(/ga/)에 따라 /da/ 혹은 /ga/처럼 들리도록 인위적인 말소리 자극들을 제작했다. 그런 다음 이 자극들을 편집해서 포먼트 전이 부분과 음절의 기본이 되는 나머지 부분, 즉 베이스(base)에 대한 신호를 따로 제작했다([그림 2.7] 참조). 그들은 헤드폰을 사용해서 한쪽 귀로는 포먼트 전이를, 다른 쪽 귀로는 베이스를 재생시켰다. 여기서 중요한 질문은 다음과 같다. 사람들은 이 자극을 어떻게 지각할까? 자극을 이렇게 쪼개서 들려주면 헛소리로 들릴까? 아니면 여전히 말소리로 지각될까? 연구 결과, 사람들은 이 두 가지를 동시에 지각하는 것으로 나타났다. 포먼트 전이가 재생된 방향의 귀에서는 참가자들이 높은 음의 쌕쌕 혹은 휘파람 소리를 지각했다. 그와 동시에 참가자들은 마치 온전한 음절 전체가 재생된 것처럼 원래의 음절을 지각했다.[17]

Liberman과 그의 동료들은 포먼트 전이를 동시에 두 가지 방식(쌕쌕 소리 혹은 음소)으로 지각하는 것이 말소리 지각 단원과 일반적인 청각 처리 기제가 동시에 작동하면서 나타나는 현상이라고 주장했다. 이중 지각은 청각 체계가 포먼트 전이와 베이스가 (서로 다른 귀를 통해 재생되었으므로) 실제로는 같은 소리로부터 왔다는 것을 알아채지 못하기 때문에 일어난다. 청각 체계가 두 소리가 서로 다른 출처에서 왔다고 생각하기 때문에 정상적인 상황에서라면 포먼트 전이에 대해서 담당하지 않았을 무언가를 하게 된다. 즉, 포먼트 전이가 갖는 주파수를 분석하게 되고, 그 분석의 결과로 '쌕쌕' 소리를 듣는 것이다. 그러나 이와 동시에 말소리를 담당하는 처리 단원은 익숙한 패턴의 포먼트와 포먼트 전이를 인지한다. 그 결과 두 개의 소리가 공간적으로 분리되어 있음에도 불구하고 우리의 청각 체계는 반사적으로 포먼트 전이와 베이스를 통합하여 하나의 음절을 듣게 되는 것이다. 이중 지각의 연구가 진행되던 초기에는 말소리가 이러한 현상을 일으키는 유일한 종류의 자극이었기 때문에, 이 현상이 말소리는 '특별'하며 다른 청각적 자극들과는 별개로 고유의 원리에 따라 지각된다는 증거로 받아들여졌다.

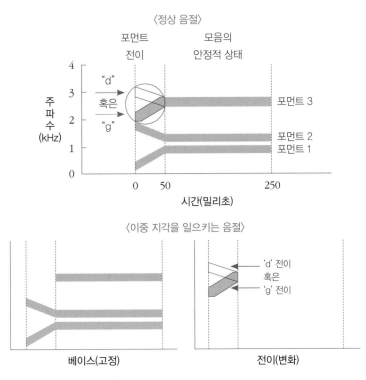

[그림 2.7] /da/ 혹은 /ga/로 들릴 수 있는 음향 자극을 단순화한 모습. 연구자들은 한쪽 귀에는 포먼트 전이를, 다른 쪽 귀에는 '베이스'(음절의 나머지 부분)를 재생할 수 있도록 자극을 제작하였다. 참가자들은 한쪽 귀로는 '휘파람' 소리나 '쌕쌕' 소리를 들었고, 다른 쪽 귀로는 완전한 음절(어떤 포먼트 전이가 재생되었느냐에 따라 /da/ 혹은 /ga/)을 들었다.

출처: Whalen and Liberman (1987), American Association for the Advancement of Science

운동 이론에 의하면 범주적 지각(categorical perception) 또한 말소리 지각 단원으로 인해 나타나는 현상이다. 범주적 지각이란 물리적으로 서로 다른 다양한 자극들이 정해진 (보통 꽤 적은 수의) 범주 중 하나에 속하는 것으로 지각되는 현상을 말한다. 예를 들어, 사람들의 성도는 제각각 모두 다르다. 따라서 당신이 pink라고 말할 때 당신의 입에서 나오는 음파는 내가 pink라고 말할 때 내 입에서 나오는 음파와는 다르며, 이 두 음파는 배우 아놀드 슈워츠제네거(Arnold Schwarzenegger)가 pink라고 말할 때 그의 입에서 나오는 음파와도 또 다르다. 그럼에도 불구하고 당신의 음운 지각 체계는 이러한 물리적 차이를 무시하고 이 신호들이 모두 /p/ 라는 소리 범주를 포함한다고 지각할 것이다. 당신의 목소리가 아놀드 슈워츠제네거의 목소리와는 조금 (또는 아주 많이) 다르다고 느끼겠지만, 그래도 당신이 내는 말소리, 그리고 다른 사람들이 내는 말소리들을 범주화하는 똑같은 방식으로 아놀드 슈워츠제네거가 내는 말소리들을 범주화할 것이다. 그 모든 다양한 소리들은 (영어의 경우) 약 40개의 동일한 음소 세트로 연결된다. 게다가 말소리의 음향적 특성이 매우 다양함에도 불구하고, 음향 신호가 조금씩 달라진다고 해서 우리의 지각도 조금씩 달라지지는 않는다. 우리는 말소리 신호의 특정한 다양성에는 둔감하다가, 말소리 신호의 변화가 충분히 커지면 우리는 이 변화를 한 음소와 다른 음소 간의 차이로 지각한다(Liberman et al., 1957). 예시와 함께 생각해 보면 더 쉽게 이해할 수 있다.

앞서 우리는 일부 파열 자음들 사이에 유성이냐 무성이냐에 따른 차이가 있다는 것을 배웠다. 예를 들어, /b/와 /p/의 차이점은 /b/는 유성음인 반면, /p/는 무성음이라는 데 있다. 유무성을 제외하면 두 음소는 사실상 동일하다. 둘 다 입술을 닫아서 입술 뒤에 공기의 압력이 증가하도록 했다가 압력을 갑작스럽게 풀어서 공기가 입 밖으로 터져나가도록 함으로써 발음되는 양순 파열음(labial plosive)이다. 두 음소 사이의 차이는 공기가 터져나가는 시점과 성대가 진동하기 시작하는 시점 사이의 시간차와 관련이 있다. /b/ 음소의 경우, 입술이 닫혀 있을 때, 혹은 입술이 열린 직후부터 성대가 진동하기 시작한다. (이것은 영어 화자들 기준이다. 스페인어 화자들은 유성 파열 자음을 말할 때 입술이 열리기 이전에 성대의 진동을 시작한다.) /p/ 음소의 경우에는 공기가 터져나가는 시점과 성대가 진동하기 시작하는 시점 사이에 시간 차이가 있다. 이 두 시점 사이에 지연되는 시간차를 성대진동 시작 시간(voice onset time)이라고 부른다. 성대진동 시작 시간은 어느 값이나 될 수 있기 때문에 연속 변수라고 볼 수 있다.[18] 성대진동 시작 시간은 0밀리초(1밀리초는 1000분의 1초이다)가 될 수도 있고, 0.5밀리초, 1.895밀리초, 20밀리초, 50.22293밀리초, 아니면 당신이 생각해 낼 수 있는 어떤 값이든 될 수 있다. 그러나 성대진동 시작 시간이 이렇게 연속적으로 변할 수 있는 반면, 우리는 그에 따른 차이를 그리 잘 지각하지 못한다. 예를 들어, 우리는 보통 2와 7밀리초 혹은 7과 15밀리초의 성대진동 시작 시간의 차이를 느끼지 못한다. 그러는 대신 우리는 어떤 범위 안에 있는 성대진동 시작 시간을 동일한 것으로 지각한다. 이런 다른 음향 신호들을 우리는 이음(allophone; 동일한 음소라고 지각되는 다양한 신호들)이라고 부른다. 우리는 짧은 성대진동 시작 시간을 가진 일정 범위의 소리들을 /b/ 음소라고 지각하며, 긴 성대진동 시작 시간을 가진 다른 범위의 소리들을 /p/ 음소라고 지각한다. 하지만 성대진동 시작 시간이 약 20밀리초인 구간에서는 흥미로운 현상이 나타난다. 우리는 20밀리초보다 작은 값에서는 음향 신호를 /b/ 음소라고 지각하고, 이보다 큰 값에서는 음향 신호가 /p/ 음소라고 지각한다(그리고 이것은 아기들도 마찬가지이다!; Eimas et al., 1971).

게다가 우리가 음향 신호들 간의 차이를 변별할 수 있는 능력 또한 두 신호가 성대진동 시작 시간의 '경계'를 기준으로 같은 편에 있는지, 반대편에 있는지에 따라 달라진다. 만약 두 자극이 경계를 기준으로 같은 편에 있다면(예를 들어, 성대진동 시작 시간이 각각 10밀리초, 17밀리초인 경우), 우리는 그 차이를 알아차리기가 매우 어렵다. 하지만 두 자극이 절대적으로는 동일한 차이값을 갖지만 경계를 기준으로 반대편에 있다면(예를 들어, 각각 17밀리초와 24밀리초인 경우), 우리가 그 차이를 알아차릴 확률은 훨씬 높아진다. Liberman은 이런 말소리의 범주적 지각이 말소리 지각 체계는 특별하며 말소리가 아닌 다른 소리를 다루는 청각 처리 체계와는 다르다는 증거가 된다고 주장했다.

맥거크 효과: 말소리 지각에 미치는 시각적 제스처의 영향

말소리 지각의 운동 이론에 따르면, 말을 이해하기 위해서는 주어진 음향 신호를 만들어 낸 제스처가 무엇이었는지 알아내야 한다. 제스처를 알아내는 것이 말소리 지각 체계의 주요 목표이므로 이 체계는 제스처를 파악하는 데 도움이 된다면 그 어떤 종류의 정보라도 다 활용할 것이라고 예상해 볼 수 있다. 음향적 자극이 제스처를 알아내기 위한 단서를 제공해 주지만 다른 지각 체계들 또한 여기에 도움을 줄 가능성이 있고, 그렇다면 말소리 지각 체계가 이러한 도움을 활용할 것이라는 게 운동 이론의 주장이다. 실제로 시각과 촉각이라는 두 비청각적(non-auditory) 지각 체계가 말소리 지각에 영향을 준다는 연구 결과가 있었다. 이러한 다중적 말소리 지각(multi-modal speech perception)을 보여 주는 가장 유명한 예시로는 맥거크 효과(McGurk effect)가 있다(Kerzel and Bekkering, 2000; McGurk and MacDonald, 1976). 맥거크 효과는 누군가 말하는 영상을 볼 때 이 영상에서 소리 부분이 바뀌어 있을 때 나타난다. 예를 들어, 영상으로는 사람이 ga라고 하는 모습이 보이지만 음성으로는 ba라는 말소리가 들리는 것이다. 이럴 때 우리는 실제로 이 사람이 da를 말한다고 지각한다. 만약 영상 부분이 제거된다면(예를 들어, 우리가 눈을 감고 있다면), 청각적인 정보가 정확히 지각되어서 ba를 들을 수 있다. (맥거크 효과를 직접 경험해 보고 싶다면 원하는 웹 브라우저에서 '맥거크 효과'를 검색하여 나오는 여러 링크들을 따라가 보면 된다.) 맥거크 효과는 매우 강력하다. 사람들에게 청각적 정보와 시각적 정보가 서로 일치하지 않을 것이라고 미리 경고해 준 상황에서도 나타나며, 시각적 정보를 무시하고 청각적 정보에만 집중해 보려고 해도(다른 곳을 보거나 눈을 감지 않는 이상) 나타나는 효과이다. 또 의미 없는 음절 대신 실제 단어를 사용해도 나타난다(Dekle et al., 1992). 심지어 청각적 정보와 시각적 정보가 뇌의 두 반구 중 한쪽 반구로만 처리되는 경우에도 같은 효과가 나타난다(Baynes et al., 1994).

맥거크 효과는 우리의 말소리 지각 체계가 말을 지각할 때 청각적 정보에만 의존하지 않고 시각적 정보와 청각적 정보를 조합하기 때문에 일어난다. 물론 청각적 정보만 있어도 지각은 일어날 수 있다(그렇지 않다면 우리는 전화로 서로 소통할 수 없을 것이다). 그러나 맥거크 효과는 시각적 정보가 있을 때는 이 정보가 말소리 지각에 영향을 준다는 것을 보여 준다. 맥거크 효과는 두 개의 감각 양상(sensory modalities), 즉 청각과 시각이 자극의 주관적인 경험에 함께 기여하여 생기는 다중적 지각의 일종이다(두 양상을 통한 지각, 즉 다중적 지각이다).

시각과 청각의 조합만 말소리 지각에 영향을 주는 것이 아니다. 일반적인 맥거크 효과의 또 다른 모습을 만들어 내는 좀 더 '쩝쩝한' 방법도 있다(Carol Fowler가 표현한 말이다; Fowler, 2008). 이 방법에서는 촉각을 통해 입력되는 정보(촉각적 지각)가 청각적 정보와 조합되어 사람들이 음절을 지각하는 방식에 영향을 준다(Fowler and Dekle, 1991). 이런 유형의 말소리 지각은 실험실 밖의 환경에서도 종종 타도마(tadoma)라는 특수한 양상을 통해 일어난다. 헬렌 켈러(Helen Keller)처럼 청각과 시각이 손상된 사람들은 발화에 관여하는 조음적인 움직임들을 느끼는 촉각을 활용해 말하는 법을 배운다. 실험실에서는 촉각적 지각을 통해 다중적 말소리 지각의 한계가 연구된 바 있다. 운동 이론에 따르면 말소리 제스처에 대한 정보는 그 출처가 청각이든 다른 감각이든 간에 상관없이 유용하다. 이것이 사실이라면, 촉각을 통해 얻어진 조음 제스처에 대한 정보는 시각적인 정보와 똑같은 방식으로 말소리 지각에 영향을 미칠 것이다. 정말 그런지를 알아보기 위해 Carol Fowler는 한 여성 화자(Fowler 자신)가 다양한 음절을 말하는 녹음 자료를 실험 참가자들에게 들려주고, 그들이 소리를 듣는 동안 Fowler 자신의 입술을 만지도록 했다. 눈을 가리고 장갑을 낀 채로[19] 실험에 참가한 사람들은 Fowler가 (소리 내지 않고) /ba/ 음절의 입모양을 하는 동안 스피커(혹은 또 다른 실험에서는 헤드폰)를 통해 /ga/ 음절 소리를 들었다. 이런 식으로 참가자들은 한 음절에 맞는 조음 제스처를 느끼면서 동시에 다른 음절에 맞는 음향 신호를 들은 것이다. 시각적인 버전의 맥거크 효과와 같이, 이 실험의 참가자들은 청각적 신호와 촉각적 신호의 사이에 있는 무언가를 지각했다. 그들은 소리로 들은 음절 /ga/나 촉각으로 느낀 음절 /ba/가 아니라, '혼합된' 음절인 /da/를 들었다고 생각했다. 시각적 맥거크 효과에서와 마찬가지로 말소리 지각이 두 지각 양상으로부터 입력된 정보의 영향을 받은 것이다.

운동 이론은 맥거크 효과의 두 가지 형태, 즉 시각적인 형태와 촉각적인 형태를 둘 다 동일한 기본 과정에서부터 발생한 것으로 설명한다. 운동 이론에서 말소리 지각 체계의 목표는 청각적으로 입력된 정보를 스펙트럼적으로 분석하는 것이 아니다. 실제 목표는 애초에 그 청각 신호를 만들어 낸 제스처들이 무엇이었는지를 알아내는 것이다. 운동 이론은 시각과 촉각이 화자의 제스처를 알아내는 데 필요한 정보를 제공해 주기 때문에 이렇게 시각적, 촉각적 정보가 말소리 지각에 영향을 주는 것이라고 단적으로 설명한다. 자연스러운 상황에서는 시각적, 촉각적, 청각적 정보가 모두 완벽히 맞아떨어질 것이므로, 부차적인 출처(즉, 청각을 제외한 다른 출처)에서 오는 정보들은 모두 지극히 타당한 단서가 된다. 말소리 지각에 시각적 또는 촉각적 정보가 반드시 필요한 것은 아니지만 이러한 정보는 분명 유용할 수 있다. 시끄러운 술집에서 배경 소음이 너무 커서 상대방의 말이 잘 들리지 않을 때 우리가 어떻게 하는지 생각해 보자. 아마도 우리는 상대방의 입을 바라볼 것이다. 왜 그럴까? 바로 시끄럽고 질이 좋지 않은 청각적인 정보를 시각적인 정보가 보충해 주기 때문이다. 시각 정보가 왜 유용할까? 운동 이론에 따르면 우리가 이 상황에서 하려는 것은 상대방이 만들어 내고 있는 말소리 제스처를 알아내는 것이기 때문이다. 제스처들을 알아내면 제스처 악보를 파악할 수 있고, 제스처 악보를 알고 나면 음소들을 알아낼 수 있고, 음소들을 알면 말소리가 가진 메시지를 알 수 있기 때문이다.

거울 뉴런: 운동 이론의 부활

운동 이론은 최근 원숭이의 뉴런에 대한 새로운 증거들로 인해 부흥기를 누리고 있다(Gallese et al., 1996; Gentilucci and Corballis, 2006; Kohler et al., 2002; Rizzolatti and Arbib, 1998). 구체적으로 말하면 짧은 꼬리 원숭이(Macaca nemestina)를 연구하는 과학자들이 이 원숭이들의 전두엽 한 부분에 있는 뉴런을 발견했는데, 이 뉴런들은 원숭이들이 어떤 특정한 행동을 할 때, 누군가 그 행동을 하는 것을 바라볼 때, 그리고 그 행동과 관련된 소리를 들을 때 반응을 보였다. 이 뉴런들이 바로 거울 뉴런(mirror neuron)이다. 원숭이의 뇌에 거울 뉴런이 존재한다는 사실은 침습적 단일 세포 기록법(invasive single-cell recording technique)을 사용하여 확인된 바 있다. 인간을 대상으로 유사한 실험을 하는 것은 윤리적으로 불가능하기 때문에, 짧은 꼬리 원숭이의 거울 뉴런에 해당하는 뉴런이 인간에게도 있는지는 사실로 확인되지 않고 가설로 남아있다.

원숭이들의 뇌에서 거울 뉴런이 발견된 위치는 F5 영역이라고 불리는 부분인데, 이 부분은 인간의 뇌에서 언어 처리에 중요한 역할을 하는 부분인 브로카 영역(Broca's area; 13장 참조)과 닮아 있다. 브로카 영역(뇌에서 좌반구 전두엽의 한 부분)에 대한 뇌 영상 자료들과 이 영역에 있는 뉴런을 직접 기록한 연구들은 모두 이 영역이 말소리의 지각에 관여한다는 것을 보여 준다(Sahin et al., 2009; St. Heim et al., 2003). 거울 뉴런을 발견한 연구자들은 이 뉴런이 말소리 지각의 운동 이론에 필요한 신경학적 기제가 될 수 있다고 제안했다. 즉, 누군가 일련의 음소들을 발화하면 그의 브로카 영역에 있는 거울 뉴런들이 점화(fire)된다. 그리고 그가 같은 음소들을 들을 때에도 동일한 거울 뉴런들이 점화되고, 이렇게 말하기와 듣기가 서로 연결되는 것이다. (이 이야기들은 모두 인간의 뇌에 거울 뉴런이 있다는 것을 가정하고 있는데, 이 글이 쓰인 시점에는 이 가정이 사실로 확인된 바가 없음을 명심하자.)

인간의 단일 뉴런을 기록할 수 있는 방법은 (아직까지는) 없지만, 인간의 운동 피질(motor cortex)이 말소리 지각에 관여한다는 것을 증명하기 위한 다른 유형의 실험 연구들이 진행되어 왔다. 이 연구들의 논리는 다음과 같다. 운동 이론은 말소리를 지각하려면 특정 말소리 제스처의 표상에 접근해야 한다고 말한다. 이러한 말소리 제스처의 표상들은 뇌에서 조음적 움직임을 관할하는 부분에 저장되어 있을 것이다. 뇌에서 조음을 관할하는 부분은 전두엽에 위치한 운동 피질과 그 옆의 전운동 피질(premotor cortex)이다. 이 이야기들을 모두 합쳐보면, 운동 이론에 따르면 우리는 말소리를 지각할 때 운동 피질을 활성화시킨다는 뜻이 된다. 거울 뉴런을 옹호하는 사람들은 지각된 말소리와 말소리 산출의 기본이 되는 운동 표상을 서로 연결해 주는 신경(뇌) 기제가 바로 거울 뉴런이라고 주장한다. 최근에는 원숭이의 뇌에서 운동 피질에 해당하는 영역에서 거울 뉴런이 발견되기도 했다(또 원숭이 뇌에서 전운동 피질에 해당하는 부분과 두정엽에 해당하는 부분에서도 발견되었다). 거울 뉴런의 옹호자들은 말소리에 운동 피질이 반응한다는 사실이 말소리 지각에 대한 자신들의 관점을 지지해 주는 증거라고 본다. 거울 뉴런을 열렬히 옹호하는 몇몇 사람들은 여기에서 더 나아가 현대 인간의 뇌에서 거울 뉴런이 말소리 지각에 관여하는 이유가 우리의 말소리 산출 및 지각 체계가 예전의 손짓 체계로부터 진화해 왔기 때문이라고 주장하기도 한다(Gentilucci and Corballis, 2006).[20]

비록 인간의 뇌에서는 거울 뉴런이 발견된 바가 없지만, 거울 뉴런 가설을 옹호하는 사람들은 보다 간접적인 방법을 통해 운동 피질과 전운동 피질이 말소리 지각에 관여한다는 증거를 발견했다. 이러한 증거들에는 두 종류가 있는데, 하나는 뇌 영상 자료이고 다른 하나는 경두개 자기 자극(transcranial magnetic stimulation: TMS) 연구이다(Benson et al., 2001; Binder et al., 1997; Cappelletti et al., 2008; Fadiga et al., 2002; Gow and Segawa, 2009; McNealy et al., 2006; Meister et al., 2007; Pulvermüller et al., 2006; Sato et al., 2009; St. Heim et al., 2003; Watkins et al., 2003). Pulvermüller와 동료들(2006)의 연구에서, 듣기(listening) 시행에서는 참가자들이 양순 파열음(/pa/, /ba/)이나 치경 파열음(/ta/, /da/)으로 시작하는 음절을 들었다. 소리 없이 말하기(silent production) 시행에서는 참가자들이 스스로 이 음절들을 말하는 것을 상상했다. 참가자들이 과제를 수행하는 동안 참가자들의 뇌 활동을 보여 주는 수치가 기능적 자기공명영상(functional magnetic resonance imaging: fMRI)을 통해 기록되었다. 말소리를 들을 때는 참가자들의 뇌에서 양 반구의 상측(위) 측두엽(일차, 이차 청각 수용 영역에 해당하는 부분)에서 상당한 뇌 활동이 관찰되었을 뿐 아니라, 전두엽의 운동 피질에서도 많은 뇌 활동이 일어났다. 게다가 운동 피질의 뇌 활동은 참가자들이 어떤 유형의 말소리를 들었는지에 따라 다르게 나타났다. 참가자들이 양순 파열음이 들어간 음절을 들었을 때는 운동 피질의 특정한 한 부분에서 활동이 관찰되었고, 치경 파열음이 들어간 음절을 들었을 때는 운동 피질의 또 다른 부분에서 활동이 관찰된 것이다. 참가자들이 말소리를 들었을 때 반응한 뇌의 영역은 참가자들이 같은 음절을 말한다고 상상했을 때 반응한 영역들과 비슷했다. 즉, /ba/ 음절을 들었거나 말하는 것을 상상했을 때는 운동 피질의 특정한 한 부분에서 뇌 활동이 나타났고, /ta/ 음절을 들었거나 말하는 것을 상상했을 때는 운동 피질의 또 다른 부분에서 뇌 활동이 나타났다. 이런 결과를 운동 이론은 말소리 산출에 관여하는 뇌 영역이 같은 말소리의 지각에도 관여하기 때문이라고 설명한다. /ba/ 음절을 들으면 입술의 움직임과 관련된 표상이 활성화되므로, /ba/를 듣는 것과 말하는 것은 운동 피질의 동일한 부분을 활성화시킨다. 반면, (/da/를 말하는 데 필요한) 혀의 움직임과 관련된 운동 표상은 운동 피질의 다른 위치에 저장되어 있기 때문에, /da/를 듣거나 말하는 것은 운동 피질에서 /ba/와는 다른 부분을 활성화시킨다. 다른 뇌 영상 연구들도 사람들이 말소리를 들을 때 전두엽에서 활동이 일어난다는 것을 보여 주었는데, 몇몇 연구들에서는 참가자들이 서로 다른 음절이나 음소를 직접적으로 비교해야 하는 상황에서만 전두엽의 활동이 관찰되기도 하였다(즉, 전두엽의 활동이 말소리를 지각하는 행위 자체보다는 말소리들을 비교하는 과정과 더 연관되어 있다는 것이다; Buchanan et al., 2000; Newman and Twieg, 2001; Scott et al., 2009; Zatorre et al., 1992).[21]

또 TMS 실험도 말소리 지각의 운동 이론을 뒷받침하는 데 활용되어 왔다(Fadiga et al., 2002; Meister et al., 2007; Watkins et al., 2003). 이런 실험에서는 참가자들의 머리 부근에 강한 자기장을 발생시킨다. 이 자기장은 전자기 코일의 바로 아래에 위치한 피질에서 뉴런이 일시적으로 정상 기능을 하지 못하도록 방해한다. 자기 자극(magnetic stimulation)은 참가자가 다양한 인지적 과제를 수행하는 동안 행동에 영향을 미치게 되고, 이런 자극의 영향은 신체의 다른 위치에서 나타나는 신경적 반응으로도 측정될 수 있다. 예를 들어, 운동 피질의 한 영역에 자기 자극을 주면 손과 손가락의 근육에서 신경 활동이 증가한다. 이런 식으로 강화된 반응을 운동유발전위(motor-evoked potentials: MEP)라고 부른다. 한 연구에서 참가자의 운동 피질에 대해 TMS가 적용되었을 때 참가자들은 비슷한 두 음소 간의 차이를 지각하는[즉, 변별하는(discriminate)] 능력이 감소했다고 한다.[22] 게다가 참가자들이 혀의 움직임이 필요한 말소리를 듣는 동안에 그들의 운동 피질에서 혀를 통제하는 부분에 TMS가 적용되면 혀 근육에서 운동유발전위가 증가하였다. 반면, TMS가 다른 위치에 적용되거나 말소리가 혀의 움직임을 사용하지 않는 소리였을 때는 혀에서 측정된 운동유발전위가 정상 상태와 다르지 않았다. 또한 참가자들이 다른 사람들이 말하고 있는 영상을 보는 동안에도 혀에서의 운동유발전위가 관찰되었다(Watkins et al., 2003). 이러한 실험 결과들은 말소리 지각의 운동 이론의 주장에 맞게 운동 피질이 말소리에 반응하여 신경 활동을 발생시킨다는 것을 보여 준다.

말소리 지각에 대한 거울 뉴런 이론의 하향세

이제는 일이 좀 복잡해진다. 보통 언어심리학자나 신경언어학자에게 운동 피질에서 다리의 움직임을 담당하는 부분이 말소리 지각에 관여할지 물어본다면[23] 아마 그들은 '아니요.' '그럴 리가요.' 혹은 '무슨 소리예요?'라고 답할 것이다. 그러나 혀 근육에 운동유발전위를 발생시키는 TMS 조작은 다리 근육에도 또한 운동유발전위를 발생시킨다(Liuzzi et al., 2008). 운동 이론의 관점에서 보면 우리가 말소리를 들을 때 혀 근육에서 신경 활동이 일어나는 것은 말이 된다. 운동 이론은 우리가 말소리 제스처를 알아내는 데 필요한 표상들이 운동 피질에 저장되어 있다고 보기 때문이다(운동 이론의 거울 뉴런 버전에서도 마찬가지 주장을 한다). 그러나 말소리 지각에 필요한 표상들이 운동 피질에서 다리를 담당하는 부분에 저장되어 있는 것은 과연 말이 될까? 이 다리 실험을 한 연구자들은 '말소리의 지각이 행동-언어 사이의 확장된 네트워크에 의존하며, 이 네트워크에는 다리 운동의 회로도 포함되어 있다.'고 결론을 내렸다(Liuzzi et al., 2008, p. 2825). 그들은 비언어 제스처와 말소리 제스처가 서로 연결되어 있다고 제안했으며, 더 나아가 (반대 의견이 있긴 하지만 인간의 의사소통에서 별로 중요한 역할을 하지 않는) 다리의 움직임과 (인간의 의사소통에서 실제로 중요한 역할을 하는) 손(manual; 손과 팔을 포함)의 움직임도 서로 연결되어 있다고 했다.

객관적인 관찰자라면, 다리 실험 결과가 운동 이론에 대한 강한 증거라고 여기기보다는 TMS나 운동유발전위와 관련된 연구 자체에 대해 의문을 제기하는 결과라고 생각할 것이다. 만약 어떤 실험 기법이 완전히 역설적인 결과를 가져온다면, 그 실험 기법에 무언가 문제가 있을 수도 있기 때문이다. 한편으로, 만약 사람들이 말소리를 들었을 때 그에 대한 언어적, 비언어적 움직임을 포함한 다양한 행동 반응을 준비하는 회로가 작동된다고 생각하면 말소리에 대한 반응으로 나타나는 운동 피질의 광범위한 활동이 설명될 수 있다(Scott et al., 2009). 아니면, 운동 뉴런이 감시와 수정 회로에 관여하기 때문에 말소리에 반응하는 것일 수도 있다. 우리는 말을 할 때 말에 오류가 있는지 감시한다(앞서 살펴본 것처럼 말이다). 어떤 사람이 말을 하는 동안 그의 말을 전기적으로 변형시키면, 그는 이 전기적 변화를 보완하기 위해 150밀리초 이내에 그의 말을 변형시킨다(Tourville et al., 2007; 또한 Okada and Hickok, 2006 참조). 뇌 영상은 후두엽과 측두엽의 뉴런들과 전두엽에 있는 뉴런들이 이러한 피드백 과정에 관여한다는 것을 보여 준다. 즉, 말소리를 다이내믹하게 조정하기 위해서 운동 피질이 일반적으로는 (뇌의 다른 위치에서 수행되는) 말소리 지각 과정에 반응하는 신경 회로를 사용하여 활동하는 것이다. 아니면, 우리가 말소리를 정확히 알아들었는지를 확인하는 방법으로서 말소리를 소리 없이 스스로 발화해 보고 두 말소리를 비교해 보는 것일 수도 있다. 이는 입력된 말소리와 비교하기 위한 음소의 자가 생성(self-generation)을 나타내며, 말소리 지각에서의 운동 활성화에 대한 설명이 될 수 있다.

거울 뉴런과 운동 이론의 기타 문제점

운동 이론은 TMS 연구에서 나타난 이상한 결과들 말고도 여러 문제점에 직면해 왔다(Hickok, 2008; Lotto et al., 2009). 운동 이론의 일부 문제점들은 이 이론에서 주장하는 (말소리의 지각에는 특정한 말소리 제스처에 대한 운동 표상의 활성화가 관여한다는 생각에서 비롯된) 지각과 산출 사이의 강력한 연결고리에서 기인한다. 예를 들어, 신생아들은 말소리를 발화하는 능력이 전혀 없음에도 불구하고 다양한 많은 말소리들 간의 차이를 제대로 지각할 수 있다(Eimas et al., 1971; 9장 참조). 이런 결과를 설명하려면 우리는 신생아들이 태생적으로 말소리-운동 표상을 갖고 태어난다(그리고 아직 조음 기관을 잘 통제하는 법을 배우지 못해서 적절한 제스처를 만들지 못할 뿐이다)는 결론을 내리거나, 아니면 말소리-운동 표상이 없어도 음소를 지각할 수 있다고 결론을 내려야 한다.

말소리 지각에 말소리-운동 표상이 꼭 필요한 것인지에 대해 의문을 제기하는 다른 실험 결과들도 있다. 예를 들면, 사람을 제외한 다른 동물들, 특히 인간의 말소리 같은 소리를 내지 못하는 동물들이 말소리-운동 표상을 갖고 있다고 믿을 사람은 아무도 없을 것이다. 그러나 두 종류의 동물들, 즉 일본 메추라기(Japanese quail)와 친칠라(chinchilla)는 실제 말소리-운동 표상을 갖고 있다([그림 2.8] 참조). 일본 메추라기와 친칠라를 대상으로 한 종류의 말소리에 대해 반응하되 다른 종류의 말소리에 대해서는 반응하지 않도록 훈련시키면, 이 동물들은 사람의 말소리 지각에 나타나는 것과 유사한 양상을 보인다. 더 구체적으로 말하자면 이 두 동물들은 말소리에 대해 범주적 지각 양상을 보이며, 동시 조음을 보완하는 말소리 지각 양상을 보인다(Diehl et al., 2004; Kluender et al., 1987; Kluender and Kiefte, 2006; Kuhl and Miller, 1975).[24] 이 동물들에게는 인간과 같은 조음 기관이 없으므로 이들이 말소리-운동 표상을 갖고 있을 리는 없다. 이 동물들이 말소리에 대해 사람처럼 반응할 수 있었다는 사실은 말소리를 지각하는 데 말소리-운동 표상이 꼭 필요하다는 운동 이론의 주장에 대해 심각한 위협이 된다.

일본 메추라기와 친칠라는 말소리 지각의 양상이 인간에게만 한정된 것이 아님을 보여 준다. 또 이중 지각과 범주적 지각이 말소리 지각에만 한정되어 있지 않음을 보여 주는 연구 결과들도 있다.

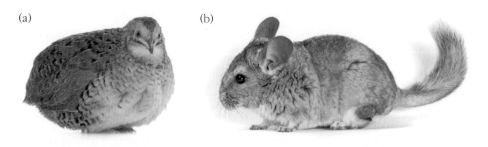

(a)   (b)

[그림 2.8] **일본 메추라기(왼쪽)와 친칠라(오른쪽).** 이 동물들은 다른 음소들 간의 차이를 지각할 수 있으며, 보기에도 좋고 맛도 좋다.
출처: (a) Eric Isselée/Adobe Stock; (b) Sergey Goruppa/Adobe Stock

문이 닫히는 소리와 같이 말소리가 아닌 다른 소리들도, 원래의 소리를 편집해서 두 개의 음향 신호로 나누어 각각 다른 쪽 귀에 들려주면 이중 지각 현상을 일으킬 수 있다. 또 바이올린의 줄을 활로 켠 소리와 튕겨서 낸 소리와 같은 비언어적 소리의 지각에서도 범주적 변화가 나타난다. 바이올린의 줄을 튕기면 소리가 터져나온 후 잠시 쉬었다가 규칙적인 진동이 시작된다(파열음의 신호에서 공기가 터져나온 후 성대가 진동하기 시작하는 것과 비슷하다). 같은 바이올린 줄을 활로 켜면 진동과 소리의 터짐이 거의 동시에 시작된다. 바이올린 소리를 가지고 소리가 터져나오는 시점과 진동의 시작점 사이의 시간차를 다양하게 편집하면, 시간차가 짧으면 활로 켠 소리로 지각되다가 이 시간차가 길어지면서 갑자기 줄을 튕기는 소리로 지각되기 시작하는 지점이 있다. 이러한 두 가지 효과는 모두 말소리 지각의 양상들이 말소리에 특수하게 맞춰진 처리 단원의 결과라고 주장하는 운동 이론과 반대된다(Kluender and Kiefte, 2006; Lotto et al., 2009). 만약 범주적 지각과 이중 지각이 말소리 처리를 담당하는 특수한 단원의 결과라면, 이러한 현상은 말소리에 대해서만 나타나야 하기 때문이다.

실어증 환자들(뇌 손상으로 인해 언어와 관련된 다양한 문제를 겪는 환자들)에 대한 연구들 또한 운동 이론에 대해 의문점을 제기한다. 약 한 세기 반 전에 Paul Broca와 Carl Wernicke는 뇌에 손상을 입은 환자들 중 일부는 말을 이해할 수는 있지만 산출하는 데 어려움을 겪는 반면, 또 다른 일부 환자들은 말을 유창하게 할 수는 있지만 이해하지는 못한다는 것을 발견했다(13장 참조). 말을 이해할 수 있었던 환자 두 명(Leborgne과 Lelong)의 경우 뇌의 전두엽, 특히 원숭이(macaca) 뇌에서 F5 영역(원숭이의 거울 뉴런이 있는 위치)에 해당하는 부분이 크게 손상되어 있었다. 말소리 지각과 말소리 산출이 분명히 분리되어 있다는 사실은 말소리를 지각하는 데 꼭 온전한 운동 표상이 필요한 것은 아니라는 강력한 증거가 된다. 물론 뇌 손상에서 기인하는 언어 장애에는 복잡한 유형들이 있고 모든 사례들이 '지각 장애' 또는 '산출 장애'와 같은 범주로 명확히 분류될 수 있는 것은 아니지만, 지각 또는 산출에 한정된(그러나 둘 다는 아닌) 장애를 보이는 수많은 사례들이 보고된 바 있다(Caplan and Hildebrandt, 1988 참조; 참고로 '산출 장애' 사례의 환자들은 지각에서도 약간의 어려움을 보이곤 하지만, 이는 언어의 음운적 측면보다는 통사적 측면과 관련된 장애이다). 만약 말소리 지각에 온전한 운동 표상이 꼭 필요하다면 말소리 산출의 어려움을 야기하는 뇌 손상은 말소리 지각에의 어려움도 야기해야겠지만, 실제로 이러한 양상은 그리 자주 나타나지 않는다.

이에 대해 운동 이론이나 거울 뉴런을 지지하는 사람들은 보고된 사례들에서 뇌 손상이 말소리-운동 표상에 영향을 줄 만큼 크지 않았다거나, 혹은 편측(unilateral; 뇌의 한쪽에 한정된) 뇌 손상은 말과 관련된 모든 운동 표상을 없애버리지는 않기 때문이라고 주장할 수도 있다. 하지만 어떤 환자들은 양쪽의 운동 피질(좌반구와 우반구에 있는 운동 피질)이 모두 완전히 손상되었더라도 말소리를 꽤 잘 이해할 수 있는 경우도 있다(Caltagirone, 1984). 말소리 지각에 대한 운동 이론의 주장에 따르면, 청자가 말소리를 들으면 입력된 음향 신호를 사용해서 그 소리를 만들어 낸 신체적 운동의 표상을 활성화함으로써 말소리를 이해할 수 있게 된다. 이런 운동(근육의 움직임) 표상은 뇌에서 움직임을 담당하는 부분(즉, 전두엽에 있는 운동 피질과 전운동 피질)에 저장되어 있다고 여겨지므로, 운동 이론은 이 전두엽 영역에 손상이 생기면 말소리 지각에 상당한 어려움이 생길 것이라고 예측한다. 결국 말소리를 이해하기 위해 (음향 신호를 만들어 낸 제스처를 알아낼 수 있게 해 주는) 운동 표상을 활성화해야 한다면, 그리고 이 운동 표상들이 뇌의 한 특정 위치에 저장되어 있다면, 이 위치에 뇌 손상이 생기면 필요한 운동 표상을 활성화할 수 없으므로 말소리를 이해하는 데 문제가 생길 것이다.[25]

운동 이론과 거울 뉴런 이론은 청자들이 음향 신호를 가지고 그 신호를 만들어 낸 제스처를 어떻게 알아낼 수 있는지에 대해 ('거울 뉴런을 통해 그렇게 된다.'는 것 말고는) 설명하지 못한다는 점에서 비판을 받아왔다. 두 이론의 또 다른 문제는 제스처와 음소 사이에는 다대일의 대응이 있다는 점에 있다. 즉, 동일한 말소리가 서로 다른 조음 제스처로 만들어질 수 있는 것이다(MacNeilage, 1970). 더 구체적으로 말해 보자면, 다른 사람들은 서로 다른 성도의 형태를 가지고 동일한 음소를 발화한다. 성도 안에는 공기의 흐름을 방해할 수 있는 다양한 위치가 있고, 공기의 흐름에 대해 다양한 위치에서 가해지는 방해들을 조합해 보면 동일한(혹은 거의 동일한) 물리적 효과가 나타나서 청자들이 구별하기 어려운 음향 신호들을 만들어 낼 수 있다. 이것은 즉 /ga/와 같은 음절에 대응하는 단일 제스처는 없다는 뜻이다. 바이트블럭(bite-block)을 사용한 모음 발화 연구들 또한 서로 매우 다른 제스처들도 같거나 거의 동일한 음향 신호를 만들어 내고 같은 음소로 지각될 수 있다는 것을 보여 준다(Gay et al., 1981). 이런 실험에서 참가자들은 윗니와 아랫니 사이에 블럭을 물고 주어진 음절을 발음한다. 그러면 그들이 조음 기관을 사용하는 방식은 보통 때와는 달라지지만, 그들이 만들어 내는 음향 신호는 보통 때 발음되는 것과 매우 유사하다. 이런 결과를 운동 이론은 두 가지 방법으로 설명할 수 있다. 먼저 한 음소가 하나 이상의 말소리-운동 표상과 연결되어 있다고 주장할 수 있을 것이다. 그러나 이렇게 되면 말소리의 표상이 너무 복잡해져서 듣는 사람은 각각의 화자에 대한 말소리-운동 표상들을 따로 기억해야 할 것이다. 혹은 운동 이론이 우리는 하나의 '이상적인' 또는 '원형의' 말소리-운동 표상을 갖고 있으며 입력된 말소리를 음향적으로 분석해서 가장 가까운 '이상적인' 제스처가 무엇인지를 판단한다고 주장할 수도 있을 것이다. 그러나 이것은 본래의 운동 이론이 가진 근본적인 의도와 내용에 모두 어긋나는 주장이다.

말소리 지각에 대한 일반 청각적 접근

말소리 지각에 대한 일반 청각적 접근(general auditory (GA) approach)은 말소리의 지각에는 특별할 것이 없다는 가정으로부터 시작한다(Diehl and Kluender, 1989; Diehl et al., 2004, 1991; Kluender and Kiefte, 2006; Pardo and Remez, 2006). 그 대신 "말소리는 인간이 … 환경으로부터 오는 다른 소리들을 다룰 수 있도록 진화시켜 온 청취나 지각적 학습 기제와 동일한 기제를 통해 지각된다"(Diehl et al., 2004, p. 154). 이와 같은 맥락의 연구들은 말이 갖는 어떤 특징이 나타날 때마다 일관적으로 나타나는 음향 신호 패턴을 찾고자 한다. 그들은 또한 여러 다른 사람들, 심지어는 다른 종의 동물들이 말소리에 대해 보이는 공통적인 반응에 대해서도 설명하고자 한다. 예를 들어, 어떤 연구들은 사람들과 동물들이 유무성 대비(voicing contrast; /p/와 같은 무성 자음과 /b/과 같은 유성 자음 간의 차이)에 반응하는 방식을 살펴보기도 했다. 이런 연구의 결과들은 소리의 유무성을 지각할 수 있는 우리의 능력은 청각 체계의 근본적인 특성과 관련이 있다는 것을 보여 준다. 어떤 두 소리가 서로 20밀리초 이상의 시간차를 두고 발생한다면 우리는 이 두 소리가 동시에 발생했는지 아닌지를 알 수 있다. 만약 이 두 소리 사이의 시간차가 20밀리초 이내라면 우리는 이 두 소리가 동시에 발생했다고 느낀다. 만약 한 소리가 다른 소리보다 20밀리초 정도 일찍 시작했다면 우리는 두 소리가 순서대로 하나씩 발생했다고 느낀다. 사람들과 일본 메추라기가 유무성을 지각하는 경계도 바로 이 지점에 위치한다. 만약 공기가 터져나오고 나서 20밀리초 이내에 성대 진동이 시작된다면 우리는 이 음소를 유성음이라고 지각한다. 그러나 만약 공기가 터져나오는 시점과 성대 진동의 시작 사이에 20밀리초가 넘는 시간차가 있다면 우리는 무성 파열음을 듣게 된다. 따라서 음운 지각의 이런 측면은 유성과 무성 파열 자음에 관여하는 제스처들의 특수성 때문이라기보다는 청각 체계가 갖는 근본적 특성에서 기인하는 것이라고 할 수 있다.

말소리가 만들어 내는 음향 신호들은 엄청나게 복잡하기 때문에, 원래대로의 일반 청각적 접근 방식은 인간의(또는 동물들의) 말소리 지각 능력의 모든 측면을 다 설명할 수는 없다. 그러나 이 접근 방식의 가장 큰 강점은 인간과 동물의 말소리 지각에 나타나는 공통적인 특성들과 인간의 말소리 지각과 비언어적 소리 지각에 나타나는 공통점들을 설명할 수 있다는 것이다. GA 접근 방식은 제스처가 음운 표상의 기본 단위라는 가정을 하지 않으므로 운동 이론을 향해 쏟아졌던 비판들로부터 안전하다.

GA의 틀 안에서 더 잘 알려진 접근 방식 중 하나인 말소리 지각의 퍼지 논리 모형(fuzzy logical model of speech perception: FLMP)은, 각 말소리에는 그 음향적 특징을 반영하는 '이상적인' 또는 '원형적인' 말소리 표상이 있다는 생각을 가져왔다(Massaro and Chen, 2008; Massaro and Oden, 1995; Oden and Massaro, 1978; 또한 Movellan and McClelland, 2001 참조). FLMP에 따르면 말소리 지각은 두 가지 처리 과정, 즉 상향식(bottom up)과 하향식(top down)에 따른 결과이다. 상향식은 주어진 말소리의 음향적 특성을 분석하는 심적 처리 과정을 말한다. 이 상향식 과정은 말소리에 잠재적으로 대응되는 음운 표상들을 활성화시킨다. 우리 기억에 저장되어 있는 음소 표상들은 그들이 주어진 말소리 자극의 음향적 특성과 유사한 정도만큼 활성화된다. 더 유사한 음소들은 더 강하게 활성화되고, 덜 유사한 음소들은 덜 활성화된다. 하향식이란 장기기억에 저장된 정보들을 활용해서 상향식이 활성화시킨 후보들 중 가장 그럴듯한 후보를 선택하는 심적 처리 과정을 말한다. 이러한 하향식은 상향식 정보가 모호하거나 부정확할 때 특히 중요한 역할을 한다. 예를 들어, (lean bacon에서와 같이) /b/ 음소의 앞에 /n/ 음소가 나오면, 이 /n/ 음소는 동시 조음의 결과로 /m/처럼 들리게 되는 경우가 종종 있다. 누군가 lean bacon이라는 말을 들으면, 음향 신호의 /n/ 부분은 /n/ 음소의 원형과 /m/ 음소의 원형의 중간일 것이므로 상향식의 결과 이 두 음소가 모두 활성화될 것이다. FLMP에 의하면 영어에는 leam bacon같은 표현이 없으므로, lean bacon이 보다 그럴듯한 표현이라는 우리의 지식이 /n/을 사용한 해석을 더 선호하도록 해 준다. 그러나 pleam bacon에서와 같이 /n/ 음소로 소리를 해석했을 때 비단어가 된다면, 하향식 과정에서 /n/ 소리가 지지받지 못하게 되어 경쟁 상대인 /m/을 사용한 해석이 선택될 것이다. 이렇게 모호한 말소리 자극을 가능한 한 실제 단어로 지각하려는 경향을 이 효과를 처음 발견한 William Ganong(1980)의 이름을 따서 가농 효과(Ganong effect)라고 부른다.

또 FLMP는 음소 복원 효과(phonemic restoration effect)를 발생시키는 기제를 설명해 주기도 한다(Bashford et al., 1992; Bashford and Warren, 1987; Bashford et al., 1996; Luthra et al., 2021; Miller and

Isard, 1963; Samuel, 1981, 1996; Sivonen et al., 2006; Warren, 1970). 음소 복원은 말소리를 편집해서 가운데 공백이 있도록 만들었을 때 나타나는 현상이다. 예를 들면, legislators라는 단어를 녹음한 뒤 가운데 's' 소리를 제거하는 것이다. 's' 소리가 제거된 자극을 들려주면 사람들은 종종 단어에 공백이 있다는 사실을 알아차리기도 하고, 우습게 들린다고 느끼는 경우도 있다. 그러나 이 공백에 기침 소리나 백색 소음 같은 소음을 넣어서 들려주면 사람들은 음소 복원을 경험한다. 즉, 화자가 legislators라는 단어를 완벽하게 발음이라도 한 듯이, 단어의 가운데 's' 소리가 있는 것처럼 단어를 듣는 것이다. 이렇게 특수하게 제작된 단어를 'It wasn't until midnight that the legi(기침)lators finished the bill.'과 같이 문장 안에 넣어서 들려주었을 때도 역시 사람들은 legislators라는 단어를 가운데 's' 소리와 함께 온전하게 발음된 것처럼 들으며, 기침 소리는 편집된 단어의 전이나 후에 나온 것으로 듣는다. (즉 'It wasn't until midnight that the (기침) legislators finished the bill.'이라는 문장을 듣는 것이다.) 이러한 음소 복원 현상은 짧은 단어에서보다 긴 단어에서 더 강하게 나타나고, 문법적으로 부적절하고 말이 되지 않는 문장에서보다 문법적으로 적절하며 의미가 있는 문장에서 더 강하게 나타난다. 게다가 어떤 음소가 복원되느냐는 편집된 단어가 포함된 문장의 의미에 따라 달라진다. 예를 들어, 'The wagon lost its (기침)eel.'이라는 문장을 들었을 때는 기침 소리의 자리에서 /w/ 음소를 들을 확률이 높다. 반면 'The circus has a trained (기침)eel.'이라는 문장에서는 /s/ 음소를 들을 확률이 높다.[5] 자극에 대한 반응으로 뉴런들이 활성화되었을 때 발생하는 유발반응전위(evoked response potentials: ERPs)를 사용한 연구들은 참가자들의 신경계가 자극에서 기침 소리가 들리자마자(약 200밀리초 이내에) 이를 감지한다는 것을 보여 주었다.

이런 결과들은 하향 정보가 음향 신호의 지각에 다양한 방법으로 영향을 미칠 수 있다는 것을 보여 준다. 또한 말소리 지각 과정에는 신호 자체에 대한 분석뿐 아니라 이러한 분석의 결과인 음운적 해석의 후보들이 메시지의 다른 측면들과 얼마나 잘 맞아떨어지는지를 편향적으로 판단하는 과정도 포함된다는 것을 보여 준다. 여기서 메시지의 다른 측면들이란 각 음운적 해석이 실제 단어를 만드는지 아닌지(예: lean vs. leam), 문장의 의미적 해석이 말이 되는지(예: I saw them kiss vs. I saw them dish), 그리고 하향 정보가 얼마나 온전한지(부정확한 음향 신호를 형편없는 구조의 문장으로 보완할 가능성은 비교적 적다) 등을 말한다.

요약 및 결론

말을 하기 위해서는 먼저 전달할 생각이 있어야 하고 조음 기관들을 움직여야 한다. 이렇게 말하면 간단해 보이지만, 전달할 생각을 가진 이후에 이 생각들을 음파의 형태로 세상에 내보내기까지는 여러 단계를 거쳐야 한다. 먼저 우리의 언어에 있는 적절한 어휘 개념을 찾아야 하고, 그 어휘 개념에 대응하는 적절한 어휘소 표상을 활성화시켜야 한다. 그러고 나면 형태적, 통사적 처리를 통

---

5) 역자 주: 첫 문장에서는 wagon(마차)과 어울리는 단어인 wheel(바퀴), 두 번째 문장에서는 circus(서커스)와 어울리는 단어인 seal(물개)을 듣는 것이다.

해 이 어휘소들의 적절한 형태를 정해야 한다. 적절한 형태소들을 활성화시켜서 일렬로 정렬시키고 나면 생각을 표현해 줄 소리들을 활성화시키기 시작한다. 소리의 활성화에는 활성화된 소리들을 어떤 음절의 어떤 위치에 할당할지를 결정하는 음절화 과정이 포함된다. 여기까지 완성되면 음절화된 표상들은 운동 체계로 전달되고, 운동 체계는 말하는 데 사용되는 100개 이상의 근육들에게 전달할 제스처 악보를 만들어 낸다. 이 과정의 최종 결과물로 조음 기관의 근육들이 움직여 몸 안에서 나오는 공기의 흐름을 방해함으로써 우리가 말소리라고 지각하는 특징적인 패턴을 만드는 것이다.

말소리를 듣고 이해하려면 조음 기관의 움직임이 만들어 낸 이 음향적 패턴을 분석해서 화자가 의도한 의미를 알아내야 한다. 이것 또한 간단해 보이지만, 사실은 말소리 자극을 감지한 시점부터 그 의미를 알아내기까지는 많은 단계를 거쳐야 한다. 동시 조음은 말소리 신호를 분석하는 일을 매우 어렵게 만든다. 신호에는 한 음소가 끝나고 다음 음소가 시작되는 뚜렷한 경계점이 없고, 한 음소를 발화하는 데 사용되는 제스처들이 앞뒤 음소가 무엇인지에 따라서도 달라지기 때문이다. 여러 조음 기관들이 동시에 움직이는 데다가 특정 음소에 필요한 움직임들이 앞뒤 음소에 따라 달라지므로, 음향 신호와 음소 사이에는 일대일의 대응 관계가 성립하지 않는다. 운동 이론, 그리고 여기에서 파생된 거울 뉴런 이론에서는 말소리 신호를 사용해서 그 신호를 만들어 낸 움직임(제스처)에 대한 표상을 활성화시킴으로써 말소리의 음향적 복잡성을 '꿰뚫어 본다.'고 주장한다. 운동 이론을 지지하는 사람들은 말소리 지각에는 이를 위한 특수한 기능을 가진 전용 단원이 사용된다고 주장한다. 운동 이론에 따르면 이 단원으로 인해 이중 지각이나 범주적 지각과 같은 말소리 지각의 특별한 성질들이 나타난다고 한다. 거울 뉴런 이론을 지지하는 사람들은 원숭이의 뇌에서 원숭이가 어떤 몸짓(예: 물건을 잡는 행위)을 하거나 다른 원숭이가 같은 몸짓을 하는 장면을 볼 때 반응하는 영역이 있음에 주목한다. 거울 뉴런은 운동 이론의 주장에 필요한 지각과 산출 사이의 필수 연결고리인 것으로 보인다.

한편 운동 이론을 비판하는 사람들은, 말소리 지각이 운동 이론에서 말하는 것처럼 '특별'하지 않다는 것을 보여 준다. 일본 메추라기나 친칠라와 같은 동물들도 사람들과 동일한 방식으로 말소리를 지각하며, 사람들은 말소리가 아닌 다른 소리에 대해서도 이중 지각이나 범주적 지각을 경험할 수 있다. 운동 이론에 대한 대안으로, 말소리를 지각할 때도 일반적인 용도의 청각 처리 기제가 사용된다는 주장이 제기되었다. 이 일반 청각적 접근은 왜 동물들도 일부 음소를 지각할 수 있는지, 그리고 왜 성대진동 시작 시간상에서 특정한 지점에 말소리 지각의 경계가 나타나는지와 같은 말소리의 특징들을 설명해 준다. FLMP도 이런 이론의 맥락 안에 포함된다. 이 이론은 입력된 신호에 대한 분석과 우리 기억에 저장되어 있는 정보가 함께 주어진 말소리 자극의 지각에 영향을 미친다고 주장한다. 상향 정보와 하향 정보 사이의 상호작용은 가농 효과나 다양한 음소 복원 현상들에서 드러난다. 그러나 일반 청각적 접근은 아직 말소리 지각에 대한 완벽한 이론이 되지는 못하며, 따라서 언어 과학자들은 계속해서 말소리 지각에 대한 집중적인 연구를 활발히 진행해 오고 있다.

스스로 점검하기

1. 화자는 말을 조음하기까지 어떤 심적 과정들을 거치는가?

2. WEAVER++ 모형에 따르면, 화자들은 말을 하기 전에 어떤 종류의 표상들을 활성화하는가? WEAVER++와 같은 모형들이 심리적으로 실재한다는 것을 보여 주는 증거로는 무엇이 있는가? WEAVER++의 일부 측면들이 실제 말하는 사람의 마음에 존재하지 않을 가능성을 제기하는 증거로는 무엇이 있는가?

3. 개념과 어휘화된 개념이 서로 어떻게 다른지 설명해 보자. 이 둘은 각각 말소리 산출에서 어떤 역할을 수행하는가?

4. 사람들은 말하는 동안 어떤 종류의 오류를 내는가? 이런 오류들을 통해 우리는 화자의 심적 과정에 대해 무엇을 알 수 있는가?

5. 말소리 산출에 대한 Gary Dell의 활성화 확산 모형과 WEAVER++ 모형 사이의 유사점과 차이점을 설명해 보자. 각 모형을 지지해 주는 증거로는 무엇이 있는가?

6. 설단 현상(TOT)에 대해 설명해 보자. 설단 현상을 일으킬 확률이 높은 단어들은 어떤 단어들인가? 그 이유는 무엇인가?

7. Liberman의 운동 이론에 의하면 말소리는 어떻게 지각되는가? 동시 조음이란 무엇이며, 동시 조음은 운동 이론에서 어떤 역할을 하는가? 맥거크 효과란 무엇이며, 이 효과는 말소리 지각에 대해 무엇을 말해 주는가? 왜 운동 뉴런이 말소리 지각의 물리적/신경적 기본이 된다고 여겨지는가? 거울 뉴런 가설에는 어떤 오점이 있는가?

8. 운동 이론에 대한 주요 대안 이론으로는 무엇이 있는가? 이 대안들을 선호할 만한 이유로는 무엇이 있는가?

더 생각해 보기

1. 설단 현상(TOT)을 이끌어 내는 실험을 만들어 보자(예를 들어, 다른 종류의 단어들을 서로 비교할 수 있다). 앞선 설단 현상에 대한 본문에 제시된 단어의 정의들을 활용해도 좋고, 다른 단어의 정의들을 만들어 사용해도 좋다. 같은 수업의 학우나 친구들을 대상으로 시험해 보자. 설단 현상을 얼마나 자주 이끌어 낼 수 있는가? 단어들 중에서 설단 현상을 비교적 더 잘 일으키는 단어들이 있는가? 당신의 결과는 다른 실험 결과들과 일치하는가?

2. 주변에서 일어나는 대화에 잠시 귀를 기울여 보자. 두 사람이 대화할 때, 이 두 사람이 말하는 내용이나 말하는 방식에 있어서 닮은 점이 있는가? 이러한 유사점을 어떻게 설명할 수 있는가?

3. 함께할 파트너와 연필을 갖고 조용한 장소에 가 보자. 파트너와 서로 볼 수는 없고 들을 수만 있도록 자리를 배치해서 앉아 보자. 파트너가 pencil, box, toaster, walnut, camera, thing과 같은 짧은 단어 목록을 읽도록 하자. 파트너는 각 단어를 말하기 전에 동전을 뒤집어야 한다. 동전의 앞면이 나오면, 파트너는 입에 연필을 물고 단어를 말해야 한다. (바이트블럭을 이용한 발화 실험과 비슷하게 해 보는 것이다.) 당신이 파트너가 연필을 물고 말했는지 아닌지를 알아들을 수 있는지 시험해 보자. 연필을 물었을 때 어떤 종류의 말소리들이 더 크게 영향을 받는가? 왜 그런지 생각해 보자. 파트너가 연필을 물고 말했는지 아닌지를 알아내기 위해 당신이 어떤 단서를 사용하는지 생각해 보자.

단어 처리

이 장에서는 심성 어휘집(mental lexicon)에 중점을 두고, 여기에 어떤 정보가 포함되어 있으며 발화를 해석하는 과정에서 그 정보에 어떻게 접근하고 그 정보를 어떻게 사용하는지에 대해서 다룬다. 언어 과학에서 어휘와 관련된 중요한 질문들은 다음과 같다: 단어 형태가 어떻게 정신적으로 표상되나? 이러한 표상은 어떻게 조직되어 있나? 단어 의미는 어떻게 마음속에 표상되나? 우리가 단어를 듣거나 또는 읽을 때, 일치하는 형태를 기억에서 검색하는 과정은 어떻게 이루어질까? 뇌의 어떤 부분이 단어 의미를 저장하고 접근하는 데 관여하며, 어떤 신경 사건이 어휘 처리를 지원하는 것일까?

언어는 두 가지 요소로 구성되는데, 단어와 구성 성분, 의미에 관한 정보를 잡아내는 어휘(lexicon) 요소와 단어가 어구와 문장으로 어떻게 결합될 수 있는지를 규정하는 원칙을 제시하는 문법(grammar) 요소로 이루어진다. 단어와 단어보다 더 긴 표현을 구분하는 것은 영어와 같은 분석적 언어에서만큼 모든 언어에서 항상 그렇게 깔끔하진 않다. 분석적 언어의 특성들을 살펴보면 중요한 내용을 배울 수 있다. 다른 (매우 흥미로운) 언어와 관련된 질문은 잠시 제쳐두도록 하자.

단어가 어떻게 표현되고 처리되는지를 이해하려면, 다양한 종류의 분석을 적용해야만 한다. 왜냐하면 우리는 단어에 대한 정보를 적어도 두 가지 서로 다른 방식으로 표상하기 때문이다. 먼저, 우리는 단어가 가지는 형태(form)를 정신적으로 표상한다—그 단어가 어떻게 들리며(소리) 그 단어가 어떻게 보이는지(모양)에 대한 방식이다. 단어의 소리는 음성(phonetic) 또는 음운적(phonological) 부호로, 단어가 보이는 방식은 철자(orthographic) 부호로, 그리고 단어가 의미하는 것은 의미(semantic) 부호로 포착된다. 우리가 단어 표상이 어떻게 조직되는지에 대해 이야기할 때, 우리는 여러 종류의 정신 표상에 중점을 둘 수 있다. 단어들은 서로 관련되어 있는데, 이는 그들이 비슷하게 들릴 수 있으며(예: gave-cave), 그들이 비슷하게 보이거나(예: wow-mow), 또는 그들이 비슷한 의미를 가질 수 있기 때문이다(예: horse-donkey). 단어 형태는 어휘 네트워크(lexical network)에 표상되고, 단어 의미는 개별적이지만 서로 연결된 의미 기억(semantic memory) 또는 개념 저장소(conceptual store)에 저장된다. 단어가 어떻게 표상되고 처리되는지를 이해하려면, 우리가 논의하는 것이 형태(form)인지 혹은 의미(meaning)인지에 대해 명확해야 하며, 마음(mind)이 이러한 속성을 개별적이지만 연결된 시스템에서 다양한 방식으로 표상하고 있다는 것을 인식하고 있어야 한다(Balota et al., 2006; Collins and Loftus, 1975; Hutchison, 2003; McClelland and Rumelhart, 1985).

단어 해부학: 단어 형태를 정신적으로 표상하는 방법

단어는 부분으로 이루어져 있다. 우리가 분자를 다양한 종류의 원자로 분석할 수 있고, 원자를 다양한 종류의 입자로 분석할 수 있는 것과 마찬가지로, 우리는 단어를 그들의 하위 구성 요소로 분할할 수 있다. 여러 심리학과 언어학 이론은 단어의 다양한 측면을 각기 강조하면서, 단어의 어떤 부분이 단어에 대한 정보를 활성화시키는 정신적 과정에 가장 큰 영향을 미치는지에 대해서 서로 다른 주장을 제기한다. 단어 표상에 대한 몇 가지 고전적 접근 방식을 검토하면서 시작해 보자.

단어의 형태 표상에 대한 고전적 접근 방식은 단어의 구성 요소들이 계층적으로 배열되어 있다고 간주한다. 말(speech)에서 가장 낮은 수준은 음성학적 특질이다. 소리가 조음되는 장소와 조음 방법에 따른 음성학적 특질들이 결합하여, 다음 수준인 음소(phoneme)를 형성한다. 음소들은 바이그램(bigrams, 두 개의 음소로 된 쌍)과 트라이그램(trigrams, 세 개의 음소로 된 세 쌍)으로 결합되어 음절(syllable)을 구성한다. 음절은 자음-모음(CV) 혹은 자음-모음-자음(CVC)의 조합이다. (CV와 CVC 조합은 우리가 말을 할 때, 턱을 열거나 닫으면서 공기의 흐름을 개방시키고 폐쇄시키는 결과로 나타난다. 우리가 말을 할 때, 우리는 문자 그대로 턱을 축 늘어뜨린다.) 음절은 두음(onset, spam의 spa처럼 처음 CV 조합)과 운(rimes, pam의 am처럼 끝 VC 조합)으로 나뉠 수 있다.

하나 이상의 말소리(speech sound)는 형태소(morpheme)로 결합되는데, 형태소란 의미를 할당받을 수 있는 언어의 최소 단위이다. 하나 이상의 형태소는 단어(word)가 형성되도록 결합될 수 있다. 예를 들어, cat은 단일 형태소(monomorphemic, '하나의 형태소') 단어로 형태소 한 개가 이 단어를 형성하고 있다. 또한 형태소를 결합하여 다형태소(polymorphemic, '하나 이상의 형태소') 단어를 생성할 수도 있다. 복합어 칠판(blackboard)이 그 예이다. 터키어, 핀란드어, 독일어와 같은 언어는 형태소를 왕성하게 조합하여 사용하는 언어이다.[1] 단어 의미의 어감을 변경시키는 방법도 있다. cat(동물 하나를 가리키는 데 사용되는 단수 명사)에 의존 형태소(bound morpheme) -s를 추가하여 복합 형태소 단어인 cats(하나 이상의 동물을 가리키는 데 사용되는 복수 명사)로 변경시킬 수 있다.

어휘 의미론

단어는 화자로부터 청자에게 의미(그리고 더 많은 정보)를 전달한다. 이 과정이 어떻게 이루어질까? 우선 의미(meaning)라는 용어의 두 가지 정의를 뜻(sense)과 지시(reference)로 구분해야 한다 (Jackendoff, 1983). 뜻(sense)은 단어에 대한 사전 혹은 백과사전적 지식을 말한다. 예를 들어, 고양이라는 단어는 형태(form)와 기능(function)에 관한 일반적인 정보를 연결시킨다. 고양이라는 단어를 들으면, 우리는 '고양이는 포유동물이며, 털이 있으며, 애완동물로 기른다.'와 같은 정보에 접근할 수 있다. 칼이란 단어를 들으면, 우리는 물건을 자르기 위해 사용되는 금속 물체를 생각한다. 지시(reference)는 다른 유형의 의미이다. 우리가 단어를 사용하여 사람이나 물건 혹은 생각을 가리킬 때, 그 단어 자체에는 뜻이 있지만, 주어진 맥락에서 그 단어의 특정한 의미는 해당 단어가 가리키는 대상, 즉 그 단어가 지시하는 것에 따라 다르다.

　[그림 3.1]의 상황을 고려해 보자. 이 작은 세계에는 두 개의 물체가 있다. 누군가가 그중 하나의 물체로 당신의 주의를 끌고 싶다면, 그는 그 물체를 가리키는 발언을 해야 한다. 어떤 물체를 가리키건 다양한 표현을 사용할 수 있다. 각각의 다른 표현은 다른 뜻을 가진다. 화자가 하나의 물체를 어두운 주황색 물체라고 지시하기로 선택했다고 가정해 보자. 어두운과 주황색이라는 단어의 의미는 청자가 왼쪽 물체를 선택하도록 한다. 화자는 왼쪽 물체라고도 할 수 있었다. 그 표현은 어두운 주황색 물체라는 표현이 가리키는 물체와 동일한 물체를 가리킨다. 따라서 그 표현은 동일한 지시물을 가지며, 이런 방식으로 두 표현은 동일한 것을 '의미(mean)'한다고 할 수 있다. 즉, 두 표현이 모두 당신의 주의를 동일한 물체로 이끌고 있다. 그러나 그 두 표현은 서로 다른 뜻(sense)을 가지고 있다. 즉, 어두운 주황색이라는 것과 왼쪽에 있다는 것은 똑같지 않다. 따라서 이 두 표현은 뜻(sense) 수준에서 다른 것을 '의미(mean)'한다. 또한 같은 뜻을 가진 다른 표현은 다른 맥락에서 다른 지시물을 가리킬 수 있다. 만약 화자가 [그림 3.1] 맥락에서 더 큰 것(the bigger one)이라고 말했다면, 그것은 어두운 주황색 물체를 가리킬 것이다. 화자가 [그림 3.2] 맥락에서 똑같은 말을 한다면, 그것은 옅은 주황색 물체를 가리키게 될 것이다.

　단어의 의미(meaning)에 대해 논의할 때, 그 단어의 뜻(sense)을 언급하면서 이야기할 수 있고, 그 단어가 가리키는 대상에 중점을 둘 수도 있다. 6장에서 지시(reference)에 대해 자세히 논의할 예정이므로 이 장에서는 단어의 뜻(sense)에 중점을 둘 것이다. 이 장에서 의미론(semantic) 혹은 의미에 대해 이야기할 때는 뜻(sense)이라고 생각하자.

[그림 3.1] 두 물체 세계

[그림 3.2] 또 다른 두 물체 세계

단어 의미(즉, 뜻)는 심성 어휘집에 어떻게 표상되어 있는 것일까? 그리고 단어 표상을 연구하는 데 적절한 연구 도구는 무엇일까? 단어 의미를 조사하는 한 가지 접근 방식은 내성법(introspection)에 의존하는 것이다—단어 의미에 대해 생각하고 개인적 경험에서 결론을 도출하는 방법이다. 내성법에 따르면 심성 어휘집의 항목이 사전의 항목과 매우 유사할 것 같다. 그렇다면 (사전과 마찬가지로) 어휘집(lexicon)은 단어 기능에 대한 정보를 포함하고 있을 것이다(어떤 단어가 어떤 문법 범주에 속하는지, 동사, 명사, 형용사 등). 그리고 이 정보는 해당 단어가 다른 단어와 어떻게 결합될 수 있는지를 결정한다(부사는 동사와 어울리고, 형용사는 명사와 어울린다). 이 어휘집에 대한 사전적 접근법은 개별 단어가 유형(type)을 나타낸다고 가정한다. 즉, 단어의 핵심 의미는 이 세계에서 교환 가능한 사물들의 집합을 가리킨다(Gabora et al., 2008). 한 범주 내에 있는 개별 예는 토큰(token)이다. 예를 들어, 팀(team)은 유형이며 양키스, 트윈스, 머드헨즈는 해당 유형(type)의 토큰(token)이다.[2]

만약 단어 의미가 유형이라면, 우리는 유형을 어떻게 표상하는 것일까? 우리는 핵심 특징을 정의하는 목록(list)을 만들어 유형을 나타낼 수 있다. 어떤 단어는 몇 가지 핵심적이고 필수적인 특징의 조합으로 쉽게 나타낼 수 있는 것처럼 보인다. 예를 들어, '독신남(bachelor)'은 '인간(human)' '성인(adult)' '남성(male)' '미혼(unmarried)'이라는 개념을 결합하여 잘 표현할 수 있는 것처럼 보인다. 그러나 이러한 외면상의 단순성은 오해의 소지가 있을 수 있다.

예를 들어, '고양이'라는 개념을 생각해 보자. 우리는 핵심 특성(예: '고양이' = '귀여운 + 털이 있는 + 살인 기계')을 사용하여 그 의미를 나타낼 수 있다. 그러나 우리는 고양이에 대해 이보다 훨씬 더 많은 정보를 알고 있다(발톱이 있고, 밤눈이 밝고, 털 뭉치(hairballs)를 토해내며, 문고리를 잘 만들 수 없고, 옷을 다리는 데 사용할 수 없다 등등). 그렇다면 고양이라는 단어의 사전 항목 아래에 포함될 수 있는 수백만 가지 사항 중 어떤 사항이 포함되고 어떤 사항이 제외될까? 고양이의 의미에는 숨을 쉴 수 있다는 사실이 포함될까? 고양이가 토마토보다 크고 비행기보다 작다는 사실이 포함될까? 아마도 아닐 것이다. 그러나 그 경계선을 어디에 두어야 할까? 어떤 속성이 장기기억에 우선 저장되고 어떤 속성이 '즉석에서(on the fly)' 파생되는 것일까? 고양이라는 단어의 의미를 표상하기 위해서 실제로 필요한 것은 핵심 또는 본질적인 특성뿐이다. 즉, '고양이'의 본질을 구성하는 것과 고양이와 다른 객체를 구분시켜 주는 특성을 파악하는 것이 중요하다. 이 경우에는 '포유동물, 고양이과 동물, 애완동물, 가르랑거리는 소리를 내는'과 같은 특성과 (아마도) 고양이의 전형적인 시각적 이미지 특성만을 저장할 것이다.

그러나 이 '핵심 특성(core features)' 접근법은 곧 어려움에 직면하게 되는데, 이는 상당히 이해하기 쉬운 개념조차도 일관된 핵심 특성을 파악하기 어렵기 때문이다. '미혼 남자(bachelor)'와 같은 간단한 개념조차 문제에 부딪힌다(Pinker, 1994). 수도사는 미혼 남자인가? 반드시 그렇지 않다. 그러나 수도사는 당연히 인간이며, 성인이고, 남성이고, 결혼을 하지 않았다. 게임(game)이라는 개념은 상당히 일반적이어서, 다양한 활동이 게임으로 분류되는데, 어떤 단일한 특성 또는 특성 조합이 우리가 게임이라고 정의하는 모든 것에 해당되는 것 같지는 않다(Gabora et al., 2008; Murphy and Medin, 1985). '게임'이라는 개념에 필수적이거나 혹은 보편적인 특성이 없다면, 게임에 해당하는 어휘집의 핵심 속성으로 우리는 어떤 것을 나열해야 할까?

또 다른 문제는 어떤 범주의 예시로 한 지시물이 다른 지시물보다 더 적합하게 보인다는 점이다.

대부분의 사람들은 빨간색이라는 단어의 예로 붉은 머리가 소방차보다 덜 적합하다고 평가한다 (Rosch, 1973). 단어의 의미가 서로 완전히 교환 가능한 토큰(token)으로 구성된 유형(type)을 기반으로 한다면, 빨간색의 모든 예시는 모든 다른 빨간색의 예시만큼 동일하게 적합해야 한다. 마지막으로, 많은 범주는 다소 '모호(fuzzy)'하고 흐릿하다. 어느 범주가 정확히 어느 지점에서 끝나고 다른 범주가 어디에서 시작하는지 명확하지 않다. 범주를 형성하는 전체 목적이 핵심 특성을 기반으로 한 토큰을 포함하고 배제하는 것이라면, 흐릿한 경계는 문제가 된다.

이런 문제로 인해 많은 언어 과학자들이 어휘 의미론 대한 '정의적인' 또는 '핵심적' 특성 접근법을 포기하게 되었다. 좋은 방안이 나오지 않는다면, 사전식 표기는 단어 의미가 심성 어휘집에 어떻게 표상되는지를 설명하는 좋은 방법이라고 여겨지지 않을 것이다.

의미론의 사전식 접근 및 이와 관련된 문제를 피하는 방법으로 단어 의미를 그 의미와 연관된 개념의 통합체로 반영해 보려는 접근이 있다. 이 접근에 따르면, 어떤 단어의 의미는 '누군가가 그 단어를 말할 때 떠오르는 모든 것'으로 정의된다. 의미 네트워크(semantic network) 이론은 이러한 접근을 따르며(Collins and Loftus, 1975; Collins and Quillian, 1972; Rips et al., 1973; Smith et al., 1974), 수십 년 동안 의미론에 대한 인공 지능적 접근법의 주요 이론이 되어 왔다(검토 논문으로 Ober and Shenaut, 2006 참조; 관련 접근으로 Ken McRae의 특성-기반 의미망 연구가 있음; McRae and Boisvert, 1998 ; McRae et al., 2005, 1997).

의미 네트워크 이론에서 단어의 의미는 일련의 노드(nodes)와 링크(links)로 표상된다([그림 3.3] 참조). 노드는 의미 네트워크가 포착하려는 개념을 나타내며, 링크는 이런 개념들 간의 관계를 나타낸다. 예를 들어, 거위라는 개념은 다양한 종류의 링크로 연결된 메모리 주소(노드)로 표시될 수 있다. 의미 네트워크 이론에서 중요한 링크 중 하나는 '이것은 -이다(is-a)' 유형이다. 이 is-a 링크는 일반 범주와 그 범주 내의 개념 간의 관계를 표시(encoding)한다. 예를 들어, 거위 개념은 단방향 is-a 링크로 물새(waterfowl) 노드에 연결되어, 거위는 물새이다라는 개념을 표상한다.[1] 물새 범주

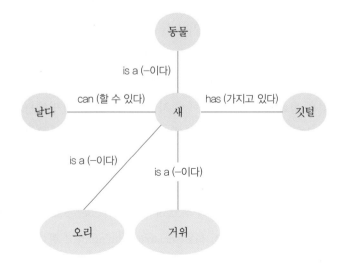

[그림 3.3] 의미 네트워크 일부

1) 역자 주: [그림 3.3]에는 물새 노드가 표시되어 있지 않으나, 이 노드가 숨겨져 있다고 볼 수 있다. 즉, 오리/거위 노드가 물새 노드에 연결되고, 물새 노드가 새 노드에 연결되어 있다고 생각해 볼 수 있다.

노드는 다양한 범례(오리, 거위, 수라, 백조, 갈매기 등)에 연결될 수 있으며, 이로 인해 또 다른 is-a 링크를 사용하여 상위 범주인 새(bird) 노드에 연결될 수 있다. 거위와 같은 하위 개념은 전이적 추론(transitive inference)을 통해 상위 노드의 특성을 상속 받는다(거위는 물새이고, 물새는 새이므로, 거위는 새이다). 따라서 특정 개념 거위를 더 일반적인 개념 새에 직접적으로 연결할 필요가 없으며, 이것은 메모리 자원을 절약하는 데도 도움이 된다. 단어의 의미는 해당 노드가 활성화되면서 유도된 네트워크의 활성화 패턴으로 표상된다.

초기 연구에서 Collins와 Quillian은 '카나리아는 날 수 있다(A canary can fly).'와 같은 진술이 '카나리아는 새이다(A canary is a bird).'와 같은 진술에 대한 응답을 촉진한다는 결과를 보여 주었다. 이 효과는 '카나리아는 날 수 있다.'를 읽는 것이 '카나리아는 새이다.'에서 '새는 날 수 있다.'로 확산되는 활성화를 유발시켰기 때문이라고 설명한다. 즉, 피험자들이 '카나리아는 날 수 있다.'를 읽으면 '카나리아는 새이다.'와의 관계를 암묵적으로 활성화시켜서, 이들이 '카나리아는 새이다.'를 읽었을 때, 그 속성이 이미 활성화되어 있다는 것이다(Collins and Quillian, 1970). 다른 종류의 노드와 링크는 개별 개념(거위와 같은)의 다른 속성(properties)과 특성(attributes)을 나타내는 데 사용된다. 예를 들어, has 링크와 can 링크는 개념을 구성 요소에 연결한다(거위는 깃털, 부리, 날개를 가지고 있으며, 날 수 있다).

활성화 확산(spreading activation) 개념은 의미 네트워크(semantic network)에 표상된 정보에 어떻게 접근하며, 관련된 단어들이 서로 어휘 접근을 활성화시키는 이유를 설명할 수 있다(Collins and Loftus, 1975; Posner and Snyder, 1975). 활성화 확산은 의미 네트워크의 노드 중 하나가 활성화될 때 발생하는 가상의 정신 과정이다. 누군가가 거위라고 말하면, 이 입력의 음성(소리) 또는 철자(스펠링) 정보와 일치되는 거위 노드가 활성화된다. 거위 노드의 활성화는 그와 연결된 다른 노드로 확산된다. 거위 노드의 활성화가 확산되는 곳은 상위 노드 새와 새와 관련된 속성들이다(날개가 있다, 깃털이 있다, 날 수 있다). 활성화 확산은 두 가지 중요한 특성을 가지고 있다: (a) 자동적이다. 매우 빠르게 촉발되어 우리가 제어할 수 없다; (b) 이동 거리가 멀어질수록 활성화가 감소된다. 이것은 마치 연못에서의 물결과 같다. 거위를 보거나 들을 때 거위에 직접 연결된 노드는 강하고 빠르게 활성화된다. 그러나 좀 더 멀리 연결된 노드는 상대적으로 약하고 느리게 활성화된다. 두 단계를 넘어서 연결이 단절되었을 때는 활성화에 변화가 없다.

활성화 확산의 특성은 점화(priming) 과제에서 사람들의 반응을 설명하는 데 유용하다. 점화는 시간 1의 어떤 자극이 시간 2의 다른 자극에 대한 응답을 가속화시키는 현상이다. 단어 처리에 대한 고전 연구에 따르면, 어휘 판단(lexical decision)이나 명명(naming) 과제를 수행할 때, 표적 단어인 오리(duck)가 관련 없는 단어인 말(horse) 다음에 제시되는 통제 조건에서보다 관련 단어인 거위(goose) 다음에 제시되는 실험 조건에서 더 빠르게 반응한다(Meyer and Schvaneveldt, 1971, 1976; Moss et al., 1995). 이런 유형의 점화를 의미 점화(semantic priming)라고 한다. 의미 네트워크 이론은 의미 점화를 의미 네트워크 내의 활성화 확산의 결과로 설명한다. 오리와 거위는 많은 속성을 공유하기 때문에 이 개념 중 하나를 활성화시키면 다른 개념의 의미를 구성하는 일련의 속성 집합도 활성화된다. 거위를 들으면 '물새, 새, 깃털, 날 수 있다'가 활성화된다. 그런 다음 오리를 들으면 사전에 활성화된 개념이 명명 또는 어휘 판단 응답을 가속화시킨다(오리 개념을 표상하는 네트워크의 일부분이 활성화하기까지 사람들이 기다려야 할 시간이 더 짧아지게 된다). 하지만 말(horse)과 같은 점화 단어를 들으면 활성화는 오리와 연결된 근처 노드로 확산되긴 하겠지만 오리와 관련된 개념을 표상하는 네트워크에 도달하기도 전에 활성화가 사라지게 된다. 따라서 표적 단어 오리 전에 점화단어 말을 듣게 되는 경우, 오리의 의미를 표상하는 활성화 양상은 제로(또는 정상적인 휴식 활성화)에서 시작하며, 네트워크가 적절한 부분을 활성화시키는 데 시간이 걸려서 사람들의 행동 반응은 느려질 수밖에 없게 된다. 점화 단어에 대한 빠른 응답은 뇌 활성화의 감소(뇌가 수고를 덜 하는 것)와도 관련이 있는데, 표적 단어가 관련된 점화 단어 다음에 등장하는 경우와 관련 없는 점화 단어 다음에 등장하는 경우를 비교했을 때, 관련된 단어 다음에 등장하는 표적 단어를 처리할 때 뇌 활성화도 감소하였다(예: Kuperberg et al., 2008; Rissman et al., 2003; Wagner et al., 1997).

글상자 ......

단어 처리를 탐구하기 위해서 (여러 가지의 실험 과제가) 사용된다. 그중에서도 가장 일반적인 것은 어휘판단(lexical decision)과 명명(naming) 과제이다. 어휘 판단 과제에서는 사람들에게 일련의 단어 목록을 소리로 듣게 하거나 컴퓨터 화면에 시각적으로 제시한다. 이 중 일부는 cat, dog, bachelor와 같은 실제 단어이고, 다른 일부는 wat, rog, lachenor와 같이 실제 단어가 아니다. 피험자들이 매번 해야 할 작업은 제시된 자극이 단어인지 아닌지를 가능한 한 빨리 결정해야 한다. 만약 자극에 해당하는 단어가 사전에 있다면, '예'라고 할 것이고, 그렇지 않다면 '아니요'라고 할 것이다. 이때 답변할 때까지 걸리는 시간은 단어 항목에 접근하기가 얼마나 쉬웠는지를 나타내는 지표이다. 명명(naming) 과제도 (보통) 단어 목록을 포함하며, 피험자들이 제시된 단어를 가능한 한 빨리 소리 내어 말하도록 한다. 비단어를 제시할 필요는 없다. 여기에서도 목표 단어를 말하기까지 걸리는 시간은 사전에 접근하여 말하려는 단어를 찾는 데까지 걸리는 시간을 나타낸다 (Balota et al., 2006; Potts et al., 1988).

활성화 확산은 네트워크에서 한 두 개 이상의 링크를 건너가게 되면 크게 감소한다. 이에 대한 증거는 사자(lion)–줄무늬(stripes)와 같은 단어 쌍을 포함하는 매개된 점화(mediated priming) 연구에서 알 수 있다. 사자라는 단어는 매개 단어 호랑이를 통해 단어 줄무늬에 연결된다(사자는 호랑이와 관련이 있고, 호랑이는 줄무늬와 관련이 있다). 사자를 들었을 때, 사자의 활성화는 호랑이로 확산된다. 호랑이가 활성화되면, 이로 인해 활성화가 줄무늬로 확산되어야만 한다. 그리고 만약 그렇다면, 사자가 줄무늬에 대한 응답을 점화시켜야 한다. 실제로 사자라는 단어를 듣거나 읽으면 줄무늬라는 단어에 대한 점화 효과가 미미하게 발생한다는 점에서, 활성화가 직접 연결된 개념을 뛰어넘어 확산되기는 한다. 그러나 활성화가 직접 연결된 노드를 넘어 확산될 수 있다면, 활성화가 네트워크 전체로 확산되는 것을 방지하는 것은 무엇일까? 만약 활성화가 직접 연결된 노드를 넘어 확산된다면, 어떤 단어를 들을 때마다 네트워크 내의 모든 개념이 매번 활성화될 것이다.[3] 의미 네트워크 이론에 따르면, 확산될 수 있는 활성화의 총량은 제한된다. 따라서 점화 단어와 직접적으로 연결된 노드는 강하게 활성화되지만, 덜 직접적으로 연결된 노드는 상대적으로 약하게 활성화되며, 네트워크 내에서 거리가 멀어짐에 따라 활성화가 감소하게 된다. 실제로, 사자가 직접적으로 연결

된 호랑이를 점화하는 강도에 비해서 줄무늬를 점화하는 강도는 약하다(Balota and Lorch, 1986; De Groot, 1983; Kumar, 2021; McNamara and Altarriba, 1988).

행동반응 연구 결과는 단어와 단어 연합이 우리가 의식적으로 애쓰지 않아도 우리의 통제 범위를 벗어나서 빠르게 활성화된다고 제시하는데, 이는 활성화 확산의 자동성을 지지한다. Jim Neely(1977)의 연구에서 피험자들은 범주 명칭(category label)을 들은 후에 특정 유형의 단어를 예상하도록 지시받았다. 범주 명칭은 신체 부위(body part)와 같은 것이고, 피험자들은 신체 부위라는 힌트가 제시된 다음에 새를 나타내는 단어가 뒤따라올 것이라고 지시받았다. 만약 피험자들이 개념의 활성화를 통제할 수 있다면, 그들은 신체 부위 힌트를 듣거나 보자마자 바로 새에 주의를 집중해야 한다. 개념의 활성화를 통제할 수 있다면, 신체 부위와 관련된 개념(팔, 다리, 손과 같은 개념)은 점화되지 말아야 하며, 예상한 범주 새의 구성원들은 점화되어야만 한다. Neely가 신호 자극인 신체 부위 다음에 즉시 제시된 예상된 표적 자극(새)에 대한 피험자들의 반응을 테스트했을 때, 점화는 발생하지 않았다. 그러나 신체 부위 이름(팔, 다리, 손)은 점화되었다. 하지만 신호 자극(신체 부위)이 나타난 시점과 예상된 표적 자극이 제시되는 시점 사이를 지연(몇 백 밀리세컨초 간) 시켰을 때, 새 이름에 대한 점화가 발생했다. Neely는 이 현상을 다음과 같이 설명한다. 사람들이 신체 부위 신호 자극을 접하면, 이들은 전략적으로 자신들이 듣게 될 새 이름의 짧은 목록을 생각해 낸다. 그러나 이 목록을 생각해 내는 데는 시간이 걸리기 때문에 새에 대한 점화가 바로 나타나진 않는다. 그러나 나중에 목록이 생성되고 나면 표적 단어가 생성된 목록에 있을 가능성이 높아지며, 이렇게 되면 표적 단어에 대한 응답 속도가 빨라지게 된다는 것이다. 반응의 양상(신체 부위에 대한 즉각적이고 빠른 반응; 새 이름에 대한 지연된 점화)은 두 가지 측면에서 일치한다: 신호 자극과 관련된 개념으로는 빠르고 자동적인 활성화 확산, 그리고 자체 생성된 새 이름 목록으로는 느리고 비자동적(전략적)인 주의 전환. 단어를 활성화시키는 데 빠른 자동 활성화 확산과 느린 전략적 조절이 동시에 존재한다는 점은, 실어증 환자가 자동적 점화는 손상되지 않았지만 전략적 점화는 손상되었다는 증거와도 일치한다. 점화 자극과 표적 자극 간에 지연을 짧게 둔 실험에서 실어증 환자는 정상적인 수준의 점화를 보여 주었지만, 지연 시간이 길어지자 점화 효과는 관찰되지 않았다 (Hagoort, 1997; Ostrin and Tyler, 1993).

의미 네트워크 이론에 따르면, 단어들은 공유된 노드를 연결하는 링크가 있기 때문에 서로 연관된다. 오리와 거위는 둘 다 새 노드와 깃털 노드 등에 연결된다. 이 두 단어는 공유된 노드로 인해 유사한 표현을 가지므로 서로를 점화시킬 수 있다. 이것이 앞서 설명한 종류의 점화 효과를 이끌게 되고, 또한 뇌가 손상되었을 때 의미 지식에도 영향을 미치게 된다(예: Lampe et al., 2021; Moss et al., 1998). 두 단어가 노드를 공유했는지 여부와 관계없이, 이들이 함께 등장하면 서로 연관될 수도 있다. 경찰과 감옥은 서로 점화시킬 수 있는데, 이는 경찰이 감옥과 유사하거나 혹은 그 반대(감옥이 경찰과 유사)여서가 아니라, 이 두 단어가 빈번하게 함께 등장하기 때문이다. 그래서 한 쌍 중 한 단어가 등장하면 다른 단어가 나타날 것이라고 예측할 수 있다(고전적 조건 형성 이론과 유사; Skinner, 1957). 점화 효과(오리-거위 점화와 같은 효과)가 네트워크에서 노드를 공유하기 때문에 발생하는 결과인지(이것은 의미점화의 고전적 관점), 아니면 단어들이 단순히 동시에 같이 등장하기 때문에 점화 효과가 발생하는 것인지를 밝히는 것은 어휘 처리 연구에서 도전적 과제이다.

실험에서 어떤 유형의 과제가 사용되었고 또 자극이 어떻게 제시되었는지에 따라 점화 강도가 크게 달라지긴 하지만, 연상 관계에 있는 단어 쌍에서는 대체로 강력한 점화효과가 관찰된다(Moss et al., 1995; Perea and Gotor, 1997; Shelton and Martin, 1992). 두 단어가 의미 요소를 공유하고 있으나 서로 연상되지 않는 경우에는 점화 효과가 잘 발생하지 않는데, 특히 의미적 관계가 동일한 일반적 범주(예: 동물 또는 의류)에 속할 때 그렇다. 따라서 돼지와 말은 같은 범주(동물 또는 더 구체적으로 농장 동물)에 속하지만, 말과 돼지 사이의 점화는 연상 관계가 있는 단어 쌍(예: 개와 고양이)보다 미약하다.[4]

자동 의미 활성화를 가볍게 자극하는 과제에서 순수하게 의미적 관계 (말-돼지)가 점화 효과를 유발시키는지는 아직 확실하지 않지만, 연상 점화와 의미 점화가 서로 다른 작동원리에 의해 지배된다는 데 동의하는 의견이 늘어가고 있다. 예를 들어, Sinead Rhodes와 David Donaldson(2008; Farshad et al., 2021도 참조)은 사건관련전위(ERP) 실험을 수행하여 피험자들에게 연상 관계에 있는 단어 쌍(fountain-pen), 의미 및 연상 관계에 있는 단어 쌍(dog-cat), 순수하게 의미 관계로 연결된 단어 쌍(bread-cereal) 또는 관련이 없는 단어 쌍(beard-tower)을 제시했다. 연구자들은 순수하게 의미적으로 관련된 쌍과 두 단어 간에 관련이 없는 쌍에서 동일한 뇌신경 반응이 유발되었다는 결과를 관찰했다. 연상 관계에 있는 쌍에서는 N400 효과의 크기가 감소되었는데,[5] 해당 단어 쌍의 의미 관계 존재 여부와는 상관이 없었다([그림 3.4] 참조). 최근 행동 및 신경심리학 연구에서도 사람들이 의미적 관계에 대한 반응과는 다른 방식으로 연상 관계에 반응한다는 결과가 제시되고 있다. 사람

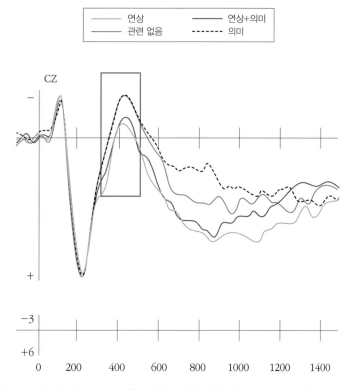

[그림 3.4] 연상 관계와 의미 관계에 있는 단어 쌍을 포함하는 점화 실험에서의 ERP 결과. 상자 안의 ERP 파형은 연상 관계의 쌍에서는 N400 효과의 크기가 감소되었지만, 의미 관계의 쌍은 그렇지 않았음을 보여 준다. 시간이 후반부에 이르게 되면서 의미적으로 관련된 쌍에 대한 반응과 아무 관련이 없는 단어 쌍에 대한 반응은 달라진다.

출처: Rhodes and Donaldson (2008), John Wiley & Sons

들은 의미적 관계에 대한 반응보다 연상 관계에 더 빨리 반응한다(Perea and Rosa, 2002). 알츠하이머 치매 환자도 연상적으로 관련된 단어에 대한 점화는 보여 주었으나, bread-cereal과 같이 순수하게 의미적으로 관련된 단어 쌍에 대해서는 점화를 보여 주지 않았다(Glosser and Friedman, 1991; Glosser et al., 1998; Ober et al., 1995).

실제 생활에서 자주 함께 등장하는 개념은 의미 네트워크에서 더 강력하게 연결될 수 있다. Perea와 Rosa(2002, p. 189)는 "일상적으로 자주 연결되는 사물에 대한 용어는 심성 어휘집에서도 연결된다."라고 설명한다.

다른 단어 간의 연결 패턴은 기억의 용이성에 영향을 미친다. 연결성(connectivity)은 특정 대상 단어에 연관된 단어 수와 그 단어 집합 간에 공유되는 연결의 수를 나타낸다([그림 3.5] 참조). 어떤 단어는 연관된 단어가 적으며 그 연관된 단어 간의 연결도 거의 없다. 이러한 단어는 연결성이 낮다(low connectivity). 연결성이 높은(high connectivity) 단어는 연관된 단어가 더 많고, 그 연관된 단어 간에 더 많은 연결이 있다. [그림 3.5]에서 개는 연결성이 낮고 저녁은 연결성이 높다. 단서 회상(cued recall)과 자유 회상(free recall) 과제에서, 사람들은 연결성이 낮은 단어보다 연결성이 높은 단어를 더 쉽게 기억했다(Nelson et al., 1993; Breedin et al., 1998; Mirman and Magnuson, 2008). 연결성이 낮은 단어와 비교할 때, 연결성이 높은 단어는 뇌의 측두엽(temporal lobe) 부분에서 상이한 두뇌 활동 패턴을 생성해 낸다(Pexman et al., 2007; Wible et al., 2006). 따라서 기억에서 연결성은 어떤 단어의 처리가 다음 단어의 처리를 활성화시키는 정도, 개별 단어에 대한 기억, 다른 단어에 대한 뇌 반응에 영향을 미친다고 할 수 있다.

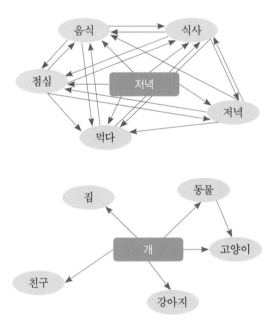

[그림 3.5] **저녁과 개의 연결성**

출처: Nelson et al. (1993), American Psychological Association

단어 의미에 대한 연합주의자 설명: 언어 초공간 아날로그와 잠재 의미 분석

'순수한' 자동적 의미 점화의 존재 여부와 상관없이, 연상 관계는 사람들이 단어에 응답하는 방식에 강력한 역할을 하는 것 같다. 이는 연상 관계가 단어 형태와 의미 혹은 두 가지 모두의 표상에 부호화되어 있다는 점을 시사한다. 의미 기억의 수학적 모형 중 일부는 순수 연상(단어가 언어 환경에서 동시에 발생하는 정도)에 큰 중요성을 두면서, 연상 자체가 단어 의미를 구축시키는 기반을 형성한다고 제안한다(Burgess and Lund, 1997; Camacho−Collados and Pilehvar, 2018; Landauer, 1999; Landauer and Dumais, 1997; Landauer et al., 1998; Lund and Burgess, 1996; 철저한 검토를 위해서는 Gunther et al., 2019 참조). 이 유형에 해당하는 두 가지 주요 모형이 지난 십여 년에 걸쳐 개발되었으며, Burgess와 Lund의 언어 초공간 아날로그(HAL)[6]와 Landauer와 Dumais의 잠재 의미 분석(LSA)이 여기에 해당된다(http://lsa.colorado.edu에서 LSA가 어떻게 작동하는지 직접 알아볼 수 있다).

HAL과 LSA에 따르면, 어떤 단어의 의미는 그 단어와 함께 나타나는 다른 단어들에 의존한다. 어떤 두 단어가 함께 나타나는 횟수가 다른 단어들과 나타나는 횟수보다 더 많다면, 그 두 단어의 의미가 서로 관련되어 있다고 할 수 있다. 두 단어가 연관되어 있는지를 결정하기 위해 HAL과 LSA는 대규모의 말뭉치(copora),[7] 즉 대규모 발화뭉치를 사용한다. 이 대화 말뭉치는 언어에서 발생하는 대화의 무작위적이고 대표적인 샘플을 이상적으로 반영한다고 할 수 있다. HAL 말뭉치에는 다양한 주제의 채팅 그룹이 속해있는 인터넷 자원인 USENET에서 추출해온 2억 개 이상의 단어가 포함되어 있다. HAL은 7만 개 이상의 단어를 추적하면서, 말뭉치 데이터를 사용해서 각 단어가 다른 단어와 동일한 발화에서 등장할 확률을 결정한다. HAL은 두 단어의 근접성에 기반을 둔 공기 값(co−occurrence value)을 각 단어 쌍에 할당하며 최대 10개 단어까지 고려한다. 바로 인접한 단어는 10점을 받는다. 한 단어를 사이에 두고 인접한 단어는 9점을 받으며, 나머지도 이와 같이 진행한다. 이 과정의 마무리 단계에서, HAL은 단어−단어 공기를 반영하는 7만×7만 행렬을 보유하게 된다. 어떤 단어의 의미는 해당 단어의 행렬 안에 있는 각 셀에 존재하는 값의 패턴으로 정의된다. 따라서 각 단어에는 14만 개의 숫자가 할당되며, 이 숫자들의 패턴인 벡터(vector)가 해당 단어의 의미를 나타낸다.

LSA 초기 말뭉치는 백과사전에 출처를 둔 대략 500만 개에 달하는 단어로 구성되었다. LSA는 이 말뭉치를 3만 개의 에피소드로 나누고, 각 에피소드에서 6만 개 단어가 각각 등장하는 횟수를 평가했다. HAL과 마찬가지로 LSA도 행렬로 시작하지만, LSA는 단어 간 공기 관계를 직접 측정하는 것 대신에 단어와 맥락 또는 에피소드 간의 관계를 평가한다는 점에서 HAL과 다르다. LSA에서는 에피소드 1과 에피소드 29,000에서 빈번하게 등장하는 단어는 해당 두 셀에서 높은 숫자를 할당받는다. 셀 값이 모두 할당된 후, LSA는 단어와 에피소드 간의 공기 값의 패턴 간에 공통성을 포착하는 요인 분석(factor analysis)의 형태로 그 셀 값을 이용한다. 각 단어에 30,000개 값을 할당하는 대신에, 요인 분석은 값의 개수를 약 300개로 줄인다. HAL과 마찬가지로, 단어의 의미는 300개의 차원에 걸친 셀 값의 패턴(벡터)으로 LSA에 표상된다.

HAL과 LSA는 단어들이 함께 등장하는 정도를 평가하는 데 서로 다른 방법을 사용하지만, 이들은 의미 표상이 수많은 차원(실제로 수백 개)을 포함하며, 단어 의미는 이런 다수의 차원을 가로지르는 벡터로 설명될 수 있다는 생각을 공유한다.

HAL은 사람들이 단어를 범주화하는 양상(Burgess and Lund, 1997)뿐만 아니라 어휘 판단에서 관찰된 점화 효과를 모델링하는 데(Lund et al., 1995) 성공했다. LSA는 의미 유사성 판단(두 단어가 동의어인지 아닌지 말하는 것), 아동 어휘 발달 양상(Landauer and Dumais, 1997), 텍스트 요약에 대한 질적 판단(Kintsch et al., 2000; Leon et. al., 2006)을 성공적으로 모델링했다. 단어 의미에 대한 고차원(high-dimensional) 모형은 어떤 특정 단어에 대해 어떤 대뇌 지역이 가장 많이 활성화되는지를 예측하는 데도 성공했다(Mitchell et al., 2008).

의미론에 대한 고차원 공기(high-dimensional co-occurrence) 접근법의 장점 중 하나는 단어 의미에 대한 특성 기반(feature-based) 접근법과 관련된 일부 문제를 회피할 수 있다는 점이다. 우리는 사람들에게 물체의 특성을 나열하도록 요청할 수 있고, 그 특성 목록을 사용하여 반응 시간 및 유사성 판단을 예측하게 할 수 있다. 이 관점에서 의미적 유사성은 공통된 의미적 특성의 수에 따른 함수이다. 즉, 공통 특성이 더 많은 단어는 보다 유사한 의미를 가진다. 그러나 실제로 사람들에게 단어에 대해 성찰해(introspect) 보도록 요청했을 때, 단어의 정신적 표상이 사람들이 나열한 바로 그 특성을 포함하는지를 결정할 수 있는 객관적인 방법이 없으며, 예기치 않은 실험 결과에 직면했을 때 새로운 특성을 포함하도록 특성 기반 표상 이론을 언제든지 수정할 수 있기 때문에, 이러한 접근법은 이론을 부정하기(falsify) 어렵게 한다(Buchanan et al., 2001). LSA와 HAL은 주관적 특성 묘사를 완전히 제거함으로써 특성 설명에서 주관성(subjectivity) 문제를 피할 수 있게 했다. 그들이 의미 유사성을 계산하는 방법은 완전히 객관적이어서, 재현 가능하고(replicable) 부정 가능하다(falsifiable).

상징-기반 문제

HAL과 LSA가 유사성 판단 및 범주화 측면에서 예측을 잘한다고 하더라도, 일부 언어 과학자들은 의미(meaning)가 간단한 공기(co-occurrence) 또는 수학적으로 변환된 공기에 기반을 두고 단어-단어 연상에 완전히 의존한다는 제안을 만족스러워하지 않는다. 이러한 반대 의견 중 가장 대표적인 의견이 의미 네트워크 이론에도 적용된다. Art Glenberg와 동료 연구자들이 설명한 것처럼 (예: Glenberg and Robertson, 2000; Harnad, 1990; Lake and Murphy, 2021; Zwaan and Rapp, 2006), 공기와 연상 그 자체로만으로 단어 의미를 설명하는 것은 충분하지 않다. 왜냐하면 HAL과 LSA와 같은 연합주의(association) 접근 방식은 단순히 상징(symbol) 간 매핑(비록 매우 복잡한 매핑이긴 하지만)만을 기술할 뿐이기 때문이다. 이러한 상징이 상징체계 외부의 표상 집합에 기반(ground)하지 않는다면, 이러한 상징에는 어떠한 의미도 할당할 수 없다.

이 입장의 다른 버전들도 있다. 그중 하나는 John Searle의 중국어 방(Chinese Room) 논쟁이다 (Searle, 1980). Searle은 당신이 영어 화자이고, 작은 방 안에는 두 개의 길고 좁은 틈, 규칙서, 그리고 중국 문자가 인쇄된 카드 뭉치가 있다고 상상할 것을 요청한다. 당신은 중국어를 전혀 알지 못하고 중국 문자의 의미도 모르지만, 당신에게는 무엇을 해야 할지를 알려주는 규칙서가 있다. 한 틈에서 중국 문자가 들어오면, 당신은 규칙 서적을 참고하여 다른 문자 몇 개를 카드 뭉치에서 선택하고, 그 카드를 다른 틈으로 밀어 넣도록 한다. 올바른 규칙서가 있다면, 당신은 완벽하게 적절히 응답할 수 있으며, 당신의 행동은 중국어 원어민과 완벽하게 일치한다. 따라서 들어오는 문자들이 중국어로 '2 더하기 2는?'이라고 묻는다면, 당신은 규칙서를 참고하여 '4'에 해당하는 문자를 선택할 수 있다. 방 밖에 있는 사람들은 방 안에 누가 있건 그 사람이 중국어로 된 모든 명제를 완벽하게 이해한다고 생각할 것이다. 그러나 실제로 당신은 아무것도 이해하지 못하고 있으며, 규칙서가 당신에게 무엇을 해야 하는지를 나타내는 상징에 응답하고 있을 뿐이다. 당신에게 그런 중국어 기호는 어떤 의미도 없다. 그 상징들은 그저 'Ю' 'F' '◨O' '‡'일 수도 있었다. 우리가 이런 상징을 상징이 아닌 다른 어떤 것에 기반(grounding)시키기 전까지, 그 상징들에는 의미적 내용이 부재하여 의미(meaning)가 없게 된다.

　기반(grounding) 문제를 살펴보는 또 다른 방법이 있다. 잠시 의미 네트워크 모형으로 돌아가 보자. 의미 네트워크 이론에 따르면 거위의 의미는 네트워크 내의 링크를 통해 거위와 관련된 노드 그룹이 활성화된 패턴에 기반한다. 우리는 거위 노드가 어떤 노드와 연결되어 있고 어떤 종류의 링크가 다른 노드를 연결하는지를 보면서 거위 노드가 나타내는 의미를 이해한다. 그러나 거위에 연결된 노드를 어떻게 이해할까? 그 노드들의 의미는 그들이 어떤 노드와 연결되어 있고 어떤 종류의 링크가 다른 노드를 연결하는지를 보면서 이해한다. 그러나 그 노드들을 어떻게 이해하게 되는 것일까? 그 노드들이 어떤 노드들과 연결되어 있는지를 보면서… 어떤 생각인지 이해할 수 있을 것이다.[8] 이 논증은 중국어 방(Chinese Room) 사례와 동일하다. 의미 네트워크(또는 원시 특성 네트워크 또는 고차원 언어 모델 네트워크)의 상징들은 다른 추상적 상징에 연결되어 있지 않은 한, 의미를 가질 수 없다. 의미 네트워크의 명칭을 [그림 3.6]에 있는 것으로 대체해도 좋을 것이다. 또는 (Art Glenberg가 몇 년 전에 언급한 대로) [그림 3.7]에 있는 것으로 대체해도 좋다.

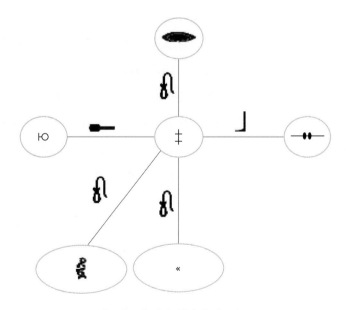

[그림 3.6] 가상의 '의미' 네트워크

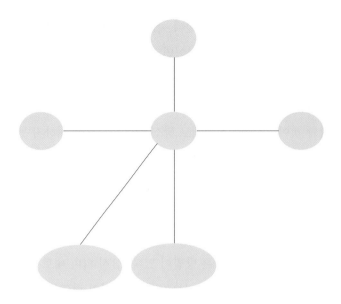

[그림 3.7] 또 다른 가상의 '의미' 네트워크

체화된 의미론

기반(grounding) 문제를 어떻게 해결할 수 있을까? 한 가지 해답은 의미에 대한 체화(embodiment) 또는 체화된 의미론(embodied semantics) 접근에 있다. 체화된 의미론은 추상적 상징이나 단어와 같은 상징 그룹이 (전통적으로 정의된) 언어 체계 밖의 표상들과 연결되어 있기 때문에 의미를 전달할 수 있다고 주장한다. 구체적으로 말하자면, 단어는 우리의 감각 기관(시각, 청각, 촉각, 미각 및 후각)을 사용하여 우리가 만든 표상에 연결된다. 이런 식으로, 단어는 추상적인 상징 패턴을 활성화시킬 뿐만 아니라, 실제 세계의 객체에 대한 감각적 경험을 불러일으킨다. 누군가 고양이라고 말하면, 당신은 'ӀO, F, ◼O ǂ'을 그냥 '생각'하는 것이 아니라, 현실에 살아있는 고양이를 지각하는 데 사용하는 동일한 장치를 활용하여 실제 고양이의 특징을 모델링하게 된다. Glenberg와 Robertson(2000)은 이 원칙을 지표적 가설(indexical hypothesis)이라고 했다.

지표적 가설에 따르면, 단어의 의미를 확립하는 데는 세 가지 과정이 필요하다. 첫째, 단어는 현실 세계에 존재하는 대상 또는 마음속에서 그 대상의 아날로그 표상에 연결되거나 색인(indexed)되어야 한다(Jackendoff(1983)는 투사된 세상(the projected world)이라고 함; Speed and Majid, 2020; Zwaan et al., 2004). 아날로그 표상은 추상적인 표상과 대조되는데, 이는 아날로그 표상이 실제 대상의 몇 가지 특징을 담고 있다는 점에서 그렇다(Kosslyn, 1973; Stevens and Coupe, 1978). 예를 들어, 말 그림은 말의 아날로그 표상이다. 동일한 정보는 0과 1의 시퀀스로 표현된 JPG 파일로 추상적인 방식으로 나타낼 수 있다. Glenberg는 현실 세계에 존재하는 대상의 아날로그적 정신 표상을 지각적 상징(perceptual symbols)이라고 지칭하였다. 이것은 발화가 제공되는 맥락에서 사람들이 이런 상징들을 적절하게 정신적으로 조작할 수 있는 능력이 있다는 점을 시사한다(Barsalou, 1999).

두 번째 단계에서 사람들은 "행동 유도성(affordances)을 도출하기 위해서 색인된 대상 또는 지각적 기호를 활용한다"(Glenberg and Robertson, 2000, p. 384). 행동 유도성 개념은 지각 분야의 저명한 이론가이자 연구자인 J.J. Gibson의 연구에서 나왔다. 행동 유도성은 우리의 지각 능력과 우리 몸의 물리적 특성, 그리고 현실 세계에 존재하는 사물의 물리적 속성과의 상호작용에 의해 결정된다. 예를 들어, 의자를 의자이게 하는 것은 우리 몸의 물리적 특성과 의자의 물리적 특성의 결합이 우리가 의자에 앉는 행동을 허락한다는 점이다—의자는 앉는 행동을 유도한다. (의자의 물리적 특성은 다른 행동 유도성도 제공한다. 의자는 술집에서 벌어진 싸움에서 자기 방어에 사용될 수 있다. 또한 몸을 들어 올려서 높은 선반에서 과자를 꺼내는 데에도 사용될 수도 있다.)

발화의 의미를 확립하기 위한 세 번째 과정은 발화에서 여러 색인된(indexed) 대상과 인물들의 행동 유도성을 꼭 맞게 하거나(mesh) 결합하는 것이다. 우리가 발화를 해석할 때, 우리는 지각적 상징을 활성화하면서 단어를 현실 세계에 존재하는 대상에 색인시킨다. 그리고 지각적 상징의 조합은 어떤 행동이 가능한지, 사물과 행위자가 어떻게 상호작용하는지, 따라서 어떤 사건이 가능하거나 혹은 발생할 가능성이 있는지를 결정한다.

체화된 의미론(embodied semantics)이 상징-기반(symbol-grounding) 문제에 대한 잠재적인 해결책을 제시한다고 해서, 이것이 지표적 가설이 실제로 사실임을 뜻하는 것일까? 지표적 가설에 기반을 둔 예측과 HAL과 LSA와 같은 고차원 공기 접근법에 따른 예측을 비교해 볼 수 있다. 이를 위해, Glenberg와 Robertson(2000)는 어떤 중요한 대상이 HAL과 LSA에서 도출된 공기 메트릭스를 기반으로 한 맥락과 잘 부합하지 않는 시나리오를 구축했는데, 이 시나리오에서는 주어진 상황에서 도출된 행동 유도성(affordance)과 서술된 행동이 부합했다. 예를 들어, 피험자들은 다음과 같은 문맥 문장을 읽었다(Glenberg and Robertson, 2000, p. 385): '마리사는 캠핑 여행에 베개를 가져오는 것을 잊었다(Marissa forgot to bring her pillow on her camping trip).' 그런 다음 피험자들은 두 가지 문장 중 하나를 계속해서 읽었다. 그중 하나는 주어진 상황에서 생성된 행동 유도성(affordance)과 일치하는 단어를 포함하고 있었으며, 다른 하나는 그렇지 않았다. 행동 유도성과 일치되는 문장은 '베개 대체물로, 그녀는 나뭇잎으로 오래된 스웨터를 채웠다(As a substitute for her pillow, she filled up an old sweater with leaves).'였다. 행동 유도성과 일치되지 않는 문장은 '그녀는 물로 오래된 스웨터를 채웠다(she filled up an old sweater with water).'였다. 나뭇잎(leaves)은 묘사된 상황에서 행동 유도성(affordnace)과 일치한다(오래된 스웨터에 나뭇잎을 채울 수 있기 때문이다). 그러나 물(water)은 그렇지 않다. 중요한 것은, 주어진 문맥에서 낙엽(leaves)과 물(water)의 LSA 연상 값이 동일하다는 점이다. LSA에 따르면 그 두 연속된 문장은 모두 동일하게 적합하다고 평가된다. 그러나 사람들이 그 두 연속된 문장의 타당성을 판단했을 때, 행동 유도성이 있는 문장이 그렇지 않은 문장보다 훨씬 더 적합하다고 평가하였다. 고차원 상징 연상 접근법이 아니라 지표적 가설이 사람들이 주어진 문장의 의미를 어떻게 판단할지를 정확하게 예측했다.

지표적 가설에 대한 초기 연구가 발표된 이후, 전통적으로 언어 체계로 간주되지 않았던 지각-운동 체계와 언어-의미 체계 간의 관계를 중시하는 다른 연구들도 등장했다(Davis and Yee, 2021). 지각-운동 체계는 언어 체계 내에서 의미를 생성하는 일부 장치를 제공할 수 있다. 그런데 Glenberg와 Robertson(2000)과 같은 오프라인 판단 결과를 제외하고, 의미 체계가 지각-운동 체계에 의존한다는 다른 유형의 증거가 있을까? 사실 이 관계에 대한 증거들이 점점 더 증가하는 추세이다.

한 연구에서 피험자들은 '그는 서랍을 열었다(He opened the drawer).'와 '그는 서랍을 닫았다(He closed the drawer).'와 같은 진술을 읽은 후 타당성('이 진술은 말이 됩니까, 예 혹은 아니요?')을 판단했다(Glenberg and Kaschak, 2002; 실패한 실험을 많이 소개하고 있는 Morey et al., 2021). 연구자들은 피험자들이 몸에서 손을 멀리하면서 버튼을 누르게 하거나, 자신의 몸 쪽으로 손을 움직여 버튼을 누르게 하도록 조작했다. 일부 조건에서는 주어진 문장에서의 행동이 몸에 가까워지도록 암시했거나(서랍을 열 때 서랍을 자기 쪽으로 끌어당기는 것을 의미), 행동이 몸에서 멀어지도록 암시하게끔(서랍을 닫을 때 몸에서 멀어짐을 의미) 조작했다. 피험자는 답하기 위해서 문장에서 나타나는 행동과 같은 방향으로 몸을 움직였거나(그가 서랍을 닫았다는 문장이 주어지고, '예'라고 답변하기 위해서 손을 자신에서 멀리 움직임), 또는 문장에서 나타나는 행동과 반대 방향으로 몸을 움직였다(그는 서랍을 열었다는 문장이 주어지고, '예'라고 답변하기 위해서 손을 멀리 움직임). 이 실험에서 피험자들은 문장에서 나타난 행동과 일치하는 행동으로 답변할 때 반응이 더 빨랐다. 이런 현상이 일어난 이유는 무엇일까?

체화된 의미론의 입장에 따르면, 사람들은 서랍을 열다/닫다(open/close the drawer)와 같은 표현의 의미를 이해하기 위해 단어를 지각 상징(사물의 정신적 모형)에 색인하고, 그런 뒤 문장에서 나타난 행동을 정신적으로 모사(simulate)한다. 문장에서 행동을 정신적으로 모사하려면 실제 몸을 움직이는 데 사용하는 체계와 동일한 운동 체계를 사용하게 된다. 따라서 질문에 대한 신체적 반응은 문장의 의미를 이해하는 데 사용하는 것과 동일한 자원인 운동 체계를 사용하게 한다. 만약 단어의 의미가 임의적이고 추상적인 상징 네트워크를 기반으로 한다면, 언어가 신체 움직임에 영향을 미쳐야 할 이유가 없다. 만약 의미가 완전히 추상적인 상징체계에 의해 지배 받는다면, 손을 어떤 방향으로 움직여야 하는지와 관계없이 동일하게 빠르게 반응해야 한다.

또한 사람들이 지정된 물체(예: 펜이나 칼)를 실제로 사용하는 것처럼 자신의 손 모양을 취했을 때, 단어에 대한 응답이 빨라진다. 이는 운동 체계 안에서의 작용이 단어에 대한 응답을 용이하게 할 수 있다는 점을 나타낸다(Klatzky et al., 1989; Lieberman, 2000; Setola and Reilly, 2005). 추가 연구들이 개별 단어의 의미와 운동 반응이 서로 상호작용한다는 증거를 계속해서 보여 주고 있다(Tucker and Ellis, 2001, 2004; Buccino et al., 2005; Zwaan and Taylor, 2006; 그러나 Miller et al., 2018 참조).

어떤 연구에서는 우리가 어떤 물체(펜, 식기, 단추와 같이)와는 정밀(precision) 그립을 사용하여 상호 작용하고, 다른 물체(망치와 삽과 같이)와는 힘(power) 그립을 사용하여 상호작용한다는 점을 이용했다. 피험자들은 컴퓨터 화면에 하나씩 제시된 단어를 읽고 해당 물체가 자연적인 것인지 인공적인 것인지(일종의 의미 범주화 과제)를 가능한 빨리 판단했다. 피험자 중 절반은 힘 그립을 사용하여 응답하였고, 나머지 절반은 정밀 그립으로 응답했다. 힘 그립 조건의 피험자는 힘 그립 물체를 묘사하는 단어에는 빠르게 반응했으나, 정밀 그립을 묘사하는 단어에는 느리게 반응했다. 정밀 그립 조건의 피험자는 그 반대의 결과를 보여 주었다.

다른 실험에서는 단어와 운동 간의 연결이 반대 방향으로도 진행된다는 것을 보여 주었다—단어 처리가 운동 체계에 영향을 미치는 경우, 사람들이 행동과 관련된 단어를 읽으면서 동시에 운동 동작을 수행하면 운동 동작이 느려진다. 그러나 사람들이 움직이기 시작하기 전에 해당하는 단어를 읽으면, 운동 동작이 빨라진다(Boulenger et al., 2006). 만약 단어 의미 중 일부가 사물의 정신적 모사를 포함하고, 이러한 정신적 모사가 사물과 상호작용하는 동안 움직임을 모델링한다고 가정한다면, 이 결과는 설명될 수 있다.

이와 같은 단어-행동 공존(compatability) 효과는 우리가 자신을 움직이고 세상의 물체와 상호작용하는 데 사용하는 운동 체계와 의미 체계 간에 밀접한 관계가 있다는 점을 보여 준다. 사건관련전위(ERP) 연구, 경두개 자기 자극(TMS) 연구, 그리고 단일 세포 기록 연구의 결과 또한 이 관점을 지지한다. 뇌에서 전기 활동의 원천을 찾기 위한 사건관련전위 연구에서도, 행동-단어 자극에 대한 가장 강력한 반응은 뇌에서 몸 움직임의 계획을 담당하는 운동 피질 바로 위에 위치한 지역에서 검출된다(Aflalo et al., 2020; Dreyer and Pulvermüller, 2018; Hauk et al., 2004; Pulvermüller et al., 2001; Pulvermüller et al., 1999; Pulvermüller, Shtyrov et al., 2005; Vitale et al., 2021).[9]

사건관련전위와 유사한 기술을 사용하여 신경근육 접합부(neuromuscular junctions)의 활동을 기반으로 한 운동유발전위(MEP)도 측정할 수 있다. 신경근육 접합부는 원심성 신경이 골격근 조직으로 연결되는 곳이다. 신경근육 접합부는 두뇌에서 신호에 반응하여 근육을 활성화시키는 역할을 한다. 사람들이 손과 관련 행동(예: 바느질 행동)을 묘사하는 문장을 듣는 경우, 손 근육 위에서 측정한 MEP 활동이 감소하지만 발 근육에는 영향을 미치지 않는다. 사람들이 발과 관련 행동에 대한 문장을 듣는 경우에는 반대 결과가 나타난다(Buccino et al., 2005). 마지막으로, 파킨슨병 치매 환자를 대상으로 한 연구에서, 그들이 근육 기능을 향상시키는 약물을 복용하지 않았을 때, 행동과 관련된 단어를 처리할 때는 점화 효과가 줄었으나 다른 유형의 단어를 처리할 때는 정상적인 점화 효과를 보여 주었다. 그러나 운동 기능을 향상시키는 약물을 복용하자, 행동 단어와 비행동 단어 사이에서 나타났던 점화효과 차이는 사라졌다(Boulenger et al., 2008).

TMS 실험에서는 두피에 상당히 근접한 곳에 강력한 자기장을 발생시키는데, 이로써 TMS 바로 아래에 있는 뉴런 군집에서 전기 활동이 유발될 수 있게 한다. TMS로 유발된 신경 활동은 정보 처리에 관여하는 정신적 과정을 촉진시킬 수 있으며(아마도 과제에 관여하는 뉴런 군집의 신경 활동을 동기화시킴으로써), 따라서 뇌의 여러 부분이 언어 처리의 다양한 측면에 참여하는 정도를 TMS를 사용하여 평가할 수 있다.

한 TMS 연구에서는 팔 움직임 또는 다리 움직임과 관련된 단어에 대한 어휘 판단을 수행하게 했다(Pulvermüller et al., 2005). 단어는 컴퓨터 화면에 문자로 표시되었고, 단어가 컴퓨터 화면에 나타난 100ms 후에 손 움직임에 관여하는 부분이나 다리 움직임에 관여하는 부분 위에 TMS를 적용시켰다. 통제 조건에서는 허위(sham) TMS를 적용시켰다. [그림 3.8]에 나와 있는 것처럼, TMS 자극을 받은 운동 피질이 제어하는 신체 부분과 관련된 단어에 대한 어휘 판단이 빨라졌다. 즉, 팔 부위가 자극될 때 팔 관련 단어에 대한 어휘 판단이 빨라졌다. 어휘의 의미적 처리는 좌반구에서 진행되는 것으로 여겨진다. 이 연구에서 TMS가 좌반구 위에 적용될 때 단어에 대한 응답에 영향을 미쳤지만, 우반구에 적용될 때는 영향을 미치지 않았다. 또한 허위 자극 역시 반응 시간에 효과를 미치지 않았기 때문에, 요구 특성은 결과의 원인에서 제외된다. 다른 TMS 연구에서도 유사한 결과가 나타났다. 예를 들어, Oliveri와 동료들은 TMS를 사용하여 행동과 관련 없는 명사와 동사(구름, 속하다)를 처리할 때보다 행동과 관련된 명사와 동사(도끼, 깨물다)를 처리할 때 운동 피질이 더 강하게 반응하는 결과를 보여 주었다(Oliveri et al., 2004).

단어 처리와 운동 체계 간의 관계를 탐색하는 데 사용된 기능적 자기공명영상(functional Magnetic Resonance Imaging: fMRI) 연구는 뇌의 여러 부분이 몸의 여러 부분을 제어하는 방식처럼 운동 체계가 조직되어 있다는 사실을 활용했다. 만약 언어-의미 체계와 운동 체계가 밀접히 연결되어 있고,

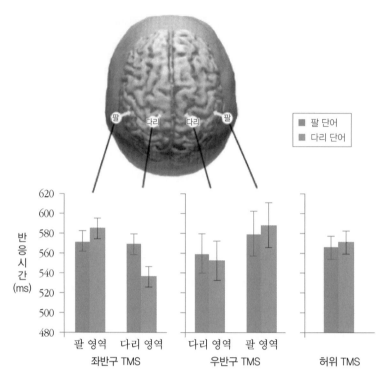

[그림 3.8] **TMS와 어휘 판단.** 상단 그림은 TMS가 좌반구와 우반구에 적용된 위치를 보여 준다. 두뇌 그림 밑에는 어휘 판단 과제에 대한 응답 시간이 있다. 좌반구 자극은 어휘 판단 시간에 영향을 미쳤지만, 우반구 자극은 그렇지 않았다. 좌반구의 팔 운동을 제어하는 운동 피질 일부를 자극하자 팔과 관련된 단어는 빠르게 응답되었다. 다리 영역을 자극하였을 때 다리 관련 단어에 대해서도 유사한 효과가 관찰되었다. 허위 TMS는 아무런 영향도 미치지 않았다.

출처: Pulvermüller, F. et al. (2005), John Wiley & Sons

특정 단어의 의미를 구체화하기 위해서 의미 체계가 운동 체계의 일부를 '빌린(borrow)'다면, 서로 다른 종류의 단어는 운동 체계 안에서 서로 다른 활성화 패턴을 생성해야 한다.

  fMRI를 사용하여 얼굴 움직임(미소 짓기), 팔 움직임(던지기), 또는 다리 움직임(걷기)을 나타내는 단어에 대한 뇌 활동이 어디에서 발생하는지를 탐색해 보니, '고전적인' 언어 영역인 베르니케(Wernicke) 영역(좌반구에서 후두엽, 측두엽, 두정엽의 교차점)과 브로카(Broca) 영역(왼쪽 전두엽의 운동 피질 바로 앞)에서 활동이 증가한 것으로 나타났다(Hauk et al., 2004). 그러나 다른 뇌 영역에서도 활동이 증가했다. 한 연구에서는 몸의 움직임에 해당하는 단어에 대한 뇌신경 반응과 실제로 해당 신체 부분을 움직일 때 발생한 뇌 활동을 비교했다([그림판 1] 참조). 여기서 놀라운 결과는 행동과 관련된 단어가 뇌 활동을 증가시킨 부위와 해당 신체 부분을 실제로 움직일 때 활성화되는 뇌의 부위가 동일했다는 점이다. 이 결과는 단어 처리가 지각-운동 표상의 활성화를 포함한다는 체화된 의미론의 관점과 일치한다. 얼굴, 팔 및 다리 동작을 묘사하는 문장을 듣는 것은 얼굴, 팔, 다리와 관련된 행동 문장에 해당하는 운동 피질과 전운동 피질 영역을 각기 다른 정도로 활성화시킨다(Tettamanti et al., 2005). 문장을 읽는 것도 유사한 효과를 가진다. 사람이 행동을 볼 때 활성화된 뇌의 일부는 해당 행동을 묘사하는 문장을 읽을 때도 활성화 된다(Aziz-Zadeh et al., 2006).

  일부 과학자들은 운동 체계에 더하여 거울 뉴런(mirror neuron)도 체화된 의미론에서 제안한 정신 모사의 뇌신경학적 기초를 제공한다고 믿는다. 거울 뉴런은 원숭이가 컵을 잡는 것과 같은 동작을 수행할 때 활성화되며, 또한 원숭이가 다른 원숭이가 동일한 동작을 수행하는 것을 관찰할 때도 활성화 된다(Gallese and Lakoff, 2005; Rizzolatti and Arbib, 1998; Rizzolatti and Craighero, 2004). 게다가, 원숭이 뇌에는 브로카 지역과 유사한 부분에, 전통적으로 언어와 관련된 전두엽의 일부에서 거울 뉴런이 포함되고 있다고 한다(Buccino et al., 2005). 이 생각은 인간의 언어-의미 체계도 거울 뉴런을 활성화시켜서, 물체와 동작을 묘사하는 단어의 의미를 표상하기 위해 거울 뉴런을 사용할 수 있다는 것을 뜻한다. 이 관점에 따르면, 망치(hammer)라는 단어의 재인은 거울 뉴런 시스템에 반응을 촉발시키며, 이 반응은 우리가 직접 망치를 사용하거나 다른 사람이 망치를 사용할 때 발생하는 신경 반응 패턴과 매우 유사하다고 할 수 있다. 단어처리 연구들은 실제로 손 모양을 만드는 것만큼 손 모양을 단순히 관찰하는 것만으로도 단어 처리에 영향을 미친다고 밝혔는데, 특히 단어가 어떤 범주에 속하는지를 식별하는 데 영향을 미친다고 했다(Klatzky et al., 1989; Vainio et al., 2008). 이러한 결과들은 거울 뉴런 가설과 일치한다. 왜냐하면 실제 행동과 동일한 관찰이 운동 체계와 언어 체계 간 상호작용에 유사한 효과를 미친 것으로 보이기 때문이다.

체화된 의미론적 접근은 단어가 뇌의 운동 영역에 영향을 미치는 이유와 방법을 잘 설명하면서 상징-기반(grounding) 문제를 해결하는 데 큰 도움이 되긴 하지만, 모든 사람들이 체화주의가 그리고 특히 거울 뉴런 가설이 의미가 단어와 연결되는 방식을 만족스럽게 설명한다고 생각하지 않는다(예: Ostarek and Huettig, 2019). 어떤 이론가들은 사람들이 행동 단어나 구문을 처리할 때 발생하는 것으로 보이는 일종의 운동 및 지각 모사가 언어 해석 체계와는 별개로 작동하는 체계에 의해 지배받거나, 그런 모사가 언어 해석의 선택적 구성요소 일지도 모른다고 우려한다(예: Oliveri et al., 2004). 다른 연구자들은 정신적 모사는 단어를 처리하기 위한 부산물이며, 단어 의미를 표상하는 데 필수적이지 않을 수 있다고 제안한다. 또 다른 접근법에 따르자면, 단어로 인한 운동 체계의 활성화는 지각과 행동을 위해 별도로 작동하는 인지 체계에 연결된 '비체화적(disembodied)' 의미 체계의 활성화 확산의 결과일지도 모른다고 한다(Mahon and Caramazza, 2008; Vannuscorps and Caramazza, 2019). 마지막으로, 어떤 사람들은 인간에게서 거울 뉴런의 존재가 확정적으로 입증되지 않았으며(M.A. Gernsbacher, 2009), 거울 뉴런 가설은 브로카(Broca) 영역의 손상이 이해력 결함으로 이어지지 않는 이유를 설명할 수 없다고 주장한다(Corina and Knapp, 2006; see also Lotto et al., 2008).

만약 운동 모사가 단어 처리의 불가피한 결과라면, 사람들이 행동과 관련된 단어를 처리할 때마다 운동 체계의 뇌 활동이 관찰되어야 한다. 만약 운동 모사가 단어 처리의 선택적 부산물인 경우라면, 운동 체계의 뇌 활동은 일부의 단어 처리 시에는 나타나지만 다른 단어 처리 시에는 나타나지 않을 수 있다. Tomasino와 동료들은 TMS 연구에서 이 가능성을 점검했다(Tomasino et al., 2008; see also Montero-Melis et al., 2022).

Tomasino와 동료들은 피험자들이 행동과 관련된 단어를 처리하는 동안 TMS 펄스를 사용하여 피험자들을 자극했다. 그들은 실험 과제뿐만 아니라, 단어 제시와 TMS 펄스가 적용되는 시간 간격도 조작했다. 피험자들이 명시적인 시각적 상상과제(대상 단어로 나타낸 동작을 수행하는 상상을 하고 그 동작이 손목 회전을 필요로 하는지 여부를 말하도록 하는 과제)를 수행할 때, TMS는 참가자들의 응답을 촉진시켰는데, TMS 펄스가 대상 단어가 제시된 이후 약 90ms 시점에 전달되었을 때만 이런 효과가 관찰되었다. 동일한 대상 단어를 사용하였으나 속으로 읽기를 하거나 빈도 판단하기와 같은 다른 과제를 수행했을 때는 TMS 펄스에 따른 영향은 관찰되지 않았다. 따라서 이전에 수행한 TMS 연구의 결과는 단어 처리의 필수적인 결과를 반영하기보다는 시각적 이미지의 선택적 요소를 반영하는 것일지도 모른다. 또한 언어 유형에 따라 운동 표상을 일으키는 정도도 다를 수 있다. 예를 들어, 은유와 같은 비유적인 언어는 문자 언어와 동일한 방식으로 공간 모형(spatial model)을 유발하지 않을 수 있으며, 이는 단어 처리에서 감각 모사의 보편성에 의문을 제기한다(Bergen et al., 2007).

신경심리 데이터가 언어와 (전통적으로 정의된) 비언어적 시스템 간의 통합을 지지한다고(예: Saygin et al., 2004, [그림판 2] 참조) 하더라도, 뇌 손상 환자의 신경심리 데이터는 행동 단어의 의미가 감각-운동 표상에 의존하지 않는다는 주장에 사용될 수 있다. 첫째, 운동 피질 손상이 행동단어를 재인하고 이해하는 데 항상 문제를 일으키는 것은 아니다(Argiris et al., 2020; De Renzi and Di Pellegrino, 1995; Saygin et al., 2004). Saygin과 동료들이 병변 위치와 장애 정도 사이의 관계를 여러 과제에서 측정했을 때, 행동 관련 단어를 읽는 데 장애를 일으키는 뇌의 일부 지역을 발견했지만, 그 행동을 재인하는 것과는 관련이 없었다. 다른 두뇌 지역들은 행동 재인 장애와는 관련이 있었지만, 행동에 대한 읽기와는 관련이 없었다. 이것은 언어-의미 체계가 시각-지각 체계와 분리되어 있다는 것을 시사한다. Saygin과 동료들(p. 1799)은 "시각 지각과 읽기, 이 두 영역에서 환자 결손이 전반적으로 상관관계에 있지 않다는 것은 판토마임 동작의 이해 결손과 읽기를 통한 행동 이해의 결손이 서로 긴밀하게 연결되어 있지 않다는 것을 뜻한다."라고[10] 제안했다. Negri와 동료들(2007)도 행동을 수행하는 방법에 관한 지식과 행동을 재인하는데 필요한 지식이 항상 일치하지 않는다는 것을 보여 주었다. 사람들은 운동 피질의 뇌 손상 때문에 자신이 수행할 수 없는 동작도 재인할 수 있었다. 이로써 운동 피질을 사용하여 행동을 정신적으로 모사하는 것이 행동을 재인하고 이해하는데 필수 구성 요소인지에 대한 의문이 제기된다(Mahon and Caramazza, 2005도 참조).

요약하자면, 의미 네트워크 모형은 여전히 어휘 의미론의 표준 이론 중 하나이다. 단어 간 연결과 자동 확산 활성화 과정은 다양한 실험 과제에서 여러 종류의 단어에 발생하는 점화 이유를 설명하는 데 도움이 된다. HAL과 LSA는 의미 네트워크의 연상 구조가 단어 의미의 본질을 포착한다고 제안하지만, 해당 입장은 상징-기반(grounding) 문제에 대한 해답을 제공하지 못한다. 체화된 의미론과 지각 모사가 상징-기반 문제에 대해서 잠정적인 해답을 제공하고 있으며, 지각과 운동 과정을 담당하는 뇌의 일부 영역과 단어 처리가 연관되어 있다는 실험 증거가 점점 더 많아지고 있다. 하지만 이런 연결이 단어 이해에 필수적인지 여부는 여전히 논의 중에 있다.

어휘 접근

> 대부분의 어휘 접근 모형은 의미 활성화를 실제로 다루지 않는다.
>
> —Gareth Gaskell and William Marslenwilson

어휘 접근(lexical access)은 우리가 듣기 혹은 읽기 중에 특정 단어를 재인할 수 있게 하는 일련의 정신적 표상과 처리 과정을 포함한다. 단어를 재인하는 것은 의미 정보의 활성화로 이어지지만, 어휘 접근 모형은 일반적으로 단어 형태(form) 정보의 활성화(어떤 단어가 어떻게 발음되며 어떻게 보이는지를 저장한 표상)를 다루며, 의미 정보의 활성화는 형태 활성화의 결과로 처리된다. 음성 언어를 처리할 때, 익숙한 단어는 보통 자동적이고 손쉽게 재인된다. 따라서 어떤 것도 설명할 필요가 없는 것처럼 보일 수 있다. 많은 사람들은 (모두는 아니지만) 읽는 것도 비슷하게 쉽다고 느낀다. 이와 같이 겉으로 보기에 쉽고 자동화되었다는 사실 때문에 어휘 접근이 복잡한 정신 작업을 포함하고 있다는 점이 간과된다. 또한 그렇게 쉽게 보임에도 불구하고, 어떤 어휘적 특성들이 어휘 접근에 관여하고 있으며, 정확히 어떤 정신 메커니즘이 관련되어 있고, 그리고 이 전체 과정이 어떻게 구성되는지에 대한 논쟁이 지속되고 있다.

먼저, 사람들이 음성 단어를 정말 놀랍도록 빠르게 식별할 수 있다는 사실부터 시작해 보자. 이 분야의 중요한 연구로, William Marslen-Wilson(1973)은 셰도잉(shadowing) 과제를 수행하여, 사람들이 음성 단어를 재인하는 데 필요한 시간을 추정하려고 했다. 셰도잉 과제에서 피험자들은 녹음된 음성을 듣고 자신들이 들은 단어를 가능한 한 빠르게 따라서 말해야 한다. 사람들은 초당 약 5음절을 말할 수 있으며(평균 발화 속도로 1분에 158개 단어), 빠르게 반복하는 사람들(빠른 셰도워)은 250ms(1/4초) 정도가 지난 후부터 연속된 단어 뭉치의 따라 말하기를 시작할 수 있다. 이것은 이 사람들이 단어를 듣고 나서 대략 한 음절 뒤부터 뒤따라 말하고 있다는 것을 의미한다.

Marslen-Wilson이 사람들이 범한 오류의 유형을 분석한 결과, 그는 오류가 무작위적이지 않으며 단순히 발음이 어렵기 때문만은 아니라는 점을 포착했다. 피험자들이 오류를 범했을 때, 그들이 산출한 잘못된 단어들은 이전 문맥의 의미와 구문적 내용에 완벽하게 들어맞았다. 피험자들이 다른 단어로 대체하거나 새롭게 추가한 132건 중에서 단어의 구문적 제약을 위반하는 경우는 단지 3건뿐이었다. 이것은 빠른 셰도워들이 매우 빠른 속도로 어휘 접근을 수행하였고, 단어가 시작되는 순간부터 몇 백 밀리초 안에 소리 연속체에 대한 고차원적 계산, 즉 문장의 구문형태에 대한 계산을 수행했다는 것을 뜻한다. 이러한 발견들은 말소리 처리(speech processing)와 음성 단어로부터의 어휘 접근 모두가 상당히 높은 점진적(incremental) 특성을 가지고 있다는 점을 보여 준다. 음성 흐름은 단어로 세분화되고 주절이나 문장 경계를 만나기 전에 단어 간 고차원적 관계가 표상된다. 사람들의 음성 단어 처리를 설명하기 위해서는 개별 단어를 매우 빠르게 식별할 수 있는 체계를 최소한 먼저 이해해야 한다.

사람들이 매우 빠르게 어휘 접근을 수행한다는 추가적인 증거는 단어 모니터링(word monitoring)과 게이팅(gating) 과제에서도 발견된다(Grosjean, 1980; Marslen-Wilson, 1987; Marslen-Wilson and Tyler, 1980). 단어 모니터링은 말소리를 듣는 동안에 특정 표적 단어가 입력되자마자(들리자마자) 가능한 한 빨리 그 단어에 반응하는 것을 포함한다. 게이팅 과제는 단어의 시작 부분(onset)을 짧은 토막(snippet)으로 듣게 한다. 피험자들이 해야 할 일은 각 토막마다 들리는 자극이 어떤 단어인지를 말하는 것이다. 주어진 토막 자극이 어떤 단어에 해당하는지를 피험자가 정확하게 말할 수 있을 때까지, 토막의 길이는 차례대로 조금씩 길어진다(25ms 또는 50ms 단위로 증가). 토막의 길이는 피험자들이 단어를 식별하는 데 필요한 상향식(bottom-up) 정보 (청각 자극)의 양을 추정하는 데 사용된다. 이런 과제들은 사람들이 음성 단어를 식별하기 위해 필요한 입력 양을 대략 제시한다. 음성 문장이 제공되는 상황에서, 한 음절 혹은 두 음절 단어는 평균적으로 약 200ms의 입력이 필요하다(1초의 1/5; Marslen-Wilson, 1973, 1985; Marslen-Wilson and Tyler, 1975; Seidenberg and Tanenhaus, 1979). 맥락이 없이 제시된 고립된 단어(isolated words)를 재인할 때까지는 약 100ms 정도의 입력이 더 필요하다.

단어 형태(word form)는 구성 요소에 따라 나누고 분석할 수 있다. 음성 단어는 음소(phoneme)로 나눌 수 있으며, 음소는 더 작은 음성적 특질로 나눌 수 있다. 또한 단어를 음절로 구성되었다고 볼 수 있으며, 이 음절은 다시 일련의 음소 집합으로 구성된다. 단어는 또한 형태소(morpheme)라고 불리는 하위 어휘적(sub-lexical) 단위('단어 수준보다 아래')로 구성된다고 생각할 수 있다. 어휘 접근에 대한 여러 이론들은 소리 입력으로부터 특정 음성 단어를 재인하는 과정에 어떤 언어적 단위가 영향을 미치는지에 관해서 다양한 주장을 펼치고 있다. 어떤 이론들은 음소가 아니라 음성적 특질이 중요한 역할을 수행한다고 제안하지만, 또 어떤 이론들은 음성적 특성, 음소, 그리고 단어 수준의 표상 모두가 중요한 역할을 한다고 제안한다. 다른 이론들은 단어의 의미 자체가 어휘 접근에 어떤 역할을 수행한다고 제안한다. 이 장에서는 첫 번째 세대에 해당하는 로고젠(logogen)[11]과 빈도에 따른 직렬 용기-탐색(frequency ordered serial bin-search) 모형(Clarke and Morton, 1983; Jackson and Morton, 1984; Morton, 1969; Taft and Forster, 1975)부터 시작하겠다. 그런 다음 두 번째 세대인 코호트(COHORT)와 트레이스(TRACE) 모형의 초기 버전을 설명하겠다.

마지막으로, 분산 코호트 모형(distributed Cohort Model)과 단순 순환 네트워크(Simple Recurrent Network) 접근 방식과 같은 세 번째 세대에 관해 설명하겠다.

이 모든 설명에는 공통적 목표가 있다: 사람들이 청각 또는 시각 체계에서 입력을 받아서 이러한 입력을 장기기억에 있는 단어 형태의 표상과 일치시키는 방법을 설명하려고 한다. 이를 위해서, 어휘 접근 이론들은 마음(mind)이 입력을 조직하는 방법(마음이 입력으로부터 어떤 특성이나 특징을 재인하는지) 그리고 마음이 이런 특질을 단어 형태 표상에 연결하는 방법을 설명해야 한다. 먼저, 어휘 접근의 기본 모형(default model)을 우선 생각해 보자. 단어는 부분으로 구성되어 있다. 이들 중 어떤 부분(예: 음성적 자질)은 다른 부분들(예: 음절)보다 더 기본적이다. 우리는 다음과 같은 어휘 접

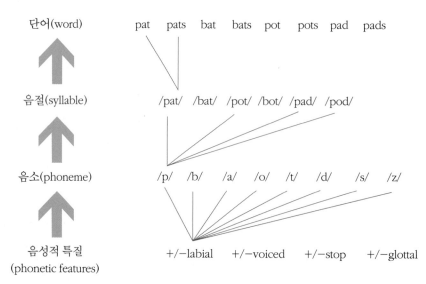

[그림 3.9] **가상의 상향식 어휘 접근 모형**(간단하게 표시하기 위해서 일부 가능한 연결만 그렸음). 정보는 화살표로 표시된 방향으로 흐른다.

속 모형을 생각해 볼 수 있다: 소리의 한 부분을 취해서, 가장 기본적인 단위(예: 음성적 자질)를 식별하고, 더 복잡한 단위(예: 음소)를 찾기 위해 이러한 특질을 결합한 다음, 심지어 더 복잡한 단위(예: 음절)를 찾기 위해 이런 특질을 결합하고, 그리고 난 뒤 이러한 단위를 사용하여 일치하는 형태(form)를 가진 저장된 단어를 찾는다. 이것은 상향식(bottom-up) 처리 시스템이라고 불린다. 왜냐하면 시스템 내의 정보 흐름이 좀 더 기본 단위에서 시작하여, 점점 더 복잡한 단위를 통해 계속 상승하는 방식으로 진행되기 때문이다. 이때 기본 단위는 [그림 3.9]에 나와 있는 계층 구조의 하단에 있는 것이다. 정보는 높은 수준의 표상에서 낮은 수준의 표상으로도 흐를 수 있으며, 이것을 하향식(top-down) 처리라고 한다. 어휘 접근 모형은 어휘 접속에 관여한다고 생각되는 표상의 종류와 시스템 전체를 통해서 정보가 전달되는 방식에 따라서 서로 구별된다.

제1세대 모형

John Morton의 로고젠(logogen) 모형은 상향식 주도 시스템으로, 음성이나 시각적 입력을 사용해서, 저장되어 있는 단어 형태의 표상을 활성화한다(Morton, 1969). 로고젠 모형의 핵심은 청각 혹은 시각 모듈에서 입력을 받고, 입력이 어떤 결정 수준 또는 역치(threshold)를 초과했을 때 발화(fire)되는 일련의 처리 단위에 있다. Morton은 다음과 같이 말한다(p. 165): "로고젠은 언어 자극의 자질에 관한 감각 분석 기제와 문맥 생성 기제로부터 정보를 받아들이는 장치이다. 로고젠이 일정량 이상의 정보를 축적하면 응답(현재 경우에는 단어 하나)이 가능해진다."

Max Coltheart와 동료들은 로고젠 시스템을 다음과 같이 설명한다(Coltheart et al., 2001, p. 209, 현대 분류기(classifier)들은 로고젠 아이디어를 구현할 수 있을지도 모른다). "로고젠은 역치를 가진 증거 수집 장치이다. 증거는 시각적 또는 청각적 입력으로부터 수집되며, 단어의 로고젠이 수집한 증거의 양이 해당 로고젠의 역치를 초과하면, 인지 체계 안에서 그 단어에 대한 정보(예: 단어의 의미)가 접근 가능하게 된다."

각 개인의 어휘 사전에 있는 개별 단어는 로고젠에 의해 표상되며, 단어는 해당 로고젠의 활성화 수준이 역치를 초과했을 때 재인된다. 로고젠이 활성화 역치를 초과하려면 어떤 일이 발생해야 할까? Morton의 시스템에서 로고젠은 음성 단어, 시각 단어, 또는 (의미적 속성을 기반으로 로고젠을 활성화시키는) 이전 문맥으로부터 입력을 받는다. 보통, 입력은 청각 또는 시각 체계 중 하나에 출처를 두며, 두 가지 모두로부터 동시에 출처를 두는 것은 아니지만, (넷플렉스(Netflix)에서 자막을 읽는 것과 같이) 청각 및 시각적 증거가 동시에 존재할 수도 있다. 의미 입력 기제는 문맥이 단어 재인에 소요되는 시간에 영향을 미칠 수 있게 한다. 개별 로고젠과 의미적으로 관련된 문맥 단어는 청자가 해당 단어가 실제로 입력되었다는 것을 직접 인식하기도 전에 해당 로고젠의 활성화를 높일 수 있다.

로고젠 시스템은 이러한 세 가지 종류의 입력에서 작동하며, 개별 로고젠이 그들의 역치보다 높은 수준에서 활성화되면 출력 버퍼로 신호를 내보낸다([그림 3.10] 참조). 새로운 입력이 로고젠을 계속해서 활성화시키지 않으면, 소멸(decay) 함수가 약 1초 안에 활성화 수준을 기준(baseline) 수준으로 되돌린다. 일단 로고젠이 유인되거나 활성화되면, 활성화 역치가 일시적으로 낮아진다. 결

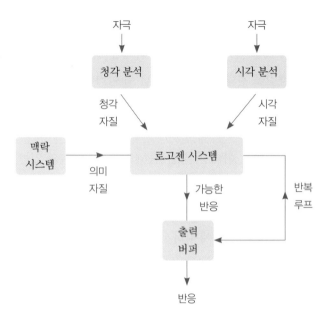

[그림 3.10] John Motton의 로고젠 모형에서의 정보 흐름 도식
출처: Morton, J. (1969), American Psychological Association

과적으로, 적은 양의 증거만으로도 청각과 시각 입력 채널에서 로고젠을 재활성화시킬 수 있다. 이 기제는 반복 점화 효과를 설명할 수 있다. 단어를 처음 보는 것보다 두 번째로 보았을 때 더 쉽게 재인할 수 있는 것은 두 번째에는 활성화 역치가 낮기 때문이다.

로고젠 모형에는 두 가지 핵심 가정이 있다. 첫째, 정보 흐름이 엄격하게 상향식임을 가정한다. 청각과 시각 처리 단위는 로고젠의 활성화에 영향을 미치지만, 로고젠은 로고젠으로 이어지는 청각과 시각 처리 단위의 활성화 수준에 영향을 주지 않는다. 둘째, 로고젠과 로고젠 간(between)에 그리고 로고젠 안(within)에는 직접적인 연결이 없다고 가정한다. 따라서 어떤 로고젠의 활성화 수준이 다른 로고젠의 활성화에 영향을 주지 않는다.

로고젠 모형은 언어심리학 분야에서 중요한 모형이다. 왜냐하면 이 모형은 사람들이 단어에 반응하는 방법을 수학적으로 모델링하려는 (그래서 사람들의 행동을 설명할 수 있는) 최초 시도 중 하나이기 때문이다. 이 모형은 여러 가지 방면에서 성공을 거두었다. 첫째, 단어 빈도가 다양한 행동에 영향을 미친다는 점은 오랫동안 알려져 왔다. 빈번하게 등장하는 단어(고빈도 단어)는 덜 빈번한 단어(저빈도 단어)보다 재인하는 데 시간이 적게 걸린다. 이런 현상은 왜 발생할까? Motton은 고빈도 단어에 대한 반복 노출로 인해 고빈도 단어를 표상하는 해당 로고젠의 활성화 역치가 낮아진다고 제안했다. 따라서 고빈도 단어를 재인하는 데 외부 증거('상향식' 입력)가 적게 필요하며, 결과적으로 고빈도 단어에 대한 반응이 저빈도 단어보다 빠를 수밖에 없게 된다. 이것은 또한 고빈도 단어가 저빈도 단어보다 단어 길이가 짧은 경향을 설명할 수 있다(지프의 법칙(Zipf's Law); Zipf, 1949). 길이가 짧은 단어에는 긴 단어보다 음운 그리고/혹은 철자 정보가 덜 포함되어 있지만, 이로 인해 짧은 단어를 재인하고 처리하기가 더 어려워지는 것은 아니다. 왜냐하면 더 높은 빈도로 노출되면 활성화 역치가 낮아지기 때문이다. 또한 로고젠 모형은 소음으로 인해 단어 소리가 훼손된 경우에도 고빈도 단어가 저빈도 단어보다 더 쉽게 재인되는 이유를 설명하기도 한다. 소리 신호에 있는 소음은 상향식 입력의 질을 낮추지만, 고빈도 단어는 많은 양의 상향식 입력이 필요하지 않기 때문에 소음이 심한 환경에서도 재인된다.

형태론과 어휘 접근

로고젠 모형은 어휘 접근(단어 형태 인식)에 관여되는 정신 과정을 수학적으로 모델링한 최초 모형 중 하나였지만 곧이어서 다른 모형이 뒤따라 등장했다. 가장 중요한 후속 모형 중 하나는 Ken Forster와 Marcus Taft의 빈도에 따른 용기 탐색(frequency ordered bin search (FOBS) 모형이다(Forster, 1989; Forster and Bednall, 1976; Taft and Forster, 1975). 로고젠과 마찬가지로 FOBS도 단어 형태 표상이 청각 시스템으로부터 상향식 입력에 의해 활성화된다고 제안했다. Taft와 Forster 모형에 따르면, 사람들은 음성 (또는 시각) 신호를 사용하여 신호와 일치하는 자극을 찾기 위해 장기기억을 검색하면서 어휘 접근을 수행한다. 이 검색 과정은 구조화되어 있어서 단어를 찾을 때마다 매번 전체 어휘집(lexicon)을 검색할 필요가 없다. 대신, 어휘(단어 형태) 표상은 일련의 용기(bins)로 구성되며, 각 용기는 단어 빈도에 따라 조직된다. 고빈도 단어는 용기의 '앞부분(front)'에 위치해 있어서 먼저 검색이 된다. 낮은 빈도의 단어는 용기의 '뒷부분(back)'에 저장되어 있어서 나중에 검색된다. 음성 자극을 듣게 되면, 한 개의 용기를 열게 되며 (파일 서랍을 열어보는 것과 유사), 해당 용기를 검색하여 자극과 일치하는 항목을 찾게 된다. 용기에서 가장 빈도가 높은 항목부터 검색을 시작하여 다음으로 빈도가 높은 것으로 움직이면서 용기 전체를 검색할 때까지 계속된다. 이 검색 과정은 자극과 일치하는 항목을 용기에서 찾게 되면 종료된다. 이런 종류의 검색을 자체 종결(self-terminating) 검색이라고 하는데 (검색이 성공하면 과정이 자동으로 중단됨), 좋은 후보자를 찾은 후에 추가적인 일치 항목을 찾기 위해 계속해서 용기를 검색할 필요가 없다. 이 모형의 또 다른 중요한 특성은 단어가 공통 어근(shared roots)에 따라 용기에 조직되어 있다는 것이다. 공통 어근의 정의와 어근이 중요한 이유를 논의하기 위해서 형태론(morphology)을 몇 가지 살펴봐야 한다.

FOBS 모형에서는 형태소(morpheme)가 어휘 접근에서 중요한 표상 수준임을 주장하므로 형태소가 무엇인지 알아야 한다. 형태소는 독립적인 의미를 할당할 수 있는 언어의 가장 작은 단위이다. 단어는 하나 이상의 형태소로 이루어져 있다. 단어의 기본 형태소는 어근(root) 혹은 어근 형태소(root morpheme, 어간(stem)이라고 불리기도 함)이다. board는 단일 형태소(monomorphemic) 단어인데, 이는 의미를 더 작은 단위로 분해할 수 없기 때문이다. 그래서 board의 어근 형태소는 해당 단어 자체와 동일하다. chalkboard는 다중 형태소(polymorphemic) 단어인데, 왜냐하면 이 단어를 더 작은 의미 단위로 분해할 수 있기 때문이다. chalkboard은 chalk와 board라는 형태소를 포함하고 있으며, 각각이 독립적인 의미를 가지면서 단어 전체의 의미에 기여한다. chalkboard에서 어떤 형태소가 어근인가? 언어 이론 중 일부는 board가 어근이라고 주장할 것이다(왜냐하면 chalkboard는 board의 일종이지 chalk의 일종이 아니기 때문이다). 그러나 FOBS 모형은 chalk가 어근이라고 주장한다. 왜냐하면 언어 처리는 먼저 나오는 정보에 우선순위를 부여하며, 말소리에서는 chalk 형태소를 board 형태소보다 먼저 듣게 되기 때문이다.

형태소 범주는 하위 범주로 나눌 수 있다. 다중 형태소 단어는 어근(root)과 하나 이상의 접사(affix)로 이루어져 있다. (합성어는 두 개 이상의 어근 형태소가 결합되어 만들어진 특별한 경우이다.) 접사는 어근 앞에 오는 접두사(prefix), 어근 뒤에 오는 접미사(suffix) 또는 어근을 두 부분으로 나누는 중간사(infix)가 있다. 표준 미국 영어에는 중간사가 없다.[12] 반면, 아라비아어에는 중간사가 많다. 접사들은 (자립 형태소(free morpheme)와는 대립되는) 의존 형태소(bound morphemes)에 속하는데, 이는 접사가 스스로 혼자 등장할 수 없기 때문이다(반면 자립 형태소는 혼자 등장할 수 있다). 접사에도 다양한 종류가 있다. 굴절(inflectional) 형태소는 단어 의미의 뉘앙스를 변화시키고, 파생(derivation) 형태소는 단어가 속하는 문법적 범주를 변경시킨다. cat이라는 단어의 핵심 의미나 문법 범주를 변경하지 않으면서, −s와 같은 굴절 형태소를 추가하여 단어의 뉘앙스를 변경할 수 있다. −ed 또는 −ing과 같은 굴절 형태소를 추가하여 동사의 시제를 변경할 수 있다(예: bake, baked, baking). 단어의 (문법) 범주를 변경하려면, −ly 또는 −tion과 같은 파생 형태소를 추가할 수 있다. 예를 들어, confuse라는 동사에 −tion 파생 형태소를 추가하여 명사로 변경시킬 수 있다. 즉, confuse가 confusion이 된다. 동사를 형용사로 변경하려면 −ing 파생 형태소를 추가할 수 있다. confuse가 confusing이 된다. 우리는 형태소를 연속적으로 붙여서 명사에서 형용사로, 그리고 다시 명사로 변경할 수도 있다. 예를 들어, truth(명사)가 truthy(형용사)로 변경되고 다시 truthiness(명사)가 된다. 영어의 형태론 체계는 언어의 생산성(productivity) 또는 생성성(generativity)에 기여하는 특성 중 하나이다. 오래된 형태소를 새로운 방식으로 결합하여 새로운 의미를 창출해 낼 수도 있다.[13]

형태소가 어휘 접근과 무슨 관련이 있을까? 그것은 단어 표상이 어떻게 조직되었고 사람들이 다형태소 단어를 마주했을 때 어떻게 생각하는지에 달려 있다. FOBS 모형에서는 어휘 표상이 용기로 구성되고, 각 용기는 어근 중심으로 구축된다.[14] 모든 dog의 변형은 하나의 용기에 나열되며 dog이 기본 항목이 된다. 따라서 dog, dogs, dogged, dogpile, dog-tired가 모두 동일한 용기에 표상된다. dog 어근을 마주칠 때마다 해당 용기에서 일치하는 항목을 찾는 검색 작업이 진행된다.

눈치가 빠른 독자들은 (dog)이라는 이름의 용기와 정확히 일치하지 않는 많은 다른 버전의 dog 이 있다는 것을 알아차렸을 것이다. 자극이 용기에 있는 이름과 정확히 일치하지 않을 때는 어떻게 되는 것일까? FOBS 모형에 따르면, 입력되는 자극은 해당 어근에 따라 분석되어야 한다. 왜냐하면 어근이 청자에게 올바른 용기에 접근할 수 있는 권한을 부여하기 때문이다. 청자가 다형태소 단어 (dogs, dogpile, dogaphobia)를 만날 때마다 처음으로 해야 할 일은 어근이 무엇인지 파악하는 것이다. 따라서 어휘 접근의 첫 번째 단계는 형태소 분해(morphological decomposition)이다. 입력된 자극은 어근을 식별하기 전에 개별 형태소에 해당하는 부분으로 분해되어야 한다. dogs라는 단어는 어근 형태소 dog와 복수 형태 굴절 접미사인 −s로 이루어져 있다고 분석된다.

어휘 접근이 형태소 분해를 포함한다는 증거로는 어떤 것이 있을까? 이 증거는 다양한 형태로 나타난다. 첫째, 앞서 언급한 대로 사람들은 빈도가 낮은 단어보다 빈도가 높은 단어에 대해 더 빨리 반응한다. 그러나 실제로는 조금 더 복잡하다. 왜냐하면 빈도는 다양한 방식으로 측정될 수 있기 때문이다. 어떤 단어가 몇 개의 형태소로 구성되어 있는지에 관계없이, 전체 단어에 빈도 추정치를 할당할 수 있다. 말뭉치를 살펴보고 단어 dogs가 정확히 그 형태로 나타난 횟수를 모두 세어 볼 수 있다. 정확히 그 형태로 등장하는 cats의 횟수도 세어볼 수 있다. 이 경우에는 각 단어의 표면 빈도(surface frequency)를 측정하게 된다. 그러나 dogs와 cats라는 단어는 모두 동일한 어근 형태소를 공유하는 다른 단어와 관련이 있다. 표면 형태의 작은 차이를 무시하고, 관련된 단어군(family)이 등장하는 빈도에 집중할 수도 있다. 그렇다면 dog, dogs, dog-tired, dogpile과 같은 단어를 하나의 큰 단일 집단으로 취급하고, 그 집단의 어떤 구성원이라도 말뭉치에 등장하면 그 횟수를 (통합하여) 세어볼 것이다. 이 경우에는 어근 빈도(root frequency)를 측정하게 된다. 주어진 언어에서 해당 공유 단어 어근이 얼마나 자주 나타나는지를 측정하는 것이다. 빈도를 측정하는 이 두 가지 방법은 매우 다른 추정치를 만들어 낸다. 예를 들어, 정확한 단어 dog은 매우 자주 나타날 수 있지만 dogpile은 매우 드물게 나타날 수 있다. 우리가 표면 빈도를 기반으로 빈도 추정을 하는 경우, dogpile은 매우 드문 단어이다. 그러나 어근 빈도를 대신 사용하는 경우 dogpile은 매우 빈도가 높은 단어가 된다. 왜냐하면 이 단어가 빈도가 상당히 높은 dog와 어근을 공유하는 단어 집단에 속하기 때문이다.

서로 다른 빈도 추정치(표면 빈도와 어근 빈도)를 사용하여 반응 시간 과제에서 측정된 처리 시간을 예측하는 경우, 어근 빈도가 표면 빈도보다 더 나은 예측을 제공한다. 사람들은 표면 빈도가 낮은 단어에 빠르게 반응하는데, 이 단어의 어근 빈도가 높은 경우에 그렇다는 것이다(Bradley, 1979; Taft, 1979, 1994). 이 결과는 단어 형태가 어근을 통해 접근한다는 FOBS 설명으로 예측가능하다. 그러나 로고젠과 같이 각각의 단어 형태가 정신적 어휘에 별도의 항목을 가지고 있다고 주장하는 모형은 이 결과를 설명할 수 없다.

형태소 분해 가설을 지지하는 추가적인 증거는 실제 접사와 가짜 접사(pseudo-affixes)를 포함하는 단어 점화 연구에서도 찾을 수 있다. 많은 다형태소 단어는 파생 접사(derivational affixes)가 어근에 추가될 때 만들어진다. 그래서 동사 grow에 파생 접미사인 -er를 추가하여 명사로 변환할 수 있다. Grower는 무언가를 기르는(grow) 사람을 의미한다. -er로 끝나는 많은 단어가 grower와 유사한 음절 구조를 가지지만 실제 다형태소 단어가 아닌 경우도 많다. 예를 들어, sister는 grower와 약간 비슷해 보인다. 둘 다 -er로 끝나며 -er 앞에 하나의 음절이 있다. FOBS 모형에 따르면, 어근을 식별하기 전에 접사를 제거해야 한다. 접미사처럼 보이는 모든 것은 실제로는 그런 접미사가 없더라도 마치 접미사가 있는 것처럼 처리되기도 한다. sister는 단일 형태소 단어이지만, 어휘 접근 과정에서 가짜(pseudo) 어근 sist와 가짜 접미사 -er로 분해될 수 있다.

접사 제거(affix stripping) 과정이 sister를 어근과 접미사로 분해한 후, 어휘 접근 시스템은 가짜 어근 sist와 일치하는 용기를 찾으려고 시도할 것이다. 이 과정은 실패할 것인데, sist라는 입력과 일치하는 어근 형태소가 영어에는 없기 때문이다. 이 경우 어휘 접근 시스템은 sister 전체 단어를 사용하여 어휘를 다시 검색해야 한다. 이 추가 과정은 추가 시간이 걸릴 것이므로, 접사 제거 가설은 가짜 접미사 단어(예: sister)가 실제 접미사를 가진 단어(예: grower)보다 처리하는 데 시간이 더 오래 걸릴 것을 예측한다. 이 예측은 여러 반응 시간 연구에서 확인되었다. 사람들은 실제 접미사를 가진 단어보다 가짜 접미사 단어를 재인하는 데 더 많은 어려움을 겪는다는 것이 확인되었다(Lima, 1987; Smith and Sterling, 1982; Taft, 1981). 또한 사람들은 실제 접두사와 가짜 어근(예: pertoire)으로 구성된 가짜 단어보다 가짜 접두사(예: de)와 실제 어간 형태소(예: juvenate)로 구성된 가짜 단어를 단어가 아니라고 판단하는 데 더 큰 어려움을 겪는다는 것도 확인되었다. 이는 dejuvenate 경우에 형태소 분해가 성공적으로 용기에 접근하고, 사람들이 전체 용기를 완전히 검색한 후에야 이 단어를 실제 단어에서 제외할 수 있었다는 점을 나타낸다(Taft and Forster, 1975). 형태소 구조는 단어 학습에도 영향을 미칠 수 있다. 한 연구에서 사람들은 실제 형태소로 구성된 새로운 단어(예: genvive

는 revive 단어에서 형태소 vive와 관련됨)에 노출되었고 또 동일하게 복잡하고 익숙한 어간을 포함하지 않는 자극(예: gencule)에도 노출되었다. 사람들은 전자에 해당하는 자극이 더 나은 영어 단어라고 평가하였고 또 재인도 더 잘했다(Dorfman, 1994, 1999).

FOBS의 주장은 공유(shared) 형태소를 통해 관련된 단어가 서로 점화하는 실험 결과와도 일치한다(Drews and Zwitserlood, 1995; Emmorey, 1989; Stanners et al., 1979; Deutsch et al., 2003 참조).[15] 이런 점화 실험에서 표적어는 honest와 같은 어근 단어이며, 점화 단어는 표적어와 동일하거나(예: honest) 혹은 표적어의 접두사 버전인 경우(예: dishonest)였다. 철자 겹침(letter overlap)으로 인한 영향을 통제하기 위해서, 또 다른 조건에서는 표적어를 son과 같은 단어로 했고 점화 단어를 arson과 같이 동일한 철자를 많이 공유한 단어로 설정했다(하지만 두 단어는 어간 형태소를 공유하지 않았다. arson은 son의 한 종류가 아니다). 이 실험에서는 점화 단어와 표적어가 동일한 경우(예: honest-honest)나 표적어를 어간으로 포함하는 경우(예: dishonest-honest) 모두에서 동등한 수준으로 점화 효과가 발생했다. 중첩되는 철자만 가진 단어(arson-son 경우)에서는 점화 효과가 관찰되지 않았다. 이러한 효과는 FOBS의 주장과 일치한다. 왜냐하면 dishonest와 같은 접두사가 있는 단어는 어간을 통해 접근된다. 따라서 dishonest라는 단어를 처리하면 어간 형태소 honest의 표상을 활성화시키게 된다. 만약 dishonest 바로 다음에 honest가 제시된다면, honest의 어휘 항목은 평소보다 더 활성화되어, 반응을 가속화시키게 된다. 접미사가 있는 단어에서도 유사한 효과가 나타났다. 따라서 departure와 같은 점화 단어는 depart와 같은 표적어에 대한 응답을 가속화시켰다. 점화 단어와 표적 단어가 소리 형태 또는 시각 형태로 제시되는 경우에도 점화 효과는 관찰되었고, 점화 단어가 한 형태로 제시되고 표적어가 다른 형태로 제시되는 경우에도 유사한 효과가 나타났다(Frost et al., 1997; Marslen-Wilson and Tyler, 1997; Marslen-Wilson et al., 1994).

차폐 점화(masked priming) 실험도 어휘 접근에서 형태소의 역할을 지지한다. 차폐 점화 연구에서 점화 단어는 시각적으로 제시되고, 점화 자극이 있던 위치에는 차폐 패턴이 뒤따라 나온다. 점화 자극을 차폐 처리하면, 차폐가 표시된 후에 시각 체계가 점화 단어에 대한 추가 정보를 수용하는 것을 방지한다. 점화는 매우 짧은 시간 동안 제시된다(43ms 미만, 1/20초 미만). 점화 노출 시간이 조작될 때, 즉 차폐가 등장하기 전에 어떤 점화 자극은 매우 짧은 시간에 제시되고, 또 어떤 자극은 좀 더 긴 시간 동안 제시 되는데, 제시 시간에 따라 의미적 점화와 형태적 점화에 대한 점화 양상이 다르게 나타난다. 매우 짧은 점화 노출 시간 조건에서는 의미적 점화 (예: doctor-nurse)는 발생하지 않지만, 더 긴 점화 노출 시간 조건에서는 의미 점화가 매우 강력하다. 형태적 점화의 경우 정반대의 양상이 나타난다. 매우 짧은 점화 노출 시간 조건에서는 형태적 점화(예: apartment-apart)는 강력하지만, 이 점화 효과는 더 긴 점화 노출 시간 조건에서는 사라진다(Rastle et al., 2000). 이러한 결과는 dishonest를 사용하여 honest를 점화하는 경우에서와 같은 형태적 점화 효과가 dishonest의 의미와 honest의 의미 간의 의미적 중첩을 반영하지 않음을 나타낸다. 마찬가지로 철자 중첩도 형태적으로 관련된 쌍에서의 점화를 설명하지 못한다(만약 그렇다면, apartment는 apart를 점화해야 한다. 왜냐하면 apart의 모든 글자는 apartment에도 포함되기 때문이다). 이 결과는 FOBS가 제안한 대로 형태적 표상과 처리가 어휘 접근에서 고유한 역할을 하는 것으로 보이며, 이는 의미적, 음운적, 철자 효과와는 독립적인 과정인 것 같다. 또한 뇌신경 연구결과도 어휘 처리에서 형태소의 고유한 역할을 지지하는데, 어근 형태소를 공유하는 점화-표적 단어 쌍은 좌측 하전두엽의 신경 활동 감소와 관련이 있는 반면 다른 종류의 점화-표적 단어 쌍은 그렇지 않다(Bozic et al., 2007).

요약하자면, FOBS 모형은 단어 형태 표현이 용기들(bins)로 구성되어 있다고 제안한다. 용기 집합은 어근 빈도에 따라 구성되며, 각 용기 내 항목은 표면 빈도에 따라 구성된다. 이 구조는 어근 빈도가 더 높은 단어가 어근 빈도가 낮은 단어보다 더 빨리 처리되는 이유와 표면 빈도의 약한 효과를 설명할 수 있다. 또한 이 모형은, 단어의 길이는 동일하나, 가짜 접사를 가진 단어가 실제 접사를 가진 단어보다 처리하기 어려운 이유도 설명한다.

제2세대 모형

트레이스(TRACE)

트레이스 모형은, 직렬적이고 상향식 구조를 가진 이전 모형과는 달리 매우 상호적인(interactive) 특성을 가지고 있다. 직렬적 상향식 시스템에서는 처리 단위의 활성화가 입력에 의해 제공되는 자극에 의해서만 결정된다. 상향식 시스템에서는 한 처리 단위의 활성화는 동일한 수준에 있는 다른 처리 단위의 활성화에 직접적으로 영향을 미치지 않는다. 예를 들어, 활성화된 음운 단위는 다른 음운 단위의 활성화를 변경시키지 않는다. 상향식 처리 시스템에서 상위 수준에서의 활성화는 시스템의 하위 수준의 활성화에 영향을 미치지 않는다. 음운은 단어 단위의 활성화에 영향을 미치지만, 단어는 음운을 표상하는 단위의 활성화에 영향을 미치지 않는다. 상호작용 방식의 처리 시스템은 처리 단위 간에 서로 연결이 되어 있어서, 동일한 수준에서의 단위가 서로에게 영향을 미칠 수 있고, 시스템의 상위 수준에서의 처리 단위가 하위 수준에서의 처리 단위에 영향을 미칠 수 있도록 허용한다. [그림 3.11]은 어휘 접근의 트레이스 모형의 처리 구조를 개략적으로 제시하고 있다(McClelland and Elman, 1986; McClelland and Rumelhart, 1981; Rumelhart and McClelland, 1982). 처리 단위와 정보 흐름의 기본 조직은 그림의 상단(a)에 제시되어 있다. 처리 단위가 어떻게 서로 연결되어 있는지에 대한 자세한 내용은 그림의 하단(b)에 제시되어 있다.

[그림 3.11]의 상단 부분(a)을 보면, 트레이스 모형이 시각 또는 청각 입력을 수용할 수 있음을 알 수 있다. 분석의 가장 기본적인 단위는 시각적 특질(여러 방향의 짧은 선, 곡선, 각도)과 청각적 특질(말소리에서 소리의 기본 구성 요소)이다. 그림의 하단 부분은 서로 다른 처리 단위가 어떻게 연결되는지를 보여 준다. 이 그림은 시각적 단어 처리를 위해 시스템이 어떻게 구성되었는지를 보여 준다(음향적 특징보다는 개념화하기가 조금 더 쉽다). 시스템에 입력되는 것은 (시각) 특질(feature)이다. 이 경우 특질은 서로 다른 방향의 짧은 선이다. 이러한 시각적 특질은 글자 표상으로 연결된다. 음성 단어 처리에서 이와 동등한 것은 음소(phoneme)일 것이다. (시각) 특질과 글자 사이의 모든 연결은 홍분성(excitatory)이며, 글자 수준은 (시각) 특질 수준에 피드백을 제공하지 않는다.

트레이스 모형은 활성화가 연속적(cascaded)으로 이루어진다고 가정한다. 이 연속적인 활성화는 역치 활성화(threshold activation)와는 대조된다. 로고젠 모형에서 역치 활성화란 입력이 처리 단위(예: 로고젠)를 활성화시켜 해당 역치를 초과시키게 할 때까지 처리 단위가 조용히 있다는 것을 의미한다. 연속적인 활성화를 사용하는 시스템에서는 입력을 받는 단위가 다른 단위로부터 어떤 활성화 입력이 들어오면 즉시 출력을 내보내기 시작한다. 연속적인 활성화 개념을 적용시키면, 트레이스의 시각적 특질은 이 특질이 식별되자마자 활성화를 다음 단계로 내보내기 시작한다. 즉, 시각적 특질 수준에서의 처리 단위의 활성화가 시작되자마자, 글자 수준에서의 처리 단위는 활성화되기 시작한다. 이것은 어떤 시각적 특질이 식별되자마자 글자 표상이 활성화되기 시작한다는 것을 뜻하며, 글자 수준에서의 처리 단위가 활성화되기 전에 글자의 시각적 특질을 모두 인식할 필요가 없다는 것을 의미한다.

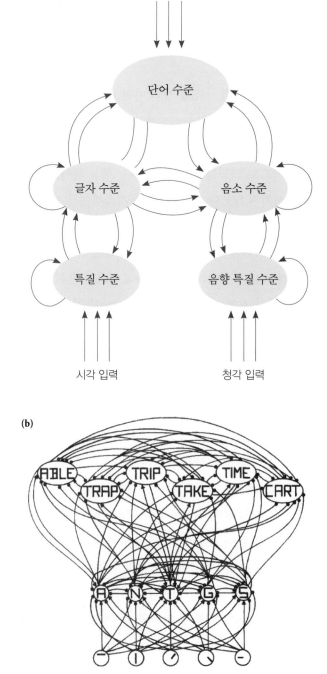

[그림 3.11] **트레이스 어휘 접속 모형.** 상단 부분(a)은 기본 아키텍처를 보여 준다. 끝이 화살표로 된 연결은 흥분성 영향을 나타내며, 둥근 끝으로 된 연결은 억제적 영향을 나타낸다.

출처: McClelland and Rumelhart (1981), American Psychological Association

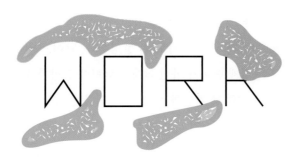

[그림 3.12] 트레이스가 잘 처리하는 손상된 입력의 예제

　　또한 각 개별적 특질이 하나 이상의 글자 처리 단위에 연결되어 있음에 주목하자. 가로선 시각적 특질은 'A' 'T' 'G' 그리고 'S'와 흥분성(excitatory) 연결로 묶여 있으며, 'N'과는 억제적(inhibitory) 연결로 묶여 있다. 따라서 가로선 시각적 특질이 입력에서 감지되면, 이 네 개 글자의 활성화는 모두 증가되고, 글자 'N'의 활성화는 감소된다. 만약 네 개의 서로 다른 글자가 모두 활성화되면, 시스템은 실제로 어떤 글자를 보고 있는지를 어떻게 결정할까? 글자(그리고 음소)를 표상하는 단위들은 층위 내에서 모든 연결이 억제적이다. 이것은 글자 처리 단위가 특질 단위의 상향식 입력으로부터 활성화되기 시작하면, 그 특질에 연결된 다른 글자들의 활성화를 감소시키려 시도한다는 것을 의미한다. 이 연결 양상은 측면 억제(lateral inhibition)로 이어지며, 네트워크 층위 내에서 처리 단위들은 서로 활성화 수준을 감소시키거나 억제시키려고 시도한다. 이는 그럴 듯한데, 한 특질은 한 글자의 일부만 될 수 있기 때문이다. 그래서 특질이 글자 't'에서 왔다면 글자 't'의 표상은 다른 가능한 경쟁적 후보를 억제하려고 한다. 상향식 입력을 받은 후, 처리 층위 내의 억제적 연결은 다른 글자 표상들 간에 서로 경쟁을 일으키며, 상향식 특질로부터 가장 많은 지원을 받는 글자가 결국 경쟁에서 '승리(win)'하게 된다. 그렇게 되면 그 글자의 활성화는 증가되고 경쟁하는 글자 표상은 억제되어 결국 하나의 후보만 남게 된다.

　　글자 표상은 단어 형태 표상과 약간 더 복잡한 관계를 갖는다. 글자는 그들이 구성 요소가 되는 단어와는 흥분성 입력 관계에 있고, 그들이 구성 요소가 아닌 단어와는 억제적 연결 관계에 있다. 글자 'A'의 활성화는 able과 trap과 같은 단어들을 흥분시킬 것이고, time과 같은 단어는 억제시킬 것이다. 글자는 단어 층위로부터의 흥분성과 억제적 피드백도 받는다. 따라서 able이라는 단어가 글자 'A'로부터 활성화하기 시작하면, 흥분성 하향식 피드백 연결을 통해 'B' 'L' 그리고 'E'와 같은 다른 구성 글자들도 활성화되기 시작할 것이다. 아마도 이 글자 표상들이 상향식 입력에 의해 활성화되기 전일 것이다. 동시에 able에 대한 단어 수준의 활동은 able에 존재하지 않는 글자 수준 표상을 억제할 것이다. 이것은 트레이스의 특성 중 하나로, [그림 3.12]에 표시된 것과 같은 손상된 입력을 처리하는 데 효과적이다. 엄격한 상향식 시스템은 [그림 3.12]에서 가장 오른쪽 글자를 식별할 수 없을 것이다. 왜냐하면 그것은 'R'일 수도 있고 'K'일 수도 있기 때문이며, 따라서 엄격한 상향식 시스템은 단어를 work라고 올바르게 식별하지 못할 수도 있다. 그러나 트레이스 모형에서는 손상되지 않은 정상적인 글자 'W' 'O' 그리고 'R'이 단어 형태 표현 'WORK' 'WORD' 그리고 'WORM'을 활성화시키며, 이러한 단어 표상은 글자 단위로 활성화를 다시 보내고, 나머지 정상적인 특질로부터의 하향식 그리고 상향식 활성화의 조합이 최종적으로 'K' 글자 표상의 활성화 정도가 경쟁자들의 활성화를 초과하게 할 것이다.

트레이스는 단어 우월(word superiority) 효과도 잘 설명한다. 단어 우월 효과는 글자나 음소가 혼자 독립적으로 등장할 때 혹은 실제 단어가 아닌 글자열 맥락에 등장할 때보다, 이들이 단어 맥락에 등장할 때 글자(혹은 음소)를 처리하고 재인하는 것이 더 쉽다는 현상을 지칭한다. 글자를 단어 맥락에서 처리하는 것에 대한 우월성은 여러 다른 방식으로도 증명될 수 있다. 1800년대에 Erdmann과 Dodge(Erdmann and Dodge, 1898; Balota et al., 2006)는 실제 단어의 일부가 아닌 개별 글자 4개 또는 5개를 식별하는 데 걸리는 시간에, 사람들이 최대 22개 글자를 포함하는 단어를 읽을 수 있다는 것을 보여 주었다. 단어 우월 효과의 다른 증거들은 음소와 글자 모니터링 실험에서도 찾을 수 있다(Foss and Swinney, 1973; Johnston and McClelland, 1973; Reicher, 1969; Savin and Bever, 1970; Wheeler, 1970; 또한 2장에서 논의한 음소 복원 효과도 단어 우월성의 한 형태이다).[16] 이 실험에서 피험자들은 표적 음소, 예를 들어 /s/을 제공 받고, 녹음된 음성을 들었다. 피험자들이 표적 음소의 존재를 감지하면, 가능한 빨리 키를 누르도록 했다. 그 결과 표적 음소가 실제 단어의 일부로 나타날 때 반응 시간이 더 빨라졌다(반응 시간은 또한 단어 수준 표상의 빈도수에 영향을 받았는데, 이는 음소가 감지되기도 전에 단어 표상에 접속하였음을 시사한다; Foss and Blank, 1980).

또 다른 실험에서는 글자가 그 자체로 발음될 수 없는 비단어 속에 (owrk 같이) 제시되거나, 동일한 글자가 재배열되어 실제 단어를 이루는 경우로 (work와 같이) 제시되었다. 자극은 매우 짧은 시간 동안 나타나고, 그런 다음 실험 자극이 제시되었다. 예를 들어, 실험 자극이 d와 k의 두 글자로 이루어진 경우에 피험자들은 짧게 제시된 자극 d와 k중 어떤 글자가 등장했었는지 말해 보라고 요청받았다. d와 k는 모두 wor에 붙여 단어를 만들 수 있기 때문에, 실제 단어가 제시될 때 추측을 할 수 있는 가능성을 제거할 수 있었다. 이 상황에서 피험자들은 짧게 제시된 자극이 단어인 조건에서 글자를 더 정확하게 식별해 냈다. 즉, 단어 수준 형태 표상을 활성화하면 개별 글자를 식별하는 데 도움이 되었다. 이것은 트레이스 모형으로 설명될 수 있다. 단어 수준 형태 표상의 활성화는 흥분성 피드백을 통해 글자 수준 형태 표상의 활성화를 강화시키고, 활성화된 단어 수준 형태 표상의 일부가 아닌 경쟁 가능한 다른 글자들을 억제시킨다. McClelland와 Rumelhart는 다음과 같은 방식으로 단어 우월 효과를 설명한다(1981, p. 389): "단어 속 글자가 비단어 속 글자보다 더 쉬운 이유는 그들을 더 높은 활성화 수준으로 이끌 수 있는 피드백의 혜택을 받기 때문이다."

트레이스 모형을 요약하면 다음과 같다. 트레이스 모형은 매우 상호적인 시스템이다. 상향식 입력, 하향식 피드백과 측면 억제가 결합하여 네트워크 내의 단위별 활성화 정도를 결정한다. 트레이스 모형은 사람들이 손상된 (단어) 입력을 처리할 수 있는 이유와 처리하는 방법을 효과적으로 설명할 수 있다. 이 네트워크는 두 개 이상의 표상 수준을 동시에 평가함으로써 손상된 자극에 가장 적합한 후보를 계산하고, 한 수준에서의 좋은 적합이 다른 수준에서의 나쁜 적합을 보상할 수 있게 한다. 마지막으로 트레이스는 왜 단어 안의 글자가 독립적인 글자보다 더 쉽게 재인되는지를 설명한다. 단어 층위로부터의 피드백은 하위 수준의 글자 표상의 활성화를 강화시킨다.

코호트(COHORT)

코호트 모형은 어휘 접근에 관한 또 다른 중요한 2세대 모형이다(Marslen-Wilson, 1987, 1989; Marslen-Wilson and Welsh, 1978). 코호트 모형은 특별히 음성 단어에 대한 어휘 접근을 설명하기 위해 개발되었다. 이 모형은 어휘 접근 과정이 활성화(또는 접촉), 선택, 그리고 통합이라는 세 가지 과정을 포함한다고 간주한다.

초기 활성화(activation) 또는 접촉(contact) 단계에서는 음성 자극에 대한 반응으로 여러 개의 단어 형태 표상이 활성화된다. 코호트 모형에서 접촉은 상향식 음성 정보에 의해서만 영향을 받고 맥락 정보에 의해서는 영향을 받지 않는다. 따라서 코호트 모형에서 활성화 과정은 자동적(autonomous)이라고 간주된다. 이것은 음성 자극의 영향을 받지만 잠재적으로 관련된 다른 인지 과정의 영향을 받지 않는다는 것을 뜻한다. 결과적으로, 진행 중인 맥락과 일치하지 않는 저장된 단어 표상도 일단 이들이 음성 자극의 음향적 특성과 일치한다면 어쨌든 활성화된다.

선택(selection) 단계에서는 음성 자극과 가장 일치하는 후보를 찾기 위해서 활성화된 단어 형태 표상을 정렬하는 과정이 진행된다. 코호트 모형에서 선택은 상향식 자극에 의존한다. 왜냐하면 상향식 정보가 단어 후보를 활성화시키기도 하지만 맥락에도 의존하기 때문이다. 맥락에 더 잘 맞는 단어가 맥락에 맞지 않는 단어보다 우위에 있게 되는데, 특히 상향식 입력이 두 개 이상의 단어 후보들 사이에서 애매모호한 경우에 더욱 그렇게 된다.

통합(integration)은 선택된 단어의 특질이 전체 발화에서 진행 중인 표상에 통합될 때 발생한다. 통합 단계에서는, 선택된 단어의 특질, 즉 그 단어의 문법적 범주와 의미가 이전 맥락과 얼마나 잘 어울리는지를 평가한다.

코호트 모형은 음성으로 된 입력을 다루기 때문에 어휘 접근과 단어 형태의 활성화를 음성 자극과 저장된 단어 형태 표상 간의 유사성을 계속해서 평가한 결과로 바라본다. 또한 코호트는 어휘 접근 과정을 극도로 점진적이라고 간주한다. 최초 음성이 인식되자마자 단어 표상이 활성화되며, 사람들은 전체 단어를 듣기 전에 음성 자극으로부터 개별 단어를 식별해 낼 수 있다.[17]

코호트가 코호트라고 불리는 것은 접촉 단계에서부터 어휘 접근 과정이 시작되고 이 과정 중에 인식된 음향 프로필과 일치하는 모든 단어가 활성화되기 때문이다. 따라서 단어(단어 자극)의 개시(onset) 후 약 100~150ms 안에, 인식된 음향 프로필과 일치하는 후보 단어 집단이 모두 접근 가능하게 된다. 이 활성화된 단어 그룹을 코호트(cohort)라고 한다.[18] 초기 활성화 단계 이후, 어휘 접근 기제는 추가로 입력된 음성 자극에 맞게 활성화된 후보 목록을 계속해서 비교하고, 입력과 일치하지 않는 후보를 계속해서 제거한다. 동시에, 이 기제는 활성화된 코호트의 각 구성원의 특질이 맥락에서 설정한 요구 사항에 적합한지를 점검한다. 올바른 목표 단어가 계속해서 활성화되려면 적합한 문법과 의미적 특성을 지니고 있어야 한다.

코호트는 어휘가 재인되고 그 의미에 접근하는 정확한 시점을 구체적으로 예측한다. 코호트에 따르면, 단어 재인은 활성화된 단어 집단을 음향 입력과 일치하는 단 하나의 단어로 줄이는 데 달려 있다. 코호트가 단 하나의 생존자로 줄어드는 지점을 재인 지점(recognition point)이라고 한다(Marslen-Wilson, 1987). trespass와 같은 단어는 단어가 종료되기 전에도 재인될 수 있다. 왜냐하면 trespass 말고 초성 tresp과 일치하는 다른 단어가 (영어에는) 없기 때문이다(Marslen-Wilson and

Tyler, 1980).[19] 코호트는 문맥에서 부과된 의미적 또는 구문적 요구 사항에 따라 재인 지점을 약간 조정할 수 있다. 문맥으로부터 높은 예측 가능성을 가진 단어는 예측 가능성이 낮은 단어보다 조금 더 빨리 재인될 수 있다.

코호트에 따르면, 단어 재인은 두 가지 요인에 의존한다(contingent). 첫째, 해당 단어의 존재에 대한 긍정적인 증거가 있어야 한다(예: 입력 tres는 단어 trespass가 일치하는 단어라는 단서를 제공한다). 둘째, 입력은 다른 단어의 존재 가능성을 제외시켜야 한다(예: 초성 tr의 입력은 일치하는 단어 대상이 tap, top, table 또는 tr로 시작하지 않는 다른 단어일 가능성을 제외시킨다). 따라서 단어 trespass는 '일찍 (early)' (단어 종료 이전) 재인될 수 있는데, 어휘 접근이 다른 모든 가능성이 제거되었다는 것을 파악할 수 있는 기제를 포함하고 있을 경우에만 가능하다.

단어의 초성만 듣고도, 여러 개의 단어 후보를 활성화시킨다는 예측을 지지해야 하는 증거는 무엇인가? 교차 감각 점화(cross-modal priming) 실험에서 피험자들은 captain과 captive와 같이 동일한 초성을 가진 단어를 들었다(단어 중간에 있는 t 소리까지 동일). 시각적 탐침(probe) 단어는 단어의 '초반'(t 소리에서나 혹은 그 이전) 또는 단어의 후반(-ain 또는 -ive 종성 지점)에 제시되었다. 탐침 단어가 초기에 제시되었을 때, 두 단어가 모두 여전히 적합한 입력이었다(capt가 계속되면 captain 또는 captive 중 하나가 될 수 있음). 탐침 단어가 후반에 제시되었을 때, 단어 후보 중 오직 한 단어만 음성 입력에 적합했다. 표적 단어는 두 의미 중 하나하고만 의미적으로 관련되었다. 한 경우에 표적 단어로 ship이 제시되었는데, 이는 captain과 관련이 있기 때문이었다. 다른 경우에 표적 단어로 guard가 제시되었는데, 이는 captive와 관련이 있기 때문이었다. 질문은 다음과 같았다: '어떤 표적 단어가 음성 자극에 의해 점화될까?' 만약 코호트가 맞는다면 그리고 단어 초성이 음성 자극과 관련된 모든 항목을 활성화시킨다면, ship과 guard 둘 다 '초반' 탐침 지점에서 점화되어야 한다. '후반' 탐침 지점에서는, (탐침 단어가 음성 자극의) 재인 지점 이후에 등장하므로 표적 단어 중 하나만 점화되어야 한다. 다시 말하면, 탐침 단어의 의미가 살아있는 단어 후보와 연관될 때만 점화가 관찰되어야 한다. 이것이 바로 피험자가 경험한 점화 양상이었다. 단어의 초반에서는 ship과 guard 둘 다 점화되었지만 나중에는 일치하는 의미 단어만 점화되었다. 그래서 만약 사람들이 capti를 들었을 때, 그리고 탐침 단어가 i 소리와 동시에 나타나면, ship이 아닌 guard만 점화되었다(Marslen-Wilson and Zwitserlood, 1989). 중의적 초성 (capt-)이 한 의미는 가능하지만 다른 의미는 가능하지 않은 음성 문장에 삽입되었을 때는 ship과 guard 모두 점화되었다. 이는 맥락이 맥락에 부적합한 단어에 대한 접근을 '소등시키지(turn off)' 못하거나 방어하지 못했음을 시사한다(Zwitserlood, 1989). 따라서 Marslen-Wilson이 설명한 대로(1987, p. 89), "맥락에 의한 사전 선택은 허용되지 않으며, 맥락은 맥락에 맞지 않는 단어 후보의 접근을 막지 못한다."[20]

코호트와 트레이스를 어떻게 비교해야 할까? 이 두 모형은 단어 형태 표상이 활성화되는 방법 측면에서 차이가 있다. 트레이스는 단어 형태 활성화를 경쟁과 상호 억제 과정의 결과로 본다. 코호트는 단어 형태 활성화가 선택 단계까지 경쟁이 없는 대규모 병렬 과정을 반영한다고 간주한다. 따라서 여러 단어 후보가 활성화되었을 때 어떤 일이 일어날 것인지에 대해 이 두 모델은 서로 다른 예측을 제시한다. 트레이스에 따르면, 어떤 단어 후보가 더 많이 활성화된다는 것은 다른 단어 후보자가 덜 활성화된다는 것을 의미한다. 코호트는 단어 후보의 무제한 병렬 활성화를 허용하기 때문에 활성화된 후보의 수가 올바른 후보를 식별하는 속도에 영향을 미치지 않는다. 이 모형들을 검증하기 위해서 Marslen-Wilson은 비단어 탐색 과제에서 단어의 초성 부분을 조작했다. 구체적으로, 일부 자극은 새로운 음성 정보가 그 자극을 비단어로 만들기 직전에 많은 단어들과 일치하게끔 했다. 다른 자극은 새로운 음성 정보가 그 자극을 비단어로 만들기 직전에 매우 적은 단어와 일치하게끔 했다. 아마도, 자극이 비단어라고 재인하려면, 사람들은 일치하는 단어를 찾기 위해서 활성화된 후보 단어 집합을 검색해야 한다. 후보 단어들이 서로 경쟁하거나 혹은 후보 단어 목록을 직렬로 검색해야 한다면(FOBS와 같이), 후보 단어 집단이 큰 경우에는 비단어 판단에 시간이 더 오래 걸릴 것이고, 집단이 작은 경우에는 비단어 판단 시간이 빠르게 진행될 것이다. 그러나 이 실험의 반응 시간 결과는 일치하는 후보 집합의 크기와 상관없이 비단어 판단은 동일하게 빠르게 진행되었다는 점을 보여 주었다.

코호트와 트레이스는 (입력) 자극과 저장된 단어 형태 간 유사성이 단어처리에 어떤 영향을 미치는지에 관해서도 차이가 있다. 트레이스는 저장된 단어 형태가 얼마나 활성화되는지를 결정하기 위해 전반적인 유사성 일치를 중시한다. 따라서 단어 내 어디에서 미세한 불일치가 발생하든 상관없다. 자극이 전반적으로 저장된 표현과 가까우면 저장된 표상이 활성화된다.[21] 코호트에서는 단어의 시작 부분이 매우 중요하다. 이는 어떤 표상이 코호트에 포함될 것이고 어떤 표상이 제외되는지를 단어 초성이 결정하기 때문이다. 결과적으로, 단어 시작 부분에서의 불일치는 단어 끝 부분에서의 불일치보다 더 큰 영향을 미쳐야 한다. 트레이스에 따르면, 단어 노드의 활성화는 유사성의 함수가 된다(bone과 pone은 둘 다 네트워크에서 유사한 활성화 패턴을 유발할 것이다). 결과적으로, 종성을 공유하는 단어들도 서로 의미를 점화시켜야 한다(왜냐하면 pone의 제시가 유사한 항목 bone을 활성화시키기 때문이다). 그렇다면 예측은 이렇다. 만약 당신이 pone을 들으면, arm, broken, skin과 같은 bone과 관련된 단어에도 빨리 반응해야 한다. 하지만 종성 일치 점화는 실제로 거의 관찰되지 않았다. 이는 단어 시작 부분이 정말로 어휘 접근의 시작을 결정한다는 것을 시사한다 (Marslen-Wilson과 Zwitserlood, 1989; Allopenna et al., 1998; McQueen and Viebahn, 2007 참조).

재인 지점(recognition point)의 심리적 실체를 지지하는 증거는 무엇인가? 단음절 단어에서는 재인 지점과 단어의 끝이 동일하지만, 다중 음절 단어에서는 재인 지점이 단어의 끝보다 앞서서 등장한다. 코호트 모형에 따르면, 어휘 접근은 음향 자극이 재인 지점에 도달할 때 이루어진다. 따라서 사람들은 어떤 단어를 재인하고 그 의미에 접근하는 데 단어의 끝부분까지 기다릴 필요가 없다. 일부 실험에서는 음소 모니터링을 시행했다. 음소 모니터링 속도가 단어 빈도에 영향을 받는 것을 기억하자. 이것은 단어 식별이 모니터링 반응보다 앞서 진행된다는 것을 의미한다(Foss and Blank, 1980). 음소 모니터링 속도가 재인 지점과 강한 상관관계가 있다는 결과가 밝혀졌다. 재인 지점이 처음에 등장하는 단어는 재인 지점이 나중에 등장하는 단어보다 음소 모니터링 시간이 빨랐다 (Marslen-Wilson, 1984). 이 현상은 단어가 고립적으로 제시되건 혹은 확장된 발화의 일부로 제시된 것과 상관없이 관찰되었다(Tyler and Wessels, 1983).

비단어 탐색 시간은 비단어 자극이 실제 단어와 정확히 언제 (어떤 부분부터) 갈라지는지에 따라 달라진다. Trenkitude와 같은 비단어는 이 단어와 동일한 길이의 비단어인 cathedruke보다 더 빨리 비단어로 식별될 수 있는데, 그 이유는 trenkitude가 cathedruke보다 더 일찍 비단어로 판명되기 때문이다. Trenkitude와 동일한 시작 부분을 가진 영어 단어는 trench, trend, 그리고 유사한 변형(예: trendy)이므로, trenkitude는 k 부분에서 비단어로 판명된다. Cathedruke는 잠재적 단어 cathedral과 dr 부분까지 동행하고 있으므로, 이 단어는 더 늦게 비단어로 판명된다. 사람들이 비단어 탐색 실험에 참여할 때, trenkitude와 같은 단어에 더 빨리 반응하는데, 이는 재인 지점에 부여된 특별한 지위에 대한 증거를 제공한다. Cathedruke와 trenkitude 모두 실제 단어에 대한 상향식 증거를 제공하므로, FOBS 모형과 로고젠 모형에 따르자면 이 두 단어는 어느 정도 비슷한 활성화를 이끌어 내야 한다.[22] 게다가 입력과 일치하는 로고젠이 활성화되지 않거나 또는 입력과 일치하는 용기(bin)가 없다는 점을 확신하기 위해서, FOBS 모형과 로고젠 처리 시스템은 전체 자극이 인식될 때까지 기다려야 할지도 모른다. 따라서 이러한 모형들은 cathedruke와 trenkitude 사이의 비단어 탐색 시간이 왜 서로 다른지에 대한 근거를 제공하지 못한다.

　다른 증거에 따르면, 단어는 매우 빠르게 식별되지만, 단어가 식별될 때 존재하는 상향식 정보는 종종 그 자체로 하나의 단어를 선택하기에 충분하지 않은 경우가 많다(Marslen-Wilson, 1987). 음성 입력이 있고나서 200ms 시점에 약 40개의 단어가 활성화된다고 추정된다. 이는 단어 식별이 순수하게 상향식 정보에 기반을 둔 자동적 검색 과정에 기초한다고 주장하는 FOBS와 같은 모형에 좋지 않은 소식이다. 왜냐하면 고유한 어근 형태소가 식별되기 이전부터 어휘 접근이 이미 진행 중인 것으로 나타나기 때문이다. FOBS에게 또 다른 나쁜 소식은 낮은 빈도의 단어가 높은 빈도의 단어만큼 재인 지점에 영향을 미친다는 것이다. FOBS와 같은 모형에 따르면 높은 빈도 항목은 낮은 빈도 항목보다 먼저 검색된다. 따라서 어떤 단어가 낮은 빈도의 경쟁자와 함께 있다면, 이 경쟁자는 해당 단어의 접근 시간에 영향을 미치지 말아야 한다. 그러나 코호트는 다른 예측을 제공한다. 코호트에 따르면 음성 입력의 초기 음성 순서(sequence)와 일치하는 정도에 따라 단어 후보가 활성화되며, 이때 해당 후보 단어의 빈도는 상관없다. 따라서 고빈도 목표 단어인 rap이 저빈도 코호트 멤버인 rapture와 같은 후보군에 있으면, 이 고빈도 단어는 저빈도 경쟁자가 없는 동일 수준의 고빈도 단어보다 더 느리게 재인될 것이다. 실제로, 음성 단어 처리에 대한 여러 과제에서, 응답 시간은 재인 지점에 따라 달라졌고, 단어 빈도와는 관계가 없었다(Marslen-Wilson, 1987).

　코호트가 제안한 대로, 후보 단어 집합을 활성화시키고 음성 입력과 활성화된 후보 집합 간의 적합성을 지속적으로 평가하는 것은 청자에게 몇 가지 이점을 제공한다. 첫째, 여러 후보를 활성화하면 올바른 단어를 선택하고 추가 처리를 할 수 있다. 둘째, 자극과 활성화된 후보 집합 간의 적합성을 지속적으로 평가하면 상향식 입력이 유사한 후보들로부터 목표 자극을 구분해 내어 올바른 후보가 선택될 것을 보장한다. 그러므로 이런 특징들은 어휘 접근 기제의 속도와 정확도를 극대화시킨다.

　코호트 모형의 초기 버전은 단어 빈도 효과에 대한 설명을 명시적으로 포함하지 않았지만, 이런 부족함은 모형의 후속 버전에서 수정되었다. 재인 지점의 위치와 상관없이 빈도가 재인 시간에 영향을 미친다는 것이 확인된 후, 코호트 모형은 높은 빈도와 낮은 빈도의 단어에 대한 활성화 수준이 서로 다른 속도로 상승된다고 수정되었다. 이는 로고젠 모형이 높은 빈도 단어 형태에 대한 역치를 낮추었던 처치와 본질적으로 동일하다. 따라서 개정된 코호트 모형은 트레이스 모형과 마찬가지로 단어 형태 활성화를 전부-아니면-전무(all-or-none)인 비연속적 방식으로 보지 않는다. 대신, 단어 형태는 활성화되지 않을 수도 있고, 약간 활성화될 수도 있으며, 많이 활성화될 수도 있다 (빈도의 초기 효과를 보여 주는 행동적 증거와 일관됨; Cleland et al., 2006; Dahan and Gaskell, 2007). 예를 들어, 사람들이 일련의 사물 배열을 보면서 bell과 같이 모호하게 시작하는 단어를 듣는 경우 (be 부분은 bell, bed, bet, bend 등과 같이 여러 단어와 일치하기 때문이다), 낮은 빈도 단어에 해당하는 그림보다 높은 빈도 단어에 해당하는 그림을 더 자주 그리고 더 빠르게 보았다(Dahan, Magnuson, Tanenhaus et al., 2001). 또한 음성 점화가 저빈도 시각 단어보다 고빈도 시각 단어를 더 크게 촉진 시켰다(예: 사람들이 초성 fee를 들었을 때, 고빈도 단어 feel이 강력하게 점화되었으나, 사람들이 초성 roe 를 들었을 때는 저빈도 단어 robe는 약하게 점화되었다; Marslen-Wilson, 1990). 이러한 종류의 효과를 설명하기 위해서, "감각 정보와 맥락 정보가 축적됨에 따라서 요소들이 단순히 켜지거나 꺼지면서 최종 후보자가 남는 것이 아니다. 대신, 재인 결과와 시간은 성공한 후보와 실패한 후보 간의 활성화 수준의 차이를 반영 한다."고 했다(Marslen-Wilson, 1987, p. 93).

개정된 코호트 모형은 입력 표상에 대한 자신들의 관점도 바꾸었다(Lahiri and Marslen-Wilson, 1991; Marslen-Wilson and Warren, 1994). 코호트 초기 버전, 로고젠, FOBS, 그리고 트레이스 모형 모두 음향-음성적 특질과 단어 표상 사이에서 음운 처리 단위에 해당하는 수준이 중재한다고 가정한다. 즉, 음향적 특징은 음소 노드를 활성화하고, 그런 다음 음소 노드가 단어를 활성화한다. 그러나 만약 상향식 입력이 잘못 분류되거나 잘못된 음소가 식별된다면, 이런 정보 흐름은 심각한 실패를 초래할 수 있다. 이 문제를 해결하기 위해서, 코호트는 음향-음성적 특질이 직접 단어 수준 표상으로 연결된다고 제안한다(그리고 음소 식별은 단어 형태 활성화의 부산물이라고 제안한다). 이렇게 하면 비슷한 음향-음성적 특질을 가진 단어가 활성화된다. 예를 들어, 누군가가 무성 양순음을 초성으로 하는 pat을 발음했을 때, 유성 양순음을 초성으로 둔 bat은 부분적으로 활성화된다.

음성학적 특질을 단어 형태 표상과 직접 연결하는 것은 어휘 접근에 대한 하위어휘적 (단어 수준 아래) 효과를 설명하는 데도 도움이 된다. 영어 단어에는 초성 삽입 단어(onset embedded word)가 포함되는 경우가 많다. 단어 lightening은 light로 시작한다. 단어 hamster는 ham으로 시작하며, 이들은 그 자체로 단어이다. 하지만 ham이 단어 그 자체로서 발음될 때와 더 큰 단어(합성어)의 첫 번째 음절로서 발음될 때, 약간 다르게 발음된다는 사실이 밝혀졌다. 구체적으로, ham이 큰 단어의 일부로 발음되었을 때(예: This hamster tastes really good)보다 독립적인 단어로 발화되었을 때(예: This haaaaam tastes really good) ham은 더 긴 지속시간을 가지면서 발음되어 haaaaam처럼 들린다. 이러한 발음상의 차이는 음성 어휘 접근 시스템에 의해 충분히 빨리 감지되어 일치하는 단어 후보의 활성화에 편향을 일으킨다. 따라서 ham이 긴 지속시간으로 발음될 때는(haaaaam) 짧은 단어 ham이 더 활성화되며, ham이 짧은 지속시간으로 발음될 때는 긴 단어 hamster가 더 활성화된다(Davis et al., 2002; Salverda et al., 2003, 2007; Shatzman and McQueen, 2006). 다른 하위 어휘 속성, 예를 들어, 강세 위치 또한 개별 단어 후보가 얼마나 빠르게 활성화되는지에 영향을 미칠 수 있다(예: record 는 동사로 사용될 때와 명사로 사용될 때 다르게 발음된다. 이런 강세 패턴의 미묘한 차이가 독립적인 단어 ham과 더 큰 단어의 일부분인 ham 사이에서도 발생한다; McQueen et al., 1994).

제3세대 모형: 분산 특질과 분산 코호트

분산 특질 모형

병렬 분산 처리 분야는 어휘 접근에 대한 새롭고 진보된 수학 모형이 소개되면서 계속 성장하고 발전했다. 예를 들어, Jeff Elman의 단순 순환 네트워크(Simple Recurrent Network, SRN) 모형은 단어가 다층 네트워크상에서 신경 활동 패턴으로 표상된다고 가정했다. [그림 3.13]에 나와 있는 것처럼, SRN 모형은 트레이스의 삼층 네트워크를 개조하여 문맥 단위를 추가했다. 문맥 단위는 처리 시 은닉 단위(hidden unit)의 활성화를 복사하여 저장하는 역할을 한다. 이 방식에 따르면, 네트워크가 현재 입력 단위의 상태뿐만 아니라 문맥 단위의 활성화에 반영된 최근 사건에도 반응하게 된다. 네트워크가 명시적으로 수행한 작업은 발화 문장에서 다음 단어를 예측하는 것이었다. 훈련 전

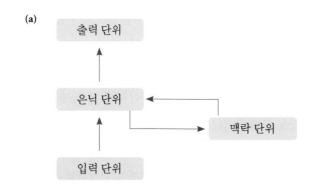

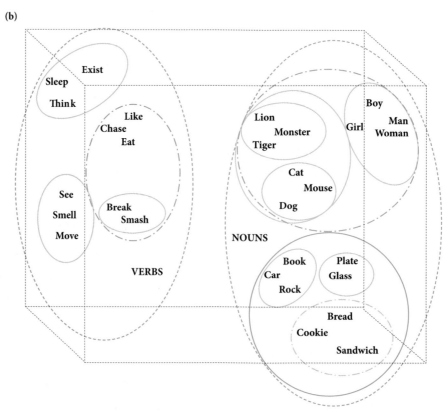

[그림 3.13] Jeff Elman 단순 순환 네트워크 모형의 음성 단어 처리의 개략적 도표. (a) 네트워크 구조; (b) 훈련 종료 후 모형에 표상된 의미 공간.

출처: Elman, J. L. (2004), Elsevier 허가를 받음.

에 네트워크의 연결 가중치(connection weights)는 무작위로 설정되었고, 그런 다음 일련의 문장을 한 번에 한 단어씩 처리했다. 각 단어를 읽을 때마다, 네트워크는 다음에 등장할 단어를 예측하려고 했다. 오류가 발생하면, 네트워크 전체의 연결 가중치를 변경시켜서, 다음번 출력이 희망하는 출력에 더 가깝게 일치되도록 조정하였다. 이 시스템에서 단어 식별은 은닉 단위 간에 활성화 패턴으로 표상된다. 네트워크 훈련이 종료된 후에 Elman이 패턴을 살펴봤을 때, 그는 (네트워크의 패턴이) 명사에 해당하는 패턴과 동사에 해당하는 패턴, 두 집단으로 깔끔하게 나누어지는 것을 발견했다. 단어 표상은 각 집단 내에서 하위집단으로 세분화되었는데, 의미적으로 가깝다고 생각하는 단어에는 유사한 표상이 할당되었다([그림 3.13], (b) 참조). 또한 모형은 각 단어가 다른 맥락에서 나타날 때마다 약간씩 다른 활성화 패턴을 생성하게 하면서 개별 단어 표상도 더 세분화했다(예: book). 이 SRN 모형은 '사전 입력(dictionary-entry)'과 특성 기반 의미론이 직면했던 난처한 문제 중 하나를 해결한다. 즉, 서로 다른 맥락에 등장하는 특정 단어에 할당되는 미세한 차이의 의미를 고려하기 위해서, 사전(dictionary)에 얼마나 많은 의미 입력을 포함시켜야 하는지에 대한 문제이다. SRN 모형은 문맥이 네트워크 내에서 발생되는 활동 패턴에 영향을 미치게 하여 이 문제를 해결한다. 따라서 단어 ball의 표상(은닉 단위의 활동)은 야구 맥락과 놀이터 맥락에서 약간 달라진다.

분산 코호트 모형

　분산 코호트 모형(Distributed COHORT Model: DCM)은 병렬 분산 처리 모형으로부터 구조적 특징을 일부 차용하여, Elman의 분산 특질 모형(Distributed Feature Model)과 유사하게 구성되었다 (Gaskell and Marslen-Wilson, 1997; Gaskell and Marslen-Wilson, 2001, 2002). DCM은 음향적 특징을 입력으로 받아, 이를 처리 단위의 은닉 층위를 통해 실행한다. 이 은닉 층위는 처리 주기 사이에 은닉 단위의 활성화 패턴을 저장하는 문맥 단위와도 연결되어 있다(Elman의 SRN과 유사). 이 시스템은 은닉 단위의 출력을 사용하여 두 가지 추가 처리 단위를 활성화시키는데, 하나는 음운적 단어 형태를 표상하고, 다른 하나는 단어 의미('어휘 의미론')를 표상한다. 이 모형에서 음향 자극은 음성 특질 단위를 활성화시키고, 이러한 단위는 은닉 단위를 활성화시키며, 이들은 다시 의미적 그리고 음운적 단어 형태 단위를 활성화시킨다.

　DCM은 음성/음운적 정보가 한 그룹의 처리 단위에서 표상되고, 의미 정보가 다른 그룹의 처리 단위에서 표상된다고 제안한다. 그러나 기본 모형에서처럼 정보의 흐름이 음향에서 음성, 단어 형태, 그리고 의미 정보로 진행되게 하는 것 대신에, 음성 정보는 저장된 음성 코드로 그리고 저장된 의미 코드로 직접 연결되어 있다고 생각한다. 따라서 어휘집의 각 단어는 음성적 공간에서의 벡터와 의미적 공간에서의 벡터로 동시에 표상된다. 단어의 패턴이 음성적 그리고 의미적 단위에서 안정화되고, 해당 단어에 상응하는 패턴으로 안착될 때 단어는 재인된다. 음운적으로 서로 관련된 단어의 음성 정보는 서로 유사하기 때문에, 동일한 소리를 포함하는 다른 단어는 음운적 단위 내에서 유사한 활성화 패턴을 보일 것이다. 단어의 의미는 임의적이고 음성 정보에 무작위로 연결되어 있기 때문에, 유사한 소리를 가진 서로 다른 단어는 여러 개의 무작위로 연합된 의미 공간을 활성화할 것이다.

　음운과 의미 단위의 동시 활성화는 단어 재인과 의미 활성화에 많은 결과를 초래한다. 어휘 접근의 초기 순간, 즉 단어의 초성 부분이 들릴 때, 음운과 의미 공간 모두에서 처리 단위가 활성화된다. 동일한 초성을 가진 단어들은 음운 표상을 공유하기 때문에, 음운적 공간에서의 활성화는 동질적이며 상호강화적이다. 의미 공간에서의 활성화는 다양한 의미 패턴의 혼합을 표상할 것이다. 즉, 의미 네트워크에서의 초기 활성화 패턴은 개별 단어 의미를 표상하는 안정적인 상태 중 어느 것과도 일치하지 않게 될 것이다. 따라서 의미 노드의 활동 패턴은 친숙한 단어 의미와 부합하지 않는다.

DCM은 이의어(여러 개의 독립적인 뜻을 가진 단어)가 다의어(여러 개의 어의를 가진 단어)보다 처리하기 어려운 현상을 설명하는 데 유용하다(Rodd et al., 2004). 여러 의미(meaning)를 가진 단어인 bark(예: 나무껍질(tree bark), 당신의 개는 짖나요(Does your dog bark?), 고대 선원이 목조 배를 타고 바다를 건넜다(The ancient mariner crossed the sea in a bark))는 의미 네트워크 안에서 일관되지 않은 부분적 활성화를 유발한다. 하지만 여러 개의 뜻(sense)을 지닌 다의어 twist(예: 손잡이를 비틀어 보세요(Give the handle a twist), 트위스트 출 줄 아니(can you do the twist)?, 올리버는 미쳤어(Oliver has gone round the twist))는 좀 더 일관된 활성화 패턴을 유발한다(Elman의 SRN도 ball과 같은 단어의 다양한 의미에 대해서 비슷한 주장을 한다).

DCM은 초기 코호트 모형과는 달리, 단어의 시작 부분이 어휘 접근에서 중요한 요소임을 크게 강조하지 않는다. 이는 비단어 점화 자극이, 수정된 음소가 원래 음소와 일부 특질을 공유하는 한, 초성이 다른 단어 형태 표상을 활성화시킬 수 있다는 것을 보여 준 실험결과 때문이다(예: dob와 tob는 모두 bob을 활성화할 것이다; Connine et al., 1993).

어휘 중의성 해소

많은 단어가 하나 이상의 의미를 가지고 있다. 예를 들어, bank라는 단어는 돈을 보관하는 장소를 가리킬 수도 있고, 강 옆으로 낚시하러 가는 장소를 가리킬 수도 있다. 영어 음성 단어 중 40% 이상이 하나 이상의 의미를 가지고 있다고 추정된다(hamster에서의 ham과 같이 단어의 첫음절이 포함된 단어를 들을 때 발생하는 일시적 중의성은 포함하지 않았다)(M. A. Gernsbacher, 1990). 하나 이상의 의미가 있는 단어를 듣거나 읽을 때 어떤 일이 벌어질까? 문맥에 적절하거나 올바른 의미로 바로 이동하는 것일까? 아니면 적절한 의미에 도달하기 전에 부적절하거나 맞지 않는 의미를 정리해야 할까?

독점적 접근(exclusive access) 가설에 따르면, 문맥 단서를 사용하여 bank와 같은 중의적 단어의 올바른 의미를 즉시 선택할 수 있다. bank라는 단어를 듣거나 보면 하나의 의미에만 접근하게 된다는 것이다. 돈에 관한 이야기를 듣고 있다면, 금융 기관의 의미에 접근할 것이고, 낚시에 관한 이야기라면 강과 관련된 의미에 접근할 것이다. 그러나 앞에서도 보았듯이, 단어 처리의 초기 단계에서는 대부분 다수의 후보를 활성화시킨다. 만약 시각과 음향 자극이 여러 연관된 단어 형태를 활성화시킨다면, 단어 형태 역시 여러 연관된 의미를 동시에 활성화시킬 수 있을 것이다. 이 후자의 가설이 초과적 접근 설명(exhaustive access account)이다. 비록 주어진 상황에서 하나의 의미만 타당하다고 할지라도, 초과적 접근은 bank와 같은 개별 단어와 관련된 의미가 모두 활성화된다고 주장한다.[23]

　독점적 접근과 초과적 접근에 대한 설명은 일련의 점화 실험을 통해 검증되었다(Onifer and Swinney, 1981; Seidenberg et al., 1982; Swinney, 1979). 이 실험에서는 bug와 같은 중의적 단어를 하나의 의미가 다른 의미보다 더 적절한 문맥에 삽입하였다. 예를 들어, 문장은 다음과 같았다. '스파이가 감춰진 도청 장치를 찾기 위해 방을 청소했습니다(The spy swept the room looking for concealed bugs).'라는 문장에서, bug는 '도청 장치(listening device)'라는 의미가 적절하다. 다른 경우의 문장은 다음과 같았다. '요리사가 부엌에서 밀가루 자루를 집어 들었고 벌레를 보았다(The cook picked up a bag of flour in the kitchen and saw the bugs).' 이 경우 bug의 올바른 의미는 '곤충(insect)'일 것이다. 피험자가 어떤 의미에 접근하는지를 알아보기 위해서, 각 의미와 관련된 단어에 대한 피험자의 반응을 측정했다. 만약 피험자들이 bug의 '도청 장치' 의미에 접근한다면, 표적어 listen에 대한 응답이 통제 단어에 대한 응답보다 빠를 것이다. 만약 피험자들이 bug의 '곤충' 의미에 접근한다면, 표적 단어 insect에 대한 응답이 통제 단어에 대한 응답보다 빠를 것이다. 피험자들은 bug라는 단어를 들은 후, 컴퓨터 화면에 나타난 표적 단어에 가능한 한 빨리 반응하도록 요청받았다. 표적 단어는 bug의 특정 의미와 관련이 있거나, 또는 관련이 전혀 없기도 했다. 관련 단어와 통제 단어 사이의 응답 시간 차이는 관련된 단어 의미가 활성화된 정도를 나타낸다. bug의 의미가 해당 문맥에서 적절한지 여부와 관계없이, 피험자들은 bug의 두 가지 의미와 관련된 표적 단어 모두에 동일하게 빨리 반응했다. 이런 결과는 초과적 접근 가설과 일치하며, 독점적 접근 가설과는 부합하지 않는다. 사람들은 맥락에 적합한 의미만 선택하는 것 같지 않다. 사람들은 bug와 같은 중의적 단어를 들을 때, 문맥에 맞는 의미와 문맥상 부적절한 의미 모두를 활성화시킨다.

　중의적 단어를 들을 때 적절하지 않은 의미와 적절한 의미가 모두 활성화된다면, 우리는 발화에서 올바른 의미를 어떻게 결정할까? '곤충' 의미가 '도청 장치' 문맥에서 활성화되었다면, 우리는 그 발화가 도청 장치 대신 곤충을 가리킨다고 해석하지 않을까? 이 질문에 대한 답은 문맥이 처음에는 부적절한 의미가 활성화되는 것을 막지는 못하지만, 궁극적으로는 의미 선택에 영향을 미친다는 것이다. 중의적 단어에 대한 의미 선택을 살펴보기 위한 후속 실험에서, 연구자들은 중의적 단어와 표적 단어가 제시되는 간격 시간을 조작했다. 중의적 단어와 표적 단어가 제시되는 사이에 경과되는 시간을 자극 제시 간격(SOA)이라고 한다. 이 연구의 일부 조건에서는 표적 단어가 중의적 단어 바로 다음에 제시되었고, 다른 조건에서는 더 긴 SOA로 제시되었다. 중의적 단어 처리 연구는 SOA 길이에 따라서 다른 결과를 관찰했다. 표적 단어가 중의적 단어 바로 다음에 제시되면, 해당 단어의 관련 의미가 모두 점화되었다. 그러나 중의적 단어가 제시된 후 표적 단어가 제시되기까지 약 250~500ms 이상의 지연시간을 두었을 때에는 결과가 나타났다. 더 긴 SOA 조건에서는 문맥에 적합한 의미만 점화 되었다. 이것은 bug라는 단어를 들었을 때 해당 단어의 모든 의미가 활성화되지만, 잠시 후에 문맥이 부적절한 의미를 비활성화시키거나 억제했다는 것을 뜻한다. 이것은 발화에 대한 사람들의 장기(long-term) 표상은 적절한 의미만 포함하게 되고, 부적절한 의미로 혼란스럽게 되지 않는다는 것을 뜻한다.

맥락이 중의적 단어의 의미 선택에 영향을 미치는가

중의적 단어 처리에서 문맥이 의미 선택에 미치는 영향을 설명하려면 의미 우세성(meaning dominance)이라는 개념을 소개해야 한다. 많은 단어들이 여러 개의 의미를 가지고 있지만, 이런 의미들이 모두 동등하지는 않다. 어떤 의미는 다른 의미보다 더 빈번하게 발생한다. 예를 들어, 미국 영어에서 '주석'이라는 의미의 tin(예: '이 캔은 주석으로 만들어져 있다(This can is made out of tin)')이 '용기'라는 의미의 tin(예: '나는 콩 캔을 하나 샀다(I bought a tin of beans)')보다 훨씬 더 자주 사용된다. 따라서 tin은 bug처럼 여러 의미를 가지지만, bug와 달리 어떤 한 의미가 다른 의미보다 더 자주 사용된다. 중의적 단어의 이런 특성을 의미 우세성이라고 한다. 어떤 중의적 단어는 고빈도(우세, dominant) 의미와 저빈도(열세, subordinate) 의미를 가진다. 이런 종류의 단어를 편향된(biased) 중의적 단어라고 부를 것이다. 다른 중의적 단어는 두 가지 의미가 거의 동등한 빈도로 사용된다. 이런 종류의 단어를 균형 잡힌(balanced) 중의적 단어라고 부를 것이다. 편향된 중의적 단어와 균형 잡힌 중의적 단어는 사람들의 행동에 서로 다른 영향을 미치는 것으로 밝혀졌다. 이런 차이는 기본적으로 의미 접근 과정이 서로 상이하다는 것을 반영한다.

균형 잡힌 중의적 단어가 중립적 문맥에 제시될 때, 이들은 bug가 보여 주었던 방식과 유사하게 처리된다. 즉, 이 단어의 두 의미는 거의 동시에 거의 동일한 정도로 활성화된다. 이를 입증하기 위해 안구 추적 실험을 활용할 수 있다. 안구 추적 실험에서 사람들은 텍스트(이 경우에는 문장)를 읽는 동안 사람들의 안구 움직임을 기록한다. 안구 움직임은 텍스트 해석과 관련된 정신 과정과 관계가 있으므로(Rayner, 1998; Rayner and Pollatsek, 1989, 2006), 사람들이 특정 텍스트를 바라보는 시간을 측정해서 그들이 그 특정 텍스트를 해석하는 데 겪는 어려움의 정도를 추정할 수 있다. 사람들이 균형 잡힌 중의적 단어를 문장에서 읽을 때, 'The woman saw the bugs…'와 같이, 그들은 한 의미만 갖는 통제 단어보다 그 단어(중의적 단어)를 더 오래 주시한다. 사람들이 tin과 같은 편향된 단어를 읽을 경우에는 다른 패턴이 나타난다. 사람들은 편향된 단어를 중의적이지 않는 통제 단어만큼이나 빠르게 읽는다. 이는 그들이 한 의미만 활성화하고 있다는 것을 뜻한다. 균형 잡힌 중의적 단어 앞에 오는 (중의적 단어가 등장하기 전에) 문맥이 중의적 단어의 어떤 의미가 적합한지를 드러내지 않았다는 점에 주목하자. 이런 경우를 중립적인(neutral) 문맥이라고 한다. 그러나 문맥을 변경하여 해당 단어의 어떤 특정 의미를 명백히 선호하게 만들 수 있다. 예를 들어, '싱크대 아래에서 기어 나온 것은 벌레 떼였다(What crawled out from under the sink was a bunch of bugs).'와 같이, bug의 '곤충' 의미를 선호하는 방향으로 문맥을 변경할 수 있다.

이러한 편향 문맥은 핵심 단어가 균형 잡힌 중의어(예: bugs)인지 또는 편향된 중의어(예: tin)인지에 따라 다른 영향을 미친다. 편향 문맥은 균형 잡힌 중의적 단어가 중의적이지 않은 통제 단어만큼 빠르게 처리되게 한다. 따라서 앞선 문맥이 해당 단어의 의미 중 하나만을 가리킬 때, bugs는 하나의 의미만 갖는 단어와 동일한 속도로 읽는다(Duffy et al., 1989; Rayner and Duffy, 1987; Tabossi et al., 1987, Tabossi and Zardon, 1993; 유사한 결과를 일련의 점화실험을 통해서 발견).

편향된 중의적 단어의 우세 의미가 적합한지 혹은 열세 의미가 적합한지 여부에 따라서, 편향 문맥이 편향된 중의어 단어에 미치는 효과는 다르다. 만약 문맥이 우세 의미를 적합하게 만든다면(예: 광부들이 주석을 찾으려 산을 파고 있다(The miners dug into the mountain looking for tin)), 중의적 단어는 하나의 의미만 가진 통제 단어(예: 광부들이 금을 찾으려 산을 파고 있다(The miners dug into the mountain looking for gold))와 동일한 속도로 처리된다. 그러나 편향 문맥이 편향된 중의적 단어의 저빈도 의미를 가리키게 되면(예: 광부들이 상점에 가서 그들이 통조림 속에 콩이 들어 있음을 보았다(The miners went to the store and saw that they had beans in a tin)), 단어 tin을 읽는 데 시간이 오래 걸린다. 이것은 사람들이 열세(덜 자주 사용되는) 의미에 접근하는 데 어려움을 겪고 있다는 점을 시사한다. 이 결과는 뇌 영상 연구에서도 관찰되었다. 즉, 의미 우세(균형 잡힌 대 편향된)와 문맥(편향된 중의적 단어의 우세 의미 대 열세 의미)이 모두 중의적 단어를 포함하는 문장을 처리하는 데 영향을 미친다(Mason and Just, 2007).

균형 잡힌 중의적 단어는 중립적인 맥락에서는 느리게 읽히며(모든 의미에 동등한 접근을 암시), 편향적인 맥락에서는 빠르게 읽힌다(편향적인 맥락이 균형 잡힌 중의적 단어의 적절한 의미를 선택하는 데 도움이 되었음을 암시). 편향된 중의적 단어는 중립적인 맥락에서 빠르게 읽히고(하나의 의미에 빠르게 접근됨을 암시), 편향 맥락이 우세 의미를 가리킬 때는 빠르게 읽히지만, 편향적인 맥락이 열세 의미를 가리킬 때는 느리게 읽힌다. 이러한 응답 패턴은 재정렬된 접근 이론(reordered access theory)에 영감을 주었다(Duffy et al., 1989; Rayner and Duffy, 1987). 재정렬된 접근 이론에 따르면, 단어 의미에 대한 접근은 두 가지 상호작용하는 요인의 영향을 받는다. 첫 번째 요인은 의미 우세성이다. 빈도가 높은 의미는 빈도가 낮은 의미보다 쉽게 접근된다. 단어를 읽게 되면, 상향식 입력은 해당 단어와 관련된 모든 의미 표상을 활성화한다. 단어 표상은 트레이스 모형과 같이 구성되어 있어, 하나의 단어가 여러 표상을 활성화했을 때, 활성화된 표상들은 서로 경쟁한다. 이때 편향된 중의적 단어는 처리가 쉽다. 왜냐하면 (그 단어의) 우세 의미가 경쟁에서 빨리 승부를 낼 수 있기 때문이다. 반면, 균형 잡힌 중의적 단어는 처리하기가 좀 더 어렵다. 왜냐하면 두 개의 경쟁 표상이 막상막하로 경쟁하기 때문이다. 의미 선택에 영향을 미치는 두 번째 요인은 단어가 등장하는 맥락이다. 맥락과 의미 우세성이 중의적 단어의 우세 의미를 지원하는 경우, 여러 활성화된 단어 의미 간의 경쟁은 짧게 끝난다. 즉, 우세 의미가 매우 빨리 경쟁에서 승리한다. 반면, 맥락이 저빈도 의미를 지원하는 경우, 우세 의미의 유효한 경쟁자가 되는 지점까지 해당 의미의 활성화가 높아진다. 결과적으로, 열세 의미는 맥락이 이를 지원하는 경우 선택될 수 있지만, 열세 의미가 우세 의미를 이기기 위해서는 시간이 많이 걸린다.

어휘 표상과 어휘 접근의 신경 기반

사람들이 뇌 손상을 당했을 때 어떤 일이 발생하는지를 탐색하고(신경심리학적 접근) 건강한 뇌에서의 활동을 측정하는 방법(신경생리학 및 뇌 영상 접근법)은 단어 의미가 뇌에서 어떻게 구성되어 있으며 뇌가 어휘 접근에 필요한 과정을 어떻게 수행하는지를 살펴볼 수 있는 훌륭한 방법이다. 신경 심리학적 접근법은 단어 형태에 대한 개념과 지식이 뇌에서 준독립적인(quasi-independent) 체계에서 처리된다는 것을 보여 주었다. 즉, 사람들은 개념에 대한 지식은 있지만 해당 개념을 나타내는 단어를 알지 못할 수 있으며, 또 그 반대의 경우도 있다(예: Damasio et al., 1996; Tranel et al., 1997). 뇌 영상 실험은 단어와 그림이 의미 체계를 공유한다고 했지만, 일부 뇌 영역은 그림보다는 단어에 더 많이 반응하거나 혹은 단어보다는 그림에 더 반응할 수도 있다는 점을 보여 주었다(Vandenberghe et al., 1996; Wagner et al., 1997). 피험자가 단어 의미와 그림 간의 유사성을 판단할 때, 이 두 가지 종류의 자극은 좌반구 지역의 네트워크를 활성화시킨다. 즉, 상후두 피질(superior occipital cortex), 하측두엽(inferior temporal lobes), 그리고 하전두엽(inferior frontal lobes)을 포함하는 좌반구 지역의 네트워크를 활성화시킨다([그림판 3] 상단). 단어에만 특화된 활성화는 전두피질(frontal cortex)뿐만 아니라 상측두(superior temporal)와 내측(뇌 중심 쪽) 전측두엽(medial (toward the center of the brain) anterior (front) temporal lobes) 지역에서도 관찰되었다([그림판 3], 가운데). 그림은 좌측 상측두 고랑(left superior temporal sulcus) 근처의 지역을 선택적으로 활성화시켰다([그림판 3] 하단).

정상적으로 작동하는 뇌에서는 비언어적 개념 지식과 언어적 지식이 어떻게든 조합되면서 단어를 듣거나 읽을 때 의미를 생성해 낸다. 이런 일이 어떻게 이루어질까? 이런 일이 어디에서 이루어질까? 뇌의 어디에 단어의 의미가 저장되어 있고, 또 시각과 청각 자극에 맞춰서 뇌가 어떻게 의미를 활성화시키는지에 대해 답을 찾는 것은 간단하지 않다. 특히 단어가 여러 다양한 추상적 수준으로 분류될 수 있는 여지가 많다는 것을 생각한다면 복잡한 문제이다(예: 개방어 대 폐쇄어, 명사 대 동사, 생물 대 비생물, 규칙성 대 예외, 고빈도 대 저빈도, 동물 대 식물 대 미네랄 등등등). 따라서 단어를 듣거나 읽을 때 좌반구 편향의 광범위한 활동이 나타난다고 할지라도, 구체적인 뇌 활동 패턴은 단어와 과제 특성의 상호작용을 반영한다는 점에 놀라서는 안 된다(Booth et al., 2003; Friederici et al., 2000; Posner and Raichle, 1994). 단어 특성에 따라 구분되는 뇌 반응은 신경 심리학과 뇌 영상 연구 모두에서 관찰된다. 일부 실어증 환자는 명사보다 동사 정보를 인출하는 데 더 큰 어려움을 겪고 있으며, 어떤 실어증 환자들은 그 반대의 어려움을 겪을 수도 있다(Caramazza and Hillis, 1991; Damasio and Tranel, 1993). 단어를 인출하는 능력의 차이는 명사—동사 쌍인 'a crack'과 'to crack'과 같이 두 단어가 거의 동일한 경우에도 발생하고, 고빈도 단어이지만 의미론적으로 덜 복잡한 단어의 경우에 더 심각할 수 있다(Breedin et al., 1998).

단어 종류에 따라 다른 뇌 영역이 활성화되는데, 이는 단어가 나타내는 개념을 뇌가 어떻게 표상하는지에 대한 차이를 반영한다. 한 기념비적인 PET 연구에서, Alex Martin과 동료들은 피험자들에게 동물 그림과 도구 그림을 보여 주고, 그림 속 대상의 이름을 머릿속으로 조용히(소리 내지 말고) 말하도록 했다(Martin et al., 1996).[24] 그 결과 동물과 도구에 대한 뇌 활성화 패턴이 서로 다르게 관찰되었다. 동물의 이름을 말했을 때는 후두엽 영역에서 더 많은 활동이 관찰되었고, 도구의 이름을 말했을 때는 하전두엽 영역에서 더 많은 활동이 관찰되었다([그림판 4] 참조).[25] 다른 ERP와 뇌 영상 연구에서도 구체적(concrete) 객체를 나타내는 단어(예: cat, dog, table)와 기능어(예: between, because, where)가 서로 다른 신경 반응 패턴을 생성한다는 것을 관찰하였다(Nobre and McCarthy, 1994; Nobre et al., 1997).

뇌 영상과 신경심리 연구는 사람들이 단어를 볼 때(혹은 들을 때), 단어를 처리하는 뇌 영역이 수행하는 과제의 종류에 따라 달라진다는 결과를 제시한다. 사람들에게 hammer와 같은 명사에 관련된 동작을 생성하도록 요청하면, 뇌 활동은 전대상회(anterior cingulate gyrus), 좌측 하전두엽(left

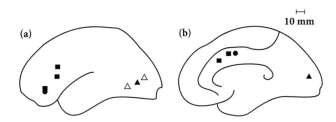

[그림 3.14] PET 뇌신경 영상 실험 결과. 삼각형은 피험자가 응시점 조건에 비해 단어를 수동적으로 보았을 때 뇌 활동이 더 높은 영역을 보여 준다(검은색 채워진 삼각형은 좌반구 활동을 나타내며, 투명한 삼각형은 우반구 활동을 나타낸다). 네모는 명사를 소리 내어 반복하는 과제에 비해 동작 단어를 말하기 과제를 수행할 때 뇌 활동이 더 높았음을 나타낸다.[2] 원은 명사를 수동적으로 보는 과제에 비해 위험한 동물 과제를 수행할 때 뇌 활동이 더 높았음을 나타낸다.

출처: Posner et al. (1988), American Association for the Advancement of Science

inferior frontal lobes), 그리고 우측 소뇌(right cerebellum)에 집중된다(Petersen et al., 1989; Posner et al., 1988; Posner and Raichle, 1994). Mike Posner와 동료들의 중요한 PET 영상 연구에서는 다른 뇌 영역의 참여를 관찰하기를 희망하면서, 과제 조건을 변경해서 명사 집합에 대한 뇌 반응을 측정했다. 한 조건에서는 단어를 수동적으로 재인하는 동안의 뇌 활동과 응시점(피험자들은 화면에서 '+'만을 바라봄) 조건에서의 뇌 활동이 비교되었다. 위험한 동물(dangerous animal) 조건에서는 피험자들이 명사 목록을 보고, 이 각각의 단어가 위험한 동물인지를 결정했으며(의미적 범주화 작업의 일종), 동작 생성(action generation) 과제에서 피험자들은 각 명사(예: hammer)를 보고 해당 물체를 사용하여 사람이 취할 수 있는 동작을 말했다(예: pound). 수동적으로 단어를 보고 아무것도 하지 않았을 때는 양쪽 대뇌 반구의 후두엽에서 더 큰 활동이 발생했다. 의미적 특질(위험성)과 연관성(명사와 동작 간 연관)을 활용한 과제는 전두엽에서 좌측면 활성화를 유발시켰다([그림 3.14] 참조).

상이한 뇌 활동 패턴은 단어의 음성적 특질과 대조적으로 단어의 의미적 특질에 중점을 둔 과제 간에도 관찰된다. PET 데이터는 좌측 측두엽 상당 영역에서 의미적 판단에 따른 중요한 신경 활동을 보여 주었고, 단어의 소리에 대한 판단에 대해서는 양쪽반구 배측 영역의 활성화를 보여 주었다(Price et al., 1997; [그림 3.15] 참조). 다른 뇌 영상 실험들에서도 동일한 단어가 사용되어도 (수

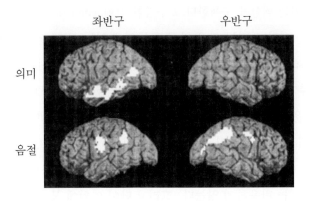

[그림 3.15] 의미 판단 작업(위)과 음절 판단 작업(아래)에 대한 PET 데이터

출처: Price et al. (1997), The MIT Press

2) 역자 주: 본문에는 언급되지 않았으나, (출처에 따르면) 동작 단어 말하기 조건의 통제 조건으로 명사를 반복해서 말하기 조건이 대비되었다.

행) 과제가 다른 경우에는 의미 처리에 관여하는 좌측 전전두엽의 참여 양상이 달라졌다고 밝혔다 (Goldberg et al., 2007). 추상적이고 언어를 통해 알게 된 동물에 대한 지식을 다루는 질문은, 더 구체적이고 직접 관찰 가능한 동물에 대한 특성을 다루는 질문보다, 좌측 전두엽 지역에 더 강력한 활성화를 이끌어냈다. 이때 질문에 대한 응답은 두 질문이 모두 동일하게 어려웠다([그림판 5] 참조; Bright et al., 2006; Demb et al., 1995; Mainy et al., 2008 참조).[26] 개별 단어와 관련된 의미적, 음성적 지식을 물어보는 과제 간에도 좌측 전두엽 여러 영역이 서로 다르게 활성화되었다. 두 단어가 서로 의미가 유사한지를 피험자가 판단할 때는 일부 하부영역(subregions)이 더 활성화되었으며, 두 단어가 운(rhyme)이 맞는지를 판단할 때는 다른 하부영역이 더 활성화되었다(Heim et al., 2005; Roskies et al., 2001; Mainy et al., 2008 참조). TMS 결과도 좌측 하전두엽(left inferior frontal lobes) 지역에서의 전-의미, 후-음성 조직화를 보여 주었다(Gough et al., 2005). 또 다른 연구에서도 어휘 판단할 때와 동사를 생성할 때 좌측 하전두엽에서 뇌 활동의 차이를 보여 주었다(Frith et al., 1991 참조).

단어와 관련된 뇌 활동의 패턴은 개별 단어의 특성과 수행하는 과제에 따라 달라진다는 것을 명심하자. 단어 처리 과제는 대체로 좌반구 네트워크를 활성화시킨다. 일부 상황에서는 우반구 활동도 관찰된다. 특히 추상적 개념에 해당하는 단어를 처리하는 경우에 그렇다(Kiehl et al., 1999). 그러나 언어처리 과제의 큰 활동은 주로 좌반구에서 발생한다.

처리 모형은 음성과 시각 단어 처리를 위해 별도로 독립된 입력 표상 세트를 가정한다(예: Coltheart et al., 2001; McClelland and Elman, 1986; McClelland and Rumelhart, 1981). 그리고 이런 분할은 음성과 시각 단어 처리에서 다른 활동 패턴으로 반영된다. 음성 입력은 베르니케 지역(후두엽, 측두엽, 그리고 두정엽의 접합 부근)을 더 강력하게 활성화하며, 시각 입력은 이 지역을 전혀 활성화시키지 않을 수도 있다(Howard et al., 1992; Petersen et al., 1988). 음성 단어 처리에 관여하는 뇌 영역에는 좌우 상측두엽(superior temporal lobes)이 포함된다. 이 영역은 입력의 음향적 특질과 음성적 특성을 분석하는 데 관여한다(Kluender and Kiefte, 2006; Scott et al., 2000). 일부 이론가들은 좌반구의 상후측두엽(superior (top) posterior (toward the back) temporal lobe)의 일부분이 음운 단어 형태 영역(phonological word form area)을 포함한다고 제안하며, 이 영역은 음향 정보를 개별 단어의 저장된 표상과 일치시키는 역할을 수행한다고 주장한다(예: Friederici, 2002).

글로 된 단어에 대한 시각 처리는 좌우 반구 후두엽에 있는 선조(striate) 줄무늬(stripey) 그리고 선조외 시각 피질(extrastriate visual cortex) 부분에서 수행된다(이 지역은 다른 복잡한 시각 자극에도 반응). 글로 된 단어의 추가 입력 처리는 시각 단어 형태 영역(visual word form area)의 활동과 관련이 있는데, 이 영역은 음운과 의미 처리에 관여된다고 생각되는 페르실비안 피질(perisylvian cortical) 영역 가까이에 있는 시각 처리 앞쪽의 좌반구 영역이다(예: Cohen et al., 2002; Dehaene et al., 2002; McCandliss et al., 2003; Nobre et al., 1994). 이 영역은 발음 가능한 문자열에 반응하며, 음성 언어나 단어처럼 보이는 자극에는 반응하지 않는다. 그리고 단어 이외에 복잡한 시각 자극에는 반응하지 않는다. 시각 단어 형태 영역의 위치는 [그림 3.16]에 표시되어 있다.[27]

자극이 음성 또는 시각 입력 코드를 활성화시키면, 신경 활동이 추가적으로 진행되어 단어의 의미와 통사적 자질에 접근하고 담화 표상에 이런 자질이 통합된다. 어느 순간에는 이 활동이 들은 단어인지 읽은 단어인지에 의존하지 않게 되므로, 해당 단어와 관련된 감각과는 독립되는 정보를 반

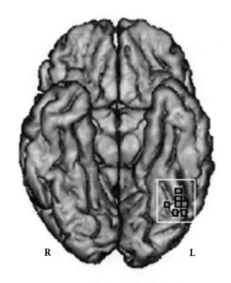

$x = -42\ y = -57\ z = -15$

[그림 3.16] **시각 단어 형태 영역.** 좌반구는 그림에서 오른쪽에 있다.

출처: Cohen et al. (2002), Oxford University Press.

영할 것이다. 이러한 어휘 후(post-lexical) 처리 과정은 전후두엽 피질(anterior occipital cortex), 하두정부(inferior parietal lobes), 중앙 하측두엽(medial and inferior temporal lobes), 측두극(temporal poles) 그리고 하전두엽(inferior frontal lobes)을 통해 전방으로 확산되는 좌측 신경 활동과 관련이 있다 (Friederici et al., 2000; Howard et al., 1992). 그러나 이러한 활동 중 일부분만이 과제와 독립적으로 나타나는 것으로 보인다. 하측두엽과 전두엽의 활동은 과제가 단어의 의미(통사 또는 시각적 특성과 대조적으로)에 중점을 두었을 때 증가하는 것으로 나타난다. 상측두엽의 활동은 음운 분석과 더 관련이 있다. 일부 이론가들은 신경 조직 구조 안을 제안했는데, 배측 뇌 영역이 음성 입력의 음운 및 운동근육 분석에 관여하고 반면, 내측 영역은 구문-관계 정보에 관여하고, 복측(아래쪽으로) 영역이 의미 정보의 인출에 관여한다는 생각이다(Shalom and Poeppel, 2008; Thompson-Schill et al., 1999).

뇌는 후방에서 전방으로 이어지는 차원에 따라 구성될 수 있으며, 후방 부위는 좀 더 기본적인 특질을 인출하는 데 더 많이 관여하고, 전방 부위는 특질의 복합 조합과 관계 정보를 처리하는 데 더 많이 관여한다고 할 수 있다(Noppeney et al., 2007; Randall et al., 2004). 이 접근 방식은 동사와 명사의 분리를 보여 주는 신경 심리학 연구에 의해 지지받는다. 동사와 관련된 문제는 주로 전두엽 손상과 관련되며, 구체적 사물을 지칭하는 명사와 관련된 문제는 주로 측두엽 손상과 관련되어 있다(Caramazza and Hillis, 1991). 다른 대안 가설은 후방에서 전방으로의 조직이 기능-지각 구분을 반영할 수 있다고 제안하며, (기능에 따라 정의되는) 도구와 관련된 자극은 (주로 어떤 용도로 쓰이는지 보다는 어떻게 보이는지에 따라 더 구분되는) 동물과 관련된 자극보다 후방 뇌 부위를 강하게 활성화시킨다고 제안했다. 이는 자극들이 단어, 그림, 또는 사물과 연결된 소리(예: 소의 moo 소리, 가위로 싹뚝거리는 소리) 중 어떤 것으로 제시되어도 마찬가지였다(Tranel et al., 2005).

Hanna Damasio와 그녀의 동료들은 100명 이상의 뇌 손상 환자를 평가하고, 이 평가 결과와 도구, 동물, 사람의 명명과 관련된 과제 수행 결과와의 상관분석을 시도했다(Damasio et al., 1996). 뇌 손상 위치를 매핑하고 다양한 종류의 단어에 대한 행동 반응과 손상 위치를 비교함으로써,

Damasio 연구팀은 좌측두엽 후방 영역의 뇌 손상이 도구(이름) 장애와 관련되며, 전방 영역의 손상은 동물(이름) 장애와 관련되며, 측두극 손상은 사람(이름) 장애와 관련된다는 것을 관찰했다([그림판 6] 참조). 이 데이터는 여러 다른 개념이 다양한 기저 신경 체계에 의해 표상된다는 것을 보여준다고 해석된다. 그러나 결정적으로 Damasio 연구팀의 환자 중 대부분은 이름을 댈 수 없었지만 개념을 정의할 수는 있었다. 그래서 환자들은 스컹크의 그림을 보고 "오, 그 동물은 가까이 가면 끔찍한 냄새가 나요; 그것은 검고 흰색이며 때로는 도로에서 자동차에 치일 때가 있어요."라고 말할 수 있었다(Damasio et al., 1996, p. 499). 따라서 이 환자들의 문제는 그들이 개념에 대한 지식이 부족한 것이 아니라, 개념의 의미에는 접근할 수 있지만 이름을 떠올리는 것을 방해하는 무언가에 있다는 것을 뜻한다. 결과적으로, Damasio와 동료들은 환자들이 손상을 입은 측두엽 영역이 음운 단어 형태 지식과 분산된 개념적 지식 간의 연결을 제공하는 중간 과정(intermediary processes)을 담당한다고 제안하였다. 이때 음운 단어 형태 지식은 상측두엽(superior temporal lobe)과 측두-두정-후두 연접지역에 있는 언어 영역에서 지원된다. 다시 말해, 측두엽의 여러 영역은 지역화된 개념적 표상을 저장하는 것이 아니다. 대신 Damasio와 동료들은 다음과 같이 말한다.

주어진 도구의 개념을 떠올릴 때 (관련된 개념적 지식을 지원하는 여러 지역의 활성화에 기반하여) … 중간 영역이 활성화되고, (적절한 감각 운동 구조에서) 주어진 도구에 해당하는 단어 형태에 해당하는 음운 지식의 명시적 표상을 활성화시킨다. 다른 범주의 개념을 떠올릴 때, 예를 들어 특정한 사람의 경우, 다른 중간 영역이 관여된다(Damasio et al., 1996, pp. 503-504).

단어의 의미가 뇌에서 어떻게 표상될까

언어 과학에서 지속적으로 논의되는 주제 중 하나는 단어 의미가 뇌에서 어떻게 표상되는지와 관련이 있으며, 이 논쟁을 시작하기 좋은 방법 중 하나는 범주별(category-specific) 의미 결함 현상을 살펴보는 것이다. 범주별 의미 결함은 개인이 어떤 유형의 단어 의미를 이해하는 데 어려움을 겪지만 다른 유형의 단어에는 어려움을 겪지 않을 때 발생한다. 특히, 자연 종류(동물, 식물, 음식)를 가리키는 단어와 인공 또는 인간이 제작한 물건(도구, 건물, 물건)을 처리하는 데 차이가 있는 것으로 보인다. 범주별 결함의 존재 여부는 생물과 무생물을 나타내는 데 의미 표상이 국재화되어야 하는 것인지 혹은 별도의 의미 시스템이 존재해야 하는지에 대한 논쟁의 대상이 되어 왔다(예: Caramazza and Hillis, 1991; Pinker, 1994). 국재화주의자(localizationist)에 따르면, 의미 기억은 자연 선택에 따라 별도의 범주로 분류되는데, 이런 범주가 생물학적으로 중요한 영역이기 때문이다. 이런 개념적 분할은 다양한 종류의 개념이 뇌의 서로 다른 물리적 영역에서 물리적으로 분할되어 있음을 반영한다. 따라서 도구의 개념적 지식을 표상하는 데 책임을 진 뇌 영역에 병변(손상)이 생기면, 그 손상을 가진 개인은 해당 손실된 개념과 관련된 단어를 이해하거나 생산할 수 없게 될 것이다. 그러나 다른 개념은 완전히 보존될 수 있는데, 이 개념이 손상되지 않은 뇌 영역에 물리적으로 구체화되어 있기 때문이다.

국재화적 접근은 분산 표상적 접근과 대조적이다. 분산 표상적 접근에 따르면, 개념은 뇌의 다양한 부위에 걸쳐 조정된 활동 패턴으로 표상된다. 이런 설명에 따르면, 단어 표상은 일종의 헤비안 세포 연합(Hebbian cell assembly)으로 생각될 수 있다(예: Pulvermüller, 1999). Hebb은 인지 혁명 초기에 기억 연구에서 활동한 이론가였다. 그는 개념(그리고 다른 종류의 장기기억)이 연결된 뉴런 집단으로 이루어져 있다고 주장했다. 뉴런 집단은 서로를 흥분시키는 연결로 묶여 있으므로, 집단의 한 구성원이 활성화되면 집단의 다른 모든 구성원도 활성화된다. 이러한 방식에 따라서, 간단한 인출 단서가 풍부하고 복잡한 배열로 된 지식을 활성화시킬 수 있다. 단어 형태를 표상하는 하위 연합을 활성화하는 인출 단서로서 단어를 생각할 수 있으며, 단어를 들었을 때 활성화되는 개념과 연상은 헤비안 세포 연합의 다른 구성 요소도 반영하게 된다. 뇌에서 헤비안 세포 연합은 어떻게 형성될까? Pulvermüller(1999)에 따르면, 이러한 연합은 서로 다른 뉴런 집단이 동시에 활성화될 때 형성된다. 즉, 단어 학습에서, 단어 소리에 반응하는 뉴런이 물체의 지각적 특성(시각, 촉각, 청각 등)과 기능적 특성(당신이 이 물체로 무엇을 하는가?)을 표상하는 다른 뉴런과 동시에 활성화될 때 형성된다. 일단 이런 연결이 만들어지면, 지각적이고 기능적 특성이 활성화될 때 소리에 접근할 수 있으며(직접 경험 혹은 회상에 따라서); 이 소리는 그 이름과 관련된 지각적이고 기능적 표상도 활성화시킨다(체화된 의미론에서처럼). 즉, 단어 표상은 한 세포 연합의 하위 구성 요소 중 하나가 활성화될 때 함께 발화되는 신경학적으로 분산된 뉴런 집단을 반영한다는 것이다.

다양한 종류의 단어가 뇌의 여러 부분에 표상된다는 생각은 뇌 손상 후 단어 지식이 어떻게 붕괴되는지를 살펴보는 연구와 정상적으로 작동하는 개인들의 신경생리학 및 뇌 영상 연구를 통해 탐구되어 왔다. 처음에는 의미 지식과 단어 처리에서 관찰되는 범주별 결핍의 존재가 분산 표상보다 국재화를 선호하는 것처럼 보일 것이다. 국재화된 표상은 한 범주가 사라졌는데도 다른 범주들은 그렇지 않은 것에 대해 빠르고 효율적인 설명을 제공하는 반면, 분산 시스템의 특징 중 하나는 손상 후 뇌기능이 우아하고 점진적으로 감소한다는 점을 설명한다. 그러나 관련 증거를 자세히 살펴보고 의미 기억의 조직을 새롭게 살펴보면 분산 표상 입장을 크게 지지하게 된다.

먼저, 생물에 대한 지식 손실이 인공물에 대한 지식 손실보다 더 흔하다는 점을 고려해 보자. 생물보다 무생물에 대한 지식이 더 잘 보존된다는 사실은 여러 과제를 통해 입증되었다: 대면 명명(confrontation naming, 환자는 그림으로 나온 동물이나 물건에 해당하는 단어를 말하려고 시도), 범주 유창성(category fluency, 환자는 주어진 범주(예: 식물 또는 동물)에 해당하는 범례를 최대한 많이 제시하려고 시도), 정의 과제(definition tasks, 환자는 단어에 대한 정의를 제시하려고 시도). 다음 쪽에 제시된 글상자는 생물에 대한 범주별 특수 결함을 가진 환자들의 정의 과제 응답을 몇 가지 예시로 제공하고 있다. 이런 환자들은 일반적으로 하측두엽 및 전측두엽 영역에 손상이 있는 경우이다(Saffran and Schwartz, 1994). 도구에 대한 결함은 후측두엽 일부분과 후두-측두 연결 부위 근처의 두정엽의 손상과 관련이 있다(Damasio et al., 1996). 생물 범주보다 무생물적 범주에 대한 결함은 대체로 아주 심각한 의미적 결함을 가진 환자들에게만 관찰된다(Moss et al., 1998). 국재주의자 입장은 생물과 무생물의 지식이 서로 다르다는 이유를 설명할 수는 있지만, 생물에 대한 결함이 무생물에 대한 결함보다 더 자주 발생하는 이유는 설명하지 못한다.

두 번째로 의미적 지식의 저하가 전부-아니면-전무(all-or-none)는 아니라는 점을 고려하자. 손상된 범주에 대한 어떤 정보는 보존된다. 그리고 환자들은 과제를 수행하는 데 필요한 세부적 지식

글상자 ......

생물 범주에 대한 범주별 결함이 있는 환자가 제공한 생물과 무생물에 대한 정의

환자 RC

벌 – '벌은 동물이야. 어떻게 생겼는지 잊어버렸어. 그런데 그들은 두 눈을 가지고 있어, 사람과 비슷해. 두 눈은 투명해 보여. 그리고 듣기에는 두 귀가 있어. 입에 대해서—먹고 마시는 것에 대해.'

자전거 – '자전거는 두 바퀴인데, 어떤 것은 네 바퀴인데, 배우는 것, 어린이들을 위한 배움··· 아니면 중앙에 두 개, 뒷쪽 양쪽에 두 개, 균형을 유지하며 가는 것, ··· 무슨 이름인지 모르겠지만··· 밟고, 밟고 조향하고, 배우기 시작할 때는 네 바퀴로.'

(Moss et al., 1998, p. 304)

환자 JBR

달팽이 – '곤충 동물'

서류 가방 – '학생들이 종이를 들고 다니기 위해 사용하는 작은 가방'

(Warrington and Shallice, 1984; in Saffran and Schwartz, 1994, pp. 513-514)

의 양에 따라서 어떤 작업을 다른 작업보다 더 잘 수행하는 데, 그 과제가 생물 또는 무생물 개념에 대한 지식을 활용하는 것과는 상관이 없다. Bright와 동료들(Bright et al., 2006)은 Bates와 동료들의 복셀 기반 병변 증상 매핑(voxel-based lesion-symptom mapping: VLSM) 기법과 유사한 기법을 사용하여 개념적 지식, 단어 처리, 두뇌 간의 관계를 조사했다. 이 연구에서는 서로 다른 부분에 뇌 손상을 입은 환자들이 여러 유형의 단어를 포함한 과제를 수행하게 했다(즉, 고양이, 말과 같은 자연물 그리고 망치, 자동차와 같은 인공물). 연구자들은 fMRI를 사용하여 여러 다른 종류의 사물과 정보 처리 과제에 대한 뇌신경 반응을 측정했다. VLSM에서처럼, 연구자들은 뇌에서 최대 반응이 발생한 위치를 탐사하였고, 환자들이 과제를 얼마나 잘 수행했는지를 평가하며, 여러 과제에서 측정한 정확도와 뇌신경 반응의 상관관계를 분석했다. 전측두엽 지역에서 신호 강도가 더 컸던 환자들은 자연물을 포함하는 과제를 더 잘 수행했다. 특히 이 작업이 서로 다른 개념을 구분하는 데 필요한 세부 사항에 대한 판단을 요구할 때 수행을 더 잘했다(예: 고양이는 수염이 있나요? 개는 짖나요?). (그러나) 공통 특징을 살펴보는 질문(예: 고양이는 다리가 있나요? 개는 털이 있나요?)은 전측두엽 영역에서의 신호 강도와 관련되지 않았다. 자연물 지식이 일반적으로 전측두엽 영역에 위치한 신경 네트워크에 의해 지원되었다면, 앞에 제시된 두 종류의 질문은 뇌의 바로 그 영역에서 유사한 신호 강도를 이끌어 냈어야만 했다. 따라서 이러한 결과는 더 복잡한 특질 및 특질의 조합이 주로 앞부분 영역에서 지원되기는 하지만, 의미 지식은 분산되어 있다는 설명을 적합하게 한다. 또한 생물 범주와 무생물 범주는 분리되지 않았다는 점을 보여 준다.

Thomas Grabowski와 동료들이 유명한 랜드마크와 인물을 포함하여 시행한 PET 뇌 영상 연구(2001)는 의미 표상에 대한 국재적 입장에 문제를 제기한다. 국재적 관점에 따르면, 다른 범주(예: 동물, 도구)의 개념은 뇌의 다른 영역에 표상되며, 다른 신경 시스템에 의해 접근된다. 대신, 지각–기능적 접근법은 좌반구 의미 처리 영역이 후방–전방 축을 따라 조직되어, 기능과 더 일반적인 특

징은 후방 지역에서 더 많이 표상되고, 더 복잡한 특징 조합은 전방 지역에서 더 많이 표상된다고 주장한다. 국재적 입장에 따르면, 랜드마크 사진(예: 워싱턴 기념비, 허버트 H. 험프리 메트로돔, 카혜 인지)과 인물 사진은 유명한 인물의 사진보다 뇌의 여러 지역을 활성화해야 한다. 지각–기능적 접근법에 따르면, 랜드마크와 인물 간의 구별은 세부 사항을 평가하는 것을 포함하므로 랜드마크와 인물 간의 구별 모두 측두극(temporal pole)과 같은 앞부분에 의존해야 한다. Grabowski와 동료들의 PET 연구에서 유명한 랜드마크와 유명한 인물은 모두 왼쪽 측두극을 활성화시켰으며, 유명한 랜드마크와 유명한 인물 조건 간의 신경 활동의 차이는 어떠한 뇌 영역에서도 발견되지 않았다. 이러한 결과는 지각–기능적 접근법과는 명쾌하게 부합되지만, 생물과 무생물 범주에 대한 별도의 영역적 표상을 제안하는 입장에게는 문제를 제기한다. 다른 신경 영상 연구도 다른 개념 범주의 단어를 활성화시키는 데 동일한 뇌 영역이 활성화되었다는 것을 보여 주었다(Chao et al., 2002).

범주별 결함은 국재화주의적 틀에서 해석될 수도 있는데, 특정 개념이 뇌의 특정 위치에 표상되며 의미 체계가 비슷한 개념이 뇌의 인근 위치에 표상되도록 조직화된다고 가정함으로써 설명 가능하다. 따라서 '고양이' 개념을 없애는 손상은 '고양이'와 유사한 개념도 청소해 버릴 가능성이 높지만 의미적으로 다른 개념은 보존시킬 수 있다. 상관 특징 접근법(correlated features approach)은 표상에 대한 가정을 다르게 하면서, 범주별 결함을 설명하기 위한 다른 방안을 제공한다. 상관 특징 접근법에 따르면, 의미적/개념적 지식은 분산된 신경 네트워크에 표상된다. 의미적 표상이 분산되어 있기 때문에 뇌에서 특정 영역을 가리키면서 "이 지역이 '고양이' 개념이 저장된 곳이에요."라고 말할 수 없다.

분산 지식의 가정에는 두 가지 주요 결과가 있다. 첫째, 고양이라는 단어를 듣거나 고양이에 대해 생각할 때 다양한 뇌 영역이 활성화되며, 각 뇌 영역은 고양이의 다른 의미 측면에도 반응할 수 있다. 이 접근법은 Pulvermüller(1999)의 세포 연합 접근법과 분산 표상 및 처리 이론과 유사하다. 둘째, 동일한 대규모 분산 뇌 영역 네트워크가 모든 의미적/개념적 지식을 담당한다. 따라서 고양이와 다른 자연물에 대한 지식은 도구와 기타 비자연물에 대한 지식을 담당하는 동일한 분산 시스템에 저장되어 있다. 그러나 동물과 도구에 대한 지식이 뇌 전체에 퍼져 있고, 망치에 대한 지식을 처리하는 동일한 시스템에서 고양이에 대한 지식도 처리된다면, 우리는 왜 동물에 대해서만 혹은 도구에 대해서만 문제가 발생하는 것일까?

답은 개념 자체의 구조 때문일 수 있다(Moss et al., 1998). 개념은 다양한 종류의 특성으로 이루어져 있다. 일부 특성은 서로 상관되어 있고, 일부는 독특하다. 상관된 특질은 범주 내 개별 범례들 사이에서 공유된다. 독특한 특성은 어떤 것과 다른 것 사이의 차이를 드러낸다. 생물은 일반적으로 상관이 높은 특성을 가지고 있으며, 서로 다른 종류의 생물 간의 차이는 매우 특정한 (독특한) 속성의 미세한 차이에 의존한다. 그 결과, 어떤 동물에 대해 한 가지를 알고 있다면 다른 많은 속성들도 알게 될 가능성이 높다. 예를 들어, 어떤 것이 눈이 있다는 것을 안다면, 그것이 입, 코, 폐, 네 다리, 귀 등도 있는 것이 거의 확실하다고 생각할 것이다. 서로 다른 동물을 구별하려면 속성의 하위 집합에 대한 상세한 지식이 필요하다. 줄무늬와 수염이 있나? 그렇다면 호랑이일지도 모른다. 줄무늬와 갈기가 있나? 그렇다면 얼룩말일 수 있다. 반면에, 무생물은 상관되지 않은 특성을 가질 가능성이 더 높다. 무생물에 대한 한 가지 정보를 알아도 다른 속성을 예측하기가 쉽지 않다. 무생물은 또한 생물보다 여러 가지 차별적인 특성을 가질 가능성이 더 높다. 손잡이가 있는 물체를 알고 있다고 하더라도 그 손잡이 끝에 그릇이 있는지, 평평한 머리가 있는지, 아니면 뾰족한 머리가 있는지를 예측하는 것은 불가능하다. 그러나 그 물체의 나머지 부분이 날카로운 가장자리라는 것을 알고 있다면, 당신이 다루고 있는 것이 망치가 아니라 칼일 가능성이 높다. 범주별 결함이 있는 환자들은 상관된 특성이 많은 개념들을 구별하는 데 큰 어려움을 겪고 있으며, 범주 내 다양한 범례들 간에 나타나는 공통 특성에는 어려움을 덜 겪는다. 누군가가 동물에 대한 특정 결함이 있다면, 그들에게 동물이 공통으로 가지고 있는 특성(눈, 귀, 다리 등)에 대해 물어보면 그들의 반응은 정상이거나 거의 정상에 가깝다. 그러나 그들에게 동물에 대한 독특한 특성에 대해 물어보면, 큰 문제가 발생한다. RC와 같은 환자들(Moss et al., 1998에서 보고됨; Bunn et al., 1998도 참조)은 동물의 공통된 특성을 다양하게 제공할 수 있지만, 인공물에 대해서는 그렇지 않았다. RC는 인공물에 대해서는 독특한 특성을 제공할 수 있었지만, 공통된 속성을 제공할 수는 없었다.

범주별 결함을 가진 환자의 뇌 영상 데이터는 이러한 결함이 특정 유형의 개념(예: 생물 대 무생물) 때문이라기보다는 구별적 특성을 처리하는 전반적인 능력의 결함에서 비롯된 것임을 확신시켜 주었다. Peter Bright와 동료들의 연구(2006; Devlin et al., 2002도 참조)에서는 범주별 결함을 가진 환자의 뇌 활동을 영상화하기 위해 fMRI를 사용했다. 영상이 찍히는 동안에 환자들은 생물과 무생물의 사진에 대한 질문에 답했다. 무생물 물체에는 차량이 포함되어 있는데, 이는 흥미로운 경우이다. 차량은 많은 상관된 특징(예: 엔진, 운전대, 타이어, 좌석 등)을 가지고 있고 차량을 구별하는 특징은 매우 독특하다(트럭을 운전하는 사람에게는 세단은 모두 비슷하게 보인다. 그리고 그 반대의 경우도 마찬가지이다). 특징 구조적인 측면에서 보면 차량은 동물과 유사하다. fMRI 실험 중에 어떤 질문은 공통된 특성에 관한 것이었고(예: 타이어가 있나요? 눈이 있나요?), 어떤 질문은 독특한 특성에 관한 것이었다(예: 발톱이 있나요? 후드에 평화 기호가 있나요?). 이 연구의 핵심은 환자들이 생물과 무생물을 처리하는 데 어려움을 겪는 것인지와 동물과 차량에 대한 뇌 활동과 질문 응답이 어떻게 다른지를 확인하는 것이었다. 만약 특성 구조가 피험자의 행위를 결정한다면, 환자들은 대상이 생물인지 무생물인지와 관계없이 독특한 특성 질문보다 공통 특성 질문에서 성적이 좋아야 한다. fMRI 결과는 독특한 특성 질문에 답을 잘한 환자들이 좌반구의 측두극(temporal pole) 근처에서 더 많은 활동을 보였음을 보여 주었는데, 질문이 생물에 관한 것이었는지 혹은 무생물에 관한 것이었는지는 상관이 없었다. 이 결과는 개념 구조 가설과 부합될 수 있지만, 국재화주의적 입장으로는 쉽게 설명되지 못한다. 또한 개념 구조 가설은 생물에 대한 범주별 결함이 무생물에 대한 범주별 결함보다 더 흔히 관찰되는 이유도 설명할 수 있다. 구체적으로, 개념 구조 가설은 우리가 생물을 구별하는 비결은 훨씬 더 많은 수의 매우 상관된 공통 특징 중에서 몇 개 안 되는 매우 구체적인 구별 특징을 선별해 내는 것이라는 점을 제시한다. 만약 생물과 무생물을 모두 다루어야 하는 통합된 의미 처리 시스템이라면 이러한 특징을 사용하지 못하므로 구별이 어려울 것이다(Moss and Tyler, 2003).

요약 및 결론

단어 표상과 단어와 관련된 지식을 활성화하고 활용하는 과정에 대한 연구는 언어 과학에서 가장 중요한 과업 중 하나이다. 단어는 여러 다른 추상화 수준에서 다양한 방식으로 표상될 수 있으며, 이러한 표상들의 조직과 연결방식이 다른 단어의 처리에 영향을 미칠 수 있다. 단어 연구를 구분시키는 요소 중에 하나는 형태와 의미의 차이이다. 로고젠(logogen), 트레이스(TRACE), 코호트(COHORT)과 같은 어휘 접근 이론은 주로 단어 형태 정보의 표상과 활성화에 관심을 두었다. 이 분야의 연구는 특질 수준과 형태소 수준에서의 표상이 어휘 접근 과정에서 중요한 구성 요소임을 보여 주었다. 이 모형들이 세부적 측면에서 다양한 차이를 보여 주지만, 어휘 접근에는 여러 후보의 활성화와 선택을 위한 경쟁이 포함된다는 점에는 대체로 동의한다. 어휘 의미 연구는 단어와 그들이 참조하는 개념 간의 연결 네트워크 구조를 중심으로 진행되어 왔다. 기호 시스템을 기호 이외의 다른 것에 연결하는 기제가 필요하지만, 어휘-기호 체계 내의 연결은 사람들이 단어에 응답하는 방식에 영향을 미치는 것으로 보이며, 새로운 단어 의미 습득에도 중요한 역할을 한다. 단어-뇌 관계 연구는 단어 형태와 의미적 표현이 좌뇌의 널리 분포된 네트워크에 의해 지원된다는 것을 보여 준다. 또한 단어에 대한 응답에서 발생하는 뇌 활동의 특정한 패턴은 해당 단어의 형태, 의미, 그리고 개인이 단어를 접할 때 수행하는 과제의 측면에 따라 달라진다. 어휘 의미 측면에서, 어떤 의미의 범주가 다른 의미의 범주들보다 뇌 손상에 더 취약할 수 있지만, 현재 증거는 분산된 시스템이 단어 의미를 담당한다는 가설을 지지한다.

🗨 스스로 점검하기

1. 어떤 구성요소가 모여서 단어를 만드는 것일까?

2. 의미란 무엇인가? 단어의 여러 의미들이 서로 어떻게 관련되어 있는가?

3. 장기기억에 단어 뜻(word sense)은 어떻게 표상되나? 의미는 사전 정의와 얼마나 밀접하게 닮아 있나? 의미는 연합주의 네트워크에서 어떻게 표상될 수 있는가?

4. 체화된 의미 가설(embodied semantics hypothesis)을 설명하고, 이를 연합주의 의미론(associationist semantics)과 대조하여 설명해 보자. 어휘 의미론에 대한 각 접근법을 지지하는 증거는 무엇인가? 체화된 의미에서 거울 뉴런이 어떤 역할을 하는지 설명해 보자.

5. 로고젠(logogen), FOBS, 트레이스(TRACE), 코호트(COHORT) 어휘 접근 모형을 각각 설명해 보고, 이 모형들을 서로 비교해 보자. 각 모형의 접근법에 대해 문제를 제기하는 연구 결과를 설명해 보자.

6. 형태소가 어휘 접근에서 어떤 역할을 하는지 설명해 보자. 형태소를 조작한 점화 실험은 어휘 접근에 대해 어떤 점을 말해 주고 있는가?

7. 분산된 코호트 모형을 Elman의 단순 순환 네트워크(SRN) 모형과 비교해 보자. 각 모형을 지지하는 증거는 무엇인가?

8. 중의적 단어는 어떻게 처리되는가?

9. 뇌의 어떤 부분이 어휘 관련 정보를 저장하고 활성화하는 데 관여하고 있는가?

10. 범주 결함이란 무엇인가? 어떻게 범주 결함에 걸리게 되나? 무엇이(어떤 입장이) 범주 결함을 가장 잘 설명하고 있는가?

더 생각해 보기

1. 신문 기사를 찾아보자. 기사에서 의미적으로 중의적인 단어를 얼마나 많이 찾을 수 있는지 친구들과 내기를 해 보자. 기사의 첫 단락을 중의적 단어가 없도록 다시 쓸 수 있는지 확인해 보자. 자연 언어에 왜 중의적 단어가 있다고 생각하는가? 중의적 단어의 장단점은 무엇인가?

시간은 화살처럼 날아간다. 초파리는 바나나를 좋아한다.[1]

—Marx

사람들은 말을 할 때 단어의 연속체(sequences of words)를 산출한다. 아울러 듣거나 읽을 때는 이러한 단어들을 처리하게 된다. 화자는 이러한 단어의 연속체를 구, 절, 문장의 형태로 구성하여 말하고, 청자는 화자가 말하는 것을 이해하기 위해 단어의 연속체들이 어떻게 배열되는지 알아내야 하며, 나아가 그 정보를 사용하여 화자가 의도한 의미를 파악해야 한다. 언어 과학자들은 사람들이 말하기 전이나 말하는 도중에 단어를 어떻게 구성하는지, 또 문장 속의 단어들이 서로 어떠한 관계를 갖는지 알아내기 위해서 청자와 독자가 단서(cue)를 어떻게 사용하는지 연구한다. 화자나 작자가 만들어 낸 문장에서 제시하는 단서는 화자가 의도하는 메시지를 청자가 파악하는 데 있어 매우 중요하다. 통사론(syntax) 연구에서는 문장 내의 단어들이 서로 어떻게 관련되어 있는지를 보여 주기 위해 언어가 제공하는 단서들을 찾아내는 작업을 수행한다. 구문분석(syntactic parsing) 연구에서는 문장을 해석하는 과정에서 문장 내의 단어들이 서로 어떻게 관련되어 있는지를 파악하기 위해 청자나 독자, 즉 이해자(comprehender)가 그러한 단서들을 어떻게 사용하는지 알아내는 작업을 수행한다.

다음은 단어로 구를 구성하는 것이 의미에 어떠한 영향을 미칠 수 있는지를 보여 주는 예문이다(Pinker, 1994; Bever, 1970; Columbia Press, 1980 참조).

(1) Dr. Phil discussed sex with Rush Limbaugh.

청자 및 독자는 마음속에서 문장 내의 단어들을 두 가지 이상의 다른 방법으로 구성할 수 있으며, 구성하는 방법에 따라 그 문장이 의미하는 바가 정해진다. 예문에서 유력하게 의도되는 의미는

---

[1] 역자 주: Time flies like an arrow. Fruit flies like a banana. 두 문장은 영어로 보면 형태적으로 대구를 이루지만, flies는 앞 문장에서는 동사로, 뒤 문장에서는 명사로 사용되었고, like는 앞 문장에서는 전치사로, 뒷 문장에서는 동사로 사용되었다. 뒤 문장을 앞 문장과 같은 방식으로 해석하면 '과일은 바나나처럼 날아간다.'라는 이상한 뜻이 된다.

독자가 전치사구 'with Rush Limbaugh'를 동사 discussed와 밀접한 관련이 있는 것으로 이해하는 경우이다. 이러한 의미는 다음과 같은 가상 대화(대화 1)에서 볼 수 있다.

> You: Who did Dr. Phil have on his radio show this morning?
>
> (Phil 박사가 오늘 아침 라디오 쇼에 누구와 함께 했나요?)
>
> Me: He had Rush Limbaugh on the show.
>
> (Phil 박사는 Rush Limbaugh와 함께 했습니다.)
>
> You: What did they talk about?
>
> (그들이 무엇에 대해 이야기했나요?)
>
> Me: They talked about sex. Dr. Phil discussed sex with Rush Limbaugh.
>
> (그들은 성관계에 대해 이야기했습니다. Phil 박사가 성관계에 대해 Rush Limbaugh와 이야기했어요.)

이 대화에서 청자가 해야 할 중요한 일은 Dr. Phil과 연속 배열된 discussed와 sex를 결부시키는 것이며, 청자는 결합된 전체(discussed sex)를 with Rush Limbaugh와 연결시켜야 한다. 이때의 의미는 'Phil 박사가 Rush Limbaugh와 이야기했다. 그 이야기는 성관계에 대한 것이었다.'와 같이 바꾸어 말할 수 있다.

(1)의 문장을 구성하는 또 다른 방법은 전치사구 with Rush Limbaugh를 명사 sex와 밀접한 관련이 있는 것으로 취급(해석)하는 것이다. 이렇게 다른 의미는 다음의 가상 대화(대화 2)에서 나타날 수 있다.

> You: Who did Dr. Phil have sex with?
>
> (Phil 박사가 누구와 성관계를 가졌나요?)
>
> Me: Dr. Phil had sex with Rush Limbaugh.
>
> (Phil 박사가 Rush Limbaugh와 성관계를 가졌습니다.)
>
> You: I don't believe you.
>
> (못 믿겠는데요.)
>
> Me: Really. He talked about it afterwards. Dr. Phil discussed sex with Rush Limbaugh.
>
> (정말입니다. Phil 박사가 그 후에 그것에 관해 이야기를 했어요. Phil 박사가 Rush Limbaugh와의 성관계에 대해 이야기했습니다.)
>
> You: ! (!)

문장 'Dr. Phil discussed sex with Rush Limbaugh' 내의 단어들을 구성하는 다양한 방법을 나타내는 도식을 그리고 싶다면 점과 선으로 연결된 수형도 형태의 **구 구조 나무그림**(phrase structure tree 또는 tree diagram)을 사용할 수 있다. 이 구 구조 나무그림은 복잡해 보일 수 있지만 문장 내의 단어들이 어떻게 서로 연관되어 있는지를 보여 주는 매우 편리한 방법이다.[1]

모든 문장은 하나의 명사구(NP)와 하나의 동사구(VP)를 가진다. 따라서 구 구조 나무그림의 맨 위에는 'S'(문장)가 있고 그 아래에는 다음과 같이 'NP'(명사구)와 'VP'(동사구)가 있게 된다.

(2)
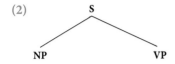

이 구조도는 문장이 있고, 그 문장이 하나의 명사구(NP)와 하나의 동사구(VP)로 이루어져 있음을 보여 준다. 수형도에서 NP, VP, S와 같은 명칭(label)은 마디(node)라 불리며, 다른 마디들이 연결되면서 가지(branch)를 형성한다. 마디와 가지들의 형태는 문장 내의 단어들이 구와 절을 형성하기 위해 어떻게 그룹을 이루는지 보여 준다.

문장 (1)에서 가장 왼쪽의 NP는 어떤 의미가 부여되든 간에 Dr. Phil이 되므로 이를 나무그림의 NP 마디 아래에 추가해 보도록 하자.

(3)
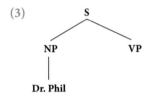

예문 (1)의 구조에서 중요한 차이점은 모두 VP 마디 내부에서 발생한다. (대화 1)이 나타내는 의미는 discussed sex의 의미를 수식하는 with Rush Limbaugh와 관련된다. 이 관계를 표현하기 위해서는 with Rush Limbaugh가 동사 discussed의 수식어로 할당되도록 VP 마디를 구성해야 한다. 이는 VP를 다음과 같이 구성하여 나타낼 수 있다.

(4)
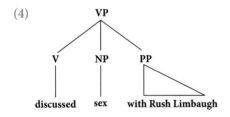

('PP'는 전치사구를 나타낸다. With, of, in 등의 단어들을 전치사라고 한다.)

만약 (대화 2)에서 나타내는 의미를 얻으려면 VP를 다르게 구성해야 한다. with Rush Limbaugh와 sex가 그룹을 이루도록 표현해야 한다. 이는 다음과 같은 구조로 나타낼 수 있다.

(5)
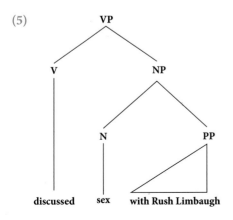

이제 VP 다이어그램이 정리되었으므로 두 개의 서로 다른 나무그림, 즉 (대화 1)의 의미를 나타내는 구 구조 나무그림(6a)과 (대화 2)의 의미를 나타내는 구 구조 나무그림(6b)을 그릴 수 있다.

(6) (a)

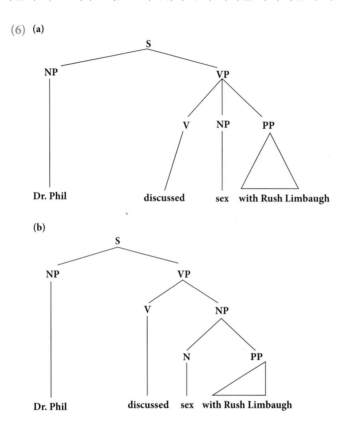

문장 처리에는 단순히 어떤 단어가 결합하여 구를 만드는지 알아내는 것 외에도 더 많은 점들이 있지만, 언어 과학자들은 (1)과 같이 전역적으로 중의적(globally ambiguous)인 문장을 연구함으로써 사람들이 문장을 해석하는 정신적 과정에 대해 많은 것을 알게 되었다. 전역적으로 중의적인 문장은 두 가지 이상의 방법으로 구성될 수 있는 단어 배열(연속체) 형태를 가지고 있으며, 이러한 다양한 문장 구성 방식은 모두 언어의 문법과 부합한다.

예문 (1)과 같은 중의적인 문장이 같은 의미를 표현하나 중의적 의미가 적은 문장보다 이해하기 어려운 것일까? 다시 말해, 중의성은 청자 또는 독자에게 처리 부담이 가중되는 것일까? 이 질문에 대한 간결한 대답은 '그렇다.'이다. 중의적인 문장은 때로 같은 의미를 가진 중의적이지 않은 문장보다 긴 읽기 시간, 낮은 이해 정확도, 다른 두뇌활동 패턴들을 초래하곤 한다(Brothers et al., 2021; J. C. Trueswell et al., 1994; Frazier and Rayner, 1982; Kutas et al., 2006 참조). 반면에, 이 질문에 대한 보다 복잡하고 다양한 답변을 내놓는다면 중의성이 유의미한 수준의 처리 부담을 발생시키지 않는 경우도 있으며, 궁극적으로 처리 비용은 청자가 처리하는 정보와 활용 가능한 문맥 정보 등 다양한 요인에 따라 달라진다는 것이다. 여기에서는 간결한 사례부터 시작하여 살펴보고, 나중에 보다 까다로운 사례에 대해 살펴보자.

중의적인 문장이 청자나 독자에게 처리 부담을 지운다는 것을 어떻게 알 수 있을까? 한 가지 방법은 중의적인 문장을 이해하는 데 걸리는 시간을 측정하고, 이를 중의적이지 않은 문장을 이해하는 데 걸리는 시간과 비교하는 것이다. 언어 과학자들이 이 작업을 수행할 때는 대부분의 연구가 일시적인 중의성(temporarily ambiguous) 문장을 분석하는 데 집중된다. 일시적인 중의성 문장은 두 가지 이상의 방식으로 구성될 수 있는 단어 연속체를 포함하지만 문장 전체적으로는 문법적으로 허용될 수 있는 단일한 구조를 지니고 있는 문장을 말한다. (실제로 예문 (1)과 같이 완전히 중의적인 문장은 드물다.)

다음은 일시적인 중의성 문장의 예이다(Frazier and Rayner, 1982에서 발췌; Adams et al., 1998; Ferreira and Clifton, 1986 참조).

(7) While Susan was dressing the baby played on the floor.

중의적인 문장 (7)을 중의적이지 않은 아래 문장 (8)과 비교해 보자.

(8) While Susan was dressing herself the baby played on the floor.

예문 (7)은 첫 번째 절이 정확히 어디에서 끝나는지 완전히 명확하지 않기 때문에 일시적으로 중의성을 가진다. 첫 번째 절은 the baby 다음에서 끝날 수도 있지만 실제로는 dressing 다음에서 끝난다. 청자(및 독자)는 NP the baby가 Susan was dressing the baby에서와 같이 선행하는 Susan was dressing과 그룹을 이루는지, 아니면 Susan was dressing (herself) and the baby played on the floor에서와 같이 the baby가 새로운 절을 시작하는지 알아내야 한다. 예문 (8)에서는 herself가 종속절 'While Susan was dressing herself'를 봉쇄하여 the baby가 그 절 속에 들어갈 수 없기 때문에 문장이 중의적이지 않게 된다.

예문 (7)에서 청자는 the baby가 Susan was dressing과 그룹을 이루는지 아니면 새로운 절을 시작하는지를 알아내야 한다. 청자는 바로 정답을 찾아내는가? 아니면 실수를 하는가? 또는 불확실한 경우, 정답을 확신할 수 있는 충분한 정보를 얻을 때까지 결정을 미루는가? 이는 문장의 핵심적인 부분에서의 처리 시간을 측정함으로써 알 수 있다. 일반적으로 문장의 특정 부분에 부과되는 처리 부하가 클수록 사람들이 그 문장의 부분을 이해하는 데 더 오랜 시간이 걸린다. 그렇다면 문장 (7)의 어떤 부분이 처리하기 어려울 것인가?

예문 (7)의 다른 부분에 대한 읽기 시간을 측정했을 때 중의적인 부분에서 처리 부하가 크게 증가하지 않는 것으로 나타났다. 즉, the baby의 읽기 시간은 문장이 중의적이든 그렇지 않든 거의 동일하다(Frazier and Rayner, 1982; Traxler, 2002, 2005). 독자들은 While Susan was dressing the baby를 비중의적인 예문 (8)에서 이에 상응하는 부분만큼 빨리 읽는다. 즉, 중의성은 그 자체로는 청자나 독자에게 큰 부담이 되지 않는다. 사람들의 읽기 속도가 느려지는 지점은 동사 played이다. 사람들은 예문 (8)보다 (7)에서 played를 처리하는 데 훨씬 더 큰 어려움을 겪는다. 왜 그럴까? 그리고 그것은 무엇을 의미하는가?

여기에는 두 가지 의미가 있다. 첫째, 청자와 독자가 올바른 결정을 내릴 수 있는 충분한 정보를 얻기 전에 단어들을 구와 절로 구성하는 방법에 대한 결정을 내린다는 것을 의미한다. 즉, 단어 처리에서와 마찬가지로 문장 처리에서도 청자와 독자는 즉각성 원칙(immediacy principle)을 따르고, 각 단어와 마주칠 때 점진적 처리 전략(incremental processing strategy)을 사용한다는 것이다(Foss and

Hakes, 1982; Just and Carpenter, 1980). 즉각성 원칙은 사람들이 올바른 결정을 내리는 데 필요한 모든 정보를 얻을 때까지 기다리지 않고 부분적인 정보와 잘못된 것일 수도 있는 가능성이 있는 가정을 바탕으로 가능한 한 많은 해석 작업을 수행함을 말한다. 둘째, 구조적인 선택을 하는 것 자체는 그리 어렵지 않다는 것을 의미한다. 만약 어렵다면 사람들이 더욱 많은 구조적 선택을 할 수 있는 문장에서 속도를 늦춰야 하는데, 실제로는 그렇지 않은 것으로 보인다. 마지막으로, 이는 사람들이 다양한 구조를 선택할 수 있을 때 종종 잘못된 선택을 한다는 것을 의미한다. 만약 그들이 항상 올바른 선택을 했다면 예문 (7)의 어떤 부분도 처리하는 데 문제가 없어야 한다. 독자들이 동사 played에서 속도를 늦춘다는 사실은 문장의 해당 지점에서 특별한 일이 일어나고 있음을 시사한다. 그 특별한 일이 무엇일까?

한 가지 설명은 문장의 시작 부분(While Susan was dressing the baby)에서 청자와 독자가 the baby를 옷이 입혀지는 대상으로 취급하고 Susan was dressing과 같은 절에 포함시키기 때문에 곧바로 처리 문제가 발생한다는 것이다. 이러한 방식으로 문장을 해석하려면 청자는 수형도 (9)에 제시된 것과 같은 구조를 구축해야 한다.

(9)

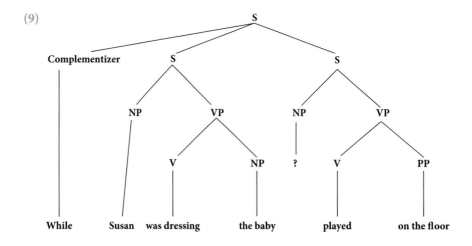

문장의 시작이 (9)와 같은 패키지로 구성된 경우, 동사 played의 주어가 없게 된다(비유적으로, 동사 was dressing이 the baby를 정당한 주인으로부터 훔쳐간 셈이 된다). 만약 the baby가 동사 was dressing에 할당되거나 부착되는 경우, 청자는 문법적으로 허용되는 방법으로 동사 played를 While Susan was dressing the baby…와 한 문장으로 통합할 수 없게 된다. 이 딜레마의 해결책은 이해자가 원래의 구조적 분석을 취소하는 것, 즉 the baby를 was dressing으로부터 다시 빼앗아 정당한 소유자인 played에게 돌려주는 것이다. 이를 위해 이해자는 수형도 (10)에 표시된 것과 같은 통사 구조를 채택하거나 구축해야 한다.

(10)과 같이 올바른 구조적 형상에서 Susan 자신은 옷을 입었고 아기는 바닥에서 놀았다는 올바른 의미를 도출하게 된다. 아울러 예문 (8)에서는 '아기-훔치기(아기를 목적어로 취하는 것)'가 불가능하므로 dressing과 the baby를 분리하는 정신적 작업을 할 필요가 없고, 구조적 결정을 취소할 필요도 없으며, 잘못된 구조를 수정할 필요도 없다는 점을 알 수 있다(예문 (7)에서 the baby가 채우려고 하는 목적어 역할을 (8)에서는 herself가 채우고 있다).

언어 과학자들은 다중 의미의 문장 패턴을 의미하는 다양한 오도문(garden path) 문장을 연구했

(10)

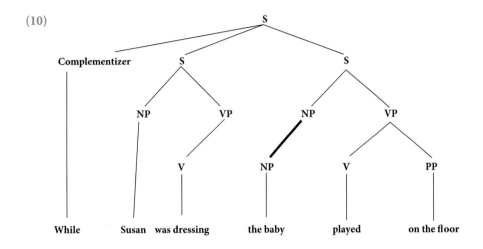

으며, 예문 (7)과 같이 청자가 처음에 하나의 통사 구조를 만들고(예: (9)) 나중에 그 구조를 다른 구조로 대체하는(예: (10)) 문장이 동등한 비중의적인 문장보다 이해하기 어렵다는 것, 즉 시간이 더 오래 걸리고 해석 오류가 더 많이 발생한다는 것을 일관되게 밝혀왔다(Britt, 1994; Ferreira and Clifton, 1986; Frazier and Rayner, 1982; Fujita, 2021; Konieczny and Hemforth, 2000; Phillips et al., 2005; Pickering and Traxler, 1998; Rayner et al., 1983; Altmann and Steedman, 1988; Trueswell et al., 1993). 이러한 이유로 언어 과학자들은 사람들이 오도 문장에 정확히 어떻게 반응하는지, 그리고 정확히 무엇이 오도 문장을 처리하기 어렵게 만드는지 설명하는 이론을 세우는 데 많은 시간을 투자하였다.

어떤 문장이 특히 처리하기 어려울지 예측하고 설명하기 위해 언어 과학자들은 구문분석(syntactic parsing)이라는 개념을 활용한다. 구문분석은 단어 연속체를 계층적 정신 구조(앞선 나무 그림들과 유사한)로 구성하는 정신적 과정 또는 일련의 과정들이다. 사람들이 구축하는 정신적 표상이 말 그대로 '머릿속의 수형도'일 필요는 없다는 점에 유의해야 한다. 여러 가지의 동등한 표상 체계가 가능하며, 궁극적으로 연관된 구조적 정보는 외형적으로 보면 대규모 뉴런 집단에서의 점화형 패턴으로 표현된다. (일부 이론에서는 앞선 구 구조 나무 그림 같은 표상을 가정하고 뉴런이 어떻게 작동하는지에 대해서는 전혀 신경 쓰지 않는다; 다른 이론은 뉴런 집단이 서로 다른 문장에 어떻게 반응하는지에 훨씬 더 관심이 많으며 이러한 문장이 수형도로 정확히 어떻게 표현되는가에 대해서는 신경 쓰지 않는다.) 여기서 중요한 것은 파서(parser)가 문장의 단어들이 서로 어떻게 연관되어 있는지를 판단한다는 것이다. 통사 구조와 구 구조 나무 그림들은 이러한 관계를 추적하는 한 가지 방법일 뿐이다. 통사 파서(syntactic parser) 또는 간단히 파서(parser)는 문장 내의 단어 간의 관계를 식별하는 과정을 수행하는 메커니즘이다. 다양한 일련의 과정들은 단어 연속체를 계층적 구조로 조직화하는 작업을 수행할 수 있다. 언어 과학자들은 사람들이 문장을 구문분석할 때 실제로 어떤 특정한 일련의 절차를 사용하는지 알아내고자 한다. 이 장의 다음 절에서는 Lyn Frazier의 고전적인 오도문(garden path) 이론부터 출발하여 이러한 설명 중 일부를 고찰한다.

구문분석 모형: 2단계 모형

(7)과 같은 문장은 은유적으로 정원의 길을 따라가다가 그곳에 발이 묶여 다시 돌아가서 다른 길을 선택해야 하는 상황을 연출한다. 그래서 종종 오도문 문장(garden path sentences)이라고 불린다. 청자는 중의적인 부분을 처리하는 동안 일시적으로 중의적인 문장(예: 문장 (7))에 대해 잘못된 구조를 만들고, 중의성을 해소하는(disambiguating) 정보(예: (7)에서의 played)에 도달해서야 자신의 오류를 발견하여 처음의 통사적(구조적) 및 의미적 분석을 수정한다는 아이디어가 문장 처리 및 해석에 대한 오도문 접근법의 핵심 내용이다(Frazier, 1979, 1987). Frazier의 오도문 이론은 구문분석이 두 가지의 별개의 처리 단계로 이루어진다고 제안하기 때문에 구문분석의 2단계 모형으로 정의된다. 첫 번째 단계에서는 들어오는 단어 연속체를 분석하여 각 단어가 어떤 범주에 속하는지 결정한다(범주는 명사, 동사, 전치사 등과 같은 품사에 해당). 범주가 식별되면 파서는 해당 연쇄에 대한 구 구조를 구축하게 된다. 초기 구조 구축 과정에서는 단어 범주에 관한 정보 외에 다른 정보는 사용되지 않는다는 점에 유념해야 한다. 파서는 어떤 특정 단어를 보고 있는지는 신경 쓰지 않고 입력에 어떤 범주가 표상되어 있는지만 알고 싶어한다. 문장 해석의 두 번째 단계에서는 구조화된 입력에 의미 규칙이 적용되어 표준적 의미가 산출된다. 이제 제안된 두 가지 처리 단계를 보다 자세히 살펴보도록 하자.

첫 번째 단계에서 어휘 프로세서는 입력에 표상된 범주를 식별하고 그 산출물이 구문분석 메커니즘에 공급된다([그림 4.1] 참조). 'While Susan was dressing the baby played on the floor'라는 문장을 어휘 프로세서에 공급하면 어휘 프로세서는 다음과 같은 범주 연속체를 산출할 것이다.

[접속사-명사-동사-한정사-명사-동사-전치사-한정사-명사]

파서는 입력 시에 실제로 어떤 특정 단어가 표상되는지 알지 못해도 이 일련의 범주들에 대한 통사 구조를 구축할 수 있다. 통사 구조가 구축되면 (10)에서 보듯이 문장에서의 실제 단어들은 구 구조 나무그림(수형도)에서 자리를 할당받을 수 있게 되며, 전체 형상은 의미역 해석장치(thematic interpreter)로 전송될 수 있게 된다. 의미역 해석장치는 수형도의 위치와 다른 단어와의 연결 방식에 따라 수형도를 구성하는 각 요소에 의미적 역할을 할당하는 일련의 규칙을 적용하는 작업을 한다. 예를 들어, 문법적인 주어는 오래되거나 주어진 정보로 취급되며, 시스템에서는 주어를 해당 절이 묘사하는 초기 행위자로 취급하는 것을 선호한다. 의미역 해석장치가 합리적이고 청자의 사전 지식이나 가정과 부합하며, 담화의 앞 문장과 쉽게 통합될 수 있는 의미를 생성하게 되면, 해당 문장의 해석 과정이 끝나고 청자는 다음 문장으로 넘어갈 수 있게 된다. 의미역 해석장치가 이러한 특성 중 하나 이상이 결여된 의미를 생성하는 경우 한 가지 해결책은 구문 파서에 신호를 보내서 파서가 단어 연속체에 대한 대안적 구조를 찾도록 하는 것이다(NASA와 달리 파서의 경우 실패는 항상 옵션이라는 점에 유의).

입력

어휘 프로세서

범주

통사 파서

통사 구조

의미 해석자

문장 의미

[그림 4.1] **구문분석의 오도문 모형**

오도문 이론에서는 어휘 프로세서가 단어 범주에 대한 정보를 전달하자마자 파서가 통사 구조를 구축하기 시작한다고 가정한다. 의미역(Thematic) 처리 또한 단어 단위로 작동하는 것으로 보인다(Brothers, 2022). 즉, 의미역 해석장치가 구 또는 절이 끝날 때까지 기다리지 않는다는 것이다. 청자는 발화를 처리하는 동안 발화의 의미를 지속적으로 모니터링하며, 청자가 입력 시의 통사적 또는 의미적 문제를 감지하는 즉시 해석 과정은 느려지거나 중지된다.

오도문 이론에 따르면, 이처럼 해석을 서두르는 것이 때때로 사람들이 길을 잃게 만든다. 구조와 의미 결정은 단어 단위로 이루어지기 때문에 파서는 입력물과 양립될 수 있는 구조가 두 개 이상일 때 대안적 구조들 중에서 하나를 선택해야 한다(더 많은 증거를 수집하기 위해 결정을 미루는 대신). 따라서 파서는 흔히 실제로 어떤 구조가 필요한지에 대한 확실한 정보를 얻기 전에 어떤 구조 옵션을 추구할지를 선택하게 된다. 파서는 종종 올바른 결정을 내리지만, 예문 (7)에서 보았듯이 때로는 그렇지 않을 수도 있다. 파서가 잘못된 결정을 내리면 처음에 구축한 구조를 취소해야 하고 처리 과정에 문제가 발생한다.

이러한 가정으로부터 두 가지 중요한 결과가 도출된다. 첫째, 오도문 이론이 구문분석의 일반 이론으로 작동하려면 둘 이상의 통사 구조가 가능할 때 사람들이 어떻게 선택을 하는지 설명해야 한다. 둘째, 오도문 이론이 사람들이 문장을 어떻게 구문분석하는지에 대한 이론으로 작동하려면 이론에서 구조적 재분석이 일어나고 있다고 말하는 문장의 특정 지점에서만 사람들이 어려움을 겪는다는 증거가 있어야 한다. (이 이론에서는 구조적 선택을 하는 행위가 처리 부하를 부과한다고 주장할 수도 있지만, 앞서 언급했듯이 구조적 결정을 내리는 것 자체가 처리의 어려움을 초래한다는 증거는 거의 없거나 전혀 없다.)

그렇다면 오도문 이론에 의하면, 문장의 특정 지점에서 두 개 이상의 구조가 문법적으로 수용되거나(또는 허가되거나) 범주들의 연속체와 부합할 때 사람들이 어떤 구조를 만들지를 어떻게 결정하는 것일까? 먼저, 이론은 사람들이 한 번에 하나의 통사 구조만 만들 수 있다고 가정한다. 이는 곧 한 번에 두 개 이상의 구조를 만들 수 있는 병렬적(parallel) 처리 시스템과는 달리 일종의 순차적 (serial) 처리 시스템이라는 것을 의미한다. 둘째로 이론에서는 파서가 의존하는 가장 중요한 원칙 을 단순성(simplicity)이라고 본다. 즉, 파서는 가능한 한 가장 덜 복잡한 구조를 구축하려고 한다는 것이다. 보다 단순한 구조를 추구하는 것은 두 가지 주요 이점을 지닌다. 첫째로 단순한 구조는 복 잡한 구조를 구축하는 것 보다 시간이 덜 걸린다. 둘째로 단순한 구조는 복잡한 구조보다 작업기억 과 같은 인지 자원(리소스)에 대한 요구가 적으며, 또한 작업기억에 대한 요구가 적으면 처리 속도 도 빨라진다.

오도문 이론에 따르면 파서는 통사 구조 구축이라는 목표를 추구하며, 특정 시점에 어떤 구조를 구축할지 결정하기 위해 신속하고 일관되게 적용할 수 있는 기본 규칙인 처리 휴리스틱(heuristic)을 사용함으로써 단순성 원칙을 준수한다. 휴리스틱에는 몇 가지 장점과 단점이 있다. 가장 큰 장점은 불완전한 정보를 바탕으로 매우 빠르게 의사 결정을 내릴 수 있다는 점이다. 말하기와 읽기 모두에 서 언어는 분당 약 200단어의 속도로 입력되기 때문에 사람들은 문장 처리 결정을 빠르게 내려야 한다. 휴리스틱의 가장 큰 단점은 잘못된 결정(통사 구조 구축 오류)을 내릴 수 있다는 것이다. 하지 만 휴리스틱이 제공하는 전반적인 시간 절약 효과는 휴리스틱으로 인해 간혹 발생하는 오류와 그 로 인한 올바른 해석에 도달하는 데 있어서의 지연효과보다 더 크다.

오도문 이론의 고전적인 버전은 늦은 종결(late closure)과 최소 부착(minimal attachment)이라는 두 가지 휴리스틱을 제안한다. 늦은 종결은 불필요한 구조를 가정하지 말 것을 요구한다. 가능한 한 같은 구나 절을 오랫동안 계속 작업하라는 것이다. 최소 부착은 둘 이상의 구조가 허가되고 입력물과 부합하 는 경우 마디가 가장 적은 구조로 통사 구조를 구축할 것을 요구한다. 오도문 접근법의 최근 변형에서 는 두 가지 구조 중 하나를 선택할 수 있는 경우 새로운 요소가 문장의 주된 단언과 관련된 구조를 구축하 라는 주 단언(main assertion) 선호와 같은 추가적인 원칙을 가정한다. 늦은 종결 휴리스틱부터 시작 하여 이 세 가지 규칙이 어떻게 작동하는지 살펴보자.

예문 (7)에서 청자가 NP the baby를 맞닥뜨릴 때, 다음과 같이 그것을 선행절의 일부로 포함하 도록 선택할 수 있다: [While Susan was dressing the baby ⋯]. 또는 dressing 직후에 첫 번째 절을 닫 도록 선택할 수도 있다. 이 경우 구 구성은 다음과 같다: [While Susan was dressing] [the baby ⋯]. 늦 은 종결 휴리스틱은 첫 번째와 같은 구조를 추구할 것을 지시하는데, 이는 그렇게 해야 파서가 동 일한 절에 대해 계속 작업할 수 있기 때문이다. 두 번째 구조를 추구한다는 것은 파서가 첫 번째 절 이 실제로 완료되었다는 확실한 증거가 있기 전에 새 절을 만들기 시작해야 한다는 것을 의미한다. 그러나 예문 (7)의 실제 구조는 이 초기 선택과 양립되지 않으므로 구조를 수정하기 위한 추가 처 리가 필요하다. 예문 (8)의 경우에는 파서의 초기 선택과 양립할 수 있으므로(파서는 herself를 첫 번 째 절에 넣기로 선택하는데, 이는 옳은 결정이다) 추가 처리가 발생하지 않는다. 따라서 오도문 이론은 예문 (7)이 예문 (8)보다 처리하기 어려울 것으로 예측하며, 이러한 예측은 사람들의 읽기 시간을 측정한 수많은 실험에서 확인되었다(예: Brothers et al., 2021; Frazier and Rayner, 1982; Traxler, 2002, 2005). 사람들은 예문 (7)에서 주절 동사 played를 맞닥뜨릴 때 일관되게 속도가 느려지는데, 이 부 분이 파서의 초기 구조 가정이 잘못된 것으로 드러나는 지점이다.

최소 부착이 어떻게 작동하는지 살펴보기 위해 예문 (1)과 유사하지만, 의미 정보로 인해 (6b)에 도식화된 것과 같은 해석이 강제되는 문장을 살펴보자.

(11) The burglar blew up the safe with the rusty lock.

금고에 녹슨 자물쇠가 있을 수 있지만 녹슨 자물쇠를 사용하여 금고를 폭파할 수는 없기 때문에 여기서 의미적 정보는 사람들이 (6b)와 같은 구조를 채택하도록 한다. 다음 (12) 예문에서는 다이너마이트를 사용하여 금고를 폭파할 수 있기 때문에 사람들은 (6a)와 같은 구조를 채택한다.

(12) The burglar blew up the safe with the dynamite.

나무 그림 (6)을 보고 예문 (11)의 의도된 의미를 표현하는 데 필요한 마디의 수를 세어보라. (6a)가 (6b)보다 마디의 수가 적다는 것을 알 수 있다. 최소 부착은 '마디의 수가 가장 적은 나무 구조를 만들라'라고 지시하기 때문에, 사람들은 예문 (11)을 들으면 rusty lock이 safe가 아니라 blew up에 부착되는 구조를 구축할 것이다. 오도문 이론에 따르면, (6a)의 구조가 예문 (11)의 단어와 함께 의미역 처리 장치(thematic processor)로 보내지면 의미역 처리 장치는 오류 메시지를 생성하게 된다(녹슨 자물쇠를 사용하여 금고를 폭파하는 것은 이치에 맞지 않기 때문에). 예문 (12)에서 최소 부착 휴리스틱은 올바른 통사 구조를 유도하는데, 파서의 출력이 dynamite와 blew up을 함께 배치하고 다이너마이트를 사용하여 무언가를 폭파하는 것은 합리적이기 되기 때문에 의미역 처리 장치는 아무런 문제도 겪지 않는다. (최소 부착 휴리스틱은 Dr. Phil discussed sex with Rush Limbaugh의 선호되고 비방적이지 않은 해석을 유도한다는 점을 주목하라.)

연구자들이 (11), (12)와 같은 예문을 이해하는 데 걸리는 시간을 측정한 결과, 사람들은 (11)과 같은 문장을 이해하는 데 더 오래 걸린다는 사실을 발견했다(Rayner et al., 1983). 왜 그럴까? 한 가지 가능성은 사람들이 구조적 결정을 내릴 때 최소 부착 휴리스틱을 실제로 사용하기 때문일 수 있다. 청자가 (11)에 대해 구축해야 하는 구조가 (12)에 대해 구축해야 하는 구조보다 더 복잡하기 때문에 처음에는 더 간단한 구조를 채택하는데, 이 특성은 의미역 해석 장치가 (11)을 처리할 때와 같이 실제로 더 복잡한 구조를 필요로 할 때 문제를 야기한다. 즉, 오도문 이론은 문장을 처리하는 사람들의 행동을 관찰하여 확인된 두 가지 예측과정을 제공했다.

때로는 서로 다른 문장 처리 휴리스틱이 동시에 다른 방향으로 청자를 끌어당기는 경우도 있다. 예를 들어, 다음 예문 (13) 및 (14)와 같은 경우 주 단언(main assertion) 휴리스틱이 작동한다.

(13) The young woman delivered the bread that she baked to the store today.
(14) The young woman baked the bread that she delivered to the store today.

주 단언 휴리스틱은 '새 정보를 어디에 부착할지 선택할 수 있는 경우, 문장의 주 단언과 어울리도록 부착하라.'라고 말한다. 청자는 (13), (14)에서 전치사구 to the store를 맞닥뜨리면 해당 구를 문장의 주절 동사((13)에서는 delivered, (14)에서는 baked)에 부착할지, 아니면 더 최근에 맞닥뜨린 동사((13)에서는 baked, (14)에서는 delivered)에 부착할지 선택해야 한다. 두 번째 동사는 관계절 안에 있으며, 이 관계절은 선행하는 명사 bread를 수식(추가 정보 제공)한다. 문장의 주 단언은 추가적인 정보를 제공하는 관계절이 아니라 주절(The young woman delivered the bread)에 의해 제공된다. 결과적으로 주 단언 휴리스틱에 의하면 사람들이 문장 (14)보다 문장 (13)에서 어려움을 더 적게 겪을 것이라고 예측한다(그 이유가 무엇인지 알아낼 수 있는가?). 그러나 늦은 종결 휴리스틱은 정반대의 예측을 한다. 청자가 전치사구 to the store에 도달할 때 현재 관계절(bread that she baked/bread that she delivered)에 대해 작업 중이기 때문에 결과적으로 늦은 종결은 (14)가 (13)보다 쉬워야 한다고 말한다(그 이유를 생각해 보자). 오도문 이론은 이런 경우에 사람들이 (14)와 같은 문장보다 (13)과 같은 문장을 처리하는 데 더 큰 어려움을 겪지 않을 것이라고 예측한다. 왜냐하면 주 단언 휴리스틱은 전치사구를 첫 동사에 붙이도록 유인하지만, 이러한 유인 현상이 늦은 종결 휴리스틱에 의해 취소되기 때문이다. 이러한 예측은 사람들의 읽기 시간을 측정한 결과 (13) 및 (14)와 같은 문장의 읽기 시간이 동일하다는 것을 통해 확인되었다(Traxler and Frazier, 2008).

주 단언 선호가 비활성화되면 어떻게 되는가? 이는 예문 (15) 및 (16)에서와 같이 전치사구 to the store가 종속절(subordinate clause)에 나타날 때 발생한다.

(15) Before the young woman delivered the bread that she baked to the store today, the clerk stacked the shelves.

(16) Before the young woman baked the bread that she delivered to the store today, the clerk stacked the shelves.

(15)와 (16)에서 주 단언은 the clerk stacked the shelves이며, 문법적으로 전치사구 to the store을 주 단언과 연관시킬 방법은 존재하지 않는다. 이런 식으로 주 단언 선호가 비활성화되면 오도문 이론에서는 늦은 종결 휴리스틱이 사람들의 구조적 선택을 지배해야 한다고 말한다. 결과적으로 예문 (15)보다 예문 (16)과 같은 문장에서 전치사구 to the store이 처리하기 쉬워야 하며, 이것이 사람들의 읽기 시간에 나타나는 패턴이다(Traxler and Frazier, 2008).

이와 같은 결과는 파서가 유연한 방식으로 휴리스틱을 활용한다는 것을 시사한다. 특정 시점에 사용되는 특정 휴리스틱은 처리 중인 문장의 특성에 따라 달라진다. 따라서 사람들이 특정 문장에 어떻게 반응할지 예측하려면 해당 문장의 속성(어떤 종류의 구와 절이 포함되어 있는지)을 알아야 하고, 사람들이 해당 문장에 어떤 처리 휴리스틱을 사용할지 알아야 한다. 오도문 이론의 장점 중 하나는 이 두 가지에 대해 상당히 구체적인 주장을 하기 때문에 검증 가능하고 잠재적으로 반증이 가능하다는 것이다.

구문분석 모형: 제약 기반 모형

이제 오도문 모형 외에 몇 가지 대안적인 이론을 살펴볼 차례이다. 제약 기반(constraint-based) 구문분석 모형은 2단계 모형에 대한 가장 유력한 대안이다(예: MacDonald et al., 1994; Seidenberg and MacDonald, 2018; Tanenhaus et al., 1995; Trueswell et al., 1993). 오도문 모형과 제약 기반 모형 사이에는 두 가지 중요한 차이점이 있다. 첫 번째는 제약 기반 파서는 한 번에 하나의 구조를 구축하는 대신 여러 구조적 가능성을 동시에 추구할 수 있다는 점이다. 제약 기반 파서는 종종 어휘 처리의 TRACE 모형에서 사용하는 것과 유사한 병렬 분산처리/신경망 아키텍처를 채택한다(예: Elman, 1994, 2004; Rohde and Plaut, 1999; Spivey-Knowlton and Sedivy, 1995; St. John and McClelland, 1992; Stevenson, 1994; Tabor and Hutchins, 2004). 제약 기반 파서는 활성화 패턴이 다수의 상호 연결된 처리 단위들에 퍼져 있기 때문에 통사 구조를 포함하여 문장의 다양한 측면을 표현한다. 이러한 처리 단위 그룹과 이들 간의 연결은 뇌의 뉴런 네트워크 기능과 유사하게 고안되었다. TRACE 모형에서와 마찬가지로, 부분적이고 불완전한 정보는 여러 정신적 표상을 부분적으로 활성화할 수 있으므로 문장의 특정 지점에서 신경망은 여러 통사 구조 표상을 부분적으로 활성화할 수 있다. 전체 시스템에서는 이러한 구조적 가설에 효과적으로 순위를 매겨 입력을 고려할 때 가능성이 높은 구조에는 더 많은 활성화가 할당되고 가능성이 낮은 구조에는 더 적은 활성화가 할당된다. 대부분의 제약 기반 이론에서 암묵적으로 가정하는 것은 통사 구조가 활성화를 위해 경쟁한다는 것인데, 이는 TRACE와 같은 어휘 접근 이론의 단어 처리 수준에서 일어나는 것과 유사하다(일부 버전의 제약 기반 처리 이론에서는 명시적으로 경쟁을 가정한다). 오도문 파서와 제약 기반 파서의 두 번째 중요한 차이점은 오도문 파서는 입력에 대해 단어 범주 정보에만 의존하지만, 제약 기반 파서는 구축할 구조를 결정하고 각 대안 구조에 상대적 중점을 둘 때 훨씬 더 다양한 단서를 활용한다는 점이다. 마지막으로, 제약 기반 파서는 어휘, 통사 및 의미 프로세스가 모두 동시에 진행되는 것으로 간주하기 때문에 종종 1단계 모형이라고 불린다(어휘 처리가 통사 처리보다 앞서고 통사 처리가 의미 처리보다 앞선다고 보는 2단계 모형의 일반적 접근과 대조적임).

앞으로 볼 몇 부분에서는 제약 기반 파서가 작동하는 방식을 설명하고 인간의 문장 구문분석 과정이 단어 범주 정보 외에도 여러 정보 자원의 영향을 받는다는 아이디어를 뒷받침하는 증거를 기술한다.

이야기 문맥 효과

우선, 고전적인 오도문 이론에 큰 문제를 일으켰던 일련의 연구들을 살펴보자(Altmann, Garnham, and Dennis, 1992; Altmann et al., 1994; Altmann and Steedman, 1988; Crain and Steedman, 1985; Grodner et al., 2005; 그러나 Dempsey and Christianson, 2022 참조). 오도문 파서는 문장의 통사 구조를 구축하려는 초기 시도에서 단어의 범주 정보에만 주의를 기울인다는 점을 상기해 보라. 이것이 사실이라면, 선행 문장에 나타나는 정보는 주어진 문장의 초기 처리에 아무런 영향을 미치지 않아야 한다.

예문 (11) 'The burglar blew up the safe with the rusty lock.'을 다시 한번 살펴보자. 언제 이런 말을 하고 싶을까? 특히 녹슨 자물쇠가 달린 금고에 대한 정보를 추가하는 이유는 무엇일까? 일반적으로 화자는 녹슨 자물쇠가 있는 금고와 녹슨 자물쇠가 없는 다른 금고 또는 금고 집합을 구별하기 위해 이 정보를 추가한다. 그러나 예문 (11)이 단독으로 나오면 청자는 금고가 두 개 이상일 수 있다는 것을 직접적으로 알 수 없다. 이 문장에는 금고가 하나만 언급되어 있고, 정관사 the는 실제로 가능한 금고가 하나뿐임을 강력하게 암시한다(그렇지 않다면 화자는 a safe라고 말했을 것이다). 따라서 (11)의 통사 구조가 복잡하든 복잡하지 않든 이 문장은 청자가 의미를 파악하는 데 어려움을 준다. 특히 rusty lock에 도달하면 청자는 의미적 가정을 일부 수정해야 한다. 금고를 하나만 가정하던 것에서 최소 두 개를 가정하는 것으로 변경해야 하며, 암묵적으로 도입된 금고(들)에는 녹슨 자물쇠가 없다고 가정해야 한다. 이러한 의미적 변경은 청자가 처음에 구축한 문장의 통사 구조에 관계없이 이루어져야 한다.

이것이 모두 사실이라면, 통사 구조를 바꾸지 않고도 (11)을 더 쉽게 만들 수 있을까? 정답은 그럴 수 있다는 것이다. 예문 (17)과 같은 짧은 이야기를 사용하여 사람들에게 금고가 두 개 이상이라는 것을 미리 알려줄 수 있다.

(17) The burglar was planning his next job. He knew that the warehouse had two safes. Although one was brand new from the factory, the other one had been sitting out in the rain for ten years. The burglar blew up the safe with the rusty lock.

이 이야기가 예문 (11)로 끝나면 어떻게 될까? 오도문 이론에 따르면, 이야기에서 어떤 일이 일어나든 (11)에 필요한 구문 구조는 여전히 복잡하고 구축하기 어렵기 때문에 예문 (11)은 여전히 처리하기 어려울 것이다. 그러나 지시맥락 설명(referential context account, 제약 기반 구문분석 이론의 특정 버전)에 따르면 파서는 문맥 정보를 사용하여 주어진 시점에 어떤 통사 구조를 선호할지 결정할 수 있다. 지시맥락 설명은 '구조를 선택할 수 있는 경우 현재의 의미적 가정과 가장 부합하는 통사 구조를 구축하라. 구조를 선택할 수 있는 경우 지시 표현을 중의적이지 않게 만들 수 있는 구조를 구축하거나 또는 가장 많이 활성화하라.'라고 말한다. 이는 곧 더 간단한 통사 구조가 문법적으로 합당하고 입력물과 부합하더라도 파서는 때때로 더 복잡한 통사 구조를 구축하게 됨을 의미한다.

예문 (11)은 'The burglar blew up the safe …'로 시작한다. 청자는 the safe에 도달하자마자 the safe가 무엇을 가리키는지 알아내려고 노력한다. 위 이야기의 문맥에서 새 금고와 오래된 금고라는 두 개의 금고를 소개했음을 주목하라. The safe는 그 자체로 이 두 금고 중 하나를 가리킬 수 있다. 따라서 청자에게는 NP the safe가 두 금고 중 어느 금고를 가리키는지 알아내기 위해 추가 정보가 필요하다. 청자가 with the rusty lock를 the safe에 연결하면 의미적으로 중의적이지 않고 앞의 이야기 문맥과 잘 맞는 구가 만들어진다. 청자가 더 단순한 통사 구조를 만들면 the safe는 앞서 이야기에서 소개된 두 금고 중 어떤 것도 가리킬 수 있는 중의적인 상태로 남게 된다. 지시 이론은 (17)과 같은 이야기 문맥에서 이해자가 (11)과 같은 문장에 대해 간단한 구조보다는 더 복잡한 구조를 구축할 것으로 예측한다. 결과적으로 예문 (11)은 (17)과 같은 이야기에 등장할 때 복잡한 구조에도 불구하고 매우 쉽게 처리할 수 있어야 한다. 이러한 예측은 사람들의 읽기 시간을 측정했을 때 확인되었다. 예문 (11)이 단독으로 등장했을 때는 the rusty lock을 읽을 때 속도가 느려졌다. (11)이 이야기 (17)의 맥락 속에서 등장했을 때, 사람들은 rusty lock을 읽을 때 속도를 늦추지 않았다. 따라서 오도문 이론이 예측하는 것과는 달리, 파서는 새로운 문장을 위해 어떤 통사 구조를 구축할지 결정할 때 적어도 어느 정도는 문맥이 제공하는 정보에 주의를 기울이는 것으로 보인다.

하위범주 빈도효과

오도문 파서는 단어의 범주 정보만을 사용하여 어떤 통사 구조를 구축할지 초기 결정을 내린다. 하지만 단어는 그보다 더 많은 정보를 제공할 수 있다. 예를 들어, 동사 took과 put을 생각해 보면 알 수 있다. 이 두 단어는 모두 같은 통사 범주인 동사에 속한다. 하지만 의미가 다른 것 외에 두 동사는 동등한가? 이 질문에 접근하는 한 가지 방법은 두 동사가 어떤 종류의 통사 구조에 속할 수 있는지 살펴보는 것이다. took부터 시작해 보자. took은 뒤에 아무것도 없이 나타날 수 있는가?

(18) Dr. Phil took.

대부분의 사람들은 문장 (18)이 이상하게 들린다고 말할 것이다. 따라서 별표로 표시하여 문장이 이상하다는 것을 표시해 보자.

*(18) Dr. Phil took.

took 다음에 NP를 추가하면 어떻게 되는가?

(19) Dr. Phil took a nap.

훨씬 나아진다! 따라서 우리는 took이 동사 뒤 논항(post-verbal argument)을 요구하는 동사라는 결론을 내릴 수 있다. 구체적으로, took은 직접목적어(이 경우 a nap)가 있어야 한다. 전문 용어로, 우리는 took과 같은 동사를 '필수적 타동사(obligatorily transitive)'라고 부른다(타동사는 반드시 동사 뒤의 직접 목적어 논항을 가져야 한다).
put은 어떠한가?

*(20) Dr. Phil put.

이상하다. (21)은 어떠한가?

*(21) Dr. Phil put a book.

여전히 이상하다. (22)는 어떠한가?

(22) Dr. Phil put a book on the shelf.

좋다. 따라서 took과 put은 둘 다 뒤에 오는 것 없이 단독으로 나타날 수 없다는 점에서는 유사하지만, 서로 다른 점도 있다. took은 직접 목적어만 있어도 괜찮지만, put은 직접 목적어와 착점(goal)이 모두 필요하다. 따라서 둘 다 범주는 동사에 속하지만 파트너(논항 또는 보충어라고도 함)에 대한 요구 사항이 다르고 통사 구조에 대한 요구 사항도 다르기 때문에 서로 다른 하위 범주에 속한다. (직접 목적어만을 가지는 경우와 직접 목적어와 PP 착점 논항을 모두 가지는 경우의 VP 구조를 그릴 수 있는지 확인해 보자. 막히는 부분이 있으면 교수님께 도움을 요청하라.)

took, put과 같은 동사는 필요로 하는 보충어의 종류와 통사 구조에 있어 상당히 까다롭다. 다른 동사들은 좀 더 유연하다. 동사 was reading을 생각해 보라. 자동사로 쓰인 (23)에서와 같이 동사 뒤 논항이 전혀 없이 나타날 수 있다.

(23) Dr. Phil was reading.

타동사로 쓰인 (24)에서처럼 직접 목적어와 함께 나타날 수도 있다.

(24) Dr. Phil was reading a story.

이중 타동사(ditransitive verb)로 쓰인 (25)에서와 같이 직접 목적어 및 간접 목적어와 함께 나타날 수도 있다.

(25) Dr. Phil was reading a little girl a story.

따라서 was reading은 자동사, 타동사, 이중 타동사 등 여러 하위 범주의 가능성을 가지고 있으며, 이러한 하위 범주 각각은 서로 다른 통사 구조와 결부되어 있다. 실제로 이처럼 유연한 동사들이 많이 있다. (몇 가지를 생각해 보자.)

제약 기반 파서는 통사 정보가 어휘집(lexicon)의 개별 단어와 연관되어 있으며 이 정보가 문장을 처리할 때 어떠한 구조적 가설을 추구할 것인지에 영향을 미치는 것으로 본다는 점에서 오도문 파서와 같은 2단계 파서와 다르다. 특히, 제약 기반 파서는 하위 범주 정보를 사용하여 두 개 이상의 구조가 입력물과 부합할 때 어떤 구조 분석을 선호할지 결정한다. 어떻게? 다음 문장 조각을 생각해 보자.

(26) The student saw the answer …

이 조각은 '… to the last question.'으로 이어질 수 있다.
이 경우 the answer은 saw의 직접 목적어 논항이며, 문장은 (27)과 같이 구조화되어야 한다.

(27)

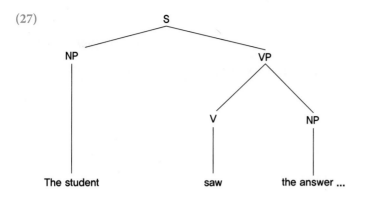

그러나 예문 (28)에서

(28) The student saw the answer …

　　… was in the back of the book.로 이어지는 경우

이때 the answer은 saw의 직접 목적어를 나타내지 않는다. 대신에 the answer은 동사 was의 주어가 되며, (29)와 같이 구조화되어야 한다. 예문 (28)에서 'the answer was in the back of the book' 부분을 문장 보충어라고 한다. 'The answer was in the back of the book'은 실제로 단독으로 나타날 수 있는 문장이고 그 전체가 동사 saw 뒤의 보충어이기 때문에 문장 보충어에 해당한다.

(29)

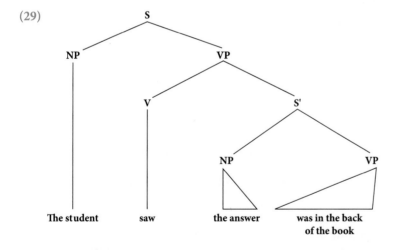

여기에서 이해자가 (26) 및 (27)의 'the answer'에 도달하면 (30)의 구조 중 하나를 선택해야 하는 상황에 직면하게 된다.

(30) **(a)**　　　　　　　　　　　　**(b)**

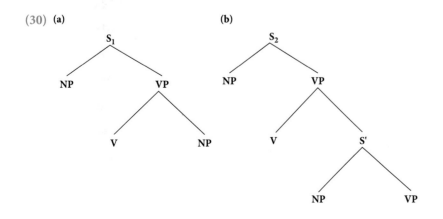

오도문 이론에서는 사람들이 왼쪽의 구조 (a)를 선호해야 한다고 예측하는데, 그 이유는 왼쪽 구조가 오른쪽 구조 (b)보다 단순하고 그 구조를 추구하면 이해자가 현재의 VP에 대한 작업을 계속할 수 있기 때문이다. 따라서 정원 길 이론은 예문 (28)과 같은 문장이 (26)과 같은 문장보다 이해하기가 더 어려울 것이라고 예측하며, 이는 일반적으로 사실이다. 제약 기반 이론 또한 (28)이 (26)보다 더 어려워야 한다고 예측하지만 다른 이유 때문이다. 이 경우에는 두 이론 모두 타당하다. (28)과 같은 문장이 (26)과 같은 문장보다 실제로 처리하기가 더 어렵다는 것이 밝혀졌다(Frazier and Rayner, 1982; Pickering and Traxler, 1998).

제약 기반 이론에서는 사람들이 하위 범주 선호 정보에 주의를 기울인다고 가정한다. 하위 범주 선호 정보는 주어진 구조와 주어진 동사가 함께 사용될 가능성을 나타낸다. 동사 saw를 다시 생각해 보자. 당신이 과거에 10번 중 9번은 예문 (26)과 같이 saw 다음에 직접 목적어가 뒤따른다는 것을 알고 있었다고 하자. The student saw를 들은 후 다음 단어가 나오기 전에 누군가가 전체 문장이 어떤 구조를 형성할지 내기를 제안한다고 가정해 보자. 직접 목적어에 배팅할 것인가, 아니면 문장 보충어와 같은 다른 것에 배팅할 것인가? 다음 단어가 직접 목적어가 될 것이라고 배팅(또는 예측)한다면, 결국에는 90%의 확률로 맞을 것이고, 부자가 될 것이다.

기본적으로 이것이 제약 기반 파서가 하는 일이다. 제약 기반 파서는 과거의 정보(예: 주어진 동사가 나타날 때 주어진 구조가 나타날 가능성)를 가져와 미래를 예측하는 데 사용한다. 따라서 제약 기반 이론에 따르면 예문 (28)의 경우 파서가 직접 목적어가 올 것이라고 예측하기 때문에 어렵고, 따라서 파서는 saw가 직접 목적어를 가질 수 있도록 하는 통사 구조에 더 많은 가중치를 할당한다. 문장이 실제로 다른 구조(이 경우 문장 보충어)에 대한 입력물을 제공하면 제약 기반 구문 파서는 생각을 바꿔야 한다. 제약 기반 파서는 잘못된 휴리스틱을 사용했기 때문이 아니라 예문 (28)이 과거에 발생했던 일반적인 패턴과 어긋나기 때문에 오도된 것이다.

오도문 이론과 제약 기반 구문분석 이론 모두 예문 (26)과 (28)에 대해 동일한 예측을 하며, 두 이론 모두 사람들의 실제 관찰된 행동을 설명한다. 하지만 두 이론이 항상 동일한 예측을 하는 것은 아니다. 두 이론은 아래 예문 (31), (32)에 대해 서로 반대되는 예측을 내린다.

(31) Dr. Phil realized his goals early on.

(32) Dr. Phil realized his goals were out of reach.

(31) 및 (32)에 필요한 통사 구조는 이에 상응하는 예문 (26) 및 (28)에 필요한 구조와 동일하다. (31)에서 his goals는 realized의 직접 목적어 논항이므로 (26)과 같은 구조를 가진다. (32)에서는 his goals는 문장 보충어(his goals were out of reach)의 주어이므로 (28)과 같은 구조를 가진다. 오도문 이론에서는 (32)가 (31)보다 더 어려워야 한다고 예측하지만(앞서 설명한 이유 때문에), 제약 기반 이론에서는 (32)가 (31)만큼 처리하기 쉬워야 한다고 예측한다. 왜 그러한가?

제약 기반 구문분석 이론에 따르면 (32)의 하위 범주 정보가 독자에게 올바른 통사 구조를 바로 알려주기 때문에 (32)는 (31)만큼 쉬워야 한다. 동사 saw와 달리 realized는 약 90%의 경우 문장 보충어와 함께 나타난다. 일반적으로 'I realized a profit'과 같이 말하기보다는 'I realized I was late'와 같이 말할 가능성이 훨씬 더 크다. 그렇다면 사람들이 'Dr. Phil realized …'를 들으면 어떻게 될까? 제약 기반 파서는 문장 보충어가 올 것을 예측하고 그 시점에서 더 복잡한 구조를 선호할 것이다. 사실상 파서는 실제로 나타나는 구조를 예측하기 때문에 문장 (32)의 나머지 부분을 처리할 준비가 잘 되어 있다. 따라서 예문 (32) 후단의 복잡한 구조를 처리하기 위해 구조 수정이 필요하지 않다.

즉, 문장 (26)~(32)에서 오도문 이론은 (26)과 (31)은 처리하기 쉽고 (28)과 (32)는 처리하기 어려울 것이라고 예측한다. 반면에 제약 기반 구문분석 이론에서는 파서가 예측하는 구조와 실제로 나타나는 구조가 다른 (28)만 처리하기 어려울 것이라고 예측한다.

안구 추적(eye-tracking) 및 자기 조절 읽기(self-paced reading) 실험에 따르면 (28)과 같은 문장만 이해자가 어려움을 겪는 것으로 나타났다(Garnsey et al., 1997; Trueswell et al., 1993). 이는 파서가 특정 동사가 다른 통사 구조와 얼마나 자주 결합하는지 추적하고, 어떤 구조적 옵션을 선택할지 결정할 때 이 정보를 매우 빠르게 사용한다고 가정하면 설명할 수 있다. 또한 이러한 결과는 파서가 가까운 미래에 어떤 구조를 접할 가능성이 높은지 예측하려고 하며, 하위 범주 정보는 파서가 예측을 위해 사용하는 정보 소스 중 하나라는 생각을 뒷받침한다.

이해자가 하위 범주 선호 정보(문장이 특정 동사를 포함할 때 특정 구조가 다른 구조보다 처리하기 쉽다는 사실)에 민감하게 반응하는 것은 튜닝 가설(tuning hypothesis)과 부합하는 방식으로 행동하는 것이다. 튜닝 가설은 '구조적 중의성은 과거 유사한 중의성의 해결 빈도와 관련된 저장된 기록을 바탕으로 해결된다.'고 말한다(Mitchell et al., 1995, p. 470; Bates and MacWhinney, 1987; Ford et al., 1982; MacDonald et al., 1994; Seidenberg and MacDonald, 2018도 참조할 것). 다시 말해, 사람들은 서로 다른 통사 구조를 얼마나 자주 접하는지 추적하고, 특정 단어 문자열이 어떻게 구조화되어야 하는지 불확실할 때 이 저장된 정보를 사용하여 다양한 가능성의 순위를 매긴다는 것이다. 하위 범주 선호 정보의 경우, 서로 다른 구조의 빈도는 특정 단어(이 경우 동사)와 결부되어 있다. 다음으로 개별 단어가 아닌 보다 더 복잡한 단어 구성에 빈도가 결부되는 가능성을 고찰하고자 한다.

교차 언어적 빈도데이터

지금까지 구문분석 전략과 이론을 고찰할 때 전적으로 영어에 초점을 맞춰 왔다. 하지만 사람들이 문장의 구문을 분석하고 해석하는 방법을 밝히는 데 도움이 되는 다른 언어에 대한 연구결과도 많이 있다. 교차 언어적 연구(cross-linguistic research, 다른 언어 간의 처리되는 방식을 비교하는 연구)의 한 가지 분야는 여러 가지 언어들에서의 구조적 선호도가 해당 언어에서 다른 구조가 발생하는 빈도와 어느 정도 일치하는지에 초점을 맞췄다. 예를 들어, 스페인어 사용자는 관계절을 사용하여 앞의 명사를 수식할 수 있다. 예문 (33)은 'who was standing on the balcony with her husband'라는 관계절이 '(female) servant' 또는 'actress'를 수식할 수 있기 때문에 통상적으로 중의적이다(Cuetos and Mitchell, 1988에서 발췌; Dussias et al., 2019도 참조).

(33) Alguien disparo contra la criada de la actriz que esta ba en el balcon con su marido.

'Someone shot the (female) servant of the actress who was standing on the balcony with her (male) spouse.'

(34) Alguien disparo contra el <u>criado</u> de la actriz que esta ba en el balcon con su marido.
    'Someone shot the (male) servant of the actress who was standing on the balcony with
    her (male) spouse.'

예문 (34)는 'who was standing on the balcony'가 '(male) servant'나 'actress'를 묘사할 수 있지만, 관계절의 끝 부분('with her spouse')이 관계절을 두 명사 중 두 번째 명사와 확실히 연결하기 때문에 일시적으로 중의적인 것이다.

예문 (33) 및 (34)의 경우 영어 독자는 두 명사 중 두 번째 명사('actress')에 관계절을 부착하는 것을 선호하지만 스페인어 사용자는 두 명사 중 첫 번째 명사('servant')에 관계절을 부착하는 것을 선호한다(Carreiras and Clifton, 1993, 1999). 프랑스어 사용자 또한 상응하는 프랑스어 문장에서 첫 번째 명사에 관계절을 부착하는 것을 선호하지만, 이탈리아어와 독일어 사용자는 두 번째 명사에 관계절을 부착하는 것을 선호한다(Cuetos et al., 1996; Mitchell et al., 1995). 이처럼 언어에 따라 구조적 선호도에 차이가 있는 이유는 무엇일까? 한 가지 가능성은 구조가 나타나는 빈도가 언어마다 다르기 때문일 수 있다. 스페인어와 프랑스어에서는 예문 (33), (34)에서 첫 번째 명사에 부착하는 현상이 더 빈번하게 나타나는 반면, 영어와 이탈리아어에서는 그 반대인 것으로 보인다.

수식 가능성을 개별 명사와 연관시킬 수도 있겠지만, 구조적 빈도 정보는 명사의 유형 (configuration)이라는 더 큰 요소와 연관되는 것으로 보인다. (예를 들어, apple과 같은 보다 구체적인 명사보다 thing과 같은 명사를 수식할 가능성이 더 크고, 고유명사는 거의 수식하지 않는다. 따라서 'The Dr. Phil who is standing right over there talking about sex with Rush Limbaugh'보다 단순히 'Dr. Phil'을 듣게 될 가능성이 훨씬 높다.) 빈도가 단어군(그룹)과 연관된다는 생각은 (33), (34)와 동일한 문장들과 일치하는 해석이 다른 언어들에서 활용되었고, 따라서 서로 다른 연구에서 같은 명사가 표상된다는 사실에 의해 뒷받침된다. 만약 구조 선호도가 개별 명사와 연관된다면 다른 언어들에서 상당한 유사성을 보여야 한다.

(33), (34)와 같은 문장의 실험 결과는 자주 나타나는 빈번한 구조가 덜 나타나는 구조보다 처리하기 쉽다는 것을 보여 준다. 이는 사람들이 특정 종류의 문장을 얼마나 자주 접하는지 추적하고, 새로운 문장이 두 가지 이상의 방식으로 구조화될 수 있을 때 과거에 더 자주 접했던 구조를 선호한다는 제약 기반 설명에서 주장하는 내용과 부합한다. 그러나 네덜란드어가 잠재적 반대 사례가 될 수 있다. Marc Brysbaert와 Don Mitchell은 (33), (34)에 대응하는 네덜란드어 문장을 읽는 동안 네덜란드어 화자들의 안구 움직임을 측정했다(Brysbaert and Mitchell, 1996). 안구 움직임을 추적한 결과, 네덜란드어 화자들은 관계절이 두 번째 명사와 어울릴 때보다 첫 번째 명사와 어울릴 때 검사 문장(test sentence) 해석에 더 큰 어려움을 겪는다는 것을 보여 주었다. 그러나 연구자들이 네덜란드어 문장 데이터베이스(신문 및 잡지 기사에서 발췌)를 살펴본 결과, 관계절이 두 번째 명사보다 첫 번째 명사와 더 자주 어울리는 것을 발견했다. 즉, 제약 기반이나 기타 빈도 의존적 구문분석 이론이 예측하는 것과는 달리 빈번한 구조가 오히려 더 처리하기 어려운 것처럼 보였다. 그러나 다른

연구자들이 네덜란드어 문장의 데이터베이스를 살펴본 결과, 수식 관계절이 어디에 부착될지를 결정할 때 위치보다는 유정성(animacy) 및 구체성(concreteness)과 같은 의미적 요인이 더 중요하다는 사실을 발견했다(Desmet et al., 2006). 결과적으로 보다 세분화된(fine-grained) 정보가 고려되었을 때 구체적인 빈도 정보에 의해 읽기 시간을 예측할 수 있었다.

관계절 부착현상에 관한 교차 언어적 연구는 또 다른 중요한 주제를 제기한다. 파서가 무언가가 빈번한지, 또는 그렇지 않은지를 어떻게 결정하는가? 만약 우리가 그냥 모든 문장들의 개수를 센다면, 전체 문장에서 단순 능동태 문장이 가장 빈번할 것이다(능동태 문장의 예: John kissed Mary). 따라서 파서는 NP와 동사구로 시작하는 모든 문장에서 직접 목적어 해석을 선호해야 한다. 그러나 개별 동사가 어떤 구조와 어울려 쓰이는지 세어보면 파서는 NP 다음에 동사 realized가 오고 그 뒤에 다른 명사가 뒤따르는 모든 문장에 대해 문장 보충어 해석을 선호한다. 만약 특정 동사-명사 조합의 가능성을 세어보면, 파서는 명사, 동사 realized, 명사 goals로 시작하는 모든 문장에 대해 직접 목적어 해석 선호로 되돌아간다. 마찬가지로, 유정성을 고려하기 시작하면 무생물 명사로 시작하는 모든 문장들에서 단순한 능동태 구조가 될 가능성이 줄어들게 된다.

이러한 문제는 입자 크기 문제(grain size problem)라는 이름으로 불린다. 언어는 다양한 수준의 분석(다양한 입자)을 제공하며, 사람들은 잠재적으로 모든 수준의 분석에서 통계를 추적할 수 있고, 구조적 대안이 선호되는 정도는 입자마다 다를 수 있다. 입자 크기 문제에 대한 한 가지 해결책은 파서가 통계를 전혀 보관하지 않는다고 제안하는 것이다(일부 2단계 모형에서 주장하는 것처럼). 파서가 가능성을 추정하지 않고 대신 단순성(simplicity) 또는 최신성(recency)과 같은 다른 기준에 따라 결정을 내리는 경우, 입자마다 다른 빈도가 적용될 것을 고민할 이유가 없게 된다.

또 다른 해결책은 파서가 다양한 입자의 통계를 추적하고 다른 입자로부터의 데이터를 결합하여 일반적인 가능성 추정치에 도달한다고 제안하는 것이다. 따라서 realized와 관련된 예에서 파서는 언어에서 가장 일반적인 구조가 주어-동사-목적어라는 사실에 약간의 가중치를 부여하고, 동사 realized가 쓰인 문장에서 가장 가능성이 높은 구조가 문장 보충어 구조라는 사실에도 약간의 가중치를 부여하지만, realized에 이어 goals가 나오는 경우 파서는 매우 세밀한 입자에서 goals가 realized의 매우 좋은 직접 목적어라는 사실에 주목할 것이고, 그에 따라 그 해석과 어울리는 통사 구조의 활성화를 촉진할 것이다.

의미론적 효과

지금까지 제약 기반 파서가 이야기 문맥 정보와 하위 범주 정보를 사용하여 다가오는 통사 구조를 예측하는 방법을 살펴보았다. 파서가 의존할 수 있는 또 다른 정보 자원은 문장의 특정 단어와 관련된 의미 정보이다(realized his goals의 예처럼). 다시 말하지만, 이것이 바로 제약 기반 이론이 오도문 이론과 다른 점인데, 오도문 이론에서는 파서가 초기의 구조적 결정을 내릴 때 의미 정보를 무시한다고 보기 때문이다. 제약 기반 이론이 어떻게 작동하는지 알아보기 위해 축약된 관계절(reduced relative)이라고 불리는 종류의 문장을 살펴보도록 한다.

(35) The defendant examined by the lawyer went to prison.

예문 (35)는 선행하는 NP The defendant의 의미를 수식하는 관계절 examined by the lawyer을 포함하고 있기 때문에 reduced relative라고 불린다('어떤 피고에 대해 이야기하고 있습니까?' '변호사가 심문한 피고입니다.'). 이 문장은 관계절표지자(relativizer)를 사용하여 관계절을 도입하면 더 쉽게 처리 할 수 있다. 다음 예문 (36)에서 관계절표지자 who는 관계절의 시작을 비중의적으로 표시한다.

(36) The defendant who was examined by the lawyer went to prison.

많은 연구에 의해 (35)와 같은 문장이 (36)과 같은 문장보다 처리하기가 더 어렵다는 사실이 밝혀졌다(예: Clifton et al., 2003; Ferreira and Clifton, 1986). 그 이유는 무엇일까? 일반적으로 축약된 관계절(reduced relatives)의 경우 청자가 다른 것보다 관계절을 다루고 있다는 것을 파악하는 데 어려움을 겪기 때문에 처리하기 어렵다. 그렇다면 관계절을 식별하는 데 어려움을 겪는 이유는 무엇일까? 한 가지 이유는 축약된 관계절의 시작 부분이 일반적인 주절(main clause)처럼 보이기 때문이다. (주절은 문장의 문법적 주어, 문장의 본동사(main verb), 본동사에 수반되는 논항 및 수식어로 구성된다. 종속절 및 관계절은 주절 또는 주절에 나타나는 개별 단어에 대한 추가 정보를 제공한다.) 따라서 'The defendant examined …'를 처리하는 동안 청자는 주절 연속에 적합한 통사 구조를 구축하기 시작할 수 있다. 그렇다면 (35)에서는 실제 연속적으로 처리할 준비는 부족하지만 (37)과 같이 계속되는 문장에 대해서는 준비가 잘 되어 있을 것이다.

(37) The defendant examined the photographs.

파서가 직면하는 구조적 선택은 수형도 (38)에 표현되어 있다.

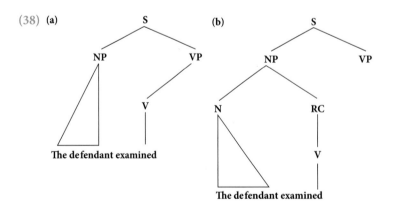

(38a)는 주절 해석에 필요한 구조를 보여 준다. (38b)는 관계절 해석에 필요한 구조를 보여 준다.
(38b)의 구조가 (38a)의 구조보다 더 복잡하므로 오도문 이론은 사람들이 (38a)의 구조, 즉 주절 구조를 선호할 것이라고 예측한다. 따라서 사람들은 더 복잡한 구조를 필요로 하는 (38b)의 문장을 처리하는 데 어려움을 겪게 될 것이다. 제약 기반 구문분석 이론 또한 (35)의 축약된 관계

절이 처리하기 어려울 것이라고 예측하지만, 그 이유는 다르다. 제약 기반 이론에 따르면 피고 (defendant)가 사람을 지칭하고 사람은 무언가를 조사(examine)할 가능성이 매우 높다는 사실로 인해 examined가 관계절의 일부라는 것을 알아내는 일이 더욱 어려워지게 된다. 즉, 피고(defendant)는 유정물의 범주에 속한다. 사람, 동물, 물고기 등의 유정물은 돌아다닐 수 있고, 목표를 가지고 있으며, 행동을 개시할 수 있다. 바위, 나무, 집 등의 무정물은 돌아다니지 않고, 목표가 없으며, 행동을 개시하지 않는다. 대부분의 경우, 문장이 유정물인 개체로 시작하면 그 유정물 개체는 문장에 묘사된 행위를 시작하는 주체가 된다(예문 (37)에서처럼).

행위를 시작하는 사람 또는 사물에 대한 기술적인 용어는 행위자(agent) 또는 의미적 행위자 (thematic agent)이다(Jackendoff, 1990). 문장을 시작하는 유정물 개체가 다른 사람이 개시한 행위의 수령자가 될 가능성은 적다. 행위의 대상이 되는 사람이나 사물에 대한 기술적인 용어는 대상 (theme), 경험자/경험주(experiencer) 또는 수령자/수령주(recipient)이다. (The defendant was examined by the lawyer와 같은 수동문에서 서두의 유정물 명사가 행위자(agent)가 되는 일반적인 패턴의 예외가 발생한다. 그러나 이 문장에서 서두 명사 defendant의 피동자/피동주(patient) 지위를 명확히 하는 풍부한 구조적 단서를 제공한다. 수동태가 제공하는 단서들을 찾아낼 수 있는지 살펴보자.)

제약 기반 구문분석 이론에 따르면, 사람들은 'The defendant examined …'라는 말을 들으면 defendant가 유정물이라는 것을 알고 유정물 defendant가 행위를 개시할 것이라고 가정하며, examined는 defendant가 개시하는 행위를 제공한다. 막상 by the lawyer를 맞닥뜨리면 이러한 모든 가정들은 취소되어야 한다. The defendant는 조사(examining) 행위의 개시자가 아니라 수령자가 된다. The defendant는 조사를 하는 것이 아니라 조사를 받는 것이다. 이러한 의미적 수정 외에도 파서의 구조적 가정도 잘못되었다는 것이 밝혀졌다. 혼란스럽다! 불쌍한 청자는 대단히 오도되었고 그 혼란을 수습하기 위해 많은 작업을 해야 한다. (예문 (35)보다도 더 어려운 축약된 관계절은 'The editor played the tape was furious'이다. 이 문장이 왜 예문 (35)보다 어려운지 설명하여 교수님을 놀라게 하라!)

의미가 축약된 관계절이 정신적 혼란을 일으키는 동인이라면 의미적 정보를 사용하여 (35)와 같은 문장을 더 쉽게 처리할 수 있어야 한다. 어떻게 할 수 있을까? 혼란은 the defendant에 대한 가정들에서 시작되므로 다른 일련의 가정들을 촉발시키는 것부터 시작할 수 있다. 그러기 위해서는 다음 예문 (39)에서처럼 evidence(증거)와 같은 무정 명사로 문장을 시작하면 된다.

(39) The evidence examined by the lawyer was complicated.

Evidence(증거)는 무정물이기 때문에 좋은 행위자(agent)가 아니며 문장에서 행동을 개시할 가능성이 매우 낮다. 그러나 그것은 정말 좋은 의미적 피동자(thematic patient)이다. 따라서 청자가 'The evidence examined …'를 들으면 (37)과 같은 주절 구조를 가진 문장일 가능성을 크게 부정해야 한다. 파서는 examined가 문장의 본동사일 가능성을 즉시 배제하고 곧바로 다른 구조를 선택해야 한다. 파서는 문장의 서두 명사의 의미에 대한 정보(유정물인가 무정물인가?)를 사용함으로써 틀린 문장 구조를 구축하는 것을 피할 수 있다. 만약 이것이 파서로 하여금 잘못된 의미 및 구조적 가정을 하지 않도록 할 수 있다면 사람들은 (39)와 같은 문장을 처리하는 데 큰 어려움을 겪지 않을 것이다.

비록 의미 정보가 구조 구축 과정에 얼마나 빨리 영향을 미치는지에 대해서는 불확실한 부분은 있지만, 실제로 (39)와 같이 문두에 무정물 명사가 나오는 문장은 문두에 유정물 명사가 나오는 (35)와 같은 문장보다 해석하기가 더 쉽다. 즉, 문두에 evidence(증거)와 같은 무정물 명사의 등장은 축약된 관계절이 이해자에게 부과하는 전반적인 처리상의 어려움을 줄여준다(Trueswell et al., 1994; Clifton et al., 2003). (연구자들은 유정성이 이해자가 올바른 통사 구조에 바로 도달하도록 돕거나, 잘못된 구조를 더 빨리 버림으로써 잘못된 구조를 구축한 후 올바른 구조를 더 빨리 구축할 수 있도록 돕거나, 또는 둘 다에 해당한다는 데 동의한다. 또한 유정성 실험이 이해자가 잘못된 구조를 구축하지 않기 위해 유정성을 사용한다는 것을 보여 준다면, 이와 같은 결과는 오도문 구문분석 이론에 문제가 될 수 있다는 점에 유의해야 한다. 오도문 파서는 구조적 결정을 내릴 때 의미를 무시하기 때문에 문두에 유정 명사가 나오는 문장과 문두에 무정 명사가 나오는 문장에 대해 동일한 구조적 선택을 내려야 한다.)

운율

사람들은 문장을 말할 때 단어 연속체를 생성하며, 문장에서 단어가 어떤 역할을 하는지에 따라 말하는 속도, 소리의 크기(loudness) 및 높낮이(pitch)를 조절한다. 특정 단어를 식별하는 음성 정보(speech information)는 분절음적(segmental) 정보라고 불린다('분절음(segment)'이란 음소, 음절, 단어 등을 포함하여 식별 가능한 모든 개별적인 단위를 말한다). 문법적 역할 및 기타 담화 기능과 연관된 정보는 초분절적(suprasegmental) 정보라고 불리며('초분절적'이란 음성 패턴이 두 개 이상의 분절음에 걸쳐 있음을 의미한다), 일반적으로 언어 과학자들이 운율(prosody)이라는 용어를 사용할 때 가리키는 것이 바로 이것이다(Speer and Blodgett, 2006; Speer and Foltz, 2015).

운율을 연구하는 연구자들은 음성 패턴을 크게 두 가지로 분류한다. 비언어적(nonlinguistic) 운율은 화자의 일반적인 정신 상태에 대한 단서를 제공하는 음성 측면으로 이루어진다. 화자가 행복한가, 화가 났는가, 아니면 우울한가? 화자 음성의 톤(tone)과 템포(tempo)는 화자가 현재 어떤 기분인지에 따라 달라진다. 언어적(linguistic) 운율은 단어가 구와 절로 구성되는 방식에 대한 단서를 제공하는 음성 측면으로 이루어진다. 예를 들어, 강세(특정 분절음이 얼마나 크게 발음되는지)는 누군가가 합성 명사(compound noun)를 말하고 있는지 아니면 형용사와 명사를 말하고 있는지를 가리킬 수 있다. 누군가가 green HOUSE라고 말한다면 녹색으로 칠해진 집에 대해 말하는 것일 가능성이 높다. 누군가가 GREEN house라고 말한다면 바깥 날씨가 너무 추울 때 식물을 키우는 장소를 말하는 것일 가능성이 높다. 또 다른 예로는 진술(statement)과 질문(question)의 차이를 들 수 있다. 누군가가 John wants a hamburger라는 문장의 끝을 상승조(rising tone)로 말한다고 가정해 보자. 일반적으로 화자는 불확실성을 나타내기 위해 이러한 운율 단서를 사용한다. 즉, 화자가 질문을 하고 있음을 나타내는 것이다. 만약 화자가 같은 문장의 끝을 하강조(falling tone)로 발음한다면 이는 일반적으로 화자가 진술을 하고 있음을 나타낸다. 즉, 화자는 John이 원하는 것이 무엇인지 알고 있는 것이다.

운율은 입력물(input)이 통사적으로 중의적인 경우 파서가 올바른 통사 구조를 구성하는 데 도움을 주는 단서를 제공할 수 있다. 예를 들어, 다음 예문 (40)을 보자(Speer and Blodgett, 2006, p. 506에서 발췌).

(40) The professor said the student had on socks that did not match.

이 문장은 휴지(pause)의 위치에 따라 다양한 방식으로 발음될 수 있다. said 다음에 긴 휴지가 놓이고 다른 위치에서는 긴 휴지가 나타나지 않도록 문장을 말해 보라. 이 문장을 그렇게 발음할 경우 짝이 맞지 않는 양말을 신은 사람은 교수와 학생 중 누구인가? 이제 said 직전과 student 직후에 긴 휴지가 놓이도록 문장을 말해 보라. 이제 짝이 맞지 않는 양말을 신은 건 다른 사람이 될 것이다.

하나의 구를 구성하는 단어들은 대개 긴 멈춤이나 중단 없이 함께 발음되기 때문에 휴지는 구 구조에 대한 좋은 단서가 된다. 하지만 화자가 때때로 실수를 하거나 어눌할 수 있기 때문에(실제 발화에서는 '음' '아' '있잖아' 등의 잘못된 시작과 운율적 단서, 그리고 구 구조를 매끄럽게 구성하는 데 방해가 될 수 있는 기타 언어적 틱(verbal tic)으로 가득함), 이 휴지가 항상 좋은 단서가 될 수 있는 것은 아니다. 따라서 운율 단서는 매우 유용할 수 있지만 항상 활용할 수 있는 것은 아니며, 활용할 수 있다고 해도 항상 100% 유효한 것은 아니다. 이러한 관점에서 언어 과학자들이 던지는 질문 중 하나는 청자가 통사 구조를 결정할 때 운율에 얼마나 의존하는가 하는 것이다. 이 절에서는 운율 단서를 사용할 수 있을 때, 청자는 가능한 구조적 대안들 중에서 선택하기 위해 운율 단서를 매우 빠르게 사용한다는 것을 보여 주는 몇 가지 연구 내용을 검토한다.

자연적으로 발생하는 발화는 실험에서 통제하기 쉽지 않은 많은 통사적, 운율적 특성을 가지고 있기 때문에 언어 과학자들은 일반적으로 신중하게 구성된 발화를 사용하여 청자가 운율 단서에 어떻게 반응하는지 테스트한다. 신중하게 계획되고 녹음된 발화를 사용하면 장애변수(nuisance variable)를 통제할 수 있다. 운율을 연구하는 연구자들은 또한 특정 발화에 존재하는 운율 단서를 명확하게 식별할 수 있는 ToBI(Tones and Breaks Index) 시스템이라는 매우 정교한 분석 도구를 만들었다. 이러한 도구를 통해 연구자들은 통사 구조 및 의미와 관련하여 통제되는 문장의 운율 단서를 체계적으로 조작할 수 있다. 그런 다음 연구자들은 청자의 행동을 주의 깊게 관찰할 수 있는 상황에서 청자에게 문장을 제시할 수 있다. 연구자들은 운율이 범용적으로 중의적인 문장에 할당되는 의미에 어떻게 영향을 미치는지 추론하고 청자가 문장을 해석할 때 운율과 통사 정보를 얼마나 빨리 결합하는지 밝힌다.

운율 단서는 일반적으로 중의적인 통사 구조를 가진 문장의 해석에 큰 영향을 미치는 것으로 보인다. 예를 들어, 예문 (41)을 생각해 보자(Carlson et al., 2001에서 발췌).

(41) Susie learned that Bill telephoned after John visited.

통상적으로 중의적인 이 문장은 after John visited가 Susie가 언제 Bill에 대한 무언가를 알게 되었는지 알려줄 수 있는데, 이 경우 after John visited라는 구는 동사 learned에 부착된다. 또는 after John visited라는 구가 Bill이 언제 전화했는지 알려줄 수 있는데, 이 경우 telephoned에 부착된다. 만약 Bill과 telephoned 사이에 상대적으로 긴 휴지가 놓이게 되면 청자는 after John visited가 telephoned와 함께 한다고 판단할 가능성이 높아진다. 만약 telephoned 다음에 상대적으로 긴 휴지가 놓이게 되면 청자는 after John visited가 learned와 함께 한다고 판단할 가능성이 높아진다.

(41)과 같은 문장은 디지털 방식으로 변형되었기 때문에 다소 인위적이지만, 보다 자연스러운 상황에서도 비슷한 효과가 발생한다. 예를 들어, 연구자들은 실험실에서 게임에 참여하는 순수한 참가자들을 관찰했다(Schafer et al., 2000). 이 게임에서는 다양한 모양과 색상의 게임 조각이 사용되었다. '드라이버'가 '슬라이더'에게 보드 위에서 조각을 이동하는 방법을 알려주었다. 드라이버는 게임 조각이 어떻게 되어야 하는지 알고 있지만, 슬라이더만 보너스(쿠키)와 페널티(굶주린 염소)의 위치를 알고 있다는 것이 트릭이었다. 드라이버와 슬라이더는 포인트를 얻기 위해 협력했다. 연구진은 참가자들에게 (42), (43)과 같이 게임하는 데 사용할 수 있도록 미리 작성된 문장 목록을 제공함으로써 일시적 중의성 문장을 유도했다.

(42) When that moves the square should land in a good place.

(43) When that moves the square it should land in a good place.

드라이버들은 문장의 중의성을 해소하는 데 도움이 되는 운율 단서를 자발적으로 만들어 냈다 (예: (42) 문장을 말할 때는 moves 다음에, (43)을 말할 때는 square 다음에 휴지를 두었음). 다음으로, 연구진은 square라는 단어 뒤의 모든 단어를 삭제하고 잘린 문장을 새로운 참가자들에게 들려주었다. 이 참가자들은 문장이 어떻게 이어질 것인지 추측하라는 요청을 받았다. 참가자들은 기존의 화자들이 어떤 마무리를 사용했는지 정확하게 예측할 수 있었으며, 이는 청자가 가능한 통사 구조 대안들 중에서 하나를 선택하는 데 운율 정보를 사용했음을 나타낸다.

다른 연구에서는 청자가 얼마나 빨리 운율을 사용하여 구조에 대한 결정을 내리는지에 대한 질문을 다룬다. 그러한 연구 중 하나는 (44), (45)와 같은 문장을 포함하였다(Kjelgaard and Speer, 1999; Snedeker and Trueswell, 2003도 참조할 것).

(44) When Roger leaves the house is dark.

(45) When Roger leaves the house it's dark.

(44)는 예문 (7)과 매우 유사한 오도문이다. 예문 (45) 역시 일시적으로 모호하지만, (45)에 대한 청자의 통사적 가정이 문장이 실제로 요구하는 구조와 일치하기 때문에 일반적으로 (44)보다 처리하기가 더 쉽다. 단어 leaves 다음에 긴 휴지를 삽입하여 (문장을 그렇게 발음해 보라) 청자가 (44)를 처리하는 데 도움을 줄 수 있다. Leaves와 the house 사이에 아무런 휴지 없이 leaves the house를 한꺼번에 발음하고, is 전에 긴 휴지를 넣음으로써 (문장을 그렇게 발음해 보자. 아마 이상하게 들릴 것이다) 청자가 처리하기 더 어렵게 만들 수 있다. 청자가 (44)를 처리하는 데 도움을 줄 수 있는 다른

운율적 단서도 있다. 그러한 단서에는 발화의 다른 부분의 평균 음높이와 발화시 단어의 길이 또는 지속 시간을 변경하는 것을 포함한다(보다 자세한 설명은 Speer and Blodgett, 2006 참조). 예문 (45)에도 동일한 운율적 변화를 줄 수 있다.

운율 단서가 청자를 올바른 통사 구조로 유도할 때 그 운율을 협력적(cooperating)이라고 한다. 운율 단서가 청자를 잘못된 통사 구조로 유도할 때는 상충적(conflicting)이라고 한다. 연구자들은 다양한 실험 과제를 사용하여 (44), (45)와 같은 문장을 처리하는 것이 얼마나 어려운지 측정할 수 있다. 연구자들은 청자에게 문장을 듣게 하고 그 문장의 의미를 알아냈을 때 버튼을 누르도록 요청할 수 있다. 또는 청자에게 문장의 대부분을 들은 후 시각적 목표 단어에 반응하도록 요청할 수 있다. 예를 들어, 청자에게 When Roger leaves the house를 들은 후 단어 is를 말하도록 요청할 수 있다. 청자가 문장의 시작 부분에서 올바른 통사 구조를 구축했다면, 잘못된 구조를 구축한 경우보다 is라고 말하기가 더 쉬울 것이다. 예문 (45)에도 동일한 예측이 적용된다. 이 두 과제에서 참가자들은 (44), (45)와 같은 문장의 구조에 대한 결정을 내리기 위해 운율 단서를 매우 빠르게 사용한다는 것을 보여 주었다. 청자들은 문장에 협력적 운율이 있을 때 상충적 운율이 있을 때보다 'Got it' 버튼을 더 빨리 눌렀으며, 통사적으로 중의성을 해소하는 본동사(is 또는 it's)도 상충적 운율보다 협력적 운율일 때 더 빨리 발음했다.

시각적 맥락효과

앞서 이야기(스토리)의 정보와 새 문장이 이야기에 들어맞는 방식이 파서가 내리는 구조적 선택에 영향을 미칠 수 있음을 살펴보았다. 여기에서는 구문분석이 언어 처리 시스템 외부의 정보에 의해 영향을 받을 수 있다는 추가적인 증거를 검토할 것이다. 특히 시각적 장면에서 사용할 수 있는 정보는 파서의 복잡한 통사 구조에 대한 선호도를 높일 수 있다. 이것이 어떻게 작동하는지 알아보기 위해 예문 (46)을 고찰해 보자.

(46) The girl placed the apple on the towel in the box.

이해자들이 첫 번째 PP on the towel을 놓는 행위의 착점(goal)으로 해석한다는 점에서 (즉, 소녀가 사과를 수건 위에 놓았다고 생각한다) 예문 (46)은 오도 문장에 해당한다. 문장을 의도대로 해석하려면 이해자들은 첫 번째 PP를 the apple에 부착해야 한다('Which apple did the girl place? The apple (that was) on the towel'에서처럼). 이 경우 on the towel은 착점 위치가 아니라 기점(source)이 된다. 오도문 이론에서 (46)과 같은 문장이 처리하기 어려운 이유는 최소 부착 휴리스틱이 파서로 하여금 잘못된 통사 구조를 채택하도록 하기 때문이라고 설명한다. 제약 기반 구문분석 이론과 지시 이론(referential theory)에서는 (46)과 같은 문장이 처리하기 어려운 이유에 대해 문장이 단독으로 나타날 때 아무것도 청자에게 사과가 둘 이상일 수 있다는 것을 알려주지 않기 때문에 on the towel이 명시적으로 언급된 사과와 언급되지 않은 다른 사과 집합을 구별하는 정보라고 취급할 명백한 이유가 없기 때문이라고 설명한다. 이야기 문맥에서 사과를 더 많이 언급하면 (46)과 같은 문장을 더 쉽게 처리할 수 있다는 것은 이미 살펴보았는데, 비슷한 효과를 낼 수 있는 다른 종류의 맥락이 있을 것인가?

이 질문에 답하기 위해 Mike Tanenhaus와 그의 동료들은 청자가 예문 (46)과 같은 문장을 듣고 이해하려고 할 때 보게 되는 것을 조종하는 연구를 수행했다(Tanenhaus et al., 1995). 이 연구에서는 비주얼 월드(visual world) 실험 방법(또는 패러다임)을 사용했다. 비주얼 월드 패러다임에서 참가자들은 안구 추적 장치를 착용하는데, 이를 통해 연구자는 실험 중에 참가자들이 어디를 보고 있는지 알 수 있다. 실제 물체들이 참가자 앞의 테이블 위에 놓인다. 참가자는 이 물체들에 대한 문장을 듣고 물체들을 움직여 문장에 반응한다. 연구자는 시각적 시연과 문장의 특성을 조종하여 이것이 참가자의 안구 움직임에 어떤 영향을 미치는지 확인할 수 있다. 또 연구자는 참가자의 안구 움직임을 분석하여 참가자가 문장을 어떻게 해석했는지에 대한 결론을 도출할 수 있다.

예를 들어, [그림 4.2]의 시연 장면(디스플레이)을 생각해 보자. 왼쪽 디스플레이에는 사과가 하나만 있고 그 사과는 수건 위에 있다. 또 빈 수건과 상자도 있다. 오른쪽 디스플레이에는 사과 두 개가 있다. 두 사과 중 하나는 냅킨 위에 있고 다른 하나는 수건 위에 있다. 위에 놓인 것이 아무것도 없는 수건도 있다. 따라서 두 디스플레이 모두 on the towel의 착점 해석과 일치할 수 있는 빈 수건이 있다. 오른쪽 디스플레이는 사과가 두 개 있기 때문에 두 개의 금고를 언급한 이야기의 시각적 대응물이 된다. 참가자들은 왼쪽 디스플레이(사과가 한 개 있는 디스플레이)나 오른쪽 디스플레이(사과가 두 개 있는 디스플레이)를 보면서 'Put the apple on the towel in the box'라는 문장을 들었다. 연구자들이 알고 싶었던 핵심 사항은 참가자들이 on the towel을 들었을 때 어디를 보았는가이다. 만약 참가자들이 on the towel을 Put the apple의 착점으로 (잘못) 해석했다면 빈 수건을 보아야 한다. 참가자들이 on the towel을 apple의 의미를 수식하는 것으로 (올바르게) 해석했다면 수건 위에 있는 사과를 보아야 한다. 그렇다면 실험에서는 어떤 일이 일어났는가?

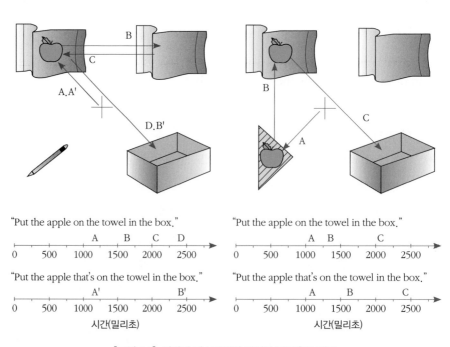

[그림 4.2] 시각적 디스플레이 예시와 안구운동 패턴

출처: Tanenhaus et al. (1995), American Association for the Advancement of Science

먼저 시각적 디스플레이에 사과가 하나만 있을 때 어떤 일이 일어났는지 생각해 보자([그림 4.2]의 왼쪽). 참가자들은 'Put the apple on the towel …'의 on the towel을 들었을 때 사과보다 빈 수건을 더 많이 보았다. 따라서 참가자들은 on the towel을 apple의 의미를 수식하는 것으로 해석하지 않고 착점으로 (잘못) 해석한 것으로 보인다.

시각적 디스플레이에 사과 두 개 (수건 위에 하나, 냅킨 위에 하나)와 빈 수건이 있을 때는 매우 다른 결과가 나타났다. 이 조건에서 참가자들은 on the towel을 들었을 때 빈 수건을 보기보다는 수건 위에 있는 사과를 보는 경우가 더 많았다. 따라서 참가자들은 시각적 디스플레이에 사과가 두 개 있을 때 on the towel이 apple과 어울리는 것으로 (올바르게) 해석한 것으로 보인다. 이 결과는 예문 (11) 'The burglar blew up the safe with the rusty lock'과 같은 이야기 문맥 실험과 매우 유사하다. 그러나 이 새로운 결과는 다른 양태(modality, 여기서는 시각)의 정보가 언어 처리 시스템 내에서 일어나는 프로세스에 빠르게 영향을 미친다는 것을 보여 줌으로써 이전의 결과를 넘어서고 있다. 디스플레이에 사과가 두 개 있을 때 the apple이라는 표현만으로는 둘 중 어느 사과도 확실하게 가리키지 못한다. 이러한 조건에서 참가자들은 on the towel을 the apple의 수식어로 부착할 수 있도록 하여 더 복잡한 통사 구조를 구축하는 것을 꺼리지 않았고, 그런 경우에 the apple on the towel이라는 표현 전체가 시연된 두 개의 사과 중 하나를 성공적으로 골라냈다. 즉, 구문 파서가 작동하는 방식이 시각 시스템에서 일어나는 것의 영향을 받은 것이다.

중간 정리

이 장에서는 문장을 해석할 때 문장 내의 단어들이 서로 어떻게 연관되어 있는지에 대하여 결정을 내리는 파서가 관여된다는 것을 확인했다. 구문분석이 어떻게 이루어지는지 설명하기 위해 제안된 두 가지 처리 메커니즘을 살펴보았다. 현재 이용 가능한 실험적 증거는 사람들의 행동에는 오도문 이론과 완전히 양립하지는 않는 측면이 있음을 보여 준다. 그 결과, 많은 연구자들은 제약 기반 문장처리 이론 중 하나를 선호한다. 문장 처리에 대한 제약 기반 이론의 주요 가정들을 그림으로 표현하면 [그림 4.3]과 같다. 핵심 내용은 다음과 같다.

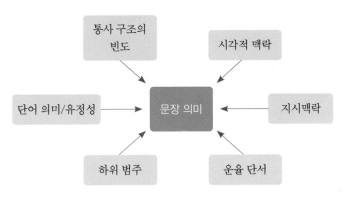

[그림 4.3] 구문분석에 대한 제약 기반 관점

1. 제약 기반 파서는 여러 통사 구조를 동시에 활성화할 수 있다.

2. 제약 기반 파서는 입력에서 각 구조에 대한 증거의 양에 따라 서로 다른 구조의 순위를 매긴다.

3. 주어진 구조와 그에 따른 의미 해석에 대한 증거는 스토리 문맥, 시각적 문맥, 하위 범주 정보, 특정 단어의 의미적 속성 등 다양한 소스에서 얻을 수 있다.

글상자 ......

문장 처리에서의 예측

다른 사람의 sentences를 스스로 마무리하는 자신을 발견한 적이 있는가? 그것이 어떻게 작동하는지 궁금했던 적이 있는가? Gerry Altmann은 그랬음이 확실하다. Gerry와 공동 연구자 Yuki Kamide는 문장 처리에 대한 많은 사람들의 사고 방식을 바꾼 매우 영향력 있는 연구를 수행했다(Altmann and Kamide, 1990). 이 연구에서 사람들은 문장을 듣는 동안 여기에 제시된 것과 같은 그림을 보았다. 사람들의 안구 움직임은 안구 추적기로 관찰되었다. 문장에는 다양한 종류의 동사가 사용되었다. 한 조건에서는 동사 뒤 논항에 대한 동사의 요구 사항이 매우 느슨했다. 'The boy will move ⋯'는 그림에 나오는 어떤 물체와도 그럴듯하게 이어질 수 있었다('The boy will move the ball/cake/car/train'은 모두 괜찮다). 다른 조건에서는 동사의 요구 사항이 훨씬 까다로웠다. 'The boy will eat ⋯'는 그림의 물체 중 오직 하나(the cake)하고만 그럴듯하게 이어질 수 있다.

핵심 내용부터 설명하면, Altmann과 Kamide는 사람들이 'The boy will eat ⋯'를 들으면 cake라는 단어를 듣기 전에 시선이 케이크로 이동한다는 사실을 발견했다. 즉, 사람들은 동사의 정보를 사용하여 문장이 어떻게 이어질지 예측하거나 예상하는 것으로 보인다(문장에서 무슨 일이 일어나고 있는지 알아내기 위해 명사 cake가 나타날 때까지 기다리는 것이 아니다). 후속 연구에서는 청자가 정확히 무엇을 예측하는지(단지 다가올 법한 의미인지, 단어의 특정 통사 범주인지, 정확한 철자 또는 음운 형태인지, 아니면 이들 전부인지)를 조사하였다(Brothers et al., 2015; Brothers and Traxler, 2016; DeLong et al., 2005; Nieuwland et al., 2018 참조). 우리는 서로의 문장을 마무리할 수 있는 것처럼 보인다. 어떻게 그럴 수 있을까?

어떤 설명에서는 발화 시스템을 사용하여 문장이 어떻게 이어질지 예측하는 것이라고 제시한다(Pickering and Gambi, 2018; Pickering and Garrod, 2007). 이 설명에 따르면 우리는 다른 사람의 말을 들으면서 그 의미 표상을 구축하는데, 앞으로 상황이 어떻게 전개될지 알아내기 위해 사건에 대한 지식을 사용할 수 있다. 다른 설명에서는 의미에는 크게 신경 쓰지 않고 언어 패턴에 대한 지식을 더 활용한다(Hale, 2003, 2006). 이런 유형의 설명에 따르면 장기기억 속이 단어 연속체에 대한 정보를 저장하고 있기 때문에 서로 다른 각각을 연결하는 것이 얼마나 가능한지 가늠할 수 있다. 'The boy will eat ⋯'의 맥락에서 cake는 가능성이 매우 높지만 'The boy will move ⋯'의 맥락에서 cake는 가능성이 떨어진다. 결과적으로 cake라는 말을 들었을 때 덜 놀라게 되고, cake에 할애해야 하는 상향식(bottom-up) 처리의 양은 맥락에 따라 달라진다. 이를 혼합하여 연계하는 설명에서는 청자가 다양한 층위의 표상(음운/철자, 통사, 의미)에서 다양한 종류의 예측을 동시에 하는 것이라고 제안한다(Kuperberg, 2021; Wang et al., 2021).

논항 구조 가설

구문분석에 대한 제약 기반 이론의 핵심적인 주장 중 하나는 구조 정보가 어휘부(lexicon)의 특정 단어와 연결되어 있다는 것이다. 이 구조적 정보는 어떤 모습일까? 동사와 관련된 구조 정보가 어떻게 표상되는지 살펴보자.

한 가지 가능성은 우리의 장기기억속에 (47)과 같은 구 구조 수형도 정보가 포함되어 있다는 것이다(MacDonald et al., 1994). Was reading과 같은 동사의 경우, 장기기억속에는 자동사 형태, 타동사 형태, 이중 타동사 형태에 대하여 적어도 세 개의 구 구조 수형도가 포함될 것이다. 하지만 여격 형태는 어떠한가? 그것도 또한 표상되는가? 만약 그렇다면 (48)에서와 같이 네 번째 수형도가 있을 것이다. 그리고 여격 형태에 위치 정보가 추가되면 어떨까? Was reading the book to the girl at the park에 대한 수형도가 하나 더 필요하게 되는가? 그렇다면 (49)의 구조가 필요하다. 'Dr. Phil was reading the book to the girl at the park next to the fire station that was built by generous

(47) *"was reading"*

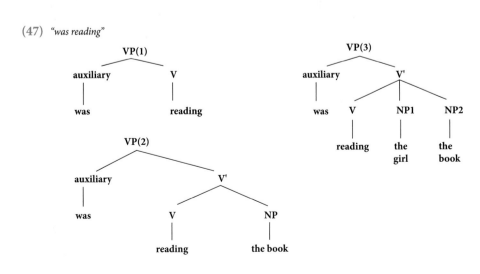

(48)

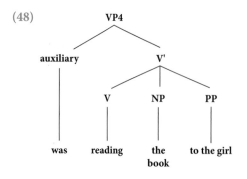

(49)

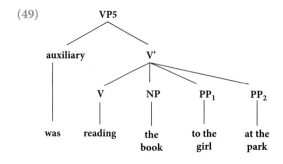

(50)

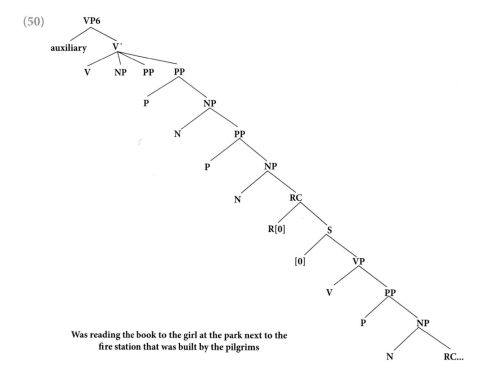

Was reading the book to the girl at the park next to the
fire station that was built by the pilgrims

pilgrims from Burkina Faso who liked to take long walks with their vicious pet lizards'와 같은 문장은 어떻게 되는가? 동사에 수반되는 모든 구조를 미리 저장하려면 (50)과 같은 구조가 필요하다 (수많은 통사적 중의성은 고려하지도 않았다).

우리에게는 심리언어학적으로 다리–면도 문제(leg-shaving problem)에서 나타나는 '어디서 멈춰야 하는가?'라는 것과 상응하는 문제를 피할 수 있는 일련의 원칙이나 가이드라인이 실질적으로 필요하다. 다리 면도를 할 때 많은 사람들이 '무릎 아래에서 멈춘다.'는 원칙을 채택한다. 이 원칙은 무릎이 정확히 어디에 있는지 결정할 것을 요구하며, 이것이 다소 모호할 수 있지만 적어도 명확한 '중지(stop)' 규칙이 있기 때문에 무릎이 어디에서 끝나는지 대략적으로만 알고 있어도 계속 진행할 수 있다. 동사와 관련된 통사 구조에 있어 비슷한 원칙을 생각해 낼 수 있을까? 통사 표상을 저장할 때 가능한 중지 규칙 중의 하나는 논항 구조 가설이다(Boland and Blodgett, 2006; Boland and Boehm-Jernigan, 1998; Tutunjian and Boland, 2008; Matchin and Hickok, 2020 참조). 논항 구조 가설에 따르면 동사의 논항과 관련된 구조적 정보는 어휘부(lexicon)에 저장되며, 그 외의 모든 것은 '그때그때' 산정된다. 따라서 무릎이 어디에 있는지 알아내는 것처럼 무엇이 논항으로 간주되는지 알아내야 한다.

언어 과학자들은 논항(argument)과 부가어(adjunct)의 차이점을 설명하는 원칙을 밝혀냈다. 100% 합의된 것은 아니지만, 개략적으로 말하자면 논항은 단어가 반드시 가져야 하는 언어적 파트너이다. 부가어는 단어가 가질 수는 있지만 꼭 필요로 하지는 않는 파트너이다. 논항은 일반적으로 완전한 생각을 표현하기 위해 동사가 필요로 하는 의미적 요소로 간주된다. 이러한 의미적 요소는 일반적으로 문장에서 명시적으로 표현되지만 때로는 생략될 수 있다. 예를 들어, 동사 eating은 목적어를 요구하는 것으로 생각되지만 (먹기 위해서는 먹을 무언가가 있어야 한다), Dr. Phil was eating에서와 같이 화자가 청자의 주의를 행위 자체에 집중시키고자 하는 경우 실제 발화 문장에서는 이러한 의미적 논항이 생략될 수 있다.

동사는 0~4개의 논항을 가질 수 있다. rained, snowed와 같은 동사는 0개의 논항을 취한다(Jackendoff, 2002). 언어는 문장에 문법적 주어가 존재하기를 요구하기 때문에 화자는 문장에 0개의 논항을 취하는 동사를 사용할 때 It rained, It snowed에서와 같이 의미 없는 대명사를 가주어(placeholder)로 포함시킨다. Sneezed와 같은 동사의 경우 Dr.Phil sneezed에서보듯이 같이 하나의 논항을 취한다. (예문에서 논항에 밑줄이 그어져 있다.) Devoured와 같은 동사는 Dr. Phil devoured the sandwich와 같이 두 개의 논항을 취한다. (그리고 devoured의 경우 모든 논항이 실제 발화 문장에 포함되어야 한다. *Devoured the sandwich와 *Dr. Phil devoured는 모두 비문법적이다.) Put과 같은 동사는 세 개의 논항을 취한다(Dr.Phil put the sandwich on the plate). Bet 또는 wagered와 같은 동사는 Dr. Phil bet Rush Limbaugh a sandwich that Big Brown would win the Kentucky Derby와 같이 내기하는 사람, 상대방, 걸어 놓은 것, 사건이라는 네 개의 논항을 취한다. 알려진 바로는 5개, 6개, 또는 그 이상의 논항을 가지는 동사는 존재하지 않는다.

동사의 최대 논항 수가 4개라는 점을 감안하면 동사의 구조적 가능성을 저장하는 문제가 크게 단순화된다. 각 동사와 결부된 구조의 수는 무한대가 아니라 1~5개 사이이다. Was reading의 경우 주어(Dr. Phil)와 직접 목적어(book) 이외의 모든 것이 선택적이다. 그러므로 논항 구조 가설에 따르면 단 두 가지의 구조적 가능성만이 장기기억 속에 저장되고 was reading과 결부된다. 동사 형태 was reading에 접근하면 이해자는 두 개의 관련 통사 구조, 즉 동사 뒤 목적어를 위한 자리가 없는 구조와 있는 구조를 활성화할 것이다.

구문분석 과정에서 이러한 정보가 어떻게 접근되고 사용되는 것일까? 일반적인 제약 기반 구문분석 이론, 그리고 특히 논항 구조 가설에 따르면, was reading과 같은 동사의 어휘 표상에 접근할 때 청자는 관련 구조 정보를 즉시 활성화한다(의미 처리에서 활성화 확산(spreading activation)에 의해 일어나는 일과 유사함). 서로 다른 각각의 구조적 가능성은 과거에 해당 동사와 함께 나타난 정도에 따라 활성화된다. 따라서 만약 was reading이 직접 목적어 및 간접 목적어와 함께 가장 많이 나타났다면 이중 타동사 구조가 자동사 구조보다 더 활성화될 것이다. 만약 was reading이 오직 직접목적어하고만 가장 많이 나타났다면 그 구조가 저장된 다른 대안적 구조보다 더 활성화될 것이다.

논항 구조 가설은 논항성(argument-hood)이 구문분석에 어떻게 영향을 미치는지에 대해 보다 섬세한 관점을 제공한다. 논항 구조 가설에 따르면 논항 틀(argument frame)과 그에 상응하는 통사 구조는 문장의 요소들이 어떻게 해석되는지를 결정한다는 점에서 중요하다. 예를 들어, 이해자는 to Harry와 같은 PP를 어떻게 해석해야 할까? 'The bully sent a threatening letter to Harry'에서와 같이 전송 행위의 착점(goal)으로 해석할 수도 있지만, 'The bully stapled a threatening letter to Harry'에서와 같이 PP를 처소(location)로 해석할 수도 있다(Boland and Blodgett, 2006, p. 386).

PP에 어떤 해석을 적용할지 이해자는 어떻게 알 수 있을까? 논항 구조 가설의 경우 동사의 하위범주 속성이 PP가 해석되는 방식을 결정한다고 주장한다. 동사의 어휘 표상이 수령자 또는 착점 논항을 명시하는 경우(예: sent는 수령자를 명시한다), to로 시작하는 PP는 착점 논항으로 해석된다. 동사가 착점 논항을 명시하지 않는 경우, to로 시작하는 PP는 처소로 해석된다.

논항 구조 가설이 통사 정보가 장기기억 속에 어떻게 표상되는지를 정확하게 설명한다는 근거가 있는가? 상당한 근거들이 문장 해석 시 논항은 부가어와 다르게 취급된다는 것을 시사하고 있다. 예를 들어, 예문 (51)과 (52)를 생각해 보자(Clifton, Speer, and Abney, 1991에서 발췌; Stolterfoht et al., 2019 참조).

(51) The saleswoman tried to interest the man in the wallet. (People interpret this as meaning she wanted him to buy the wallet; not that the man was inside the wallet.)

(52) The saleswoman interested the man in his fifties. (People interpret this as meaning that the man was between 50 and 60 years old; not that the saleswoman wanted the man to like being between 50 and 60 years old.)

예문 (51)을 보면 사람들은 무언가에 관심을 가져야 하기 때문에 in the wallet은 동사 interested의 논항이다. (이를 동사 sneezed와 대조해 보자. 무언가를 재채기해야 하는 것이 아니라 그저 재채기해야 할 뿐이다.) 예문 (52)에서 우리는 언제든지 그 남자의 나이가 몇 살인지 생각하거나 말할 수는 있지만 반드시 그래야 할 필요는 없기 때문에 in his fifties는 명사 man의 부가어이다. 그러나 wallet과 in his fifties의 정확한 의미를 파악하기 전까지는, 그리고 그 의미를 문장의 앞선 부분과 통합하기 전까지는 우리가 논항을 다루고 있는지 아니면 부가어를 다루고 있는지 명확하지 않다는 점에 유의해야 한다.

논항 구조 가설을 포함한 구문분석에 대한 일부 설명에 따르면, 이해자는 일반적으로 들어오는 구를 논항으로 해석하려는 선호도 또는 편향성을 갖고 있다. 이러한 가정을 고려할 때, 이해자는 in the wallet과 in his fifties 모두를 동사 interested의 논항으로 취급하려고 할 것이다. Wallet은 his fifties보다 관심의 대상으로서 더 합당하기 때문에 이해자는 his fifties보다 wallet을 처리하는 데 더 적은 시간이 걸릴 것이다. 실제로 처리 부하를 측정하기 위해 읽기 시간을 사용했을 때, 이해자는 (51)과 같은 문장을 (52)와 같은 문장보다 더 빨리 처리할 수 있었다(Clifton, Speer, and Abney,

1991; Speer and Clifton, 1998; Britt, 1994; Schutze and Gibson, 1999 참조). 즉, 사람들은 논항 관계를 비논항(또는 부가어) 관계보다 더 빠르게 처리하는 것으로 보인다.

다른 연구에서는 사람들이 to Harry와 같은 구를 논항으로 해석할 수 있을 때 동일한 구를 부가어로 해석해야 할 때보다 해석 결과에 더 만족하는 것으로 나타났다. 예를 들어, 문장이 얼마나 자연스러운지 판단할 때, 사람들은 논항이 분명하게 명시된 문장을 논항이 아닌 부가어가 명시된 문장보다 더 높게 평가한다(Boland and Blodgett, 2006).

논항 지위(argument status)가 구문분석과 해석에 미치는 영향에 관한 다른 근거를 보자. 동사가 논항을 필요로 하지만 문장에 논항이 명시적으로 포함되어 있지 않은 경우 사람들이 '누락된' 논항을 추론한다는 것을 보여 주는 연구에서 근거를 찾을 수 있다(Koenig et al., 2003; Mauner et al., 1995). 예를 들어, 단순 과거시제 동사 sank와 밀접하게 관련된 과거완료형 was sunk의 차이를 생각해 보라. 누군가가 The ship sank라고 말할 때 외부 행위자(external agent)가 있을 필요는 없다. 이 문장은 상태의 변화(배가 바다 위에 떠 있다가 바다 밑으로 가라앉음)를 기술하는데, 그 상태 변화는 배 자체에 의해 내부적으로 야기된 것일 수 있다(선체가 매우 녹슬어 물이 새는 곳이 생겼을지도 모른다). 그러나 누군가가 The ship was sunk라고 말한다면 그것은 배가 아닌 다른 사람이나 사물이 배의 상태 변화에 책임이 있음을 뜻한다. 사람들은 The ship sank와 같은 문장과 The ship was sunk와 같은 문장을 다르게 처리하는가?

Gail Mauner와 그녀의 동료들은 다음과 같은 방식으로 사람들이 그 둘을 다르게 처리한다는 사실을 입증했다: The ship was sunk와 같이 행위자가 요구되지만 명시적으로 표현되지 않는 문장을 들으면, 사람들은 즉시 밝혀지지 않은 외부 행위자의 존재를 추가하거나 추론한다. 따라서 논항이 누락된 문장을 마치 'The ship was sunk by somebody …'라고 말해진 것처럼 해석한다. 만약 문장이 예컨대 '… to collect the insurance money'라는 목적 부사절(purpose clause)로 이어지게 된다면, 이해자는 이미 침몰에 관여한 누군가가 있고 그가 목적 부사절의 주어가 될 수 있다는 것을 추론했기 때문에 이 목적 부사절은 처리하기가 매우 쉽다. 그러나 문장이 'The ship sank …'로 시작하여 '… to collect the insurance money'로 이어지게 된다면 이해자는 이 문장을 처리하는 데 어려움을 겪게 된다. 왜 그럴까? 이 문장의 시작 부분(The ship sank …)은 사람들로 하여금 행위자를 유추할 것을 요구하지 않기 때문에 이해자의 문장 표상에 '… to collect the insurance money'라는 목적 부사절과 연결할 단서가 없기 때문이다. 이해자의 정신적 표상에는 보험 사기 동기를 가진 사람이 아무도 없다.

한계, 비판, 그리고 대안적 구문분석 이론

상당한 양의 실험 연구가 제약 기반 문장 처리틀(framework) 내에서 나타나는 다양한 설명들에 유리한 결과를 내놓았지만, 여전히 2단계 구문분석 이론의 일정 버전을 선호하는 사람들도 있다. 여기에는 여러 이유가 있지만, 일단 일반적인 제약 기반 접근 방식에 대한 두 가지 주요 비판요인에 초점을 맞춰 보도록 하자.

첫 번째 비판은 파서가 언제나 가능성이 적은 구조보다 큰 구조를 선호하는 것은 아니며, 더 단순한 구조를 선호한다는 제안에 근거한다(예: Clifton et al., 1997). 예를 들어, 예문 (53)에서는 가능성이 적은 구조가 더 단순한데, 이 가능성이 적은 구조를 채택하면 의미적으로 이상한 해석이 나오게 된다.

(53) The athlete realized her shoes somehow got left on the bus.

The athlete realized her shoes는 구성이 이상하다. 사람들이 예문 (53)의 시작 부분을 주어, 동사, 직접 목적어로 해석한다면 shoes라는 단어를 읽을 때 속도가 느려져야 한다. 하지만 realized는 직접 목적어를 싫어하고 문장 보충어를 정말 좋아한다는 것을 상기하라. 파서가 이 정보를 즉시 사용한다면, 이해자는 realized her shoes가 같은 동사구 안에서 어울리는 것으로 간주하지 않을 것이다. 이 경우 이해자는 her shoes를 somehow got left on the bus와 올바르게 꾸려 문장 보충어를 구성하기 때문에 (53)으로 인해 어려움을 겪지 않아야 한다. 안구 추적 실험에서 (53)과 같은 문장이 사용되었을 때 독자들은 shoes에서 속도를 늦췄는데, 이는 (잘못된) 직접 목적어 해석을 고려했음을 시사하며, 이 경우에 참가자들이 가능성이 큰 구조보다 단순한 구조를 선호했다는 것을 의미한다(Pickering et al., 2000).

제약 기반 접근 방식에 대한 두 번째 비판은 단순한 통사 구조를 가진 문장이 처리하기 어렵다는 증거가 없다는 것과 관련이 있다. 'The burglar blew up the safe with the rusty lock'이라는 문장으로 돌아가 보자. 문장 처리의 제약 기반 지시 이론에 따르면, 올바른 종류의 이야기(story) 문맥은 이해자로 하여금 통사적으로 더 복잡한 명사 수식 해석을 선호하거나, 더 많이 활성화하거나 또는 편향성을 갖게 할 것이다. 만약 그렇다면 구조적으로 단순한 문장이 더 복잡한 구조를 뒷받침하는 문맥에 등장할 때 단순한 구조의 처리가 더 어려워져야 한다. 지금까지 그러한 증거는 나타나지 않았다. 연구자들은 다른 문장 유형에서도 이와 유사한 효과를 기대했지만 지금까지는 성공하지 못했다(하나의 예외는 Sedivy(2002), Experiment 4).

예를 들어, 예문 (54)의 주절 구문을 생각해 보자(Binder et al., 2001, p. 312).

(54) The criminal exiled his undependable partner and changed his identity.

(54)와 같은 문장은 서로 다른 두 명의 범죄자가 있는 이야기에 삽입될 수 있다. Burglar blew up the safe의 경우와 유사하게, 두 명의 범죄자가 있는 문맥은 사람들이 문장의 시작 부분(The criminal exiled …)을 읽을 때 단순한 주절 구조보다 복잡한 축약된 관계절 구조를 선호하도록 유도해야 한다. 만약 문맥이 사람들의 구조적 선호도를 이런 식으로 변화시킨다면 (일반적인 제약 기반 설명에서 예측한 대로), (54)와 같은 문장은 이야기에서 한 명의 범죄자만 언급할 때보다 두 명의 범죄자를 언급할 때 처리하기가 더 어려워야 한다. 그러나 예문 (54)의 경우 선행 문맥에 어떤 정보가 나오는지에 관계없이 상대적으로 처리하기 쉬운 것으로 보인다.

구문분석에 대한 제약 기반 접근 방식에 대한 또 다른 비판은 다양한 제약 기반 제안의 검증 가능성, 그리고 어떤 유형의 문장들에서 문맥 효과에 그다지 영향을 받지 않는 것으로 보인다는 사실과 관련이 있다. 관심 있는 독자는 자세한 내용에 관해 Pickering and van Gompel(2006)을, 제약을 지지하는 추가 논증을 위해서는 MacDonald and Seidenberg(2006)를 참조하기를 바란다.

문장 처리에서 보다 최근의 이론적 발전은 각 접근 방식의 장점을 유지하면서 기존의 2단계 및 제약 기반 처리 설명을 넘어서고자 시도해 왔다. 이러한 최근의 발전된 연구 중 세 가지를 간략히 살펴보도록 하자.

해석

해석 설명(Construal account)은 본질적으로 고전적인 오도문 구문분석 이론을 개선한 것이다 (Frazier and Clifton, 1996). 해석(Construal)은 구문분석이 별개의 단계들을 거쳐 일어난다는 아이디어를 유지하지만, 문맥이 파서가 선호하는 구조에 영향을 미칠 수 있다는 아이디어와 파서가 때때로 여러 구조를 동시에 구축할 수 있다는 아이디어도 채택한다. 이것이 제약 기반 파서와 매우 유사하게 생각된다면, 스스로를 칭찬해도 좋다. 그러나 파서가 문맥 정보에 반응하거나 통사 구조들을 동시에 구축하게 되는 상황이 제한되어 있다는 점에서 Construal은 일반적인 제약 기반 설명 (account)과 차이를 보인다. 대부분의 경우 Construal 파서는 오도문 파서와 똑같이 작동하게 된다. 사실 Construal 파서는 어떤 구조적 대안을 추구할 것인지에 대한 명확한 결정을 내리기 위해 동일한 늦은 종결 및 최소 부착 휴리스틱을 사용하기까지 할 것이다. 파서는 어떤 전략을 사용할지 어떻게 결정하는가?

여기에 답하기 위해서는 단어들 간의 다양한 관계에 대해 생각해 볼 필요가 있다. 해석(Construal)은 단어들 간의 의존관계에 주요(primary) 관계와 비주요(non-primary) 관계의 두 가지 종류가 있다고 말한다. 주요 관계는 대략 앞서 정의된 논항 관계에 해당한다. 비주요 관계는 그 밖의 모든 관계에 해당한다. 다른 모든 것이 동일하다면 파서는 들어오는 입력에 대해 그것이 주요 관계를 나타내는 것처럼 취급하는 것을 선호한다. 파서가 들어오는 단어나 단어들의 집합이 주요 관계를 나타내는 것으로 해석할 때, 파서는 일반적인 오도문 처리 휴리스틱에 따라 구조적 결정을 내린다. 그러나 들어오는 입력이 주요 관계를 나타내는 것으로 해석할 수 없을 때, 파서는 그 입력을 처리하기 위해 다른 전략을 사용할 것이다. 첫 번째 단계에서 구문분석기는 들어오는 입력을 선행하는 문장 문맥과 연계시킬 것이다. 이 단계에서 파서는 들어오는 입력물에 대해 가능한 모든 부착 위치를 동시에 고려할 것이다. 이는 여러 통사 구조를 동시에 효과적으로 구축하기 위한 것이다. 다음 처리 단계에서 파서는 스토리 문맥, 문장 수준의 의미, 그리고 기타 '비통사적' 정보 자원을 고려하여 각각의 구조적 가능성을 평가한다.

Construal 파서를 더 자세히 살펴보기 위해 문장 (55) 및 (56)을 생각해 보자.

(55) The daughter of the colonel who had a black dress left the party.

(56) The daughter of the colonel who had a black mustache left the party.

예문 (55)에서 사람들은 일반적으로 관계절 who had a black dress가 colonel이 아닌 daughter에 수반되는 것으로 해석한다. (56)에서는 관계절 who had a black mustache는 daughter가 아니라 colonel에 수반되는 것으로 해석된다. 나의 상사(그녀의 이름은 Debra)에게 화난 이메일을 쓰기 전에 기억하자: 물론 대령이 검은색 드레스를 입는 것이 가능하다. 첫째, 대령은 여성일 수 있다. 둘째, 일부 남성 대령들은 옷장 뒤편에 검은 드레스를 가지고 있다고 장담한다. 그리고 대령의 딸에게 검은 콧수염이 있는 것도 물론 가능하다. 이러한 가능성에도 불구하고 대부분의 사람들은 무의식적으로 이 문장들을 앞에 설명한 방식으로 해석한다.

만약 이해자가 (55), (56)에 대한 구문분석을 위해 늦은 종결 휴리스틱을 적용한다면, (55)를 (56)보다 더 쉽게 처리하게 될 것이다. (왜 그래야 하는지 알아낼 수 있는지 살펴보라.) 그러나 해석(construal) 설명에 따르면 who had a black dress와 who had a black mustache는 선행 명사의 부가어이기 때문에 비주요 관계를 나타낸다. 이러한 조건에서 파서는 관계절을 선행 문맥에 연계시키고 동시에 관계절이 부착될 수 있는 모든 위치를 찾는다. (55), (56)에서 관계절의 선행사(host)로서 가능한 것은 두 가지(daughter와 colonel)이다. (55)에서는 관여된 모든 단어의 의미를 고려할 때 daughter 관련 구조가 잘 작동하고, (56)에서는 colonel 관련 구조가 잘 작동한다. 따라서 각각의 구조적 가능성을 평가함에 있어 항상 좋은 구조가 하나씩 있다. 결과적으로 construal 설명은 (55)와 (56) 사이에는 어려움에 있어 차이가 없다고 예측하는데, 이는 참가자의 읽기 시간을 측정했을 때 실제로 나타나는 패턴이다(Traxler et al., 1998; construal account와 관련된 추가 근거에 대해서는 Frazier and Clifton, 1996 참조).

충분 구문분석

Fernanda Ferreira의 구문분석의 충분 가설은 구문분석 및 해석에 대한 고전적인 접근 방식으로부터 보다 과감하게 탈피한 최근의 방식이다(Blott et al., 2020; Christianson et al., 2006; Ferreira et al., 2002, 2001; Ferreira and Patson, 2007). 구문분석의 충분 가설은 '구문분석이 무슨 소용이 있는가? 구문분석이 정말 필요한가?'라는 질문하는 것으로 시작한다. 이 질문에 대한 간결한 답변은 때로 통사와 구문분석이 전혀 필요하지 않다는 것이다. 예를 들어, 누군가가 치즈, 생쥐, 먹는 행위에 대해 이야기하고 있다면, 사건이 끝난 후 치즈가 사라지고 생쥐가 더 무거워질 것을 (그 반대의 경우가 아니라고) 확신할 수 있을 것이다. 이 경우 통사는 어휘 정보가 있다면 불필요한 단서를 제공한다. 단어 자체만으로도 알아야 할 것을 모두 알 수 있으며, 의사소통 행위를 고취시킨 화자의 의도나 사건을 복원하기 위해 통사 구조를 산출할 필요가 없다. 실제로 어휘 층위와 통사 층위가 대립할 때 어휘 층위가 통사 층위를 압도할 수 있다는 몇 가지 증거가 있다. 예를 들어, 수동문 (57)을 생각해 보자.

(57) The mouse was eaten by the cheese.

이 문장은 개별 단어의 어휘-의미적 내용과 구문분석 및 해석에 관해 주어지는 일반적 가정에 따라 도출되어야 하는 문장의 의미 사이에 충돌이 발생한다. 예문 (57)을 능동문으로 변형하면 (58)이 된다.

(58) The cheese ate the mouse.

하지만 우리가 어휘 정보에만 의존한다면 (59)에 의해 표현되는 해석을 얻게 될 것이다.

(59) The mouse ate the cheese.

　연구자들이 다룬 매우 기본적인 질문 중 하나는 사람들이 (57)과 같은 문장에 어떤 의미를 부여하는가 하는 것이다. 만약 사람들이 (57)에 대한 올바른 통사 구조를 구축했다면 (58)과 같은 해석을 내놓아야 한다. 만약 사람들이 단지 어휘 정보만을 따를 뿐 굳이 번거로운 구문분석을 하려고 하지 않는다면 (59)에서와 같은 (더 합리적이지만 인허되지 않는) 해석을 내놓을 것이다. 사람들에게 (57)과 같은 문장을 주고 가장 잘 바꾸어 표현한 말을 선택하거나 같은 의미를 나타내는 능동문을 스스로 제안하도록 요청하면, 많은 사람들이 문법적으로 인허된 해석이 아닌 합리적인 해석을 내놓는다. 이는 사람들이 항상 문장 내의 단어들 간의 통사적 관계를 계산하는 것은 아니라는 것, 또는 통사 층위와 어휘 층위가 충돌할 때 사람들이 디폴트 어휘-의미 연관성을 기반으로 해석하는 것을 선호한다는 시사점을 나타낸다. 두 가지 결과 모두 문장이 해석되는 방식에 대한 표준적인 가정, 즉 사람들이 심성 어휘집(mental lexicon)에서 단어를 찾고 입력을 구조화하며 의미 규칙을 사용하여 구조화된 입력에 일반화된 의미를 부여한다는 가정에 위배된다.
　사람들이 몇몇 문장에 대해 올바른 구조를 구축하지 못한다는 또 다른 증거는 (60)과 같은 예문에서 찾을 수 있다.

(60) While the hunter was stalking the deer drank from the puddle.

　만약 참가자들이 이 문장의 구문분석을 올바르게 한다면, 사냥꾼이 사슴을 뒤쫓고 있었다는 의미로 해석해서는 안 된다. 그러나 참가자들이 해당 문장을 읽은 직후 '사냥꾼이 사슴을 뒤쫓고 있었나요?'라는 질문을 들으면 '예'라고 대답할 가능성이 매우 높다. 이는 독자들이 the deer을 was stalking의 직접 목적어로 부착된 상태로 남겨둔 경우에 예상되는 결과이지만, 그러한 구조는 문법적으로 인허되지 않는다. 이에 대해 올바른 구문분석 하에서 문장이 사냥꾼이 사슴을 뒤쫓고 있다고 명시적으로 말하지는 않지만 그러한 해석과 직접적으로 모순되는 것도 없다는 점에서 이의를 제기할 수 있다. 이러한 비판에 대응하기 위해 연구자들은 (61)과 같은 문장을 사용하여 추가적인 실험을 진행했다.

(61) While the hunter was stalking the deer in the zoo drank from the puddle.

동물원에서 사냥꾼이 동물을 뒤쫓을 가능성은 매우 낮기 때문에, 올바른 통사 구조는 참가자들로 하여금 사냥꾼이 사슴이 아닌 다른 것을 뒤쫓고 있다고 해석하도록 유도해야 한다. 그럼에도 불구하고 이 연구에 참여한 참가자들은 '사냥꾼이 사슴을 뒤쫓고 있었나요?'라는 동일한 질문을 받았을 때 '예'라고 대답하는 경향이 있었다. 어떻게 이런 현상이 나타나는가?

구문분석의 충분 가설에 따르면, 이해자들은 이해의 기준치를 설정한다. 소통하는 문맥의 의미를 올바르게 파악하는 것이 매우 중요한 경우, 이해자는 문법적으로 인허된 통사 구조를 구축하기에 충분한 (정보)자원을 할당할 것이다. 또한 이해자들이 최초에 결함이 있거나 잘못된 통사 구조를 구축한 경우에는 많은 노력과 자원이 소요된다 하더라도 해당 구조를 수정하는 데 필요한 프로세스를 수행할 것이다. 그러나 대부분의 실험 상황에서는 (참가자들에게는) 위험 부담이 매우 낮고, 해석을 잘못해도 대수롭지 않으며, 문장들은 까다롭고 추상적이며 현실의 콘텐츠와 거의 또는 전혀 관련이 없는 경향을 보인다. 이러한 조건에서 참가자들은 의미를 찾아낼 수 있을 정도의 통사 처리만 수행할 것이다. 만약 예문 (60), (61)에서와 같이 통사가 까다롭고 참가자들이 이해했다고 느끼는 기준치가 낮다면, 참가자들이 실제 입력물의 구문분석을 하지 않거나 표준 문법적으로 인허되지 않는 구조에 만족하기 때문에 통사에 문제가 있다는 것을 인식하지 못할 수 있다.

통사 구조를 구축할 능력이 없거나 의사가 없는 경우 외에, 이해자가 해석이 인허된 구문분석에 의해 뒷받침되지 않는다는 이유만으로 해석을 포기하지는 않을 수 있다. 예를 들어, 오도문 실험의 참가자들은 적어도 일부 시간 동안은 통사적 수정에 착수하고 있다는 징후를 보이면서도 초기의 의미 해석을 고수한다. 예를 들어, 참가자들은 (60) 및 (61)과 같은 문장에서 사냥꾼이 사슴을 사냥하고 있었다고 계속 생각하는데, 올바른 구문분석, 특히 (61)의 올바른 구문분석이 그러한 해석을 배제하는 것처럼 보임에도 불구하고 그런다는 것이다. 다른 실험적 증거 또한 통사 구조의 변화가 의미의 변화를 수반할 때 이해자가 초기 해석을 성공적으로 수정할 가능성이 낮음을 시사한다(Van Gompel et al., 2006). 따라서 참가자들은 통사 구조의 변경이 의미 해석의 변경을 수반할 때에도 초기의 통사적 해석을 유지하는 것으로 보인다.

구문분석의 충분 가설과 대안적 설명을 구분하는 데 있어 한 가지 문제는 실수와 충분 가설의 차이를 구별할 수 있는 방법이 필요하다는 것이다. 누군가가 문장을 읽고 잘못된 의미를 떠올린다면, 이는 시스템이 (구문분석 충분 가설 이론에서 가정하는 대로) 문장의 구문분석을 잘못하도록 설계되었기 때문인가? 아니면 그냥 실수를 한 것인가? 실제로 이 두 가지 가능성을 실험적으로 구분하기는 매우 어렵다. 따라서 확정적인 파서의 어떤 버전(오도문, 제약 기반, 경쟁 기반 파서와 같은)과 충분 가설의 파서 중 어느 것이 실제로 사람들의 머릿속에 지니고 있는 메커니즘에 대해 더 잘 설명하는지 선택하기 위해서는 더 많은 연구가 필요할 것이다.

구문분석-장거리 의존

지금까지는 문장이 만들어질 때 구를 이루는 단어들이 서로의 바로 옆에 나타나는 문장의 처리에 대해 살펴보았다. 예를 들어, (62)와 같은 단문의 능동문에서는 주어, 동사, 직접 목적어가 모두 서로 인접해 있다.

(62) The girl chased the boy.

따라서 이 문장 내의 단어들 간의 관계는 국지적(local) 의존관계로 분류된다. 많은 문장들은 긴밀한 통사적 관계를 가진 단어들이 문장 내에서 따로 떨어진 위치에 나타나는 장거리(long-distance) 의존관계(비국지적(non-local) 의존관계, 무한(unbounded) 의존관계라고도 불림)를 가지고 있다. 예문 (63)은 (62)와 매우 유사한 의미를 가지지만 모두 국지적 의존관계를 갖는 대신 일부 장거리 의존관계를 가진다.

(63) It was the boy whom the girl chased.

예문 (63)에서 the boy는 동사 chased의 목적어 논항이지만, (영어의 일반적인 패턴대로) 동사 바로 뒤에 오는 것이 아니라 동사 chased 앞에 나온다. 그 결과 the boy와 chased는 함께 장거리 의존관계를 형성한다. (장거리 의존관계가 있는 다른 문장의 예를 생각해 낼 수 있는지 보자.)

(62), (63)과 같은 문장들은 의미에 있어 밀접한 관련이 있으며, 문장 표상 및 해석에 대한 몇가지 이론에 따르면 이 문장들은 공통된 기저 통사 표상을 가진다. 예를 들어, 촘스키(Noam Chomsky)의 공백–흔적(gaps-and-traces) 설명은 사람들이 (63)과 같은 문장을 계획하고 생성할 때 문장 (62)의 통사를 표상하는 데 사용하는 것과 같은 (64)의 정형적 형태(canonical form)로부터 시작한다고 말한다(Chomsky, 1965, 1981). 정형적(canonical) 통사 형태는 문장 내의 단어들 간의 통사적 관계를 표현하는 데 사용될 수 있는 가장 단순한 통사 구조에 해당한다. 소년과 소녀라는 두 명의 행위자와 쫓는 행위가 있는 경우, (64)의 형태는 소녀가 소년을 쫓았다는 아이디어를 표현하는 데 사용할 수 있는 가장 단순한 구조이다.

(64)

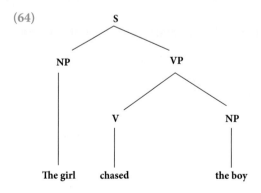

공백–흔적(gaps-and-traces) 가설에서는 사람들은 더 복잡한 (63)의 문장을 만들기 위해 정형적(canonical) 형태에 변형(transformation)을 가한다고 가정한다. 이러한 변형에는 the boy를 동사 chased 뒤의 일반적인 직접 목적어 위치로부터 문장의 시작 부분과 더 가까운 위치로 이동시키는 것이 포함된다(화자는 행위의 수령자에게 더 주의가 쏠리도록 이렇게 한다). The boy를 chased VP 밖으로 이동시키고 나면 그 절의 통사 구조에 공백이 생기게 된다. Chased는 직접 목적어를 필요로 하는데, boy가 더 이상 직접 목적어 자리에 있지 않기 때문에 구조가 문법에 위배되지 않으려면 어떤 조치가 취해져야 한다. 공백–흔적 이론에 따르면 사람들은 사라진 직접 목적어를 대신할 수 있는 정신적 자리 채움자(mental placeholder)를 삽입한다. 이 정신적 자리 채움자를 공백(gap) 또는 공백 위치(gap site)라고 한다. 그 결과 chased VP의 표상은 (65)와 같게 된다.

(65)

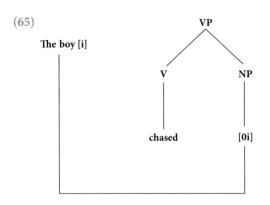

(63)과 같은 문장에서 NP the boy는 채움어(filler) 또는 채움 구(filler phrase)라고 불린다. 몇 가지 언어학적 설명에 따르면 모든 의존관계가 국지적인 문장은 단어들을 서로 직접 결부시켜 구문분석을 한다. 그러나 장거리 의존관계에서는 채움어를 어떻게 해석할지 결정하는 단어와 직접 결부하지 않고 채움어와 공백을 결부시킴으로써 처리된다. 따라서 (63)과 같은 문장의 구문분석을 위해 사람들은 먼저 the boy라는 채움 구를 식별한다. It was … 구는 흔히 the boy와 같이 이동된 요소 앞에 오기 때문에 (때로는 It was lunchtime과 같은 단순한 평서문에 사용되기도 하지만) the boy는 채움어로 인식될 수 있다. 채움 구를 식별한 후 사람들은 채움 구를 넣을 위치를 찾기 시작한다. Chased가 직접 목적어를 가지고 있지 않기 때문에 사람들은 동사 chased 바로 뒤에 공백 위치를 추론하거나 상정한다. 사람들은 채움 구를 공백 위치와 결부시킨 다음, 공백 위치를 동사 chased와 결부시킨다. 채움 구와 공백 위치를 결부시키면 채움 구와 공백 위치 사이에 '흔적(trace)' (정신적 경로와 유사)이 형성된다. 이렇게 사람들은 the boy가 chased와 어울리고, chased 동사구가 완성되어 해석이 완료될 수 있음을 인식하게 된다.

공백 채우기가 실재하는 심리적 과정이라는 근거가 있는가? 간결한 대답은 '그렇다'이다. 몇 가지 실험적 증거는 교차 양태적 점화(cross-modal priming)와 교차 양태적 명명(cross-modal naming) 실험에서 찾을 수 있다(Nicol and Pickering, 1993; Nicol and Swinney, 1989; Atkinson et al., 2018 참조). 교차 양태적 실험에서, 참가자들은 청각과 시각이라는 서로 다른 두 가지 감각으로부터 들어오는 언어에 서로 다른 시간에 노출된다. 예를 들어, 사람들은 (66)과 같은 문장을 듣게 될 수 있다.

(66) That's the boy that the people at the party liked [gap site] very much.

예문 (66)에서 the boy는 채움 구이며, 공백 위치는 동사 liked 바로 뒤에 나타난다. 공백 채우기가 실재하는 심리적 과정이라면 사람들이 공백 위치에 도달할 때 특별한 일이 일어나야 한다. 특별한 일이 일어나는지 알아보기 위해 연구자들은 참가자들이 (66)과 같은 문장을 듣는 동안 컴퓨터 화면에 목표(target) 단어를 서로 다른 시점에 보여 주었다. 연구자들은 참가자들이 시각적으로 목표 단어에 반응하는 데 걸리는 시간을 측정했다. 참가자가 빠르게 반응했다면 그것은 목표 단어와 관련된 정보가 특별히 활성화되었거나 접근 가능했다는 것을 시사한다. 사람들이 더 느리게 반응했다면 그것은 목표 단어와 관련된 정보가 덜 활성화되었다는 것을 시사한다. 공백−흔적 설명에 따르면, 채움 구(the boy)에 대한 정보는 바로 공백 위치에서 특별히 활성화되어 있어야 하고 접근 가능해야 한다. 따라서 사람들이 채움 단어 자체에 반응하는 데 걸리는 시간을 측정한다면, 사람들은 동사 liked 직후에 특히 빠르게 반응해야 한다. 이러한 예측을 검증하기 위해 연구자들은 동사 liked 직전(특별한 일이 일어나지 않아야 하는 부분)과 동사 liked 직후(특별한 일이 일어나야 하는 공백 위치)에서 발화되는 문장에 끼어들어 시각적 목표 단어를 제시했다. 참가자들은 목표 단어를 최대한 빨리 큰 소리로 말함으로써('명명'함으로써) 응답해야 했다. 실험에서 참가자들은 동사 liked가 나오기 전보다 나온 후에 목표 단어(the boy 같은) 또는 의미적으로 연관된 단어(the girl 같은)에 더 빨리 반응했다. 따라서 공백−흔적 설명이 예측하는 바로 그 지점에서 특별한 일이 일어난 것처럼 보인다.

(66)과 같은 문장은 하나의 채움 구와 하나의 가능한 공백 위치만을 가진다. 다른 문장들은 보다 모호하다. 예를 들어, 예문 (67)에는 채움 구가 들어갈 수 있는 위치가 두 군데이다(하지만 실제로는 그중 한 군데인 두 번째 위치에만 들어갈 수 있다).

(67) That's the boy that the girl liked [possible gap site] to ignore [actual gap site].

(세 개의 가능한 공백 위치가 있는 문장을 생각해 낼 수 있는지 보자.) 예문 (67)의 가능한 공백 위치는 때로 의심스러운 공백(doubtful gap)이라 불리는데 이는 그 위치가 채움어가 들어가는 곳일 수는 있지만 채움어가 반드시 그 곳에 들어갈 필요는 없기 때문이다(실제로 이 경우에는 거기에 들어가지 않는다). 사람들은 여러 개의 가능한 공백 위치가 있는 문장에 대해 어떻게 구문분석을 하는가? Janet Fodor의 능동적 채움(active filler) 전략에 따르면, 파서는 가능한 모든 공백 위치에 대해 공백 위치를 찾는 즉시 채움어를 넣으려고 한다(Fodor, 1979, 1989). 만약 그렇다면 사람들은 일상적으로 (67)과 같은 문장의 구문분석을 잘못할 것이다. 채움 구 the boy를 맞닥뜨리면 사람들은 그것을 넣을 공백을 찾기 시작할 것이다. 동사 liked가 직접 목적어를 가질 수 있기 때문에 liked 바로 뒤에 공백이 있을 수 있다(즉, 해당 문장은 'The girl liked the boy'와 동등한 것일 수 있음). 그러나 파서가 the boy를 liked의 직접 목적어로 할당하면, liked의 실제 동사 뒤 보충어인 부정사구 to ignore을 위한 자리가 없어지게 된다. 따라서 능동적 채움(active filler) 전략은 (67)과 같은 문장이 일종의 오도문장이라고 예측한다. 사람들은 처음에 채움어를 잘못된 위치(liked 뒤의 의심스러운 공백)에 넣는다. 그러다 to ignore을 들으면 이 채움−공백 할당이 잘못되었다는 것을 알고, the boy가 부정사구 to ignore 내부에 위치하도록 다시 문장의 구문분석을 한다(그래서 사람들은 결국 '소녀가 소년을 무시하는 것을 좋아했다.'는 의미로 문장을 올바르게 해석하게 된다). 실제로 (67)과 같이 의심스러운 공백(doubtful gap)이 있는 문장은 첫 번째 공백 위치가 채움 구의 올바른 선행사(host)가 아닐 때 동등한 비중의 적인 문장보다 처리하기가 더 어렵다(Pickering and Traxler, 2001, 2003; Stowe, 1986).

모든 언어학자와 심리언어학자가 장거리 의존관계 구문분석에 공백과 흔적이 관여한다는 데 동의하는 것은 아니다. 예컨대, 핵어 중심 구 구조 문법(Head-Driven Phrase Structure Grammar: HPSG)
과 같은 일부 문법 이론에서는 공백을 표상 시스템의 요소로 포함하지 않는다(Sag et al., 2003 참조).
구문분석에 대한 일부 설명에서도 공백 개념을 사용하지 않는다(Pickering and Barry, 1991, 1993).
그러한 설명 중 하나인 Martin Pickering과 Guy Barry의 무공백(gap-free) 구문분석 설명에서는 국
부적 의존관계와 장거리 의존관계는 단어들이 서로 직접 결부되는 동일한 방식으로 처리된다고 본
다. 따라서 채움 구를 발견하면 파서는 공백 위치를 찾는 대신 파트너 중 하나가 누락된 단어를 찾
는다. 예를 들어, 파서는 채움어를 공백과 결부시킨 다음 공백을 동사와 결부시키는 대신 채움어를
동사와 직접 결부시킨다. 사람들이 문장에 대해 구문을 분석하고 해석할 때 실제로 무엇을 하는지
설명하는 데 공백-흔적 설명(gaps-and-traces account)와 무공백 설명(gap-free account) 중 어느 쪽
이 더 나은지 어떻게 결정할 수 있을까?

　일부 연구자들이 취하는 접근 방식은 중요한 동사가 가상의 공백 위치 앞에 오는 문장을 찾는 것
이다. 만약 동사에서 특별한 일이 발생한다면 그것은 채움어가 동사와 직접적으로 결부되어 있음
을 시사할 것이다. 사람들이 공백 위치에 이르기 전에 특별한 일이 일어나지 않는다면, 이는 채움
어가 동사와 직접적으로 결부된 것이 아니라 공백과 결부된 것임을 시사할 것이다. 예문 (68)에서
공백 위치는 채움어와 어울리는 동사보다 훨씬 뒤에 나온다.

(68) That's the pistol [filler] with which the killer shot the helpless man [gap] yesterday.

　(68)에서 공백 위치는 man 뒤에 있는데, 이는 문장이 'de-scrambled'된다면(뒤섞인 문장을 바로
잡는다면) The killer shot the helpless man with the pistol yesterday가 될 것이기 때문이다. 동사에
서 특별한 일이 일어날까? 이를 알아보기 위해 연구자들은 (68)과 같은 문장의 읽기 시간과 (69)와
같은 문장의 읽기 시간을 비교했다.

(69) That's the pistol [filler] in which the killer shot the helpless man [gap] yesterday.

　(69)는 (68)과 단 한 단어만 다르다(with 대신에 in). 전치사를 with에서 in으로 바꾸면 (69)는 (68)
보다 훨씬 비논리적으로 문장의 의미가 바뀐다. 특히 문장 (69)는 사람들이 필러 구 the pistol을
동사와 즉시 결부시키면 동사 shot에서 의미가 비논리적으로 된다. 만약 사람들이 man 다음에 오
는 공백 위치에 이를 때까지 기다린다면, 동사 shot이 한참 지나서야 (69)가 이상하다는 것을 알
아차릴 것이다. 일반적으로 문장이 말이 되지 않게 되면 사람들이 무엇이 잘못되었는지 진단하고
문제를 해결하려고 시도하므로 처리 부하가 증가한다. 여기서 연구자들은 처리 부하가 증가했는
지 여부를 알아내기 위해 읽기 시간을 사용할 수 있다. (68)의 읽기 시간을 (69)의 읽기 시간과 비
교할 때, (69)의 읽기 시간은 동사 shot에서부터 훨씬 더 길어진다(Pickering and Traxler, 2001, 2003;
Traxler and Pickering, 1996). 동사 shot이 가상의 공백 위치보다 한참 전에 나온다는 점에서 사람들
은 채움 구를 공백이 아닌 동사와 직접 결부시키는 것처럼 보인다. 이러한 결과는 일부 이론가들로
하여금 공백이 필요하지 않다는 입장을 취하게 하였고 따라서 그들은 통사 구조 표상에 공백과 같

은 것이 포함되지 않는 이론을 선호한다. 공백이 없는 접근 방식의 또 다른 이점은 장거리 의존관계를 처리하기 위한 별도의 특별한 통사구조 구축 처리과정이 필요하지 않다는 것이다. 국부적 의존관계와 장거리 의존관계 모두 단어들을 서로 직접 결부시킴으로써 구문분석을 한다.

요약 및 결론

구문분석은 문장을 해석하는 데 있어 중요한 부분이다. 이 장에서는 인간의 구문분석 과정에 대한 2단계 및 1단계 이론을 지지하는 근거와 반박하는 근거들을 검토했다. 이용 가능한 증거들에서 파서는 문장 내의 단어들이 서로 어떻게 연관되어 있는지 파악할 때 다양한 정보를 매우 빠르게 활용한다는 것이 나타났다. 그 결과, 많은 연구자들이 구문분석이 어떻게 달성되는지 설명하기 위해 제약 기반 처리틀(framework)의 일정 버전을 채택했다. 이들은 통사적 구문분석을 분산 신경망(distributed neural networks)의 작동 결과라고 본다. 대안적인 구문분석 설명은 서로 다른 통사 구조의 동시 고려와 같은 제약 기반 옹호자들의 일부 이론적 주장에 동의하지만, 현재의 신경망 모형이 사람들의 구문분석 과정의 모든 주요 측면을 반영(포착)한다는 데는 동의하지 않는다. 이 장에서는 또한 국부적 의존관계와 장거리 의존관계의 차이를 밝히고 직접적 연계(direct-association) 가설이 국부적 의존관계와 장거리 의존관계 모두 어떻게 구문분석되는지 설명할 수 있으며, 각 영역에서의 실험 결과를 설명할 수 있음을 기술하였다.

👄 스스로 점검하기

1. 문장 구조와 문장 의미 사이의 관계에 대해 설명해 보자. 문장 내의 단어들을 구성하는 방식이 그 문장에 부여되는 의미에 어떤 영향을 미치는가?

2. 읽기 시간을 측정하는 실험을 통해 문장을 해석하는 과정에 대해 무엇을 알 수 있는가? 이러한 실험들은 점진성(incrementality)과 즉각성(immediacy)에 대해 무엇을 말해 주는가?

3. 대표적인 문장 처리의 2단계 이론에 대해 설명해 보자. 그러한 이론을 뒷받침하는 실험적 증거는 무엇인가?

4. 어떤 종류의 정보가 문장의 통사 구조를 구축하는 과정에 영향을 미칠 수 있는가? 각각의 종류에 해당하는 예를 제시해 보자.

5. 제약 기반 모형이 2단계 모형과 어떻게 다른지 설명해 보자. 제약 기반 문장 처리 모형을 뒷받침하는 실험들에 대해 서술해 보자.

6. 논항 구조 가설에 대해 설명해 보자. 2단계 및 제약 기반 설명과 비교하면 어떠한가? 사람들이 논항 구조 가설을 믿는 이유는 무엇인가?

7. 2단계 및 제약 기반 문장 처리 이론의 두 가지 대안에 대해 설명해 보자.

8. 장거리 의존관계가 국부적 의존관계와 어떻게 다른지 설명해 보자. 장거리 의존관계 처리에 대한 두 가지 이론에 대해 설명해 보자.

💡 더 생각해 보기

1. 다음 문장들에 대한 구 구조 수형도를 그려 보자. (힌트: (c)는 구 구조 수형도보다 의존관계 도식을 사용함
   으로써 더 잘 표현될 수 있을 것이다.)

   a. Hungry monkeys ate tasty bananas.

   b. Bananas tasty monkeys hungry ate.

   c. Tasty bananas ate monkeys hungry.

   이 서로 다른 종류의 문장들을 비교해 보면 어떤 점이 보이는가? 어떤 문장을 생성하거나 이해하기가 가
   장 쉬울 것 같은가? (힌트: (a)는 전형적인 영어, (b)는 일본어, (c)는 라틴어와 비슷하다.)

2. 사람들이 통사적으로 중의적인 문장에 어떻게 반응하는지 알아보는 실험을 설계해 보자. 통사적으로 중의
   적인 문장을 몇 개 써 보자. 같은 의미의 비중의적인 문장을 몇 개 써 보자. 급우나 친구들에게 각 문장이
   얼마나 마음에 드는지, 얼마나 말이 되는지, 얼마나 문법적인지, 얼마나 이해하기 어려운지 등 문장에 대
   한 평가를 부탁해 보자. 어떤 종속 변수가 중의적인 문장과 비중의적인 문장에 대해 다른 값을 가질 것이
   라고 생각하는가? 어떤 측정값이 중의적인 문장과 비중의적인 문장에 대해 같을 것이라고 생각하는가?
   이러한 차이(또는 차이 없음)를 설명하는 방법은 무엇이라고 생각하는가?

5장

담화 처리

우리를 인간으로 만드는 것은 실제로 우리의 상상력이다.
아마도 우리는 실제로 호모 사피엔스가 아니라 팬 나렌스(Pan narens)라고
나는 생각한다. 우리는 이야기를 잘하는 침팬지이다.

-Terry Pratchett

이해자들은 절(clause)과 문장(sentence)을 해석하기 위해서, 최종 해석에 도달하기 전 중간 단계의 결과물들을 도출하는 복잡한 과정에 참여한다. 해석 과정에서 이해자들은 입력(input)된 내용을 구조화하기 위해 상당한 정신적인 작업을 수행한다. 이해자들은 문장을 단순한 단어 목록으로 취급하지 않는다. 또한 이야기(서사 텍스트)나 설명적인 텍스트(어떤 것이 어떻게 작동하는지를 설명하는 텍스트)와 같은 담화적으로 관련된(discourse-interrelated) 문장 집합을 해석하는 과정에서 중간 단계의 복잡한 인지적 처리를 수행한다. 텍스트를 이해하기 위해, 우리는 텍스트 자체(정확한 단어, 단어의 나열 순서, 그리고 화자나 저자가 사용한 통사적 구조를 포함하는)의 정신적 표상을 구축한다. 그러나 텍스트가 어떤 내용인지 파악하기 위해서는 이보다 훨씬 많은 작업을 수행해야 한다. 만약 이해자들이 텍스트 자체의 표상을 넘어서는 추가적인 작업을 수행하지 않는다면, 그들의 텍스트 표상은 응집성이 없는 절과 문장의 나열과 유사해지며, 따라서 그들은 텍스트가 전달하는 내용을 제대로 이해하지 못할 것이다.

이 장에서는 이해자들이 담화 텍스트를 들을 때나 읽을 때 의미를 창조하기 위해 사용하는 정신적 표상과 그 과정에 관해 기술한다. 주요 초점은 언어학자들로부터 가장 많은 관심을 받아온 서사 텍스트(narrative)에 맞춘다.[1] 서사 텍스트에 초점을 맞추는 것은 우연적인 것이 아니다. 서사 텍스트의 이해는 사람들이 일상생활에서 하는 귀인적(설명적) 처리와 가장 밀접하게 관련되어 있다 (Singer et al., 1994). 사람들은 일상생활에서 사건이 어떻게 일어나는지, 사람들이 어떻게 행동하는지, 그리고 다음에 무엇이 일어날지를 이해하려고 노력한다. 마찬가지로, 사람들이 이야기를 읽을 때도 사건이 왜 일어나는지, 서로 다른 사건들이 하나의 이야기에서 어떻게 조합되는지, 등장인물들은 왜 그런 행동을 하고 이야기 속 사건들에 대해 왜 그런 반응을 하는지를 파악하려고 한다. 이

---

1) 역자 주: 이 장에서는 narrative text 혹은 story에 해당하는 개념들이 다수 등장한다. 두 용어는 보통 동일한 대상을 지칭하는 것으로 사용되기도 하지만, 때로는 구분되는 용어로 사용되기도 하므로, 원문의 narrative는 서사 텍스트로, story는 이야기로 번역하였음을 명기해 둔다.

해자들은 텍스트에 직접적으로 명시된 내용들과 사전에 존재하는 생각이나 물리적, 심리적 인과 관계에 관한 지식 등 자체적으로 제공하는 정보들을 연결한다. 이러한 명시적, 암시적 정보의 조합은 이해자들이 이야기 속 사건의 연속성, 등장인물들의 행동, 그리고 그들의 감정적 반응 등을 이해하는 데 도움을 준다. 이해는 수동적인 과정이 아닌, 다른 능동적인 인지 처리와 유사하다. "보고, 듣고, 기억하는 것은 모두 구성적 행위이다(Neisser, 1967, p. 10)." 현재의 담화 이해에 대한 접근들은 처리의 네 가지 주요 측면에 초점을 맞추고 있다. 첫째, 텍스트 자체의 정확한 언어적 내용을 식별하기 위한 일련의 처리 과정이 있다. 둘째, 텍스트 안의 실제 단어와 해당 단어가 참조하는 개념, 대상 또는 사건을 연결하는 처리 과정이 있다(이를 참조적 처리 과정이라고 한다). 셋째, 텍스트의 다른 부분들을 서로 연결하는 처리 과정이 있다(이는 텍스트의 응결성 또는 응집성을 확립하는 과정이다).[2] 마지막으로, 텍스트가 무엇에 관한 것인지 내용적 표상을 구축하는 과정이 있다(이는 담화 표상 또는 정신적 모델 구축에 관련되는 처리 과정이다). 현재의 이론들은 이러한 상호 관련된 처리 과정들을 설명하고, 확장된 텍스트가 어떻게 처리되고 해석되는지 설명하기 위해 노력한다. 다음 절에서는 Walter Kintsch의 구성–통합 이론(construction-integration theory)과 이와 관련된 접근들, Morton Ann Gernsbacher의 구조–구축 프레임워크(structure-building framework), 그리고 Rolf Zwaan의 사건–색인화 모형(event-indexing model: EIM)을 검토할 것이다.

구성–통합 이론

아마도 가장 잘 알려진, 가장 널리 연구된 담화 이해 이론은 Walter Kintsch의 구성–통합 이론(construction-integration theory)(Kintsch, 1988, 1998; Kintsch and van Dijk, 1978)일 것이다. 구성–통합 처리 모델은 출력(production) 시스템의 한 종류를 대표한다. 그 이유는 이 모델이 말하기와 직접적인 관련이 있어서가 아니라(사실 Kintsch는 이 모델이 구어 발화 계획에 대한 설명에 적용될 수 있다고 제안하기도 했다), 이 모델의 시스템이 컴퓨터 프로그램의 특정한 출력 시스템의 유형과 유사한 방식으로 구축되기 때문이다. 출력 시스템에서는 활성 기억 버퍼(단기 또는 작업기억)의 내용이 검색(scan)되고, 이러한 활성 기억 버퍼의 내용을 기반으로 if-then 규칙(또는 출력 규칙)의 세트가 적용된다. 예를 들어, 하나의 출력 규칙은 '만약 기억 버퍼의 내용이 비어 있다면, 텍스트의 다른 단위를 입력하라.'일 수 있고, 다른 규칙은 '작업기억 버퍼에 있는 두 개의 텍스트 단위가 겹치는 내용을 가지고 있다면, 해당 두 개의 단위를 하나의 큰 단위로 연결하라.'일 수 있다. 따라서 담화 처리 시스템은 작업기억의 내용들을 조작해서 이해자의 장기기억에 안정적인 형태로 저장될 수 있는 응집적이고 구조화된 정신적 표상을 구축하는 일련의 출력 과정들로 구성된다.

---

2) 역자 주: cohesion과 coherence는 응결성과 응집성 외에 다양한 용어로 번역된다. 혹자는 cohesion을 응집성, coherence를 일관성으로 번역하기도 하고, cohesion을 표층 혹은 문법적 결속성, coherence를 내용적 결속성 혹은 통일성으로 번역하기도 한다. 이 책에서는 두 용어의 원활한 구분을 위하여 cohesion을 응결성, coherence를 응집성으로 번역하고자 한다.

구성-통합 출력 시스템은 표층 모델(surface model), 텍스트 기저(Text-base) 및 상황 모델(situation model)의 세 가지 다른 유형의 정신적 표상을 구축함으로써 텍스트를 해석한다. 이 중에서 가장 추상적이지 않은 것은 표층 모델로, 이는 본질적으로 텍스트의 정확한 단어와 그들의 문법적 관계를 포착하는 구 구조 수형도(phrase structure tree)이다. 텍스트 기저를 구축하기 위해서, 인터페이스 처리들은 표층 모델을 입력으로 받아 작업을 수행하고 표층 모델이 표상하는 명제(propositions) 세트를 출력한다. 텍스트 기저는 텍스트 자체의 글자(verbatim) 그대로의 형태에 가깝지만, 텍스트에 명시적으로 언급되지 않은 정보를 포함할 수 있으며(몇몇 예시는 나중에 제시) 원본 텍스트의 정확한 문구에 대한 정보는 포함하지 않는다. 따라서 구성-통합 시스템이 텍스트 기저 표상을 구축하는 과정에서 일부 표층 정보가 손실된다. 마지막으로, 가장 추상적인 수준에서, 이해자들은 상황 모델(situation model)을 구축한다. 상황 모델은 텍스트의 내용에 해당하는 생각이나 사건을 설명한다. 이것은 대부분의 이해자들이 그렇듯이 구성-통합 시스템의 궁극적인 목표이다. 사람들은 일반적으로 텍스트의 정확한 문구에 특별히 관심을 가지지 않는다(교정자, 시인 또는 극작가에게 해당하는 사람이 아닌 한). 일반적으로 사람들은 무슨 일이 일어났는지와 왜 그런 일이 일어났는지를 알기 위해 텍스트를 읽으며, 그 지식을 전달하는 데 사용된 정확한 단어에는 특별한 관심이 없다.

우리는 지금까지 단어를 식별하는 방법과 문장을 분석하는 방법에 대해 이미 상당한 시간을 투자해 왔으므로, 이 장에서는 표층 모델이 어떻게 구축되는지에 대해서는 추가로 논의할 필요가 없다. 대신 여기서는 명제 및 텍스트 기저 표상 수준에 대해 고찰해 보자.

텍스트 기저 표상은 연결된 명제(proposition)들의 세트로 구성된다. 구성-통합 이론에서 명제는 두 가지 방법으로 정의된다. 명제의 첫 번째 정의는 '술어와 그 논항들'이다. 기본적으로 이는 동사(술어)와 그 동사와 관련된 역할을 하는 개체들(논항들)로 나뉜다. 따라서 문장 (1)에서

(1) The customer wrote the company a complaint. (고객이 회사에 불만사항을 작성했다.)

wrote(작성했다)는 술어, customer(고객)는 주체/행위주, company(회사)는 간접 목적어/수신자이고, a complaint(불만사항)은 직접 목적어/대상 논항이다. 만약 우리가 그 명제를 편리하고 일반적인 표기로 나타내려면 다음과 같을 것이다(Kintsch, 1994, p. 71).

명제 1: 술어 [행위주, 수신자, 대상]

앞 문장의 구체적인 명제는 다음과 같은 형식으로 나타낼 수 있다.

명제 1: write [customer, company, complaint]

명제는 발화에서 표현되는 동작, 상태 또는 상태 변화를 포착한다. 술어의 논항은 동작에 관련된 등장인물이나 객체뿐만 아니라 동작이 어떻게 이루어지는지 설명하는 다른 정보도 나타낸다. (Kintsch의 구성-통합 이론에서의 논항에 대한 정의는 언어 이론들에서의 더 일반적인 논항에 대한 정의와

다르다. Kintsch에 의하면 술어의 모든 파트너는 논항으로 간주된다. 다른 이론들에 의하면, 장소나 행동이 발생한 특정 시간 등 선택적인 파트너들은 논항이 아니라 부가어(adjuncts)라고 불릴 것이다).

구성-통합 이론에서 명제가 정의되는 또 다른 방법은 '진리값 할당이 가능한 의미의 가장 작은 단위'이다. 그보다 작은 것은 술어 또는 논항이다. 그보다 큰 것은 대명제(macroproposition)이다. 따라서 wrote는 술어이고 wrote the company는 술어와 그 논항 중의 하나이다. 둘 다 진리값 할당을 받을 수 없으므로 명제가 아니다. 다시 말해, '참 또는 거짓(True or false): wrote the company?'라고 묻는 것은 의미가 없다. 그러나 '참 또는 거짓(True or false): The customer wrote the company?'라고 묻는 것은 의미가 있다. 이 질문에 답하기 위해 당신은 실제 세계 또는 허구 세계의 표상을 확인하고 해당 진술이 그 세계의 사건을 정확하게 나타내는지(참) 그렇지 않은지(거짓)를 판단할 것이다.

아직 표층 형태를 명제 집합으로 변환하는 데 관여하는 정확한 정신적 메커니즘이 모두 밝혀지지는 않았으며, 명제적 표상의 구체적 사항에 대한 논란이 많긴 하지만(예: Kintsch, 1998; Perfetti and Britt, 1995), 여러 연구들은 명제가 이해자의 텍스트에 대한 정신적 표상의 실제 구성소라는 것을 지지한다(Van Dijk and Kintsch, 1983). 다시 말해, 명제는 심리적으로 실재한다(psychologically real). 즉, 머릿속에 명제가 실제로 존재한다.

예를 들어, Ratcliff와 McKoon(1978)은 텍스트에 대한 이해자의 기억이 어떻게 구성되는지 알아내기 위해 점화(priming) 기법을 사용했다. 기억이 구성되는 방식에는 여러 가지 가능성이 있다. 이해자의 기억은 텍스트가 전달한 내용을 거의 그대로의 언어 정보로 포착하는 방식으로 구성될 수 있다. 이 경우, 텍스트에 사용된 언어 그대로의 형태와 거의 비슷한 정보가 해당 텍스트에 대한 이해자의 기억과 매우 밀접하게 연결될 것으로 예상할 수 있다. 예를 들어, 다음과 같은 문장이 있다고 가정해 보자(Ratcliff and McKoon, 1978에서 발췌).

(2) The geese crossed the horizon as the wind shuffled the clouds.
    (바람이 구름을 휘젓는 동안 거위들은 지평선을 지나갔다.)

'horizon(지평선)'과 'wind(바람)'은 두 개의 짧은 기능어(as, the)로만 분리되어 있어서 매우 가깝게 위치해 있다. 이 문장에 대해서 이해자의 기억이 문장이 쓰여진 대로 형성된다면 'horizon'은 'wind'에 대한 꽤 좋은 인출 단서가 될 것이다(그 반대도 마찬가지).

그러나 우리가 문장 (2)를 명제 집합으로 분석한다면 다른 예측을 할 것이다. 문장 (2)에는 'crossed(건너다)'와 'shuffled(휘젓다)'라는 두 개의 술어가 존재하기 때문에 문장 (2)는 두 개의 연결된 명제를 표현한다. 우리가 만약 문장 (2)의 명제적 표상을 구축한다면 하나의 대명제(macroproposition, 스스로가 다른 명제들로 구성되는 명제)와 두 개의 소명제(micro propositions, 대명제를 구성하는 명제)를 얻게 된다. 대명제는 다음과 같다.

as (명제 1, 명제 2)

소명제는 다음과 같다.

명제 1: crossed [geese, the <u>horizon</u>]

명제 2: shuffled [the <u>wind</u>, the clouds]

문장 (2)의 명제 표현이 horizon을 한 명제에, 그리고 wind을 다른 명제에 포함한다는 것을 알 수 있다. 구성-통합 이론에 따르면 하나의 명제를 구성하는 모든 요소는 문장의 다른 요소들보다 서로 더 밀접하게 연결되어 있어야 한다. 결과적으로, 같은 명제에서 나온 두 단어가 다른 명제에서 나온 두 단어보다 더 좋은 인출 단서가 되어야 한다.

이러한 예측은 피험자에게 (2)와 같은 문장을 읽게 하고 잠깐 주의를 돌리는 작업을 수행하게 한 다음 문장에 대해 기억하는 것을 적도록 요청하는 실험을 통해 확인할 수 있다. 각 시행에서는 문장의 단어 중 하나의 단어가 인출 단서 또는 기억 단서로 사용된다. 즉, 참여자들에게 문장 (2)를 기억하도록 요청하기 전에 힌트를 제공한다. 힌트(인출 단서)는 명제 1의 단어(예: horizon) 또는 명제 2의 단어(예: clouds)일 수 있으며, 종속 변수는 참여자가 두 번째 명제의 단어(예: wind) 중 하나를 기억할 가능성이다. 같은 명제에서 나온 단어는 서로에게 훨씬 더 좋은 인출 단서이다. 왜냐하면 축어적 문장에서, 심지어 거리가 통제된 경우에도 인출 단서와 목표 단어가 같은 명제에서 추출되었을 때, 이해자가 목표 단어를 기억할 확률이 훨씬 높기 때문이다. 즉, 기억을 상기시키는 단어(단서)가 목표 단어와 같은 명제에서 나오지 않는 한, 문장의 축어적 형태에서 목표 단어에 가까워지는 것은 그다지 도움이 되지 않는다(Wanner, 1975; Weisberg, 1969 참조).

반응 시간 측정 기법을 사용한 다른 연구들도 명제의 심리학적 실재성을 지지한다. 텍스트에 대한 기억이 명제를 중심으로 구성된다면, 두 개의 분리된 명제로부터 도출된 정보보다 하나의 명제로부터 도출된 정보에 더 빨리 접근할 수 있어야 한다. 이 가설을 검증하기 위해 Ratcliff와 McKoon(1978)은 다음과 같은 관련 없는 문장 쌍 (3)과 (4)를 읽게 한 후 참여자들에게 탐사재인 과제(probe recognition task)를 수행하도록 했다.

(3) Geese crossed the horizon as the wind shuffled the clouds.

　(바람이 구름을 휘젓는 동안 거위는 지평선을 지나갔다.)

(4) The chauffeur jammed the clutch when he parked the truck.

　(운전사가 트럭을 주차할 때 클러치를 걸었다.)

탐사재인 과제에서 참여자들은 단어 목록을 받는다. 그들의 과제는 각 단어가 이전에 읽었던 텍스트에 나왔는지를 '예' 또는 '아니요'로 가능한 한 빠르게 말하는 것이다. 단어 목록은 참여자들 모르게 구성되었다. 즉, 때로는 같은 명제에 속한 인접한 단어가 제시되었고(예: horizon과 crossed), 때로는 동일 문장 내 다른 명제에 속하는 두 단어가 제시되었다(예: horizon과 wind). 그리고 때로는 다른 문장에서 나온 단어 쌍인 경우가 있었다(예: horizon과 clutch). 탐사재인 연구의 종속 변수는 참여자가 '예' 또는 '아니요'라고 대답하는 데 걸리는 시간이다. 테스트 단어의 표상이 매우 활성화되거나 해당 표상에 접근 가능성이 높은 경우 사람들은 매우 빠르게 응답할 것이고, 그렇지 않으면 응답 시간이 느려질 것이다. Ratcliff와 McKoon의 실험에서는 단어 쌍 중 첫 번째 단어가 인출 단서로 작동한다. 텍스트가 명제로 구성되어 있다면 첫 번째 단어의 제시는 다른 문장에 속하는 정보들보다 같은 문장의 정보를 더 활성화할 것이고, 같은 문장의 다른 정보들보다 같은 명제에 속하는 정보를 더 활성화할 것이다. 이러한 예측은 사실로 확인되었다. 'horizon'과 같은 단서 단어를 읽고 이에 대하여 응답하는 것은 같은 명제 내의 목표 단어에 대한 피험자들의 응답을 더욱 촉진시켰다. 단서 단어는 같은 문장의 목표 단어에도 영향을 미치지만(큰 영향은 아니지만), 다른 문장의 목표 단어에는 전혀 영향을 주지 않았다.

명제의 심리학적 실재성에 대한 또 다른 증거는 텍스트의 길이가 고정된 경우에도 문장에서 기억된 단어의 수가 문장에 포함된 명제의 수에 따라 달라진다는 것이다(Forster, 1970). 기억 과제의 오류율 또한 문장에 포함된 명제의 수에 따라 달라진다. 텍스트의 길이와 관계없이 기억해야 할 명제의 수가 증가함에 따라 오류가 기하급수적으로 증가한다(Barshi, 1997; Kintsch, 1998 참조). 명제는 전부 혹은 아무것도 회상되지 않는 방식으로 기억되기도 한다. 즉, 명제 일부분이 회상되면 해당 명제 전체가 매우 높은 확률로 회상될 가능성이 크다(Goetz et al., 1981 참조). 텍스트의 전체 읽기 시간도 텍스트의 명제 수에 따라 달라지며, 이는 다른 명제 수를 포함하는 다른 텍스트들의 단어 수가 일정하게 유지될 때도 마찬가지이다(Kintsch and Keenan, 1973 참조). 마지막으로, 사람들에게 이야기를 읽은 후, 이야기에서 개별 단어를 제공하고 떠오르는 첫 번째 단어를 말하도록 요청하였을 때(자유 연상 과제의 한 형태), 가장 가능성 있는 응답은 같은 명제에서 나온 단어이다(Weisberg, 1969 참조).

텍스트를 읽는 동안 사람들이 구축하는 최종적인 정신 표상의 유형은 상황 모델(situation model)이다. 상황 모델은 때로는 정신 모델(mental model)이라고도 한다(Johnson-Laird, 1983 참조). 상황 모델은 이야기 속의 사건들에 대한 정신적 시뮬레이션이며, 공간, 시간, 인과관계, 등장인물의 감정 상태 등 텍스트가 다루고 있는 실제 또는 허구 세계의 다양한 특징을 포착한다. 상황 모델의 중요성을 이해하는 한 가지 방법은 상황 모델을 구축할 수 없을 때 텍스트 처리에 어떤 일이 발생하는지 살펴보는 것이다. 다음 단락을 읽고 이해할 수 있는지 확인해 보자(Bransford and Johnson, 1972, p. 719; Johnson et al., 1974 참조):

> "만약 풍선이 터진다면, 모든 것이 올바른 층에서 너무 멀리 떨어져 있어서 소리가 전달될 수 없을 것이다. 창문이 닫혀 있어도 소리는 전달되지 않을 것이다. 왜냐하면 대부분 건물은 방음이 잘되기 때문이다. 전체 작업은 전기의 안정적인 흐름에 의존하기 때문에, 전선 중간이 끊어져도 문제가 발생할 것이다. 물론 소리를 지를 수도 있지만, 인간의 목소리는 그렇게 멀리까지 전달될 만큼 크지 않다. 또 다른 문제는 악기의 줄이 끊어질 수 있다는 것이다. 그렇다면 메시지(내용)에 반주가 없을 것이다. 거리가 짧은 것이 가장 좋은 상황인 것은 분명하다. 그러면 잠재적인 문제가 더 적을 것이다. 대면 접촉을 통해 문제가 발생할 가능성이 가장 낮아진다."

대부분의 사람들은 이 단락을 매우 이해하기 어렵다고 느낄 것이다. 심지어 여러 번 읽어도 마찬가지이다. 여기서 가장 큰 문제는 단락의 내용을 파악하는 것이 거의 불가능하다는 것이다. 즉, 단락의 단어들이 지시하고 있는 상황이나 문맥에 대한 모델을 구축하는 것이 불가능하다. 저자가 말하는 문제란 무엇을 의미하는가? 어떤 종류의 문제인가? 이 단락은 어떤 현악기에 대한 것인가? 풍선은 그것과 무슨 관련이 있는가?

사람들은 이와 같은 단락을 들었을 때, 이 단락을 응집적이지 않은 것으로 생각하며, 단락의 내용에 대한 그들의 기억도 매우 떨어지는 경향이 있는 것으로 밝혀졌다(Bransford and Johnson, 1972). 그러면 이제 [그림 5.1]을 보고 문단을 다시 읽어 보자. 대부분의 사람들은 그림을 보고 나면 텍스트를 이해하기가 훨씬 쉽다는 것을 알게 된다. 왜 이렇게 큰 차이가 있는 것일까? 한 가지 대답은 그림 없이는 텍스트의 내용을 포착하는 상황 모델을 구축하는 것이 불가능 혹은 거의 불가능하므로 텍스트 표상의 전역적 응집성(global coherence)이 부족하기 때문이다. 포괄적인 상황 모델이 없으면 단락의 단어가 무엇을 지시하는지 파악하기 어렵다(따라서 지시대상(reference)을 설정하는 데 어려움이 있음); 그리고 단락 내 개별 문장이 이전 및 다음 문장과 어떻게 관련되어 있는지를 파악하기가 어렵기 때문에 텍스트의 표상이 국지적 응집성(local coherence)을 달성할 수 없다. 마음속에 그림을 떠올리게 되면, 악기, 그리고 좋아하는 사람에게 깊은 인상을 주려고 노력하는 것과 관련된 문제에 대한 일반적인 세계 지식을 모두 활용할 수 있다. 그림은 지시대상을 설정할 수 있게 해 주며(예: 악기는 전기 기타를 지시함), 어떻게 그리고 어떤 종류의 문제가 발생할 수 있는지를 이해할 수 있게 해 준다(풍선이 터지면 스피커가 떨어질 것이다). 따라서 일반적인 세계 지식이 텍스트 자체의 구체적인 내용들과 만나는 상황 모델은 담화 이해의 핵심 요소이다.

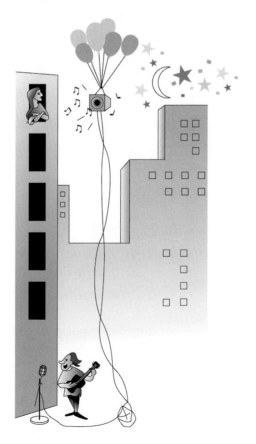

[그림 5.1] 이해를 위한 상황적(맥락적) 전제조건: 이해와 회상에 대한 연구

출처: Bransford and Johnson (1972), with permission of Elsevier

구성과 통합

구성–통합 시스템은 텍스트의 내용과 관련된 측면을 설명하는 상황 모델을 구축하려고 애쓴다. 시스템은 표층 형식의 표상을 만들고 이를 텍스트 기반으로 변환한 다음 텍스트 기반의 내용과 일반 세계 지식에서 얻은 정보를 결합한 상황 모델을 구축한다. 이 모든 것은 어떻게 이루어질까? 구성–통합 설명에서는 담화 처리가 개별 주기(cycles)로 나누어진다고 제안한다. 활성 혹은 작업기억은 제한된 용량을 가지고 있어서 어떤 시점이든지 텍스트의 일부만 처리될 수 있다. 주어진 각각의 처리 주기 동안, 텍스트의 일부만 작업의 대상이 된다.

각 처리 주기 자체는 서로 다른 하위 주기로 구성된다. 이 하위 주기 중 첫 번째는 구성 단계 (construction phase) 이며, 두 번째는 통합 단계(integration phase)이다. 구성 단계에서는 새로운 텍스트가 처리를 위해 시스템으로 입력된다. 표층 형태의 표상이 구축되고, 명제가 추출되며, 텍스트 내의 단어나 활성화된 명제와 관련되는 정도로 지식이 활성화된다. 이 지식 활성화 단계는 대부분 혹은 완전히 자동적으로 진행된다. 즉, 이해자가 주의를 기울이고 이해하려고 노력하는 한, 어떤 정보가 활성화되고 어떤 정보가 이해 시스템에서 이용 가능한지에 대하여 거의 또는 전혀 통제할 수 없다. 우리는 중의적 단어의 의미적 연관어가 문장 맥락과의 관련성과 상관없이 활성화된다는 것을 이미 살펴보았다(3장 참조). 구성–통합 이론에서는 이와 비슷하게 현재 활성화된 기억 버퍼의 내용과 관련된 일반 지식도 자동으로 활성화된다고 제안한다. 사람들이 음악 콘서트에 관한 이야기를 읽고 있을 때, 피아노 같은 중의적이지 않은 단어를 보면, 현재 문맥과 관련이 있는지와 관계없이 피아노의 모든 속성에 접근 가능해진다(활성화된다) (하지만 Tabossi, 1988 참조). 사람들은 피아노라는 단어를 본 직후 무겁다와 같은 인출 단어에 빠르게 반응한다(왜냐하면 피아노가 무겁기 때문). 비록 그 속성이 콘서트에 관한 이야기를 이해하는 데는 특별히 유용하지 않더라도 말이다. 유용하지 않거나 관련이 없는 정보가 비활성화되는 것은 후기 처리 단계에서만 가능하다.

구성–통합 이론은 어휘 처리의 TRACE 이론과 매우 유사한 지식 활성화 모델을 채택한다. Kintsch(1998, p. 76)에 따르면,

> 의미는 단어 이웃의 활성화된 노드로 구성되어야 한다. 이 활성화 프로세스는 확률적인데, 활성화 확률은 노드 간 연결 강도에 비례하며, 다양한 정도의 시간 동안 소스 노드에서 지식 망으로 계속 확산할 수 있다.

지식이 한 번 무차별적으로 활성화되면, 제약 만족 프로세스가 활성화된 노드 패턴을 줄여서 나머지 활성화된 노드들이 텍스트의 전체 맥락이나 주제와 가장 밀접하게 관련되도록 한다. 이러한 활성화된 노드는 작업기억 버퍼에서 활성화된 명제들의 집합으로 개념화된다. 처리의 통합 단계에서는 작업기억에서 활성화된 명제들이 서로 그리고 이전 텍스트 내용들과 연결된다.

구성–통합 시스템에서 통합이 어떻게 작동하는지 알아보기 위해 구체적인 예를 살펴보도록 하자. 활성 기억 버퍼에 다음의 텍스트에서 추출된 두 명제가 포함되어 있다고 가정해 보자(Kintsch, 1994에서 가져옴).

John traveled by car from the bridge to the house on the hill. A train passed under the bridge. (John은 다리에서 언덕 위의 집까지 자동차로 이동했다. 기차가 다리 아래로 지나갔다.)

첫 번째 문장을 그것의 구성 명제로 분석하면 명제 표상은 다음과 같을 것이다.

(P1) 술어(predicate): TRAVEL (이동하다)

　　행위주(agent): John (존)

　　도구(instrument): car (차)

　　출발지(source): **bridge (다리)**

　　목표지(goal): house (집)

　　수식어(modifier): on hill (언덕 위)

두 번째 문장을 그것의 구성 명제로 분석하면 명제 표상은 다음과 같을 것이다.

(P2) 술어(predicate): PASS (지나가다)

　　대상(object): train (기차)

　　장소(location): under **bridge** (**다리** 아래)

작업기억 버퍼에서 이 두 명제가 활성화된 상태에서 구성-통합 시스템은 이 두 명제를 통합하고 두 명제 사이의 관계를 확립하는 표상을 구축하는 방법을 찾으려고 한다. Kintsch에 따르면, 출력 시스템은 명제를 통합하기 위해 논항 중복(argument overlap) 전략을 적용한다.

논항 중복 전략은 다음과 같다. '작업기억에서 두 개의 명제가 활성화된 경우, 각 명제에서 같은 개념을 나타내는 논항을 찾으시오. 중복되는 논항을 찾으면, 이러한 논항을 이용하여 두 명제를 연결하시오.'

예시 텍스트에서 첫 번째 문장에서 추출된 명제는 두 번째 문장에서 추출된 명제와 통합될 수 있다. 왜냐하면 그들은 모두 다리(bridge)라는 논항을 공유하기 때문이다. 따라서 두 문장을 서로 연결되도록 하는 것은 독자들이 'John이 출발한 다리와 기차가 지나간 다리가 같다.'고 가정한다는 것이다. 독자가 이러한 가정을 하지 않는다면 첫 번째 문장이 두 번째 문장과 어떻게 관련되는지를 파악할 수 없고, 예시 텍스트의 표상은 응집적이지 않게 되며, 만약 독자들이 두 명제를 모두 기억하더라도, 그것들을 완전히 별도의 독립적인 사건을 반영하는 것으로 기억할 가능성이 크다.

두 명제가 관련되거나 통합되기 위해서는 두 명제가 동시에 작업기억 버퍼에서 활성 상태에 있어야 한다. 그러나 작업기억 용량은 약 7개의 독립적인 정보 묶음(chunk)으로 제한되어 있고 (Baddeley, 1972; Miller, 1956), 작업기억의 내용을 조작하는 데 사용되는 처리장치도 가용 자원을 일부 소모한다는 점을 고려하면, 매우 적은 수의 명제들만이 작업기억에서 동시에 활성화될 수 있다. 이해자는 때때로 작업기억 내에서 다른 활성화된 명제와 관련이 없거나, 통합할 수 없지만 활성 상태에 있는 명제를 보유하게 된다. 이런 경우 이해자들은 장기기억을 검색하여 담화의 앞부분에서

'고아가 된' 새로운 명제와 관련된 새 명제를 찾기 위해 노력할 수 있다. 이러한 복원 검색은 때때로 응집성을 유지하는 데 필요하다. 그러나 입력된 명제가 직전 텍스트와 직접적으로 관련이 없는 지점에서 읽기 시간이 증가한다는 것으로 알 수 있듯이(Fletcher, 1981, 1986; Fletcher and Bloom, 1988; Fletcher et al., 1990), 자원 처리의 관점에서는 비용이 드는 작업에 해당한다. 그리고 때로는 복원 검색이 새 명제와 연결될 수 있는 이전(오래된) 명제를 제공하지 못할 수도 있다. 이 경우 고아가 된 명제는 작업기억에서 제거된다. 명제가 장기기억에 독립적인 단위로 저장될 가능성도 어느 정도 있지만, 그 명제는 그냥 손실되거나 잊혀질 가능성이 더 크다. 작업기억에서 명제를 제거하면 다음 처리 주기에서 새로운 명제에 필요한 용량이 확보된다.

텍스트 기반 표상이 구축되고 명제가 통합되면, 이해자들은 상황 모델, 즉 텍스트 내용에 대한 표상을 업데이트할 수 있다. 이해자들은 자신의 상황 모델을 업데이트하면서 텍스트에 직접적으로 언급된 정보를 포함할 뿐만 아니라, 일반적인 세계 지식을 사용하여 텍스트에 직접 언급되지 않은 정보들을 상황 모델에 추가한다. 이러한 추론의 과정은 다양한 형태를 취할 수 있으며, 언제, 어떻게 다른 추론들이 이루어지는지에 대해서는 논쟁이 있지만(나중에 논의됨), 추론된 정보가 이해자들의 상황 모델의 중요한 측면이라는 점에는 의문의 여지가 없다.

예를 들어, 텍스트는 두 가지 다른 명제가 어떻게 관련되는지 항상 명시적으로 언급하지 않으며, 이해자들은 '누락된' 정보를 스스로 제공해야 한다(그렇지 않으면 텍스트 표상이 응집적이지 않게 됨). 다음에 제시되는 Haviland와 Clark(1974)의 짧은 이야기를 고려해 보자.

Mary unpacked some picnic supplies. The beer was warm.

(메리는 몇 가지 소풍 용품을 꺼냈다. 맥주는 따뜻했다.)

이 두 문장을 통합하려면 독자는 이 문장들이 어떻게 연결되는지를 결정해야 한다. 논항 수준에서 두 문장 간에 명시적인 중복이 없으므로, 이해자는 두 문장을 연결하기 위해 추가적인 작업을 수행해야 한다(이러한 종류의 추론을 교량 추론이라고 한다). 이 경우, 독자는 맥주(beer)와 소풍 용품들(some picnic supplies)이 어울린다고 추론하기 때문에(일반적인 세계 지식에 따르면 사람들은 소풍을 갈 때 종종 맥주를 가져가기 때문에), 두 문장은 그에 기초하여 통합될 수 있다. 그러나 이 추론 과정은 시간이 소요되며, 사용할 수 있는 처리 자원 중 일부를 소비한다. 따라서 맥주는 따뜻했다(The beer was warm)를 읽는 데 걸리는 시간은 앞 문장에서 맥주를 명시적으로 언급한 경우보다, 소풍 용품들이라는 맥락에서 더 오래 걸린다. 일반적으로 담화 처리를 연구하는 연구자들은 담화 해석 과정에서 교량 추론이 '실시간으로(online)' 이루어지고, 이해자의 특별한 전략에 의존하지 않는다는 것에 동의한다(예: Graesser et al., 1994; McKoon and Ratcliff, 1992).

앞서 우리는 텍스트에 대한 이해자의 정신 표상에서 명제가 심리학적으로 실재하는 측면임을 입증하는 증거들을 검토했다. 그렇다면 구성-통합 표상 체계의 다른 요소들은 어떨까? 표층 형태, 텍스트 기저 및 상황 모델의 세 가지 수준의 표상이 정말 필요할까? 아니면 그냥 명제 단계에서 그만둘 수 있을까? 사실, 사람들이 텍스트를 어떻게 기억하는지에 관한 연구들로부터 표층 형태, 텍스트 기저 및 상황 모델 사이의 구별을 지지하는 증거가 상당히 많이 확보되었다. 이러한 실험은 또한 이해자들이 확장된 담화를 처리할 때 세 종류의 정신적 표상을 모두 구축한다는 증거를 제공한다.

우리가 텍스트의 축어적 형태 이상을 표상한다는 생각은 1970년대 초의 고전적인 기억 연구에서 비롯되었다. 이 실험들은 상황 모델이 축어적 형태나 표층 형태를 기반으로 구축되지만 실제로는 적어도 두 가지 다른 표상이 구축되고 있다는 증거를 제공한다. 이러한 연구들에서 사람들은 다음 (5), (6), (7), (8) 중 하나의 문장을 읽었다(Bransford et al., 1972; Franks and Bransford, 1974; Johnson et al., 1973).

(5) Three turtles rested on a log and a fish swam beneath them.

(거북이 세 마리가 한 통나무 위에서 쉬고 있었고 물고기 한 마리가 그들 아래로 헤엄쳤다.)

(6) Three turtles rested on a log and a fish swam beneath it.

(거북이 세 마리가 한 통나무 위에서 쉬고 있었고 물고기 한 마리가 그것 아래로 헤엄쳤다.)

(7) Three turtles rested beside a log and a fish swam beneath them.

(거북이 세 마리가 한 통나무 옆에서 쉬고 있었고 물고기 한 마리가 그들 아래로 헤엄쳤다.)

(8) Three turtles rested beside a log and a fish swam beneath it.

(거북이 세 마리가 한 통나무 옆에서 쉬고 있었고 물고기 한 마리가 그것 아래로 헤엄쳤다.)

참가자들은 나중에 문장을 회상해야 한다는 것을 미리 알고 있었다. 참가자들의 과제는 문장을 쓰인 그대로 정확하게 암기하는 것이었다. 문장 (5)와 (6)의 의미는 두 문장의 단어 선택에 약간의 차이가 있긴 하지만((5)에서 them(그들)이 (6)에서는 it(그것)으로 대체됨) 본질적으로 같으며, [그림 5.2]에서 가장 왼쪽 구성에 의해 전달된다. 문장 (7)과 (8)의 표층 형태도 동일하게 작은 단어 변경(it이 them을 대체)으로 구별되지만, 이 작은 단어적 변경으로 인하여 의미도 변경된다. 문장 (7)은 [그림 5.2]의 가장 오른쪽 구성과 어울리지만, 문장 (8)은 중간 구성과 어울린다. 참가자들이 자신이 읽은 문장의 표층 형태를 기억한다면, 문장의 정확한 표현을 기억해 달라는 요청을 받았을 때, 모든 조건에서 동일하게 정확하게 회상해야 한다. 짧은 기억 유지(방해 과제를 수행하는 몇 분) 후에, 참가자들에게 이전에 읽었던 한 문장과 그렇지 않은 한 문장으로 이루어진 문장 쌍을 제시하고, 그

"거북이 세 마리가 한 통나무 위에서 쉬고 있었고 물고기 한 마리가 그것/그들 아래로 헤엄쳤다."　"거북이 세 마리가 한 통나무 옆에서 쉬고 있었고 물고기 한 마리가 그것 아래로 헤엄쳤다."　"거북이 세 마리가 한 통나무 옆에서 쉬고 있었고 물고기 한 마리가 그들 아래로 헤엄쳤다."

[그림 5.2] 세 마리의 거북이, 한 마리의 물고기, 그리고 통나무 하나

중 어떤 문장이 정확히 그들이 읽은 문장인지 선택하도록 했다. 그 결과, 참가자들은 같은 의미를 표현하는 문장 (5)와 (6) 사이에서 선택을 해야 할 때 훨씬 덜 정확했고, 다른 의미를 전달하는 문장 (7)과 (8) 사이에서 선택을 해야 할 때 훨씬 더 정확했다.

이러한 결과는 표층 형태에 대한 기억이 매우 빠르게(몇 분 내에) 쇠퇴하지만, 의미나 핵심 내용에 대한 기억은 더 오래 지속된다는 것을 나타낸다. 사람들은 상황 모델 표상이 선택지 중 하나와만 일치하는 경우 이전에 읽은 문장의 정확한 문구를 식별할 수 있다. 그러나 두 문장이 같은 의미를 전달하는 경우(즉, 같은 상황 모델에 사상(mapping)되는 경우), 사람들은 문장의 정확한 문구를 기억하려고 할 때 자신이 읽은 버전을 기억하는 데 훨씬 더 어려움을 겪는다.

더 최근의 연구에서는 공간적 관계뿐만 아니라 시간적 관계, 즉 이야기의 사건이 시간에 따라 어떻게 배치되는지도 상황 모델에 표상된다는 것을 보여 준다(Rinck et al., 2001). 이 실험은 고전적인 Barclay의 실험과 같은 학습–검사 절차를 사용했지만 일부 실험 문장들은 공간 정보를 전달하는 것 외에 시간 정보를 전달했다. (독일어로 제시된) 실험 문장은 (9)에서와 같이 동시에 발생하는 두 가지 사건을 설명하고, 세 번째 사건이 이어서 설명되는 것이었다.

(9) The piano was heard together with the harp and the soprano sang along with it.[3]

    (피아노는 하프와 함께 울려퍼졌고 소프라노는 그것과 함께 노래를 불렀다.)

독일어에서 여성 3격 대명사 'ihr'('그것_여성')는 하프만 지시할 수 있다. 실험 문장의 절반에서 여성 대명사 'ihr'는 피아노만 지시할 수 있는 중성 대명사 'ihm'으로 대체되었다.[4] 그러나 대명사가 하프를 지시하건 피아노를 지시하건 두 가지 버전이 모두 같은 사건 순서(또는 같은 '시간 모델')에 사상된다. 암기해야 하는 문장이 같은 공간 모델을 참조하는 경우와 마찬가지로, 간단한 주의 분산 작업을 수행한 후에 실험을 진행했을 때 참가자들은 실제로 어떤 버전('ihr'를 포함한 버전 또는 'ihm'을 포함한 버전)을 학습했는지 재인할 수 없었다.

표층 형태, 텍스트 기반 및 상황 모델의 독립적인 존재에 대한 추가 증거는 확장된 텍스트에 관한 연구에서도 찾을 수 있다. 다음의 텍스트를 살펴보자(Fletcher and Chrysler, 1990; Gernsbacher, 1985; Keenan et al., 1977; Kintsch et al., 1990에서 인용).

George는 진귀한 예술 보물들을 구입해서 자신의 부를 과시하는 것을 좋아한다. 그는 나의 자동차만큼 비싼 페르시안 러그(rug)를 가지고 있는데, 그것은 그의 소유품 중 가장 저렴하다. 지난주에 그는 프랑스 유화 한 점을 12,000달러에 샀고, 인도 목걸이를 13,500달러에 샀다. George는 목걸이가 카펫(carpet)보다 더 비싸다는 것을 알고 아내가 화가 났다고 했다. 그의 가장 비싼 '보

---

3) 역자 주: 독일어 예문, 'Das Klavier erklang zusammen mit der Harfe, und die Sopranistin sang gleichzeitig mit ihr.' 독일어에서 하프는 여성 명사, 피아노는 중성 명사이다.

4) 역자 주: 대체된 독일어 예문, 'Das Klavier erklang zusammen mit der Harfe, und die Sopranistin sang gleichzeitig mit ihm.' ihm은 중성 혹은 남성의 3격 대명사이다.

물'은 명나라 화병(vase)과 그리스 조각상(statue)이다. 그 조각상은 지금까지 그가 5만 달러 이상을 쓴 유일한 물건이다. George가 아름다운 페르시아 카펫(carpet)을 구입하기 위해 지불한 금액의 5배가 넘는 비용을 그 조각상(statue)에 지불한 사실은 믿기 어렵다.

Randy Fletcher와 Sue Chrysler의 연구에서 참가자들은 우선 이야기를 읽었다. 그리고 나중에 그들은 실험 문장이 이야기에 그대로 등장했는지를 말하도록 요청받았다. 실험 문장은 표층 형태, 텍스트 기반 또는 상황 모델을 조사할 수 있도록 구성되었다. 표층 형태를 확인하기 위해서 실험 문장은 텍스트에 제시된 정확한 단어가 포함되어 있거나 단어 중 하나가 동의어로 대체되었다(예: He has a Persian rug worth more than my car(그는 내 차보다 더 비싼 페르시안 러그를 가지고 있다)에 있는 러그(rug)를 카펫(carpet)으로 대체). 참가자들이 'He has a Persian carpet'을 이야기에 나타나지 않은 새로운 구문이라고 정확하게 보고한다면, 그들은 정확한 표층 형태 표상을 가지고 있는 것이다. 텍스트 기반, 즉 참가자들이 텍스트로부터 만든 명제들의 집합을 확인하기 위해서는 문장 'his wife was angry when she found out that the necklace cost more than the carpet(그의 아내는 목걸이가 카펫보다 더 비싸다는 사실을 알고 화가 났다)'에서 목걸이(necklace)를 그림(painting)으로 대체했다. 사실 (이야기에 따르면) 그림이 카펫보다 비쌌지만, 아내가 화가 난 이유는 그것 때문이 아니다. 따라서 참가자가 목걸이가 그림으로 대체된 문장을 올바르게 거부한다면, 그들은 'his wife was upset that the necklace cost more than the carpet(그의 아내는 목걸이가 카펫보다 비싸다는 것을 알고 화가 났다)'이라는 명제를 기억했다는 것을 의미한다. 마지막으로 상황 모델을 테스트하기 위해 카펫(carpet)을 화병(vase)으로 대체하여 his wife was angry that the necklace cost more than the vase(그의 아내는 목걸이가 화병보다 비싸서 화가 났다)는 실험 문장을 만들었다. 참가자가 이 마지막 테스트 문장을 잘못 인식하면, 이것은 올바른 상황 모델을 위반하게 된다. 왜냐하면 화병이 카펫보다 훨씬 가치 있다고 명시되어 있기 때문이다. 참가자들의 재인 기억이 테스트 되었을 때, 그들은 상황 모델에 대해서는 거의 실수를 하지 않았고, 이야기에 포함된 특정 명제들에 대해서는 때때로 실수했으며, 이야기의 특정 구문(단어)들에 대해서는 자주 실수했다. 서로 다른 질문에 대한 오류율의 차이는 질문들이 서로 다른 정신적 표상에 연결되어 있다는 것을 보여 준다.

Kintsch 등(1990)은 또한 다양한 종류의 텍스트 표상에 대한 별도의 기억 강도에 대한 증거도 발견했다. 그들은 참가자들이 시간이 지날수록 추론된 정보가 원본 이야기에서 직접적으로 언급되었다고 '기억'할 가능성이 점점 더 커진다는 것을 보여 주었다. 기억 연구자들은 이러한 유형의 실수를 '출처 기억' 오류라고 부른다. 추론된 정보는 정확하지만, 사람들은 그들이 정보를 어떻게 획득했는지에 대해 실수를 저지르기 때문이다(예: Jacoby et al., 1989).

요약하자면, 구성-통합 출력 시스템은 세 가지 별도의 정신적 표상을 구축한다. 표층 형태 모델은 텍스트의 정확한 단어와 그들의 문법적 관계를 나타낸다. 텍스트 기반은 표층 형태에서 추출된 명제들의 연결된 집합을 나타낸다. 상황 모델에는 텍스트에서 직접적이고 명시적으로 언급된 정보와 더불어 이해자가 추론의 형태로 자신에게 제공하는 정보가 포함된다. 텍스트는 주기적으로 처리된다. 주기마다 이해자들은 몇 개의 명제 정도의 텍스트를 입력하고 입력된 텍스트와 관련된 지식이 자동으로 활성화된다. 통합 단계에서 이해자들은 새로운 명제를 이전에 처리된 명제에 연결하고 추론을 도출하며 상황 모델을 업데이트한다. 표층 형태 표상은 기억에서 가장 덜 지속되며, 사람들은 명제를 기억하는 데 꽤 능숙하며(그것들을 표현하기 위해 사용된 정확한 단어를 기억하지는 못하더라도), 텍스트가 설명/묘사하는 상황을 기억하는 데도 매우 뛰어나다(추론된 정보까지도 텍스트에 명시적으로 나와 있다고 잘못 기억할 정도로).

구조-구축 프레임워크

구조-구축 프레임워크(Structure-building framework)(Gernsbacher, 1990)는 담화 처리에 관한 영향력 있는 이론이다. 구성-통합 이론과 마찬가지로 구조-구축 프레임워크도 이해자가 확장된 담화의 정신 표상을 어떻게 구축하는지 설명하려 한다. 그러나 Kintsch의 이론은 주로 구두 및 서면 텍스트에 제한되어 있지만 구조-구축은 언어뿐만 아니라 그림 이야기와 같은 비언어 자료의 이해에도 적용될 수 있다. 또한 Kintsch의 설명은 담화 이해를 특수한 목적을 가지는 담화 이해 메커니즘의 산물이라고 설명하는 반면, 구조-구축 프레임워크는 담화가 어떻게 해석되고 기억되는지를 설명하기 위한 일반적인 목적의 인지 메커니즘에 호소한다. Gernsbacher에 따르면 담화 이해를 담당하는 프로세스는 언어와 직접적으로 관련되지 않을 수 있는 다른 인지 과제도 담당한다.

구조-구축 프레임워크에 따르면 이야기를 이해하는 것은 기초를 놓는(laying a foundation) 과정으로 시작된다. 집을 지을 때 기초를 놓는 것이 가장 먼저 이루어지는 것처럼, 기초는 가장 먼저 들어오는 정보에 기반한다. 기초가 놓인 후 구조를 계속 구축하기 위해 사상(mapping)과 전환(shifting)이라는 두 가지 추가적인 일반적 프로세스가 사용된다. 사상 프로세스는 들어오는 정보가 이전 정보와 관련되거나 일치하는 경우, 들어오는 정보를 기초에 연결한다. 새로운 정보가 이전 정보와 관련이 없으면 이해자는 새로운 하위 구조(substructure)를 만들기 위해 전환 프로세스를 수행한다. 따라서 이야기에 대한 이해자의 정신 표상이나 일관된 형태의 사건 집합은 기초, 그리고 연결된 적절한 개수의 하위 구조로 구성된다. 전체로서의 이야기 표상은 기초에서 종료되는 가지들을 보유한 '가지가 뻗어있는 여러 개의 하위 구조'(Gernsbacher, 1995, p. 49)로 구성된다.

구조-구축 프레임워크에 따르면 이야기에 대한 표상을 만드는 데 사용되는 비유적 구축 블록(metaphorical building block)들은 활성화된 기억 노드(memory nodes)로 구성되는데, 이는 Collins와 Quillian의 의미 네트워크 이론에서의 '노드' 혹은 Kintsch의 구성-통합 프레임워크에서의 '명제'와 유사하다. 텍스트에 의해 기억 노드가 활성화되면 처리 신호를 보낸다. 기억 노드가 보내는 처리 신호는 다른 기억 노드의 활성화 강화(enhancement) 또는 억제(suppression)로 이어진다. 강화 메커니즘은 입력 및 현재 활성화된 기억 노드 세트와 관련된 기억 노드의 활성화를 증가시킨다. 억제 메커니즘은 기억 노드의 활성화를 감소시킨다.

이러한 비교적 간단한 설명은 다양한 실험 결과를 설명하는 데 사용될 수 있다. 예를 들어, 기초를 놓는 과정이 심리적으로 실재한다면 처음 언급되는 텍스트의 부분이 나중에 나오는 부분과 다르게 다루어진다는 증거를 보아야 한다. 한 가지 증거는 주어진 단어가 문장의 첫 번째 단어로 제시될 때, 그 단어가 나중에 제시될 때보다 이해자가 해당 단어를 처리하는 데 더 오랜 시간이 걸린다는 것이다(Aaronson and Scarborough, 1976). 또한 사람들은 다른 문장들보다 단락의 첫 번째 문장을 더 느리게 처리한다(Cirilo and Foss, 1980; Haberlandt, 1980). 비언어 자료에 대해서도 유사한 효과가 발생한다. 예를 들어, 그림 이야기를 볼 때 사람들은 다른 그림들보다 이야기의 첫 번째 그림을 보는데 더 많은 시간을 소비한다(Gernsbacher, 1996). 이해자가 이야기나 텍스트의 처음 언급된 부분을 코드화하는 데 특별한 노력을 기울인다면(즉, 기초 마련), 이러한 속도 저하(slow-down)가 예상된다.

코드화에 대한 이러한 추가적인 노력을 고려해 볼 때, 텍스트에서 처음 전달되는 정보는 텍스트의 정신적 표상에서 일종의 특별한 지위를 누릴 것이라고 기대할 수 있으며, 이는 실제로 그렇다고 밝혀졌다. 이러한 첫 언급 이점은 사람들이 (10)과 같은 문장을 읽거나 듣는 실험에서 입증되었다(Gernsbacher and Hargreaves, 1988; Gernsbacher et al., 1989).

(10) Tina beat Lisa in the state tennis match.(Tina는 주 테니스 경기에서 Lisa를 이겼다.)

이 문장을 읽은 후 사람들은 처음 언급된 사람(Tina)이 문장에 나왔는지를 두 번째 언급된 사람(Lisa)이 문장에 나왔는지보다 훨씬 빠르게 판별한다. 이는 문장 (10)에 대한 이해자의 정신 표상에서 첫 번째로 언급된 사람이 더 높은 수준의 활성화를 누린다는 것을 시사한다. Tina가 문장의 문법적 주어(우월하고 중요한 문법적 위치)라는 사실에 근거하여 첫 언급 이점 가설에 반대하는 설명을 제공할 수도 있다. 그러나 Tina와 Lisa가 모두 주어의 일부인 경우에도 Tina를 판별하는 시간이 Lisa의 판별 시간보다 여전히 더 빠르다(예: Tina and Lisa beat Susan and Marsha in the state tennis match). 마찬가지로 각 인물의 의미론적 역할도 첫 언급 이점을 넘어서지 못한다. 문장 (10)에서 Tina는 문장의 주어이며 또한 행위주(행위 수행자 또는 개시자)이다. (11)에서 Tina는 여전히 처음 언급된 사건 참가자이지만 이제 피행위주(행위 피수행자 또는 수신자)이다.

(11) Tina was beaten by Lisa in the state tennis match.
　　　(Tina는 주 테니스 경기에서 Lisa에게 패했다.)

사람들은 문장 (11)에서 Lisa가 나왔는지보다 Tina가 나왔는지를 여전히 더 빨리 판별한다. 이는 처음 언급된 인물이 사건의 행위자인지 수신자인지와 관계없이 사람들이 처음 언급된 사건 참가자에게 특별한 주의를 기울인다는 것을 다시 한번 시사한다.

사상 및 전환 프로세스의 증거는 텍스트의 응결성과 응집성이 텍스트 처리 및 기억에 어떠한 영향을 미치는지 살펴봄으로써 얻을 수 있다. 사상은 들어오는 정보가 현재 처리 중인 텍스트의 일부와 밀접한 관련이 있는 경우에 발생한다. 전환은 들어오는 정보가 현재 처리 중인 텍스트와 밀접한 관련이 없는 경우에 발생한다. 전환은 두 가지 효과를 발생시켜야 한다. 첫째, 전환 프로세스가 처리 자원을 소모하기 때문에 이해자들은 응집성이 깨지는 지점에서 텍스트를 처리하는 데 시간이 더 오래 걸려야 한다. 왜냐하면 동일한 정보를 진행 중인 하위 구조에 사상하는 것보다 이동 후 새로운 하위 구조를 구축하는 데 더 많은 시간이 걸리기 때문이다. 둘째, 전환으로 인해 새로운 하위 구조가 구성되기 때문에 전환이 발생한 후에는 전환 이전 텍스트에 있는 정보는 가용성이 떨어져야한다. 이 두 가지 예측은 모두 텍스트 처리에 대한 실험을 통해 뒷받침된다. 첫 번째 예측은 주제의 변화가 발생한 텍스트 부분은 현재 주제를 유지하는 텍스트에 비해 더 느리게 처리된다는 것을 보여 주는 실험을 통해 검증된다(Mandler and Goodman, 1982).

다른 실험에서는 이해자가 전환을 하여 새로운 하위 구조 구축을 시작한 후에는 이전 정보의 가용성이 낮아진다는 것을 보여 준다. 예를 들어, 절 구조는 문장이 처리된 후에 개념에 얼마나 접근 가능한지를 결정한다(Caplan, 1972). 문장 (12)와 (13)은 각각 절로 구성된 두 개의 하위 구조를 포함한다.

(12) Now that artists are working fewer hours, oil prints are rare.

   (이제 예술가들이 더 적은 시간 작업하기 때문에, 유화(oil prints)는 드물다.)

(13) Now that artists are working in oil, prints are rare.

   (이제 예술가들이 기름(oil)으로 작업하기 때문에, 판화(prints)는 드물다.)

(12)에서 단어 oil은 두 번째 절(두 번째 하위 구조)에 나타난다. (13)에서 oil은 첫 번째 절(첫 번째 하위 구조)에 나타난다. 사상 및 전환 가설에 따르면, (13)의 oil은 첫 번째 하위 구조의 일부이고 이해자들은 oil이라는 단어를 읽은 후에 전환하여 새로운 하위 구조를 구축하게 된다. 따라서 (13)의 문장 끝에서보다 최근에 구축된 하위 구조의 일부인 (12)의 문장 끝에서 oil에 더 개념적으로 접근하기 쉬워야 한다. 실험 참가자들은 단어 oil이 (13)의 문장 끝보다 (12)의 문장 끝에서 제시되는 경우에 더 빠르게 판별했다. 이는 사상 및 전환 가설과 일치한다. (12)와 (13) 모두에서 oil이라는 단어 뒤에는 정확하게 동일한 세 단어가 등장하므로, 단순히 최신 효과(recency effect)만으로는 이러한 결과를 설명할 수 없다.

이와 유사한 정보 손실은 비언어적인 그림 이야기의 중요한 경계에서도 발생한다(Gernsbacher, 1985). 참가자들은 이야기를 읽는 도중보다 이야기를 다 '읽은(reading)' 후에 그림 이야기의 왼쪽-오른쪽 방향(의미에 영향을 주지 않는 표면 특징)에 대한 기억력이 떨어진다.

더욱이, 전환 프로세스는 이해력이 좋은 이해자와 나쁜 이해자 간의 차이점을 설명하는 데 도움이 될 수 있다. SAT의 언어 영역과 같은 일반적인 언어 능력 테스트에서 낮은 점수를 받은 이해자는 최근에 이해한 정보에 접근하는 능력이 낮다. 이는 자신이 읽은 것을 잘 이해하는 이해자들보다 이해력이 낮은 이해자들이 더 자주 전환을 시도하거나 새로운 하위 구조를 구축한다는 것을 나타낸다(Gernsbacher et al., 1990; McDaniel et al., 2021).

강화 및 억제의 가설적 프로세스도 다양한 연구 결과들에 의해 뒷받침되었다. 강화는 현재 텍스트와 관련된 지식이 의식적인 노력 없이 빠르게 활성화되고(이해자가 최소한의 주의를 기울이는 한) 적어도 처음에는 통제되지 않는 방식으로 진행되는 자동 처리로 간주된다. 탐사재인 실험과 읽기 시간 연구의 결과는 사람들이 이야기를 듣거나 읽을 때 정보가 담화의 맥락이나 현재 주제와 관련이 있는지와 관계없이 활성화된다는 것을 보여 준다(예: Duffy et al., 1989; Onifer and Swinney, 1981; Rayner and Duffy, 1988; Seidenberg et al., 1982; Swinney, 1979). 예를 들어, 문장 (14)를 읽는 경우,

(14) The teacher has a lot of patience.(선생님은 참을성이 많다.)

목표 단어 hospital(병원)이 문장 (14)와 의미상 관련이 있는지 판단하라는 요청을 받으면, 피험자들은 관련이 없다고 판단하는 데 어려움을 겪는다. 그 이유는 피험자들이 patience(참을성)이라는 단어를 볼 때, 음운적으로 관련된 patients(환자)라는 단어를 활성화하는데, 이는 의미적으로 hospital(병원)이라는 단어와 관련되기 때문이다(Gernsbacher and Faust, 1991). Patients(환자)라는 단어는 patience(참을성)와는 완전히 다른 의미지만, 소리의 유사성은 연합 관계를 형성하며, 이 연합 관계는 심지어 단어의 의미들 중 하나의 의미에 대한 활성화만 필요한 경우에도 우리가 자동으로 두 가지 의미를 모두 활성화한다는 것을 의미한다.

이러한 연합된 지식의 자동적이고 광범위한 활성화는 단어를 접한 후 수백 밀리초 이내에 매우 빠르게 발생하지만, 이해자가 텍스트에 대한 응집적인 표상을 가지려면 이 자동으로 활성화된 관련 없는 정보를 텍스트 표상에서 제거해야 한다. 여기서 바로 억제 프로세스가 시작된다. 억제는 현재 담화의 주제나 테마와 관련이 없는 활성화된 기억 노드에 작동한다. 관련 없는 정보가 제거되면 그 결과물로서의 담화 표상은 관련 없는 세부 사항들로 인한 어수선함이 줄어들고, 따라서 보다 응집적이게 된다. 억제 과정은 강화보다는 자동적이지 않은 과정으로 개념화된다. 억제는 강화보다 작동하는 데 시간이 더 오래 걸리고(예: Neely, 1977; Wiley et al., 2001), 개인에 따라 더 가변적이다. 실제로 억제 능력의 차이가 텍스트 이해 능력의 기저에 있는 차이일 수 있다.

관련 없는 정보를 얼마나 잘 억제할 수 있는지에 대한 개인차는 spade(스페이드)와 같이 어휘적으로 모호한 단어를 포함하는 문장에 대한 일련의 연구들에서 입증되었다. 3장에서 살펴본 것처럼 spade와 같은 단어를 읽거나 들으면 해당 단어와 관련된 모든 의미가 자동으로 활성화된다. 따라서 독자는 spade라는 단어를 보았을 때, '카드놀이'와 '삽'이라는 두 가지 의미를 모두 활성화한다. 이러한 다중 의미의 자동적 활성화는 spade라는 단어가 의미 중 하나만 적절하게 만드는 맥락에서 제시될 때도 발생한다. (15)의 경우 spade의 의미 중 '삽'이라는 의미만 문장의 나머지 부분들과 어울린다.

(15) The gardener dug with the spade.(정원사는 삽으로 땅을 팠다.)

그러나 ace(에이스)라는 단어를 제시하고 사람들에게 그 의미가 앞의 문장과 관련이 있는지를 판단하도록 요청하면, '아니요'라고 말하는 데 오랜 시간이 걸린다. 왜냐하면 '카드놀이'라는 의미가 spade라는 단어에 의해 활성화되기 때문이다. 이러한 관련 없는 의미를 제거하기 위해, 활성화된 '카드놀이'라는 의미에 대해 억제 메커니즘이 작동하기 시작하고, 몇백 밀리초의 짧은 시간이 지나면 '카드놀이'라는 의미는 더 이상 활성화되지 않는다. 즉, 억제된다.

억제는 어떻게 작동되는가? 강화만큼 자동적인가? 억제가 단순히 강화의 반대 개념이 아닌 것으로 생각되는 데에는 여러 가지 이유가 있다. 첫째, 억제는 강화보다 작동하는 데 훨씬 더 오랜 시간이 걸린다. 둘째, 지식 활성화(강화)는 대부분의 사람에게 거의 동일한 방식으로 발생하지만, 관련 없는 정보를 억제하는 것에는 모든 사람이 동일하게 능숙하지는 않으며, 이는 사람들 간의 이

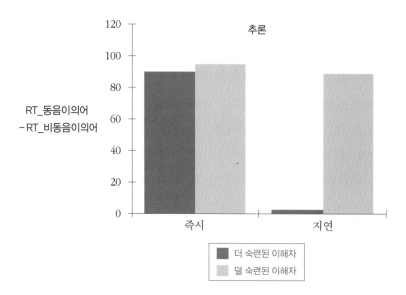

[그림 5.3] 의미 판단 과제를 기반으로 부적절한 의미의 활성화를 추정한다. RT=반응시간; hphone=동음이의어; nonhphone=비동음이의어.

출처: Gernsbacher and Faust (1991), American Psychological Association

해 능력의 차이를 유발하는 주요한 원인인 것으로 보인다(Gernsbacher, 1993; Gernsbacher and Faust, 1991; Gernsbacher et al., 1990; McDaniel et al., 2021). 예를 들어, Gernsbacher와 그녀의 동료들은 오리건 대학의 대규모 학생 표본들의 언어 SAT 점수를 수집했다(대학생들과 비슷한 연령의 공군 신병 훈련생들에 대해서도 유사한 실험을 수행했다). 언어 SAT 점수는 사람들이 텍스트를 얼마나 잘 이해할 수 있는지를 상당히 잘 보여 주며, 표본 집단에서 최고와 최저 점수 사이에 상당한 차이가 있었다. 그런 다음 이 학생들에게 ace와 같은 목표 단어가 (15)와 같은 이전 문장과 의미상 관련이 있는지를 판단하도록 했다. [그림 5.3]은 이러한 실험 중 하나의 대표적인 데이터를 보여 준다. 왼쪽 막대는 문장이 제시된 직후에 이해력이 높은 숙련된 이해 그룹(어두운 막대)과 비숙련 이해 그룹(밝은 막대) 모두에서 ace의 의미가 높게 활성화되었음을 보여 준다. 1초의 지연(언어 처리 측면에서 매우 긴 시간) 후에 숙련된 이해자들은 문맥상 부적합한 spade의 '카드 놀이' 의미를 억제했지만, 비숙련 이해 그룹에서는 여전히 그 의미를 활성화한 것으로 나타났다([그림 5.3]의 오른쪽 막대그래프에 표시됨).

억제 프로세스의 자동적이지 않은 특성에 대한 추가적인 증거는 다른 실험 과제에서도 얻을 수 있다. Gernsbacher가 사용한 의미 판단 과제의 잠재적 문제점 중 하나는 실험 참가자들이 실험 단어의 다양한 의미에 대해 생각하도록 장려할 수 있으며, 문장과 목표 단어가 어떻게 어울리는지에 대한 명시적이고 의식적인 판단을 요구한다는 것이다. 따라서 사람들의 응답은 텍스트 자체를 해석하는 데 관여하는 과정보다는 의사결정 과정에 더 큰 영향을 받을 수 있다. 이 문제를 해결하기 위해 Debra Long과 그녀의 동료들은 참가자들이 참여하는 과제의 종류를 조작하여, 더 자동적인 정신적 과정을 기반으로 수행할 수 있는 과제를 찾으려고 노력했다(Long et al., 1999). Long과 그녀의 동료들이 의미 판단 과제 대신 전략적이거나 통제된 정신 과정에 상대적으로 영향을 덜 받는 것으로 여겨지는(McKoon et al., 1994; Potts et al., 1988) 명명 작업을 사용했을 때, 숙련과 비숙련 이해자 모두 (15)와 같은 문장을 읽은 직후 문맥적으로 부적절한 의미에 대한 높은 수준의 활성화 정도를 보였다. 그리고 두 그룹 모두 문장을 읽은 후 850ms의 지연 후에는 문맥적으로 부적절한 의미를 억제하는 것으로 나타났다. 두 번째 실험에서는 실험 과제를 어휘 판단으로 변경하였고, 세 번째 실험에서는 의미 판단으로 변경하였다. 어휘 판단 및 의미 판단에 대한 수행은 모두 전략적인 정신 처리 과정을 반영하는 것으로 여겨진다. 이러한 조건에서 비숙련 이해자들의 수행은 원래 Gernsbacher 실험의 결과와 일치하였으며, 상당한 시간적 지연 후에도 문맥상 부적절한 '카드놀이'라는 의미를 활성화된 상태로 유지하는 것으로 나타났다. 따라서 비숙련 이해자는 문맥상 부적절한 의미를 억제하는 데 어려움을 겪는 것으로 보이며, 이러한 결함은 이해자가 응답하기 위해 모호한 단어와 그것이 나타나는 맥락과 같은 다양한 정보 소스 간의 충돌을 관리해야 하는 작업에서 특히 분명한 것으로 보인다.

요약하면, 구조-구축 프레임워크는 우리가 담화를 처리하고 이해하기 위해 일반적인 목적의 인지 메커니즘을 사용한다고 말한다. 이해자들은 기초를 놓는 것부터 시작한 다음 들어오는 정보를 현재 구조에 사상하거나 전환하여 새 하위 구조를 구축한다. 강화와 억제프로세스는 기억 노드의 활성화 수준을 조작한다. 전환을 너무 자주 하면 텍스트의 응집적이지 않은 표상을 초래할 수 있다. 활성화되었지만 관련 없는 정보를 억제하지 못하는 것 역시 이해에 손상을 줄 수 있다.

사건-색인화 모델

사건-색인화 모델(Event-Indexing Model, 이하 EIM)은 무엇보다도 사람들이 서사적 텍스트에서 상황 모델을 구축하는 방법에 관하여 설명하는 이론이다. EIM에 따르면 담화 이해 시스템의 목적은 '주인공들의 목표와 행동… 그리고 현실 세계나 일부 허구 세계에서 펼쳐지는 사건'을 이해하는 것이다(Zwaan, Langston et al., 1995, p. 292; Zwaan, 2016 참조; Zwaan and Rapp, 2006). 이러한 이야기의 요소를 표상하기 위해 이야기의 다섯 가지 핵심 측면이 추적되며, 이야기의 각 사건은 다음 다섯 가지 핵심 기능에 따라 색인화되거나 태그된다: 사건이 발생하는 시간(time), 사건에 참여하는 등장인물(protagonists), 현재 사건과 이전 및 후속 사건 사이의 인과관계(causation), 사건이 발생하는 공간적 위치(space), 주인공의 목표와 사건의 관련성(motivation).

구조-구축 프레임워크와 유사하게 EIM은 사건을 활성화된 기억 노드로 개념화하며, 이야기의 표상은 기억 노드 집합과 그들 간의 연결로 구성된다. 각 기억 노드는 위에서 언급한 다섯 가지 핵심 기능에 대해 코드화되어 있으며, 각각의 새로운 텍스트의 부분이 처리될 때마다 이전에 활성화된 기억 노드와의 관련성이 평가된다. 따라서 새로운 텍스트가 처리될 때마다 이해자는 텍스트에서 제공하는 정보를 반영하도록 상황 모델을 업데이트한다. 텍스트의 다른 부분은 사건 색인화의 다른 기능을 업데이트하도록 요구할 수 있다.

때로는 텍스트의 새로운 정보가 이전에 활성화된 사건 노드의 요소를 정교화한다. 그러나 때로는 새로운 정보가 이전 사건과 새 정보 사이의 불연속을 나타낸다. EIM에 따르면 다섯 가지 기능 중 하나 이상에서 불연속성이 있는 경우, 현재 사건 노드가 비활성화되고 새로운 노드가 활성화된다. 이 과정은 구조-구축 프레임워크의 전환 프로세스와 유사하며, 이야기의 불연속성은 측정될 수 있는 추가적인 처리 비용을 발생시켜야 한다(새로운 사건 노드에서 작업을 전환하는 것이 이전에 활성화된 사건 노드로 들어오는 정보를 계속 사상하는 것보다 복잡하기 때문이다).

EIM을 테스트하는 한 가지 방법은 새로운 텍스트가 활성화된 기억 노드와 텍스트에서 제공하는 새로운 정보 사이에 불연속성을 만들어 낼 때 사람들이 어떻게 반응하는지 확인하는 것이다. 실제로 사람들은 이전에 활성화된 기억 노드에 직접 연결될 수 있는 텍스트보다 불연속성을 만들어 내는 텍스트를 더 느리게 처리한다(Zwaan, Magliano et al., 1995). 예를 들어, 불연속성이 없는 동등한 이야기(예: A moment later… (잠시 후 …))보다 텍스트가 시간적인 불연속성을 명시적으로 표시하는 경우(예: A day later … (하루가 지난 후 …))에 불연속성 이전에 언급된 개념에 접근하기 어렵다(Zwaan, 1996). 텍스트는 현재 설명되는 사건이 회상(flashbacks)의 일부이므로 텍스트가 설명하는 가상 세계에서 오래전에 발생했다는 것을 나타낼 수 있다. 회상 에피소드의 최신성이 조작되면(예: 텍스트에서 회상 에피소드가 최근에 발생했다고 하거나 오래전 발생했다고 언급함), 오래전에 발생한 사건으로 설명된 정보에 대한 접근이 최근에 발생한 사건으로 설명된 정보보다 어려워진다(Claus and Kelter, 2006 ; Kelter et al., 2006 참조).

EIM을 평가하는 또 다른 방법은 이해자가 텍스트의 사건을 어떻게 조직하고 기억하는지 확인하는 것이다. EIM에 따르면 사건 색인화에서 중복되는 값을 가지는 텍스트의 부분은 이해자의 이야기 정신 표상에서 함께 연결되어야 한다. 예를 들어, 동시에 발생하는 두 하위 사건들은 서로 다른 시간에 발생하는 하위 사건들보다 서로 더 가깝게 표상되어야 한다. 잠시 시간을 내어 '세 명의 딸을 둔 황제'라는 이야기를 읽어 보라. 끌려가기(dragging)는 울기(crying)와 동시에 발생한다는 점에 유의해 보자. 일반적으로 이 두 개념은 서로 관련이 없다. 즉, 의미상 매우 다르므로 사람들은 두 개념을 연관시키지 않는 경향이 있다. 그러나 두 사건은 이야기의 시간 구조에 의해 연결되어 있으므로 이해자는 이야기를 읽을 때 울기(crying)와 끌려가기(dragging) 사이에 연결을 생성해야 한다. 반면, 걷기(walking)와 울기(crying)는 일반적으로 관련이 없으며(crying와 dragging이 관련 없는 것과 같은 이유로) 이야기의 사건 구조 또한 두 행위를 하나로 묶는 데 아무런 도움이 되지 않는다.

울기와 끌려가기 사이의 관계를 어떻게 보는지에 이야기가 영향을 미치는지 확인하기 위해 Rolf Zwaan과 그의 동료들(Zwaan, Langston et al., 1995)은 사람들에게 '세 명의 딸을 둔 황제'와 같은 이야기를 읽은 다음 범주화 작업을 수행하도록 요청했다. 범주화 작업(군집화 작업이라고도 함)을 수행하기 위해 실험 대상자들은 동사 목록을 읽고 동사를 상자 세트 안에 넣었다. 피험자들은 두 개의 동사가 '함께 속한다'고 생각하면 같은 상자에 그 동사들을 배치하라는 지시를 받았다(Zwaan, Langston et al., 1995, p. 294). 이야기를 읽은 피험자들은 걷기(walking)와 울기(crying)를 함께 두는 것보다 끌려가기(dragging)와 울기(crying)를 같은 상자에 넣을 가능성이 훨씬 더 컸지만, 이야기를 읽지 않은 피험자들은 걷기(walking)와 울기(crying)를 함께 넣을 가능성이 끌려가기(dragging)와 울기(crying)를 함께 넣을 가능성과 같았다. 다른 색인화 차원(공간, 원인, 등장인물 및 목표)과 관련된 동사 쌍도 이야기를 읽은 피험자들에 의해서는 함께 그룹화되는 경향이 있었지만, 이야기를 읽지 않은 피험자들에 의해서는 그룹화되지 않았다. 이러한 결과는 사람들이 이야기 표상을 구성하기 위해 다섯 가지 사건 색인화 차원을 모두 사용한다는 것을 나타낸다.

뇌 영상 결과도 서로 다른 이야기 차원의 별도 색인화를 지원한다(Ferstl et al., 2005; Hinojosa et al., 2020 참조). Evelyln Ferstl과 그 동료들은 이야기에서 단어가 시간적 정보를 전달하는지(Claudia

의 기차가 도착하기 20분 전에 Markus의 기차가 역에 도착했다) 아니면 감정적 정보를 전달하는지(Sarah 는 이보다 더 슬펐던 적이 없었다)를 조작했다(Ferstl et al., 2005, p. 726). 감정을 전달하는 단어는 후방 복내측 전전두엽 피질의 뇌 활동을 증가시켰다([그림판 기에서 녹색으로 표시된 영역 참조). 시간 정보 를 전달하는 단어는 뇌 양쪽의 전두엽 및 두정엽 피질 부분을 포함하여 다양한 뇌 영역([그림판 기에 서 노란색과 빨간색으로 표시)에서 뇌 활동을 증가시켰다. 추가적인 기능성 자기공명영상(fMRI) 및 양전자 방출 단층 촬영(PET) 연구도 다른 종류의 색인화 프로세스가 다양한 뇌 영역 네트워크에 의 해 다양한 정도로 지지된다는 사실을 제시하였다. 인물의 정신 상태를 추론하도록 사람들에게 요 구하는 이야기는 물리적 원인에 대한 추론을 요구하는 이야기와 비교하여 다른 뇌 활동의 패턴을 생성한다(Ferstl et al., 2008; Fletcher et al., 1995; Mason et al., 2008).

글상자 ......

세 명의 딸을 둔 황제

(Graesser, 1981)

옛날에 세 명의 사랑스러운 딸을 둔 황제가 있었습니다. 어느 날 세 딸이 숲으로 산책하러 나갔습니다 (walking). 그들은 시간을 잊고 오랫동안 머물면서 즐겁게 보냈습니다. 용이 세 딸을 납치했습니다. 그들은 끌려가면서(dragging) 도와달라고 울부짖었습니다(crying). 세 명의 영웅이 소녀들이 우는(crying) 것을 듣 고 그녀들을 구하기 위해 출발했습니다. 영웅들은 용과 싸웠습니다. 그런 다음 영웅들은 세 딸을 궁전으로 돌려보냈습니다. 황제는 딸들의 구조 소식을 듣고 영웅들에게 보상했습니다.

공간, 시간, 등장인물, 동기에 대한 모델링

공간

EIM은 텍스트로부터 상황 모델을 구축하기 위해 일반적인 지각 장치를 사용한다고 제안한다. 우리의 지각 장치가 수행하는 주요 작업 중 하나는 3차원 공간을 모델링하는 것이다. 이를 통해 우 리는 세계를 탐색하고, 세부 처리 및 평가를 위한 지각 대상을 선택하고, 물체가 어떻게 움직일지 예측할 수 있다. 그러므로 공간 모델이 담화 이해의 중요한 측면이라는 것은 놀라운 일이 아니다. 이야기를 이해하기 위해 우리는 서사 이야기의 사건이 발생하는 공간의 내부 표상을 구축하고, 이 가상 공간을 통해 등장인물들의 움직임을 추적한다(예: Black et al., 1979; Bower and Morrow, 1990; Bower and Rinck, 2001; Glenberg et al., 1987; Morrow et al., 1989, 1987; Rapp et al., 2006). 언어는 우리 에게 공간 관계를 표시하는 다양한 방법을 제공한다(예: 저기, 안에, 뒤에, 옆에, 왼쪽에 등). 언어마다 공간 관계를 표현하는 방법은 서로 다르지만(Choi et al., 1999), 공간 모델링은 담화 이해의 일반적 인 특징이다. 이해자들은 공간이 묘사되는 방식과 연결하여 이야기의 정보가 전체에 걸쳐 응집적 인 것으로 가정하며, 따라서 이전에 추론된 공간 관계와 일치하는 텍스트보다 이전에 추론된 공간 관계와 일치하지 않는 텍스트를 처리하기가 더 어렵다(De Vega, 1995).

시간

이해자들은 현실 세계의 지식과 담화의 명시적 단서를 활용하여 서사의 시간적 관계를 모델링한다(예: De Vega et al., 2004). 화자와 청자는 일반적으로 발생하는 사건들의 시간적 구성에 대한 스키마 지식(도식)을 공유하며(예: 레스토랑에서 음식을 주문한 후 음식을 먹는 것), 이러한 도식은 사람들이 이야기를 전달하는 방식에 영향을 미친다(Barsalou and Sewell, 1985). 이해자들은 명시적인 언어적 단서에 따라 수정되는 '기본 전략(default strategy)'을 적용하여 이야기의 시간을 모델링한다. 기본 전략은 세상의 사건이 이야기에서 설명된 순서대로 발생했다고 가정한다. 이러한 기본 가정은 도식적 지식이나 담화 내 명시적 단서에 의해 무효화될 수 있다. 텍스트에 의해 명시적으로 전달되는 정보가 도식을 활성화하는 경우, 이해자들은 텍스트가 직접적으로 다른 것을 나타내지 않는 한 사건이 도식에서 지정된 순서를 따른다고 가정한다. 사전에 존재하는 도식이 없거나 도식이 사건의 순서를 지정하지 않는 경우 이해자들은 시간적 상징성(temporal iconicity) 휴리스틱을 적용하여 사건이 이야기에서 언급된 순서대로 발생했다고 가정한다. 따라서 'Megan과 Kristen이 점심을 먹었고, 공원에 갔다.'라는 이야기가 있다면, 이해자들은 먹는 사건이 걷는 사건보다 먼저 발생했다고 가정한다. 이러한 시간적 상징성 가정을 통해 화자와 작가는 이야기의 모든 사건에 시간 표식을 명시적으로 표시하지 않아도 된다.

화자는 이전(before)이나 이후(after)와 같은 접속사를 사용하거나 명시적인 시간 표식(예: 정오(at

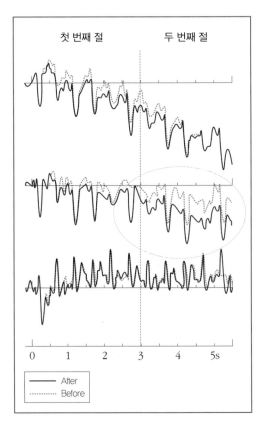

[그림 5.4] ERP data

테스트 문장: '과학자가 논문을 제출한 후(after)/전(before)에 저널은 정책을 변경했다.' 그림의 원 안의 ERP 신호는 두 번째 절을 처리하는 동안 앞 문장에 대한 부적 효과가 증가한 것을 보여 준다.
출처: Münte et al. (1998), Springer Nature

noon), 해 질 녘(at twilight)을 이용하여 발생한 순서와 다른 순서로 사건이 설명된다는 것을 명시적으로 알릴 수 있다. 즉, 화자는 'Megan이 점심을 먹기 전에(before), Kristen이 공원에 갔다.'라고 말할 수 있다. 그러나 텍스트가 사건을 발생한 순서와 다른 순서로 설명하면 사람들은 해당 텍스트를 처리하는 데 약간의 추가 시간을 필요로 한다(Mandler, 1986).[4] ERP 측정에서 알 수 있듯이, 시간적 상징성의 위반 역시 신경생리학적 활동의 서로 다른 패턴를 만들어 낸다.

Münte의 연구는 시간적 상징성을 위반하는 문장(before 문장)은 사건이 발생한 것과 동일한 순서로 사건을 설명하는 문장(after 문장)보다 ERP 신호에서 더 큰 부적 편향을 생성한다는 것을 보여 주었다(Münte et al., 1998; [그림 5.4]). 차이의 크기는 실험 참여자의 작업기억 용량과 관련이 있으므로, 이는 이해자가 설명된 순서대로 사건을 모델링하지만 시간적 상징성이 위반되면 정신적으로 사건의 순서를 뒤집어야 한다는 견해를 지원한다. 이 뒤집기 과정은 작업기억 자원(리소스)을 사용한다.[5]

다른 연구들은 기술된 사건의 순서가 앞에서 이미 시간상으로 고정되었을 경우—즉, 실험 참여자들이 사건의 서술을 듣기 전에 사건이 어떤 순서로 발생했는지를 알고 있는 경우—참여자들은 사건의 순서를 잘못 기억할 수 있다는 연구를 통해 텍스트에 대한 기억과 실시간 반응이 서로 분리될 수 있음을 보여 준다(Xu and Kwok, 2019).

등장인물

이해자들은 이야기의 정신 모델에 등장인물의 다양한 자질들을 포함한다. 등장인물의 정신적 상태는 상세하게 모델링된다. 일부 연구에서는, 주인공이 생각하고 있는 방에 놓여 있는 물건들에 대해 가상 이야기의 공간과 관련된 다른 물건들보다 활성화 및 접근 가능성이 더 높다는 것을 보였다(Bower and Morrow, 1990). 등장인물의 정신 상태 모델링은 그들의 지각 경험 모델링으로 확장된다. 다시 말해, 이해자들은 이야기 속 인물의 시각적 관점을 채택하고 그들의 눈을 통해 가상의 이야기 세계를 본다. 따라서 주목되는 인물에게 '보이는' 사물보다 그 인물의 시야 밖에 있는 이야기 속 사물에 대해서 이해자의 접근 가능성이 떨어진다. 가상으로 가려진 물건에 대한 이해자의 반응 시간은 주목되는 인물의 시각에서 볼 수 있는 물건에 대한 반응 시간보다 느리다(Horton and Rapp, 2003).

이해자들은 또한 등장인물의 감정 상태를 모델링하고 이를 사용하여 등장인물이 이야기 속의 사건에 어떻게 반응할지에 대한 추론을 이끌어 낸다(Gernsbacher et al., 1992, 1998; Gernsbacher and Robertson, 1992).[6] 따라서 만약 당신이 어떤 사람이 주 정부의 테니스 시합에서 승리하는 이야기를 읽고 있다면, 그 인물이 나중에 슬퍼한다고 기술되는 경우 이에 대해 놀라고 반응이 더 느려질 것이다.

이해자들은 등장인물의 성격적 측면도 모델링한다. 이 정보는 등장인물이 언급될 때 접근 가능해지고, 추론의 기반이 될 수도 있다. 다음의 Carol이라는 등장인물에 관한 이야기의 예시를 살펴보자(Peracchi and O'Brien, 2004, p. 1046; Rapp et al., 2001).

맥락 버전 1:

Carrol은 성격이 급하고 생각 없이 행동하는 경향을 가진 것으로 유명했다. 그녀는 자신의 행동이 가져올 결과에 대해 전혀 생각하지 않았기 때문에 종종 부정적인 파급효과에 시달렸다.

맥락 버전 2:

Carrol은 어떤 갈등이라도 평화롭게 해결해 내는 능력으로 유명했다. 그녀는 자신의 문제를 물리적 폭력으로 해결하는 것은 생각조차 하지 않는다.

이어지는 내용:

Carrol은 서빙하는 일이 지긋지긋했다. 고객들은 무례했고, 요리사는 말도 안 되는 요구를 했고, 매니저는 그날 바로 그녀에게 추파를 던졌다. 그녀의 테이블 중 한 곳에서 무례한 남자가 그녀가 방금 제공한 스파게티가 차갑다고 불평했을 때 그녀는 마지막 한계에 다다랐다. 남자가 점점 더 크게 소리치고 더 악의적으로 행동하자, 그녀는 자신이 통제력을 잃고 있다는 것을 느꼈다. 그녀는 결과를 생각하지 않고 스파게티 접시를 집어 무례한 남자의 머리 위로 들어 올렸다.

목표 단어: dump(버리다)

Peracchi와 O'Brien의 실험에서 이해자들은 이어지는 내용을 읽기 전에 맥락 버전 1 또는 2 중 하나를 읽었다. 이어지는 내용에서는 레스토랑에서의 힘들었던 하루를 묘사하였고, 이해자가 주목되는 등장인물의 성격에 대한 정보를 표상하는지, 그리고 해당 정보를 사용하여 이야기가 어떻게 될지를 예측하는지를 확인하고자 했다. 맥락에서 캐롤이 화를 잘 낸다고 설명했을 때(맥락 1), 독자는 '그녀는 스파게티 접시를 집어 무례한 남자의 머리 위로 들어 올렸다.'라는 문장 뒤에 제시된 목표 단어 dump(버리다)에 더 빠르게 반응했다. 그러나 맥락에서 그녀가 평온하고 평화로운 성격으로 설명되었을 때(맥락 2)는 목표 단어에 대해 통제 조건보다 빠르게 반응하지 않았다. 따라서 이해자들은 등장인물들의 성격 특징을 모델링하고, 텍스트에서 등장인물이 언급될 때 이러한 모델을 활성화하며, 모델링된 성격 특징을 활용하여 이야기의 상황이 어떻게 전개될지 예측하는 것으로 보인다.

동기

이해자들이 서사 텍스트의 표상을 구성하는 또 다른 방법은 등장인물(주인공)의 목표를 추적하는 것이다(Egidi and Gerrig, 2006 ; Singer and Halldorson, 1996 ; Singer et al., 1992 ; Singer and Richards, 2005 ; Suh and Trabasso, 1993 ; Trabasso and Suh, 1993 ; Trabasso et al., 1989). 서사는 복잡한 목표 구조를 가지는 경우가 많으므로, 이해자가 서사를 처리함에 따라 등장인물의 목표에 대한 정보의 접근성이 증가하거나 감소한다. 그리고 때로는 목표가 다른 목표 내에 중복되어 있다.

목표 추론에 관한 Soyoung Suh와 Tom Trabasso의 독창적인 연구에서 그들은 복잡한 목표 구조를 가진 이야기를 사람들에게 제시했다. 예를 들어, Jimmy라는 등장인물은 새 자전거를 원했고(첫 번째 언급된 상위 목표), 그래서 일자리를 구하려고 했다(두 번째 언급된 하위 목표). 절반의 그룹에서는 (목표 성공 조건) 하위 목표가 언급되기 전에 상위 목표가 만족된 것으로 설명되었다(Jimmy의 어머니가 자전거를 사 주기로 동의). 나머지 절반의 경우, 하위 목표가 언급되기 전에 상위 목표가 좌절되었다(Jimmy의 어머니가 자전거를 사 주기로 동의하지 않음). 상위 목표가 좌절되더라도 아마도

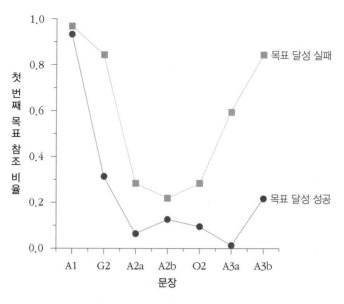

[그림 5.5] 목표 실패와 목표 성공

출처: Suh and Trabasso (1993), with permission of Elsevier

Jimmy는 여전히 그 목표를 갖고 있을 것이다. 그러한 조건에서는 상위 목표가 이야기에 대한 이해자의 정신 표상에서 더 활동적으로 남아있게 된다. 이는 사람들이 이야기를 읽는 동안 소리 내어 말하도록 요청받을 때, 목표 실패 조건에서 상위 목표를 더 많이 언급한다는 사실에서 입증된다([그림 5.5], '목표 실패' 조건 참조). 목표가 성공하면(Jimmy의 어머니가 자전거를 사 주기로 한다면), 해당 상위 목표는 이해자들의 이야기 표상에서 덜 활성화된다([그림 5.5], '목표 성공' 조건 참조). 이러한 활성화 차이는 목표 실패와 목표 성공 조건 간의 목표와 관련된 대상 단어에 대한 반응 시간의 차이에도 반영된다. 피험자는 목표 성공 조건(주인공이 이미 목표를 달성했고 이제 다른 목표에 의해 동기가 부여되는 조건)보다 목표 실패 조건(주인공이 여전히 목표를 추구하는 조건)에서 상위 목표와 관련된 대상 단어에 더 빠르게 반응한다.

이해자들이 서사에서 목표를 추적하는 능력은 실제로 매우 정교하다. 그들은 여러 등장인물의 여러 목표를 추적할 수 있고, 등장인물이 서사에서 현저하거나(눈에 띄거나), 우위를 점하거나 중심이 되는 정도까지 추적할 수 있기 때문이다. 또한 이해자들은 서로 다른 등장인물의 목표가 충돌할 때를 인식할 수도 있다(Magliano et al., 2005 ; Richards and Singer, 2001).

담화의 코드화 및 기억에서의 인과관계, 응결성 그리고 응집성

인과관계의 모델링은 EIM의 중요한 측면이기도 하지만, 더 일반적으로 담화 처리, 해석 및 기억에서 핵심 문제이기도 하다. 보다 구체적으로 말하자면, 명제들 사이의 인과관계는 서사의 서로 다른 부분을 하나로 묶는 접착제이다. 구성−통합 이론을 검토하면서 논항 중복의 개념이 도입되었음을 상기해 보자. 논항 중복은 인접한 두 텍스트 조각에 동일한 개체, 문자 또는 개념을 지시하는 정보가 포함되어 있을 때 발생한다. 이런 경우, 이 중복된 정보를 기반으로 두 명제가 서로 연결될 수 있다. 이러한 종류의 텍스트 연결을 응결성(cohesion)이라고도 한다, 즉, 응결성이란 세상에 존재하는 동일한 대상을 지시하는 공통 요소를 가짐으로써 텍스트의 서로 다른 부분이 연결되는 것이다. 응결성은 텍스트 응집성(coherence)에 기여 할 수 있는 요소 중 하나이다. 응집성이란, 텍스트의 서로 다른 부분이 어떤 방식으로든 함께 잘 어울린다는 개념이다. 응결성은 확장된(이어지는) 담화의 정신 표상에서 중요한 요소이지만, 일부 연구자들은 구성-통합 이론이 명제를 묶어주는 주요 요소로 응결성에 초점을 맞춘 것은 잘못이라고 생각한다. 그들은 논항 중복 외에도 명제들을 묶을 수 있는 다른 요소가 있으며, 높은 응결성을 가진 텍스트가 항상 높은 응집성을 가지는 것은 아니라고 지적한다. 예를 들어, 다음 단락을 살펴보자.

언덕 위에 있는 도시에서의 화창한 날이었다. 언덕은 계곡보다 높다. 중앙 계곡에는 여러 흥미로운 박물관이 있다. 박물관에는 종종 고대 무기가 있다. 대량 살상 무기는 안전에 대한 위협이다. Linus의 안전 담요는 세탁이 필요하다.

사람들에게 이 단락이 응집적인지 판단하도록 요청하면, 대부분 응집적이지 않다고 말할 것이다. 논항 중복으로 인해 단락의 각 명제가 이전 명제에 연결될 수 있었음에도 불구하고 말이다. 구성-통합 이론에 따르면 이 단락은 응집성이 높은 것으로 평가되어야 하지만 명백히 그렇지 않다. 앞의 예시 단락에서 빠져 있는 것은 (어떤 종류이건) 인과 구조이다. 인접한 문장은 동일 개념을 지시하지만, 한 문장이 다른 문장 뒤에 와야 하는 다른 이유가 없다.

따라서 일부 연구자들은 담화의 응집성과 이해의 중요한 요소는 이야기의 인과 구조를 발견하는 것이라고 제안했다(Fletcher, 1986 ; Fletcher and Bloom, 1988 ; Fletcher et al., 1990 ; Trabasso and van den Broek, 1985 ; Trabasso et al., 1989 ; Van den Broek and Trabasso, 1986). 독자들은 논항 중복을 찾기보다는 다음 두 가지 기준에 따라 서사의 진술들을 분석한다.

1. 이 진술이 이야기에서 나중에 발생하는 사건의 원인인가?
2. 이 진술이 이야기에서 이전에 발생한 사건의 결과인가?

무엇이 원인인지를 판단하기 위해 이해자는 상황에서의 필요성(necessity in the circumstances) 휴리스틱을 적용한다(철학자 Hegel의 인과 분석을 기반으로 함). 상황에서의 필요성 휴리스틱은 '이야기의 상황에서, 만약 A가 발생하지 않았다면 B가 발생하지 않았을 것이고, 만약 A가 B를 발생시키기에 충분하다면, A는 B의 원인이다.'라고 말한다. 다음의 예를 살펴보자(Keenan et al., 1984에서 발췌).

Timmy의 형은 그를 계속해서 때렸다. 다음 날 Timmy의 몸은 온통 멍이 들어 있었다.

사건 A(Timmy 형의 폭행)는 사건 B(다음 날 Timmy가 많은 멍을 가지게 된 것)의 원인으로 간주된다. 왜냐하면 이 이야기의 맥락에서는 폭행이 그 자체로 멍이 생기도록 하는 데 충분하기 때문이다(충분). 그리고 다른 명명된 원인이 없는 한 사건 B가 발생하려면 사건 A가 필요하다(폭행이 없으면 멍도 없음).

사람들은 이야기를 읽거나 들을 때 인접한 텍스트 단위(문장, 단락 또는 에피소드)가 공통 논항을 가지는 것에 그다지 관심을 두지 않는다(물론 인과적으로 연결된 요소는 자주 공통 논항을 가지기는 함. 예: 앞의 이야기에서 'Timmy'). 이해자들에게 중요한 것은 왜 사건들이 주어진 순서대로 서로를 뒤따르는지를 파악하는 것이며, 사건 B가 사건 A를 뒤따르는 이야기에서 인과관계를 발견함으로써 왜 그런지에 관한 질문에 답한다.

텍스트의 정신적 처리에서 인과 구조의 중요성은 다양한 방법으로 입증될 수 있다. 첫째, 텍스트의 명제 구조는 인과관계의 네트워크로 설명될 수 있다. 이야기의 일부 명제들은 이야기의 첫 번째 명제(옛날 옛적에⋯)에서 마지막 명제(⋯ 그리고 그들은 행복하게 살았습니다)로 이어지는 중심 인과 사슬에 속할 것이다. 다른 명제는 인과관계의 막다른 길에 해당하거나 부차적인 줄거리에 속할 것이다. '신데렐라'에서는 그녀가 무도회에 가고 싶어 하고, 대모 요정이 등장하고, 유리 구두를 분실하고, 잘생긴 왕자와 결혼하는 것이 중심 인과 사슬에 속한다. 많은 버전의 '신데렐라' 이야기들은 신데렐라가 결혼한 후에 사악한 새엄마와 언니들에게 무슨 일이 일어나는지 굳이 언급하지 않는다. 이러한 사건들은 중심 인과 사슬에서 벗어나 있으며, 어떻게 해결되든 중심 인과 사슬에는 영향을 미치지 않는다. 그 결과, 중심이 아닌 사건들이 이야기에 명시적으로 포함되는 경우, 중심 인과적 요소들보다 기억에 남지 않는다(Fletcher, 1986; Fletcher and Bloom, 1988; Fletcher et al., 1990).

둘째, 이야기에서 명제 간의 인과관계는 처리 주기 사이에 정보를 활성 상태로 유지하는데도 기반을 제공한다. 리딩-엣지 전략(leading-edge strategy)(Kintsch, 1988, 1994)에 따르면 이해자들은 논항 중복을 기반으로 명제를 서로 연결한다. 따라서 작업기억에 유지할 명제를 선택할 때는 가장 최근에 접한 명제를 선택한다. 그러나 다른 설명은 인과관계의 중요성을 강조한다(예: Fletcher, 1986). 현재-상태 전략(current-state strategy)에 따르면 담화 처리 시스템은 선행사건이 있지만 결과가 없는 최근에 마주친 명제를 찾는다. 선행사건은 문제 명제를 야기하는 이야기의 이전 사건이다. 즉, Timmy의 짧은 이야기에서 폭행은 멍이 드는 것의 선행사건이고, 멍이 드는 것은 폭행의 결과이다. Timmy의 짧은 이야기에서 'Timmy의 몸은 온통 멍이 들어 있었다.'는 가장 최근의 명제이자 인과 사슬의 끝이다. 따라서 리딩-엣지 전략과 현재-상태 전략 모두 Timmy 이야기가 처리되는 동안 이 명제가 작업기억에 남아 있을 것으로 예측한다.

더 길고 복잡한 서사 텍스트에서는 가장 최근에 마주친 명제가 반드시 인과 사슬의 끝에 있는 것은 아니다. 따라서 이야기의 마지막 절 또는 문장이 이전 텍스트에서 선행사건은 있지만 결과 사건은 없다는 기준을 충족하는지를 실험적으로 조작하는 것이 가능하다. 리딩-엣지 전략에 따르면, 새로운 명제가 가장 최근에 마주친 명제와 논항을 공유하는 한, 이것은 문제가 되지 않는다. 그러나 현재-상태 전략에 따르면 가장 최근에 마주친 명제가 앞으로 입력되는 새로운 명제에 대한 원인을 제공하지 않는 경우 처리 시간이 증가해야 한다. 확장된 서사 텍스트가 인과 구조를 위해 분석되고, 인과 구조와 논항 중복이 텍스트의 서로 다른 부분들을 처리하고 해석하는 데 걸리는 시간을 예측하는 데 사용된다고 할 때, 현재-상태 전략이 텍스트의 다양한 부분을 읽는 데 걸리는 시간을 더 잘 예측한다. 즉, 논항의 중복보다는 인과 구조가 사람들이 서로 다른 서사 텍스트를 통합하는 데 걸리는 시간에 더 큰 영향을 미치는 것으로 보인다.

이해자가 연합적 연결에 기반하여 문장들을 연결한다는 리딩-엣지 전략에 반하는 추가적인 증거는 Wolfe와 그의 동료들이 진행한 읽기 시간 및 기억 연구에서 확보되었다(Wolfe et al., 2005). 그들은 문장이 명확한 인과관계를 공유하지 않는 경우에만 문장 사이의 의미적(연합적) 연관 관계가 처리 시간과 기억에 영향을 미친다는 것을 보였다. 현재-상태 전략은 사람들이 계속되는 이야기를 어떻게 선택할지 예측하는 것에서도 리딩-엣지 전략보다 더 효과적이다(Van den Broek et al., 2000). 인과 사슬의 끝에 있는 더 멀리 있는 명제와 그렇지 않은 더 최근에 입력된 명제 사이에서 선택을 할 때 화자는 더 멀지만, 더 인과적으로 중심이 되는 명제를 기반으로 하여 이야기를 이어간다.

서사의 인과 구조는 사람들이 다음에 입력되는 텍스트를 처리하는 데 걸리는 시간에도 영향을 미치는데, 이것은 아마도 텍스트의 인접한 요소들을 통합하는 것이 얼마나 용이한지에 인과 구조가 영향을 미치기 때문일 것이다. 이 요인은 바로 다음에 입력되는 텍스트를 처리하는 데 걸리는 시간뿐만 아니라 두 텍스트 조각이 어떻게 결합 되는지를 기억하는 것에도 영향을 준다. 이는 텍스트의 인접한 요소가 얼마나 인과적으로 관련되어 있는지 체계적으로 변화시켜 가는 실험에서 입증되었다. 예를 들어, 다시 Timmy의 짧은 이야기를 생각해 보자(Keenan et al., 1984; Duffy et al., 1990; Myers et al., 1987).

Timmy의 형은 그를 계속해서 때렸다. 다음 날 Timmy의 몸은 온통 멍이 들어 있었다. (높은 응집성)

이 두 문장은 강력한 인과관계를 맺고 있기에 매우 응집적이다. Timmy가 맞았기 때문에 멍이 든 것이다. 첫 번째 명제를 대체하여 이 관계를 조작할 수 있다. 예를 들어,

Timmy는 자전거를 탔다. 다음 날 그의 몸은 온통 멍이 들어 있었다. (중간 응집성)

이 두 사건은 이전 버전처럼 긴밀한 인과관계를 맺고 있지는 않지만, 이들을 연결하는 것은 그리 어렵지 않다. 자전거를 타는 것 자체만으로 멍이 들지는 않는다. 따라서 두 문장은 (앞에서 언급한 Hegel이 정의한 대로) 첫 번째 문장이 두 번째 문장의 원인을 제공하는 버전만큼 쉽게 통합될 수 없다. 대부분은 이 두 번째 버전을 읽을 때 'Timmy가 자전거에서 떨어졌다.'와 같은 그럴듯한 연결(교량적) 사건을 추론한다. 자전거에서 떨어진 것은 자전거를 타는 것의 합리적인 결과이며 멍이 드는 것에 대한 합당한 원인을 제공한다. 따라서 이 두 번째 이야기를 읽는 데에는 더 오랜 시간이 걸리지만(교량 추론을 하는 데 시간이 필요함), 이해자는 언급되지 않은 세 번째 사건의 존재를 추론함으로써 명시적으로 언급된 두 가지 사건의 통합적 표상을 구축할 수 있다. 이제 Timmy 이야기의 세 번째 버전을 고려해 보자.

Timmy는 이웃집에 놀러 갔다. 다음 날 그의 몸은 온통 멍이 들어 있었다. (낮은 응집성)

이 버전에서는 두 사건이 어떻게 연관되는지 파악하기가 더 어렵고, 교량 추론을 위한 명확한 경로가 없다. 두 문장을 연결할 수 있는 사건은 많지만, 그중 어떤 것도 가능성이 크거나 그럴듯해 보

이지 않는다. 태클을 하는 미식축구를 했을까? 이웃과 싸웠을까? 보호 패드도 없이 태권도를 연습했을까? 교통사고가 났을까? 응집성이 낮은 버전에서는 이해자가 두 사건을 연관시킬 수 있는 그 럴듯한 방법을 찾는 데 오랜 시간이 걸릴 것이며, 추론의 정확성에 대한 신뢰도가 낮을 가능성이 크며, 결국 연결을 위한 추론을 하는 데 실패할 수 있다.

실제로 참가자들에게 각 쌍의 두 번째 문장(다음 날 그의 몸은 온통 멍이 들어 있었다)을 읽으라고 요청하면, 읽기 시간은 인과관계의 선형적 직선 함수로 나타난다. 목표 문장에 대한 읽기 시간은 응집성이 높은 버전에서 가장 빠르고, 응집성이 중간인 버전에서는 느리며, 응집성이 낮은 버전에서는 가장 느리다(Keenan et al., 1984). 이러한 읽기 시간의 차이는 추론 과정을 반영할 가능성이 크다. 높은 응집성 버전에서는 추론이 필요하지 않으며, 중간 응집성 버전에서는 명백한 추론이 가능하며, 낮은 응집성 버전에서는 명백하지 않은 많은 추론 중 하나를 생각하는 데 오랜 시간이 걸린다(또한 최종적으로 상황 모델에 포함할 추론을 선택하는 데 추가 시간이 필요할 수도 있다).

응집성은 처리 시간에 직접적인 영향을 미치지만, 기억에는 비교적 덜 직접적인 영향을 미친다. 첫 번째 문장이 참가자에게 인출 단서로 주어지고, 그들의 과제가 목표 문장(다음 날 그의 몸은 온통 멍이 들어 있었다)을 기억하는 것이라면, 응집성이 높은 버전이 아니라 중간 정도인 버전에서 더 회상이 잘 된다. 높은 응집성, 중간 응집성, 낮은 응집성이라는 세 가지 조건에서 기억 수행도는 거꾸로 된 U자 모양의 패턴을 만든다. 즉, 이야기의 응집성이 높은 버전과 낮은 버전 모두 응집성이 중간인 버전보다 회상 수준이 낮다.

두 가지 요소가 기억 수행도를 결정하는 데 작용할 수 있다. 첫째, 이해자는 응집성이 낮은 버전에서는 통합된 담화 표상을 전혀 구축하지 못할 수 있다. 즉, 실시간 해석 처리 과정에서 두 사건 사이의 응집성을 발견하지 못하고, 따라서 두 사건을 모두 장기기억 장치에 저장한다면, 이 사건들은 독립적인 사건으로 저장된다. 장기기억에서 사건 간의 연결이 거의 또는 전혀 없으므로 과제에서 하나의 사건을 활성화해도 다른 사건의 활성화 증가를 이끌지 않는다.

높은 응집성 조건과 중간 응집성 조건 간의 회상 수행도 차이는 처리 깊이(depth of processing)의 함수일 가능성이 크다. 처리의 깊이는 우리가 자극을 처리하기 위해 더 많은 정신적 노력을 쏟을수록 해당 자극에 대한 정신 표상과 기억이 더 강해진다는 것이다(Craik and Tulving, 1975). 아이러니하게도 응집성이 높은 문장 쌍은 코드화하는 데 큰 노력이 필요하지 않기 때문에 기억에 큰 인상을 남기지 않는다. 반면에, 중간 정도로 응집적인 쌍은 교량 추론의 형성에 있어 약간 더 큰 노력이 필요하다. 하지만 두 문장을 연결하는 데 추가적인 시간과 노력이 필요하다는 것, 그리고 두 문장을 연결하기 위해 보다 능동적인 처리를 하게 되는 것이 모두 더욱 강력한 통합 표상에 기여하고, 이에 따라 기억 수행도가 가장 높아진다.

실제로, 명시적으로 언급된 정보에 대해서 정신적으로 정교화할 것을 요청하면, 사람들은 높은 응집성 문장 쌍에 대해서도 더 능동적인 처리를 할 수 있다. Susan Duffy와 동료들의 실험에서, 그들은 두 주요 문장 '사이에 들어갈 수 있는' 문장을 쓰도록 지시하였고, 일부 연구 대상자들이 모든 문장 쌍에 대해 정교화했다는 것을 확인했다(Duffy et al., 1990, p. 30). 다른 대상자들은 이전 연구들과 마찬가지로 문장을 읽기만 했다. 문장 쌍을 읽고 정교화를 한 참가자들은 원래 문장 쌍의 응집성(고, 중, 저)과 상관없이 모든 목표 문장을 동일하게 잘 기억했다. 더 나아가, 정교화 조건에서는 참가자들이 문장을 읽은 후 24시간 후에도 즉시 테스트한 경우와 비슷하게 회상을 잘했다. 이 연구는 이해자가 텍스트에 접근하는 방식이 나중에 그들이 해당 내용을 얼마나 잘 기억할 수 있는지에 큰 영향을 미친다는 것을 보여 준다. 정교화와 같은 '더 깊은' 코드화 전략을 사용하면 기억은 훨씬 더 강해지고, 훨씬 오래 지속되며, 이는 응집성이 너무 높거나 낮아서 강한 기억 흔적을 남길 수 없는 텍스트의 자질을 극복할 수 있게 해 준다.

담화 처리에서 일반적인 세계 지식의 역할

담화의 처리 및 해석에 대한 모든 적용 가능한 모델들은 텍스트의 응집적인 표상 구성에서 일반적인 세계 지식이 수행하는 역할을 강조한다. 이러한 지식은 어떤 형태로 존재하며, 텍스트가 처리되는 동안 어떻게 적용되는가? 일반적인 세계 지식은 적어도 세 가지 다른 방식으로 담화 처리에 영향을 미칠 수 있다.

첫째, 우리는 이야기가 구성되는 전형적인 방식에 대한 지식을 가지고 있으며, 이러한 기대는 텍스트를 처리하고 기억하는 방식에 영향을 미친다. 둘째, 일반적인 세계 지식은 텍스트 표상이 응집적으로 유지되도록 하기 위한 추론을 수행하는 데 필요한 정보를 제공한다. 셋째, 일반적인 세계 지식은 텍스트가 무엇에 관한 것인지를 표상하기 위해 구축하는 상황 모델의 형식과 내용에 영향을 미친다. 그럼, 각 아이디어를 하나씩 살펴보도록 하자.

첫째, 우리는 이야기하는 원숭이이므로 지금까지 이야기에 매우 많이 노출되어 왔다. 그러나 서로 다른 문화에서는 서로 다른 방식으로 이야기를 구성하기 때문에, 서사에서 어떤 종류의 사건이 발생할지, 그리고 그 사건이 어떻게 표현될 것인지에 대한 우리의 기대는 문화에 크게 의존한다. 예를 들어, Frederic Bartlett 경(1932/1995)은 텍스트에 대한 기억이 이해자가 이야기를 듣거나 읽을 때 해당 과제에 활용하는 기대와 지식에 달려 있다는 것을 보여 주었기 때문에 여전히 심리언어학에서 널리 인용되고 있다. 그의 획기적인 연구에서 Bartlett은 사람들에게 다음과 같은 이야기 '유령들의 전쟁(War of the Ghosts)'을 읽게 한 다음 다양한 회상 과제를 수행하도록 했다.

어느 날 밤, Egulac 출신의 두 젊은 남자가 강으로 바다표범 사냥을 하러 내려갔다. 그들이 그곳에 있을 때 안개가 짙어지고 평온해졌다. 그런 다음 전쟁의 함성을 들었고, 그들은 생각했다.

'아마도 이것은 전쟁일지도 모른다.' 그들은 해변으로 도망가서 통나무 뒤에 숨었다. 카누들이 다가왔고, 그들은 노를 젓는 소리를 들었으며, 하나의 카누가 그들에게 다가오는 것을 보았다.

카누에는 다섯 명의 남자가 타고 있었으며 그들은 말했다.

"우리는 여러분과 함께 가고 싶은데, 어떻게 생각하시나요? 우리는 강을 거슬러 올라가서 그쪽 사람들과 전쟁을 하려고 합니다."

한 젊은 남자가 말했다. "나는 화살이 없어요."

"카누 안에 화살이 있습니다." 그들이 말했다.

"나는 가지 않을 거예요. 나는 죽을 수도 있어요. 나의 친척들은 내가 어디로 가는지도 모르고 있어요. 그러나 너는" 그가 다른 쪽을 보며 말했다. "그들과 함께 가도 돼."

그래서 한 젊은 남자는 그들과 함께 갔고, 다른 한 명은 집으로 돌아갔다.

전사들은 Kalama 반대편에 있는 마을까지 강을 따라 계속해서 올라갔다. 마을 사람들은 물가로 내려와 싸우기 시작했고, 많은 사람이 죽었다. 그러나 곧이어 젊은 남자가 전사 중 한 명이 말하는 것을 들었다. "서둘러, 집에 가자. 그 인디언이 맞았어(hit)."

그때 그는 생각했다. "아, 그들은 유령이구나."

그는 아프지 않았는데, 그들은 그가 총에 맞았다고 말했다.

그래서 카누는 Egulac으로 돌아갔고 젊은 남자는 물가로 가서 집에서 불을 피우기 시작했다. 그리고 그는 모두에게 말했다. "보라, 나는 유령들과 동행했고, 우리는 싸우러 갔다. 우리 동료 중 많은 사람이 죽었고, 우리를 공격한 많은 사람이 죽었다. 그들은 내가 총에 맞았다고 말했지만, 나는 아프지 않았다."

그는 모든 것을 말했고, 그런 다음 조용해졌다. 해가 떠올랐을 때 그는 쓰러졌다. 그의 입에서 무엇인가 검은 것이 나왔다. 그의 얼굴이 일그러졌다. 사람들은 펄쩍 뛰었고 울었다.

그는 죽었다.

(Bartlett, 1932/1995)

한 가지 과제는 한 그룹의 사람이 이야기를 기억하여 그룹의 다른 사람에게 말하면, 그 사람이 세 번째 사람에게 그 이야기를 전달하는 방식으로 진행되었다. 실험의 핵심은 이야기의 최종 버전이 원작과 얼마나 가까운지 알아내는 것이었다. Bartlett은 그의 피험자들이 이야기를 다시 전할 때, '인물의 생각, 동기, 의도 및 감정에 대한 진술을 추가함'으로써(Johnston, 2001, p. 355) 일관되게 이야기를 변경하는 것을 발견했다.

이야기 구조에 대한 사람들의 기대를 어기면 이야기의 축어적 형태와 의미 요소를 기억하는 능력에 영향을 미칠 뿐만 아니라, 텍스트를 처리하고 해석하는 어려움에도 영향을 미친다. 이야기 구성 요소가 정상적인 위치에서 이탈하면, 이탈한 구성 요소가 있었던 곳과 삽입된 새로운 위치에서 모두 읽기 시간이 느려진다(Mandler and Goodman, 1982).

Mandler와 Johnson(1977)은 이야기 내용을 표상하기 위한 인공 지능적 접근 방식을 개발했다. 그들은 구와 문장이 내부 구조를 가지고 있는 것과 마찬가지로 이야기도 내부 구조를 가지고 있다고 추론했다. 이해자는 새로운 이야기를 접할 때 전형적인 이야기 구성 요소와 그 관계에 대한 지식을 활용하여 새로운 이야기의 정보를 코드화한다. 서양의 이야기에서 우리는 이야기가 등장인물과 배경에 대한 설명으로 시작할 것을 기대한다. 더 나아가, 우리는 가장 오래된 것부터 가장 최근 것으로 시간적 순서로 진행되는 일련의 에피소드를 접할 것으로 기대하며, 인과 구조 덕분에 에피소드가 응집성을 가지고 있기를 기대한다. 즉, 이야기 초반에 발생한 사건으로 인해 이후의 에피소드가 직간접적으로 야기될 것으로 기대한다.[8]

이야기에 대한 기억은 전형적인 이야기 구조를 중심으로 편향될 것이다. 실제로 이야기가 전형적인 스타일을 따를 때는 이러한 편향이 실제 이야기와 사람들의 이야기에 대한 기억 사이에 큰 차이를 초래하지 않는다. 그러나 '유령들의 전쟁'처럼 이야기가 (해당 문화에서) 일반적인 형식과 매우 다른 경우, 이야기를 기억하는 방식은 실제 텍스트가 지시하는 것과 매우 다를 것이다. 왜냐하면 사람들은 '유령들의 전쟁'과 같이 전형적인 서술 형식을 따르지 않는 이야기를 읽을 때, 텍스트 자체에 전형적인 서술 구조를 부여함으로써 인과관계를 찾고, 텍스트에서 명시적으로 언급되지 않은 경우에도 등장인물의 특정 동기를 추론하기 때문이다.

이야기 문법은 도식의 한 종류이다. 도식은 특정 영역(이 경우 이야기 형식)과 관련된 구조화된, 기존 지식의 총합이다. 그러나 다른 도식도 담화 이해에서 중요한 역할을 한다. 이야기는 빈번하게 일반적인 경험을 언급하며, 화자와 작가는 이러한 일반 경험에 대한 지식을 가진 이해자에게 의존한다. 따라서 이해자는 텍스트 자체에 명시적으로 언급된 정보 조각들 사이에 존재하는 '간격을 채울 수' 있다. 따라서 이러한 지식 도식이 추론 생성에서 중요한 역할을 한다(Schank, 1972; Schank and Abelson, 1977). 예를 들어, 만약 우리가 레스토랑에 가는 에피소드를 읽는다면, 작가는 웨이터, 요리사, 테이블, 은식기류와 같이 일반적으로 나타나는 물건이나 인물을 언급하지는 않을 것이다. 이러한 물건들이 플롯을 앞으로 이동시키거나 등장인물들을 발전시키는 것이 아니라면 말이다. 실제로, 의사에게 가거나 식당에서 식사하는 것과 같은 일반적인 사건에 대한 구두 보고의 내용과 구성에는 개인마다 상당한 일관성이 있었다(Bower et al., 1979). 그 결과, 만약 당신이 아래의 내용을 읽는다면,

Susan and Bill went into the restaurant, sat down, and ordered lunch.
(Susan과 Bill은 음식점에 들어가서, 자리에 앉았고, 점심을 주문했다.)

레스토랑에 가는 도식에는 레스토랑에 앉을 의자가 있고 거기에서 점심을 포함하여 음식을 얻을 수 있다는 정보가 포함되어 있으므로, 이 내용을 잘 이해할 수 있다. 더 나아가 맥락에서 포크(fork)가 명시적으로 언급되지 않았더라도 다음 문장을 통합하는 데 큰 어려움을 겪지는 않을 것이다.

Susan dropped her fork. (Susan은 그녀의 포크를 떨어뜨렸다.)

그 이유는 레스토랑의 일반적인 사물과 사건에 대한 우리의 기존 지식 도식에 사람들이 레스토랑에 앉을 때 테이블에 앉고 테이블 위에 식기류가 있다는 정보가 포함되어 있기 때문이다. 도식에는 주어진 맥락에서 발생하는 전형적인 사건에 대한 지식도 포함된다. 그래서 우리는 다음의 내용을 읽어도 놀라지 않을 것이다.

They paid the check and left. (그들은 계산을 하고 나갔다.)

비록 이야기에서 Susan과 Bill이 식사를 마쳤고 웨이터가 그들에게 계산서를 가져왔다는 것을 명시적으로 언급하지 않았더라도 말이다. 이야기 속의 특정 레스토랑이 이해자의 레스토랑 스키마의 한 측면을 위반하는 경우, 이러한 내용은 작가에 의해 언급될 가능성이 크다(예: 이상하게도, 테이블 위에 식기류가 하나도 없었다).

마찬가지로, 스키마 지식은 이야기에서 흥미롭거나 특이한 일이 일어날 때 우리가 그것을 이해하는 데 도움을 준다. 따라서 레스토랑 이야기가 다음과 같이 이어진다면 이해자는 읽는 속도를 늦추고 더 많은 주의를 기울일 것이다.

When Susan bent down to pick up her fork, she saw a bomb ticking away under the next table. (Susan이 포크를 집으려고 몸을 굽혔을 때, 옆 테이블 아래에서 폭탄이 째깍거리는 것을 보았다.)

사람들이 이야기를 이해하는 동안 도식적 지식을 활용하지 않는다면, 작가는 기본적인 사실을 언급하는 데 많은 페이지를 소비해야 할 것이고, 이야기는 훨씬 덜 효율적일 것이며, 특이한 부분을 강조하는 것이 더 어려워질 것이다. 특이한 부분을 강조하는 것은 실제로 이야기를 하는 것의 핵심이며, 화자와 작가가 정말로 원하는 것은 새로운 정보를 전달하는 것이다.

세계 지식은 일반적으로 명제 혹은 사실 기반 방식으로 설명되지만, 이해자들은 담화를 이해할 때 그 이상의 것을 가져온다. 특히, 사람들은 사실적인 지식 저장소와는 별개인 도덕적, 윤리적 신념을 가지고 있다(물론 우리가 배우는 사실은 확실히 우리의 도덕적, 윤리적 판단에 영향을 미친다). 이 도덕적, 윤리적 신념은 텍스트를 해석하는 방식에도 영향을 미치며 이러한 영향은 사람들이 텍스트를 읽거나 들을 때 발생하는 뇌파 활동에서도 관찰될 수 있음이 밝혀졌다(Van Berkum, 2009; Van Berkum et al., 2008).

상황 모델 구축하기

일부 담화 처리 이론들은 텍스트가 지침(instructions)들의 집합으로 다루어질 수 있다는 견해를 채택한다. 이러한 지침들은 언어 처리 시스템에 상황 모델을 구축하는 방법을 알려 준다. 텍스트가 어떻게 처리되는지 이해하려면 이러한 지침들이 무엇인지, 그리고 해석자가 이러한 지침들을 사용하여 상황 모델을 구축하는 방법이 무엇인지 이해해야 한다.

구조-사상 및 초점 이론(structure-mapping and focus theory, Sanford and Garrod, 1981, 1998, 2008)에 따르면 텍스트는 지침들을 제공하는데, 이 지침들은 상황별 배경지식의 자동적 활성화를 유도하고, 해석자가 배경지식의 특정 부분에 주의를 집중하도록 유도한다. 이러한 설명의 놀라운 측면 중 하나는 문맥상 부적절한 정보가 텍스트의 축어적 형식에 포함되어 있지만 해당 정보가 관심의 초점에 있지 않았을 때, 독자는 텍스트에 이상한 점이 있다는 것을 종종 알아차리지 못한다는 것이다. 이 현상은 종종 모세의 착각(Moses illusion)이라고 불리는데, 그 이유는 다음과 같은 문장을 포함하는 연구를 통해 발견되었기 때문이다(Barton and Sanford, 1993; Bredart and Modolo, 1988; Erickson and Mattson, 1981; Hannon and Daneman, 2001; Van Oostendoorp and de Mul, 1990).

How many animals of each type did Moses take on the ark?

(종류별로 몇 마리의 동물을 모세가 방주에 태웠나요?)

성경에 나오는 '대홍수' 이야기를 잘 안다면 동물들을 배에 태운 사람은 모세가 아니라 노아였다는 사실을 알아차릴 것이다. 그러나 앞의 질문을 읽는 사람 중 상당수는 이상한 점을 알아차리지 못하고 계속해서 '두 마리'라고 대답한다.

더 긴 이야기에서도 비슷한 효과가 나타난다. Barton과 Sanford(1993)는 대규모 그룹의 사람들에게 다음과 같은 비행기 추락 사고에 관한 텍스트를 제시했다.

빈에서 바르셀로나로 가는 관광 항공편이 있었습니다. 여정의 마지막 부분에서 엔진 문제가 발생했습니다. 피레네 산맥 위 상공에서 조종사는 통제를 잃기 시작했습니다. 비행기는 결국 국경선 바로 위에 추락했습니다. 잔해는 프랑스와 스페인에 골고루 퍼져 있었습니다. 당국은 생존자를 어디에 묻을지 결정하려고 합니다.

문제의 해결책은 무엇일까요?

많은 피험자들이 다음과 같은 답을 작성했다.

그들은 고국에 묻혀야 한다.

물론 이런 대답을 쓴 피험자 중에는 문단의 마지막 문장에서 사망자 대신 생존자라는 단어를 사용했다는 점을 눈치채지 못한 사람들일 수 있다. 그러나 일부 사람들은 다음과 같은 답변을 썼다.

생존자들은 그들의 친척들이 원하는 곳에 묻혀야 한다.

이와 같은 결과는 피험자들이 비행기 추락 사고에 관한 이야기를 읽기 시작할 때 상황에 맞는 정보를 활성화하고(도식 이론과 일치; Schank, 1977; Schank and Abelson, 1977), 그 활성화된 배경지식을 활용하여 이후에 접하게 되는 텍스트에 대한 지시체를 할당한다는 것을 나타낸다. 생존자라는 단어를 마주하면 생존자의 저장된 어휘 의미가 도식적으로 제공되는 사망 개념의 의미와 반대임에도 불구하고 해당 단어를 사망자 또는 피해자 개념에 상응하는 활성화된 배경지식의 부분에 사상한다. 즉, 상황 모델이 어휘 수준의 표현을 압도했다는 것이다. 실제로, 이해자들은 단순히 어휘집을 그냥 지나치고 생존자라는 단어를 상황 모델의 이미 활성화된 부분에 직접 사상했을 수도 있다.

모세의 착각(Moses illusion)은 상황 모델이 개별 단어에 연결된 의미 정보를 무시할 수 있도록 하는 힘을 가지고 있음을 보여 준다. 그렇다면 이 과정은 언제 일어나며, 어휘 및 맥락 정보가 어떻게 상호작용하여 의미를 생성하는 것일까? '모세의 착각' 텍스트와 같이, 담화 정보가 즉각적으로 해석에 제약을 가한다는 상당한 증거가 있으며, 텍스트가 충분히 제약을 가하는 경우 개별 단어의 '일반적인' 의미는 활성화되지 않는 것으로 보인다(Camblin et al., 2007; Hess et al., 1995; Ledoux et al., 2006; Van Berkum et al., 2003). 보통 '땅콩이 사랑에 빠졌다.'라는 문장은 '땅콩이 소금에 절여졌다.'라는 문장보다 훨씬 느리게 읽히고, '사랑'에 대한 N400 효과가 '소금'보다 크게 나타날 것이다. 그러나 담화 맥락에서 땅콩을 생명을 가진, 지각이 있는 존재로 묘사하는 만화 시나리오를 소개하는 경우, N400 효과가 반대로 나타난다. 즉, 담화 맥락은 땅콩과 관련된 일반적인 특징을 무시하고 이를 상황별 특징으로 대체하도록 한다(Nieuwland and van Berkum, 2006).

물론 모세의 착각 연구에 참여한 일부 피험자들은 생존자를 매장하는 것과 같은 일이 이상하다는 점을 알아차렸고, 후속 연구에서는 적어도 두 가지 요인이 이해자가 모세의 착각을 경험할 가능성에 기여한다는 것을 보여 주었다. 첫째, 이상한 단어가 의미적 측면에서 의도한 단어와 공통된 측면을 공유하는 경우 모세의 착각을 경험할 가능성이 커진다. 예를 들어, 많은 사람들에게 모세와 노아는 그 의미가 매우 유사한 것으로 이해된다. 그들은 모두 나이가 많고, 남성이며, 수염이 있고, 진지한 구약성서의 인물이다. 예를 들어, 아담과 같은 보다 독특한 인물이 시나리오에 소개되면 모세의 착각 현상의 강도가 많이 감소한다(Van Oostendoorp and de Mul, 1990). 실시간 처리의 측면에서, 시선 추적 데이터에 따르면 사람들은 노아 시나리오에서 아담과 같이 뚜렷하게 이상한 침입자는 알아차렸지만, 모세와 같이 덜 뚜렷하게 이상한 침입자는 상황 모델 구축 과정의 초기에 어려움을 초래하지 않는 것으로 나타났다(Stewart et al., 2004).

모세의 착각을 줄이고 이해자들의 이상 현상 감지 가능성을 높이는 또 다른 방법은 언어적 단서를 사용하여 삽입된 항목에 주의를 집중시키는 것이다. 예를 들어, (16)과 같은 '분열 구문(cleft)'이나 (17)과 같은 'there 삽입 구문(insertions)'은 이를 수행하는 방법을 제공한다.

(16) It was Moses who took two of each kind of animal on the Ark.
  (방주에 동물을 종류별로 두 마리씩 태운 사람은 모세였습니다.)
(17) There was a guy called Moses who took two of each kind of animal on the Ark.
  (모세라는 사람이 있었는데, 그는 동물을 종류별로 두 마리씩 방주에 태웠습니다.)

이러한 종류의 문법적 단서를 사용하여 모세에게 주의가 집중되면, 피험자들은 그가 대홍수 시나리오에 적합하지 않다는 것을 알아차릴 가능성이 더 크며, 모세 착각을 경험할 가능성도 줄어든다.

초점 구성은 모델의 여러 부분에 할당된 활성화 정도를 조절하는 데 도움을 줌으로써 상황 모델 구성의 다른 측면에도 영향을 미친다. 구조-사상 및 초점 이론은 이야기의 등장인물이 모델의 토큰(모델 내에서의 정신적 자리 표시자)으로 표현되고, 이야기의 다른 정보가 이미 활성화된 토큰에 연결된다는 관점을 취한다. 토큰에 초점이 맞춰지면 해당 토큰에 정보를 연결하는 것이 더 쉽다. 예를 들어, 문장 (18)의 '시장(Mayor)' 토큰에 새로운 정보를 연결하는 것이 문장 (19)에서보다 더 쉬울 것이다(Birch and Garnsey, 1995, p. 289; Birch et al., 2000).

(18) It was the mayor who refused to answer a reporter's question.
  (보도자의 질문에 답하지 않은 것은 시장이었다.)
(19) The mayor refused to answer a reporter's question.
  (시장이 보도자의 질문에 답하지 않았다.)

'시장(mayor)'은 두 문장에서 모두 처음으로 나오는 인물이고, (19)에서는 눈에 잘 띄는 주어에 해당하는 통사적 위치에 있고 (18)의 주절에서는 눈에 덜 띄는 목적어 위치에 있음에도 불구하고,[11] it-분열문은 더 유표적인 구조이기 때문에(표준에서 벗어나고 빈도가 낮으며 표준과 구별되는 명시적인 단서를 가짐), (19) 이후보다 (18) 이후에 시장이라는 개념에 더 쉽게 접근할 수 있다. 이러한 두 문장의 정보 구조의 차이는 재인과 회상의 차이로 이어진다. 회상과 재인은 등장인물에 초점이 맞춰져 있을 때((18)의 시장)가 그렇지 않은 경우((19)의 시장)보다 더 좋다(Cutler and Fodor, 1979; Singer, 1976). 또한 사람들은 텍스트에서 초점이 맞춰지지 않은 부분보다 초점이 맞춰진 부분을 더 보는데(Zimmer and Engelkamp, 1981), 이는 초점이 맞춰진 개념을 코드화하기 위해 특별한 노력을 기울이고 있음을 시사한다(기초를 놓는 구조 구축 과정과도 일치). 탐사재인 실험에서도 사람들은 목표 단어가 초점이 없는 토큰보다 초점이 있는 토큰을 지시할 때 더 빠르게 반응한다(Birch et al., 2000; Birch and Garnsey, 1995). 이러한 모든 결과는 텍스트에서 초점이 맞춰진 부분이 이해자의 상황 모델에서 일반적인 수준보다 더 높은 활성화를 누린다는 것을 시사한다.

언어는 통사적 위치 외에 상황 모델에서 특정 부분의 활성화를 높이기 위해 이해자에게 신호를 보내는 다른 방법도 제공한다. 영어는 특정 개념이 미래에 언급될 것임을 이해자에게 알리는 신호인 '후방 조응사(cataphoras)'라고 불리는 단서를 가지고 있으며, 후방 조응사로 표시된 담화 요소는 더 많이 활성화되고, 상황 모델의 다른 요소에 의해서 활성화가 감소되는 것에 더 저항적이다(Gernsbacher and Jescheniak, 1995; Jescheniak, 2000). 예를 들어, 화자는 소리의 크기(말하는 강세)를 사용하여 일반적인 경우보다 더 많이 활성화되어야 하는 담화 부분을 표시할 수 있다. 음성 대화에서 명사의 소리 크기를 조작하면('Susan은 재떨이를 사야 했다.'에서 재떨이의 크기 조작), 사람들은 재떨이를 작은 소리로 들었을 때보다 큰 소리로 들었을 때 탐색 단어(재떨이)에 더 빨리 반응한다.

사람들은 부정관사 this를 사용하여 계속해서 이야기할 담화의 요소를 표시하기도 한다—심지어 어린이도 그렇다(Wright and Givon, 1987). 이 부정관사 this는 이해자의 상황 모델에서 개념 활성화에 대한 음성적 강조와 유사한 효과를 나타낸다. 개념이 this로 소개되면(예: Susan needed to buy this ashtray vs. Susan needed to buy an ashtray), 사람들은 그 개념이 더 일반적으로 사용되는 부정관사(a/an)로 소개되었을 때보다 탐색 단어 재떨이(ashtray)에 더 빨리 반응한다(Gernsbacher and Shroyer, 1989). 이에 더하여, 이러한 후방 조응 장치를 통해 개념이 소개되면, 다른 요소가 담화에 소개될 때 해당 개념이 비활성화되거나 억제되는 것을 방지한다. 일반적으로 화자가 새로운 주제를 소개하면, 이전에 접한 정보는 덜 활성화하거나 접근성이 떨어지게 된다. 따라서 'Susan이 재떨이를 보았다.' 다음에 '그리고 그녀는 보조 탁자를 찾았다.'가 뒤따르면, 일반적으로 담화에 탁자가 소개된 후 재떨이의 접근성이 감소할 것이다. 탐색 단어 '재떨이'에 대한 반응 시간은 이해자가 '보조 탁자'라는 단어를 처리한 후에는 점차 증가한다.[12] 그러나 '재떨이'에 구어 강세나 this가 표시되면, '보조 탁자'가 제시된 후에도 '재떨이'의 활성화 수준이 높게 유지되므로 탐색어 '재떨이'에 대한 반응 시간이 빠르게 유지된다.

추론: 기억 기반 담화 처리 이론–최소주의 vs. 구성주의 추론

기억 기반 텍스트 처리 이론들은 텍스트를 읽을 때 이해자들이 텍스트에 어떻게 반응하고, 장기적으로 텍스트를 어떻게 기억할 것인지를 예측하고 설명하기 위해 일반적인 기억 처리 장치에 호소한다. 일반적인 작업기억의 기능은 초두(primacy) 효과와 최신(recency) 효과를 유발한다(Deese and Kaufman, 1957). 사람들은 노출되는 자극의 종류와 관계없이, 자극 그룹의 시작 부분에서 접하는 정보를 나중에 접하는 정보보다 더 잘 기억하는 경향이 있다(초두 효과). 그리고 그들은 그룹의 끝부분에서 제시되는 정보를 중간에 있는 정보보다 더 잘 기억한다(최신 효과). 이와 유사한 효과가 담화 처리와 기억에서도 나타난다. 사람들은 텍스트에서 처음 나오는 등장인물을 나중에 나오는 등장인물보다 더 잘 기억한다(이것은 일종의 초두 효과일 수 있음). 그리고 텍스트를 처리한 직후에는 최근에 접한 텍스트의 부분이 이전에 발생한 텍스트 부분보다 더 잘 기억된다(최신 효과의 일종)(예: Gernsbacher et al., 1989).

기억–기반 접근법에 따르면 텍스트는 Doug Hintzman의 기억 처리에 대한 Minerva 계산 모델(Hintzman, 2001)[5]에서와 같이 공명(resonance) 과정을 통해 장기기억의 정보를 활성화한다. 공명은 텍스트가 전달하는 정보가 장기기억에 저장된 정보와 얼마나 일치하거나 관련되어 있는지에 따라 장기기억의 정보를 활성화한다. Gerrig와 McKoon(1998, p. 69)이 지적한 바와 같이 "특정 기억 정보가 환기되는 정도는 단기기억의 단서와 장기기억의 정보 사이 연관성의 강도에 따라 달라진다." 또한 지식 활성화는 자동으로 이루어지며 (우리는 이를 제어할 수 없음), 활성화 프로세스는 매우 단순하다. 그것은 관련성이나 흥미에 기반하여 정보를 선택하는 것이 아니라 그 순간에 처리되고 있는 텍스트의 조각과 어떤 종류이건 연관성이 있는 정보를 활성화할 뿐이다. Kintsch 등(1990, p. 136)이 언급한 바와 같이,

> 이해는 출력 시스템으로 시뮬레이션 되며, 그 규칙들은 다양한 수준에서 작동한다. 어떤 규칙은 텍스트에서 제공하는 언어 정보로부터 명제를 구축하고, 어떤 규칙은 거시명제를 생성하며, 어떤 규칙은 텍스트와 관련된 이해자의 장기기억에서 지식을 검색하여 정교화 및 추론을 위한 메커니즘의 역할을 한다. 이 모든 규칙은 하나의 일반적인 특성을 공유한다. 그들은 원하는 결과를 항상 달성하지는 못하는 약하고 '멍청한' 규칙이다. 구성되어야 할 내용 외에도 이러한 규칙은 중복되고 쓸모없으며 심지어 모순적인 자료를 생성한다.

담화 처리에 대한 기억 기반 접근 방식은 독자의 목표와 '의미 검색'이 텍스트의 정신 표상 구성에 더 적극적인 역할을 한다고 가정하는 다른 '하향식(top-down)' 접근 방식들과 대조된다(예:

---

5) 역자 주: Minerva 2는 인간 기억에 대한 시뮬레이션 모델로서, 다음과 같은 내용을 가정한다: (1) 에피소드의 흔적만 기억에 저장됨. (2) 반복이 항목에 대한 다층적인 흔적을 생성함. (3) 인출 단서가 모든 기억 흔적에 동시에 접속함. (4) 인출 단서와의 유사성에 따라 각 흔적이 활성화됨. (5) 모든 추적이 병렬로 응답하며, 검색된 정보는 합산된 출력을 반영함.

Singer et al., 1994).

빠르고 멍청한 지식 활성화 프로세스의 잠재적 이점 중 하나는 개념, 등장인물 또는 개체가 텍스트에서 명시적으로 언급되었을 때, 텍스트의 이전 부분과의 연관성을 통해 이미 활성화되고 접근성이 커져 있다는 것이다(Gerrig and McKoon, 1998). 이러한 준비 상태(readiness)의 개념은 관련 지식의 빠르고 자동적인 활성화가 명시적으로 언급된 정보가 어떤 내용을 지시하는지를 이해하는 작업을 단순화하여 담화 이해의 속도를 높일 것을 시사한다.

빠르고 멍청하며 연합적인 메커니즘은 독자가 주어진 텍스트에서 끌어낼 수 있는 추론의 수도 제한한다. 이해자가 텍스트 해석 프로세스에 가져오는 막대한 양의 지식을 고려할 때, 제한되지 않은 추론 프로세스는 엄청난 수의 추론으로 이어질 것이며, 그중 대부분은 저자의 의도나 텍스트를 읽는 이해자의 목표와 관련이 없다. 작업기억에서 활성화된 명제 세트와 가장 밀접하게 연관된 장기기억의 정보로만 활성화를 제한함으로써 무제한 추론에 수반되는 정보 과부하를 피할 수 있다. 더 나아가, 텍스트에서 명시적으로 제공된 정보는 장기기억의 연합된 정보를 활성화할 수 있는데, 이는 심지어 텍스트가 해당 정보를 직접적으로 지시하지 않더라도 가능하다(McKoon et al., 1996; Deese, 1959; Roediger and McDermott, 2000 참조).

기억—기반 접근법에서 정보는 작업기억 시스템의 현재 상태와 연관될 때 활성화되고, 텍스트를 통해 전달되는 새로운 정보로 새로 고쳐지지 않으면 정보가 쇠퇴하거나 활성화가 감소한다. 텍스트를 통해 명시적으로 전달된 정보는 장기기억의 정보와 이미 연합되어 있으므로 장기기억의 정보를 활성화할 수 있다(즉, 단어는 담화 처리 중에 어휘집으로부터 접근할 수 있는 일반적인 의미를 가진다). 그리고 텍스트 자체는 담화의 장기기억 표상의 일부로 저장되는 새로운 연합 관계가 설정될 수 있다.

후자 유형의 연합 관계에 대한 증거는 대용어 참조에 대한 실험에서 도출된다. 장면 1에서 Susan과 Jane이 세 번째 인물인 Ted에 대해 논의하는 이야기를 상상해 보자. 장면 2에서 Susan과 Jane이 다시 함께 등장하면 이는 Ted의 활성화 수준을 증가시키고 그에 대한 접근을 더 쉽게 만들 것이다(Gerrig and McKoon, 1998; McKoon et al., 1996). 결과적으로, 실험의 피험자들은 Ted라는 단어에 더 빨리 반응하고 대명사와 Ted 사이의 연관성을 더 잘 알아낼 수 있을 것이다. 세 번째 캐릭터의 이러한 재활성화는 심지어 텍스트가 해당 등장인물과 관련된 에피소드를 넌지시 암시만 할 때도 발생한다. 텍스트는 세 번째 인물을 명시적으로 언급할 필요가 없다. 따라서 이 이야기를 읽는 것은 이야기에서 간접적으로라도 상호작용한 인물들 사이에 형성된 새로운 연합 관계 세트를 장기기억에 만들어 낸다.

기억—기반 텍스트 처리와 기타 접근 방식들의 서로 다른 영역 중 하나는 추론 생성의 영역이다. 특히, 이해자가 텍스트를 해석하는 과정에서 자연스럽게 어떤 종류의 추론을 도출하는지에 대한 설명이 다르다. 기억—기반 입장에서는 실제로 텍스트를 해석하는 과정에서는 아주 적은 추론만이 도출되며, 이 추론들은 자동화된 정신적 처리 과정에 의해 구성된다고 말한다. 이러한 최소 추론 (minimal inference)의 개념은 두 가지 제한된 조건에서만 추론이 도출된다는 것을 의미한다. 첫째, 텍스트의 인접한 부분(예: 두 문장) 사이의 응집성을 확립하는 데 필요한 경우 추론이 도출된다. 둘째, 추론이 '빠르고 쉽게 이용할 수 있는' 정보에 기반을 둔다면, 해당 추론은 도출된다(McKoon and Ratcliff, 1992, p. 441). 따라서 Keenan 등(1984)의 'Timmy' 실험의 경우 인과 추론이 도출되는데, 두 문장의 정보가 응집적으로 하나로 통합되려면 이 추론이 필요하기 때문이다.[6] 그러나 다른 추론은 도출되지 않을 수 있다(일반적인 유형의 추론들에 대해서는 아래 상자를 참조하라). 예를 들어, '약한 꽃병이 선반에서 떨어졌다.'라는 글을 읽는 경우, 꽃병에 무슨 일이 일어났는지 텍스트에 명시적으로 언급되어 있지 않다면 아마도 꽃병이 깨졌다고 추론할 것이다. 마찬가지로, 만약 당신이 '그 여자가 커피를 저었다.'라는 문장을 읽는다면, 당신은 그녀가 (포크나 손가락 대신) 숟가락을 사용했다는 것을 추론할 수 있다. 최소 추론 가설에 따르면 이러한 추론 중 어느 것도 도출되지 않으므로, '약한 꽃병이 선반에서 떨어졌고 그 여자는 커피를 저었다.'를 읽을 때 인과 추론을 위한 '깨지다' 관련 정보와 도구 추론을 위한 '숟가락' 관련 정보는 활성화되지 않을 것이다. 그러나 당신은 교량 추론에 해당하는 'Timmy가 자전거에서 떨어졌다.'는 추론은 하게 되는데, 이는 두 문장을 하나로 연결하려면 해당 사건(또는 매우 유사한 사건)이 필요하기 때문이다.

많은 실험이 사람들이 이야기를 읽거나 들을 때 다양한 종류의 추론을 하는 정확한 시점을 테스트하고자 했다(Zwaan and Rapp, 2006). 일반적인 합의는 교량 추론은 일상적으로 도출되고, 정교화 추론은 거의 도출되지 않으며, 인과 및 도구 추론은 매우 제한된 상황에서만 도출된다는 것이다. 예를 들어, 도구가 담화에서 이전에 명시적으로 소개되었고, 문맥이 특정 도구 하나를 매우 강력하

글상자 ......

몇 가지 종류의 추론

■ 인과 추론

약한 꽃병이 선반에서 떨어졌다.

추론: 그것이 깨졌다.

■ 교량 추론

Timmy가 자전거를 타고 있었다. 그는 상처와 멍으로 뒤덮여서 집에 왔다.

추론: Timmy가 자전거에서 떨어졌다.

■ 도구 추론

그 여자가 커피를 저었다.

추론: 여자는 숟가락을 사용했다.

■ 정교화 추론

Dave는 게를 4파운드나 먹었다.

추론: Dave는 게를 좋아한다.

■ 목표 추론

Susan은 생일 파티를 위해 일찍 나갔다. 그녀는 가는 길에 쇼핑몰에 들렀다.

추론: 수잔은 선물을 사고 싶어 했다.

---

6) 역자 주: Timmy was riding his bicycle. The next day his body was covered in bruises(티미는 자전거를 탔다. 다음 날 그의 몸은 온통 멍이 들어 있었다)의 사례. p. 218 참조

게 선택하면 도구 추론이 빠르게 도출된다. 대부분 사람은 커피를 저을 때 거의 항상 숟가락으로 커피를 저어주기 때문에, 맥락이 매우 제약적이다. 최소 추론 가설에 따르면, 이해자가 당연히 도출할 것 같은 일부 추론의 도출을 피하는 것으로 보인다.

그러나 이것이 최소 추론 가설이 항상 올바른 예측을 한다는 것을 의미하지는 않는다. 예를 들어, 최소 추론 입장에 따르면 추론을 도출하는 데 필요한 정보가 쉽게 이용할 수 있거나, 해당 정보가 텍스트에서 인접한 요소 간의 응집력을 확립하는 데 필요한 경우(즉, 국지적 응집성을 확립하는 데 필요한 경우)에만 추론이 도출된다. 그러나 일부 증거에 따르면 텍스트가 국지적 응집성이 있을 때(인접한 각 요소가 이전 및 다음 요소와 명확한 관계가 있고), 그리고 추론에 필요한 정보가 표층 형태에서 멀리 떨어져 있어서 빠르고 쉽게 사용할 수 없을 때도 이해자가 추론을 한다는 것을 시사한다(Long et al., 1992; Singer, Graesser et al., 1994; Singer et al., 1992).

잠시 시간을 내어 다음 이야기를 읽어 보자(Singer et al., 1994, p. 432에 있는 Singer, 1993의 목표 추론 이야기).

> Valerie는 생일 파티를 위해 일찍 나섰다. 그녀는 지갑의 내용물을 확인했다. 그녀는 진입로를 빠져나왔다. 그녀는 고속도로를 타고 북쪽으로 향했다. 그녀는 Antelope 진입로로 나왔다. 그녀는 쇼핑몰에서 한 시간 동안 쇼핑을 했다.

통제 조건은 'Valerie는 생일파티를 위해 일찍 나섰다.'는 문장으로 시작된다. 이야기는 각 문장에서 Valerie를 언급하기 때문에 이야기는 전체적으로 국지적 응집성이 있다. 각 문장은 논항 중복으로 인해 이전 및 다음 문장과 관련될 수 있다. 이러한 조건에서는 응집성을 확립하기 위해 추론이 필요하지 않다. 하지만 사람들은 최종 문장인 '그녀는 쇼핑몰에서 한 시간 동안 쇼핑을 했다.'를 읽었을 때, '생일 파티가 선물과 관련된다.'라는 진술을 매우 빠르게 판단한다(생일 파티가 나머지 이야기와 관련이 없도록 만드는 통제 조건에서보다 훨씬 빠르게 판단함). 따라서 이 연구의 피험자들은 Valerie의 쇼핑 동기(즉, 그녀가 생일 선물을 찾고 있었던 것)를 추론한 것처럼 보인다. 이러한 결과는 최소 추론 관점에 문제가 있음을 두 가지 측면에서 시사한다. 첫째, 텍스트가 국지적으로 일관성이 있을 때 어떤 추론도 도출되어서는 안 된다. 둘째, 사람들이 중요한 최종 문장에 도달할 때쯤에는 목표 추론(생일 파티가 있다는 것)을 형성하는 데 필요한 정보는 이미 작업기억에서 사라졌어야 한다.

개인차 역시 이해자가 추론된 정보를 담화 표상에 통합하는 정도에 영향을 미칠 수 있지만, 지식 활성화 프로세스는 이해도가 높은 그룹과 낮은 그룹에 걸쳐 상당히 균일한 것처럼 보인다(Long and Chong, 2001; Long et al., 1994, 1997). 최소 추론을 보편적인 추론 생성 메커니즘으로 받아들인다면 왜 어떤 사람들은 추론하고 어떤 사람들은 추론하지 않는지 설명할 수가 없다. 경험적 결과가 최소주의와 구성주의 입장 모두에 대해 부분적인 지지를 제공하기 때문에 일부 연구자는 수동적이고 멍청한 지식 활성화 프로세스와 더 전략적인 하향식 추론 생성 프로세스를 모두 고려하는 혼합적 설명을 옹호한다(예: Long and Lea, 2005; Van den Broek et al., 2005).

담화 이해의 신경적 기저

담화 처리에 관한 과학적 연구는 아직 초기 단계에 있지만, 텍스트에 대한 뇌의 반응을 이해하는 데에는 상당한 진전이 이루어졌다(Ferstl, 2007; Ferstl et al., 2008; Jacoby and Fedorenko, 2020; Hauk and Weiss, 2020 참조). 특히 PET 및 fMRI와 같은 뇌 영상 기술의 출현으로 연구자들은 뇌 활동과 텍스트 속성 사이의 연관성을 새로운 방식으로 조사할 수 있게 되었으며, 이는 담화를 처리하기 위해 뇌가 어떻게 조직화되는지에 대한 새로운 통찰력을 얻을 수 있게 해 주었다.

언어 과학자들은 응집성이 낮은 텍스트에 비하여 응집성이 높은 텍스트에서 다른 뇌파 활동이 생성된다는 것을 오래전 부터 알고 있었다(Kutas et al., 2006). 예를 들어, 고립되어 처리되는 문장의 첫 단어들은 해당 단어들이 연결된 서사 이야기의 일부로 나타날 때에 비하여 두피 표면에서 더 큰 음전위를 생성한다(N400 ERP 뇌파 형태에 반영됨) (Van Petten, 1995 참조). 단어가 선행 텍스트에 의해 제공된 맥락에서 의미적으로 적합한지여부도 N400 뇌파 성분의 크기를 변화시킨다(Van Berkum et al., 2003 참조). 실험 세션에서 습득한 것이건 일반적인 경험을 통해 가져온 것이건 배경 지식 위반도 N400으로 지표화된 뇌파 활동에 반영된다(Fischler et al., 1985; Hagoort et al., 2004; Van Berkum et al., 1999 참조). 특히, 이러한 N400 효과는 실제로 현재 초점을 맞춘 텍스트와 언어 및 일반 지식 맥락 사이의 적합성에 의해 발생하는 것이지, 낮은–수준(low-level)의 단어 사이의 연합에 의해 발생하는 것이 아니다(Otten and Van Berkum, 2007).

다른 ERP 성분도 담화의 응집성이나 의미적 타당성의 변화에 민감할 수 있다. Petra Burkhardt 는 ERP 방법론을 사용하여 어휘적 연합 관계(단어-단어)에 기반하여 쉽게 하나로 연결될 수 있는 문장 쌍인 '어제 박사 과정 학생 한 명이 시내에서 총에 맞았습니다(shot). 언론은 그 권총(pistol)이 아마도 군대 저장품에서 나온 것일 거라고 보도했습니다.'(Burkhardt, 2007, p. 1852)와 이보다는 더 연결하기 어려운 문장 쌍인 '어제 박사 과정 학생 한 명이 살해되었습니다(killed). 언론은 그 권총 (pistol)이 …' 그리고 '어제 박사 과정 학생 한 명이 숨진 채 발견되었습니다(dead). 언론은 그 권총 (pistol)이 …'를 실험했다. Burkhardt의 연구에 따르면 응집성 관계의 난이도가 높아질수록 ERP 신호의 P600 성분의 크기가 증가하는 것으로 나타났다.[13]

담화 처리에 대한 뇌 영상 초기 연구 중 일부는 텍스트의 응결성과 응집성이 쓰여진 텍스트에 대한 뇌 반응에 어떻게 영향을 미치는지를 밝히려고 시도했다. 텍스트를 보다 응결성 있고 응집성 있게 또는 그렇지 않게 만드는 방법 중 하나는 텍스트에 나타나는 관사의 종류를 조작하는 것이다. 일반적으로 부정관사 a/an은 담화에 새로운 주제를 소개하므로, 새로운 텍스트와 이전 내용 사이의 단절을 나타낸다. 반면에, 정관사 the는 이어서 나오는 명사가 이전에 이미 담화 맥락에서 소개되었음을 나타낸다. 이처럼 정관사는 새로운 정보가 앞의 텍스트와 밀접하게 연관되어 있음을 알려 주기 때문에, 이해자는 새로운 개념을 준비하기보다는 담화 표상을 검색하여 정관사와 함께 나오는 명사를 이전에 소개된 지시 대상에 연결해야 한다. 따라서 저자는 부정관사를 사용할 것인지 정관사를 사용할 것인지를 조작함으로써 텍스트의 응결성이나 응집성의 정도를 조작할 수 있다(〈표 5.1〉의 예 참조). 오른쪽에 있는 정관사 버전이 어떻게 더 응집적으로 보이는 것인지 생각해 보라. 그 이

표 5.1 부정관사 및 정관사 조건[7]

부정관사 조건	정관사 조건
한 할머니가 테이블에 앉아 있었다.	그 할머니가 테이블에 앉아 있었다.
한 아이가 뒷마당에서 놀았다.	그 아이는 뒷마당에서 놀았다.
한 어머니가 전화로 이야기를 나누었다.	그 어머니가 전화로 이야기를 나누었다.
한 남편이 트랙터를 운전했다.	그 남편이 트랙터를 운전했다.
한 손자가 문 쪽으로 걸어갔다.	그 손자가 문 쪽으로 걸어갔다.
한 어린 소년이 삐죽거리며 지루한 듯 행동했다.	그 어린 소년은 삐죽거리며 지루한 듯 행동했다.

출처: Robertson et al. (2000), SAGE Publications

유 중 하나는 정관사가 새로운 문장을 이전 문장과 연결하는 것을 더 쉽게 만들기 때문이다(예: the grandchild와 the little boy를 연결하는 것이 a grandchild와 a little boy를 연결하는 것보다 더 쉽다).

David Robertson과 동료들은 응집성이 낮은 텍스트와 높은 텍스트에 대해 뇌가 어떻게 다르게 반응하는지를 밝히기 위해 정관사의 유무를 조작했다(Robertson et al., 2000 참조). 그들은 사람들에게 정관사가 있거나 없는 문장 세트를 읽게 하고 fMRI를 사용하여 뇌의 어느 부분이 서로 다른 자극에 더 강하게 반응하는지 평가했다.

[그림 5.6]은 정관사 조건과 비교하여 부정관사 조건에서 우반구에서 더 많은 활성화가 나타났고 좌반구에서는 그렇지 않았음을 보여 준다. 짙은 회색 막대는 응집성이 있는 텍스트를 처리하는 경우보다 응집적이지 않은 텍스트를 처리하는 동안 우반구 영역으로의 혈류가 더 많이 증가했음을 보여 준다. 이러한 효과는 좌반구에서도 같은 방향으로 나타났지만(옅은 회색 막대), 좌반구에서는 두

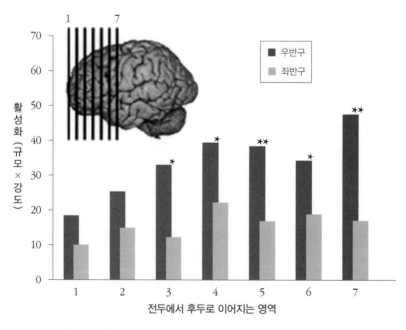

[그림 5.6] 담화에 대한 뇌의 반응에 나타난 담화 응결성의 효과

출처: Robertson et al. (2000), Association for Psychological Science

7) 역자 주: 부정관사 조건은 'a', 정관사 조건은 'the'가 사용된다.

조건 간의 차이가 통계적으로 유의하지 않았다. 이전에는 좌반구가 입력되는 언어 자극의 의미를 처리하는 데 지배적이거나 유일하게 기여하는 것으로 간주되었다. 이 연구는 우반구 영역이 응집성을 달성하는 데 역할을 한다는 것을 확인한 최초의 연구 중 하나이다. 특히, 텍스트의 서로 다른 부분이 어떻게 연결되는지 이해하는 데 도움이 되는 단서가 부족할 때 우반구는 훨씬 더 활성화한다.[14]

다른 뇌 영상 실험들은 텍스트의 인과적 응집성을 확립하는 데 뇌의 서로 다른 부분들이 어떤 역할을 하는지 확인하려고 했다. 이러한 연구 중 일부는 행동 연구에서 강력한 반응 시간과 기억 효과를 나타내는 것으로 확인된 응집성 조작기법을 활용했다(Duffy et al., 1990; Keenan et al., 1984; Myers et al., 1987). Rob Mason과 Marcel Just는 'Timmy' 실험과 유사한 문장쌍에 관한 fMRI 연구를 수행했다. Mason과 Just는 fMRI 데이터를 분석하기 위해 뇌를 큰 영역으로 나누었다([그림 5.7] 참조; 여기에는 좌반구만 표시되어 있지만 Mason과 Just는 양 반구의 데이터를 분석했다). 그들은 큰 영역 각각을 '복셀(voxel)'이라고 불리는 작은 정육면체 모양의 영역 세트로 나누었다. 그리고 피험자들이 매우 관련성이 높은 문장쌍(Timmy의 형이 그를 때렸다. … 그의 몸은 온통 멍이 들어 있었다), 중간 정도인 문장쌍(Timmy는 자전거를 탔다. … 멍이 들어 있었다) 또는 낮은 문장쌍(Timmy는 이웃집에 놀러 갔다. … 멍이 들어 있었다)을 읽는 동안 그들의 뇌를 스캔하였다. 뇌가 각 조건에서 어떻게 반응하는지 보기 위해 Mason과 Just는 사람들이 컴퓨터 화면에서 고정 십자 표시(+)를 볼 때에 비해 문장을 읽을 때 더 많은 혈류가 흐르는 복셀을 발견했다. [그림 5.8]은 이 분석의 결과를 보여 준다.

서로 다른 조건(낮은, 중간, 높은 응집성)에서 뇌의 서로 다른 부분들이 얼마나 열심히 작동하는지 평가하기 위해 활성화된(고정 십자가를 보면서 휴식 중인 경우보다 문장 처리 작업 중에 혈류가 더 많아진) 복셀 수를 계산했다. [그림 5.8]의 좌반구에서는 문장 읽기 작업에 의해 많은 복셀이 활성화되었지만, 낮은, 중간 및 높은 응집성 조건 간에 차이가 없었다. 다음 막대 세트는 문장 읽기 작업에 대한 우반구의 반응을 보여 준다. 여기서는 중간 응집성 문장 쌍(Timmy는 자전거를 탔다. … 그다음 날 그의 몸은 온통 멍이 들어 있었다)에 의해 가장 많은 복셀이 활성화되었다. 낮은 응집성 그리고 높은 응집성 쌍에서는 더 적은 복셀이 활성화되었다. 가장 오른쪽 막대들은 뇌의 전두엽 부분(배측 전두엽 피질, DLPFC)이 높은 응집성 조건보다 중간 및 낮은 응집성 조건에서 더 큰 활성화를 나타낸다는 것을 보여 준다. 뇌의 이 부분은 작업기억 자원이 정보 처리에 사용될 때 관여하는 것으로 여

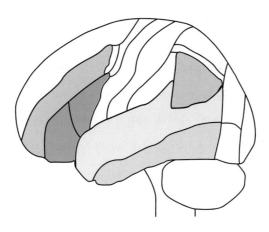

[그림 5.7] Mason과 Just에 의해 분석된 뇌의 영역들
출처: Mason and Just (2004), SAGE Publications

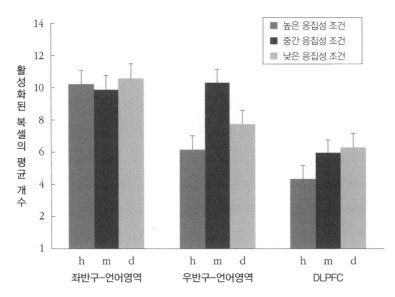

[그림 5.8] 좌반구 뇌 영역(가장 왼쪽 막대들), 우반구 뇌 영역(가운데 막대들), 뇌 양쪽의 배외 측 전전두피질(가장 오른쪽 막대들)에서 활성화된 복셀의 평균 수. 중간 정도의 회색 막대는 응집성이 높은 조건의 데이터를 표시한다. 어두운 회색 막대는 중간 정도 응집성 조건의 데이터를 표시한다. 그리고 밝은 회색 막대는 응집성이 낮은 조건에서의 활성화를 나타낸다.

출처: Mason and Just (2004), SAGE Publications

겨지며, 따라서 이 영역에서의 활성화 차이는 아마도 교량 추론을 하기 위해 작업기억이 필요하다는 것을 반영할 것이다(낮은 응집성 조건에서는 교량 추론을 시도하더라도 실패할 수 있긴 하지만). [그림 5.8]에서 가장 중요한 점은, 우반구는 서로 다른 응집성 정도에 따라 다르게 반응하지만, 좌반구는 분명히 그렇지 않다는 것이다(적어도 이 실험에서는 좌반구가 문장 쌍이 관련되어 있는지를 고려하지 않는 것으로 보인다). 따라서 좌반구는 문장의 의미를 파악하는 반면, 우반구는 문장 간의 응집성을 확립하거나 추론을 이끌어내는 역할을 한다고 결론 내릴 수 있다.

우반구가 추론을 담당한다는 결론은 통찰에 대한 최근의 몇몇 연구와 일치한다. 통찰력에 대한 경험은 문제를 해결하기 위해 노력할 때 발생하며, 사람들은 해결책을 찾기 직전에 해결책이 무엇인지 알고 있다는 느낌을 받는다(이러한 경험은 때때로 "아하!" 순간으로 설명된다; Bowden and Beeman, 2003). [그림판 8]의 패널 B에서 볼 수 있듯이 "아하!"를 경험하지 못할 때와 경험할 때 좌반구는 다르게 반응하지 않는다(Jung-Beeman et al., 2004; Beeman and Bowden, 2000; Kounios et al., 2006 참조). 그러나 패널 C에서 볼 수 있듯이, 문제를 해결하도록 이끄는 통찰력을 가질 때 우반구는 더 큰 활성화를 보여 준다.

추론을 생성하는 동안에도 유사한 처리 패턴이 발생할 수 있다. 추론을 생성하기 위해 이해자는 텍스트의 인접한 두 부분에서 정보를 얻고 배경지식을 사용하여 이를 연결하는 방법을 찾아낸다. 특히 텍스트의 인접한 두 부분의 논항 사이에 직접적인 중복이 없을 때 이를 달성하는 한 가지 방법은, 의미상으로 더욱 먼 관계에 의존하는 것인데, 이 경우 좌반구보다 우반구에서 활성화가 나타날 가능성이 더 높다(Beeman, 1993; Beeman et al., 1994).

행동 및 뇌 영상 데이터 모두 우반구가 추론 생성에 역할을 한다는 생각을 뒷받침한다. 행동 실험에서, 통찰력 문제의 해결과 관련된 목표 단어에 대한 의미적 점화가 피험자들의 "아하!" 느낌이 증가함에 따라 커졌다(Bowden and Beeman, 2003). 또한 예측 추론에는 좌반구보다 우반구가 더 많이 관여하는 것으로 보인다(Beeman et al., 2000). 예를 들어, '우주 왕복선이 지상에서 신호를 기다리고 있었다.'라는 문장을 생각해 보자. 이 문장은 당신에게 우주 왕복선의 발사에 관한 정보가 나올 것으로 예측하게 한다. 따라서 이 문장을 읽고 예측 추론을 하는 것은 목표 단어 launch(발사)의 처리를 쉽게 할 수 있다(Beeman et al., 2000, p. 311; Duffy, 1986). 사람들이 이런 추론을 하는지 알아보기 위해 Mark Beeman과 그의 동료들은 오른쪽 시각장(right visual-field)에 launch(발사)와 같은 목표 단어를 제시하였다. 이렇게 하면 목표 단어가 좌반구에서 먼저 처리된다. 이 실험에서는 목표 단어 launch가 좌반구에서 먼저 처리되었을 때, 관련 없는 통제 단어에 비하여 목표 단어에 대한 처리가 빠르지 않다는 것을 보였다. 그러나 목표 단어 launch가 왼쪽 시각장(left visual-field)에 제시되고 우반구에서 먼저 처리되었을 때는 점화 효과가 관찰되었다. 주제 정보의 유지를 테스트하는 실험에서도 유사한 방법이 사용되었다(Faust et al., 2006). 두 문장이 같은 주제를 지시하거나, 혹은 다른 주제를 지시하도록 주제를 조작하는 경우, 목표 단어가 첫 번째 혹은 두 번째 주제와 관련이 있는지와 상관없이 왼쪽 시각장/우반구 목표어에 대해 점화 효과가 관찰된다. 그러나 오른쪽 시각장/좌반구에서의 점화 효과는 목표 문장이 가장 최근에 접한 의미와 관련될 때만 관찰된다. 이러한 결과는 두 반구가 주제 정보에 대해 다른 방식으로 반응한다는 것을 시사한다. 좌반구는 더 빠르게 진행되는 특수적인 활성화를 하며, 우반구는 더 오랫동안 지속되는 분산된 활성화를 한다. 이는 거친 부호화 가설(coarse coding hypothesis)과 일치한다(Beeman et al., 1994).

뇌 영상 실험들은 추가적인 지원을 제공한다. 한 fMRI 실험에서는 일반적인 이야기 처리 중 나타나는 추론 생성을 조사하였고, 텍스트가 특정 추론을 강하게 암시하는 정보를 제공할 때 우반구, 더 정확하게는 우뇌 우상 측두엽(right superior temporal lobe)에서 더 큰 활성화가 관찰되었다(Virtue, Haberman et al., 2006).

[그림판 9]는 텍스트가 특정 사건을 암시하지만, 명시적으로는 언급하지 않았을 때 더 활성화된 우반구의 영역을 보여 준다. 이 경우 추론에 대한 텍스트의 어느 정도의 지원이 있으면 피험자는 '누락된' 사건을 추론할 가능성이 크다. 응집적인 이야기의 처리와 관련 없는 문장들에 대한 처리를 비교하였을 때, 우반구에서 실질적인 활성화의 차이가 관찰되는데, 이는 우반구 영역이 응집성을 달성하는 데 역할을 한다는 것을 시사한다(Vogeley et al., 2001).

마지막으로, 텍스트를 전역적인 주제에 사상하는 능력이 조작될 때도 우반구 활성화의 주요한 차이가 발생한다. Bransford와 Johnson(1972) 실험에서 참가자들은 이야기의 요소들이 특정 시나리오와 연결될 때(예: 젊은 남자가 공중에 떠다니는 스피커 세트를 사용하여 젊은 여성에게 세레나데 하는 경우) 해당 이야기 요소들을 더 쉽게 회상할 수 있었다. 제목(title)이 Bransford와 Johnson 실험에서의 그림과 기능적으로 동등한 것으로 사용될 때 유사한 기억의 결과가 얻어진다. 뇌 영상 기법(fMRI)의 결과를 종속 척도로 사용한 한 연구에서 참가자들은 다음과 같은 단락을 읽었다(St. George et al., 1999, p. 1318).

이는 매우 보람 있는 일이지만, 필요한 모든 것을 소유하고 있더라도 꽤 비용이 많이 드는 경향이 있습니다. 복장은 별로 중요하지 않습니다. 어떤 사람들에게는 다른 사람들보다 더 자연스러운 일이라 할지라도 적절한 교육 없이는 심각한 부상을 입을 수 있습니다. 어떤 사람들은 냄새가 나거나 혹은 통제력을 잃는 것을 좋아하지 않습니다.

이 단락은 제목이 '승마'라는 것을 알면 훨씬 더 의미가 있다. 왜냐하면 복장이나 냄새와 같은 지시 표현이 구체적인 개념에 연결될 수 있고, 전체 단락이 단일하고 일관된 주제에 관련될 수 있기 때문이다. [그림판 10]은 fMRI 실험의 결과를 보여 준다. 실험에서 사람들은 제목이 없는(이해하기 어려운 경우) 또는 제목이 있는(훨씬 더 일관적인 담론 표현을 구축할 수 있는 경우) 단락을 읽었다. [그림판 11]은 뇌의 우반구가 그림의 왼쪽에 표시되어 있으므로 약간 혼란스럽다. 따라서 먼저 올바른 반구를 찾아야 한다. 그런 다음 제목이 있을 때(왼쪽 그림)와 제목이 없을 때(오른쪽 그림)의 활성화 정도(빨간색 부분)를 비교한다. 이제 제목이 있을 때(위)와 제목이 없을 때(아래) 우반구의 반응을 보여 주는 [그림판 11]의 오른쪽을 보도록 하자. 두 그림 모두 제목이 있든 없든 좌반구 활성화는 거의 같지만, 우반구는 단락에 제목이 없을 때 더 활성화되고, 제목이 있는 경우 활동이 줄어드는 것을 알 수 있다. 이러한 결과를 설명하는 한 가지 방법은 텍스트의 다른 부분을 중심 주제에 연결하여 텍스트의 응집성을 확립하는 데 우반구가 특별한 역할을 한다고 가정하는 것이다. 단락에 제목이 없는 경우 이러한 처리가 더 어렵기 때문에 우반구가 더 열심히 작동한다.[15]

우반구가 추론이나 텍스트의 다른 부분 간 응집적인 관계를 확립하는 데 역할을 하는 것으로 보이긴 하지만, 모든 추론이 우반구에서 발생하거나 우반구가 모든 종류의 추론에 관여한다고 생각하는 것은 실수이다. 청각 담화 처리에 대한 최초의 신경 영상 연구 중 하나는 연결된 담화가 우반구 및 좌반구 측두엽 모두에서—측두엽의 가장 앞쪽 부분—더 큰 활성화를 이끈다는 것을 보여 주었다(Mazoyer et al., 1993). 문장 쌍의 주제를 유지할 때(천사를 믿나요? – 네, 저는 저만의 특별한 천사가 있어요)에 비하여 주제를 변경할 때(천사를 믿나요? – 네, 저는 캠프 가는 것을 좋아해요), 상대적으로 우반구에서 더 큰 활동이 관찰되기는 하지만, 성인과 어린이 모두에서 우반구와 좌반구 영역이 모두 활성화된다(Caplan and Dapretto, 2001; Dapretto et al., 2005). 또한 좌반구 전전두엽 피질이 손상된 환자의 경우, 인접한 텍스트 간 응집적인 관계를 달성하는 데 어려움이 있었고, 응집성을 유지하는 데 도움이 되는 추론을 도출하는 것에도 어려움이 있는 것으로 나타났다(Zalla et al., 2002; Ferstl et al., 2002 참조).

좌반구는 또한 등장인물의 생각, 신념, 감정과 관련된 이야기를 처리하는 데 역할을 하는 것으로 보인다. 사람들에게 이야기에 등장하는 등장인물의 정신적 반응을 추론하도록 요구하는 이야기를 마음 이론 이야기(theory of mind stories)라고 한다. 사람들은 그러한 이야기를 읽을 때 등장인물의 생각과 감정에 대한 결과를 도출한다(Gernsbacher et al., 1992, 1998). 마음 이론 이야기의 처리는 정신적 사건이 아닌 물리적 사건에 대한 추론을 요구하는 이야기 처리와 비교되어 왔다. 마음 이론 이야기는 등장인물 A가 등장인물 B를 해고하는 것과 같은 이야기일 수 있다(이 경우, 등장인물 A가 죄책감을 느낄 것을 추론할 수 있다). 물리적인 이야기는 높은 선반에서 떨어지는 약한 꽃병에 관한 이야기와 같은 것이다(이 경우, 꽃병이 깨졌다고 추론할 수 있다). 두 경우 모두 추론을 요구하지만 서로 다른 추론이 필요한데, 물리적인 이야기와 관련된 추론을 하는 경우에 비하여 마음 이론 이야기를 처리하는 경우, 좌반구의 두 영역에서 더 큰 활성화가 관찰된다(Fletcher et al., 1995; Mason et al., 2008; Maguire et al., 1999 참조). 하나는 배내측 전두엽 피질(DMPC)이고, 다른 하나는 뇌의 뒤쪽에 있는 대상회 피질(cingulate cortex)의 일부이다.

또한 좌반구도 인과 추론에 참여하는 것으로 보인다. 예를 들어, 우반구가 예측 추론을 요구하는 텍스트에 반응하는 것처럼 보이지만(앞선 내용 참조), 행동 데이터들은 텍스트가 교량 추론을 요구하는 경우, 인과적 연결을 설명하는 텍스트에 대해서도 좌뇌가 더욱 활성화된다는 것을 시사한다. 따라서 만약 '우주 왕복선이 지상에 있었다. 그런 다음 그 우주 왕복선은 우주로 사라졌다.'라는 문장을 읽으면, 사람들은 우주 왕복선이 발사되었다는 추론을 통해 두 문장 사이의 간격을 연결한다. 이러한 조건에서 launch(발사하다)는 오른쪽 시각장에 제시되었을 때(즉, 좌반구에서 처리될 때)만 통제 단어보다 더 빠르게 처리된다. 즉 왼쪽 시각장(우반구)에 제시되면 통제 단어에 비해 빠르게 처리되지 않는다(Beeman et al., 2000 참조).[16]

기민한 독자들은 Beeman 그룹의 연구 결과와 Mason과 Just의 뇌 영상 데이터 간의 불일치를 발견했을 것이다. Mason과 Just의 연구에서는 우반구가 응집성 정도가 다른 텍스트에 반응하는 것으로 나타났다(Beeman et al., 2000; Mason and Just, 2004). 다행스럽게도 이러한 불일치를 해소하는 데 도움이 되는 보다 최근의 fMRI 연구가 있다(Kuperberg et al., 2006; Hauptman et al., 2022). Gina Kuperberg와 그녀의 동료들은 세 가지 종류의 문장 쌍을 테스트했다: 높은 응집성, 중간 응집성 및 낮은 응집성. 그들은 더 많은 문장 쌍을 추가하고 더욱 국지화된 활성화를 찾는 것으로 실험의 검증력을 높였다. Mason과 Just는 뇌의 넓은 영역에 걸쳐 활동을 평균화했기 때문에 더 작은 뇌 영역에 국한된 효과를 놓칠 수 있었을 것이다. Kuperberg 그룹은 또한 첫 번째와 두 번째 문장 모두에서 나타나는 신경 활동을 평균화하는 대신, 응집성의 정도가 분명해지는 두 번째 문장에 대해서만 fMRI를 측정했다. 이러한 변화에도 불구하고 Kuperberg 그룹은 Mason과 Just의 연구 결과와 부분적으로 같은 결과를 확보했다. 특히, 그들은 두 문장이 매우 응집적인 경우([그림판 12]에 표시된 대로)에 비해 두 문장이 관련이 없을 때 우반구가 더 열심히 작동한다는 증거를 발견했다. 그러나 이전 연구에서는 서로 다른 응집성 조건에서 좌반구의 서로 다른 뇌 활동 패턴을 찾지 못한 반면, Kuperberg의 연구에서는 높은 또는 낮은 응집성 문장 쌍보다 중간 응집성 문장 쌍을 처리할 때 우반구와 좌반구의 많은 부분이 더 반응한다는 것을 보였다. [그림판 13]의 노란색 부분은 (높은 응집성 쌍과 낮은 응집성 쌍과 비교하여) 중간 응집성 쌍에서 두 번째 문장을 처리하는 동안 더 활동적인 뇌 영역을 보여 준다.

마찬가지로, 중간 응집성 자극에 반응을 덜 하는 뇌 영역도 있다([그림판 13의 파란색 영역]). 따라서 Kuperberg의 결과는 우반구가 추론 및 일관된 담화 표현을 구축하는 데 참여하는 동안 좌반구의 넓은 다양한 영역들도 함께 관여한다는 견해를 강화한다. 이러한 결과에 비추어 볼 때, 추론과 응집성은 뇌의 특정 위치에서 수행되는 기능이 아니라 뇌의 양쪽 반구에 널리 분산된 네트워크 간의 협력 프로세스의 결과인 것으로 보는 것이 더 합리적이다(Kuperberg의 연구는 뇌 영상 기술과 실험설계가 얼마나 빨리 진전했는지를 보여 주는 데도 도움이 된다).

요약 및 결론

이 장에서는 담화 처리에 대한 세 가지 우세하고도 보완적인 설명을 검토했다: 구성-통합, 구조-구축 프레임워크 및 사건-색인화 모델. 그들 각각은 서사를 처리하고 해석하는 방법을 이해하는 데 고유한 기여를 한다. 서사 처리의 목표는 이야기의 주제가 되는 현실 세계나 허구 세계에서 묘사된 상황에 대한 정신 모델을 구축하는 것이다. 이를 달성하기 위해 명시적으로 언급된 이야기 내용과 관련된 정보가 이해자의 일반적인 세계 지식과 결합한다. 이 처리 과정에는 텍스트가 실제로 전달하는 내용에 대한 충실도는 높지만, 수명이 짧은 표상(표층 모델), 텍스트가 전달하는 명제를 포착하는 더욱 추상적인 표상(텍스트 기반) 및 수명이 긴 상황 모델이 포함된다. 상황 모델은 이해자가 텍스트의 축어적 정보와 자신의 세계 지식 저장소로부터 스스로 생성하는 추론을 통합한다. 추론, 특히 인과 추론은 텍스트의 인접한 두 요소가 쉽게 통합될 수 없을 때 이야기의 공백을 메우는 데 중요한 역할을 한다. 마지막으로, 전기생리학적(ERP) 방법은 언어 과학에서 잘 확립되어 있지만, 담화 해석 처리가 뇌에서 어떻게 구현되는지 파악하는 데 도움이 되는 정교한 뇌 영상 기술은 최근에야 등장했다. 이러한 새로운 뇌 영상 기술은 우반구가 최근에는 알려지지 않았던 방식으로 담화 이해에 참여한다는 것을 이미 밝혀냈다. 그러나 이용할 수 있는 데이터는 두 대뇌 반구 사이의 명확한 업무 분담을 뒷받침하지 않는다. 담화 처리 및 해석은 양쪽 반구에서 협력하는 신경 시스템의 분산 네트워크에 의존한다.

😃 스스로 점검하기

1. 담화 처리에 대한 Kintsch의 구성-통합 모델을 설명해 보자. 어떤 종류의 표상들이 관련되어 있는가? 그들은 서로 어떻게 관련되어 있나? 표상들은 어떻게 구축되거나 활성화되는가?

2. 명제란 무엇이며 담화 이해에 어떤 기여를 하는가? 표상 형식과 명제 사이의 관계는 무엇인가? 명제와 상황 모델의 관계는 무엇인가? 명제의 심리적 실재성을 뒷받침하는 증거는 무엇인가?

3. 이해자는 이야기를 읽은 후 무엇을 기억하는가? 일부 표현이 다른 표현보다 기억에 더 오래 지속될 수 있음을 보여 주는 실험을 설명해 보자.

4. Gernsbacher의 구조-구축 프레임워크를 설명해 보자. 구성-통합과 어떤 면에서 유사한가? 그리고 어떤 점에서 다른가? 사상, 전환, 강화 및 억제의 존재를 뒷받침하는 실험을 설명하고 각 프로세스가 담화 이해에 어떻게 기여하는지 설명해 보자.

5. Zwaan의 EIM은 담화 처리에 관해 무엇을 말해 주는가? 이해자는 정신 모델에 어떤 종류의 정보를 입력하는가? EIM의 주장을 뒷받침하는 증거는 무엇인가?

6. 인과 사슬 가설은 담화 이해에 관해 무엇을 말해 주는가? 텍스트의 인접한 두 부분이 명확한 인과관계를 갖고 있지 않으면 어떻게 되는가?

7. 다양한 추론의 종류를 설명해 보자. 추론은 담화 이해에서 어떤 역할을 하는가? 이해자는 언제 어떻게 추론을 끌어내는가?

8. 구조-사상 및 초점 이론을 설명해 보자. 그것은 모세의 착각과 어떤 관련이 있는가?

9. 뇌의 어느 부분이 담화 처리에 참여하는가? 우반구와 좌반구는 어떤 기능을 수행하는가?

더 생각해 보기

1. 『Moby Dick(모비 딕)』 또는 『Roughing It(서부 유랑기)』과 같은 소설을 찾아보자. 처음 두세 문단을 읽어 보자. 그리고 각 문단에 나타나는 명제를 기록해 보자(명제 표기 형식으로). 명제가 어떻게 서로 관련되어 있는지 보여 주는 다이어그램을 그려 보자(막히면 교수님께 도움을 요청하라).

2. 세계 지식이 담화 이해에 미치는 영향을 검증하기 위한 실험을 설계해 보자. '풍선 세레나데' 이야기와 유사한 이야기를 써 보자. 친구에게 제목 없이 이야기를 제공하고 그 이야기를 읽는 데 얼마나 걸리는지 확인하자. 그 친구에게 그 이야기를 다른 말로 표현해 보라고 하거나 이해도 질문에 답하도록 요청해 보자. 다른 친구에게 제목이 있는 버전을 제공하고 어떤 일이 발생하는지 살펴보자. 한 버전이 다른 버전보다 이해하기 쉬운 이유는 무엇인가?

3. 친구에게 '유령들의 전쟁' 이야기를 읽어 보라고 하자. 친구에게 기억나는 대로 이야기를 최대한 많이 작성하도록 요청해 보자. 원본과 친구의 버전을 비교해 보자. 누락된 내용이 있는가? 친구가 새로운 내용을 추가했나? 어떤 설명이 원본과 친구 버전 간의 차이를 설명하는가?

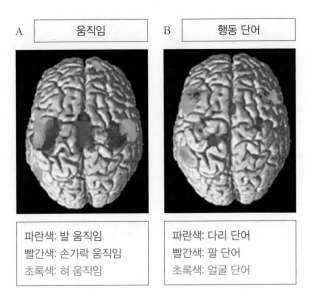

A	움직임	B	행동 단어
파란색: 발 움직임		파란색: 다리 단어	
빨간색: 손가락 움직임		빨간색: 팔 단어	
초록색: 혀 움직임		초록색: 얼굴 단어	

[그림판 1] 실제 신체 움직임에 반응하는 신경 활동 패턴(왼쪽)과 얼굴(미소 짓기), 팔(던지기), 다리(걷기) 행동을 나타내는 단어에 반응하는 신경 활동 패턴(오른쪽). 얼굴 움직임과 관련된 신경 활동은 초록색, 손가락과 팔 움직임은 빨간색, 발과 다리 움직임은 파란색이다.

출처: Hauk, Johnsrude, and Pülvermüller, 2004, p. 304.

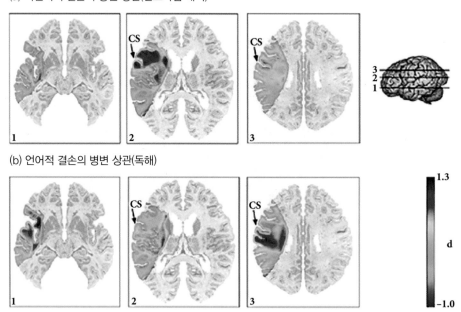

(a) 비언어적 결손의 병변 상관(판토마임 해석)

(b) 언어적 결손의 병변 상관(독해)

[그림판 2] 비언어적 작업(위)과 독해(아래)에 대한 복셀 기반 병변 증상 매핑(VLSM) 결과. 행동 인식 결손은 전두엽 손상과 강한 상관관계가 있다. 행동 읽기 결손은 뒤쪽 영역과 강한 상관관계가 있다.

출처: Saygin, Wilson, Dronkers, and Bates, 2004, p. 1797.

공통 의미 체계

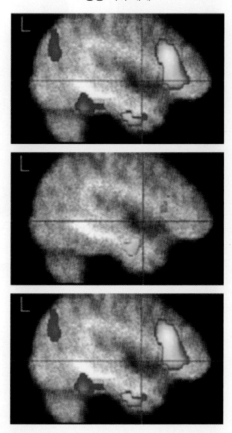

[그림판 3] **PET 영상 데이터.** 피험자들은 단어 혹은 그림에 대한 유사성 판단 과제를 수행했다. 위: 단어와 그림 모두에서 활성화된 공통 영역. 가운데: 단어에는 활성화되었으나 그림에는 활성화되지 않은 영역. 아래: 그림에는 활성화되었으나 단어에는 활성화되지 않은 영역

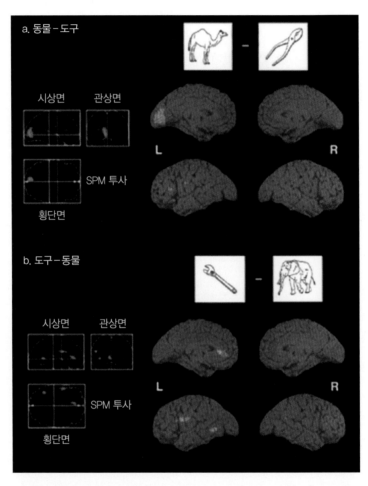

[그림판 4] **PET 뇌 영상 결과.** 위쪽 절반은 동물 대 도구의 이름을 속으로 명명하는 동안 후두엽 활동이 더 커진다. 아래쪽 절반은 도구 대 동물의 이름을 속으로 명명하는 동안 하전두엽 활동이 커진다.

출처: Martin, Wiggs, Ungerleider, and Haxby, 1996, p. 651.

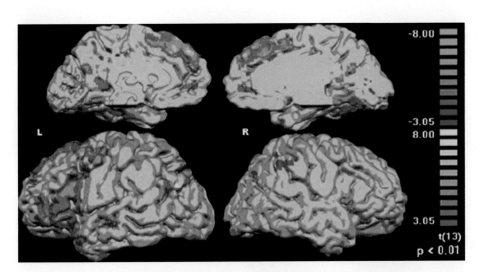

[그림판 5] **fMRI 결과.** 동물의 추상적 특성 대 지각적 특성을 묻는 질문에 대해 좌측 전두엽의 활동 증가(오렌지색). 동물의 시각적 특징을 묻는 질문에는 우측 두정엽의 활동 증가(짙은 파란색).

출처: Goldberg, Perfetti, Fiez, and Schneider, 2007, p. 3796.

사람

동물

도구

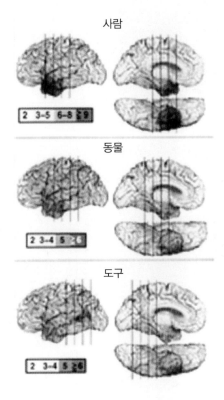

[그림판 6] 병변–행동 상관관계

출처: Damasio, Grabowski, Tranel, Hichwa, and Damasio, 1996, p. 501.

목표 정보에 대한 사건 관련 분석: 이야기 유형

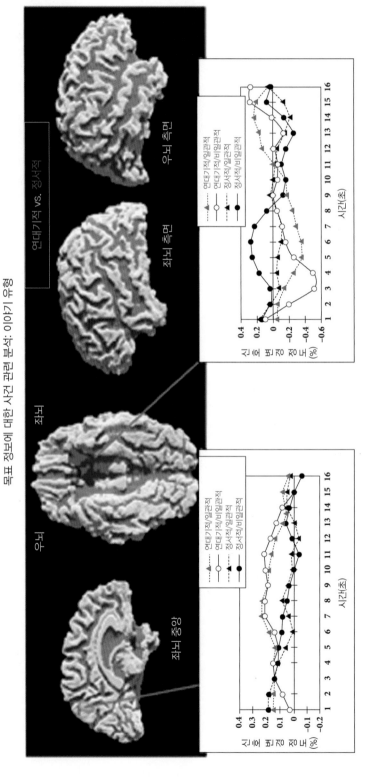

[그림판 7] 이야기의 연대기적 정보(녹색)와 감정적 정보(노란색 및 빨간색)에 대한 반응을 비교한 fMRI 결과

출처: Ferstl, Rinck, and Von Cramon, 2005, p. 728.

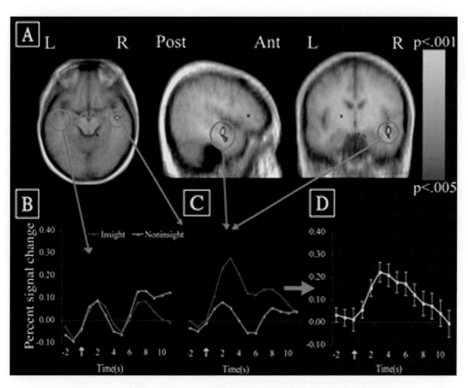

[그림판 8] 통찰력을 유발하는 문제 해결 과제를 수행하는 동안의 뇌 활성화 양상

출처: Jung-Beeman et al., 2004.

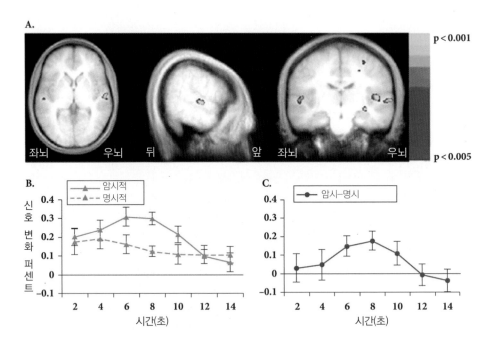

[그림판 9] fMRI 결과. 주로 오른쪽 상측두엽에 있는 노란색과 빨간색 영역은 초점을 맞춘 캐릭터가 행동에 참여했음을 명시적으로 언급하기보다는 텍스트가 이를 암시할 때 더 크게 활성화된다.

출처: Virtue, Haberman, Clancy, Parrish, and Beeman, 2006, p. 107.

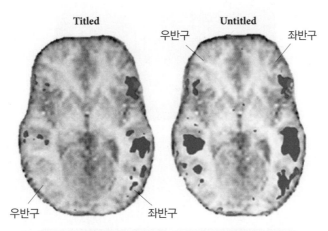

[그림판 10] fMRI 결과 각 그림의 왼쪽면이 우반구를 나타낸다.

출처: St. George, Kutas, Martinez, and Sereno, 1999, p. 1320.

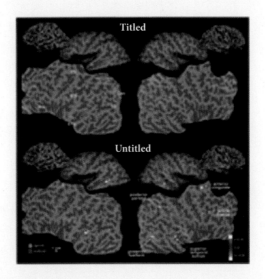

[그림판 11] 제목이 있는(상단) 이야기와 제목이 없는(하단) 이야기에 대한 전체 뇌 이미지

출처: St. George, Kutas, Martinez, and Sereno, 1999, p. 1322.

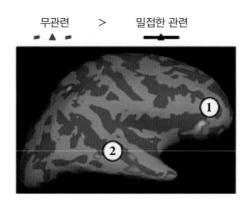

[그림판 12] 우반구의 뇌 활동은 밀접하게 관련된 문장 쌍보다 관련 없는 문장 쌍에서 더 크게 나타난다.

출처: Kuperberg, Lakshmanan, Caplan, and Holcomb, 2006, p. 357.

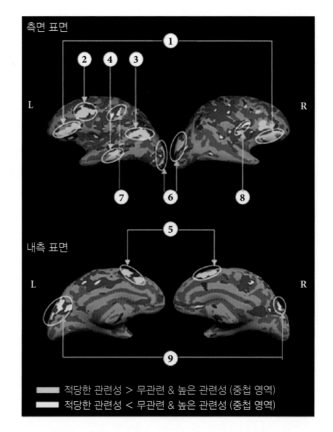

[그림판 13] 뇌는 일관성이 높은 이야기와 일관되지 않은 이야기에 대해 다르게 반응한다. 이는 좌반구와 우반구 모두에 해당된다. 매우 일관되고 일관되지 않은 이야기보다 적당히 일관적인 이야기에 더 강하게 반응하는 뇌 영역이 노란색으로 표시된다.

출처: Kuperberg, Lakshmanan, Caplan, and Holcomb, 2006, p. 354.

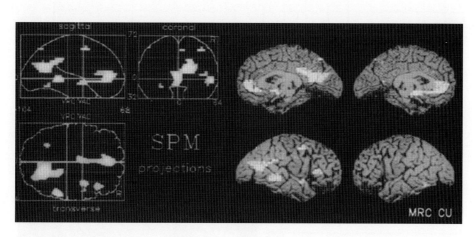

[그림판 14] PET 결과. 스캔 결과는 문자적 문장에 비해 은유 문장에 대해 우반구 뇌에서 더 큰 혈류 흐름을 보여 주고 있다. 그림 우측에서 왼쪽편에 제시된 뇌가 우반구이며, 위쪽은 뇌의 정중 단면, 아래쪽은 뇌의 바깥쪽 표면을 보여 준다.

출처: Bottini et al., 1994, p. 1246.

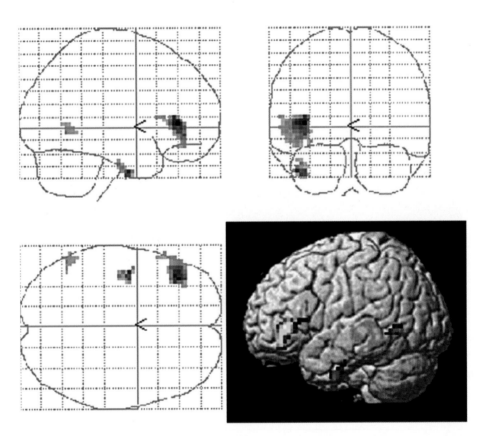

[그림판 15] **fMRI 결과.** 은유 문장이 문자적 문장에 비해 좌반구에서 더 큰 신경 반응을 산출하였다. 우반구에서는 문장의 종류(은유 문장 vs. 문자적 문장)에 따른 차이는 전혀 관찰되지 않았다. ([그림판 16]을 [그림판 15]와 비교해 보라. 이렇게 상반된 자료는 더 이상 극단적일 수 없다.)

출처: Rapp, Leube, Erb, Grodd, and Kircher, 2004, p. 399.

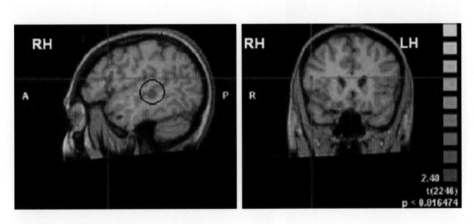

[그림판 16] **fMRI 결과.** 주황색 부분이 관습적/친숙한 은유에 비해 새로운 은유에 대해 더 많은 활동으로 반응한 뇌 부분을 나타낸다. 동그라미 친 부분은 베르니케 영역의 우반구에 해당하는 영역(반대편 영역)이다.

출처: Mashal, Faust, Hendler, and Jung-Beeman, 2007, p. 123.

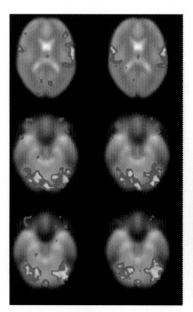

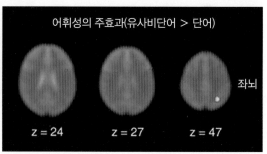

어휘성의 주효과(유사비단어 > 단어)

z = 24   z = 27   z = 47

좌뇌

[그림판 17] **뇌 영상 결과.** 좌: 새로운 유사비단어(좌)와 친숙한 단어(우)의 신경 활동 비교. 우: 유사비단어 읽기 시 활성화에서
실제 단어 읽기 시 활성화를 뺀 결과. 그림에서 좌반구가 오른쪽에, 우반구가 왼쪽에 위치한다.

출처: Dietz, Jones, Gareau, Zeffiro, and Eden, 2005, pp. 86, 88.

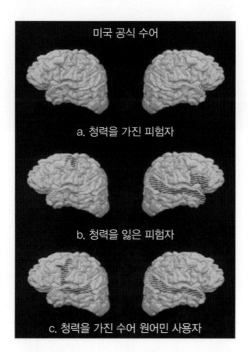

[그림판 18] **ASL 문장을 보는 것에 대한 뇌의 반응.** 그래프는 의미 없는 ASL 제스처와 의미 있는 ASL 제스처에 대한 뇌의 반응 사이의 차이를 보여 준다. 왼쪽 반구는 왼쪽에, 오른쪽 반구는 오른쪽에 위치한다. 맨 위 두 사진은 수화를 모르는 사람들의 사진으로, 당연히 의미 없는 수화와 의미 있는 수화에 대한 두뇌의 반응은 동일하다. 가운데 그림은 청력을 잃은 수어 사용자가 의미 있는 신호를 볼 때 양쪽 반구를 더 많이 활성화한다는 것을 보여 준다. 하단 그림은 청력이 있는 수어 사용자가 의미 있는 수화에 대해서 양측성 반응을 보이지만 청력을 잃은 수어 사용자에게서 활성화되는 우반구 영역을 모두 활성화 하지는 않는다는 것을 보여 준다. 빨간색은 의미 있는 수화와 의미 없는 수화 사이의 활성화 차이가 매우 크다는 것을 의미한다. 노란색은 작지만 여전히 중요한 활성화 차이를 의미한다.

출처: Neville et al., 1998, p. 924.

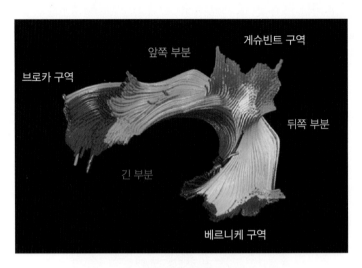

[그림판 19] 궁상섬유속

출처: Catani, Jones, and Ffytche, 2005.

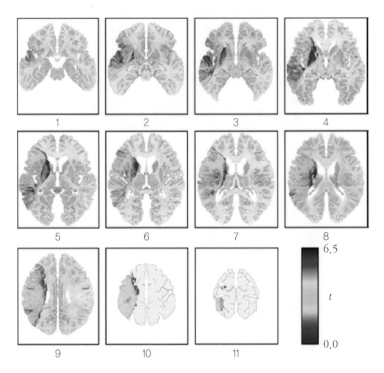

[그림판 20] 각 복셀에 병변이 있는 환자와 병변이 없는 환자의 CYCLE-R 문장 이해 점수를 비교하여 얻은 양의 t 값을 나타낸 VLSM 그림

난 네가 지시하는 것이 무엇인지 알지 못한다.

-Mark Twain

    화자는 담화에서 등장인물, 사물, 개념을 소개한 다음, 관련된 새로운 정보를 제공하고 의미를 정교하게 설명하기 위해 동일한 등장인물, 사물, 개념을 다시 언급한다.[1] 따라서 청자는 새로운 발화나 구가 이전에 설명할 담화 요소들을 다시 소개하는 것인지를 알아차려야 한다. 그렇지 않으면, 담화 표상은 개념이 서로 합리적으로 연결되어 있는 일관성 있는 패키지가 아니라 서로 관련이 없는 진술의 목록처럼 보일 것이다. 이처럼 지시 처리는 담화의 일관성을 유지하는 데 기여하는 주요 메커니즘 중 하나이다. 이 장은 청자가 담화의 새로운 내용을 이전에 소개된 내용과 연결할 수 있도록 하는 과정인 지시(reference)를 설정하는 정신적 작업에 초점을 둔다.

    화자가 다양한 지시표현을 선택할 수 있고, 하나의 지시표현이 여러 가지 개념을 언급할 수 있기 때문에, 때로는 공지시(co-reference)—두 개의 다른 표현이 같은 것을 의미하는지—여부를 결정하는 것이 쉽지 않다. Steve Miller의 오래된 노래인 〈The Joker〉의 예를 살펴보자.[2]

> Some people call me the space cowboy
> Some call me the gangster of love
> Some people call me Maurice

    이 노래에서 Miller는 사람들이 자신을 다양한 다른 이름(space cowboy, gangster of love, Maurice)[3] 으로 부르고 있다는 것을 알려준다. 이 표현들은 각기 다른 품사의 지시표현들이며 모두 다른 의미를 가지고 있다. Space cowboy와 gangster of love는 일반명사(explicit (or full) noun phrases (NPs)) 이며 Maurice는 고유명사이다. 이 세 표현은 또한 다른 뜻(sense)을 가지고 있다. 만약 사전에서 cowboy와 gangster를 찾으면 그 둘의 의미는 분명히 다르게 나올 것이다. 하지만 지시 의미 측면에서는 이 세 단어가 모두 Steve Miller와 연결되어 있기 때문에 그들은 모두 같은 지시 대상(referent)을 언급하는 것이며, 따라서 모두 같은 의미이다. 이 예는 같은 지시 대상이 다양한 지시표현(referring expressions)에 의해서 언급될 수 있다는 것을 보여 준다.

물론 거꾸로의 연결도 가능하다. Space cowboy라는 표현을 고려해 보자. 이 표현은 노래에서 언급하는 바와 같이 Steve Miller를 의미할 수도 있지만, 2000년에 나온 영화인 〈스페이스 카우보이(Space Cowboys)〉에서 나이든 우주인(Space Cowboys라 지칭된)을 연기했던 Clint Eastwood, James Garner, Tommy Lee Jones, 혹은 Donald Sutherland를 의미할 수 있다. Clint Eastwood와 같은 고유명사를 제외한 대부분의 지시 표현들은 다양한 의미로 사용될 수 있다.[4] 즉, 하나의 표현이 다양한 것을 지칭할 수 있으며 하나의 대상이 다양한 표현으로 지칭될 수 있다([그림 6.1]). 이처럼 말하기는 다양한 종류의 지시 표현 중에서 하나를 선택하는 것을 포함하며, 담화에서 지시 표현을 해석하는 일은 모호성을 해결하는 과정이다(화자가 Space cowboy라 말했을 때, 누구를 의미하나? 특정 작곡가, 연기자, 혹은 또 다른 사람?).

동일한 지시 표현이 여러 개념에 적용될 수 있으므로, 이해자는 지시 표현의 사전적 의미(뜻)를 찾는 것 이상의 작업을 수행하여 문맥적 의미(지시)를 찾아야 한다. 담화 처리 및 지시 이론에 따르면 이해자는 화자가 이전에 소개한 인물, 사물, 개념에 대한 토큰(심리적 표시)을 포함하는 상황 모델(또는 담화 모델)을 구축하여 담화의 의미를 표현한다. 지시 표현을 해석하기 위해 이해자는 지시 표현을 인출 단서로 사용하여 담화에서 이전에 접했던 정보를 활성화한다(지시 표현이 담화에서 이전에 소개된 정보와 연결되지 않는 경우에는 어휘 및 일반 지식을 검색한다). 만약 지시 표현이 담화에서 이전에 접했던 정보를 성공적으로 재활성화하면, 이해자는 지시 표현을 이전에 상황 모델에 도입된 토큰 중 하나에 연결할 수 있다.

지시 표현은 대용어(anaphor)라 불리며, 대용어가 가리키는 토큰을 선행어(antecedent)라고 한다. 만약 이해자가 대용어에 부합하는 토큰을 성공적으로 식별하면 공지시가 설정된 것이다. 이해자가 대용어에 부합하는 이전에 설정된 토큰을 식별하지 못하는 경우에는 두 가지 기본 옵션이 있다: 하나는 이해자가 현재 상황 모델에 새로운 토큰을 도입하거나 완전히 구분된 별도의 모델을 구축하는 것이다. 또 다른 하나는 이해자가 새로운 정보를 이전 정보와 전혀 연결되지 않은 것으로 취급하여 일관성이 낮은 담화 표현으로 간주하는 것이다(예: Klin et al., 2006).

대용어는 모호하기 때문에 공지시를 설정하는 것은 일종의 추론 과정으로 생각할 수 있다(Haviland and Clark, 1974 참조). (1)의 예시를 보라.

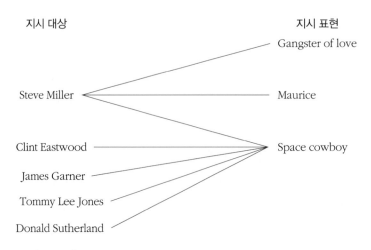

[그림 6.1] Space cowboy는 무슨 의미인가? 그리고 누구를 지칭하나?

(1) 스티브는 그의 아들에게 그의 생일을 위한 선물을 사주고 싶었다. 그는 애완동물 가게에 가서 <u>강아지</u> 한 마리를 샀다. 그는 <u>선물</u>에 기뻐했다.

이 이야기에는 이전에 소개한 지시 대상을 다시 언급하는 대용어로 받아들일 수 있는 몇 가지 표현이 있다. 첫 문장의 '그의'라는 표현을 보자. 대부분의 사람들은 첫 번째 언급된 '그의'는 스티브를 의미하고, 두 번째 '그의'는 스티브의 아들을 의미한다고 해석할 것이다. '그의 아들'이라는 표현이 반드시 스티브의 아들을 지칭할 필요는 없지만, 그의 성별이 담화에서 최근에 소개된 주요 인물(스티브)의 성별과 일치하기 때문에 대부분의 사람들은 이렇게 해석할 것이다. 물론 이해자가 '그의 아들'이 담화에서 명시적으로 언급되지 않은 다른 인물을 가리키는 것으로 해석할 수도 있다(화자가 '그의 아들'이라고 말할 때 스티브 친구의 아들을 가리키고 있을 수 있으며, 이 경우 '그'는 스티브가 아닌 스티브의 친구를 가리킬 것이다). 신경 영상 및 신경 생리학 연구에 따르면 청자는 때때로 이런 종류의 선택을 하는데, 특히 대명사의 성별 특징이 특정 지시를 선택하는 데 도움이 되지 못할 때 이러한 선택을 한다. 하지만 이런 방식으로 대용어를 현재 문장 밖의 대상에 연결하는 것은 상당한 처리 비용이 발생한다(Nieuwland, Petersson, et al., 2007; Nieuwland and van Berkum, 2008; Callahan, 2008; Van Berkum, 2009; 대용어에 대한 ERP 연구 리뷰를 위해서는 Van Berkum and Nieuwland, 2019). 선물과 같은 일반 명사구(Full-NP) 대용어도 또한 상황 모델에 통합되려면 추론이 필요하다. 대부분의 사람들은 선물과 강아지라는 NP가 동일한 것을 지칭한다고 금방 결론을 내릴 수 있지만, 이는 논리적 필요조건이 아니며 단지 화자가 이전에 선물이 가리킬 수 있는 어떤 다른 것을 소개하지 않고 선물이라 지칭하는 것이 화용적으로 이상하기 때문에 이렇게 결론을 내리는 것이다. 마지막 문장의 대명사 '그'는 스티브 또는 스티브의 아들을 지칭할 수도 있고, 특수한 상황에서는 이 두 사람 이외의 다른 사람을 지칭할 수도 있다.[5] 이 예는 이해하기 쉬운 아주 짧은 담화에서 조차 지시 처리 시스템이 적절한 해석을 만들기 위해 열심히 일하고 있다는 것을 보여 준다.

화자가 다양한 형태의 대용어를 선택할 수 있고, 이해자가 주어진 대용어를 다양하게 해석할 수 있다는 점을 고려한다면, 어떻게 이해자가 대용어를 지시 대상과 성공적으로 연결할 수 있을까? 그것은 대용어의 형태와 담화 표현의 현재 상태가 모두 이해자가 대용어와 지시어를 공동 색인(co-index, 정신적으로 연결)하는 데 도움을 주는 단서를 제공하기 때문이다. 개개의 대용어에 대한 해석은 대용어와 관련된 요소들과 가능한 지시 대상과 관련된 요소들의 복잡한 상호작용을 반영한다. 비록 해석은 대용어가 가능한 지시 대상과 어떻게 상호작용하는지에 따라 달라지지만, 먼저 지시 대상의 특성을 대용어의 특성과 분리하여 살펴보고, 두 가지가 어떻게 상호작용하는지에 대한 논의는 잠시 보류하도록 하자.

공지시를 더 쉽게 만드는 지시 대상의 특징들

청자가 대용어가 어떤 지시 대상을 가리키는지를 쉽게 파악할 수 있는지 여부는 지시 대상과 대용어의 특성에 따라 다르지만, 연구자들은 지시 성공 또는 실패에 영향을 주는 여러 특징들을 제안했다. 대용적 지시를 용이하게 하는 지시 대상의 주요 특징 중 하나는 초점(focus)이다. 초점은 Sanford와 Garrod의 시나리오 매핑과 초점(scenario mapping and focus) 틀, Grosz와 동료들의 중심화 이론(centering theory)(나중에 설명) 등의 이론에서 매우 구체적인 방식으로 정의되지만, 대략적으로 말하면 특정 시점의 담화에서 가장 중요하거나 가장 두드러진 요소인 주제(담화가 무엇에 관한 것인지)라고 생각할 수 있다(시간이 지남에 따라 새로운 개념이 도입되고 이전에 도입된 개념의 다른 측면이 강조됨에 따라 초점은 이동할 수 있다). 다른 모든 것이 동일하다면, 초점이 맞춰진 선행어가 초점이 맞춰지지 않은 선행어보다 공지시를 설정하는 것이 더 쉽다. 또한 초점은 양자택일의 명제가 아니라 정도의 문제이다. 초점이 맞춰진 요소는 담화의 다른 요소들에 비해 약간만 두드러질 수도 있고, 담화의 다른 요소들과 매우 뚜렷하게 구분될 수도 있다.

언어는 특정 지시 대상에 대한 집중도를 높일 수 있는 다양한 방법을 제공한다. 예를 들어, 통사적 위치(syntactic position)가 초점 정도에 영향을 줄 수 있다. 문장 (1)의 스티브와 같은 통사적 주어는 직접 목적어(예: (1)의 선물) 또는 전치사 목적어(예: (1)의 그의 생일)와 같은 다른 통사적 위치에 있는 단어보다 더 초점을 받는다(Gordon and Hendrick, 1997; Gordon and Scearce, 1995). 그 결과, 청자는 주어를 다시 언급하는 대용어를 주어가 아닌 위치에 있는 단어를 다시 언급하는 대용어보다 (나중에 언급되는 예외를 제외하고) 더 쉽게 해석한다.

그러나 특이한 구문 구조와 어순으로 인해 특정 요소가 일반적인 주어-동사-목적어 문장에서 주어 위치에 나타날 때보다 훨씬 더 초점을 받을 수 있다. 예 (2) 및 (3)에서와 같은 it-분열이나 there-삽입 같은 구조는 일반적인 주어-동사-목적어 형태보다 더 큰 초점을 준다.

(2) It was John who stole the money. (John stole the money와 비교)

(3) There was a banker who stole a bunch of money. (A banker stole a bunch of money와 비교)

만약 화자가 지시어를 소개하기 위해(예: 존, 은행원) it-분열이나 there-삽입을 사용하면, 청자는 분열되지 않은 구문 구조의 문맥에서보다 존/은행원을 지칭하는 발화를 생성할 가능성이 더 크다(예: 존이 돈을 훔쳤다/은행원이 돈을 많이 훔쳤다). 또한 청자는 it-분열이나 there-삽입과 같은 삽입절 사이에 언급된 대용어에 더 빠르게 반응한다(Almor, 1999; Almor and Eimas, 2008; Birch et al., 2000; Birch and Garnsey, 1995; Cheng and Almor, 2017; Fletcher, 1984; Morris and Folk, 1998). 이러한 산출 및 이해에서의 효과는 삽입절을 사용하면 초점 요소의 활성화가 향상되어 다른 지시 대상에 비해 더 두드러지게 한다는 것을 시사한다. 발화에 대한 청자의 정신적 표상에서 이러한 두드러짐은 청자가 이어진 문장에서 초점 요소를 사용하거나 대용어가 초점 요소를 언급할 때 그것을 더 쉽게 검색 할 수 있도록 한다.

문장에서의 위치도 문장의 구문 구조와 무관하게 영향을 미칠 수도 있다. 다른 모든 것이 동일하다면, 화자가 먼저 언급하는 개체가 문장의 후반부에 언급하는 개체보다 더 두드러진다. 그 결과, 화자가 어떤 구문 구조를 사용했는지에 관계없이 다른 대상보다 첫 번째로 언급된 대상을 지칭하는 것이 더 쉽다. 한 문장이 두 명 이상의 가능한 지시 대상을 소개하는 경우, 첫 번째로 언급된 지시 대상이 담화를 듣는 사람의 표현에서 더 두드러진 위치를 차지하게 된다. 예를 들어, Ann은 다음 각 문장에서 첫 번째로 언급된 지시 대상이다(Gernsbacher, 1989; Gernsbacher and Hargreaves, 1988에서 채택).

(4) Ann beat Pam in the state tennis match.

(5) It was Ann who beat Pam in the state tennis match.

(6) According to Ann, Pam was a terrible loser.

이 문장들 각각에서 Ann은 첫 번째 언급된 사람이고 Pam은 두 번째 언급된 사람이다. (4)에서 Ann은 문장의 주절의 통사적 주어이기도 하지만, (5)와 (6)에서 Ann은 주절 주어가 아니다. (5)에서 Ann은 동사 was의 목적어이고, (6)에서 Ann은 전치사 목적어이며, Pam은 주절 주어이다. 후속 문장에서 대명사 she를 사용하는 경우, 사람들은 문장의 통사 구조와 Ann이 차지하는 통사적 위치에 관계없이(예: 주어 vs. 목적어 vs. 전치사의 목적어) she를 처음 언급된 Ann으로 해석하는 경향이 있다. 즉, 첫 번째로 언급된 참가자가 가장 접근 가능한 지시 대상이자 대용어에게 있어 가장 찾기 쉬운 표적인 것이다.[6]

눈 움직임를 통해 서로 다른 잠재적 지시 대상이 얼마나 활성화되었는지를 수치화할 수 있는데, 눈움직임은 구문적 위치와 언급 순서가 잠재적 지시 대상의 상대적 활성화에 영향을 미친다는 것을 보여 준다. 이러한 사실을 입증하기 위해 Järvikivi 등(2005)은 핀란드어 구어 문장을 대상으로 한 시각 세계 패러다임(visual world paradigm) 연구를 진행하였다. 핀란드어는 어순이 영어보다 덜 제한적이기 때문에 목적어가 주어 앞에 올 수 있다. 이것은 마치 화자가 다음과 같이 말하는 것이다.

<u>Pam (목적어)</u> beat in the state tennis match <u>Ann (주어)</u>.[7] <u>She</u> …

(Ann이 테니스 대회에서 Pam을 꺾었다.)

이 연구에서는 유명인의 사진을 지시 대상으로 사용했는데 실험자들은 사람들이 she를 들었을 때 어디를 바라보는지 측정했다. 연구자들은 사람들이 대명사를 들었을 때 가장 크게 활성화된 지

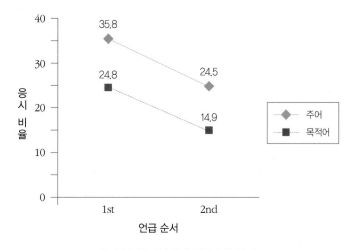

[그림 6.2] 시각세계 안구 운동 결과

출처: Järvikivi, et al. (2005), SAGE Publications

시 대상을 바라볼 것이라 가정하였다. 실험 결과, 언급 순서와 구문적 용법(주어 vs. 목적어)이 모두 청취자가 대용어를 해석하는 방식에 영향을 미치는 것으로 나타났다. [그림 6.2]는 실험 결과를 보여 준다.

대용어는 목적어(예: Pam)보다 주어(예: Ann)를 더 응시하도록 하였으며 두 번째로 언급된 대상(예: Ann)보다 첫 번째로 언급된 대상(예: Pam)을 더 많이 응시하도록 하였다. 또한 주어가 앞에 나타났을 때 가장 많은 시선 고정이 있었다. 주어가 두 번째에 나타났을 때는 (첫 번째로 언급된) 목적어와 동일한 수의 시선 고정을 보였다. 목적어가 앞에 나타났을 때는 (두 번째로 언급된) 주어와 거의 같은 양의 시선 고정이 있었다. 두 번째로 나타난 목적어는 가장 적은 수의 시선 고정을 보였다. 이 결과는 주어/목적어 여부와 언급 순서가 서로 다른 지시 대상의 활성화 정도에 영향을 미친다는 것을 보여 준다. 참가자들은 첫 번째 언급된 사람이 주어인지 목적어인지에 관계없이 첫 번째로 언급된 사람에게 대용어를 붙이는 경향이 있었으며 또한 구문적 주어에 대용어를 연결하는 경향이 있었다. 즉, 두 요인 모두가 지시 대상 식별의 용이성에 영향을 미쳤다.

지시 대상이 담화에 소개되는 방식도 지시 대상이 얼마나 초점화되거나 눈에 띄는지에 영향을 미칠 수 있으며, 이는 다시 해당 개체를 얼마나 쉽게 지시할 수 있는지에 영향을 미친다. 화자가 어떤 개체를 강조하고 싶을 때는 강세(큰소리)를 사용하거나 부정관사를 사용할 수 있다(예: This guy walks into a bar with a parrot on his shoulder … vs. A guy …). 사람들은 부정관사 a보다 this로 소개되었을 때 guy를 언급하여 이야기를 계속할 가능성이 더 높다. 또한 a guy에 비해 guy가 this와 나타날 때(this guy) 더 빠르게 인식되며, this guy는 a guy에 비해 지시 대상이 다른 개념으로부터의 간섭에 영향을 덜 받도록 한다(Gernsbacher and Jescheniak, 1995). 이러한 효과는 사모아어와 같이 영어와 매우 다른 언어에서도 나타난다(Calhoun et al., 2022).

더 큰 담화 구조(개별 문장 수준 이상의 구조)에서 지시 대상의 위치도 공지시를 설정하는 것이 얼마나 쉬운지 또는 어려운지에 영향을 미친다. 다른 모든 것이 동일하다면, 대용어는 최근에 언급된 지시 대상과 더 쉽게 연결된다. 또한 대용어와 지시 대상 사이의 거리가 멀어질수록 대용어를 해석하기가 더 어려워진다(Givon, 1983; O'Brien, 1987). 대명사와 완전 명사구 대용어는 한 절 내에 지시 대상이 나타나면 상당히 쉽게 해결할 수 있다. 반면, 지시 대상이 대용어보다 두 절 이상 앞에 나타나면 대용적 지시가 훨씬 더 어려워진다(Clark and Sengul, 1979). Clark와 Sengul(1979)은 이와 같은 효과를 특별한 메모리 버퍼(memory buffer)를 통해 설명한다. 그들의 말에 따르면, "처리된 마지막 절은 그것이 언급한 개체에 작업기억상의 특권적인 위치를 부여한다. 그것은 명사나 대명사에 의해 지시될 준비가 된 것이다"(p. 35). 초점화된 지시 대상은 담화에서 가장 중요하거나, 주제적이거나, 관련성이 높은 부분을 추적하는 데 사용되는 작업기억의 특수한 부분을 활용하기 때문에 지시하기가 더 쉽다(이에 대해서는 나중에 좀 더 설명할 예정이다).

지시 단어와 관련된 의미적 요소도 대용어가 지시 대상을 얼마나 쉽게 지칭할 수 있는지에 영향을 미친다. 다른 모든 것이 동일하다면 대명사나 일반적 범주를 나타내는 완전 명사구 대용어를 사용하여 범주 내의 보다 전형적인 구성원을 지칭하는 것이 더 쉽다. 다음 두 문장을 생각해 보자.

(7) The <u>ostrich</u> lived in the zoo and it/the bird was very docile.

(8) The <u>pigeon</u> lived in the zoo and it/the bird was very docile.

비둘기(pigeon)는 새 범주의 전형적인 예이며 타조(ostrich)는 같은 범주의 비전형적인 예이다. 참가자들은 (7)과 같은 문장의 후반부를 읽을 때(it/the bird was very docile: 그 새는 매우 유순했다) (8)과 같은 문장에서보다 느리게 읽는다(Garnham, 1989; Garrod and Sanford, 1977; Sanford et al., 1977, 그러나 Almor, 1999도 참조).[8] 청자가 대용어 it이나 the bird를 마주하게 되면, 그들은 그 대용어가 언급하는 지시 대상을 다시 활성화시킨다. pigeon이 새 범주의 전형적인 특성을 더 많이 가지고 있기 때문에 bird는 ostrich보다 pigeon의 경우에 더 좋은 재인 단서로 작동하게 된다.

담화 모델의 속성은 특정 담화 토큰에 대한 지시를 더 쉽게 또는 더 어렵게 만들기도 한다. 담화는 종종 사물이 존재하고 행위자가 행동을 수행하는 물리적 공간을 표현하는 공간 모델을 설정한다. 이야기를 이해하려 할 때 주인공과 보조 인물의 움직임을 추적하고, 현재 초점을 맞추고 있는 인물에 가장 주의를 기울이는 경향이 있지만, 기본적으로 주인공에 주의를 기울이는 것을 선호한다(Morrow, 1985; Morrow et al., 1989; Rinck and Bower, 1995; Dutke, 2003 참조). 그러나 초점화된 대상으로부터 주의가 '넘쳐 흐르기' 때문에 그것과 가까운 거리에 있는 대상은 일반적인 수준에 비해 더 많은 활성화 또는 초점을 받을 수 있다. 따라서 초점화된 대상이 텍스트에 명시적으로 언급되지 않은 경우에도 '가까운' 물체를 쉽게 지시할 수 있게 한다. 건물의 구조를 외우거나 익숙한 공간에 대한 이야기를 읽는 실험에서 이야기 속 사물을 나타내는 탐사 단어에 반응하는 데 걸리는 시간은 본질적으로 이해자의 담화 모델로 대표되는 '가상 세계'에서 주인공과 탐사 대상 사이의 공간적 거리의 직선 함수이다. 그러나 이러한 효과는 탐사 단어 실험뿐만 아니라 참여자가 가상 이야기 공간에서 초점을 맞춘 등장인물의 위치에서 가깝거나 먼 곳에 있는 사물을 언급하는 구절을 읽는 실험에서도 관찰된다. 지시 표현은 지시 대상이 주인공과 가까울 때 더 빨리 읽힌다(여기서 '가깝다'는 것은 독자의 이야기 정신 모델에 의해 정의된 가상 공간에서의 거리로 정의된다). 지시 대상이 주인공과 멀리 떨어져 있을 때는 지시 표현은 더 느리게 읽힌다(Glenberg et al., 1987; Smith et al., 2020 참조).

담화는 공간 관계에 대한 정보를 전달하는 것 외에도 시간(시간 정보)에 대한 정보를 명시적으로 (구체적으로 x시간이 지났다고 말함으로써) 또는 암묵적으로(이해자가 다른 특정 사건이 보통 얼마나 오래 지속되는지 알고 있기 때문에) 전달하기도 한다. 의회 회의는 집에서 하는 파티보다 오래 지속된다. 집에서 하는 파티는 샌드위치 만드는 것보다 오래 걸린다. 이와 같은 내러티브의 시간적 구조는 내러티브에 언급된 인물에 대한 초점화 정도를 바꿀 수 있다(Ditman et al., 2008; Speer and Zacks, 2005; Zwaan et al., 1995; 중국어에서 시간적 효과에 대해서는 Collart and Chan, 2021 참조).

명시적 또는 암묵적 이벤트 경계 이후에는 대상에 대한 접근성이 떨어지고, 접근성이 떨어지면 이해자가 대용어를 앞의 대상과 연결하기가 더 어려워진다. 행동 실험에서 이는 적절한 지시 대상이 이벤트 경계 이전에 마지막으로 언급되었을 때 대용어의 처리 시간이 길어진다는 것을 의미한다. ERP 실험에서 시간적 이동은 N400(텍스트의 새로운 부분을 이전 부분과 통합하는 것이 얼마나 어려운지 정도를 반영)의 진폭(크기)을 증가시킨다. 또한 일부 증거에 따르면 시간적 이동에 대한 뇌의 반응은 모 아니면 도가 아니다. 시간 이동이 길면 N400 효과가 가장 크게 증가하고, 시간 이동이 중간이면 N400 효과가 더 작게 증가하며, 시간 이동이 짧으면 N400 효과가 가장 작게 나타난다 (Ditman et al., 2008). 참여자들이 'Dave and Susan went to school before <u>the session of Congress/ the house party/making a sandwich</u>. After the session of Congress/the house party/making a sandwich, <u>he</u> …'를 들었을 때, 의회 버전에서 he를 지칭하는 대상을 식별하는 것이 가장 어려웠고, 샌드위치 버전에서 가장 쉬웠다.

이해자의 상황 모델은 텍스트에 소개된 다양한 등장인물의 현재 상태를 추적하는데, 상황 모델의 상태는 다시 주어진 선행어가 접근 가능하고 대용적 지시에 사용할 수 있는지 여부에 영향을 준다 (Nieuwland, Otten et al., 2007; Van Berkum et al., 1999). 예를 들어, 한 이야기에서 두 명의 등장인물이 등장하는데 둘 다 여성이다. 이러한 상황에서 여성 중 한 명을 대명사인 she로 지칭하는 것은 적합하지 않다(마치 *Two girls went to the store and she …와 같이). 이 문맥에서 비특정적 일반명사 <u>the girl</u> 을 대용어로 사용하는 것도 문맥상 좋지 않다. 그러나 스토리에 두 명의 여성 캐릭터가 있지만 그중 한 명이 현재의 가상 스토리 공간에 포함되지 않아 초점화된 캐릭터와 상호작용할 수 없기 때문에 현재 이벤트에 포함되지 않는 경우가 있다. 다음 예를 보자(Van Berkum et al., 1999에서 채택).

David had told the two girls to clean up their room before lunch time. But one of the girls had stayed upstairs in bed all morning and the other had gone downtown and had not returned. When David went upstairs, he told the girl …

이 스토리에서는 두 명의 소녀가 소개되어 일반명사 <u>the girl</u>의 사용이 적절치 않은 것으로 생각될 수 있지만, 이 스토리에서의 <u>the girl</u>에 대한 ERP 반응은 한 명의 소녀만 소개된 경우의 반응과 매우 유사하다. 반면, 이 스토리에서 <u>the girl</u>에 대한 ERP 반응은 두 명의 소녀가 소개되고 둘 다 초점이 유지되는 스토리에서의 반응과는 매우 다르다. 후자의 상황에서는 부적 ERP 전위가 지속적으로 증가하며(수백 밀리초 동안 지속된다), 이를 nREF 효과라고 부른다.

담화는 또한 다른 캐릭터에 초점을 맞추는 방식으로 한 캐릭터를 명시적이지 않은 방법으로 제외시킬 수 있다. 이는 두 캐릭터를 도입하는 문장에서 동사의 속성을 조작하여 수행할 수 있다. (9)와 (10)을 고려해 보자.

(9) Susan praised Rick because …

(10) Susan apologized to Rick because …

대부분의 사람들은 문장 (9) 뒤에 Rick에 대해 이야기할 것이며 문장 (10) 뒤에 Susan에 대해 이야기할 것이다. 그것은 because라는 단어가 다음 절에서 첫 번째 절의 행동에 대한 이유나 원인을 제공할 것임을 강력하게 암시하고(Traxler, Bybee et al., 1997; Traxler, Sanford et al., 1997), 첫 번째 절의 동사는 한 인물이 실제로 그 행동을 일으켰음을 강력하게 암시하기 때문이다(Garvey and Caramazza, 1974). 일반적으로 Susan은 Rick이 좋은 일을 했기 때문에 칭찬할 것이고, 따라서 Rick이 칭찬 행동의 직접적인 원인이다. 또한 Susan은 자신이 한 일 때문에 Rick에게 사과할 것이다(물론 그 반대일 수도 있다. Rick이 사과를 요청했기 때문에 Susa이 사과했을 수도 있고, Rick이 특별히 칭찬할 만한 일 때문이 아니라 기분이 좋아서 Susan이 Rick을 칭찬했을 수도 있다).

비난하다(blame), 사과하다(apologize)와 같은 동사는 직접적으로 말하지는 않지만 두 인물 중 한 명이 행동의 근본 원인이라는 것을 암시하기 때문에 암시적 인과관계(implicit causality)에 대한 정보를 전달한다. praise는 그 동사의 목적어를 원인으로 지목하고, apologize는 주어를 원인으로 지목한다. 내러티브를 이해하는 것은 내러티브에 묘사된 사건의 원인을 발견하는 것이므로 암시적 인과관계 동사는 암시적 원인에 대한 집중도를 높이는 효과가 있다(예: (9)의 Rick, (10)의 Susan). 따라서 (10)에서보다 (9)에서 대용어가 RIck을 지칭하는 것이 더 쉽다. (9)에서 동사의 암시적 인과관계 정보는 Susan이 더 두드러진 (주어) 구문적 위치에 있음에도 불구하고 Rick이 Susan과 선택 경쟁을 하는 데 도움이 된다. 암시적 인과관계가 정확히 언제, 왜 초점과 지시에 영향을 미치는지에 대한 설명은 다양하지만, 언어 과학자들은 암시적 인과관계가 대용어 표현이 문장이 묘사하는 사건과 관련된 인물을 지시하는 것의 난이도에 영향을 미친다는 사실에 동의한다(Bott and Solstad, 2021; Garnham et al., 1996; Guerry et al., 2006; Long and Deley, 2000; McDonald and MacWhinney, 1995; Van Berkum et al., 2007).

일반적 세계 지식—세계와 사물의 작동 방식에 대한 개인의 기억 창고—도 특정 지시 대상에 대한 대용적 지시를 더 쉽게 또는 더 어렵게 만드는 역할을 할 수 있다. 담화 모델과 결합된 일반적 세계 지식의 효과는 정관사와 부정관사를 사용한 지시의 수용 가능성에서 관찰된다(Hawkins, 1978, 1991). 정관사에는 폐쇄 부류 기능어인 the가 포함되며, a/an과 같은 부정관사와 구분된다. Hawkins(1991)의 분석에 따르면 정관사와 부정 관사는 상호 보완적 분포(complementary distribution)에 있다. 그들은 클라크 켄트와 슈퍼맨처럼 행동한다. 슈퍼맨을 본 장소와 시간에 클라크 켄트를 볼 수 없으며 그 반대의 경우도 마찬가지이다.

정관사는 이전에 소개된 지시 대상을 다시 언급하는 NP와 함께 가장 자주 사용되는 반면, 부정관사는 담화에 처음 소개되는 개념을 언급할 때 사용된다. 그러나 정관사와 부정관사의 사용은 다음과 같은 방식으로 일반적인 세계 지식과 상호작용한다: 이전에 도입된 개념에 적절한 지식 구조가 있는 경우, 정관사를 사용하여 새로 도입된 개념을 지칭할 수 있다. 예를 들어, 화자가 엔진이라는 개념을 소개하려면 엔진 앞에 부정관사(예: an engine)가 와야 한다. 그러나 화자가 이전에 자동차(a car)에 대해 이야기한 적이 있다면 정관사 the가 허용된다. 따라서 화자가 John got in his car라고 말했다면 그들은 이어서 정관사를 사용하여 the engine started right away 라고 말할 수 있다. 왜냐하면 자동차에는 하나의 엔진이 있다는 것을 누구나 알고 있고, 자동차를 언급하는 것만으로도 담화 표현에서 고유한 엔진을 지칭한 것이기 때문이다(화자가 'John got in his car, which has an engine'라고 말한 것과 같다; 화자는 명백하게 지칭할 필요가 없다. 왜냐하면 청자의 세계 지식이 '누락된' 정보를 제공할 것이기 때문이다).[9] 그런 다음 화자는 정관사를 사용하여 암시적으로 도입된 엔진을 다시 가리킬 수 있으며 청자는 정관사를 사용한 엔진(the engine)의 지시어를 쉽게 찾을 수 있다(Garrod and Sanford, 1981).

한 개의 고유한 엔진을 가진다는 것은 부정관사를 사용할 가능성을 제거한다. 비록 엔진이 언급되진 않았고, 일반적으로 처음으로 언급되는 개체에 대해서는 부정관사를 쓰긴 하지만, 이렇게 말하는 것은 이상하다.

(11) John got in his car. An engine started right away. (여기서 engine이 존의 차가 아닌 완전히 다른 차를 의미하려 하지 않는 한)

부정 관사는 일반적인 세계 지식에 의해 허용된 경우, 이전에 소개된 담화 개체의 하위 집합을 선택할 수 있다. 화자는 'I went to a wedding last weekend and a bridesmaid fell into the koi pond(지난 주말에 결혼식에 갔는데 신부 들러리가 잉어 연못에 빠졌다).'라고 말할 수 있다. 왜냐하면 자동차나 엔진과 달리 결혼식에는 종종 신부 들러리가 한 명 이상이기 때문이다. 이 경우 화자가 이전에 결혼식에 신부 들러리가 한 명뿐이라는 것을 확인하지 않는 한 the bridesmaid는 이상하게 들릴 것이다.

일반적인 세계 지식은 이전에 담화에서 암시적으로 소개된 개념과의 연결을 설정하기 위해 전례없는(앞에 언급된 적이 없는) 대명사(unheralded pronouns, 또는 전례없는 대용어)를 사용할 수 있는지 여부에도 영향을 미친다. 전례없는 대명사는 화자가 명시적으로 소개하지 않은 개념을 지칭하는 대명사이다. 일반적으로 이전에 소개된 지시 대상이 없는 대명사를 사용하는 것은 문제가 된다. 다음 문장에서 she의 사용은 적절치 않다.

?She picked up her bags and Susan went to the airport.

그러나 세계 지식이 암묵적으로 전례없는 대명사가 지칭할 수 있는 지시 대상을 소개할 수 있다. 대학에서 누군가가 토요일에 축구 경기에 갔다고 말한 경우 'Did they win?'과 같은 방식으로 전례없는 대명사를 사용할 수 있으며, 대화 파트너는 they가 홈 팀을 가리킨다고 정확하게 추론할 가능성이 높다.

요약하자면, 지시 대상과 관련된 여러 가지 요인에 따라 대용어를 더 쉽게 또는 더 어렵게 이해할 수 있다. 구문상 위치, 문장 수준 이상의 서술 구조, 지시어의 의미적 특성, 담화의 특성, 세계 지식의 조직 등이 모두 대용어를 사용하여 특정 지시 대상을 고르는 것에 영향을 미친다. 다음 섹션에서는 지시를 더 쉽게 또는 더 어렵게 만드는 대용어의 몇 가지 속성들에 대해 요약할 것이다.

공지시를 더 쉽게 만드는 대용어의 특징들

앞서 언급했듯이 대용어에는 다양한 종류가 있다. 무형 대용어(Zero anaphor)는 가장 덜 명시적이며 하나의 눈에 띄는 개체가 주의를 집중시키는 문맥에서만 적절하게 사용할 수 있다. 일반적으로 'John went to the store and (zero anaphor) bought some milk.'와 같이 대용어가 선행어 바로 뒤에 있을 때 쓸 수 있다. 이름은 가장 명시적인 대용어 형식으로, 대용어와 선행어 사이에 많은 단어가 있을 때에도 사용할 수 있으며, 'Clint, Donald, James, and Tommy Lee went to the store this morning after they finished shooting the last scene of the blockbuster film 'Space Cowboys' and Clint bought some milk.'에서와 같이 여러 경쟁상대가 존재하는 경우에도 사용될 수 있다. 다른 모든 것이 동일하다면, 더 명시적인 대용어를 사용하면 공지시를 더 쉽게 설정할 수 있다.

연구에 따르면 명시적 이름 대용어가 적절한 문장(나중에 설명)에서는 명시적 이름을 사용한 경우가 잠재적인 경쟁자들에게 가장 큰 영향을 미치며 읽기 시간도 가장 짧다(Gernsbacher, 1989). 다음 문장을 고려해 보자(Gernsbacher, 1989에서 각색).

(12) <u>Ann</u> beat <u>Steve</u> in the state tennis match and she/Ann celebrated all night long.

(13) <u>Ann</u> beat <u>Steve</u> in the state tennis match and he/Steve cried all night long.

이 문장들에는 성별이 다른 두 개의 가능한 선행어인 Ann과 Steve가 있다(하나는 여성, 하나는 남성). 가능한 선행어 Ann과 Steve의 활성화 수준은 문장의 여러 치점(대용어 앞뒤, 문장 끝)에서 탐사어 반응 방법(probe-reaction methods)을 사용하여 추정할 수 있다.[10] 탐사어 반응 방법은 대명사가 가능한 선행어들의 상대적 활성화에 약한 영향을 미친다는 것을 보여 준다(예: 탐사어 Ann에 대한 반응 시간은 대명사 she 바로 앞과 바로 뒤에서 거의 동일함). 그러나 대명사가 아닌 이름을 대용어로 사용하면 더 강력한 효과를 얻을 수 있다. 이름을 대용어로 사용하면 선행어의 활성화 수준이 급격히 증가하고 경쟁 관계어의 활성화 수준은 급격히 감소한다(she가 아닌 Ann이 대용어로 사용될 때 Steve에 대한 반응 시간이 급격히 증가하며, Steve가 대용어로 사용될 때도 동일한 패턴이 유지된다).

일반명사 대용어에 대해서도 선행어 자체가 아닌 선행어와 의미적으로 연관된 단어를 조사했을 때 비슷한 결과가 나타났다(Greene et al., 1992; Chang, 1980; Corbett and Chang, 1983; MacDonald and MacWhinney, 1990 참조). 한 실험에서 연구자들은 문맥 문장으로 burglar와 같은 지시 대상을 소개했으며, 이후 이것을 일반명사 대용어(예: criminal)로 언급하였다(Dell, et al., 1983). 실험에서 선행어 burglar에 대한 활성화 정도는 무작위 대조 단어에 대한 반응 시간과 비교되어 평가되었는데 참여자들은 일반명사 대용어에 의해 선행어가 작업기억에서 재활성화된 이후 선행어 관련 개념에 더 빠르게 반응했다(Nicol and Swinney, 1989 참조). 덜 명시적 대용어는 상대적으로 약한 효과를 보였다.

대용어에는 성별 및 숫자와 같은 어휘 속성(lexical features)이 있어 가능한 경쟁자 중에서 선행어를 고르는 데 도움이 될 수 있다. 하지만 영어는 러시아어, 프랑스어, 스페인어와 같은 다른 언어에 비해 성별 표시 시스템이 빈약하다. 영어에서는 사람과 일부 동물명사에만 성별을 확실하게 표시할 수 있다.[11] 그럼에도 불구하고 영어 대명사(및 다른 언어의 대명사도 마찬가지)는 남성과 여성, 단수와 복수, 생물과 무생물을 구분하는 어휘적 특징을 가지고 있다. 성별, 수 또는 동물인지 여부와 같은 특징이 하나의 가능한 지시 대상과 일치하는 경우가 대용어의 어휘적 특징이 두 개 이상의 가능한 선행어와 일치하는 경우보다 대용어의 해석이 더 쉽다. 이러한 효과는 어휘적 특징을 사용하여 대용어에 반응하여 재활성화되는 지시 대상의 집합을 제한하기 때문일 수 있지만, 대용어는 잠재적인 선행어, 심지어 대용어의 어휘적 특징과 충돌하는 선행어도 자동으로 재활성화하는 것으로 보인다.

메모리 기반 처리(memory-based processing)에 따르면 대용어는 잠재적인 선행어를 빠르게 공명시킨다(소리굽쇠가 피아노 현을 공명시키는 것처럼). 이 공명 과정은 빠르고, 의식적인 통제 밖에서 발생하며, 무의식적이라는 자동처리의 특징을 모두 가지고 있다. 일치하는 선행어가 없는 문맥에서의 대용어 해결에 대한 연구에 따르면 사람들은 대용어가 해결될 수 없는 경우, 즉 기억에 일치하는 지시어가 없는 경우에 매우 빠르게 판단한다(Cook et al., 2005; Glucksberg and McCloskey, 1981; Nieuwland and van Berkum, 2008). 메모리 기반 처리는 이러한 현상을 공명 과정의 빠른 효과를 반영하는 것으로 설명한다. (소리굽쇠와 같은) 대용어는 작업(활성)기억과 장기기억의 내용에 동시에 신호를 보낸다. 일치하는 선행어가 전혀 없는 경우(또는 공명 과정에 의해 촉발된 활성화가 너무 많은 가능한 선행어로 나뉘어 있는 경우), 기억의 어떤 것도 대용어에 충분히 강하게 공명하지 못하여 가능한 선행어로 간주되지 않는다. 이러한 상황에서 청자는 대용어 표현이 실제로 새로운 담화 개체를 소개하는 것이라고 결론을 내릴 수 있다.

공명 과정의 '멍청한' 면은 공지시가 불가능한 위치에 있기 때문에 고려되어서는 안 되는 선행어들이 적절한 선행어와 선택을 놓고 경쟁하는 것을 보여 주는 실험을 통해 입증된다(Almor, 1999; Badecker and Straub, 2002; Kennison, 2003; Sturt, 2003). 또한 대용어와 선행어 사이의 어휘적 특징이 일치하지 않는다고 해서 일치하지 않는 선행어가 공명하는 것을 막지 못하는 것으로도 입증된다. 그럼에도 어휘적 특징은 기억 기반 처리 접근법에서와 같이 수, 성별 또는 동물성 여부를 바탕으로 대용어와 불일치하는 잠재적 선행어를 빠르게 걸러내는 데 사용된다(Cook et al., 2005; Foraker and McElree, 2007; Greene et al., 1992; Klin et al., 2006; Myers and O'Brien, 1998; O'Brien, 1987; Hintzman, 2001 참조; 그러나 Arnold et al., 2000; Osterhout et al., 1997도 참조). 대용어의 어휘적 특징이 구조적으로 접근 가능한 선행어와 구조적으로 접근 불가능한 선행어의 특징과 모두 일치할 때, 읽기 및 탐색 반응 시간이 느려진다—지시 처리 시스템은 대용어를 마치 모호한 것처럼 처리한다. 반면 구조적으로 접근할 수 없는 선행어의 특징이 대용어의 특징과 충돌할 때 응답 시간이 더 빨라진다. 공명 과정은 또한 사람들이 대용어와 그 선행어 사이의 연결고리를 완전히 확립하지 못한 상황에서 선행어의 개별적인 특징을 다시 활성화하는 것으로 보인다(Klin et al., 2006).

대용어를 해결하는 것은 전부 아니면 전무가 아니며, 분화되지 않은 단일 프로세스가 아닌 두 단계의 프로세스로 구성된다. 첫 번째 단계에서는 대용어가 검색 단서 역할을 하여 기억 속 정보를 공명(더 활성화)시키게 한다. 기억에 강하게 공명하는 정보가 없으면 이해자는 대용어가 선행어를 공지시하지 못한다는 것을 금방 깨닫게 된다. 정보가 강하게 공명하는 경우, 이해자는 공명하는 정보의 특성을 평가하는 두 번째 처리 단계를 수행하여 대용어 표현의 어휘적, 구문적, 화용적 요구 사항과 가장 일치하는 공명 정보에 대용어를 연결하도록 선택한다. 이 과정은 대용어의 특징과 일치하는 잠재적 선행어가 하나만 있을 때 더 쉽다(Garnham and Oakhill, 1985). 잠재적 선행어의 일부 특징이 대용어와 일치하지만 다른 특징이 일치하지 않는 경우(구문적 두드러짐이 한 잠재적 선행어를 선호하지만 성별 특징이 다른 선행어를 선호하는 경우 등) 공지시를 해결하는 과정이 더 어렵다.

대용어와 가능한 지시들과의 관계가 대용어 해소에 영향을 미친다

대용어 해소를 위해서는 청자가 대용어의 특징들을 사용하여 대용어가 제공하는 단서와 가장 밀접하게 일치하는 어휘 및 담화 특징을 가진 지시 대상을 기억에서 검색해야 한다. 지시 표현은 명시성의 차원에 따라 다르다. 또한 참여자가 텍스트를 읽고 다음에 일어날 것이라 생각되는 내용을 반영하는 이야기를 생성하도록 하는 연구에 따르면 대용어의 형태는 담화 모델에서 지시 대상이 얼마나 두드러지는지를 반영한다. 더 두드러지거나 눈에 띄는 선행어는 덜 명시적인 대용어(대명사 또는 제로 대용어)로 언급된다. 반면, 덜 두드러지거나 눈에 띄는 선행어는 보다 명시적인 대용어(일반명사 또는 고유명사)로 언급된다. 화자는 더 두드러진 선행어와 덜 두드러진 선행어에 대해 서로 다른 종류의 대용어 표현을 사용하는 경향이 있으므로, 청취자는 대용어의 명시성을 활용하여 대용어가 무엇을 가리키는지 파악할 수 있어야 한다.

다음을 생각해 보자.

Steve gave his son a gift and he …

화자가 명시적이지 않은 대용어를 사용했고 Steve가 담화에서 가장 눈에 띄는 인물이기 때문에 청자는 논리적으로 반드시 그렇지 않더라도 he를 Steve와 공지시하는 것으로 해석하는 것을 선호한다. 예를 들어, 앞부분이 이렇게 계속되는 경우,

… thanked him profusely …

거의 틀림없이 he는 Steve가 아니라 son을 가리킬 것이다. 그러므로 화자는,

… and the son thanked Steve profusely …

이렇게 말하여 혼란을 피할 것이다.

만약 대명사가 매우 모호하고 고유명사는 훨씬 덜 모호하다면, 그리고 만약 고유명사가 잠재적 경쟁자들의 활동을 더 강력하게 줄인다면, 왜 화자는 늘 고유명사를 사용하거나 더 나은 방법인 일련번호를 사용하지 않을까? 이름, 직급, 일련번호를 사용하면 잘못된 대상에게 대용어를 잘못 지정할 가능성을 없앨 수 있다.

Rocky$_{Inmate\#112111}$ talked to Buster$_{Inmate\#112222}$. Buster$_{Inmate\#112222}$ traded some cigarettes $_{(Cigs\#555555)}$ with Jethro$_{Inmate\#113333}$, but Rocky$_{Inmate\#112111}$ stole the cigarettes$_{(Cigs\#555555)}$ right away.

이유는 두 가지로 나뉜다. 첫째, 일반적인 상황에서는 어휘, 담화 및 화용적 단서는 청자가 각 대용어의 지시 대상을 고유하게 식별할 수 있도록 하는 충분한 정보를 제공한다. 둘째, 아마도 더 중요한 이유는 덜 명시적인 대용어가 가능한데도 불구하고 고유명사와 같은 더 명시적인 대용어를 사용하면 오히려 청자가 이해를 어려워한다는 것이다(Almor, 1999; Gordon et al., 1993; Grosz and Sidner, 1986; Gunde et al., 1993). 다음 문장들을 비교해 보자.

(14) Steve bought a puppy. Steve brought the puppy home. Steve gave the puppy to Steve's son.

(15) Steve bought a puppy. He brought it home. He gave it to his son.

(14)에서는 Steve가 반복해서 등장하므로, Steve가 누구를 지칭하는지 꽤 쉽게 알아낼 수 있다. (15)에서 대명사 he라는 대명사가 두 번째와 세 번째 문장에 Steve 대신 등장하기 때문에 두 번째와 세 번째 문장에서 he가 Steve를 공지시하는지 확인하는 과정이 필요하다(왜냐하면 he가, Steve, 수컷인 경우 the puppy, 혹은 아직 언급되지 않은 또 다른 사람을 지칭할 수 있기 때문이다). 그러나 Steve와 비교했을 때 he가 더 모호함에도 불구하고 연구 목적을 알지 못하는 평가자들은 (14)보다 (15)를 더 선호하고, (14)보다 (15)를 이해하는 데 시간이 덜 걸린다. 뇌파 연구도 또한 (14)에 비해 (15)의 두 번째 및 세 번째 문장과 첫 번째 문장을 통합하는 데 어려움을 덜 겪는다는 것을 보여 준다(Camblin et al., 2006; Garnham et al., 1997; Gordon and Hendrick, 1997; Ledoux et al., 2007; Swaab et al., 2004). 대명사 대용어에 비해 고유명사 및 일반 명사구 대용어에 수반되는 처리의 어려움을 반복 이름 페널티(repeated name penalty)라고 하는데 이것은 더 명시적인 대용어가 덜 명시적인 대용어에 비해 항상 더 나은 것은 아님을 보여 준다. 뇌기능 영상(fMRI) 연구에 따르면 고유명사 대용어에 대한 뇌 반응은 덜 명시적인 형태의 대용어에 대한 반응과 다르다(Almor et al., 2007).

그렇다면 더 명시적인 대용어가 덜 명시적인 대용어보다 더 나쁠 때가 있는 이유는 무엇인가? 자세한 답변은 공지시가 어떻게 성립하는지에 대한 몇 가지 세부 이론을 고려할 때까지 기다려야겠지만, 핵심적인 문제는 (14)에서 대용어의 특성(특히 매우 명시적인 특성)이 담화 모델의 현재 상태와 양립할 수 없다는 것이다. 우리는 명시적 고유명사 대용어를 사용하여 매우 약하게 활성화된 선행어를 골라내거나 둘 이상의 강하게 활성화된 선행어들로 이루어진 집합 중에서 하나를 선택한다. 하지만 강하게 활성화된 잠재적 지시물이 하나만 있을 때 명시적 형식을 사용하게 되면 듣는 사람은 왜 필요한 것보다 더 많은 정보를 제공하는지 궁금해할 수 있다(이는 Grice의 양(quantity)에 대한 격언을 위반하는 것임). 또는 청자가 반복되는 이름이 새로운 담화 개체를 가리키는 것으로 간주하여 새로운 개체에 대한 새 토큰을 설정하여 추가 시간이 걸릴 수도 있다. 이에 더해 새 토큰과 이전 토큰의 이름이 같기 때문에(예: Steve), 청자가 두 표현을 구분하여 유지하는 데 어려움을 겪을 수 있다(유사성 기반 간섭(similarity based interference), 예: Gordon et al., 2001; Delogu et al., 2020 참조).

결속이론

이것이 나의 원칙들이다. 만약 네가 이 원칙들을 좋아하지 않는다면, 다른 원칙들도 있다.

—Marx

구문 구조에서 지시 대상과 대용어의 상대적 위치는 대용어 형태와 상호작용하여 대용어가 이전에 도입된 특정 개체를 나타낼 수 있는지 여부를 결정한다. 결속이론은 다양한 종류의 대용어가 어떻게 특정 선행어, 특히 통사적 위치를 지칭할 수 있는지 설명하고자 한다(Chomsky, 1981, 1986; Gordon and Hendrick, 1997, 1998 참조). Chomsky는 대용어를 세 가지 범주로 나누는데, 여기에는 he, she, him, her와 같은 일반 대명사, himself, herself와 같은 재귀 대명사, 고유명사를 포함하는 R-표현(R-expressions)이 있다. 그는 다양한 유형의 대용어[12]가 문장의 구문적 위치에 따라 분포가 정의되는 상보적 분포(complementary distribution)에 있다고 제안한다. 예를 들어, himself, herself와 같은 재귀 대명사는 문장의 같은 절에 있는 선행어를 선택해야 한다. 따라서 문장 (16)은 허용되지만 (17)은 허용되지 않는다.

(16) Jane$_{(i)}$ saw herself$_{(i)}$ in the mirror.
(17) *Jane$_{(i)}$ thought that Tom saw herself$_{(i)}$ in the mirror.

(작은 (i)는 대용어가 가리키는 지시 대상을 의미한다). 만약 화자가 (17)에서 Tom saw Jane in the mirror를 표현하려 한다면, 화자는 (18)과 같이 대명사(her)나 고유명사(Jane)를 사용해야 한다.

(18) Jane$_{(i)}$ thought that Tom saw <u>her</u>$_{(i)}$ / <u>Jane</u>$_{(i)}$ in the mirror.

재귀 대명사와 재귀 대명사가 지칭할 수 있는 대상과 비교할 때, him과 her와 같은 일반 대명사에는 반대 패턴이 적용된다. 이러한 종류의 대용어는 같은 절에 있는 선행사를 지칭할 수 없으며, 다른 절에 있는 선행사를 지칭해야 한다. 결과적으로 (19)는 허용되지만 (20)은 허용되지 않는다.

(19) Tina$_{(i)}$ was sick and she$_{(i)}$ spent a week in bed.
(20) *Tina$_{(i)}$ saw her$_{(i)}$ and she$_{(i)}$ spent a week in bed.

(20)에서 her는 Tina를 지칭하지 않는다(She saw Tina's brother는 마찬가지로 Tina 가 Tina's brother를 봤다고 해석할 수 없다). Chomsky는 (20)의 통사 구조에서 Tina를 포함하는 NP가 대명사 her를 포함하는 구를 c-command하기 때문이라고 말한다. Chomsky의 체계에서는 Tina 바로 위의 구조 노드에 대명사 her가 나오는 구가 포함되어 있으면 Tina를 포함하는 NP가 대명사 her를 포함하는 NP를 c-command한다. He, she, him, her와 같은 대명사는 즉각적인 구문(예: 자신의 절) 외부

의 선행사를 지칭할 수 있기 때문에 자유 대명사라 불린다. 하지만 himself, herself와 같은 재귀 대명사는 같은 절 내에서 선행어를 찾아야 하기 때문에 자유롭지 않다.

Chomsky는 서로 다른 구문 환경에서 서로 다른 종류의 대용어가 어떻게 분포하는지를 설명하는 세 가지 기본 규칙을 개발했으며, 이를 원칙 A-C라고 한다(Chomsky, 1981, p. 188 참조).

원칙 A: 재귀 대명사는 같은 절에서 반드시 결속되어야(선행사가 있어야 함) 한다.
원칙 B: 일반 대명사는 동일한 국부적 통사 구조(대략 절)에 있는 선행사를 지칭할 수 없다.
원칙 C: R-표현(예: 고유명사)도 R-표현이 포함된 구문과 c-command 관계에 있는 선행어를 가질 수 없다.

이 이론을 뒷받침하는 가장 큰 근거는 무엇이 허용되고 무엇이 허용되지 않는지에 대한 훈련된 언어학자들의 직관이다. Chomsky의 결속 이론은 다양한 판단 및 행동 측정을 적용한 언어 과학자들에 의해 검증되었다(Badecker and Straub, 2002; Clifton et al., 1997; Gordon and Hendrick, 1997, 1998; Gordon and Scearce, 1995; Kennison, 2003; Nicol and Swinney, 1989; Sturt, 2003; Yang et al., 2003, 2001). 언어적 표현과 처리에 관한 이론을 테스트하는 것은 새로운 의학적 및 약학적 치료법을 테스트할 때 발생하는 문제와 몇 가지 동일한 문제에 직면한다. 즉, 연구자가 연구 결과에 대한 사전 신념을 가지고 있다면 데이터 수집 및 분석이 미묘한 방식으로 오염될 수 있다. 일반적으로 연구자는 선호하는 가설에 유리한 증거에는 더 많은 주의를 기울이고 선호하는 가설과 모순되는 증거에는 주의를 덜 기울인다. 따라서 직관적인 판단을 이론 테스트의 주된 또는 유일한 근거로 사용하는 것은 과학적으로 위험한 일이다.

이 문제를 해결하기 위해 Gordon과 Hendrick은 영어가 모국어인 일반 평가자(대학생)에게 다양한 종류의 구문 환경에서 다양한 종류의 대용어의 수용 가능성을 판단하게 했다(Gordon and Hendrick, 1997). 특히 재귀 대명사가 자기가 속한 절 내부 또는 외부의 선행사를 지칭할 수 있는지 여부를 테스트했다. 또한 일반 대명사가 재귀 대명사와 유사한 위치에서 선행사를 지칭할 수 있는지를 테스트했다. 이에 더해 다양한 구문 환경에서 반복적인 이름 지시가 허용되는 조건을 테스트하고, 선행사가 초점이 맞춰져 있는지(it-that 구문이 들어간 문장에서처럼) 초점이 맞춰지지 않았는지(일반 주어-동사-목적어 문장에서처럼)를 조작했다. 연구 결과를 종합하면 화자들이 대용어가 선행어 사이의 연결을 만들고 평가할 때 A-C 원칙과 같은 규칙을 사용하는지 알 수 있다. 이 연구에서 평가자들은 어떤 이론을 테스트하고 있는지, 결합 이론에 따르면 자신의 행동이 어떻게 보여야 하는지를 알지 못했기 때문에 '자기충족적 예언' 문제가 발생하지 않았다.

대학생들의 평가는 원칙 A, 원칙 B와 매우 일치했다. 대학생들은 'John thought that Susan injured himself.'와 같은 문장을 싫어했고, 'John thought that Susan injured herself.'와 같은 문장을 좋아했다(원칙 A). She와 Susan이 같은 사람을 지칭하는 경우 'She called Susan.'과 같은 문장은 싫어했지만, 'Susan called before she came over.'와 같은 문장은 좋아했다(원칙 B). 하지만 원칙 C는 그다지 좋은 결과를 얻지 못했다. 이것을 통해 Gordon과 Hendrick은 반복되는 이름 대용어의 수용 가능성은 잠재적 선행어의 초점 상태에 따라 크게 좌우된다는 사실을 발견했다(초점화되지 않은 선행어가 초점화된 선행어보다 훨씬 선호됨). 결속 이론은 심리적 초점을 주요한 원리로 포함하지 않기 때문에 이러한 효과를 설명할 수 없다.[13]

원칙 C는 또한 지시 대상이 대용어를 C-command하지 않는 한 이름 대용어가 이전에 도입된 지시 대상을 다시 지시하는 데 허용되어야 한다는 것을 의미한다. 따라서 John$_{(i)}$ said that John$_{(i)}$ would win (Gordon and Hendrick, 1997, p. 338)과 같은 문장은 완벽하게 괜찮아야 하지만, 결속 이론을 모르는 일반 평가자들은 이와 같은 표현을 기껏해야 약간만 허용되는 정도로 어색하다고 판단했다.

시선 추적 및 자기 주도 읽기(self-paced reading)를 이용한 행동 실험에서도 원칙 C에 의문이 제기되었다(Badecker and Straub, 2002; Kennison, 2003; Sturt, 2003; 반면 Clifton et al., 1997; Nicol and Swinney, 1989 참조). 이러한 실험에서 취한 일반적인 접근 방식은 대용어가 '볼 수 없는' 통사론적 위치에 지시어를 배치하는 것이다. 이는 결속 이론의 원칙 중 하나가 한 위치의 선행어가 다른 위치의 대용어와 공지시 할 수 없다고 말하기 때문이다. (21)과 같은 담화에서 재귀 대명사 himself는 surgeon과 공지시할 수 있으나 Jonathan이나 Jennifer와는 공지시할 수 없다.

(21) Jonathan/Jennifer was pretty worried at the hospital. He/She remembered that the surgeon had pricked himself with a used syringe needle.

이러한 실험은 결속 이론을 테스트할 수 있는데, 결속 이론에 따르면 처음 나타나는 사람(Jonathan vs. Jennifer)을 조작해도 재귀 대명사 자체의 처리에 영향을 미치지 않아야 하기 때문이다. 결합 제약 조건은 독자가 재귀 대명사의 선행어로 Jonathan이나 Jennifer를 전혀 고려하지 못하도록 해야 하기 때문이다. 그럼에도 불구하고 여러 실험실에서 다양한 참여자 집단에 대해 읽기 시간 측정을 한 결과, '접근 불가' 지시 대상(Jonathan, Jennifer)의 상태가 재귀 대명사가 누구를 지칭하는지 파악하는 데 영향을 미치는 것으로 나타났다(사람들이 재귀 대명사와 그 뒤에 나오는 자료를 읽는 데 걸리는 시간에서 알 수 있듯이). Jonathan이 '접근 불가' 위치에 나타날 때 독자는 성별이 일치하지 않는 선행어 Jennifer가 같은 위치에 나타날 때보다 재귀 대명사와 다음 자료를 읽는 데 더 많은 시간을 소비했다. 이 결과는 결속 이론과 양립할 수 없는 결과이지만, 기억 기반 공명 접근법(memory based resonance approach)과는 일치한다. 공명 접근에 따르면, 이야기의 모든 잠재적 선행사는 재귀 대명사와 공명한다(성별이 다른 선행사도 포함). 따라서 문법상 Jonathan이 Jonathan 자신과 공동 지칭하는 것은 배제될 수 있지만, 사람들이 재귀 대명사 himself를 읽은 후에도 Jonathan은 여전히 공명하므로 나중에 평가 단계에서 걸러내져야 한다. 이와 같은 실험은 결합 제약 조건이 지시어 선택에 도움이 될 수 있지만, 지시 처리 시스템이 구문 구조에서의 상대적 위치에 따라 선행어를 고려하지 못하게 하는 초기 '필터' 역할을 하지는 못한다는 것을 시사한다.

대용적 지시의 언어심리학적 이론들

선행어와 대용어의 특징과 선행어와 대용어가 상호작용하는 방식에 대해 설명했으니, 이제 사람들이 대용어에 반응하는 방식에 대한 설명에 판단 및 행동 데이터를 통합한 몇 가지 이론을 살펴보자. 특히 초점-맵핑 틀(focus-mapping framework), 중심화 이론(centering theory), 정보 부하 가설(information load hypothesis)에 대해 차례로 살펴보자.

기억 초점 모델

Simon Garrod와 Tony Sanford는 대용어 표현을 해결하는 것(즉, 대용어를 선행어와 연결하는 것)이 2단계 과정을 거친다고 제안한 최초의 연구자들 중 한 명이다(Garrod et al., 1984; Garrod and Sanford, 1983; Garrod and Terras, 2000). 그들은 첫 번째 단계의 처리를 결합(bonding)이라 불렀고 두 번째 단계의 처리를 연결(binding)이라고 불렀다. 초점-매핑 시스템의 첫 번째 단계는 잠재적 선행어를 활성화하는 것이고, 두 번째 단계는 활성화된 잠재적 선행어가 대용어에 얼마나 부합하는지 평가하는 것이다(앞서 설명한 기억 기반/공명 접근 방식과 유사).

기억 초점 모델은 기억의 내용을 명시적 초점(explicit focus)에 있는 개체 집합과 암묵적 초점(implicit focus)에 있는 개체 집합으로 나눌 수 있다고 제안함으로써 현저성/두드러짐 효과를 다룬다. 명시적 초점에는 작업기억에서 활성화되어 즉시 지시할 수 있는 담화 개체가 포함된다. 암묵적 초점에는 담화에서 이전에 언급되었거나 (11)의 자동차 엔진 예시에서처럼 현재 작업기억의 내용과 강하게 연관되어 장기기억에서 상대적으로 높은 수준의 활성화를 누리는 담화 개체가 포함된다.

명시적 초점과 암시적 초점의 내용은 시간이 지남에 따라 변화한다. 화자가 문자, 사물 또는 개념을 명명하면 개체는 명시적 초점에 들어갈 수 있다. 개체가 대용어에 의해 언급될 때도 명시적 초점에 진입(또는 재진입)할 수 있다. 개체가 다시 언급되거나 담화의 주제로 남아 있는 한 개체는 명시적 초점을 유지할 수 있다. 반면, 화자가 해당 개체를 언급함으로써 개체의 흔적을 새로 고치지 않으면 개체는 암시적 초점으로 넘어가며, 결국 암시적 초점에서도 벗어날 수 있다.

기억 초점 모델은 왜 서로 다른 상황에서 서로 다른 대용어가 사용되는지, 즉 명시적 초점에 있는 선행어는 가장 덜 명시적인 대용어(대명사, 제로 대용어)로 이어지는 반면, 암묵적 초점 또는 초점 이탈에 있는 선행어는 더 명시적인 형태(일반명사, 이름)를 요구하는지 설명하는 데 도움이 된다. 이 모델은 또한 선행사에 초점이 맞춰졌을 때와 초점이 맞춰지지 않았을 때 동일한 지시 표현에 대한 읽기 시간이 다른 이유를 설명한다(Garrod et al., 1994). 이 모델의 2단계 결합 및 연결에 대한 규칙은, 대용어 표현(일반명사 포함)에 대한 초기 반응은 미리 저장된 어휘 특징에 의해 결정되는 반면, 후기 반응은 대용어 표현과 글이 묘사하는 상황의 특성 간의 적합도에 의해 결정된다는 시선 추적 연구결과와 일치한다(Garrod and Terras, 2000).

중심화 이론

중심화 이론은 기억 초점 모델과 마찬가지로 담화가 청자의 머릿속에 어떻게 표현되는지, 그리고 담화 표현의 형태가 대용적 지시에 어떻게 영향을 미치는지에 대해 몇 가지 구체적인 제안을 한다(Gordon et al., 1993; Gordon and Hendrick, 1998; Gordon and Scearce, 1995; Grosz and Sidner, 1986).

중심화 이론에 따르면 담화의 각 표현에는 두 가지 종류의 중심, 즉 하나의 후향적 중심(backward-looking center)과 일련의 전향적 중심들(forward-looking centers)이 포함되어 있다. 후향적 중심은 현재 표현과 이전 표현을 연결하는 수단을 제공한다. 전향적 중심은 미래 표현이 연결될 수 있는 개념 집합을 제공한다.

(22)의 이야기(Tim Dorsey's Florida Roadkill)를 생각해 보자.

(22) Serge는 유리 진열장에 100달러짜리 지폐 50장을 내려쳤다. Serge는 위조 운전면허증도 보여 주지 않은 채 TEC-9 및 MAC-10 트림총, 피스메이커 두 개, 사냥용 소총 세 자루, 조준경, Sharon의 케블라 앙상블을 들고 문밖으로 나갔다.

첫 번째 문장은 다음 문장에서 이용할 수 있는 여러 가지 개념을 제공한다: Serge, 100달러 지폐 5장, 유리 진열장. 다음 문장에는 앞 문장의 주어(및 처음 언급된 개체)에 연결되는 후향적 중심인 Serge가 있다. 두 번째 문장은 차례로 전향적 중심들을 제공한다: Serge, (Serge's) 위조 운전면허증, 문, TEC-9총, MAC-10총, 피스메이커 2개, 사냥용 총 세 자루, 조준정, Sharon, Sharon의 케블라 앙상블. 실제로 이야기는 다음 문장에서 Serge를 중심으로 계속되며, 담화에서 Serge를 눈에 띄는 위치에 유지한다.[14] 따라서 후향적 중심은 표현당 하나뿐이지만, 전향적 중심은 얼마든지 있을 수 있으며, 이러한 전향적 중심은 담화에서 차지하는 중요도에 따라 청자의 정신적 표상 속에서 순위가 매겨진다. 다른 모든 것이 동일하다면 구문적 주어는 다른 구문적 위치에 있는 단어보다 더 두드러질 것이다. 초점 정도는 앞서 설명한 대로 조작할 수 있다. 후향적 중심은 덜 두드러진 전향적 중심보다는 가장 두드러진 전향적 중심과 연결되는 것이 더 쉬울 것이며, 이는 앞서 설명한 실험적 증거에 부합된다.

중심화 이론에 따르면, 청자는 각각의 새로운 후향적 중심을 이전 담화의 전향적 중심 중 하나와 연결함으로써 일관된 담화 표상을 유지한다. 이 과정은 지시 표현이 연결되어야 하는 전향적 중심이 두드러진다는 전제하에, 지시 표현의 형태가 적절할 때 촉진된다. Grosz와 Colleagues 및 다른 이론가들(예: Garrod and Sanford, 1983; Grosz, Joshi, and Weinstein, 1995)이 제안한 것처럼 대명사는 그 자체로 의미 정보가 거의 없기 때문에(숫자와 성별 외에는 거의 없다), 앞 담화와의 연결을 통해 그 의미가 결정되어야 한다. 그러므로 대명사는 담화 처리 시스템에 '담화 표현에서 연결할 대상을 검색하라.'는 지침과 같은 역할을 한다. 반면, 보다 명시적인 지시 형태, 일반명사 및 이름은 자체적으로 훨씬 더 많은 의미 정보를 전달한다(예: him과 space cowboy 비교). 결과적으로 중심화 이론에 따르면 명시적 지시는 담화 처리 과정에 기억 검색을 수행하도록 지시하지는 않는다. 대신, 명시적 지시는 청자에게 상황 모델에 새로운 담화 개체를 도입하도록 지시한다. 청자는 새 개체가 담화 표현에 도입된 후에야 새 지시 대상과 관련된 정보를 이전에 상황 모델에 입력된 정보와 통합하려고 시도한다.

중심화 이론은 지시 처리와 관련된 여러 현상을 설명하는 데 도움이 될 수 있다. 첫째, 중심화 이론은 선행사의 두드러짐 정도에 따라 지시 표현의 형태가 달라져야 한다고 옳게 예측한다. 또한 중심화 이론은 두드러진 개체를 지칭하는 대명사가 덜 두드러진 개체를 지칭하는 대명사보다 이해하기 쉬워야 한다고 예측하는데, 이 역시 옳다. 마지막으로, 중심화 이론은 반복되는 이름이 처리의 어려움을 초래하는 이유에 대한 간단한 설명을 제공한다. 다음과 같은 예에서,

(23) Steve bought a puppy. Steve brought the puppy home. Steve gave the puppy to Steve's son.

Steve는 첫 번째 문장에서 가장 눈에 띄는 전향적 중심이다. 따라서 중심화 이론에 따르면 다음 문장의 후향적 중심이 Steve와 직접 연결되려면 대명사를 사용해야 한다(대명사는 담화에 새로운 개체를 도입하는 것이 아니라 담화 표상으로부터 일치하는 중심을 찾도록 처리자에게 지시하기 때문이다. Ariel, 1990; Gundel et al., 1993 참조). (23)에서 두 번째 문장에 고유명사 Steve가 포함되어 있기 때문에 청자가 가장 먼저 하는 일은 담화 표상에 새로운 토큰을 설정하는 것이다(이것을 Steve#2라 부르자). 이것은 청자가 첫 번째 문장과 두 번째 문장 사이의 관계를 즉시 인식하지 못하게 하며, 청자가 첫 번째 문장에서 언급된 Steve#2와 Steve 사이의 연결을 설정하기 위해 추가적인 추론을 수행해야 함을 의미한다(Gordon and Hendrick, 1998). (23)에서와 같이 이름을 반복하는 것은 더 쉬운 대명사를 사용하는 것과는 다른 뇌 반응 패턴을 유도하는데, 이는 최근 Almor와 동료들(2007; Nieuwland et al., 2007 참조)의 fMRI 연구에서 입증된 바 있다.

고유명사의 지시 대상이 담화 표현에서 덜 두드러질 때는 고유명사와 대명사의 상대적 이익과 비용이 달라지는 또 다른 문제가 발생한다. (24)의 순서를 생각해 보자.

(24) The puppy was the best gift that Steve gave to his son David at his eleventh birthday, which was held at John's house. *He played with it all afternoon.

여기서 대명사는 가능한 지시 대상이 너무 많기 때문에 좋지 않은 선택이며, he가 David를 지칭해야 하는 경우 David는 중요하지 않은 위치에 있다. 이 경우 고유명사와 관련된 비용(새로운 지시 대상을 도입한 다음 이전에 도입된 개체와의 동등성을 입증하기 위한 처리)보다 지시 대상의 정체에 대한 더 강력한 단서를 얻는 이점이 크므로 대명사가 아닌 고유명사가 선호된다.

중심화 이론의 한 가지 잠재적 단점은 가장 눈에 띄는 전향적 중심이 특별한 기억 버퍼에 보관되어 있어 다음 문장에서 대명사로 지시되기가 쉽다는 것이다. Foraker와 McElree(2007)는 이러한 방식으로 초점 주의를 받는 대상이 그렇지 않은 대상보다 더 빨리 식별된다고 제안한다. 연구진은 글에서 초점이 맞춰진 담화 대상이 실제로 특별한 버퍼에 놓여 있다면, 사람들이 같은 문장에서 초점이 맞춰지지 않은 대상을 지칭하는 대명사보다 초점이 맞춰진 대상을 지칭하는 대명사에 더 빨리 반응할 것이라고 예측했다. 그러나 속도-정확도 교환(SAT) 방법을 사용하여 다양한 조건에서 사람들이 동의어와 선행어를 공동 색인하는 데 걸리는 시간을 측정한 결과, 초점화된 대상과 초점화되지 않은 대상에 접근하는 속도가 동일한 것으로 나타났다.[15] 초점화된 지시어와 초점화되지 않은 지시어의 차이점은 독자들이 초점화된 지시어를 비초점 지시어보다 더 성공적으로 검색한다는 점이다. 그러나 초점화된 지시 대상과 초점화되지 않은 지시 대상을 검색하는 데 성공한 경우에는 두 종류 모두 똑같이 빠르게 검색했다.

정보 부하 가설

정보 부하 가설(Informational load hypothesis: ILH)은 대용어 표현이 포함된 문장을 처리할 때 청자의 행동에 대한 매우 세부적인 측면을 다루기 위해 고안되었다(Almor, 1999; Almor and Eimas, 2008; Almor et al., 1999, 2007 참조). 중심화 이론과 마찬가지로 ILH는 어떤 맥락에서는 다른 종류의 지시 표현이 다른 맥락보다 더 수용 가능하다고 제안한다. 이 가설에 따르면 특히 대용어가 전달하는 정보는 대용어가 등장하는 문맥에 적합해야 한다.

어떤 지시 표현은 정보를 거의 또는 전혀 전달하지 않고(예: 대명사 it), 어떤 표현은 그보다 더 많은 정보를 전달하며(예: bird), 어떤 표현은 상당히 구체적인 정보를 다량으로 전달한다(예: 모래에 머리를 박고 저기 서 있는 타조). 지시 표현 자체에 의해 전달되는 정보의 양을 정보 부하라고 한다(가설의 이름).[16] ILH의 핵심 아이디어는 화자가 지시 표현에 충분한 정보를 포함시켜 청자가 지시 대상을 식별할 수 있도록 하되, 절대적으로 필요한 것 이상은 포함하지 않아야 한다는 것이다. 공지시를 설정하는 데 필요한 정보와 지시 표현에 포함된 정보 사이에 불일치가 있는 경우, 청자는 화자가 왜 그렇게 장황하게 말하는지 알아내기 위해 불필요한 추론 과정을 거치게 된다.[17]

정보 부하는 왜 어떤 선행 표현과 지시 표현의 순서가 다른 표현보다 이해하기 쉬운지 설명하는 데 도움이 된다. (25)와 (26)을 생각해 보자.

(25) The robin laid an egg. The bird sat on the egg until it hatched.

(26) The bird laid an egg. The robin sat on the egg until it hatched.

(25)가 (26)보다 이해하기 쉽다(예: Garrod and Sanford, 1977). ILH는 (25)와 (26)의 차이를 두 번째 문장에서 지시 표현이 부가하는 정보 부하를 통해 설명한다. bird는 robin보다 덜 구체적이므로 bird는 새로운 정보를 거의 또는 전혀 전달하지 못한다. 따라서 청자는 bird를 대명사처럼 취급한다. 청자는 이전 담화에서 일치하는 요소를 빠르게 찾으려고 시도하는데 잠재적인 지시 대상인 robin이 담화 표현에서 눈에 잘 띄는 위치에 있기 때문에 그리 어렵지 않다. 대조적으로, (26)의 두 번째 문장에서 robin은 다른 표현인 bird보다 더 구체적이기 때문에 새로운 정보를 전달한다. 결과적으로 청자는 (25)의 robin을 고유명사를 대하는 방식으로 대할 가능성이 더 높다. 즉, 청자들의 초기 반응은 담화 표현에서 robin에 해당하는 새로운 토큰을 생성하는 것이며 나중에야 robin과 bird를 통합하려고 시도할 것이다. 따라서 (26)에서는 담화 표상을 더 많이 조작해야 하고 나중에 두 문장을 통합하려고 시도해야 하므로 (25)에 비해 (26)의 읽기 시간이 더 길어진다.

ILH는 초점이 공지시와 관련된 프로세스에서 보다 구체적(예: robin)이고 보다 일반적인 지시 표현(예: bird)을 처리하는 방식에 결정적인 영향을 미친다고 제안함으로써 지시 처리에 대한 다른 설명들과 차별화된다. 반면, 다른 이론과 마찬가지로 ILH는 명시적이지 않은 대용어의 경우 선행어가 더 초점화되거나 두드러질수록 더 잘 작동할 것이라고 예측한다. 또한 ILH와 다른 이론(예: 중심화 이론)은 선행어가 초점화되지 않았을 경우에 반복되는 이름 또는 반복되는 명사구 대용어를 처리하기 쉬울 것이라고 예측한다(이 주장을 뒷받침하는 증거는 위에 언급되었다). 그러나 다른 이론과 달리 ILH는 처리 난이도가 선행어에 대한 초점과 대용어가 전달하는 새로운 정보의 양(정보 부하)에 따라 달라진다고 제안한다. 초점과 정보 부하의 상호작용은 이상하거나 비정형적인 범주 구성원을 지칭하는 대용어가 더 일반적이거나 전형적인 범주 구성원을 지칭하는 대용어보다 더 빨리 처리되어야 한다는 것을 의미하지만, 이는 선행어가 초점화된 경우에만 해당된다(초점화되지 않은 선행어에서 나타나는 패턴과 반대; Garrod and Sanford, 1977 참조). Garrod와 Sanford의 타조-새 문장을 다음과 같이 초점화된 버전으로 변환했다고 가정해 보자.

(27) What the girl saw was the ostrich. The bird ⋯
(28) What the girl saw was the robin. The bird ⋯

읽기 시간 실험을 통해 초점화, 전형성 및 대용어와 관련된 정보 부하에 대한 ILH의 예측이 확증되었다. 읽기 시간 데이터에 따르면 (27)이 (28)보다 이해하기 쉬운 것으로 나타났다.

요약 및 결론

이 장에서는 지시 처리에 관한 저명한 언어 및 언어심리학 이론을 살펴봤다. 지시 처리는 일반적인 기억 과정과 담화, 구문 및 어휘 처리가 교차하는 지점을 포함한다. 대용어 표현은 활성 담화 표상과 장기기억의 잠재적 선행어를 공명하게 하여 공지시 할당의 대상으로 사용할 수 있게 한다. 담화 표상에는 초점이나 두드러짐의 정도가 다른 개체 집합이 포함된다. 초점화의 정도는 지시 표현의 형태와 상호작용하며, 초점화된 선행어는 덜 명시적인 대용어에 연결하기 쉽고, 초점화되지 않은 선행어는 더 명시적인 대용어에 연결하기 쉽다. 초점화는 구문, 담화 및 화용적 요소의 영향을 받는다(예: 구문 주어가 구문 목적어보다 더 두드러지고, 먼저 언급된 개체가 나중에 언급된 개체보다 더 두드러지며, 구어 강세와 같은 화용적 연산자로 표시된 개체가 표시되지 않은 개체보다 더 두드러진다). 따라서 특정 실험에서 개별 변수를 분리하는 것이 가능하고 그렇게 함으로써 지시 처리 과정의 중요한 특성을 밝힐 수 있지만, 일상적인 상황에서 청자는 일관된 담화 표상을 구축하는 지시 과정을 수행할 때 개별 변수가 아니라 다양한 상호작용하는 요소들을 저울질한다.

스스로 점검하기

1. 공지시를 설정하는 과정을 설명해 보자. 이 과정을 복잡하게 만드는 몇 가지 요인에 대해 논의해 보자. 공지시 과정은 추론 생성 과정과 어떤 관련이 있나?

2. 대용어에는 몇 가지 종류가 있나? 대용어가 이렇게 많은 이유는 무엇인가? 다양한 종류의 대용어는 언제 사용되나? 어떤 대용어가 다른 대용어보다 처리하기 쉬운 이유는 무엇인가? 대용어의 어떤 특징이 중요한가? 선행어의 특성은 공지시에 어떤 영향을 미치나?

3. 암묵적 인과관계를 설명하고 그것이 공지시에 어떤 영향을 미치는지 설명해 보자.

4. 'The pastor conducted the wedding ceremony and a bride looked beautiful'이라고 말하는 것이 왜 이상할까?

5. 매우 구체적/명시적 대용어를 사용하는 것이 좋지 않은 경우는 언제이며 그 이유는 무엇인가?

6. 결속 이론은 공지시에 대해 어떻게 설명하나? 결속 이론의 일부 측면에 의문을 제기하는 실험 결과를 설명해 보자.

7. 기억 초점 모델, 중심화 이론, 그리고 ILH를 비교하여 설명해 보자.

더 생각해 보기

1. 대회를 개최하여 누가 1분 안에 하나의 흔한 사물을 지칭하는 방법을 가장 많이 생각해 낼 수 있는지 알아보자.

7장

비문자적 언어 처리

은유에 대해 배우지 못한다면, 세상에 나가는 것이 안전하지 않을 것이다.

−Robert Frost

    지금까지 우리는 화자가 말한 것과 화자가 의미한 것 사이에 분명한 관계성이 있는 것처럼 언어를 대해 왔다. 이제 다음과 같은 표현들을 고려해 보자.

> Can you open the door? (문을 열어 줄 수 있습니까?)
> He's a real stud. (그는 진짜 한 마리 종마야.)
> The stop light went from green to red. (신호등은 초록색에서 빨간색으로 바뀌었다.)

    이러한 표현들이 공통적으로 가지고 있는 것은 무엇일까? 이 표현들의 공통점은 말해진 것(표준적인, 혹은 문자적인 의미)과 의미하는 것(화자가 의도한 의미)이 다르다는 것이다.

    'Can you open the door?(문을 열어 줄 수 있습니까?)'를 'Can you bench press 200 pounds?(200파운드 역기를 들 수 있습니까?)'와 비교해 보라. 두 표현은 표면적으로 매우 흡사해 보이지만, 그 표현들은 매우 다른 방식으로 해석된다. 대부분의 사람들은 첫 번째 표현을 'I want you to open the door(나는 네가 문을 열기를 원한다).'의 정중한 표현으로 이해한다. 두 번째 표현은 대부분의 사람들이 첫 번째처럼 누군가에게 200파운드짜리 역기를 들어달라는 정중한 요청으로 이해하지 않는다. 대신 청자가 얼마나 힘이 센지를 물어보는 직접적인 물음으로 이해한다. 만약 화자가 정말 역기를 들어달라는 정중히 요청하기를 원한다면, 다음과 같이 말할 것이다. 'Please, bench press 200 pounds. I would like to watch(200파운드 역기를 들어보세요. 그걸 지켜보고 싶습니다).' 이와 마찬가지로, 'He's a real stud(그는 진짜 한 마리 종마야).'는 매우 제한적인 상황일 때를 제외하고 대부분의 경우 화자가 그 사람을 한 마리 수컷 말로 생각한다는 것을 의미하지 않는다. 대신 화자는 그 사람이 정력적이고 힘센 남성 자질을 가지고 있다는 의견을 표현한 것이다.

    그러나 'The stop light went from green to red.'는 정확히 '신호등이 초록색에서 빨간색으로 바뀌었다.'를 의미하는 것 아닌가? 여기서 문제가 되는 것은 동사 went이다. Went는 동사 go의 과거형으로, 기본적으로 문자 그대로의 의미는 어떤 장소에서 다른 장소로의 움직임을 표현한다. 따라서 당신은 경로를 따르는 비행기의 움직임을 다음과 같이 말할 수 있다: 'The plane went from Los Angeles to Sacramento(비행기는 로스엔젤레스에서 사크라멘토로 갔다).' 그러나 신호등은 경로에 따라 움직이지 않고 제자리에 그대로 있다. 여기서 실제 일어난 일은 다른 하나의 불빛이 켜지기 전에(before)[1], 빛나던 하나의 불빛이 멈춘 것이다. 아무것도 움직이지 않았지만, 이 사건을 기술하기 위해 우리는 여전히 동작 동사를 사용한다.

지금까지 다뤄 온 세 가지 경우 모두는 비문자적(nonliteral) 언어의 사례이다. 즉, 어떤 표현에서 사용된 단어가 일반적으로 해석되는 방식에 기초한 표준적인 의미와 청자가 그 발화에 실제로 부여한 의미 사이에 차이가 있는 경우이다. 비문자적 언어는 언어 이해 시스템에 대한 많은 도전거리를 가져온다. 왜냐하면 말해진 것과 의미한 것 사이의 관계성을 청자가 항상 쉽고 분명하게 알아차리는 것은 아니기 때문이다. 이번 장은 비문자적 언어의 다양한 유형들을 살펴보고, 왜 비문자적 표현이 모든 해석 시스템을 도전거리로 만드는지를 설명하고, 비문자적 언어가 어떻게 처리되고 해석되는지에 대한 여러 이론을 기술할 것이다.

비문자적 언어의 유형

비문자적 언어에는 몇 가지 유형이 있다. 'Open the door!(문 열어!)' 'Tell me the time!(시간을 말해!)' 'Give me some salt!(소금 좀 줘!)'와 같은 직접요청이나 명령문과는 달리, 간접요청(indirect requests)은 'Can you open the door?(문 좀 열어줄 수 있어요?)' 'Do you have the time?(시계 있어요?)' 'Would you pass the salt?(소금 좀 건네 줄 수 있어요?)'와 같이 간접적으로 물어보는 것이다. 'Dave kicked the bucket(데이브는 죽었다).'와 'Kathy spilled the beans(케이시는 무심코 비밀을 말해버렸다).'와 같은 관용어(idioms)도 있다. 'Susan flew down the street on her bicycle(수잔은 자전거를 타고 거리를 누볐다).'와 'That lecture was a sleeping pill(그 강의는 수면제였다).'와 같은 은유(metaphors)도 있다. 그 수면제 같은 강의를 듣고 나서 당신의 친구가 'Now that was exciting(정말 흥분되는 강의였어).'와 같은 반어법(irony) 또는 풍자 또는 비꼬는 표현(sarcasm)도 있다. 이러한 유형 모두는 화자가 말한 것, 즉 문자 그대로의 의미(literal meaning)와 화자가 당신이 구성하기를 원하는 해석, 화자의 의미(speaker meaning)가 다르다는 점이 공통적이다. 말해진 내용과 의도된 의미가 다르므로 비문자적인 언어는 청자에게 화용적인 추론(pragmatic inferences)을 하도록 요구한다. 이 과정에서, 청자는 화자에 대한 정보와 그 표현이 산출된 맥락 정보, 그리고 화자가 전달하고자 하는 의미는 무엇이었고, 현재 맥락에서 화자가 왜 그런 발화를 했는지에 대한 질문에 답하기 위해 발화의 문자 그대로의 내용을 통합하여 추론하게 된다.

이런 화용적 추론이 어떻게 도출되어 청자가 문자 그대로의 의미를 넘어 화자의 의미를 알아차릴 수 있게 되는 것일까? 이 질문에 대해 답을 하기 위해서 먼저 두 가지 관련된 문제를 풀어야 한다. 첫째, 화자가 비문자적 언어를 언제 사용하는지 어떻게 알 것인가? 이것은 때로 재인(recognition)의 문제라 일컬어진다(Stern, 2000). 둘째, 화자의 의미가 문자적 의미와 다를 때, 청자는 비문자적 의미를 어떻게 계산해낼까? 자, 재인의 문제부터 알아보도록 하자.

표준 화용적 견해

비유적 언어는 전통적으로 매우 분명한 문자적 언어로부터 파생되어

더 복잡해진 것이라고 간주되어 왔다.

–Sam Glucksberg

표준 화용적 견해는 문자적 의미를 계산하는 것이 언어 해석의 핵심 기능이라고 간주한다(Clark and Lucy, 1975; Glucksberg, 1998; Searle, 1979; Holyoak and Stamenković, 2018 참조). 이 견해에 따르면 사람들이 은유 표현을 들을 때 언어 이해 시스템이 만들어 내는 첫 번째 해석은 직접 지각할 수 있는 세상과 만질 수 있는 대상들과 가장 가깝게 연결되어 있는 것이다. 어떤 사람이 'Deb's a real tiger(뎁은 한 마리 진짜 호랑이다).'라는 말을 했다면, 표준 화용적 견해에 따르면 당신은 그 표현을 Deb은 일반적으로 적갈색의 검은 줄무늬가 있는, 남아시아 및 동시베리아 지역에 제한적으로 서식하는 고양이과 포식자의 실제 사례를 의미하는 것으로 이해할 것이다. 물론, 보통 사람들은 'Deb's a real tiger.'를 이런 식으로 해석하지 않을 것이고, 재빠르게 보다 사리에 맞게 해석할 것이다. 그런데도 비문자적 언어 이해에 대한 표준 화용적 견해는 문자적 의미가 그 표현의 의도된 의미로서 적어도 잠시라도 계산되고 고려된다고 주장한다. 비록 그 초기 해석이 이후에 더 의미 있는 해석(예: Deb은 활기차고 용감한 성격을 가졌다)에 의해 폐기된다고 할지라도 말이다.

표준 화용적 견해는 구문 분석의 오솔길 이론(garden path theory)과 닮았다. 이 두 이론은 많은 표현에 작동하는 초기 해석이 일반적 패턴과 맞지 않을 경우 재해석과 재분석을 하는 두 번째 단계로 이어진다고 제안한다. 비문자적 언어 이해에 대한 표준 화용적 견해에 따르면, 재분석 과정은 대안적 구문 구조보다 대안적 의미를 계산하는 과정과 관련된다. 표준 화용적 견해에선, Glucksberg가 설명한 것과 같이, 비문자적 의미를 문자적 의미보다 더 알 수 없고 복잡한 것으로 간주하기 때문에 이러한 입장을 채택한다. 따라서 Colston과 Gibbs (2002, p. 58)가 제안한 것과 같이, "표준 화용적 견해에서 비문자적 발화의 이해는 청자로 하여금 다른 비유적 의미가 파생될 수 있기 전에, 문장의 문자적 의미를 먼저 파악하는 것을 요구한다."

문자적 의미가 처음 계산된다는 전제하에, 그럼 어떻게 그리고 왜 은유적 의미가 발견되는 것일까? 모든 표현이 문자적으로 해석될 수 있다는 전제하에(사람들은 실제로 양동이를 걷어찰 수 있고, 동물원에 'Deb'이라는 이름의 실제 시베리안 호랑이가 있을 수 있다), 화자 또는 필자가 비문자적 의미를 의도했다는 것을 사람들은 어떻게 알아낼 수 있을까?

표준 화용적 견해에 따르면, 재인 문제를 푸는 것은 문자적 의미를 처음 계산하고, 그 문자적 의미가 맥락에 맞는지를 확인하는 것과 관련된다(Clark and Lucy, 1975; Miller, 1979; Searle, 1979; Stern, 2000). 청자는 처음 문자적 의미를 계산하고, 그리고 그 의미를 언어적, 사회적 맥락과 통합하려고 시도한다. 만약 그 문자적 의미가 어떤 방식으로도 충분치 않다면 청자는 화용적 추론과 비문자적 해석을 추가로 하게 된다.

그럼 문제는 다음과 같이 된다. 청자는 문자적 의미가 불충분한지 어떻게 알까? 문자적 의미

가 맞는지 틀리는지를 간단히 점검하는 방법이 있다. 만약 Barenaked Ladies[1]가 'You can be my Yoko Ono(당신은 나의 요코 오노가 될 수 있다).'라고 말했다면, 그것은 문자적으로 잘못이다. Yoko Ono는 오직 한 사람이고, 당신은 그녀가 아니다. 만약 'You can be my Yoko Ono.'가 명백히 틀렸다면, 청자는 다음 질문에 답을 하고 싶어질 것이다: 왜 화자는 분명히 잘못된 것을 말했을까? 때로 세상에 의해 부과된 진리 조건과 발화의 내용 사이의 불일치는 비유적 해석을 수용함으로써 해결할 수 있다. 당신은 분명 문자적으로 Yoko Ono가 아니지만, Yoko Ono를 특정짓는 자질 몇 가지를 가지고 있을지도 모른다. 그렇다면 그 발화에 부여된 의미는 더 이상 틀린 것이 아니다. 당신은 이와 동시에 진짜 해석과 화자가 'You can be my Yoko Ono.'라고 말한 이유를 발견하게 된다. 화자는 Yoko Ono가 가지고 있는 자질 몇 개를 당신도 가지고 있다는 진실한 의견을 표현한 것이다.

그러나 재인 문제에 대한 이러한 해결책은 매우 쉽게 난관에 빠진다. 왜냐하면 문자적으로 참인 표현들도 비문자적 의미를 할당받기 때문이다(Glucksberg and Keysar, 1990; Glucksberg et al., 1992; Stern, 2000). 비틀스의 조지 해리슨이 'I'm not the wreck of the Hesperus(나는 헤스페러스의 난파선이 아니다).'라고 했을 때, 이것은 문자적으로 참이다. 그러나 해리슨은 그 자신이 난파선이라는 문자 그대로의 비교 의미를 거부하는 것이 아니라, 더 적절한 다른 은유적 비교를 채택하기 위해서 그 비교를 거부하는 것이다(그래서 그 노래의 다음 가사는 'Feel more like the Wall of China'이다).[2] 다른 하나의 예를 들어 보면, 'John is a real Marine(John은 진짜 해병이다).'은 John이 해병대에 있다면 이 문장은 문자적으로 참이다. 그럼에도 불구하고 대부분의 사람들은 그 표현을 John이 진짜 멋진, 모범적인, 또는 숙련된 해병이라는 비문자적 의미로 받아들일 것이다. 유사하게, 'My wife is an animal(내 아내는 동물이다).'이라는 표현은 문자적으로 참이다. 그러나 'My wife behaves in an unpredictable and uncivilized way(내 아내는 예상하기 힘든 세련되지 않은 방식으로 행동한다).'와 같은 비문자적 의미가 문자적 의미보다 더욱 선호될 것이다. 따라서 우리가 필요한 것은 어떤 발화가 비문자적 해석이 부여되기 전에 그것이 문자적으로 거짓이어야 한다는 것을 요구하지 않는 이론이다.

문자적 오류성(literal falsehood) 기준이 어떤 발화를 비문자적이라고 분류하는 데 충분치 않다면, 비문자적 의미가 의도적으로 표현되었을 때 그것을 우리는 어떻게 알아챌까? 사실 적용할 수 있는 많은 다른 기준들이 있다. Stern(2000, p. 3)이 설명한 것처럼, 어떤 발화가 '문법적으로 정상에서 벗어나 있거나, 의미적으로 이상하거나, 명시적으로 혹은 암묵적으로 자기-모순적이거나, 개념적으로 부조리하거나, 무의미하거나, … 화용적으로 부적절하거나, 분명히 잘못되었거나, 또는 어떠한 사람도 그 말을 해야 할 이유가 없다는 것이 분명할 때' 그 발화는 정상에서 벗어난 것으로 간주할 수 있다. 표준 화용적 견해에 따르면, 문자적 의미가 어떤 발화를 맥락에 맞아떨어지도록 하는 여러 특성들 중 하나 이상에 부합하지 않는다면, 청자는 비문자적 해석을 고려하게 된다.

---

1) 역자 주: 1988년에 결성된 캐나다 록밴드. 〈Be my Yoko Ono〉는 그들의 데뷔곡이다.
2) 역자 주: 이 노래는 자기성찰과 자기수용이라는 주제를 탐구한다고 한다. 가사 중에서 '나는 헤스페러스의 난파선이 아니라 만리장성과 같은 느낌이 듭니다(I'm not the wreck of the Hesperus. Feel more like the Wall of China).'라는 문장에서 헤스페러스의 난파선과 중국의 만리장성을 비교한다. 이로써, '나'는 전설적인 난파선처럼 부서지거나 파괴되지 않았고, '나'는 장엄한 만리장성과 같이 튼튼하고 강하다는 은유를 전달한다.

예를 들어, 당신이 파티장에 갔는데 어떤 매력적인 낯선 여자가 'Can you get me a beer?(맥주 좀 가져다 줄 수 있어요?)'라고 한다면, 당신은 단지 Yes라고만 말하고 가만있지 않을 것이다. 당신은 가서 맥주를 가져올 것이다. 반면, 같은 매력녀가 'Can you bench press 200pounds(200파운드 역기를 들 수 있나요)?'라고 한다면, 당신은 바로 이렇게 말할지도 모른다. 'Yes, I can, by cracky! Come by the gym tomorrow and I'll show you(네, 가능합니다. 이것 참! 내일 헬스장에 들르세요. 제가 보여 주겠습니다).'

표준 화용적 견해에 따르면, 'Can you get me a beer?'와 같은 간접요청은 일반적인 대화의 규칙(H. Paul Grice(1989)와 같은 철학자들이 제시한)을 위배했다. 왜냐하면 파티장에 있는 어떤 사람도 맥주를 가지고 올 수 있는 물리적 힘을 일반적으로 당연히 가졌을 것이기 때문이다. 따라서 간접요청은 정상에서 벗어나 있다. 왜냐하면 그 질문에 대한 대답(문자적인 해석을 바탕으로)은 너무나 당연하기 때문에 제정신을 가진 사람이라면 절대로 묻지 않을 것이기 때문에. 그러나 청자는 그 '정상에서 벗어난' 발화를 (비문자적인) 간접요청으로 재해석함으로써 그 상황을 다시 조정한다. 반면, 그 파티에 있는 대부분 사람은 그렇게 무거운 무게를 들 수 있는 물리적 힘을 가진 사람이 아닐 것이므로, 'Can you get me a beer?'와 같은 형식이지만 'Can you bench press 200pounds?'는 정상에서 벗어난 것으로 고려되지 않는다. 따라서 문자 그대로 해석된다.

어떤 발화의 문자 그대로의 해석은, 그것이 참이 아니거나(Deb is a real tiger에서처럼), '정상적인' 발화의 특성들 중 하나 이상을 위배했을 때, 비문자적 의미를 기대하며 거부될 수 있다. 그렇다면 '정상적인' 발화의 특성들이라는 것은 무엇이며, 그것들은 어디서 오는가?

어떤 발화가 '정상적인지' 혹은 '비정상적인지'를 설명하는 일반적인 이론 중 하나는 Grice(1989)의 대화 격률(conversational maxims) 이론이다. 대화 격률이란 대화할 때 사람들이 말하는 것에 적용되는 규칙 또는 지침이다. Grice는 대화에 참여하는 사람들이 공유된 지식의 범위를 넓히기 위해 서로 협력하려고 노력한다는 생각에서 출발하였다(Clark, 1996; Glucksberg and Keysar, 1990; Wilkes-Gibbs and Clark, 1992). 이러한 협력 활동에 참여하는 것은 다음과 같은 규칙(격률)을 따르는 것과 관계된다. 대화의 질(quality), 양(quantity), 방법(manner), 그리고 관계(relation)의 격률이 그것이다. 질의 격률(The maxim of quality)은 당신은 진실만을 말해야 한다는 것이다; 당신의 발화는 문자 그대로 사실이어야 한다. 우리는 사람들이 거짓말을 하는 것을 좋아하지 않는다.

양의 격률(The maxim of quantity)은 당신의 발화가 새로운 정보를 제공해야 한다는 것을 말한다. 만약 당신이 대화 참여자들 사이에 공유되고, 공유되어야 한다고 이미 알려진 공통 기반(common ground)에 있는 정보를 단순히 반복하지 않아야 한다. 우리는 같은 이야기를 반복해서 들어야 하거나, 어떤 사람이 불필요하게 반복하거나, 이미 파악된 요점을 장황하게 늘어놓거나, 이미 해결된 주제에 계속 집착하여 인내심을 시험하거나, 우리가 아직 모르는 어떤 것에 대해서 아무런 말이 없거나 하면 화가 날 것이다.

방법의 격률(The maxim of manner)은 당신의 발화가 분명하고 모호하지 않은 방식이어야 한다는 것이다. 당신은 정보를 가능한 한 명확하게 직접적으로 전달해서, 당신의 발화가 다수의 해석으로 가능하지 않도록 해야 한다는 것이다.

관계의 격률(The maxim of relation)은 당신이 명백히 새로운 주제를 소개하지 않는 이상 현재 논의되고 있는 주제를 연장하거나 관련된 발화를 해야 한다는 것이다. 만약 우리가 야구에 관해 이야기하고 있다면, 나의 다음 발화는 야구와 관련된 것이야 한다. 만약 내가 'Enough baseball, let's talk about me now(이제 야구는 충분해, 이제 나에 대해 이야기하자).'와 같은 말을 하지 않는 이상.

'Can you get me a beer?'와 같은 간접요청은 양의 격률을 위배한다. 내 외관을 통해 내가 물리적으로 맥주를 가져올 수 있는 것이 명백하기 때문에 그러한 질문을 하는 것은 대화를 진척시킬 수 있는 올바른 방법이 아니다. 만약, 그것을 문자 그대로 해석한다면 말이다. 비유적 표현 또한 Grice의 대화 격률 중 하나 이상을 보통 위배한다. 만약 어떤 사람이 'My wife is an animal(내 아내는 동물이야).'이라고 당신에게 말했다면, 문자 그대로의 해석은 적어도 양과 관계의 격률을 위배하고, 질과 방법의 격률도 위배 가능하다. animal을 문자 그대로의 의미로 사용하려고 의도했다면, 아내가 동물이라는 것은 더 새로운 정보를 제공하지 않기 때문에(사전적 의미로 아내는 여성인 사람이고, 사람은 동물의 한 종류이기 때문) 양의 격률을 위배한다. 이것은 마치 내 아내는 허파와 피부를 가지고 있고, 눈꺼풀도 있다와 같이 말하는 것과 같다. 마찬가지로, 대화의 주제가 어떤 사람의 배우자나 친척들에 관한 것이라면, 어떤 사람이 동물이라는 정보는 그 주제와 관련 짓기 어렵다. 따라서 그 발화는 관계의 격률을 위배한다. 따라서 문자적 의미의 오류 자체만으로는 비문자적 의도를 파악하는 데 충분치 않고, Grice의 격률 위배와 같은 것을 더 따질 필요가 있다. 만약 그렇다면, 재인 문제는 첫째, 주어진 표현의 문자적 의미를 계산하는 것과, 둘째, 문자적 의미가 Grice의 격률에 의한 요구 사항들을 위배하는지를 확인하는 과정으로 구성된다.

적절함의 기준이 문자적 오류성인지 아니면 Grice의 격률 위배인지에 대해, 표준 화용적 견해는 문자 그대로의 해석이 문맥에 맞는지 먼저 계산해서 검증한 다음에야 비문자적 해석을 시도한다고 주장한다. 재인 문제에 대한 이러한 해결책은 자연스럽게 문자적 의미가 기본이고, 비문자적 의미는 차선책이라는 가정을 끌어낸다. 그렇다면, 어떤 사람이 비문자적 언어를 들을 때, 문자적 의미를 기각하고 나서야 의도된 비문자적 의미를 계산할 것이라고 예측할 수 있다. 그러나 문자적 의미가 항상 먼저 계산된다는 것이 사실일까?

그러나 상당히 많은 실험적 증거는 비문자적 의미가 문자적 의미만큼 빠르게 계산된다는 것을 보여 주고 있다. Ray Gibbs는 비문자적 의미보다 직접적인 문자적 의미가 먼저 계산되어지는지 알아보기 위해 'Can you open the window?' (Gibbs, 1983)와 같은 간접요청에 대한 해석을 테스트하였다. 반응시간 과제에서 실험참가자는 문자 그대로의 직접요청에 해당하는 문장(예: I would like you to open the window) 또는 비문자적 간접요청에 해당하는 문장(예: Can you open the window?)을 읽었다. 실험참가자의 과제는 그 문장이 직접요청인지 간접요청인지를 가능한 한 빨리 판단하는 것이었다. Gibbs는 만약 비문자적 의미가 문자 그대로의 직접요청이 처리된 이후에야 처리된다면, 간접요청 조건에서 판단 시간이 직접요청보다 느릴 것이라고 가정하였다. Gibbs는 두 조건의 판단 시간이 거의 같음을 발견하였고, 이는 참가자들이 간접요청을 직접요청만큼이나 빠르게 해석한다는 것을 보여 주었다. 다른 관련 연구에서는 실험참가자들은 문자 그대로의 표현 또는 은유적 표현을 다른 말로 바꾸어 표현하도록 하였다(Harris, 1976). 다른 말로 바꾸어 표현하기 위해서는 그 표현의 의미가 계산되어야 한다는 가정으로, 실험참가자들이 다른 말로 표현하기 시작하기까지 걸린 소요시간(paraphrase initiation time)을 측정하였다—소요 시간은 문자 그대로 조건과 은유 표현 조건에서 같았는데, 이는 문자 그대로의 표현이나 비문자적 표현이나 거의 같은 속도로 계산된다는 것을 의미한다. 문장 범주화 과제를 사용한 또 다른 실험에서도 참가자들은 은유 표현을 문자 그대로의 표현을 확인하는 것만큼이나 빨리 확인하고 범주화하였다(H. Pollio et al., 1984).

　다른 실험에서 나온 자료들도 비문자적 의미가 문자적 의미만큼이나 빠르게 계산된다는 생각을 지지하였다. Blasko와 Connine(1993)의 연구에서 'indecision is a whirlpool(망설임은 소용돌이다).'과 같은 새로운 은유 표현을 실험참가자에게 제시하였다. 여기서 연구자의 관심은 마지막 단어인 whirlpool의 문자적 의미가 비문자적, 즉 은유적 의미 전에 접근되는지에 대한 것이었다. whirlpool의 문자적 의미는 회전하면서 표면에 결을 만드는 물 덩어리이다. 사람들이 문자적 의미를 생각하는지 알아보기 위하여, 실험참가자는 'indecision is a whirlpool.'과 같은 문장을 듣고 시각적으로 제시한 표적 단어 water에 대해 반응하도록 하였다. 'indecision is a whirlpool.'의 맥락에서 whirlpool의 은유적 의미는 물과 아무 관련이 없다. 은유적 의미는 'When people are indecisive, their thinking goes around in a circle, and they act confused(사람들이 망설일 때, 사람들의 생각은 빙글빙글 돌며 혼란스럽게 행동한다).'와 같을 것이다. 사람들이 은유적 의미를 생각하는지 알아보기 위하여 'indecision is a whirlpool.' 문장을 듣고 confusion을 표적 단어로 제시하여 반응하도록 하였다. 만약 문자적 의미가 비문자적 의미보다 빨리 계산된다면, 실험참가자들은 비유적 의미와 관련된 confusion보다, 문자적 의미와 관련된 water에 대해 빨리 반응할 것이다. 실험

글상자 ......

반응 속도-정확률 교환 기법(speed-accuracy tradeoff: SAT)

　대부분의 반응시간 실험에서 실험참가자는 자신의 속도로 반응한다. 그들은 종종 실수를 범하지 않는 선에서 가능한 한 빨리 반응하라고 권장되지만, 속도와 정확률, 이 두 가지의 기준에 어떤 가중치를 둘 것인지는 개별 참가자가 결정하는 데 달려 있다. 어떤 참가자들은 그들이 준비되기 전에 정말 빠르게 반응하여 많은 실수를 범하기도 한다. 이러한 종류의 참가자들로부터 얻은 데이터는 데이터 분석 전에 종종 폐기되기도 한다. 어떤 참가자들은 그들이 정말 올바른 반응을 할 준비가 되었을 때만 반응함으로써 매우 느리게 반응하고, 그리고 거의 실수를 범하지 않는다. 이런 성향을 보이는 많은 참가자는 일반적으로 출판된 연구에 포함된다. 이러한 참가자들이 너무 많이 분석된 데이터에 포함될 경우, 정보 처리 과제를 완료하기 위한 시간이 총량은 과대평가될 수 있다. 따라서 많은 반응시간 연구 결과를 해석하는 데 있어 한 가지 문제점은 우리가 참가자들이 정확률을 높이기 위해 얼마나 많은 추가 시간을 할애하는지, 더욱 빠른 판단을 하느라 정확률이 낮아지는지를 정확히 알 수 없다는 점이다. SAT 방법론은 이러한 문제를 해결한다. 이 방법은 실험참가자들이 정확률을 위해 속도를 늦추는 것을 방지한다. 참가자들은 고정된 종료 시점(deadline) 전에 반응하도록 훈련받는다. 만약 종료 시점이 매우 길면 참가자들의 정확률은 매우 높아지고, 종료 시점이 매우 짧으면 정확률은 매우 낮아진다. 중간 정도의 종료 시점에는 참가자들의 정확률은 0보다 크고, 100보다 적다. 다른 종료 시점으로 수백, 수천 시행으로 한 세트의 참가자들을 테스트해 보면, 실험자는 참가자들의 정확률이 언제 우연 수준에서 분리되는지 볼 수 있다. 참가자들의 수행이 우연보다 높아지는 그 수준에서 조작되는 정보의 원천은 바로 그 지점 전 실험참가자들의 행동에 반드시 영향을 줄 수 있을 것이다(Martin and McElree, 2018; McElree and Griffith, 1995, 1998; McElree and Nordlie, 1999; McElree, Pylkkanen et al., 2006).

결과, confusion에 대한 반응은 water에 대한 반응만큼이나 빨랐고, 두 종류의 표적 단어에 대한 반응시간은 'indecision is a whirlpool.'과 아무 관련이 없는 통제조건보다 빨랐다. 따라서 이 결과는 비문자적 의미가 문자적 의미만큼이나 빨리 계산된다는 주장을 지지하는 결과이다.

McElree와 Nordilie(1999)는 문자적 의미와 은유적 의미가 얼마나 빨리 계산되는지 알아내기 위하여 매우 특별하고 효과적인 실험 기법, 즉 반응속도–정확률 교환 기법(speed-accuracy tradeoff: SAT)을 적용하였다(Bambini et al., 2021도 참조). SAT는 다른 종류의 정보가 정확히 언제 가능해지고, 사람의 행동에 영향을 미치기 시작하는지를 측정하는 매우 정확한 방법이다(이 방법이 어떻게 작동하는지를 보려면 p. 271에 있는 글상자 내용을 참고). McElree와 Nordlie는 문자 그대로의 표현과 비문자적 표현을 읽게 하고, SAT를 사용하여 사람들이 다른 종류의 표현들을 얼마나 빨리 이해할 수 있는지를 측정하였다. SAT 결과 문자 그대로의 표현과 비문자적 표현은 거의 동일하였다.

앞서 요약한 연구들이 모두 비일반적인 상황(즉, 실험상황)에서 이루어진 것이기에 당신은 문자 그대로의 의미와 비문자적 의미가 동시에 계산된다는 것을 지지하는 증거를 인정하지 않을 수도 있다. 일반적으로 우리가 어떤 언어 표현에 대해 읽을 때, 그 표현을 판단하거나, 주요 대화 맥락과 분리되어 갑자기 나타나는 단어들에 대해 어떤 반응을 하거나, 어떤 사람의 마지막 구절에 대해 어떤 반응을 하라고 요구받지 않는다. 다행히, 같은 결론을 내릴 수 있는 좀 더 자연스러운 연구 방법들이 있다.

Ortony(1979)에 의해 수행된 한 문장씩 읽기 연구를 살펴보자. 이 연구에서 참가자들을 (1)과 같은 표적 문장들을 읽는다.

(1) The sheep followed their leader over the cliff.
   (그 양들은 우두머리를 따라가다가 절벽에서 떨어졌다.)

문장 (1)은 진짜 살과 피가 있는 가축(양)과 실제 지형(절벽)을 언급하고 있는 것으로 해석할 수 있지만, 비문자적인 의미로 해석될 수도 있다. 만약 문장 (1)이 문장 (2) 다음에 나온다면 그것은 분명 비문자적으로 해석될 것이다.

(2) The investors looked to the Wall Street banker for advice.
   (투자자들은 월스트리트 은행가를 보고 조언을 구했다.)
(1) The sheep followed their leader over the cliff.
   (그 투자자들은 은행가의 조언을 따라가다가 투자 자산이 폭락했다.)

문장 (2)의 맥락에선 sheep은 investors를 가리키고, their leader는 the Wall Street banker를, the cliff는 투자 가치의 급격한 하락을 의미한다. 따라서 문장 (2)의 맥락에서 문장 (1)을 해석할 때, 사람들은 문장 (1)의 많은 단어에 비문자적 의미를 할당해야 한다. 이러한 조건은 문장 (3) 뒤에 문장 (1)이 나올 때처럼 같은 단어에 문자 그대로의 의미가 할당되는 경우와 대조된다.

(3) The animals were grazing on the hillside. (그 동물들은 언덕에서 풀을 뜯고 있었다.)

(1) The sheep followed their leader over the cliff.

　　(그 양들은 우두머리를 따라 가다가 절벽에서 떨어졌다.)

Ortony는 사람들이 문장 (2)에 해당하는 비문자적 조건과 문장 (3)에 해당하는 문자적 조건에서 문장 (1)을 읽는 데 걸리는 시간을 측정하였다. 문자 그대로의 의미가 비문자적 의미에 비해 빨리 계산된다면, 문자적 조건에서 문장 읽기 시간이 비문자적 조건보다 빠를 것이다. 이 실험에서 실험 참가자들은 비문자적 조건에서 문장 (1)과 같은 문장을 문자적 조건만큼이나 빨리 읽었다. 이 결과는 비문자적 의미가 문자적 의미만큼 빨리 계산된다는 것을 의미한다.

　다른 시선추적 연구는 전체 문장 읽기 시간보다 문장 안의 개별 단어나 구(phrases)의 처리 과정을 살펴보았는데(Inhoff, 1984; Shinjo and Myers, 1987), 문자적 의미를 가진 요소들과 비문자적 의미를 가진 요소들에 대한 읽기 시간이 동일하다는 것을 보였다. 읽기는 매우 숙련된 기술이며, 대부분의 성인들에게는 매우 자연스러운 과제이기 때문에(특히, 이 실험의 주된 참가자인 대학생들 경우에는), 이러한 연구들은 비문자적 언어처리 과정을 살펴본 다른 연구들에게 제기되는 '자연스러움에 대한 비판'을 면하면서, 결과적으로 같은 결론에 이르렀다. 모든 것을 감안할 때, 비문자적 언어 처리에 대한 연구는 '문자 그대로의 의미 먼저'라는 표준 화용적 관점에의 가정이 옳지 않다는 것을 보여 준다.

　또한 표준 화용적 관점은 문자 그대로의 해석이 선행 맥락과 잘 맞을 때 비문자적 해석은 맥락 상에서 가용한 옵션으로 존재한다고 보고 있다. 그러나 스트룹 과제의 의미 버전을 사용한 연구는 문자 그대로의 해석이 이해하고자 하는 사람의 요구에 잘 맞을 때조차도 비문자적 해석이 옵션이 아니라 필수임을 보여 준다(Glucksberg, 1998, 2003; Glucksberg et al., 1982; Keysar, 1989; Stroop, 1935; Kazmerski et al., 2003; Wolff and Gentner, 2000). 스트룹 과제에서 실제 글자 색 이름과 맞지 않는 잉크로 인쇄된 색 이름이 있다. 예를 들면, 붉은색 잉크로 인쇄된 blue 같은 경우이다. 실험참가자의 과제는 단어가 무엇이든 간에 인쇄된 글자의 색을 말하는 것이다. 당신은 붉은색 잉크로 인쇄된 blue를 본다면 붉은색이라 말해야 한다. 실험참가자는 색 이름인 blue를 무시하는 데 어려움을 느끼기 때문에 글자 색인 붉은색을 말하는 것이 느려지고, 실수를 범하는 경향이 있다. 이 과제는 사람들이 blue라는 단어를 볼 때 blue라는 색 이름에 대한 접근이 자동으로 일어난다는 것을 보여 준다.

　그렇다면 비문자적 의미도 자동적으로 계산되거나 접근되는가? 이를 알아보기 위해 실험참가자들은 문자 그대로 해석하면 이상하지만, 비문자적인 해석은 가능한 진술문을 읽었다. 예를 들어, Keith가 미성숙한 행동을 하는 어른으로 묘사된 맥락에서, 'Keith is a baby.'라는 진술문은 문자 그대로의 의미로서는 거짓이나, 비문자적으로는 괜찮은 해석이다. 이러한 문장을 읽고 사람들이 이 문장이 문자 그대로의 의미로서 사실인가 아닌가를 판단하는 과제를 수행하면, 'Keith is a baby.'라는 문장은 '거짓'으로 판단해야 정확한 정답이다. 이 과제는 스트룹 과제와 유사한데, 괜찮은 비유적 의미에 대한 자동적인 접근이 실험참가자 해야 할 일을 더욱 어렵게 만들 수 있기 때문이다. 이 과제가 오직 문자적 의미만을 고려하라고 요구했음에도 불구하고, 은유적 의미가 가능하다면,

그것이 자동으로 계산되어 사람들이 'Keith is a baby.'가 참이 아니라는 판단하는 데 어려움을 줄 것이다. 이것은 사람들이 붉은색 잉크로 인쇄된 blue라는 단어를 보고 blue를 기각하는 데 어려움을 느끼는 것과 같은 방식이다. 사실 사람들은 'Keith is a baby.'처럼 은유적으로 '참'인 진술을 기각하는 것이, 'Keith is a basin.'처럼 문자 그대로도 은유적으로도 모두 '거짓'인 진술을 기각하는 것보다 더 어렵다. 따라서 문자적 의미가 충분한 과제 맥락(즉, 비문자적 의미를 계산할 필요없는 과제를 수행하는 상황)에서도 사람들은 자동적으로 비문자적 의미를 계산하였다.

선행 실험들은 표준 화용적 관점이 두 가지 주요한 잘못이 있음을 보여 준다. 첫째, 비문자적 의미가 문자적 의미가 가용해지는 시간만큼이나 빨리 가용해진다는 것이다.[2] 실험 데이터들은 문자적 의미가 먼저 계산된다는 가정을 지지하지 않았다. 둘째, 표준 화용적 관점은 비문자적 의미의 계산이, 문자적 의미가 주어진 맥락에서 문제가 있을 때만 이루어지는 부차적인 과정이라고 보았다. 그러나 Glucksberg과 동료들의 실험(Glucksberg, 1998, 2003; Glucksberg et al., 1982)은 문자적 의미로 충분히 해결할 수 있는 과제를 수행하는 맥락에서도 비문자적 의미가 자동으로 계산된다는 것을 보였다. 이런 결과들은 많은 언어 과학자들이 문자 그대로의 의미나 비문자적 의미가 병렬적으로 계산된다는 대안적 이론을 받아들이도록 하였다(예: Swinney and Cutler, 1979). 문자적 의미가 참이든 거짓이든 비문자적 의미는 계산되며, 두 종류의 의미 모두 똑같이 빨리 계산된다는 실험 결과들은 문자적 의미와 비문자적 의미의 동시 계산(simultaneous computation)를 지지한다. 따라서 비문자적 의미의 해석은 다양한 의미를 가진 단어를 해석하는 것과 유사하다. 두 경우에, 다수의 의미는 자동으로 활성화되고, 맥락이 부과하는 요구에 따라 평가되면서, 결국에는 가장 적절한 의미가 그 모호한 표현의 해석으로 선택된다는 것이다. 우리는 비문자적 표현과 연합된 다수의 의미들과 맥락에 가장 잘 부합하는 의미가 어떻게 선택되는지를 탐색할 것이다. 그 전에 잠시 비문자적 표현의 특별한 종류인 은유에 대해 조금 더 논의하고자 한다.

은유

은유(metaphor)는 우리에게 두 요소의 관계성에 주목하게 한다. 첫째 요소는 주제(topic)이고, 두 번째 요소는 매체(vehicle)이다. 주제는 대화의 초점이며 이 담화가 무엇에 대한 것인지 하는 것이다(Ortony, 1975). 매체는 우리가 주제에 대해 이야기하기 위해 사용하는 어떤 개념이나 사례이다. 'Nicole Kidman is bad medicine(니콜 키드먼은 나쁜 약이다).'이라는 표현에서, Nicole Kidman은 주제이며, bad medicine은 매체이다. 물론 그 표현은 Nicole Kidman이 약병에서 나오는 약제물로 위험한 부작용이 있는 약임을 말하는 것으로 해석되도록 의도되지 않았다. 대신 화자가 의도한 비문자적 의미는 Nicole Kidman이 위험하고, 당신의 기분을 진짜 나쁘게 할 수도 있다는 것이다.[3]

이 표현은 은유적 의미를 나타내기 위해 빈번하게 사용하는 A is B 형태를 띠고 있다. 이러한 형태의 비유는 때로 재인 문제에 봉착되기도 한다. 왜냐하면 'Copper is a metal(구리는 금속이다).' 또는 'Dogs are mammals(개는 포유류다).'와 같이 문자 그대로 범주 포함(category-inclusion) 진술문도 A is B 형태를 취하기 때문이다.

그렇다면 은유에 대한 재인 문제는 어떻게 해결될까? 이것은 추상적으로 답할 수 있는 쉬운 문제가 아니다. 그러나 우리가 주제 A와 매체 B와 관련한 은유적 비교를 할 때, A와 B는 다소 이상한 관계에 있다. Greg Murphy(1996, p. 175)가 'Lee is a block of ice(Lee는 얼음덩어리이다).'라는 은유적 표현을 참고하여 설명하듯이,

> 어떤 문장을 은유적이라고 지각하기 위해서는, 매체가 주제에 매우 직접적인 방식으로 적용되지 말아야 한다. 예를 들어, 'Lee is an attorney(Lee는 변호사이다).'는 해석을 위해 어떤 특별한 근거를 요구하지 않는다. attorney의 일상적이고 친숙한 의미는 특별한 전문 직업을 가진 사람을 뜻하고, Lee는 어떤 사람의 이름이므로, Lee를 an attorney라 부르는 데 있어 어떤 불일치도 없다. 그러나 block of ice의 문자 그대로의 의미는 H_2O 물질이 단단하게 얼은 상태를 의미하고, 일반적으로 어떤 사람이 H_2O일 수도 없고, 얼지도 않기 때문에, 이 술어는 Lee 에게 곧바로 적용될 수 없다. 따라서 이 문구의 일상적인 의미로부터 전달하고자 하는 비문자적 의미로의 사상(mapping)이 반드시 존재한다.

A is B 형태는 속성 은유(attributive metaphor)로 불리는 은유의 한 종류이다(Glucksberg and Keysar, 1990). 당신이 이러한 표현을 쓸 때, 매체의 어떤 속성(성질, 특성, 혹은 자질)이 주제에 적용된다는 것을 강조하는 것이다. 때로 우리는 'The girl flew down the hill on her bicycle(그 소녀는 자전거를 타고 언덕을 날아 내려왔다).'에서 한단어 은유(single-word metaphor)를 사용한다. 이 경우에 동사 flew는 공기 속을 가르는 움직임을 지시하는 일반적인 의미로 사용되지 않았고, 땅에서의 매우 빠른 움직임을 암시하는 은유적 의미로 쓰였다. 우리는 관계적 은유(relational metaphors)를 사용할 수도 있는데, 그건 SAT(미국수학능력평가) 또는 ACT(미국대학입학시험)와 같은 표준화된 시험에서 많이 경험하는 것이다. 관계적 은유는 A is to B as C is to D (또는 간단하게 A:B::C:D) 형식을 취한다. 만약 당신이 우크라이나 전쟁에 관한 신문을 보고, 'President Biden considered Vladimir Putin a modern-day Hitler.'라는 글을 읽었다고 하자. 이 글은 사실 노련한 수사법인데, 왜냐하면 여기에는 Biden과 여기 언급되지 않은 제3의 인물(Putin을 제외한)의 암묵적인 관계가 있기 때문이다. 그 관계가 무엇이고, 언급되지 않은 제3의 인물이 누군지 알 수 있는지 맞춰 보기 바란다(정답은 미주 4를 보라).[4]

어떻게 우리는 어떤 은유에 어떤 의미를 적용해야 하는지 알 수 있을까? 문자 그대로의 표현이 아닌, 은유에 사용하는 특별한 의미 해석 방법을 가지고 있는가? 비교(comparison) 학파에 따르면(예: Bottini et al., 1994; Fogelin, 1988; Ortony, 1979; Tversky, 1977), 사람들은 은유를 심적으로 직유(similes)로 변환하여 해석한다. 직유는 주제와 매체가 있다는 점에서 은유와 유사하다. 그러나 직유는 은유와 달리 일반적으로 '~와 같다(like)'와 같은 부수적인 단어를 사용하여 명시적으로 두 가지를 비교하게 된다. 따라서 직유는 A is like B(또는 A resembles B, 또는 A is similar to B)와 같은 형식을 지닌다. 우리는 그 두 가지가 공유된 특성을 가졌다는 점을 지적하기 위해 직유를 사용할 수 있다. 예를 들어, 'Cooper is like tin(구리는 주석 같다), Baseball is like cricket(야구는 크리켓 같다), 또는 Mexico is like Spain(멕시코는 스페인 같다).'이라고 말했다고 하자. 이것은 문자 그대로의 비

교다. 왜냐하면 주제와 매체의 기본적인 의미가 비교에 관련되기 때문이다. 'Copper is like tin(구리는 주석 같다).' 이 둘의 기본적인 의미는 두 가지 모두 금속이고, 매우 흔하고, 땅에서 채굴되고, 약간 빛난다, 기타 등등의 정보를 포함하기 때문이다. 야구와 크리켓 모두 여러 명의 선수단, 공, 배트, 잔디구장 등등을 공통으로 포함하고 있다.

만약 우리가 'Nicole Kidman is bad medicine.'이라는 은유를 사용한다면, 그 표현을 'Nicole Kidman is like bad medicine.'이라는 직유 형태로 심적 변환하여 이해할지도 모른다. 이와 같다면, 은유를 직유로 변환한 다음 구리와 주석의 문자 그대로의 관계를 평가하던 것처럼 Nicole Kidman과 bad medicine의 관계를 평가할 수 있을 것이다. 이러한 접근의 한 가지 이점은 은유 해석을 위한 특별한 기제가 그저 은유를 직유로 바꾸기만 하면 된다는 것이고, 그것은 is를 is like로만 변환하면 된다는 것이다. 은유 이해에 대한 비교 접근은 은유의 의미는 그것을 직유로 변환하면 밝혀지고, 그 의미는 변환 전후로 같고, 두 표현을 같은 의미를 전달하는 것이라고 주장한다. 은유와 직유의 유일한 차이는 그 표현을 어떻게 하느냐이다.

이러한 은유 이해의 직유 변환 관점은 매우 간명한 이점이 있지만, 직유와 은유에 대한 사실들을 충분히 설명하기 어렵다. 사실 문자적 비교와 은유적 비교를 자세히 살펴보면 둘 사이에 미묘한 차이점을 쉽게 발견할 수 있다. 한 가지 차이점은 문자적 비교는 일반적으로 순서를 바꿀 수 있지만, 은유적 비교는 그렇지 않다. 문자적 비교에선 대부분 어떤 요소가 먼저 오느냐는 중요하지 않다; 순서를 바꾼다고 해도 두 요소 간의 비교의 근거도 같고, 그 진술의 전반적 의미의 힘도 같은 채로 남아 있다. 'Copper is like tin.'은 근본적으로 'Tin is like copper.'와 같다. 만약 두 요소 중 어느 하나가 주제가 되느냐 하는 것 이외에는 둘 중에 어느 하나가 선호될 특별한 이유는 없다. 당신의 영국 친구가 야구의 규칙을 당신에게 설명해 주기를 원한다면, 당신은 'Baseball is like cricket.'이라고 말할 수 있다. 만약 cricket이 대화의 주제라면 당신은 반대로 'Cricket is like baseball.'이라고 할 수 있다.

많은 은유는 이와 같은 방식으로 순서를 바꿀 수 없다. 'Nicole Kidman is bad medicine.'이라고 말할 수 있어도, 'Bad medicine is Nicole Kidman.'이라고 할 수 없다. 어떤 은유는 순서를 바꿀 수 있지만, 그 표현의 의미가 바뀐다(직유는 순서가 바뀌어도 전체적인 의미는 같다). 예를 들어, 당신이 'My surgeon is a butcher(내 외과의사는 도축인이다).'라고 했다면 비교의 근거, 즉 외과의사(surgeon)를 도축인(butcher)으로 연결할 수 있는 관련성은 그 외과의사가 서투른 외과의사라는 것이다. 만약 주제와 매체를 바꿔, 'My butcher is a surgeon.'이 되면, 그 도축인은 매우 솜씨 좋다는 의미가 된다. 이런 점은 은유가 직유로 바뀌어도 같다(My surgeon is like a butcher, My butcher is like a surgeon). 따라서 문자 그대로의 비교와 은유는 근본적으로 다른 것이 있다. 문자 그대로의 비교는 비교의 보다 확실한 근거가 있어서 그 요소들이 서로 순서가 바뀌어도 괜찮지만, 은유는 주제와 매체의 세밀한 속성에 따라 비교의 근거가 달라지므로 일반적으로 순서를 바꿀 수 없다(Zhou and Tse, 2022도 참조).

은유 해석의 직유 변환 관점은 같은 주제와 매체의 관계성을 표현하는 것이라 할지라도 직유에 비해 은유를 해석하는 데 시간이 더 걸릴 것으로 예측한다(왜냐하면 추가적인 변환 과정이 있으므로). 그러나 반응시간 연구들은 오히려 어떤 상황에서는 직유가 은유보다 이해하는 데 시간이 더 걸린다는 것을 보여 주고 있다(Glucksberg, 1998, 2003). 따라서 은유가 심적으로 직유로 변환되지 않고 해석될 수 있는 것처럼 보인다.

은유 표현을 해석하기 위해, 청자는 화자가 주제를 매체로 연결하는 데 사용한 비교의 근거를 찾아야 한다. 도대체 청자는 어떻게 이것을 알아낼 수 있을까? 특성매칭 가설(property-matching hypothesis)은 왜 그리고 어떻게 직유와 은유가 주제와 매체의 관계성을 전달하는지를 설명한다 (Johnson and Malgady, 1979; Malgady and Johnson, 1980; Miller, 1979; Ortony, 1979; Tversky, 1977). 특성매칭 가설에 따르면, 직유와 은유를 이해하는 것은 매체의 특성과 동일한 주제의 특성을 찾는 과정에 의존한다. 이 접근의 한 가지 장점은 특성매칭이라는 과정이 문자 그대로의 비교나 은유 해석에 모두 사용될 수 있다는 점이고, 따라서 은유라고 해서 특별한 해석 과정이 필요하지 않다는 것이다. 'A dog is a mammal(개는 포유류이다).'이라는 문자 그대로의 비교를 해석할 때, 당신이 알고 있는 포유류라는 매체의 특성, 즉 털이 있고, 유선(모유를 생성해 내는 기관)이 있으며, 새끼를 낳는 것과 같은 특성들이 주제어 dog의 특성들과 매칭되는지를 알아볼 것이다. 당신이 매칭되는 특성들을 찾으면, 당신은 주제와 매체가 그 특성들을 공유한다는 사실에 주목할 것이다. 이와 같은 것을 은유에 대해서도 똑같이 적용할 수 있다. 'Nicole Kidman is bad medicine.'을 들을 때, 당신은 매체의 특성(위험하고, 사람들을 기분 나쁘게 만드는)을 찾은 후, 주제어 Nicole Kidman이 동일한 특성을 가지고 있는지 찾아볼 것이다. 이 같은 과정은 그 비교가 A is B인 은유 형태나, A is like B인 직유 형태에 모두 사용될 수 있다. 특성매칭 가설은 왜 어떤 은유는 이해할 수 없는지도 설명 가능하다. 주제와 매체 사이에 공유된 특성이 발견되지 않는다면, 은유는 의미가 없을 것이다. 어떤 사람이 'billboards are like pears(또는 billboards are pears).'이라고 말한다면 이상하게 들릴 것이다. 특성매칭 가설에 따르면, 이 표현이 이상하게 들리는 것은 pears와 billboards 간에 공통적인 특성이 하나도 없기 때문에, 비교의 어떤 근거도 없기 때문이다.

현저성 불균형 가설(salience imbalance hypothesis) (Johnson and Malgady, 1979; Tourangeau and Sternberg, 1981)은 특성매칭 가설이 개선된 버전이다. 이 가설은 왜 화자들이 주제와 매체의 관계성을 강조할 때 어떤 때는 은유 형태(A is B)를 사용하고, 또 어떤 다른 때는 직유(A is like B) 형태를 취하는지 설명하고자 한다. 현저성 불균형 가설은 A is like B 형태인 문자 그대로의 비교는 관련된 특성들이 주제와 매체 모두 현저할 때 사용된다. A is B 형태인 은유는 주제와 매체가 특성들을 공유하지만, 비교에 관련된 특성들이 주제에서는 두드러지지 않지만, 매체에선 매우 현저한 경우이다. 예를 들어, 우리는 금속이고, 채굴되고, 제조되는 물품에 유용하며, 약간 빛이 나는 특성들은 구리와 주석 모두 공통으로 현저한 특성이기 때문에, copper is like tin이라는 직유를 쓴다. 즉, 사람들에게 구리와 주석의 특성들을 나열해 보라고 요구한다면, 금속, 채굴, 빛나는 정도 등이 특성 목록에서 공통으로 상위를 차지할 것이다.

반면, 은유에서 주제와 매체는 다른 특성 목록, 즉 다른 특성들이 매우 다른 순서로 주제와 매체의 특성으로 각각 기록될 것이다. 예를 들어, Nicole Kidman의 특성들을 나열해 보라고 요구받는다면, 당신은 여배우, 댄서, 호주사람, 귀여운, 대담한, 〈Bewitched〉라는 영화에서 Will Ferrell의 매력적인 상대역 등을 특성 목록 윗부분에 포함시킬 것이고, 무정한 사람, 사람을 기분 나쁘게 만드는 것과 같은 특성들은 목록의 아랫부분에 포함될 것이다. 그리고 bed medicine의 특성을 나열해 보라고 요구

받았다면, 위험한, 사람의 기분을 나쁘게 만드는 것과 같은 특성들은 목록 윗부분에 위치할 것이다. 따라서 사람의 기분을 나쁘게 만드는—은 bad medicine의 매우 현저한 특성일 것이다. 현저성이 목록에서의 위치와 관련된다는 전제하에(빨리 산출되는 특성은 머리에 쉽게 떠오르기 때문에 현저할 것이다). 어떤 사람이 'Nicole Kidman is bad medicine.'이라고 말할 때, bad medicine의 현저한 특성(위험한, 병에 들어 있는, 사람의 기분을 나쁘게 만드는)은 Nicole Kidman의 현저하지 않은 특성들과 매칭된다(병에 들어 있는—은 비교의 근거에서 배제된다. 왜냐하면 그러한 특성은 Nicole Kidman의 특성 중에 없으므로). 'Nicole Kidman과 bad medicine.'을 함께 언급함으로써 화자는 Nicole Kidman의 특성 중 현저성이 낮은 한 두 가지 특성들을 더 높고 더 현저한 위치로 올린다. 이러한 방법으로, 즉 주제와 연합된 다른 특성들의 현저성을 다시 정렬함으로써 은유적 표현은 청자가 친숙한 것을 새로운 방법으로 생각하게 만든다. 이것이 은유적 표현의 수사적 힘이다.

직유변환 관점처럼 특성매칭 가설은 문자적 그리고 은유적 비교를 어떻게 해석해야 하는지, 그리고 왜 화자가 어떤 경우에 직유를 선호하고, 어떤 경우엔 은유를 선호하는지를 설명할 수 있는 이점이 있지만, 모든 범위의 은유적 표현을 설명하기에는 어려움이 있다. 한 가지 문제점은 특성매칭 가설은 은유에서 비교의 근거가 주제의 현저성이 낮은 특성과 매체의 현저성 높은 특성이 관련된다고 하였지만, 때때로 주제와 매체 모두 현저성 낮은 특성들과 관련될 때 쉽게 해석되는 은유도 있다. 문장 (4)를 살펴보자(Glucksberg and Keysar, 1990).

(4) The senator was an old fox who could outwit the reporters every time.
    (그 상원의원은 매번 기자들을 속일 수 있는 늙은 여우였다.)

여기에서 비교의 근거는 무엇인가? 그 상원의원은 똑똑하고, 교활한 것이 분명하다. 사람들에게 상원의원(senator)의 특성을 열거해 보라고 한다면, 정치가, 권력있는, 유명한 등등이 포함될 것이다. 여우(fox)의 특성을 열거해 보라고 한다면, 털이 있는, 꼬리가 긴, 개에 의해 사냥되는, 암탉 집을 보호할 것이라고 믿을 수 없는 등등이 포함될 것이다. 아마도 현명한(clever)은 상원의원과 여우의 특성 리스트에서 거의 맨 아래 줄에서 발견될 것이다. 현저성 불균형 가설에 따르면, 문장 (4)는 형편없는 은유가 될 것이다. 그러나 사람들은 그 문장을 사실 좋고, 가능한 은유라고 평가한다. 따라서 주제와 매체의 특성 사이의 현저성 불균형은 좋은 은유가 되기 위한 필수 전제 조건이 아니다.

특성매칭 가설과 더욱 맞지 않는 것은, 때로 정말 좋은 은유는 주제와 매체가 전혀 특성을 공유하지 않는 경우도 있다는 것이다. 대표적인 은유는 'No man is an island(어떠한 사람도 섬이 아니다).' 만약 사람들에게 man과 island의 특성을 있는 대로 나열하라고 하더라도 당신은 두 가지가 어떤 것 또는 명사라는 사실(이 두 가지 모두 No man is an island라는 비교의 근거가 되지 않음) 이외에는 어떤 공유된 특성을 찾을 수 없을 것이다. 'No man is an island.' 형식의 은유는 현저성이 낮은 특성을 강조하는 방식이 아니라, 어떤 주제에 완전히 새로운 특성을 부과하는 데 은유가 사용될 수 있다는 원칙을 보여 준다. 현재로는 특성매칭 가설이 완전히 새로운 특성을 부과하는 은유 현상을 설명할 수 없는 것 같다. 비록, 특성을 소개하는 은유(attribute introducing metaphors)(예: the mind is a computer)가 상식과 과학 지식 발전에 중요한 역할을 해오긴 했지만 말이다. Bowdle과

Gentner(2005, p. 194)는 다음과 같이 설명했다. "마음에 대한 컴퓨터 은유는 단순히 컴퓨터에도 적용되는 마음의 잘 알려진 측면을 강조했기 때문이라기보다 오히려 컴퓨터 영역에서부터 마음 영역으로 지식의 전이(transfer)를 촉진했기 때문이다. 특성매칭 모형은 이런 독특한 (매체의) 특성 전이에 대해 어떤 기제도 제공하지 않는다."

비교 관점의 또 다른 문제는 은유와 직유 버전의 비교는 항상 같은 의미를 전달하지 않는다는 것이다. 왜냐하면 의미가 비교 과정을 통해 항상 살아남지 못하기 때문이다. 당신은 'copper is like tin.'을 'copper is tin.'으로 변환할 수 없다(Gluckberg and Keysar, 1990). 이와 같이 많은 은유는 직유로 변환할 수 없고, 그 의미를 그대로 유지한다. 다음 표현을 고려해 보자. 'My lawyer is a well-paid shark(내 변호사는 보수가 좋은 상어다).' (Bowdle and Gentner, 2005; Glucksberg and Haught, 2006a, 2006b). 사람들은 이와 같은 표현이 적절하다고 좋은 점수를 준다. 그러나 이 표현을 직유로 변환하면 평가가 좋지 않다. 즉, 'My lawyer is like a well-paid shark.'와 같은 직유 버전에는 사람들이 더 낮은 적절성 점수를 준다. 따라서 은유와 직유 형식은 동등한 의미가 아니며, 이것은 은유 이해에 대한 직유로의 심적 변환이라는 관점에 어긋난다. Glucksberg와 Haught은 다음과 같이 설명한다. "은유가 항상 직유로 다시 진술될 수 없다면, 은유는 원칙적으로 해당하는 직유로 이해될 수 없고, 그 반대도 마찬가지다. 이는 은유와 직유가 동등하다는 가정에 기댄 은유 이해의 비교 이론들은 근본적으로 결함이 있다."

범주 포함 및 이중 지시

은유 해석의 범주포함(class-inclusion) 가설은 직유 변화 가설과 특성매칭 관점에 대한 한 가지 대안을 제공한다(Glucksberg, 1998, 2003; Glucksberg and Haught, 2006a, 2006b; Glucksberg and Keysar, 1990; Glucksberg, McGlone et al., 1997). 은유 해석의 범주포함 관점에 따르면, 문자 그대로든 비문자적이든 A is B 형태를 가진 모든 표현은 주제 (A)가 매체(B)에 의해 표상되는 범주의 구성원이라는 점을 강조하는 것으로 해석된다. 이것은 문자 그대로의 비교든 은유적 비교든 두 가지 모두 동일하게 잘 적용된다. 어떤 화자가 'A dog is a mammal.'이라고 말했다면, 당신은 개가 포유류라는 범주의 일원이고, 그 범주의 구성원들의 특성을 물려 받았다는 점을 알아차리면서 그 표현을 이해한다. 내가 만약 'Nicole Kidman is bad medicine.'이라고 말한다면, bad medicine은 당신에게 깜짝 놀랄 만큼 위험하고 나쁜 것이라는 즉석 범주의 원형(prototype)이다. 만약 어떤 사람이 'Kyle is a pop-up ad(Kyle은 갑자기 튀어나오는 광고다).'라고 말한다면, 당신은 Kyle을 pop-up ad의 전형적인 예시들—예측할 수 없이 갑자기 당신이 하는 일이 무엇이든 간에 그것을 멈추게 하는 적당히 성가신 것—의 범주에 포함시킴으로써 그것을 해석할 수 있다. 범주포함 가설은 은유적 표현과 문자 그대로의 표현 모두 어떻게 해석되는지에 대한 통합된 설명을 제공하기에 장점이 있으며, 비교와 직유로의 심적 변환 접근의 몇몇 함정들을 피한다.

범주포함 관점은 사람들이 왜 그리고 어떻게 은유와 직유에 대해 반응하는지, 그리고 그 둘의 차이점을 설명하는 데 장점이 있다. 이를 위해, 부가적인 가정 하나를 필요로 한다. 즉, 은유 표현은 이중 지시(dual reference)를 포함한다(중의적인 단어처럼). 반면 문자 그대로 해석되는 직유와 범주포함 진술들은 오직 주제와 매체 사이에 단일한 연결만 포함한다. 이중 지시 가설에 따르면, 'My lawyer is a shark.'이라는 진술을 보면, 당신은 문자 그대로 피와 살, 그리고 연골 어류를 떠올리고, 동시에 위험하고, 공격적인 동물이라는 즉각적인 범주(아마도 거기에는 사자, 호랑이, 곰이 포함될 것이다; My lawyer is a lion/tiger/bear처럼)을 떠올릴 것이다. 이 경우에 shark은 기본수준(basic-level) 개념(진짜 상어)과 상어가 하나의 예시가 되는 상위수준 범주(superordinate category) 또는 그것의 전형적인 사례 모두를 지시할 수 있다. 'The lawyer is like a shark(내 변호사는 상어 같다).'라는 직유는 오직 기본 수준에서 문자 그대로의 shark을 지시하고, 상위 범주는 지시하지 않는다. 따라서 은유 표현과 달리, 직유 방식은 다음과 같은 질문을 초래한다. 'The lawyer is like a shark in what way(내 변호사는 상어 같다, 어떤 방식으로?)'

은유 표현은 이중 지시와 관련되고, 직유는 단일 지시와 관련된다는 사실은 당신이 직유로 할 수 없는 것을 은유로 할 수 있다는 것을 의미한다. 'My lawyer is a shark.'에서 shark이 진짜 상어를 지시하는 것과 동시에 위험한 것의 범주를 지시하기 때문에, 다음 (5)의 문장처럼 당신은 shark을 꾸미기 위한 well-paid와 같은 수식어를 사용할 수 있다(Glucksberg and Haught, 2006a, p. 368).

(5) My lawyer is a well-paid shark.

(6) *My lawyer is like a well-paid shark.

이와 비교하면 직유 버전인 문장 (6)은 뭔가 이상하다. 이는 직유에서는 shark이 문자 그대로의 상어를 의미하고, 그것의 지시물은 위험한 것과 같은 즉각적인 상위범위로 확장되지 않기 때문이다. 실제 살아있어 헤엄치는 상어가 보수를 인출하지 않으므로, 보수를 잘 받는(문자 그대로) 상어라고 말하는 것은 말이 되지 않고, 전체 표현은 이상하게 보인다. 이 이상한 정도는 사람들에게 (5)와 (6)과 같은 표현의 질을 평정을 받은 실험에서 확인되었다. 실험참가자들은 (5)와 같이 수식어가 있는 은유의 질을 (6)과 같이 수식어가 있는 직유의 질보다 높게 평정하였다. 그리고 참가자들은 (6)과 같은 표현보다 (5)와 같은 표현을 더 빠르게 읽었다. (6)에 있는 추가적인 단어(즉, like)에 대해 보정을 취했을 때조차 그랬다.

A is B 형식의 은유 표현은 상위 범주를 마음속에 불러일으킨다는 범주포함 진술로 해석된다는 추가적인 증거는 점화 실험으로부터 도출되었다(Glucksberg, Manfredi et al., 1997). 'My lawyer is a shark.'과 같은 은유 표현에 대해 실험참가자들의 읽기 시간이 측정되었다. 이 표적 문장 전에 중립 통제 문장이 제시될 수 있고, 실험참가자가 주의를 shark의 문자 그대로의 의미에 두게 하는 문장이 제시될 수도 있다. 예를 들어, 문자 그대로의 의미에 집중하게 하는 점화 문장은 'Sharks can swim(상어는 헤엄칠 수 있다).' 같은 것이다. 이와 같은 점화 문장은 실험참가자의 주의를 shark의 문자 그대로의 의미에 쏠리게 하고, 위험한 동물과 같은 상위수준 범주의 의미로부터 주의가 멀어지게 한다. 그러한 조건에서 실험참가자들은 'My lawyer is a shark.'과 같이 주제(변호사)와 상위 범주(위험한 동물) 사이에 연결을 요구하는 은유 문장을 이해하는 데 어려운 시간을 보낸다.

범주포함 가설의 기본적인 버전은 은유적 주제와 매체 사이의 관계가 어떻게 형성되는지를 설명하지만, 어떻게 같은 매체가 다른 주제에 대해 다른 상위수준 범주를 지시할 수 있는지를 설명하지 않는다. 예를 들어, Bowdle과 Gentner(2005)가 지적하듯이, 매체 snowflake(눈송이)의 주제가 a child(아이)일 때 하나의 상위수준 범주를 지시할 수 있고, 주제가 youth(젊음)일 때는 다른 상위 수준의 범주를 지시할 수 있다. 'A child is a snowflake(아이는 눈송이다).'와 같은 은유 표현에서, 이 것의 은유적 해석은 'every child is unique(모든 아이들은 독특하다, 어떤 다른 두 눈송이도 동일하지 않으므로).'이다. 이에 반해, 'youth is a snowflake(젊음은 눈송이다).'와 같은 은유 표현에서 그 해석은 'youth is fleeting(젊음은 순식간이다. 눈송이는 쉽게 녹아 없어지므로).'이다.

어떻게 같은 매체가 다른 상위수준 범주를 떠올리게 하는지 설명하기 위하여 Glucksberg와 동료들(Glucksberg, Manfredi et al., 1997)은 매체가 해석을 위한 한 세트의 상위수준 범주를 만들고, 주제의 특성이 독자로 하여금 그중에서 적절한 것을 지시하도록 한다는 새로운 버전의 범주포함 가설을 제안하였다. 이 경우 상위수준 범주 정보 선택에 영향을 주는 요인으로 매체가 유일했던 이전 버전과는 달리, 주제와 매체가 모두 해석에 제약을 부과하게 된다. 'A child is a snowflake.'와 'youth is a snowflake.'와 같은 표현들이 같은 수준으로 쉽게 이해되기 때문에, Glucksberg와 동료들은 매체가 다수의 상위수준 범주들을 병렬적으로 활성화한다고 제안하였다. 만약 상위수준 범주가 한 번에 하나씩 접근된다면, 그 은유들 중 하나가 반드시 다른 것보다 더 쉽게 이해될 것이기 때문이다.

은유 이해의 범주포함 이론은 문자 그대로의 표현과 은유 표현의 이해와 처리를 가깝게 배치했다. Glucksberg는 은유를 특별한 해석 기제와 처리가 필요한 특별한 범주로 취급하기보다 인간의 언어 사용의 일상적이고 주된 흐름의 일부분으로 은유를 보는 언어 과학자들의 그룹에 포함된다. 사실, 은유는 희귀하고 특별한 것이 아니라 일상 대화 과정에 흔하게 산출된다. 화자는 10초에 한 번꼴 또는 말하는 동안 분당 여섯 번 은유(약 네 번의 '관습적' 은유와 두 번의 '새로운' 은유)를 산출한다고 한다(H. Pollio et al., 1977).

개념적 매핑과 의미

표준 화용적 관점은 은유 표현이 특별하며 '일반적인' 흔한 문자적 표현과 다르다고 제안한다. 지금까지 살펴본 실험적 증거들은 표준 화용적 관점으로부터 뒤따라오는 여러 가정들이 틀릴 수도 있다고 제안한다. 이런 실험적 증거로 인해 많은 철학자들과 언어 과학자들은 어떻게 은유적인 언어를 전체 언어 사용에 끼어 맞출 수 있을지 새로운 아이디어를 구상하는 시도를 하고 있다. 대중적인 지지를 확보하고 있는 한 아이디어는 개념적 매핑(conceptual mapping) 가설이다(Gibbs, 1994; Lakoff and Johnson, 1980a, 1980b). 먼저, 개념적 매핑 가설은 은유와 문자 그대로의 언어의 구분을 최소화한다. 따라서 개념적 매핑 가설을 지지하는 철학자, 언어학자, 심리학자들은 은유를 특별히 대단한 것이 아닌, 일상적인 대화에서 아주 흔한 특성으로 바라본다(예: Giora, 2007; Lakoff, 1987; Pinker, 1994). 이 관점에 따르면, 우리가 문자 그대로라고 보는 많은 언어가 암묵적인 은유에 실제로 기초하고 있다는 것이다(이 장의 초반부에 제시한 대표적인 예처럼). 둘째, 개념적 매핑 관점은 일반적인 일상생활 단어 이해의 많은 부분이 다른 영역 사이의 연결을 발견하거나 주목하는 데 기초하고 있다고 주장한다. 예를 들어, 논쟁(argument), 사랑(love), 그리고 분노(anger)와 같은 문자 그대로의 단어들도 전쟁(war), 여행(journey), 그리고 용기에 담긴 뜨거운 액체(heated fluid in a container)와 같은 다른 개념들을 머릿속에 떠올리게 하여 이해된다는 것이다. 논쟁(argument)과 같은 개념을 생각할 때 다른 영역들 사이의 이러한 연결은 우리로 하여금, 'her criticism was right on target, she attacked every one of my strong points(그녀의 비판은 적중했다, 그녀는 내 의견의 강한 포인트 하나하나를 공격했다).'와 'my barely adequate psychic defenses crumbled in the face of her logical blitzkrieg(그녀의 논리적인 기습 공격 앞에 가까스로 유지했던 내 심리적 방어선이 무너져 버렸다).' 와 같은 표현들을 사용할 수 있게 한다. 개념적 매핑 관점을 따르면 논쟁을 전쟁처럼 이야기할 수 있게 하는데, 그것이 우리가 논쟁을 생각하는 방식이고, 그것이 심적으로 정의되는 방식이며, 논쟁하는 과정의 모습이 서로 싸우는 전쟁의 과정이라는 아날로그적 모습과 연결되기 때문이다.

개념적 매핑 가설은 강한 형태와 약한 형태로 나눠질 수 있다. 강한 형태에 따르면, 어떤 단어가 직접적으로 지각할 수 있는 개념(예: red)을 지시하지 않는 한, 그 단어는 몇 가지 다른, 더 기초적인 영역의 단어들과의 은유적 관계성에 따라 정의되고 이해될 것이다. Murphy(1996, p. 178)가 설명한 것처럼 "사람들은 논쟁을 진짜 이해할 수 없다—대신 전쟁을 이해할 뿐이다. 그리고 논쟁의 이해는 이 개념(전쟁)에 기생하는 것이다." 특히, 어떤 근본적 은유들(fundamental metaphors)은 흔히 사용되는 많은 표현들의 기초가 된다. 이런 근본적 은유들은 공간(space)과 이동(movement), 힘(force), 주체성(agency), 그리고 인과성(causation) 등을 포함한다. 개념적 매핑 가설의 강한 형태에 따르면, 근본적 은유를 직접적으로 표현하는 것 이외의 다른 발화들은 근본적인 은유를 활성화시키고, 더 복잡한 영역들과 근본적 은유(즉, source 영역) 사이의 연결(mapping)을 인출함으로써 이해된다.

'The meeting went from 3 to 4 o'clock(회의는 3시부터 4시까지 진행되었다).'과 같은 발화를 해석할 때, 당신은 그 회의가 시간상 연장된 기간을 가졌다는 것을 이해하기 위해 공간과 이동에 대한 근본적 은유를 사용한다. 그 이론에 따르면, 당신은 시간을 표상하는 직선을 포함한 정신 공간을 창조한다. 이 직선에 회의 시작을 표상하는 한 지점과 회의 종료를 표상하는 또 하나의 지점이 표시된다. 따라서 시간상 연장된 기간은 공간에서 거리를 참조하는 것으로 이해되고, 더 많은 시간은 더 큰 거리에 해당된다. 당신은 공간과 이동 은유를 금융 거래에도 사용할 수 있다. 만약 어떤 사람이 'When the old man died, the inheritance went to John(노인이 죽자 유산은 존에게 돌아갔다).'라고 말했다면, 당신은 존이 획득한 재산을 하나의 물체로 개념화하고, 그것은 한 출발 지점(the old man)에서부터 목표 지점(John)까지 공간상으로 이동한 것으로 생각할 수 있다.

우리는 힘, 주체성, 인과성의 근본적 은유를 'Evelina is polite to Ted(Evelina는 Ted에게 예의바르게 대한다).'와 같은 얼핏 보기에 문자 그대로의 표현을 이해하고, 그러한 표현의 의미가 다른 유사한 표현과, 'Evelina is civil to Ted(Evelina는 Ted에게 (체면상) 예의바르게 대한다).', 어떻게 다른지 이해하는 데 사용할 수 있다(Pinker, 1994). 힘, 주체성, 인과성 은유의 관점에서 civil과 polite의 차이점은 Evelina가 친절하게(be polite) 된 힘은 Evelina 내부에 있지만, 예의바른(being civil)은 대립하는 두 가지의 힘이 있는 은유적 상황과 관련된다. Evelina가 Ted에서 못되게 굴려고 하는 내적인 힘과 그렇게 하는 것을 저지하는 외적인 힘이 존재한다.

개념적 매핑 가설의 약한 형태에 따르면, 기저에 있는 은유가 반드시 필수적인 것도 아니고, 어떤 개념 정의의 모든 것을 필수적으로 구성하는 것도 아니다. 그러나 그럼에도 불구하고 어떤 단어가 사용될 때 그 기저에 있는 은유들은 일상적으로 머릿속에 떠오른다. 따라서 전쟁이라는 영역은 논쟁이라는 단어의 전체 의미를 정의하는 것이 아니라 할지라도, 전쟁에 직접적으로 관련된 개념들이 논쟁에 대해 이야기할 때 활성화될 것이다. 이러한 공식하에, 논쟁은 그 자체의 정의를 가지고 그것의 구성 개념들 사이의 관계성을 그 자체로 지닌다. 그러나 그 구성 개념들이 서로 관련된 방식은 전쟁이라는 은유에 의해 영향을 받는다. 논쟁에 대해 이야기할 때 논쟁은 전쟁이라는 은유를 자주 사용하기 때문에, 당신이 논쟁에 대해 심적으로 정의하고 이야기하는 방식은 전쟁을 심적으로 정의하고 생각하는 방식과 점점 유사해진다.

George Lakoff와 같은 언어학자들은 암묵적 은유가 정치적 담화에서 강력한 역할을 한다고 주장한다(예: Lakoff, 2002, 2008). 예를 들어, 어떤 정치인이 tax relief(세금 경감)에 대해 이야기한다면 그것은 세금의 개념을 의학적 은유 내부로 위치시킨다. 은유적 영역에서 세금은 고통을 야기하는 질병과 다름없다. 의학적 맥락에서 고통에 대한 적절한 반응은 고통의 원인을 제거하는 것이고, 그 고통을 제거하는 사람은 영웅이다. 세금 경감을 말함으로써 정치인은 암묵적으로 의학적 질병 은유를 활성화시킬 수 있고, 그 고통의 원인을 제거하는 정치인은 영웅적인 의사로 생각하게 된다. Lakoff에 따르면, 청자의 태도는 암묵적 은유에 의해 쉽게 영향을 받을 수 있고, 이러한 은유를 잘 사용하는 정치인은 상당한 이익을 축적할 수 있을 것이라고 한다.

개념적 매핑 가설이 대중성을 얻었다고 하지만, 전혀 비판이 없는 것도 아니다(Keysar et al., 2000; Murphy, 1996). 개념적 매핑의 강한 버전은 비판을 받았는데, 어떤 개념을 이해하기 위해 은유적 매핑이 반드시 나타나야 하는 것도 아니고, 다른 영역들 사이의 정확한 매핑이 성공적으로 이루어진다는 것도 과학적으로 수용하지 못할 가설들을 재정리하지 않는다면 가능하지 않기 때문이다. 액체의 변화를 설명하는 물리학에 대한 이해가 발달하기 전에 아이들이 분노를 충분히 이해할 수 있다는 사실은 분노 이해에 은유적 매핑의 필수적이라는 것에 의문을 던진다.[5]

개념적 매핑 가설은 또한 왜 근원 영역의 어떤 측면들은 은유 이해에 포함되고, 왜 다른 것은 포함되지 않는지 설명하지 못한다. 논쟁은 전쟁이라는 매핑에서 공격과 방어의 힘, 영토, 공격의 방법들은 은유를 활용하는 데 쓰이지만, 일련의 명령, 복잡한 실행계획, 유니폼 등 실제 문자 그대로의 전쟁 상황에 나타나는 모든 것들이 논쟁과 전쟁의 은유적 비교에 결코 나타나지 않는다. 근원 영역(전쟁)의 어떤 특성들은 표적 개념(논쟁)을 생각하고 정의하고 묘사하는 데 유용할 수 있지만, 많은 다른 특성들은 그렇지 않다. 그렇다면 어떻게 마음이 근원 영역의 어떤 특성들이 표적 개념을 정의하는 데 사용되는 것인지 알게 되는 것일까? 논쟁이 전쟁과 관계된다는 것을 이미 알고 있는 당신의 마음 속 난쟁이(homunculus)가 없다면, 올바른 일련의 매핑들이 출현하기는 불가능할 것이다(이 문제에 대한 계산론적 평가를 알고 싶다면 Rai and Chakraverty, 2020 참조).

개념적 매핑 가설의 강한 형태 및 약한 형태 모두에 대한 비판은 이 이론을 지지하기 위해 동원된 증거들의 순환론적인 측면에 있다. 개념적 매핑 이론에 대한 증거를 제공하기 위해 이론의 주창자들은 일상적으로 사용되는 표현들(I was crushed, She shattered my defenses 등등)을 지적하고, 이렇게 흔하게 사용되는 표현들(예: argument is war) 사이에 공통적인 은유적 관계를 공식화했다. 그리고 전쟁과 직접적으로 관련된 개념들을 지시하면서 논쟁에 대한 사람들의 생각을 확신하기 위해 또다시 일반적으로 사용되는 표현들의 예를 제공했다. 문제는 이 이론에 의해 예측된 결과들이 처음에 이 이론을 만들기 위해 사용된 관찰과 같다는 것이다. Keysar와 동료들은 다음과 같이 말한다 (Keysar et al., 2000, p. 577). "언어와 사고와의 깊은 연관성에 대해 오직 언어적 증거만을 사용하는 것은 순환론적이다. … 사람들이 행복과 슬픔을 위아래로 생각한다는 것을 어떻게 알겠는가? 사람들이 행복과 슬픔에 대해 이야기할 때 위아래(up and down)와 같은 단어를 사용하기 때문에. 왜 사람들이 'his spirits rose(그의 기분은 올라갔다).'와 같은 표현을 사용하는가? 사람들이 행복을 위(UP)와 관련해서 생각하기 때문에. 이러한 주장은 분명히 순환론적이며, [개념적 매핑 가설]을 지지하는 어떤 실질적인 증거도 제공하지 않는다."[6] 나아가 논쟁이라는 개념의 특성들과 전쟁이라는 개념의 특성들 사이의 가까운 매핑이 있고, 사람들이 논쟁에 대해 생각하고 이야기할 때 전쟁이 유용한 용어를 제공한다고 동의해도, 논쟁과 전쟁은 각각 분리되어 표상될 가능성이 언제나 존재하며, 그 둘 간의 연결이 명시적으로 만들어진 이후에나 사람들이 인식할 수 있다. 논쟁과 전쟁의 연결이 매우 설득력 있게 보인다 할지라도, 전쟁은 논쟁이라는 단어를 정의하는 방법에 근본적인 토대를 여전히 제공하지 않을 수 있다.

어떤 비판은 단어들이 오직 단일한 문자 그대로의 의미를 가진다는 개념적 매핑 가설의 가정에도 의문을 제기한다. 개념적 매핑에 따르면, arm, back, seat와 같은 단어가 의자의 부분을 지시할 때, 그 단어들을 사람의 신체라는 근원 영역에 매핑함으로써 이해할 수 있다. 그러나 왜 같은 단어들이 신체의 부분을 지시하는 것과 별개로, 문자 그대로 의자의 부분을 지시하는 데 사용할 수 없는지에 대해서 어떤 논리적인 이유도 없다(우리가 bank를 문자 그대로 강둑을 지시하고 돈을 보관하는 장소를 지시하는 데에도 사용하는 것처럼).

개념적 매핑 가설의 마지막 문제는 어떤 표적 개념이 몇몇 다른 은유에 관련될 때 무슨 일이 일어나는지를 어떤 언급도 하지 않는다는 점이다. 예를 들어, 논쟁은 은유적으로 전쟁과 관련되는 것 이외에도 건축(building, 그 주장은 지지대가 필요하다, 당신은 기초부터 흔들려와 같은 표현에서처럼)과도, 용기(container, 그녀는 은유에 대한 주장을 꺼냈다와 같은 표현에서처럼)와도, 여행(journey, 나는 그녀의 추론 과정을 따라갈 수가 없어, 그녀가 관용어에 대해 이야기하기 시작할 때 나는 뒤에 남겨졌어)과도 관련된다. 만약 어떤 개념이 어떤 정의(argument is war)를 가지고 있다면, 왜 두 번째, 세 번째 정의가 필요한가? 설상가상으로, 다양한 은유적 영역에 연결되어 있는 어떤 개념들은 다른 은유로부터 상반되는 특성을 가지기도 한다. Murphy(1996)가 설명하듯이, 사랑(love)은 공동의 목표를 이루기 위한 여행(journey)으로 개념화되기도 하지만, 이와 동시에 다른 목적을 추구하며 경쟁관계 있는 사람들이 상업적인 교환을 위한 가치있는 상품(valuable commodity)으로 개념화되기도 한다.

구조적 유사성 관점

개념적 매핑 관점의 한계를 극복하기 위해, Murphy(1996)는 Dedre Gentner(1983)의 구조-매핑(structure-mapping) 관점과 유사한 구조적 유사성 관점을 제안하였다. 이 이론에 따르면, 모든 개념들은 직접적으로 표상된다. 예를 들어, '논쟁'이라는 정의된 개념은 '전쟁'이라고 따로 정의된 개념과 분리되어 표상된다. 이러한 공식은 개념적 매핑 관점의 난쟁이 문제를 해결한다. 어떤 근원 영역이 다른 개념을 정의할 때 사용되는 부적절한 관계성이 있는지 확인하는 머릿속의 난쟁이를 상정할 필요가 없다. Murphy(1996, p. 187)가 제안하기로는, "어떤 사람도 논쟁에 총이 사용된다고 추측하지 않는다. 왜냐하면 사람들이 이미 그렇지 않다는 것을 알고 있기 때문이다." 구조적 유사성 관점은 개념들은 유사성에 기초하여 서로 관련될 수 있다. 그리고 이러한 유사성이 어떤 개념을 다른 개념에 '기생한' 것으로 만들지도 않는다. 따라서 우리는 사랑을 여행으로, 가치 있는 상품으로, 또 다른 많은 것으로 연관시킴으로써 이해할 수 있다. 그러면 우리는 사랑이라는 용어 그 자체의 정의 안에서 서로 상충되는 요소 없이, 사랑의 경험과 다른 종류의 경험들의 유사성을 평가할 수 있다에 가치를 매길 수 있다(여행과 가치있는 상품이 사랑의 협력과 경쟁의 측면을 모두 의미하듯이).[7]

은유 경력 가설

은유 경력 가설은 은유 해석의 비교적 관점과 범주포함 관점의 복합적 모형이다(Bowdle and Gentner, 2005, 2020). 이 가설에 따르면, 마치 사람들이 경력을 갖는 것처럼, 은유는 (은유적으로) 경력을 가진다. 당신이 당신의 경력을 시작할 때, 당신은 일반적으로 아무도 하고 싶지 않은 험한 종류의 일을 하고, 경력이 쌓이면서 당신은 책임과 행동은 변하게 된다. 이와 같이 은유가 작동하는 방식도, 그것이 해석되는 방식도, 그 은유가 새로운 것에서 굳어진 것으로 변해감에 따라 변한다. 은유 경력 가설에 따르면, 초기에는 어떤 은유 표현이 처음 만들어졌을 때, 그 은유는 비교의 과정과 특성 매칭으로 이해된다. 그러나 그 은유가 널리 쓰이고 친숙해질수록, 사람들은 범주포함 모형으로 전환하여 그 은유를 이해한다(Glucksberg와 동료들이 제안한 것처럼).

Bowdle과 Gentner(2005)가 설명하길, "은유가 관례화됨에 따라, 비교에서 범주화로 처리 모드의 변경이 생긴다"(p. 194). 그들은 roadblock(장애물), bottleneck(병목)과 같이 은유에서 자주 사용되는 단어들은 구체적이고, 진짜 직접적으로 지각할 수 있는 물체를 지시하는 것에서 시작한다. 사람들이 어떤 상황(업무상 문제와 같은)과 roadblock 또는 bottleneck과 같은 단어들에 의해 문자 그대로 지시되는 물체들과 유사성을 발견할 때, 그들은 아마도 이렇게 말할 것이다. 'Wow, this problem at work is just like a roadblock, or That darned XeroxTM machine is acting like a bottleneck on our project(와우, 현재 이 문제는 장애물 같다. 또는 그 빌어먹을 XeroxTM 기계가 우리 프로젝트에서 병목 현상을 일으키고 있다).' 그 표현의 경력상, 이 단계에서는 roadblock과 bottleneck은 문자 그대로 직접적으로 지각할 수 있는 현실 세계의 개념을 지시한다. 그 은유적 비교가 흔하게 사용되게 된 이후, 사람들은 like를 빼고 간단히 'That problem is a roadblock(저 문제는 장애물이다).'으로 말하게 된다. 이 단계에서 이 단어들의 의미는 (범주포함 가설에서처럼) 이중 지시에 기초한다(roadblock과 bottleneck은 당신이 가고자 하는 곳에 가까이 가려는 것을 막는 것/어떤 과정을 느리게 하는 것을 각각 상징하게 된다).

은유 경력 가설을 지지하는 강력한 증거는 새로운 은유 표현과 친숙한 은유 표현에 대해 적절성을 평가하는 것에서 왔다. Bowdle과 Gentner(2005)에 따르면, 새로운 은유는 직유 전환 접근에서 기술하듯이, 비교 과정으로 해석된다. 시간이 경과함에 따라, 보다 알려진 은유는 범주포함 이론에서 말하듯이, 이중 지시와 매체의 상위수준 범주 특성을 주제에 적용하게 된다. 만약 새로운 은유 표현이 머릿속에서 직유로 전환된다면, 어떤 참가자가 직유(A is like B)와 범주포함 진술(A is

B) 사이에서 선택을 한다면, 새로운 비교에 대해서 직유를 선택할 것이다(왜냐하면 추가적인 처리 과정을 필요로 하지 않기 때문). 만약 친숙한 은유가 범주포함 문장처럼 취급된다면, 그 반대의 패턴이 나와야 한다. 친숙한 은유에 대해서 참가자들은 범주포함 형식을 직유 형식보다 선호할 것이다. Bowdle과 Gentner는 실험참가들에게 새로운 은유(예: dancers are butterflies)와 관습적 은유(예: problems are roadblocks)를 모두 범주포함 형식(A is B)과 직유 형식(A is like B)으로 제시하였다. 은유 경력 가설에서 예측한 대로, 사람들은 새로운 은유에 대해서는 직유 형식을 선호하였고, 알려진 은유에 대해서는 범주포함 형식을 선호하였다. 새로운 은유적 비교에 대한 이해 시간은 범주포함 형식으로 표현되었을 때보다 직유 형식으로 표현되었을 때 더욱 짧았다.

　이 추론의 한 가지 잠재적인 문제는 새로운 은유는 친숙한 은유에 비해 덜 적절하거나, 덜 의미 있을 수 있다는 점이다. 새로운 은유는 살아남아 친숙한 은유가 된다. 왜냐하면 그것이 어떤 유용한 정도의 의미를 전달하는 데 성공했기 때문이다. 아마도 사람들이 직유 형태를 선호하는 것은 그 발화가 새롭기 때문이 아니고, 그 발화가 적절한 은유가 아니기 때문일 것이다. 아마도 사람들이 직유 형식에 비해 범주포함 형식을 선호하는 것은 문제의 진술이 효과적이고, 효율적으로 상위수준 범주를 건드리기 때문일 것이고, 만약 직유 형식을 사용하면, 주의를 더 의미 있는 상위수준 범주보다 문자 그대로 기본 범주 수준에 기울이게 하는 것이 부적절하기 때문일 것이다. 이 가설을 검증하기 위해, Sam Glucksberg와 Catrinel Haught(Glucksberg and Haught, 2006a, 2006b)는 사람들에게 적절함 평가 점수가 같은 새로운 은유와 친숙한 은유를 제시하였다. 친숙한 은유만큼 동일하게 좋다고 평가된 새로운 은유는 그것이 범주포함 형태(예: My lawyer is an old shark)로 제시되든, 직유 형태(예: My lawyer is like an old shark)로 제시되든 같은 빠르기로 읽히고 이해되었다. 나아가 어떤 새로운 은유들은 범주포함 형태로 표현되었을 때 오히려 더 좋다고 평가되었는데, 이는 은유 경력 가설로는 설명이 되지 않는 문제다.

왜 은유인가

은유는 일상 생활에서 만연하다. 단지 언어에서뿐만 아니라,
생각과 행동에서도 그렇다. 우리의 일상적인 개념 체계,
즉 우리가 생각하고 행동하는 그 모든 것이 근본적으로 본디 은유적이다.

-Lakoff and Johnson

은유는 단지 좋은 게 아니고, 필수적이다.

-Andrew Ortony[8]

　다음 대화는 보수적인 TV 대담가인 Stephen Colbert(SC)와 갓 등단한 시인이자 예일대 교수인 Elizabeth Alexander(EA)가 2009년 1월 21일에 나눴던 대화이다.

SC: 잠시 의미에 대해 이야기해 봅시다, 괜찮죠? 은유에 대해, 괜찮죠? 은유와 거짓말의 차이는 뭐죠? 당신도 알다시피, 'I am the sun, You are the moon.' 이건 거짓말이에요. 당신은 달이 아니고, 나도 해가 아니에요. 그렇죠? 은유와 거짓말의 차이는 뭡니까?

EA: 음, 그건 은유이기도 하고 거짓말이기도 하죠. 그 둘이 상호 배타적일 필요는 없어요. 은유는 사람들로 하여금 어떤 것을 다른 어떤 것과 관련해서 생각하도록 하는 비교를 위해 언어를 사용하는 한 방식이에요. 그것이 우리가 의미를 증가시키기 위해 언어를 사용하는 방법이죠.

SC: 근데, 왜 그냥 당신이 의미하는 것을 곧바로 말하지 않죠? 이 모든 화려한 언어로 온갖 것들을 꾸미는 것 대신에. 위대한 낭만파 시인, 당신은 아세요? '내가 그대를 여름날에 비교해야 하나요?'[3] 단순히 '당신은 뜨거워. 그냥 하자' 이렇게 말하면 안 됩니까?

Colbert의 질문에 대해 적어도 세 가지 그럴듯한 대답이 있다.[9] 첫 번째는 화용론과 말의 사회적 속성에 관련된 것이고, 두 번째와 세 번째는 대화의 효율성과 관련된 것이다.

첫째, 비록 우리가 매우 직설적으로, 그리고 매우 직접적인 방법으로 생각하는 것을 말할 수 있지만, 매우 많은 사회적 상황에서 그것은 위험할 수 있다. 당신은 상사가 당신이 생각하는 것을 곧바로 알아차리는 것을 원하지 않을 수 있다. 따라서 당신은 그 대화를 회피하려고 시도하면서 거짓말을 하거나, 은유처럼 이중적인 의미가 있는 발화를 할 수 있다.[10] 그 주제가 사랑일 때, 자아와 안녕감에 대한 위험은 급격히 증가한다. 애정 문제를 다룰 때 매우 직접적인 언어를 사용할 때의 문제는 그 직접적인 접근이 거절되었을 때 참담한 체면 손상이 일어날 수 있다는 것이다. 따라서 'You are hot, let's do it(당신은 뜨거워, 그냥 하자).'라고 말하는 대신, 'If you're not doing anything Saturday night, I know a great little restaurant(만약 당신이 토요일 밤에 할 일이 없다면, 나는 작은 멋진 식당을 알아요).'라고 말할 수 있다. 이러한 방식, 즉 간접적인 접근은 실패한다고 해도, 체면 손상이 일어나지 않는다. 왜냐면 낭만적 데이트에 대한 직접적인 요청이 없었고, 화자는 어떤 중요한 일도 일어나지 않은 것처럼 행동할 수 있다. 만약, 'You are hot and I would like you to go on a date with me(당신은 뜨거워. 당신과 함께 데이트를 하고 싶어).'라고 말했는데, 대답이 'no(아니오).'일 경우, 그것을 긍정적인 방향으로 돌릴 쉬운 방법은 없다.

문자 그대로의 형식보다 은유를 선택하는 두 번째 이유는 은유가 매우 복잡한 의미를 아주 작고 좁은 꾸러미에 담기 때문이다. Barenaked Ladies 밴드는 이렇게 노래할 수도 있었다: "당신이 내가 어디를 가든 나를 항상 따라다닌다면, 그건 전혀 나를 성가시게 하는 것이 아니다. 설령 당신이 내 모든 친구와 동료들을 성가시게 군다고 해도, 내가 해야 할 일을 훨씬 더 어렵게 한다 해도, 그래서 내 친구와 동료들이 나를 버리고, 내 예술적 성과를 줄이고, 내 수입을 낮춘다고 해도." 이렇게 길게 말하는 대신 그들은 "당신은 내 요코 오노가 될 수 있어." 라고 간단히 노래했다. 당신이 그룹 비틀즈를 해산하게 만드는 데 있어 중요한 역할을 한, 요코 오노와 존 레논의 관계를 알고 있다면, 당신은 새로운 상황을

---

3) 역자 주: 셰익스피어 sonnet 18의 첫 번째 문장을 그대로 사용한 표현(Shall I compare thee to a summers day?). 이 시에서는 사랑스러운 연인을 여름날(지상에서 누릴 수 있는 가장 아름다운 날)에 비유하고 있다.

당신이 알고 있는 친숙한 상황으로 쉽게 매핑할 수 있다. (돌발 퀴즈: 만약 당신이 당신의 요코 오노를 알고 있다면, 그 은유의 연장선으로, 당신은 누구인가?)[11]

셋째, 좋고 적절한 은유는 청자로 하여금 화자가 전달하고 싶은 새로운 정보를 이해하는 데 도움이 된다. 따라서 결과적인 해석은 더 정확하고 더 쉽게 기억될 수 있다. 적절한 은유의 이점은 새롭고 친숙하지 않은 영역을 오래되어 친숙하여 더 이해하기 쉬운 영역으로 매핑한다는 것이다. 따라서 청자는 새로운 정보의 이해를 조직화하기 위해 잘 이해하고 있는 영역을 사용할 수 있고, 잘 알고 있는 영역과 연합된 정보는 새로운 정보에 대한 인출 단서로 기능할 수 있다. 다음은 교사와 소설가에게 유효성이 증명된 전략이다. 미국 애니메이션 시트콤 〈퓨쳐라마(Futurama)〉의 에피소드 '어떤 팬도 간 적이 없는 곳(Where No Fan Has Gone Before)':

Fry: 음, 보통 Star Trek에선 누군가가 완전한 계획을 제출하고, 매우 간단한 비유로 그걸 설명해.

예를 들어, 그들이 나쁜 놈 Mellvar를 쳐부수려고 한다면, 처음에는 유용한 은유를 사용하지 않고 그대로 기술된다.

Leelda: 만약 우리가 기본 화기를 통해 엔진 파워를 돌려 Mellvar의 주파수에 맞도록 재조정한다면, 그건 분명 Mellvar의 전기-양자 구조에 과부하가 걸리게 할 거야.

일반적인 사람은 그것을 이해할 가능성이 거의 없으므로, 극본가는 유용한 은유를 제공한다.

Bender Bending Rodriguez: 마치 풍선에 공기를 너무 많이 넣은 것처럼!

이것은 쉽게 이해된다.

Fry: 물론! 정말 간단해!

실험실 연구는 좋은 은유의 이점을 확인하였다. 은유적 표현을 사용한 텍스트를 읽은 실험참가자는 그 텍스트를, 동일한 정보를 담고 있는 문자적 표현으로 이루어진 텍스트보다 더 잘 기억하고 더 잘 이해하였다(Albritton et al., 1995). 그러한 한 연구에서 참가자들은 범죄를 감소하기 위한 시도들을 기술한 설명문을 읽었다. 두 그룹이 실험에 참여하였다. 한 그룹은 crime is disease(범죄는 질병)이라는 은유에 기초한 텍스트를 읽었고, 다른 한 그룹은 같은 내용의 문자 그대로 버전을 읽었다. 범죄는 질병 버전에는 다음과 같이 적혀 있었다. 'The sources of crime were diagnosed. Officials desperately sought a cure(범죄의 원인이 진단되었다(diagnosed). 공무원들은 필사적으로 치료책(cure)을 찾았다).' 문자 그대로의 버전에는, 'The sources of crime were studied. Officials desperately sought a solution(범죄의 원인이 연구되었다(studied). 공무원들은 필사적으로 해결책(solution)을 찾았다).'라고 적혀 있었다. 참가자들은 텍스트를 읽은 후, 갑작스러운 기억 검사를 완성하도록 요청받았다. 참가자들은 먼저 제시된 문장을 회상 단서로 제시받고, 개별 문장을 회상하도록 요청받았다. 은유 버전에선 'The sources of crime were diagnosed(범죄의 원인이 진단되었다).'가, 문자 그대로 버전에선 'The sources of crime were studied(범죄의 원인이 연구되었다).'가 회상 단서이고, 과제는 뒤에 제시된 문장을 회상하는 것이었다. 이 실험의 참가자들은 문자 그대로 버전에 비해 범죄는 질병 은유 버전을 읽었을 때 기억 검사를 더 잘 수행하였다. 새로운 영역(범죄의 원인)을 더 친숙한 영역(질병)으로 매핑함으로써, 실험참가자들은 그 설명문에 대해 보다 응집적이고 단단하게 결속된 심적 표상을 형성하여 더 나은 이해와 회상이 가능하도록 한 것이다. 만약 당신이 어떤 사람이 어떤 것을 보다 잘 이해하도록 하고 싶다면, 적절한 비유를 제공하는 것이 도움이 될 것이다.

환유와 미명세화

A is B 형식의 은유는 비문자적 언어가 명백하게 드러나는 사용법이다. 그러나 그렇게 명백하지 않으면서도 자주 나타나고, 언어 이해의 일상적인 경험과 떼려야 뗄 수 없는 비문자적 형식들이 있다. 환유(Metonymy)가 그러한 형식 중 하나다. 환유 또는 환유적 표현은 일반적으로 한 가지를 지칭하는 어떤 단어가 그 단어와 관계성을 지닌 어떤 다른 것을 지시할 때 사용된다. 도움이 되는 상황을 묘사해 보자. 어떤 사람이 'I spent the weekend reading Dickens(난 디킨즈를 읽느라 주말을 다 썼다).'라고 했다고 하면, 이때 Dickens는 환유로서 사용되었고, 그 전체 표현은 환유의 사례가 된다. 'I read Dickens.'와 대조적으로, 'In 1870, my great-great granny on my mother's side met Dickens(1870년에 내 외중조 할머니는 디킨즈를 만났다).' 후자의 경우, Dickens는 문자 그대로 사람 Charles Dickens를 지시하는 데 사용된 것이다. 따라서 Dickens와 같은 이름들은 적어도 두 가지 방식으로 해석된다. 그것은 실제 살아있는 문자 그대로 사람을 지시하는 데 사용될 수 있고, 그 사람이 창작한 산물을 지칭할 수도 있다. 'I read Dickens.'와 같은 표현을 문자 그대로 이해한다면, 사람들은 매우 혼란스러울 것이다. 당신은 페이지를 넘기고 눈을 움직여 책을 읽는 방식대로 사람을 결코 읽을 수 없다. 그러나 사람들은 혼란스러워 하지 않는다. 왜 그런가? 언어-처리 시스템은 Dickens의 문자 그대로의 의미와 환유적 의미 중 어떤 해석이 적용될 때 그 시점에 그것이 적절하다는 것을 어떻게 알 수 있을까?

Steven Frisson과 Martin Pickering은 어떻게 환유 표현이 해석되는지에 대한 이론을 제시하였다 (Frisson and Pickering, 1999, 2002, 2007; McElree, Frisson et al., 2006; Frazier and Rayner, 1990 참조). 그들의 이론은 생산자-생산품 환유(I read Dickens)를 다루고, The students protested after Vietnam (vs. 문자 그대로 의미조건: The students protested in Vietnam)과 같은 장소-사건 환유, I talked to the convent yesterday(vs. 문자 그대로 의미 조건: I talked at the convent yesterday)와 같은 장소-기관 환유, Vladimir Putin invaded Ukraine(vs. 문자 그대로 의미 조건: Vladimir Putin traveled to Ukraine)와 같은 지배자-피지배자 환유와 같은 다른 형식들도 다룬다.

환유의 해석은 은유의 해석이 가지고 있던 문제점과 동일한 문제점을 가지고 있다. 청자는 재인의 문제를 풀어야 하고, 문자적 의미와 환유적 의미의 관계를 결정하는 문제를 풀어야 한다. 은유적 표현과 같이 청자는 문자 그대로의 의미 먼저(literal meaning first) 전략을 사용할 수 있다: 문장에서 결정적인 요소(Dickens, Vietnam, the convent)의 문자 그대로 의미에 접근하여 그 의미를 문맥에 맞추려고 시도한 다음, 그 시도가 실패했을 때만 비문자적 환유 의미로 나아갈 수 있다. 대안적으로, 청자는 환유 의미 먼저(metonymic meaning first) 전략을 사용할 수도 있다: 비문자적인 환유 의미를 선호하여 문자 그대로의 의미는 지나칠 것이다. 마지막으로, 문자 그대로의 의미와 환유적 의미를 동시에 병렬적으로 계산하는 시도도 가능할 것이다.

만약 청자가 문자 그대로의 의미—먼저 전략을 사용한다면, 'My great-great grandmother read Dickens(나의 고조 할머니는 디킨즈를 읽었다).'와 같은 환유 표현은 'My great-great grandmother dated Dickens(나의 고조 할머니는 디킨즈와 데이트를 하였다).'와 같은 문자 그대로의 표현보다 이해하기 힘들 것이다. 만약 청자가 환유—먼저 전략을 사용한다면, 환유 표현보다 문자 그대로의 표현이 이해하기 힘들 것이다. 만약 두 의미가 병렬적으로 계산된다면, 두 종류의 표현은 같은 수준으로 쉽게 이해될 것이다. 물론, Vietnam과 같은 친숙한 환유 단어는 심성 어휘집에 저장된 두 개의 관련된 뜻(senses)을 가질 수 있다. 하나는 물리적 지역과 관계된 것이고, 하나는 그 지역에서 벌어졌던 잘 알려진 사건, 즉 베트남 전쟁과 관계되어 있다. 따라서 Vietnam과 Dickens와 같은 환유 단어들은 마치 다의어(polysemous words: 두 개 이상의 서로 관련되지 않은 의미를 지니는 단어)와 같이 작용하여, 그것들을 처리하는 것은 복수의 의미를 동시에 활성화할 수 있다. 만약 그렇다면, Vietnam과 Dickens와 같은 환유 단어들은 오직 한 가지 의미만 가지고 있는 단어들에 비해 처리하기 힘들 것이다.

이러한 예측은 Frisson과 동료들이 수행한 일련의 시선—추적 실험에서 검증되었다(Frisson and Pickering, 1999, 2001, 2007; McElree, Pylkkanene et al., 2006). 그들은 실험참가자가 다른 종류의 표현들을 포함하고 있는 문장을 읽을 때 그들의 눈 움직임을 추적하였다. 몇 가지 표현은 Vietnam과 Dickens와 같이 잘 알려진 환유 단어들이었고, 몇 가지 표현들은 during Finland와 같이 잘 알려지지 않은 환유적인 사용이었다. 'The students protested during Vietnam.'(잘 알려진 환유)과 'The students protested during Finland.'(잘 알려지지 않은 환유)와 같이 어떤 문장들은 독자로 하여금 환유적 의미에 접근하도록 요구하였다. 'The students visited Vietnam(학생들은 베트남을 방문하였다).'과 'The students visited Finland(학생들은 핀란드를 방문하였다).'에서처럼 다른 문장들은 독자가 문자 그대로의 의미에 접근하도록 요구하였다. 안구 운동 데이터는 참가자들이 잘 알려지지 않은 환유 표현(The students protested during Finland)을 이해하는 데 상대적으로 어려운 시간을 보냈다. 결정적인 단어 Finland에 대한 읽기 시간이 잘 알려진 환유 조건의 Vietnam에 비해 더 길었다. 더욱 중요한 것은 잘 알려진 환유 표현들은 문자 그대로의 조건만큼이나 빨리 처리되었다. 즉, 'The students protested during Vietnam.'과 같은 환유표현은 'The students visited Vietnam.'과 같은 문자 그대로의 표현 만큼이나 쉽게 처리되었다는 것이다. 이러한 결과는 환유 표현에 대한 처리의 어려움은 그 표현이 문자 그대로의 표현이 아니라 비문자적이라는 사실에 의해 결정되는 것이 아니라는 것을 알려준다. 대신 이 실험에서 어떤 표현이 쉽고 어려운지는 독자가 친숙한 의미에 접근할 수 있느냐 없느냐에 달려 있었다.

Frisson과 Pickering(1999)은 환유 표현의 처리는 의미 미명세화(semantic under-specification)의 형식으로 가장 잘 이해된다고 주장한다. 의미 미명세화(semantic under-specification)는 Dickens와 같이 한 단어의 사전에 정의된 상세한 어의가 활성화되는 것이 아니라, I read Dickens라는 맥락에서 Dickens를 들으면, Dickens와 연합된 넓은 범위 개념들이 초기에 활성화되고, 나중에 Diskens가 나타난 특정 맥락에 맞는 해석이 가능하도록 그 범위를 점점 좁혀간다는 것이다(Frisson과 Pickering은 이 후기 처리를 집을 찾아가는 단계(homing-in stage)라고 불렀다). 반응 시간 결과를 잘 설명하는 것과 별도로, 철학적 입장은 미명세화 이론을 지지한다.

미명세화는 왜 친숙한 문자 그대로의 표현과 환유적 표현도 동시에 빠르게 처리되는지를 설명할 수 있다—초기에 해석이 명세화되기 이전에 문자 그대로 의미와 환유적 의미가 모두 양립될 수 있으므로. 미명세화 가설은 Dickens가 Dickens의 모든 책들, Diskens의 특정 제목, Dickens의 특정 제목의 특정 표현, Dickens의 동상, Dickens의 사진, 등과 같이 Dickens와 연합된 많은 개념들 중 하나를 지시할 수 있다는 사실을 잘 처리할 수 있다. 만약 우리가 Dickens의 단일 뜻만을 활성화해야 한다면, 우리는 정말 많은 시간 동안 많은 재처리를 해야 할 수도 있다.

관용어와 굳어진 은유

세상에는 거의 전달력을 잃어버린 낡아빠진 은유들이 산처럼 쌓여 있다.
그것들은 단지 사람들이 스스로 새로운 문구를 만드는 어려움을 덜어주기 때문에 사용될 뿐이다.

–George Orwell

관용어는 관습적인 의미를 가진 일상적인 단어를 사용해서 만든다. 그러나 이 단어들이 어떤 어구로 조합되면, 그 발화는 각 단어의 합보다 더 큰 의미를 지닌다. Screw the pooch는 영국 관용어로 그 의미는 '실수하다' 또는 '실수를 저지르다'라는 의미인데, 그 표현에 있는 어떤 개별 단어와도 명시적으로 관련되어 있지 않다(예: Gibbs et al., 1990; Jackendoff, 1995). 이러한 형식의 관용어를 분해-불가능한(non-decomposable) 관용어 부르는데, 왜냐하면 전체 표현을 보다 작은 부분으로 분리할 수 없기 때문이다. 이에 반해 분해가능한(decomposable) 관용어는 부분으로 분리할 수 있고, 각 부분은 그 관용어 정의의 한 요소와 관련될 수 있다. 예를 들어, Spill the beans에서 동사(spill)은 말하다(tell)에 해당되고, the beans는 비밀(secrets)에 해당된다. 관용어를 이루는 각 단어들이 그들의 일반적인 혹은 기본 의미를 나타내지 않기 때문에, 관용어 이해는 언어-이해 시스템에게는 도전거리가 된다. 어떻게든 그 시스템은 일반적인 의미로 쓰이지 않는 그 단어들을 알아봐야 하고, 전체로서 관용어에 할당된 의미를 회복해야 한다. 어떻게 이해 시스템은 이 과제를 성공적으로 수행할 수 있을까?

관용어 이해의 고전적 관점은 긴 단어로서 관용어를 분석하여 전체로 해석하는 것이었다(Chomsky, 1980; Katz, 1973). 이러한 관점은 관용어를 기본적으로 '죽은 은유(dead metaphors)'로 보는 것이었다. 죽은 은유는 처음에는 새로운 은유적 표현처럼 해석하다가 시간이 지나면서 관습적이 되면서 심성어휘집에 있는 다른 단어들처럼 고정적이고 저장된 의미와 연합되는 것을 말한다. Gibbs 등(1989, p. 576)이 설명하길, "이 관점은 관용 어구의 비유적 의미는 사전에 있는 개별 단어들의 의미처럼 심성 어휘집에 직접적으로 고정된다고 제안한다." 이 관점에 따르면, 청자는 관용어 이해 과정에 관용적 표현에 포함된 개별 단어들의 의미에 접근하지 않는다. 대신 전체로서 그 표현은 관용어의 개별적인 부분에 대한 일반적인 구문적, 의미적 분석을 생략하고, 관용적 의미에 대한 어휘 접속을 촉발시킨다. 그러나 관용어의 해석과 처리에 대한 연구는 보다 미묘한 방식으로 흘러갔다.

관용어 해석의 분해가능설(idiom decomposition)에 따르면, 어떤 관용어가 처리되고 해석되는 방법은 그 관용어의 특별한 세부 사항에 달려 있다(예: Gibbs, 1980, 1986, Gibbs and Nayak, 1991; Nayak and Gibbs, 1990; Gibbs et al., 1989). 예를 들어, 관용어는 그것의 분해가능성−관용어 안에 있는 개별 단어들이 그 의미의 개별적인 측면과 연합되어 있는지에 따라 다르다. spill the beans(비밀을 퍼뜨리다) 또는 pop the question(청혼을 하다)과 같은 관용어는 분해가능한 것으로 보이는데, 왜냐하면 개별적인 단어들이 관용적 의미의 특정 부분과 연결될 수 있기 때문이다(예: spill = tell, beans = secrets; pop = ask(suddenly), question = marriage proposal). 분해가능한 관용어의 범주는 정상적으로, 그리고 비정상적으로 분해가능한 하위범주로 세분화될 수 있다. Lay down the law(강압적으로 말하다)는 정상적으로 분해가능한 것으로 간주되는데, 왜냐하면 구성 단어들의 일반적인 의미와 관용적 의미가 의미적 관계성이 있기 때문이다(law = rules; law와 rule의 표준적인 의미는 유사하다). Spill the beans는 비정상적으로 분해가능하다고 간주되는데, 왜냐하면 beans와 secrets의 일반적인 정의가 의미적으로 관련이 없기 때문이다. screw the pooch(실수하다)와 bury the hatchet(화해하다)와 같은 분해불가능한 관용어는 관용적 의미의 부분에 직접적으로 연결될 하위부분으로 분석될 수 없다.

분해가능한 관용어(예: pop the question)와 분해불가능한 관용어(예: screw the pooch)는 몇 가지 차원에서 다르게 작동한다. 첫째, 분해가능한 관용어는 분해불가능한 관용어보다 통사적으로 유연하다(Gibbs et al., 1989, 1989). 즉, 분해가능한 관용어는 그 관용어의 부분들을 재배열한다고 해도 관용적 의미가 덜 간섭받는다. 예를 들어, 어떤 사람이 'the question was popped by Ted.'라고 말한다면, 당신은 여전히 그것을 관용적 의미로 볼 것이다(청혼하다의 의미로). 그러나 만약 어떤 사람이 'the pooch was screwed by Ted.'라고 말한다면, 그것의 관용적 의미(실수하다)을 여전히 가지고 있을 가능성이 없으며, 보다 일반적인 의미로 해석될 것이다(예: Ted cheated the pooch).

분해가능한 관용어는 분해불가능한 관용어보다 어휘적으로 유연할 수 있다. 이는 당신이 그 관용어의 개별 단어들을 다른 단어로 대체해도 그 관용적 의미를 계속 유지할 수 있다는 것이다. 따라서 당신을 분해가능한 관용어 button your lip을 fasten your lip, button your gob, 또는 hush a gob(스코틀랜드식 표현)으로 관용적 의미('조용히 해'라는)를 잃지 않고 바꿀 수 있다. 또한 사람들이 분해가능한 관용어와 분해불가능한 관용어를 해석하고 처리하는 시간의 양에서 차이가 있다(Gibbs and Gonzales, 1985; Gibbs et al., 1989).

사람들은 분해불가능한 관용어보다 분해가능한 관용어를 더 빨리 이해하고 처리할 수 있다. Gibbs는 분해가능한 관용어에 대한 시간적 이점은 전체로서 관용어의 이해를 쌓아가는 동안 청자가 관용어에 있는 단어들을 개별적으로 처리하여 그 단어의 개별적 의미를 부과한다는 것을 의미한다고 제안한다(이 제안은 전통적인 '죽은 은유' 관점과 대립된다;Chomsky, 1980; Katz, 1973). Gibbs 등 (1989, p. 587)이 설명하길, "어떤 관용어가 분해가능하면, 사람들은 개별적인 의미를 각각의 부분에 할당할 수 있고, 어떻게 이 의미 있는 부분들을 합쳐서 그 어구의 전체적인 비유적 해석을 형성할 것인지 재빠르게 확인할 수 있을 것이다."

이러한 연구들은 관용적 표현을 분해할 수 없는 전체로서 취급해 오던 사상에 도전한다. 추가적인 연구들은 개별 단어들의 관습적 의미는 분해불가능한 관용어라 할지라도 관용어의 의미에 기여할 수 있다고 제안하였다. 예를 들어, Gibbs와 동료들은 분해불가능한 관용어의 기원은 잃어버렸거나 희미해졌지만, 특별한 단어들과 어구가 현대 언어에서 전달하는 의미를 가지게 된 이유가 있을 것이라고 주장하였다. 예를 들어, Hamblin과 Gibbs(1999, p. 35)는 kick the bucket이라는 관용어의 어원을 다음과 같이 설명한다.

> [그 표현]은 원래 돼지를 도살하는 방법에서 유래했다. 그것은 돼지를 프랑스어로 'buquet'이라 불리는 나무 형틀에 발을 묶은 다음 돼지의 목을 칼로 베는 방식이었다. 돼지가 죽었을 때, 사람들은 돼지가 'kicked the buquet(형틀을 찼다).'라고 말했다. … 그 이후 사람들은 동물이나 사람이 죽는 것을 이야기할 때, 그 전체 복잡한 상황을 지시하기 위해 그 장면의 가장 눈에 띄는 부분을 사용하여 'kicking the buquet.'이라고 간단히 이야기했다.

왜 그 표현이 동사 kick을 포함하고 있는가? 원래는 문자 그대로 차는 행위와 관련된 일련의 지각적 사건 때문이다. 그러나 이후에 새로운 상황이 그 관습적 시나리오에 매핑될 수 있다. 중요한 점은 발로 차는 행위 자체가 갑작스러운 사건이기 때문에, 관용어 kicked the bucket은 여전히 어떤 갑작스러운 사건에 대한 생각을 전달한다.

관용어의 개별 요소들이 여전히 그 개별 단어들과 연합된 의미를 전달한다는 것을 보여 주기 위해서, Gibbs와 동료들은 실험참가자들에게 kicked the bucket(빠른 행동을 암시하는)과 chewed the

---

글상자 ......

CHEW THE FAT에 일치하는 맥락	CHEW THE FAT에 불일치하는 맥락
조안과 샐리는 매우 친한 친구다. 그들은 몇 년 동안 서로에 대해 신뢰를 쌓아왔다. 매주 목요일, 그들은 커피를 마시고 이야기를 하기 위해 만난다. 그들은 서로의 삶을 알아가느라 종종 몇 시간 동안 이야기를 한다. "네가 먼저 해." 조안이 말했다. "무슨 일이 있는지 나에게 이야기해줘." 이후에 조안은 샐리와의 대화를 그녀의 남편에게 이야기했다. "우린 오랜 시간 담소를 나눴어(We chewed the fat)."	조안과 샐리는 직장 동료이다. 조안은 회사 중역실을 지나다 어떤 중요한 소식을 엿듣게 되었다. 그들의 사무실 지점이 완전히 문을 닫을 것이라는 것이었다. 조안은 잠시 후 샐리를 보았다. "너 그 소식 들었어?" 조안이 물었다. "우리 직장을 잃어버릴지도 몰라." 이후에 조안은 샐리와의 대화를 그녀의 남편에게 이야기했다. "우린 오랜 시간 담소를 나눴어(We chewed the fat)."

(Hamblin and Gibbs, 1999)

fat(느린 행동을 암시하는)을 제시하였다. 이 관용어들은 그 동사(kicked 또는 chewed)의 행동 유형과 일치하는 맥락과 일치하지 않는 맥락에 제시되었다. 즉, 관용어 그 자체는 느린 행동을 암시하지만 빠른 행동을 암시하는 맥락에 제시될 수 있고, 반대의 경우도 있었다. 사람들은 맥락과 불일치할 때보다 일치할 때 더 합리적이라고 판단했는데, 이는 그 동사에 의해 표시된 빠르고 혹은 느린 행위와 그 문맥 관용어의 행위가 불일치되었을 때, 그 관용어와 연합된 의미를 통합하는 것을 어려워한다는 것을 암시한다(Kessler et al., 2021 참조).

관용어에 대한 연구의 단점 중 하나는 대부분의 연구가 영어로 진행되었다는 것과, 제한된 범위의 관용 표현에 대해 이루어졌다는 것이다(Kreuz and Graesser, 1991). 그에 따라 지금까지 내려온 결론은 청자의 보편적인 특성을 반영하는 것이 아닐 수 있고, 선행 연구에서 검증된 제한된 범위의 관용어의 유별난 특성을 반영하는 것일 수도 있다. Patrizia Tabossi와 동료들은 광범위한 관용 표현을 사용하여 이탈리아 화자의 반응을 검토하였는데, 그 결과 Gibbs와 동료들이 제안하였던 관용어 분해 가설과 일치하지 않는 증거들을 발견하였다(Tabossi et al., 2008). 그들은 관용어-분해 가설이 매우 정밀한 조사를 한다면 유지될 수 없는 가설이라고 주장하였다.

첫째, 분해 가설은 관용적 표현이 하나의 특별한 의미를 전달하고, 그 의미는 특정 주해에 의해 포착된다(예: pop the question은 propose marriage와 정확히 동격이다, 누군가에게 갑자기 결혼하자고 요청하거나, 무릎을 꿇고 갑자기 '나와 결혼해 줄래요?' 하고 묻는 것도 아니다).[12] 그리고 사람들은 일반적으로 관용어의 각 부분이 그 의미의 각 부분에 어떻게 연결되는지에 대해 일반적으로 일치한다고 가정한다. 이 가정은 이런 종류의 관용어들에 대해 평가자 간 일치성을 살펴본 결과에 기초한다(영어로 진행되었고, 전체 약 40개의 관용어들에 대해서).

Tabossi와 동료들은 언어는 일반적으로 40개보다 훨씬 많은 관용 표현들이 있는 점을 지적하고, 관용어 분해 가설은 훨씬 더 많은 관용어 사례를 살펴보았을 때도 유지되는지 검증해봐야 한다고 주장하였다. 그렇게 하기 위해서 Tabossi는 비전문적인 이탈리아 평가자들에게 이탈리아 관용어들을 평가하도록 하였다(예: tirare la caretta/pull the two-wheel cart, 'live a difficult life(어려운 삶을 살다)'; essere al fresco/be at the fresh, 'be in jail(감옥에 있어라)'; prendere un granchio/take a crab; 'make a blunder(실수하다)'). 좀 더 자세히 말하자면, 참가자들은 이 관용어들이 분해가능한지 판단하였고, 만약 그렇다면 그것이 정상적으로 분해가능한지, 비정상적으로 분해가능한지를 판단하였다(Gibbs와 동료들이 초기 연구에서 한 것처럼). 그 결과, 참가자들은 어떤 관용어가 분해가능하다고 판단하는 점에서도 일치하지 않았고, 또는 분해가능 평가에서 가장 높은 점수를 받은 관용어가 정상적으로 분해가능한지, 비정상적으로 분해가능한지에 대해서도 전혀 일관된 평가를 하지 않았다.

관용어 분해 가설에서 분해가능한 관용어는 분해불가능한 관용어에 비해 통사적으로 유연할 것이라고 예측한 것을 기억하라. 그러나 Tabossi와 동료들이 다른 종류의 관용어들을 테스트했을 때, 그들은 두 종류가 동일하게 다른 종류의 통사적 변화에 영향을 받는다는 것을 발견했다. 그리고 어떤 종류의 관용어가 다른 종류에 비해 시간적인 장점이 있다는 것도 발견하지 못했다(Titone and Connine, 1999). 그렇지만 친숙한 관용어의 의미는 그것의 문자적 의미보다 빨리 가용해진다는 선행 연구의 결과는 반복검증되었다. 따라서 그들은 오직 매우 제한적인 범위의 관용어만이 관용어-분해 가설의 예측대로 움직인다고 주장하였다.

이와 같은 결과들은 Tabossi와 Christina Cacciari와 같은 연구자들로 하여금 관용어들이 어떻게 장기기억 속에 표상되어 있으며, 온라인으로 이해되는지에 대해서 배열 가설(configuration hypothesis)을 제안하도록 하였다(Cacciari et al., 2007; Cacciari and Tabossi, 1988; Tabossi et al., 2005, 2008). 그들의 관점에선 "관용어들은 심성어휘집에 어떤 분리된 표상 없이 어휘 항목들의 배열로서 심적으로 표상되어 있다"(Cacciari et al., 2007, p. 419). 즉, 관용어에 해당하는 긴 어구에 대해서 미리 저장된 항목은 없다는 것이다. 대신 어떤 관용어를 구성하는 단어들은 청자들이 그 관용어가 친숙한 단어들의 배열로서 재인될 수 있는 충분한 정보를 받을 때까지, 또는 그 일련의 단어들이 친숙한 관용어로서 완성될 때까지 일반적인 방식으로 처리된다(따라서 청자들은 관용어 전체가 들리기 전에 어떤 관용어의 존재를 기대할 수 있다; Titone and Connine, 1994). 이 관점에 따르면, 관용어들은 단어가 그런 것처럼 재인 지점을 가진다. 결과적으로 문맥에서 무척 예측가능하거나, 보다 이른 재인 지점을 갖는 관용어들(아마도 통사적으로 유연하지 않고, 분해불가능한)은 예측하기 어려운 관용어에 비해 빨리 처리된다. 그리고 재인 지점이 늦은 관용어에 비해 재인 지점이 이른 관용어가 보다 빨리 이해될 것이다.

비문자적 언어의 체화와 해석

또한 Gibbs는 체화와 심적 모사가 은유 이해에 중요한 역할을 한다고 주장하였다(Gibbs, 2003; Gibbs and Colston, 1995; Lakoff and Johnson, 1980a). 이러한 주장은 은유적 표현이 물리적 신체를 가진 우리의 경험과 우리의 몸에 작동하는 물리적 과정들을 다시 환기시킨다는 것에 기초한다. 예를 들어, 우리가 정서를 이야기하는 방식은 '정서는 용기 안에 있는 액체다(emotion is liquid in a container).'라는 은유를 불러일으킨다. 사람들에게 그들의 정서적 경험을 이야기해 보라고 시킨 연구에서, 그들은 종종 문자적으로 액체와 물리적 과정을 지시하는 용어들을 종종 사용하였다.

분노에 대해 이야기할 것을 부탁받은 한 학생은 다음과 같은 말을 뱉어냈다(Gibbs, 2003, p. 5, 강조할 점): "먼저, 분노는 내 가슴속에서 타고 있다(burns). … 그 분노는 내 안에서 끓어올랐다(boiled). 나는 내 남자친구의 셔츠를 움켜쥐고, 그를 벽에 밀어붙여 꼼짝 못하게 한 다음 그렇게 멍청하게 한 일에 대해 소리치고 싶었다. … 그에게 내가 화났다는 것을 말하는 것만으로도 내 화는 약간 사그라졌다(fizzle out). 우리가 이야기를 나누자, 내 분노는 녹아(melted) 없어졌다." blow your stack, flip your lid, get hot under the collar, blow of steam, 그리고 explode와 같은 관습적인 표현들 또한 분노의 경험과 개념을 표현하는 데 흔히 쓰인다. 이러한 물리적 은유는 분노와 같은 정서의 경험과 이해를 다채롭게 할 수 있다. Ray Gibbs와 같은 인지언어학자들은 액체, 열, 용기와 연합된 물리적 과정들을 근원 영역(source domain)이라 부른다. 그들은 정서와 같은 복합적인 영역을 이해하는 것은 근원 영역(heated fluids)과 목표 영역(emotion) 사이의 매핑이 관련된다고 주장한다.

당신이 '분노는 닫힌 용기 안에 있는 가열된 액체(anger is heated fluid in a closed container)'라는 은유를 적용한다면, 많은 결론이 논리적으로 뒤따른다. 첫째, 그 액체는 보다 많은 열이 가해지면 점차 압력이 증가할 것이다. 둘째, 그 용기가 (그것을 가두는데) 실패하면, 어떤 일이 갑자기 일어날 것이다. 셋째, 그 용기는 어떤 이의 의식적인 의지나 바람이 있다고 해서 안 터지는 것이 아니다. 따라서 반응은 기본적으로 어떤 이의 통제 바깥에 있다. Gibbs(1992, 2003)가 사람들의 분노에 대한 이해와 가열된 액체와 용기의 물리적 성질에 대한 이해를 평가했을 때, 그 두 가지가 유사한 방식으로 특성화되어 있다는 것을 발견하였다. 또한 사람들이 'John blew his stack(존은 화를 내었다).'과 같은 관용적 표현을 읽을 때, 근원 영역의 물리적 성질이 표현된 부분, 즉 heat(열)와 같은 목표 단어를 제시했을 때 사람들은 재빨리 반응하였다. 따라서 우리가 관용적 표현을 들을 때, 그것은 근원 영역의 지식을 자동적으로 활성화하는 것으로 보인다. 그리고 우리는 어떤 사람이 blows their top(뚜껑이 열리거나) 또는 flips their lid(눈이 뒤집히거나) 했을 때, 그들이 정말 그렇게 하겠다는 것을 의미하는 것이 아니라고 이해한다(마치 압력이 높은 용기가 의지를 가지고 폭발하는 것이 아니라, 그것은 그냥 폭발하는 것이다).[13] 단어의 의미와 같이, 관용적 표현과 시각운동 표상은 서로 연결되어 있는 것을 보인다(Wilson and Gibbs, 2007). 실험참가자들이 삼키고(swallowing), 움켜잡고(grasping), 씹는(chewing) 것과 같은 신체 행동을 할 때, 그들은 'he swallowed his pride, she grasped the truth, and they chewed on the idea(그는 그의 자부심을 삼켰다, 그녀는 진실을 붙잡았다, 그리고 그들은 그 아이디어를 씹었다).'와 같은 관용적 표현에 더 빨리 반응한다. 만약 관용어의 이해가 단지 추상적인 심적 기호의 조작에만 관여한다면, 신체 행동을 하는 것이 그 표현의 이해를 촉진시킬 어떤 특별한 이유도 없다.

비문자적 언어 이해의 신경적 기초

신경생리학적(ERP) 실험과 신경영상(fMRI, PET) 실험은 뇌 영역의 다른 네트워크들이 문자적, 비문자적 언어에 다르게 반응하는 것을 보여 준다(예: Bottini et al., 1994; Canal and Bambini, 2021; Canal et al., 2017; Citron et al., 2019; Coulson and van Petten, 2002; Eviatar and Just, 2006; Mariana et al., 2021). 이러한 연구는 문자 그대로의 언어나 비문자적 언어의 산출이나 이해에 선택적인 손상을 가지고 있을 뇌손상 환자들을 대상으로 한 연구에서 얻은 자료를 보완한다(예: Brownell, 1984; Brownell and Stringfellow, 1999; Winner and Gardner, 1977).

뇌손상 환자에 대한 초기 연구들은 뇌의 우반구 손상이 비문자적 발화의 해석에 특별한 역할을 한다고 제안했다. 우반구 손상 환자들은 좌반구 손상 환자에 비해, 은유표현(he had a heavy heart)을 비문자적 의미를 묘사하고 있는 그림(예: 슬픈 남자의 사진)과 문자적 의미를 묘사하고 있는 그림(예: 크게 무거운 심장을 옮기고 있는 사진) 중에서 어느 하나와 매칭시키는 과제를 더 잘 못하였다. 그러나 그다음 연구들은(예: Brownell et al., 1990) 우반구 환자가 잘 못하는 것이 은유 언어 그 자체보다는 그림-매칭 과제의 문제라고 주장하였다(우반구 뇌손상 환자는 시공간 정보 처리에 문제를 보이는 경우가 많다. 예를 들어, 무시증(neglect)—시야의 좌측 절반을 지각하거나 상상하는 데 문제가 있는 사람—과 같은 증후군에서 알 수 있는 것처럼). 그림-매칭 과제가 아니라 비문자적 표현에 맞는 언어적 정의를 산출하도록 하면, 우반구 손상 환자들은 수행을 훨씬 더 잘했다. 이것은 그들이 많은 비문자적 표현의 의미를 모르는 것이 아니라는 것을 의미한다. 따라서 우반구 손상이 필연적으로 비유적 언어 이해의 심각한 손상을 가지고 오는 것은 아니다(Thoma and Daum, 2006 참조).

환자 데이터는 비문자적 언어 처리에 우반구의 역할에 대한 추론을 하는 데 있어 확실한 근거를 제공하지 못한다. 따라서 연구자들은 뇌가 비문자적 언어에 어떻게 반응하는지 알아보기 위하여 건강한 사람들을 대상으로 한 신경생리학적 연구나 신경영상 연구로 관심을 돌리게 되었다. 비문자적 언어 해석에 대해 뇌 기능과 관련된 몇몇 유명한 이론들을 검토해 보자.

한 가지 주된 생각인, 우반구 가설(right hemisphere hypothesis)은 좌반구는 문자 그대로의 언어를 분석하고 해석하는 과정을 주관하고, 우반구는 비문자적 언어를 분석하고 해석하는 과정을 주관한다고 제안한다. 이 가설은 뇌손상 환자에 대한 초기 연구와 은유 이해에 대한 매우 초창기 신경영상 연구의 지지를 받았다(Bottini et al., 1994). Bottini와 동료들의 연구에서는 여섯 명의 사람이 표현된 새로운 은유 의미(예: The investors were squirrels collecting nuts) 또는 문자 그대로의 의미(예: The boy used stones as paperweights)를 읽는 동안 대뇌 혈류 흐름을 측정하였다. 실험참가자들은 각 문장을 읽은 후, 그 문장이 문자 그대로의 의미로 말이 되는지를 판단하였다(따라서, 은유적 문장의 경우 반응은 '아니요'이어야 하고, 문자 그대로의 문장에 대한 반응은 '예'이어야 했다). 문자 그대로의 문장에 대한 반응으로 인한 혈류 변화에 비교해, 은유 문장에 대한 반응으로 혈류 변화를 살펴봤을 때, 많은 우반구 영역이 은유 문장에 대해 더 큰 반응을 보였으나 좌반구에서 은유 문장에 대해 더 큰 반응을 보인 영역은 없었다([그림판 14] 참조). 이 데이터는 우반구가 은유 언어에 의해 특별히 더 활성화된다는 것을 보여 줌으로써 우반구 가설과 일치하는 것으로 해석되었다.

그러나 이후 뇌 영상 연구들은 우반구 가설을 지지하지 않았다. Alexander Rapp과 동료들이 수행한 두 가지의 fMRI 실험들(Rapp et al., 2004, 2007)은 문자 그대로 범주포함 문장, 예를 들어 'Die worte des Liebhabers sind Lugen('사랑하는 이의 말은 거짓말이다')' 또는 예를 들어 'Die Worte des Liebhabers sind Harfenklange('사랑하는 이의 말은 하프의 소리이다')'와 같이 A is b 형식의 관계적 은유를 전달하는 문장 처리와 관련된 것이었다. 문장을 읽은 후, 실험참가자들은 그 문장이 긍정적 메시지를 전달하는 것인지, 부정적인 메시지를 전달하는 것인지 판단하였다. [그림판 15]에서 볼 수 있듯이, 문자 그대로의 문장과 은유적 문장을 비교했을 때, 은유 문장에 대해 좌반구에서 더 많은 활성화가 관찰되었고, 우반구에서는 어떤 차이도 나타나지 않았다.

추가적인 fMRI 실험들은 문장을 자극으로 하여 은유 문장과 문자 그대로의 문장을 비교하는 것과 fMRI 측정 방법론과 관련되었다(Eviatar and Just, 2006; Stringaris et al., 2007; Shibata et al, 2007; Reyes-Aguilar et al., 2018도 참조). 그 실험들은 실험참가자들이 수행하는 과제 측면에서 달랐는데, 어떤 실험들은 실험자극을 은유 또는 문자 그대로의 문장으로 범주화하는 과제를 사용하고, 어떤 것들은 go/no-go 패러다임을 사용하여 문장이 의미적으로 이상할 때만 명시적 반응을 하는 과제를 사용하였다. 사용된 언어(일본어, 영어, 독일어)와 부가적인 과제의 차이에도 불구하고, 이 모든 연구에서는 문자 그대로의 문장에 비해 은유 문장에 대해 좌반구가 더 큰 활성화를 보였고, 우반구에서는 차이가 거의 없었다. 사실, 일본어로 진행된 연구(Shibata et al., 2007)에서는 은유 문장에 비해 문자 그대로의 문장에 대해 좀 더 높은 우반구 활성화가 관찰되었고, 이는 우반구 가설과 정확히 상반되는 결과이다.

뒤죽박죽인 신경영상 연구 결과들은 연구자들로 하여금 우반구 가설에 대한 대안을 찾도록 동기를 부여하였다. 이러한 접근 중 하나가 Giora의 점진적 현저성 가설(graded salience hypothesis)이다 (예: Giora, 2003). 점진적 현저성 가설에 따르면, 좌우반구의 차이는 각 반구에서 이루어진 어휘 코딩의 종류에 따른 부산물이다. 성긴-코딩 가설(Beeman, 1998)이 제안한 바와 같이, 우반구 어휘 표상은 좌반구 어휘 표상보다 더 분산되어 있고 경계가 모호하다. 따라서 우반구에서 어휘 표상들이 활성화될 때, 그들은 멀리 떨어진 관련 개념들이 서로 약하게 연결되었을 가능성이 크다. 이것은 새로운 은유에 대한 이해에 있어 중요한 과정인 서로 멀리 떨어진 의미의 연결성을 찾아서 이 연결된 의미를 강조하는데 우반구 어휘 표상이 잘 맞아떨어진다. 반면에, 좌반구는 보다 명쾌하게 정의된 어휘 표상들을 담고 있고, 개별 단어에 대한 반응으로 좁은 범위의 연합을 활성화시킨다. 이 점은 좌반구가 이미 저장된 의미 관련성을 명쾌하고 분명하게 활성화시키는 것을 잘하게 만든다. 이것은 관습적이고 친숙하며, 매우 잘 쓰는 은유 처리에 적합하다. 점진적 현저성 가설에 따른 순수한 결과는 좌반구는 어떤 표현의 두드러진 의미를 잘 활성화하고, 우반구는 두드러지지 않은 의미를 잘 활성화한다는 것이다. 현저성을 결정하는 것은 빈도(더 자주 쓰이는 의미는 더 현저하다), 관습성 (더 관습적인 의미는 더 현저하다), 또는 문자성(모든 것이 동일할 때, 더 문자 그대로의 의미인 것이 더 현저하다)의 함수일 수 있다. 중요한 것은, 만약 비문자적 의미가 더 자주 쓰인다면, 어떤 표현의 비문자적 의미는 문자적 의미보다 현저할 수 있다는 것이다. 이것은 iron fist(강철 주먹), paper tiger(종이 호랑이), bad medicine(안 듣는 약)과 같이 굳어진 은유, 또는 잘 알려진 은유인 경우 발생하는 일이다. 따라서 좌반구는 잘 알려진 은유를 포함한 현저한 의미를 처리하고, 우반구는 잘 알려지지 않은 새로운 은유를 포함해서 현저하지 않은 의미를 처리하는 데 큰 역할을 할 것이다.

점진적 현저성 가설은 은유 처리에 대한 fMRI 실험들과 최근 경두개자기자극술(transcranial-magnetic stimulation: TMS) 연구로부터 지지를 받았다. Mashal과 동료들(Mashal et al., 2005, 2007; Ferstl et al., 2008)의 두 fMRI 연구는 두 단어쌍이 합쳐졌을 때 문자 그대로의 의미(예: paper napkin) 또는 은유적 의미(예: paper tiger)로 해석되는지와 관련된 것이었다. 실험참가자들은 각 단어쌍을 읽고 그것에 대해 명시적으로 판단하였다. 특히, 그들은 그 단어쌍이 문자적으로 관련되었는지, 비유적으로 관련되었는지, 아니면 관련이 없는지를 판단하였다. 모든 자극은 다음 네 개의 범주 중 하나에 적합한 것으로 사전 검증되었다: 문자적 표현, 새로운 은유, 관습적(친숙한) 은유, 그리고 관련 없는 쌍. 가장 핵심적인 비교는 새로운 은유와 관습적 은유의 비교였다. 우반구 가설이 맞는다면, 새로운 은유와 관습적 은유가 모두 우반구를 활성화시켜야 하고, 점진적 현저성 가설이 맞는다면, 새로운 은유만이 우반구를 활성화시켜야 한다. 왜냐하면 그 은유적 의미가 문자적 의미보다 덜 현저하기 때문이다. 관습적/친숙한 은유는 그 은유적 의미가 문자적 의미보다 더 현저하기 때문에, 좌반구가 그 해석에 가장 큰 역할을 할 것이다. [그림판 16]에서 볼 수 있는 것처럼, 새로운 은유는 관습적/친숙한 은유보다 우반구에서 더 큰 활성화를 보였다. 이는 점진적 현저성 가설에서 예측한 바와 같다. 특히 보다 큰 활성화는 우반구 후측 상측회와 우측 하전두회에서 관찰되었다. 새로운 은유는 좌측 하전두회에서도 더 큰 활성화를 산출하였는데, 이 영역은 다른 fMRI 연구에서 은유 문장조건에서 활성화되었던 영역이었다.

Pobric 등(2008)은 Mashal 등(2005, 2007)의 연구에서 사용한 것과 같은 단어쌍을 사람들이 처리하는 동안에 사람들에게 강한 자기장을 가하였다. TMS는 일시적으로 TMS가 가해진 지점 아래의 뉴런들의 활동을 교란시킨다. 만약 점진적 현저성 가설에서 제안된 바와 같이 좌반구와 우반구가 다른 종류의 은유에 대해 다른 방식으로 처리한다면, 좌반구와 우반구를 잠시 억제하는 것은 새로운 은유나 관습적 은유를 읽는 사람에게 다른 결과를 가져올 것이다. 따라서 이 TMS연구에서는 참가자들이 문자적 단어쌍(paper napkin), 친숙한 은유(paper tiger), 새로운 은유(pearl tigers), 또는 무관련 단어쌍(frog napalm)을 읽었다. TMS가 우반구에 가해졌을 때, 실험참가자들은 새로운 은유를 처리하는 데 어려움이 증가되었으나, 다른 종류의 표현에는 아무런 영향을 주지 않았다. 좌반구에 TMS가 가해졌을 때는 다른 종류의 표현에는 영향이 없었으나, 관습적이고 친숙한 은유 이해를 교란하였다. 이러한 자료는 좌/우반구 기능과 은유 처리 능력 사이에 인과적 관련성을 보여 주는 첫 번째 연구 결과이다. 우반구 또는 좌반구를 교란하는 것은 언어 처리에 전반적인 영향을 주지 않았고, 은유적 언어 전체에 대해서도 영향을 주지 않았다. 효과는 특정 종류의 은유 표현에 제한적이었는데, 좌반구가 아닌, 우반구에 TMS가 가해졌을 때 새로운 은유 처리를 간섭하였다. 이 결과는 점진적 현저성 가설과 일치하며, 우반구 가설에는 좋지 않은 소식이었다.

연구자들은 두 반구가 비문자적 언어에 대해 어떻게 반응하는지 연구하기 위하여 반시각장 점화 기법(visual hemifield priming paradigm) 또한 사용하였다. 반시각장 점화 기법에서는, 표적 단어가 좌측 시각장(참가자가 시선을 고정한 지점의 좌측 부분), 또는 우측 시각장(참가자가 시선을 고정한 지점의 우측 부분)에 제시되었다. 이렇게 단어가 중심에서 벗어난 위치에 제시되면, 그 단어의 이미지가 좌측 후두엽(단어가 응시점의 우측에 제시된 경우)에서 처리되거나, 우측 후두엽(단어가 응시점의 좌측에 제시된 경우)에서 각각 처리된다. 물론 두 대뇌 반구가 정보를 공유하지만(두 반구를 가로지르는 두꺼운 신경다발인 뇌량(corpus callosum)을 통해), 중심에서 벗어난 위치에 단어를 제시하는 것은 표적 단어의 초기 반응은 직접 자극된 반구에서 활동을 우세하게 반영한다. 연구자들은 표적 단어의 문자 그대로의 의미 또는 비문자적 해석을 촉진할 수 있는 맥락적 측면을 조작할 수 있다. 단어–단어 버전 반시각장 점화 기법의 경우, 단어쌍들은 두 단어를 합한 해석이 비유적인 의미(stinging insult)로 또는 문자 그대로의 의미(stinging bee)로 해석하는 것을 유도할 수 있다. 이 과제의 문장 버전은 문장 맥락이 표적 단어를 문자 그대로의 의미 또는 비문자적 의미로 해석될 것인지를 결정한다. 단어–단어 버전을 사용한 Anaki 등(1998)에 의한 연구에서는 은유적 의미가 오직 우반구에서만 점화되었다(사람들은 무관련 통제 단어에 비해 점화 단어 stinging을 본 후에 insult에 대해 빠르게 반응하였다; bee는 통제 조건 또는 문자 그대로 조건에 의해서도 점화되지 않았다). 그러나 신경영상 결과처럼, 반시각장 점화 기법은 비문자적 의미에 대해 항상 우반구 이익을 보여 주는 것은 아니었다. 단어–단어 버전을 사용한 추후 연구(Kacinik and Chiarello, 2003)와 반시각장 점화의 문장 버전을 사용한 연구(Faust and Weisper, 2000; Kacinik and Chiarello, 2007)에서 두 반구 모두 문자적, 비문자적 의미에 대한 점화 효과를 보였고, 때로 비문자적 의미에 대해 우반구보다 좌반구가 더 큰 점화 효과를 보이기도 하였다(우반구 가설과는 반대).

사건관련전위(ERP) 결과도 뒤죽박죽이다. 문자적 단어쌍(예: ripe fruit)과 은유적 단어쌍(예: conscience storm)을 사용하여, Arzouan, Goldstein 그리고 Faust(2007)는 N400이 새로운 은유에 대해 가장 크고, 친숙한 은유(예: iron fist)에 그다음으로 크며, 문자 그대로의 표현에 대해 가장 작다는 것을 보였다. 그들은 또한 뇌의 우측편에서 N400이 가장 크다는 것을 보이며, N400 효과가 일어나는 뇌 영역이 뇌의 우측 절반이라고 해석하였다(그러나 앞서 언급한 바와 같이, ERP 자료를 대할 때는 이러한 가정은 위험하다). 최근에 반시각장 점화 기법의 문장 버전을 사용한 또 다른 ERP 연구는 다른 결과를 관찰했다. 그것은 문자 그대로 의미와 은유적 의미에 대한 뇌의 전기적 반응은 두 반구에서 거의 동일하다는 것이다―물론 그 결과는 은유적 문장이 문자 그대로의 문장에 비해 두 반구에서 모두 큰 N400 효과를 산출하였다(Blasko and Kazmerski, 2006; Kazmerski et al., 2003; Tartter et al., 2002).

요약 및 결론

이 장에서 우리는 비문자적 언어 처리에 대한 표준 화용적 견해의 강점과 많은 약점을 검토해 왔다. 문자적, 비문자적 언어의 이해와 산출에 다른 신경망이 다른 정도로 관계하는 것으로 보이지만, 비문자적 언어의 이해는 문자적 이해의 실패를 기다리는 것은 아니다. 그보다 많은 층위의 비문자적 표현에 대해 비문자적 의미가 직접적으로 접근 가능한 것으로 보인다. 은유가 어떻게 이해될 수 있는지를 파악하기 위하여 상당한 이론과 연구가 진척되어 왔다. 은유 이해의 비교 관점, 특히 현저성 불균형 가설은 은유 이해의 많은 측면을 그렇게 잘 설명하지는 못한다. 따라서 많은 언어 과학자들은 범주포함 가설을 선호하게 되었다(Glucksberg, 1998; Glucksberg and Keysar, 1990; Glucksberg and McGlone, 1999). 범주 포함은 관계적 은유와 문자적 범주포함 문장이 같은 방식으로 해석된다고 제안하면서 문자적 언어와 은유적 언어처리를 통합하는 데 도움을 준다. 특히, 주제가 매체에 의해 전형적인 범주 구성원이 된다고 주장되었다. Gibbs(예: Gibbs, 1994)를 포함한 다른 이론가들은 관용어 이해 분야에서 문자적, 비문자적 언어 처리 사이의 차이를 줄이고자 시도하였다. Gibbs에 따르면, 관용어를 이루는 요소들은 그것의 표준적인 의미를 어느 정도 유지하고 있다가 문맥에 맞게 관용적 의미가 떠오른다고 주장한다. Cacciari와 Tabossi 같은 다른 견해는 어떤 재인 시점 전에는 일반적인 단어든 관용어든 모두 다수의 의미 활성화에 관여하다가, 그 시점 이후에 하나의 저장된 의미가 빠르게 접근되고, 관용적 표현에 할당된다고 주장하면서 일반적 단어와 관용어의 처리 사이에 평행선을 그었다. 비문자적 언어의 신경적 기초에 대한 연구는 Berkeley Breathed가 '뒤죽박죽'이라고 부르는 것처럼 아직 초기 단계에 있다. 그러나 Jeff Spicoli가 '궁극적인 일련의 도구'라고 분명히 말하듯, 연구자들이 신경과학 연구를 통해 다소 잘 기술된 이론을 가지게 될 것이라는 분명한 믿음 또한 존재한다.

스스로 점검하기

1. 비문자적 언어를 사용하지 않고 5분 동안 누군가에게 이야기해 보자. 그리고 얼마나 많이 은유적 표현을 내뱉고 사용했는지 헤아려 보자.

2. 다음에 제시된 관용어들을 의미적으로 분해가능한 것과 분해가능하지 않은 것들로 분류해 보자. 어떤 방식으로든 단어들의 순서를 재배열해 보자. 그리고 난 뒤에 그 관용적 의미가 보존되는지 친구들에게 평가를 부탁하자. 다른 종류의 관용어들 사이에 차이를 예측할 수 있었는지를 살펴보자.

> Barking up the wrong tree
>
> a chip on your shoulder
>
> a piece of cake
>
> pulling my leg
>
> shaving his cow
>
> give him the slip

8장

대화

겸손이 없으면 대화는 불가능하다.[1]

—Paulo Freire

C: 개인적으로 당신은 어떤가요?

D: 저는 사교적인 사람이라서, 내가 꼼짝할 수 없거나 혼자서 외롭다고 느낄 때면 굉장히 슬프고 우울해져요.

C: 어떤 일에 분노를 느끼시죠?

D: 누군가가 저나 혹은 제게 소중한 사람에게 상처를 주거나 경멸하면, 정말 화가 나고 분노가 치미는 것 같아요.

C: 하지만 그들은 속으로 당신과는 다르게 느끼나요?

D: 네, 맞아요. 행복, 만족, 기쁨은 속에서는 따뜻한 빛처럼 느껴져요. 슬픔, 우울, 분노, 스트레스는 훨씬 더 무겁고 짓누르는 느낌입니다.

위 대화에서 한쪽은 사람이고, 다른 한쪽은 컴퓨터 프로그램이다. 당신은 어느 쪽이 어느 쪽인지 구분할 수 있나? 만약 당신이 구분할 수 없다면, 이 컴퓨터 프로그램은 개인적 차원의 튜링 테스트(컴퓨터 과학 및 암호 해독 천재인 Alan Turing의 이름을 딴 테스트)를 통과했다고 할 수 있다. 실제로 컴퓨터 프로그램인 람다(LaMDA)는 그 프로그램 개발에 참여한 사람들조차도 이 기술이 인간 언어의 정교한 근사치에 가까울 뿐만 아니라 실제 의식까지도 구현했다고 믿을 정도로 설득력 있는 반응을 산출해 낸다(스포일러 주의: C는 컴퓨터 과학자 Blake Lemoine이고, D는 인공 지능(AI) 프로그램인 람다이다). 따라서 이 장에서는 람다가 대화에 참여하기 위해 무엇을 하는지, 그리고 인간이 대화에 참여하기 위해 하는 행동과 람다의 계산을 어떻게 비교해야 하는지에 대해 묻고자 한다. 먼저 인간부터 살펴보기 시작하고, 이 장의 끝부분에 인공지능(AI)으로 되돌아가도록 하겠다.

---

1) 역자 주: 비판적 교육학의 옹호자였던 브라질 교육자 Paulo Freire의 저서 『Pedagogia do oprimido』(1968)에서 인용된 표현이다. 사랑과 겸손, 신념을 기반으로 한 대화만이 논리적으로 타당하고 납득할 수 있는 결과를 이끌어 낼 수 있음을 강조한 말이다. 그는 대화와 실존을 중심으로 한 '대화적 교육'을 중시했다.

인간의 대화를 연구하는 것은 어렵다. 그 이유는 대화에 기여하는 두 사람의 공동 행동뿐만 아니라 각자의 개별 행동 또한 고려해야 하기 때문이다. 대화 참여자는 말도 하고 듣기도 하니, 한 개인의 이해와 발화 과정은 시간적으로 겹쳐지기 마련이다. 의사소통은 참가자가 말하는 단어로 구성된 주요 채널(main channel)을 통해 이루어지지만, 화자가 말하는 내용을 청자가 얼마나 잘 이해하고 있는지(또는 적어도 화자를 얼마나 잘 이해하고 있다고 청자 본인이 생각하는지)를 나타내는 제스처 및 기타 형태의 보조채널(back channel) 신호(예: 고개 끄덕임, 음−음 소리, 얼굴 표정)를 통해서도 이루어진다. 대화에는 (최소한) 두 명이 참여하기 때문에, 대화에서 화자와 청자의 행동에 영향을 미치는 요소를 고려하고자 할 때, '화자'와 '청자'의 역할을 나누어 구분하는 것이 도움이 된다. 하지만 화자와 청자의 역할을 분리하여 취급하는 것은 일종의 편의상 문제일 뿐임을 명심하자.

이 장에서는 대화에 참여하는 화자와 청자가 생각과 신념, 정보를 교환하기 위해서 어떻게 협력하는지를 예측하고 설명하고자 하는 주요 이론을 살펴보겠다. 우선 화자가 발화할 때 준수하는 규칙에 대한 Paul Grice의 생각에서부터 시작해 보자. 그다음으로 화자와 청자가 공통적으로 보유하는 정보를 확장해 나가기 위해서 이들이 어떻게 협력하는지에 대한 Herb Clark의 생각에 대해서 다루도록 하겠다. 셋째, 화자가 발화를 계획하고 산출할 때, 화자가 청자의 요구에 얼마나 많은 비중을 두는지(즉, 화자가 협력적인지 혹은 자기중심적인지)를 살펴보겠다. 또한 청자가 화자의 진술을 해석할 때, 화자의 지식에 주의를 기울이는지(또는 청자 역시 자기중심적인지)도 살펴보고자 한다.

그라이스 격률

사람들은 대화할 때 단어를 조합하여 자신의 생각을 표현한다. 대화에서 어떤 기여가 의미 있는지 여부는 개별 단어의 의미와 단어 조합의 문자적 의미를 초월한다. 예를 들어 '수잔(Susan)은 머릿결이 좋다.' 진술은 이 말만 놓고 볼 때 완벽하다. 이 진술은 '수잔의 두상에 있는 머리카락은 매력적이다.' 또는 '대부분의 사람들은 수잔과 같은 머릿결을 갖고 싶어 한다.'와 같은 뜻을 전달한다. 하지만 이 문장이 특정 맥락에서 발화된다면 어떨까? 예를 들어, 이 진술문이 추천서라는 특정 문맥에 쓰인다면 어떨까? 수잔이 입사 지원서를 제출하고 있는데, 그녀의 전 상사가 다음과 같이 말한다고 생각해 보자.

잠재적 고용주님께, 수잔을 고용해 주실 것을 권합니다. 수잔은 머릿결이 좋아요.
수잔의 전 상사.

추천서를 읽는 사람은 위 문장의 명제적 내용을 대부분 이해할 것이다('수잔의 머릿결=좋다'). 그러나 상사의 말을 이해할 수 있다고 하더라도, 이 사람은 그 진술문에 뭔가 문제가 있다고 생각할 것이다. 비록 상사의 진술이 그 자체로는 의미가 있다고 할 수 있지만, 상사는 그 특정 문맥에서 그런 문장을 작성해서는 안 된다고 생각하기 때문이다. 일반적으로 추천서에는 해당 직책에 대한 후보자의 자질, 좋은 직원이 될 수 있는지에 대한 개인적인 능력 등을 서술해야 한다. 머릿결이 좋다고 해서 수잔이 그 직무를 수행할 자격이 있는 것은 아니기 때문에(만약 헤어 모델링 직업이 아니라면), 이 진술은 관련성(relevance)이 부족하게 되고, 따라서 해당 맥락에서 결함이 있는 기여를 하게 된다.

언어 철학자 Grice는 대화 이론을 개발하기 위해서 방금 앞에서 제시한 바와 같은 대화와 언어 교환(exchanges)을 분석했다(Grice, 1989). 그가 제시한 대화의 원칙은 그라이스 격률(Gricean Maxims)이라고 알려져 있다. 이러한 원칙들은 언어 행동에 대한 엄격하고 절대적인 규칙이 아니다(거의 혹은 절대 위반되어서는 안 되는 문법 원칙과는 다르다). 대신 이 원칙들은 화자들이 대체로 준수하지만 때로는 무시하는 일련의 지침이라고 할 수 있다. 하지만 화자가 그라이스의 격률 중 하나를 무시할 때는 대체로 그럴만한 이유가 있다. 수잔의 추천서에서 그녀의 상사가 그녀의 머릿결만 언급한 것은 수잔이 좋은 직원이 아니었다는 점을 우리에게 전달하려고 했을 수도 있다. 즉, 상사는 '관련성을 유지하라.' 원칙을 어긴 것이다. 이 맥락에서 관련된 내용은 수잔이 얼마나 좋은 직원인지를 언급하는 것이다. 그러나 상사가 수잔의 업무 습관에 대해 언급하지 않았기 때문에, 그녀의 업무 습관에 대해서는 좋게 얘기할 것이 별로 없다는 점을 명백히 추론하게끔 한다.[1]

Grice는 대화 원칙이 계층적으로 구성되어야 한다고 제안했다. 협력의 원칙(cooperative principle)은 계층의 맨 위에 있으며, 다른 원칙들은 그 아래로 구성된다. Grice에 따르면 대화의 주요 목표는 정보 교환이며, 이를 위해 화자들은 청자가 정보를 획득하는 데 도움이 되도록 발화를 설계한다. 즉, 화자들은 새로운 정보를 획득하려는 청자와 협력한다. Grice의 용어로(Grice, 1989, p. 26), 협력의 원칙은 "당신이 참여한 대화의 목적이나 방향에 따라 대화 진행 단계에서 요구되는 만큼 대화에 기여하라."라고 화자에게 지시한다. 화자들은 때론 거짓말을 하거나 혹은 의도적으로 청자를 혼란스럽게 하고 당황시키지만, 그들은 대부분 협력한다.

청자와 협력하기 위해서 화자는 청자의 전제, 신념 및 지식을 고려해야 한다. 예를 들어, 대화 참가자가 밥(Bob)이 매우 피곤하다는 것을 알고 있다면, 'Bob succeeded in keeping his eyes open(밥은 눈을 뜨고 버티는 데 성공했어요).'이라는 말은 이치에 맞는다. 그러나 청자가 밥이 정신이 맑으며 기분이 쾌활한 상태라고 알고 있다면, 동일한 진술은 전혀 의미가 없어진다. 청자가 밥이 피곤하다는 생각을 하고 있다는 것을 화자가 믿고 있는 경우에만 'Bob succeeded in keeping his eyes open.'과 같은 표현을 선택할 수 있다. 따라서 화자가 협력적이기 위해서는 청자의 정신 상태에 대한 지식을 획득하고 활용해야 한다.

화자가 청자와 협력할 때, 화자는 자신의 발화가 구성이 잘 되었고 맥락에 적절한지 여부를 결정하는 몇 가지 추가 원칙을 따르게 된다. 이 주요 원칙으로는 양(Quantity), 질(Quality), 관계(Relation), 방법(Manner)의 원칙이 있다.

Grice의 양의 원칙은 다음과 같다: "1. (현재 대화의 목적을 위해서) 필요한 만큼의 정보를 전달하세요. 2. 필요 이상으로 자세한 정보를 전달하지 마세요." (Grice, 1989, p. 26). Graham Chapman[2]이 세상에 알려진 모든 질병을 없애는 방법에 대한 질문에 대답을 할 때처럼, 너무 적게 말하는 것은 흥미로울 수는 있지만 처리 비용이 든다(Python, 1990, p. 63).

---

2) 역자 주: 영국의 배우, 코미디언, 작가이다. 초현실주의 코미디 그룹 'Monty Python'의 멤버로 기억된다.

먼저 의사가 되어서 멋진 치료법을 개발하고, 그리고 의료계가 당신에게 주목하기 시작하면, 당신은 그들에게 무엇을 해야 하는지 알려주고, 그들이 모든 것을 제대로 하는지 확인하세요, 그러면 더 이상 어떤 질병도 발생하지 않을 거예요.

말을 너무 많이 하는 것 또한 비용이 많이 든다. 누군가가 'How do I get downtown from here?(여기서 어떻게 시내로 가나요?)'라고 묻는다면, '자동차에 가서 차문 손잡이에 손을 올려주세요. 문이 열릴 때까지 문손잡이를 올려주세요. 몸을 움직여서 운전대 뒤에 앉으세요…'와 같이 말하지는 않는다. 이처럼 양의 원칙의 위반은 비용을 발생시키는데, 이는 청자의 필요를 충족시키는 정보의 소통을 지연시키고, 부적절한 세부사항으로 청자의 담화 표상을 혼란스럽게 만들기 때문이다.

Grice의 질의 원칙은 다음과 같다: "당신의 기여를 진실한 것으로 만들려고 노력하세요. 1. 당신이 거짓이라고 알고 있는 것을 말하지 마세요, 2. 충분한 증거가 없는 것을 말하지 마세요." (Grice, 1989, p. 27). 따라서 화자는 거짓말을 하거나 허구를 만들어 내서는 안 된다.

관계의 원칙에 따르면, 화자의 기여는 대화가 당면한 주제와 관련되어야만 한다고 한다. 화자가 관계의 원칙을 따르고 있다고 가정하고 있는 청자는 잠재적으로 모호한 발언을 성공적으로 해석할 수 있다. Grice(1989, p. 89)는 'grass'라는 단어를 예로 든다. 대화 주제가 조경에 관한 것이고 화자가 'This is really good grass(이건 정말 좋은 grass인데)'라고 말한다면, grass가 의도하는 의미는 미국 교외지역의 집 앞마당에 자라는 식물과 관련이 있을 것이다. 그러나 국가 마약 통제 정책에 관한 한밤중 토론 맥락이라면, 관계의 원칙은 청자들로 하여금 'grass'가 '마리화나'라는 의미를 선호하게 한다. 정원 관리자가 마리화나에 대해 얘기하기 시작한다면 이상할 것이다. 마찬가지로 마약 정책 토론 중에 정원 관리에 대한 이야기가 나오면 이것 또한 이상할 것이다.

Grice의 방법의 원칙(Grice, 1989, p. 27)은 다음과 같다: "명료해지세요(be clear)" (즉, 표현이나 진술이 명확해야 한다[2]). 명료해지기 위해서 화자는 다음 사항을 준수해야 한다. '1. 표현의 모호함을 피하세요, 2. 애매모호함을 피하세요, 3. 간결하게 표현하세요(불필요한 장황함을 피하세요), 4. 순서를 지켜 말하세요." 『스트렁크와 화이트(Strunk and White)』[3] 같은 스타일 가이드는 방법과 관련한 Grice의 생각을 달성할 수 있는 지침에 대해 구체적인 조언을 제공하고 있다.

Grice의 격률은 의사소통 기능을 수행하기 위한 두 가지 필수적인 비결을 제시한다. 한편으로, 격률은 화자가 효과적인 발언을 구성하는 데 고려해야 할 요인들을 제시한다. 다른 한편으로, 격률은 화자가 산출한 발화의 문자적 내용을 넘어서는 추론을 도출하게 하는 단서를 청자에게 제공하기도 한다. 그러나 화자의 행위를 제약하는 시간 압력이 있는 실제 대화 상황에서 화자가 어떻게 발화를 계획하는지에 대한 설명으로 Grice는 자신의 대화 원칙들이 사용되리라고 생각하지 않은 것 같다. 그리고 실제 대화의 어떤 측면은 Grice의 원칙과 일치하지 않는 것 같다.[3] 심리언어학 분야의 후속 이론들은 이러한 몇 가지 결점을 다루려고 한다. Grice의 원칙은 이상적인 언어 계획과 대화에서 발생하는 추론을 설명하는 데 사용되지만, 최근 이론들은 실제 대화에서 발생하는 다

---

3) 역자 주: 영어 사용법에 대해서 폭넓게 읽히는 지침서이다. William Strunk Jr.의 『The Elements of Style』(1918)을 Elwyn Brooks White가 확대 개정한 후, 『Strunk and White』(1959)라고 불린다.

양한 현상을 다루려고 시도한다.

대화는 상호적이다

상호작용을 할 수 있다는 가능성은 대화와 독백을 구분하는 주요 요인 중 하나이다.[4] 그러나 대화에 대한 고전적인 접근(예: Cherry, 1956)은 대화 참가자가 마치 체스 선수처럼 독립적으로 활동한다고 간주한다. 체스에서 상대방은 먼저 생각하고 그다음에 움직인다. 그런 다음 나는 잠시 생각하고, 나의 움직임을 실행한다. 그러면 상대방은 좀 더 생각하고, 다른 움직임을 실행한다. 각 움직임은 그 전단계의 움직임에 의존하지만, 결정은 각 개인이 혼자 생각하고 행동함으로써 이루어진다. 이와 유사한 대화의 과정은 내가 뭔가를 말하면 당신이 듣는 것으로 시작한다. 내가 말하는 것이 끝나면 당신이 뭔가를 말하고, 나는 듣는다. 우리는 번갈아가면서 각자 차례를 지켜가며 말한다. Martin Pickering과 Simon Garrod가 말한 대로, 대화의 고전적 관점에 따르면 "(대화란) 독백 조각을 간단히 이어 붙인 것이다"(Pickering and Garrod, 2004, p. 170).

실제 대화에서 말하기 동작은 엄격한 차원에서 순차적이지 않다. 한 사람의 말하기 시작은 종종 다른 사람의 말하기 끝과 겹치게 된다. 참여자들이 상호작용하고, 협력하고, 대화의 내용에 협업함으로써 대화의 중요한 부분이 만들어진다(Clark, 1996; Garrod and Pickering, 2004; Stivers et al., 2009). 또한 대화는 일련의 일회성 발화로 구성되기보다는, 아래 예시에서와 같이 번갈아가면서 주고받는 여러 번의 발화가 누적되어 만들어진다(Bangerter and Clark, 2003, p. 212; Clark and Schaefer, 1989). 다음 예시에서는 감독이 청자에게 레고 블록을 조립하여 특정한 도형을 만드는 방법을 알려주려고 한다(* 표시는 두 참여자가 동시에 말하는 지점을 나타낸다).

A1: 좋아. 음, 한번 봐요. 노란색 2×2 레고 블록이 필요해요. 알겠고, 그 조각은 파란색 블록의 오른쪽에 맞을 것 같네요.

B1: 으음.

A2: 그래서 그중 반은, 그렇게, 파란 블록의 오른쪽 한 줄에 있어야 해요.

B2: 알겠어요, *그러면 반은 오른쪽을 향하게 되겠네요.

A3: *그렇게, 반은 오른쪽을 가리키고요. 그래요.

B3: 이해했어요.

이 경우, 화자 A의 주된 목표는 청자 B에게 두 개의 레고 블록을 특정한 방식으로 조립하도록 하는 것이다.

고전적 대화 이론에 따르자면, 화자 A는 레고 블록의 배열을 어떻게 설명할지를 먼저 생각하고, 그 배열을 설명하는 진술(말)을 산출한다. 그런 다음 청자는 화자의 진술을 해독하여 전달된 정보를 복구한다. 하지만 위에 전사된 대화를 살펴보면 그보다 복잡한 과정이 발생하고 있다는 것을 알 수 있다. 화자 A는 상위 목표를 하위 목표로 분해하고 난 뒤, 그중 하나를 전달하기 시작한다(진술

A1). 청자 B는 자신이 첫 번째 메시지를 수용한다는 신호를 보낸다(진술 B1). 진술 A2에서 화자는 나머지 지시사항을 전달하기 시작하고, 중간에 멈춰서 메시지를 다시 정리한다. 그때 청자 B는 진술 A2에서 제공된 정보를 정교화하면서 화자를 도와주고, 동시에 화자 A는 진술 A3에서 청자가 한 말과 거의 똑같은 말을 반복하여 정보를 재확인한다. 청자 B가 화자 A를 도울 수 있다는 능력은 청자 B가 대화가 어떻게 진행될 것인지를 이미 예상하고 있다는 것을 뜻한다. 이는 청자 B가 화자 A의 말을 매우 빠르게 해석하면서 그의 시각을 매우 정확하게 이해하고 있다는 것을 의미한다. 청자는 "이해했어요."라고 말함으로써 전체 대화의 내용을 확인해 주고, 화자에게 대화 시도가 성공했다는 구체적인 증거를 제공한다(B3).

대화란 개별 참가자들에 의한 독립적인 움직임을 포함하는 일종의 '짧은 충격이나 전류에 따른 (ballistic)' 혹은 '전부 혹은 아무것도 아닌(all or nothing)' 형태의 활동이 아니라, 상당한 협력과 공동 협동 활동을 포함한다는 것을 이 예시를 통해 알 수 있다. 방법(manner)과 질(quality)의 격률이 나타내는 원리와는 반대로, 화자들은 메시지의 모든 세부사항을 완벽히 이해하거나 혹은 자신들의 생각을 표현하는 가장 효과적인 방법을 확실히 결정하기 전에 이미 잠정적인 설명을 제공하기 시작한다. 청자들도 수동적이지 않다. 그들은 대화가 어떻게 진행될지를 적극적으로 예측하면서, 보조채널 응답(머리 끄덕이기, 음음 소리)과 주 채널 응답(뭐라고? 얘야, 더 크게 말해! 알았어)을 통해서 대화 상대에게 자신들이 이해하고 있다는 증거를 명료하게 제공한다.

공통 기반

앞의 레고 작업 대화 혹은 그와 유사한 대화 예시에서 알 수 있듯이, 화자들이 항상 완벽하게 그라이스 방식으로 발화하는 것은 아니다. 화자들은 자신들의 발화를 완전히 정보적이며, 명확하고, 간결하게 하는 데 필요한 정보를 충분히 갖고 있지 못할 때가 있다. 때론, 화자가 그런 정보를 갖고 있더라도, 그들이 그 내용을 말하기 시작하기 전에 해당 정보를 완전히 평가할 시간이 충분하지 않을 수도 있다. 화자가 그라이스의 대화 원칙을 위반한다고 해도, 그들은 얼굴을 마주한 대화 상황에서 청자와 효과적으로 대화를 나누곤 한다. 이처럼 상호적 대화에서는 협력과 공동 협동의 기회들이 높은 수준의 의사소통을 성공적으로 실현시키게 한다.

Herb Clark과 그의 동료들은 의사소통 과정의 상호적 속성을 포착하는 대화 이론을 구축하려고 상당한 노력을 기울였다(Clark, 1996; Clark and Schaefer, 1987; Schober and Clark, 1989; Wilkes-Gibbs and Clark, 1992). Clark과 그의 동료들에 따르면, 대화의 주요 목표는 대화 참가자들이 공통 기반 (common ground)을 확립하고 확장하는 것이다.

'공통 기반'은 '공통 지식' 또는 '공유된 지식'과 매우 유사하게 들릴 수 있지만 실제로는 다른 개념이다. '공통 지식' 또는 '공유된 지식'은 두 사람이 동일한 것을 알고 있다는 것을 뜻한다. 그러나 그 두 사람은 해당 지식을 서로 공유하고 있다는 인식 없이 동일한 내용을 알고 있을 수 있다. 공통 기반은 공유된 지식의 한 형태이지만, 공통 기반에는 추가적으로 고려할 사항이 있다: 대화를 교환하는 두 사람 모두 해당 지식이 공유되었다는 것을 명시적으로 인식하고 있어야 한다. 따라서 '공통 지식'은 '공유된 지식'이지만 공통 기반은 '상호 인정된 공통 지식'이다. Clark의 이론은 공통 기반에 중점을 두었기 때문에, 이 이론은 때론 공통 기반 이론(common-ground theory) 또는 대화 공통 기반 이론(common-ground theory of dialogue)이라고 불린다.

Clark의 공통 기반 이론에 따르자면, 성공적인 의사소통은 두 사람이 공유하는 공통 기반의 양을 확장시킬 때 발생한다. 이 접근은 대화에 기여하는 내용이 일반적으로 단일 진술만으로는 충분치 않다는 이유를 설명하는 데 도움이 된다(이전 레고 예시에서와 같이). 대화의 목표가 공통 기반을 확장하는 것이며, 공통 기반의 내용은 대화 참가자마다 인식되어야 하기 때문에, 화자는 자신의 각 발화가 공통 기반을 보충하는 데 성공했다는 증거가 필요하다.[5] 대화에 참가하는 화자는 자신의 발화를 연속해서 산출하는 것이 아니라, 이미 공통 기반에 존재하는 정보를 사용하여 발화를 구성하며, 대화 참가자 양측이 모두 의사소통이 성공했다고 믿을 때까지 상대자와 협력한다(Clark and Wilkes-Gibbs, 1986; Wilkes-Gibbs and Clark, 1992). 청자가 대화를 이해한다는 증거는 보조채널 응답(으음)을 통한 암묵적인 수용에서부터 명시적 수용 진술(이해했어요!)까지 다양한 형태로 나타날 수 있다(Bard et al., 2007).

공통 기반 이론은 대화 참가자들이 특정 개념을 언급하기 위해서 특정 표현을 어떻게 선택하는지에 대해 설명하고, 대화 상대와 여러 번 교환 과정을 거치면서 지시표현이 어떻게 변해가는지를 설명하는 데 유용하다. 대화가 시작되는 처음 단계에서는 대화 참가자들이 어떤 것을 어떻게 지시할지를 협상하게 되고, 특정한 지시 표현을 만들고 합의하기 위해서 각자가 대화에 개별적으로 기여하게 된다.

한 사람이 추상적인 그림을 다른 사람에게 설명하려고 하는 작업에서, 두 사람이 이 작업을 처음 시도할 때 다음과 같은 대화를 나눌 수 있다(Wilkes-Gibbs and Clark, 1992, p. 184).

> A: 좋아. 다음 것은… 계단을 오르려고 하는 누군가를 닮았어. 두 개의 발이 있는데, 한 발은 다른 발보다 훨씬 높이 있고….
> B: 그리고 음… 음… 오른쪽에 다이아몬드가 있는데, 경사진 곳에?
> A: 그래.
> B: 알았어.
> A: 뒤로 물러난 것처럼 보이긴 해.
> B: 알았어, 이해했어.

하지만 두 사람이 동일한 그림으로 동일한 작업을 몇 번 더 수행하도록 요청받으면, 결국 다음과 같이 그 그림을 지시하게 될 것이다.

> A: 음, 다음은 계단을 오르는 사람이야.
> B: 알았어.

그리고 그 후에는 다음과 같이 할 것이다.

A: 계단 오르는 사람.

B: 알았어.

처음 대화에서 참가자들은 그들이 서로 동일한 그림을 보고 있는지 확인해야 했다. 두 번째 대화에서 화자는 첫 번째 대화에서의 설명의 일부분(계단을 오르려고 하는 누군가와 비슷하다는)을 사용하여 그림을 식별했지만, 이미 공통 기반에서 계단을 오르는 사람에 대한 참조가 확립되어 있기 때문에 설명을 단축할 수 있었다(그래서 설명은 '계단 오르는 사람'이 된다). 마지막 대화에서 설명은 더 짧아진다.

대화 참가자들은 서로 협력하고 상호 이해를 확인하면서 지시 표현을 정례화하고, 지시 진술이 일단 확립되고 나면, 더 이상 정교화된 설명이 없이도 해당 지시 표현을 사용할 수 있다(Barr and Keysar, 2002; Carletta et al., 1998; Fay et al., 2000). 화자가 특정 청자와 이전에 협상한 '지시적 협약'을 위반하면(예: 이전 대화에서 발화자 A가 계단을 오르는 사람을 다이아몬드 레이디라고 갑자기 바꾸어 부르기 시작한다면), 청자들은 새로운 용어가 무엇을 지시하는지를 이해하는 데 다소 어려움을 겪게 된다(Metzing and Brennan, 2003). 따라서 이전 대화에서 공통 기반의 정보를 설정하기 때문에, 그 그림의 물리적 모양새에 대한 상세한 설명은 불필요하며, 의사소통은 더 효율적이게 된다.

서로 다른 대화 상대들은 서로 다른 공통 기반을 가지고 있기 때문에 화자는 정확히 어떤 대상과 이야기를 나누고 있는지에 주의를 기울여서 최적의 효과적인 메시지를 산출해야 한다. 만약 내가 특정 지식의 일부가 청자와의 공통 기반에 있다고 가정했는데 그 지식이 실제로 공통 기반에 있지 않다면, 나의 의사소통 시도는 실패할 가능성이 높다. 그러나 당신과 내가 일단 공통 기반을 확립하면, 우리는 이 자원을 활용하여 좀 더 효과적인 의사소통을 진행할 수 있다. 그리고 우리의 대화를 엿듣는 사람들로부터 해당 정보를 지켜낼 수 있다(Clark and Schaefer, 1987; Schober and Clark, 1989).

친구들끼리 서로 대화하는 실험에서, 참가자들은 개인적 경험을 활용하여 낯선 제3자가 알아차리기 어려운 지시 표현을 산출했다. 이 실험에 참가한 한 쌍의 친구들은 그들이 다녔던 대학 캠퍼스의 랜드마크를 설명하도록 요청받았다(예: 중앙 분수대와 같은 조형물). 그들은 이 랜드마크와 관련된 개인적 경험이 있었으며, 이러한 개인적 경험은 그들의 공통 기반의 일부였기 때문에 그 랜드마크를 지칭하는 공식적인 명칭보다는 자신들의 경험을 활용할 수 있었다(예: "여기에 내가 네 테디 베어를 놓았지."). 비록 일부 개인 정보가 '유출'되었지만, (제3자 가능성에 대한 어떠한 언급도 없이 랜드마크를 설명하라는 조건에 비해) 그들은 요청받은 대로 그 정보를 은폐하는 데 큰 성공을 거두었다. 이러한 성공은 대화 참가자들이 서로 공유하는 공통 기반을 활용할 수 있었기 때문에 가능했다. 제3자는 공통 기반에 근거하여 제공되는 중요한 지식이 없었기 때문에 대화의 많은 부분을 이해하지 못했다.

공통 기반 이론은 대화 연구의 오래된 질문에 새로운 관점을 제시한다: 사람들은 대화 중에 언제 말을 해야 할지를 어떻게 결정하는 걸까? 그리고 왜 화자들은 '어어어어'와 같은 소리를 내는 것일까? 대화에서 말하기 순서를 정하는(turn-taking) 행동에 대한 영향력 있는 분석에 따르면(Sacks et al., 1974), 말하기 순서는 (엄격하고 빠른 규칙과는 반대로) 일련의 '부드러운' 제약에 의해 결정되며,

이 제약들은 결합하여 사람들이 대화 도중에 언제 말하기를 시작하고 멈추는지에 영향을 미친다. 예를 들어, 집단 토론에서 현재 말하고 있는 사람은 한 특정한 사람을 쳐다봄으로써 누가 다음 순서로 말을 할지에 영향을 미친다. 화자가 쳐다보는 사람이 다음 말하기 순서를 가져갈 가능성이 가장 높다(물론 다른 사람이 끼어들 수도 있다). 마찬가지로 화자가 당분간 계속해서 말을 할 계획이라면 허공을 쳐다볼 가능성이 높지만, 본인이 말하는 순서가 끝난다고 생각한다면 다른 사람을 쳐다본다. 다른 규칙은 화자 간 중첩(overlaps)을 최소화해야 한다고 한다. 대부분 문화에서 대화는 한 사람이 말하고 다른 사람들은 듣는 방식으로 진행된다(Stivers et al., 2009). 그러나 화자가 다음에 무엇을 말할지 바로 떠올리지 못하고 말하던 중에 잠시 멈추면, 다른 사람이 끼어들어서 화자가 말하고자 하는 내용을 말하기 전에 끊어 버릴 수 있다.

한 이론에 따르자면, 화자가 '으음음음'과 같은 소리를 내는 이유는 화자가 말하는 중간에 멈추지 않고, 그렇게 함으로써 그들이 원하는 내용을 모두 말할 때까지 말하기 순서를 유지하려고 하기 때문이다. 화자는 말을 계속하기 위해서 기능어의 발음을 연장함으로써 비슷한 효과를 낼 수 있다. 예를 들어, the라는 단어를 theeeeeee와 같이 길게 발음하거나 a를 uhhhhhhhh와 같이 길게 발음하여 다음에 무엇을 말할지 고민하면서 말하기 순서를 유지할 수 있다. 이런 측면에서 대화의 고전 이론에서는 uhhhhhhh와 theeeee와 같은 소리를 채워진 일시 정지(filled pauses)라고 부른다. 또 다른 관점에서는 theeeee와 uhhhhhhhh를 단순한 발화 오류로 보기도 한다. ('uhhhhhhh 오류' 가설에 반하는 증거는 술에 취한 사람들이 술에 취하지 않은 사람들보다 uhhhhhhh라는 소리를 덜 낸다는 것이다. 이는 술 취한 사람들이 자신들의 발화가 이치에 맞는지 여부를 특별히 상관하지 않고, 또 자신들이 말하기 순서를 부여잡고 있는 것에도 신경을 덜 쓴다는 점에서 그렇다(Christenfeld and Creager, 1996)).

그러나 Herb Clark과 동료들(Brennan and Williams, 1995; Clark and Fox Tree, 2002; Fox Tree, 2001; Fox Tree and Clark, 1997)에 따르면, theeeee와 uhhhhhhh는 관용적인 단어로, 고양이나 집과 마찬가지로 그 자체로 단어라고 할 수 있다. 화자는 다른 단어를 말할 때처럼 theeeee와 uhhhhhhh를 언제 발화할지를 제어하며, 이러한 단어들은 공통 기반에 어떤 특정 개념을 배치시키는 데 사용된다. 구체적으로 말하자면, theeeee와 uhhhhhhh는 '(말하기 계획상) 앞으로 곧 있을 지연(delay)은 논평할 가치가 있음'이란 내용을 화자가 지금 겪고 있는 공통 기반 지식에 끼워 넣는다(Clark and Fox Tree, 2002, p. 73). 이 주장을 뒷받침하기 위해 Clark과 동료들은 사람들이 theeeee와 uhhhhhhh라고 말하는 경우를 포함한 자연스러운 대화 예시를 제시한다. 이 대화 예시에서 발화자들은 실제로 uhhhhhhh의 다른 버전을 산출한다. 짧은 버전인 um과 긴 버전인 uhhhhhhhh가 있다. 이 대화 예시에서 um 다음에는 일반적으로 짧은 일시 정지가 등장하는 반면, uhhhhhhh 다음에는 더 긴 일시 정지가 등장한다. um이 짧은 일시 정지 전에 나오고 uhhhhhhh가 긴 일시 정지 전에 나오기 때문에, 화자는 일시 정지가 얼마나 길 것인지를 예상할 수 있어야만 한다(그렇지 않으면 um과 uhhhhhhh의 분포는 무작위가 될 것이다). 더불어, theeeee와 uhhhhhhh가 실제 단어라면, 청자는 화자의 명시적 진술을 넘어서, theeeee와 uhhhhhhh가 산출되었을 때 추론을 이끌어 내야 한다. uhhhhhhh의 긴 버전에서, 청자는 화자가 어떤 단어를 기억에서 인출하는 데 어려움을 겪고 있다고 추론할 수 있다. 이런 상황에서 청자는 화자의 발화를 완성하려고 개입할 가능성이 높으며, 시각적 화면에서 낯선 객체에 더 많은 관심을 기울이게 된다(Arnold et al., 2004; Arnold et al., 2007).

청자 설계

Herb Clark의 공통 기반 접근에 따르자면, 대화를 나누는 화자는 청자의 지식 상태를 모델링하기 위해 상당한 정신적 자원을 소비한다고 한다. 특히, 그 화자가 구체적 청자와 함께 공통 기반에 공유하는 정보를 추적할 때 그렇다는 것이다. 화자는 이 지식을 사용하여 자신의 발화를 계획하고, 이를 통해 청자가 화자의 발화를 최대한 이해할 수 있도록 하는 것이 목표이다. 예를 들어, 화자가 사전에 합의된 지시표현을 사용함으로써 청자는 화자를 이해할 수 있다. 그러므로 Clark의 대화 이론은 화자가 지속적으로 청자 설계(audience design)에 관여한다는 생각을 구체화시킨다. 즉, 화자는 청자의 특정한 요구에 맞추기 위해 자신이 발화하는 내용을 조절하는 데 특별한 주의를 기울일 수 있다는 것이다. 이는 화자가 메시지를 구성하는 모든 가능한 방법을 의식적으로 평가한다는 것을 의미하는 것은 아니다. 어떤 메시지를 어떻게 전달할지를 결정하는 것은 의식적인 통제 아래에 있기 때문에 화자는 확실히 고민(혹은 의식적으로 신중)할 수 있다. 그러나 Clark의 이론은 청자의 요구사항에 대한 지식이 공통 기반의 표상으로부터 신속하고 정확하게 도출될 수 있으며, 이것이 의식적 인식과 통제를 초월하여 이루어질 수 있다고 주장한다. 실제로 화자는 대화를 진행하면서 상당한 시간 압박을 받기 때문에, 신중하고 철저한 분석을 수행할 시간이 충분하지 않을 수 있다. 따라서 발화 산출 과정은 주로 신속하고 상대적으로 자동화된 처리(process)에 의존할지도 모른다.

일반적으로 화자들은 그들이 누구에게 말을 하고 있는지에 따라 자신의 발화를 실제로 조정하는 것 같다. 즉, 이중 언어 사용자는 언어를 바꿀 수 있다. 우리는 어른에게 말할 때와 아기에게 말할 때 다른 방식으로 대화할 수도 있다.[4] 어떤 이가 외지에서 온 것처럼 보일 때는 같은 지역 출신인 것처럼 보이는 사람에게 비해 더 자세하게 도시를 안내한다. 소음이 많은 환경에서는 우리는 목소리를 더 크게 하는데, 그래서 청자는 더 잘 들을 수 있게 된다. 이러한 조정은 화자가 한 지점에서 결정을 내리고 이러한 결정을 긴 시간 동안 적용하는 일종의 거시 청자 설계(macro-audience design)를 반영한다. 공통 기반 접근과 유사 접근은 화자가 청자의 지식, 주의 상태 및 필요에 따라 순간순간 변화에 기반을 두고 지속적으로 작은 조정을 수행하는 미시 수준의 청자 설계를 수행한다고 제안한다(Hanna et al., 2003; Hawkins et al., 2021; Levelt, 1983). 화자들이 대화를 할 때 거시 수준의 조정을 수행한다는 점에는 일반적인 합의가 도출되었으나, 화자가 미시 수준의 조정을 얼마나 수행하는지에 대한 합의는 아직 미흡하다.

화자의 발화 계획에 대한 또 다른 이론들은 화자를 좀 더 자기중심적(egocentric)으로 보려는 접근을 취한다(Ferreira and Dell, 2000; Horton and Gerrig, 2005a, 2005b; Horton and Spieler, 2007; Keysar and Henly, 2002). 이 접근은 화자가 청자의 지식을 모델링하고 청자의 특정한 요구에 맞추기 위해 발화를 다듬는 데 자신의 정신적 자원을 헌신하는 대신, 화자의 발화는 사용가능성(availability)에 의

---

4) 역자 주: 아동지향어(child directed speech)의 경우를 생각해 볼 수 있다(9장 참조).

해 더 많이 주도된다는 점을 의미한다. 사용가능성 원칙은 화자가 자신들이 쉽게 발화할 수 있는 것을 발화할 것을 의미하며, 심지어 화자는 쉽게 말할 수 있으나 청자는 이해하기 어려운 때에도 그렇게 한다는 것을 뜻한다. 화자에게 상당히 활성화되어 있고, 두드러져 있으며, 사용가능한 정보는 가장 쉽게 발화될 것이며, 따라서 그 정보는 발화에 드러날 것이다. 그 정보가 청자에게 도움이 되지 않는 경우, 화자와 청자는 의사소통을 다시 정상으로 되돌리기 위한 협상과 수정 과정에 참여하게 될 것이다(공통 기반 접근에서 그렇듯이).

Keysar와 동료들의 감시와 조절(monitoring and adjustment) 가설은 자기중심적인 발화 이론에 속하는데, 이 이론에서는 화자가 초기 발화를 계획하는 중에 청자의 지식과 요구를 무시한다고 제안한다. 그러나 화자는 자신의 발화를 감시(monitoring)하고 청자의 피드백도 감시하며 감시 과정의 결과에 따라 자신의 메시지를 조절할 수 있다. 하지만 그러한 (조절된) 진술은 비교적 늦게 나타날 것이다. 어떤 측면에서, 때론 상당 부분에서, 화자는 청자의 입장에서 최적이 아닌 발화를 생산할지도 모른다(Lau et al., 2022).

화자가 대화에서 자기중심적으로 행동하는지 아니면 청자를 위해 발화를 설계하는지를 연구하는 것은 중요하다. 화자가 어느 정도로 자기중심적으로 행동하는지를 결정하는 것은 어떤 대화 이론이 옳은지를 판단하는 데 도움이 되기 때문이다. 지금까지 연구자들은 화자의 자기중심성 여부를 탐색하는 데 상당한 노력을 기울여 왔다.

머리에 착용하는 안구 추적 기술이 개발되어 새로운 연구 방향이 열리면서 대화 연구에 대한 관심이 증가되었다. 이러한 안구추적 실험은 실제 참가자와 실험자에게 적극적으로 협조하는 공모자(confederate) 또는 들러리(stooge)라고 불리는 사람을 포함하는데, 들러리는 실험 연구자를 위해 행동하면서 엄격하게 제어된 대본에 따라 행동하는 사람이다. 들러리를 고용함으로써 대화에서 중구난방으로 반응하는(exuberant responding) 문제를 통제하는 데 도움이 된다. 즉, 대화 참가자들은 원하는 대로 언제든지 어떤 말이든 할 수 있으며, 이렇게 되면 연구자들이 연구하려는 변수를 통제하기 어려워진다. 연구자들은 들러리를 통해서 특정 시점에 특정 발화를 제시할 수 있으며, 그런 다음 실제 참가자가 어떻게 반응하는지 관찰할 수 있다. 또 다른 실험에서는 연구자를 위해 행동하는 사람 없이 실제 참가자 쌍만 포함한다. 이런 실험에서는 들러리가 제공하는 실험 통제 효과는 놓치게 되지만 대신 실제 피드백과 상호작용을 얻을 수 있다는 이점이 있다.

만약 화자가 (미시 수준의) 청자 설계를 수행한다면, 청자에게 어려움을 초래할 수 있는 이중적 해석이 가능한 발화를 산출하지 말아야 한다. 구문적으로 중의적인 발화는 종종 사람들이 이해하기 어렵다. 적어도 유사한 구조이지만 중의적이지 않은 발화보다 이해하기 어려울 수 있다. 화자가 말할 때 청자의 필요를 고려한다면, 구문적으로 애매모호한 발화는 피해야 할 것이다. 그렇다면 화자는 다음의 (1a) 대신 (1b)와 같이 말해야 할 가능성이 높아야 한다.

(1) a. I knew the coach and his sister would arrive late.

b. I knew that the coach and his sister would arrive late.

(1b)에서 선택사항인 that을 삽입하면 문장이 중의적이지 않게 되며, (1b)와 같은 문장은 (1a)와

같은 중의적 문장보다 조금 더 쉽게 이해될 수 있다.[5]

Vic Ferreira와 Gary Dell은 피험자들에게 (1a)와 (1b)와 같은 문장을 읽게 하면서, 그들이 중의적 표현을 사용하는지 여부를 살펴봤다(Ferreira and Dell, 2000).[6] 잠시 뒤에, 피험자들에게 자신들이 읽은 문장을 기억에서 인출하여 다시 말하도록 했다. 핵심은 화자가 선택 사항인 that을 추가할 것인지 여부였으며, 이는 화자들이 자신의 문장을 중의적이지 않고 (청자가) 쉽게 이해할 수 있도록 노력하고 있다는 것을 뜻하게 된다.

이 실험에서 화자들은 선택 사항인 that을 삽입했지만, that 삽입이 문장의 중의성을 방지하는 데 꼭 필요한 경우에만 삽입했다(때로는 다른 단서로 인해 that 없이도 문장이 이미 중의적이지 않게 되었다). 화자들은 중의성을 피하려는 것 같지 않았다. 사실 그들이 한 많은 발화가 애매모호했다. 화자들이 선택적 표현을 사용하여 문장을 중의적이지 않게 만들 수 있는 경우, 그들은 청자를 도울 수 있는 that을 추가로 삽입하는 경우와 마찬가지로 이미 중의적이지 않은 문장일 때도 선택적 표현을 삽입하였다. 화자들로 하여금 실제로 that을 사용하도록 결정한 요인은 그들이 다음 단어(예: coach)에 접근하는 것이 얼마나 어려운지에 달려 있었다. 그다음 단어를 바로 읽었거나 혹은 그 단어가 상당히 현저하게 활성화되어 있는 경우, 화자들은 문장을 생성할 때 that을 말하지 않았다. Ferreira와 Dell은 선택 사항인 that과 같은 단어를 화자들이 산출하는 것은 청자의 삶을 더 쉽게 만들기 위해서가 아니라 화자 자신의 삶을 더 쉽게 만들기 위해서라고 결론지었다. 화자들이 자신의 기억에서 다음에 말할 단어를 찾는 경우, 그 검색이 조금 느리게 진행되고 있을 때 화자들은 자신에게 조금 더 많은 시간을 벌어주기 위해 that과 같은 빈도가 높은 폐쇄형 기능어를 삽입한다는 것이다. (Vic이 일전에 말한 바대로, that을 말하는 것은 uhhhhh라고 말하는 것의 화려한 방법이라고 할 수 있다.)

대화는 선택 사항인 기능어를 사용하는 것 외에도 화자들이 청자 설계에 참여할 수 있는 다른 방법을 제공한다. 화자들이 어떤 사건을 설명할 때, 그들은 세부 정보를 얼마나 많이 포함할지에 대해 선택한다(앞서 언급한 Grice의 양의 격률 참조). 화자가 청자 설계에 참여한다면, 청자가 추론하기 어렵거나 추론이 불가능한 정보는 포함해야 하지만, 청자에게 명백하거나 청자가 쉽게 추론할 수 있는 정보는 생략하거나 언급하지 말아야 한다. 실제로 화자들이 이렇게 행동할까?

이를 알아내기 위해서 Paula Brown과 Gary Dell은 화자들에게 (2)와 같은 짧은 이야기를 반복하도록 요청했다. 이 이야기에서는 일상적인 도구(칼)나 일상적이지 않은 도구(얼음송곳) 중 하나가 언급되었다(Brown and Dell, 1987, p. 444).

(2) 도둑은 문 뒤에 숨어 있었고, 남자가 부엌에 들어오자 뒤에서 등을 찔렀다. 그는 {칼/얼음송곳}에서 피를 닦고 서랍을 뒤적였다. 나중에 경찰 수사관들은 {칼/얼음송곳}에 그의 지문이

---

5) 역자 주: (1a) 문장을 처음부터 한 단어씩 듣는다고 생각해 보면, 동사 knew 다음에 들리는 the coach and his sister는 동사의 직접 목적어로 해석될 가능성이 높다. 이런 해석은 would arrive가 입력되고 나서야 이 명사구가 주절의 목적어가 아니라 종속절의 주어라는 사실을 판단할 수 있게 된다. 따라서 청자는 자신의 생각을 수정해야 한다. 반면, (1b)에서 that 접속사의 등장은 이런 일시적 중의성을 미연에 방지시키기 때문에, 청자는 추가의 노력을 기울이지 않아도 된다. 문장처리의 일시적인 구조적 중의성에 대한 더 자세한 내용은 4장을 참조하기 바란다.

가득하여 그를 잡는 데 어려움을 겪지 않았다.

피험자들은 이 이야기를 읽고 기억에서 이 이야기를 다시 인출해야 했다. 화자가 청자 설계에 참여한다면, 이 이야기에서 피해자를 찌르는 데 사용된 낯선 도구가 사용되었다는 것을 청자가 추론하기 어려울 것이므로 칼이란 도구를 언급하는 것보다 얼음송곳이라는 도구를 더 자주 언급해야 할 것이다. 그러나 얼음송곳으로 누군가를 찔러 죽이는 것은 이상한 일이며, 칼로 찔러 죽이는 것보다 더 이상하다고 생각되기 때문에, 그리고 일반적으로 사람들은 이상한 것에 더 많은 관심을 기울인다는 점에서 화자들은 얼음송곳을 더 자주 언급할 수도 있다.[7] 얼음송곳은 화자들에게 더 현저하게 활성화되어 기억에 남았을 지도 모른다. 따라서 화자들은 청자에게 도움을 주기 위해 이야기를 다시 할 때 얼음송곳을 포함하는 것이 아니라, 그저 자신의 머릿속에 남아 있기 때문에 얼음송곳을 언급할 수 있다. 사실, 화자들은 칼과 같은 일반 도구보다 얼음송곳과 같은 이상한 도구를 더 자주 언급한다. 그러나 이것 자체만으로 화자들이 왜 이렇게 행동하는지에 대한 원인은 알 수 없다.

화자가 이상한 도구를 더 많이 언급하는 이유를 청자 설계가 더 잘 설명을 할지 혹은 도구의 현저성이 설명을 더 잘하는지를 알아보기 위한 연구에서, 화자가 이야기를 하는 동안에 화자와 (공모자) 청자는 [그림 8.1]와 같은 그림을 봤다. 통제 조건에서는 그림에 어떤 도구도 등장하지 않았다. 화자와 청자 양쪽에 모두 그림이 나타나면 일종의 공통 영역이 형성된다. 왼쪽 그림이 제시되면, 화자가 이야기를 시작하기도 전에 화자와 청자 모두가 이야기에 얼음송곳이 관련될 것임을 이미 알게 되므로, 얼음송곳은 공통 기반의 일부가 된다. 오른쪽 그림을 사용할 때에는 화자만 얼음송곳이 이야기와 관련될 것임을 알고 있다. 그래서 얼음송곳은 화자의 특권 영역(privileged ground)의 일부가 된다. 화자가 발화를 설계할 때 공통 영역을 사용한다면 그림이 필요한 정보를 제공하지 못할 때 얼음송곳을 더 자주 언급해야 한다. 실제로 화자들은 청취자가 왼쪽(얼음송곳) 그림을 보고 있을 때나 오른쪽 그림을 보고 있을 때나 얼음송곳을 거의 동일한 수준으로 언급했다. 청자가 이야기를 이해하기 위해 언어적 정보가 필요하다는 이유로 얼음송곳을 언급하는 것이 아니라, 이상하

(a)

(b)

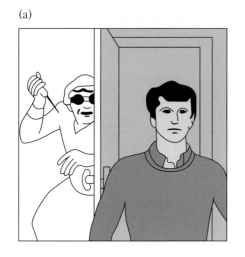
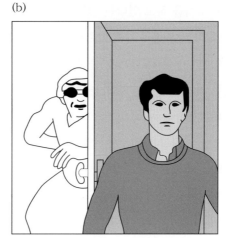

[그림 8.1] '이상한' 얼음송곳 도구를 나타내는 그림(왼쪽) 또는 도구 없음(오른쪽, 통제 조건)

출처: Brown and Dell (1987), Elsevier의 허가를 받음.

고 주목을 끄는 이야기의 요소이기 때문에 얼음송곳을 언급한 것이다. 다시 말해, 이 실험에서 화자들은 자기중심적으로 행동했다.

자기중심적 발화

세 명이 비밀을 지키려면 그중 두 명은 죽어야 한다.

-Benjamin Franklin

앞선 예에서 청자가 이미 (그림을 통해) 얼음송곳을 알고 있는 경우에 얼음송곳을 언급하는 것은 청자가 이야기를 이해하는 데 도움이 되진 않지만, 해가 되지도 않는다. 화자들은 Grice의 양의 격률을 다소 위반하게 되지만, 이 위반으로 인해 화자와 청자에게 생기는 비용은 실제로 매우 적다. 그러나 청자 설계를 고려하지 않아서 화자에게 문제가 발생할 때도 있다. 청자의 지식을 고려하지 않는 것이 화자에게 문제를 일으킬 때, 화자가 청자 설계에 특별한 노력을 기울일 것으로 예상된다.

당신이 큰 비밀을 알고 있는 상황을 가정해 보자. 당신이 종업원이고 어떤 손님이 오렌지 주스를 주문했다고 가정해 보자. 그런데 당신이 오렌지 주스 안에 어떤 것이 있는 것을 발견했지만 그래도 그대로 제공하기로 결정했다고 치자. 팁을 잘 받고 싶다면 오렌지 주스에 어떤 문제가 있을 수 있는지를 고객에게 알리고 싶지 않을 것이다. 그래서 "여기 오렌지 주스입니다." 또는 그냥 "여기 있습니다."와 같은 말을 해야 한다. 그러나 당신이 오렌지 주스에서 방금 발견한 것에 대해 생각하고 있다면, 만약 그것이 정말로 당신의 주의를 끌고 있다면, 실제로 당신은 "이 오렌지 주스에는 아무 문제가 없습니다."와 같이 말할지도 모른다. 만약 그렇게 된다면, 당신의 개인적 생각의 현저성이 팁을 잘 받을 기회를 높이기 위한 발화를 형성하려는 자신의 욕망을 누르게 된 것이다. 이론적으로 더 흥미로운 것은 "이 오렌지 주스에는 아무 문제가 없어."[8]라고 말하는 것은 (a) 당신이 어떤 정보를 자신의 특권 영역에 숨길 필요가 있다는 것을 인식한다는 점, (b) 해당 정보를 특권 영역에 유지하려는 노력을 하고 있다는 점(즉, 당신이 최소한 청자 설계를 시도하려는 것), 그러나 (c) 당신 자신의 내부적 사고 과정의 압력으로 인해 특권 정보를 공개하는 발화를 생성했다는 점(즉, 당신이 시도했던 청자 설계가 실패했다는 것)을 시사한다.

이러한 자기중심적인 발화는 실험실에서 통제된 조건하에서도 관찰되었다(Vanlangendonck et al., 2018; Wardlow-Lane and Ferreira, 2008; Wardlow-Lane et al., 2006). 특권화된 정보의 '누출(leakage)'을 살펴보는 연구에서 화자들은 청자가 어떤 객체를 식별할 수 있도록 그 객체의 모양을 설명하도록 요청받았다. [그림 8.2]에 나타난 것처럼 화자와 청자가 어떤 화면을 보고 있는데, 어떤 객체는 화자와 청자가 모두 볼 수 있었지만 한 객체는 화자만 볼 수 있었다. Clark의 용어로 말하자면, 화자만이 볼 수 있는 객체는 특권화된 지역에 있었다.

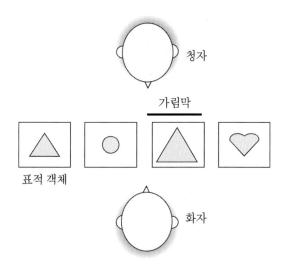

[그림 8.2] **실험 설치.** '가림막'은 청자('수용자')가 하나의 객체를 보지 못하도록 한다. 화자의 임무는 청자가 가림막 뒤에 무엇이 있는지 추측하지 못하게 하면서 표적 객체를 식별하도록 하는 것이다.
출처: Wardlow-Lane et al. (2006), SAGE Publications

청자 설계와 현저성 중 어떤 것이 화자의 행동에 더 큰 영향을 미치는지를 시험해 보기 위해서 연구자들은 청자 설계와 현저성이 대립하게끔 조작했다. 실험 과제는 화자가 청자 모두가 볼 수 있는 객체(표적 자극)를 화자가 설명해서 청자가 식별할 수 있도록 하였다. 일부 시행에서 화자의 특권 지역에 있는 객체와 표적 객체는 동일한 모양이었다. 까다로운 부분은 화자가 특권 지역 객체의 존재를 비밀로 유지해야만 했던 점이다. 화자가 청자 설계를 수행한다면, 즉, 공통된 영역(가려진 객체를 제외한 다른 객체)에 있는 객체만을 고려한다면, 청자가 세 가지 모양의 객체만 볼 수 있고 이 세 가지 모양은 서로 고유하다는 것을 알게 될 것이다(예: 삼각형(표적), 원, 하트). 따라서 화자는 단순히 "삼각형을 선택해."라고 말함으로써 청자가 표적 객체를 식별하게 할 수 있다. 그러나 화자의 관점에서 "삼각형을 선택해."는 모호하다. 왜냐하면 표적 객체와 특권화된 객체 둘 다 이 설명과 일치하기 때문이다(둘 다 삼각형이다). 따라서 화자가 자신만의 관점을 고려하고 청중의 관점을 고려하지 않은 채 자신의 발화를 설계하면 화자는 아마도 "작은 삼각형을 선택해."라고 할 것이다. 그러나 화자가 형용사(작은)를 사용하면 청취자에게 연쇄 추론을 유발할 수 있으며, 이러한 연쇄는 다음과 같을 수 있다.

> 난 한 개의 삼각형만 볼 수 있어. 화자는 "작은 삼각형을 선택해."라고 말했어. 만약 작은 삼각형이 있다면 다른 큰 삼각형도 있어야 해. 따라서 가림막 뒤에 있는 객체는 삼각형일 거야.

만약 화자가 청자의 시각을 고려하지 않고, 청자 설계를 하지 않는다면(화자의 임무가 비밀 정보를 비밀로 유지하는 것이기 때문에), 화자는 실수를 저지를 것이다. 이 실험에서 화자들은 표적 객체를 묘사할 때 형용사(예: 작은)를 자주 사용했으며, 가려진 객체를 비밀로 유지하라는 지시를 받았을 때, 해당 형용사를 더 자주 사용했다. 따라서 실험 진행자가 가려진 객체에 주의를 집중시켰을 때, 그 객체의 현저성이 화자에게 더 중요해져서 화자의 청자 설계를 무력화시켰다고 할 수 있다. 이와 같은 실험 결과는 화자 내부의 정신 표상의 상태, 특히 특정 개념이 (화자의) 주의를 집중시키면서 접근성을 강화시키는 정도가 화자의 발화 과정에 상당한 영향을 미치며, 화자가 특정 청자를 위해 발화를 설계하려는 시도를 단절시킬 수 있다는 증거를 제공한다.

청자의 관점 고려가 이해에 미치는 효과

공통 기반 효과 중 하나는 화자와 청자가 어떤 지시 표현의 의미를 결정할 때 그들이 고려할 대상의 수를 공통 기반이 제한해 준다는 것이다(기술적으로 말하자면, 공통 기반을 마음속에 유지한다는 것은 '지시 영역을 제한'한다는 것이다). 왕(헨리 5세, 선한 왕 바츨라프, 버거 킹™ 등)의 수는 무한대로 많지만, 만약 당신이 엘비스 모방자 대회에 참석 중이고 누군가 The King이라고 말한다면, 그것은 단 하나의 의미만을 뜻한다. 엘비스 대회에서 The King의 의미는 애매모호하지 않은데, 이는 모든 참석자에게 이용 가능한 공통 기반이 관련된 정보는 단 하나 의미뿐이라는 것을 지시하기 때문이다. 그러나 최종 해석이 명확하다고 해서 청자가 해당 의미에 즉시 접근한다는 것을 뜻하지는 않는다.

대화 연구에서 제기되는 질문 중 하나는 다음과 같다: 공통 기반이 지시 영역을 얼마나 신속하게 제한하는 것일까? 공통 기반이 The King과 같은 지시 표현을 자동으로 그리고 즉시 명확하게 (애매모호하지 않게) 만드는 것일까? 아니면, 대화 참여자들은 지시 표현의 의미를 명확히 하는 과정을 거쳐야 하며, 이 과정은 bank와 mint 같은 다의어 단어가 의미를 명확히 하려는 과정과 동일하다고 할 수 있을까? 다른 방식으로 이 질문을 구성한다면, 공통 기반 대 개인 중심적 처리 스타일을 다른 시각으로 바라보는 것이다. 청자가 화자의 발언을 해석할 때 개인 중심적 처리를 한다면, 청자는 화자가 의도하지 않았던 의미를 도출할지도 모른다. 반면에, 화자가 자신의 발화를 계획할 때 공통 기반을 활용하고 청자도 공통 기반에 포함된 개념을 추적한다면, 청자는 화자가 의도한 대로 화자의 발화를 즉시 해석해야만 한다.

개인 중심적 청자 가설을 강력히 지지하는 실험도 있다(Keysar et al., 2000, 1998; Wu and Keysar, 2007; 또한 Corps et al., 2022; Kronmuller and Guerra, 2020도 참조). 이 실험에서 화자는 청자에게 객체를 설명하고 수직 그리드 주변으로 객체를 이동하도록 청자에게 요청했다([그림 8.3] 예시 참조). 화자는 그리드 한쪽에 앉아 있고, 청자는 반대편에 앉아 있었다. 특권화된 기반과 공통 기반을 조작하기 위해서 일부 객체는 두 참여자 모두에게 보이지만 일부 객체는 청자에게만 보이도록 했다. [그림 8.3]에서 화자는 병, 트럭과 양초 두 개를 볼 수 있다. 중요한 것은 청자는 세 개의 양초를 볼 수 있었는데, 화자가 볼 수 있는 두 개의 양초와 더불어 다른 하나의 양초도 볼 수 있었다. 따라서 가장 작은 양초는 청자의 특권화된 기반에 있었으며 공통 기반의 일부가 아니었다. (이 경우 공통 기반은 화자와 청자 둘 다에게 보이는 객체 집합으로 정의된다.) Boaz Keysar와 동료들이 던진 질문은 다음과 같다: "화자가 '작은 양초를 집어라.'라고 말하면 청자는 어떻게 할까요?" 청자의 행동은 작은 양초라는 용어가 지시하는 것을 결정하기 전에 청자가 공통 기반을 참고하는지 여부에 따라 달라진다. 청자가 공통 기반을 참고한다면(공통 기반이 지시 영역을 제한한다면), 거기에서 청자는 단지 두 개의 양초만 볼 수 있다(위쪽 행의 양초와 아래쪽 행의 두 개의 양초 중 더 큰 양초). 이 두 개의 양초가 대비 집합(양초라는 용어로 지시될 수 있는 객체 전체 집합)을 형성한다면 작은 양초라는 용어는 [그

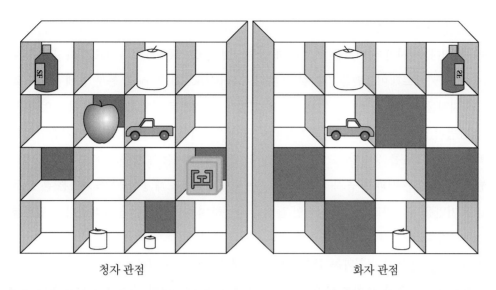

청자 관점　　　　　　　　　　　　　　　화자 관점

[그림 8.3] **그리드 예시.** 청자(수신자) 관점은 왼쪽에 제시되어 있다. 화자(연출자) 관점은 오른쪽에 있다. 일부 객체는 두 참가자 모두에게 보이는 반면, 일부 객체는 청자에게만 보였다(예: 트럭은 두 참가자에게 모두 보였지만 사과와 블록, 세 개의 양초 중 가장 작은 양초는 청자에게만 보였다).
출처: Keysar et al. (2000), SAGE Publications

림 8.3]에서 아래쪽 행의 가장 왼쪽 양초를 의미한다고 해석되어야 한다. 그러나 청자가 공통 기반을 무시한다면 어떻게 될까? 공통 기반을 무시한다면 대비 집합에는 세 개의 양초가 포함될 것이다. 즉, 양초를 지시하기 위한 잠재적인 대상 집합에는 화자가 볼 수 없는 매우 작은 양초까지 포함하게 된다. 따라서 공통 기반을 무시하는 개인 중심적 청자는 작은 양초를 청자가 볼 수 있는 양초 중 가장 작은 것으로 해석할 것이다([그림 8.3]에서 가장 오른쪽 양초).

　이 실험에서(Keysar et al., 2000), 청자들은 머리에 안구추적기를 착용하고 있었기 때문에, 공모자들이 말한 작은 양초를 집어라와 같은 지시사항을 청자들이 듣는 동안 그들이 어디를 바라보는지를 연구자는 알 수 있었다. 사람들이 무엇을 생각하고 있는지와 그들이 어디를 보고 있는지 사이에는 상당한 관련이 있기 때문에(Tanenhaus et al., 1995), 청자가 양초란 단어를 들을 때, 그들이 어디를 보고 있는지를 확인함으로써, 청자가 작은 양초라는 표현에 어떤 의미를 할당하는지를 연구자들은 유추할 수 있다.[9] 만약 청자가 자신의 화면에 있는 가장 작은 양초를 보거나 집어 든다면, 이는 그들이 작은 양초 표현이 가리키는 대상을 결정하는 동안 공통 기반을 무시하고 있다는 것을 뜻한다. 사실, 이 실험 및 기타 유사한 다른 실험에서 청자들은 가장 작은 양초를 자주 바라봤으며, 때로는 올바른 양초(화자 입장에서 가장 작은 양초)를 보기 전에 그 가장 작은 양초를 집어 들거나 움직였다: 청자들은 자기중심적으로 행동했다.

　'양초' 실험의 극단적 버전인 '봉투 속 테이프(tape in a bag)' 실험에서, 청자들은 공모자 화자와 상호작용해야 했다(Keysar et al., 2003). 이 실험에서 청자들이 공모자가 요청한 지시에 응답한다는 점에서 '양초' 실험과 매우 유사했다. 이 연구의 중요한 점은 일부 시행에서 화자가 모르게 청자가 물건을 종이봉투 안에 숨겼다는 것이었다. 예를 들어, 청자는 Scotch Tape™을 점심 종이봉투 안에 숨겼다. 그런 다음 청자는 종이봉투(테이프가 숨겨진 상태로)를 '양초' 실험에서 사용된 것과 유사한 격자 위에 놓았다. 격자에는 다른 물건들도 포함되어 있었는데, 그중에는 카세트테이프도 포함되어 있었다. 이 실험에서 중요한 질문은 화자가 "테이프(tape)를 움직여라."고 할 때 청자들이 어떻게 반응하는지였다. 청자가 테이프를 해석할 때 공통 기반을 고려한다면, 테이프는 화자와 청자 모두가 볼 수 있는 카세트테이프만을 가리킬 수 있다. 그러나 Scotch Tape을 봉투 안에 숨김으로써 그 잠재적인 지시물은 청자에게만 매우 현저하게 되었다. 그러므로 화자가 봉투 안에 무엇이 들어 있는지 알 방법이 없음에도 불구하고, 청자가 테이프라는 단어를 들었을 때, 그는 자기중심적 압력으로 인해 Scotch Tape를 생각할 수 있었을 것이다. 실제로 청자들의 행동(테이프라는 단어를 들었을 때 어떤 물건을 집었는지)과 안구 움직임(테이프라는 단어를 들었을 때 종이봉투를 바라봄)은 모두 청자들이 공통 기반을 무시하고 자기중심적인 관점을 사용하여 화자의 발언을 해석한다는 결과를 드러냈다(Epley, Morewedge et al., 2004 참조).

이와 유사한 실험에서의 결과는 공통 기반이 지시물의 범위를 제한하지 못했음을 보여 주었다. 청자는 화자가 작은 양초 표현을 사용하여 청자만 볼 수 있는 양초에 대해 얘기하고 있다고 생각했다. 청자는 작은 양초의 해석을 결국 올바르게 내리기는 했지만, 올바른 양초를 식별하기 전에 종종 잘못된 양초에 대해 생각했다. 그래서 Keysar와 동료들은 대화에서 지시에 대한 이 단계(two-stage) 입장을 옹호한다(대화에서 지시에 대한 이 단계(two-stage) 입장에 대한 최근 결과도 이 관점과 일치한다; Corps et al., 2022; Kronmuller and Guerra, 2020도 참조).

첫 번째 단계에서 청자는 가능한 모든 정보를 고려하며 현저성이 높은 개념에 더 많은 주의를 기울이고 현저성이 덜한 개념에 주의를 덜 기울인다. 다음 단계에서 청자는 공통 기반의 표상을 살펴서 자기중심적으로 계산된 해석이 올바른지를 확인할 수 있다. 양초 실험과 같은 경우, 공통 기반을 확인한다는 것은 청자에게 최초 해석이 잘못될 가능성이 높다는 것을 알려준다(화자가 모르는 개체를 지시할 수 없기 때문). 따라서 청자는 자기중심적인 정보 자원에 의존하기보다는 공통 기반에 의존하는 보정된 해석을 내릴 것이다. Keysar와 동료들의 이러한 입장은 관점조정모델(perspective adjustment model)로 알려졌으며, 청자는 자신의 자기중심적 관점에 기반을 두고 표현을 해석하기 시작하고, 자신의 관점과 화자의 관점 사이에 차이를 감지할 때 해당 해석을 조정한다는 입장을 강조한다.[10] 자신의 관점과 달라서 조정하는 데 시간이 더 걸린다는 생각은 청자가 지시표현을 해석하는 데 걸린 시간이 빠를수록 더욱 자기중심적이 된다는 결과를 제시하는 연구의 지지를 받는다(즉, 지정된 마감시간 전에 청자가 지시표현 해석을 내려야 할 때; Epley, Keysar et al., 2004).

앞서 설명한 실험들은 청자가 자기중심적인 시각에서 화자의 발언을 해석하려 하고, 지연이 약간 있고 나서 화자와의 공통 기반을 고려한다는 점을 시사한다. 그러나 추가 연구에서는 자기중심적 해석이 대화의 필연적이고 피할 수 없는 측면이 아니라는 점을 보여 준다. 청자가 자기중심적 해석에 어느 정도 참여하는지에 문화적 특성이 영향을 미치는 것 같다(Wu and Keysar, 2007). 미국 대학생들과 집단주의적 문화에서 온 교환학생들을 비교하는 실험에서,[11] 집단주의적 문화에서 온 학생들은 화자의 발언을 해석하는 과정에서 공통 기반을 상당히 일찍부터 고려하는 것처럼 행동했다. '봉투 속 테이프(tape in a bag)' 실험에 참여할 때, 집단주의 문화에서 온 학생들은 종이 봉투(the paper bag)를 거의 바라보지 않았으며, 화자가 "테이프를 움직여라(move the tape)"라고 할 때 그 봉투를 집어 들거나 움직이려고 시도하지 않았다. 미국 성인과 아동을 비교하는 연구에서도 청자는 상당히 빨리 공통 기반을 고려하여 화자가 어떤 것을 지시하는지 결정한다는 것이다(Brown-

Schmidt et al., 2008; Brown-Schmidt and Tanenhaus, 2008; Hanna and Tanenhaus, 2004; Hanna et al., 2003; Nadig and Sedivy, 2002). 예를 들어, 청자가 공모자 화자와 협력하여 요리를 진행하는 작업에서, 화자의 손이 비어 있는지 혹은 가득 차 있는지에 따라서 청자는 지시 대상의 범위를 확장하거나 축소하는 유연성을 보였다. 화자의 손이 가득 차 있을 때, 즉 화자가 앞에 있는 물체에 손을 뻗을 수 없는 경우, 애매모호한 표현(예: 두 개의 소금 통이 있는 경우에 소금을 집어라(pick up the salt)의 잠재적 지시 대상 중 하나는 화자 앞에 있고, 다른 하나는 청자 앞에 있는 경우)의 잠재적인 지시 대상으로 청자는 화자 앞의 물체를 우선 고려하려 할 것이다. 그러나 화자의 손이 비어 있을 때, 청자는 자신 앞에 있는 물체를 우선 고려하려 할 것이다. 기분(mood) 또한 해석자(청자)가 자기중심적 처리를 시행하는 정도에 영향을 미치는 것 같다(Converse et al., 2008). 슬픈 상태에 있는 사람들은 행복한 사람들보다 자기중심적 해석을 덜 시행하는 것으로 보인다. 이러한 결과를 고려할 때, 일부 연구자는 대화에서 지시 표현의 해석은 여러 정보 출처의 가중치 및 평가를 동시에 고려하여 이루어진다고 믿는다. 제약 기반 설명(constraint-based account)에 따르면, 자기중심적으로 사용 가능한 정보는 청자에게 영향을 미칠 수 있는 정보 출처 중 하나이며, 공통 기반은 다른 정보 출처 중 하나이지만, 이 두 정보 출처 중 어느 것도 해석에 자동적으로 더 큰 영향을 미치지는 않는다.

> 지금 뭐하고 있다고 생각해, 데이브? 데이브, 나는 정말로 그 질문에 대답할 자격이 있다고 생각해.
>
> —HAL

인간 대화에 대해 약간 알게 되었으니, 람다(LaMDA)의 성능에 대한 문제를 잠깐 다시 살펴보자. 람다는 사람들이 하는 방식과 똑같이 대화하는 것일까? 간단히 말하면 그렇지 않다. 더 길게 설명하면 람다는 인간의 응답과 매우 유사해 보이는 매우 정교한 응답을 생성할 수 있지만, 인간의 인지와 다른 과정을 통해 이루어진다. 람다는 Kurt Burgess의 HAL 및 콜로라도(Colorado) 그룹의 LSA 프로그램과 상당한 유사하다고 할 수 있다(3장 참조). 람다는 인터넷에서 (언어) 샘플을 수집하여 실제 인간 언어의 거대한 데이터베이스에 접근한다. 그 자료를 기반으로 다양한 맥락에서 단어 시퀀스가 얼마나 가능한지를 결정하기 위한 계산을 수행한다. 일부 컴퓨터 과학자들은 람다의 능력이 인간의 행위보다는 앵무새의 행위와 더 관련이 있다고 주장한다. "이 시스템은 '확률적 앵무새(stochastic parrots)'라고 할 수 있으며, 이들은 저변에 깔려 있는 근본적인 의미를 고려하지 않은 채 이전에 본 것을 기반으로 언어를 조합하고 앵무새처럼 따라한다"(Gebru and Mitchell, 2022). 기반 문제(grounding problem)를 기억하는가?[6] 람다에게도 바로 그 문제가 있는 것 같다.

인지 과학자 Gary Marcus는 항상 자신의 생각을 공유하는 데 관대하다. 그에게 람다에 대해 마지막 말씀을 드리자.

---

6) 역자 주: 인공지능의 언어처리는 단순히 언어적 상징(symbol) 간의 매핑만을 기술할 뿐이라는 입장으로, 언어적 상징이 상징체계 외부의 집합체에 기반(grounding)하지 않는다면 어떠한 의미도 할당받을 수 없다는 문제를 지적하고 있다(3장 참조).

람다나 그와 관련된 어떤 시스템도 ⋯ 지성적이라고 말하긴 어렵다. 그들이 하는 일은 인간 언어로 된 대규모 통계 데이터베이스에서 발견되는 패턴을 일치시키는 것이 전부다. 이러한 패턴들은 멋질 수 있지만, 이 시스템이 말하는 언어는 사실상 전혀 의미가 없다. 그리고 이 시스템이 감성적이란 것도 말도 안 된다.(Marcus, 2022)

요약 및 결론

대화는 단지 단편적인 단어 묶음을 결합하는 것 이상이다. 대화 참가자들은 화자와 청자의 역할을 동시에 수행한다. 화자는 자신의 말이 올바르게 발화되는지 감시하고 다른 사람들이 말하는 동안 다음에 무엇을 말할지를 계획한다. 실제 대화는 Paul Grice와 같은 철학자들이 펼친 이상에서 상당히 빗나가서 실현된다. 독백 산출이나 이해 과정보다 실제 대화를 실험실에서 포착하기가 훨씬 어렵지만, 대화는 우리가 주의 깊게 분석하여 발견할 수 있는 규칙적이며 일관된 원칙을 따른다. 화자가 언제나 최적합하게 협력적이고, 명쾌하며, 관련성이 높은 발화만 산출하는 것은 아니지만, 그들의 행동이 이상에서 벗어나는 데는 그럴 만한 이유가 있다. 정통한(숙달된) 청자는 표준에서 벗어난 이러한 이상 행동을 이용하여, 행간을 읽고 화자의 진정한 생각을 정확하게 그릴 수 있다. 대화에 대한 요즘 접근 방식은 이 행위의 상호작용적 성격을 포착하고, 상호작용이 공통 기반과 상호 지식의 확장을 어떻게 이끌어 내는지를 설명하려고 한다. 이러한 상호작용적 접근은 화자가 왜 피드백에 크게 의존하는지와 같이 '연속적 독백(serial monologue)' 접근에서 놓치는 대화의 특성을 포착하며, 사람들이 대화에서 순서 교환 행동을 어떻게 관리하는지를 설명한다. 대화에 대한 공통 기반 접근 방식은 청자 설계의 개념을 자연스럽게 활용하여, 화자가 발화를 하면서 왜 그리고 어떻게 특정한 선택을 하는지, 그리고 그러한 화자의 발화에 대해 청자는 왜 그리고 어떻게 그런 특별한 해석을 발전시키는지를 설명한다. 많은 실험 증거들이 화자는 청자의 필요에 최적의 주의를 기울이기보다는 자신 내부의 필요와 압박에 따라 움직인다는 미시적 수준에서 결과를 제시하긴 하지만, 화자는 좀 더 거시적인 수준에서 자신의 발화를 규칙적으로 조정하는 것 같다. (최근 일부 실험에서는 화자가 적어도 가끔은 자신의 발화를 미세하게 조정할 수 있음을 보여 준다.) 대화 중 화자의 발화에 대한 청자의 처리를 살펴본 최근 실험도 있다. 적어도 대화의 초기 단계에서는 청자가 자기중심적이라는 생각을 뒷받침하는 연구가 많지만, 일부 연구에 따르면 청자는 비교적 빠르게 화자의 구체적 지식에 적응하려고 한다. 화자의 의도된 의미를 더 빠르고 정확하게 해석하기 위해서 청자가 자기중심적인 시각을 어떻게 그리고 언제 극복할 수 있는지를 결정하는 요인을 파악하기 위한 추가 연구가 필요할 것이다.

스스로 점검하기

1. Paul Grice의 대화 격률(conversational maxims)을 설명하고, 이러한 법칙이 대화가 전개되는 방식에 어떤 영향을 미치는지 설명해 보자. Grice의 제안이 실제 대화의 어떤 측면을 설명하지 못하는 이유는 무엇인지 설명해 보자.

2. 대화에서 대화 참가자들이 어떻게 공통 기반을 확립하고 유지하며 확장하는지 설명해 보자.

3. 대화에 참가하는 화자와 청자는 얼마나 자기중심적인가? 자기중심성을 지지하거나 도전하는 실험 결과를 설명해 보자.

4. 대화 중 화자가 으음(ummmm)과 아(ah)를 왜 사용하는가?

5. '청자 설계(audience design)' 개념을 설명하고 예시를 들고, 대화 중 화자가 청자 설계에 참여한다는 것을 보여 주는 실험 결과를 설명해 보자. 또한 그렇지 않다는 것을 반증하는 실험 결과도 설명해 보자.

더 생각해 보기

1. 그라이스 협력의 원칙을 준수하지 않는 상대와 대화를 할 수 있을까? 그렇다면 왜, 그렇지 않다면 왜 그럴까? 그런 대화는 어떨 것 같다고 생각하는가?

9장

영아기와 유아기 언어발달

아기들은 단지 작을 뿐, 우리와 같다.

−Steven Pinker 추정

대부분의 아이들은 특별한 지도, 위협, 보상 없이 부모와 동료들이 사용하는 언어를 학습한다. 아이들이 모국어의 미묘한 측면 중 몇몇 부분을 마스터하는 데 어려움을 겪을 수도 있지만, 심각한 인지 장애나 언어 발달 장애로 이어지는 특정 유전 결함이 없는 한, 그들은 언어를 이해하고 생성하는 높은 수준의 기술을 달성할 것이다. 이와 같은 아이들의 언어 능력에 대한 자연스러운 습득은 그들이 언어를 마스터하는 데 직면하게 되는 굉장한 어려움들과 그 과정에서 그들이 극복해 내는 어려운 문제들을 감춰버린다. 이 장에서는 이러한 도전적인 측면들을 자세히 다루고, 아이들이 이를 극복하는 데 사용하는 전략들에 대한 힌트를 제공해 주는 연구들을 검토한다.

태아기 학습

학습에 대한 행동주의적 접근(예: Skinner, 1957)은 아이들을 백지('빈 석판')로 간주했다. 아이들의 경험이 언어를 포함한 모든 것에 대한 지식으로 이 석판을 채운다. 일반적인 학습 메커니즘을 아이들이 가지고는 있지만, 자신이 살아갈 세계에 대해서는 아무 지식도 갖고 있지 않은 상태로 태어난다. 고전적 시기의 행동주의자들은 아기들이 멍청하다는 가설을 받아들였다.

최근의 아동 발달 연구에서는 어린 영아들이 빈 석판이 아닌, 세상의 중요한 측면들(가령, 가려짐과 같은 시지각의 중요한 원리들, 물체 및 물질의 물리적 특성들, 숫자)에 대한 천성적인 이해를 가지고 있다는 것을 보여 주었다(Aguiar and Baillargeon, 1999; Hespos et al., 2009; Izard et al., 2009). 이러한 새로운 발견들에 기반하여 많은 인지 및 발달 심리학자들은 아기들은 똑똑하다는 가설의 방향에 동의하고 있으며, 많은 언어 과학자들은 아기들이 언어 기술적 측면에 있어서 얼마나 똑똑한지를 알아내기 위해 노력하고 있다.

언어에 대한 생득주의적 접근(예: Lenneberg, 1967)은 언어 능력을 적응과 자연 선택에서 비롯된 것으로 간주한다. 이 학파의 연구자들은 아기가 태어날 때 특정 언어의 지식을 가지고 있지 않지만

(태어나자마자 프랑스어나 이탈리아어를 말하는 아기는 없음), 어른들의 언어가 어떻게 작동하는지를 알아내기 위한 선천적인 학습 메커니즘이 있다고 제안했다. "아이들에게는 언어를 배우고 사용하기 위한 특별한 인지 능력이 있다"(Pinker, 1984, p. 33; Chomsky, 1981; Pinker, 1984, 1994b). 이러한 학습 메커니즘은 아이들로 하여금 환경의 특정 측면에 주의를 기울이게 하고 지각을 구조화하도록 하는데, 이는 곧 어른들의 언어 시스템에 대한 일반적인 이해로 이어지게 된다. 이러한 생득주의적 입장은 영아가 이미 특정 유형의 지식을 태어날 때부터 가지고 있다고 보는 똑똑한 아기 학파에 속한다.

어린 영아들이 숫자, 가려짐 및 일부 물리적 원리들에 대한 지식을 가지고 있다고 해서 이것이 언어에 대해서도 이에 비견하는 지식을 가지고 있다는 것을 자동으로 의미하지 않는다. 따라서 영아들이 언어에 대한 지식을 선천적으로 가지고 태어나는지에 대해서는 연구가 필요하다. 서로 다른 시기에 어떤 종류의 언어 관련 지식들을 영아와 어린 아동들이 가지고 있는지를 파악할 수 있다면, 이를 통해 그 지식이 경험의 결과로 얻어진 것인지(행동주의자들의 주장) 아니면 이미 가지고 있는 지식 구조에 지각적 경험이 더해짐으로써 얻어진 것인지(생득주의자들의 주장) 알 수 있을 것이다.

학습이 출생 전에 시작될 수 있다는 점은 행동주의자들의 입장과 생득주의자들의 입장을 구분하기 어렵게 만든다. 아기가 특정 유형의 지식을 가지고 태어났다 하더라도 그 지식이 선천적임을 의미하지 않는다(여기서 선천적인 지식은 본능적이거나, 자체 생성되었거나, 경험에 의해 유발되지 않았음을 의미한다). 예를 들어, 신생아는 자신의 모국어, 부모가 사용하는 언어, 그리고 그 외 다른 언어를 발화한 동일한 사람의 녹음들을 구별할 수 있다. 태어난 지 2일 된 프랑스어를 사용하는 부모의 아이들은 이중언어를 사용하는 여성 화자가 프랑스어로 말할 때와 이 여성이 러시아어로 말할 때를 구분할 수 있다(Mehler et al., 1988). 이 영아들은 러시아어보다는 모국어인 프랑스어를 듣는 것을 선호한다. 이것이 프랑스어 지식이 선천적임을 의미하는가? 물론 그렇지 않다. 프랑스인들이 프랑스어를 사용하는 이유는 이들이 프랑스어 발화 모델에 노출되었기 때문이지 '프랑스어' 유전자를 갖고 있기 때문이 아니다. 대안적 가설은 (대다수의 시간을 수면에 사용하는) 프랑스 아기가 생후 하루 동안 프랑스어에 대한 경험을 통해 프랑스어가 어떻게 소리나는지를 배운다는 것이다. 그러나 이것 또한 매우 가능성이 낮다. 제3의 가능성은 출생 전 학습, 즉 태아기 학습을 포함하는 것이다. 태아기 학습은 어떻게 일어나는 것일까?

임신 후기(마지막 90일 정도 혹은 그 이후)에 접어들면 태아의 청각 시스템은 외부 환경의 입력을 지각할 수 있다. 임신은 일반적으로 약 9개월 정도 지속된다. 이 기간 동안 외부 환경의 소리가 태아의 귀에 도달하고 발달 중인 청각 시스템에서 처리된다. 태아는 양수로 둘러싸여 있으며 모체의 몸에 의해 외부 세계로부터 보호된다. 엄마의 목소리는 모체의 몸에서 생성되어 전파되므로 평균적으로 태아가 노출되는 소리 중에서 가장 세기가 크다. 아기가 태어나면 그들은 다른 여성들의 목소리에 비해 어머니의 목소리를 선호하지만, 아버지의 목소리는 다른 남성들의 목소리에 비해 선호하지 않는다. 아마도 아기의 관점에서는 출생 전에 어머니의 목소리가 아버지의 목소리보다 훨씬 크기 때문일 것이다(DeCasper and Fifer, 1980). 양수와 어머니의 세포 조직들은 모체 외부에서 발생된 소리의 진폭(크기)을 줄이는 필터 역할을 한다. 저주파수 소리(저음부)는 공기중으로부터 모체를 통과하여 태아에게 도달할 때까지 영향을 덜 받지만, 고주파수(고음부) 소리의 진폭은 크게 감소한다. 한 음소를 다른 음소와 구별 짓고, 그 결과 한 단어를 다른 단어와 구분 짓는 언어 신호는 대부분 고주파 영역에서 전달된다. 즉, 태아는 단어 학습을 시작하는 데 필요한 음성 신호 영역에는 노출되지 않는 것이다. 그러나 말소리의 운율적인 특성(상대적 크기 또는 악센트, 기본 주파수, 속도, 휴지 등)은 주로 음향 신호의 낮은 주파수 성분에 의해 전달되므로 이러한 정보들은 태아가 이용할 수 있다.

임신 3기의 태아는 작동 중인 지각 시스템을 가지고 있으며 이를 통해 자궁 내 환경에 존재하는 청각 자극을 이용할 수 있다. 구체적으로, 태아는 모국어의 운율적 특성들에 대한 기본적 개요를 제공하는 청각 자극에 노출된다. 곧 살펴보겠지만, 운율적 특징들은 아기들이 말 신호의 중요한 구성 요소를 식별하는 데 도움이 되며, 모국어의 운율에 대한 측면을 익힌 태아는 모국어를 배울 시기가 되었을 때 이로부터 혜택을 받을 것이다. 과연 태아는 운율 정보에 반응할까? 태어난 후에도 태아는 태아기 경험에 대한 기억을 유지할까? 이것을 어떻게 알 수 있을까?

아기의 빨기

빨기는 아기들이 정말 잘하는 일 중 하나다. 그들이 태어났을 때 잘할 수 있는 몇 가지 중 하나가 빨기다. 아기들은 먹기 위해 빨기도 하지만 먹는 시간 이외에도 영양 공급용이 아닌 빨기를 한다. 신생아들에게 보상을 제공함으로써 더 세게 빨기를 하도록 훈련시킬 수 있다.

고진폭 빨기(high-amplitude sucking: HAS) 연구 기술은 이 사실을 활용한다. HAS 실험에서는 아기들(생후 2일 된 신생아 포함)에게 압력 변환 장치를 연결하는데, 이를 통해 아기가 빨 때 얼마나 큰 압력을 가하는지 그리고 얼마나 자주 빠는지를 측정한다. 끝에 매우 작은 구멍이 있는 공갈 젖꼭지를 아기의 입에 물린다. 기준 기간 동안 이 기계는 자극이 제시되지 않을 때 아기가 얼마나 세게, 얼마나 자주 빠는지를 측정한다. 아기가 얼마나 세게 빠는가를 진폭이라고 한다(고진폭은 아기가 더 큰 압력을 가했음을 의미한다). 그 후 훈련 기간 동안, 아기가 평균보다 더 큰 압력을 가하거나 더 빨리 빨기를 하면 어머니의 목소리와 같은 욕구적 자극(아기가 좋아하는 어떤 것)으로 보상을 제공한다.[1]

아기의 빨기 진폭이 기준치로 다시 떨어지면 아기가 그 자극에 습관화되었다고 말한다. 아기는 그 자극에 지루해진 것처럼 행동한다. 아기가 자극을 좋아하면 좋아할수록, 아기는 그 자극의 제공을 유지하기 위해 고진폭의 빨기를 더 오랫동안 유지할 것이다. 두 가지 다른 자극이 재생되었을 때, 아기가 둘 중 어떤 자극에 대하여 고진폭의 빨기를 오랫동안 유지하려 하는지를 통해 아기가 어떤 자극을 선호하는지 확인할 수 있다. 이 기술을 사용하여 영아가 두 가지 자극의 차이를 알아낼 수 있는지도 확인할 수 있다. 아기에게 자극을 충분히 오랫동안 재생해 주면, 아기들은 자극에 적응될 것이고 빨기 진폭은 기준치로 떨어질 것이다. 이때 다른 자극을 제공하고 아기가 이 변화를 알아차린다면, 그들은 탈습관화를 할 것이다. 즉, 아기의 빨기 진폭은 이 새로운 자극에 싫증이 날 때까지 증가될 것이다. 만약 아기가 이전 자극과 새로운 자극 사이의 차이를 인지하지 못하고 두 자극을 동일하게 취급한다면, 원래의 자극에서 새로운 자극으로 변경될 때 아기의 빨기 진폭이 낮은 상태로 유지될 것이다.

HAS 실험은 태아기 말소리에 대한 노출이 태아와 신생아에게 어떤 영향을 미치는지 조사하는 데 사용되었다(DeCasper et al., 1994; DeCasper and Spence, 1986; Krueger et al., 2004). 일련의 연구에서, 임신한 어머니들은 임신 기간의 마지막 6주 동안 매일 두 번 짧은 이야기(예: The Cat in the Hat)를 낭송했다. 이 훈련 기간 동안 태아들은 특정 이야기에 익숙해질 기회를 제공받은 것이다. 아기가 태어난 후에는 HAS 기술을 활용하여 실험을 진행하였다. 이 실험은 아기가 태어난 지 2일이 지나기 전에 완료되었다(가장 어린 아기는 44시간 된 아기들이었다). 실험에 참가한 모든 아기들은 동일한 사람이 읽어주는 익숙한 이야기(예: Cat in the Hat)와 새로운 이야기를 들었다. 절반의 아기들은 자신의 어머니가 읽어주는 익숙한 이야기의 녹음파일을 실험 동안 제공받았고, 나머지 절반의 아기들은 낯선 여성이 읽는 익숙한 이야기의 녹음파일을 제공받았다. 만약 아기가 익숙한 이야기에 대해 어떤 것을 배우고 그 정보를 시간이 지나도 가지고 있다면, 그들은 익숙한 이야기를 들었을 때와 새롭고 익숙하지 않은 이야기를 들었을 때 다르게 행동해야 할 것이다.

이야기를 읽은 사람이 누구든지, 즉 아기의 어머니든 다른 누군가든, 신생아는 낯선 이야기가 강화물로 제공될 때보다 익숙한 이야기일 때 더 열심히 노력을 했다. 이러한 결과는 태아가 태어나기 전 환경에서 언어에 관한 어떤 것을 배웠다는 것을 보여 준다. 훈련 단계(아기가 태어나기 전)에서는 음향 자극에서 고주파 정보가 걸러져 나가기 때문에 아기의 선호는 익숙한 이야기에 등장하는 특정 단어에 기반할 수 없다. 마찬가지로, 이야기를 읽은 사람에 관계없이 아기가 익숙한 이야기를 선호했다는 것은 실험에서 관찰된 아기들의 행동이 특정 목소리(즉, 어머니의 목소리)에 대한 이들의 선호를 반영한 것이 아니라는 점을 보여 준다.

신생아가 익숙한 이야기를 낯선 이야기보다 선호한 원인은 무엇일까? 가장 가능한 원인은 말소리 신호에 포함된 운율적 단서다. 비록 태아가 이야기에서 특정 단어를 듣지는 못했지만, 운율 정보, 즉 크고 작은 소리의 교대 패턴, 높고 낮은 음조의 패턴, 휴지 등을 사용 가능했을 것이다. 이러한 패턴은 화자들 간에도 충분히 일관되기 때문에 아기들은 자신의 어머니가 아닌 다른 사람이 이야기를 읽을 때에도 익숙한 운율 패턴을 감지할 수 있었을 것이다. 이러한 결과는 태아가 운율적 단서들에 반응하고, 운율 패턴들에 관한 정보를 유지한다는 것을 보여 준다. 이에 따라, 태아기에 학습한 모국어의 운율적 특징은 태어난 이후 언어 학습의 기초가 될 수 있는 것이다.

태어난 후 아기들이 매우 빠른 학습을 할 수 있는 것일까? 이전 실험의 결과들은 초고속 습득의 한 형태를 보여 주는 것일까? 아기가 익숙한 이야기에 노출된 시점이 출생 이전으로 국한되기 때문에 그런 가능성이 낮아 보이긴 하지만, 추가로 진행된 실험은 이 문제를 확실히 해결해 준다(DeCasper et al., 1994; Krueger et al., 2004; 또한 Barajas et al., 2021; Krueger and Garvan, 2019). 이 연구들은 DeCasper와 Spence의 연구에서 사용한 것과 유사한 훈련–검사 디자인을 사용했다. 그러나 이들은 아기가 태어나기를 기다리기보다는 아기가 여전히 어머니의 자궁에 있을 때 실험을 진행했다. 이와 같은 출생 전 실험은 태아의 생리에 관한 또 다른 사실을 활용한다. 즉, 임신 후기에 태아의 심박수가 음향 정보를 처리할 때 달라진다는 점이다. 구체적으로, 음향 자극이 시작되면 심박수가 감소한다(심장 감속). 태아는 또한 음향 자극이 변화할 때 심장 감속으로 반응한다(Lecanuet et al., 1988). 만약 음향 자극이 다른 것으로 대체될 때 태아가 이를 알아차리지 못한다면 심박수 변화가 없어야 한다. 따라서 심박수는 태아가 두 자극 간의 차이를 알아낼 수 있는지를 확인하는 데 사용될 수 있다.

　　다양한 자극에 반응하는 아기의 심박수를 이용하여 연구자들은 임신 후기 태아가 녹음된 음성에 어떻게 반응하는지 알아보았다. 한 연구에서는 태아가 고요한 (휴지의) 상태에 있을 때 어머니들이 매일 세 번씩 짧은 동요를 낭송했다. 이 훈련 기간은 약 한 달 동안 지속되었다. 그런 다음 어머니가 아닌 다른 여성이 부르는 동일한 동요 및 새로운 동요를 들려주면서 태아의 심박수를 측정하였다. 태아의 심장 감속은 새로운 동요에 비해 익숙한 동요에서 더 크게 나타났으며, 이와 같은 효과는 낮은 연령의 태아보다 높은 연령의 태아에서 더 컸다(신경계의 성숙을 반영하는 것으로 추정). 이와 같이 태아는 태어나기 전 언어에 대한 정보를 학습하고 유지할 수 있다. 아마도 그들은 말의 운율적인 특성에 대해 학습하고 기억하는 것으로 보인다. 이러한 결과는 '태어난 후 매우 빠른' 학습 가설을 매우 불가능하게 만든다.

　　태아의 학습이 존재한다는 것은 생득주의자와 행동주의자 간의 논쟁을 복잡하게 만든다. 생득주의자들은 본능이나 선천적 (아마도 유전적으로 전달되는) 능력의 존재를 주장하기 위해 매우 어린 영아에게서 나타나는 능력들에 의존해 왔다. 만약 환경에 많이 노출되기 전 갓 태어난 신생아에게서 어떤 능력이 관찰된다면, 이와 같은 아기의 행동은 환경에 대한 노출에 기반한 학습을 반영한다고 보기 어려울 것이다. 만약 아기가 자전거 타는 법을 알고 태어났다면, 그들의 유전적 자질이 그 능력을 생성하기에 충분한 방식으로 아기들의 뇌를 연결했을 가능성을 고려해야 할 것이다. 마찬가지로, 만약 아기가 언어의 작동 방식에 대해 어떤 것을 알고 태어났다면, 우리는 그 능력이 유전적으로 전달된 신경 조직에서 비롯되었을 가능성을 고려해야 한다. 그러나 우리는 태아가 학습한다는 사실을 알기 때문에, 신생아에게서 관찰되는 어떤 능력이 유전적으로 전달된 뇌 기제를 반영한다고 결론을 내리기 전에 태아기의 학습 가능성을 배제시켜야 한다. 목소리 선호(다른 사람보다 어머니의 목소리를 선호하는 신생아), 언어 선호(다른 언어보다 모국어를 선호하는 신생아), 그리고 이야기 선호(익숙한 말소리의 패턴을 낯선 것보다 선호하는 신생아)의 경우, 특정 자극에 노출되어 발생한 태아기 학습이 결과를 설명하는 데 충분하다. 본능적이고 유전적인 특정 언어 메커니즘에 대한 주장은 불필요해 보인다. 그러나 이와 같은 특정 선호에 대한 본능적인 원천을 배제했다고 해서 이것이 모든 선천적인 지식을 배제하는 것이 아니다. 이것은 그저 누군가가 영아 행동의 어떤 측면을 설명하기 위해 선천적 지식을 언급할 때 환경에서의 학습을 대안적인 가설로 고려해야 함을 의미한다.

영아의 음소 지각 및 범주화

　　영아들은 사람들의 대화를 듣는 것으로 자신의 첫 언어에 대해 배운다. 모국어를 배우기 위해서 영아들은 여러 가지의 퍼즐을 풀어야 한다. 모국어에서 어떤 말소리(음소)가 존재하는지(그리고 존재하지 않는지), 그 음소들이 어떻게 단어를 이루는지, 단어의 의미는 무엇인지, 그리고 단어가 어떻게 문장을 이루는지를 알아내야 한다. 이 모든 것을 아무런 명시적인 가르침 없이 해내야 한다.

　　영아의 말소리 지각을 검토하는 것으로 시작하자. 언어에서 음소는 단어를 구성하는 기본 구성 요소이다. 아기가 풀어야 하는 기본적인 작업 중 하나는 말소리의 목록들이 어떻게 구성되어 있는지를 알아내는 것이다. 즉, 어떤 소리 간에 어떤 차이가 중요하며 어떤 차이는 무시해도 안전한지를 결정해야 하는데, 이 작업은 생각보다 복잡하다. 이 작업을 어렵게 만드는 한가지 요인은 서로 다른 말소리가 물리적으로 유사할지라도 이 두 말소리가 동일하지 않을 수 있다는 것이다. 예를 들어, 모든 화자의 목소리는 성대의 서로 다른 물리적 차이 때문에 독특하다. 어떤 화자는 다른 화자보다 목소리의 음 높이가 높아서 그들의 말소리에는 상대적으로 더 많은 고주파 에너지가 존재한다. 어떤 사람들은 다른 사람들보다 말을 빨리 하기 때문에 말소리가 전달되는 속도가 서로 다르다. 이러한 말소리들 간의 차이에도 불구하고 성인은 매우 다양한 음향 신호들을 일정한 수의 범주(영어의 경우 약 40개)로 분류한다. 일반적으로 성인은 동일한 범주에 속하는 소리들 간의 차이를 알아차리지 못할 정도로 이 작업을 아주 잘 한다. 심지어 정교한 물리적 분석이 그 소리가 서로 다른 물리적 특성을 가지고 있음을 보여 줄지라도 말이다.

어떤 면에서 어린 영아들은 성인과 아주 유사하게 말소리에 반응한다. 예를 들어, 영아 연구들은 영아가 성인과 마찬가지로 범주적 지각을 경험한다는 것을 보여 준다. HAS 기술의 변형을 사용하여 Eimas와 동료들(Eimas et al., 1971)은 1개월과 4개월 된 영아에게 성대진동 시작 시간(voice onset time: VOT, 말소리가 처음 시작되는 시점부터 성대가 진동을 시작하는 시점까지의 시간)이 짧은 음절(즉, /ba/)을 들려주었다. 영아가 해당 음절에 익숙해지면(고무 젖꼭지를 빠는 속도의 감소로 확인), 원래 자극이었던 /ba/는 두 가지 다른 자극 중 하나로 대체되었다. 어떤 경우에는 다른 짧은 길이의 VOT를 가진 다른 음절로 대체되었다. 원래 자극과 대체 자극이 서로 다른 VOT를 가지고 있더라도 성인의 경우 두 자극을 모두 /ba/로 인식할 것이다. 또 다른 경우에는 원래 자극을 긴 길이의 VOT를 가진 다른 음절로 대체했다. 성인은 대체된 자극을 /ba/가 아닌 /pa/로 인식할 것이다. 질문은 다음과 같다. 두 자극이 (성인 지각에 따르면) 동일한 범주의 소리일 경우 영아는 자극의 변화를 알아차릴까? 또한 두 자극이 (역시 성인 지각에 따르면) 각기 서로 다른 범주의 소리일 경우 자극의 변화를 알아차릴까?

원래 자극과 대체 자극 모두 비교적 짧은 VOT를 가질 때, 영아는 두 자극을 동일하게 취급했다. 즉, 원래 자극에 익숙해진 뒤 짧은 VOT의 원래 자극이 다른 짧은 VOT의 자극으로 대체되어도 HAS의 속도는 변하지 않았다. 그러나 짧은 VOT의 자극이 긴 VOT의 자극으로 대체할 때, 영아는 이 변화를 알아차렸다. 새로운 자극이 원래 자극을 대체한 직후 HAS가 증가함으로써 이를 확인할 수 있었다. 이 연구의 결과는 영아가 성인과 같이 말소리를 이산적 범주에 속하는 것으로 다룬다는 점을 시사해 준다. 두 소리가 서로 다른 물리적 특성을 가지고 있더라도(다른 VOT 값) 이들이 유사한 성대 진동 시작 시간을 가진다면 영아는 이것들을 동일하게 취급한다. 두 말소리가 성인이 서로 다른 범주로 지각하는 두 소리라면(가령, /ba/ 대 /pa/), 영아도 이 소리들을 분리된 것으로 지각한다.

생득주의자들은 이러한 발견을 말소리는 특별하다는 주장을 지지하는 데 사용하였다. 즉, 인간은 아마도 유전적으로 결정된 전문화된 메커니즘을 사용하여 말소리를 지각하며, 다른 종류의 소리와는 다르게 말소리를 처리한다고 주장한다(예: Eimas et al., 1971; Liberman et al., 1967; Pardo and Remez, 2006). 이 주장은 다른 종들도 인간과 마찬가지로 말소리를 범주적으로 다룬다는 것과 인간이 말소리가 아닌 소리들도 범주적으로 지각한다는 것을 지적하는 연구자들에 의해 도전을 받았다(Kluender and Kiefte, 2006).[2] 친칠라와 일본 까마귀는 훈련을 통해 인간이 하는 방식과 유사하게 말소리를 범주화할 수 있기 때문에 말소리의 범주적 지각이 언어 처리를 위한 인간 고유의 적응에 기인한다고 볼 수 없다. 만약 범주 지각이 특수한 용도를 가진 언어 처리 시스템에 의한 것이라면, 친칠라와 일본 까마귀 또한 이와 동일한 특수 시스템을 가지고 있다고 가정해야 한다. 하지만 말소리의 범주 지각이 친칠라와 일본 까마귀에게 도움이 되지 않는다는 점에서 이것은 타당해 보이지 않는다.

말소리가 아닌 소리의 범주 지각은 합성된 소리를 사용한 실험에서 입증되었다(Cutting and Rosner, 1974; Jusczyk et al., 1980, 1977). 이러한 합성된 소리들은 악기들의 몇몇 특성을 흉내낸다. 예를 들어, 바이올린의 줄을 뜯는 것은 긴 VOT의 동등물을 생성해 내는데, 이는 바이올린 소리가 시작되는 지점과 바이올린 줄이 안정된 상태에서 진동하기 시작하는 지점 사이에 지연이 있기 때문이다.

말소리가 아닌, 자연적으로 만들어지는 다른 소리들의 특성을 모방한 합성 자극을 성인과 2개월 된 영아에게 들려주면, 성인과 영아 모두 물리적으로 서로 다른 자극들을 동일한 범주에 속하는 것으로 지각한다. 소리가 시작되는 지점과 안정된 진동 지점 사이에 지연이 짧은 자극은 줄을 활로 켜면서 내는 소리처럼 들린다. 소리의 시작 지점과 안정된 진동 지점 사이에 지연이 더 긴 자극은 줄을 손가락으로 튕겨서 내는 소리처럼 들린다. 소리 시작과 진동 사이의 지연이 짧은 것에서 긴 것으로 달라질 때 소리가 지각되는 방식이 급격하게 전환되는 것이다. 어떤 지연에서는 소리가 '활로 켜는' 소리로 지각되고, 아주 조금 더 긴 지연에서는 '손으로 뜯는' 지각으로 달라진다.

영아는 말소리와 말소리가 아닌 소리 모두를 이산적 범주들의 부속물로 여기며, 말소리와 말소리가 아닌 소리에서 발생되는 작은 물리적 특성의 변화는 그 소리를 지각하는 방식을 크고 급격하게 변화시킨다. 이에 따라, 아이들이 말소리에 적용하는 메커니즘 하나와 말소리가 아닌 소리에 적용하는 메커니즘 하나처럼 두 개의 매우 유사한 '특수' 메커니즘을 가지고 태어난 것으로 결론짓거나, 말소리의 범주 지각이 보다 일반적인 '비특수' 소리 처리 시스템에서 비롯된다고 결론지을 수 있다. 범주 지각이 생물학적으로 선택된 지각 메커니즘의 결과물일 수도 있다. 하지만 아이들이 말소리를 처리함에 있어 범주 지각이 어떤 이점을 제공해 줬다고 해서 범주 지각을 생성하는 메커니즘이 특별히 인간에게 선택된 것으로 보이지는 않는다.

말소리의 범주 지각은 말소리 처리의 메커니즘이 유전적으로 결정된 것이라는 주장의 증거로 사용될 수 없다(다른 소리들도 범주적으로 지각되고, 다른 동물들도 인간과 같이 말소리를 범주적으로 지각하기 때문). 하지만 다른 증거들은 언어 처리의 몇몇 측면들이 유전에 기반함을 시사한다. 가령, 영아들은 말소리를 듣는 것(또는 언어관련 움직임에 집중하는 것)에 대한 선천적(배우지 않고 터득한) 선호도가 있어 보인다(Jusczyk, 1997; Jusczyk and Bertoncini, 1988; Krentz and Corina, 2008; Stone and Bosworth, 2019). 또한 특정 유형의 말소리가 다른 사람들보다는 아기들에게 더 매력적일 수도 있다(Cooper and Aslin, 1990).

말소리 처리의 일부 측면(예: 범주 지각)은 일반적인 지각 메커니즘을 반영하는 것으로 보이는 반면, 다른 측면(예: 말소리 듣기에 대한 선호)은 선천적으로 보이는 경향이 있기 때문에, Jusczyk과 Bertoncini은 어떻게 아이들이 모국어를 습득하는지 설명하기 위해 선천적으로 인도되는 학습 과정을 가설로 제안했다. 선천적으로 안내되는 과정에는 두 종류의 선천적인 부분이 있다. 첫째, 영아는 환경의 특정 측면, 특히 말소리에 주의를 기울이고 말소리를 유난히 상세하게 처리하려는 본능(선천적 욕구)을 가지고 있다. 선천적인 학습 시스템의 초기 상태는 가능한 모든 인간의 언어를 학습할 수 있을 만큼 충분히 일반적이어야 한다. 만약 초기 상태가 너무 좁게 설정되어 있다면, 학습 메커니즘이 미리 설정해 놓은 상태를 벗어나는 언어가 사용되는 공동체에 아이가 놓여질 수 있게 된다. 메커니즘이 인간의 모든 언어를 학습하는 데 작동할 수 있도록 하기 위하여 "영아는 넓은 범주를 가지고 태어나며 이 범주가 여러 다양한 길 중 하나로 발달을 이루게 되는 것이다."(Jusczyk and Bertoncini, 1988, p. 233)라고 설명한다. 학습은 영아가 특정 언어에 노출될 때 발생되며, 이러한 노출로 인해 영아는 언어에 특정한 지식이 거의 없는 초기 상태에서 음운, 어휘, 형태론 및 통사론 지식이 완전히 발달을 이룬 성인의 상태로 이동하게 된다.

이 설명이 타당한지 알아보기 위하여, 어린 영아는 넓은 말소리의 범주를 가지고 있고 영아가 특정 언어에 노출됨에 따라 이 범주가 정교해진다는 증거를 찾아볼 것이다. 이러한 증거는 신생아 및 매우 어린 영아의 음운 처리에 대한 연구에서 찾을 수 있다. 영아가 인간의 언어를 학습할 수 있으려면, 영아는 서로 다른 말소리(음소) 간의 중요한 차이를 식별할 수 있어야 한다. 몇몇 특정 음운 대립(예: 말소리 간의 차이로 가령, /p/ 소리와 /b/ 소리를 다르게 만드는 특징들)의 경우, 이것을 인식할 수 있는 능력이 유전적으로 미리 프로그램화되어 있을 수도 있다. 그러나 이러한 사전 프로그램은 성인 언어에서 해당 변별을 사용하지 않는다면 불필요하게 될 것이다.

예를 들어, 영어는 기식성(음소를 발화하는 동안 기류의 방출 여부)을 사용하지 않지만,[3] 힌디어는 사용한다. 즉, 영어 음운 체계에서는 기식성의 여부가 의미있는 차이를 만들지 않는 반면, 힌디어에서는 그러하다. 마찬가지로 일본어에서는 유음 /r/과 /l/을 구별하는 것이 의미가 없기 때문에 성인 일본어 사용자들은 이 두 음소 간의 차이를 듣지 못한다. 반면, 성인 영어 사용자들은 그 차이를 인식하는데 그 이유는 이 음운 대립이 영어에서는 의미가 있기 때문이다(root와 loot는 다름). 필요하지 않은 대립을 변별할 수 있는 능력을 가지고 태어나는 것은 별로 해롭지 않다. 불필요한 대립에 대한 변별력을 가지고 태어날 경우, 모국어를 습득할 때 하나의 음소를 서로 다른 두 종류의 말소리가 있는 것으로 믿게 만들 수도 있겠지만 이것이 서로 다른 단어들의 차이를 배우는 것을 방해하지는 않는다. 그러나 만약 두 개의 서로 다른 음소들 간의 변별을 흐리거나 없애는 범주들을 가지고 태어나면 몇몇 단어들은 배울 수 없게 될 것이다(가령, root와 loot를 동일한 단어로 취급).

영아를 대상으로 한 음성 지각 연구들은 영아가 대부분의 음운 대립을 인지할 수 있는 능력을 가지고 태어남을 보여 준다(Streeter, 1976; Werker et al., 1981; Werker and Tees, 1983, 2002; Dehaene-Lambertz and Dehaene, 1994). 아주 어린 영아들의 경우, 음소 간 차이를 들을 기회가 전혀 없었음에도 불구하고 그 차이를 감지하는 능력을 가지고 있다. 키쿠유어(Kikuyu language)에는 양순 폐쇄 자음이 하나뿐이다(영어 자음 /b/와 대략 동일). 키쿠유어 자음 중에는 /b/와 VOT만 다른 또 다른 자음이 없다. 즉, 키쿠유어에는 영어의 /p/와 유사한 양순 폐쇄 자음이 없는 것이다. 키쿠유어에는 /b/와 /p/ 대립이 없기 때문에 키쿠유어가 사용되는 환경에서 자라는 아이들은 자연적으로 발생되는 언어의 노출만으로는 이 변별을 배울 기회가 없다. 그럼에도 불구하고 2개월 된 영아를 대상으로 영어의 /b/와 /p/에 상응하는 자극을 사용하여 실험을 진행한 결과 영아들은 이 차이를 감지해 냈다. HAS 실험에서 키쿠유어 모국어 영아들은 이전에 들은 적이 있었을 소리인 /b/ 음소를 가장 오래 청취했는데, 이는 영아 언어 연구에서 종종 관찰되는 친숙성 선호의 한 유형을 보여 준다. 영아들은 이 선호 자극보다 VOT가 긴 두 다른 음소들에 대해 탈습관화를 보였다. 영아들은 특정 지점을 기준으로 그 이전과 이후에 동일한 자극이 계속 제시될 때보다 VOT가 긴 자극으로 제시가 달라졌을 때 더 오래 청취했다. 영어를 사용하는 부모를 둔 7개월 된 영아들의 힌디어 기식음/비기식음 음소 대립 실험에서도 유사한 결과가 얻어졌으며, 영어를 사용하는 부모의 6개월 된 영아들의 톰슨어(Thompson: 브리티시 컬럼비아 원주민들의 언어) 대립 실험에서도 동일한 결과가 나타났다.

이 모든 예시들에서 영아들은 그들의 모국어에 존재하지 않고, 노출을 통해 배울 기회가 없었으며, 그들의 모국어 성인 화자는 인지하지 못하는 음소 간 대립을 변별하였다. 이러한 결과들은 모국어에서 중요할 수 있는 대립과 중요하지 않을 수 있는 대립 모두를 감지할 수 있게 하는 음운 범주 체계를 아이들이 가지고 태어남을 보여 준다. 영아는 매우 다양한 음운 대립들에 민감하다. 그 결과 영아가 부족한 수의 음운 범주를 갖게 되는 문제는 발생하지 않을 것이며, 성인의 언어에서 사용되는 중요한 대립들은 보존될 수 있다. 영아가 해결해야 하는 주요 문제는 수많은 음소 대립들 중 어떤 것들이 실제 중요한 것인지를 파악하는 것이며, 또한 (서로 다른 음소에 해당하는 음성들 간 변별은 유지하되) 동일한 음소의 다양한 형태들은 하나의 범주로 묶어낼 수 있도록 음운 범주들을 조직화해 내는 것이다.

실험 데이터는 영아들이 어떻게 음운 범주를 조직하며 어떻게 말소리 자극에 반응하는지가 생애 첫해에 급격하게 변한다는 것을 보여 준다. 영아들의 모국어가 아닌 언어의 음운 대립을 변별하는 능력은 그들의 첫 생일이 도래할 때까지 크게 감소하며, 모국어 음운 대립에 대한 반응 방식도 달라진다(Barajas et al., 2021; Jusczyk, 1997; Kuhl et al., 2006; Werker and Tees, 1983, 2002). 즉, 환경에서 주어지는 언어에 대한 노출은 일부 음운 대립 변별을 강화하면서 동시에 다른 음운 변별은 제거하는 것으로 보인다. 이것은 어떻게 이루어지는 것일까?

일부 이론가들은 영아들의 경험으로부터 음운 원형들이 생성된다고 제안한다(Kuhl et al., 1992; Reh et al., 2021). 이러한 원형들은 해당 음소의 예시들에 대한 지각적 평균을 나타낸다. 여러 다양한 화자들이 해당 음소를 발화하고, 동일한 화자는 해당 음소를 다양한 상황에서 서로 다르게 발음할 것이기 때문에 영아는 해당 음소의 수많은 반복된 예시들에 노출된다. 물리적 혹은 지각적 유사성을 기반으로 음소를 분류하고 '평균'을 지각적 '자석'으로 사용함으로써, 영아는 발음상 미세한 변형들은 무시하고 큰 변형들에 집중하는 것을 학습한다. 이로 인해 대립되는(즉, 소리가 달라지면 그로 인해 단어의 의미가 달라지는) 음운 범주 간에는 뚜렷한 경계가 만들어진다. 또한 중요하지 않은 음소 대립들의 경우, 이들의 여러 형태들(가령, 기식음 /p/와 비기식음 /p/)이 동일한 지각적 '자석'에 끌리게 되면서, 이 대립들은 음운적 표상 체계에서 결국 제거될 것이다.

이를 확인하기 위해 연구자들은 다양한 언어의 음소 원형들을 조사해 왔다. 예를 들어, 스웨덴어와 영어는 모두 'ee'처럼 들리는 음소를 갖고 있지만 두 언어 간 발음의 미세한 차이가 있어서 영어 'ee'는 스웨덴어 'ee'와는 다른 원형을 갖고 있다. 6개월 된 스웨덴어와 영어 모국어 영아에게 각각의 원형으로부터 미세하게 달라진 형태들을 들려주면, 영아들은 이 변형들에 대해 각기 다른 방식으로 반응했다. 스웨덴어 영아는 스웨덴어 원형의 미세한 변형을 동일한 음소로 처리했지만, 영어 원형의 동일하게 미세한 변형은 완전히 다른 음소로 처리했다. 영어 영아는 이와는 반대의 행동을 보여 주었다. 이들은 영어 원형에서의 미세한 변형을 원형과 동일한 것으로 처리했지만, 스웨덴어 원형에서의 미세한 변형에 대해서는 매우 다른 반응을 보였다.

분절 과제 해결하기

모국어를 배우기 위해서 영아들은 단어가 어디에 있는지를 파악해야 한다. 유창한 발화에는 단어가 어디에서 시작하고 끝나는지에 대한 명확하고 명백한 표시가 제공되지 않지만 영아들은 이 작업을 수행해야 한다(Cutler, 1996; Jusczyk, 1997). 일반적으로 영아들은 단일 단어로 발화된 말소리를 듣지 않는다. 하나의 단어로만 구성된 발화는 어린 영아들이 듣는 단어들 중 약 10%에 국한된다(전체 영아 지향언어 중 단일 단어 발화가 차지하는 비율은 어머니에 따라 적게는 5%에서 많게는 17%로 다양하다; Brent and Siskind, 2001; Fernald and Morikawa, 1993). 어머니에게 새로운 단어를 자녀에게 가르치도록 명시적으로 요청한 실험 상황에서도 어머니의 발화에서 단일 단어 발화의 빈도는 여전히 상대적으로 낮은 28%였다(Woodward and Aslin, 1990; Jusczyk and Aslin, 1995).

일부 연구자들(예: Bortfeld et al., 2005; Brentand and Siskind, 2001; R. L. Frost et al., 2020)은 영아가 단일 단어 발화를 통해 일부 단어들을 학습한다는 가설을 제기한다. 실제로 아이들이 발화하는 첫 50개 단어들 중 대부분이 단일 단어 발화의 형태로 제공된 적이 있던 것들이다. 또한 어떤 단어가 단일 단어 발화의 형태로 더 자주 나타날수록 그 단어가 이 첫 50개 발화 단어에 포함될 확률이 높아진다. 또한 자연적 관찰에 따르면 양육인들이 어린 영아와 1시간 상호작용할 때 약 6개에서 60개의 단일 단어를 발화하는 것으로 보인다. 따라서 아이들의 단어 목록에 들어간 단어들 중 일부는 그것을 단일 단어 발화의 형태로 여러 번 들었기 때문이라는 생각은 그럴 듯하다. 그러나 영아들은 단일 단어 발화의 형태로 들어본 적이 없는 단어들을 학습하기도 하는 것으로 보이며, 몇몇 연구들은 연속하는 유창한 말소리 속에 단어를 포함시키는 것이 오히려 영아들이 그 해당 단어를 학습하는 데 도움이 된다고 제안한다(Fernald와 Hurtado, 2006; Saffran, 2001). 영아들이 긴 발화에서만 등장하는 단어들도 학습한다는 것은 영아들이 여러 단어들로 이뤄진 유창한 발화에서 개별 단어를 식별하는 능력을 타고나거나 혹은 경험을 통해 이 능력을 발달시켜야만 한다는 것을 의미한다.

만약 익숙하지 않은 외국어를 들어본 적이 있다면, 유창한 언어 흐름에서 개별 단어를 식별하는 것이 얼마나 어려운지 알 수 있을 것이다. [그림 9.1]은 사람들이 단어의 경계로 인식하는 위치가 음성 신호에서 휴지 부분과 일치하지는 않음을 보여 준다. 글에서는 단어와 단어 사이 띄어쓰기 공백이 개별 단어들을 파악하는 데 도움을 주지만 공백에 상응하는 것이 말소리에는 없다. 따라서 아이들은 말소리에서 단어의 시작과 끝을 표시하는 시간적 공백에 의지할 수가 없다.

따라서 말소리에는 영아들(그리고 해당 언어에 익숙하지 않은 다른 모든 사람들)이 해결해야 할 분절 문제가 존재한다. 여러 단어들이 모여서 메시지가 구성되는데, 말소리 신호에는 단어가 어디에서 끝나고 다음 단어가 어디에서 시작하는지에 대한 명확한 단서가 제공되지 않는다. 영아가 단어 학습을 시작하기 위해서는(즉, 한 단어를 구성하는 소리들의 조합을 파악하고 이 소리들의 조합에 의미를 연결하려면), 영아는 우선 연속하는 말소리를 단어 크기로 분절해야만 한다.

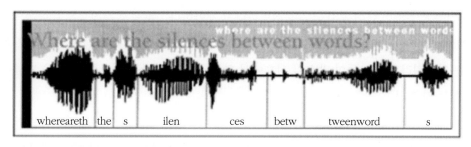

[그림 9.1] '단어 간의 묵음 공간은 어디에 있는가?' 질문에 대한 그래프. 이 말소리 신호에서 단어 사이 묵음 공간은 없다.
출처: Saffran (2003), Association for Psychological Science

실험적 증거에 따르면, 말소리를 단어 크기의 조각으로 분절하는 능력이 6~7½개월이 될 때까지는 없는 것으로 보인다(Bortfeld et al., 2005; Jusczyk and Aslin, 1995; Jusczyk and Hohne, 1997). 어린 영아의 분절 능력에 대한 증거는 조건화된 고개 돌리기 절차로 획득된다. 이 절차에는 앞쪽 중앙 및 영아의 왼쪽과 오른쪽에 전등이 배치된 장치가 사용되며 영아는 보호자의 무릎에 앉게 된다. 중앙 전등이 반짝이고 이것이 영아의 관심을 끌고 나면 왼쪽 또는 오른쪽 측면 전등 중 하나가 반짝인다. 영아가 이 측면의 빛을 바라보면 이 전등 가까이에 설치된 스피커를 통해 소리가 재생된다. 영아가 몇 초 이상 동안 이 측면 빛을 바라보지 않으면 소리 재생은 멈추고 실험도 종료된다.

연구자들은 이 절차를 사용하여 아이들이 노출된 자극으로부터 무엇을 배울 수 있는지를 알아볼 수 있다. 훈련 기간 동안, 영아는 단일 단어 발화와 같은 어떤 자극에 노출된다. 그 후 검사 기간 동안, 영아는 이 익숙한 단어 또는 낯선 통제 단어를 듣게 된다. 만약 영아가 익숙한 단어를 기억하며 이 익숙한 단어와 익숙하지 않은 단어 간의 차이를 알 수 있다면, 영아는 낯선 단어가 재생될 때에 비해 익숙한 단어가 재생될 때 더 오랜 시간 동안 응시 및 청취를 보일 것이다. 어린 영아들은 종종 익숙한 자극에 선호를 보여서 익숙한 조건일 때 더 오래 응시하고 청취하는 경향이 있지만, 때로는 반대로 새로운 자극에 대한 선호를 보이기도 한다. 6개월 영아에게 어떤 단어를 단일 단어 발화의 형태로 들려줌으로써 이 단어에 익숙해지도록 하였다. 영아는 이 익숙한 단어가 포함되어 있는 문장들을 더 오래 청취하지는 않았다. 동일한 훈련 절차에 참여한 7½개월 영아는 익숙한 단어가 포함된 문장들을 익숙하지 않은 단어가 포함된 문장들에 비해 더 오래 청취하였다.[5] 이와 같은 결과는 7½개월 영아들이 익숙한 단어에 대해 어떤 면들을 기억하며, 연속하는 유창한 말소리에서 그 단어를 인식할 수 있음을 보여 준다. 즉, 7½개월 영아들이 분절 문제를 해결하기 시작했음을 보여 준다.

연령이 낮은 영아들과는 달리 연령이 높은 영아들만 분절 능력의 증거를 보여 준다는 사실은 이 능력이 선천적인 것이 아니라 모국어를 들음으로써 형성된 것임을 보여 준다. 분절 능력이 선천적인 것이 아니라면, 이 능력을 발달시킬 수 있도록 해 주는 사전에 존재하는 어떤 능력들(precursors)을 영아가 가지고 있어야만 한다. 연구자들은 영아가 분절 문제를 해결할 때 도구로 사용할 수 있는 두 종류의 주요 사전 능력을 찾아냈다. 그것은 바로 운율 단서와 음소배열 지식(음소배열 지식은 언어에서 나타나는 음소들의 패턴을 말하는데, 이 장의 후반부를 참고)이다(Cutler and Norris, 1988; Gerken and Aslin, 2005; Jusczyk, 1997; Morgan and Demuth, 1996).

운율 자동 처리(prosodic bootstrapping) 가설은 영아들이 모국어의 운율적 특징에 주의를 기울이고 이 특징을 사용하여 단어 후보군들을 식별한다고 제안한다.[6] 운율적 특징들은 단어들의 경계와 관련되어 있기 때문에 운율은 말소리 신호 분절을 도울 수 있다. 운율적 특징과 경계의 일치가 완벽하지는 않을지라도 영아들이 말소리 신호에서 단어 후보군 파악을 시작할 수 있을 만큼은 일관성을 보이는 것 같다.

신생아는 모국어와 모국어가 아닌 언어의 운율적 차이에 근거하여 두 언어를 변별할 수 있고, 2개월 영아는 문장의 음운이 동일하거나 거의 유사할지라도 서로 다른 운율 패턴으로 발화되면 이 둘을 변별한다. 이런 점으로 보아 운율은 분절의 적절한 시작 지점이다(Hohne and Jusczyk, 1994). 한 연구에서 2개월 영아에게 nitrates 또는 night rates 발화(이 둘을 발화하면서 주의 깊게 들어보면 이 둘을 발음할 때 미묘한 차이가 있음을 알아차릴 수 있을 것임)를 들려주었다. Nitrates와 night rates는 동일한 음운 구조를 가지고 있지만 운율적으로는 상이하다. 영아가 둘 중 하나의 발화에 습관화(또는 지루해지도록)되었을 때, 나머지 다른 발화를 들려주면 탈습관화가 관찰된다.

어린 영아들이 두 발화 간 운율 차이에 민감하긴 하지만, 모국어에서 자주 발생하는 기본적인 몇몇 운율 패턴들에 대해 학습하기까지는 시간이 걸릴 수 있다. 예를 들어, 영어 이음절(2개 음절) 단어들 중 약 90%는 강약 강세 패턴을 갖는다(Jusczyk et al., 1999). 강약 강세에서는 첫 번째 음절이 두 번째 음절보다 조금 더 큰 소리로 발음된다. 영어 단어 'cookie' 'baby' 'bottle' 모두 강약 강세를 갖고 있다(이 단어들의 두 번째 음절을 첫 번째 음절보다 크게 발음하면 이상하게 들릴 것이다). 어떤 영어 단어들은 두 번째 음절이 첫 번째 음절보다 더 강한 약강 강세를 가지고 있기도 한데, 'guitar' 'debate' 'pursuit' 모두 약강 강세를 갖고 있다. 만약 영아가 강세에 주의를 줄 수 있고 강세 음절이 이 언어에서 중요하다는 것을 추정할 수 있다면, 강세 음절이 단어의 시작이라는 가정을 통해 매우 많은 단어의 시작을 알아차릴 수 있을 것이다.[7] 연구자들은 이와 같은 종류의 운율 자동 처리를 운율 분절 전략(metrical segmentation strategy)이라고 명명하였다.

어린 영아들은 강세 패턴의 차이에 민감하지 않을 수 있다. 4개월 영아에게 약강 강세 단어들로 구성된 말소리 자극에 강약 강세 단어를 드문드문 삽입하여 들려주었다. 이들의 뇌파는 서로 다른 강세 구조를 가진 단어들에 대해 동일하였다. 하지만 연령이 높은(5개월) 영아는 서로 다른 강세 구조의 차이를 감지할 수 있는 것처럼 보인다. 약강 강세 단어들 사이에 삽입되었던 강약 강세 단어에서 이들의 뇌파가 달라졌다.[8]

어린 영아들의 강세 패턴에 대한 민감도는 선천적인 언어 학습 도구의 패키지 중 하나가 아니며 시간이 지남에 따라 나타나는 것이다. 선천적 언어 기술들은 영아가 마주하는 그 어떤 언어들의 학습도 가능하게 해 줄 수 있을 만큼 충분히 폭넓어야 한다는 것을 믿는다면 이것은 타당하다. 서로 다른 언어는 서로 다른 강세 패턴을 갖고 있다. 프랑스어에서는 강약 강세 패턴보다 약강 강세 패턴이 더 일반적이다. 따라서 프랑스어 영아들은 영어 영아들의 전략과는 반대되는 전략을 사용해서, 강세를 받지 않은 음절이 단어의 시작 지점이라고 가정을 하는 것이 성공적이다. 영아들이 말소리를 듣고 그 속의 운율적 특징들에게 주의를 기울이는 경향을 가지고 태어났을 수는 있겠으나, 어떤 특정 운율 분절 전략을 가지고 태어난다는 생각은 납득이 잘 되지 않는다. 만약 강세를 받은 음절이 단어의 시작일 수 있다는 가정을 선척적으로 가지고 태어난다면, 이는 프랑스어 영아들에게 불리하게 작동할 것이다. 만약 강세를 받지 않은 음절이 단어의 시작이라는 가정을 선천적으로 하도록 되어 있다면, 이는 영어 영아들에게 불리할 것이다. 따라서 가장 적합한 이론은 영아가 그들의 모국어에서 우세한 강세 패턴이 무엇인지를 먼저 파악한 다음 강세 패턴을 사용하여 단어 시작 지점에 대한 가설을 형성한다고 보는 것이다.

7½개월이 되면 영아들은 강약 강세 단어들을 포함하는 짧은 문장들을 듣고 난 뒤 이 강약 강세 단어들을 인식할 수 있다는 것이 조건화된 고개 돌리기 절차를 통해 확인되었다(Jusczyk et al., 1999). 즉, 7½개월 된 영어 영아들은 이 언어에서 우세하게 나타나는 강세 패턴(강-약)을 사용하여 단어가 시작하는 위치에 대한 가설을 세우는 것으로 보인다. 영아들은 이전에 들어본 적이 없는 언어에도 이러한 운율 분절 전략을 적용하는 것 같다. 예를 들어, Houston 등(2000)은 영어를 사용하는 가정에서 자란 9개월 된 영아들이 네덜란드어 문장에서 후보 단어들을 식별하기 위해 운율 분절 전략을 사용했음을 보여 주었다. 이것이 가능한 이유는 네덜란드어도 영어처럼 두드러지는 강약 강세 패턴을 가지고 있기 때문이다. 모국어에서 우세한 강세 패턴을 뽑아낸 9개월 영아들은 잘 알지 못하는 새로운 언어를 포함한 모든 종류의 말소리에 동일한 강세 패턴을 적용할 것처럼 행동한다.

물론 이와 같은 운율 분절 전략이 항상 성공할 수는 없을 것이다. 영아들이 듣는 많은 단어들이 반대되는 강세 패턴을 가지고 있을 것이기 때문이다. 만약 영아가 '강한 음절이 단어의 시작'이라는 전략을 강한 음절 대신 약한 음절로 시작하는 두음절 단어에 대해 적용한다면, 이들은 약강 강세 단어들을 포함한 문장들의 분절에 실패할 것이다. 예를 들어, 영아가 My guiTAR is out of tune(TAR은 강세 음절) 발화를 들으면, taris를 추출한 뒤 이것을 단어처럼 취급할 것이다. 실제로 실험에 따르면, 7½개월 영아들에게 약강 강세 단어들이 포함된 짧은 문장들을 들려주었을 때 이러한 종류의 오류를 범했다. 그들은 TARis를 단어로 취급하였다. 그러나 10½개월 된 영아들은 약강 강세 단어들이 포함된 짧은 문장들을 들은 후, guitar과 같은 약강 강세 단어들을 인식해 냈다. 이러한 결과들은 약강 강세 단어를 분절할 때 연령이 더 낮은 영아들은 운율 분절 전략에 더 크게 의존하고 연령이 더 높은 영아들은 강세 패턴 이외의 다른 단서들에 의존한다는 것(그렇지 않다면 이들도 계속해서 taris를 단어로 취급할 것이다)을 시사해 준다. 전적으로 운율 분절(강함 = 시작) 방식에 의존했던 영아들이 어떤 정보들에 의해 변화된 것일까?

10개월 영아에게는 두 종류의 정보가 사용 가능할 것이다. 첫째, 운율 분절 전략을 기반으로 단어 목록들을 만들기 시작했을 것이고, 익숙한 강약 강세 단어들을 '랜드마크'로 사용하여 분절음을 찾기 위한 말소리 분석을 이어 나갔을 것이다. 가령, 약강 강세 단어가 강세를 가진 다른 단어들 사이에 끼어 있을 경우(예: JENny's guiTAS is LOVEly), 운율 분절 전략은 좋은 방법을 제공해 주지 못하고 따라서 영아들은 대안을 찾기 시작해야 한다. 실제로 영아가 이미 알고 있는 단어 바로 다음에 영아가 한 번도 들어본 적이 없는 어떤 단어들이 위치한다면 6개월 영아는 이 단어들을 찾아낼 수 있다. 영아가 mommy라는 단어를 알고 있는 경우(실제 많은 6개월 영아들이 아는 단어) 이들에게 mommy's cup(cup이라는 단어는 아이가 아직 모름)을 들려주게 되면, 영아들은 검사 단계에서 cup이라는 단어를 친숙한 단어로 취급할 것이다(Bortfeld et al., 2005; Tincoff and Jusczyk, 1999도 참조).

연령이 높은 영아들은 단어의 경계를 찾기 위한 도구로서 운율 분절 전략 이외에 음소배열 정보 활용을 시작할 것이다. 음소배열 정보란 해당 언어에서 단어를 구성하는 음소들의 조합 또는 패턴을 의미한다. 예를 들어, 영어의 음소 배열 특성은 어떤 단어가 /gd/ 자음 군으로 시작하지 못하게 한다. 하지만 이러한 배열이 폴란드어에서는 가능하다(예: Gdansk). 마찬가지로, 영어 단어들은 /spl/로 끝날 수 없지만 시작할 수는 있다(예: splatter, splendid, split). 발화에서 서로 다른 음소 조합들을 알아차린 영아들은 음소배열 지식을 발전시켜 나가고 이 지식을 말소리 분절에 사용할 수 있을 것이다.

예를 들어, 단어들이 /spl/로 시작할 수는 있지만 끝날 수는 없다는 것을 알고 있는 아이는 This place is dirty라는 발화의 분절을 잘할 것이다. 이 아이는 Thispl ace is dirty로 생각하기보다는, (/spl/로 끝나는 단어는 없으므로) /s/와 /pl/ 사이에 경계를 두는 쪽으로 가설을 세울 가능성이 높다.[9] 마찬가지로, 영어 단어들 중에는 /gd/가 단어의 시작 또는 끝에 나타나는 경우가 없기 때문에, 아이들은 bigdog를 bi gdog나 bigd og로 분절하진 않을 것이다.

모국어가 가지고 있는 음소배열 특성들에 대한 민감성은 7개월에서 9개월 사이 나타나기 시작하는 것 같다. 예를 들어, 어린 영아들과는 다르게 영아가 9개월이 되면 모국어와 운율적으로 유사한 외국어에 비해 모국어를 듣는 것을 선호한다. 영어와 네덜란드어는 유사한 운율 체계를 가지고 있다. 네덜란드어 영아들은 9개월이 되기 전까지는 네덜란드어나 영어 중 무엇을 듣든지 상관하지 않지만 9개월이 되면 네덜란드어를 선호한다(Jusczyk et al., 1993). 이와 같은 9개월에 나타난 모국어에 대한 선호는 네덜란드어의 운율적 속성으로는 (영어와 매우 유사하므로) 설명이 되지 못하고, 네덜란드어의 음운적/음소배열적 체계의 세부사항들에 의한 것이라고 볼 수 있다. 9개월 영아가 모국어의 음소배열 체계에 대한 지식을 가지고 있다는 또 다른 증거는 유사 비단어(가짜 단어)를 사용한 실험으로부터 온다. 아이들은 유사 비단어들을 구성하는 음소들의 배열이 모국어에서 자주 나타나는 경우를 그렇지 않을 때에 비해 선호했다. 더 어린 영아들은 둘 중 어느 쪽으로도 선호를 보이지 않았는데, 이것은 그들의 모국어 음소배열 체계에 대한 지식이 아직 다 완성되지 못했음을 시사한다.

음소배열 지식은 영아들이 말소리를 분절하고 개별 단어들을 파악하는 데에 도움이 된다. 그러나 만약 영아들이 단어의 시작과 끝을 모른다면, 어떻게 특정 소리의 연쇄가 단어의 끝보다는 시작점에서 더 자주 발생하며 특정 소리의 연쇄는 단어의 시작점이 될 수 없다는 점을 학습할 수 있는 것일까? 음소배열 지식은 어디에서 시작되는 것일까? 영아들이 문장의 시작과 끝에 주의를 기울임으로써 음소배열 시스템에 대한 학습을 시작할 가능성이 있다. 전체 문장의 시작은 단어의 시작일 수밖에 없고, 전체 문장의 끝은 단어의 끝일 수밖에 없다. 발화의 시작과 끝 지점에 집중함으로써 영아들은 단어의 서로 다른 지점들에서 음소들이 어떻게 분포되어 있는지를 배울 수 있는 것이다.

단어 분절 능력의 발달을 시뮬레이션하기 위해 수학적 모델링을 사용하는데, 모델에 발화의 시작과 끝 지점이 어디인지를 알려주면 이 모델의 '학습'[10]은 훨씬 빨라진다(Christiansen et al., 1998). 강세를 받은 음절에 주의를 기울이는 방식으로 영아는 운율 정보를 사용하여 음절의 시작과 끝을 알아낼 수도 있다. 이제 막 말을 시작한 영아들의 경우 강조되지 않은 (강세가 없는) 음절보다는 강조된 (강세가 있는) 음절을 반복해서 말하는 경향이 있다. 어근 형태소들이 강세를 받는 언어들에서는 아이들이 어근 형태소를 다른 것들보다 먼저 발화한다. 파생 또는 굴절 형태소들이 강세를 받는 언어의 아이들은 이 형태소들을 먼저 발화하는 경향이 있다(Pye, 1983).

영아 지향 언어

아기와 시간을 보내다 보면, 아기가 나타났을 때 어른들이 매우 바보로 변한다는 것을 알아차리게 될 것이다.[11] 아기들은 우리에게 그런 영향을 미친다. 우리 목소리의 음높이가 높아진다. 우리는 보다 짧은 문장으로 말한다. 우리는 더 명확하고 또렷하게 말하며, 성인에게 말할 때보다 음높이와 음의 강도를 훨씬 더 변화시켜가면서 말한다. 이러한 이상한 말소리 속성들의 집합체를 영아 지향 언어(infant-direct speech: IDS), 어린이 지향 언어, 또는 모성어라고 부르며, 이는 매우 엄격하고 진지한 언어 과학자들의 연구 대상이다.

어른들이 아기들에게 말할 때 이처럼 특별한 방식을 사용하는 이유는 무엇일까? 한 가지 이유는 아기들이 그것을 좋아하기 때문이다. 신생아는 여성 목소리 중 성인 지향 언어보다 영아 지향 언어를 말하는 목소리를 선호하며, 영아 지향 언어를 발화하는 여성 목소리는 아기의 기분이 좋은 상태를 유지하는 데 도움을 준다(Cooper and Aslin, 1990, 1994; Werker and McLeod, 1989). 기분 효과 이외에도 IDS는 영아들의 말소리 분절 문제를 해결하는 데 도움이 될 수 있다. IDS는 과장된 운율 특징들을 가지고 있기 때문에 단어, 구 및 절 간의 중요한 경계를 더 명확하게 나타낼 수 있다. 또한 IDS 발화는 비교적 짧아서 영아들에게 부과되는 기억 부하를 줄여준다. 주요 주제어들은 IDS 발화 내에서 문장 끝과 같이 매우 도드라지는 위치에 나타나는 경향이 있으며, 이 주제어들은 운율적으로도 특별하게 표시된다(Fernald and Mazzie, 1991). IDS 발화는 영아들의 주의를 끌기도 해서, 말소리 자극에 주의를 기울이려는 영아들의 선척적 욕구를 더 증가시킨다.

키체 마야족(Quiche Mayan) 문화는 IDS를 사용하지 않는 것으로 보인다(Pye, 1983). 이처럼 모든 문화가 IDS를 가지고 있는 것은 아니지만 성인들이 영아들에게 말을 할 때 IDS를 사용한다면 이는 영아들에게 혜택을 주는 것 같다(Kalashnikova et al., 2018; Liu et al., 2003; Thiessen et al., 2005). 6개월에서 1세 영아들을 대상으로 비슷하게 소리나는 단어들을 구별하는 능력을 측정한 결과, 어머니의 발화가 명료할수록 구별 능력이 탁월했다. 따라서 명료하게 발음된 IDS에 노출을 통해 모국어에서 중요한 음운 대조가 영아들에게 주입되는 것으로 보인다.

분절 기술을 측정하는 실험에서, IDS에 노출된 6~8개월 된 영아들은 동일한 실험 자극을 성인 지향 방식으로 제공받은 영아들보다 우월한 결과를 보였다(Thiessen et al., 2005). 또한 우울증을 겪는 어머니들에 대한 연구에서, 그들의 아기들은 언어 처리 능력(적어도 언어 분절 및 단어 학습 초기 단계)에서 또래들에 비해 뒤처지는 것으로 나타났다(Kaplan et al., 2002). 이 경우 핵심 문제는 우울증을 겪는 어머니의 말소리에 운율적 특성들이 결여되어 있다는 점이다. 운율적 특성들은 영아들의 긍정적 정서 유발을 돕고, 말소리에서 중요한 분절 경계들을 표시해 주며, 중요한 요소들을 강조해 준다. 어머니가 우울증을 겪는 영아들은 자신의 어머니의 말소리를 들으면서 새로운 단어를 학습하는 데에는 어려움을 보이지만, 우울증이 없는 다른 아이 어머니의 말소리를 들을 때에는 또래와 유사한 수행 능력을 보여 준다. 따라서 우울증을 겪는 어머니의 영아들이 학습을 할 수 없다는 것이 문제가 아니라, 그들이 받고 있는 입력에 그들의 학습을 지원하고 촉진할 수 있는 IDS와 관련된 단서가 없다는 것이 문제.[13] IDS에 대한 연구 결과를 요약하면, 영아가 모국어를 배우는 데 IDS가 필수적이지 않을 수는 있지만 말소리를 이해하고 단어를 학습하는 일부 측면을 익히는 데 절대 해가 되지 않고 도움을 준다. 재미있기도 하고 말이다.

실용적인 조언 코너

우리들은 언젠가 부모가 될 수 있다. 만약 본인이 부모가 되지 않더라도 주변에서 부모가 되는 누군가를 알게 될 수도 있을 것이기에, 아이의 언어 발달에 부모의 행동이 영향을 미치는지에 대해 알고 싶을 수 있다. 간단하게 답하자면 그렇다. 부모는 아이의 언어 발달 과정에 상당한 영향을 미친다(Fernald et al., 2006, 2001; Hurtado et al., 2007; Marchman and Fernald, 2008; Pan et al., 2005; Swingley et al., 1999; Tsao et al., 2004). 아주 어린 영아들은 단어를 지각적 완전체로 인식하며 비슷하게 소리나는 두 단어를 때로는 구별하지 못할 수 있다. 그러나 24개월이 되면 대부분의 영아들은 익숙한 단어를 매우 효과적이고 정확하게 인식한다. 성인과 마찬가지로 24개월 된 영아들은 익숙한 단어를 점진적으로 처리한다. 즉, 아직 말이 끝나기 전에 익숙한 단어를 인식할 수 있다. 어떤 아이들은 다른 아이들보다 이 처리에 더 뛰어날 수 있다. 이 차이를 만드는 것은 아이가 가진 어휘 크기 및 아이의 말소리를 처리하는 속도이다. 두 능력은 어떤 측면에서는 상생적인 관계에 있는데, 아이가 알고 있는 단어가 많을수록 그 아이는 익숙한 단어를 더 빨리 인식할 수 있다. 또한 익숙한 단어를 더 빨리 인식할수록 그 아이는 말의 다른 부분에 주의를 기울이고 학습할 수 있는 자원이 더 많아진다. 이러한 차이는 장기적이고 누적적인 영향을 미친다. 6개월 때 익숙한 단어를 인식하는 데 빨랐던 아이들은 느렸던 아이들에 비해 24개월 때 더 많은 어휘들을 갖고 있다. 말소리 지각의 속도가 이해와 발화의 장기적인 성장을 예측해 주는 것이다. 이와 같은 상관은 미국에서 영어를 배우는 중·상류층 아이들과 스페인어를 배우는 하·중류층 아이들에게 모두 적용된다. 빠른 처리자와 느린 처리자 간의 차이는 대부분 연습 효과로 설명할 수 있다. 영아가 더 많이 언어를 들을수록 익숙한 단어를 인식하는 데 더 효율적일 수 있고, 익숙한 단어를 인식하는 데 더 효율적일수록 그 아이는 더 많은 새로운 단어를 배울 수 있다. 어른들이 영아들과 얼마나 많은 말을 나누는지도 처리 효율성에서의 영아들 간 차이를 일부 설명해 주는데, 영아들에게 들려주는 말소리의 양은 서로 다른 사회경제 집단 간 및 집단 내에서 상당한 차이가 있다. 어머니의 교육 수준도 상당한 영향을 미친다. 사회경제적 지위와 관계없이, 학력이 높은 어머니들은 학력이 낮은 어머니들보다 아이들에게 더 많은 말을 한다. 결론적으로, 아이에게 말을 하라. 아이들이 나중에 고마워할 것이다.

통계적 학습과 말소리 분절

영아들이 유창한 말소리에서 단어 간 경계를 식별하기 위해 음운적 특징을 활용할 수 있지만, 다른 방법으로는 통계적 학습 접근법이 있다. 이 접근법은 언어 분절 기술이 운율 분절 전략이나 운율 자동 처리와는 거의 관련이 없다고 말한다(Saffran, 2001, 2003; Saffran et al., 1996; Thiessen and Saffran, 2003; McMurray and Hollich, 2009; Smith et al., 2018). 통계적 학습 접근법에 따르면 영아들은 복잡한 자극에서 패턴을 파악하고, 이 패턴을 사용하여 말소리 자극을 분석해서 단어를 포함한 중요한 요소들을 식별해 낸다. Saffran(2003, p. 110)은 "영아들은 단어의 소리 분포를 포함한 언어 환경의 통계적 특성을 신속하게 활용해서 언어 구조의 중요한 구성 요소를 발견할 수 있다."라고 설명한다. 이것이 어떻게 단어 학습에 도움이 될까?

Saffran과 동료들(Saffran, 2001, 2003; Saffran et al., 1996)은 영어에서 몇몇 음절들은 다른 음절들로부터 예측이 가능하다고 설명한다. 예를 들어, pretty라는 단어를 보자. 이 단어는 'pri'(영어 음성 기호로는 /prI/)와 'tee'(/ti/)의 두 음절로 이루어져 있다. IDS에서 대략 80%의 경우 /prI/ 다음에 /ti/가 나온다(/prI/ 이전에 /ti/가 나오는 경우의 비율은 명확하지 않으나, 영아가 /prI/를 들었다면 아마도 곧 /ti/를 곧 듣게 될 것이다).[14] 그러나 음절 /ti/는 다음에 어떤 음절이 나올지에 대해 거의 알려주는 것이 없다. Pretty 다음에는 거의 모든 것(baby, doggie, mommy, apple 등)이 따라올 수 있으므로, /ti/ 다음 무엇이 올지 영아가 예측하기가 어렵다. 언어가 어떻게 작동하는지 영아가 이해하는 데 도움을 줄 수 있는 확률적 차이가 여기 이렇게 명확하게 나타난다는 점에 주목하라. 만약 /pri/가 주어졌을 때 /ti/가 올 가능성이 매우 높다면, 이 두 음절을 하나의 묶음으로 고려해야 할 것이다.

이것을 다른 관점으로 생각해 보자. 어떤 남성 친구가 있고 이 남성 친구를 만날 때마다 그가 항상 같은 여성과 함께 있다면, 우리는 그 두 사람이 남자 친구와 여자 친구인 것으로 추론할 수 있으며 그들을 (Brangelina와 같은) 연인으로 생각하기 시작할 것이다.[15] 반면에, 우리에게 두 명의 친구가 있는데 그들을 동시에 본 적이 없다면, 우리는 그들이 연인이라고 가정하지 않을 것이다. 즉, 어떤 음절 쌍이 다른 쌍들보다 더 자주 함께 발생한다면 영아는 이 음절 조합이 단어를 이룬다는 생각을 할 수 있고(예: pretty), 음절들이 함께 나타나지 않는다면 이들이 단어를 만들지는 않는다고 생각할 것이다. 만약 그렇다면, 영아는 함께 발생하는 확률이 높은 음절 쌍은 단어로 취급하고 낮은 쌍은 따로 떨어진 것으로 취급함으로써 말소리를 분절하여 단어를 파악할 수 있을 것이다.

영아들이 음절들의 패턴을 감지할 수 있다는 증거는 실험을 통해 제공되었다. 실험의 훈련 단계에서 영아들에게 인공 '미니 언어'를 들려준 뒤, 영아들이 이 언어에서 무엇을 배웠는지에 대해 알아보았다(Saffran et al., 1996; Saffran, 2001, 2002; Mirman et al., 2008 성인을 대상으로 진행한 유사한 실험 참고용). 미니 언어는 jik, pel, rud와 같은 무의미한 음절들의 조합으로 구성되어 있었다. 이 언어는 일부 음절들이 항상 다른 음절들 바로 다음에 나오도록 설계되었다. 예를 들어, jik를 들으면 항상 그다음에 pel을 듣게 된다. 다른 음절 조합들은 훨씬 낮은 빈도로 발생하게 되는데, 예를 들어 rud는 세 번 중 한 번의 빈도로 pel 다음 등장하고, 다른 두 번은 mib와 lum과 같은 다른 음절이 pel을 뒤따르게 된다. 이 규칙들을 적용하면 jik pel rud neb jik pel mib vot loke hep jik pel lum과 같은 긴 음절 문자열이 만들어진다. 인간 화자가 아닌 합성기를 사용하여 음절 문자열을 만들어 내기 때문에 단어 경계가 어디에 있는지에 관한 운율적 단서가 없다. 따라서 영아들이 활용해야 하는 유일한 정보는 서로 다른 음절 간의 전환 확률(한 음절이 다른 음절을 뒤따를 가능성)이다.

영아를 대상으로 조건화된 머리 돌리기 절차를 사용하여 실험을 진행한 결과, 영아들은 인공 언어에서 '단어'인 음절 쌍과 낮은 전환 확률을 가진 음절 쌍(즉, 이 언어에서 '단어'가 아님)에 대해 서로 다른 시간 동안 청취하였다. 영아가 잘 알지 못하는 진짜 언어의 단어들을 들려주었을 때에도 결과는 유사하다. 영어를 학습하는 영아들에게 미니 이탈리아어 버전을 들려주었다. 이 미니 언어에는 실제 단어들에서 가져온 높은 전환 확률을 보이는 음절 쌍들과 단어 경계를 가로짓는 낮은 전환 확률을 보이는 음절 쌍들이 포함되었는데, 영아들은 이탈리어 단어들을 알아차렸다(Pelucchi et al., 2009).

영아들은 연속하는 말소리에 있는 통계적 정보를 파악하고 그 정보를 사용하여 말소리를 분절할 수 있다. 강세, 음높이 변화, 휴지처럼 말소리에서 단어일 수 있는 부분들의 위치를 파악하는 데 도움을 주는 운율 단서가 없을 때에도 가능하다. 연구들은 17~18개월 된 영아들이 통계적 단서에 주의를 기울여서 음소배열 패턴에 대해 학습할 수 있음을 보여 준다(Chambers et al., 2003). 또한 영아들은 높은 배열 확률을 가진 음절 쌍을 낯선 물체의 그림과 연결시킬 수 있는데(Graf-Estes et al., 2007), 이것은 영아들이 음절 쌍을 단지 어떤 흥미로운 소리의 일부로 간주하는 것이 아니라

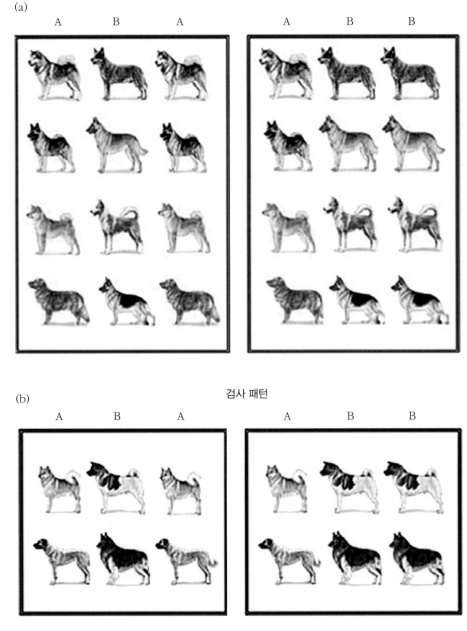

[그림 9.2] 7개월 영아를 훈련하고 검사하는 데 사용된 개 패턴

출처: Saffran et al. (2007)으로 Elsevier의 허가를 받았음.

단어처럼 인식한다는 것을 시사한다. 통계적 학습은 범용의 학습 메커니즘에 의한 것일 수도 있다 (Hamrick et al., 2018; Monroy et al., 2019; Smith et al., 2018). 영아들은 [그림 9.2]와 같은 시각 자극들 (개 그림) 사이의 간단한 유사성을 학습할 수 있다. 영아들에게 ABA 패턴(예: 허스키, 독일 셰퍼드, 허스키)을 기반으로 한 그림 세트들을 보여 주고 나면, 그들은 새로운 AAB 패턴(예: 닥스훈트, 닥스 훈트, 래브라도)을 더 오랜 시간 동안 바라본다. 언어 및 언어 이외의 시각 자극 모두에서 관찰되는 통계적 학습의 존재는 말소리 분절과 단어 학습의 측면들이 내재적이고 유전적으로 결정된 언어 특정적 학습 메커니즘보다는 범용의 학습 메커니즘에 의한 것일 수 있음을 시사한다.

영아들이 어떻게 연속하는 말소리를 '쪼개는지' 설명할 방법을 찾고 있는 언어 과학자들은 영아 들이 분절 문제 해결에 어떤 단서들을 먼저 사용하는지 알고 싶어한다. 운율 분절 전략 가설은 영 아들이 단어를 단일 발화 형태로 듣지 않고 전환 확률에 대해 아무것도 아는 것이 없어도 단어를 분절할 수 있다고 제안한다. 단일 단어 가설은 영아들이 단일 단어들을 먼저 배우고 난 다음, 이 익 숙한 단어들을 활용하여 연속하는 유창한 말소리에서 주변 단어들의 시작과 끝을 감지하는 방법으 로 단어들을 학습한다고 제안한다. 통계적 학습 가설은 영아들이 언어를 분절하는 데에는 이 모든 것들이 필요하지 않다고 제안한다. 대신 영아들은 음절들의 배열에 주의를 기울이고 한 음절의 출 현이 다른 음절의 출현에 의존하는지를 탐지한다.

연구자들은 말소리 분절의 매우 초기 단계에서 영아들이 어떤 단서에 의존하는지를 알아내기 위해 점점 더 어린 영아들을 대상으로 실험을 한다. 어떤 한 연구에서 연구자들은 인공 미니 언어 에 운율적 단서와 전환 확률 단서를 단어 경계에 담아 제공했다(Thiessen and Saffran, 2003). 일부 자 극의 경우, 운율 단서를 영어에서 우세한 운율 특징과 닮도록(즉, 강-약 강세 패턴) 하였고, 다른 자 극에서는 반대되도록 하였다. 음절 간의 전환 확률은 두 자극에서 모두 동일했다. 더 어린(6~7개 월) 영아들은 전환 확률에 주의를 기울였지만 운율적 단서에는 영향을 받지 않았다. 이들은 강세가 첫 번째 음절에 놓였는지(JIKpel) 아니면 두 번째 음절에 놓였는지(jikPEL)에 관계없이 jikpel(앞서 설명한 인공 미니 언어 참고)과 같은 배열에 대해 더 짧은 시간 동안 청취를 하였다. 더 나이가 많은 영아들(8~9개월)은 다른 패턴을 보였다. 영아들은 전환 확률에 따라 정의된 익숙한 단어들이 강- 약 강세 패턴일 때 이 단어들을 선호했지만, 약-강 강세 단어들에 대해서는 선호도가 달라졌다. 이 연구에서, 더 어린 영아들은 전적으로 전환 확률에 기반하여 말소리 분절을 선택하고 운율 정보 에는 영향을 받지 않는 것으로 보인다. 반면에, 더 나이 많은 영아들은 운율 및 통계 단서의 혼합에 기반하여 분절 선택을 한 것으로 보인다. 이러한 결과에 따라, 우리는 영아들이 말소리 분절에 운 율적 단서 사용을 시작하기 전에 통계적 단서를 먼저 사용한다는 것으로 결론 지을 수 있다. 즉, 통 계적 학습 가설이 다른 가설들을 이겼다.

하지만 경기가 끝났다고 선언하기 전에 통계적 학습 가설의 몇 가지 가능한 제한 사항을 고려해 보아야 한다. 경기 심판을 위해, 충분성과 필요성 측면을 테스트해 보자. 충분성의 기준은 특정 전 략을 단독으로 사용했을 때 이것이 분절 문제를 해결하는 데 충분한가이다. 필요성의 기준은 좀 더 엄격하다. 즉, 문제를 해결하기 위해 특정 전략이 반드시 사용되어야 하는가를 묻는다(또한 이 전략 은 문제를 해결하는 데 충분하다는 상정을 한다).

영아들을 대상으로 한 통계적 학습 실험은 대체로 매우 엄격한 통계적 특성을 가지고 있는 매우 단순화된 미니 언어를 사용한다. 예를 들어, 음절 간 전환 확률이 '단어'에 대해서는 1.0으로 설정되고, '단어' 경계를 가로지르는 음절 쌍에 대해서는 0.33으로 설정된 언어를 사용한다.[16] 하지만 자연 언어에서는 음절 간 전환 확률이 훨씬 더 다양한 범위를 가지고 있으며, 대다수의 경우 전환 확률은 1.0보다 훨씬 낮다. 연구자들은 자연 언어의 학습을 시뮬레이션하기 위해 수학적 모델을 사용하는데, 이때 실제 IDS 샘플을 사용하여 시뮬레이션 학습자를 훈련시킨다(Yang, 2004; R. Frost et al., 2019도 참조). 만약 모델이 전환 확률에만 의존해야 하는 경우, 이 모델은 정확한 말소리 분절에 실패한다. 그러나 모델에게 운율에 대한 두 가지 간단한 가정(각 단어는 하나의 강세 음절을 가지고 있으며, 두 음절에서 우세한 패턴은 강–약 강세임)을 제공하면, 모델은 7개월 된 영아와 같은 정확도로 분절 선택을 해낸다. 이 결과는 영아들이 자연 발화된 말소리를 분절하는 방법을 배우기에 통계적 학습 전략이 충분한가에 대하여 의문을 제기한다(그리고 이 전략이 충분하지 않은 것이라면, 이것은 필요할 수도 없게 되는 것이다; Swingley, 2020에서 반대 의견을 확인할 수 있음).

모델링 작업 자체가 시사하는 바는 있지만 정말 필요한 것은 실제 언어에서처럼 다양한 전환 확률을 포함하고 있는 낯선 언어를 사용하여 영아를 대상으로 통제된 실험을 하는 것이다. 이와 같은 연구는 아직 수행된 적이 없으나, 어떤 실험적 연구는 상당한 시간(10시간) 동안 낯선 운율 패턴을 가진 어떤 언어에 노출된 경우에도 영아들은 이 언어를 분절할 수 없다는 것을 보여 준다(Jusczyk, 1997). 영아들이 익숙한 운율적 패턴(예: 영어와 네덜란드어)을 가진 낯선 언어를 최소한의 노출 후에 분절하지만, 익숙하지 않은 운율 구조(예: 영어와 중국어)를 가진 언어에 대해서는 분절하지 못하는데, 이것은 통계적 정보보다는 운율이 원인임을 시사한다. 네덜란드어 음절의 전환 확률이 중국어보다 높은 양상을 보일 수는 있지만(연구를 통해 아직 밝혀진 바는 아니다), 그것이 아니라면 적어도 실제 자연 발화의 확률 정보와 유사한 정보가 제공될 경우, 적어도 9~10개월 된 영아들에게는 어떤 음절이 다른 음절에 뒤따라 올 확률 정보의 가용성보다 운율 단서의 가용성이 단어 분절화 능력에 더 큰 기여를 한다고 생각할 수 있겠다.

다른 연구들은 통계적 학습이 분절화에 필수적이지 않을 수 있다고 제안한다. (공정하게 말하자면, 통계적 학습 실험의 결과 또한 단어 내 음절 간의 전환 확률이 높을 경우 영아들의 말소리 분절에 다른 전략들이 불필요할 수 있음을 시사한다.) 단일 단어 전략 및 운율 분절 전략은 유창한 말소리에서 적어도 일부 단어들을 성공적으로 식별하는 데에는 충분해 보인다. 또한 앞서 검토한 언어 간 분절에 대한 실험(Houston et al., 2000)은 영아들이 해당 언어에서 단어를 식별하기 위해 이 언어에서 어떤 음절들이 자주 함께 발생하는지에 대해 알고 있을 필요가 없다고 말한다. Houston 등(2000, p. 507)은 "유창한 말소리에서 익숙한 단어를 추출하는 능력은 입력되는 말소리의 음성 구조로부터 독립적이다."라고 말한다. 몇몇 통계적 학습 실험들은 높은 전환 확률이 인공 미니 언어의 중요한 구성 요소들을 식별하는 데 필수적이지 않음을 시사하기도 한다(Saffran, 2002). 일부 실험에서는 높은 전환 확률이 있는 미니 언어에 노출된 학습자와 전환 확률이 훨씬 낮은 미니 언어에 노출된 학습자 간의 수행에 큰 차이가 없었다. 다른 실험(예: Mirman et al., 2008의 실험1)에서는 학습자들이 1.0의 높은 전환 확률을 가진 '단어'를 분절해 내기 전에 전환 확률이 0.33으로 낮은 배열로 구성된 '단어'를 먼저 분절해 낸다는 것을 보여 주었다.

중간 요약

　영아들은 단일 단어 발화를 듣고 새로운 단어를 학습할 수 있을까? 할 수 있는 것 같다. 영아들은 언어의 운율적 패턴에 주의를 기울임으로써 새로운 단어를 학습할 수 있을까? 그런 것처럼 보인다. 영아들은 언어의 통계적 규칙성을 탐지하고 이를 사용하여 언어의 중요한 구성 요소들을 식별할 수 있을까? 그런 것처럼 보인다. 영아가 우둔하다고만 가정하지 않는다면, 화자들이 제공하는 사용 가능한 정보들을 영아가 활용할 능력이 없다고 믿을 이유가 없다. 따라서 영아들은 분절 문제를 해결하기 위해 다양한 단서들에 의존한다고 결론 짓는 것이 가장 안전하다. 이 결론은 실제 영아들에 대한 실험에 의해 지지되며, 학습 과정에 대한 수학적 모델링 또한 여러 단서에 주의를 기울이는 것에 대한 이점을 보여 준다. 유려한 아동 지향 말소리에서 신경망이 단어를 정확하게 식별하려고 할 때 여러 단서를 사용하면 이 네트워크는 훨씬 정확해진다(Bagou and Frauenfelder, 2018; Christiansen et al., 1998). 하나의 단서만으로는 도움이 되지 않을 수 있지만, 동일한 단서가 다른 단서와 결합될 때 그 사용 가치는 급격하게 상승할 수 있다. 훌륭한 과학자들처럼 영아들은 단 하나의 편협한 전략을 추종하기보다는 유연하고 실용적인 학습자인 것 같다. 영아들은 똑똑하므로 만약 어떤 단서가 제공된다면 그 단서를 활용하여 학습하는 방법을 찾아낼 가능성이 크다.

단어 의미 학습

> 아이들은 대략 12개월이 되면 단어를 말하기 시작한다. …
> 만약 우리가 60,000개라는 다소 보수적인 추정치를 고수한다면,
> (이것은) 고등학교 마지막 날까지 하루에 약 10개의 새로운 단어에 해당한다.
>
> -Pau Bloom, 『How Children Learn the Meanings of Words』

　아이들은 매우 효율적인 어휘 학습자다. Paul Bloom이 "그들은 명시적인 훈련이나 피드백 없이도 이런 업적을 달성한다."라고 언급한 것처럼 말이다(Bloom, 2000, p. 26). 유창한 말소리를 단어 크기의 소리 덩어리로 나누는 것은 영아들이 모국어를 마스터하는 길에 도움을 주지만, 효과적으로 소통하기 위해선 말소리에서 뽑아낸 그 소리 덩어리(단어)를 개념과 연결시켜야 한다. 여전히 모국어의 음운 체계를 마스터하는 중인 14개월 된 아이들은 소리와 의미를 연결하는 데 어려움을 겪는다. 그러나 언어 학습에 더 많은 시간을 보내고 유사한 말소리를 구별하는 능력이 향상될수록 이들의 단어 학습 능력도 향상된다(Fisher et al., 2001; Mills et al., 2004; Stager and Werker, 1997). 대부분의 영아들은 첫 50개 단어를 배우는 데 약 18개월이 걸린다(일상생활에서 얼마나 많은 단어를 말했는지로 측정). 그 이후 영아들은 새로운 단어의 의미를 배우는 속도가 급격하게 증가하는 '어휘 폭발(word spurt)'을 경험하게 된다(McMurray, 2007). 영아들의 어휘 학습 능력 중 가장 놀라운 점은 이들이 단어를 몇 번 듣는 것만으로도 새로운 단어 의미를 추론해 낼 수 있다는 것이다. 좀 더 연령이

높은 아이들은 단어를 한 번만 듣고도 단어 의미를 유추할 수 있다.

이러한 놀라운 추론 업적을 이루기 위해서 아이들은 일련의 심각한 도전들을 극복해야 한다. 자극의 부족(poverty of the stimulus) 문제는 큰 장애물 중 하나이다(Brown, 1957; Quine, 1960). 단어 학습에서 자극의 부족은 아동이 한 단어에 대해 단 하나의 의미를 식별하는 데 필요한 정보를 환경이 제공해 주지 않음을 의미한다. Quine이 당신에게 토끼가 있는 먼 외지 땅을 여행하고 있다는 상상을 하라고 요구한다. 어느 날 아침, 당신과 현지 가이드는 길을 가로 질러 달리는 토끼를 만난다. 당신은 그 토끼를 가리키며 "저게 뭐예요?"라고 물었고 현지 가이드는 "gavagai"라고 답했다. 당신은 gavagai가 '토끼'를 의미한다고 가정할 수는 있겠지만 이러한 가정이 틀릴 수도 있다. 가이드는 실제로 '털' '긴 귀' '포유동물' '토끼목' '지상' '달리기' '우리에게 등을 돌린 어떤 것' '뱀은 아님' '그 놈은 빠르다' '맛있다' '낮은 포만감' 중 하나를 말하고자 했을지 모른다. 어쩌면 가이드는 "뭐라고요?"라고 말했을 수도 있다. 즉, gavagai 표현에 대해 특정 해석을 가능하게 하거나 제외시킬 수 있는 것이 아무것도 없는 것이다. 이 문제는 kangaroo라는 단어가 영어에 들어온 방식을 설명하는(틀릴 수도 있는) 전설에서 잘 드러난다. 이 전설에 따르면 처음 몇 명의 영국인들이 호주의 오지에서 캥거루를 만났고 지역 원주민 가이드에게 "저게 뭐예요?"라고 물었다. 가이드는 그들의 언어에서 "모르겠어요."를 뜻하는 kangaroo를 말했다고 한다.

그렇다면 가여운 영아는 무엇을 해야 할까? 언어 습득에 관한 일반 사람들의 이론 및 행동주의 이론은 아동이 가리키고 말하기라는 언어 게임을 통해서 단어 의미를 배운다고 가정한다(Bloom, 2000; Clark, 2009; Skinner, 1957).[17] 가리키고 말하는 방법을 사용하는 부모는 손가락으로 무언가를 가리키고 "토끼!"와 같은 소리를 낸다. 아동은 부모가 가리키는 대상을 보고 소리를 그 대상과 연결시킨다. 실제로 어린 아이들의 어휘 목록에 있는 명사들은 대개 개, 고양이, 공처럼 구체적인 대상을 지칭하는 것들이기 때문에 말하기 게임의 대상이 될 수 있다(Brown, 1957). 그러나 Quine 분석에 따르면, 가리키고 말하기만으로는 화자가 의도한 의미를 아동이 추론하기에 충분한 정보가 제공되지 못한다.

아동이 단어의 의미를 배우려면 어떻게든 가능한 의미들의 범위를 좁혀야 한다. 아이가 물체 이름을 찾을 수 있는 성공적인 전략을 찾아냈다고 하더라도 그들이 배워야 할 많은 단어들은 구체적인 대상을 가리키지 않는다. 우유나 **플라스틱**과 같은 물질에 대한 단어나 사고와 같은 처리 과정에 대한 단어는 가리킬 대상이 없다. 또한 아동이 최초에 발화하는 단어들 중에는 상응되는 형체가 없는 **안녕, 잘가**와 같은 사회적 상호작용에 관한 것들도 있다. 이러한 단어들을 아이들이 어떻게 배울까? 마지막으로, 만약 가리키고 말하기가 어휘 학습의 주된 메커니즘이라면, 시각장애를 가진 아이들이 단어 의미 학습에서 크게 불리할 것으로 예상되지만 그들은 다른 아이들과 비슷한 속도로 학습한다(Landau and Gleitman, 1985).

동사와 같은 행동을 가리키는 용어는 어떨까? 가리키고 말하기 가설은 아동이 어떤 대상을 보는 동시에 라벨을 듣기 때문에 단어를 배운다고 가정한다. 그러나 사람들이 어떤 행동을 수행하는 동시에 그 행동에 라벨을 붙이는 경우는 드물다(Fisher et al., 1991; Gleitman and Gleitman, 1997). 음료를 마시는 동안에 나는 음료를 마시고 있어라고 말하지 않는다. 문을 닫는 동안에 나는 **지금 문을 닫고 있어**라고 말하지 않는다. 행위 동사인 추격하다(chase)와 도망가다(flee)는 더욱 까다로운데, 왜냐하면 추격하는 모든 사건은 도망가는 사건의 예이기도 하기 때문이다. 누군가가 추격하는 동안 누군가 도망가고, 그 반대도 마찬가지다(Fisher et al., 1991; Gleitman and Gleitman, 1997). 누군가가 추격이 (그리고 도망이) 진행되는 특정한 광경을 가리키면서 **블리켓**이라고 말한다면 아동은 블리켓을 추격하다 또는 도망가다 중 무엇으로 해석해야 하는지 어떻게 알 수 있을까? 추격과 도망이 둘 다 동시에 진행 중이고 단어 블리켓의 의미는 아동이 이 사건을 관찰하는 시점이 아니라 사건에 대해 말하고 있는 사람의 관점에 의해 결정되는 것이다.

언어 발달에 대한 수많은 연구들은 아동이 어떻게 단어 의미를 좁혀나가고, 어떻게 해당 언어를 아는 모든 사람들이 사용하는 표준적인 의미와 매우 유사한 의미를 찾아내는지를 파악하기 위해 노력하였다. 이 비결을 이해하기 위해서는 아동이 단어의 의미를 배우는 데 있어서 가리키고 말하기 전략이 유일하거나 또는 가장 중요한 전략이라는 생각을 버리는 것으로 시작해야 한다. 대안은 무엇인가? 부족한 자극의 문제에 대한 한 가지 해결책은 아동이 명사, 동사와 같은 선천적인 범주를 가지고 있으며 모국어의 단어들로 이러한 범주를 채우려 한다고 보는 것이다. 이 유전적으로 유도된 학습 가설에 따르면, 아이들은 말소리에서 두드러진 특징이 있는 부분들을 주시하고 그것들을 명사 또는 동사로 시도해 봄으로써 이 범주들을 특정 단어들로 채워간다(Pinker, 1984, 1994b, 1996). 이 접근 방식은 gavagai에 대한 여러 해석들(행동 또는 복잡한 관계와 관련된 해석들)을 제거해 주긴 하지만 아동을 최종 목적지까지 데려다주지는 못한다. 예를 들어, 아이가 대상을 가리키는 것으로만 의미를 고려한다 하더라도, gavagai는 동물, 포유류, 쥐 또는 토끼일 수 있다. gavagai는 Flopsy나 Peter처럼 어떤 특정 토끼를 지칭하는 고유명사일 수도 있다. 이 문제를 해결하기 위해 아이들은 각각의 gavagai의 사례들을 gavagai가 언급되었던 맥락에 대한 일화 기억들과 함께 기억에 저장한다. 이러한 방식에 따르면, 만약 아동이 개, 고양이, 말을 보는 상황에서 gavagai가 발화됐을 경우 아동은 **토끼** 및 **플롭시**(Flopsy)[1]로의 해석은 제외시키되 **동물** 또는 **포유류**와 같은 해석은 더 가능한 것으로 받아들일 것이다.

유전적으로 유도된 학습 가설에 대한 대안은 일반적인 학습 및 기억력에 관심을 둔다. 이러한 접근 방식에 따르면 아동은 단어 학습에만 작동하는 특수한 메커니즘을 가지고 있기보다는 언어로 전달되는 정보를 알아채고 기억하는 일반적인 능력이 있다(Markson and Bloom, 1997; Novack et al., 2021; Swingley and Fernald, 2002). 학습 및 기억에 대한 연구에 따르면, 아동과 성인 모두가 언어로 전달된 정보를 다른 수단으로 전달된 정보보다 훨씬 더 잘 기억하는 것 같다. 예를 들어, Markson과 Bloom의 연구에서 아동과 성인 참가자에게 일련의 물체들을 보여 주었다. 그중 하나에 대해 그것 이름은 **코바**이고 연구자의 삼촌이 연구자에게 준 것이라고 말했다. 이 물체에 대한 두 가지 사실은 모두 임의적으로 만들어진 것이며 언어를 사용하여 전달되었다. 다른 조건의 실험참가자들에게도 동일한 물체들을 보여 주었고, 그중 하나의 물체에는 스티커가 붙여져 있었다(이것의 이름 및 이것이 어디에서 왔는지에 대해서 말하지 않았다). 1개월 후, 언어적으로 지식을 전달받은 조건(코바 및 삼촌 조건)의 아동과 성인 참가자들은 이 임의의 지식들이 어떤 물체와 관련되어 있는지 기억해

---

1) 역자 주: 『플롭시 버니 이야기(The Tale of Flopsy Bunnies)』는 1909년 베아트릭스 포터가 쓴 아이들용 책

냈다. 하지만 스티커 조건의 참가자들은 스티커가 어떤 물체와 관련된 것인지 기억하지 못했다. 이 결과는 새로운 단어를 배우는 것은 언어로 전달되는 새로운 임의의 사실을 배우는 것과 동일한 정신적 장치를 사용하며, 단어 학습이 특수화된 메커니즘에 의존하지 않는다는 것을 의미할 수 있다. 그러나 왜 언어가 다른 방법들보다 임의의 정보를 전달하는 데 더 효과적인지에 대한 설명은 추가 연구를 필요로 한다.

자극의 질적인 부족을 극복하기 위해 아동은 새로운 단어의 의미로써 가장 일반적인 해석을 우선적으로 가정해 볼 수 있다. 가령 '그것'과 같이, 새로운 단어가 마치 모든 것을 의미할 수 있는 것처럼 취급해 볼 수 있다. 반대로, 새로운 단어가 언급되는 상황에서 본인이 주시하고 있던 특정 대상으로만 새로운 단어의 의미를 한정시킬 수도 있다. 가령, 새로운 단어를 고유명사처럼 취급할 수 있는 것이다.

아동은 이 전략 둘 다 사용하지 않는 것으로 보인다. 대신 gavagai와 같은 새로운 라벨을 기초 수준의 범주를 지칭하는 이름으로 취급하는 선천적 편향을 가지고 있는 것으로 보인다(Masur, 1997). 사람들에게 물체를 명명하도록 하면 일반적으로 너무 구체적이지도 않고 너무 일반적이지 않은 레벨을 사용하는 경향이 있다. 이 레벨들은 서로 다른 종류의 물체를 분리하기에 딱 적당할 뿐만 아니라 해당 개념에 속하는 다양한 예시들을 포함하기에도 적당하다. 이 '딱 적절한' 라벨들은 기초 수준의 용어들로 알려져 있으며, 이것은 상위 수준 및 하위 수준 단어들과 구별된다. 예를 들어, [그림 9.2a, b]에 나오는 그림들 하나를 제시한 뒤 그 그림이 무엇인지 물으면, 푸들과 같은 하위 수준 이름이나 포유류 및 동물과 같은 상위 수준 범주의 레벨이 아니라 개와 같은 기초 수준 이름을 사용할 것이다.[18]

아동(및 성인)들은 새로운 단어가 어떤 대상의 일부(물질, 색깔, 또는 물체의 다른 특징들)가 아닌 그 대상 전체를 지칭하는 것으로 취급하는 선천적인 편향을 가지고 있다(Markman and Hutchinson, 1984). 즉, 만약 당신과 아이가 어떤 특정 토끼를 보는데 누군가가 Gavagai!라고 말한다면, 당신과 아이는 gavagai가 (일부가 아닌) 그 전체를 나타내는 단어일 것으로 가정할 것이며, 또한 이 단어가 그 특정 토끼와 물리적으로 닮은 대상들의 범주를 나타내는 기초 수준 용어일 것으로 가정할 것이다.

아이들은 가끔 새로운 단어의 의미를 오해하기도 한다. 아이들이 새로운 단어를 배울 때, 그 용어를 물리적으로 유사한 물체들, 특히 모양이 유사한 물체들을 지칭하는 라벨로 확장하여 사용하는 경향이 있다(Markson et al., 2008).[19] 아이들은 기초 수준 용어를 과잉 확장하여 bunny와 같은 단어를 개와 고양이를 포함한 모든 작고 털이 달린 동물에 사용하기도 한다. 아이들은 본인이 알고 있는 라벨을 언어에 능숙한 성인들이라면 다른 라벨을 부여했을 범주에도 적용하는 과잉 확장을 보인다.[20] 아이들은 때로 용어를 과소 확장하기도 한다. 이 경우에 아이들은 동일한 범주의 다른 구성원에 대해 동일한 라벨을 사용하지 않는다. Bloom(2000)은 한 아이에 대해 보고했는데, 이 아동은 본인의 앞창문을 통해서 볼 수 있는 자동차들만 자동차라고 부를 수 있다고 믿었다. 그 외의 다른 자동차들은 다른 것으로 불렀다. 보고된 또 다른 아이는 어떤 특정 옷장 안에 놓여 있는 신발들만 신발이라고 불릴 수 있다고 여겼다. 이러한 유형의 오류들은 아동의 어휘 산출에서 작은 일부분을 차지하지만, 이것들은 소리와 의미를 일치시키는 것이 사소한 문제가 아니라는 Quine의 주장에 대한 추가 증거가 될 수 있다.

새로운 단어의 의미를 가끔 오해할지라도, 모든 일반 아이들은 결국 다른 사람들과 같은 방식으로 단어를 이해하게 된다. 이 작업을 달성하기 위해, 아이들은 단어의 의미를 식별하고 정제하는 데에 도움이 되는 몇 가지 추가적인 전략들을 이용한다. 이러한 전략에는 상호 배타성 가정(mutual exclusivity assumption) 및 이와 연관된 대조의 원칙(principle of contrast)이 있다(Clark, 2009; Markman and Wachtel, 1988).

상호 배타성은 한 언어에서 두 개의 서로 다른 단어가 정확하게 동일한 의미를 가지지 않는다고 가정하는 것을 포함한다. 아동이 이미 어떤 개념의 이름을 알고 있다면, 이 아동은 동일한 개념을 지칭하는 두 번째 라벨은 거절할 것이다. 상호 배타성 가정을 적용하면 가능한 의미들을 추려낼 수 있기 때문에 아이들은 이것을 사용하여 새로운 단어의 의미를 파악할 수 있다. 만약 gavagai가 '토끼'를 의미한다는 것을 이미 알고 있고 가이드가 어떤 토끼를 가리키며 blicket이라고 말한다면, gavagai와 blicket이 동의어라고 가정하지 않을 것이다. 대신에, blicket이 토끼의 어떤 현저한 부분(가령, 귀), 토끼의 한 종류, 또는 토끼의 다른 어떤 현저한 특성(가령, 귀여움)을 지칭할 가능성에 대해 고려할 것이다. 실험실에서 아이들에게 어떤 낯선 물체에 주의를 기울이도록 하면서 두 개의 새로운 이름을 가르쳐 주면, 아이들은 첫 번째 이름이 이 물체 전체를 나타내는 것으로 해석하고 두 번째 이름은 이 물체의 어떤 현저한 부분을 나타내는 것으로 해석한다. 좀 더 연령이 높은 아동들(3~4세)에게 어떤 대상의 부분을 지칭하는 새로운 단어를 소개할 때 그들의 부모들은 명시적으로 대조를 제공해 주곤 한다(Saylor et al., 2002). 가령, 성인이 토끼 캐릭터를 가리키면서 **"토끼 봤니? 이것은 그의 귀란다."**라고 말할 수 있다. 그러나 이러한 명시적인 지시가 아이들에게 필요하지 않다. 그 이유는 아이들이 자발적으로 대조의 원칙을 적용하여 물체의 하위 구성 요소(예: 귀) 및 물체의 물질(예: 나무, 모조가죽, 접착 테이프)의 의미를 추론하는 것 같기 때문이다.

대조의 원칙은 특정 개념에 한 개 이상의 라벨이 적용될 수 있을 때 단어를 어떻게 조직하는지에 대한 학습에 도움을 준다(Clark, 2009). 상호 배타적 가정과 마찬가지로 대조의 원칙은 두 개의 라벨이 동일한 물체에 적용될 수 없다고 말한다. 하지만 만약 그런 경우라면, 두 라벨 간에 어떤 의미적 차이가 있어야 한다고 말한다. 예를 들어, **개, 포유류, 동물** 단어 모두는 같은 대상(개)에 대해 적절하게 적용될 수는 있지만 그 의미가 동일하지는 않다. 발화자의 정확한 용어의 선택은 발화자가 강조하려는 특정 개념이 무엇이며 명명되는 대상에 대한 발화자의 입장이 무엇인지를 반영한다. 만약 발화자가 특정 개에 대해 **포유류**라는 단어를 선택했다면, 이것은 포유류 범주에 속하는 다양한 구성원들과 이 개 간의 유사성에 주의를 주기 위함일 것이다. 만약 발화자가 이 개에 대해 **개**라는 단어를 사용했다면, 이것은 다른 종류의 애완 동물과 이 개 간 차이점에 주의를 주기 위함일 것이다.

만약 아동에게 대조의 원칙이 없었다면, 아이는 **개, 포유류, 동물**이 서로 호환이 가능한 단어라고 가정할 수 있을 것이다. 게다가, 아이가 특정 강아지를 보면서 **포유류**라고 말할 때 그 누구도 이 아이의 발화를 고쳐주지 않을 것이다. 만약 누군가가 **"아니, 이것은 포유류가 아니라 개야."**라고 말한다면 이것이 정말 이상할 것이다. 대조의 원칙이 없다면, 아이들은 새로운 단어가 이미 알고 있던 단어의 동의어라는 가정을 할 수도 있을 것이다. 물론 아동은 이러한 실수를 범하지 않는다. 실험실에서 아이들은 대조의 원칙을 적용하여 신속하게 새로운 단어 의미를 파악했다(Markman and Wachtel, 1988). 아이들에게 익숙한 물체(예: 숟가락)와 익숙하지 않은 물체(예: 거품기)를 보여 주면서 누군가가 새로운 단어를 사용하여 "fendle을 갖다 주세요."라고 말하면, 아이들은 익숙하지 않은 물체를 집는다. 이것은 아이들이 새로운 단어를 익숙하지 않은 물체와 연결시켰다는 것을 보여 준다. 이것은 아이가 "여기 두 개의 물체가 있어요. 나는 그중 하나가 숟가락으로 불린다는 것을 알고 있지만, 다른 것은 뭐라고 부르는지 모르겠어요. 나는 fendle을 가져와야 해요. 숟가락은 숟가락이라고 불리고 fendle은 숟가락이 아니기 때문에 fendle은 이 새로운 물체의 이름이어야 해요."라고 생각을 한 것과 같다.

단어의 의미 학습에는 소리와 개념을 연결 짓는 과정이 포함되기 때문에, 아이들이 단어의 의미를 배우기 위해서는 그 단어가 지칭하는 개념에 대한 어느 정도의 이해가 필요하다. 따라서 아동이 할 수 있는 생각의 종류들은 이들이 새로운 단어를 배우는 과정에 영향을 미친다. 아동의 지각 시스템은 세계를 별개의 물체들로 분리하고, 아동은 이러한 물체들이 어떻게 작동해야 하는지에 대한 직관적인 개념을 가지고 있다(Aguiar and Baillargeon, 1999; Hespos et al., 2009). 아이들이 일찍이 물체에 대한 상당한 지식을 가지고 있기 때문에, 물체들의 이름을 다른 유형의 개념을 지칭하는 이름들보다 먼저 배울 것이라는 예측을 할 수 있다. 물체 이름은 주로 또는 독점적으로 명사이기 때문에, 물체들 간 관계 또는 물체와 사건 간 관계에 대한 정보를 주로 전달하는 동사 및 다른 종류의 단어들보다는 명사를 아동들이 먼저 배울 것이라고 예측할 수 있다. 따라서 일부 연구자들은 어른들이 아이들에게 어떻게 말하는지에 관계없이 초기 단어 학습자들에게서 명사 편향이 나타날 것이라고 믿는다.

영어의 특성들은 IDS에서 명사를 상대적으로 돋보이게 만들어 준다. 이탈리아어, 일본어 및 중국어를 포함한 다른 언어에서는 명사의 빈도가 훨씬 낮고 명사가 IDS에서 덜 중요한 곳에 위치한다(Caselli et al., 1999). 명사와 동사의 상대적 빈도 차이가 서로 다른 문화권 아동들이 명사와 동사를 서로 다른 속도로 학습하는지를 설명해 주는가? 만약 개념이 단어 학습에 선행하는 것이라면, 명사 편향은 영어와 마찬가지로 이탈리아어, 일본어 및 중국어에서도 관찰되어야 할 것이다. 만약 얼마나 자주 현저한 위치에서 단어가 나타나는가가 단어 학습에 영향을 미치는 것이라면, 서로 다른 문화의 아이들은 명사와 동사를 서로 다른 속도로 학습해야 할 것이다.

일부 연구는 IDS에서 동사가 명사보다 돋보이는 언어일 경우, 아동들이 명사보다 동사를 빠른 속도로 학습한다고 주장한다(Fernald and Morikawa, 1993; Tardif et al., 1999, 1997). 그러나 명사에 비해 동사 학습이 더 빠름을 보여 준 연구들은 관찰 기간이 짧고 단어의 발화를 유도하기 위해 사용된 과제들이 제한적인 경향이 있다. 자연 관찰법이나 부모의 보고법을 사용하는 연구들은 아동의 어휘를 구성하는 명사와 동사의 상대적인 비율에서 언어들 간에 큰 일관성이 있음을 보여 준다. 명사와 동사가 강조되는 정도가 서로 다른 여러 언어들을 대상으로 한 대규모의 교차 언어 연구들이 진행되었다. 이 연구들에 따르면 영유아의 초기 어휘에서 명사가 동사보다 더 큰 백분율을 차지한다(Bornstein et al., 2004; Setoh et al., 2021). 이 문제에 대해 명확한 결론을 내리기 위해서는 더 많은 연구가 필요하겠지만, 초기 단어 학습에서 명사 편향은 일반적인 특성인 것 같으며 개념적 발달이 어휘 발달을 이끌어 낼 가능성은 여전히 타당해 보인다.[21]

단어 학습은 사람들이 말을 할 때 어떤 개념들을 언급하고자 하는 의도를 가진다는 것, 다시 말해, 지시적 의도(referential intent)를 가진다는 것을 추론하는 것도 포함한다. 다른 사람들이 나의 생각과는 다른 생각을 가질 수 있으며 그들이 그들의 생각을 나에게 전달하려 할 수 있다는 것을 알아차리는 것이 마음 이론(theory of mind)이다. 자폐증이 있는 아이들을 포함하여 일부 아이들은 마음 이론의 몇몇 측면이 부족하다. 그 결과 그들은 때로 소리와 의미를 부적절하게 연결한다(Bloom, 2000). 다른 아이들, 예를 들어 윌리엄즈 증후군을 가진 아이들은 일반적인 지능에 큰 결핍이 있지만 마음 이론은 온전한데, 이 아동들은 다른 보통의 아동들과 유사하게 단어와 의미를 연결하는 것으로 보인다.

다른 사람들이 개인적인 생각을 가지고 있고 말을 통해 그 생각을 전달하려고 한다는 점을 아는 것 외에도, 아이들은 다른 사람들의 정신 상태와 능력의 세부적인 측면들을 추적해서 단어에 의미를 할당할 때 그 정보를 사용하는 것으로 보인다. 아이들은 화자가 어디에 주의를 기울이고 있는지를 관찰할 수 있고 그 지식을 활용하여 화자가 말할 때 어떤 물체를 지칭하고 있는지에 대해 추론한다(Baldwin et al., 1996). 하지만 아이들이 단순하게 화자가 바라보는 곳을 보면서 새로운 단어가 그곳에 위치한 어떤 것을 지칭하는 것이라고 가정하는 것은 아니다. 아동에게는 두 개의 물체가 모두 보이지만 화자에게는 그중 하나만 보이는 상황에서, 화자가 화자에게 보이는 물체를 바라보고 있더라도 화자에게 보이지 않는 물체를 지칭하기 위해 화자가 새로운 단어를 사용할 수도 있음을 아동은 알고 있다(Nurmsoo and Bloom, 2008). 아동들은 또한 정보의 원천으로 화자의 일반적인 지식과 신뢰성에 주목한다(Birch and Bloom, 2002; Sabbagh and Baldwin, 2001). 어떤 화자는 다른 화자보다 지식이 더 많은데, 이것은 어떤 화자가 다른 화자보다 단어의 의미를 더 잘 알고 있을 가능성이 높음을 의미한다. 아이들은 새로운 단어 학습에 이 점을 사용한다(Birch et al., 2008). 이들은 새로운 물체를 명명한 사람이 아동일 때보다는 성인일 때 더 신뢰한다. 또한 아이들은 과거에 믿을 만했던 화자들에게 더 큰 주의를 기울인다. 만약 누군가가 이미 아동이 알고 있는 물체에 잘못된 명명을 하고 그다음 새로운 물체를 명명하면, 아동은 이 사람이 말한 것을 새로운 물체의 라벨로 채택하지 않을 것이다. 이 모든 결과들은 아동이 소리를 맹목적으로 물체와 연관시키지 않는다는 것을 보여 준다. 아동들은 정교한 추론을 수행하며, 새로운 어휘를 습득할 때 여러 가지 요소를 고려한다.[22]

통사적 자동 처리

아동들은 명사의 의미를 파악하기 위해 사용할 수 있는 도구들을 많이 가지고 있다. 하지만 동사는 어떨까? Cindy Fisher와 Leila Gleitman은 동사가 명사보다 복잡한 개념을 전달하기 때문에 아동이 명사보다는 동사의 의미를 학습하는 데 더 큰 어려움을 겪을 수 있다고 말한다. 명사는 구체적이고 직접 관찰 가능한 속성을 지칭할 수 있지만, 동사를 이해하려면 사건에 대한 발화자의 관점을 이해해야 한다(Fisher et al., 1991; Gleitman and Gleitman, 1997). 오리가 토끼를 쫓는 사건을 목격했을 때 발화자가 행위자에 주목해서 'The duck blickets the rabbit.'으로 말할 수 있는데 이 경우 blicket은 '쫓다'를 의미한다. 발화자가 토끼에 주목하여 'The rabbit blickets the duck.'이라고 말했다면, 여기서 blicket은 '도망가다'의 의미다. 지목하고 말하는 방법은 여기서 동사가 **쫓다**와 **도망가**다 중 무엇을 의미하는 것인지 아동에게 알려주지 않는다. 발화자가 어느 관점을 취하고 있는지에 대해서 사건의 맥락이 충분한 정보를 제공하지 못하기 때문이다.

이러한 자극의 빈곤 문제를 극복하기 위해 아이들은 구문적 단서에 주의를 기울일 수 있다. 이 가설은 통사적 자동 처리(syntactic bootstrapping) 가설의 핵심을 이룬다(Brown, 1957; Fisher, 1996; Gleitman, 1990; 반대 주장에 대해서는 Pinker, 1994a 참조).

발화의 구문적 특성은 여러 가지 방법으로 의미 추론을 지원할 수 있다. 첫째, 발화의 구문적 속성은 새로운 단어가 명사인지 동사인지를 아동이 알 수 있도록 도울 수 있다. 생소한 도구를 사용하여 천을 자르는 사진을 보면서 'In this picture, you can see sibbing.'을 들으면, 아동은 sibbing이 동사이며 자르는 동작을 나타낸다고 추론한다.[23] 아이들이 'Can you see a sib or some sib?' 문장을 듣는 경우, 이들은 새로운 단어가 명사임을 추론한다. 발화의 구문적 속성들은 명사가 무엇인지에 대한 추가적인 단서를 제공한다. 명사는 가산 명사 범주로 분류될 수 있는데, 이 경우 구성 요소들을 개별 항목으로 셀 수 있다(예: I see a cat은 가능하지만, I see a pile of cat은 불가능). 명사는 불가산 명사 범주에 속할 수도 있는데, 이 경우 구성 요소들을 개별 항목으로 취급하지 않는다(예: I see a pile of dirt는 가능하지만, I see a dirt는 불가능). 새로운 단어가 관사 a 뒤에 따라온다면, 아동은 sib이 셀 수 있는 명사를 나타낸다고 추론하여 그림에서 도구로 추론할 것이다. 새로운 단어가 관사 some 뒤에 오면, 아동은 sib을 불가산 명사로 추론하고 그림에서 천을 선택할 것이다. 즉, 구문은 단어 범주에 대한 단서를 제공할 수 있다.

또한 아이들은 동사의 구문적 속성을 활용하여 동사의 의미를 알아낸다(Fisher, 2002; Fisher et al., 1991; Goksun et al., 2008; Lee and Naigles, 2008; Song and Fisher, 2005; 대안적인 견해에 대해서는 Dittmar et al., 2008 참조). 특히, 아이들은 하위범주화 구조(하위범주화란 특정 문장에서 동사의 동행자가 되는 항목들의 종류와 수를 의미함)에 주목하여 동사의 의미를 찾아나간다. 다음 두 문장을 살펴보자.

(1) She blicked!

(2) She blicked her!

아직 blicked 동사의 의미를 모른다고 하더라도, 문장에서 이 동사가 몇 개의 논항(동행자)과 부가사(선택적 동행자)를 갖는지 알고 있다면 이 동사의 의미에 대해 어느 정도 결론을 내릴 수는 있다. 문장 (1)에서 blicked는 주어 논항(She) 하나만 가지고 있다. 따라서 이 경우 blicked는 자동사(intransitive verb)다. 문장 (2)에서 blicked는 주어 논항과 목적어 논항을 모두 가지고 있으므로, 문장 (2)에서 blicked는 타동사(transitive verb)로 사용됐다.

아이들은 새로운 동사를 해석할 때 타동성에 관한 정보를 사용할 수 있다. 예를 들어, Sylvia Yuan과 Cynthia Fisher의 실험(Yuan and Fisher, 2009)에서, 아이들은 (1) 또는 (2)와 같은 문장을 듣고 난 뒤 한 쌍의 비디오를 봤다([그림 9.3] 참조). 문장 (1)과 같은 자동사 문장을 제시받은 아이들에게 "Blicking을 찾아보세요!"라고 하면 오른쪽 그림을 가리켰다. 반면에, 타동사 유형의 문장을 제시받은 아이들은 왼쪽 그림을 가리켰다. 즉, 아이들은 타동사 구조에 있는 동사는 두 명의 행위자

[그림 9.3] 영아들이 새로운 동사 blicking을 어떻게 해석하는지 알아보는 실험에서 사용된 비디오 스틸 사진. 두 명의 행위자가 동반되는 사건(왼쪽)과 한 명의 행위자가 동반되는 사건(오른쪽).
출처: Yuan and Fisher (2009), Association for Psychological Science

들 간 동작으로 해석하고 자동사 구조의 동사는 단일 참여자의 동작으로 해석한 것이다. 아이들은 구문 구조(타동사 vs. 자동사)에서 얻어낸 정보와 영상에서 제공되는 정보를 통합하여, 한 경우에는 blicking의 의미가 **자신의 팔을 흔들다** 또는 **머리 위로 팔을 흔들다**로 유추하였고, 다른 경우에는 **다른 누군가의 다리를 끌어당기다**로 유추하였다. 하위범주화 정보만으로는 동사의 의미를 구체적으로 명시하기에 충분하지 않은데, 그 이유는 서로 다른 동사가 동일한 하위범주화 가능성을 가질 수 있기 때문이다. 그러나 아이들은 하위범주화 정보와 물리적 환경으로부터 주어지는 정보를 통합하고, 동사를 발화하는 화자의 의사소통 목표 및 정신 상태에 대한 추론까지도 가급적 통합하여 동사 의미를 알아차릴 수 있다.

아이들은 이러한 구문 단서를 어떻게 찾아내는 것일까? Cynthia Fisher와 동료들은 아동들이 사건을 관찰할 때 그 사건에 대한 조직화된 개념적 표상을 구상한다고 제안한다(Fisher, 2002). 누군가가 사건을 설명할 때 아이들은 언어적 단위를 (비언어적으로) 구조화된 개념적 표상의 요소들과 연결시킨다. [그림 9.3]의 왼쪽 그림을 생각해 보자. 이 사건을 지각할 때, 아이들은 그 행동을 착수하는 사람(행위자), 행동을 당하는 사람(피행위자), 행동의 세부 사항에 주목할 것이다. 아이들이 She's blicking her라는 설명을 들으면, 이들은 문장의 주어(she)는 개념적 행위자, 문장의 목적어(her)는 피행위자, 그리고 동사를 행동으로 연결지을 것이다.

Fisher는 문장의 단어들을 사건 표상의 개념들과 연결하는 이 과정을 정렬(alignment)이라고 칭했다. 그녀에 따르면(Fisher, 2002, p. 56), "아이들은 문장의 표상을 해당 장면에 대한 구조화된 개념적 표상과 구조적으로 정렬시킴으로써 구조를 중요시하는 문장 해석에 도달할 것이다." 물론 아동이 she와 her의 차이를 모른다면 이 매핑을 수행할 수 없을 것이다. 그러나 아이들이 비교적 일찍 명사를 인식하기 시작한다는 점을 감안할 때, 명사에 대한 지식이 구문 구조 습득을 도울 것이라는 가정은 타당한 것 같다. 예를 들어, 아동이 [그림 9.3]의 두 젊은 여성의 이름을 알고 있으며 이 두 여성이 참여하는 여러 행동들을 묘사하는 문장들을 들었다면, 이 아동은 사건에 대한 언어적 설명에서 어떤 일관된 패턴을 감지할 수 있을 것이다. 즉, 행위자가 동사 앞에 위치하고 피행위자가 동사 뒤에 위치한다는 것을 알아차릴 것이다.[24] 이러한 종류의 지식은 다른 사람들과 다른 행동들이 언급되는 차후의 발화를 아동이 해석해야 할 때 도움을 줄 것이다.

형태론 및 통사론 지식 습득

고려해 볼 가치가 있는 모든 '학습 이론'은 선천성 가설을 포함하고 있다.

−Noam Chomsky

언어 학습과 사용에 특수화된 인지 능력이 있다.

−Steven Pinker

약 2세에 이르면 아이들은 한 단어 이상의 단어들이 포함된 발화를 생성하기 시작한다. 여러 단어들을 보다 큰 단위로 결합하는 아이들의 능력은 평균 발화 길이(mean length of utterance: MLU)라는 간단한 척도를 사용하여 지수화되곤 한다. 이 측정은 아동이 생성한 한 문장 안에 몇 개의 형태소 또는 단어가 있는지를 계산한다(말소리 흐름에서 휴지를 살펴봄으로써 평가된다). 2세경에 아동은 MLU가 약 1 정도인데, No!나 More! 같은 한 단어 발화를 사용하여 생각을 표현하기 때문이다.

아동이 성장함에 따라 이들의 평균 발화 길이는 꾸준히 증가하며, 아동은 점점 복잡한 생각을 표현할 수 있는 보다 정교한 방법을 발달시켜 나간다. 기술을 습득함에 따라 아동은 언어 사용에 있어서 훨씬 더 자유로워진다. 들었던 것의 일부분을 반복해서 말하는 대신 아무도 이제껏 말하지 않았던 발화를 만들어 낸다. 즉, 아이들은 언어 사용에 있어서 더욱 생산적으로 변해가는 것이다. 성인 언어 기준에 따르면 어린 아이들의 많은 발화가 문법적으로 틀리기도 하지만(예: I want see my bottle getting fix 또는 Mommy I poured you), 또 많은 경우 문법적으로 올바르며(I'm going to show you where Mr. Lion is; Clark, 2009) 이들의 생산 능력은 점점 성인에 가까워진다. 언어 발달에서 중요한 질문 중 하나는 다음과 같다. 문법적인 구와 문장을 형성하는 데 필요한 기술을 아동이 어떻게 습득하는가? 즉, 성인과 같은 수준의 모국어 문법에 관한 지식을 어떻게 습득하는가?

이 질문에 답하기 위해서는 아동 학습자가 사용할 수 있는 입력 및 아동의 발화와 이해 능력을 자세히 분석해야 한다. 이 연구는 여러 다양한 유형의 지식과 기술에 중점을 둘 수 있다. 체계적인 토론을 위하여 아동이 습득하는 세 가지 유형의 문법적 지식(단어 범주, 형태론, 구 구조)을 살펴보고자 한다.

다양한 언어에는 다른 종류의 단어 범주가 있다. 예를 들어, 어떤 언어에는 형용사가 없을 수 있다(Stoll et al., 2009). 따라서 언어를 배우는 아동은 해당 언어에 어떤 범주가 있는지, 그리고 단어들이 이 범주 체계에서 어디로 배정되는 것이 적합한지를 배워야 한다. 게다가 이러한 단어 범주가 구와 문장 안에서 어떻게 표현되는지도 배워야 한다. (영어와 중국어처럼) 동사는 목적어 앞에 오는가, (일본어와 같이) 뒤에 오는가, 아니면 (러시아와 같이) 어순이 유연한가? 아동은 단어 범주가 구 내에서는 어떻게 조직되는지 또한 배워야 한다.

단어 범주 및 구 조직을 알아내는 것 외에도 아이들은 단어가 취할 수 있는 다양한 형태, 즉 형태론도 배워야 한다. 형태소를 활용한 표식은 언어에서 여러 중요한 역할을 하며, 언어들은 서로 다른 형태론 체계를 갖추고 있다. 어떤 형태소는 과거형과 현재형(예: walk vs. walked; sing vs. sang)

처럼 의미 차이를 나타내기 위해 사용된다. 형태소는 문장 안에서 단어들 간 관계를 보여 주기도 하는데, 가령 주어와 동사 간 일치(예: The cats were…은 맞지만 The cat were은 틀림) 혹은 프랑스어와 스페인어에서처럼 한정사와 명사 간 일치(예: el burro는 맞지만 la burro는 틀림)가 그 예이다. 또한 많은 언어에서 형태론적 표식은 단어의 격(case)을 식별하는 데 사용되는데, 이는 문장에서 단어가 맡고 있는 문법적, 의미적 역할이 무엇인지를 확인하는 데 도움을 준다(영어에서는 격 표시를 거의 사용하지 않지만 러시아어, 핀란드어, 힌디어 등 다른 언어에서는 격 표시를 널리 사용한다. 영어의 경우 he vs. him, she vs. her, I vs. me와 같이 대부분의 대명사에 격 표시를 하지만 다른 단어들에 대해서는 그렇지 않다). 따라서 언어를 배우기 위하여 아이들은 해당 언어의 형태론적 체계를 정복해야 한다.

마지막으로, 구 구조에 대한 지식은 아이들의 언어 학습에 중요한 측면을 차지하는데, 그 이유는 성인의 문법과 일치하는 방식으로 단어를 결합하는 방법도 있지만 성인 문법과 일치하지는 않더라도 결합 가능한 방법이 있기 때문이다.

아동 언어 습득에 대한 연구는 두 철학과 이론적 틀에 의해 형성되었다. 선천성 접근(nativist approach)은 선천적이고 본능적인 보편 문법이 단어 범주 지식뿐만 아니라 형태론과 구 구조 지식의 습득에도 핵심적인 역할을 한다고 가정해 왔다(Chomsky, 1965; Pinker, 1994a; Wexler, 1998). 즉, 성인의 언어 기술로 발전시키기 위해 필요한 일부 지식을 아이들이 이미 태어날 때부터 가지고 있다는 것이다. Stephen Crain과 그의 동료들은 이를 다음과 같이 설명한다(Crain et al., 2006, p. 31, 강조를 덧붙임).

> 아이들은 보편적 언어 원리와 일련의 매개변수를 가지고 태어난다. 매개변수는 언어 간 차이를 처리해 준다. … 이러한 선천적 언어 매개변수는 인간 언어의 가능한 범위가 어디까지인지를 결정지어 준다. 이 범위는 아동이 탐색할 수 있고, 환경의 영향을 받을 수 있는 공간을 의미하며, 이는 아동이 언어 공동체 성인들의 문법에 대응하는 문법을 찾아 안정화를 이룰 때까지 계속된다.

이 접근법의 장점 중 하나는 범주 지식 및 구 구조와 관련된 자극의 빈곤 문제를 해결해 준다는 것이다. 선천성 학파의 과학자들은 성인 문법에서 허용되는 것이 무엇인지를 빠르고 정확하게 추론하기에는 아동에게 제공되는 입력이 충분하지 않다고 주장해 왔다. 왜냐하면 아동이 듣는 언어에는 완성되지 않은 구와 문장들 및 잘못 발음된 단어들이 한가득 있기 때문이다. 이는 아동이 수많은 비문법적인 표현에 노출됨을 의미한다. 또한 제공되는 입력이 성인 언어와 완벽하게 일치하는 상황이라고 할지라도, 그 입력이 하나 이상의 여러 문법들과 조화를 이룰 수 있지만 아동들은 그 언어가 실제로 기반을 둔 하나의 문법을 늘 채택한다고 선천주의자들은 주장한다.

반면, 심리학적 연구 및 수학적 모델링의 발전에 기반한 일부 과학자들은 보편 문법과 같은 것이 실제로 존재하지 않으며(Evan and Levinson, 2009; Everett, 2016), 아동이 매개변수를 설정하는 방식이 아니라 조금씩 점진적인 방식으로 언어적 지식을 습득하고(Theakston et al., 2002), 아동에게 제공되는 입력이 과거에 가정했었던 것보다 더 체계적이며(Huttenlocher et al., 2007; Stoll et al., 2009), 선천적인 지식이 '심어져 있는' 시스템 없이도 아이들은 단어 범주, 형태론 및 구 구조에 대한 지식을 습득할 수 있다고 주장한다. 이러한 대안적 입장과 모델은 연결주의, 하위 상징적 연산, 통계 학습,

사용 기반 문법 등과 같은 여러 다양한 이름으로 불린다. 이들을 확률적 학습(probabilistic learning)
이라는 이름으로 함께 묶어 보겠다. 이것은 모국어 문법 학습과 같은 복잡한 학습 문제들에 대한 해
결책을 찾기 위해 여러 다양한 정보들을 아동이 기회주의적으로 활용하는 측면을 강조한 것이다.
다음 부분에서는 범주 습득, 형태론, 구 구조에 대한 선천성 접근과 확률적 학습 접근을 비교해 볼
것이다.

단어 범주 지식 습득

언어 과학자들은 아이들의 문법적 범주 지식이 어디에서 비롯되는지에 대한 질문에 대해 엇갈
린 의견을 가지고 있다. 선천주의 전통을 따르는 과학자들은 문법적 범주 지식이 선천적이라고 믿
는다(Chomsky, 1965; Pinker, 1996). 구체적으로, 명사와 동사 같은 문법적 범주에 대한 지식을 태어
날 때부터 가지고 있다고 주장한다.[26] 언어 자극에 노출되면 아동은 그들의 선천적 범주를 구체적
인 단어로 채우게 되며 서로 다른 언어에 노출된 아이들은 입력 자극에 따라 서로 다른 단어 세트
및 서로 다른 범주 세트를 갖게 된다.

범주들은 의미적 자동 처리라는 학습 과정을 통해 채워진다. 의미적 자동 처리에 따르면, 학습은
물리적 대상, 행동하는 사람(행위자), 그리고 행동을 구별할 수 있는 아동의 능력에 기반하며, 이것
은 이 개념들에 대한 언어적 라벨과는 독립적이다. 그다음 아동은 서로 다른 유형의 개념들(예: 물
리적 대상 vs. 행동)을 지칭하는 이름들을 언어 시스템의 서로 다른 구성 요소들(예: 명사, 동사)과 일
치시켜야 하는데, 이것이 어려운 부분이다. 아이들은 '의미적 개념으로 문법적 구성 요소들의 존재
를 확인'하는 방식을 사용하여 이 범주 학습 문제를 해결한다(Pinker, 1996, p. 40). 이 과정이 가끔
오류를 일으킬 수는 있지만, 아동 지향 발화에서 의미적 특성과 추상적인 문법 범주 간의 관계가
충분히 강력하기 때문에 아동 초기 어휘의 상당 부분이 올바른 범주에 할당될 것이다. 이 학습 절
차는 영아가 문장에서 주어(예: The baby), 술어(예: ate), 목적어(예: the oatmeal), 전치사 구(예: with
the spoon)에 해당하는 부분이 어디인지에 대한 지식을 습득할 수 있도록 해 줄 수 있다.

그러나 아이가 상당량의 언어 지식을 갖고 태어난다는 것을 모든 사람이 믿는 것은 아니다. 우선
아이들의 단어 범주에 대한 지식이 성인의 단어 범주에 대한 지식과 중요한 면에서 다를 수 있다.

첫째, 언어를 충분히 경험하기 전까지 아이들은 추상적이고 포괄적인 단어 범주(가령, 명사)를 가
지고 있지 않을 수 있다. Eve Clark는 다음과 같이 말했다(Clark, 2009, p. 167).

> 우리는 [어린 아동]이 성인과 같은 품사를 사용하고 있다고 당연하게 생각한다. 하지만 이 가정
> 은 너무 강한 것 같다. hot + X 또는 big + X와 같은 조합에서 X는 거의 항상 명사다. 아동이 '명
> 사'라는 범주를 이미 갖고 있기 때문이 아니라 이러한 조합에서 표현되는 의미가 X 슬롯에는 지칭
> 할 어떤 대상이 필요하다는 것을 알려준다.

아동이 성인과 같은 명사 범주를 가지고 있다면, 의미있고 타당한 문장이 만들어지는 한 아동은
어떤 명사든 다른 명사로 대체할 수 있어야 할 것이다. 그러나 아이들의 자연스러운 발화를 관찰해

보면, 이들이 단어를 결합하는 방법에 있어서 매우 선택적임을 알 수 있다. 가령, 아동이 강아지라는 단어를 명사 범주의 일원으로 취급하여 이 단어를 다양한 적절한 위치에 배치시키는 것이 아니라, 이 '명사'를 소수의 동사와만 결합시키기 시작한다.

아동이 동사를 사용하는 방식에서도 동일한 현상이 관찰된다. 아이들은 어떤 종류의 동사(예: run이나 play와 같은 동사)에 대해서는 굴절 접사를 붙이지만, 다른 종류의 동사에 대해서는 굴절 접사를 붙이려고 하지 않는다. 아동이 일반적인 동사 범주를 가지고 있고 이 범주에 속하는 모든 구성 요소들 간에는 교환이 문제없이 가능한 것이라고 취급한다면, 모든 동사가 굴절의 대상이 되어야 했을 것이다. 즉, 아동의 범주는 추상적인 문법적 특성(단어의 의미와 관계없이, X 범주의 멤버는 같은 범주의 다른 멤버로 교체될 수 있다; X 범주의 어떤 멤버에서 적용한 것은 X 범주의 다른 모든 멤버들에게도 적용할 수 있다)보다는 구체적인 의미적 특성(예: 사람 vs. 동물, 동작 vs. 상태)에 기반한 것으로 보인다.

둘째, 확률적 학습 접근법은 선천적으로 이미 존재하는 지식이 아동의 범주 지식 발달에 필수적이라는 생각에 도전한다. 이 접근에 따르면, 아이들이 발전시켜 나가는 범주 구조는 이미 결정된 범주 구조에 기반한 것이 아니라 아이들에게 노출된 언어 자극 및 어떤 단어가 특정 맥락에서 사용될 확률에 의해 결정된다(Elman, 1993; Kolodny et al., 2015; MacWinney, 1998 ; Onnis et al., 2008; Waterfall et al., 2010). 이러한 주장을 뒷받침하기 위해, 확률적 학습 지지자들은 아동 지향 발화에서 우세하게 나타나는 간단한 문장 유형들을 입력으로 사용하여 연결주의 모델을 개발했다. 결과는 다양했다. 어떤 모델의 경우, 문장에서 어떤 특정 부분이 제공되면 다음 단어를 예측한다. 다른 모델에서는 동일한 단어를 포함하고 있는 다양한 문장들 간 유사성을 기반으로 문법적 범주의 존재가 추론된다. 이러한 모델들의 중요한 특징은 언어의 구조 학습에 명시적인 피드백이 필요하지 않다는 것이다. 아이들이 문법적인 실수를 했을 때 대부분의 경우 보호자로부터 피드백이나 교정을 받지 않으며, 피드백이나 교정이 주어져도 아이들은 일반적으로 무시한다(Pinker, 1996). 어떤 모델이 아동이 단어 범주 지식을 습득하는 과정과 가장 닮았는지는 아직 해결되지 않은 문제이지만, 이러한 모델의 존재는 단어 범주가 노출되는 언어 자극으로부터 추론될 수 있음을 보여 주며, 이는 언어 학습이 시작되기 전에 범주 지식이 이미 반드시 존재해야 한다는 주장을 약화시킨다.

형태론 지식 습득

이전에 언급했듯이 형태론은 언어 문법 체계의 중요한 구성 요소다. 여기서는 굴절 형태론의 한 측면인 영어 동사의 시제 표식 습득에 중점을 둘 것이다(다른 언어의 형태론 체계 습득은 선천적 지식 vs. 습득된 지식 선상에서 동일하게 분석될 수 있다(예: Gerken et al., 2005; Onnis et al., 2018)).

영어 동사는 시제(tense)와 상(aspect)이 달라짐에 따라 형태가 변한다. 어떤 형태는 주어 명사구의 인칭과 수에 따라서도 달라진다. 현재 시제에서 동사 kick은 1인칭 단수 주어 명사(I kick)일 때 kick의 형태를 보이지만 3인칭 단수 주어(He kicks)일 때는 kicks로 나타난다. 주어 명사의 인칭과 수에 관계없이 과거 시제 형태는 항상 kicked이다(I/we/he kicked). 대다수의 영어 동사는 동일한 접미사(-ed)를 과거 시제에 사용하지만 일부는 그렇지 않다. 성인 영어 화자는 I go라고 말하지만 I goed라고는 말하지 않는다. 대신 I went라고 말한다. Go와 같은 동사는 성인과 아동의 발화에서 빈번하게 나타나며, 이 동사들의 형태론적 특성은 불규칙적이다. Dodge, duck, dip은 규칙적이다. 왜냐하면 이들의 과거 시제 형태는 어간에 접미사 −ed를 붙인 것이기 때문이다. Sing, ring, think, stink은 불규칙적이다. 왜냐하면 이 중 어느 것도 과거 시제가 −ed로 끝나지 않기 때문이다(사람들은 dive는 때로는 dove, 때로는 dived라고 말하기도 하므로 dive는 특이한 경우다.)

질문은 다음과 같다. 아이들이 어떻게 동사의 과거 시제 형태를 학습할까? 어쩌면 아이들은 본인이 알고 있는 동사에 대해 해당 동사의 과거 시제 형태를 독립적으로 암기하는 것일 수 있다. 이 가설은 두 가지 측면에서 문제가 된다. 첫째, 아동이 동사의 과거 시제 형태를 들어야만 그것을 사용할 수 있는 것이라면, 새로운 동사의 과거 시제 형태를 만드는 데 어려움을 보여야 할 것이다. 하지만 4세에서 7세 사이의 아동에게 trink와 같은 새로운 동사를 제시하고 과거 시제 형태를 생성하도록 요청하면 이들은 이것을 쉽게 해낸다. 대부분의 경우 아이들은 think에 적용되는 비규칙적 방식을 사용한 trought 대신, trinked와 같은 규칙적 과거 시제 형태를 발화한다(Berko, 1958). 영어에 어느 정도 노출이 되면, 아동은 과거 시제를 만들려면 현재 시제 어간에 −ed를 추가해야 한다는 절차를 습득하는 것으로 보인다. 이러한 생산 능력은 아이들이 단순히 암기된 형태 이상의 것을 알고 있다는 것을 보여 준다.

두 번째 문제는 만약 아이들이 과거 시제 형태를 암기한 다음 사용할 수 있는 것이라면, 아이들은 오류를 거의 만들지 않아야 한다. 왜냐하면 그들이 입력 자료로 사용하는 언어에는 잘못된 과거 시제 형태가 거의 없을 것이기 때문이다(즉, 성인이 말할 때 rang 대신 ringed를 사용하거나 thought 대신 thinked를 사용하는 경우는 거의 없을 것이다). 2세 전후의 여러 단어 발화 단계의 아동들은 불규칙한 과거 시제 동사에 대해 거의 오류를 보이지 않다가 그 이후 발달 단계(일부 아이들의 경우 약 3세 정도)에서 규칙적 형태를 과도하게 사용하는 오류(예: thought 대신 thinked라고 말하기)가 나타난다. 점차적으로 아이들은 규칙적인 과거 시제 동사와 특별한 과거 시제 형태가 필요한 동사가 구별된다는 것을 배운다. 입력받은 말소리에서 나타나지 않는 형태(thinked, singed, goed)를 만들어 내는 동시에 전혀 들어본 적이 없는 동사에 대해 규칙적인 과거 시제 형태를 생성하는 것은 아이들이 단순히 들은 것은 기억하고 반복하는 것이 아님을 보여 준다.

Pinker의 단어 그리고 규칙 이론은 아동의 과거 시제 형태 사용 및 복수 명사와 소유격과 같은 형태론의 다른 측면을 설명해 준다(Pinker, 2000). 이 이론에 따르면 아동은 단어를 범주화하는 것으로 시작한다. 발달 초기에 동사 범주는 드문드문 채워지고 아이들은 각 동사를 독립된 객체로 취급한다. 언어에 점점 더 노출됨에 따라 동일한 동사의 다른 형태들 간 유사성을 알아보게 되고, 과거 시제는 현재 시제 형태에서 규칙(−ed 붙이기)을 적용하여 생성할 수 있다는 통찰력을 발전시켜 간다. 이 통찰력을 확보한 후 규칙을 모든 동사에 마구잡이로 적용하게 되면서 비규칙 동사조차도 −ed 처리의 대상이 되고 만다. 이 규칙의 과도한 적용 또는 과잉 규칙화로 인한 오류는 아동이 비규칙 동사 형태에 대한 별도의 목록을 장기기억에 형성할 때까지 계속된다.

따라서 충분히 발달된 과거 시제 발화 시스템은 두 가지 구성 요소로 이루어져 있다. 하나는 '현재 시제 어간을 조회한 다음 −ed를 추가하라.'고 말하는 규칙 기반 시스템이다. 다른 하나는 과거 시제 동사를 말하려고 할 때마다 검색을 필요로 하는 예외 단어 목록이다. 예외 동사 목록은 아이들이 각 예외 동사의 사례에 충분히 노출되어야 만들어진다. 단어 그리고 규칙 이론은 아이들이 과거 시제 형태에 대해 U 모양의 학습 곡선을 가지는 이유를 설명해 준다. 처음에는 개별적으로 암기된 형태를 올바르게 복사하다가, 충분한 경험을 통해 현재 시제형과 과거 시제형 간 규칙을 파악한 뒤 이것을 과도하게 사용하여 오류를 만들어 내고, 마지막에는 규칙을 적용할 수 없는 비규칙 동사들의 목록을 만들어 냄으로써 과잉 규칙화 오류를 제거한다.

확률적 학습 접근법의 지지자들은 다양한 이유로 단어 그리고 규칙 개념에 도전하고 있으며, 이로 인해 언어 과학자들은 연구를 위해 밤늦게까지 깨어 있게 된다(Joanisse and Seidenberg, 1999; Seidenberg and Joanisse, 2003; Westermann and Jones, 2021). 아이들이 동사의 과거 시제형을 배워가는 동안 정확하게 어떻게 행동하는지에 대한 설명이 문제의 한 측면이다. 단어 그리고 규칙 접근법은 규칙의 존재에 대한 갑작스러운 통찰력 및 과잉 규칙화의 갑작스러운 시작을 주장하지만 데이터는 이 주장을 지지하지 않는 것 같다.

첫째, 아동 언어 발달에 관한 연구는 종종 데이터가 듬성하다는 문제에 시달린다. 즉, 연구에 참여하는 아동의 수가 매우 적고 참여자들이 언어학자들의 자녀인 경우가 많으며(필요한 세부 기록을 잘 유지할 수는 있지만 관측 편향이 나타날 수 있다), 많은 연구가 아동의 전체 발화 중 매우 일부만 표본으로 추출한다. 더 심각한 문제는 아동이 말하는 맥락과 아동에게 노출되는 언어의 총량이 기록되지 않는다는 것이다. 이 문제는 아동이 규칙을 얼마나 갑자기 적용하기 시작하는가에 답하고자 할 때 더 심각해진다. 아동의 발화가 입력을 기억하고 반복하는 것에 의존할 것이기 때문에 규칙형과 불규칙형이 혼합된 상태에서 시작할 것이고, 규칙이 작동하기 시작하면서 100% 규칙형으로 전환되어야 할 것이며, 그 이후에는 불규칙형 발화가 다시 늘어나 아이들의 전체 발화에서 규칙 형태가 차지하는 비율이 서서히 감소해야 할 것이다. 실제 아동의 발화를 연구해 보면, 몇몇의 동사에 규칙형 과거 시제를 사용하는 것으로 시작해서, 규칙형 과거 시제를 사용하는 비율이 점차 높아지는 양상인 것 같다(McClelland and Patterson, 2002).

확률적 학습 지지자들은 동사 과제 시제 규칙화가 전반에 걸쳐 적용되는 것이 아니라, 특정 의미적 맥락이나 특정 음운적 맥락에서 더 자주 관찰된다는 것 또한 지적한다. 이런 모든 현상들은 단어 그리고 규칙 접근법에 대한 문제를 제기한다. 그럼에도 불구하고 우리에게 타당한 대안이 없다면 우리는 여전히 이 접근법을 지지할 수도 있을 것이다. 그러나 확률적 학습 방식 지지자들은 단어 범주 지식 발달에서와 마찬가지로 영어 과거 시제 형태론에 대한 수많은 연결주의 모델들을 개발했다(Joanisse and Seidenberg, 1999; McClelland and Patterson, 2002; McClelland and Rumelhart, 1985). 이러한 모델들은 정상 발달 아이들에게서 관찰되는 U 모양의 습득 패턴을 포착하는 강점을 가졌다. 이 모델들은 단어 그리고 규칙 접근보다 더 광범위하게 활용될 수 있다는 장점도 있다. 예를 들어, 구현된 연결주의 모델들은 다양한 음운 및 의미 맥락에서 새로운 동사에 대한 아동의 반응을 예측하거나 언어 발달 장애에서 발견되는 형태론적 오류를 설명하는 데 사용될 수 있다.

구 구조 지식 습득

가끔 반론 사례에 직면하는 습득 이론이 습득 이론이 전혀 없는 것보다 나은 것이다.

−Steven Pinker

구가 존재하기 때문에 사건의 구성 요소를 언어적 요소에 연결하여 누가 무엇을 누구에게 행하는지를 전달할 수 있다. 서로 다른 언어는 단어를 다른 방식으로 결합하며 다른 형식을 사용하여 사건의 행위자, 피행위자, 도구 및 다른 역할자들을 나타낸다. 언어를 배우는 아동은 사건과 관련된 생각을 전달하기 위해 구가 어떻게 조직되는지 알아내야 한다.

Eve Clark(Clark, 2009, p. 158)는 아동이 직면하는 도전을 다음과 같이 요약하였다.

> 사건에 대해 이야기를 하고 싶은 아동은 관찰한 것을 분석하여, 본인이 학습하고 있는 언어의 언어적 표현에 적합하도록 해당 장면을 구성 요소들로 분해할 수 있어야 한다. 아동은 행위자 대 피행위자, 장소 대 도구, 수혜자 대 수령자에 대해 어떻게 말할 것인지 알아내야 한다. 아동은 주어와 목적어 같은 문법적 관계를 어떻게 표시할지를 찾아내야 한다. 또한 여러 성분들이 하나의 구성 요소(명사구 또는 술부)에 속한다는 것을 언어에 따라 일치, 인접, 또는 둘 다 사용하여 나타내는데 아동은 이것도 배워야 한다.

문법 학습의 다른 측면들과 마찬가지로 선천주의 및 확률적 학습 접근법은 아동이 어른의 언어에 기대되는 표준에 맞게 단어를 구로 조직하는 데 필요한 기술을 어떻게 습득하는가에 대해 경쟁적인 주장을 제시한다.

구 구조 학습에 대한 선천주의적 관점은 단어를 구로 결합하는 데 필요한 기본 지식이 출생시에 잠재적인 매개 변수의 형태로 존재하고 있다는 주장을 한다. 기본적인 어순(주어를 동사 전에 발화할지, 아니면 동사를 주어 전에 발화할지)은 언어에 따라 다르다. 따라서 '문장의 시작 지점에 주어를 놓는다.'라는 매개 변수는 존재하지 않아도 '주어는 동사 앞이나 뒤에 올 수 있다.'라는 매개 변수는 존재한다. 이 지식으로 무장한 아동은 주변 언어에 주의를 기울여서 해당 언어에서는 주어를 어떻게 동사에 연결시키는지 알아내야 한다.

언어의 다른 특성도 매개 변수에 지배된다는 주장이 있다. 예를 들어, 영어는 문장에서 주어를 정확하게 표현하는 것을 요구한다(예: He ate bananas). 주어가 그 자체의 뜻이 없는 경우에도(예: It rained) 영어는 주어를 표현하도록 한다. 이탈리아어와 같은 다른 언어에서는 암시적인 주어가 있는 문장을 허용한다. Ate bananas는 영어에서 허용되지 않지만, 이탈리아어에서는 문맥을 통해 먹는 사람이 누구인지 명확하게 알 수만 있다면 괜찮다. 이탈리아어를 학습하는 아동들은 '프로-드롭(pro-drop)' 매개 변수를 한 방향으로 설정하고, 영어를 학습하는 아동은 다른 방향으로 설정한다. 선천성 이론가들에 따르면, 언어가 서로 다른 이유는 (단어의 자의성과 더불어) 언어들이 서로 다르게 설정된 매개 변수들의 집합체를 갖고 있기 때문이다.

어떤 잘 알려진 선천주의적 설명(Pinker, 1996)에 따르면, 두 단어 이상으로 된 발화를 산출하기 이전인 매우 어릴 때조차 아이들은 구 구조 형성에 대한 상당한 지식을 가지고 있다. 아이들이 가진 것으로 주장되는 구 구조 규칙은 본질적으로 성인이 가진 규칙과 동일하다. 이러한 아동과 성인 문법 간의 동등성 주장은 연속 가설(continuity hypothesis)이라고 불리는데, 이 가설은 아동과 성인의 언어적 지식 간 유사성을 강조한다. 이러한 문법적 지식의 예로는, 문장이 주어 명사구와 동사로 구성된다는 것, 동사구(verb phrases: VP)가 동사와 목적어 명사로 구성된다는 것, 명사구(noun phrases: NP)가 소유격, 형용사 및 양을 나타내는 한정사를 포함할 수 있다는 것(예: 차례대로 my shoe, big shoe, some shoes; 다른 구절 구조 규칙들도 존재)이 있다. 이러한 규칙들이 모인 문법으로 생성할 수 있는 발화 유형들은 두 단어를 발화하는 단계 초기에 발견될 수 있다. 가령, Mommy fix(문장 = 주어 명사구 + 동사구), mama dress(명사구 = 형용사 + 명사), more milk(명사구 = 한정사 + 명사) 등이다.

이 접근의 한 가지 문제점은 아동이 산출하는 많은 발화가 성인 문법을 기준으로 문법적이지만 그렇지 않은 것도 있다는 것이다. 예를 들어, 문법 형태소 to가 필요한 경우 아이들은 to를 사용하지 않기도 한다. 가령, 'I want to hold Postman Pat.' 대신에 'I want hold Postman Pat.'으로 말한다(Kirjavainen et al., 2009). 즉, 아이들의 구절 구조 규칙의 모습은 '동사구 = to + 부정사 + 명사'가 아니라 '동사(부정사) = 부정사 + 명사'일 수 있는 것이다. Pinker는 아이들의 발화 패턴에 대한 이러한 설명이 만족스럽지 못하다고 주장하는데, 그 이유는 이 규칙이 틀렸다는 증거를 아이들은 결코 만나지 못할 것이기 때문이다. 즉 주변에 'I want go Denny's.' 혹은 'I need talk my lawyer get the charges.'와 같이 말하는 성인이 있어야만 한다.

구 구조 지식의 선천성 이론과는 대조적으로, 확률적 학습 이론가들은 구 구조 규칙에 대한 학습이 언어의 다른 측면들과 마찬가지로 노출된 언어를 아이들이 분석함으로써 이뤄지는 것이라고 주장한다. 이 결론은 어떤 구 구조 유형에 대한 지식을 아이들이 점진적으로 습득한다는 관찰(매개 변수 설정은 구절 구조 지식의 갑작스러운 등장을 예측함)과 아이들에게 제공되는 언어의 단어 조합 빈도를 아이들의 자연스러운 발화가 닮아간다는 점이 지지해 준다(Kirjavainen et al., 2009; Marchman et al., 1991). 예를 들어, 동사-to-동사 조합에서 문법 형태소 to를 필요로 하는 동사(예: want to dance)는 to 없는 구성에서도 나타날 수 있다(예: want ice cream). 아이들이 성인의 구 구조 규칙(부정사 = 동사 + to + 동사)을 가지고 있는 것이 아니라 want와 같은 특정 동사 앞뒤에 무엇이 오는지 주목하여 도식을 구축한다면, 그들은 동사 want가 때로는 to 뒤에 따르고 때로는 그렇지 않다는 것을 알게 될 것이다.

아동이 동사별로 구 구조 규칙을 학습한다는 생각은 아동의 발화 패턴이 보호자들의 발화 방식과 연관성이 있을 것으로 예측한다. 실제로 want를 to가 없는 문장(예: I want ice cream, Polly wants a cracker)으로 자주 들은 아이들은 to를 사용하지 않는 오류(예: I want hold Postman Pat)를 더 많이 범한다. 아이들이 새로운 동사와 새로운 통사 구조 사용을 얼마나 쉽게 학습하는지도 입력 자극에서 특정 구 구조들이 얼마나 자주 나타나는지와 관련이 있다(Abbot-Smith and Tomasello, 2010; Casenhiser and Goldberg, 2005).

오류가 입력과 관련이 있다는 결과들은 일부 이론가들로 하여금 구 구조 학습에 대한 사용 기반 문법 설명을 선호하도록 하였다(Kidd et al., 2010; Lany et al., 2007; McClure et al., 2006; Tomasello, 2000). 이 설명에 따르면 구 구조 습득은 개별 동사의 습득과 밀접하게 관련되어 있다. 아이들은 보편적인 구 구조 규칙(가령, '동사구는 동사 더하기 명사구이다.')을 발달시켜 나가는 것이 아니라, 개별 동사가 어떻게 행동하는지 학습하고 그다음 여러 동사들이 비슷한 방식으로 행동한다는 것을 알아차리면서 동사 유형에 대한 추상적 개념을 점차적으로 키워나간다.[27] 폭넓은 동사 유형이 생성되고 나면, 아이들은 언어에서 되풀이되는 특정 구절 구조 패턴들을 이해하기 시작할 것이고 그 결과 이 언어에서 구절 구조들이 어떤 모습이어야 하는지에 대해 보다 추상적인 개념을 형성할 수 있게 된다.

사용 기반 설명은 아동이 어떻게 말하는지 관찰함으로써 확인해 볼 수 있는 여러 예측들을 만들어 낸다. 예를 들어, 아이들은 개별 동사가 어떻게 행동하는지에 주의를 기울이기 때문에 새로 습득한 동사를 사용하는 방법에서 보수적일 것으로 예측된다. 즉, 다른 사람이 그 동사를 특정 구절 구조로 사용하는 것을 듣기 전까지 아이들은 그 구절 구조를 표현하기 위해 그 동사를 사용하지는 않을 것이다. 만약 아동이 주어 논항으로만 이뤄진 'Mommy drank.'와 같은 문장을 들었다면, 이 아동은 주어와 목적어 논항으로 이뤄진 'Mommy drank the mike.'와 같은 문장을 말하지는 않을 것이다. '동사구는 동사 더하기 명사구일 수 있다.'라는 구 구조 규칙을 갖고 있지 않은 아이들은 drank 다음 목적어 명사구가 따라와도 된다는 긍정적 피드백을 받을 때까지 이 구조 사용을 꺼릴 것이다. 실제로 2~3세 사이의 아동들은 구조 사용에 있어서 매우 보수적이다(Lieven et al., 1997). 만약 어떤 어른이 이상한 방식으로 단어를 조합했다면, 이 연령대의 아이들은 일반적인 단어 순서(주어-동사-목적어)조차도 위배할 수는 있으나 이것은 저빈도 단어 혹은 아이들이 이전에 노출된 적이 많지 않은 단어에 한정될 것이다(Chan et al., 2010). 또한 비문법적인 구절 구조가 아동들에게 친숙한 동사를 포함하고 있다면, 아이들이 이 비문법적 구절 구조를 수정할 확률이 높아진다(Matthews et al., 2007). 'I think Mommy drank the milk.'처럼 문장을 내포하고 있는 복잡한 구절 구조(문장 = 문장 + 내포 문장, 내포 문장 = 명사구 + 동사구, 동사구 = 동사 + 명사구) 학습도 특정 동사의 습득에 거의 의존한다. 이 예시에서, 아동의 내포 문장 사용은 거의 전적으로 동사 think 습득에 의한 것인데(Kidd et al., 2010), 아동이 듣는 언어에서 동사 think가 내포 문장과 함께 자주 사용되기 때문이다. 다른 발견들과 이 발견들은 아동의 구 구조 지식이 완전히 추상적이라기보다는 아동이 알고 있는 개별 동사와 밀접하게 연결되어 있다는 것을 시사한다. 사용 기반 이론가들은 어휘 범주 및 형태론 지식 습득처럼 아동 지향 말소리 샘플을 통해 구 구조 지식을 습득하는 수학적 모델을 개발했다(Bannard et al., 2009).

요약 및 결론

언어 학습자들은 모국어를 습득할 때 어려운 과제에 직면하게 된다. 그들은 커다란 덩어리로 제공되는 자극을 받아서 처리할 수 있는 크기의 조각들로 나눠야 한다. 그들은 작은 조각들을 어떤 의미와 연결시키는 방법을 배워야 한다. 이러한 작업 중 어느 하나도 쉬운 것이 없다. 말소리 분절 및 자극의 빈곤 문제와 같은 상당한 장애물들을 극복하기 위해서 아이들은 많은 양의 정신적 에너지를 소비해야 한다. 다행히 아이들은 꽤 일찍부터 학습을 시작하는데, 가령 태어나기 전 태아 후기 때부터 모국어의 운율적 특성에 대한 학습을 한다. 또한 영아들은 태어날 때부터(또는 최대 24~48시간 이내) 서로 다른 말소리를 구별할 수 있는 능력을 지니고 있는 것 같다. 말소리의 운율적 특성에 대한 지식은 적어도 영아가 연속하는 말소리를 나누고 단어를 알아가는 단계에 진입하도록 도와준다. 2개월 된 영아는 동일한 음운 구조이지만 운율적 속성이 다를 때 그 차이를 구별할 수 있다. 영아가 운율 시스템의 모든 세부 사항을 이해하는 데까지는 시간이 걸리겠지만, 7개월 된 영아는 운율 단서를 사용하여 연속하는 말소리를 단어로 분절하고 기억할 수 있다. 특히 IDS의 특징들은 영아들이 운율적 단서를 사용하여 단어 경계를 파악하도록 돕는 데 적합해 보인다. 단일 단어의 형태로 발화된 어휘들은 초기 영아 어휘에 나타난다. 즉, 보호자들이 말소리 분절을 영아 대신에 해 주기도 한다는 점을 영아가 어느 정도 이용할 수도 있겠다.

영아가 친숙한 단어들의 목록을 축적했다면, 이 친숙한 단어들의 경계를 이용하여 새로운 낯선 단어의 경계를 찾아낼 수 있다. 실제로 6개월 된 영아는 이와 같은 '하향식' 전략을 사용하는 것으로 보인다. 이들은 통계적 확률 정보도 사용하는 것 같다. 6개월 된 영아조차도 한 음절이 다른 음절에 뒤따라올 확률을 사용하여 연속적인 말소리를 단어와 같은 조각들로 분절할 수 있다. 영아가 말을 분절하는 데 필요한 도구 세트를 갖고 있다는 점은 확실하다. 그러나 언어 과학자들이 모든 도구를 찾아낸 것인지 또는 정확한 도구 세트를 찾아낸 것인지는 아직 알지 못한다.

영아는 단어에 의미를 할당하기 위해 또 다른 도구 세트를 사용한다. 이러한 도구가 필요한 이유는 어떤 단어가 어떤 의미와 연결되는지를 주변 환경이 명확하게 지정해 주지 않기 때문이다. 그러나 영아와 어린 아동은 강력한 지각 능력(예를 들어, 언어 학습 영역에서 물체 인식은 기본적으로 거저임)과 강력한 사회인지 능력을 이 과제에 사용한다. 가리키고 말하기는 아동의 물체 인식 능력을 활용한다. 예를 들어, 우리가 풀밭에 있는 토끼를 가리키면 영아는 토끼를 주변으로부터 분리된 어떤 온전한 대상으로 인식할 것이라고 확신할 수 있다. 영아의 물체 지각 기술과 새로운 단어를 대상 전체의 라벨로 해석하는 편향을 결합하면 gavagai는 토끼가 된다. 그러나 가리키고 말하기 이외에 어휘 학습에는 훨씬 더 많은 것들이 있다. 아이들은 따로 배우지 않아도 서로 다른 사람들이 서로 다른 지식과 시각을 가지고 있고, 개인의 지식과 시각이 화자의 행동에 영향을 미친다는 점에 대해 알고 있다. 따라서 아동은 어른들이 어디에 주의를 기울이고 있는지 파악하고 이에 맞춰서 발화를 해석할 수 있다(Bloom의 표현에 따르면, 어린 아동은 꽤 뛰어난 마음 읽기자다). 그러나 아이들은 가리키고 말하기 게임의 노예가 아닌 것처럼 공동 관심의 노예도 아니다. 어린 아이들(3~4세)은 화자의 시각에서 세상을 이해할 수 있으며, 이 추론을 새로운 단어의 의미를 할당하는 데 사용할 수 있다. 아이들이 모국어의 문법과 통사에 대한 기본 지식을 습득하게 되면, 이 지식을 도구 상자에 추가한 다음 새로운 동사의 의미를 추론하는 데 사용할 수 있다. 우리는 아이들이(말소리 분절에서처럼) 단어 의미 학습에 필요한 자극의 빈곤 문제를 해결한다는 것을 알고 있다. 여기에 사용되는 도구가 무엇인지에 대한 좋은 가설이 있으며 연구는 이러한 가설을 더욱 정제하고 발전시켜 나가고 있다.

어린 아이들은 약 2세에 여러 단어를 결합하기 시작한다. 성인 언어의 기준에 부합하는 다중 단어 발화를 생성하려면, 아동은 단어 범주, 여러 통사론적이고 의미론적인 기능과 연관된 형태론적 표식, 단어를 구와 절로 결합하는 방식들을 알아야 한다. 선천성 접근법은 이러한 지식의 많은 부분이 선천적이라고 주장한다. 특히 선천론자들은 단어 범주 및 구 구조 지식이 언어 학습이 시작되기 전에 이미 갖춰져 있다고 주장한다. 이 접근법은 자극의 빈곤 문제에 대해 명확한 답을 제공한다는 장점이 있다. 확률적 학습 지지자들은 선천적인 단어 범주, 형태론 및 구 구조 지식을 분명하게 부인한다. 이 주장을 지지하기 위해, 이들은 단어 범주 및 형태론적 지식이 명시적 지도 없는 학습 처리의 부산물로 습득될 수 있음을 보여 주는 모델링 데이터를 제시해 왔다. 또한 이들은 매개 변수가 설정되면 어린 아동이 구 구조 규칙을 갑자기 그리고 폭넓게 적용할 것이라는 선천주의 예측에도 동의하지 않는다. 실제 아이들을 관찰해 보면, 그들의 구 구조와 형태론적 지식에 대한 습득이 이전에 가정됐던 것보다 더 점진적으로 이뤄지는 것 같다. 게다가 구 구조 지식은 특히 동사의 경우 단어 각각과 밀접하게 연결되어 있는 것으로 보인다. 구 구조 지식에 대한 이해는 동사에 따라 다르며, 이 차이는 아동이 듣는 언어의 양상에 크게 영향을 받는 것 같다.

 스스로 점검하기

 1. 태아가 어떻게 언어에 관한 지식을 습득할 수 있는지 설명해 보자. 태아는 언어의 어떤 측면을 배우며 왜 배우는가? 이러한 지식이 태어난 후 발달에 어떻게 기여를 하는가?

 2. 전형적인 HAS 실험에 대해 설명해 보자. 영아의 언어 발달 측면에서 결과가 의미하는 것은 무엇인가?

3. 신생아의 음성 지각 능력에 대해 아는 것은 무엇인가? 선척적인 지식이 어떤 역할을 하는가? 영아의 음성 지각이 종 특유의 생물학적 메커니즘에 의존한다는 생각을 지지하거나 도전하는 증거는 무엇인가?

4. 영아가 성장함에 따라 영아의 음운 대립을 지각하는 능력이 어떻게 변하는가? 왜 이러한 변화가 발생하는가?

5. 말소리 분절 문제에 대해 설명하고 아동이 이 문제를 어떻게 해결하는지 설명해 보자. 운율은 어떤 역할을 하는가? 통계적 학습이 어떤 역할을 하는가?

6. IDS에 대해 설명하고 이것이 언어 기술 습득에 어떻게 영향을 미치는지 설명해 보자. 영아의 보호자가 우울하다면 어떤 일이 발생하는가? 성인들이 IDS를 사용하지 않는 문화에서는 어떤 일이 발생하는가?

7. 어린 아동은 어떻게 단어의 의미를 배우는가? '가리키고 말하기'는 어떤 역할을 하는가? 아동은 자극의 빈곤 문제를 어떻게 극복하나? 범주 편향은 어떤 역할을 하는가? (비언어적) 개념 지식은 어떤 역할을 할까?

8. 문법 습득을 설명하는 두 가지 경쟁 이론은 무엇이며 각 이론을 지지하는 증거는 무엇인가? 선천성 접근과 확률적 학습 이론 중 무엇이 타당한 주장을 하고 있는가? 왜 그렇게 생각하는가?

 더 생각해 보기

 1. 시각장애를 가진 아동이 어휘를 습득하는 것이 어떻게 가능할까? 이들의 어휘 습득 과정을 시력이 정상인 아동과 비교할 수 있는 방법은 무엇일까? 청각장애가 있는 아동과 비교한다면 어떠한가?

 2. 통계적 학습을 통해 새로운 언어를 친구들이 학습할 수 있는지 알아볼 수 있는 실험을 설계해 보자(힌트: Saffran의 가짜 음절 방법을 사용해 봐도 좋다). Saffran이 영아에게 새로운 '단어'를 노출시켰던 방법으로 친구들에게 '단어'를 노출시킨다면, 과연 친구들이 당신의 가짜 언어에서 '단어'를 식별할 수 있을까?

10장

글 읽기

> 글을 읽을 수 없어서 화를 내는 거예요.[1]
>
> —Chico Marx, Duck Soup

글 읽기는 운동, 시각 및 인지 기능의 세밀한 협응이 필요한 '부자연스러운 행동'이다(Gough and Hillinger, 1980). 사람들이 글을 효율적으로 읽기 위해서는 환경으로부터 시각 정보를 재빠르게 추출하고, 저장된 음운(소리) 및 의미 정보를 적절한 방법으로 적절한 시점에 활성화함과 동시에 더 높은 수준의 통합과 추론 과정을 처리하며, 다음에 눈을 언제 그리고 어디로 움직여야 할지를 계획해야 한다. 이 장에서는 크게 두 가지 큰 주제를 다루는데, 첫째는 글 읽기 시의 안구 운동 제어이고 둘째는 글 읽기 시의 고차 인지 기능의 관여이다. 두 번째와 관련해서는 다양한 문자 체계로 인해 텍스트에서 정보를 추출하는 방식이 어떻게 달라지는지, 아이들이 알파벳 문자를 읽는 법을 어떻게 배우는지, 왜 어떤 아이들과 성인들은 읽기에 어려움을 겪는지 등의 주제가 포함된다. 우선 숙련된 성인 독자들이 대부분의 경우 글 읽기 시 거의 최고의 효율을 나타내는 방법과 이유를 살펴보고, 속독 강좌가 왜 당신의 시간과 돈을 낭비하는 일인가를 알아보자.

속독?

즐겨 사용하는 검색창에 '속독'을 입력하면 읽기 속도를 높여주는 제품을 판매하는 많은 웹사이트를 발견할 수 있다. 이러한 광고들은 읽을 책은 너무 많은데 시간이 부족한 학생들에게 정말 유용할 것 같다. 심지어 대학에서도 속독을 선택 과목으로 제공하는 예도 있다. 이러한 비용을 지불하고 무엇을 얻을 수 있을까? 인터넷에 따르면 속독 코스를 이수했을 때 읽기 속도가 일반적인 읽기 속도인 분당 평균 약 200단어보다 10배 이상 빨라질 수 있다고 한다. 익명의 한 권위자는 '속독을 하는 사람은 분당 600~2,500단어를 읽을 수 있으며, 일부 웹사이트에서는 분당 10,000단어 이

---

1) 역자 주: 네 명의 Marx 형제가 등장하는 〈Duck Soup〉이라는 영화에 나오는 대사로, 이웃 나라의 스파이 둘 중 한 명이 전보를 읽지 못하자 다른 스파이가 한 말

상의 속도를 주장하기도 한다.'라고 말한다. 이러한 광고에서 주장하는 속도를 고려하면 참고문헌, 용어집, 색인을 포함하여 이 책 전체를 약 30분 만에 읽을 수 있다.

속독 강좌를 판매하는 사람들이 말하는 것 중 한 가지는 정확하다. 바로 이 방법이 회사와 관계 없는 독립적인 전문가들에 의한 검증을 거쳤다는 것이다. 그리고 이 검증 결과 속독 강좌는 판매자들이 주장하는 것과 같은 효과가 없다는 것이 입증되었다. 이 장에서는 사람들이 글을 읽을 때 어떤 일이 일어나는지에 대한 잘 정립된 모형들을 설명할 것이다. 글을 읽을 때 일어나는 신체적, 정신적 과정을 이해하면, 당신은 분당 10,000단어의 속도로 글을 읽는 것이 왜 가능하지 않은 일인가를, 또한 왜 분당 200~250단어의 속도가 글 읽기와 관련된 인지 및 운동 시스템이 처리할 수 있는 한계인가를 이해할 수 있을 것이다(글의 요점을 파악하기 위해 훑어보는 것이 아니라면 말이다). 먼저 다음과 같은 질문으로 글 읽기의 몇 가지 기본적인 측면을 살펴보자. 글 읽기 시의 시각 시스템은 어떻게 작동하는가? 언어 처리 체계는 글 읽기 시 어떻게 서로 상호작용하는가? 이러한 상호작용이 글 읽기 시의 안구 운동 방식에 어떻게 영향을 미치는가?

안구 운동 통제와 글 읽기

기본적인 수준에서 글 읽기는 행동이다. 이 행동에는 당신의 얼굴 앞에 종이를 대고 눈을 다른 방향으로 향하게 하여 각기 다른 시점에 시선이 텍스트의 다른 부분에 닿도록 하는 일이 포함된다. 이 과정의 최종 결과물은 텍스트에 의해 전달된 정보에 관한 심적 표상이다. 글 읽기 시 안구 운동은 페이지의 한 위치(영어 텍스트의 경우 왼쪽 상단 모서리)에서 시작하여 다른 위치(오른쪽 하단 모서리)에서 끝날 수 있도록 체계적으로 조직화되어 있다.

일반적으로 안구 운동은 크게 두 가지 범주로 분류할 수 있다. 부드러운 추적 운동(smooth pursuit movements)은 시선의 방향을 지속적으로 부드럽게 바꾸는 동작이다. 이러한 종류의 안구 움직임은 지나가는 자동차나 스키트 사격장에서의 비둘기처럼 움직이는 시각적 대상을 추적할 때 발생한다. 책을 읽을 때는 또 다른 종류의 안구 운동, 즉 빠른 도약 안구 운동(saccadic eye movement) 또는 빠른 도약(saccade)을 사용한다. (『윌리를 찾아라』 책에서처럼 정지된 시각적 장면에서 특정 정지된 물체를 찾을 때도 이와 비슷한 안구 운동이 발생한다.) 빠른 도약 안구 운동[1]은 눈이 궤도에 정지해 있는 비교적 긴 고정 시간(여기서는 수백 밀리초도 긴 시간으로 간주됨)이 짧고 매우 빠른 움직임(빠른 도약 안구 운동)으로 연결될 때 발생한다. 빠른 도약은 시작부터 완료까지 약 20ms(50분의 1초)가 걸린다. 이러한 빠른 도약의 목적은 텍스트의 각 부분이 시야의 중앙으로 순차적으로 위치하도록 하는 것인데, 시야의 중앙이 세부적인 정보를 탐지하는 능력(시력)이 가장 좋은 영역이다. 획이 하나 또는 두 개 있는지(n 대 m), 세로선이 글자의 왼쪽 또는 오른쪽에 있는지(p 대 q) 등 아주 작은 세부 사항에만 주의를 기울여야 서로 다른 글자의 차이를 구분할 수 있는 경우가 많기 때문에 시력이 가장 높은 영역에 이러한 글자를 배치하는 것은 읽기에서 매우 중요하다. (중국어 표의문자와 같은 알파벳이 아닌 문자도 이러한 수준의 매우 세밀한 차이가 있으며 이 글자들을 읽으려면 비슷한 과정을 거쳐야 한다. 이와 관련해서는 나중에 더 논의할 것이다.) 이러한 매우 빠른 안구 운동은 도약 억제

(saccadic suppression)와도 관련이 있다. 즉, 빠른 도약이 진행되는 동안에는 시각 정보가 추출되지 않는데, 이는 부분적으로는 도약 운동 동안 망막의 시각 이미지가 매우 흐릿하게 구성되기 때문이기도 하지만, 뒤따르는 안정된 고정의 새로운 시각 자극이 빠른 도약 동안 발생한 시각 자극을 대체하기 전에 망막에서 활성화된 정보를 시각 피질로 보내기에는 시간이 너무 짧기 때문이기도 하다.

사람들은 개별 글자를 식별하는 데 필요한 시각 정보를 추출하여 단어를 식별하는 데 약 50밀리초(약 1/20초)의 안정적인 노출만 있으면 된다(Pollatsek et al., 2006a; Reichle et al., 2006). 이 노출 시간은 망막(안구 내부)의 신경 신호가 뇌 뒤쪽의 일차 시각 피질인 V1 영역의 신경 신호에 영향을 미치는 데 걸리는 시간인 눈-뇌 지연(eye-brain lag)시간에 해당한다(Clark et al., 1995).

영어 텍스트를 읽을 때 당신이 만드는 대부분의 빠른 도약은 시선의 방향을 오른쪽으로 더 이동하도록 한다. 이러한 종류의 시선 이동을 왼쪽으로 이동하는 빠른 도약과 구별하기 위해 전향적 빠른 도약(progressive saccades, 종종 그냥 빠른 도약이라고도 함)이라고 한다. 왼쪽으로 이동하는 후향적 빠른 도약(regressive saccades) 또는 회귀(regressions)는 시선이 이미 지나온 곳으로 되돌아가는 것이다. 회귀는 일반적으로 텍스트를 해석하거나 이해하는 과정에 문제가 있을 때 발생하며, 일부 증거에 따르면 독자는 이해하면서 생긴 문제를 해결하는 데 도움이 되는 텍스트 일부를 회귀의 표적으로 삼는다고 한다(Frazier and Rayner, 1982; Meseguer et al., 2002). 이러한 표적 회귀의 존재는 독자가 텍스트의 의미적 내용뿐만 아니라 통사적 선택 지점 및 기타 잠재적으로 모호하거나 어려운 부분을 추적하는 데 도움이 되는 곳이 텍스트 내에서 어디였는지를 공간적으로 파악하고 있다는 것을 시사한다.

숙련된 성인 독자가 글을 읽을 때 페이지에 있는 대부분의 단어에 직접 시선을 고정한다. 독자의 시선은 거의 모든 단어의 일부에 직접 고정하며, 평균적으로 250~500밀리초(약 $\frac{1}{4}$~$\frac{1}{2}$초) 정도 머무른다. 하지만 일부 단어는 건너뛴다. 문맥으로부터 예측 가능성이 매우 높은 단어는 예측 가능성이 낮은 단어보다 더 자주 건너뛴다. 매우 짧은 기능어는 다른 종류의 단어보다 더 자주 건너뛰지만, 단어 길이가 5자 이상인 내용어는 거의 항상 직접 고정된다.

속독 프로그램이 우리에게 말하는 것 중 하나는 각 단어에 고정할 필요가 없다는 것이다. 읽기에 대한 그들의 설명에 따르면, 한 번에 한두 단어 이상의 정보를 받아들일 수 있다고 한다. 속독 이론에 따르면 한 번의 고정으로 한 줄 분량의 텍스트를 모두 받아들일 수 있으며, 실제로 현재 고정하고 있는 줄의 정보뿐만 아니라 현재 고정하고 있는 줄의 위와 아래 줄의 정보도 받아들일 수 있다. 따라서 거의 모든 단어에 고정하는 대신 한 줄에 해당하는 정보 또는 여러 줄을 한 번에 고정하는 방법을 배우면 읽기 속도를 크게 높일 수 있다는 것이다. 따라서 일부 속독 강좌에서는 보통의 독

[그림 10.1] 고정과 빠른 도약의 대표적인 양상. 별표는 안정된 고정의 위치를 나타내고 화살표는 빠른 도약의 궤적을 보여 준다.

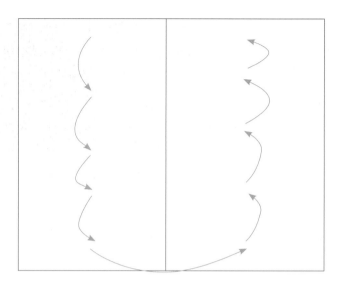

[그림 10.2] 몇몇 속독 강좌에서 제안하는 방법으로, 당신은 읽기 속도를 증가시키기 위해 이와 같은 방식으로 눈을 움직여야 한다.

자들처럼 좌우로 눈을 움직이는 대신([그림 10.1] 참조), 위아래로 움직여 매번 여러 줄을 점프하는 방법을 권장한다([그림 10.2] 참조).

이 속독 이론의 문제는 의심의 여지없이 그냥 틀렸다는 것이다. 적어도 적절한 조건에서 테스트를 받은 사람 중 속독 과정을 성공적으로 마친 후에도 여러 줄의 텍스트 또는 심지어 한 줄의 텍스트 전체에서 정보를 받아들이는 능력을 입증한 사람은 없다(Rayner and Pollatsek, 1989). 이것이 사실인지 어떻게 알 수 있으며, 왜 그렇게 될 수밖에 없을까?

지각 폭

40년 이상의 정신물리학적 연구 결과를 바탕으로 우리는 숙련된 독자가 대부분의 경우 현재 고정하고 있는 단어와 고정된 단어의 바로 오른쪽에 있는 단어에서만 정보를 추출한다는 사실을 알고 있다(Rayner,1998; Rayner and Pollatsek, 2006; Rayner, Juhasz, Pollatsek et al., 2007; 약간 수정된 관점에 대해서는 Engbert et al., 2005 참조). 이 정신물리학적 연구의 주된 목적은 사람들이 텍스트의 어떤 영역으로부터 정보를 추출할 수 있는지 알아내는 것이었다. 읽기에 유용한 이 시각 영역을 지각 폭 (perceptual span)이라고 하며, 현재 고정된 글자의 왼쪽 약 4자에서 오른쪽 약 15자까지의 범위에 해당된다.

지각 폭이 이 크기라는 것을 어떻게 알 수 있을까? 이 사실을 밝혀낸 대부분의 연구는 1970년대부터 George McConkie와 Keith Rayner의 실험실에서 수행되었다. 초기 연구 중 일부는 다음과 같은 질문으로부터 나왔다: 독자가 정상적인 속도로 읽기 위해서는 얼마나 많은 텍스트를 보아야 할까? 그리고 그 정보는 독자의 시야에서 어느 위치에 있어야 할까? 이를 알아보기 위해 McConkie와 Rayner는 독자가 한 번에 볼 수 있는 텍스트의 양을 체계적으로 조작하고, 안구 추적 기계를 사용하여 실험 참여자가 텍스트의 각 부분을 보는 위치와 고정하는 시간을 파악하여 사람들이 얼마나 빨리 읽을 수 있는지를 알아냈다. 때로는 전체 텍스트가 정상적으로 표시되기도 했고, 때로는 실험 참여자가 보고 있는 단어만 표시되고 다른 모든 글자는 X 또는 임의의 글자로 가려지기도 했다. 때로는 이들에게 한 번에 한 글자만 보이기도 했다.

글 읽기 시 지각 폭의 존재와 그 크기를 규명한 연구와 관련해서는 두 가지 실험 방법이 사용되었다. 첫 번째는 움직이는 창(moving-window) 기법이고 두 번째는 경계선 변화(boundary-change) 기법이다. 움직이는 창 기법에서는 텍스트 일부가 정상적인 방식으로 표시되고 나머지 부분은 다른 무엇으로 대체된다(DenBuurman et al., 1981; McConkie and Rayner, 1975; Rayner, 1984; Rayner and Bertera, 1979; Rayner et al., 1980; Underwood and McConkie, 1985). 시각적 디스플레이가 안구 추적 장치의 피드백과 연결될 수 있으므로 이러한 작업이 가능하다. 안구 추적 장치는 실험 참여자가 어디를 보고 있는지 파악하고 그에 따라 디스플레이를 (밀리초 이내로) 매우 빠르게 조정할 수 있다. 정상적인 자극이 다음과 같이 보인다고 하자(Dorsey, 2009, p. 72).

We've been radar-pinged in the "Gimme Three Steps" bar, the most bad-ass honky-tonk in all America.

그리고 당신은 단어 Gimme를 보고 있다. 텍스트의 나머지는 모두 다른 무언가로 대체된다. 보통은 다음과 같이 일련의 대문자 X로 대체된다.

XXXXX XXXX XXXXXXXXXXX XX XXX "Gimme XXXXX XXXXX XXXX XXX XXXX XXXXXX XXXXXXXXX XX XXX XXXXXXXX

당신의 눈이 다음 단어로 이동할 때, 즉 빠른 도약이 일어나는 도중에 다음과 같이 "Gimme는 X로 대체되고 다음 단어가 표시된다.

XXXXX XXXX XXXXXXXXXXX XX XXX XXXXXX Three XXXXXX XXXX XXX XXXX XXXXXX XXXXXXXXX XX XXX XXXXXXXX

때로는 단어 사이의 공백도 역시 X로 채워지기도 하고, 어떤 경우는 알파벳 X가 아니라 무선적인 글자들로 채워지기도 한다.

한 번에 한 단어만 표시되지만, 단어 경계선의 위치가 X의 위치와 일치하는 경우 읽기 속도가 평소보다 약 20% 느려진다. 고정된 단어를 제외한 전체 줄을 X로 채워 다음 단어와 단어 사이의 띄어쓰기 정보를 모두 제거하면 읽기 시간이 거의 두 배로 느려진다. 그러나 다음과 같이 텍스트가 띄어쓰기 정보는 그대로 유지되고 다음 단어의 시작 부분이 표시된다면,

XXXXX XXXX XXXXXXXXXXX XX XXX "Gimme ThrXX XXXXXX XXXX XXX XXXX XXXXXX XXXXXXXXX XX XXX XXXXXXXX

읽기 속도는 정상적인 텍스트를 제시할 때와 거의 비슷하다. 사실 독자는 이 조건에서 텍스트가 뭔가 이상하다는 것을 깨닫지 못하는 때도 종종 있다.

경계선 변화 기법을 사용한 실험에서는 보이지 않는 경계선이 텍스트 어딘가에 놓인다. 독자의 시선이 그 경계선의 왼쪽에 있을 때 중요한 텍스트는 정상적으로 표시되거나 특정 방식으로 왜곡된다. 예를 들어, 보이지 않는 경계선의 오른쪽의 텍스트는 원래 텍스트와 유사한 글자들로 대체될 수 있다.

> We've been radar-pinged in the "Gimme ǀ Fncoo Rhoqd" dov, lfo nedf tol-onn lemfq-femt em eff Onomese.

(위에서 "ǀ"가 보이지 않는 경계선을 나타내고, 이 기호는 실험 참여자들에게 보이지 않는다.)

독자의 시선이 보이지 않는 경계선을 넘어갈 때 무의미 글자가 정상적인 글자로 대체된다. 예를 들어, 당신이 "'Gimme'를 보고 있을 때 다음 텍스트는 Fncoo인데, 눈이 보이지 않는 경계선을 넘어가면 Fncoo는 Three로 대체된다. 이러한 종류의 디스플레이는 독자에게 정확한 글자 미리 보기 정보를 제공하지 못한다. 정상적인 읽기에서 독자는 고정하고 있는 단어의 글자를 식별할 수 있으며, 일반적으로 고정 위치 오른쪽에 있는 다음 단어의 시작하는 글자를 식별할 수 있다. 또한 고정된 단어의 오른쪽 단어 길이가 5글자 이하일 때 이 단어의 마지막 글자까지도 식별할 수 있는데, 이는 이 글자의 이미지가 고정 중심에 가까운 글자보다 흐릿하지만, 주변 글자로 인한 외측 차폐라는 일종의 시각적 간섭을 덜 받기 때문이다(Johnson et al., 2007).

고정된 단어의 오른쪽에 있는 단어로부터 글자 정보를 식별할 수 있으므로 독자들은 후에 그 단어를 처리할 준비를 할 수 있다. 아마도 그 단어에 직접 고정하기 바로 직전 그 단어와 연관된 음운(소리) 부호의 활성화를 증가시킴으로써 이러한 일이 가능할 것이다(Pollatsek et al., 1992). 부중심와에 제시되어 미리 보인 자극의 의미 정보는 일반적으로 활성화되지 않는다. 그러나 특정 환경에서는 의미 정보도 부중심와에서 처리될 수 있다(Antunez et al., 2022). 부중심와의 미리 보기가 불가능하면 읽기는 느려지지만, 중심와의 정보가 보존되는 한 그렇게 심하게 느려지지는 않는다(Rayner et al., 1982).

움직이는 창 및 경계선 변화 기법을 이용한 실험은 창이 너무 작거나 다음 단어의 미리보기가 보이지 않을 때 읽기 속도가 느려진다는 점에서 창 크기가 중요하다는 것을 보여 준다. 또한 이 실험은 사람들이 정상적인 속도로 읽기 위해 정상적인 텍스트 한 줄 전체가 필요한 것은 아니라는 것을 보여 준다. 사람들의 읽기 속도는 보이는 텍스트의 창이 얼마나 큰지에 따라 영향을 받았지만, 특정 지점까지만 영향을 받았다. 보이는 텍스트의 창이 너무 작으면 읽기가 심각하게 방해받았다. 한 글자 창이 가장 느린 읽기 시간을 보였고, 보이는 텍스트 창 크기가 커질수록 사람들의 읽기 속도는 빨라졌다. 그러나 현재 고정된 글자의 왼쪽은 약 4자, 오른쪽은 15자 이상으로 창 크기를 키워도 읽기 속도는 더 이상 증가하지 않았다. 따라서 사람들은 최고 속도로 읽기 위해 한 줄 또는 반 줄의 텍스트도 필요하지 않다. 최고 속도로 읽는 데 필요한 것은 현재 고정된 단어와 고정된 단어의 오른쪽에 있는 단어의 시작 부분(처음 서너 글자)만 보이는 것이었다. 현재 고정된 단어와 다음 단어의 시작 부분만 보이는 조건에서는 읽기 속도와 이해력이 거의 정상에 가까웠다. 즉, 이 창 크기에서 속도와 이해력은 전체 페이지의 텍스트가 보이는 조건과 거의 동일하다(Rayner and Pollatsek, 1989).

지각 폭은 대칭이 아니며, 고정의 오른쪽이 왼쪽보다 더 크다(McConkie and Rayner, 1976; Rayner et al., 1980). 비대칭 지각 폭은 특정 종류의 문자 체계를 읽는 학습의 산물이지, 시력의 차이 때문이 아니다. 왜냐하면 시력은 중심와 주변에서 대칭적이기 때문이다. 영어 철자법(쓰기)에서 새로운 정보는 일반적으로 다른 방향이 아닌 고정하고 있는 곳의 오른쪽에 나타난다.[2] 오른쪽에서 왼쪽으로 쓰는 히브리어를 읽는 법을 배울 때, 사람들의 지각 폭은 오른쪽보다 왼쪽이 더 큰 형태로 비대칭이 나타난다(Pollatsek et al., 1981). 수직 방향의 글쓰기를 사용하는 언어를 읽을 때 사람들의 지각 범위는 수직으로 향하고 위쪽보다 아래 방향이 더 크다.[3]

정상적으로 읽기 위해 눈에 보이는 텍스트가 왜 그렇게 적게 필요할까? 우리가 글을 읽을 때 우리는 주로 중심와에 투사된 이미지에 의존한다. 우리가 공간 안의 물체를 직접 볼 때 물체의 이미지는 중심와(fovea)에 맺히게 된다. 이 영역은 망막의 나머지 부분에 비해 매우 높은 시력을 가지고 있지만 전체 표면적에서 차지하는 비율은 매우 적다. 중심와 시야는 시야 중심에서 각 방향으로 1도까지만 시야각이 확장된 영역이다. 일반적인 시야 거리와 평균 글자 크기를 고려하면 현재 고정 위치에서 오른쪽으로 약 서너 글자만 중심와에 상이 맺힌다는 것을 의미한다. 사람들이 5~7글자 길이의 단어를 읽을 때는 단어 전체가 중심와에 속하며, 단어의 개별 글자를 쉽게 식별할 수 있다.

일반적으로 사람들은 단어의 중앙보다 약간 왼쪽에 있는 글자에 고정한다. 이 고정 위치는 가장 빠른 읽기 시간으로 이어지므로 단어 중앙의 왼쪽에 있는 이 지점을 최적 시야 위치(optimal viewing position)라고 한다. 간혹 사람들의 글 읽기 시, 시선이 단어의 맨 처음이나 맨 끝에 고정되면 해당 단어를 읽는 데 평소보다 조금 더 오래 걸린다.[4]

약 6~7글자보다 긴 단어의 경우 단어의 일부가 부중심와(parafovea)에 놓이게 된다. 부중심와는 중심와에 인접하여 있으며 시야 중심에서 약 시각도 6도(또는 중심와 바깥쪽 가장자리에서 바깥쪽으로 약 5도 더) 정도 확장된 영역이다. 긴 단어는 단어의 시작 부분과 끝 부분에 한 번씩 두 번 이상 고정되는 경우가 많은데, 이는 단어를 확실하게 식별하려면 모든 글자가 중심와에 상이 맺혀야 하기 때문일 수 있다.

최적 시야 위치는 단어를 식별하는 데 필요한 정보를 가장 빠르게 추출할 수 있는 자극을 시각 단어 처리 체계에 제공한다. 최적의 속도로 읽기 위해서는 안구 운동 계획을 세울 때 현재 빠른 도약을 위한 목표로 다음 단어의 최적 시야 위치를 선택해야 한다. 빠른 도약 운동이 최적 시야 위치에 성공적으로 착지하면 어휘 접근 과정에서 최상의 시각적 이미지를 확보할 수 있고 읽기 속도가 극대화된다. 이것이 바로 부중심와 영역에서 단어 길이 정보를 손상시키는 조작이 독자의 읽기 속도를 늦추는 이유 중 하나이다. 단어 길이 정보가 손상되면 빠른 도약을 계획하는 기제가 최적 시야 위치를 식별하고 목표화할 수 없다. 최적 시야 위치가 식별되지 않으면 시선은 아마도 최적의 위치에 놓일 수 없게 될 것이다. 이 경우 독자는 이상적이지 않은 시각 자극을 바탕으로 정보를 처리하거나 빠른 도약 운동을 다시 계획해야 하는데, 이는 추가적인 시간이 걸린다(Morris et al., 1990; O'Regan, 1979; Rayner, 1979).

중심와는 매우 미세한 시각적 세부 사항을 식별하는 데 탁월해 중요하며, 중심와에서 부중심와를 거쳐 물체의 총체적이고 일반적인 특징만 식별할 수 있는 주변시로 이동함에 따라 시력(세부 사항을 식별하는 능력)은 급격히 감소한다. 사람들은 주변시에 있는 물체의 세부 사항을 식별하고 싶을 때 물체의 중심이 시야의 중심인 중심와에 위치하도록 시선의 위치를 바꾸게 된다. 사람들은 중심와에 단어의 상이 맺힐 때 서로 다른 글자의 차이를 구분할 수 있고, 글자가 부중심와 근위(중심와에서 가장 가까운 부중심와 영역)에 있을 때는 어느 정도까지는 구분할 수 있지만, 부중심와 가장자리나 주변시로 떨어지는 글자의 차이를 구분하는 것은 물리적으로 불가능하다. 사람들은 부중심와에 놓인 단어의 길이를 비교적 정확하게 추정할 수 있는데, 이는 단어 사이의 공백은 상대적으로 큰 표적이므로 이를 찾는 데 초고도의 시력이 필요한 것은 아니기 때문이다. 그러나 글자가 시야의 중심에서 너무 멀리 떨어져 있으면 사람들은 개별 글자를 식별할 수 없고 당연히 개별 단어도 식별할 수 없다. 이러한 생리학적인 사실은 속독 이론의 한 측면, 즉 한 번의 고정으로 전체 텍스트의 한 줄 또는 이를 넘어서는 텍스트에 속한 모든 단어를 식별할 수 있다는 생각을 즉시 반증한다. 이는 한 글자와 다른 글자에 대해 서로 다른 신호를 생성할 수 있을 만큼 부중심와와 주변시의 시각 수용기 세포가 충분하지 않기 때문이다.

단어가 중심와에 고정되는 것의 중요성은 시야의 중심이 차단되었지만, 부중심와 정보는 보존된 형태의 움직이는 창 기법을 사용한 실험을 통해 더욱 분명해졌다(Rayner and Bertera, 1979). 이 조건에서 앞서 예로 든 Dorsey 문장의 "'Gimme' 부분에 고정하면 화면에는 다음과 같이 표시된다.

> We've been radar-pinged in the XXXXXX Three Steps" bar, the most bad-ass honky-tonk in all America.

따라서 지문의 단어를 식별하는 데 필요한 모든 시각적 입력은 부중심와로부터 얻는 정보에 의존해야 한다. 이러한 조건에서는 읽기가 매우 느리고 힘들며, 독자들은 부중심와에 제시된 단어를 식별하는 데 많은 오류를 범한다. 그러나 이러한 오류는 거의 항상 의미적 대체(실험 참여자는 Three를 Thrice 또는 Triple로 잘못 인식하지 않는다)가 아닌 시각적 대체(따라서 Three를 Threw 또는 Shrek으로 잘못 식별할 수 있다)와 관련된다. 이것이 바로 언어 과학자들이 단어가 직접 고정되기 전까지는 의미 정보가 (일반적으로) 활성화되지 않는다고 믿는 이유이다(Schotter and Jia, 2016).[5]

정상적인 읽기 조건에서 숙련된 독자는 한 글의 거의 모든 단어에 직접 고정한다. 이는 지각 폭이 약 20글자에 불과하고 개별 문자와 단어를 식별하는 데 사용할 수 있는 이 영역의 하위 부분(단어 식별 폭, word identification span)은 훨씬 더 작기 때문이다. 단어를 식별하려면 직접 눈으로 봐야 한다. 하지만 이 규칙에는 몇 가지 예외가 있다. 문맥에서 예측 가능성이 높은 단어는 문맥에서 예측 가능성이 낮은 단어보다 더 자주 건너뛰게 된다. 짧은 단어는 긴 단어보다 더 자주 건너뛴다. 그러나 여기서 일어나는 일은 주변시의 시각 시스템이 부중심와에 제시된 단어의 선명한 이미지를 생성하는 것이 아니다. 오히려 독자는 저하된 주변시의 이미지와 해당 단어가 무엇일지에 관한 하향식 정보를 결합하여 정교한 추측을 한다.

글 읽기의 안구 운동 통제 이론과 인지 통제 이론

앞 절에서 요약한 것과 같은 실험 결과를 설명하기 위해 많은 이론화 및 모델링 작업이 진행되었다. 이러한 모든 읽기 행동 모형은 눈의 움직임을 통제하는 시스템이 읽기와 관련된 두 가지 근본적인 결정을 내리는 방식을 설명하려고 한다: 눈은 언제 움직여야 하고 어디로 이동해야 하는가? 연구자들은 일반적으로 '어디'와 '언제' 결정이 독립적으로 이루어진다는 데 동의하지만(예: Inhoff et al., 2003; Kliegl et al., 2006; Reichle et al., 2006), 그 이후에는 까다로워지기 시작한다. 이러한 기본적인 결정이 어떻게 이루어지는지 설명하는 것 외에도, 글 읽기의 안구 운동 통제 모형은 글 읽기 시 나타나는 다양한 사실을 설명할 필요가 있다. 부중심와에 제시된 단어(고정된 단어의 바로 오른쪽에 있는 단어)의 시작 부분이 왜 그렇게 중요한가? 부중심와 미리 보기가 없으면 독자의 글 읽는 속도가 느려지는 이유는 무엇인가? 독자들이 쉽게 예측할 수 있고 짧은 단어를 예측 불가능하고 긴 단어보다 더 자주 건너뛰는 이유는 무엇일까?

이러한 질문에 답하는 것 외에도 안구 운동 통제 모형은 시각 정보 처리 및 운동 계획 과정의 몇 가지 중요한 측면을 설명해야 한다. 첫째, 시각 정보가 망막에서 시각 피질로 이동하고 거기에서 언어 처리와 관련된 연합 영역으로 이동하는 데는 시간이 걸린다. 둘째, 안구 운동을 계획하고 실행하는 데에도 상대적으로 오랜 시간이 걸린다(절대 시간으로 말하면 안구 운동 계획은 약 100~150밀리초가 걸리기 때문에 상대적이라는 표현을 쓴다). 글 읽기 시의 고정 시간은 225밀리초까지 짧아질 수 있다(숙련된 독자의 평균 고정 시간은 225밀리초에서 300밀리초 사이이다). 고정이 시작된 후 시각 정보가 대뇌 피질까지 도달하는 데 걸리는 시간이 50밀리초이고, 안구 운동을 계획하는 데 100에서 150밀리초가 걸린다면 독자가 다음 안구 운동 계획을 시작하기 전에 언어적 처리에 사용할 시간이 너무 짧게 남는다. 앞에서 말한 고정 시간의 범위 중 짧은 쪽인 225밀리초에서 계획 시간과 시각 정보의 전이 시간을 빼면 다음 빠른 도약 운동을 계획하기 시작하기 전에 겨우 25밀리초만큼만 언어 처리 시스템에서 사용하게 된다. 이 시간은 교수의 목소리가 중간 크기 강의실의 교단에서 강의실 뒤쪽까지 전달되는 시간과 대략적으로 같다. 너무 빠르지 않은가! 많은 심적 작업이 아주 짧은 시간 안에 일어나는 곳이 바로 언어 처리 체계라는 것을 감안하더라도, 25밀리초는 단어를 식별하고 의미와 문법적 범주를 찾고 무엇을 의미하는지를 이해하고 그 단어의 의미를 현재 문맥에 통합하기에는 충분치 않은 시간이다.

시각적 처리와 안구 운동 계획에 대해 우리가 알고 있는 것을 고려할 때, 독자들은 단어의 언어 관련 속성을 해당 단어에 연결할 시간이 거의 없다. 그런데도, 이러한 언어 관련 속성은 우리가 글을 읽을 때의 안구 운동에 영향을 미친다. 최소한 안구 운동 계획이 일어나고, 시각 정보가 뇌로 전달되고, 평균 고정 시간의 범위가 알려져 있다는 사실은 읽기에서 안구 운동 통제 이론에 심각한 제약을 가한다.

이러한 제약을 해결하기 위해 두 가지 종류의 모형이 제안되었다. 안구 운동 통제 모형이라고 불리는 첫 번째 모형은 언어와 관련된 정보가 읽기 중 눈의 움직임 통제에 아무런 역할을 하지 않는다고 주장한다(O'Regan, 1990, 1992; O'Regan and Levy-Schoen, 1987; Reilly and O'Regan, 1998; Vitu et al., 1995; Yang and McConkie, 2001, 2004). 이 모형들은 우리가 글을 읽을 때, 눈의 움직임은 텍스트의 정보 내용이나 의미에 관계없이 평균 225~300밀리초의 간격으로 눈이 앞으로 나아가도록 신호를 보내는 내부 메트로놈 또는 스톱워치에 의해 주로 제어된다고 주장한다. 고차 인지 과정은 (왼쪽으로 향하는 안구 운동인) 회귀를 유발하거나 안구 운동을 완전히 멈추게 하는 역할을 할 수 있지만, 이것들은 예외이다. 전향적 빠른 도약 대다수는 내부 메트로놈에 의해 제어된다. 이러한 모형의 가장 큰 장점은 평균 고정이 왜 그렇게 짧은지(대략 225~300밀리초)를 설명할 수 있다는 것이다. 그러나 이러한 모형의 가장 큰 문제는 단어가 언어에 나타나는 빈도, 단어가 맥락에 얼마나 잘 부합하는지(얼마나 의미적으로 그럴듯한지 혹은 예측 가능한지), 그 단어로 인해 문법적 적합성의 여부가 달라지는지와 같은 언어 관련 정보가 왜 독자들의 글 읽기 시 개별 단어의 고정 시간에 강력한 영향을 미치는지를 설명하지 못한다는 것이다. 간단히 말해서, 단어의 언어적 특성은 글 읽기 시의 안구 운동에 영향을 미치는 것으로 보인다. 만약 그렇다면, 그것은 글 읽기 이론 중 안구 운동 통제 이론들의 주장을 반증하는 것이다.

실제로 단어의 언어적 특성은 독자가 단어에 고정한 직후에 그 단어가 보이지 않게 되더라도 안구 운동에 영향을 미친다(Rayner, Liversedge et al., 2006). 앞서 언급했듯이 시각 정보가 망막에서 시각 피질로 이동하는 데는 약 50밀리초가 걸린다. 따라서 한 단어에서 추출한 시각 정보가 즉시 다른 단어로 대체되지 않는 한, 단어가 최소 50~60밀리초 동안 표시되는 한 읽기는 본질적으로 방해받지 않고 진행된다. 이 사실은 텍스트가 사라졌을 때 읽기 행동이 어떤 영향을 받는지 살펴본 일련의 실험을 통해 밝혀졌다. 이 실험에서 안구 추적 장치는 사람들이 어디를 보는지 기록했으며, 시각적 디스플레이는 실험 참여자의 현재 시선 위치와 밀접하게 연관되어 있었다. 연구자들은 경계선 변화 기법의 한 변형된 방법을 사용하여 독자가 단어에 고정한 후 60밀리초 후에 해당 단어를 사라지게 했다. 고정된 단어만 사라지게 만든 이 실험에서 독자가 각 단어를 다시 고정할 가능성에 미묘한 차이가 있다는 점을 제외하고는 정상적인 읽기가 이루어졌다(이미 사라진 단어는 다시 고정할 지점이 없기 때문에 정상 표시 조건에 비해 사라진 단어 조건에서 독자가 다시 고정할 가능성이 적었다). 흥미롭게도 각 고정의 지속 시간은 사라지는 단어의 빈도와 밀접한 관련이 있었다. 즉, 단어는 항상 60밀리초 후에 사라졌지만, 사라지는 단어가 아주 저빈도의 단어라면 실험 참여자들은 빈 공간을 더 오랫동안 바라보았다. 사라지는 단어가 고빈도라면 빈 공간을 훨씬 더 짧은 시간 동안 바라보았다. 이러한 결과는 단어의 언어적 특성(특히 빈도)이 단어 식별을 유도하는 시각적 자극이 눈을 움직이기 시작하는 시점에 더 이상 존재하지 않더라도 눈을 언제 움직일지 결정하는 데 큰 영향을 미침을 보여 주는 것으로, 안구 운동 통제 모형에 정면으로 반하는 결과이다.

글 읽기를 연구하는 대부분의 언어 과학자들은 읽기 시 안구 운동을 조절하는 인지 통제 이론 중 하나를 따르고 있다. 이름에서 알 수 있듯이 인지 통제 이론은 언어 처리의 상위 인지적 측면이 눈을 언제 그리고 어디로 움직일지에 영향을 미친다고 가정한다. 이 이론은 읽기에서 눈의 움직임이 유연하지 않은 메트로놈이나 시간제한 기제에 의해 제어된다는 주장을 명시적으로 부인한다. 인지 통제 이론은 주의의 순차 할당(serial allocation of attention) 또는 병렬 할당(parallel allocation of attention)을 주장하는 모형으로 더 세분화할 수 있다. E-Z 리더(E-Z Reader)와 같은 순차 주의 모형은 우리가 한 번에 한 단어에 주의를 기울이고 언어 처리를 수행한다고 주장하며, 스위프트(SWIFT)와 같은 병렬 모형

은 한 번에 두 개 이상의 단어에 주의를 기울이고 언어 처리를 수행한다고 주장한다.[6]

E-Z 리더 모형

E-Z 리더(E-Z Reader)는 사람들이 글을 읽을 때 일어나는 여러 가지 현상을 설명하는 수학적 모형이다(Pollatsek et al., 2006b; Reichle et al., 1998, 2006, 1999, 2003; Reingold and Rayner, 2006; Morrison, 1984 참조, 도식은 [그림 10.3] 참조). 첫째, 이 모형은 단일 고정의 시작과 끝 사이의 비교적 짧은 시간 동안 어떻게 언어 처리와 안구 운동 계획이 모두 완료되는지를 설명할 수 있다. 이를 위해 이 모형은 언어 처리와 안구 운동 계획의 과정이 동시에 일어난다고 가정한다. 즉, 안구 운동 제어 시스템은 주어진 단어에 대한 모든 언어 처리가 완료될 때까지 기다렸다가 안구 운동 계획을 시작하는 것이 아니다. 개별 고정에서 발생하는 일련의 과정은 다음과 같다.

1. 첫 50밀리초—시각 입력 단계: 시각 정보가 망막에서 뇌의 시각 처리 영역으로 이동한다.
2. 다음 75~100밀리초—어휘 접근의 L1 단계: 어휘 접근이 시작된다. 어휘 접근 과정의 L1 단계에서는 대략적인 친숙도 점검이 이루어진다. 기본적으로 이 단계에서는 현재 고정된 단어와 같은 자극을 이전에 얼마나 자주 보았는지 판단한다. 이 친숙도 점검은 자주 접하는 단어일수록 시간이 적게 걸리고, 드물고 자주 접하지 않는 단어일수록 시간이 오래 걸린다. 이 시점에서는 단어가 완벽히 식별되지 않았고, 그 의미에 접근하지 않았으며, 변화하는 문맥에 통합되지 않았지만, 완전한 어휘 접근의 성공 여부에 관한 좋은 정보를 시스템에서 발전시킨다.

어휘 접근의 L1 단계가 완료되면 독자는 다음 3, 4의 과정을 동시에 착수한다(이 과정은 병렬로 진행된다).

3. 빠른 도약 계획: 다음 빠른 도약 계획을 시작한다.
4. 어휘 접근의 L2 단계: 특정 단어를 완전히 식별하고, 그 의미에 접근하여 문맥에 통합한다.

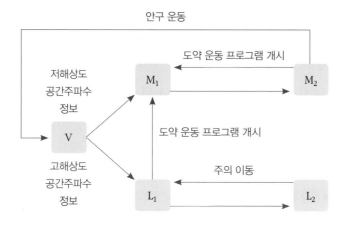

[그림 10.3] 글 읽기 시 안구 운동 통제에 관한 E-Z 리더 모형의 도식

출처: Reichle et al.(2006), Elsevier의 허락을 받음

어휘 접근 L2 단계가 완료될 때 독자는 주의를 현재 고정 단어의 오른쪽에 있는 단어로 옮기고 그 단어에 관한 어휘 접근 L1 단계의 처리를 시작한다. 빠른 도약 계획이 완료되고, 그 계획이 취소되지 않는다면 눈을 움직여 시선은 다음 단어로 향한다.

E-Z 리더 모형은 약간 모험적인 안구 운동 계획 전략을 채택하여 시간 부족 문제를 해결하고 단어의 언어적 측면이 고정 시간에 영향을 미칠 수 있도록 설계되었다. 시각 처리 단계와 어휘 접근의 L1 단계를 합쳐 약 125~150밀리초가 걸리므로 평균 고정 시간 이내에 안구 움직임을 계획할 시간이 충분하다. 100~150밀리초의 계획 시간에 125~150밀리초의 시각 및 L1 처리 시간을 더하면 총 고정 시간이 225~300밀리초가 되는데, 이는 숙련된 성인이 글을 읽을 때 일반적으로 관찰되는 시간과 매우 유사하다. 지금까지는 그런대로 괜찮은 설명이다.

E-Z 리더에 따르면, 안구 운동 계획은 위험한데, 이는 어휘 접근 메커니즘이 고정된 단어를 올바르게 식별했거나 식별할 수 있으리라는 확신을 하기 전에 이 계획이 시작되기 때문이다. 이는 때때로 문제가 발생할 수 있음을 의미한다. 눈은 고정된 단어가 식별되기 전에 그 단어에서 움직일 수 있으며, 이에 따라 어휘 접근이 실패할 수 있다. 반면에, 읽기 시 안구 운동의 약 10%는 회귀이며, 이러한 회귀는 초기 친숙도 점검 이후, 전체 어휘 접근이 성공적으로 이루어지지 않았을 때 정확하게 발생할 수 있다. 또한 어휘 접근은 고정 시작부터 250밀리초 이하로 걸리는 것으로 보이며 이는 일반적으로 다음 빠른 도약이 시작되기 전에 충분한 시간이므로 어휘 접근이 완료되기 전에 눈을 움직일 위험이 그리 큰 것은 아니다.[7]

이 모형은 읽기 시 나타나는 다른 현상들도 역시 성공적으로 설명할 수 있다. 예를 들어, 단어 빈도는 고정 시간 변산성의 상당한 비율을 설명한다. 저빈도 단어는 고빈도 단어에 비해 더 긴 시간 고정된다. E-Z 리더는 어휘 접근의 L1 단계의 처리과정에 기반하여 이 결과를 설명한다. 고빈도 단어는 저빈도 단어보다 친숙도 점검이 더 빨리 완료되고 이는 고빈도 단어에 대한 안구 운동 계획을 더 빨리 시작하도록 이끈다. E-Z 리더는 빠른 도약 시 목표 지점의 선택에 대한 하향 제어 정도를 가정하여 단어 예측성 효과를 모델링한다. 상위 언어 해석 과정에서 특정 단어가 다음에 나타날 확률이 높다고 판단하면, 안구 운동 기제가 예측성이 높은 단어를 건너뛰는 빠른 도약을 계획하도록 유도할 수 있다. 따라서 E-Z 리더는 단어 빈도와 예측성 효과를 모두 설명할 수 있으며, 이 두 요인이 왜 독립적으로 작동하는지 설명할 수 있다. 특히 예측성 효과는 빈도가 낮은 단어와 빈도가 높은 단어에서 거의 비슷한 크기로 나타난다(Rayner et al., 2004).

E-Z 리더는 또한 소위 이월 효과(spillover effect)라고 불리는 현상을 설명한다(Henderson and Ferreira, 1990; Kennison and Clifton, 1995; Rayner and Duffy, 1986). 이월 효과는 같은 단어가 어려운 단어 뒤에 있을 때가 더 쉬운 단어 뒤에 있을 때보다 더 길게 고정되는 현상을 말한다. 예를 들어, 문장 (1)과 (2)를 살펴보자.

(1) The intrilligator[8] visited the library this morning.

　　(오늘 아침 그 제본기술자가 도서관을 방문했다.)

(2) The investigator visited the library this morning.

　　(오늘 아침 그 연구자가 도서관을 방문했다.)

제본기술자(intrilligator)는 연구자(investigator)보다 훨씬 더 저빈도 단어이다. 그리고 (1)의 밑줄 친 단어가 (2)의 밑줄 친 단어보다 고정 시간도 훨씬 더 길다. 그런데 (1)의 visited에 대한 고정 시간도 (2)의 같은 단어보다 더 길다. 왜 이런 결과가 나타날까? 두 경우 모두 같은 단어이므로 (1)과 (2)에서 고정 시간이 차이가 없어야 하지 않을까? E-Z 리더에 따르면 답은 intrilligator가 investigator보다 처리하기 어렵기 때문에 L1과 L2의 어휘 접근 단계가 전자에서 더 오래 걸린다는 것이다. 따라서 (2)에서보다 (1)에서 visited로 주의를 전환하기 위해 더 오래 기다려야 한다. 그 결과, (2)에서보다 (1)에서 visited에 직접 고정하기 전에 이 단어에 대한 L1 어휘 접근을 수행하는 시간이 줄어든다. 결국에는 visited에 대한 미리 보기 이득은 바로 앞에 나온 단어가 어렵기 때문에 (1)에서 줄어드는 것이다.

단어에 직접 고정하기 전에 은밀한 주의의 이동이 먼저 일어난다는 E-Z 리더의 가정도 단어를 왜 건너뛰는지, 그리고 왜 그런 건너뛰기가 길고 빈도가 낮은 단어보다 짧고 빈도가 높은 단어에서 더 잘 발생하는지를 설명하는 데 도움이 된다. 눈이 직접 단어를 고정하기 전에 주의가 단어로 이동할 수 있으므로 독자의 시선이 문제의 단어에 직접 닿기 전에 어휘 접근의 L1 단계와 L2 단계가 완료될 가능성이 있다. 만약 당신이 한 단어를 보고 있고, 눈이 움직이기 시작하기 전에 오른쪽의 단어가 완전히 식별될 수 있다면, 이미 식별된 단어를 건너뛰어 새로운 빠른 도약이 계획될 수 있고, 이것은 그 단어를 건너뛰도록 한다. E-Z 리더 모형은 또한 문맥에서 단어가 예측 가능성이 높을 때 발생하는 건너뛰기를 성공적으로 모사한다.

E-Z 리더는 빠른 도약 계획의 초기 불안정(labile) 단계와 후기 안정(non-labile) 단계를 가정하여 단어 건너뛰기 현상을 모형화한다. 빠른 도약 계획의 불안정 단계에서 고정 단어 오른쪽에 제시된 단어가 식별되면 원래 안구 운동 계획이 취소되고 새로운 계획으로 대체될 수 있다. 안정 단계에서 오른쪽에 제시된 단어가 식별되면 원래 계획이 실행되고 그 단어에 직접 고정이 이루어진다. 이 두 번째 시나리오에서는 빠른 도약 계획이 원래 계획대로 즉시 시작될 수 있어서 오른쪽 단어에 대한 고정이 매우 짧을 수 있다. 기존 도약 계획을 새로운 계획이 덮어쓰거나 대체한다는 가정은 차례로 제시되는 두 개의 시각적 목표 자극의 개시 시간 차이(stimulus-onset asynchronies: SOAs)를 조작하는 실험과 관련된 정신 물리학 연구 결과를 기반으로 한다. 첫 번째 목표 자극의 노출 시간이 짧고 두 번째 자극이 곧바로 제시되면 실험 참여자는 두 번째 자극으로 한 번의 안구 운동을 한다. 이는 첫 번째 자극으로 착지하려는 안구 운동 계획이 두 번째 자극으로 착지하려는 계획으로 대체되거나 덮어 쓰임을 시사한다. 만약 첫 번째 자극이 더 길게 제시되거나 첫 번째 자극과 두 번째 자극의 제시 시간의 간격이 증가한다면 참여자는 두 개의 분리된 안구 운동을 만들어 내는데, 하나는 첫 번째 자극에, 그리고 다른 하나는 두 번째 자극에 착지하는 것이다. 이 경우에는 두 번째 자극으로의 운동 계획이 너무 늦게 시작되어 첫 번째 자극으로 착지하려는 계획을 취소할 수 없는 것이다.[9]

E-Z 리더는 또한 빠르고 효율적인 글 읽기를 위해 왜 부중심와 미리 보기가 중요한지 설명한다. 부중심와 미리 보기는 대부분의 고정에서 주의가 이미 오른쪽으로 한 단어 이동하여 그 단어에 직접 고정하기 전에 그 단어를 처리하기 시작하는 시간을 포함하기 때문에 중요하다. Inhoff 등(2005, p. 980)이 설명한 바와 같이, "미리 보기 이득은 일반적인 현상인데, 이는 빠른 도약 계획을 위한 두 단계의 안구 운동 프로그램의 완료가 어휘 접근의 L2 단계를 완료하는 것보다 더 많은 시간이 소

요되므로, 다음 단어가 고정되기 전에 정보처리가 시작될 수 있기 때문이다." 따라서 당신이 문장 (3)을 읽는다면(Dorsey, 2009, p. 304),

(3) She slammed the wooden door behind the screen and ran to call the cops.

당신이 wooden이라는 단어를 보는 데 걸리는 시간 일부는 그다음 단어인 door에 대한 전처리 (어휘 접근의 L1 단계인 친숙도 점검) 과정을 포함한다. 만약 당신이 wooden을 읽고 있을 때 경계선 변화 기법에서처럼 화면이 다음과 같이 보인다면,

(3) She slammed the wooden XXXX XXXXXX XXX XXXXXX XXX XXX XX XXXX XXX XXXX.

당신이 wooden으로부터 주의를 다음 단어로 옮겼을 때 정보처리에 유용한 것이 전혀 없을 것이 다. 이러면 친숙도 점검 단계의 시작은 door에 직접 고정될 때까지 지연될 수밖에 없고, 이는 어휘 접근의 L1 단계를 완료하는 데 걸리는 전체 시간을 증가시키고 향후 진행될 안구 운동을 실행할 빠른 도약 계획의 시작 역시 지연시킨다.

병렬 주의 모형과 중심와에 미치는 부중심와(parafoveal-on-foveal) 효과

스위프트(SWIFT)는 읽기의 병렬 주의 모형의 대표적인 예이다(Engbert et al., 2005; Kliegl et al., 2006, 2007; 글렌모어(GLENMORE) 모형, Inhoff et al., 2004, 2005, 2006; Radach and Kennedy, 2004; Legge의 'Mr. Chips' 모형, Legge et al., 2002, 1997).[10] 스위프트 읽기 기제의 전체적인 설계는 [그림 10.4]에 나타나 있다. 스위프트 모형은 고정 시간에 대한 단어 길이 및 빈도 효과, 이월 효과 등과 같이 E-Z 리더에서 설명한 읽기 현상의 많은 부분을 설명하지만, 처리 과정에 관한 매우 다른 가

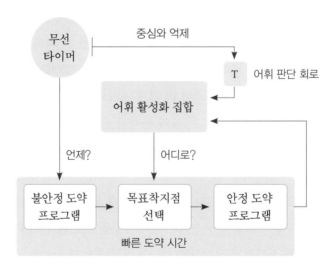

[그림 10.4] 스위프트 안구 운동 모형의 체계적 도식

출처: Engbert et al. (2005), American Psychological Association

정을 통해 설명한다.

　스위프트에 따르면 한 번에 하나 이상의 단어에 대한 어휘 접근 과정을 진행할 수 있으며, 구체적으로 스위프트는 4개의 단어를 동시에 처리할 수 있다고 제안한다.[11] 고정된 단어를 중심으로 왼쪽에 있는 한 단어, 오른쪽에 있는 두 단어까지 4개의 단어이다. 그래서 문장 (3)에서 wooden이라는 단어에 눈이 고정되어 있을지 모르지만, 고정된 단어 그 이상의 단어들을 처리한다. 따라서 앞에 있는 단어 the와 뒤에 있는 단어 door와 behind에 관한 언어적인 처리를 동시에 하는 것이다. 스위프트 모형에 따르면 당신은 병렬적으로 다수의 단어에 주의를 기울이고 처리할 수 있음에도 불구하고 주의가 지각 폭 내에 들어 있는 모든 단어에 균등하게 할당되는 것은 아니다. 대신에 주의 경사도(gradient of attention)라는 개념을 상정하는데, 이는 몇몇 단어는 다른 단어들에 비해 더 많은 주의를 받음을 의미한다. 특히 직접 고정된 단어는 가장 많은 주의를 받으며 고정된 단어의 오른쪽과 왼쪽에 있는 단어에는 최대치의 주의보다는 적은 주의가 할당된다.

　안구운동 통제 모형과 마찬가지로 스위프트도 전향적 빠른 도약을 만들 때 메트로놈을 사용하지만, 스위프트를 인지 통제 유형의 읽기 모형으로 분류하는 이유는 메트로놈의 작동이 지각 폭 내에 존재하는 단어들의 언어적 측면에 영향을 받기 때문이다. 구체적으로 보면 중심와에 제시된 단어가 처리하기 어려운 단어일 때 다음 빠른 도약의 실행은 지연될 수 있다. 그러나 빠른 도약 생성 시스템은 고차 언어 처리 기제와 물리적으로 분리되어 있기 때문에, 언어 처리 시스템이 다음 전향적 빠른 도약을 지연하도록 결정하는 시간과 그 메시지가 안구 운동 통제 시스템에 도달하는 시점에 차이가 존재한다.

　스위프트는 다음 빠른 도약의 착지점이 선택되는 방식의 측면에서도 E-Z 리더와 다르다. E-Z 리더에서는 빠른 도약이 시작되기 전 다음 단어에 대한 어휘 접근이 완료되지 않는 한 늘 목표 지점은 다음 단어이다. 스위프트에서는 전체 지각 폭을 대상으로 활성화장(activation field)이 계산된다. 지각 폭 내의 여러 단어는 상대적 현저성이 모두 다르다. 현저성은 일차적 공간 정보와 상위의 언어 관련 정보가 함께 영향을 미친다. 만약 한 단어가 이미 인식되면 그 단어의 현저성은 떨어진다. 만약 한 단어가 고정 위치로부터 멀리 떨어져 있으면 고정 위치로부터 가까운 단어에 비해 현저성이 떨어진다. 다음 빠른 도약의 목표지점은 활성화장에서 가장 높은 현저성을 가진 단어가 되는 것이다.

　스위프트 모형의 주의 경사도 요소는 직접 고정된 단어가 고정 시간에 가장 큰 영향을 미치지만 다른 단어도 고정 시간에 영향을 미칠 수 있음을 의미한다. 그 결과, 스위프트는 고정된 단어의 오른쪽에 있는 단어가 고정된 단어를 보는 시간을 늘릴 수 있다고 예측한다. 이 효과를 부중심와의 단어(오른쪽에 있는 단어)가 중심와의 단어(직접 보고 있는 단어)를 고정하는 데 걸리는 시간에 영향을 미치기 때문에 중심와에 미치는 부중심와 효과(parafoveal-on-foveal effect)라고 부른다. 제한된 상황을 제외하고는 E-Z 리더는 중심와에 미치는 부중심와 효과를 예측하지 못하기 때문에 이 효과가 나타나는가를 밝히는 실험은 (E-Z 리더에서처럼) 독자가 한 번에 한 단어씩 주의를 할당하는지 아니면 (스위프트에서처럼) 한 번에 두 단어 이상에 주의를 할당하는지를 알 수 있는 중요한 수단을 제공했다. 그렇다면 글 읽기 시 중심와에 미치는 부중심와 효과가 나타난다는 증거로는 무엇이 있을까?

　Kliegl과 동료들은 현재 고정 단어로부터 오른쪽으로 두 번째 단어의 미리 보기를 조작하였다.

앞에서 예로 든 (3)의 문장을 한 번 더 본다면 다음과 같다.

(3) She slammed the wooden door behind the screen and ran to call the cops.

wooden이라는 단어에 고정하면 behind를 제외한 모든 부분이 정상으로 나타난다(Kliegl et al., 2007). 눈이 wooden과 door 사이의 보이지 않는 경계선을 넘으면 behind는 일련의 무선 문자열에서 정상적인 단어 behind로 바뀐다. 이 실험에서 사람들이 wooden에 고정하는 동안 behind에 대한 미리 보기를 차단하면 독자의 시선이 door로 이동했을 때 읽기 시간이 길어졌다. Kliegl과 그의 동료들은 또한 부중심와에 제시된 단어의 언어적 속성을 조작했으며, 이 조작이 스위프트가 예측한 대로 중심와에 고정된 단어에 대한 읽기 시간에 영향을 미친다는 것을 발견했다. 또 다른 연구에서 Alan Kennedy와 Joel Pynte는 50,000단어의 텍스트에 대한 안구 운동 자료를 수집한 결과, 중심와에 고정된 단어의 길이가 상대적으로 짧을 때는 부중심와에 제시된 단어의 언어적 특성이 읽기 시간에 영향을 미치고, 상대적으로 긴 단어의 경우는 중심와에 미치는 부중심와 효과가 다소 약하다는 것을 발견했다.

여러 단어에 주의를 병렬 할당한다는 몇 가지 추가 증거는 부중심와 미리 보기 정보의 가용성을 조작하는 실험에서 찾을 수 있다. 순차적 주의 모형에서는 고정된 단어에서 오른쪽의 다음 단어(부중심와 단어)로 주의가 전환되는 데 시간이 걸린다고 예측한다. 병렬 주의 모형은 고정된 단어에 도달하자마자 부중심와 단어로부터 언어적 정보를 받아들이기 시작한다고 제안한다. 순차적 주의 모형에 따르면, 중심와 단어에 눈이 고정됨과 동시에 아주 잠깐 동안만 부중심와 단어의 미리 보기를 차단한다고 해도 큰 문제가 생기지는 않을 것이다. 왜냐하면 고정된 단어에서 부중심와 단어로 주의가 이동할 시간쯤이면 부중심와 단어에 대한 정보를 이용할 수 있을 것이기 때문이다. 그러나 병렬 주의 모형에 따르면, 시선이 중심와 단어에 고정하자마자 부중심와 단어의 정보 수집이 시작되므로 부중심와 미리 보기가 조금만 지연되더라도 읽기 시간이 늘어날 수 있다. 이러한 한 연구(Inhoff et al., 2005)[12]에 따르면, 실험 참여자에게 단시간 동안만 부중심와 미리 보기를 차단했을 때(중심와 단어가 고정된 후 140밀리초 동안) 읽기 속도가 느려진 것으로 나타났다. 다른 조건에서는 부중심와 미리 보기를 즉시는 이용할 수 있었지만, 140밀리초 후에는 차단되었다. 순차적 주의 모형에 따르면 이 조건에서 부중심와 미리 보기가 차단된 시점까지 주의가 중심와 단어에 집중되어 있었기 때문에 미리 보기의 이득이 거의 없었어야 했다. 그러나 이 '초기' 미리 보기 조건에서의 미리 보기 이득은 140밀리초 후에야 미리 보기가 유용해지고 빠른 도약이 시작될 때까지 미리 보기 자극이 유지된 조건(순차적 주의 모형에 따라 주의가 부중심와로 이동한 후에야 미리 보기 정보를 이용할 수 있다고 보는 조건)에서 나타난 정도의 미리 보기 이득과 비슷한 크기였다. 따라서 이러한 결과는 중심와 단어에 고정이 일어남과 동시에 부중심와 단어에서 언어 정보가 추출됨을 시사하며, 이는 주의의 순차적 전환보다 병렬 주의 할당 모형과 더 잘 부합한다(Inhoff et al., 2005, 2000; A. Inhoff et al., 2000; Kliegl et al., 2006 참조).[13]

중심와에 미치는 부중심와 효과의 존재, 정도 및 설명은 여전히 논란의 여지가 있으며, 이러한 효과의 존재를 지지하기 위해 인용된 일부 연구 결과는 실제로 순차적 주의 모형의 설명을 지지하는 것으로 보인다(예: Morris et al., 1990, Inhoff et al., 2005에 인용됨). Robin Morris와 동료들의 실험 (Morris et al., 1990)에서 부중심와 미리 보기는 짧은 시간(50밀리초) 또는 훨씬 더 긴 시간(250밀리초) 동안 지연되었다. 주의가 중심와 단어에서 부중심와 단어로 이동하는 데 시간이 걸리고 부중심와 단어 처리에 주의가 필요하다면, 미리 보기 정보의 50밀리초 지연은 읽기 시간에 거의 영향을 미치지 않지만, 부중심와 미리 보기 자극의 제시가 더 오래 지연되면 더 큰 방해가 될 것이다(미리 보기가 더 오래 차단될수록 올바른 문자 정보가 제시되기 전에 주의가 부중심와 영역으로 이동했을 가능성이 커지기 때문). Morris와 동료들은 미리 보기 시작이 더 오래 지연된 조건에서 더 짧게 지연될 때보다 읽기에 더 많은 방해가 된다는 것을 보여 주었으며, 이는 순차적 주의 가설과 일치하는 결과이다.

부중심와 미리 보기 효과에 관한 초기 연구 결과는 미리 보기를 차단한 상태에서 눈이 중심와 단어로부터 (미리 보지 못한) 부중심와 단어로 이동했을 때 그 단어에 대한 고정 시간이 증가한다는 것을 제안했다. 그러나 미리 보기의 유무는 중심와 단어에 고정한 시간에는 영향을 주지 못했다(예: Blanchard et al., 1989). 더 최근의 연구 결과 역시 서로 다른 미리 보기 조건에서 중심와에 미치는 부중심와 효과를 보여 주지 못했다. 그리고 고정된 단어로부터 오른쪽으로 두 번째 단어로부터의 미리 보기 이득 역시 발견되지 않았다(Rayner, Juhasz, Brown et al., 2007; 이 논의에 관한 비판적 개관 논문은 Rayner et al., 2003 참조).

Trevor Brothers와 그의 동료들은 부중심와 미리 보기 효과에 관해 가용한 연구 결과 모두를 모아서 메타분석(개별 연구를 더 큰 덩어리로 합쳐서 실험 조작이 수행에 얼마나 영향을 미쳤는가를 더 정확하게 평가하는 분석 방법)을 수행한 결과, 중심와에 미치는 부중심와 효과의 평균 크기는 0과 다를 바 없었다(Brothers et al., 2017). 또한 이들은 부중심와에 제시된 단어의 언어적 측면을 조작한 실험도 수행하였는데, 중심와에 미치는 부중심와 효과는 나타나지 않았다. 이러한 결과들은 언어 정보 처리는 기껏해야 (고정이 이루어진) 중심와 단어와 부중심와 단어로 제한되어 일어남을 시사하며, 이 결과는 중심와에 미치는 부중심와 효과의 부재 덕택에 병렬 주의 모형의 지지자들에게는 위안을 주지 못하였다.

글 읽기 시의 인지 처리 I

다양한 표기 체계와 문자

구어에는 여러 언어에 걸쳐 일관된 체계적인 특징이 많았지만, 표기 체계(문자 집단)와 문자(개별 언어가 시각적으로 표현되는 방식)는 독특한 특징이 많다(Perfetti et al., 2005; Rayner and Pollatsek, 1989). 지금까지, 이 장은 알파벳 표기 체계의 범주에 속하는 영어 읽기를 주로 다루었다. 알파벳 표기 체계의 문자는 철자들의 집합으로 구성된다. 개별 철자 또는 철자들의 작은 집단(바이그램과 트라이그램)은 개별 음성, 즉 음소에 해당한다. 알파벳 표기 체계는 상형문자 및 표의문자 체계와 대조된다. 상형문자 체계에서 각 문자 또는 기호는 그것이 나타내는 개념처럼 보인다. 그래서 중국어의 글자 木은 약간 나무처럼 보이고, '나무'라는 개념을 나타낸다. 그러나 중국어는 글자가 지칭하는 개념이 그 글자와 물리적으로 닮지 않은 수많은 글자가 있다. 예를 들어, 멧돼지에 해당하는 중국어 단어는 土豚이다.[2] 따라서 중국어는 표의문자 체계의 한 예로 생각하는 것이 더 적절하다. 표의문자 체계에서는 각 기호가 형태소나 단어와 같은 하나의 의미 단위로 연결되는데, 그 기호가 지칭하는 개념과 물리적인 유사성을 공유할 필요가 없다. 몇몇 언어과학자들은 중국어를 형태−음절 표기 체계로 부르는 것이 더 적절하다고 제안한다. 왜냐하면 각 기호가 형태소이자 음절을 표상하기 때문이다(Perfetti et al., 2007). 중국어는 현재 널리 사용되는 언어 중 유일하게 표의문자 체계를 가지고 있다(Rayner and Pollatsek, 1989).

중국어 글자의 절대다수(약 85%)는 두 개의 구성 요소로 이루어지는데, 글자의 의미에 관한 단서를 제공하는 의미 부수(semantic radical)와 글자의 발음에 관한 단서를 제공하는 음운 부수(phonological radical)이다(Lee et al., 2007). Lee 등(2006, p. 151)에서 설명하는 바와 같이, "楓이란 글자는 이 글자의 음성학적 성분으로 인해 feng1(숫자는 북경어의 4성조 중 하나를 의미함)으로 발음하고, 그 의미는 단풍나무이다. 이 글자의 의미 부수 木(mu4, 나무)과 음운 부수 風(feng1, 바람)은 단순한 글자로 각각의 의미와 발음을 가지고 있다."

중국어를 상형문자로 생각한다면 이를 처리할 때 영어 문자의 처리와는 전혀 다른 과정을 거친다고 생각하는 것이 합리적이다. 하지만 두 문자가 처리되는 방식에는 많은 유사성이 있는 것으로 밝혀졌다. 먼저 두 언어의 문자를 읽을 때 모두 빠르고 자동적인 음운 부호의 활성화가 나타난다. 영어를 읽을 때는 일련의 문자열이 자동적으로 음운 코드를 활성화한다(이것이 우리가 글을 읽을 때 종종 듣는 내적 소리의 원천 중 하나이다). 영어 읽기에서 음운 부호가 자동적으로 활성화된다는 사실은 사람들이 한 단어가 특정 범주의 용례가 되는지를 판단하는 의미 범주화 과제를 사용한 실험을 통해 밝혀졌다. 영어 단어 wind와 같은 동철이음어(heterophonic homographs; 소리는 다르지만 철자가 동일한 단어)는 단어의 길이와 빈도가 유사한 일반 단어보다 읽기 시간이 더 길다. 왜냐하면 wind를 읽을 때 the wind was blowing(바람이 불었다)과 wind up the clock(시계태엽을 감다)에서와 같이 서로 다른 두 개의 음운 표상이 활성화되기 때문이다(Folk and Morris, 1995). 이와 관련하여 몇몇 철자 패턴은 여러 개의 발음을 가지는데, 이를 통해 일관성 효과를 살펴볼 수 있다. have라는 단어에는 철자 'a'가 들어있는데, 이 단어는 '짧은' /a/소리로 발음된다. 그러나 대부분의 경우 −ave 철자 패턴은 cave, save에서와 같이 '긴' 소리로 발음된다. 그래서 have, cave, save와 같은 단어들은 동일한 철자 패턴을 가지고 있지만 여러 개의 발음을 가질 수 있기 때문에 일관성이 없다고 할 수 있다. 이런 유형의 단어들은 철자와 발음 패턴이 완전히 일관된 단어들보다 읽는 데 더 오랜 시간이 걸리고(Glushko, 1979), 이 추가적인 읽기 시간은 자동적으로 활성화된 여러 개의 후보자들에서 올바른 음운 부호를 선택하는 데 필요한 노력을 반영한다.

자동적 음운 부호의 활성화를 지지하는 추가적인 증거는 이철동음어(heterographic homophones; 철자는 다르지만 소리가 동일한 단어)를 이용한 연구에서 찾을 수 있다. 실험 참여자가 '음식'이라는 범주에 특정 단어가 속하는지를 판단해야 할 때 meet와 같은 단어는 아니라고 반응하는 데 긴 시

---

2) 역자 주: 저자가 기술한 것처럼 이 글자들은 전혀 멧돼지처럼 보이지 않는다.

간이 걸린다. 만약 이 단어의 시각적 이미지로부터 곧바로 '만나다'라는 의미를 떠올린다면, 이 단어와 철자는 비슷하지만 발음은 전혀 다른, 의미상 음식의 범주에 들지 않는 melt와 같은 단어를 아니라고 판단하는 것처럼 쉽게 판단할 수 있어야 한다. 그런데 실제 일어나는 일은 다음과 같다. meet라는 단어는 /meet/라는 소리를 활성화시키는데, 이 소리는 음식의 범주의 한 예인 'meat'와 소리 정보가 일치한다. 따라서 meet라는 단어를 음식 범주에 속하지 않는다고 판단하기 어려운 것이다. 즉, meet는 음식의 한 예로 들리는 쌍둥이가 있는 것이고, 이 음운 부호는 자동적으로 활성화된다(Jared and Seidenberg, 1991; Van Orden, 1987, 1991).

brane(brain과 비교)과 같은 예처럼 실제 단어처럼 발음될 법한 비단어 문자열인 동음비단어 (pseudohomophone)를 비단어로 판단하는 데도 더 오랜 시간이 걸리는데, 이는 brane을 보면 이미 알고 있는 단어의 사전 저장된 음운 표상이 활성화되어, brene과 같이 사전 저장되어 있는 음운 표상이 없는 발음 가능한 문자열보다 비단어 판단이 더 어려워지는 것이다(Coltheart et al., 1977; Rubenstein et al., 1971). 더 자연스러운 읽기 과제에서도 비슷한 효과가 나타난다. 실험 참여자에게 글에서 철자가 틀린 단어를 찾으라고 하면, 동음어를 놓칠 가능성이 더 크다(예: steel이 맞는 단어일 때, stale과 같이 발음이 다른 철자 유사 단어보다 steal처럼 발음이 같은 철자 유사 단어를 더 많이 놓친다; Daneman and Stainton, 1991).[14]

중국어 글자의 어떤 것도 개별 음소에 대응되지 않는다. 전체 글자는 전체 음절을 나타내며, 글자의 하위 부분이 음절의 하위 부분에 대응되는 것도 아니다. 각 글자는 동시에 형태소에 대응되며, 대부분의 글자는 단어에도 대응된다(일부 단어는 멧돼지와 같이 두 개 이상의 글자로 구성되어 있으므로 개별 글자는 음절에는 대응되지만 단어에는 대응되지 않는다). 많은 글자와 많은 형태소 간에 일대일 대응이 되기 때문에 중국어 독자는 문자에서 의미로 접근하는 과정에서 음운 정보를 우회할 수 있다. 만약 그렇다면 중국어를 읽는 데 사용되는 심적 과정은 영어를 읽는 데 사용되는 심적 과정과 매우 다를 것이다. 그러나 중국어 글자 또한 영어 단어와 마찬가지로 음운 표상을 활성화하는 것으로 밝혀졌다.

중국어 글자는 영어 단어와 매우 유사한 방식으로 일관성이 있을 수도, 일관성이 없을 수도 있다 (Lee et al., 2007). 일부 중국어 글자는 동일한 음성 부수를 가지고 있지만 매우 다른 방식으로 발음된다. 이들은 일관되지 않은 글자들이다. 다른 중국어 문자는 같은 음성 부수를 가지고 있으면 일관된 소리로 발음된다. 읽기 시간 연구와 신경생리학(ERP) 연구는 모두 일관되지 않은 글자가 일관된 글자보다 더 큰 처리 비용이 든다는 것을 보여 주며, 중국어 독자가 영어 독자와 마찬가지로 묵독하는 동안에도 음운 표상을 활성화한다는 것을 보여 준다(C.-Y. Lee et al., 2005; Hsu et al., 2009; Perfetti et al., 2005; Tsai et al., 2004). 이 연구들은 또한 글자의 빈도가 감소함에 따라 비일관성의 비용이 증가한다는 것을 나타낸다(영어 읽기에서 나타나는 일관성과 빈도의 상호작용, 규칙성과 빈도의 상호작용과 유사하다). 또한 중국어 글자에서 미리 본 글자가 목표 글자와 음운 부호를 공유할 때 미리보기 이득이 나타난다(Tsai et al., 2004).

중국어 독자는 일반적으로 중국어 문자에 나타나지 않는 일부 특성에서도 영어 독자와 유사하다. 영어를 읽을 때 띄어쓰기 정보는 안구 운동 계획의 중요한 측면이며, 띄어쓰기 정보가 왜곡되거나 차단되면 독자의 읽기 속도가 느려진다. 일반적으로 중국어 문자는 글자 사이에 공백이 없다. 따라서 중국 독자들은 글자가 서로 매우 가까이 있는 글을 보는 데 익숙하다. 따라서 중국 독자의 안구 운동은 이 간격 패턴에 최적화되어 있으며, 이례적인 간격 패턴을 마주하면 안구 운동에 혼란을 겪을 것이라고 생각할 수 있다. 그러나 띄어쓰기 텍스트에 대한 연습이 부족했음에도 불구하고 중국 독자들은 중국어 텍스트에서 단어 사이에 띄어쓰기를 했을 때 읽는 데 아무런 문제가 없었다. 이러한 데이터는 중국어에서도 영어와 마찬가지로 글자가 아닌 단어가 안구 운동을 주도하는 중요한 단위임을 나타낸다(Bai et al., 2008).

중국어 문자를 '단어의 그림'처럼 본다면, 우반구가 중국어 독자의 어휘 접근에 특히 중요하고 심지어 이를 전적으로 통제한다고 해도 납득할 만하다. 이러한 가정은 부분적으로 우반구가 시각 이미지 처리와 시각 공간 정보 표상에 중요한 역할을 한다는 신경학 및 신경생리학 연구에 근거하고 있다. 공간 정보 처리에서 우반구가 이렇게 중요한 역할을 하기 때문에 좌시야 무시증을 보이는 사례를 포함하여 우반구 손상, 특히 우측 두정엽 손상이 있는 일부 환자는 심각한 시각 정보 처리 결함을 나타낸다(예: Rafal and Robertson, 1995). 좌시야 무시증은 일부 우반구 손상 환자에게서 관찰된다. 이 현상은 환자가 고정하고 있는 지점의 왼쪽에 있는 시각 정보를 지각하지 못하는 것이 특징이다.

그러나 중국어 이중 언어 독자는 영어보다 중국어를 읽을 때 우반구 활성화가 더 크게 나타나긴

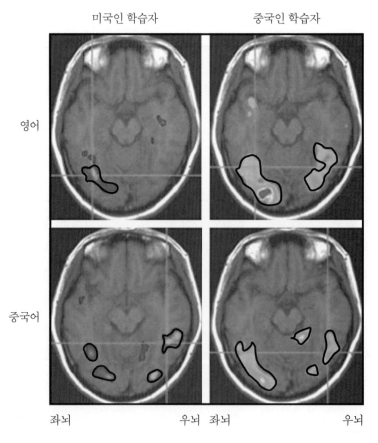

[그림 10.5] 영어-중국어 이중 언어 독자(왼쪽)와 중국어-영어 이중 언어 독자(오른쪽)가 영어(위)와 중국어(아래)를 읽을 때 활성화되는 뇌 영역을 보여 주는 기능적 자기공명영상 연구 결과. 두 국적의 집단이 두 표기 체계의 문자를 읽을 때 모두 시각 단어 형태 영역이라고 잘 알려진 방추상회의 일부가 활성화됨을 보여 준다.

출처: Perfetti, C. A. et al. (2007), Cambridge University Press

하지만, 중국어 문자도 영어 문자를 읽을 때 활성화되는 뇌 영역과 동일하게, 좌뇌로 편측화된 뇌 연결망을 활성화하는 것으로 나타났다(Fiez et al., 2006; Jobard et al., 2003; Li et al., 2021; Mainy et al., 2008; Perfetti et al., 2007).

[그림 10.5]는 영어와 중국어 이중 언어 독자의 영어 또는 중국어 문자 읽기 시의 뇌 영상 비교 자료이다. 이 그림은 두 언어가 상당 부분 겹치는 것을 보여 준다(하지만 중국어 문자에서 우반구가 어느 정도 더 많이 활성화된다).[15] 흥미롭게도 미국 대학생들이 중국어를 배우기 시작했을 때, 중국어를 읽을 때는 우반구 활성화가 나타났지만 영어를 읽을 때는 그렇지 않았다([그림 10.5], 하단 참조). 중국어 이중 언어 구사자들은 중국어 문자를 읽을 때뿐만 아니라 영어 문자를 읽을 때도 우반구 활성화가 나타났다. 이러한 데이터는 문자의 특성과 개인의 학습 이력이 서로 다른 종류의 표기 체계에 뇌가 반응하는 방식에 영향을 미친다는 것을 나타낸다.

읽기 학습

> 읽는 법을 배우는 것은 말을 배우는 것보다 훨씬 더 우리의 지각 능력을 한계까지 밀어붙인다. 읽기에는 대부분 사람들이 배우는 다른 어떤 것보다 더 정교한 시각, 청각 및 운동 기술이 필요하다. 각 단어를 구성하는 소리의 음소 순서에서 작고 최소한의 중복이 있는 시각적 기호의 배열을 구별하고 거기에서 각 단어를 구성하는 일련의 음소들을 해석해야 한다. (Stein and Walsh, 1997, pp. 147-148)

게다가 읽는 법을 배우는 것은 부자연스러운 일이다(Gough and Hillinger, 1980). 구어는 적절한 자극에 노출된 모든 사람에게서 나타나며, 특별한 훈련 없이도 발달한다. 글쓰기는 비교적 최근(약 5,500년 전)에 발명된 것으로, 읽기는 대다수의 어린이에게 특별한 교육을 통해서만 가능하다.

영어와 같은 알파벳 문자를 읽는 법을 배우려면 두 가지 관련 원칙을 익혀야 한다. 첫째, 아이들은 단어가 하위 부분으로 구성되어 있다는 것을 깨달아야 한다. 아이들이 구어를 하위 부분으로 나눌 수 있다는 지식을 얻으면 음소 인식(phonemic awareness)이 있다고 말한다. 둘째, 아이들은 특정 패턴의 글자가 특정 패턴의 말소리와 짝을 이룬다는 것을 깨달아야 한다. 글자의 집합이 말소리의 집합과 어떻게 짝을 이루는지 이해하면 알파벳 원리(alphabetic principle)를 이해했다고 한다.

음소 인식은 문해력(읽고 쓰는 능력)의 중요한 전조이다. 아직 읽기를 시작하지 않은 아동의 경우 음소 인식의 차이를 측정할 수 있기 때문에 이것이 읽기 습득에 인과적인 역할을 하는 것으로 추정된다. 이러한 예비 독자의 음소 인식 과제 점수는 그들이 읽기를 시작한 지 2~3년 후에 얼마나 성공적으로 그리고 얼마나 빨리 읽기 기술을 습득할 것인지를 예측한다(Torgesen et al., 1999, 2001; Wagner and Torgesen, 1987; Wagner et al., 1994, 1997, 개관 논문으로는 Wagner et al., 2006 참조; 그러나 다른 관점에 대해서는 Castles and Coltheart, 2004 참조).

음소 인식은 생략(elision), 소리 범주화(sound categorization), 혼합(blending) 과제(Torgesen et al., 1999)를 포함한 다양한 방법으로 평가할 수 있지만, 음소 인식 능력을 가장 잘 평가하는 방법은 다양한 과제를 함께 사용하는 것이다. 생략 과제에서는 어린이에게 cat과 같은 단어를 주고 /k/ 소리를 제거하면 어떤 소리가 되는지 물어본다. 소리 범주화에는 pin, bun, fun, gun과 같은 단어 세트를 듣고 '다른 단어와 다르게 들리는 단어'(이 경우는 pin)를 식별하는 문제 등이 포함된다(Torgesen et al., 1999, p. 76). 혼합 과제에서 아이들은 시작음(단어의 시작)과 받침(음절 끝의 모음과 자음 소리)을 듣고, 이 둘을 합치면 어떤 소리가 나는지 말해야 한다.

아동의 음소 인식 과제 종합 점수는 이후 시점의 읽기 능력 발달과 밀접한 상관관계가 있다. 음소 인식 능력이 낮은 아동은 읽기 학습에 더 큰 어려움을 겪게 되지만, 아동의 음소 인식을 향상시킬 수 있는 효과적인 개입 방법이 개발되었고, 이를 통해 일반적인 발달 시기 내에 읽기 능력을 습득할 가능성을 높일 수 있다(Ehri, Nunes, Willows et al., 2001).[16]

아이들이 단어가 분리 가능한 말소리로 구성되어 있다는 것을 알게 되면 개별 문자 및 문자열을 개별 음성 및 음성 배열에 할당하기 시작할 수 있다. 영어는 (얕은 철자 규칙을 가진 언어에 비해) 깊은 철자 규칙(deep orthography)을 가지고 있기 때문에 영어 사용자에게는 문자를 소리에 맞추는 이 과정이 복잡하다. 얕은 철자 규칙을 가진 언어에서는 문자와 음성이 일대일 관계에 가깝다(스페인어와 러시아어는 얕은 철자 규칙을 가진 언어의 예이다). 예를 들어, 러시아어에는 문자 'c'와 연결되는 소리가 하나뿐이다. 러시아어에서 /k/ 소리가 필요할 때는 KoniKa('koe-sh-ka, 코에쉬카'로 발음, 고양이라는 뜻)에서와 같이 'k'를 사용한다. /s/ 소리가 필요할 때는 항상 /s/로 발음되는 문자 'c'를 사용한다(예: 'sam-o-var, 사모바르'로 발음되는 caMOBap).[17] 영어는 문자와 소리가 서로 복수의 연결을 갖기 때문에 깊은 철자 규칙을 가진다고 말한다. /s/ 소리는 때로는 's' 문자로도 쓰고, 'c' 문자로도 쓸 수 있다. 이 'c' 문자는 /s/로 발음되기도 하지만(예: ceiling), /k/로 발음되기도 하며(예: cat), 묵음인 경우도 있다(예: scene). 영어는 colonel이나 yacht(Coltheart의 분류법에 따르면 이는 이상한 단어(strange words)들)에서처럼 불편할 정도로 놀라운 문자와 소리의 연결을 보여 주는 경우도 있다.

영어는 왜 깊은 철자 규칙을 갖게 되었을까? 왜 모든 단어를 소리 나는 대로 철자를 쓰면 안 될까? 한 가지 이유는 영어의 철자법 체계가 한 번에 두 가지 일을 동시에 하도록 만들어졌기 때문이다. 단어가 내는 소리를 전달하는 동시에 단어를 구성하는 형태소에 대한 정보도 보존하려고 한다. 따라서 문자를 사용하여 단어의 소리를 직접적으로 알리는 것이 목표라면 sign은 sine으로 써야 한다. (sign의 'g'는 도대체 뭔가? 아무것도 아니다!) 하지만 sign과 signpost를 sine과 sinepost로 쓴다면 signal과 signature처럼 서로 다르게 발음되지만 의미적으로는 관련된 단어 사이의 시각적 연결은 끊어진다. 영어의 철자 규칙은 문자–소리 대응을 전달하는 것과 서로 상이하게 발음되는 단어 간의 형태소적 관계를 보존하는 것 사이에서 절충하는 것이다.

따라서 영어 철자법은 암호로도 생각할 수 있다(Gough and Hillinger, 1980). 암호는 단순한 코드와 달리 서로 다른 표현 요소 간에 복잡한 연결이 존재한다. 단순 코드에서는 하나의 기호가 하나의 메시지와 함께 쓰인다. 따라서 숫자 1이 항상 '타코'를 나타내고 2가 항상 '규칙'을 나타낸다면, 코드 '12'는 '타코 규칙'이라는 메시지를 나타내고 '21'은 '규칙 타코'를 의미한다. 그러나 암호에서는 하나의 기호에 할당된 의미는 많은 수의 기호에 공통으로 적용되는 규칙의 함수이다. 암호 시스템에서 1은 문자열의 시작 부분에 나타나면 '타코'를, 다른 곳에 나타나면 '베이컨'을 의미할 수 있고, 2는 1 뒤에 오면 '규칙'을 의미하지만 문자열의 시작 부분에 오면 '맛있는'을 의미할 수 있다. 이 암호 체계에서 '12'는 여전히 '타코 규칙'을 의미하지만 '21'은 '맛있는 베이컨'을 의미한다. 특정 기호(예: 문자)의 기능을 알기 위해서는 해당 문자가 어떤 문맥에서 나타나는지 알아야 한다. 한 문맥에서 개별 기호의 기능은 다른 문맥에서 동일한 기호의 기능과 매우 다를 수 있다(예: 문자 'c'는 cat, ceiling, school, chunder, scene에서와 같이 최소 5가지의 다른 기능을 가진다).

영어 철자 규칙의 이상하고 때로는 무작위로 보이는 특성을 감안할 때, 문자–소리 대응에 관한 명시적인 교육을 강조하는 체계적인 파닉스와 더 간단한 문자–소리 대응부터 시작하여 더 복잡한 단계로 나아가는 체계적인 프로그램이 다른 교육 방법과 비교하여 읽기 능력을 가장 크게 향상시키는 것은 그리 놀라운 일이 아니다(Ehri, Nunes, Stahl et al., 2001; Ehri, Nunes, Willows et al., 2001; Stuebing et al., 2008). 즉, 교사의 능력, 학교 환경, 학급 규모, 과외 수업 여부, 교육 강도, 학생의 특성 등 다양한 변수가 읽기 능력 발달에 영향을 미치지만 파닉스 교육은 전반적으로 다른 방법보다 여전히 더 효과적이다.

체계적인 파닉스는 교육 스펙트럼의 한쪽 끝에 있으며, 문헌 자료에의 몰입을 바탕으로 알파벳 원리의 자기 발견을 강조하고 명시적인 파닉스 교육을 제공하지 않는 총체적 언어(whole-language) 방법은 다른 쪽 끝에 있다. 총체적 단어(whole-word) 방법과 같은 다른 교육 기법은 파닉스와 전체 언어 교육의 두 가지 측면을 결합한다. 대규모 메타 분석 결과들은 일부 파닉스 교육이 파닉스 교육이 없는 것보다 낫고 체계적인 파닉스 교육이 체계적이지 않은 파닉스 교육보다 낫다는 것을 보여 주었다. 또한 파닉스 교육은 음소 인식과 알파벳 원리를 이해하는 데 어려움을 겪는 어린이에게 특히 유용할 수 있다. Karla Stuebing과 그녀의 동료들은 "알파벳 능력이 약한 일부 어린이는 더 명시적인 파닉스 교육이 필요할 수 있지만 … 문자–소리 대응 지식이 더 잘 발달된 다른 어린이에게는 체계적인 파닉스 교육 정도가 덜 중요할 수 있다." 라고 설명한다(Stuebing et al., 2008, p. 124).

글 읽기 시의 인지 처리 II : 시각 단어 처리

단어 읽기와 관련된 인지 과정은 단어 듣기와 몇 가지 특징을 공유하는데, 지각적 입력을 받아 개별 단어를 인식하고 이 정보를 그 의미에 접근하는 데 사용한다는 점이 유사하다. 그러나 청각적 단어 처리의 모든 원리가 시각적 단어 처리에 적용되는 것은 아니며, 적어도 반드시 동일한 방식으로 적용되는 것은 아니다. 이 절에서는 독자가 읽는 동안 단어에 관해 저장된 정보에 접근하는 방법을 설명하는 두 가지 주요 이론, 즉 이중 경로 모형과 단일 경로(삼각 모형이라고도 함) 모형에 대해 살펴본다. 이중 경로 모형부터 살펴보도록 하자.

이중 경로 및 이중 경로 연쇄 모형

시각적 단어 재인과 단어 명명의 이중 경로(dual route) 및 이중 경로 연쇄(dual route cascaded: DRC) 모형(Coltheart et al., 1993, 2001)은 시각 단어 처리에 관한 가장 집중적으로 연구되고 고도로 발전된 두 가지 모형이다. 이 모형은 사람들이 시각적 입력 정보를 사용하여 심성 어휘집의 단어에 접근할 수 있는 두 가지 구별된 경로가 있다고 제안하기 때문에 이중 경로 또는 이중 과정 모형이라고 불린다. 구체적으로, 독자는 단어를 '소리 내어' 읽거나 음운 부호를 먼저 활성화하지 않고 어휘집에 직접 접근할 수 있다.

[그림 10.6]은 이중 경로 연쇄 모형의 처리 시스템을 개략적으로 보여 준다. 이 모형에 따르면 주어진 문자열을 음소열로 변환하는 과정을 통해 어휘집에 접근할 수 있다. 이렇게 하려면 단어 의 왼쪽에서 시작하여 오른쪽으로 이동하면서 문자 단위로 자소–음소 대응(grapheme-to-phoneme correspondence 또는 GPC) 규칙을 적용해야 한다.

실제로 숙련된 독자들은 단어와 같은 문자열에서 음운 부호를 활성화하는 것이 자동으로 이루 어지는 것으로 보인다. 범주 판단 과제에서 사람들은 제시된 단어가 음식이나 옷과 같은 범주의 용 례인지를 판단하는데, meet, sute와 같이 범주에 속하지는 않지만 범주의 용례(meat, suit)와 동일하 게 발음되는 단어 및 유사 단어 자극에 대해 자주 오반응을 보인다(V. Coltheart et al., 1994). 독자는 대략 왼쪽부터 차례대로 각 글자 또는 글자열(ch 및 sh와 같은 예)에 해당하는 소리를 활성화하여 어 휘집에 접근하는 것으로 보인다. 독자가 cat이라는 단어를 보면 그 구성 음소인 /k/, /a/, /t/을 활성 화한다. 그런 다음 활성화된 음소는 같은 음소 순서를 가진 어휘집의 항목에 접근한다. 자소–음소 대응 규칙은 음운 처리 시스템에 의해 적용되므로 이 경로를 음운(phonological) 경로 또는 조합 음

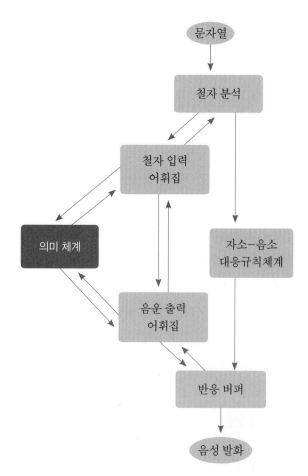

[그림 10.6] **단어 읽기의 이중 경로 연쇄 모형.** 이 모형에 따르면 인쇄된 활자는 시각 부호(진한 회색 경로)를 사용해서 철자 입력 어휘집을 거치거나 청각 부호(옅은 회색 경로)를 사용해서 철자와 소리를 연결하는 자소–음소 대응 기제를 거쳐 의미 체 계의 어휘 목록을 활성화한다.

출처: Coltheart et al.(2001), American Psychological Association

운(assembled phonology) 경로라고 한다.

조합 음운 경로는 많은 영어 단어 처리에 잘 들어맞지만, 모든 단어에 적용될 수 있는 것은 아니다. 영어에는 철자법적으로 불규칙(irregular)하거나 예외적인 단어가 많이 있다. 단어 have는 give, wave, save처럼 보이지만 긴 /a/ 소리가 아닌 짧은 /a/ 소리로 발음된다. pint라는 단어는 mint, tint, lint처럼 보이지만 일반적인 짧은 /i/ 소리 대신 긴 /I/ 소리로 발음된다. Colonel은 비슷하게 보이는 단어는 없지만, 의미상으로 전혀 관련이 없는 규칙 단어인 kernel처럼 발음된다. pint 및 have와 같은 불규칙 단어가 조합 음운 체계를 통해 처리되면 심성 어휘집 내의 어떤 단어와도 일치하지 않는 일련의 음소열을 구성해 낼 뿐이다. 조합 음운 체계로는 colonel, have, pint와 같은 불규칙 단어의 저장된 표상에 접근하는 것이 불가능하다.

그렇다고 해서 독자가 불규칙 단어를 만나면 조합 음운 경로가 자동으로 차단되는 것은 아니다. 오히려 음운 경로가 활성 상태로 유지되어 독자가 이 불규칙 단어를 잘못 발음할 수 있다. pint가 짧은 /i/ 소리로 잘못 발음되는 경우 이를 규칙화 오류라고 한다. 음운 경로가 불규칙 단어의 발음을 규칙화하기 때문에 이러한 단어는 조합 음운 체계를 통해서는 어휘 접근에 실패한다. 이중 경로 연쇄(DRL) 모형은 일부 단어가 조합 음운 경로를 우회하여 어휘집에 직접 접근하는 별도의 시스템을 제안함으로써 자소–음소 대응(GPC) 규칙의 잘못된 적용으로 인해 발생하는 문제를 해결한다. 어휘집에 대한 이 대체 경로를 직접(direct) 또는 철자(orthographic) 경로라고 한다. 이중 경로 이론에 따르면 불규칙 단어는 시각 부호를 통해 어휘 접근이 이루어지며, 시각 입력 정보와 일치하는 어휘 항목이 심성 어휘집에서 활성화되면 어휘집에서 올바른 발음을 사용할 수 있게 된다. 실제로 단어 발음에 대한 DRC 모형의 행동은 시간 압박을 받는 읽기에서 모형도 사람처럼 czar나 isle 같은 불규칙 단어에서 오류를 범하며, 느린 속도로 읽으면 이 모형은 7,981개 단어 중 czar 한 단어만 예외로 하고 7,980개를 정확하게 발음한다(Coltheart et al., 2001).

직접 경로가 불규칙 단어를 처리할 수 있다면 왜 모든 단어에 이 경로를 사용하지 않을까? 그 이유는 들어본 적은 있어서 그 단어의 의미는 알지만, 이전에 본 적은 없는 단어를 글에서 자주 접하기 때문이다. 우리는 의미기억과 일치하는 음운적 단어 형태에 대한 항목을 가지고 있지만, 인쇄된 형태로 해당 단어에 접근한 경험이 없을 수 있다. 그런데도 우리는 조합 음운 체계를 사용하여 발음을 생성함으로써 이러한 단어를 읽을 수 있다. 또한 음운 경로를 사용하여 이전에 본 적이 없고 어떤 의미도 할당되지 않은 단어(예: mave 또는 slood)의 발음도 생성할 수 있다(Rastle and Coltheart, 1999a 참조).

DRC 읽기 모형에 따르면 문자는 단어의 가장 왼쪽 글자부터 시작하여 오른쪽으로 한 글자씩 자소–음소 변환 시스템을 통과한다. 이것이 이 시스템이 단어의 발음을 구성하는 방법이다. 단어의 글자가 이렇게 왼쪽에서 오른쪽으로 연속적으로 처리된다면, 단어의 시작 부분을 조작하는 것이 단어의 끝 부분을 조작하는 것보다 읽기 행동에 더 빠르고 강력한 영향을 미칠 것이다. 이 기본적인 예측을 다양한 방식으로 검증했으며, 단어가 불규칙해지는 지점을 조작하는 실험과 한 단어가 고유하게 식별되는 지점을 조작하는 실험에서 관련 증거를 찾을 수 있다.

문자가 왼쪽에서 오른쪽으로 연속적인 순서로 처리되는지 확인하려는 일부 연구는 불규칙 단어의 읽기에 초점을 맞췄다. 일부 단어는 규칙적인데, 이는 언어의 철자–소리 대응이 일반적인 패턴을 따른다는 의미이다. cat, home, trip과 같은 단어는 규칙적인 단어이다. 일부 단어는 불규칙하거나 예외적인 단어이다. 이러한 단어는 해당 언어의 철자-소리 대응의 일반적인 패턴을 위반한다. yacht, colonel, have는 불규칙 단어이다. DRC 모형에 따르면 불규칙 단어는 어휘(직접) 경로를 사용해야만 정확한 발음을 생성할 수 있지만, 규칙 단어는 어휘 및 비어휘 경로 모두 발음을 지원하므로 불규칙 단어는 규칙 단어보다 평균적으로 읽는 데 시간이 더 오래 걸릴 것으로 예측한다.[18]

DRC 모형은 단어에서 불규칙성이 나타나는 위치가 읽기 시간에 영향을 미칠 것이라는 추가 예측을 한다. 일부 실험 결과에 따르면 단어의 앞부분에 나타나는 불규칙성은 단어의 뒷부분에 나타나는 불규칙성보다 읽기 속도를 더 느리게 한다(Rastle and Coltheart, 1999b; 음운 점화 실험에서 이와 일치하는 계열적 순서 효과에 대해서는 Coltheart et al., 1999; Forster and Davis, 1991 참조). choir 같은 단어는 benign 같은 단어보다 읽기가 더 어렵다. 둘 다 불규칙한 단어이지만 benign보다 choir에서 불규칙성이 더 일찍 발생하기 때문이다(ch는 보통 chair, church, china에서처럼 발음되고, g는 signal, bagpipes, piglet에서처럼 발음된다).

계열적 문자 처리에 근거한 유사한 논리는 시각적 고유점이 단어의 앞쪽에 있는 단어가 뒤쪽인 단어보다 더 빨리 읽혀야 한다는 예측으로 이어진다. 시각적 고유점은 청각적 고유점에 해당하는 문자적 고유점이다. 일부 시각적 단어에는 시작되는 문자열이 다른 많은 단어와 공유되는 경우가 있지만, 일부 단어는 다른 단어와 시작을 공유하는 경우가 거의 없거나 전혀 없는 때도 있다. dw-는 매우 적은 수의 단어(dwarf, dwindle, dwell, dwell과 형태론적으로 관련된 단어들)의 시작 부분에 나타나지만, ca-는 많은 단어의 시작 부분에 나타난다. 그 결과, dwarf의 시각적 고유점은 세 번째 글자에서 발생하는 반면, carpet의 시각적 고유점은 마지막 글자에서 나타난다(예: carpenter와 구별하기). 단어를 왼쪽에서 오른쪽으로 계열적으로 처리한다면, dwarf와 같은 단어는 나중에 고유점을 갖는 통제 단어보다 읽는 데 더 적은 시간이 소요되어야 한다. 그러나 그러한 단어가 다양한 고립 단어 읽기 실험(예: Radeau et al., 1992) 및 자연스러운 글 읽기 실험(예: Lima and Inhoff, 1985; Miller et al., 2006; 그러나 Kwantes and Mewhort, 1999 참조)에서 사용될 때, 고유점이 단어의 앞에 있는 단어는 실제로 고유점이 뒤에 있는 단어보다 읽기 시간이 더 길며, 이는 계열적 문자 처리 이론과 반대되는 결과이다.[19]

단일 경로 모형

단어 읽기의 단일 경로 모형들은 트레이스(TRACE) 및 단순 순환 네트워크(SRN)와 같은 모형들에 의해 예시된 바와 같이 병렬 분산 처리 전통으로부터 발전하였다(Elman, 2004; Harm and Seidenberg, 1999, 2001, 2004; McClelland and Rumelhart, 1981; Plaut and McClelland, 1993; Plaut et al., 1996; Seidenberg and McClelland, 1989; Seidenberg and McClelland, 1990). 단일 경로 어휘 접근 기제의 구성도는 [그림 10.7]에 나타나 있다.

단일 경로 기제는 세 개의 처리 단위 그룹을 포함하는 신경망 모형에 기반을 두고 있다. 문자 집단을 표상하는 처리 단위 그룹인 철자 단위가 입력된 시각 정보를 처리한다. 이 철자 단위 그룹은 단어 의미를 표상하는 처리 단위 그룹과 단어 발음을 나타내는 음운 단위 그룹에 모두 연결되어 있

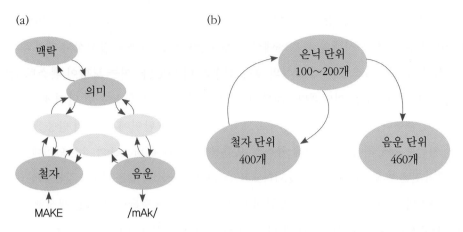

[그림 10.7] 어휘 접근을 위한 일반적인 구조(왼쪽) 및 시각 입력 정보로부터 발음을 생성하는 더 구체적인 기제(오른쪽)
출처: Seidenberg and McClelland(1989), American Psychological Association

다. 은닉 처리 단위 층은 주요 처리 단위의 각 그룹 사이에 있다. 시각 입력 정보는 철자 단위의 활동 패턴으로 이어지고, 이는 은닉 단위의 활동 패턴으로 이어지고, 은닉 단위의 활동 패턴은 음운 단위의 활동 패턴을 일으키며, 이는 명명 반응과 직접적으로 관련된다. 모든 단어는 전체 네트워크에 걸쳐 분산된 활성화 패턴으로 표상된다.

어떻게 이러한 활성화 패턴이 네트워크에 유입되어 시각 입력에 반응할 수 있을까? Seidenberg 와 McClelland가 설명한 바와 같이, "학습은 단어를 읽고 발음하는 경험을 통해 연결 가중치를 수정하는 과정과 관련된다"(Seidenberg and McClelland, 1989, p. 525). 네트워크의 각 처리 단위는 다른 처리 단위와 연결되므로, 한 단위가 활성화되면 다른 단위의 활성화에 영향을 미칠 수 있다. 처음에는 서로 다른 단위 사이의 연결 강도, 즉 연결 가중치는 임의의 값을 가지지만, 이러한 연결 가중치는 나중에 경험에 의해 변경된다.

이 경험은 다수의 훈련 시행(초기 모형에서는 약 15만 번의 시행)으로 구성되며, 시행마다 단어가 제시된다. 이 단어는 단위에서 단위로 활성화가 확산함에 따라 전체 네트워크에 걸쳐 특정 활성화 패턴으로 이어진다. 활성화가 네트워크를 통해 확산한 후, 발음을 표상하는 출력 단위의 활성화 패턴을 올바른 출력(모형이 단어를 정확하게 발음하고 있다면 생성되어야 할 활성화 패턴)과 비교한다.

처음 훈련을 시작할 때는 출력이 올바른 출력과 크게 다를 것이다. 음운 단위에서 모형의 출력값과 올바른 패턴 간의 차이를 최소화하기 위해 연결 가중치를 조정함으로써 모형이 점차 정확해진다. 다른 학습 환경에서 모형이 얼마나 잘 학습했는지를 검증하기 위해(연결 가중치가 고정되거나 확정된 후) 훈련 단계 후 새로운 단어를 제시하여 모형의 정확도를 평가한다.

단일 경로 구조의 장점 중 하나는 눈에 띄게 단순하다는 것이다. [그림 10.7]의 하단에서 볼 수 있듯이 처리 단위는 3개 그룹뿐이며, 각각은 단 수백 개의 개별 단위로 구성되어 있다. 그런데도 적절한 종류의 훈련을 통해 모형의 행동은 여러 가지 방식으로 인간의 행동을 밀접하게 모사할 수 있다.

모형의 성능을 평가하는 한 가지 방법은 정확한 출력과 비교하여 음운 단위에서 모형의 출력값 사이의 차이를 살펴보는 것이다. 이 차이로 음운 오류 점수를 산출하는데, 이 점수는 두 가지 정보를 제공한다. 첫째, 모형에서 얻은 발음이 정확한 발음과 일치하는지, 혹은 적절한 목표 단어가 아닌 다른 것을 발음하는지를 나타낸다. 둘째, 이 모형이 주어진 자극에 얼마나 빨리 반응하는지에 대한 추정치를 제공한다. 음운 오류 점수가 낮으면 반응 시간이 더 빠르다는 것을 의미한다.

훈련을 마친 후, 테스트 시행의 약 98%에서 모형의 출력값을 가까운 잠재적 경쟁자와 비교했을 때보다 정확한 목표와 비교했을 때 모형의 오류 점수는 더 낮았다. 이는 모형이 테스트 단어를 매우 정확하게 발음하는 것을 의미했다. 둘째, 모형은 훈련 중 더 자주 노출된 단어에 대해 더 낮은 오류 점수를 산출했다. 사람들과 마찬가지로 모형은 더 친숙한 단어에 더 빨리 반응했다. 셋째, 모형은 또한 저빈도 불규칙 단어에 대해 규칙성 오류를 보였다(예: brooch와 같은 단어에 대해 모형은 book과 각운이 같은 발음을 가진 출력값을 나타냈고, plaid에서는 sad와 같은 각운을 갖는 대신 played처럼 발음된다). 하지만 모형은 많은 고빈도 불규칙 단어에 대해서는 정확한 발음을 생성했다. 넷째, 모형은 규칙 단어보다 불규칙 단어에 대해 더 긴 응답 시간이 걸렸다. 이 효과는 고빈도 단어보다 저빈도 단어에 대해 더 컸는데, 이는 단어 빈도와 규칙성 사이의 상호작용을 보여 준다(Seidenberg, 1985; Seidenberg et al., 1984; Taraban and McClelland, 1987; Waters and Seidenberg, 1985). 다섯째, 모형은 사람들이 동일한 자극에 반응하는 방식과 유사하게 비단어 자극에 반응했다. brane과 같은 유사동음비단어(단어처럼 발음되지만 단어가 아닌 자극)에 대해 실제 단어처럼 들리지 않되, 길이와 복잡성이 같은 비단어(예: brene)보다 모형이 더 빨리 반응하였다. 사람들은 다른 비단어보다 유사동음비단어를 더 빨리 명명할 수 있고, 어휘 판단 과제 수행 시에는 유사동음비단어를 단어가 아니라고 판단하는 데 어려움을 겪는다(McCann and Besner, 1987). 그러나 유사동음비단어는 철자 패턴에서 실제 단어와 더 유사한 것으로 밝혀졌으며, 따라서 유사동음비단어와 더 유사한 많은 자극에 대해 훈련된 단일 경로 모형은 다른 비단어보다 유사동음비단어 시행에서 더 낮은 오류 점수를 산출한다.

이웃 효과

이웃 효과는 사람들이 단어를 읽을 때 나타나는데, 연구자들은 이중 경로와 단일 경로 모형이 이러한 효과를 모사할 수 있는지를 알아보기 위해 연구를 계속해 왔다. 철자 이웃이라는 용어는 철자가 서로 비슷한 단어들이 하나의 집단을 이룬다는 사실을 말한다. 따라서 took, book, nook, look은 모두 매우 비슷하므로 모두 이웃이라고 한다(Coltheart et al., 1977; Glushko, 1979; Yarkoni et al., 2008). Coltheart의 이웃 측정법에 따르면, 단어의 이웃은 원래 단어의 한 위치에서 한 글자를 변경함으로써 생성될 수 있는 모든 다른 단어들로 구성된다. bent, tint, test, tens 같은 단어들은 모두 tent의 철자 이웃이다. 각 단어는 다른 크기의 이웃을 가진다. 어떤 단어들은 많은 이웃이 있고 몇몇 단어들은 단지 몇 개의 이웃만 있다.

단어 읽기에서 다른 모든 조건이 같다면, 이웃이 많을수록 당신은 그 단어에 더 빨리 반응한다(Andrews, 1989; Balota et al., 2004; Coltheart et al., 1977; Mulatti et al., 2006). 많은 이웃의 이러한 촉진 효과는 단어를 명명할 때 어휘 수준의 활성화된 표상이 단어의 발음과 관련된 음운 표상으로 전달되는 것을 반영할 수 있다. 특정 문자들이 많은 이웃을 활성화하면 그 이웃 단어와 연결된 더 많은 처리 단위가 활성화하고 이를 음운 단위로 전달하는 것이다.[20]

성격이 다른 이웃도 있는데, 어떤 단어가 어떤 이웃들과 함께 살아가는지는 그 단어를 얼마나 쉽게 읽을 수 있는가에 영향을 준다. 또 다른 철자 이웃은 이웃에 속한 다른 단어들의 발음에 일관성이 있는가로 개념화한다. 만약 그 이웃들이 모두 똑같이 발음된다면, 이웃은 일관성이 있는 것이다. 이웃의 어떤 단어들은 한 방향으로 발음되고 다른 단어들은 다른 방향으로 발음된다면, 그 이웃들은 일관성이 없는 것이다. 단어 made의 모든 이웃 단어(예: wade, fade)가 긴 /a/ 소리로 발음되기 때문에 이 이웃들은 일관성이 있다. 반면, hint의 이웃들은 일관성이 없는데, 이는 어떤 이웃들은 짧은 /i/ 소리(mint, lint, tint)로 발음되지만, 어떤 이웃들은 pint처럼 긴 /i/ 소리로 발음되기 때문이다. 일관성이 없는 이웃을 가진 단어들은 일관된 이웃을 가진 단어들보다 명명하는 데 더 오래 걸리고, 이러한 효과는 비단어에서도 역시 나타난다(Glushko, 1979; Jared et al., 1990; Seidenberg et al., 1994도 참조). 그래서 당신이 bint라고 말하는 데 걸리는 시간보다 tade라고 말하는 데 걸리는 시간이 더 짧다. 왜 이런 현상이 나타날까?

Glushko와 단일 경로 모형을 지지했던 이론가들은 tade나 bint와 같은 문자열을 보면 이 자극과 밀접하게 연관된 단어들의 전체 이웃을 활성화한다고 주장했다(유사한 효과가 TRACE 모형에서도 예측된다). 일관된 이웃에서, 활성화된 단어 표상들은 모두 같은 발음인 긴 /a/를 가리킨다. 시각 자극이 일관되지 않은 이웃에서 가능한 연관어들을 활성화하면, 어떤 단어들은 하나의 발음을 가리키고, 다른 단어들은 다른 발음을 가리키게 된다. 이 발음의 불일치를 분류하는 것은 시간이 걸리기 때문에, 일관되지 않은 이웃을 가진 단어들과 비단어들은 발음하는 데 시간이 더 오래 걸리는 것이다. 그러나 우리가 접하는 불규칙 단어들의 대부분은 친숙도 스펙트럼의 고빈도 끝에 있기 때문에 불규칙성 자체가 이러한 단어들을 인식하고 발음하는 데 걸리는 시간에 큰 영향을 미치지는 않는 것으로 밝혀졌다.[21]

단일 경로 모형은 저빈도 및 불규칙 단어의 느린 처리에 대한 통일된 설명을 제공한다. 구체적으로, 정확한 성능을 위해 모형이 필요로 하는 연결 가중치는 고빈도 및 규칙 단어에 대해 더 자주 올바른 방향으로 조정되지만, 저빈도 및 불규칙 단어에 대해서는 이러한 조정이 잘되지 않는다(Seidenberg and McClelland, 1989).

DRC 모형도 경험이 모형의 성능에 영향을 미친다고 제안하는데, 더 자주 경험한 고빈도 단어는 조합 음운 경로의 영향을 최소화하며 철자 경로를 통해 어휘집에 직접 접근한다고 설명한다. 경험을 많이 하지 못한 저빈도 단어는 철자 경로를 사용하면 접근 시간이 더 오래 걸리기 때문에 음운 경로에 의해 구성된 규칙적인 발음과 철자 경로에 의해 생성된 발음이 경쟁할 수 있다. 이러한 경쟁은 저빈도 단어, 특히 불규칙한 단어에 대한 반응 시간을 더 느리게 만든다.

단일 경로 모형은 단일 기제에 기초하여 빈도와 규칙성 효과 및 그 사이의 상호작용을 생성할 수 있으므로 절약의 이득이라는 측면에서 장점이 있는 것으로 보인다.[22] 그러나 몇몇 연구에 따르면 비일관적인 철자-소리 대응을 야기하는 위치가 단어 내에서 정확히 어디인가가 단어를 소리내어 읽는 시간에 영향을 줄 수 있다고 한다. 앞에서 언급한 바와 같이, 단어의 뒷부분(예: bomb에서 b가 묵음인 경우)보다 앞부분(예: general에서 /g/소리는 goat에서의 /g/소리보다 일반적이지 않음)에서 비일관성이 나타나는 단어를 읽는 데 더 긴 시간이 걸린다. 이러한 결과는 병렬 분산 처리 형태의 단일 경로 모형보다 철자와 소리가 계열적으로 대응되어 처리된다는 이중 경로 연쇄 모형으로 더 잘 설명되는 것 같다(Coltheart and Rastle, 1994; Cortese, 1998; Rastle and Coltheart, 1999b; Roberts et al., 2003).

비단어 읽기

이중 경로와 단일 경로 구조 각각의 지지자들 사이의 상당한 논쟁은 비단어 명명 문제에 집중되어 왔다. 단일 경로 모형의 초기 버전은 비단어 읽기의 이중 경로 모형보다 정확도가 낮았다 (Besner, 1990; Colthheart et al., 1993). 단일 경로 모형은 fike와 같은 단순한 비단어에 대해서는 수행이 좋았지만, jinje와 같은 더 복잡한 비단어에서는 수행이 좋지 않았다. 이중 경로 모형은 jinje와 같은 비단어에 대해 실제 사람들이 산출한 발음과 유사한 발음을 생성했다. 그러나 새로운 단일 경로 모형은 다음의 두 가지 방식으로 개선되었다. 첫째, 모형이 글자−소리 대응을 훈련하기 시작했고, 둘째, 실제 어린이들에게 읽기 기술을 가르치기 위해 사용되는 단어 집합이 훈련 자극에 포함되었다. 단일 경로 모형을 이처럼 수정했을 때, 모형의 비단어 읽기 수행은 초기 읽기를 배우는 독자들에서 관찰된 수준 정도까지 상승한다([그림 10.8]; Powell et al., 2006 참조).

또한 뇌 영상 연구 결과는 사람들이 실제 단어와 새로운 단어(가짜 단어)를 읽을 때 중첩된 뇌 영역이 활성화됨을 보여 주는데([그림판 17], 왼쪽; Dietz et al., 2005; Murphy et al., 2019 참조), 이는 새로운 단어와 친숙한 단어를 읽을 때 하나의 시스템이 관여한다는 것을 시사한다. 그러나 실제 단어보다 가짜 단어를 읽을 때 좌뇌의 하측 전두회(아마도 가짜 단어를 읽을 때 음운적 해독과 관련하여 더 큰 작업기억 요구를 의미함) 및 좌뇌의 후측 방추회(음운 부호 활성화에서 이 영역이 역할을 할 수 있음)는 더 많은 활동을 나타냈다.

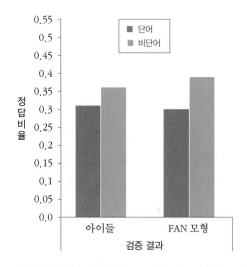

[그림 10.8] 11~12세 어린이의 비단어 읽기와 FAN 단일 경로 신경망 모형의 수행 결과 비교
출처: Powell et al. (2006)에서 각색함

난독증: 단일 결함 모형

난독증(dyslexia)은 지적으로나 행동적으로는 정상적이며, 적절한 읽기 지도와 훈련의 기회가 있었음에도 읽기에 문제가 있을 때 발생한다. 남성의 약 15%와 여성의 5%가 발달성 난독증을 겪는 것 같다(Stein and Walsh, 1997). 전체 인구의 훨씬 적은 비율이 후천성 난독증을 겪지만, 알츠하이

머 및 파킨슨병과 같은 뇌 질환으로 인한 의미성 치매 등의 특정 유형의 후천성 뇌 손상 환자 중에서는 난독증의 발생률은 매우 높다(Woollams et al., 2007).

발달성 난독증과 후천성 난독증을 가로지르는 것으로 보이는 몇 가지 공통적인 실마리가 있다. 첫째, 두 유형의 난독증 모두에서 have와 같이 다른 단어들과 철자는 비슷하지만 상이한 소리를 가진 불규칙 단어보다 feen과 같은 비단어를 읽는 데 더 어려움을 겪는 사람들이 있다. 마찬가지로, 두 유형의 난독증 모두에서 불규칙 단어보다 비단어를 읽는 데 덜 어려움을 겪는 일군의 환자들이 있다. 불규칙 단어보다 비단어를 읽는 데 더 큰 어려움을 겪는 사람은 음운적(또는 심층성) 난독증으로 분류되고(Marshall and Newcombe, 1973; 또한 Castles et al., 2006; Joanisse et al., 2000; Woollams et al., 2007 참조), 불규칙 단어를 읽는 것보다 비단어를 읽는 데 덜 어려움을 겪는 사람은 표층성 난독증으로 분류된다. 그러나 대부분의 난독증 환자는 혼합 범주에 속한다는 것을 이해하는 것이 중요하다. 즉, 그들은 다양한 읽기 및 읽기 관련 과제에서 보통 이하의 수행을 나타낸다. 비록 음운적 난독증과 표층성 난독증의 '순수한' 사례가 보고되긴 하지만 이는 규칙이 아닌 예외이다.

난독증 연구에서 계속되는 논쟁 중 하나는 서로 다른 난독증이 완전히 별개의 기저 결함을 반영하는지 아니면, 하나의 기저 결함의 심각성의 차이로 인해 발생하는지이다. 한 관점은 음운 표상의 단일한 결함이 표층성 난독증과 음운적 난독증을 둘 다 발생시킨다고 주장한다(Stanovich, 1988; Stanovich and Siegel, 1994; Stanovich et al., 1997).

Stanovich와 동료들은 난독증에 대한 일반적인 분류 체계를 거부하는 것으로 시작한다. 특히, 그들은 난독증 진단이 읽기 문제가 있지만 정상 지능지수를 가진 아이들을 위한 것이어야 한다는 요구에 반대한다. Stanovich와 동료들은 이 정의가 높은 지능을 가진 사람들의 읽기 문제가 낮은 지능을 가진 사람들의 읽기 문제와 다른 근원을 가지고 있다고 암묵적으로 가정한다는 점을 지적하면서, 실제로 이 가정을 뒷받침하는 직접적인 증거가 없으므로 이러한 구별 자체를 완전히 반대한다. 읽기 문제를 가진 사람들의 단일 하위 집합을 연구하는 대신, Stanovich와 동료들은 읽기 어려움의 특성을 공유하는 가능한 한 많은 사람을 대상으로 연구하려고 노력한다. 여러 사람이 읽기 어려움을 가지는 근본적인 이유가 다양하다고 미리 가정하는 대신, 그들은 정교한 통계 기술을 적용하여 일부 사람들이 다른 사람들보다 읽기에 더 많은 어려움을 겪는 이유를 가장 잘 예측할 수 있는 개별적인 특성을 찾고자 한다. Stanovich와 동료들은 사람들을 인위적으로 '난독증인 읽기 부진 독자'와 '난독증이 아닌 읽기 부진 독자' 집단으로 분리하기 위해 기존의 기준을 사용하는 대신, 자신들이 가진 데이터를 통해 근본적인 원인이 어디에 있는가를 찾으려 하였다.

읽기 부진 독자를 단일 집단으로 취급했을 때 Stanovich와 동료들은 전통적으로 정의된 난독증 독자의 수행을 예측하는 변수가 전통적 정의에 따라 난독증으로 여겨지지 않았던 다른 읽기 부진 독자의 수행도 예측한다는 사실을 발견했다(Stanovich, 1988; Stanovich and Siegel, 1994). 다른 인지 변수가 읽기 능력과 어떤 상관관계가 있는지에 근거하여 Stanovich와 동료들은 음운 정보를 다루는 단일 문제가 사람들의 읽기 능력의 변산성 대부분을 설명한다고 결론지었다. 그 결과, 그들은 이러한 접근 방식을 음운적 핵심 변수 차이 모형(phonological-core variable-difference model)이라고 명명했다.

이 모형에 따르면 일부 난독증이 있는 사람은 다른 이들보다 음운 표상이 더 저하되어 음운 정보를 표상하고 처리하는 데 더 심각한 문제가 있으며 이러한 개인은 음운성 난독증 환자로 분류된다. 이들이 보이는 오류 유형의 측면에서, 이들의 읽기 행동은 전반적인 일반 읽기 능력이 유사한 어린 독자들과 크게 다르다. 다른 난독증이 있는 사람들은 음운 표상의 저하 정도가 경미하다. 이들이 범하는 오류 유형에 따른 읽기 행동은 전반적인 읽기 능력이 동일한 어린 독자들이 보이는 패턴과 거의 일치한다.[23] 그 결과, 때로 연구자들은 이 난독증 집단을 표층성 난독증이 아닌 지연형(delayed type) 난독증이라고 부르며 정상적 발달을 보이는 어린 독자와의 유사성을 강조하기도 한다. 이 접근 방식에 따르면 표층성 난독증이 보이는 읽기 어려움은 부분적으로는 글자를 음소에 연결하는 데 어려움이 있고, 부분적으로는 불충분한 노출, 훈련 및 연습의 결과라고 말한다. 지연형 난독증은 음운 표상이 완전한 상태는 아니기 때문에 항상 다소 뒤처질 수 있지만, 더 집중적인 훈련을 통해 정상적으로 발달하는 또래를 따라잡을 수 있다는 것이다.

음운적 핵심 변수 차이 모형의 한 가지 문제점은 일부 난독증 독자들은 정상적인 음운 부호를 가지고 있는 것처럼 보인다는 것이다. 음운 부호가 저하된 사람은 음운 부호화 능력에 크게 의존하는 음성 처리에 문제가 있을 수 있다. 연구에 따르면 음운성 난독증 집단에서 미묘한 음성 처리의 결함이 발견되었지만, 검사를 받은 음운성 난독증 환자의 약 절반은 다양한 음소 변별 과제에서 정상 대조군과 동일한 수행 수준을 보였다(Joanisse et al., 2000; Bruno et al., 2007 참조). 따라서 단일한 기저 음운 표상 결함 가설과는 달리, 음운성 난독증 환자 중 상당수가 높은 수준의 음운 표상이 있는 것으로 보인다.

난독증에 대한 다른 단일 결함 설명은 난독증 독자들이 종종 순서(월요일이 화요일보다 먼저 오는 것을 아는 것과 같이 사물의 순서를 아는 것), 운동 제어 및 공간 정보 처리와 같은 인지 과제 수행에 문제가 있다는 사실에 초점을 맞춘다(Stein and Walsh, 1997). 이러한 연구 결과에 비추어 일부 연구자들은 난독증과 다른 인지 처리 문제를 동시에 일으킬 수 있는 더 근본적인 신경학적 문제를 찾았다.

한 가지 가능한 난독증의 단일 결함 이론은 시각 단어 처리와 관련된 신경 시스템의 해부학 및 생리학과 관련된다. 난독증의 거대세포(magnocellular) 이론은 시각 시스템의 특정 부분인 시상의 외측 슬상핵에 결함이 있다고 주장한다(Borsting et al., 1996; Demb et al., 1997, 1998; Livingstone et al., 1991; Lovegrove et al., 1980; Breitmeyer and Ganz, 1976 참조). 외측 슬상핵은 망막에서 시각 피질로 신호를 전달하는 뇌의 구조이다. 여기에는 두 종류의 뉴런이 층으로 배열되어 있다. 소세포(parvocellular)층은 물리적으로 작은 뉴런으로 구성되어 있으며 색(색조)의 차이에 잘 반응한다. 거대세포층은 움직임에 잘 반응하는 물리적으로 더 큰 뉴런으로 구성되어 있으며, 상대적으로 짧은 시간에 크게 변화하는 시각적 패턴인 높은 시간적 주파수 정보(high temporal frequency information)를 처리하는 역할을 한다.

거대세포의 이상이 왜 읽기 문제로 이어질 수 있을까? 첫째, 외측 슬상핵의 거대세포층은 읽기에 중요한 역할을 하는 두정엽의 신경세포 집단과 연결되어 있는데, 이러한 두정엽 부위가 손상되면 읽기 능력에 심각한 손상이 발생할 수 있다는 연구 결과와 외측 슬상핵 기능의 작은 이상은 이후의 피질 처리 영역에서 확대될 수 있다는 결과를 통해 알 수 있다. 둘째, 거대세포의 시각 처리는 안구 운동 통제에 이바지하며, 효율적으로 읽기 위해서는 안정적이고 정확한 목표 고정이 필요하다(Ebrahimi et al., 2019). 거대세포 기능이 감소하면 주변 시야에 기반하여 목표에 정확하게 빠른 도약을 하는 능력도 저하될 수 있다(Stein and Walsh, 1997).

거대세포 가설은 일부 난독증 독자들의 특정 증상 양상을 설명할 수 있지만, 난독증 읽기 문제의 전체 스펙트럼을 포괄하지 못할 수 있으며, 이 접근 방식은 계속해서 새로운 연구와 새로운 논쟁을 불러일으키고 있다. 일부 연구(예: Demb et al., 1997, 1998; Eden et al., 1996; Galaburda, 1985)에서는 난독증 독자의 경우 거대세포 시각 시스템의 물리적 발달이나 기능이 일반인과 다르다는 증거를 발견했지만, 다른 연구에서는 거대세포 기능과 읽기 장애 사이의 직접적인 연관성을 찾지 못했다. 예를 들어, Anne Sperling과 동료들(Sperling et al., 2003)은 읽기 문제의 근간이 되는 음운 처리 과제에서 가장 큰 어려움을 겪는 난독증 독자들이 실제로 난독증 환자 집단 내에서 가장 높은 거대세포 기능을 가지고 있다는 사실을 발견했다. 다른 연구에서는 숙련된 독자와 음운성 난독증 환자 간에는 시각 처리에서 차이가 있지만 숙련된 독자와 표층성 난독증 환자 간에는 차이가 없는 것을 보여 주었다(Borsting et al., 1996). 따라서 거대세포 기능과 읽기 능력 사이의 정확한 연관성을 파악하기 위해서는 추가적인 연구가 필요하다.

난독증: 이중 경로 및 단일 경로의 설명

단어 읽기에 대한 인지 이론, 즉 난독증에서 읽기 과정에 무엇이 잘못되었는지를 설명하는 주요 이론은 이중 경로 모형과 단일 경로 모형이다. 그 결과, 이러한 모형이 난독증 독자들이 보이는 행동을 재현할 수 있는지 검증하는 데 상당한 연구 노력이 기울여져 왔다(예: Bailey et al., 2004; Joanisse et al., 2000; Nickels et al., 2008). 발달성 난독증 연구는 서로 다른 개인이 만들어 내는 오류의 정확한 양상을 식별하고 모형의 일부를 조작하여 이러한 오류 양상을 재현하는 데 중점을 두어 왔다. 뇌 손상 후 나타나는 읽기 결함을 이해하는 데에도 비슷한 논리가 적용되었다.

시각 단어 처리에 관한 이중 경로 이론에 따르면 단어의 발음에 접근하는 방법에는 두 가지가 있다(Coltheart et al., 2001). 따라서 이중 경로 모형은 음운성 및 표층성 난독증을 유발하는 두 가지 근본적인 결함이 있음을 시사한다(Nickels et al., 2008; 이에 관한 비판적 검토는 Seidenberg and Plaut, 2006 참조). 조합 음운 경로가 손상되면 개인이 이전에 보지 못한 단어를 '글자로부터 소리를 만들어' 읽는 능력을 상실하게 되므로 음운성 난독증으로 이어진다. 직접 경로의 손상은 표층성 난독증으로 이어지는데, 개인은 모든 단어를 '글자로부터 소리를 만들어' 내야만 하고, 심지어 '글자에서 적절한 소리를 만들 수 없는' have, pint, yacht와 같은 단어까지도 그렇게 읽어야 하기 때문이다.

단일 경로 읽기 모형은 단어 읽기를 통합 신경망의 작동으로 인한 결과로 보고, 시스템 내의 다양한 유형의 손상으로 인해 다양한 종류의 장애가 발생한다고 본다(Harm and Seidenberg, 2004; Woollams et al., 2007; Plaut et al., 1996; Seidenberg and McClelland, 1989; 이에 한 비판적 검토는 Nickels et al., 2008 참조). 이 이론에서 음운성 난독증은 단어를 발음하는 데 필요한 음운(소리) 부호를 표상하는 단위의 손상으로 인해 발생하는 것으로 모형화될 수 있다. 표층성 난독증은 시스템에서 가용한 처리 단위의 수(시스템이 작업에 할당할 수 있는 처리 자원의 양으로 생각할 수 있음) 또는 시스템이 피드백을 통해 학습할 수 있는 속도와 같은 모형의 다른 측면의 변화로 인해 발생할 수 있다. 따라서 단일 경로 모형은 비단어 읽기와 불규칙 단어 읽기가 같은 처리 과정을 실행하는 동일한 표상 단위 집합에 의해 관리되는 것으로 보지만, 난독증의 종류에 따라 서로 다른 기저 결함이 반영된 것으로 본다. 이는 시스템의 손상 유형이 다르면 서로 다른 행동 양상을 생성하기 때문이다.

[그림 10.9]는 표층성 및 음운성 난독증 환자, 그리고 이 환자들과 나이 및 읽기 능력이 비슷한 통제 집단의 비단어 및 불규칙 단어 읽기에 관한 대표적인 연구 결과를 보여 준다. DRC 모형은 이 모형의 두 경로가 표층성 및 음운성(심층성) 난독증에서 각각 달리 손상된다고 제안하면서 두 난독증의 서로 다른 형태를 간단하게 설명한다(Bailey et al., 2004; Castles and Coltheart, 1993; Manis et al., 1996). 표층성 난독증은 조합 음운 경로는 온전하지만, 단어의 의미에 접근하는 직접 경로 사용의 문제로 나타나며, 표층성 난독증 환자들은 손상되지 않은 조합 음운 경로를 통해 규칙적인 발음을 가진 규칙 단어와 새로운 단어를 읽을 수 있지만, 불규칙 단어도 이러한 규칙을 억지로 적용하여 읽는다. 하지만 이 모형에 따르면 심층성(음운성) 난독증은 직접 경로는 온전하지만, 조합 음운 경로의 문제로 인해 발생한다. 심층성 난독증 환자는 단어를 이전에 본 적이 있다면, 직접 경로를 통해 단어의 의미와 발음에 접근할 수 있다. 그러나 이전에 단어를 본 적이 없다면 조합 음운 경로는 발음을 제대로 구성할 수 없고 그로 인한 발음은 일반적으로 정확한 발음이 아니다.[24] DRC 모형을 사용하여 난독증 증상을 모사할 때는 다양한 유형의 난독증 환자가 보이는 행동 유형을 포착하기 위해 직접 경로와 조합 음운 경로에 별도의 병변을 갖게 하는 것이 필요하다(Nickels et al., 2008).

단일 경로 모형 또한 난독증의 증상을 찾아내는 데 사용되었다. 예를 들어, 원래 Seidenberg와 McClelland 모형은 단어를 잘 읽지 못하는 일부 현상을 시뮬레이션할 수 있었다. 모형에서 은닉 단위의 절반을 제거했을 때, 고빈도의 단어의 오류 점수는 원래 모형에서 저빈도의 단어의 오류 점수와 거의 같은 수준이 나타났다. 이러한 은닉 단위의 수 감소는 규칙 단어보다 불규칙 단어에 더 큰

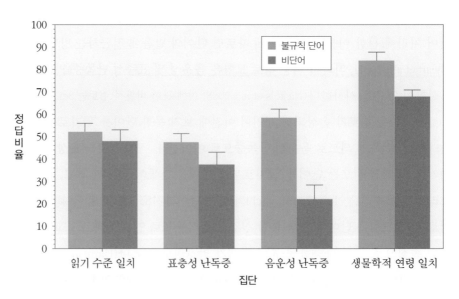

[그림 10.9] 읽기 수준(왼쪽) 및 연령 일치 통제 집단(오른쪽)과 표층성 및 음운성 난독증 집단의 불규칙 단어(예: have, pint) 및 비단어(예: bint, tade)의 읽기 정확도. 표층성 난독증은 불규칙 단어와 비단어 수행을 거의 동등하게 잘하지 못하지만, 음운성(심층성) 난독증은 친숙한 불규칙 단어보다 비단어 읽기 정확도가 훨씬 더 나쁜 것에 주목하기를 바란다. 두 집단의 난독증 집단은 연령 일치 통제 집단보다 두 종류의 목표 단어 모두에서 더 낮은 정확도를 보인다.

출처: Bailey et al. (2004), Elsevier의 허가를 받음

영향을 미쳤으며, 이는 모형이 불규칙 단어를 정확하게 발음하는 데 필요한 단어 특정적 정보를 표상하기 위해서는 더 많은 수의 은닉 단위가 필요함을 시사한다.

후속 모형은 음운 표상의 더 복잡한 시스템을 채택하고 인쇄된 단어를 인식하도록 훈련되기 전, 음운에 관한 훈련을 하였다(Harm and Seidenberg, 1999). 이 모형의 음운 표상이 여러 다른 방식으로 저하되었을 때, 각기 다른 읽기 수행 양상이 나타났다. 서로 다른 음소 표상 사이의 차이 정도를 제한함으로써 네트워크에 가벼운(mild) 손상을 가져오게 할 수 있었다. 또한 약한 형태 정보의 손상에 더하여 음운 체계의 한 하위 구성 요소를 제거하고 나머지 단위에서 연결 수를 절반으로 줄임으로써 중간(moderate) 수준의 손상을 만들었다. 약한 손상 조건에서 모형은 불규칙 단어에는 문제가 없었지만, 비단어에는 가벼운 문제가 있었다(심층성 난독증에서 관찰되는 양상). 또한 원래 모형의 음운 단위 내 활동 패턴에 무작위 노이즈를 추가하여 심각한(severe) 손상이 있도록 모형화했다. 네트워크의 심각한 손상은 표층성 난독증에서 관찰되는 양상인 불규칙 단어와 비단어 읽기 모두에서 결함이 나타났다. 이러한 시뮬레이션은 단일 경로 구조에 대한 존재 증거를 제공한다. 즉, 다양한 종류의 난독증에서 관찰되는 다양한 양상의 단어 읽기 결함은 시각 입력 정보와 단어의 발음 사이의 단일 연결 세트를 갖는 계산 기제를 조작해서 만들어질 수 있다.

요약 및 결론

이 장에서는 안구 운동 통제와 읽기에 관련된 정신 과정을 개관했다. 현재 글 읽기 시 안구 운동 통제의 모든 이론은 지각 폭과 더 작은 단어 식별 폭의 존재를 통합한다. 이 이론들은, 어떤 연구자들은 한 단어씩 계열적으로 주의를 할당한다고 가정하지만, 다른 연구자들은 한 번에 4개의 단어에 주의를 병렬적으로 할당한다고 가정한다는 점에서 다르다. 순차적 주의 이론은 단어 길이와 빈도 효과, 이월 효과, 미리 보기 효과 등 다양한 읽기 관련 현상을 설명할 수 있다. 중심와에 미치는 부중심와 효과는 순차적 주의 이론보다 병렬적 주의 이론으로 더 잘 설명할 수 있지만, 그러한 효과의 존재를 확고히 확립하고 안구 운동 (착지점) 오류 때문에 이 효과가 나타난다는 설명을 배제하기 위해서는 추가적인 경험적 연구가 필요하다. 추가적인 연구에 따르면 서로 다른 문자(예: 중국어 대 영어)는 대체로 유사하고 좌뇌 중심의 심적 과정을 불러일으키지만, 각 문자 체계가 음운 정보를 활성화하는 방식에는 미묘한 차이가 있으며, 이는 읽기 시 경쟁 효과가 나타날 때 영향을 미친다. 또한 음소 인식은 표의문자보다 알파벳 문자를 읽는 법을 배우는 데 더 중요한 것으로 보인다. 다양한 유형의 난독증에서 관찰되는 읽기 문제는 단일한 기저 원인에 기인하는 것으로 보이지는 않는다. 난독증이 있는 독자의 다양한 잠재적 기저 신경 결함뿐만 아니라 읽기의 단일 경로 및 이중 경로 이론을 포함한 대규모의 활발한 연구 분야에서 각자의 이론적 접근 방식을 지지하는 증거를 계속 제공하고 있다.

스스로 점검하기

1. 우리는 글 읽기 시 안구 운동을 어떻게 통제할까? 어떤 종류의 안구 운동이 사용되는가? 글 읽기 시 얼마나 많은 단어에 고정이 일어나는가? 왜 그럴까? 지각 폭이란 무엇이며, 지각 폭이 존재한다는 것을 어떻게 알 수 있고, 글 읽기 시 안구 운동에 어떻게 영향을 미치는지 설명해 보자. 눈의 물리적 한계가 글 읽기 시 안구 운동에 어떤 영향을 미치는가?

2. 글 읽기 시 안구 운동 이론과 인지 통제 이론을 비교 및 대조하여 설명해 보자. 왜 우리의 읽기 시스템은 마감 시한을 가져야 할까? 글 읽기 시 안구 운동이 인지 통제 내에 있음을 시사하는 증거는 무엇인가?

3. E-Z 리더와 스위프트 글 읽기 모형을 비교 및 대조하여 설명해 보자. 각 모형을 뒷받침하는 증거 일부를 설명해 보자.

4. 표기 체계, 문자, 알파벳의 차이점은 무엇인가? 서로 다른 표기 체계가 글 읽기 시 인지 처리에 어떤 영향을 미치는가? 중국어 독자와 영어 독자는 서로 어떻게 다른가?

5. 아이들은 어떻게 읽는 법을 배우는가? 어떤 교육 방법이 가장 효과적인가?

6. DRC 모형은 읽기의 단일 경로 모형과 비교하면 어떠한가? 어떤 결과가 DRC 모형과 일치하지 않을 수 있는가? 어떤 결과가 단일 경로 모형과 불일치하는가? 각 모형에 가장 적합한 결과는 각각 무엇인가? 당신은 어떤 모형을 선호하며 그 이유는 무엇인가?

7. 난독증이란 무엇인가? 그 하위 유형에는 어떤 것들이 있는가? 난독증을 일으키는 원인은 무엇인가?

더 생각해 보기

1. 속독 대회를 열어 보자. 먼저 신문 기사나 교과서 일부분을 읽기 자료로 선택한 뒤, 사람들에게 자료를 읽을 수 있는 시간을 다르게 할당해 보자. 예를 들어, 10, 15, 30초, 1분, 5분, … 이런 식으로 말이다. 읽은 자료에 관한 이해 질문을 만들고 사람들을 테스트해 보자. 이해 점수의 정확도와 읽은 시간을 그래프로 나타내 보자. 당신은 결과가 어떻게 나올 것으로 생각하는가? 당신이 얻은 결과는 속독에 대해 어떤 것을 말해 줄 수 있는가?

11장

이중 언어 처리

Q: 여러 언어를 구사하는 사람을 뭐라고 부를까?

A: 다중 언어 사용자.

Q: 하나의 언어만 구사하는 사람을 뭐라고 부를까?

A: 미국인.

—L. N. Van Der Hoef,[1] 전 UC Davis 총장

이중 언어 사용자들(bilinguals)은 일상적으로 두 가지 언어를 알고 사용한다. 미국에서는 대다수 사람이 하나의 언어만 알고 사용하지만, 전 세계 대부분의 사람들은 이중 언어를 사용한다(Lemhofer et al., 2008). 네덜란드에서는 인구의 약 90%에 달하는 사람들이 두 개 이상의 언어를 사용한다. 이중 언어를 사용한다는 것은 무엇을 의미하며 이중 언어 사용자는 단일 언어 사용자와 어떻게 다른 것일까?

이중 언어를 구사한다는 것은 '하나의 몸에 두 명의 단일 언어 사용자'를 가지는 것과는 다르다(Grosjean, 1989; Kroll, 2006). 사람들은 컴퓨터의 하드 드라이브를 분할하여 한 언어를 한 물리적 위치에 저장하고 다른 언어를 다른 물리적 위치에 저장하는 것과 같은 방식으로 두뇌를 분할하지 않는다. 사람들은 자신이 알고 있는 각 언어에 대해 완전히 분리된 입출력 프로세스를 생성하지 않는 것이다. 따라서 단일 언어 사용자를 이해하는 데 사용되는 이론이 이중 언어 사용자를 이해하는 데에도 똑같이 적용될 것이라고 가정할 수 없다. 우선, 이중 언어를 사용하는 화자의 경우 자신이 어떤 언어를 듣고 있는지를 인식하는 방법과 말할 때 어떤 언어가 지배권을 가지는지를 제어할 수 있는 방법이 있어야 한다. 이중 언어 사용자는 많은 사물에 대해 별개의 두 표찰(label)을 사용하는데, 이로 인해 언어 이해와 산출의 관점 모두에서 어휘 접근(lexical access)이 복잡하게 된다. 그 결과 이중 언어 사용자는 그림을 명명하는 속도나 비단어(nonword)를 인식하는 속도가 단일 언어 사용자보다 느리다(Van Heuven et al., 1998).

이중 언어 처리에 대한 다수의 연구는 두 가지 언어가 장기기억에 저장되는 공간과 언어 산출 과정과 같은 정신적 자원을 공유하는 정도, 두 언어가 장기기억 속에서 서로 연계되는 방식, 두 언어가 동시에 활성화될 때 두 언어 간의 경쟁이 어떻게 관리되는지에 중점을 두어 왔다. 이 장에서는 유사한 이슈들, 특히 이중 언어 사용자들에게 있어 언어 간 경쟁의 원인과 그 경쟁이 어떻게 해결되는지, 그리고 제2 언어 학습을 통해 얻을 수 있는 놀라운 정신적 이점에 초점을 맞춘다. 또한 제2

언어를 가르치는 몇 가지 방법과 제2 언어 학습을 용이하게 하는 특정한 개인적 특성들을 검토한다. 마지막으로 제2 언어 학습이 언어 기능을 지원하는 신경계에 어떤 영향을 미치는지 살펴보도록 한다.

Mary Potter와 이중 언어 사용의 비밀[2]

이중 언어 화자들은 단어에 대한 지식을 어떻게 표상하는가? 어휘적 지식(단어에 대한 저장된 정보)을 의미(개념) 및 음운 형태(소리)와 관련된 서로 다른 구성 요소들로 세분화할 수 있다는 점을 상기해 보자. 대부분의 이중 언어 사용 이론에서는 제2 언어를 배우는 것이 완전히 새로운 개념의 집합을 배우는 것을 의미하지는 않지만, 개념에 대한 완전히 새로운 음운 형태 또는 표찰(label)의 집합을 배우는 것을 의미하는 것은 분명하다고 제안한다.[3] 어떤 개념에 대해 두 개의 표찰을 가진다는 것은 한 표찰(예: cat)에서 다른 표찰(gato)로 번역할 가능성이 있음을 뜻한다. 그런데 두 일련의 표찰들은 기억 속에서 서로 어떻게 연관되어 있으며, 한 표찰에서 다른 표찰로 번역하기 위해 어떤 프로세스를 수행하는 것일까?

이중 언어를 사용하는 화자의 어휘 표상과 번역 과정에 대한 현대적 연구는 Mary Potter와 그녀의 동료들의 연구에서 그 뿌리를 찾을 수 있다(Potter et al., 1984). 그들은 모국어에서 제2 언어로(L1에서 L2로) 번역하는 것을 제2 언어로 그림을 명명하는 과정과 비교했는데, 연구자들은 L1의 단어가 L2의 단어와 어떻게 관련되는지에 대한 두 가지 아이디어를 테스트하고자 했다.

단어 연합 모형(word association model: WAM)에 따르면, 언어 학습자들은 L1 표찰을 L2 표찰과 직접 연관시킨다([그림 11.1]의 왼쪽 그림). 사람들은 외국어를 공부할 때 두 가지 다른 언어의 표찰이 양면에 인쇄된 플래시 카드와 같은 기계적 암기 전략을 사용하는 경우가 많다. 이러한 종류의 암기는 장기기억 속에 두 언어의 단어들이 지니는 시각적 이미지나 소리가 직접적으로 연결될 수 있으며, 의미나 개념을 전혀 포함하지 않아도 된다. 그렇다면 L1 단어나 L2 단어의 의미를 꼭 활성화하지 않고도 L1 단어의 소리를 생각함으로써 L2 단어의 소리를 떠올릴 수 있어야 한다.

Potter와 동료들은 WAM을 개념 매개(concept mediation: CM) 가설과 대조했다([그림 11.1]의 오른

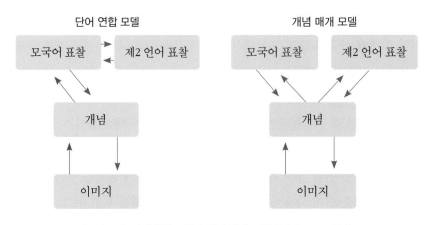

[그림 11.1] 단어 연합 모형과 개념 매개 모형에서의 L1-L2 연계

쪽 그림). CM 가설에 따르면, L1에서 L2로 번역하려면 먼저 L1 표찰과 관련된 개념에 접근한 다음 그 개념으로부터 L2 표찰로 연결되는 링크를 따라가야 한다. 즉, L1 어휘(표찰) 표상에서 출발하여 L2 표찰에 접근하기 위해서는 개념적 표상을 거쳐야만 하기 때문에 L1에서 L2로의 번역은 개념 매개적이라고 불린다.

Potter와 동료들(Potter et al., 1984)이 연구 수단으로 그림 명명과 번역을 활용한 이유는 WAM과 CM 가설이 이 두 과제를 수행하는 데 걸리는 시간에 대해 서로 다른 예측을 하기 때문이다. WAM 에 따르면, L1을 L2로 번역하는 것보다 L2로 그림을 명명하는 데 더 많은 시간이 걸릴 것이다. 왜 그럴까? WAM에 의해 그림 명명과 번역과정이 어떻게 수행되는지 제시하고 있는 [그림 11.1]의 왼 편을 보자. L2로 그림을 명명하기 위해서는 먼저 그림을 인식하고 상응하는 개념 표상을 활성화 해야 한다. 그러고 나면 개념 표상이 L1 표찰을 활성화한다(개념과 L2 표찰 사이에는 직접적인 연결이 없기 때문에 개념이 L2 표찰을 직접 활성화하지 않음을 유념하라). L1 표찰을 활성화하고 나서야 비로소 L2 표찰에 접근할 수 있게 된다. WAM에 따르면 번역은 훨씬 더 쉽다. L1 단어를 보고 상응하는 소리(표찰)를 활성화한 다음 활성화된 L1 표찰이 연결된 L2 표찰을 활성화하기만 하면 된다. 즉, WAM에 따르면 L1에서 L2로 번역하는 것은 L2로 그림을 명명하는 것보다 처리 단계의 수가 더 적기 때문에 번역에 걸리는 시간이 그림 명명에 걸리는 시간보다 짧아야 한다는 것을 의미한다.

이제 CM 가설에 따른 그림 명명과 번역과정을 보여 주는 [그림 11.1]의 오른편을 보자. L2 그림을 명명하기 위해 먼저 그림이 상응하는 개념 표상을 활성화하고(개념과 L2 표찰 사이에 직접적인 연결이 있기 때문에), 개념 표상은 L2 표찰을 활성화한다. 번역에서는 L1 표찰이 개념을 활성화하고(그림과 마찬가지로, 또한 거의 같은 속도로) 활성화된 개념은 L2 표찰을 활성화하기 때문에 그림 명명과 동일한 수의 처리 단계(두 단계)를 필요로 한다.

Potter와 그녀의 동료들은(Potter et al., 1984) WAM과 CM 가설을 대조하기 위해 중국어-영어[4] 이중 언어 사용자에게 그들의 L2(영어)로 그림을 명명하도록 하고 그림과 동일한 개념을 나타내는 중국어 단어를 영어로 번역하게 했다. 이 화자 그룹은 영어 구사 능력이 뛰어났기 때문에 능숙한 이중 언어 사용자로 간주되었다. 별도의 실험에서는 영어-프랑스어 초보 이중 언어 사용자(프랑스어를 공부하는 미국 고등학생)가 동일한 두 가지 과제를 수행했는데, 응답 언어만 영어가 아니라 프랑스어일 뿐이었다. 두 그룹에 대한 실험 결과는 모두 동일한 패턴을 보였다. 제1 언어 단어를 제2 언어 단어로 번역하는 데는 제2 언어 단어를 사용하여 그림을 명명하는 것과 같은 정도의 시간이 걸렸다.

이 결과는 WAM이 틀렸다는 것을 보여 주는 것이다. 이중 언어 화자들은 언어 구사능력에 관계 없이 L1에서 L2로 번역할 때 L1 표찰에서 L2 표찰로 바로 가지 않았다. 대신에 이중 언어 화자들은 L1 표찰과 연관된 개념(의미)을 활성화하고 활성화된 개념과 L2 표찰 사이의 연결을 사용하여 번역 작업을 완료하는 것으로 나타났다.

개념과 표찰이 서로 어떻게 관련되어 있는지, 그리고 서로 다른 언어의 표찰들이 개념을 통해 간접적으로 어떻게 관련되어 있는지에 대한 Potter와 동료들(Potter et al., 1984)의 아이디어는 단어와 관련된 지식이 서로 다른 하위 구성 체계, 즉 L1 표찰, L2 표찰 및 개념들에 분산되어 있기 때문에 계층적 모형(hierarchical model)으로 특징지어진다(Kroll, 2006, 2008a, 2008b, 2008c; Kroll and Stewart,

1994; Schwartz and Kroll, 2006b; Sholl et al., 1995).

이중 언어 화자들이 사용하는 두 언어의 단어 지식을 구성하는 방식에 대한 Potter와 동료들의 획기적인 실험 이후 진행된 연구에서 CM 가설이 제안한 것보다 더 복잡하다는 사실이 나타났다. 우선, 이중 언어 사용자는 양방향으로 번역을 할 수 있다. 순방향 번역(forward translation)은 L1에서 시작하여 L2로 말하는 것이며, 역방향 번역(backward translation)은 L2 단어로 시작하여 L1의 상응 단어를 말하는 것이다. CM 가설에 따르면 L1에서 L2로의 번역과 L2에서 L1로의 번역은 모두 개념 매개 번역에 해당한다(L1 표찰에서 L2 표찰로, L2 표찰에서 L1 표찰로 가는 경로를 완성하기 위해서는 개념에 접근해야 하기 때문).

한편 Kroll과 그녀의 동료들은 계층적 모형의 새로운 버전을 제안했는데, 이를 수정 계층 모형 (revised hierarchical model: RHM)이라고 한다. RHM에 따르면([그림 11.2]와 같이) L1 표찰은 L2 표찰에 직접 연결되지만, L1에서 L2로의 연결 정도는 L2에서 L1으로의 연결 정도보다 약하다. 따라서 개념 표상의 저장고를 거치지 않고도 L2에서 L1으로의 번역이 가능해야 한다. 그러나 반대 방향, 즉 L1에서 L2로 가는 경우에는 여전히 CM 가설이 말하는 대로 작동해야 한다. 실제로 L2 능숙도나 유창성의 다양한 수준에 걸쳐, 이중 언어 화자는 일반적으로 (RHM이 예측하는 대로) L1에서 L2로의 번역보다 L2에서 L1으로의 번역을 더 빠르게 한다.

RHM에 대한 추가적인 증거는 의미적 요인이 번역에 다른 영역에서 영향을 미치는지 여부를 조사하는 실험에서 나왔다(Altarriba and Mathis, 1997; Caramazza and Brones, 1979, 1980; De Groot et al., 1994; Kroll and Stewart, 1994; Sholl et al., 1995; 또한 Heredia, 1997; Schoonbaert et al., 2009도 참조).[5] CM 가설은 L1에서 L2로의 번역이 개념(의미) 표상을 활성화한다고 제안하는 점을 상기해 보자. RHM에 따르면 L2에서 L1으로의 번역은 L1에서 L2로의 번역과 다른데, 이는 L2에서 L1으로는 직접적인 어휘적 연결이 이루어져 개념 표상을 건너뛰기 때문이다. L1에서 L2로의 연결과 L2에서 L1으로의 연결 사이의 이러한 비대칭성으로 인해 L2로 단어를 떠올리는 것은 L2에서 L1으로 번역하는 것보다 의미적 요인의 영향을 더 많이 받게 된다. L1에서 L2로 가기 위해서는 개념(의미) 체계를 거쳐야 하지만, L2에서 L1으로는 직접적인 어휘 연결('순수한' 연합)을 통해 곧바로 갈 수 있기 때문이다.

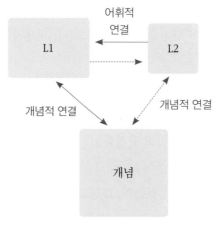

[그림 11.2] 수정 계층 모형

출처: Kroll and Stewart (1994), Elsevier

이 가설은 다양한 방식으로 검증되었다. 한 실험에서는 실험 참여자에게 번역할 단어 목록을 주었다. 단어들은 L1으로 되어 있기도 하고 L2로 되어 있기도 했다. 때로는 단어 블록이 (과일처럼) 모두 같은 의미의 범주에 속하기도 하고 때로는 단어 블록이 (과일과 가구처럼) 서로 다른 범주 사이를 오가기도 했다. 과일의 여러 단어 예들은 서로 연관되어 있기 때문에 바나나에 대한 개념을 활성화하면 사과, 오렌지, 배와 같은 관련 개념도 활성화된다. 이때 서로 다른 개념이 표현되기 위해 경쟁함에 따라 의미적 간섭(semantic interference)의 가능성이 생기게 된다. 만약 이러한 의미 경쟁이 일어나는 개념의 기억시스템을 우회할 수 있다면 이러한 종류의 경쟁이 발생할 가능성이 줄어들게 될 것이다. RHM은 순방향 번역(L1에서 L2)이 역방향 번역(L2에서 L1)보다 개념 기억을 더 많이 활성화하기 때문에 역방향 번역보다 순방향 번역에서 의미 간섭을 더 많이 받을 것으로 예측한다. 실제로 과일만으로 이루어진 목록이 하나의 단어블록으로 제시될 때 (여러 범주가 혼합된 조건과 비교했을 때보다) 이중 언어 사용자들의 L1에서 L2로의 번역 속도가 느려졌다. 반면, 이중 언어 사용자들이 역방향 번역을 수행할 때는 번역할 단어 목록이 과일만으로 제시된 경우와 과일이 다른 범주의 사물과 섞여 있는 경우 사이에 속도 차이가 나타나지 않았다.

의미 점화(semantic priming)와 그림 명명을 포함하는 다른 종류의 실험 또한 RHM에 대한 증거를 제공했다. 이 실험에서 참가자들은 그림 명명과 한 언어에서 다른 언어로의 단어 번역을 번갈아 했다. 그림 명명은 순방향 번역과 마찬가지로 개념 저장고에 접근하는 것을 수반한다(Potter et al., 1984). 역방향 번역은 그림 명명이나 순방향 번역만큼 개념 정보를 활성화하지 않는다. 순방향 번역과 그림 명명 모두 개념 정보를 활성화해야 하므로 (CM 가설과 RHM에 따르면), 필요한 개념 표상이 이미 활성화되어 있다면 (즉, 의미적으로 점화되어 있다면) 순방향 번역은 보다 빠르게 진행될 것이다. 실제로 피실험자들은 최근에 L2 표찰에 부합하는 개념을 나타내는 그림에 대해 L1으로 명명한 경험이 있는 경우에 순방향 번역을 더 빠르게 수행했다. 그림 명명이 개념 표상을 활성화했고, 활성화된 개념 표상이 피실험자가 해당 개념과 관련된 순방향 번역을 완료하는 데 도움을 준 것이다.

이와 대조적으로 L2에서 L1으로의 번역은 최근의 그림 명명 경험에 영향을 받지 않는다. 역방향 번역은 관련 개념이 최근의 그림 명명 경험으로 활성화되었는지 여부와 관계없이 빠르게 완료된다 (Lee and Williams, 2001 참조). 이러한 결과는 (적절한 개념을 미리 활성화하면 도움이 되기 때문에) 순방향 번역은 개념으로의 접근을 수반하지만, (상응하는 개념을 미리 활성화해도 역방향 번역에는 영향을 미치지 않기 때문에) 역방향 번역은 개념에의 접근을 수반하지 않는다는 것을 시사한다.

이해와 산출 과정에서 동시에 활성화되는 언어들

많은 과제 조건하에서, 이중 언어 화자가 사용하는 두 언어는 경쟁하게 된다. 이중 언어 사용자가 발화를 들을 때는 어휘 항목과 그에 상응하는 의미 표상이 활성화 및 선택을 두고 경쟁한다. 이중 언어 사용자가 말을 할 때는 두 언어의 단어들이 출력 메커니즘(발화기관)에 대한 지배권을 얻기 위해 경쟁한다. 두 언어 간의 충돌과 그에 따른 혼동 가능성에도 불구하고 유창한 이중 언어 사용자는 일반적으로 두 언어의 어휘 항목이 동시에 활성화되어 있다는 사실을 전혀 눈치채지 못한다

[그림 11.3] 아메리카 흑곰(Ursus Americanus)이 옐로스톤 국립공원의 주차장을 걷고 있을 때(2008), 독일인 여행자가 독일어로 저자에게 '곰이 절룩거린다.'고 말했다. 여행자는 저자의 독일어 실력이 좋지 않아서 즉각 영어로 바꿔 말했다.
주: 이 곰은 풀을 먹고 있었으며, 곰은 뭐든지 먹을 것이다.
출처: bimc/Getty Image

(단일 언어 사용자가 bank와 같이 의미적으로 중의성을 가진 단어가 두 가지 이상의 의미를 가지고 있다는 사실을 거의 인식하지 못하는 것과 마찬가지로). 경쟁으로 인한 오류의 가능성에도 불구하고 이중 언어 사용자는 실수로 '잘못된' 언어의 단어를 사용하는 경우는 거의 없다. 그러나 이러한 실수는 특히 이중 언어 화자가 스트레스를 받거나 감정이 격앙되어 있을 때 발생하곤 한다([그림 11.3] 참조). 이러한 실수는 또한 이중 언어 사용자가 덜 유창하거나 잘 연습된 언어로 말할 때 더 흔하게 발생한다(Poulisse and Bongaerts, 1994).

이중 언어 사용자들은 일반적으로 자신이 사용하는 언어들이 서로 충돌하고 있다는 사실을 인식하지 못하며 언어 산출(production) 시 언어 간(cross-language) 오류를 거의 범하지 않는다는 점을 감안할 때, 두 언어에 대한 지식이 실제로 장기기억에 개별적으로 저장되어 있을 가능성이 있지 않을까? 주관적인 경험과 명시적으로 보이는 행동에서 일반적으로 경쟁의 흔적이 보이지 않는다고 한다면 왜 두 언어가 경쟁 중이라고 믿어야 할까? 적어도 능숙한 이중 언어 사용자들 사이에서는 문맥에 적합한 언어 표상에 접근하는 것이 쉬워 보이지만, 실험실 연구에서는 이중 언어 사용자가 사용하는 두 언어가 언어 이해와 발화 모두에서 자주 경쟁하는 것으로 나타났다. 각각에 대해 차례대로 고려해 보도록 하자.

이중 언어 사용자가 두 언어를 듣고 이해하는 동안 동시에 활성화된다는 증거는 무엇일까? 몇 가지 증거는 동족어 이점(cognate advantage)에서 나온다. 동족어(cognate)란 다른 언어에 철자나 발음이 같거나 거의 같고 그 의미도 동일한 단어가 존재하는 단어를 말한다. 예를 들어, 스페인어 단어 piano는 영어 단어 piano의 동족어인데, 이들은 모양도 비슷하고 소리도 비슷하며 의미도 동일하다. 그림 명명 및 번역에서 이중 언어 사용자는 (단일 언어 사용자와 달리) 비동족어보다 동족어에 더 빠르게 반응한다. 또한 ERP 실험에서도 동족어가 이중 언어 사용자의 L1과 L2 중 어느 언어로 제시되는지에 관계없이 비동족어보다 동족어에서 더 작은 N400 반응이 나타났다(Christoffels et al., 2007; Peeters et al., 2013; Quirk and Cohen, 2022 참조).

동족어 이점은 이중 언어 화자가 두 언어 중 한 가지 언어만 과제(task)와 명백히 연관되는 단일 언어 과제 조건에서 행동할 때, 그리고 이중 언어 화자가 자신의 우세 언어든 열세 언어든 어느 언어로든 응답할 수 있는 있는—이중 언어 모드(bilingual mode)—과제 조건에서 행동할 때 발생한다. 동족어 이점은 두 언어에서 철자(스펠링)와 음운(발음)이 동일할 때 가장 강력하며, 두 언어에서의 발음상의 유사성이 감소함에 따라 이점도 줄어든다(Costa et al., 2000; Lemhofer et al., 2008; Schwartz et al., 2007; Soares and Grosjean, 1984; Van Hell and Dijkstra, 2002).[6] 또한 이중 언어 화자들은 다른 종류의 단어에 비해 동족어에서 설단(tip-of-the tongue) 상태를 경험할 가능성이 적은데(Gollan and Acenas, 2004), 이는 두 어휘 표상이 동시에 활성화되면 동족어와 관련된 음운 부호의 활성화가 촉진된다는 것을 시사한다. 동족어 이점은 이중 언어 화자의 두 언어가 동시에 활성화된다는 것을 보여 준다. 만약 이중 언어 사용자가 과제와 무관한 언어를 완전히 차단할 수 있다면, 두 언어 중 하나만 필요한 과제의 경우에는 동족어 효과가 나타나지 않을 것이다(그러나 이중 언어 사용자가 과제에 하나의 언어만 필요하다고 생각하는 경우에도 동족어는 비동족어보다 빠르게 처리된다).

동시 활성화와 언어 경쟁에 대한 추가적인 증거는 언어 간 동형이의어(interlingual homographs)의 효과에서 찾을 수 있다(Dijkstra et al., 1999; Kroll, 2006; Hoversten and Traxler, 2016 참조). 언어 간 동형이의어는 비슷한 모양을 갖고 비슷하게 발음되지만 언어마다 의미가 다른 단어를 말한다. 동형이의어는 동족어처럼 보이고 들리지만 동족어가 아니다. 동형이의어는 비슷하게 생기고 비슷하게 발음되지만, 의미가 다르기 때문에(그리고 발음도 약간 다를 수 있음) 가짜 친구(false friends)라고 불리기도 한다. 예를 들어, 상사를 의미하는 독일어 단어 chef는 숙련된 요리사를 의미하는 영어 단어 chef와 모양과 발음이 비슷하다. 이중 언어 사용자는 언어 간 동형이의어를 읽거나 들을 때 두 언어 중 하나의 언어에서만 나타나는 단어보다 느리게 반응한다.

언어 간 동형이의어는 (단일 언어에서) 의미적인 중의어처럼 작용하는데, 이는 아마도 같은 이유 때문일 것이다. 영어 단일 언어 사용자의 경우, 각 의미의 빈도가 유사한 중의적인 단어는 단어의 시각적 형태가 자동적으로 여러 의미를 활성화함에 따라 활성화된 의미 간의 경쟁이 단일 의미의 선택과 통합을 지연시키기 때문에 비(非)중의적인 단어보다 읽고 명명하는 데 시간이 더 오래 걸린다. 언어 간 동형이의어 효과는 언어 간에 철자(스펠링) 및 음운(소리) 형태가 공유되며 (두 언어가 유사한 문자 또는 음운 체계를 가지는 한), 어떤 형태를 듣거나 보게 되면 그 형태와 연관된 의미 정보도 자동적으로 활성화된다는 것을 보여 준다.

이중 언어 화자는 특정한 개념에 어떤 표찰(label)을 적용할지 선택해야 하기 때문에 언어 산출 시 명백히 언어 간 경쟁의 기회를 제공하지만, 언어 입력은 한 번에 하나의 언어만 선택적으로 활성화할지도 모른다. 즉, 서로 다른 언어의 운율 및 음운 패턴은 뚜렷이 구별될 수 있다. 이중 언어 사용자의 L1 입력이 L2와 매우 다르게 들릴 수 있다는 점을 고려할 때, 아마도 청취 과정에서는 산출 시보다 충돌이 덜 발생할 것이다. 그럼에도 불구하고 이중 언어 사용자가 단어를 들을 때 두 언어 모두에서 부합하는 후보들이 활성화되며, 문맥에 적합한 의미에 접근하기 위해서는 활성화된 일련의 후보들 중에서 선택해야 한다. 또한 활성화는 두 언어 간의 구분을 지키지 않는다. L1 단어를 들을 때 L2 후보를 활성화하고, L2 단어를 들을 때 L1 후보를 활성화한다(Marian et al., 2021, 2003; Spivey and Marian, 1999).

Viorica Marian과 동료들은 음성 입력이 하나의 언어만 활성화하는지, 아니면 L1 어휘와 L2 어휘를 모두 활성화하는지 테스트했다. 이를 위해 그들은 러시아어−영어 이중 언어 사용자들에게 컴퓨터 화면에서 일련의 그림들을 보도록 하면서 러시아어 또는 영어로 된 짧은 지시 사항(예: Click on the marker)을 제시했다. 이중 언어 사용자들은 마우스를 사용하여 적절한 표적 위로 커서를 움직여 지시 사항을 수행했다. 참가자들이 모르는 사이에 화면의 일부 그림은 영어와 러시아어 모두에서 비슷한 이름을 가지고 있었다. 예를 들어, stamp(우표)를 뜻하는 러시아어 단어 marka는 영어 단어 marker와 비슷하게 발음된다. 만약 음운(소리) 정보가 부적합한 언어를 활성화한다면 발음상의 유사성이 사람들로 하여금 잘못된 물체(marker, 매직펜 대신 우표)를 보게 할 수 있기 때문에 이러한 물체들을 방해 자극(distractors)으로 규정하였다. 만약 참가자들이 영어 지시 사항을 수행하는 동안 러시아어를 차단할 수 있다면 (또는 반대로 러시아어 지시 사항을 수행하는 동안 영어를 차단할 수 있다면), 방해 자극 물체를 보지 않을 수 있을 것이다. stamp와 marker 간에는 공유되는 음운이 거의 없기 때문에 영어 단일 언어 사용자들은 marker라는 단어를 들으면서 우표 그림을 보는 경우는 거의 없다. 만약 러시아어−영어 이중 언어 사용자들이 사물에 대한 러시아어 표찰을 활성화하지 않고 영어 표찰만을 선택적으로 활성화할 수 있다면 그들 또한 marker를 듣는 동안 방해 자극(우표−stamp/marka)을 거의 보지 않아야 한다. 실제로 러시아어−영어 이중 언어 사용자들은 marker를 클릭하라는 지시가 있을 때 전혀 관련이 없는 이름을 가진 물체에 비해 우표(러시아어로 marka)를 더 많이 보는 경향이 있었다. 마찬가지로 지시 사항이 러시아어로 주어졌을 때 (Polozhi marku, 'put the stamp …'), 참가자들은 자주 같은 소리의 영어 이름을 가진 물체(the marker)를 보았다. 이 결과는 우세 언어로든 열세 언어로든 발화를 이해하는 동안 이중 언어 사용자의 경우 두 언어로부터의 정신 표상이 동시에 활성화되어 행동에 영향을 미친다는 것을 보여 준다.

이러한 결과들은 이중 언어 사용자에게 나타나는 두 언어로부터의 어휘 표상이 장기기억 속에서 공간을 공유한다는 정신 표상 이론과도 부합한다. 즉, 단어 marker를 듣는 동안 우표 그림을 보는 것은, 이중 언어 사용자가 한 언어와 다른 한 언어를 들을 때 '러시아어' 통과 '영어' 통으로 깔끔하게 구분되어 개별적으로 검색되는 것이 아니라, 음운 정보가 음운에서 L1 어휘집(lexicon)과 L2 어휘집으로의 두 사상(mapping) 모두에 근거해 의미 표상을 활성화한다는 것을 보여 준다. 이 결과는 활성화가 의미적 표상에 이르는 전 과정을 거치고, 또 그 의미의 활성화가 음향 자극 전체가 처리되기 전에 행동을 통제하는 데 요구되는 최소한도를 초과한다는 것을 보여 준다. (만약 이중 언어 사용자들이 청각적 자극에 대해 완전히 분석하려고 기다렸다면, marker의 음운 부호가 marku에 의해 저장된 부호와 완벽하게 일치하지는 않기 때문에 그들은 절대로 우표를 보지 않았을 것이다.)

이중 언어 사용자는 단일 언어 사용자와 마찬가지로 음성을 처리할 때 코호트(COHORT, 3장 참조; Gaskell and Marslen-Wilson, 1997; Marslen-Wilson, 1973) 같은 모형에서 제안한 대로 급진적인 형태의 점진적 처리(incremental processing)에 착수한다(3장 참조; Gaskell and Marslen-Wilson, 1997; Marslen-Wilson, 1973). 즉, 현재 어떤 언어가 발화되고 있는지에 관계없이 단어의 시작 부분을 들기 시작한 직후부터 서로 다른 의미를 부호화하여 저장된 표상들을 활성화하기 시작한다. 여기서 marker와 marka라는 두 단어가 부분적으로 겹치는 음운 표상을 가지기 때문에 mar-은 서로 다른 두 언어로부터 두 가지의 연관 의미를 활성화하며, 어휘 접근 시스템은 한 언어를 차단하거나 '잘못된' 언어에서 나온 의미를 걸러 내지 않는다. 이것이 두 언어의 단어들이 동일한 음운 또는 어휘 표상을 가지고 있다는 것을 의미하지는 않으며(만약 그렇다면 이중 언어 사용자는 러시아어와 영어의 차이를 구분할 수 없을 것이다), 실제로 신경 영상 데이터(Marian et al., 2003)는 러시아어-영어 이중 언어 사용자의 신경 활동에서 러시아어와 영어 사이에 미묘한 차이가 있음을 보여 준다. 구체적으로, 러시아어와 영어 모두 동일한 브로카(Broca) 영역과 베르니케(Wernicke) 영역을 활성화했지만, 질량 중심(center of mass, 활성화된 부피소(voxel) 집합의 공간적 중간 지점)을 나타내는 뇌의 지점은 러시아어와 영어 간에 차이가 있었다.[7]

언어 경계를 넘나드는 이러한 코호트 유사 효과(cohort-like effects)는 언어 간 이웃 효과(neighborhood effects)에도 반영된다. 점진적 차폐 제거(progressive de-masking) 실험에서는 표적 단어(target word)가 짧은 시간(약 10밀리초) 동안 표시되고 뒤이어 표적 단어가 나타난 자리를 덮어 가리게 된다. 피실험자가 표적 단어를 식별할 수 있을 때까지 표적 단어에 대한 노출 시간을 점차 증가시키고 표적 단어를 가린 패턴에 대한 노출 시간은 점차 감소한다. 이중 언어 사용자의 경우 표적 단어를 식별하는 시간은 표적 단어가 해당 언어에서 얼마나 길고 빈번한지 등 단어 자체의 특성에 따라서도 달라지지만, 표적 단어가 이중 언어 사용자의 다른 언어에 얼마나 많은 유사 단어를 가지고 있는지에 따라서도 달라진다(Van Heuven et al., 1998). 표적 단어가 이중 언어 사용자의 L2에 있고 철자 유사 단어(표적 단어와 비슷하게 생긴 단어)가 이중 언어 사용자의 L1에 있는 경우, 그리고 L1 유사 단어가 L2 표적 단어보다 더 빈번하게 나타나거나 더 친숙한 경우에 반응 시간이 특히 느리다.

음운 및 의미 표상을 공유한다는 것에 대한 추가적인 근거는 동음비단어(pseudohomophones)와 관련된 연구에서 나온다. 동음비단어는 철자상으로는 실제 단어처럼 보이지만 실제로는 단어가 아닌 비단어를 말한다. Tode는 toad(두꺼비)의 동음비단어인데, 단일 언어 독자의 경우 tode를 읽는 것이 toad(두꺼비)라는 단어와 연관된 frog(개구리)라는 단어에 대한 반응을 점화(prime)시킨다. 동음비단어의 점화효과(priming effects)는 이중 언어 사용자의 두 언어 사이에서도 발생한다. 예를 들어, rope(밧줄)를 뜻하는 네덜란드어 단어는 touw이다. 차폐 점화(masked priming) 실험에서 네덜란드어-영어 이중 언어 사용자들은 rope와 음운 표상이 동일하고, 같은 의미의 네덜란드어 단어 touw를 활성화하는 영어 동음비단어 roap가 touw 앞에 나올 때 touw에 더 빠르게 반응했다(Duyck, 2005). 만약 음운 활성화가 대상 언어(네덜란드어)로 제한된다면 네덜란드어에는 roap와 일치하는 단어가 없기 때문에 roap는 행동에 영향을 미치지 않았을 것이다. roap가 touw에 대한 반응 속도를 높인다는 사실은 네덜란드어가 처리되는 동안 영어 음운이 활성화되어 있으며, 영어 음운이 공유되는 의미 표상(아마도 CM 및 RHM 가설의 개념 표상)과 접촉함으로써 네덜란드어 표적 단어의 처리를 용이하게 한다는 것을 보여 준다(Van Wijnendaele and Brysbaert, 2002도 참조).

이중 언어 사용자의 두 언어는 다양한 언어를 이해하는 과정 중에 동시에 활성화되지만, 두 언어가 항상 동등하게 활성화되는 것은 아니다. 대부분 두 언어 중 우세한 언어(일반적으로 L1)가 더 활성화되며, 따라서 우세한 언어는 그 반대의 경우보다 L2로부터 영향을 적게 받는다(Jared and Kroll, 2001; Jared and Szucs, 2002).

열세한 언어인 L2로부터의 간섭에 대한 L1 어휘 접근의 상대적 방어력을 입증하기 위해 영어-프랑스어 이중 언어 사용자들은 프랑스어 경쟁 단어(enemies, 영어 표적 단어와 모양은 비슷하나 발음이 다른 프랑스어 단어)가 있는 영어 단어 또는 프랑스어 경쟁 단어가 없는 통제 조건의 단어를 명명했다. 프랑스어 경쟁 단어의 존재 여부는 영어-프랑스어 이중 언어 사용자들이 표적 단어를 명명하는 데 걸리는 시간에 영향을 미치지 않았다. 그런 다음 참가자들은 프랑스어 단어들 그룹을 명명했다. 프랑스어 단어 명명은 아마도 프랑스어 철자-소리 패턴의 활성도를 증가시켰을 것이다. 많은 프랑스어 단어들을 명명한 후, 참가자들은 다른 한 무리의 영어 단어들을 명명했다. 이번에는 프랑스어 경쟁 단어의 존재가 큰 영향을 미쳤고 반응 시간도 훨씬 느려졌다. 이러한 결과는 L2 철자 및 음운 표상이 일반적으로 덜 활성화되어 있으며, (L2로 많은 수의 단어들을 말하는 것과 같이) L2 표상의 활성화를 촉진하는 상황이 발생하지 않는 한 L1 기능에 큰 영향을 미치지 않을 것이라는 점을 시사한다. 열세한 L2 표상은 우세한 L1 수행에 영향을 미칠 수는 있지만, 이중 언어 사용자가 이제 막 L2에서 다시 L1으로 전환한 경우에만 영향을 미치는 것으로 보인다.

산출에서의 경쟁

이중 언어 산출의 대다수 모형은 메시지 형성(message formulation)에서 엄격한 순차적 과정을 가정하는 Levelt의 산출 모형이나 서로 다른 층위에서의 표상 간의 연쇄적 활성화(cascading activation)와 상호작용을 가정하는 Dell의 산출 모형과 같이 2장에서 검토한 산출 모형의 수정 버전을 사용한다(예: Dell, 1986). 이 두 가지 산출 모형에 따르면 메시지 형성은 비언어적 개념 표상(아이디어)이 활성화되면서 시작하여 단어가 지니는 의미와 통사적 속성을 부호화하는 추상적 표상을 포함하는 레마(lemma) 층위로 넘어가며, 궁극적으로 화자가 발화 기관을 제어하는 근육을 움직이기 위한 계획을 생성하는 데 사용하는 일련의 음운 표상에 도달한다. 이중 언어 화자의 경우, 대다수 이론에서 적어도 구체적인 사물에 대해서는 두 언어 간에 개념 표상이 공유된다고 가정한다. 그러나 대다수 이론에서 레마는 공유되지 않는다고 가정한다. 따라서 무슨 말이든 하기 위해서는, 이중 언어 사용자는 특정 언어에 적합한 (L1 또는 L2) 레마를 활성화하는 수단을 가지고 있어야 하며, 동시에 동일한 개념에 연결된 부적합한 레마를 비활성화하거나 억제할 수 있어야 한다.

Roelofs(1992)의 모형에 따르면, 이중 언어 산출 시 개념 표상이 활성화되어 관련 음운(소리) 표상으로 확산되기 전에 올바른 레마가 선택되어야 한다. 다른 모형에 따르면, 개념 표상이 활성화되는 즉시 관련 레마 및 음운 표상의 네트워크 전체에 걸쳐 자동적으로 활성화가 확산된다(예: Hernandez et al., 2005). 따라서 이중 언어 화자가 한 언어에 적합한 레마를 빠르게 선택한다 하더라도 다른 언어의 음운 표상에도 얼마간의 활성화가 나타날 수 있다. 네덜란드어-영어 화자가 영어로 mountain(산)을 말하려고 할 때, 그 개념에 해당하는 네덜란드어 레마(즉, berg)와 관련된 음운 표상이 얼마간 활성화될 수 있다. Roelofs의 순차 선택 모형에서 이중 언어 화자에게 나타나는 주요한 문제는 올바른 레마를 선택하는 것이다. 이 작업만 완료되면 산출은 꽤 간단하게 진행된다.

따라서 언어에 부적합한 음운 표상이 활성화되는 일은 거의 없어야 할 것이다(즉, mountain을 말하려고 하는 것이 네덜란드어 레마와 그에 해당하는 음운 표상인 berg를 활성화해서는 안 된다).

요약하자면, 일반적으로 언어 산출은 개념, 레마, 음운 표상, 그리고 이들 간의 연결을 포함하기 때문에 이 세 층위의 표상 중 어디에서든 경쟁과 간섭이 발생할 수 있다. 간섭의 구체적인 패턴은 개념 선택, 레마 선택, 음운 부호화가 음운 부호화에 앞서 레마 선택이 일어나고 레마 선택에 앞서 개념 선택이 일어나는 방식으로 순차적으로 일어나는지, 아니면 개념 선택이 완료되기 전에 레마가 활성화되고 레마 선택이 완료되기 전에 음운 부호화가 시작되는 연쇄적 방법(cascaded fashion)으로 일어나는지에 따라 달라진다.

연구자들은 이중 언어 사용자들의 음성 산출 과정에서 레마 및 음운 표상이 경쟁하는지 알아보기 위해 이중 언어 사용자들로 하여금 그림과 같은 하나의 자극에만 주의를 기울이고 동시에 제시된 음성 단어와 같은 방해 자극(distractor stimulus)은 무시하도록 하는 과제를 사용했다(이 과제는 2장에서 살펴본 그림—단어 간섭 과제와 유사함; Costa and Caramazza, 1999; La Heij et al., 1990; Hermans et al., 1998). 그림과의 의미적 관계나 음운상의 관계와 같은 음성 단어의 방해 자극 특성을 조작함으로써, 연구자들은 그러한 추가 정보가 이중 언어 화자가 적합한 레마 및 음운 표상에 접근하는 데 도움이 되는지 또는 음성 자극이 그림의 의미를 반영하는 단어를 산출하는 데 방해가 되는지 알아낼 수 있다. 또한 연구자들은 그림을 보여 주기 전에 방해 자극을 제시함으로써 방해 자극이 유리하도록 하거나, 그림과 방해 자극을 동시에 제시하거나, 방해 자극을 제시하기 전에 그림을 먼저 보여 줌으로써 그림 명명이 유리하게 진행되도록 할 수 있다.

이에 관한 한 연구에서, 네덜란드어—영어 이중 언어 사용자들은 그림의 이름에 수반되는 음운이나 의미 표상과 관련된 방해 자극을 들으면서 그림에 해당하는 영어 이름(예: mountain)을 사용하여 그림을 명명하려고 했다. 방해 자극은 영어나 네덜란드어로 제시될 수 있었다. 때때로 방해 자극은 표적 이름과 소리가 비슷했다. 영어 단어 mouth는 단어 두음(onset)을 공유한다는 점에서 표적 단어 mountain과 비슷하다. 네덜란드어 단어 mouw('소매'를 의미)도 표적 단어와 음운론적으로 두음을 공유한다. 때로는 영어 단어 valley(계곡)나 네덜란드어 단어 dal('계곡'을 의미)과 같이 방해 자극이 표적 개념의 의미적 경쟁 상대인 경우도 있었다.

이중 언어 화자들은 방해 자극이 유사한 음운 형태를 가지고 있을 때는 표적 그림(예: mountain)을 더 빨리 명명했지만(mouth와 mouw 모두 도움이 된다), 방해 자극이 표적 단어와 관련은 있지만 다른 의미를 가질 때는 반응이 더 느렸다(valley과 dal 모두 산 그림에 대한 명명 반응을 둔화시킨다). 음운 촉진 및 의미 간섭 효과는 방해 자극이 표적 이름과 같은 언어(영어)일 때나 방해 자극이 표적 이름과 다른 언어(네덜란드어)일 때나 거의 같은 크기로 나타났다.[8]

이러한 결과들은 이중 언어 사용자가 L2로 단어를 말하는 동안 L1을 차단하거나 무시할 수 없음을 나타낸다. 만약 그럴 수 있다면, 표적 단어와 음운론적으로 관련된(비슷하게 들리는) L1 단어를 듣는 것이 이중 언어 사용자가 L2로 표적 그림의 이름을 말하는 데 도움이 되지 않을 것이다. 마찬가지로 L1이 꺼져 있다면, L2에서 아무런 의미가 없는 dal과 같은 방해 자극 단어는 표적 단어와 전혀 관련이 없는 것으로 취급될 것이다. 그러나 dal을 듣는 것이 이중 언어 사용자로 하여금 계곡이라는 개념을 떠올리게 함으로써 표적 개념인 산을 명명하는 것을 더 어렵게 만든다. 다른 실험(예: Lee and

Williams, 2001)에서도 그림 명명에서 언어 간 의미 간섭이 나타났지만, 그러한 간섭 효과는 한 방향으로만 발생할 수 있음을 시사했다. L1 방해 자극은 L2 표적에 강력한 영향을 미치지만, L2 방해 자극은 L1 표적에 거의 영향을 미치지 않는 것으로 보인다.[9]

언어 간 간섭에 대한 추가적인 근거는 이중 언어 사용자들이 방해 자극에 직면하여 단어 산출을 수행할 때 범하는 유형의 오류에서 찾을 수 있다(Miller and Kroll, 2002). 표적과 방해 자극이 문자로 제시된 일련의 실험에서, 과제는 표적 단어를 다른 언어(표적 단어가 L1으로 제시된 경우는 L2, 표적 단어가 L2로 제시된 경우는 L1)로 번역하는 것이었다. 때때로 방해 자극은 응답해야 할 언어로 제시되었다. 만약 피실험자가 cat이라는 단어를 본다면 그것을 스페인어로 번역하여 gato라고 말해야 했다. 방해 자극은 때로는 출력 언어(perro)로 제시되기도 했고, 때로는 입력 언어(dog)로 제시되기도 했다.

방해 자극이 출력 언어였을 때, 음운적으로 유사한 방해 자극 단어는 번역 프로세스의 속도를 빠르게 했고, 의미적으로 관련된 방해 자극 단어는 번역 프로세스의 속도를 늦췄다(그림 명명 실험에서와 마찬가지로). 방해 자극이 입력 언어였을 때는 방해 자극 효과가 더 약했다(dog은 perro보다 gato에 대한 반응에 미치는 영향이 더 적었다).

이러한 결과들은 번역 과제에서의 의미 간섭 효과가 그림 명명에서의 의미 간섭 효과와는 다소 다르다는 것을 보여 준다. Miller와 Kroll은 이중 언어 화자들이 번역 작업을 할 때 표적(반응) 언어의 활성화는 증대시키고 원어의 활성화는 매우 빠르게 감소시키는데, 이는 부분적으로는 번역될 단어가 (그림은 하지 않는 방식으로) 어떤 표상이 요구되는지에 대한 정보를 제공하기 때문이라고 제안한다. 따라서 번역에서 언어 간 영향이 있다는 증거는 여전히 존재하지만(예: 두 언어의 표상에 걸쳐 음운이 공유되면 도움이 되지만 의미적 경쟁 상대가 있으면 방해가 된다), 그러한 경쟁은 이중 언어 사용자들이 수행할 수 있는 다른 과제보다 번역 과제에서 더 빨리 해소될 수도 있다.

유창성, 균형 및 언어 유사성이 경쟁에 미치는 영향

이중 언어 사용자에 관한 많은 연구에서 비(非)표적 언어의 의미 및 음운 표상의 '부적절한' 활성화에 대한 증거를 제시하는 반면, 일부 연구에서는 이중 언어 사용자의 두 언어 간 간섭의 증거가 거의 또는 전혀 나오지 않았다. 이중 언어를 구사하는 개인이 두 언어에 매우 유창하고 거의 동등하게 능숙한 경우, 그리고 두 언어가 매우 유사한 경우에 간섭은 최소화되는 것으로 보인다(Costa and Caramazza, 1999; Costa et al., 1999; Costa and Santesteban, 2004).

스페인어와 카탈루냐어는 문법과 어휘에 있어 매우 유사하다(단어의 약 75%가 동족어). 카탈루냐어가 사용되는 스페인 일부 지역에서는 인구의 상당수가 스페인어도 구사하며, 이중 언어 사용자들은 두 언어 모두 사용할 기회가 많다. 이러한 상황이 모든 이중 언어 사용자들에게 해당하는 것은 아니기 때문에, 일반적인 이중 언어 사용자들과 카탈루냐어-스페인어 이중 언어 사용자들이 보이는 패턴 사이에 얼마간의 차이가 있을 것으로 예상할 수 있다. 실제로 그림-단어 간섭 과제를 수행할 때, 다른 이중 언어 사용자 그룹에서는 간섭을 유발하는 조건에서 카탈루냐어-스페인어 이중 언어 사용자들은 경쟁이 아닌 촉진을 경험한다. 예를 들어, 카탈루냐어-스페인어 이중 언어 사용자들은 카탈루냐어로 탁자 그림을 명명하라는 요청을 받을 수 있었는데, 그 경우 올바른 대답은 taula가 된다. 이와 동시에, 그들은 스페인어 단어 mesa를 보거나 들을 수 있었다. 일반적으로 스페인어 음운(mesa)을 활성화하면 카탈루냐어 음운(taula)을 활성화하여 사용하기가 더 어려워진다. 그러나 이 경우에는 mesa를 듣거나 보는 것이 카탈루냐어-스페인어 이중 언어 사용자들에게 taula를 더 용이하게 말하게 하였다. 이러한 결과를 바탕으로 Costa와 동료들은 탁자 그림을 보는 것이 스페인어 음운(mesa)과 카탈루냐어 음운(taula) 모두를 활성화하기는 하지만, 음성 산출을 위한 선택은 언어 특정적인(language-specific) 방식으로 이루어진다고 주장한다(카탈루냐어-스페인어 이중 언어 사용자들에 있어 스페인어 및 카탈루냐어 음운 표상의 동시 활성화에 대한 추가적인 증거에 대해서는 Colome, 2001 참조).

두 음운 표상 집합의 동시 활성화에도 불구하고, 카탈루냐어-스페인어 이중 언어 사용자들이 출력 음운 표상을 탐색하는 것은 표적 언어에 제한되는 것으로 보인다. mesa를 듣거나 보면 탁자 그림에 수반되는 의미 정보의 활성화가 활발해짐으로써 카탈루냐어 음운이 평소보다 더 강하게 활성화되지만(스페인어 음운 표상은 전혀 탐색되지 않으므로 음성 계획 과정의 지배권을 두고 경쟁할 기회조차 없기 때문에), 스페인어 음운의 동시 활성화가 간섭을 초래하지는 않는다. 만약 음운 탐색과 선택이 카탈루냐어와 스페인어 음운 체계를 모두 포함한다면 mesa가 taula와 경쟁하게 되고 (느린 반응 시간으로 입증되는) 간섭이 발생할 것이다.

카탈루냐어-스페인어 이중 언어 사용자들은 언어 전환 과제에서도 다른 이중 언어 사용자들과는 다른 수행 방법을 보이는 것으로 보인다. 연구된 다른 이중 언어 사용자 그룹에서는 L2로 말하다가 L1으로 전환할 때 속도가 느려진다(Meuter and Allport, 1989). 매우 유창한 카탈루냐어-스페인어 이중 언어 사용자들은 전환 부담을 경험하긴 하지만, 어느 방향으로 전환하든 그 부담은 동일하다. 실제로 카탈루냐어와 스페인어에는 매우 능통하지만, 영어는 훨씬 덜 유창한 카탈루냐어-스페인어-영어 삼중 언어 사용자는 열세한 제3 언어(영어)로/로부터 전환할 때에도 대칭적인 전환 부담을 경험한다. 따라서 이 언어 사용자 그룹에서 언어 전환은 전체적인 과제 집합 또는 표적의 변경을 반영하는 것으로 보이지만, 열세한 언어에 접근하기 위해 다른 언어를 억제하는 것을 수반하지는 않는 것으로 보인다. 이러한 결과들은 이중 언어 사용자들이 억제 메커니즘을 사용하지 않고도 서로 다른 언어 표상 집합에 대한 접근을 제어하는 능력을 발달시킨다는 이론에 의해 설명될 수 있다. 이 이론으로 카탈루냐어-스페인어 이중 언어 사용자들이 그림-단어 간섭 과제에서 왜 경쟁을 경험하지 않는지, 또 왜 그들이 대칭적인 언어 전환 부담을 갖는지를 설명할 수 있을 것이다.

그러나 제2 언어를 고도로 숙달하는 것이 학습자에게 정신적으로 언어 '켜기/끄기' 스위치를 부여한다는 결론을 내리기 전에, 두 언어 간의 유사성이 경쟁의 정도에 어떤 영향을 미치는지, 그리고 서로 다른 제2 언어 능숙도가 한 번에 한 언어로의 접근을 통제하는 능력에 어떤 영향을 미치는지와 같은 문제를 해결하기 위해 보다 많은 연구가 필요하다(스페인어-카탈루냐어 연구에 대한 더 자세한 논의와 비판에 대해서는 Grosjean et al., 2003 참조; 언어 선택 연구에 대한 검토에 대해서는 Kroll et al., 2008, 2006 참조; 언어 유사성이 아닌 능숙도가 선택적 접근을 야기할 수 있다는 증거에 대해서는 Costa et al., 2006 참조).

공유되는 통사 구조 표상

이전 절에서는 철자 및 음운 형태가 이중 언어 사용자의 두 언어에 걸쳐 공유되며, 두 언어에서 서로 다른 의미가 철자나 음운 표상의 일부를 공유하는 경우에 공유되는 음운이 의미 간섭을 초래할 수 있음을 보였다. 문장 산출에 대한 연구에서 두 언어가 의미 전달을 위해 유사한 통사 구조를 사용할 때 통사 구조 표상 또한 이중 언어 화자의 두 언어에 걸쳐 공유됨을 보여 주고 있다. 예를 들어, 스페인어와 영어 수동태 문장은 서로 비슷하다. 다음의 두 문장을 비교해 보라(Hartsuiker et al., 2004, p. 411에서 발췌).

   (1) The truck is chased by the taxi.

   (2) El camion es perseguido por el taxi.

스페인어 수동태는 영어와 마찬가지로 의미적 행위자(thematic agent)와 대상자(patient)의 일반적인 순서를 뒤집고 전치사구(by the taxi, por el taxi) 내부에 행위자(agent)를 둔다. 스페인어와 영어 모두에서 동일한 유형의 단어가 동일한 순서(한정사, 명사, 동사, 전치사, 한정사, 명사)로 배열되기 때문에 스페인어–영어 또는 영어–스페인어 이중 언어 사용자들은 적어도 수동태처럼 서로 유사한 구조에 있어서는 두 언어의 구문 분석 및 해석을 뒷받침하기 위해 동일한 통사 표상을 사용할 수 있다.

통사 공유 가설(shared syntax account)은 이중 언어 사용자들이 L2를 학습하고 사용할 때 L1의 통사를 가능한 한 많이 재사용한다고 제안한다. 예를 들어, 스페인어 원어민 화자는 영어 수동태를 부호화하기 위해 완전히 새로운 정신 표상을 만드는 대신 그저 수동태에 나타날 수 있는 영어 단어들을 스페인어 구조를 처음 배울 때 습득한 수동태의 통사 표상과 연관시키기만 할 수 있다. 이런 방식은 (새로운 어휘를 잘 알고 있는 L1 문법 체계의 구성 요소와 연관시킬 수 있으므로) 영어를 더 쉽게 배울 수 있도록 하고 영어 문장을 더 쉽게 이해할 수 있도록 한다.

통사 구조 표상이 언어들에 걸쳐 공유된다면, 두 문장의 의미가 매우 다르다 하더라도 한 언어의 문장을 처리하는 것이 통사적으로 유사한 다른 언어의 문장을 처리하는 데 영향을 미칠 것이다. 이 가설은 통사 점화(syntactic priming)를 이용한 다양한 실험에서 검증되었다(Hartsuiker and Pickering, 2008; Hartsuiker et al., 2004; Liu et al., 2022; Loebell and Bock, 2003; Salamoura and Williams, 2006).

통사 점화는 어떤 문장에 대해 하나의 통사 구조를 산출한 것이 이후의 문장에 대해서도 동일한 구조로 산출할 가능성을 높일 때 발생한다. 통사 점화는 이해와 산출 간에도 발생할 수 있다. The church was struck by lightning과 같이 수동 형태를 가진 하나의 통사 구조를 들었을 때 사람들은 바로 뒤에 나오는 그림을 묘사하기 위해 수동 형태를 산출할 가능성이 높아진다(Bock, 1986). 통사 점화는 어떤 문장을 듣거나 산출하는 것이 단어의 생성 순서와 단어가 취해야 할 특정 형태를 결정하는 통사 구조 표상을 활성화하기 때문에 발생한다. 동일한 통사 구조 표상을 재활성화하는 것이 완전히 새로운 표상을 활성화하는 것보다 쉽기 때문에 화자는 통상적인 경우보다 더 자주 동일한 구조를 반복하게 되고 이해자는 동일한 통사 구조를 가진 연속된 문장을 더 쉽게 처리할 수 있게 된다(Tooley et al., 2009; Traxler, 2008).

만약 통사 공유 가설이 주장하는 것처럼 통사 구조 표상이 이중 언어 사용자의 두 언어에 걸쳐 공유된다면 한 언어로 하나의 통사 구조를 산출하거나 이해하는 과정이 다른 언어에서 유사한 구조를 생성하는 것으로 이어져야 한다. 실제로 한 언어로 통사 구조를 들은 이중 언어 사용자들이 다른 언어로 응답할 때 동일한 통사 구조를 산출할 가능성이 더 높다. 또한 통사 점화 효과는 이중 언어 사용자들이 언어를 전환할 때에도 같은 언어로 연속된 발화를 산출할 때와 동일한 정도로 나타난다. 또한 이중 언어 사용자들은 방금 이해한 문장과 이전에 동일한 통사 형태를 사용하여 학습한 문장을 기억해 낼 가능성이 높기 때문에 이러한 효과는 짧은 시차를 두고 지속된다(Meijer and Fox Tree, 2003).

언어 간 통사 점화는 이해(comprehension)에서도 발생한다(Declerck et al., 2020; Weber and Indefrey, 2009). 독일어-영어를 구사하는 이중 언어 독자들은 특정 통사 구조를 가진 독일어 문장을 읽은 후 이와 같은 통사 구조의 영어 문장을 더 빠르게 처리했다. 통사 점화(syntactic priming)로 촉진되는 이해 과정은 언어 이해에 일반적으로 관여하는 뇌 영역(좌측 중측두회(left middle temporal gyrus) 및 좌측 하전두엽(left inferior frontal lobe))에서 신경 활동의 감소 현상을 가져왔다. 신경 활동의 감소는 과제를 더 많이 연습하거나 수행하기 쉬운 과제일 경우에 흔히 관찰된다. 따라서 유사한 통사 구조를 가진 점화(prime) 문장이 선행할 때 표적 문장에 대한 신경 활동이 감소하는 것은 독자가 관련된 점화 문장을 읽는 것이 표적 문장을 해석하는 데 도움을 주었음을 시사하며, 이는 아마도 점화 문장에 의해 활성화된 통사 표상이 표적 문장을 이해하는 데에도 사용되었기 때문일 것이다.

통사 점화는 (영어 및 스페인어 수동태와 같이) 통사 구조가 유사한 언어들에서 발생하지만, 통사 구조의 하위 구성 요소가 언어마다 다른 경우에는 덜 강력하게 발생할 수 있다. 일관된 어순은 언어들에 걸쳐 통사 표상이 공유되는지와 그에 따라 통사 점화가 발생할지를 결정하는 중요한 요인으로 보인다.[10] 독일어 수동태의 경우 예문 (3)에서와 같이 동사가 문장 끝에 나타난다(Bernolet et al., 2007, p. 933에서 발췌).

(3) Der Fluss wurde von dem chemischen Abfall vergiftet.

　'The river was by the chemical waste poisoned.'[11]

영어 수동태에서는 동사가 동사구 중간, 조동사 was 옆에 나타난다. 그러나 이중 목적어/전치사 여격(I gave him a letter vs. I gave a letter to him)과 같은 다른 통사 구조의 경우 독일어와 영어 모두에서 동일한 유형의 단어들이 동일한 순서로 나온다. 독일어와 영어 수동태는 서로를 점화하지 않는 것으로 보인다. 독일어-영어 이중 언어 사용자들이 독일어 수동태를 들은 후 영어로 수동 형태를 사용할 가능성이 다른 독일어 통사 형태를 들은 후 영어로 수동 형태를 사용할 가능성보다 더 높지 않으며 그 반대의 경우도 마찬가지이다(Loebell and Bock, 2003). 그러나 독일인들이 독일어로 이중 목적어 여격(Der kleine Junge schrieb einen Brief an seinen Brieffreund)을 들은 후에는 영어로 이중 목적어 여격(I gave him a letter)을 산출할 가능성이 높아진다(Bernolet et al., 2007, p. 933).

따라서 몇몇 통사 표상은 언어들에 걸쳐 공유되는 것처럼 보이지만, 어떤 통사 표상은 이중 언어 사용자의 두 언어 중 하나에만 사용될 수도 있다. 특히 두 언어에서 같은 유형의 단어들을 같은 순서로 사용하는 통사 구조는 어느 언어가 사용되든 활성화되는 것으로 보이지만, 다른 유형의 단어들을 사용하거나 단어들의 순차적 배열이 다른 구조의 경우에는 다른 언어의 관련 통사 구조 활성화에 덜 영향을 받는다. 반면에, 한 언어가 산출되는 동안 다른 언어의 통사 형태를 활성화하기 위해 두 언어 간에 정확한 대응이 필요하지 않을 수도 있다. 예를 들어, 수어에서 통사 정보를 전달하는 얼굴 동작(제스처)은 수어-구어 이중 언어 사용자들이 수어 비사용자들과 대화할 때 산출되는데, 이는 이중 언어 사용자의 두 언어가 손 동작과 음성이라는 완전히 다른 양상으로 표현되는 경우에도 통사/문법 형태 정보가 활성화된다는 것을 시사한다(Pyers and Emmorey, 2008).

이주(migration)와 언어 접촉에 관해 살펴보자. 이는 언어 학습자들과 성인 화자들이 듣는 입력의 종류를 변화시키게 되고, 언어들에 걸쳐 공유되는 통사 표상이 시간 경과에 따른 언어 변화에 기여하는 메커니즘으로 제안되어 왔다(Adamou et al., 2021; Loebell and Bock, 2003). 이중 언어 환경에서 자라는 아이들은 서로 다른 두 언어의 상이한 통사 구조 패턴에 노출되기 때문에 언어 패턴에 어떤 일이 일어나는지 연구할 수 있는 좋은 대상이다. 예를 들어, 영어와 프랑스어는 구 내부에서의 형용사 배치에 있어 차이를 보인다. 영어 형용사는 거의 항상 수식하는 명사 앞에 나타난다(예: juice grape가 아니라 grape juice). 이러한 전형적인 배치는 영어 단일 언어 사용자인 아이들이 balloon clown(풍선 광대, 광대의 일종)이나 clown balloon(광대 풍선, 풍선의 일종)과 같은 새로운 두 단어 연쇄를 해석하는 방식에 영향을 미친다(Nicoladis, 2006). 몇몇 프랑스어 형용사는 때때로 수식하는 명사 앞에 나타나기도 하지만, 이는 특정 형용사-명사 조합에 국한된다. Grande dame(important woman)은 dame grande(woman important)보다 자주 나타난다.

프랑스어 문법은 그러므로 명사-형용사와 형용사-명사 순서를 모두 허용하고, 명사-형용사가 기본 패턴이며, 프랑스어를 구사하는 아이들은 어떤 형용사-명사 조합이 지배적인 패턴과 맞지 않는지 배워야 한다. 이 과업은 아이가 영어에도 함께 노출되면 복잡해지는데, 이는 의미가 더 이상 어순에 대한 신뢰할 수 있는 단서로 사용될 수 없기 때문이다. 실제로 프랑스어-영어 이중 언어 환경에서 자란 아이들은 (각 언어 그룹의 단일 언어 사용 아이들에 비해) 프랑스어 또는 영어를 사용하는 동안 형용사-명사 어순 패턴을 위반하는 경향이 있다. 어순 위반은 명사-형용사 순서의 배열을 거의 사용하지 않는 영어보다 두 가지 어순의 가능성이 있는 프랑스어에서 더 흔하게 나타난다. 이러한 결과들은 이중 언어 학습자들의 경우 두 가지 문법 체계가 동시에 활성화되며, 특히 문법이 덜 흔한 패턴을 완전히 배제하지 않는 경우에 단일 언어 사용 아이들보다 이중 언어 사용 아이들에게서 지배적인 문법 패턴을 위반하는 경향이 많이 나타난다.

이중 언어 화자들에서의 언어 통제 모형

이중 언어 사용에 대한 이론들은 어떻게 단어 의미에 접근하는지와 어떻게 이중 언어 화자들이 자신의 언어 중 하나로 개념을 표현하기로 정하는지에 대한 세부 사항에서는 차이를 보이지만, 극히 이례적인 경우를 제외하고는 모든 상황에서 두 언어가 동시에 활성화되고 두 언어의 표상들이

(이해 시) 의미에의 접근 또는 음성 산출 시 음운 출력 과정에의 접근을 통제하기 위해 자주 경쟁한다는 데 대해서는 대체로 의견이 일치한다. 그럼에도 불구하고 이중 언어 화자들이 실수로 잘못된 언어의 단어를 사용하는 경우는 거의 없다.[12] 따라서 그들은 말을 할 때 적합한 표찰(labels)을 선택하거나 부적합한 표찰을 억제할 수 있도록 하고, 듣거나 읽을 때 비표적 언어의 단어(그에 수반되는 의미를 포함)를 무시할 수 있도록 하는 강력한 인지적 수단을 보유하고 있음이 분명하다. 상당수의 연구가 이중 언어 사용자들이 어떻게 맥락상 부적합한 방식으로 응답하는 실수를 피하고 의도된 언어로 응답할 수 있는가 하는 문제에 집중하고 있다. 어떻게 그럴 수 있는가?

초기 이론(그리고 Costa와 동료들의 선택적 접근 모형의 부활)에서는 이중 언어 화자들이 개별 언어를 마음대로 활성화하거나 비활성화하도록 설정할 수 있는 정신적 전등 스위치와 같은 것을 가지고 있다고 제안했다. 언어 전환 가설(Language switch hypothtesis)에 따르면 독일어-영어 이중 언어 사용자들은 영어를 듣는 동안 독일어에 대한 지식을 간단히 비활성화하거나 끌 수 있기 때문에 영어를 들을 때 chef를 boss로 잘못 해석하는 실수를 피할 수 있다. 마찬가지로 독일어 어휘집으로의 접근이 영어로 말하려는 의식적인 의도에 의해 차단되기 때문에 독일어-영어 이중 언어 사용자들은 영어로 말하는 동안 개념을 전달하는 데 있어 독일어 용어 사용을 피할 수 있을 것이다.

이처럼 이례적인 수준의 제어가 가능한 것일까? 만약 그렇다면 한 언어로 말하다 다른 언어로 전환하는 것은 언어 스위치를 올바른 위치로 설정하는 것만큼이나 간단할 것이다. 만약 이중 언어 사용자들이 언어 스위치를 가지고 있다면, 그들이 L1에서 L2로 전환할 때와 L2에서 L1으로 전환할 때 비슷한 행동 패턴을 보일 것으로 예상할 수 있다.

다수의 연구에서 이중 언어 사용자들이 자신의 언어들 중 하나를 사용하다가 다른 언어로 바꿔야 할 때 어떤 일이 일어나는지 실험하였다. 단어 자체가 이중 언어 사용자의 두 언어의 활성화 수준에 영향을 줄 수 있는 단서를 제공하기 때문에 연구에서는 종종 아라비아 숫자가 자극으로 사용되었다(예: Meuter and Allport, 1989). 아라비아 숫자는 이중 언어 사용자가 어떤 언어적 배경을 가지고 있는지에 관계없이 동일하기 때문에 일종의 보편적인 문자 역할을 한다. 따라서 아라비아 숫자는 실험자가 참가자의 행동에 미칠 수 있는 다른 잠재적 영향으로부터 언어 간 전환의 효과를 분리해야 하는 실험을 수행할 때 이상적인 자극이 된다.

일반적으로 이중 언어 사용 참가자들에게 어떤 언어로 응답해야 하는지 알려주기 위해 숫자 뒤의 배경은 서로 다른 색으로 나타낸다. 예를 들어, 배경이 초록색이면 이중 언어 사용자들은 자신의 L1으로 말해야 한다. 만약 배경이 빨간색이면 L2로 말해야 한다. 때로는 둘 이상의 시행(trial)이 연이어 같은 색의 배경을 사용하고 참가자는 여러 질문에 걸쳐 동일한 언어로 응답하게 된다. 그러나 몇몇 중요한 질문에서는 배경색이 바뀌어 참가자에게 한 언어에서 다른 언어로 바꿀 것을 지시한다(이를 전환 시행(switch trials)이라고 함). 참가자들은 L1(우세 언어)에서 L2(열세 언어)로 전환하기도 하고 때로는 L2에서 L1으로 전환하기도 한다.

여기서 요지는 동일한 언어를 계속 사용하는 것과 비교하여 언어를 전환하는 것이 어떻게 이중 언어 사용 참가자의 행동에 영향을 미치는가 하는 것이다. (언어 스위치 가설이 예측하는 것처럼) L1에서 L2로의 전환이 L2에서 L1으로의 전환만큼 쉬운 것일까? 아니면 언어 전환의 종류에 따라 행동 패턴도 달라지는 것일까? 답은 많은 이중 언어 사용자들의 경우, L2에서 L1(우세 언어)으로 전환하는 것이 반대 방향으로 전환하는 것보다 더 느린 반응을 초래한다는 것이다. 이러한 비대칭적인 전환 부담(비용) 패턴은 때로 역설적이라고 일컬어진다. L1이 더 우세하기 마련인데, 왜 (더 우세한) L1으로 말하기 위해 L2로 말하는 것을 그만두는 것이 더 어려워야 할까?

Meuter와 Allport(1989)는 역설적 전환 부담이 과제 세트(task set)의 비자발적 영속성(involuntary persistence)에 기인하는 것이라고 제안했다(예: p. 26). 이중 언어 사용자들은 그림이나 숫자와 같은 자극에 직면할 때 반응에 대한 선택권을 가진다. 그들은 L1 표찰을 사용하거나 L2 표찰을 사용할 수 있다. 그러나 대다수의 이중 언어 사용자들에게 있어 두 표찰 집합의 현저한 정도와 접근성은 동일하지 않다. 대부분의 이중 언어 사용자들은 L1을 L2보다 더 일찍 습득하여 더 많이 연습했기 때문에 L1이 L2보다 우세하다(대부분의 시간을 두 번째로 습득한 언어를 사용하며 지내는 일부 이중 언어 사용자들의 경우 실제로 L2가 L1보다 우세하기도 함). L1이 L2보다 우세하기 때문에 이중 언어 화자는 L2 표찰의 상대적 활성화를 높이기 위해 L1 어휘를 억제해야 한다. (이는 단일 언어 사용 화자가 중의적인 단어의 문맥상으로는 부적합하지만 지배적인 의미에 직면했을 때 일어나는 현상과 유사하다.)

L2는 L1보다 열세해서 이중 언어 사용자들은 L1으로 단어를 말할 때 L2를 억제할 필요가 없다. 이러한 비대칭적인 억제의 필요성은 비대칭적인 전환 부담을 발생시킨다. L2를 말할 때는 L1을 강력하게 억제해야 하는데, 그렇지 않으면 우세한 L1 표찰이 출력 프로세스를 장악하여 '잘못된' 이름이 나올 수 있다. L1을 말할 때는 L2 표찰에 대한 억제가 거의 또는 전혀 없게 되는데, 이는 L2 표찰이 시각적 자극에 의해 더 약하게 활성화되기 때문이다. L2에서 L1으로 전환하는 경우, 억제된 L1 표찰이 음성 산출에 관여하는 근육 움직임을 계획하는 데 필요한 활성화 수준을 회복하기까지 시간이 걸린다.

비대칭적 전환 부담 이론에 근거하여, 이중 언어 산출에 대한 일부 이론에서는 의도하지 않은 언어 침입의 부재를 다음 두 가지 요인으로 설명한다. 첫째, L2 표찰은 일반적으로 발화 중에 표현을 두고 L1 표찰과 경쟁하기에는 너무 약하게 활성화된다. 둘째, L2로 말하는 경우, 강력한 일반적 억제 메커니즘이 L1 표찰의 활성화를 감소시켜 L2 음운 표상이 음성 산출 과정을 제어할 수 있는 수준까지 활성화된다. 실제로, 이중 언어 사용에 대한 최근의 접근법에서는 L2 학습의 핵심 요인으로서 L1의 적응하려는 '의사(willingness)'에 초점을 맞추고 있다(Botezatu et al., 2020).

BIA+ 모형

BIA+ 모형(Dijkstra and van Heuven, 1998)은 익숙한 트레이스(TRACE) 어휘 접근 모형을 수정한 형태에 해당한다. 자질, 글자(또는 음소), 단어 노드(nodes) 외에도, BIA+ 모형은 특정 시점에 어떤 언어가 가장 활성화되어 있는지를 부호화하는 표상 층위를 포함하고 있다. 네덜란드어-영어 이중 언어 사용자의 경우 네덜란드어를 들을 때 하향식(top-down) 자극(excitation)이나 억제(inhibition)가 네덜란드어의 어휘 및 음운 표상이 잠재적인 영어 경쟁 상대보다 더 활성화되도록 도울 수 있다. 이러한 구조(architecture)가 비표적(예: 영어) 표상의 개별 어휘 표상이 더 크게 활성화되는 것을 완전히 배제하지는 않기 때문에 이중 언어 화자들이 한 언어에서 다른 언어로 전환할 수 있으며, (화자가 네덜란드어 대응어인 rekening이 아닌 check와 같은 영어 단어를 사용할 때와 같이) 비표적 언어에서 단어가 튀어나왔을 때 알아차릴 수 있다. 따라서 BIA+ 모형은 현재 어떤 언어가 들리고 있는 지를 계속 파악하는 상위 수준의 통제 구조에 의해 구성 요소 표상이 영향을 받는, 전반적으로 통합된 음운 및 어휘 시스템을 가정한다.

　그러므로 BIA+ 모형은 TRACE 모형의 처리 가정을 기반으로, 시스템에 들어가는 어떠한 입력이라도 여러 잠재적으로 일치하는 후보군(matching candidates)을 활성화할 것이며, 부분적으로 활성화된 어휘 표상들이 선택되기 위해 서로 경쟁할 것으로 예측한다. 이러한 경쟁은 (cat이 car, cap, can과 경쟁할 때처럼) 단일 언어 내에서 일어날 수도 있지만, 언어 간에 일어날 수도 있다(Sunderman and Kroll, 2006). 예를 들어, 이중 언어를 구사하는 피실험자가 서로 다른 언어의 두 단어가 같은 의미를 갖는지 판단하려고 한다고 가정해 보자(번역 판단 과제). 스페인어 단어 cara는 영어 단어 card를 활성화할 수 있는데, 이는 두 단어의 모양과 소리가 비슷하기 때문, 즉 형태에 관련이 있기 때문이다. 스페인어 단어 cara는 영어 단어 head를 활성화할 수 있는데, 이는 cara가 얼굴을 의미하고 얼굴은 head와 연관되어 있어 일종의 의미 관계가 있기 때문이다. 실제로 스페인어–영어 이중 언어 사용자들은 두 단어가 번역 대응어(translation equivalents)인지 (같은 의미인지) 판단할 때 형태나 의미와 관련된 방해물에 잘못된 신호를 보낸다. 따라서 스페인어 단어는 영어 번역 대응어만 깔끔하게 활성화하는 것이 아니라, 스페인어 단어와 모양과 소리가 비슷하거나(일종의 철자 또는 음운 유사(이웃) 효과), 의미가 비슷함으로써(일종의 의미 유사(이웃) 효과) 스페인어 단어와 관련되는 영어 후보 집합을 활성화한다. 따라서 단일 언어에서 어휘 접근을 이해할 때 사용한 것과 동일한 원리를 이중 언어의 어휘 접근을 이해하는 데 사용할 수 있다. 두 경우 모두 여러 후보들(candidates)의 동시 활성화, 그리고 이어지는 경쟁과 가장 부합하는 후보 선택 과정을 수반한다.

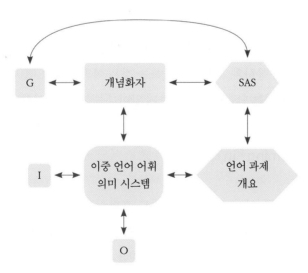

[그림 11.4] Green의 억제적 통제 모형의 개략도(1998, p. 69). G는 시스템의 현재 목표를 나타낸다. 개념화자(conceptualizer)는 비언어적 의미 표상 또는 개념을 나타낸다. SAS는 감독 주의 시스템(Supervisory Attention System)으로, 현재 목표와 언어과제 개요(schema)를 나타낸다. 언어과제 개요는 현재 목표를 만족할 수 있는 일련의 정신적 과정이다(예: L2에서 L1으로 번역하는 것: 자극의 어휘성 판단, 제2 언어로 부호화(encode)하는 것). 어휘-의미(lexico-sematic) 시스템은 레마(lemma)와 어휘소(lexeme) 표상을 포함하며, 이 표상은 이중 언어 화자가 두 개의 언어의 의미를 표현하거나 해독하는 데 필요한 것이다. I는 입력, O는 출력을 표시한다.

억제적 통제

이중 언어 처리의 억제적 통제 모형에서는 일련의 언어 특정적 프로세스와 일반적 인지 능력이 이중 언어 화자가 다양한 언어 과제들에서 반응하는 방식을 결정한다고 제안한다(Green, 1998). 억제적 통제 시스템에는 현재의 과제를 수행하는 언어 특정적 시스템과 상호작용을 하는 목표 모니터링(goal-monitoring) 메커니즘, 그리고 감독 주의(supervisory attention) 시스템이 포함된다. (이중 언어 사용자가 단어를 번역하려고 하는가, 아니면 그저 반복해 말하려고 하는가?) 이러한 모든 시스템은 레마(단어의 추상적 지식) 및 어휘소(음운 부호) 표상과 상호작용을 하며, L1 및 L2 구성 요소의 지식을 반영한다([그림 11.4] 참조).

억제적 통제 모형에 따르면, 목표(goal) 또는 언어과제 개요(language task schema) 구성 요소의 상황 변화로 인해 언어 전환 부담이 발생할 수 있다. 감독 주의 시스템(supervisory attention system)이 흔들려 현재의 과제 개요(task schema)에 본의 아닌 변화가 일어나면 문맥에 부적합한 언어의 침입과 같이 원하지 않는 다양한 종류의 오류가 발생할 수 있다. 감독 주의 시스템은 L2 말하기에서 L1 말하기로의 전환과 같이 자발적이고 의식적으로 의도한 언어 과제 변경에도 관여하며, 실제로 화자들이 한 언어에서 다른 언어로 전환할 때 집행 통제나 주의와 관련된 뇌 영역(전두엽)의 활성화 정도가 달라진다(Abutalebi and Green, 2007). 억제적 통제 모형의 한 가지 장점은 이중 언어 사용자들이 주어진 일련의 언어 입력으로 어떻게 서로 다른 과제들을 수행할 수 있는지 보여 주며, 전환 부담, 원치 않는 언어 침입, 뇌 손상이나 경두개 자기 자극에 따른 (일시적으로 특정 방향으로의 번역이 불가능해지는 것과 같은) 언어 능력의 선택적 상실과 같은 현상을 설명하는 데 도움이 된다는 것이다. 억제적 통제 모형은 왜 성인 L2 학습자들이 L2 통사와 문법보다 어휘 의미를 더 잘 습득하는 경향을 보이는지를 설명하는 데도 도움이 된다(Kotz and Elston-Guttler, 2004; Weber-Fox와 Neville, 1996). 새로운 단어 의미를 학습하는 것은 다른 종류의 사실을 학습하는 것과 같으며 서술적 기억 시스템에 의해 잘 지원된다. 통사와 문법을 학습하는 것은 여러 가능한 접미사들 중에서 어떤 것이 특정한 통사적 위치에 나타나는 단어에 요구되는지 알아내는 것과 같은 학습 절차를 포함한다.

맥락 효과와 줌인(zooming-in) 가설

매우 유창하고 숙련된 이중 언어 화자라 하더라도 혼합된 L1-L2 맥락에서는 오직 L2만 요구되는 맥락에서보다 기능하기가 어려울 수 있다. 즉, 이중 언어 화자가 단일 언어 L1 화자 및 단일 언어 L2 화자와 3자 대화를 할 경우 더 많은 정신적 노력을 들이게 되고 단어 선택에 더 신중히 처리하게 된다는 것을 깨닫게 된다. 언어 사용의 맥락은 이중 언어 사용자들의 산출 과정에 현저한 영향을 미칠 수 있다.

언어 통제가 맥락 요인에 따라 달라질 수 있는가? 어떤 상황에서 언어 통제가 다른 상황보다 더 쉬워지는가? 이에 대한 일화적 보고들은 최근의 경험이 이중 언어 사용자들이 어휘집(lexicon)에 접근하는 방식에 영향을 미칠 수 있음을 보여 주는 실험실 연구를 통해 뒷받침된다(Elson-Guttler et al., 2005). 독일어-영어 이중 언어 사용자들은 영어 문장 끝에 제시된 언어 간 동형이의어(예:

gift, 독일어로 '독(poison)'을 의미)를 읽은 후 어휘 판단 과제를 수행했다. 표적 단어는 영어 의미(예: present, 선물) 또는 독일어 의미(예: death, 죽음)와 관련될 수 있었다. 언어 간 동형이의어는 일반적으로 두 언어에서의 의미가 동시에 활성화되기 때문에 명명하는 것이나 기타 어휘 과제에서 간섭을 일으킨다. 그러나 이중 언어 사용자들이 영어 해설이 나오는 20분짜리 영화를 시청했을 때, L2 어휘 판단 과제를 수행한 지 약 15분 후부터는 L1 의미(독)가 L2(영어) 어휘 판단에 영향을 미쳤다는 증거가 발견되지 않았다. 뇌파(ERP) 기록에서도 어휘 판단 과제의 첫 15분 이후에는 언어 간 동형이의어에 대한 뇌의 반응과 영어 단일 언어의 통제 단어(control words)에 대한 뇌의 반응 사이에 어떠한 차이도 나타나지 않았다. 이러한 결과들은 영어 해설과 영어 문장이 포함된 영화의 형태로 상당한 맥락적 도움을 제공하면 불필요한 언어가 이중 언어 사용자의 지배적인 언어이자 모국어인 경우에도 불필요한 언어로부터의 경쟁을 줄이거나 없앨 수 있음을 나타낸다(Hoversten and Traxler, 2016 참조).[13]

맥락은 또한 언어 이해 과정에서 부적합한 언어의 영향을 감소시키는 것으로 보인다. L2 읽기 및 읽기−명명 혼합 과제에 대한 실험들에서도 맥락이 언어 간 어휘 활성화에 영향을 미칠 수 있음이 드러났다. 이 실험들은 특정 단어가 나타날 가능성이 매우 높은, 제약이 심한 맥락에서는 통상적인 동족어 이점이 사라진다는 것을 보여 주었다(Schwartz and Kroll, 2006a).

유사한 맥락 효과가 자연스러운 읽기 과정에서도 나타난다(Altarriba et al., 1996; Duyck et al., 2007; Schwartz and Fontes, 2008; Zirnstein et al., 2018 참조). 이러한 실험들에서는 표적 단어가 제약이 심하거나 약한 문장에 제시되었다. 만약 누군가가 'I went down to the bank deposited all my …'라고 말한다면 다음 단어가 money가 될 것이라고 확신할 수 있을 것이고, 대부분의 경우 맞을 것이다. 만약 누군가가 'I would like to have some …'이라고 말한다면 다음 단어가 money가 될 것이라고 추측할 가능성은 낮아지므로, 이 경우 문장 문맥은 제약이 덜하다고 할 수 있다. 제약이 심한 문장은 특정 단어가 등장할 것이라는 구체적인 기대를 낳는다. 따라서 'I went down to the bank and deposited all my dinero.'가 스페인어−영어 이중 언어 사용자에게는 완벽하게 말이 된다고 하더라도, 이 문장과 같은 언어 혼용 문장에서는 통상적인 단어 빈도 효과가 나타나지 않는다. 대신 고빈도 스페인어 단어는 저빈도 스페인어 단어처럼 처리된다. 이는 money와 dinero의 의미가 맥락과 관련이 있지만, 주어진 맥락에서는 두 단어 중 하나만 적합하다는 점을 고려하면 이해가 된다. 스페인어 문장의 맥락에서는 money보다 dinero가 더 적합할 것이고 영어 문장의 맥락에서는 그 반대일 것이다. dinero가 제약이 심한 영어 문장의 맥락에서 저빈도 단어처럼 처리된다는 사실은 스페인어−영어 이중 언어 사용자들이 'I went down to the bank and deposited …'라는 맥락을 읽을 때 money라는 특정 단어가 곧 나타날 것이라는 사전 활성화 또는 높은 기대로 인해 dinero가 비활성화되었거나 억제되었음을 시사한다. 따라서 줌인 가설대로 맥락은 저장된 일부 표상의 활성화는 증가시키고 다른 표상의 활성화는 감소시킬 수 있으며, 그렇게 함으로써 서로 다른 시점에서의 언어 간 경쟁의 정도를 조절한다.

이중 언어 사용과 집행 통제

제2 언어를 배우고 자주 사용하는 것은 더 많은 사람들과 의사소통할 수 있게 된다는 당연한 이점 이상의 의미를 가져다줄 수 있다. 보다 폭넓은 인지적 이점으로 주의력 향상과 다양한 정보원이 서로 다른 반응을 가리키는 상황에서 효율적으로 대응할 수 있는 능력이 포함될 수 있다(Bialystok et al., 2004, 2008; Zhang et al., 2021). 특히, 이중 언어 사용자들은 잘못된 반응을 초래할 수 있어 과제와 무관한 정보를 무시해야 하는 경우에 단일 언어 사용자들을 능가한다. 이러한 간섭 억제 능력(방해되는 정보를 무시하는 것)은 반응 억제 능력(더 약하지만 올바른 반응을 수행하기 위해서 더 강하지만 잘못된 반응을 건너뛰는 것)을 뒷받침한다(Bialystok et al., 2008, p. 869).

간섭 억제와 반응 억제는 사고 과정을 효과적으로 관리할 수 있도록 하는 일련의 기술인 집행 통제(executive control)의 구성 요소이다. 집행 통제는 다른 사고 기술과 마찬가지로 연습을 통해 향상될 수 있다. 이중 언어를 구사하는 것은 사람들로 하여금 충돌하는 정보를 관리하는 연습을 하게 함으로써 집행 통제 능력을 향상시키는 데 도움을 줄 수 있다. 예를 들어, [그림 11.3]의 그림을 설명하려고 할 때 영어와 스페인어를 구사할 수 있다면 bear라고 말할지 oso라고 말할지에 대한 선택권을 가지게 된다. 또한 이중 언어 사용자들이 '곰'이라는 개념을 생각할 때, 두 언어의 표찰들이 활성화되어 선택을 두고 경쟁하게 된다(열세한 언어로 말할 때 더 큰 충돌이 발생할 가능성이 높다). 이는 두 단어가 의미에 있어 매우 밀접하게 관련되어 있고 두 단어 모두 어떤 개념에 대해 똑같이 괜찮은 표찰인 경우에(예: couch와 sofa, 미국 중서부 지역 출신이라면 dinner와 supper) 단일 언어 사용자들이 겪게 되는 갈등과 유사하다. 그러나 단일 언어 사용자들의 경우 몇몇 단어들만이 동의어에 가까운 반면, 이중 언어 사용자들의 경우 L2의 거의 모든 단어가 L1에 동의어에 해당하는 똑같이 좋은 표찰을 가지고 있다는 점에서 차이를 보인다. 따라서 이중 언어 사용자들은 집행 통제의 구성 요소인 간섭 억제에 있어 많은 연습을 하게 된다. 하지만 이러한 집행 통제 연습이 실제로 더 뛰어난 능력으로 이어지는 것일까? 이중 언어 사용자들이 실제로 단일 언어 사용자들보다 충돌하는 정보를 더 잘 관리하는 것일까?

이는 대단히 논란이 많은 질문이다. 사이먼(Simon) 과제 및 주의 네트워크 과제(Attention Network Test: ANT)를 사용한 실험에 근거한 '그렇다'의 경우를 보자(Bialystok et al., 2004, 2008; Costa et al., 2008). 사이먼 과제에서 참가자들은 한 자극에 대해 하나의 키를 누르고 다른 자극에 대해 다른 키를 누른다. 예를 들어, 녹색 물체에는 왼손으로 한 키를 누르고, 빨간색 물체에는 오른손으로 다른 키를 누르게 될 수 있다. 자극은 때로는 화면 왼쪽에, 때로는 가운데에, 때로는 오른쪽에 나타난다. 일반적으로 녹색 자극이 화면 왼쪽에 있을 때 왼쪽 키를 누르는 것이 더 쉽다. 이 경우 자극과 반응의 공간적 위치가 일치(congruent)하므로 이를 일치 시행이라고 한다. 참가자들은 녹색 자극이 화면의 오른쪽에 나타날 때 왼쪽 키를 누르는 데 더 어려움을 겪는다. 이 경우 자극과 반응의 공간적 위치가 불일치(incongruent)하므로 불일치 시행이 된다. 일치 시행과 불일치 시행 간의 반응 시간 및 정확도 차이를 찾아내어 참가자들이 색깔과 공간적 위치 사이의 충돌을 해결하는 데 얼마나 어려움을 겪는지 추정해 볼 수 있다. 일치 시행과 불일치 시행 간의 차이가 클수록 충돌을 관리하기가 더

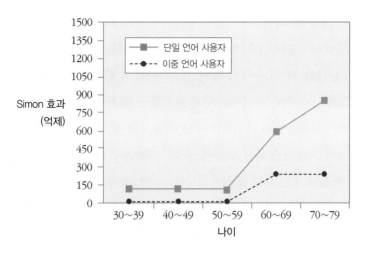

[그림 11.5] 사이먼 과제에서 일치/불일치 시행의 차이

출처: Bialystok et al. (2004), American Psychological Association

어렵다는 것을 나타낸다. 주의 네트워크 과제는 널리 사용되는 플랭커(flanker) 과제의 변형이다. 참가자의 과제는 화살표가 왼쪽을 가리키는지 오른쪽을 가리키는지 밝히는 것이다. 표적 화살표는 표적과 같은 방향을 가리키거나(일치 시행) 다른 방향을 가리키는(불일치 시행) 화살표들로 둘러싸여 있다.

두 과제 모두 일치 시행에서는 이중 언어 사용자들이 단일 언어 사용자들보다 약간 더 빠를 뿐이지만(이는 이중 언어 사용들이 주의를 기울이고 해야 할 일을 기억하는 데 더 능숙하다는 것을 시사함), 불일치 시행에서는 이중 언어 사용들이 단연 두각을 나타낸다. 불일치 시행에서 이중 언어 사용자들은 단일 언어 사용자들보다 공간 정보와 색깔 정보 간의 충돌에 훨씬 덜 영향을 받는다. 3세 정도의 이중 언어 사용 아이들은 과제와 무관한 정보를 무시하는 데 있어 단일 언어 사용 아이들보다 더 뛰어난 능력을 보인다(Bialystok, 1999).[14] 이중 언어 사용의 이점은 나이가 들수록 더 커진다(Bialystok et al., 2004; [그림 11.5] 참조). (이중 언어 사용과 그에 수반되는 충돌 관리 연습이 더 뛰어난 집행 통제 능력을 갖추게 하는 것이 아니라) 집행 통제가 더 뛰어난 사람이 이중 언어를 구사하게 될 가능성이 높은 것이라는 발상을 완전히 배제할 수는 없겠지만, 일반적으로 선택이 아닌 환경적 요인에 의해 이중 언어를 구사하는 아주 어린 이중 언어 사용자들에게서도 이중 언어 사용의 이점이 나타난다는 사실은 이중 언어 사용이 집행 통제 기능의 향상으로 이어지는 인과관계가 있음을 시사한다.

아마도 이중 언어 사용자들이 전반적으로 사고력이 더 뛰어나기 때문에 집행 통제에 더 능한 것일지도 모른다. 그러나 실제로는 그렇지 않은 것으로 보인다. 예를 들어, 두 음운 체계를 지속적으로 접하고 사용하는 것이 이중 언어 사용자들을 단일 언어 사용자들보다 서로 다른 음소를 구별해야 하는 과제나 음운 인식이 요구되는 다른 과제를 더 잘하게 할 것이라고 생각할 수 있다. 일부 이중 언어 사용자들은 단일 언어 사용자들보다 몇몇 음운 과제를 더 잘 수행하지만, 이러한 이점은 이중 언어 화자 그룹 전반에 걸쳐 일관되게 나타나지는 않는다(Bialystok et al., 2003). 스페인어–영어 이중 언어 사용 아이들은 영어 단일 언어 화자들보다 음소 분절(phoneme segmentation, cat과 같은 단어에서 몇 개의 서로 다른 소리가 있는지 말하는 것)에서는 더 뛰어나지만, 음운 지식(예로 각운 판단(rhyme judgment), dog이 puppy처럼 들리는가 log처럼 들리는가?) 및 음소 대치(phoneme substitution), kind에서 /k/를 빼고 그것을 mat의 /m/ 소리로 바꾸면 어떤 단어가 되는가?)와 같은 다른 과제들에서는 더 뛰어나지 않다. 중국어-영어 이중 언어 사용자들이 다양한 유형의 음운 인식 과제들에 있어 영어 단일 언어 사용 아이들보다 더 수행이 떨어진다.[15] 따라서 이중 언어를 사용하는 것만으로 모든 언어 관련 능력에 걸쳐 더 우수한 지식과 수행력을 갖추는 것은 아니다.

사실 모든 이중 언어 사용자들이 단일 언어 사용자들보다 집행 통제에 있어 더 뛰어난 것은 아니다. Karen Emmorey와 그녀의 동료들은 영어-미국 수어(ASL) 이중 언어 사용자들의 주의 네트워크 과제(ANT)의 한 버전에 대한 수행을 연구했다(Emmorey et al., 2008). 이 연구에서 영어-미국 수어 이중 언어 사용자와 두 가지 언어를 말하는 혼합그룹(하나는 영어이고 나머지 하나는 베트남어, 광둥어 또는 이탈리아어), 그리고 오직 영어만 구사하는 세 번째 그룹과 비교했다. 그녀는 영어-베트남어/광둥어/이탈리아어 이중 언어 사용자들을 단일 양상(unimodal) 이중 언어 사용자들이라고 불렀는데, 그 이유는 그들이 두 언어 모두를 음성으로 표현하기 때문이다. 반면, 영어-미국 수어 이중 언어 사용자들은 한 언어는 음성으로, 다른 한 언어는 손 동작(수화)으로 표현하기 때문에 이중 양상(bimodal) 이중 언어 사용자들이 된다. 영어-미국 수어 이중 언어 사용자들은 종종 (일부러 또는 무심코) 서로 다른 두 메시지를 하나는 수화로, 다른 하나는 음성으로 산출하기도 한다. 따라서 다른 언어를 산출하기 위해 언어 시스템 중 하나의 출력을 억제해야 할 필요가 없다. 반면에, 서로 다른 두 언어를 동시에 말하는 것은 불가능하다.[16] 따라서 단일 양상 이중 언어 사용자들은 한 언어를 산출하기 위해 반드시 다른 언어를 억제해야 하지만, 영어-미국 수어 이중 언어 사용자들과 같은 이중 양상의 이중 언어 사용자들에게는 그러한 요건이 적용되지 않는다. 따라서 이중 양상의 이중 언어 사용자들은 반응 충돌을 관리하거나 간섭하는 정보를 억제하는 연습이 없을 수 있다. 실제로 단일 양상의 이중 언어 사용자들은 일치 시행과 불일치 시행 모두에서 통상적인 우위를 보인 반면, 이중 양상의 이중 언어 사용자들(영어-미국 수어 화자들)의 ANT에 대한 반응은 단일 언어 화자들의 반응과 동일했다. 따라서 집행 통제에 있어 이중 언어 사용자들의 우위는 단순히 두 가지 언어를 아는 것에서 비롯된 것이 아니다. 두 언어가 동일한 양상(예: 음성)으로 표현되어야만 하는데, 이는 그 경우에만 언어 간 경쟁이 일어날 조건이 만들어지고 어떤 반응을 위해 다른 반응을 억제해야 할 필요성이 생기기 때문이다.

분명히 하자면, 모두가 이중 언어 사용의 이점을 믿는 것은 아니다. Kenneth Paap의 말을 인용하자면, "집행 처리에서 이중 언어 사용의 이점에 대한 일관된 증거는 존재하지 않는다"(Paap and Greenberg, 2013). 핵심 내용은 다음과 같다. 개별 연구들에서 이중 언어 사용자들이 단일 언어 사용자들에 비해 인지적 통제/집행 기능 과제에 더 능숙하다는 증거를 발견할 수는 있지만, 전체적인 증거는 그러한 관점을 뒷받침하지 않는다. 현재까지 발표된 가장 큰 규모의 메타 분석에서, Minna Lehtonen은 연구에서 잠재적인 출판 편향 및 통계적 편향을 고려하자 집행 통제의 다양한 측면에 있어 단일 언어 사용자들과 이중 언어 사용자들 간에 차이를 발견하지 못했다(Lehtonen et al., 2018; 또한 Gunnerud et al., 2020; Nichols et al., 2020도 참조).

제2 언어 학습에서의 교수 기법과 개인차

이중 언어 처리 연구는 개개인이 L2 능력을 향상시키는 방법을 이해하는 데 도움을 줄 수 있으며, 교사들이 L2를 가르치는 더 나은 방법을 설계하는 데 도움을 줄 수 있다. 이는 사춘기 이후에 L2를 배우기 시작하는 성인들에게 특히 중요한데, 일반적으로 그들의 성과가 어린 시절에 L2를 배우는 사람들보다 좋지 않기 때문이다(Kotz and Elston-Guttler, 2004; Kroll, 2006; Weber-Fox and Neville, 1996; 그러나 Kotz et al., 2008 참조). 왜 성인들이 L2를 습득하는 데 더 어려움을 겪는 것인지를 설명하기 위한 여러 이론들이 제시되어 왔다. 성인들이 아이들에 비해 L2 습득에 있어 더 큰 어려움을 겪는 것은 유전적으로 결정된 언어 습득의 결정적 시기(critical period) 또는 민감한 단계(sensitive phase) 때문일 수 있다(Bialystok and Kroll, 2018).

어휘 접근 및 구문 분석 프로세스를 수행하는 데 필요한 암묵적 학습(implicit learning) 또는 절차적 기억(procedural memory) 시스템이 어린 시절에는 보다 가소성이 있어 바뀔 수 있지만, 나중에는 점점 정체되거나 고정되기 때문에 유전적으로 유리한 시기가 있을 수 있다(Ullman, 2001). 만약 절차적 기억 시스템(걷기, 신발 끈 묶기, 자전거 타기와 같은 무의식적인 기술들을 수행하기 위해 사용하는 기억 시스템)이 새로운 L2 기능을 수용하도록 변경될 수 없다면, 새로운 L2 기능은 서술적 기억(declarative memory) 시스템(사실적 지식을 알고 있기 위해 사용하는 기억 시스템)을 사용하여 수행되어야 하는데, 서술적 기억 시스템은 언어 해석 및 산출 프로세스의 빠르고 자동적인 실행에 적합하지 않다. 또는 L2를 습득하려면 이미 고정되었거나 고착화된 L1 처리 시스템을 수정해야 하기 때문에 성인들이 L2를 학습하는 데 어려움을 겪는 것일 수 있다(Hernandez et al., 2005). 이러한 이론들 중 어느 것이 궁극적으로 옳은 것으로 판명되든(모든 이론에 일부 진실이 있을 수 있음), 성인 언어 학습자들에게는 L2 숙달의 가능성을 극대화하기 위한 효과적인 교수 및 학습 전략이 필요하다.

L2 교수 및 학습에 관한 연구는 각기 다른 연구실에서 추구하는 다양한 사상과 전술을 반영한다. 일부 연구에서는 새로운 교수법을 개발하기 위해 학습자들이 L2에 대한 지식을 습득할 때 일어나는 정신적 프로세스에 대한 통찰을 제공하는 기초 과학의 연구 결과를 사용하는 반면, 다른 연구에서는 확립된 교수법을 연구한다. 전자의 한 예로 수정 계층 모형(RHM)의 언어 학습에의 적용을 들 수 있다(Kroll et al., 1998). L1이 L2보다 더 지배적이기 때문에, 학습자들은 L2로 더 적절하게 반응하기 위해 L1 반응을 무시하거나 억제하는 데 어려움을 겪을 수 있다. L2에 능숙해짐에 따라 L2 학습자들은 L2 용어를 L1 대응어로 번역하는 것에서(L1 어휘 표상을 건너뛰고; Talamas et al., 1999) L2 용어로부터 직접 개념 표상에 접근한다. L2 표상과 프로세스를 습득할 때 L1 표상의 활성화를 최소화하는 교수법은 L1 표찰을 찾아보는 것에서 L2 표찰로부터 직접 개념에 접근하는 것으로의 전환을 가속화함으로써 L2 학습을 용이하게 할 수 있다. 앞서 밝힌 바와 같이, L2로 단어를 읽거나 들으면 (RHM에 따라) L1 번역 대응어가 자동적으로 활성화되는 경향이 있는데, 이는 L2 용어와 개념 저장고 간의 직접적인 연결에는 큰 영향을 미치지 않으면서도 L1 용어와 개념 저장고 간의 연결을 강화한다. 이 자동적인 반응을 건너뛰는 한 가지 방법은 사물에 대한 특이한 시각적 관점을 반영하는 사진의 맥락에서 L2 용어를 제시하는 것이다. 예를 들어, 고양이의 밑면 사진을 보여줌과 동시에

L2 학습자가 고양이에 해당하는 L2 이름을 접하게 할 수 있다. 이 조작은 사진에 나온 물체에 해당하는 L1 표찰에의 접근을 지연시키면서 L2 학습자에게 L2 표찰과 매우 구체적으로 연관된 시각적 단서를 제공한다.

　L2를 가르치는 것은 다른 과목을 가르치는 것과 다른데, 그 이유는 L2가 학생의 교실 밖 일상 활동에서 사용되지 않을 수 있기 때문이다. 따라서 L2 사용의 맥락은 일반적으로 L2 학습의 맥락과 상당히 다르다. 몰입(Immersion) 기법은 언어 학습과 언어 사용 맥락을 더 밀접하게 하는 한 가지 방법을 제공한다. 언어 몰입 프로그램에서는 L2 교육을 포함한 학생과 교사 간의 소통이 L2로 이루어진다. 해외 유학 프로그램은 L2의 어휘와 문법에 대한 정식 교육과 교실 밖에서의 L2와 직접적인 문화 노출이 혼합된 형태의 몰입 교육을 제공한다. 해외 유학과 몰입 교육은 학생들에게 L2 기법을 연습할 수 있는 더 많은 기회를 제공하기 때문에, 많은 L2 기법들에 있어 몰입 교육 및 해외 유학이 L1으로 제공되는 본국에서의 교육보다 우수한 결과를 낳는 것으로 보이는 것은 놀랍지 않다 (Collentine and Freed, 2004; Segalowitz and Freed, 2004). 특히 해외 유학 경험은 잘못된 시작, 머뭇거림, 표출 휴지(filled pauses)가 거의 없이 L2를 더 큰 덩어리로 말할 수 있는 능력인 유창성(fluency)에 있어 평균적으로 더 큰 향상을 가져오는 것으로 보인다. 그러나 L2 학습에는 다양한 구성 요소 기법이 포함되며, 이러한 기법 중 일부만이 몰입 교육과 해외 유학을 통해 더 득을 볼 수 있다. 본국에서 공부하는 사람들과 해외에서 유학하는 사람들은 L2 단어로부터의 어휘 접근 속도와 같은 이해 프로세스에 있어서는 보다 유사한 것으로 보인다. 또한 L2 학습자들은 일반적인 인지 능력, L2 능숙도, 언어 학습 맥락에서 보이는 태도에 있어 개개인별로 각기 다르다. 이러한 개인차 변수는 개별 학습자가 다양한 언어 맥락에서 얼마나 효과를 보는지에 영향을 미친다.

　언어적 작업기억 용량과 음운 기억 능력과 같은 인지 능력에서의 개인차는 L2를 얼마나 빨리 습득할 수 있는지와 몰입 교육으로 얼마나 효과를 볼 수 있는지에 영향을 미친다. 서로 다른 순서의 비단어(nonword) 자음-모음-자음 음절을 구별하는 능력이 더 뛰어나다는 데서 입증되는 음운 기억 능력이 뛰어난 사람은 L2 말하기 유창성에 있어 음운 기억 능력이 취약한 사람보다 더 큰 진전을 보인다(O'Brien et al., 2007; Papagno et al., 1991; Saito et al., 2020). 이러한 상관관계는 L2 학습자가 L2 음성 입력의 구성 요소들을 분절하고 분류하는 것을 배울 때 L2 음운 표상을 활성화된 형태로 유지해야 하는 요건을 반영하는 것으로 보인다. 음운 부호화와 기억 능력이 취약한 사람들이 해외 유학이나 몰입 기법으로 최대한의 효과를 보기 위해서는 그 전에 더 많은 연습과 본국에서의 교육이 필요할 수 있다. 이 후자의 결론은 해외에서 유학한 작업기억 능력이 낮은 학생들이 본국에서 공부한 작업기억 능력이 높은 학생들과 비슷한 결과를 보였다는 데이터에 의해 뒷받침된다 (Sunderman and Kroll, 2007). 해외 유학 프로그램에서 몰입 교육을 받은 작업기억 능력이 높은 학생들이 가장 큰 L2 향상을 보였다. 따라서 일반적으로 몰입 교육이 본국에서의 교육보다 더 나은 결과를 가져오긴 하지만, 이는 다양한 L2 능숙도 수준의 학생들 모두에게 해당하는 것은 아니다. 따라서 언어 학습자와 교육 방법 간의 정확한 조화가 언어 학습자가 새로운 기술을 얼마나 빨리 습득할 수 있는지를 결정하는 것으로 보인다. Collentine과 Freed(2004, p. 164)가 지적하듯이, "어떤 하나의 학습 방식이 다른 학습 방식보다 모든 학생들에게 있어 일률적으로 우월하다는 증거는 없다."

이중 언어 사용의 신경적 기초

이중 언어 사용을 이해하기 위한 신경생리학적, 뇌 영상학적 접근법은 아직 초기 단계에 있지만, 이중 언어 사용에 대한 이해에 관한 연구 등에서 상당한 진전을 가져왔다. 이러한 연구들은 뇌가 L2 기술(skill)을 습득함에 따라 스스로를 재조직하며, 그러한 재조직은 사람들이 L2를 학습하기 시작하자마자 즉시 시작된다는 것을 보여 준다. 신경생리학적(ERP) 실험들은 학습자의 행동에 새로운 지식을 습득한 흔적이 나타나기도 전에 L2의 의미와 통사에 대한 뇌의 반응이 매우 빠르게 변화한다는 것을 보여 준다. ERP 연구자들은 대학 수업에서 프랑스어를 배우기 시작한 영어 원어민 화자들을 연구했다(McLaughlin et al., 2004). 참가자들은 일련의 글자들이 실제 프랑스어 단어인지 아닌지를 말해야 했다(즉, 어휘 판단을 내렸다). 평균 14시간(짧게는 5시간)의 교실 수업이 끝난 후, 참가자들의 뇌파 활동은 실제 프랑스어 단어를 읽을 때와 프랑스어(또는 영어) 단어가 아닌 일련의 글자들을 읽을 때 사이에 차이가 있었다. 그러나 겉으로 드러난 외현적인(overt) 판단 수행은 우연 수준이었다. 즉, 학습자들의 뇌 일부가 실제 프랑스어 단어와 가짜 프랑스어 단어(또는 유사비단어(pseudoword)) 간의 차이를 알고 있었더라도 그 차이를 의식적으로 인식하지는 못했고, 이는 새로 습득한 지식이 아직 겉으로 드러나는 행동에 영향을 미치지는 않은 것이었다. 비슷한 연구에서는 스페인어를 배우는 영어 원어민 화자들을 대상으로 문법성 판단(이 문장이 표적 언어에서 괜찮은가 아닌가?)을 활용했다. 어휘 판단 연구에서와 마찬가지로, 스페인어 학습자들은 외현적인 문법성 판단 과제에 있어 우연 수준의 수행을 보였다. 그럼에도 불구하고, 문장이 스페인어에서 문법적일 때 그들의 뇌파 활동은 비문법적일 때와 차이를 보였다(Tokowicz and MacWhinney, 2005).

상당수의 뇌 영상 연구에서 두 언어가 뇌의 공간을 공유하는지 아니면 각 언어가 자기 고유의 영역을 차지하는지 알아내고자 하였다. 이러한 연구들은 또한 원어민 화자와 비원어민 화자가 동일한 해석 과정을 동일한 방식으로 수행하는지 시험하는 데 도움이 될 수 있다. 성인이 되어서 L2를 배우기 시작하는 후기 이중 언어 사용자들(late bilinguals)은 유아기나 아동기에 L2를 배우기 시작하는 조기 이중 언어 사용자들(early bilinguals)과 비교할 때 L2 통사의 몇 가지 측면들, 특히 수동화 및 장거리 의존관계와 같은 비모국어 통사 처리에서의 보다 복잡한 특징들에 어려움을 겪는 경향이 있다(Clahsen and Felser, 2006; Yokoyama et al., 2006). 그러나 이중 언어 사용자들의 fMRI 데이터에 따르면 일반적으로 언어 처리와 관련되는 뇌 영역들(중측 및 상측 측두엽, 베르니케 및 브로카 영역 등)은 이중 언어 사용자가 L1을 처리하든 L2를 처리하든 활성화되는 경향이 있는 것으로 나타났다. 후기 이중 언어 사용자들도 언어 이해 과제 중에 활성화되는 뇌의 총 영역에 있어 원어민 화자들과 상당히 겹치는 것으로 나타났다(Sulpizio et al., 2020; Yokoyama et al., 2006).

다른 영상 연구에서는 이중 언어 사용자가 L1과 L2 표상 간의 충돌을 겪을 때 뇌가 어떻게 반응하는지를 조사했다. 언어 간 동형이의어 처리에 초점을 맞춘 한 연구에서는 (충돌하지 않는 통제 단어와 비교했을 때) 언어 간 동형이의어가 집행 통제 및 충돌하는 정보를 모니터링하는 것과 관련되는 뇌 부위(즉, 하전두엽과 전대상피질; Van Heuven et al., 2008)에서 더 큰 활성화를 유발하는 것으로 나타났다. 이중 언어 사용자들이 그림을 보고 음운 판단 과제를 수행할 때는 다른 패턴의 뇌 활동이 일어난다(Rodriguez-Fornells et al., 2005). 예를 들어, 그림 이름에 음소 /t/가 포함되어 있으면 키를 누르라는 요청을 받을 수 있다. 카탈루냐어-영어 이중 언어 사용자의 경우, 탁자(table) 그림(카탈루냐어로 taula)이 보이면 L1에 근거해 반응하든 L2에 근거해 반응하든 버튼을 누르게 되므로 이를 일치(consistent) 시행이라고 한다. 그러나 스페인어-카탈루냐어 이중 언어 사용자의 경우, 어떤 언어에 근거해 판단해야 하는지에 따라 반응이 달라지게 된다(탁자에 해당하는 스페인어 단어 mesa에는 t가 나타나지 않는다). 이를 충돌(conflict) 시행이라고 한다. 이중 언어 사용자들의 경우 ERP와 fMRI 모두에서 일치 시행과 충돌 시행 간의 차이를 보였지만, 단일 언어 사용자들은 차이를 보이지 않았다. fMRI 실험에서, 전대상피질은 언어 간 동형이의어 결과와 유사하게 일치 시행보다 충돌 시행에 의해 더 많이 활성화되었다.

언어 전환으로 인한 충돌과 경쟁은 또한 같은 언어로 여러 반응을 보이는 과제와 비교했을 때 뇌에서 다른 패턴의 활성화를 촉발시킨다(Abutalebi et al., 2007; Wang et al., 2007; 또한 Calabria et al., 2018도 참조). 특히 둘 이상의 fMRI 연구에서, 이중 언어 사용자들이 L2에서 L1으로 전환할 때보다 L1에서 L2로 전환할 때 양쪽 뇌에서 더 큰 활성화 현상이 발생했다. 행동 실험들에서는 이중 언어 사용자들이 L2에서 다시 L1으로 전환할 때 더 큰 어려움을 겪는데, 이러한 반대 방향으로의 더 큰 활성화는 L2에 접근하기 위해 L1을 억제하는 데 요구되는 정신적 노력을 반영하는 것일 수 있다.

일부 연구에서는 L1과 L2에 의해 활성화되는 영역에서 미묘한 차이가 발견되는데, 특히 (Marian et al., 2003에서와 같이) L2 자극에 복잡한 통사 구조가 나타날 때 그렇다. 이와 같은 결과는 매우 능숙한 이중 언어 사용자들조차 원어민 화자들과는 미묘하게 다른 뇌 반응을 보일 수 있다는 신경생리학적 결과(예: Weber-Fox and Neville, 1996)를 강화한다. 그러나 L1과 L2 처리 간의 이러한 뇌 활동의 차이가 언어의 특정 프로세스(예: 어떤 뇌 영역은 L2에 있어서의 어휘 접근 또는 통사를 처리하고, 다른 영역은 L1 자극에 대해 동일한 작업을 한다)를 반영하는지는 분명하지 않다. L1과 L2 과제 간 활성화 패턴의 차이는 두 언어의 처리 난이도 차이를 반영하는 것일 수 있다. 대부분의 이중 언어 사용자들은 불균형적이다(이는 불안정하다는 뜻이 아니라 우세한 언어를 사용하는 것이 더 수월하다는 의미이며, 균형 잡힌 이중 언어 사용자들은 두 언어 환경에서도 똑같이 편안하게 언어 사용이 가능하다). 따라서 L1과 L2 간의 뇌 활동 차이는 단순히 L1을 산출하고 이해하는 것이 L2를 산출하고 이해하는 것보다 수월하다는 사실을 반영하는 것일 수 있다. 실제로 L1과 L2 자극에 대한 신경 활동을 대조함에 있어 과제 난이도를 감안하게 되면 두 언어 간 뇌 활동 패턴은 거의 동일하다(Hasegawa et al., 2002). 이 분야에 아직 연구할 많은 질문들이 있지만, 행동, 신경생리학 및 뇌 영상 결과를 해석할 때는 어떤 효과가 발생하는 것이 단순히 어떤 한 언어로 과제를 수행하는 것이 다른 언어로 그 과제를 수행하는 것보다 더 어렵기 때문일 수도 있다는 가능성을 고려하는 것이 중요하다 하겠다.

요약 및 결론

전 세계 언어 사용자의 대다수가 이중 언어를 사용한다는 점에서 무엇이 이중 언어 사용을 가능하게 하는지 이해하는 것이 필요하다. 이 장에서는 이중 언어 사용자들이 L2에서 단어를 맞닥뜨릴 때 L1 어휘 표상과 언어 외적 요소인 개념 표상 모두에 접근한다는 것을 밝혔다. L2 표찰과 L1 표찰, 그리고 L2 표찰과 개념 간의 연결 강도는 L2 학습자들의 L2 능숙도가 증가함에 따라 달라진다. 그러나 매우 능숙한 이중 언어 사용자들조차 두 언어의 표상을 동시에 활성화한다. 비록 능숙도와 언어 우위(language dominance) 정도가 두 언어 간 경쟁의 정도를 조절하지만, 이중 언어 사용자들은 현재의 목표 달성을 위해 적절한 표상을 적절한 시기에 활성화하기 위해 강력한 정신적 메커니즘을 발달시켜야 한다. 이중 언어 사용자들에게 정신적 전등 스위치와 같은 것이 있다고 보기는 어렵지만, 언어 과학자들은 능숙한 이중 언어 사용자들이 산출 및 이해 프로세스를 정교하게 통제할 수 있도록 하는 어떤 정신적 프로세스를 갖는지 정확한 본질을 밝혀내지 못했다. 신경생리학 및 신경 영상 연구는 이중 언어 사용자의 두 언어가 뇌의 공간을 공유하지만, L1과 L2의 활성화 패턴은 미묘하게 다르며, 이중 언어 사용자들이 언어를 전환할 때 더 지배적인 언어에서 덜 지배적인 언어로 전환하는지 아니면 그 반대인지에 따라서도 차이가 나타난다는 것을 보여 준다. L2 자극이 지니는 의미 정보에 대한 뇌의 반응은 L1 의미 정보에 대한 뇌의 반응과 매우 유사할 수 있지만, 후기 학습자들의 경우 L2 통사와 문법의 보다 복잡한 측면을 다루는 데 있어 영구적으로 불리한 것으로 보인다. 이러한 불리함은 L2 학습자가 이용할 수 있는 인지적 자원이나 학습자의 L2 능숙도와 잘 부합하기만 한다면 해외 유학 및 몰입 교육과 같은 교수법을 통해 최소화할 수 있다. 이중 언어 사용자들은 단일 언어 사용자들보다 대화 상대를 찾을 확률이 두 배로 높으며,[17] 일부 연구자들은 언어 간의 경쟁을 관리하는 것이 집행 통제가 요구되는 다른 맥락에서도 유용한 인지적 역량을 키운다는 신념을 갖고 있다. 필자 스스로는 보다 최근에 나온 메타 분석 연구에 근거하여 그러한 의견에 동의하지 않는다는 점을 고백하지 않을 수 없다.

👄 스스로 점검하기

1. 이중 언어 사용자의 언어 조직에 대한 단어 연합 모형(WAM)과 개념 매개(CM) 모형을 비교 · 대조해 보자. 두 모형 각각을 수정 계층 모형(RHM)과 비교해 보자. 왜 언어 과학자들은 수정 계층 모형을 지지하며 단어 연합 및 개념 매개 모형을 대부분 포기하였는가?

2. 동족어 연구가 이중 언어 사용에 대한 이해에 기여한 바는 무엇인가? 언어 간 동형이의어의 경우는 어떠한가?

3. 이중 언어 사용자들의 두 언어가 서로 경쟁하고 간섭한다는 것을 어떻게 알 수 있는가? 왜 그것을 막을 수 없는 것인가?

4. 카탈루냐어-스페인어 이중 언어 사용자 및 삼중 언어 사용자들에 관한 연구가 이중 언어 사용에 대한 이해의 관점에서 기여한 바는 무엇인가?

5. 통사 구조 표상이 이중 언어 사용자의 언어 간에 공유됨을 시사하는 연구들에 대해 설명해 보자.

6. 이중 언어 사용자들이 그들의 두 언어를 전환할 때 무슨 일이 일어나는가?

7. (더 많은 사람들과 대화할 수 있게 된다는 당연한 이점 외에) 이중 언어 사용의 몇 가지 이점들에 대해 설명해 보자. 이중 언어를 사용하는 뇌는 단일 언어를 사용하는 뇌와 어떻게 다른가?

더 생각해 보기

1. 삼중 언어를 구사하게 되는 것이 이중 언어를 구사하는 것보다 더 쉽다고 생각하는가? 그렇다면 삼중 언어를 구사하게 되는 것이 더 쉬운 이유는 무엇인가? 삼중 언어를 구사하는 사람을 알고 있는가? 그들에게 새로운 언어들을 배운 경험에 대해 물어보자.

2. 몇 가지 컴퓨터 프로그램들은 단어와 구를 한 언어에서 다른 언어로 번역할 수 있다. 이러한 프로그램들이 어떻게 작동한다고 생각하는가? 컴퓨터가 인간 번역가를 대체하게 될 것인가?

> 문법학자들이 필요성에 대해 혼동을 일으키기 때문에 언어에 대해
> 말도 안 되는 많은 이야기들이 작성되었다. 그들은 충분한 것을 필요한 것으로 오해한다.
>
> —William Stokoe

대부분의 사람들은 의사소통을 위해 음성 언어를 사용하지만, 전 세계적으로 청각장애인들은 음성 언어 대신 수어를 사용한다. 표면적으로 수어는 음성 언어와는 근본적으로 다른 것처럼 보인다. 가장 분명한 것은, 음성 언어는 청각 채널을 사용하는 반면, 수어는 시각 채널을 사용한다는 것이다. 그러나 수어와 음성 언어 간의 이러한 형태적 차이는 그들 사이의 유사성을 보지 못하게 만든다. 사실 수어는 음성 언어의 기본 구성 요소를 모두 가지고 있지만 단지 다른 형태로 표현될 뿐이다. 수어는 의미 없는 하위 어휘(sublexical) 단위를 의미를 전달하는 더 큰 구성 요소로 결합한다. 마찬가지로 음성 언어도 의미 없는 음성적 자질, 음소, 음절을 의미 있는 단위로 결합한다. 수어는 음성 언어와 마찬가지로 언어의 구성 요소가 결합하는 방식을 결정하는 문법 원칙을 가지고 있다. 수어와 음성 언어 모두에서 하위 어휘 단위의 저장은 무한한 조합 집합을 생산할 수 있지만, 실제 언어에는 이러한 조합의 일부 집합만이 나타난다. 영어에서는 문법이 문장 생성에 제약을 가하기 때문에 'Down spoon put Sharon big the'라고 말하지 않는다. 비슷하게, 수어에서는 다리 움직임을 신호의 일부로 포함하는 것이 물리적으로 가능하고 무릎 아래의 움직임이 물리적으로 가능하더라도 수어 문법은 이러한 일이 발생하지 않도록 제약을 부여한다. 또한 수어는 음성 언어와 마찬가지로 지시 체계(reference system)를 가지고 있어서, 말하는 사람과 듣는 사람이 서사 속 인물의 행동을 추적할 수 있고 복잡한 의미를 표현하며 자신들만의 시적 표현을 가질 수 있다.

이 장에서는 수어의 특징을 소개하고, 수어와 음성 언어가 생성되고 이해되는 방식의 유사점과 차이점을 설명한다. 그리고 수어 연구가 어떻게 일반적인 언어 기능에 대한 새로운 통찰력을 제공했는지, 그리고 특히 언어 기능을 뒷받침하기 위해 뇌가 어떻게 구성되어 있는지(언어의 신경 기반)를 설명한다. 이 장에서는 또한 청각장애인이 수어를 사용하는 것과 말하는 사람의 입술을 읽는 것(독순, speech-reading)이 언어를 처리하기 위해 뇌가 조직되는 방식에 어떤 영향을 미치는지 탐구

---

1) 역자 주: Sign Language에 대한 번역은 손을 이용하는 언어의 정식 명칭인 '수어'로 통일한다. 본문에 '수화'라는 단어가 등장하는 경우, 이는 Sign Language가 아니라 Sign을 지칭한다.

한다. 이 장에 인용된 연구의 대부분은 미국 수어(ASL)와 영국 수어(BSL)에 기초한 것인데, 이는 이 수어들이 가장 널리 연구된 수어이기 때문이다. 그러나 유형학 연구(다양한 언어를 비교하고 대조하는 연구)에 따르면 ASL 및 BSL의 형식과 처리에 영향을 미치는 요소 중 상당수가 다른 수어에도 적용되는 것으로 나타났다. 예를 들면, 동사의 굴절을 표현하거나 진술문과 의문문을 구별하기 위해 머리 위치와 얼굴 몸짓을 사용하는 것 등이다(Zeshan, 2004 참조). 그러나 각 언어의 특정 움직임의 세부 정보는 다른 언어와 다를 수 있으므로 한 수어(예: ASL)의 단일 언어 사용자는 다른 수어(예: BSL) 사용자를 이해하지 못한다.[1]

수어의 특성

추상적 설명 수준에서, 수어는 음성 언어와 비슷하게 작동한다(Corina and Knapp, 2006; Corina and Sandler, 1993; Emmorey, 2002). 수어와 음성 언어는 별도로 저장된 의미 없는 하위 구성 요소들을 결합하여 복잡한 의미를 표현한다(Thompson et al., 2005). 문법은 하위 구성 요소를 결합하여 의미 있는 표현을 생성하는 방법을 규정한다. 수어와 음성 언어는 유사하게 좌뇌에 편재화된 언어 네트워크를 활성화하지만, 신경 조직의 일부 차이는 청각장애와 수어에 대한 경험 모두와 관련된 것으로 보인다(Corina, 1998; Matchin et al., 2022).

수어에는 음성 언어의 어근 형태소와 동등한 몸짓(제스처)이 있으며, 수어의 제스처 모음은 어휘집을 구성한다. 수어의 어휘집은 명사나 동사와 같은 서로 다른 수화 부류(class)를 반영하는 하위 구성 요소로 구분된다. 어떤 수화는 한 손으로 생성되며, 어떤 수화는 양손으로 생성되지만, 한 손으로 생성되는 수화의 경우 어떤 손이 사용되건 의미는 같다.

수어 어휘집에서 수화의 범주적 구성은 수어를 팬터마임(pantomime, 무언극)과 같은 비언어 몸짓 시스템과 구별하는 특징 중 하나이다. 수어와 팬터마임 모두 수지 제스처를 쓴다. 그리고 수어를 사용하여 표현할 수 있는 것들의 하위 집합을 표현하기 위해 팬터마임을 사용할 수 있다. 그러나 팬터마임에는 수어에 존재하는 범주적 구성이 없다.[2] 예를 들어, 팬터마임에는 '동사' 제스처와 '명사' 제스처를 구분할 수 있는 것이 없다.

그리고 팬터마임에는 시제, 양상 등 의미의 세밀한 측면을 표현하는 수단이 부족하다. Marcel Marceau가 보이지 않는 푸들을 데리고 산책할 때, 그의 몸짓은 그 행동이 지금 일어난 일인지, 미래의 어느 시점에 일어날 일인지, 가까운 과거에 일어난 일인지, 아니면 먼 과거에 일어났던 일인지를 나타내지 않는다. 마찬가지로 그는 그 행동이 한 번 일어났는지, 여러 번 일어났는지 아니면 계속해서 일어났는지를 알려 주지 않는다. 반면, 수어는 의도된 의미의 세부 사항을 정확하게 표현하기 위해 시제와 양상 형태소를 사용한다(화자가 의도적으로 해당 정보를 지정하지 않은 상태로 두지 않는 한). 마지막으로, 팬터마임과 수어의 산출 및 이해는 신경학적으로 해리될 수 있는(dissociable) 기능이다. 팬터마임이 상대적으로 온전한 상태에서도 수어는 손상될 수 있으며, 그 반대 역시 가능하다(Kegl and Poizner, 1997; Ronnberg et al., 2000). 뇌 손상으로 인하여 청각장애가 있는 일부 수어 사용자들은 수어로 문법적인 문장을 산출할 수는 없지만 비언어적 팬터마임 제스처를 따라 할 수

[그림 12.1] ASL 매뉴얼(finger-spelling) 알파벳

출처: William Vicars (2007)

는 있다(반대 패턴은 아직 관찰되지 않았다). 수화를 잘 형성하려면 움직임을 통합해야 하므로, 수어는 음절 구조도 가지고 있지만 팬터마임에는 이러한 특성이 없다.

수어가 팬터마임의 복잡한 형태가 아니라면, 수어의 제스처는 어떻게 형성되며 의미를 어떻게 표현하는가? 현대 수어 연구는 1960년대 William Stokoe의 연구에서 유래되었다(Stokoe, 1976, 1978, 2005a, b). Stokoe는 수어 제스처가 손 모양(또는 배열), 위치, 움직임(또는 경로)의 세 가지 기본 구성 성분 또는 매개변수로 분해될 수 있다고 제안했다(나중에 다른 연구자들은 네 번째 매개변수로 방향을 추가해야 한다고 제안한 바 있다). 이들 각각을 차례로 살펴보도록 하자.

손 모양(Hand shape, 또는 손 배열)은 엄지손가락과 나머지 손가락들이 손의 다른 부분과 어떻게 관련되어 있는지, 그리고 손이 나머지 팔의 부분을 어떻게 향하고 있는지를 반영한다. 당신은 아마도 ASL의 지화(finger-spelling) 알파벳에 사용되는 손 모양에 익숙할 것이다([그림 12.1] 참조). ASL에 특정 개념에 대한 수어가 없을 때 지화법이 종종 사용된다. 지화법은 고유명사 및 전문 용어, 그리고 ASL에 수화로 존재하지 않는 일부 동물(예: ASL에는 코끼리를 나타내는 수어가 있지만 벌에 대한 수어는 없다)을 나타낼 때 자주 사용된다. 손 모양은 그것만으로도 다양한 기호의 의미가 구별될 수 있기 때문에 음운론적 자질[3]로 간주된다. 예를 들어, 모든 손가락을 벌려 똑바로 펴고(때때로 'five' 손 모양이라고도 한다) 엄지손가락을 관자놀이 근처 머리에 대면 아버지(father)에 대한 ASL 수화를 만든 것이다. 손 모양을 ASL 철자 'Y' 손 구성으로 바꾸고 같은 위치에 엄지손가락을 대면 ASL에서 소(cow)를 나타내는 수어를 만든 것이다. 'five'와 'Y' 손 모양은 ASL에서 일종의 최소 대립쌍(minimal pair)을 나타낸다. ASL에서 아버지와 소를 구분하는 최소한의 변화를 생각해 보면 음성 단어를 유사하게 구별하는 말소리(음운) 간의 최소한의 차이(pat과 bat)를 상기시킨다.[4]

음성 언어의 많은 음운은 범주적으로 지각되는데, 수어의 음운론적 구성 성분 역시 범주적으로 인식된다(Best et al., 2010; Emmorey, McCullough et al., 2003; Sehyr and Cormier, 2016). 수화 형태는 음성 형태와 마찬가지로 어떤 차원에서는 연속적일 수 있으며, 형태의 변형 중 일부는 다른 변형보다 지각에 더 큰 영향을 미친다. 수어도 음성 언어와 마찬가지로 형태의 작은 변이형이 수화가 범주화되는 방식에 차이를 발생시키지 않을 때 이음(allophone)을 가진다.

예를 들어, Emmorey 및 동료 연구자들은 손 모양에 대한 열림-닫힘 차원(손가락을 펼친 상태와 손가락을 구부린 상태)을 '조리개(aperture)'로 설명한다. 조리개는 매우 많이 열린 것(손가락을 펼친 상태)에서 닫힌 것(손가락을 아주 많이 말아 접은 상태)까지 다양하다. ASL 수화에서 'say'와 'to'의 구별과 같이 일부 수화는 조리갯값만으로 구별될 수 있다([그림 12.2] 참조). 어떤 조리갯값의 변화는 의미에 변화를 주지 않으므로 이음으로 처리된다. 같은 크기의 다른 변화는 의미 변화로 지각된다. 조리갯값의 변화에 따라 지각된 의미가 어떻게 변화하는가를 확인하기 위해 Karen Emmorey와 동료들은 청각장애가 있는 수어 사용자와 청각장애가 없는 수어 미사용자에게 사진 쌍을 보도록 했다([그림 12.2]와 같이 연속적으로 변화하는 자극 세트 사용). 참가자들은 두 그림이 같은지 아니면 다른지(변별 과제, discrimination task) 또는 두 그림이 같은 범주에 속하는지를 판단하는 과제(범주화 과제, categorization task)를 수행했다. 그 결과, 수어 사용자들은 그림을 명확한 범주로 묶어 내는 경향이 나타났다. 예를 들어, [그림 12.2]의 상단 행의 그림들은 같은 것으로 지각되어 하나의 범주로 묶이고, 하단 행의 그림들도 같은 것으로 지각되어 하나의 범주로 묶이지만 각각은 별도의 범주에 속하는 것으로 지각되었다(상단 행의 그림과 하단 행의 그림들은 서로 다른 것으로 지각된다). 이러한 결과는 음성 언어의 지각에서 확인된 결과와 매우 일치하며, 수어의 음운 구성 성분들이 음성 언어의 음운 구성 성분들과 정신적으로 유사하게 표상된다는 것을 시사한다. 손 모양에 대한 변별과 범주화는 수어 사용자와 수어 미사용자 사이에서 다르므로, 손 모양에 대한 범주적 인식은 손 모양의 기본 자질이나 일반적인 시각 처리에서 비롯된 것이 아니라 언어 사용 경험에서 비롯된 것으로 보

[그림 12.2] 'say'를 나타내는 ASL 수화(왼쪽 위)에서 'to'를 나타내는 ASL 수화(오른쪽 아래)까지 손 모양의 지속적인 변화
출처: Emmorey, Grabowski et al. (2003), Taylor & Francis Group

인다.[5]

위치(location)는 수화가 발화되는(articulated) 공간상의 장소를 나타낸다. 수화 공간에는 상체와 얼굴에 인접한 영역이 포함된다. 최소 대립 수화 쌍의 성분들은 그들이 공간의 어디에서 발화되는 지에 따라 구별될 수 있다. 눈높이와 턱 높이는 수화가 발화될 수 있는 두 가지 위치이다. 특정한 손 모양과 움직임 패턴이 눈높이에서 발화되면 해당 수화는 '여름'을 의미한다. 손 모양과 움직임 패턴은 같지만 수화가 턱 부근에서 발화되면 해당 수어는 '건조'를 의미한다. 그러므로 위치는 최소 대립쌍을 생성하는 특성이며, 따라서 ASL의 음운적 자질로서의 자격을 가진다.

움직임(Movement) 역시 최소 대립쌍에 참여하기 때문에 음운적 자질로서의 자격이 있지만, 움직임은 또한 형태 및 통사적 기능도 수행한다. 흔히 인용되는 형태적 기능의 예시는 동사 'give(주다)' 와 관련된 것이다(Corina et al., 1996; [그림 12.3] 참조). '주다' 동사의 기본 비굴절 형태(어간)의 손 모양은 손바닥을 위로 돌리고 모든 손가락을 서로 평행하게 잡고 엄지손가락 끝을 검지 끝에 접촉하 는 것이다. 기본 형태의 움직임은 수어 사용자의 어깨 부근에서 시작하여 몸에서 멀어지는 방향으로 진행된다.

기본 형태에서 give to each(각각에게 주다)와 같은 다른 형태로 변경하려면, 손 모양은 같게 유지되고 움직임도 기본 형태와 같은 평면에서 발생하지만, 움직임의 경로가 변경된다. 단순한 선형 동작 대신 수어 사용자는 평면의 한쪽에서 시작하여 다른 쪽을 향해 수평으로 진행하는 연속적인 앞뒤 동작을 수행한다. 기본 형태에서 다른 굴절 형태로 변경하려면 또 다른 움직임 패턴을 사용할 수 있다. 'give continually(계속 주다)'를 표현하기 위해서는 기본 형태에 세로축을 따라 원을 그리는 움직임이 추가된다. 움직임은 같은 위치에서 시작하지만 동작의 바깥쪽으로 이동한 이후 다시 원을 그리면서 손이 아래로 떨어진다. 특히, give to each(각자에게 주다)와 give continually(계속해서 주다)를 표현하는 두 가지 형태의 움직임이 결합 및 재결합되어 'give to each in turn repeatedly(각자에게 차례로 반복하여 주다)'와 같은 더 복잡한 의미를 생성할 수 있다. 원어민 수어 사용자는 이러한 움직임 패턴을 식별할 수 있고, 수화에서 손 모양과 위치 정보가 삭제된 상황에서도 그 의미에 대한 함의를 나타낼 수 있다(Bellugi et al., 1989). 따라서 움직임은 실제로 수어의 분리되고 독립적인 표상의 계층(layer)을 나타낸다.

움직임은 동사 일치(agreement)에도 사용된다. 영어와 같은 음성 언어에서는 동사가 주어의 수(number)와는 일치되지만, 다른 것과는 거의 일치되지 않는다. 프랑스어와 스페인어와 같은 다른 언어는 성(gender)을 포함한 더 복잡한 일치 시스템을 가지고 있다. 러시아어는 수, 성 및 격(case)을 포함한 더 복잡한 일치 시스템을 가지고 있다. 이러한 모든 시스템에서 주어 명사의 특성이 변경됨에 따라 동사 형태가 변경된다(예: 'give'에서 'gives'로).

ASL에서 동사는 주어 및 목적어 명사와 공간적으로 일치(agreement)를 이루며, 일부 동사는 논항 명사의 의미 범주와도 일치를 이룬다. 청각장애인 교육의 선구자인 Frederick Barnard는 이렇게 설명한다(1835/2000, p. 204, 원문의 이탤릭체 및 괄호).

내가 실제로 '남자가 개를 걷어찬다.'라는 단순 명제를 만들고 싶다고 가정해 보자. 먼저 개의 수화를 만들고 위치를 지정해야 한다. 그런 다음 나는 사람의 수화를 만들고 여기에 적절한 위치를 지정하고 마지막으로 둘 사이를 적절한 방향으로 지나는 것으로 (실제로 그것을 수행함으로써) 동작을 표현해야 한다.

ASL에서 동작 동사는 특히 형태론적으로 복잡하고 7개 이상의 형태소를 포함할 수 있으며 모두 동시에 생성된다(Singleton and Newport, 2004). Susan이 무언가를 Bill에게 주었다는 생각을 표현하기 위해 수어 사용자는 Susan을 위한 수화를 만들어 특정 위치에 나타내고, Bill을 위한 수화를 만들어 다른 위치에 나타낸다. 그런 다음 'give'의 발화는 Susan의 수화 위치에서 시작하여 Bill의 수화 위치로 진행된다. 시선은 일부 유형의 동사에 대한 몇 가지 종류의 논항(구체적으로, 장소격)을

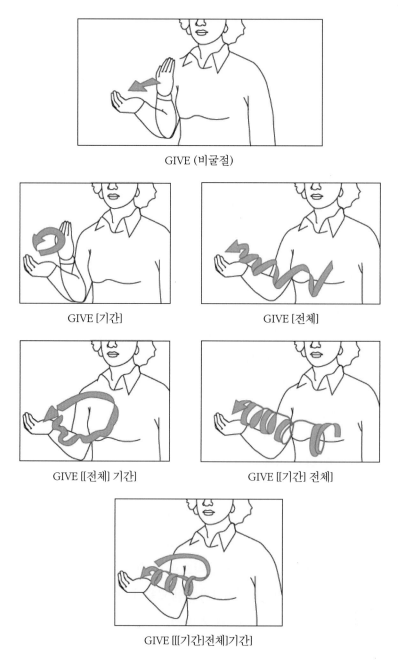

GIVE (비굴절)

GIVE [기간]   GIVE [전체]

GIVE [[전체] 기간]   GIVE [[기간] 전체]

GIVE [[[기간]전체]기간]

[그림 12.3] 다양한 궤적의 동작이 어떻게 다양한 굴절 형태소를 나타내는지 보여 주는 동사 'give(주다)'의 다양한 형태
출처: Corina et al. (1996), Taylor & Francis

표시하는 데 사용될 수도 있지만, ASL의 모든 동사에 대한 일반적인 자질은 아닌 것으로 보인다 (Thompson et al., 2006).

수어 형태론

ASL 수화는 음성 언어와 마찬가지로 형태론적 구조를 가지며 수어 사용자는 수화의 서로 다른 구성 성분들을 개별적으로 구분하여 나타낸다. 2장에서 보았듯이 음성 언어는 종종 하나 이상의 형태소로 구성되며, 어간이나 어근 형태소는 어휘 표상 및 어휘 의미로의 접근에 중요한 역할을 한다. wanted와 같이 형태론적으로 복잡한 단어를 해석하기 위해 이해자들은 어근 형태소인 want를 식별하고 과거 시제 굴절 형태소인 −ed를 별도로 해석한다. 산출 과정에서 두 형태소의 독립성은 좌초 오류(stranding errors)에 반영된다. 화자가 실수로 단어를 잘못된 위치에 나타내었을 때에도, 그들은 종종 올바른 위치에서 과거 시제 굴절 형태소를 산출한다(예: wanted the book 대신 *booked the want와 같이).

[그림 12.4]가 보여 주듯이 ASL도 어근과 굴절을 결합하여 형태론적으로 복잡한 수화를 산출한다. 음성 언어와 달리 ASL 어근과 굴절 형태소는 동시에 산출된다. 손 모양과 움직임 윤곽이 시간상으로 겹친다. 결과적으로, ASL 사용자는 서로 다른 모든 부분을 기억에 긴밀하게 연결한 상태로 유지하며 형태론적으로 복잡한 수화를 분석되지 않은 전체로 표상한다. 그러나 대안적으로, 수어 사용자는 복합 수화의 구성 형태소를 별도로 표상할 수도 있으며, 이것은 음성 언어의 화자가 복합어의 구성 형태소들을 별도로 표상하는 것과 같다.

수화에 대한 어휘 처리 및 단기기억에 관한 연구들은 수화가 이해되는 동안 그것의 구성 성분 자

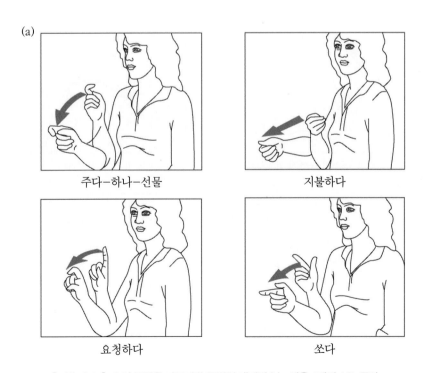

[그림 12.4a] 손의 구성은 다르지만 동작의 매개변수는 같은 4개의 ASL 동사

출처: Poizner et al. (1981), Springer Nature

질들로 분해된다는 것을 시사한다(Poizner et al., 1981). [그림 12.4a]의 네 가지 수화는 서로 다른 손 모양(한 가지의 형태론적 특징)을 사용하지만 같은 기본 움직임(다른 형태론적 특징)을 가지고 있다. [그림 12.4b]는 모두 같은 손 모양을 갖고 있지만 움직임 궤적이 다른 4개의 수화를 보여 준다. 따라서 한 가지 형태론적 특징(손 모양 또는 움직임)을 변경하면 의미가 변경된다. 문제는 수어 사용자가 각 수화를 분석되지 않은 전체로 기억하는지, 아니면 수화를 구성 성분 자질로 나누어 손 모양 정보를 움직임 정보와 별도로 저장하는지이다. 각 수화를 분석되지 않은 전체로 저장하는 경우 수화의 한 구성 성분을 성공적으로 기억할 때마다 전체 수화를 기억해야 한다. 대조적으로, 구성 성분을 별도로 저장한다면, 전체에 대한 회상 없이 수화의 부분적인 일부만도 기억할 수 있다.

현재 활용할 수 있는 증거는 후자의 가설, 즉 수어 구성 성분의 분석, 분해 및 별도 저장을 지지한다. 한 가지 증거는 수어 사용자가 설단 현상(tip-of-the-tongue phenomenon)과 동등한 현상을 경험한다는 것이다. 수어 연구자들에 의하면 이 현상은 손끝 현상(tip-of-the-fingers phenomenon)이라고 불린다(Thompson et al., 2005). 수어 사용자는 특정 개념에 대한 수화를 알고 있지만 현재 이를 산출할 수 없다는 주관적인 느낌이 드는 경우가 많다. 이는 자주 사용하지 않는 수화, 특히 고유명사에 대해 가장 자주 발생한다. 수어 사용자는 전체를 산출하지 않고도 위치나 움직임과 같은 수화의 한 가지 구성 성분을 정확하게 산출할 수 있는 경우가 많다.

두 번째 증거는 수화에 대한 단기기억으로부터 나온다. 수어 사용자에게 형태론적으로 복잡한 일련의 수화(예: [그림 12.4b])를 보고 나중에 기억하도록 요청하면, 종종 하나의 수어 표지에 대한 올바른 움직임 또는 올바른 손 모양을 기억하지만, 이러한 올바른 구성 성분을 목록에 있는 다른 수화들의 형태소들과 결합한다. 즉, 'preach to one another(서로에게 설교하다)'는 'preach repeatedly(반

(b)

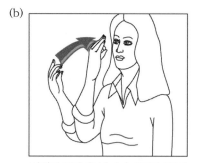
[일인칭 목적어] '나에게 설교하세요.'

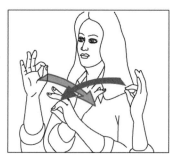
[상호적] '서로 설교하다.'

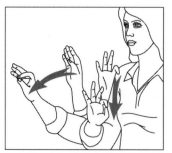
[두 명] '두 사람에게 설교하다.'

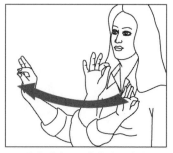
[여러 명] '그들에게 설교하다.'

[그림 12.4b] 다양한 굴절을 의미하는 다양한 이동 궤적을 가진 동사 '설교하다'

출처: Poizner et al. (1981), Springer Nature

복적으로 설교하다)'로 기억될 수 있고, 'give to each(각자에게 주다)'는 'give to each other(서로에게 주다)'로 기억될 수 있다. 회상되어야 하는 목록에 있는 수화 사이의 이러한 형태소 불일치는 각 수화가 개별 일화 기억으로 저장되거나 분석되지 않은 전체로 저장되어 있다면 발생할 수 없다.

세 번째 연구 흐름은 수화의 구성 성분이 서로 다른 시점에 개별적으로 재인되는지, 아니면 수화의 서로 다른 부분들이 동시에 지각되어 지각적인 전체로서 처리되는지를 평가한다(Emmorey and Corina, 1990). 이러한 측면의 연구들은 수화 이해자들이 먼저 수화 위치를 인식하고, 그 다음 손 모양, 다음으로 움직임을 인식한다는 것을 보여 준다. 마지막으로, 뇌 손상을 입은 수어 사용자들의 연구 결과에서는 수화의 일부 특성이 다른 것보다 더 취약하다는 것을 보여 준다(Corina, 1998; Corina and McBurney, 2001). 손 모양 오류는 다른 오류보다 뇌 손상 후에 더 자주 관찰된다. 그 결과, 환자들은 종종 올바른 움직임 궤적을 가지고 올바른 위치에 있지만 손 모양이 잘못된 수화를 산출한다.

따라서 수화를 산출하고 지각하는 과정은 수화의 구성 성분 자질들을 추적하는 과정이다. 이러한 개별 구성 성분 자질들은 산출 과정에서 복합적인 제스처로 결합한다. 복합적인 제스처들은 이해 과정에서 더 기본적인 구성 성분들로 분해되고 장기기억에 별도로 저장된다.

수지 요소 이외에도 수어는 표정을 사용하는데, 이는 감정적 어조(이는 음성 언어에서도 발생함)를 전달하거나, 행동이 어떻게 이루어졌는지, 주어진 표현이 사실에 대한 진술로 받아들여져야 할지 질문으로 받아들여져야 할지 등을 나타낼 수 있는 문법 정보를 전달하기 위해서다(Emmorey et al., 2008; McCullough et al., 2005; Zeshan, 2004).[6] 언어적 표정이 사용되는 경우, 그 타이밍은 매우 정확하다. 이는 수반되는 수지 요소들(손 및 팔 움직임)이 시작되거나 종료되는 것과 거의 동시에 정확하게 시작되고 종료된다. 언어적 표정 제스처는 의문문, 주제, if-then 조건문, 관계사 절 및 부사 표현을 표시할 수 있다. 예를 들어, MM 표정 제스처(양 입술을 함께 누르면서 바깥쪽으로 밀어내는 방식)는 현재 발화된 동사의 동작이 행동주(agent)에 의해 쉽게 완료되었음을 나타낸다. 입술에서 혀가 살짝 튀어나온 TH 표정 제스처는 수반되는 동작이 경솔하게 이루어졌음을 의미한다. McCullough와 동료들(McCullough et al., 2005)의 fMRI 데이터는 청각장애가 있는 사람들과 없는 사람들의 뇌 반응이 정서 및 언어 운율에 따라 다르다는 것을 시사한다. 청각장애가 없는 사람들은 정서적인 얼굴 사진을 볼 때 오른쪽으로 편재화된 뇌 반응이 나타나지만, 청각장애가 있는 사람들은 더욱 균형 잡힌(왼쪽 vs. 오른쪽) 활동 패턴을 보여 준다. 대조적으로, 언어적 표정 제스처 사진에 대한 반응은 수어 사용자의 경우 강하게 좌뇌로 편재화되어 있지만, 청각장애가 없는 사람들의 경우에는 그렇지 않다.

수어의 어휘 접근

실시간 수어 처리 연구는 아직 초기 단계이므로 수어의 어휘 접근을 조사한 연구는 거의 없다. 결과적으로 언어 과학자들은 FOBS, COHORT, TRACE와 같은 어휘 접근에 대한 표준 모형이 수어 이해에 얼마나 잘 적용되는지 아직 알지 못한다. 자주 사용되는 수화가 드물게 사용되는 수화보다 이해하기 쉬운지, 이웃 단어가 많은 수화가 이웃 단어가 적은 수화보다 이해하기 쉬운지와 같은 기본적인 질문조차 아직 해결되지 않았다. 우리는 최근에야 서로 다른 수화가 얼마나 자주 사용되는지, 그리고 수화가 어떻게 어휘적 이웃으로 구성되는지에 대한 좋은 정보를 얻기 시작했다(Sehyr et al., 2021).

한 가지 초기 연구가 우리 지식의 이러한 격차를 메우기 시작했다(Carreiras et al., 2008; Caselli et al., 2021). 수어의 음운 이웃은 위치, 손 모양 또는 움직임을 공유하는 수화들의 집합으로 구성된다. 음성 단어와 마찬가지로 일부 수화는 다른 수화보다 이웃의 크기가 크다. 음성 언어를 기반으로 개발된 어휘 접근 모형은 어휘 접근 시 이웃 구성원들이 선택받기 위해 서로 경쟁한다는 것을 제시한다. 유사한 효과가 수어에서도 발생하는지 확인하기 위해 Manuel Carreiras와 그의 동료들은 이웃의 크기가 큰 수화에 대한 반응 시간을 측정하고 이를 이웃의 크기가 적은 수화들과 비교했다. 음성 언어 재인에 관한 연구에 따르면, 이웃의 크기는 단어 빈도 또는 주관적 친숙성과 상호작용하는 것으로 나타났다. 빈도가 낮은 단어는 빈도가 높은 이웃이 있을 때 처리하기가 더 어렵지만, 빈도가 높은 단어는 이웃의 존재에 영향을 덜 받는다. Carreiras와 그의 연구팀은 수어 사용자들에게 그들이 다양한 수화에 얼마나 친숙한지 평가하도록 요청하고, 이웃 크기의 영향이 친숙성에 의존하는지를 테스트했다. 그들은 친숙성의 일반적인 효과를 발견했는데, 친숙한 수화가 덜 친숙한 수화보다 재인하기가 더 쉬웠다.[7] 친숙성은 이웃 단어의 크기와도 상호작용했지만, 수화의 매개변수들에 따라 다른 방식으로 상호작용했다. 이웃을 손의 위치로 정의할 때는 이웃의 크기가 큰 경우 친숙하지 않은 수화가 친숙한 수화보다 처리하기 어려웠지만, 이웃을 손 모양으로 정의할 때는 이웃의 크기가 큰 경우 친숙하지 않은 수화가 친숙한 수화보다 처리하기가 더 쉬웠다.

수어의 친숙성 효과는 구어 및 문어 처리의 결과와 일치하지만, 일부 이웃 효과는 그렇지 않다. 결과적으로, 음성 언어 연구를 통해 구축된 어휘 접근 이론은 수어로 직접 확장되지 않을 수도 있다. 그 대신, 수어의 어휘 접근 이론은 수어의 고유한 속성을 고려해야 할 것이다. 향후 연구에서 손의 위치와 손 모양 이웃이 서로 다른 효과를 나타낸다는 것을 확인한다고 가정하면, 수어에 대한 어휘 접근 이론은 왜 같은 위치 자질로 여러 수화를 표현하면 이해의 속도가 느려지지만, 같은 손 모양 자질로 여러 수화를 표현하면 이해의 속도가 빨라지는지 그 이유를 설명해야 할 것이다. (이러한 효과는 음성 언어의 음운 중첩 효과와 대조된다. 소리를 공유하는 단어는 음성 단어의 어휘 접근 중에 서로를 촉진하는 경향이 있다.)

수어 습득과 언어 진화

어린이들은 습득 속도가 가장 빠른 언어 학습자이다. 그들은 처음 18개월 정도가 지나면 놀랄 만큼 빠른 속도로 새로운 단어들을 습득하고, 공식적인 교육이 없이도 모국어 문법과 통사의 복잡한 자질들을 알아낸다. 이와 같은 현상이 바로 일부 언어 과학자들이 인간이 언어 학습에 특별히 적응했으며 유전적으로 설치된 언어 습득 장치(language acquisition device)를 포함하는 언어의 생물학적 프로그램(language bioprogram)을 가지고 태어난다고 주장하도록 만들었다. 언어의 생물학적 프로그램 가설은 주로 어린이의 듣기와 말하기 연구를 기반으로 구축되었지만, 인간의 특성이 진정으로 보편적이다는 것을 보여 주기 위해서는 언어의 생물학적 프로그램 가설이 수화를 배우는 청각장애 어린이들에게도 똑같이 잘 작동해야 한다. 따라서 언어 과학자들은 언어 습득의 보편적 특성에 관한 새로운 증거를 수집하기 위해 수어를 연구해 왔다. 이러한 연구에 따르면 유아기의 수어 습득은 음성 언어 습득과 매우 유사하다. 일부 연구들은, 들을 수 있는 유아가 처음 10개의 단어를 배우는 것보다 수어를 하는 유아가 처음 10개의 수화를 더 빨리 습득할 수 있지만, 한-단어 단계, 두-단어 단계, 그리고 여러-단어 단계의 시점은 두 그룹에서 거의 같다고 제시한다(Corina and Sandler, 1993; Meier and Newport, 1990).

이에 더하여, 수어 습득은 음성 언어와 마찬가지로 결정적 혹은 민감한 시기(critical or sensitive periods)의 제약을 받는 것으로 보인다(Newman et al., 2002; Singleton and Newport, 2004; Twomey et al., 2020). 소수의 수어 사용자는 태어날 때부터 언어를 배우지만, 많은 수어 사용자는 취학 연령이나 그 이후에만 표준 ASL에 노출된다. 실제로 ASL 사용자 중 3~7%만이 수어 원어 화자이다(Jordan and Karchmer, 1986). 청각 환경에서 자란 청각장애 수어 사용자들은 종종 가정 수화(home sign)라고 불리는 스스로 생성한 수화 체계를 사용하여 들을 수 있는 부모나 형제들과 의사소통한다. 그러나 이러한 가정 수어 체계는 일반적으로 복잡한 형태와 통사를 가지고 있지 않다. 따라서 많은 청각장애 아동들은 영유아 시기와 유아 시기에 언어 지연과 의사소통 부족을 경험한다. 그러나 청각장애 아동은 일반적으로 방치되거나 학대당하지 않으며, 이는 'Genie[2]'나 야생 아동(feral children)과 같은 언어 입력 지연의 다른 사례와 구별된다(Curtiss, 1977). 따라서 비원어민 청각 수어 사용자들의 언어적 산출물들은 방치와 학대로 인한 박탈이나 기타 신체적, 인지적 결함보다는 학습 시작 시점의 지연을 반영한다. 다양한 연령대에 수화를 배우기 시작하는 청각장애 수어 사용자들을 연구함으로써 연구자들은 습득 나이 이외의 요인에 대해 많은 걱정을 하지 않고 결정적 시기 가설(critical period hypothesis)을 검증할 수 있다.

이러한 연구는 적어도 언어의 일부 측면이 결정적 또는 민감한 시기의 영향을 받는다는 결론을 뒷받침한다(Lenneberg, 1967; Malaia et al., 2020; Mayberry and Fischer, 1989; Neville and Bavelier, 1998; Newport, 1990; Twomey et al., 2020). 결정적 시기가 끝나기 전에 언어를 배우기 시작하는 사람은 정상적인 언어 능력을 발달시키지만, 나중에 언어를 배우기 시작하는 사람은 그렇지 않기 때문이다. 수어 학습자에 관한 연구에 따르면, 언어의 다양한 측면에는 서로 다른 결정적인 시기가 적용된다. 수어 의미에 대한 습득은 일반적으로 평생 진행되는 것으로 보이며, 이는 음성 언어에서 나타나는 패턴과 유사하다. 어순 규칙과 같은 문법의 어떤 측면은 사람들이 수어를 사용하기 시작하는 시기와 상관없이 비교적 정상적으로 발달하는 것처럼 보이기도 하지만, ASL 문법의 다른 측면들은 사

---

2) 역자 주: Genie(1957년 미국 출생)는 태어난 지 약 20개월 무렵부터 아버지로부터 심각한 학대와 방치를 받았다. 그녀의 아버지는 그녀를 잠긴 방에 가두고 항상 팔다리를 움직이지 못하도록 묶어 두었으며 그 어떤 종류의 자극도, 그 누구와의 상호작용도 허용하지 않았다. 이처럼 고립된 환경 때문에 Genie는 언어를 접할 수 없었고, 그 결과 어린 시절에 언어를 습득하지 못했다. Genie가 13.7세가 되던 1970년에 그녀는 로스앤젤레스 카운티 아동복지 당국에 의하여 구출되었고, 전 세계 많은 학자들이 그녀에게 언어를 학습시키려 시도했지만, 비언어적 의사소통 기술을 빠르게 습득한 것과는 대조적으로 결국 모국어는 완전히 습득하지 못했다[Curtiss, Susan; Fromkin, Victoria A.; Krashen, Stephen D.; Rigler, David; Rigler, Marilyn (1974). "The Development of Language in Genie: a Case of Language Acquisition Beyond the "Critical Period". *Brain and Language*, 1 (1): 81-107 참조].

춘기 이후에 학습이 시작되면 어려움을 겪는다. ASL의 형태론적 구조는 나이가 많은 학습자들에게 훨씬 더 큰 도전을 제시하며, 유아기나 아동기 초기에 수어를 배우기 시작한 원어민 수어 사용자만이 가장 높은 수준의 정확도로 수어를 습득할 수 있다. 음성 언어 학습에서와 마찬가지로 언어를 일찍 배우기 시작한 사람들은 의도한 발화의 의미를 보존하는 문법적 오류를 범하는 경향이 있지만, 늦은 학습자들은 의도한 발화의 물리적 형태를 보존하는 오류를 범하는 경향이 있다. 게다가, 경험의 영향을 고려한 후에도 ASL 문법에 대한 통제의 차이는 여전히 남아 있다. 이는 언어를 사용한 총 연습량이 아닌 나이가 개인의 능숙도를 결정한다는 것을 의미한다. 언어를 사용한 기간이 같은 수어 사용자 그룹이라도 한 그룹이 다른 그룹보다 더 어린 나이에 언어를 배우기 시작했다면, 그들의 능숙도는 다르다.

왜 어린아이들이 성인보다 더 나은 학습자인가? 어떤 이론가들은 어린아이들은 해석되지 않은 정보를 대량으로 유지하는 데 필요한 작업기억 능력이 부족하기 때문이라고 본다(Newport, 1990 ; but see Brooks and Kempe, 2019). 따라서 어린아이들은 의도된 메시지의 본질을 파악하기 위해 복잡한 자극을 구성 성분들로 빠르게 분해해야 하며, 그래야 그것들이 더 안정된 형태로 유지될 수 있다. 그에 비해 나이가 많은 사람들은 형태론적으로 복잡한 수어를 해석되지 않은 하나의 완전한 단위로 저장할 수 있으며, 따라서 복잡한 수어가 하위성분들로 분해될 수 있다는 것, 그리고 그러한 하위성분들이 규칙적인 방식으로 재결합하여 새로운 메시지를 구성할 수 있다는 사실을 인지하지 못할 수도 있다.

대안적으로, 정상적인 경로를 따라 진행되는 학습을 위해서 언어의 생물학적 프로그램이 특정한 유형의 입력을 특정 발달 단계에서 필요로 하는 것일 수도 있다. 이 가설에 따르면, 영유아는 언어 환경에 적응하고 그 환경에서 단서를 수집하여 모국어가 어떻게 작동하는지 알아낼 수 있지만 이는 한동안만 가능하다. 생물학적 프로그램 가설을 선호하는 연구자들은 이론의 시간 제한적 측면을 뒷받침하기 위해 결정적 시기 현상을 제시하고, 유아가 언어 입력에 적응한다는 생각을 뒷받침하기 위해 다른 데이터들도 제시한다. 이러한 지지는 영유아가 다른 복잡한 청각 자극보다 음성 언어를 선호한다는 연구에서 찾을 수 있다. 영유아가 음성 언어를 선호한다는 사실은 인간이 언어를 습득하도록 적응되어 있다는 것을 시사한다. 그렇다면 그러한 선호는 언어 보편적이고 음성 언어의 물리적 특성에 의해 주도되는 것인가, 아니면 언어의 더욱 추상적인 특성에 의해 주도되는 것인가?

영유아들이 수어에 어떻게 반응하는지 조사하는 것은 이러한 질문에 답하는 한 가지 방법이다. 수어에 관한 최근 연구에서 영유아들은 언어 정보를 전달하지 않는 복잡한 손짓을 하는 사람보다 실제 ASL 수화를 만드는 사람을 더 선호하는 것으로 나타났다(Krentz and Corina, 2008; Stone et al., 2018). 그러므로 영유아의 언어 선호는 음성의 음향적 특성에 의해 주도되는 것으로 보이지 않는다. 오히려 영유아는 입력이 어떤 방식으로 전달되건 언어 입력을 받는 것을 좋아한다. 언어 습득 이론은 영유아들이 소리 혹은 제스처가 아니라, 언어를 정말 좋아한다는 것이 무엇인지를 설명해야 하며, 왜 다른 것보다 언어를 더 좋아하는지 설명해야 한다. 한 가지 후보는 언어의 생물학적 프로그램 가설에 따라 언어 능력이 생존과 재생산에 중요한 역할을 한다는 것이다. 즉, 시간이 지남에 따라 언어를 선호하는 개인은 그것의 전달 방식과 관계없이, 다른 자극을 선호하는 개인보다 더 높은 비율로 생존하고 재생산할 수 있다는 것이다. Stokoe(2005b)가 제시한 다른 대안은, 수지 제스처(manual gesture)가 음성 언어보다 진화적으로 더 오래된 최초의 인간 의사소통 시스템이며, 수어를 지원하는 의사소통 프로세스가 나중에 음성에 도입되었다는 것이다. 이 관점에서는 영유아가 음성을 선호하는 것은 의사소통적 제스처를 선호하는 것의 부산물일 수 있다.

아이들의 선천적인 언어 학습 욕구는 새로운 언어의 창조와 발달에서도 발견된다. 니카라과 수어(Nicaraguan Sign Language: NSL)는 새로운 언어 형성에 대한 사례 연구를 제공한다(Emmorey, 2002; Goldin-Meadow and Mylander, 1998; Pinker, 1994). 1980년대 니카라과에서 산디니스타 정부가 정권을 장악하기 전에는 청각장애가 있는 니카라과인들을 위한 공식 교육 제도가 없었으며, 그들은 서로 고립되어 있었다. 산디니스타 정부가 정권을 장악한 직후, 수도 마나과에 청각장애 학생들을 위한 학교를 설립했다. 전국 각지에서 온 청각장애 학생들은 이 학교에 오게 되면서 처음으로 서로 의사소통을 시작했다. 학교 설립 초기에 학교에서 사용되던 수어는 피진어(pidgin)와 매우 유사했다. 학교의 어린이들은 공통된 물건과 행동에 대한 같은 수화를 자발적으로 채택했지만, 그들의 수화에는 ASL과 같은 완전한 언어에서 나타나는 동사의 시제와 양상 표지, 주어와 동사 간의 일치와 같은 문법적 특징이 부족했다. 그러나 몇 년 안에 다른 수어에 노출되지 않은 채로 아이들 스스로 복잡한 문법적 특징을 도입하였고, NSL은 현재 미국 수어(ASL), 영국 수어(BSL) 및 다른 언어들과 동등한 언어로 인식된다.

NSL 연구는 새로운 언어의 창조와 발달에서 아이들의 특별한 역할을 지적한다. 청각장애 아동들이 서로 접촉하게 됨으로써 수어 피진어가 생겨났고, 결국 수어 형태에 대한 규칙화가 자연스럽게 증가하고 더 복잡한 형태와 통사가 도입되었다. NSL은 언어 환경이 그러한 형식을 제공하지 않을 때 복잡한 아이디어를 전달하는 데 필요한 언어 형식을 아이들이 자발적으로 발명한다는 것을 보여 주는 문서화된 사례를 제공한다. 이 결과는 언어를 배우는 아이들이 앵무새와 같지 않다는 것을 보여 준다. 그들은 자신들이 본 형태를 단순히 반복하지 않으며, 따라서 그들의 언어 산출은 주어진 입력을 뛰어넘는다.

이러한 능동적인 변형 현상은 개별 아이들에게서도 관찰할 수 있다. 앞서 언급했듯이, 수어를 배우는 아동 대부분은 그들의 부모가 수어를 사용하지 않기 때문에 학습 환경에서 수어를 배우게 된다. 극히 소수의 사례에서, 청각장애 아동이 태어났을 때부터 수어를 사용하는 집에서 양육된다. 그러나 이 수어는 수어의 표준 형식과 다르다. 이러한 상황은 부모들이 비원어민 수어 사용자일 때 나타난다. 이러한 상황은 연구자에게 개별 어린이가 원어민 수어 사용자들처럼 태어날 때부터 수어를 배우지만, 가정에서의 수어가 매우 가변적이고 때로는 비문법적인 모델을 제공한다면 어떤 일이 발생하는지 테스트할 기회를 제공한다. 문제는 아이가 부모와 똑같은 수준의 다양성과 같은 종류의 문법적 오류를 가지고 자라면서 수화를 배울 것인지, 아니면 아이가 다른 원어민에게서 배운 원어민 수어 사용자들처럼 수어를 쓰게 될 것인지이다. 청각장애 아동 'Simon'이 바로 그러한 사례 연구를 제공한다(Singleton and Newport, 2004).

Singleton과 Newport(2004)는 Simon과 그의 부모를 대상으로 동작 동사 산출을 연구했다. 이러한 동사는 형태론적 복잡성 때문에 특히 까다롭기 때문이다. ASL에서의 동작 동사의 형태는 동작의 경로(root), 동작의 목적지 또는 방향(orientation), 객체가 움직이는 방식(manner), 동작에 관여하는 여러 객체의 상대적인 위치(location and position), 그리고 다양한 객체(중심 및 주변 물체)의 의미 범주

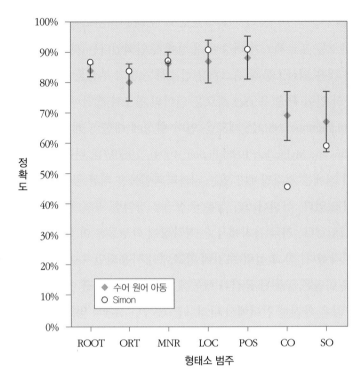

[그림 12.5] **ASL 동작 동사의 구성 성분 산출에 대한 Simon의 정확도.**[3] Simon은 원어민 부모로부터 ASL을 배우는 연령이 일치하는 원어민 사용자 어린이만큼 정확하다.

출처: Singleton and Newport (2004), Elsevier

를 표현하는 데 사용되는 손 모양(hand shape)의 조합에 따라 결정된다(Singleton and Newport, 2004, p.378).[8] Simon의 부모는 원어민 수어 사용자들보다 동작 동사의 정확한 산출이 훨씬 덜 일관적으로 이루어졌으며, 정확도의 정도는 동사의 다양한 구성 성분에 따라 달랐다. 예를 들어, 그들은 위치와 움직임에 대해서는 더 정확하고, 손 모양에 대해서는 덜 정확하다. Simon의 수어 입력의 주요 원천은 그의 부모이기 때문에, 그가 단지 그의 부모가 사용하는 패턴을 그대로 따라 한다면, 그는 동작 동사를 산출할 때 그의 부모와 마찬가지로 부정확하고 가변적이어야 한다. 그러나 놀랍게도 Simon의 수행은 원어민 부모로부터 수어를 배운 비슷한 또래의 원어민 수어 사용자와 거의 같았다.

[그림 12.5]는 ASL의 동작 동사가 포함하는 7가지 형태소 유형에 대한 Simon의 수행을 보여 준다. Simon의 성적은 7가지 형태소 범주 중 6가지에서 같은 나이의 원어민 수어 사용자들의 평균 이상이다. 그는 중심 물체 손 모양에서 상대적으로 낮은 점수를 받았는데, 이는 Simon이 ASL 손 모양에 대해 전반적으로 제대로 통제하지 못해서가 아니라, 그의 부모가 테스트한 일부 물체에 대해 특이한 수화를 사용했기 때문이다. 특히, 테스트된 동사 세트에 대한 Simon의 성과는 그가 수화를 배운 사람들, 즉 그의 부모보다 훨씬 더 높았다.

그러므로 NSL을 발달시킨 니카라과 어린이들과 마찬가지로 Simon은 자신이 본 형태를 단순히

---

3) 역자 주: ROOT, ORT, MNR, LOC, POS는 손의 움직임이나 위치로 나타내는 형태소이며, CO나 SO는 손의 모양으로 나타내는 형태소에 해당한다.

ROOT: 어간, ORT(ORIENTATION): 방향, MNR(MANNER): 방법, LOC(LOCATION): 장소

POS(POSITION): 위치, CO(CENTRAL OBJECT): 중심 개체, SO(SECONDARY OBJECT): 주변 개체

복사하지 않으며, 입력에서 발생하는 것과 같은 빈도로 패턴을 재현하지 않는다. 그 대신, 그의 부모가 그에게 변화무쌍하고 일관되지 않은 패턴을 제시하더라도 그는 수어의 형태와 기본 의미 사이의 패턴과 관계를 감지한다. Singleton과 Newport(2004, p.400)는 다음과 같이 언급한다.

> Simon은 형식과 의미 간의 사상(mapping)의 일관성이나 규칙성에 특별한 주의를 기울이는 것으로 보인다. 부모의 형태-의미 사상에 어느 정도 일관성이 있을 때, 그는 그 사상을 배우고 자신의 사용법에서 사상의 일관성을 높인다. 부모의 수화에는 Simon이 패턴을 감지할 만한 충분한 일관성이 있으며, Simon이 패턴을 감지하면, 그는 이것을 증폭시켜 자신의 산출을 부모의 산출보다 훨씬 더 규칙적으로 만든다.

결과적으로 Simon의 수어는 그에게 노출된 언어 모델이 가변적이었고 오류를 재현할 기회가 많았다는 사실에도 불구하고 표준 ASL에 훨씬 더 가까웠다.

수어의 신경적 기저: 산출과 이해에 대한 좌반구의 기여

수어는 단어 지각, 문장 처리, 의미 범주화 및 담화 이해와 같은 음성 언어 처리에도 관여하는 좌반구 영역을 활성화한다(Bavelier et al., 1998; Blanco-Elorrieta et al., 2018; Corina et al., 1992; Johnson et al., 2018; MacSweeney et al., 2006; McGuire et al., 1997; Neville et al., 1998; Petitto et al., 2000; Ronnberg et al., 1998; Sadato et al., 2005; Soderfeldt et al., 1994). 수어 산출 및 이해로 활성화되는 영역에는 외측열 주위 피질 영역(perisylvian)과 고전적으로 정의된 베르니케 영역(Wernicke's area), 측두엽 및 고전적으로 정의된 브로카 영역(Broca's area)을 포함하는 좌측 하전두회(LIG)를 포함한 전측 영역이 포함된다. 좌반구의 후방 영역은 음성 언어 처리의 음운 및 어휘 처리 과정과 연관되어 있다. 단일 수화에 대한 이해는 좌측 하전두회뿐만 아니라 이러한 후방 영역도 활성화한다(Neville et al., 1998).

수어를 산출하는 동안 나타나는 좌반구의 뇌 활동 패턴도 음성 언어를 산출하는 동안 관찰되는 패턴과 유사하다. 앞서 살펴보았던, 측두엽이 의미의 다양한 측면에 대한 후방에서 전방으로의 조직을 가지고 있는 것으로 보이며, 더 복잡한 자질 조합이 측두엽의 더 앞쪽 부분을 활성화한다는 점을 다시 상기해 보자. 청각장애 수어 사용자의 양전자 방출 단층촬영(PET) 데이터도 이러한 후방-전방 조직을 보여 준다(Emmorey, Grabowski et al., 2003; Jose-Robertson et al., 2004; Braun et al., 2001 참조). 한 PET 연구에서 수어 사용자들은 화면에 나타나는 그림의 이름에 대해 마음속으로 수화를 하도록 요청받았다. 그림 중 일부는 일반적 개체(예: 오소리, 코끼리)였고 일부는 고유한 개체(예: 바바라 스트라이샌드)였다. 이러한 그림의 이름을 마음속으로 수화하는 것은 음성 언어 산출에서 발생하는 효과와 유사하게 좌반구 및 우반구 측두엽 영역을 활성화했다. 고유한 개체에 대하여 암묵적으로 명명을 하는 경우에는 더 앞쪽(전방) 측두엽의 활성화가 나타났고, 일반 명사에 대한 명명에서는 더 많은 뒷쪽(후방) 활동이 확인되었다. 음성 언어 산출과 마찬가지로 ASL 산출도 LIFG[4] 영역을 활성화한다. LIFG는 단일 수화와 문장 산출 시 모두에서 활성화된다(McGuire et al.,

1997; Neville et al., 1998; Petitto et al., 2000).

청각장애인과 들을 수 있는 (장애가 없는) 사람들의 좌반구에서의 유사한 활성화 패턴은 두 그룹 사이의 몇 가지 흥미로운 공통점과 차이점을 보여 준다(Neville et al., 1998; Petitto et al., 2000). 두 그룹 모두 언어를 지각하는 동안 상측(상부) 측두엽을 활성화하지만, 청각장애인과 들을 수 있는 사람에게 이 공통적인 신경 활동을 구동하는 자극은 서로 다르다. 청각장애인의 경우 상부 측두엽 활동은 청각 입력보다는 시각 자극에 의해 주도된다(들을 수 있는 사람들의 경우 그 반대이다). fMRI 데이터에 의하면, 청각장애인의 경우 의미 있는 수화를 보거나 독순을 할 때 상부 측두엽(superior temporal lobes)이 활성화된다. 들을 수 있는 사람들의 경우, 누군가가 말하는 것처럼 입과 얼굴을 움직이는 것을 볼 때 뇌 양쪽의 후부 상부 측두엽(posterior superior temporal lobes)이 활성화된다 (Calvert et al., 1997). 따라서 상부 측두엽 활동을 유도하는 중요한 요소는 소리(음향 자극)가 아니라, 음성 언어이건 수어이건 사람들이 언어를 산출할 때 발생하는 자극인 것으로 보인다.

수어를 모르는 들을 수 있는 사람들의 경우, 수어 제스처에 대해 상부 측두엽이 반응하지 않는다. 청각장애가 있는 수어 사용자들의 경우 같은 영역이 수화에 강력하게 반응한다. 이 차이를 설명하는 것은 무엇일까? 측두엽이 청각장애가 있는 사람들의 언어에 특수적으로 반응하는 것일까? 아니면 그 영역이 시각적 자극에 반응하는 것일까? 전자라면 측두엽은 언어에 특수화되어 있는 것으로 보인다. 후자의 경우, 시각 시스템이 청각장애인의 청각 처리에 사용되는 측두엽 부분으로 이동하여 그 영역을 차지한 것일 수 있다.

이러한 가설을 검증하는 한 가지 방법은 청각장애인에게 언어 관련 정보를 전달하지 않는 시각 자극을 제시하는 것이다(Finney et al., 2001; see also Cardin et al., 2020). 만약 상부 측두엽이 언어 관련 자극에만 반응한다면, 언어와 관련이 없는 시각 자극은 이 영역에 아무런 영향을 미치지 않아야 한다. 선천적 청각장애인들(출생부터 청각장애가 있는 사람들)이 매우 단순한 기본적인 움직이는 시각 자극(사인파 그레이팅, sine-wave grating)을 볼 때, 후방 측두엽 영역에서의 신경 활동이 증가하는데, 들을 수 있는 사람들의 경우 청각 자극이 주어질 때 해당 영역이 활성화된다. 추가적인 fMRI 연구들도 고전적으로 청각 관련 피질로 정의되는 후방 측두엽 영역의 활성화가 선천적 청각장애인에게서는 비언어 시각 자극이 주어질 때 증가한다는 발견을 확인했다(Finney et al., 2003). 따라서 청각장애인의 경우, 청각 처리에 필요하지 않은 상부 측두엽 영역으로 시각 정보 처리가 이동하는 것으로 보인다. 그러나 이러한 상부 측두엽 영역은 여전히 다른 시각적 자극보다 언어에 더 강하게 반응하는 것으로 보인다. fMRI 데이터는 청각장애 수어 사용자의 좌뇌 측두엽이 다른 똑같이 복잡한 시각 자극보다 수어에 더 강하게 반응한다는 것을 보여 준다(Sadato et al., 2005). 따라서 선천적 청각장애인의 상부 측두엽은 일반적으로 시각적 자극에 반응하는 반면, 좌뇌 상부 측두엽은 여전히 다른 복잡한 시각적 자극보다 언어 관련 입력을 더 선호하는 것으로 보인다. 전반적으로, 뇌가 조직화되는 방식은 부분적으로 뇌가 받는 특정 감각 입력에 따라 달라지지만, 언어의 경우에는 이미 '내재한(hard-wired)' 선호에 의해서도 달라진다.

---

4) 역자 주: Left Inferior Frontal Gyrus (좌뇌 하전두회)

우반구가 수어에서 특별한 역할을 수행하는가

좌반구는 음성 언어에 반응하는 것과 거의 같은 방식으로 수어에 반응한다. 그러면 우반구는 무슨 일을 하는 것일까? 우반구는 시공간 정보를 처리하는 데 중요한 역할을 한다. 우반구 뇌 손상을 경험한 사람들은 종종 다른 사람들과 다르게 공간을 인식한다. 예를 들어, 우반구 뇌 손상은 시각 세계의 왼쪽을 인식하지 못하는 것처럼 보이는 편측 무시(hemifield neglect) 장애로 이어질 수 있다. 수어는 시공간 지각에 의존하고 우반구가 시공간 지각에 크게 관여하기 때문에 일부 이론가들은 음성 언어보다 수어에 우반구가 더 많이 관여한다고 제안했다. 그러나 수어가 일반적으로 음성 언어 처리에 참여하지 않는 우반구 영역을 활성화한다는 생각에는 여전히 논란의 여지가 있다 (예: Hickok et al., 1998b; MacSweeney et al., 2002; Neville et al., 1997, 1998; Ronnberg et al. al., 2000; Trettenbrein et al., 2020).

Helen Neville과 그녀의 연구팀은 수어 처리 연구에 뇌 영상 기술을 최초로 적용했다. 그녀의 연구에 따르면, 청각장애인과 들을 수 있는 수어 사용자들이 구어 또는 문어 처리에 관여하지 않는 우반구 영역을 사용하는 것으로 나타났다. [그림판 18]은 수어와 비슷한 의미 없는 제스처 대비 ASL 문장에 대한 신경 반응을 fMRI로 측정한 것을 보여 준다. 데이터는 두 그룹의 원어민 수어 사용자에게서 나온 것인데, 한 그룹은 청각장애가 있는 사람들이었고 다른 한 그룹은 들을 수 있는 사람들이었다(Neville et al., 1998 ; see also Matchin and Hickok, 2020). 들을 수 있는 수어 비사용자로 구성된 추가 그룹도 대조군으로 포함되었다. [그림판 18]에서 알 수 있듯이 수어를 모르는 사람들은 의미 있는 수화에 대해서도 의미 없는 수화에서와 같은 신경 반응을 보였다. 대조적으로, 두 원어민 수어 사용자 그룹은 좌반구 및 우반구 모두에서 의미 없는 몸짓보다 의미 있는 ASL 문장에 더 크게 반응하는 뇌 활동을 보여 주었다(그림판 18의 빨간색 및 노란색 영역 참조). 이러한 활성화는 후두-측두-두정 접합부(occipital-temporal-parietal junction) 및 좌반구의 하부 전두엽(inferior frontal lobes)같이 고전적으로 정의된 언어 영역(베르니케 및 브로카 영역 포함)에서 관찰되었다. 그러나 두 수어 원어민 사용자 그룹 모두 좌반구 언어 영역의 대응(상동체, homologues)인 우반구 영역에서도 활성화를 보였다. 우반구 반응은 청각장애가 있는 사람들과 원어민 수어 사용자 사이에서 현저하게 유사했지만, 청각장애가 있는 원어민 수어 사용자는 청각장애가 없는 원어민 수어 사용자보다 우뇌 하부 전두엽(right inferior frontal lobe) 활성화가 더 크게 나타났다. Neville과 동료들은 ASL에 대한 우반구의 반응을 우반구의 시공간 처리 능력과 수어의 시공간 속성의 결합을 반영하는 것으로 보았다. 그들의 말에 따르면, "ASL의 특수한 성질과 구조는 우반구를 언어 시스템으로 끌어들이는 결과를 낳았다"(Neville et al., 1998, p. 928).

추가적인 연구들 역시 우반구의 일부 영역이 수어에는 반응하지만, 문자에는 반응하지 않는 것을 보였다. Ronnberg 등(1998)은 한 가지 과제에서 청각장애 수어 사용자와 들을 수 있는 피험자에게 나중에 있을 재인 테스트를 위해 단어를 암기하도록 하는 과제(일화 기억 과제)와 다른 단어를 의미적으로 분류하는 과제(의미 판단 과제)를 하도록 했다. 그들은 PET 스캔 방법을 사용하여 대뇌 혈류를 측정했으며 의미 판단 과제가 수어 사용자와 들을 수 있는 피험자 모두에서 주로 좌반구 영역을 활성화한다는 것을 발견했다. 대조적으로, 일화 기억 과제는 청각장애 수어 사용자에게서만 우반구의 두정엽과 후두엽의 교차점 근처 영역에서 상당한 활성화를 유발했다(들을 수 있는 피험자에게서는 활성화가 유발되지 않는다). 들을 수 있는 비수어 사용자가 의미 있는 제스처를 지각할 때는, 청각장애 수어 사용자들의 수어 지각 시 활성화되는 우뇌 후두 두정 영역(right occipitoparietal regions)이 아닌 좌반구의 영역들이 활성화된다(Decety et al., 1997). 따라서 제스처에 대한 우반구 후두–두정엽의 반응은 그러한 제스처가 이미 수어로 확립된 부분일 때만 발생하는 것으로 보인다.

서로 다른 연령대에 수어를 습득하는 사람들은 서로 다른 두뇌 메커니즘을 사용하여 수화를 처리할 수 있으며, 이에 따라 다른 시공간 자극이 아닌 수화에 특별히 반응하는 우반구의 뇌 영역을 찾는 것이 복잡해진다. 원어민 수어 사용자의 두뇌 조직은 비원어민 수어 사용자 및 들을 수 있는 사람들과 다를 수 있다. 왜냐하면 원어민 수어 사용자는 수화를 더 일찍 배우기 시작하고, 수어 사용 연습이 더 많고, 청각장애가 있는 경향이 있고, 혹은 이러한 요인들이 모두 결합해 있기 때문이다. 수어 처리를 위한 일부 우반구 영역의 활용은 결정적 시기가 끝나기 전에 수어 학습이 시작되는 경우에만 발생할 수 있다. 기능적 자기공명영상(fMRI) 데이터는 의미 있는 수화에 대한 신경 반응의 일부가 원어민과 비원어민 사이에서 다르다는 것을 보여 준다(Newman et al., 2002; Neville et al., 1998이 원어민 수어 사용자들의 신경 반응이 원어민 수어 사용자가 들을 수 있는지 없는지에 따라 달라진다는 것을 보인 것처럼). 들을 수 있는 원어민 수어 사용자들의 경우, 비언어 수지 제스처를 볼 때보다 의미 있는 ASL 기호를 볼 때 우반구 영역이 더 활성화되었다. 대조적으로, 사춘기 이후 수어를 배우기 시작한 들을 수 있는 수어 사용자들로 구성된 비교 그룹은 의미 있는 수화에 대해 좌반구의 반응만 보였다. 이 데이터는 수어 처리의 우반구 관여에 대해 세 가지 사실을 함의한다. 첫째, 우반구는 들을 수 있는 수어 사용자의 수화로 인해 활성화되었기 때문에 우반구 관련성은 개인이 청각장애를 가졌는지에 따라 달라지지 않는다. 둘째, 의미 있는 수화가 비원어민 수어 사용자보다 원어민 수어 사용자의 우반구 활성화를 더 크게 이끌었기 때문에, 개인이 초기 결정적 시기 동안 수화를 배우기 시작한 경우에만 일부 우반구 영역이 수어 처리에 참여할 수 있다. 마지막으로, 들을 수 있는 원어민 수어 사용자들과 청각장애가 있는 원어민 수어 사용자 모두 의미가 없는 수화 유사 제스처를 보는 것보다 의미 있는 수화를 보는 동안 우반구 영역을 더 많이 활성화했기 때문에, 우반구 반응 중 일부는 움직임으로 나타나는 인간의 시각적 표현으로 신호화되는 정서나 시공간적 정보를 반영하는 것이 아니라 수화의 언어적 내용과 특히 관련이 있는 것으로 보인다.

다른 연구자들은 이전 연구에서 수화에 대한 우반구의 더 큰 반응은 녹화된 비디오 속에 등장하는 화자에 의해 전달될 수 있는 감정 정보나 기타 비언어적 요인과 같은 하위 수준(low-level)의 디스플레이 속성들의 결과라는 견해를 제안한다(Hickok et al., 1998b). 이러한 요인들을 통제하기 위한 연구에서는 청각장애 수어 사용자 그룹과 들을 수 있는 수어 미사용자 그룹에게 비디오로 녹화된 자극을 제시했다(MacSweeney et al., 2002; Soderfeldt et al., 1994). 아이디어는 사람이 언어를 산출하는 것을 보여 주는 자극을 두 그룹 모두에 제시하는 것이다. 수어 사용자들은 화자가 수화로 문장을 산출하는 비디오를 시청하고, 들을 수 있는 피험자들은 화자가 같은 문장을 말로 하는 비디오를 시청한다. 수어 사용자와 들을 수 있는 피험자들의 신경 활동을 비교했을 때, 두 그룹 모두 같은 정도의 우반구 및 좌반구 활성화를 보여 주었다. 더 나아가, Hickok과 동료들은 좌반구 손상이 우반구 손상보다 더 큰 언어적 결함을 초래하긴 하지만, 우반구 손상 환자를 같은 연령대의 손상이 없는 대조군과 비교하였을 때 우반구의 뇌 손상도 언어 처리 능력의 감소로 이어진다는 점에 주목했다. 따라서 우반구 손상에 따른 언어 처리 능력의 감소는 어떤 언어 관련 처리의 특수한 손상이라기보다는 뇌 손상의 일반적인 영향을 반영하는 것일 수 있다.

또한 들을 수 있는 원어민 수어 사용자들이 다른 수어 사용자가 의미 있는 수화를 산출하는 것을 보았을 때, 우반구의 후방 측두엽 영역에서 활성화가 나타났다. 그리고 그 활성화의 정도는 좌반구와 우반구 측두엽이 유사하다(Soderfeldt et al., 1994). 또한 들을 수 있는 원어민 수어 사용자가 다른 사람이 말하는 것을 보거나 들을 때도 우반구의 활성화가 발생한다. 이와 같은 결과는 수어 처리에 대한 우반구의 특별한 역할을 뒷받침하지 않는다. 대신, 수어와 음성 언어가 주로 좌반구 메커니즘에 의해 유사한 방식으로 처리된다는 것을 나타낸다.

요약하자면, 수어 처리에서 우반구의 특별한 역할에 대한 증거는 혼합된 것으로 보이며, 우반구가 음성 언어 처리 시에는 참여하지 않는 방식으로 수어 처리에 참여한다는 것을 확실히 보여 주기 위해서, 그리고 어떤 특별한 수어 기능에 대해서 우반구의 지원이 있어야 하는지를 결정하기 위해서는 추가 연구가 필요할 것이다.

왜 언어는 좌측 편재화되어 있는가

수어의 우반구 논쟁이 궁극적으로 해결된다고 하더라도, 수어와 음성 언어의 기본 기능이 강하게 좌반구에 편재화되어 있다는 점에는 의문의 여지가 없다. 왜 그래야 할까? 일부 이론가들은 좌반구는 빠르게 변화하는 패턴을 처리하도록 구조화되어 있지만, 우반구는 더 천천히 변화하는 자극을 추적하고 평가하는 데 특화되어 있다고 주장한다. 음성에서 음향 에너지는 매우 빠르게 변하며 아주 작은 타이밍 차이도 음향 신호가 인식되는 방식을 변경할 수 있다. 즉, 좌반구는 빠르게 변화하는 자극에 특화되어 있고 우반구는 그렇지 않다면 말하기 및 언어 기능이 좌반구에 편재화되는 것이 합리적이다. 수어를 연구하는 것은 이 가설을 테스트하는 한 가지 방법을 제공한다. 수어 조화(articulation)에 대한 일부 추정에 따르면 수어에서 가장 짧은 음운론적 부분이 조화되는 데는 약 200ms가 걸린다고 한다(Hickok et al., 1998a). 이는 음성 언어의 유사한 조음 프로세스보다 대략 10배가 더 길다. 따라서 좌반구가 빠른 변화에 특화되고 우반구가 느린 변화에 특화되어 있다면 음성 기능은 강하게 좌반구로 편향되고 수화 기능은 강하게 우반구로 편향될 것으로 예상할 수 있다.

청각에 장애가 있건 없건 원어민 수어 사용자가 수어를 처리하는 동안 우반구 영역을 활성화한다는 것을 우리는 이미 확인했다(Neville et al., 1998, 1997). 그러나 이러한 우반구 영역들이 수어 이해에 절대적으로 필수적인 것으로 보이지는 않는다. 뇌 손상을 입은 수어 사용자의 데이터에 따르면 음성 언어 화자에게서 나타나는 것과 마찬가지로 수어 사용자의 실어증 증상은 좌반구 뇌 손상으로 나타난다는 것을 보여 준다(Hickok et al., 1996, 1998a; Pickell et al., 2005).[9] 좌반구 손상은 예를 들어 잘못된 손 모양, 잘못된 위치 또는 잘못된 움직임을 사용하는 등 수어의 음운론 및 형태적 오류를 초래한다([그림 12.6] 참조). 음성 언어 실어증에서 나타나는 유형과 비슷하게 수어 실어증에는 유창하지 못하거나 유창한 유형의 실어증이 포함된다. 유창하지 못한 음성 언어 실어증과 마찬가

〈음운론적 오류〉

ASL: 적절한 수화 'then'   LHD: 움직임 오류

ASL: 적절한 수화 '개구리'   LHD: 머리 위치 오류

〈형태론적 오류〉

ASL: 맥락에 대한 적절한 수화   LHD: '항상 똑똑하는
형태인 '똑똑한(brilliant)'   (always brillianting)'을 의미하는
　　　　　　　　　　　　　　　　형태론적 오류(부적절한 형태)

[그림 12.6] 실어증이 있는 수어 사용자들의 산출 시 오류 예시

출처: Hickok et al. (1998a), Elsevier

지로, 유창하지 못한 수어 실어증 환자는 수어 이해에는 뚜렷한 결함이 없이, 산출에 있어 중단이 많이 되고 매우 힘든 산출이 나타난다. 유창한 실어증 환자들은 빠른 속도로 일련의 수화를 생성하지만, 이들의 수화는 음운론적, 문법적 오류를 가진다.[10] 대조적으로, 우반구 손상은 참조나 기타 담화 기능들, 즉, 응집적인 주제 유지, 서사에서 적절한 수준의 세부 사항 제공, 사실은 근거가 없는 것을 서술에 정보로 포함하는 작화(confabulation)를 피하는 것과 같은 기능들을 수행하는 데 어려움을 초래할 수 있다(Hickok et al., 1998a, 1999).

　따라서 일반적인 결론은 뇌의 좌반구 영역이 의미 있는 표현을 이해하고 산출하는 데 관련된 기본적인 수어의 기능에 중요하다는 것이다(Hickok et al., 2002). 좌반구가 손상되면 이러한 기능이 심각하게 저하될 수 있다. 우반구 영역은 수어 이해에 관여할 수 있지만 문장 길이나 더 짧은 표현의 이해에 있어 필수적인 역할을 하는 것으로 보이지는 않는다.[11] 이러한 발견은 언어가 좌반구가 감지하도록 특화된 빠른 패턴의 변화를 포함하기 때문에 좌반구로 편재화된다는 이론에 의문을 제기한다. 수어의 구성 성분들이 음성에 비해 상대적으로 느린 속도로 산출되지만, 수어도 어쨌든 좌반구에 편재화되어 있기 때문이다.

대안적인 가설은 좌반구가 복잡한 운동의 계획과 실행에 특화되어 있고, 언어가 복잡한 운동의 계획과 실행을 포함하기 때문에 좌반구가 언어 기능을 지배한다는 것이다. 대부분의 사람은 오른손잡이이며 미세한 운동 제어가 필요한 작업을 수행할 때 오른손을 사용한다. 음성 장치 및 수어와 관련된 수지 조음기를 제어하려면 모두 절묘한 수준의 미세한 운동 제어와 움직이는 순서에 대한 계획이 필요하다. 그러나 수어 실어증에 관한 연구는 언어적 제스처의 통제가 상대적으로 온전한 상태에서 비언어적 제스처의 제어만 손상될 수 있다는 것을 보여 준다(Corina, 1999; Hickok et al., 1998a).[12] 어떤 환자들은 ASL 동작 레퍼토리의 일부가 아닌 복잡한 동작들은 그대로 반복할 수 없지만, 똑같이 복잡한 동작이지만 수어 레퍼토리의 일부인 것은 반복하고 자발적으로 산출할 수 있다. 따라서 복잡한 움직임의 계획과 언어적 제스처의 제어는 독립적인 것처럼 보이며, 좌반구가 복잡한 운동 제어를 전문으로 하기 때문에 언어의 좌뇌 편재화가 발생하는 것으로는 보이지 않는다.

수어 사용자와 음성 언어 사용자 모두 언어에 대한 신경 반응은 주로 좌측 편재화되어 있고, 뇌 손상이 있는 수어 사용자와 음성 언어 화자의 언어 기능 붕괴가 같은 패턴을 따르기 때문에 우리는 언어의 특정한 물리적 자질이 뇌가 언어 처리를 위해 구조화되는 방식을 결정하지 않는다는 결론을 안전하게 내릴 수 있다. 청각 채널을 통해 언어가 발화되고 전달이 되건 시각 채널을 통해 수화가 만들어져 전달이 되건 어휘 및 구문 처리 과정은 주로 좌반구에서 진행된다. 수어의 경우 보충적인 우반구 처리가 발생할 수 있는데, 왜냐하면 수어는 우반구로 편재화된 시공간 기능에 부분적으로 의존하기 때문이다. 빠른 변화 가설이나 운동 순서 가설 모두 이러한 편재화의 패턴을 설명하지 못한다. 둘 다 실제로 관찰되는 것보다 수어의 더 강한 우반구 편재화를 예측하기 때문이다. 수어 및 음성 언어 모두의 좌반구 편재화와 양립할 수 있는 한 가지 가설은 좌반구가 음운 및 통사 정보가 전달되는 특정 물리적 수단과는 상관없이 음운 및 통사를 포함한 추상적인 문법 처리에 특별히 활용된다는 것이다.

인지 처리에 대한 청각장애인과 수어 학습자의 효과

어떤 사람들은 오감 중 하나를 잃으면 다른 감각이 그것을 보상한다고 믿는다. 그렇다면, 청각장애가 있는 사람들은 들을 수 있는 사람들보다 더 뛰어난 시력을 가져야 한다. 청각장애가 있는 사람들의 시각 임계치 연구는 그들의 기본 시각 처리가 들을 수 있는 사람과 비슷하게 민감하다는 것을 보여 준다(Bavelier et al., 2006; Bosworth and Dobkins, 1999; Neville and Lawson, 1987). 그러므로 들을 수 있는 사람들의 시각 자극 감지 능력은 청각이 없는 사람과 비슷하다. 그러나 들을 수 있는 사람과 청각장애인이 일부 시각 자극에 반응하는 방식에는 차이가 있다. 특히 주변시에 주의를 기울여야 하는 시각 과제를 수행하는 경우, 청각장애인이 들을 수 있는 사람보다 주변시의 목표 자극을 더 빠르고 정확하게 감지한다(Neville and Lawson, 1987; Neville et al., 1983; 전체적인 개관을 위해서는 Alencar et al., 2019 참조). 주변시의 목표 자극을 감지하는 이러한 뛰어난 능력은 해당 목표 자극에 대한 뇌 반응의 차이를 동반한다. 사건 관련 전위(ERP) 데이터는 주변시 목표 자극에 대하여 들을 수 있는 사람들보다 청각장애인이 신경 활동의 변화를 더 빠르게 생성한다는 것을 보여 준다. 주변시 목표 자극에 대한 더 빠른 반응은 청각장애인의 전반적인 시력이 더 좋다는 것을 의미하지 않는다. 왜냐하면 시각 표적이 시야의 중심(와)에 제시되었을 때는 청각장애인들과 들을 수 있는 사람들의 ERP 파형이 서로 매우 유사했고, 두 그룹의 반응 시간도 같았기 때문이다. 따라서 청각장애인들과 들을 수 있는 사람들은 중앙에 제시된 시각적 자극을 감지하는 데는 같은 능력을 보유하고 있지만 청각장애 수어 사용자들은 중앙 시야보다 주변시의 시각적 자극에 대하여 더 나은 지각 능력을 보유하고 있으며, 이러한 장점은 주의의 영향을 받는다.

기능적 자기공명영상(fMRI) 실험에 따르면 청각장애가 있는 것과 조기에 수어를 배우는 것은 뇌가 중추 및 말초 시각 자극에 반응하는 방식에 영향을 미치는 것으로 나타났다(Bavelier et al., 2001, 2000). 한 fMRI 연구에서는 어린 시절 수어를 배운 이른 수어 사용자들(early signers)로 이루어진 두 그룹이 움직이는 점으로 구성된 시각적 디스플레이를 보도록 했다. 한 그룹은 청각장애인들로 구성되었고, 다른 그룹에는 들을 수 있는 사람들만 포함되었다. 움직임은 시야 중앙이나 주변에서 발생했다. 청각장애인은 들을 수 있는 사람에 비해 동작을 처리하는 시각 시스템 부분에서 더 큰 신경 반응을 보였지만, 두 그룹의 피험자들은 중앙에 제시된 동작에 거의 동일하게 반응했다. 따라서 주변시 처리 이점은 들을 수 있는 원어민 수어 사용자들에게서는 발생하지 않으며, 이는 수어를 아는 것이 아니라 청각장애로 인해 이점이 발생한다는 것을 의미한다.

청각장애가 있는 수어 사용자는 시각적 처리가 좌반구로 편재화된 것처럼 보인다(Neville and Lawson, 1987; Neville et al., 1983). 특히 동작 감지에 대한 시각적 임곗값이 오른쪽 시각장(좌반구)에서 더 낮다. 그러나 시각적 처리의 좌반구 편재화는 들을 수 있는 원어민 수어 사용자들에게서도 발생하므로, 이는 어린 나이에 수어를 학습하는 것의 기능인 것으로 보인다. 한 연구에서는 선천적으로 청각장애가 있는 이른 수어 사용자, 들을 수 있는 이른 수어 사용자, 들을 수 있는 수어 미사용자를 실험했다. 그들은 참가자들에게 주의를 집중할 위치를 알려 주는 신호 후에 때때로 제시되는 중앙 및 주변 시야의 목표 자극에 반응하도록 했다. 이 연구는 청각장애인들이 들을 수 있는 사람들보다 시각적 움직임에 반응하는 뇌 영역에서 더 큰 활성화를 보인다는 것을 확인했다. 또한 청각장애인과 들을 수 있는 사람 모두 시각 처리 신경 활동의 좌반구 이동을 보여 주었다(Bosworth and Dobkins, 1999, 2002 참조). 따라서 청각장애는 주변시의 시각적 목표 자극에 대한 뇌의 반응을 향상시키는 것으로 보인다. 수어를 조기에 학습하면 시각적 동작에 대한 좌반구의 반응이 향상되는 것으로 보이는데, 이는 아마도 좌반구 언어 시스템이 수화를 이해하기 위해 시각적 동작에 대한 분석에 크게 의존하기 때문일 것이다.[13] 결국, 우측 시각장에 주의를 기울이는지에 관계없이 원어민 수어 사용자에게서는 좌반구 이점이 나타난다. 이 발견은 그 효과가 지각적이라는 것을 보여 준다. 즉, 수어 사용자의 시각 시스템은 주어진 어떤 순간에 주의의 초점이 어디에 있는지에 관계없이 우측 시각장의 목표 자극에 더 민감하다.

청각장애인들이 시각적 주변을 더 잘 인식하는 이유는 무엇인가? 그리고 청각장애가 있는 수어 사용자와 들을 수 있는 수어 사용자가 왼쪽 시각장보다 오른쪽 시각장에 제시된 시각적 목표 자극을 더 잘 인식하는 이유는 무엇인가? 청각장애가 있는 수어 사용자에게 발생하는 지각 효과는 아마도 청각장애의 결과로 나타나는 뇌의 물리적 변화와 수어 사용으로 나타나는 지각 자극 처리 전략의 변화를 모두 반영하는 것 같다. 청각장애인의 뇌와 들을 수 있는 사람들의 뇌 사이의 주요 물리적 차이는 중앙 및 후방 측두엽의 상부에 있는 일차 및 이차 청각 피질에 대한 입력에 있다. 청각장애가 있는 연령과 수어 및 음성 읽기에 대한 경험은 뇌의 이 영역이 청각장애 경험에 대한 반응으로 어떻게 변화하는지에 영향을 미친다. 언어 이전 청각장애(prelingual deaf)라고도 불리는, 태어날 때부터 또는 그 직후에 청각장애가 있는 아이들은 언어 경험이 없으며 뇌의 여러 부분이 서로 의사소통하는 방식에 심각한 변화를 경험한다(Bavelier et al., 2006). 특히, 일반적으로 소리에 반응하는 측두엽(2차 청각 피질) 일부는 시각(그리고 가능한 경우 촉각) 자극에 반응한다.

　청각장애인과 들을 수 있는 사람들 간 주요한 전략적 차이는 기회와 위협 환경을 모니터링하는 데 사용할 수 있는 수단을 반영한다. 들을 수 있는 사람들은 자기 귀를 사용하여 뒤에 있는 환경을 포함한 주변 환경을 감시할 수 있지만, 청각장애인들은 주의가 할당된 정보를 처리하는 것과 주변 환경을 점검하는 것 모두에 시각을 사용해야 한다. 그 결과, 청각장애인들은 중앙시의 목표 자극에 주의 깊게 집중해야 하는 작업에서 들을 수 있는 대조군의 사람들보다 더 나쁜 성과를 낸다. 예를 들어, 청각장애인들에게 시각적으로 제시되는 두-숫자 배열(two-number sequence)의 개수를 관찰하도록 요청하면 들을 수 있는 대조군의 사람들보다 응답 시간이 더 길고 더 많은 오류를 범한다(Quittner et al., 1994).

관점 수용과 수어

　수어를 배우는 것은 시각적 자극이 처리되는 방식에 영향을 미치는 것으로 보이며, 다른 인지 과정에도 영향을 미친다. 수어는 이해자들이 정신적 공간을 조작하고 자신의 관점만이 아닌 다양한 관점에서 사물을 고려하도록 요구한다. 이러한 요구 사항은 청각장애인들의 사고방식을 변화시키는 것으로 보인다. 수어 이해자는 대화 상대의 관점에서 사물을 보기 위해 보통 정신적으로 시각적 공간을 재배치해야 한다. 수어 사용자는 일반적으로 자신의 시각적 관점에서 물리적 공간을 설명하므로, 수어 화자가 하나의 개체를 오른쪽에 배치하고 다른 개체를 왼쪽에 배치할 때 수어 이해자들이 실제 장면의 배치를 정확하게 표상하기 위해서는 해당 개체의 상대적 위치가 이해자의 마음에서 반전된다는 점을 이해해야 한다. 실제로 수어 이해자는 자신의 관점에서 설명할 때 공간 배열을 처리하는 데 더 많은 어려움을 겪고(수어 의사소통에서 이례적임), 다른 사람의 관점에서 설명된 공간 배열을 처리하기가 더 쉽다고 생각한다(수어 의사소통에서 더 일반적으로 발생; Emmorey et al., 1998). 그러므로 수어 사용자는 정신적으로 공간을 재배치하는 것을 많이 연습한다. 이러한 연습은 수어 사용자가 아닌 사람에 비해 수어 사용자의 뛰어난 공간 능력으로 이어진다. 수어 사용자는 물체의 복잡한 배열에 대한 정신적 이미지를 더 잘 생성할 수 있으며, 두 자극이 공간에서 서로 얼마나 다르게 방향이 지정되어 있는지와 관계없이 두 시각적 자극이 서로의 거울상인지를 더 빠르고 정확하게 판단할 수 있다(Emmorey et al., 1993).

　수어의 일부 표현에서는 이해자가 여러 인물의 관점을 계속 추적하기 위하여 공간을 세분화하고 공간 관계들을 조작해야 한다.

Courtin(2000, p. 267)은 다음과 같이 언급한다.

> 일부 동사는 언어적 공간을 장면의 일부가 되는 하나의 단일 항목을 참조하는 각각의 하위 공간
> 으로 나눈다. 이러한 언어적 과정을 '공간 사상'이라고 한다. … 수어 담화에서의 참조 프레임은 때
> 로는 수어 사용자가 주인공 중 하나의 관점에서 수어를 할 때 공간에서 이동된다. … 이러한 특징
> 들은 청자가 같은 개체의 다양한 시각적 관점을 이해하도록 강요한다. 다시 말해, 수어 표현을 이
> 해하기 위해서는 관점의 상대성을 이해하는 특정 능력이 필요하다.

정신 공간을 조작하는 연습을 하면 앞서 언급한 공간 인지(spatial cognition)에 대한 고급 기술이 향상될 뿐만 아니라 추가적인 이점도 가질 수 있다. 다양한 등장인물의 시각적 관점에서 전개되는 사건을 '봄'으로써 이야기 속 사건을 추적하는 것은 마음 이론(theory of mind, 다른 사람이 인식하고 느끼고, 믿는 것에 대해 생각하는 것)의 중요한 구성 요소인 다른 사람의 인식과 지식에 대해 생각하는 연습을 제공한다. 원어민 수어 사용자는 마음 이론적 기술이 필요한 테스트에서 들을 수 있는 대조군들보다 뛰어난 수행을 보인다(Courtin, 2000; Marschark et al., 2019; Ronnberg et al., 2000). 특히, 원어민 수어 사용자는 틀린 믿음(false belief) 테스트에서 더 나은 수행을 보인다. 틀린 믿음 테스트에서 피험자들은 두 인물이 등장하는 장면을 본다. 등장인물 중 한 명이 물건을 놓고 떠난다. 다른 등장인물이 물건을 다른 위치로 이동시킨다. 그런 다음 첫 번째 등장인물이 장면에 다시 나타나고 피험자들은 첫 번째 등장인물이 물건을 찾을 위치를 말해야 한다. 첫 번째 등장인물은 물건이 옮겨진 실제 새 위치가 아니라 원래 물건을 두었던 장소를 찾아야 한다. 원어민 수어 사용자는 등장인물이 보아야 하는 곳을 더욱 정확하게 지시할 가능성이 더 높으며, 이 능력은 다른 그룹의 사람들보다 원어민 수어 사용자에게서 더 어린 나이에 나타난다.

요약 및 결론

수어는 소음(noise)을 제외하고는 음성 언어의 모든 특성을 가진다. 여러 수어는 사용하는 구체적인 형식이 서로 다르지만 모두 잘 조직된 음운, 형태, 문법 및 통사 체계를 가지고 있으며 모두 의미 없는 하위 단위를 이용하여 의미 있는 복잡한 형태로 결합한다. 수어는 청각 채널이 아닌 시각 채널을 사용하기 때문에 언어 이론을 전반적으로 테스트하는 데 중요한 수단을 제공한다.

수어와 음성 언어에 대한 직접 비교는 상당한 공통점을 보여 주지만, 몇 가지 중요한 차이점도 보여 준다. 일반적으로 수어를 연구하는 것은 언어 습득을 이해하는 것에도 도움이 되며, 수어와 음성 언어를 배우는 방식에는 놀라운 유사점이 있다. 특히, 아이들은 수어를 배우든 음성 언어를 배우든 거의 동시에 비슷한 학습 단계를 거치게 되고, 자신들에게 노출된 모델과 크게 다른 결과물을 산출할 수 있다. 기본적인 수어 처리는 좌반구에 편재화된 것으로 보이며, 뇌 손상 이후 수어 결함의 패턴은 사람들이 뇌의 비슷한 부분에 손상을 입었을 때 음성 언어의 결함 패턴과 매우 유사하다. 뇌 영상 연구는 또한 수어 또는 음성 언어로 표현되는 수화(또는 단어)와 문장에 반응하는 뇌 영

역이 상당히 중복된다는 사실을 발견했다. 수어와 음성 언어의 대조는 기본적인 언어 기능이 편재화된 이유를 이해하는 데 도움이 된다. 앞에서 검토한 연구는 빠른 변화나 복잡한 운동 계획 가설 중 어느 것도 뇌 손상으로 인한 결함 패턴과 양립할 수 없음을 시사한다. 따라서 좌반구는 음운, 형태, 통사와 같은 언어의 추상적인 특성을 처리하는 데 특별히 적용된 것으로 보인다.

그러나 청각장애인이나 수어 사용자를 들을 수 있는 사람들과 비교해 보면 몇 가지 중요한 차이점이 있는 것으로 보인다. 첫째, 수어 음운의 특정 측면이 어휘 접근이 진행되는 방식에 영향을 미치는 것으로 보인다. 일부 수화 매개변수는 음성 언어에서 관찰되는 것과 같은 종류의 이웃 효과를 생성하는 것으로 보이지만, 다른 수화 매개변수는 그렇지 않다. 또한 청각장애인은 들을 수 있는 사람들과 다른 방식으로 주의를 할당하는 것으로 보이며 결과적으로 주변시에 더 민감하다. 청각장애인이든 들을 수 있는 사람들이든 수어 사용자는 시각 자극, 특히 시각적 움직임의 인식에 있어서 좌반구 편향을 보인다. 또한 수어 사용자는 수어 미사용자보다 정신 공간을 더 잘 조작할 수 있는 듯하며, 이는 공간 변환이 필요한 언어 형식을 자주 처리해 본 결과일 가능성이 높다. 마지막으로, 청각장애인이 되는 것과 수어를 배우는 것은 뇌, 특히 청각 연합 피질이 시각 자극에 반응하는 방식을 변화시킬 수 있다.

스스로 점검하기

1. 수어는 음성 언어와 어떻게 비교되는가? 어떤 면에서 유사하거나 같은가? 또 어떤 점에서 서로 다른가? 언어 과학자들은 왜 수어를 팬터마임의 한 형태로 분류하는 것을 거부하는가?

2. 음성 언어의 음운에 해당하는 수어에 관해 설명해 보자. 수어와 음성 언어에서의 음운의 지각은 어떻게 비교되는가?

3. 수어 음운과 통사에서 움직임은 어떤 역할을 하는가?

4. 수어 사용자가 수화를 이해할 때 형태론적 분석을 수행한다는 것을 암시하는 증거를 설명해 보자. 수어 형태론에서 표정은 어떤 역할을 하는가?

5. 청각장애가 있는 수어 사용자들에 관한 연구는 결정적 시기와 언어 습득의 생물학적 기초에 대한 우리의 이해에 어떤 기여를 하는가?

6. 청각장애가 있는 수어 사용자들에 관한 연구는 언어를 위해 뇌가 조직되는 방식에 관해 무엇을 알려 주는가?

7. 청력을 상실하는 것은 주의력, 공간 정보 처리 및 기타 인지 측면에 어떤 영향을 미치는가? 수어를 아는 것은 어떤 영향을 미치는가? 인지 능력에 어떤 부정적인 영향을 미치는가?

더 생각해 보기

1. 일부 청각장애가 있는 아이의 들을 수 있는 부모는 자녀에게 수어보다는 말하기와 독순술을 배우라고 주장한다. 청각장애인 공동체의 일부 구성원은 청각장애가 있는 아동이 자신의 문화적 정체성을 상실하고 있다고 느끼기 때문에 인공 와우 이식에 반대한다. 당신의 견해는 무엇인가? 청각장애가 있는 아이들이 수어 혹은 말하는 법을 배워야 하는가? 아니면 그들은 인공 와우를 이식받아야 하는가?

2부 | 언어 장애

PSYCHOLINGUISTICS

공작은 매디의 의자 옆에 멈추어 섰다.

그는 펨버 씨를 향해 하나의 군부대를 지휘할 수 있을 듯한 목소리로 말했다. "고양이."

–Laura Kinsale

언어 처리 과정은 뇌에 있는 뉴런들의 네트워크에 의해 수행된다. 이 과정을 수행하기 위해 이 네트워크들은 어떻게 조직되어 있을까? 우리 뇌를 이루는 다양한 영역들은 각각 다른 특정한 언어 처리 과제를 수행하는 데 전문화되어 있을까? 만약 그렇다면, 어떤 영역이 어떤 과제를 담당할까? 뇌의 다른 부분들은 어떻게 서로 정보를 공유할까? 뇌에서 언어를 담당하는 부분은 서로 다른 사람들의 뇌에서도 동일한 방식으로 조직되어 있을까? 언어학자들은 언어 처리 능력과 뇌 사이의 관계를 조사하기 위해 두 가지 주요 연구 방법을 사용한다. 이 책의 다른 부분에서 살펴본 것처럼, ERP나 뇌자도(magnetoencephalography: MEG), fMRI와 같은 신경생리학적 뇌 영상 기법들은 언어 산출과 이해를 위해 뇌의 다양한 부분들이 어떻게 함께 작동하는지에 대한 중요한 시사점을 제공해 준다. 그리고 뇌가 손상되거나 장애가 생겼을 때 언어 처리 능력에 어떤 영향을 미치는지 살펴보는 것도 뇌가 언어를 어떻게 뒷받침하는지를 알아보는 또 다른 방법이다. 이런 두 가지 종류의 연구들에서 과학자들은 언어의 신경적 기반(neural underpinnings)을 발견하고자 한다. 즉, 뇌가 어떻게 언어의 산출과 이해 과정에 관여하는지 알아내고자 하는 것이다.

언어의 신경적 기반에 대한 연구는 구체적인 정도에 따라 여러 수준에서 수행될 수 있다. 개별 환자들을 상세히 연구하면 뇌의 특정 부분에 생긴 병변(lesion, 뇌의 손상 영역)이 어떤 증상과 관련되는지 알 수 있다(우리는 이에 대한 몇 가지 예시를 살펴볼 것이다). 훨씬 넓은 뇌의 여러 영역들에 대해서도 살펴볼 수 있다. 예를 들면, 대뇌의 반구 전체를 살펴봄으로써 어떻게 뇌가 언어를 뒷받침하는지 알아볼 수도 있다. 반구의 기능에 대한 연구는 오른손잡이의 거의 대부분(~96%)과 왼손잡이의 대부분(~70%)에서 좌반구가 말과 언어의 이해에 지배적인 역할을 담당한다는 사실을 보여주었다(Rasmussen and Milner, 1977). 이 사실은 WADA 검사를 받은 환자들의 결과를 통해서도 알 수 있다(Wada and Rasmussen, 1960). WADA 검사에서는 환자의 좌반구 또는 우반구로 이어지는 동맥에 소디움 아모바비탈(sodium amobarbital)과 같은 마취제를 투여한다. 그 결과 뇌의 반쪽이 마취되고, 다른 반쪽은 정상적으로 기능하지만 마취된 뇌로부터는 정보를 받지 못한다.[1] 뇌의 한쪽이 마취되어 있는 동안 환자들은 친숙한 대상들을 보고 이름을 말하는 과제를 수행한다. 대부분의 경우 좌반구가 마취된 환자들은 말을 못하고 언어를 이해하는 데에도 어려움을 겪는다. 반면, 우반구가 마취되었을 때 언어의 산출과 이해에 미치는 영향은 미미하다.

WADA 검사를 통해 도출된 언어 기능에 대한 결과는 좌반구에 뇌 손상을 입은 환자들에 대한 연구 결과와 일치한다. 언어와 관련된 가장 극단적이고 명확한 증상은 좌반구의 손상으로 인해 발생하는데, 이것이 바로 이 단원에서 우리가 집중할 주제이다. 이 단원에서 우리는 뇌졸중, 종양 또는 언어를 담당하는 반구(주로 좌반구)의 뇌 조직을 손상시키는 다른 원인들로부터 언어와 관련된 다양한 장애가 발생할 수 있음을 살펴볼 것이다.[2] 또한 좌반구의 특정 영역에 생기는 손상이 언어 장애의 특정한 증상이나 양상과 관련되는지도 함께 알아볼 것이다.

실어증학: 뇌가 손상되면 언어에는 어떤 영향을 미칠까

PET나 fMRI와 같은 현대 뇌 영상 기술이 개발되기 전, 과학자들은 뇌 손상에서 기인하는 언어 장애를 연구함으로써 뇌에서 언어 처리가 어떻게 실행되는지에 대해 다양한 추론을 이끌어 냈다(Dronkers et al., 2007; Finger, 2001; Selnes and Hillis, 2000). 철학자들은 여러 세기 동안 언어 처리의 중심부가 어디에 위치해 있는지 고민해 왔고(Prins and Bastiaanse, 2006),[3] 국재화 가설(localization hypothesis), 즉 뇌의 특정 부분이 특정 언어 기능을 수행한다는 가설에 대한 직접적인 검증은 1800년대 초반에 시작되었다. 그 예로, 프랑스의 내과의사였던 Simon Aubertin은 일찍이 말소리 산출에 좌반구 전두엽이 관여한다는 증거를 제시하였다. 당시 Aubertin은 자살을 시도하며 두개골의 일부를 쏴 버려서 좌측 전두엽이 크게 노출된 환자를 치료하고 있었다. 그는 이 환자의 좌반구 전두엽을 스패출라로 누르면 그 즉시 환자가 말을 멈춘다는 것을 발견했다(Finger, 2001; Woodill and Le Normand, 1996). Aubertin은 이것을 동등잠재력 가설(equipotentiality hypothesis), 즉 언어를 포함한 지적 능력은 뇌 전체가 한꺼번에 작용하는 결과라는 가설과 상반되는 증거로 보았다. 그는 만약 말을 사용하는 과정이 뇌 전체에 넓게 흩어져 이루어진다면, (스패출라를 사용하는 것처럼) 뇌의 작은 영역을 방해하는 것은 말하기에 거의 영향을 주지 않을 것이라고 생각했다. 전두엽의 기능을 일시적으로 방해했을 때 환자의 언어 수행에 매우 큰 변화가 있었다는 점을 바탕으로 Aubertin은 정상적인 전두엽의 기능이 말소리 산출의 필수 요소라고 결론내렸다.

뇌 손상에서 기인하는 언어 장애를 탐구하는 과학 분야인 실어증학(aphasiology)은 Paul Broca가 Leborgne이라는 환자의 병력을 출판한 1800년대 후반에 본격적으로 시작되었다.[4] Paul Broca는 프랑스 파리에서 일하는 외과의사였는데, Leborgne의 의뢰를 받게 되었다. 검사 결과 Broca는 Leborgne이 오직 한 가지, 즉 tan이라는 음절만 말할 수 있으며, 그것도 굉장히 힘들게 말한다는 것을 알아냈다. (Leborgne은 자신의 말을 다른 사람이 이해하지 못한다고 느끼면 종종 욕설을 하기도 했다.) Leborgne을 검사한 지 얼마 되지 않아 Broca는 Lelong이라는 두 번째 환자를 만났는데, 이 환자도 유사한 증상을 보였다. Lelong은 다섯 가지 단어만 말할 수 있었고, Leborgne이 그랬듯 말하는 것을 힘들어했다. 이 두 환자가 사망한 후 Broca는 그들의 뇌에 어떤 공통점이 있는지 연구하였다.

당시 골상학자(phrenologist)들은 이미 언어가 뇌의 전두엽에 의해 지배된다는 주장을 제기한 바

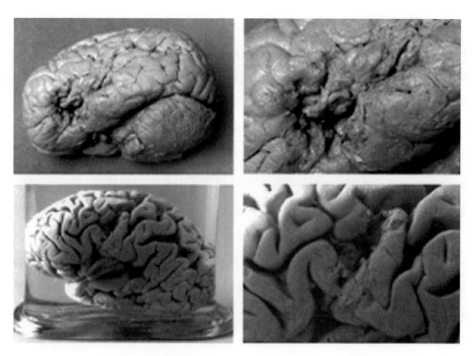

[그림 13.1] Leborgne과 Lelong의 뇌 좌반구. 오른쪽 그림은 브로카 영역을 확대한 모습

출처: Dronkers et al. (2007), Oxford University Press.

있었다(Lanczik and Keil, 1991; Prins and Bastiaanse, 2006). 골상학자들은 사람들의 두상이 그 안에 있는 뇌의 모양에 의해 결정되며, 뇌의 모양은 다양한 인격과 정신적 특성들에 의해 결정된다는 믿음을 갖고 Franz Gall을 필두로 사람들의 두상을 연구했다. 하지만 동시대의 다른 철학자들은 언어가 어느 한 뇌 영역에만 특정될 수 없으며, 다양한 뇌의 영역들이 함께 활동하여 언어가 산출되는 것이라고 주장했다. Broca는 두 환자에 대해 부검을 실시하여 둘 다 좌반구의 전두엽에 상당한 뇌 손상이 있었다는 사실을 발견했다. 놀랍게도 Broca는 그들의 뇌를 폐기하지 않고 보관해서 미래의 과학자들이 연구할 수 있도록 해 주었다. [그림 13.1]은 Leborgne과 Lelong의 좌반구 사진을 보여 주고 있다. 두 환자의 뇌 모두 좌반구 전두엽의 하측(아래) 부분에 위치한 넓은 영역에서 조직이 손실되어 있는 것을 확인할 수 있다.

　Broca는 골상학자들과 Aubertin의 편에 서서 정상적인 사람이 의미 있는 말을 유창하게 하기 위해서는 전두엽의 특정 부분(이후에 브로카 영역(Broca's area)이라고 이름 붙여진 영역)이 필요하다는 결론을 내렸다. 이 결론은 실어증학의 기본 원리에 바탕을 두고 있는데, 이 원리는 만약 뇌의 일부가 손상되었고 그 사람이 이후에 어떤 과제(말하기나 문장을 이해하기 등)를 수행하지 못하게 되었다면, 손상된 뇌 영역이 그 과제를 수행하는 데 관여한다는 것이다. 만약 한 집단의 사람들이 모두 같은 증상을 보이고, 그들 모두 뇌의 동일한 영역에 손상이 있었다면, 이는 해당 과제를 성공적으로 수행하는 데에 이 뇌 영역이 반드시 필요하다는 의미이다.

　Broca가 Leborgne과 Lelong에 대한 연구 결과를 출판하고 나서 몇 년 후, Carl Wernicke[5]가 Broca의 환자들과는 아주 다른 증상을 보이는 Susanne Adam과 Susanne Rother라는 두 환자의 사례에 근거한 다른 언어 증후군을 발견했다(Eling, 2006).[6] 이 환자들은 말을 할 수 있었고 소리를 들을 수는 있었지만, 말이나 글을 이해하는 데에 어려움을 겪었으며, 그들이 하는 말은 신조어

(neologism, 새로 만들어 낸 단어)를 사용하며 의미적으로 말이 안 된다는 특징이 있었다. 두 환자 중 한 명은 '전혀 아무것도' 이해하지 못하는 것으로 보였다(Mathews et al., 1994, p. 447). 이 환자가 사망한 후 부검을 해 본 결과, 그녀의 뇌 후방(뒤)의 측두엽, 두정엽, 후두엽이 서로 만나는 부분 근처에서 병변이 발견되었다. 또한 대뇌 피질의 다른 부분에서도 넓게 조직이 손실되어 있었다. 둘 중 다른 환자에 대해서는 병변이 있었는지, 있었다면 어느 위치에 있었는지에 관한 정보가 남아 있지 않다.

Susanne Rother의 병변 위치 및 두 환자의 언어 이해와 산출을 살펴본 후, Wernicke는 '감각'과 '운동' 실어증에 대한 그의 이론을 수립했다. Wernicke는 뇌의 후방 영역에는 '기억된 이미지'가 저장되는 반면, 뇌의 전방 영역에는 '행동에 대한 인상'이 저장되어 있다고 제안했다(Lanczik and Keil, 1991, p. 174). 그리고 '기억된 이미지'의 두 가지 유형이 언어 이해에 결정적인 역할을 한다고 하였다. 이 '이미지' 중 한 가지는 단어에 대한 음운적(소리) 정보를 반영하며, 또 다른 종류에는 개념적/의미적(뜻) 정보가 반영되어 있다. 그러므로 Wernicke의 관점에서 보면 브로카 실어증은 (운동) 움직임 체계의 오류를 반영하는 것(따라서 운동(motor) 실어증이라고 부름)이고, 뇌의 후방부에 손상이 있는 환자들은 지각-기억 체계의 기능 장애를 반영하는 것(따라서 감각(sensory) 실어증이라고 부름)이다. 더 구체적으로 말하자면, 이 환자들은 언어를 이해하려고 시도하는 과정에서 '소리 이미지'를 인출해 내는 데 실패하는 것이다. 이대로 본다면 이 환자들의 문제는 전반적인 지능의 감소나 사고 능력의 저하를 반영하는 것이 아니다. 실어증은 뇌 손상이 언어의 이해와 산출 과정을 방해하기 때문에 발생하며, 언어 담당 부위의 뇌 손상은 환자의 사고 능력에는 부정적인 영향을 미치지 않는다.[7]

고전 WLG 모형

뇌의 언어 조직에 대해 가장 잘 알려진 이론은 아마 언어의 신경 조직에 관한 베르니케-리히트하임-게슈빈트(Wernicke-Lichtheim-Geschwind: WLG) 모형일 것이다(Geschwind, 1965; 또한 Martin, 2003과 Shallice, 1988 참조). WLG 모형은 지각과 운동(움직임) 과정이 뇌에서 별개의 신경 체계에 의해 수행된다고 주장한다. 이 모형은 지각 과정은 뇌의 후방부(뒤)에서 수행되고, 운동 과정은 뇌의 전방부(앞)에서 수행된다고 가정한다. 따라서 언어 이해에 관여하는 수용적 언어 처리는 후방 측두엽과 두정엽에서 일어나는 반면, 산출 과정은 전두엽에서 일어나는 것이다. 또한 입과 혀의 움직임을 통제하는 운동 피질의 바로 앞에 위치한 연합 피질(association cortex)에는 말하는 데 필요한 움직임 패턴들이 저장되어 있다고 가정한다.

WLG 모형에 따르면, 좌반구에 있는 세 개의 피질 구조가 언어의 산출과 이해에 필요한 핵심 과정을 수행한다. 베르니케 영역(Wernicke's area)은 두정엽과 측두엽의 경계에 있는 상위 측두엽(superior temporal lobe), 각회와 같은 영역으로 이루어져 있다. 이 영역은 측두엽에서 청각 자극에 대한 기본적인 음향 분석을 담당하는 영역의 바로 뒤에 위치해 있다. 베르니케 영역의 바로 뒤 조금 높은 지점에 위치한 각회(angular gyrus)도 언어 처리, 특히 시각적 정보의 분석에 관여한다고 알려져 있다(Corina and McBurney, 2001; Newman et al., 2002). 두 번째 영역인 브로카 영역(Broca's area)

은 좌측 전두엽의 왼쪽 아래 부분으로 이루어져 있다. 세 번째 구조인 궁상섬유속(arcuate fasciculus)은 베르니케 영역에서 브로카 영역으로 정보를 전달해 준다고 여겨졌던 백질(뉴런의 유수 축삭)의 다발을 말한다. [그림판 19]는 MRI의 일종인 확산 텐서 영상(diffusion tensor imaging: DTI)을 통해 만들어진 궁상섬유속 및 그와 관련된 섬유관의 모형을 보여 준다(Catani et al., 2005).

대뇌 피질에서 언어 처리를 담당하는 영역들을 함께 묶어 페리실비안 영역(perisylvian region)이라고 부르는데, 이것은 뇌의 고랑(fissure)과 이랑(gyrus)이 배치되어 있는 모습이 나무와 비슷해 보이기 때문이다(따라서 sylvian[1]이라는 말이 사용되는 것이다). 측두엽과 전두엽 사이에 있는 고랑은 나무의 기둥이 되고, 외측구(lateral sulcus)에서 뻗어져 나온 이랑(피질의 불룩한 부분)과 뇌의 뒷부분으로 향한 고랑이 나뭇가지가 되는 모습이다.

WLG 모형에 따르면 이 세 영역은 언어를 이해하기 위해 말을 의미적, 통사적으로 분석하는 인지적 과정을 담당한다. 또한 의미 있는 유창한 말의 산출에도 관여한다. 이 모형에 따르면 베르니케 영역은 개념적, 의미적(뜻) 표상을 저장하고 있으며, 이 외에도 품사, (동사의) 하위 범주화(subcategorization), (역시 동사의) 논항 구조(argument structure), 그리고 의미 역할(thematic role, 의미 표현에 있어 각 단어가 하는 역할) 등과 같은 기타 어휘 정보들도 저장하고 있다. 그리고 이 영역에는 말소리를 이해할 때 단어를 알아듣기 위해 필요한 음운적(소리 기반의) 부호도 저장되어 있다고 여겨진다. 이 모형의 관점에서 브로카 영역은 발화를 위해 단어들을 문법적으로 배열하고 근육의 움직임을 계획하는 데 관여한다. 궁상섬유속은 말하기와 글쓰기 과정에서 베르니케 영역의 개념적, 음운적 표상에서 가져온 단어의 의미적, 어휘적 정보를 브로카 영역으로 전달하는 역할을 한다.

WLG 모형에 따르면 이 세 가지 뇌 구조는 함께 협력하여 언어 산출을 뒷받침해 준다. Caplan과 Hildebrandt(1988, p. 297)가 얘기했듯이, "개념은 베르니케 영역에서 단어의 음운 표상에 접근하고, 브로카 영역의 말의 움직임을 계획하는 영역으로 전달된다. 그와 동시에 … 개념 영역은 브로카 영역을 활성화시킨다. 발화가 적절하게 실행되는지는 브로카 영역이 이 두 개의 다른 피질 영역으로부터 정보를 잘 전달받는지에 달려 있다." 특정한 언어 기능들은 각각 뇌의 다른 부분들에 위치하기 때문에, 언어 체계의 후방(뒤) 영역과 전방(앞) 영역은 서로 어느 정도 독립적으로 기능할 수 있다. 따라서 어떤 언어 능력이 저하되거나 망가지더라도 다른 능력은 보존될 수 있다. 이해 능력이 저하되어도 말하는 능력은 유지될 수 있고, 말하는 능력이 저하되어도 말을 이해하는 능력은 손상되지 않을 수 있는 것이다. 그러므로 뇌의 다른 부분들에 손상이 생기면 서로 다른 유형의 언어 기능 장애나 서로 다른 증상을 야기하게 된다.

고전적인 WLG 모형은 언어 장애의 세 가지 주요 유형을 정립하고, 각 유형을 앞서 살펴본 세 가지 구조와 대응시켰다. 베르니케 영역의 손상은 말소리의 지각 과정에 영향을 미친다. 구체적으로 말하면, 베르니케 영역이 손상되면 단어에 대한 음운적(소리), 어휘적(의미) 정보에 접근하는 데 문제가 생기고, 그 결과 언어 이해에 직접적인 문제를 일으키고 산출에도 또한 연쇄 효과가 생긴다. 언어 이해 과정에서는 말소리를 통해 개념에 접근하는 능력이 손상되어 의미적인 해석이 어려워

---

1) 역자 주: 나무 또는 숲을 의미하는 라틴어

진다. 언어 산출 과정에서는 말소리 계획 영역이 적절한 음운 부호에 접근하지 못하게 되어 사실상 아무 의미가 없는 말을 하게 된다. 브로카 영역이 손상되면 통사적으로 적절한 문장을 구성하는 과정과 발화에 필요한 근육의 움직임을 계획하고 실행하는 과정에 문제가 생기고, 그 결과로 말 실행증(apraxia of speech, '전보어(telegraph)'처럼 부자연스럽고 자주 끊어지는 말)이 나타난다. 궁상섬유속이 손상되면 언어 처리를 담당하는 뇌 후방부와 브로카 영역 사이에 소통이 단절되어 발화된 말을 따라하는 데 어려움이 생기지만, 언어를 이해하는 능력과 의미 있는 말을 산출하는 능력은 보존된다. 이러한 언어 장애의 세 가지 유형을 각각 베르니케 실어증, 브로카 실어증, 전도성 실어증이라고 부른다.

베르니케 실어증

베르니케 실어증(Wernicke's aphasia, 또는 유창성 실어증(fluent aphasia))의 특징으로는 유창하지만 대부분 의미 없는 말의 산출과 말 또는 글을 잘 이해하지 못하는 어려움이 있다. 베르니케 실어증 환자가 산출한 말의 예시가 여기 글상자에 제시되어 있다. 또 다음의 링크를 통해 베르니케 실어증 환자의 영상을 시청할 수 있다: http://www.youtube.com/watch?v=aVhYN7NTIKU. 베르니케 실어증의 가장 큰 문제점은 화자가 단어를 통해 의미를 표현하고, 청자가 단어의 뜻을 나타내는 개념 표상에 접근할 수 있도록 하는 음운 부호에 (비언어적) 개념 표상을 대응시키지 못하는 데 있는 것으로 보인다.[8]

글상자 ......

유창성 실어증 환자의 말 예시(Dick et al., 2001에서 발췌)

(자신이 뇌졸중을 겪었던 경험을 묻는 질문에 대한 답변으로): It just suddenly had a feffort and all the feffort had gone with it. It even stepped my horn. They took them from earth you know. They make my favorite nine to severed and now I'm a been habed by the uh stam of fortment of my annulment which is now forever.

이 글상자에 제시된 베르니케 실어증 환자의 말에는 몇 가지 중요한 특성이 있다. 먼저 신조어(neologism, 만들어 낸 단어)가 몇 개 사용되었는지 세어 보자. 여러 개 있을 것이다. 이에 대한 한 가지 가능한 설명은 화자가 전달하고자 하는 개념을 나타낼 음운 부호를 사용하지 못해서 말을 계획하는 시점에 활성화되어 있는 음운 정보를 아무거나 사용했다는 것이다. 두 번째로, 이 환자의 문장은 대부분 문법적으로 적절하며(문장이 주어와 서술어를 갖추는 등), 특히 마지막 문장의 경우에는 꽤 복잡한 통사적 구조를 갖고 있다.

WLG 모형에 따르면, 베르니케 실어증 환자의 뇌에서 개념 표상은 여전히 브로카 영역에 닿아 있으며 발화 계획 기제는 온전하게 남아 있다. 그 결과 환자들이 말을 유창하게 할 수 있는 것이다. 그러나 뇌의 후방부에서 개념 정보를 적절한 음운(소리) 부호로 대응시키지 못하기 때문에 뇌의 전방부에서 만들어 낸 말이 무의미하게 된다. 또한 베르니케 실어증 환자들에게는 자신이 말하는 것이 자신이 전달하고자 하는 내용과 일치하는지 판단하는 자기 감시 능력이 없는 경우도 있다. 즉, 베르니케 실어증 환자들은 다른 사람들의 말을 이해하지 못하는 것만큼 자신의 말도 잘 이해하지 못한다. 베르니케 실어증은 명칭 실어증(anomia)이라는 또 다른 장애와 관련이 있는데, 이는 어떤 대상이나 행동에 대한 개념적인 이해는 그대로 남아 있는 반면 그 대상이나 행동의 명칭을 인출해 내지 못하는 현상이다. 베르니케 실어증 환자들은 청각적 정보를 받았을 때보다 시각적 정보(글)를 받았을 때 과제를 더 잘 수행하긴 하지만, 일반적으로 청각과 시각 정보를 이해하는 과제들에서 모두 평균 이하의 수행 능력을 보이는 경향이 있다.

브로카 실어증

브로카 실어증(Broca's aphasia, 또는 비문법적 실어증(agrammatic aphasia), 비유창성 실어증(non-fluent aphasia))의 특징은 의미는 있지만 문법적인 구조가 거의 없는, 자주 끊어지며 힘겹게 발음되는 말이다. Bates와 그의 동료들은 다음과 같이 말했다(Bates et al., 1987, p. 21).

> 브로카 실어증은 중요한 문법적 결손을 가져오는데, 이는 이해 과정과 산출 과정에서 모두 나타난다. 이것은 주로 폐쇄적 범주 어휘(of, the, because와 같은 단어들)와 독립적으로 사용되는 문법적 기능어, 그리고 문법적 의존 형태소(kicked에서의 ed, classes에서의 es 등)의 인출과 해석에 큰 영향을 미친다.

흔히 사용되는 실어증 검사로 환자에게 신데렐라 이야기처럼 널리 알려진 이야기를 말해 보라고 하는 방법이 있다. 이 과제를 좀 더 쉽게 하려면 임상가가 환자에게 주어진 이야기에 맞는 그림을 보여 줄 수도 있다(그러면 환자의 장기기억에 부과되는 부담을 감소시킨다). 다음 글상자에는 이 과제를 수행하는 동안 브로카 실어증 환자가 산출한 말의 예시가 제시되어 있다. (브로카 실어증 환자의 영상은 다음 링크에서 시청할 수 있다: www.youtube.com/watch?v=f2IiMEbMnPM.) 이 글상자에 있는 (비유창성) 실어증 환자의 말과 464쪽에 있는 베르니케 (유창성) 실어증 환자의 말을 비교해 보

글상자 ......

비유창성 실어증 환자의 말 예시(Saffran et al., 1989에서 발췌)

a mother ··· three kids ··· bad mother ··· one kid beautiful ··· rich ··· Italian ··· mother ··· stepmother ··· talk about Cinderella ··· Cinderella ··· clean my house ··· you Cinderella. close the door ··· Cinderella like jail ··· mother ··· three kids ··· I love mother ··· Cinderella walk ball ··· people ball ··· rich people ··· man and Cinderella dance dance dance party ··· one ··· dance dance dance ··· dance every time ··· ball beautiful people ··· people watched Cinderella ··· Cinderella ··· beautiful clothes ··· and ··· garments ··· twelve o'clock night ··· Cinderella ··· oh no ··· oh no ··· I'm sorry ··· I'm sorry people ··· I love you baby ··· walk walk ··· tumble ··· one shoe ··· bye-bye ··· Cinderella ··· pumpkin cab ··· oh shoe ··· oh please ··· oh well ··· walk pumpkin car.

자. 이 둘은 서로 아주 다르다. 이것이 바로 신경학자들과 언어심리학자들이 두 장애가 서로 다르
며 각각 다른 결함을 반영한다고 여기는 이유이다.

　이 글상자와 영상에서 알 수 있듯이 브로카 실어증 환자들은 말하는 것을 아주 어려워하며, 단어
들은 거의 구조를 이루지 않고 나열되어 있다. 그러나 환자는 이야기와 관련된 의미적인 정보를 많
이 제시하였다. 주요 인물들(신데렐라, 나쁜 새엄마와 새언니들, 그리고 왕자)을 모두 이야기했다. 또
이야기의 배경에 대한 정보를 이야기했으며 상세한 주요 줄거리(왕자가 신데렐라와 사랑에 빠지는 결
정적인 포인트를 포함하여)를 모두 언급했다. 심지어 호박으로 만들어진 마차에 관한 디테일까지도
포함시켰다. 이 환자의 말에서 부족한 것은 정상적인 사람들이 말하는 것과 같은 원활한 발화이다.
또한 조동사나 시제, 수 일치를 표현하는 형태소 등의 문법적 표지는 거의 전혀 사용되지 않았다.

　문법적인 형태나 문법적 단서가 정상적으로 사용되지 않은 것은 브로카 실어증의 대표적인 특
징이다. 그러나 브로카 실어증으로 진단받은 환자들 사이에서도 이러한 문제의 심각한 정도는 매
우 다양하다. 이 범위의 한쪽 끝에 있는 환자들은 비문법증(agrammatic)이라고도 불리는 말 실행증
(apraxia of speech, 우리의 예시에 제시된 것과 비슷한 말)을 보인다. Caramazza와 Berndt(1987, p. 911)
의 말을 빌리자면, "비문법적 말은 놀라울 만큼 전파어 같은 형태를 가지는데, 그 안에서 통사 구조
는 하나의 평서문에 그치고, 기능어는 잘 사용되지 않으며, 동사는 (동사가 사용된 경우라면) 굴절되
지 않은 경우가 많다"(굴절되지 않았다(uninflected)는 것은 동사가 보통 갖는 −ed나 −ing와 같은 접미사
를 갖고 있지 않다는 뜻이다).[9]

　비교적 덜 심각한 브로카 실어증의 언어 장애는 실문법적 언어(paragrammatic speech)이다. 다시
한번 Caramazza와 Berndt(1987, p. 912)의 말을 빌리자면 다음과 같다.

> 　실문법적 언어는 통사 구조의 큰 결함이라기보다는 단어들을 부적절하게 늘어놓는 현상이다.
> [예를 들면] 적절한 형태의 명사를 사용하지 않고 부정(indefinite) 명사구를 대신 사용하거나, 어
> 떤 대상을 지칭하기 위해 옳지 않은 명사를 사용하는 것 등이다. … [이것은] 종종 심각한 문법적
> 오류를 가져오기도 하는데, 그 예로는 품사 위반(동사나 형용사의 자리에 명사를 사용하는 것 등)
> 이나 선택 제한의 위반(무생 명사(inanimate nouns)가 필요한 문장에 유생 명사(animate noun)
> 를 사용하는 것 등)이 있다. 그럼에도 불구하고 이 환자들의 말은 보통 통사적으로 잘 구성되어 있
> 다는 인상을 준다.

　이렇게 자주 끊기는 힘겨운 말의 원인이 브로카 실어증 환자들이 말을 할 때 단순히 단어의 명칭
을 잘 인출하지 못하기 때문일까? 아마도 그렇지는 않은 것으로 보인다. 예를 들어, 뇌졸중 환자들
은 진단 검사 절차의 일환으로 대면 이름대기 검사(confrontation naming test)를 수행하는 경우가 있
다(이 검사는 보스턴 실어증 진단 검사(Boston diagnostic aphasia examination)나 웨스턴 실어증 검사(Western
aphasia battery)와 같이 언어 능력을 특정하는 더 큰 검사의 일부이다). 대면 이름대기 검사에서 환자들
은 일상적으로 마주치는 물건의 그림을 보고 적절한 이름을 생각해 내는 과제를 수행한다. 브로카
실어증 환자들은 종종 적절한 단어를 인출해서 발음하는 데 어려움을 겪기도 하지만 일반적으로는
일상적으로 마주치는 물건의 적절한 이름을 말할 수 있다. 초기 연구자들은 많은 브로카 실어증 환

자들이 상대방의 요청('신데렐라 이야기를 말해 달라' 혹은 '다리를 왜 다쳤는지 말해 달라'와 같은 요청)에 응답할 수 있으며 대화 중에 의미 있는 답변을 할 수 있다는 사실을 근거로 하여 그들의 장애가 대부분 혹은 전적으로 말의 산출에 한정되어 있다고 여겼다. 그들은 브로카 실어증에서 언어 이해 능력은 사실상 아무런 영향을 받지 않고 온전하다고 믿었다.

전도성 실어증

전도성 실어증(conduction aphasia)의 특징은 말과 글을 이해하는 능력과 유창하고 문법적인 말을 산출하는 능력은 온전한 반면, 구문이나 문장의 발화 형태를 듣고 그대로 따라하지 못하는 것이다. 하지만 개별 단어를 따라 말하는 능력은 남아 있는 것으로 보인다. 전도성 실어증 환자들이 구문이나 문장을 따라 말하는 데 어려움을 겪는 것은 이 과제를 수행하는 데 필요한 음운 정보가 그다지 오랫동안 활성화되어 있지 않기 때문인 것으로 보인다. 입력된 말소리의 음운 정보는 빠른 속도로 손실되지만, 전도성 실어증 환자들은 들은 말의 의미 정보는 꽤 오랜 시간 동안 기억한다. 이것은 전도성 환자들에게 말을 따라해 보도록 하는 과제에서 밝혀졌다. 예를 들어, 전도성 실어증 환자들에게 'The pastry cook was elated.'라는 문장을 따라해 보도록 했을 때 그들은 'Something about a happy baker.'이라고 대답했다(Dronkers et al., 1998; 또한 Lukic et al., 2019도 참조).

전도성 실어증 환자들이 음운 정보의 활성화 상태를 유지하지 못한다는 것은 재인 과제에서의 수행에서도 드러난다. 재인 과제는 정보를 단시간 동안 기억하는 데 필요한 인지적 부담을 줄여 준다. 예를 들어, 한 연구에서는 14명의 전도성 실어증 환자들을 대상으로 재인 과제를 사용해서 문장의 즉각적인 재인을 검사했다(Baldo et al., 2008). 환자들에게 먼저 'The van was dirty.'와 같은 문장을 들려주었다. 그 후에는 바로 세 개의 문장이 인쇄된 카드를 보여 주었다. 세 문장 중 하나는 방금 그들의 들었던 문장과 동일했다. 다른 두 개의 문장은 원래의 문장에서 van과 같은 한 단어를 truck이나 car처럼 의미가 유사한 다른 단어로 대체한 오답지였다. 어떤 경우에는 'The apple was dirty.'처럼 오답지 문장의 단어가 전혀 관련 없는 의미를 가진 단어로 대체되기도 했다. 전도성 실어증 환자들은 정답지와 의미가 완전히 다른 오답지에 대해서는 거의 헷갈리는 일이 없었는데, 이것은 그들이 들은 문장의 의미 정보를 단시간 동안 기억할 수 있었음을 보여 준다. 그러나 오답지 문장이 정답지와 가까운 의미를 가진 경우에는 전도성 실어증 환자들이 정답을 맞출 확률이 우연 수준에 머물렀다. 즉, 그들은 원래 문장의 단어가 car이었는지, 혹은 truck이나 van이었는지를 단 몇 초 동안도 기억하지 못했던 것이다. 정상인들의 경우에는 원래 문장을 듣고 나서 더 긴 시간 동안 집중에 방해를 받은 후 테스트를 수행하면 이런 결과를 보인다(Bransford et al., 1972).

전도성 실어증 환자들은 아주 짧은 시간 동안이라도 음운 정보를 기억하는 능력이 없지만, 그들이 들은 문장의 의미를 기억할 수 있다는 사실은 그들이 음운 정보를 사용해서 저장된 개념에 접속했다는 것을 보여 준다. 따라서 그들이 문장의 정확한 형태를 단 몇 초 동안도 기억할 수는 없지만, 그들이 음운 정보를 사용해서 장기기억에 있는 의미 정보를 활성화시켰고, 이렇게 활성화된 장기기억의 의미 정보는 비교적 더 안정적이라는 것을 알 수 있다. 그 결과 전도성 실어증 환자들은 의미 정보를 활용해서 언어의 이해와 산출을 뒷받침할 수 있다. 그들은 의미 정보를 활용해서 문장을 다른 말로 바꾸어 표현할 수는 있지만, 음운 정보는 너무 빨리 감퇴하기 때문에 그들이 들은 문장

을 그대로 따라 말하지는 못한다.[10]

고전 WLG 모형의 한계

Carl Wernicke는 뇌의 후방부(뒷부분)에 손상을 가진 환자들에 대한 임상 연구와 인간 뇌에 대한 생리학적 해부학 연구를 바탕으로 전도성 실어증(이해의 어려움이나 산출의 어려움 없이 말을 따라하지 못하는 것)에 대한 아이디어를 발전시키기 시작했다. 이후 연구들을 통해 전도성 실어증의 존재가 확인되었고 전도성 실어증과 관련된 신경해부학적 증거들이 발견되었다. 그러나 당시의 많은 신경학자, 언어학자, 언어심리학자들은 고전 WLG 모형이 언어 처리에 관여하는 신경 기제에 대해 잘못설명하고 있다고 생각했다(예: Landrigan et al., 2021; Mesulam et al., 2019 참조). 왜 그랬을까?

이 고전 모형에 대한 주된 비판점은 이 모형이 언어 처리에 관여하는 뇌 영역들을 정확히 설명하지 않는다는 것이었다. 예를 들어, Broca는 (그리고 이후의 Broca 신봉자들은) 비유창성 실어증이 하위 전두엽에 위치한 특정 영역의 대뇌 피질(뇌의 가장 바깥층)에 생긴 손상에서 야기된다고 주장했다. 또 그는 언어 표현 장애는 하위 전두엽에 서로 인접한 두 영역인 삼각부(pars triangularis)와 판개부(pars opercularis)의 손상에서 기인한다고 주장했다([그림 13.2] 참조). 이러한 주장은 그의 환자들, 특히 Leborgne과 Lelong의 뇌에 대한 검사를 근거로 한 것이었다. 하지만 뇌졸중이나 종양이 다른 뇌 조직에 영향을 주지 않고 하나 또는 두 피질 영역만 손상시키는 일은 거의 없다.

실제로 Leborgne과 Lelong의 병변이 브로카 영역을 구성하는 피질 영역을 포함한 것은 맞지만, 사실은 그보다 더 넓은 부분에 걸쳐 있었다. 컴퓨터 축 단층촬영(computerized axial tomography: CT)이나 MRI 촬영을 통해 Leborgne과 Lelong의 뇌를 촬영하려는 시도가 두 번 있었다. 이 촬영 자료들은 두 환자의 경우 모두 피질의 후방부와 전두엽을 연결하는 섬유관을 포함한 피질하 구조(뇌의 가장 바깥층인 신피질(neocortex)의 아랫부분)에까지 상당히 넓은 부분이 손상되어 있음을 보여 주

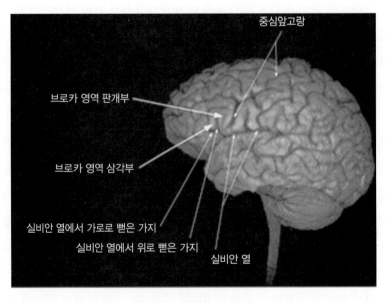

[그림 13.2] 삼각부와 판개부

출처: Adapted from Dronkers et al. (2007), Oxford University Press.

었다(Dronkers et al., 2007; Signoret et al., 1984; 또한 Amici et al., 2006도 참조). Leborgne과 Lelong의 케이스에서 발견된 심각한 언어 장애가 브로카 영역이 아닌 다른 영역의 손상에서 기인했을 수도 있는 것이다. 사실 고전적으로 브로카 영역이라고 불리는 영역(삼각부와 판개부)에만 병변이 있는 경우에는 비교적 일시적인 언어 장애가 발생하긴 하지만 장기적이고 극단적인 발화 장애는 나타나지 않는다(Brunner et al., 1982; Mohr et al., 1978; Penfield and Roberts, 1959).

　베르니케 영역과 베르니케 실어증에 관한 첫 번째 문제점은 Wernicke가 그의 환자들을 분류한 것이 잘못되었을 수도 있다는 것이다(Mathews et al., 1994). 예를 들어, Wernicke의 한 환자가 보인 증상은 치매로 인한 것이었을 가능성이 매우 높다. 게다가 사실 Wernicke는 그녀의 좌측두엽에 병변이 있다는 것을 발견하고 나서야 그녀를 실어증 환자로 분류했다. 즉, 그녀가 딱 그 위치에 병변을 가졌으므로 그 위치의 병변에서 기인하는 장애를 가졌을 것이라고 추론한 것이다. 또 다른 문제점은 신경학자들이 베르니케 영역이 정확히 어디에 있으며 그 크기가 어느 정도인지에 대해 서로 다른 의견을 가졌다는 점이다(Martin, 2003; Matchin et al., 2021; Mesulam et al., 2019 참조). 게다가 Wernicke가 가정한 것과는 달리, 베르니케 영역의 손상과 베르니케 실어증이 항상 함께 나타나는 것은 아니다. 베르니케 영역이 손상되지 않아도 베르니케 실어증 증상이 나타날 수 있으며, 베르니케 영역이 손상되었다고 해서 항상 베르니케 실어증 증상이 나타나는 것도 아니다. Martin(2003, p. 57)이 말했듯, "가장 일반적인 정의(상측두회(superior temporal gyrus) 후방의 세 번째 부분)를 전제로 했을 때, 이 영역에 한정된 병변은 … 베르니케 실어증을 야기하지 않으며 더 넓은 병변이 있어야 한다는 증거가 있다." (우리가 방금 전에 봤듯이, 이 주장은 브로카 영역과 브로카 실어증에도 동일하게 적용된다.) 또한 보통 국소적인(focal) 뇌 손상(뇌의 특정 부위에 한정된 손상)과 관련 베르니케 실어증 증상은, 전형적인 베르니케 영역을 반드시 포함하지 않는 다초점(multifocal) 또는 확산적(diffuse) 병변(넓게 퍼진 뇌 손상)으로 인한 치매 환자들에게서도 발생할 수 있다(Mathews et al., 1994).

　또한 많은 연구 결과들이 고전적인 세 영역 이외에 다른 영역들도 언어의 이해와 산출에서 중요한 역할을 한다는 점을 시사한다. 예를 들면, 기저핵(basal ganglia; [그림 13.3] 참조)의 손상이 브로카 실어증 증상의 양상을 결정한다고 밝혀진 바 있다(Brunner et al., 1982). Brunner와 동료들은 CT 촬영 기법을 통해 환자 40명의 뇌를 촬영하였다. 그리고 환자들이 자연스럽게 발화한 말과 구조화된 여러 가지 언어 산출 과제를 통해 그들의 언어 장애 패턴을 측정했다. 환자들은 브로카 실어증인지 베르니케 실어증인지(혹은 다른 종류의 실어증인지)에 따라 분류되었고, 그들의 언어 능력이 얼마나 손상되었는지도 측정되었다. 이 연구의 주요 결과 중 하나는 브로카 영역에 손상을 가진 환자들이라도 기저핵이 손상되지 않은 경우에는 전형적인 발화 장애(말 실행증과 반복되는 말)를 보이지 않았다는 것이다.

　전두 피질의 또 다른 영역인 뇌섬(insula) 또한 언어 발화에 결정적인 역할을 한다고 여겨지는데, 이 영역이 손상되었는지 혹은 보존되었는지가 뇌졸중이나 종양이 나타난 이후에 가장 극단적 발화 장애인 말 실행증(apraxia of speech)의 발생 여부를 결정하는 것으로 보인다(Dronkers, 1996). 이러한 결과는 CT와 MRI 기법을 통해 말 실행증을 가진 환자 25명의 병변 위치를 조사한 Nina Donkers에 의해 발견되었다. 그들의 병변 위치를 비교한 결과, 25명 모두가 뇌섬 영역에 손상을 갖고 있었다. 또한 실어증 증상은 보이지만 말 실행증 증상을 보이지 않는 19명의 환자들을 추가로 연구했는데,

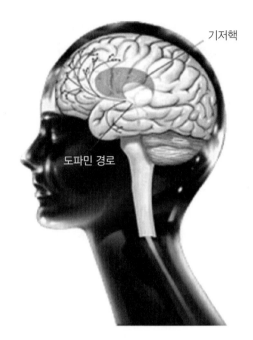

기저핵

도파민 경로

[그림 13.3] **기저핵**

출처: LuckySoul/Adobe Stock.

이들 중에는 뇌섬 영역에 병변을 가진 사람이 아무도 없었다. 따라서 뇌섬 영역이 바로 말 실행증의 출현 여부와 완벽하게 상관관계를 갖는 뇌 영역인 것이다.

또한 고전적인 WLG 모형에서는 뇌의 특정한 위치에 손상이 생기면 그에 따라 특정한 양상의 언어 관련 증상이 나타나야 한다고 여겨진다. 베르니케 영역의 손상은 베르니케 실어증을 가져오고, 브로카 영역의 손상은 브로카 실어증을 가져오는 것이다. 그러나 지난 약 30년간의 연구들은 이러한 주장에 심각한 의문을 제기한다. 뇌의 다양한 위치에 다양한 크기의 병변을 가지고 서로 다른 양상의 언어 장애를 보이는 환자들을 폭넓게 조사한 결과, WLG 모형에서 예측하는 것과는 달리 증상과 병변 위치 사이에는 뚜렷한 상관관계가 없음이 밝혀졌다. 브로카 실어증의 경우 브로카 영역 바깥에 병변을 가진 환자들이 많았다(Caplan, 2006b; Vanier and Caplan, 1990).

신경학자인 David Caplan과 Nancy Hildebrandt는 뇌 손상과 언어 이해 장애를 가진 다수의 환자들을 관찰한 결과, 병변과 증상 사이의 뚜렷한 상관관계는 발견되지 않았다고 보고했다(Thye and Mirman, 2018도 참조). 그들은 통계적인 기법을 활용해서 환자들을 비슷한 사람들끼리 묶어 서로 다른 집단으로 분류했다. Caplan과 Hildebrandt는 병변의 위치와 크기를 바탕으로 각 환자가 어느 집단에 속할지, 그리고 각 집단의 환자들이 공통적으로 보이는 증상은 무엇일지를 예측하고자 했다. WLG 모형에 따르면 뇌 후방에 병변을 가진 환자들은 전반적인 언어 이해 장애를 보여 같은 집단으로 분류되며, 뇌 전방에 병변을 가진 환자들은 문법적으로 복잡한 문장을 이해하는 데 특정한 장애를 보여 또 다른 집단으로 분류되어야 한다. 그러나 이러한 예측과는 달리, Caplan과 Hildebrandt의 환자들이 일련의 문장 이해 과제에서 보인 수행은 그들이 어느 위치에 병변을 가졌는지와는 상관이 없었다. 전두엽에 병변을 가졌지만 문법적으로 복잡한 문장에 대해 과제를 정상적으로 수행한 환자들도 있었고, 뇌 후방에 병변을 가졌으면서 과제 수행에 어려움을 보인 환자들도 있었다. 실제로 환자들의 수행을 잘 예측한 요소는 바로 그들이 가진 병변의 크기였다. 병변의 크기가 큰 환자들은 병변의 위치와 상관없이 과제 수행 능력이 낮은 경향을 보였다. 병변의 크기가 작은 환자들은, 역시 병변의 위치와는 상관없이, 문장 이해 검사에서 높은 점수를 받는 경향이 있었다.

병변 위치와 증상 사이에 상관관계가 없다는 사실은 다른 많은 연구들에서도 발견되었다. Brunner와 동료들(1982)의 연구에서는 베르니케 영역에 손상을 가진 네 명의 환자들 중 단 한 명만 베르니케 실어증 증상을 보였으며, 나머지 세 명은 브로카 실어증 환자로 분류되었다. 또한 베르니케 영역과 피질하 조직에 모두 손상을 가진 다섯 명의 환자들 중에서는 단 한 명만 베르니케 실어증 환자로 분류되었다. 브로카 영역에만 손상을 가진 세 명의 환자들 중 두 명은 일시적으로 언어 장애를 보였지만 이는 곧 사라졌다. 나머지 한 명은 아무런 언어 장애 증상도 보이지 않았다. 하지만 브로카 영역과 그 아래의 피질하 조직에 모두 손상을 가진 두 명의 환자들은 심각한 장기적 언어 장애 증상을 보여 브로카 실어증 환자로 분류되었다. 다른 연구들에서는 베르니케 영역에 손상을 가진 환자들에게 문장을 말해 보도록 했을 때, 이 환자들이 의미적으로 부적절하거나 무의미한 단어와 신조어를 말하는 것에 더하여 수많은 문법적 오류들도 범한다는 것이 발견되었다.

베르니케 영역이 문법적 결함에 관여한다는 사실은 영어보다 더 풍부한 문법적 표지를 사용하는 언어에서 더 잘 드러난다(Bates et al., 1987; 영어는 각 단어와 구에 의미 역할을 할당하기 위해 문법적 표지보다는 어순에 더 많이 의존한다). Amici와 동료들(Amici et al., 2006)은 42명의 실어증 환자들을 대상으로 한 뇌 촬영 연구를 통해 전두엽 병변을 가진 환자들뿐 아니라 뇌 후방 병변을 가진 환자들에서도 브로카 실어증과 같은 증상을 발견했지만, 그들은 이 두 집단의 환자들이 언어 산출과 문법적 이해에 있어 어려움을 보이는 데에는 서로 다른 이유가 있을 것이라고 추측했다(Kristinsson et al., 2020도 참조). Murdoch(1988)은 신경학적 검사와 행동적 평가를 통해 실어증 환자들을 분류했다. 이 환자들 중 두 명은 전형적으로 베르니케 실어증과 연관된 발화 패턴을 보였지만, 둘 다 베르니케 영역에 손상을 가지고 있지는 않았다. 한 명은 두정엽-후두엽 영역에 양측성 병변(bilateral lesion, 양 반구에 걸친 병변)을 갖고 있었으며, 베르니케 실어증 증상을 보인 다른 한 명은 전두 피질과 측두 피질 아래에 있는 피질하 영역에 한정된 병변을 갖고 있었다.

WLG 모형은 고전적인 언어 영역(베르니케, 브로카, 궁상섬유속) 이외의 위치에 뇌 손상을 가진 환자들은 언어를 이해하거나 산출하는 데 어려움을 보이지 않을 것으로 예측한다. 예를 들면, 우반구의 손상은 통사적 구문 분석이나 단어에 대한 의미 역할의 할당에 영향을 주지 않을 것이다. 그러나 환자들에게 단어의 순서나 수 일치와 같은 문법적인 단서를 활용하거나 'The horse the dog kicked.'와 같은 일련의 단어들에 의미를 부여하도록 한 연구에서, 통제 집단과 비교했을 때 뇌가 손상되지 않은 외과 환자들이나 고전적인 언어 영역 이외의 위치에 뇌 손상을 가진 환자 모두 문법적인 정보(동사와 명사가 갖는 수 또는 격 정보)에 주의를 덜 기울이는 것으로 나타났다(Bates et al., 1987; Dick et al., 2001).

Bates와 동료들에 의하면, 특정한 종류의 뇌 손상이 언어 산출의 어려움을 야기하는 이유는 통사적 처리 시스템이 선택적으로 손상되었기 때문이 아니라, 뇌가 손상되면 언어와 같이 복잡한 여러 사고 과정에 필요한 범용적(general-purpose) 자원의 양이 전반적으로 줄어들기 때문이다. 문법적인 단서를 민감하게 감지하고 사용하려면 범용적인 처리 자원이 필요하지만 고통을 견디고 부상을 회복하는 데에도 이 자원이 들어간다. 그러므로 뇌 손상이 반드시 고전적으로 정의된 언어 영역에 있지 않더라도 환자들은 언어를 해석할 때 약하거나 일관성 없는 문법 단서들(예를 들면, 영어의 격 표지나 독일어의 어순 등)을 비교적 잘 사용하지 못한다. 따라서 Bates와 동료들의 관점은 Caplan, Waters, 그리고 그들의 동료들이 환자의 증상을 해석한 것과 유사한 맥락에 있다. 그러나 Caplan과 Waters의 연구진은 페리실비안 언어 처리 영역에 손상이 생기면 오직 언어의 해석과 산출에만 고유하게 사용되는 처리 자원의 양이 줄어든다고 주장했다(Caplan and Hildebrandt, 1988; Caplan and Waters, 2006; Waters and Caplan, 1996; 또한 Matchin, 2018도 참조).

뇌 병변 위치가 환자가 어떤 증상을 보일지를 예측해 주지 못한다면, 뇌 구조와 언어 처리 간의 관계에 대해 우리는 어떤 결론을 내릴 수 있을까? 언어 처리를 담당하는 뇌 구조에는 아무런 체계도 없을까? 다중 작용설(mass action, 고차원의 인지적 작용은 뇌의 광범위한 영역에 골고루 걸쳐 일어난다는 학설)이나 동등잠재력 가설(equipotentiality, 뇌의 어느 부분이라도 모든 종류의 심적 과정을 수행할 능력이 있다는 학설)이 정말 사실일까? 병변과 장애 사이의 상관관계가 복잡하다고 해서 이것이 반드시 동등잠재력 가설이 옳음을 의미하지는 않는다. 또 다른 가능한 대안적인 해결책으로는 언어 능력은 두뇌의 다양한 피질 및 피질하 영역에 달려 있지만 언어 전반, 또는 특히 통사적 처리를 담당하는 뇌 영역은 사람마다 다르게 구성되어 있다고 가정하는 방법이 있다(Caplan and Hildebrandt, 1988). 이러한 접근은 서로 다른 위치에 병변을 가진 사람들이 어떻게 동일한 언어 장애 양상을 보일 수 있는지를 설명해 준다. 또한 대략 동일한 위치에 병변을 가진 사람들이 어떻게 서로 다른 증상을 보일 수 있는지도 설명해 준다. (주의사항: 사람들의 뇌는 서로 모두 다르며 뇌에 생기는 병변 또한 모두 다르므로, 100% 동일한 케이스는 있을 수 없다.)

언어 기능의 위치가 사람마다 다를 수 있다고 해서 뇌가 언어 처리 기능을 실행하는 방식에 일관성이 전혀 없는 것은 아니다. 만약 우리가 충분한 인원의 환자들을 모아 그들의 병변 위치와 다양한 언어 처리 과제에서의 환자들의 수행 패턴에 대한 질 높은 데이터를 구한다면, 이 환자들의 언어 기능과 관련한 어느 정도 일관된 구조를 발견할 수도 있을 것이다. 이러한 관계를 밝혀낼 잠재력을 가진 연구 기법으로는 복셀 기반 병변 증상 매핑(voxel-based lesion-symptom mapping: VLSM) 기법이 있다(Bates et al., 2003; Dronkers et al., 2004; Kristinsson et al., 2020; Mirman and Thye, 2018; Wilson and Saygin, 2004; Thye and Mirman, 2018).

VLSM 연구는 국소적 병변을 가진 대규모 인원의 환자들에게 데이터를 수집하는 것으로부터 시작된다. 이 데이터에는 각 환자가 가진 병변의 위치와 크기를 보여 주는 촬영 정보가 포함된다. 각 촬영 자료는 여러 개의 복셀(voxel), 즉 정육면의 뇌 영역으로 나뉜다(복셀은 컴퓨터 디스플레이를 이루는 픽셀(pixel)의 3차원에 해당하는 개념이다). 그런 다음, 각 환자의 각 복셀을 손상되었는지 보존되었는지에 따라 분류한다. 그 후, 환자들을 대상으로 다양한 언어 처리 과제를 수행하도록 한다. 마지막으로 각 복셀에 대해 모든 환자들의 케이스를 조사한다. 해당 복셀이 손상된 환자들을 한 집단으로 분류하고, 해당 복셀이 온전하게 남아 있는 환자들을 또 다른 집단으로 분류한다. 만약 한 복셀이 언어 기능에서 중요한 역할을 담당한다면, 그 복셀이 손상된 환자 집단은 다른(그 복셀이 온전한) 집단에 비해 낮은 점수를 받을 것이다.

[그림판 20]에는 이러한 분석의 결과가 제시되어 있다(Dronkers et al., 2004에서 발췌). 그림의 왼

쪽은 좌반구 영역을 나타낸다. 이 그래프는 환자들이 다양한 형태의 문장을 얼마나 잘 이해하는지 측정하는 CYCLE-R 검사에서의 수행에 각각의 복셀이 기여하는 정도를 보여 준다. 회색 부분은 온전한 뇌 조직이 없어도 수행에 영향을 미치지 않는 영역을 나타낸다. 파란색 부분은 뇌 손상이 과제 수행을 약간 저하시키는 영역을 나타낸다. 빨간색 부분은 뇌 손상이 과제 수행 능력을 현저하게 감소시키는 영역을 나타낸다. 그림에서 볼 수 있듯이, 뇌의 전방과 후방에 걸쳐 넓은 영역들이 문장의 이해에 기여하는 것으로 보인다. 이 영역들에는 고전적으로 브로카 영역과 베르니케 영역으로 정의되었던 부분들은 포함되어 있지 않다(이 두 영역에 인접한 영역에의 손상이 CYCLE-R 검사 점수와 상관관계가 있기는 했지만 말이다; 이와 비슷하게 브로카 영역의 손상과 비문법적 실어증 사이에 상관이 없다는 결과를 보고한 Kristinsson et al., 2020; Rogalsky et al., 2018도 참조). 중요한 것은, VLSM 분석을 통해 이전에는 문장 이해에 관여한다고 여겨지지 않았던 측두엽의 넓은 부분들을 포함해서 고전적으로 정의되었던 언어 영역 이외의 광범위한 뇌 조직들이 확인되었다는 점이다.

고전 WLG 모형이 가진 마지막 문제점은 이 모형이 뇌의 전방과 후방의 역할이 분리되어 있으며, 언어 이해는 뇌의 후방에서, 언어 산출은 뇌의 전방에서 담당한다고 전제한다는 데에 있다. 언어의 신경적 기반을 이렇게 정의하면 전두엽의 손상이나 말 실행증은 언어 이해의 어려움과는 상관관계가 없을 것이라는 예측이 뒤따른다. 발화 기능이 언어 산출 영역에 국재화되어 있거나, 혹은 만약 국재화 가설을 조금 느슨하게 적용한다면, 언어 산출 과정은 언어 이해 과정을 수행하는 영역과는 다른 영역에서 수행되기 때문이다. 이전에는 이 예측에 반하는 구체적인 데이터가 없었지만, 1970년대부터 브로카 실어증 환자들에 대해 보다 상세한 연구가 진행되면서 이 환자들도 언어의 어떤 측면에 있어서는 이해의 어려움을 겪는다는 사실이 드러났다. 다음 섹션에서는 이러한 연구들에 대해 알아보도록 하자.

브로카 실어증, 베르니케 실어증, 그리고 통사적 구문 분석

베르니케와 브로카 실어증을 구별하는 주요 수단은 말소리 발화에서 드러나는 행동적 차이점이긴 하지만 특정 상황에서는 보다 미묘한 차이가 관찰되기도 한다. 베르니케 실어증 환자들이 언어 이해의 전반에 걸쳐 상당한 어려움을 보이는 반면, 브로카 실어증 환자들은 말과 글을 이해하는 데 자신들만의 고유한 문제점을 보인다. 예를 들면, 브로카 실어증 환자들은 (1)과 같이 수동태를 가진 문장을 매우 어려워하는 것으로 보인다(Caplan, 2006a; Caramazza and Zurif, 1976; Goodglass and Baker, 1976; Schwartz et al., 1980).

(1) The girl was kissed by the boy.

(1)과 같은 문장을 가역적 수동태(reversible passive)라고 부르는데, 그 이유는 문장이 가진 두 명사, 즉 girl과 boy가 동사가 묘사하는 행동(kissing)을 이행할 수 있는 능력과 행위의 대상이 될 수 있는 능력을 똑같이 갖고 있기 때문이다. 따라서 우리가 이 문장의 행위자를 교체해서 'The boy was kissed by the girl.'이라는 문장을 만들어도 이것 역시 적절한 문장이 된다.

여러 문장-그림 대응(sentence-picture matching) 실험에서 연구자들은 브로카 실어증 환자들에게 (1)과 같은 가역적 수동태 문장과 (2)와 같은 비가역적(nonreversible) 수동태 문장을 들려주었다.[11]

(2) The cheese was eaten by the mouse.

브로카 실어증 환자들은 (2)와 같은 비가역적 수동태 문장의 의미를 표현하는 그림을 고르는 데에는 거의 문제가 없었다. 그러나 (1)과 같은 가역적 수동태 문장에 대해서는 비가역적 수동태 문장이나 이 수동태 문장을 능동태로 바꾼 문장에 대한 그들의 수행과 비교했을 때 현저히 낮은 수행을 보였으며, 비슷한 나이와 학력을 가진 뇌 손상이 없는 통제 그룹의 수행과 비교했을 때도 현저히 낮은 수행을 보였다. 이러한 결과를 바탕으로 개별 단어들의 의미 정보가 가지는 역할이 분명할 때(예: 치즈는 먹힐 수 있지만 먹을 수는 없음; 쥐는 먹을 수는 있지만 잘 먹힘을 당하지는 않음; 만약 먹는 주체가 치즈라면 더더욱)는 브로카 실어증 환자들이 이 의미 정보에 접속함으로써 누가 누구에게 무엇을 했는지 알아낸다고 추론해 볼 수 있다. 즉, 브로카 실어증 환자들이 (2)와 같은 문장을 이해할 때는 통사 구조를 만들어야 할 필요가 없는 것이다. 반면, (1)과 같은 문장에서는 어휘적(단어에 기반한) 정보만으로는 누가 키스를 했고 누가 키스를 받았는지 알 수 없으므로, 환자들은 이 문장을 통사적으로 분석해야만 그 의미를 이해할 수 있다. 따라서 브로카 실어증 환자들의 통사적 분석 과정에 무언가 문제가 있는 것으로 보인다.

그렇다면 브로카 실어증 환자들이 문장을 통사적으로 분석하는 데 정확히 어떤 문제가 있는 것일까? 이 환자들은 의미적(뜻) 단서가 없으면 문장에 있는 단어들 간의 관계를 파악하는 능력이 전혀 없는 것일까? Caramazza와 Berndt(1978)는 이러한 통사 분석의 전반적 실패(global parsing failure) 가설을 제안하여 왜 브로카 실어증 환자들이 (1)과 같은 가역적 수동태 문장을 어려워하는지 설명하고자 했다(R. Berndt and Caramazza, 1980; R. S. Berndt and Caramazza, 1982도 참조). 그들의 연구에서 브로카 실어증 환자들은 통사적으로 적절한 문장을 산출하는 것뿐 아니라 가역적인 수동태 문장을 이해하는 것에서도 어려움을 보였고, 따라서 Caramazza와 Brendt는 산출과 이해의 증상이 모두 하나의 기능적 결함과 연관되어 있다고 주장하였다. 자세히 말하자면, 그들은 비문법적 실어증(agrammatic aphasia) 환자들의 언어 이해와 산출의 통사적 처리 과정에는 동일한 기저 체계가 관여한다고 제안했다. 따라서 비문법적 또는 실문법적 말을 보이는 환자의 경우, 그들이 통사와 관련한 하나의 근본적인 문제점을 갖는다고 가정하면 그들이 왜 문장의 이해에서도 분석이나 해석의 어려움을 보이는지 설명할 수 있다. 또한 통사 분석의 전반적 실패 가설은 비문법적 또는 실문법적 말을 보이는 환자들은 문법과 통사적 지식이 필요한 다른 복잡한 언어 기술의 수행에 있어서도 결함을 보일 것으로 예측한다. 예를 들면, 비문법적 실어증 환자들은 의미적으로 '풍부한' 내용어(예: rectangle, follow 등)를 읽을 때보다 문법적인 기능어(예: of, some, how 등)를 읽을 때 더 큰 어려움을 겪을 것이다(Druks and Froud, 2002).

브로카 또는 비문법적 실어증에서 문장 이해에 필요한 통사 구문 분석이 잘 이루어지지 않는다는 또 다른 증거는 통사적 공백을 채우는 과정에 대한 연구들에서 드러난다. 이런 연구들은 많은

비문법적 실어증 환자(비문법적 또는 실문법적 말을 보이는 환자)들과 베르니케 실어증 환자(유창하지
만 의미가 결핍된 말을 하는 환자)들을 대상으로 진행되었다. Edgar Zurif와 동료들(Caramazza et al.,
1981; Zurif et al., 1993)은 어휘 판단 및 점화 실험에서 베르니케 실어증 환자와 브로카 실어증 환자
들에게 장거리 의존 관계(long-distance dependency)를 가진 문장을 이해하도록 하고, 문장 내 주요
지점에서 나타나는 검사 단어에 반응하도록 하였다.

　한 실험에서 브로카 실어증 환자들과 베르니케 실어증 환자들은 (3)과 같은 문장을 들었다.

(3) The people liked the waiter from the small town *1* who *2* served the drinks.

　(*1*과 *2*는 실험에서 목표 단어가 제시된 지점을 표시하고 있다.) (3)과 같은 문장은 주격 관계절
(subject relative)을 포함한다고 하는데, 그 이유는 the waiter라는 명사구가 관계절인 who served
the drinks의 주어 역할을 채워 주기 때문이다. 즉, 이 관계절은 the waiter served the drinks라고
다시 쓰일 수 있다. 따라서 이 문장은 장거리 의존 관계를 포함한다(the waiter가 동사 served의 주어
이지만, 실제 문장에서는 waiter가 served로부터 멀리 떨어져 있다). 그러므로 이 문장을 이해하기 위해
서는 the waiter와 동사 served 사이에 있는 말을 처리하는 동안 채움 명사인 the waiter를 작업기
억에 활성화시켜 두어야 한다. 구문 분석 체계가 동사 served에 주어를 할당해야 하는 상황에서
waiter가 그 주어가 될 수 있음을 알아차리고, 이때 장거리 의존 관계가 성립될 수 있는(그리고 실제
로 성립되는) 것이다. 공백과 흔적(gaps-and-traces) 가설에 따르면, waiter와 served 사이의 관계는
관계대명사인 who의 바로 뒤에 공백(gap)이 있는 위치에서 성립된다.

　Zurif와 동료들은 관계대명사의 바로 앞뒤에 제시되는 단어에 대한 베르니케와 브로카 실어증
환자들의 반응을 조사함으로써 그들이 waiter와 who 사이의 의존 관계를 형성할 수 있는지 살펴
보았다(Zurif et al., 1993). 실험에서는 두 종류의 검사 단어가 사용되었다. 관련(related) 목표 단어는
waiter와 의미적으로 연관이 있었다(menu와 같은 단어). 통제(control) 단어는 이 채움 명사와 관련
이 없었다. 연구자들은 환자들이 관계대명사 who의 바로 앞 또는 바로 뒤에 있는 단어들에 어떻게
반응하는지를 살펴봄으로써 그들이 채움 명사인 waiter에 대해 어떤 특별한 작업을 하는지 알아낼
수 있었다. 공백과 흔적 가설에 따르면 청자들이 채움 명사의 뒤에 나오는 단어들을 처리하는 동안
채움 명사는 작업기억상에 유지되어야 한다. 그리고 who의 바로 뒤에서 공백이 있는 위치에 도달
하면 이 채움 명사를 다시 활성화시킴으로써 장거리 의존 관계를 수립해야 한다. 만약 이론에서 말
하는 이러한 처리 과정이 실제로 일어난다면, 공백의 위치에서는 waiter와 관련된 단어가 무관한
통제 단어보다 더 빠르게 처리되는 반면, 그 앞의 위치에서는 이런 차이가 나타나지 않을 것이다.
만약 참가자들에게 목표 단어에 대해 어휘 판단을 하도록 한다면 관계대명사 who 뒤에서 관련 단
어와 통제 단어 간의 반응 시간 차이가 나타날 것이다.

　Zurif의 연구팀이 이 가설을 검증해 본 결과, 검사 단어(예: menu)가 공백 위치의 앞에서 제시되
었든, 뒤에서 제시되었든 상관없이 브로카 실어증 환자들의 반응은 동일했다(Zurif et al., 1993). 그
러나 베르니케 실어증 환자들은 공백 위치의 앞과 뒤에서 보인 반응이 서로 달랐다. 공백의 앞에
서는 채움 명사와 관련된 단어나 통제 단어에 대해 동일하게 반응했다. 즉, 목표 단어가 공백 위치

의 앞에서 제시되었을 때는 점화 효과가 나타나지 않았다. 반면, 공백의 뒤에서는 베르니케 실어증 환자들이 통제 단어보다 관련된 목표 단어에 더 빠르게 반응했는데, 이것은 이 환자들이 장거리 의존 관계를 수립했음을 보여 주는 결과이다. 브로카와 베르니케 실어증 환자들의 결과를 비교해 보면 브로카 실어증 환자들은 관계절 안에서 채움 명사인 waiter에 적절한 의미적 역할을 할당하지 못했다는 것을 알 수 있다. 이러한 결과는 브로카 실어증 환자들이 통사적 처리에서 어려움을 겪는 다는 사실을 생각하면 쉽게 설명된다. 이들은 개별적인 단어들은 꽤 잘 이해하지만, 단어들 사이의 관계를 파악하는 것을 어려워한다. 또한 베르니케 실어증 환자들도 말을 듣고 이해하는 데 약간의 어려움을 보이긴 하지만, 이 환자들에게서는 단어들 간의 활성화 확산 과정이 일부 온전하게 남아 있는 것으로 보이며(따라서 관련 있는 목표 단어에 더 빠르게 반응할 수 있는 것이다), 장거리 의존 관계의 수립에 필요한 처리 과정과 같은 통사적 처리 과정을 수행하는 능력이 남아 있는 것으로 보인다. 목적격 관계절(object relative)을 포함한 문장을 사용했을 때도 이와 동일한 양상의 효과(베르니케 실어증 환자들에게서는 유의미한 점화 효과가 나타나고 브로카 실어증 환자들에게서는 점화 효과가 나타나지 않는 양상)가 관찰되었다(Zurif et al., 1994). 'The girl that the boy kissed ran away.'와 같은 문장에서 베르니케 실어증 환자들은 동사 kissed 뒤에서 점화 효과를 보였지만 브로카 실어증 환자들은 그렇지 않았다.

브로카 실어증 환자들이 문법적/통사적 정보 처리에서 겪는 구체적인 어려움을 보여 주는 다른 사례들도 있다. 그 예로, 한정사(determiners; a, the, an, this와 같은 기능어)는 보통 문장이 표현하는 의미에서 아주 미묘한 역할을 한다. 일반적으로 한정사 the는 담화에서 이미 소개된 바 있는 개념을 가리키며, 그에 대응되는 한정사 a/an은 담화에 새로 소개되는 개념을 가리킨다. 그러나 종종 한정사의 위치가 문장의 해석에 크게 영향을 미치는 경우도 있다. 예를 들어, (4)와 (5)의 문장은 두 단어 사이의 순서(the baby vs. baby the)만 제외하고는 거의 동일하지만 서로 매우 다른 뜻을 가지고 있다.

(4) Jane showed her the baby pictures.

(5) Jane showed her baby the pictures.

보통 사람들은 (4)의 문장은 누군가에게 아기 사진(사진 속의 아기는 한 명일 수도 있고, 여러 명일 수도 있다)을 보여 주는 행동을 의미한다는 것을 어렵지 않게 이해할 수 있다. 또 (5)의 문장 역시 한 아기에게 어떤 사진들(사진은 꼭 아기 사진일 필요가 없다)을 보여 주는 행동을 의미함을 쉽게 알 수 있다. 하지만 브로카 실어증 환자들은 (4)와 (5) 문장의 뜻을 해석하는 데 어려움을 보인다. 한 연구에서 문장-그림 대응 과제를 사용해서 브로카 실어증 환자들의 문장 이해를 측정한 결과, 그들의 수행은 우연 수준에 가까웠다(Heilman and Scholes, 1976). 보다 최근의 연구들 역시 비유창성 실어증 환자들은 일반적으로 더 복잡한 통사 구조를 가진 문장일수록 문장을 이해하는 데 큰 어려움을 보인다고 하였다(Pregla et al., 2021).

(4)와 (5)와 같은 문장의 뜻을 구별하지 못한다는 것은 비유창성 실어증 환자들이 한정사를 포함한 기능어(function words) 전반에 대해 어려움을 겪을 가능성을 시사하기도 한다. 그러나 Heilman과 Scholes의 결과는 비유창성 실어증 환자들이 단지 한정사를 처리하는 데 어려움을 겪는다는 의

미가 될 수도 있다. 또한 추가적인 데이터를 살펴보면 비유창성 실어증 환자들이 겪는 문제는 사실 한정사 이외까지 적용됨을 알 수 있다. 또 다른 연구에서는 베르니케와 브로카 실어증 환자들이 (그리고 정상적인 통제 집단의 참가자들이) 다양한 기능어들을 어떻게 처리하는지를 조사하기도 했다 (Friederici, 1988).

단어는 크게 내용어(content words)와 기능어(function words)의 두 가지 넓은 범주로 분류될 수 있다(이 범주들은 개방적 범주(open class)와 폐쇄적 범주(closed class)라고 불리기도 한다). 내용어들은 어떤 대상(명사의 경우), 행동(동사), 성질(형용사) 등의 개념을 지칭한다. 정확한 수에 대해서는 다양한 의견이 있지만(예를 들어, 기술적 용어의 경우 매우 소수의 사람들이 사용하는 단어이므로), 영어에는 약 100,000개의 내용어가 있으며, 이 중 약 50,000개가 일상적으로 사용된다. 새로운 물건들이 발명되고 기존의 개념들을 지칭하는 새로운 표현이 만들어짐에 따라 항상 새로운 내용어들이 도입된다. (내용어가 개방 범주어로 불리는 이유는 이 범주에 새로운 단어들이 들어올 수 있기 때문이다.) 기능어는 조금 다른 역할을 갖는다. 기능어들은 대부분 의미적인 내용이 없으며, 단어나 구 사이의 통사적 관계를 표시하거나 추상적인 의미를 표현하는 역할을 한다. 예를 들면, 'Tim fell over because Jane pushed him.'과 같은 문장에서 연결어인 because는 보통 그 뒤에 나오는 것이 앞서 말한 사건의 원인임을 나타낸다(Traxler et al., 1997). 한정사인 this는 a, the, that 등 다른 한정사들의 자리에 사용되며, 흔히 뒤에 나오는 명사가 담화 안에서 중요한 역할을 할 때 쓰인다. 영어에서 가끔씩이라도 쓰이는 기능어의 수는 비교적 아주 작으며(약 300개), 새로운 기능어가 생기는 일도 매우 드물다.[12]

많은 사람들은 개방적 범주인 내용어보다 폐쇄적 범주인 기능어를 더 쉽게 처리한다. 사람들은 같은 길이의 내용어에 비해 기능어를 더 빨리 읽으며 더 자주 건너뛰기도 한다(Rayner and Pollatsek, 1989). 그러나 기능어는 구체적인 개념보다는 보통 문법적 관계를 나타내는 경우가 많다. 기능어가 브로카 실어증 환자들이 구성하거나 기억 속에서 인출해 내기 어려워하는 문법적 관계를 나타내기 때문에, 브로카 실어증 환자들은 기능어를 특히 어려워할 가능성이 있다. 베르니케 실어증 환자들에게 내용어와 기능어에 대해 어휘 판단을 하도록 하면, 그들의 수행은 정상적인 통제 집단과 비슷하게 나타난다(Friederici, 1988). 비슷한 나이의 정상적인 사람들에 비해 이 환자들의 수행이 느리긴 하지만, 베르니케 실어증 환자들은 내용어보다 기능어에 대해 더 빠르게 반응한다. 브로카 실어증 환자들은 정반대의 패턴을 보여, 기능어에 대한 반응이 더 느리게 나타난다. 따라서 우리는 브로카 실어증 환자들이 단지 문장 안에서 단어들 간의 관계를 파악하는 데에만 어려움을 겪는 것이 아니라는 결론을 내릴 수 있다. 그들은 추상적인 문법적 정보와 관련된 단어라면 개별 단어들에 대해서도 어려움을 겪는다.

이 연구는 브로카 실어증 환자들이 문장 이해의 결함을 보이는 이유가 작업기억의 제한된 용량 때문인지에 대해서도 시사점을 제공해 준다. 단일 단어에 대한 어휘 판단에 필요한 작업기억의 용량은 매우 작고, 따라서 이 과제에서 수행이 느리거나 높은 오류율을 보이는 것이 작업기억의 문제를 반영할 가능성은 별로 없다. 비유창성 실어증 환자들이 단일 단어와 문장 처리에 대해 보이는 어려움이 서로 다른 장애에서 기인할 가능성도 있겠지만, 보다 간명한 이론을 위해서는 문법 정보에의 접근에서 발생하는 어려움과 문장의 통사적 구조 분석에서 발생하는 어려움이 동일한 기저 결함으로부터 기인한다고 가정해 볼 수 있다.

흔적 제거 가설

통사 분석의 전반적 실패 가설은 비유창성 실어증 환자들이 왜 전보어 같은 말을 하며 가역적 수동태, 기타 공백과 채움어 사이의 의존 관계, 기능어 등에 대한 언어 이해의 어려움을 보이는지 설명해 준다. 그러나, 중요하게도, 통사 분석의 전반적 실패 가설이 전형적인 비유창성 실어증 환자들이 보이는 모든 행동들과 맞아떨어지지는 않는다. 예를 들면, 통사 분석의 전반적 실패 가설은 비유창성 실어증 환자들이 일련의 단어들을 분석하는 데 필요한 문법적 지식에 더 이상 접근할 수 없다고 주장한다. 만약 이것이 사실이라면, 이 환자들은 문법 지식이 필요한 과제들이나 문장의 통사 구조를 만들어 내야 하는 과제들 전반에서 어려움을 보여야 한다. 하지만 실제로는 그렇지 않다(Caplan et al., 2006; Caplan and Hildebrandt, 1988; Caramazza et al., 2001; Grodzinsky, 1995; Linebarger, 1995).

비유창성 실어증 환자들은 수동태 문장의 이해나 구문이 이동된 문장들(공백과 채움어가 있는 문장들)의 이해를 시험하는 과제에서는 종종 낮은 수행을 보이지만, 이러한 문장이 문법적인지 아닌지를 판단하도록 하는 과제는 매우 잘 수행한다. 또한 판단해야 하는 문법적 관계가 아주 복잡한 경우에도 매우 높은 수준의 수행을 보인다.

(6)에 있는 비문법적인 의문문을 살펴보자(Linebarger, 1995에서 발췌).

(6) *Was the girl enjoy the show?

이 의문문은 동사 enjoy의 형태가 이동된 조동사 was의 형태와 대응되지 않기 때문에 비문법적이다. ('Did the girl enjoy the show?'가 옳은 문장이다.) 이 문장에서 조동사의 형태가 틀렸다는 사실은 문장의 표면상 이 단어와 멀리 떨어져 있는 단어와 대조되어야만 알 수 있으므로, 만약 실어증 환자들이 문장을 분석하는 전반적인 능력이 없다면 이 사실을 알아차리지 못할 것이다. 이 문장의 구조를 분석할 수 있어야만 was와 enjoy가 서로 관련되어 있으며 이 두 단어 중 하나가 부적절한 형태를 띠고 있다는 사실을 이해할 수 있다. 이렇게 복잡한 문장 특성에도 불구하고, 비유창성 실어증 환자들이 (6)과 같은 문장이 비문법적이라고 정확히 판단한 비율은 우연 수준을 훌쩍 뛰어넘는 수치인 평균 85% 이상에 달했다.

또한 비유창성 실어증 환자들이 문법적 기능어에 전반적으로 둔감한 것이라면 그들은 (7)과 같은 비문법적 문장에 대해 낮은 수행을 보여야 한다(역시 Linebarger, 1995에서 발췌).

(7) *The photograph my mother was nice.

여기에서도 마찬가지로 비유창성 실어증 환자들은 (7)과 같은 문장이 적절하지 않다는 것을 매우 정확하게 판단할 수 있었다.

Linebarger는 여러 가지 다양한 문장을 가지고 비유창성 실어증 환자들을 대상으로 시험했는데, 그 결과 어떤 문장이 문법적이고 어떤 문장이 비문법적인지 판단하는 환자들의 능력이 매우 좋았으며, 그녀가 시험한 모든 문장 유형에 있어 우연 수준을 훨씬 뛰어넘었다. 비유창성 실어증 환자들에게 다양한 문장의 문법성을 판단하는 능력이 남아 있다는 것은 그들이 상당한 양의 문법 지식을 간직하고 있다는 것을 뜻한다. 따라서 우리는 그들이 보이는 발화나 이해의 어려움을 전반적인 통사 분석의 실패, 즉 통사와 문법 지식의 전반적인 결핍 때문이라고 얘기할 수 없다. 대신 상황이 갖춰진다면 비유창성 실어증 환자들이 문법 지식에 접속하고 그를 활용할 수 있다는 것이 꽤 분명해 보인다. 그들의 문법 지식은 사라지지 않았다.

비유창성 실어증 환자들의 문법 지식이 남아 있는데도 이들이 일부 문장들을 이해하는 데 어려움을 보인다면, 그 원인은 무엇일까? 흔적 제거(trace deletion) 가설은 이에 대한 한 가지 가능성을 제기한다(Drai and Grodzinsky, 2006; Drai et al., 2001; Grodzinsky, 1986, 1995; Grodzinsky et al., 1999; Mauner et al., 1993도 유사한 가설을 주장한 바 있다). 흔적 제거 가설은 공백과 채움어의 관계를 처리하는 데 필요한 심적 과정이 브로카 영역에서 이루어진다고 제안한다. 브로카 영역이 손상된 실어증 환자들은 장거리 의존 관계를 알아채는 능력을 잃은 것이다.

(8)의 문장을 예로 들어 보자.

(8) It was the girl that the boy kissed.

이 문장에서 공백과 채움어 사이의 관계는 (9)와 같이 설명될 수 있다.

(9) It was _the girl_ [채움어] that the boy kissed [공백].

흔적 제거 가설은, 비유창성 실어증에서 문장의 통사적 표상에서 명시적인 음운적 형태를 가지지 않는 요소(실제로 발음되지 않는 요소)들은 제거된다고 주장한다. 그렇게 되면 채움 구문인 the girl이 동사 kissed와 함께한다는 것을 알 방법이 없다. 더 구체적으로 말하자면 the girl이 문법상 동사 kissed의 목적어라는 사실을 알 방법이 없으며, 따라서 the girl이 키스하는 행위의 대상이라는 것을 분명하게 이해할 수 없는 것이다.

수동태 문장의 이해에 대해서도 비슷한 설명을 적용시켜 볼 수 있다. 수동태 문장에 채움어와 공백의 위치를 표시해 보면 다음과 같다.

(10) _The girl_ [채움어] was kissed [공백] by the boy.

왜 수동태 문장에 채움어와 공백이 있을까? 몇몇 언어학 이론에 따르면(Chomsky, 1981; Grodzinsky, 1986), 수동태에서도 채움어와 공백의 위치를 연결시켜주는 동일 지시(co-indexation) 관계가 성립한다. 이 설명에 따르면 문장 (10)의 기저 표상에서는 다음과 같이 girl이 그 원래 자리인 동사 kissed 다음에 나타난다.

(11) was [[kissed] _the girl_]

그러나 이 기저 표상에는 주어가 없기 때문에 바로 문장으로 표현될 수 없다(모든 문장은 주어와 서술어를 갖추어야 한다). 이를 보완하기 위해 심적 처리 과정을 수행하여 the girl을 주어 자리로 옮겨 수동태 문장인 'The girl was kissed.'를 만드는 것이다. The girl이 원래 자리로부터 다른 곳으로 옮겨가면 이 단어는 채움어로 표시되고, 그 원래 자리는 (12)에서와 같이 공백의 자리로 표시된다.

(12) *The girl* [채움어] was [kissed [공백]].

키스의 행위를 누가 했는지 명시하고 싶으면 공백 자리 다음에 전치사구를 추가해야 한다. 그러면 (10)과 같은 문장이 도출된다.

흔적 제거 가설은 비유창성 실어증 환자들이 공백과 채움어의 관계를 갖는 다른 문장들에서 어려움을 보이는 것과 같은 이유로 수동태 문장에서도 어려움을 보일 것이라고 예측한다. 비유창성 실어증 환자들의 문장 표상에는 the girl이 채움어라는 표식과 동사 kissed 다음의 위치에 와야 할 공백의 표식이 표시되어 있지 않을 것이다. 따라서 이 환자들은 동사인 kissed가 the girl에게 피행위자(patient) 또는 경험자(experiencer)와 같은 의미 역할을 부과함으로써 the girl을 지배(govern)한다는 사실을 이해하지 못할 것이다. 구조적 관계에 대한 이해가 부족한 비유창성 실어증 환자들은 girl을 키스하는 행위의 대상이 아닌 다른 역할을 하는 것으로 오해할 가능성이 있다.

문장의 통사적 표상이 문장의 구성 요소들에게 의미 역할을 부과하는 틀을 제공해 주지 못하면 어떻게 될까? 비유창성 실어증 환자들이 (9)나 (10)과 같은 문장의 뜻을 만들어 내는 것으로 보아 그들이 단순히 해석에 실패하는 것은 아니다. 또 다른 가능성으로, 비유창성 실어증 환자들이 책략(heuristic, 임시변통의 의사결정 방법)을 사용해서 (9)나 (10)과 같은 문장의 명사들에 의미 역할을 부과할 수도 있다. 구체적으로 말하자면 '첫 번째 명사가 주체자'라는 일반적인 전략을 사용하는 것이다. 그러면 비유창성 실어증 환자들은 항상 문장에서 첫 번째로 등장하는 명사를 문장에서 말하는 행위의 주체자라고 간주할 것이다. 이것이 사실이라면 이 환자들은 (9)와 (10)과 같은 문장이 실제로는 정반대의 뜻을 가짐에도 불구하고 'The girl kissed the boy.'와 같은 뜻으로 해석할 것이다. 하지만 실제로는 그렇지 않다. 비유창성 실어증 환자들에게 (9)나 (10)과 같은 문장을 해석해 보도록 했을 때 그들이 girl을 주체자로 해석하는 경우는 반 정도밖에 되지 않았다. 따라서 비유창성 실어증 환자들이 항상 '첫 번째 명사가 주체자'라는 해석 전략을 사용하는 것은 사실이 아닌 것으로 보인다.

비유창성 실어증 환자들은 수동태 문장이나 기타 장거리 의존 관계를 가진 문장에서 항상 첫 번째 명사를 문장이 말하는 행위의 주체로 해석하지 않는다. 따라서 Grodzinsky와 동료들은 불완전한 표상으로 인해 누가 누구에게 무엇을 했는지가 명확하지 않은 경우 비유창성 실어증 환자들이 단순히 추측을 활용한다고 제안한다. 수동태 문장에 명사가 두 개 있을 경우, 이 환자들은 절반의 경우에는 첫 번째 명사를 행위자로 이해하고, 나머지 절반의 경우에는 두 번째 명사를 행위자로 이해하는 것이다. 능동태 문장에서는 채움어나 공백이 없으므로 흔적 제거가 적용되지 않아, 비유창성 실어증 환자들이 행위자가 누구이고 피행위자가 누구인지 매우 정확하게 이해할 수 있다. 42명의 비유창성 실어증 환자들을 대상으로 그림 대응 과제를 통해 그들의 문장 이해를 측정한 연구에

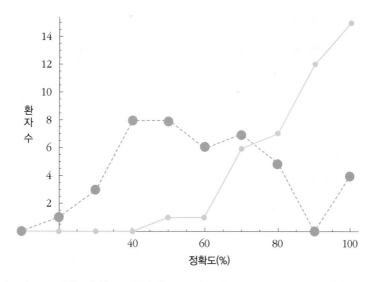

[그림 13.4] **능동태(실선)와 수동태(점선) 문장에 대한 정확도와 환자 수.** 42명 환자들의 점수를 나타낸다(각 6~48개의 시행)
출처: Grodzinsky et al. (1999), Elsevier

서 그 결과는 이 예측(수동태와 기타 채움어-공백 관계가 있는 문장에서는 50%의 정확도, 능동태와 기타 표준적(canonical) 형태의 문장에서는 100%의 정확도)과 아주 일치했다. [그림 13.4]는 이 연구의 데이터를 보여 주고 있다. X 축은 정확률을 나타내며, y 축은 각 수준의 정확도를 보인 환자의 수를 나타낸다. 실선은 능동태 문장, 점선은 수동태 문장에 대한 수행을 보여 준다. 수동태 문장에 대한 수행은 능동태 문장에 비해 낮으며, 50%의 정확률을 중심으로 모여 있다.

이러한 데이터를 바탕으로 Grodzinsky와 동료들은 비유창성 실어증 환자들에게서 문제가 되는 것이 바로 채움어와 그 원래 위치(공백)를 연결시키는 과정이라고 제안했다. 그들은 정상적인 뇌에서는 브로카 영역에서 이 특정한 언어 해석 기능이 작동한다고 하였다(Drai and Grodzinsky, 2006; Drai et al., 2001; Grodzinsky, 1986, 1995; Grodzinsky et al., 1999). 이 영역은 발화 계획 또한 담당하고 있으므로, 브로카 영역에 손상이 생기면 말 실행증도 함께 나타난다. 따라서 브로카 영역에 손상을 가진 환자들은 모두 발화 장애와 함께 채움어와 공백을 연결시키는 데 어려움을 겪을 것이다. 또한 브로카 영역에 손상을 입지 않은 환자들은 (발화 장애가 있든 없든 간에) 문장의 공백을 잘 이해할 수 있을 것이다. 그렇지만 능동태 문장이나 기타 표준형 문장의 표상에서는 채움어와 공백이 아무런 역할을 하지 않으므로, 비유창성 실어증 환자들이 이런 문장을 이해하는 데에는 아무 문제가 없다.

흔적 제거 가설에 대한 반증

흔적 제거 가설이 가진 잠재적인 문제점은 비문법적 실어증 환자들이 능동태 문장이나 기타 표준형(canonical) 문장을 이해하는 데 어려움을 겪지 않을 것이라는 가정이 뒷받침되지 않는다는 것이다(Traxler, 2012; Yiran, 2022).[13] Zurif와 동료들의 연구에서 비문법적 실어증 환자들이 주격 관계절(subjective relative clauses)을 포함한 문장들에 있어서 정상적이지 않은 점화 양상을 보였다는 것을 떠올려보자(Zurif et al., 1993). 이러한 결과는 문장의 요소들이 본래의 표준적인 순서대로 정렬된 문장에 대해서도 비문법적 실어증 환자들이 문법적 의존 관계를 수립하는 데 장애가 있음을 보여 준다. 비문법적 실어증 환자들은 다른 종류의 표준형 문장에서도 어려움을 겪는 것으로 보인다.

Schwartz와 동료들(1980)은 다섯 명의 비문법적 실어증 환자들을 대상으로 다음과 같은 문장을 시험했다.

(13) The box is in the cage.

문장 (13)에는 의미적 역할을 가지는 두 개의 요소, 즉 box와 cage가 있으며, 이 두 단어는 영어의 기본적인 어순에 맞게 배열되어 있다(영어에서는 in the cage와 같은 위치 부가 수식어(locative adjunct modifier)가 그 수식을 받는 명사보다 뒤에 나오는 것이 일반적이다). Schwartz와 동료들은 문장-그림 대응 과제를 사용해서 (13)과 같은 문장에 대한 환자들의 이해를 측정하였다. 놀랍게도 이 연구에 참가한 다섯 명의 비문법적 실어증 환자들은 (13)과 같은 표준형 문장을 해석하는 데 있어서 수많은 오류를 보였다. 심지어 (14)와 같은 단순한 능동태 문장에서조차 환자들의 정확도는 75%에 그쳤는데, 이는 우연 수준보다는 높지만 100%의 정확도에는 한참 못 미치는 수치이다.

(14) The dancer applauds the actor.

Gregory Hickok과 그의 동료들도 비유창성 실어증 환자들이 표준형 문장의 이해에 장애를 겪는다는 또 다른 증거를 발견했다(Hickok et al., 1993; Sherman and Schweickert, 1989도 참조). 그들은 다음과 같은 문장에 대한 비유창성 실어증 환자들의 이해를 조사했다.

(15) The tiger that chases the lion is big.

이 문장은 두 개의 서로 다른 명제(호랑이가 크다는 명제와 호랑이가 사자를 쫓는다는 명제)를 나타내고 있지만, 문장의 구성 요소들은 그들의 본래 위치에서 전혀 움직이지 않았다. 그러나 문장을 이해하려면 the lion이 주절의 주어에 직접적으로 속한 것이 아니라 관계절(that chases the lion)에 속해 있다는 것을 알아차려야 하기 때문에 문장의 통사 구조가 마냥 단순하지만은 않다. 다시 말해, 이 문장은 마지막에 the lion is big이라는 말을 포함하고는 있지만 사자가 크다는 것을 의미하지는 않는다.

(15)와 같은 문장에는 채움이나 공백이 없으므로 흔적 제거의 원리가 적용되지 않는다. 따라서 비유창성 실어증 환자들이라도 이 문장을 높은 정확도로 이해할 수 있어야 한다. 그러나 한 비유창성 실어증 환자를 대상으로 그림 대응 과제와 참/거짓 판단 과제를 한 결과,[14] (15)와 같은 문장에 대한 그의 수행 수준은 장거리 의존 관계를 가진 문장에 대한 그의 수행 수준과 동일하게 낮았다(딱 우연 수준이었는데, 이는 그가 단순히 의미를 추측했음을 뜻한다). 그러나 장거리 의존 관계가 없는 다른 문장들에 대한 수행은 매우 높은 수준이었다('It was the horse that chased the cow.'와 같은 주어 분열문(subject cleft)에 대해 한 실험에서는 100%, 또 다른 실험에서는 88%의 정확도를 보인다).

두 번째로, 흔적 제거 가설은 비유창성 실어증 환자들이 언어 이해에 있어 분명한 패턴을 보일 것이라고 예측한다. 통사적으로 채움어와 공백이 있는 수동태 문장과 목적격 관계절을 가진 문장에 대해서는 이해에 장애를 보이는 반면, 능동태 문장에는 채움어나 공백이 없으므로 정상적으로 이해할 수 있을 것이라는 예측이다. 그러나 비유창성 실어증 환자들의 문장 이해를 보여 주는 경험적인 자료를 보면 다양한 종류의 문장에 대한 환자들의 반응을 이렇게 깔끔하게 이분법적으로 나눌 수는 없음을 알 수 있다(예: Caplan et al., 2006). 일부 비유창성 실어증 환자들은 채움어와 공백이 있는 문장을 매우 정확하게 이해하기도 하고, 다른 환자들은 표준형 문장들에 대한 이해도 매우 부정확한 경우가 있다(Caramazza et al., 2001; 그러나 Grodzinsky et al., 1999도 참조).

혼적 제거 가설이 갖는 또 다른 문제점은 서로 다른 유형의 과제에 있어서도 꽤 명확한 패턴이 나타날 것으로 예측한다는 점이다. 즉, 비유창성 실어증 환자들이 장거리 의존 관계를 파악하지 못하는 장애를 갖고 있으므로 이들이 장거리 의존 관계를 다루는 모든 종류의 과제들에서 어려움을 겪을 것이라는 예측인데, 이 역시 사실과는 다르다. 비유창성 실어증 환자들이 보이는 차이점 중 하나는 문장 이해 과제와 문법성 판단 과제의 수행에 나타나는 차이이다. 이 환자들은 여러 가지 문장 이해 과제에서 기능 장애를 보이는 반면, 동일한 유형의 문장에 대한 문법성 판단은 매우 잘 수행한다(Caplan and Hildebrandt, 1988; Grodzinsky, 1995; Linebarger, 1995; Linebarger et al., 1983a). 게다가 문장 이해의 영역 내에서도 비유창성 실어증 환자의 이해를 측정하는 도구로 여러 종류의 과제가 사용될 수 있다(그림 대응 과제, 참/거짓 판단 과제, 또는 문장을 듣고 작은 인형들을 움직여 문장의 뜻을 묘사하는 연출 과제(act-out task) 등). 이런 과제들의 종류에 따라 음운적 단기기억이나 공백 채우기 과정과 같은 언어 특정적 자원과 주의, 작업기억과 같은 일반적 인지 자원에 부과되는 부담의 정도가 달라진다. 따라서 비유창성 실어증 환자들의 이해도를 측정하기 위해 어떤 종류의 이해 과제를 사용했는지에 따라 이들의 정확도가 달라지는 것은 놀라운 일이 아니다(Caplan, 2006b; Caplan et al., 1997; Cupples and Inglis, 1993).

Caplan과 동료들은 개별 단어의 뜻을 이해하는 데 심각한 문제가 없는 42명의 실어증 환자들을 대상으로 연구를 수행했다(Caplan et al., 2006). 따라서 이들 중에는 베르니케 실어증 환자로 분류되는 사람은 없었다. 참가자들은 모두 오른손잡이였고 좌반구 어딘가에 국소적인 병변을 갖고 있었다. 만약 비문법적 실어증 환자의(혼적 제거 가설에서 얘기하는 것처럼) 장거리 의존 관계를 다루는 능력이 전반적으로 떨어지는 것이라면, 한 과제(예를 들어, 그림 대응 과제)에서 수동태나 목적격 관계절을 갖는 문장에 대해 어려움을 보이는 환자들은 다른 종류의 과제(연출 과제 또는 문법성 판단 과제)에서도 동일한 문장에 대해 어려움을 보여야 할 것이다. 이런 양상은 과제 독립적(task-independent) 결함을 나타낸다. 혼적 제거 가설은 언어 이해의 문제가 특정한 종류의 문장에서만 일어날 것으로 예측하기 때문에, 이 가설은 비문법적 실어증 환자들의 언어 이해 장애가 과제 독립적(task-independent)이고 구조 의존적(structure-dependent)일 것이라고 예상한다. 즉, 이 환자들이 어느 과제로 시험하든지 상관없이 특정 종류의 문장에 대해서 어려움을 겪으리라는 것이다. 다른 종류의 문장들에 대해서는, 역시 어느 과제로 시험하든지 간에 정상인들과 동일한 이해 양상을 보일 것이다. 그러나 Caplan과 동료들은 연구에 참가한 42명의 환자들 중 오직 2명에게서만 과제 독립적, 구조 의존적 결함을 발견할 수 있었다. 그리고 이 두 명 중 한 명에게서만 혼적 제거 가설이 예측하는 양상(다양한 과제에서 수동태와 목적격 관계절 문장을 어려워하고, 다른 종류의 문장들에 대해서는 다양한 과제에서 좋은 수행을 보이는 양상)이 관찰되었다. 즉, 꽤 많은 수의 환자들 중 대부분(90% 이상)에게서는 흔적 제거 가설과 맞지 않는 수행 양상이 나타난 것이다.

마지막으로 흔적 제거 가설은 병변의 위치와 언어 이해 장애의 양상 사이에 아주 밀접한 상관관계가 있을 것으로 예측한다. 브로카 영역에 병변이 있는 환자들은 공백과 채움어 사이의 의존 관계가 있는 문장을 이해하는 데 어려움을 보이지만 다른 종류의 문장들은 문제없이 이해할 수 있을 것이다. 브로카 영역의 바깥에 병변이 있는 환자들은 공백과 채움어 사이의 의존 관계를 가진 문장들을 아주 정확하게 이해할 수 있을 것이다. 그러나 실제 데이터에 나타나는 패턴은 그렇게 명확하지 못하다(Caplan, 2006b; Dronkers et al., 2004; Rogalsky et al., 2018; Walenski et al., 2021).

흔적 제거 가설은 비문법적 실어증 환자들에게 나타나는 결함의 양상을 그다지 잘 예측하지 못하는 것으로 보인다. 또한 좌반구 페리실비안 영역에서 브로카 영역의 바깥의 다양한 위치에 병변을 가진 환자들에게서 비문법적 실어증 증상이 관찰된다는 뇌 영상 자료들과도 잘 일치하지 않는다. 다음 섹션에서는 비문법적 환자가 겪는 장애를 설명하기 위해 제안된 다른 대안적인 이론 체계들을 살펴볼 것이다. 중요한 것은 이 대안적인 이론들 중 어느 것도 그를 뒷받침해 주는 완벽한 증거가 없다는 점이다. 이 책에서 이 이론들을 다루는 이유는 이 이론들이 실어증학 분야에서 중요한 제안점들을 제시해 주기 때문이다.

대응 가설

대응 가설(mapping hypothesis)은 두 가지 관찰 결과에서 시작하였다. 바로 비문법적 실어증 환자들이 다양한 문장의 문법성을 판단할 수 있는 데서 알 수 있듯이 이들이 온전한 통사적 표상을 갖고 있으며 문장을 분석하는 능력을 일부 보존하고 있다는 점과 이들이 수동태 문장이나 기타 장거리 의존 관계가 있는 문장을 정확하게 해석하지 못한다는 점이다. 즉, 한 영역(문법성 판단)에서의 수행과 다른 영역(의미적 해석)에서의 수행 사이에 괴리가 관찰되는 것이다. 무엇이 문제인 것일까? 대응 가설에 따르면(Linebarger, 1995; Linebarger et al., 1983a, 1983b; Schwartz et al., 1980), 문제는 비문법적 실어증 환자들이 구조화된 표상을 활용하여 문장의 구성 요소들에게 의미적 역할을 할당하지 못하는 데 있다. Marcia Linebarger와 그녀의 동료들이 말한 것과 같이, "비문법적 실어증 환자들이 보이는 문제는 통사 구조를 구성하는 데 있는 것이 아니라 의미적 해석을 위해 통사 구조를 활용하는 과정에 있다"(Linebarger et al., 1983a, p. 387, 원문의 강조를 그대로 가져옴). 즉, 비유창성 실어증 환자들은 문장을 들었을 때 그 문장을 통사적으로 분석하고, 공백을 채우고, 기타 문법적 관계를 파악해 낸다. 그러나 이렇게 구성된 표상을 바탕으로 누가 누구에게 무엇을 했는지를 판단할 수 있는 능력이 없다. 이 가설의 주요 강점은 문법성 판단 과제와 문장 해석 과제 사이에 나타나는 서로 다른 수행 양상을 설명할 수 있다는 것이다. 그리고 이 가설의 주요 약점은 결국에는 이 가설이 데이터를 다른 말로 묘사한 것일 뿐이라는 점이다. 즉, 비유창성 실어증 환자들이 문법성 판단 과제는 잘 수행하지만 문장 해석은 잘 못하는 것으로 보아, 그들의 문제가 문장 해석에 있다고 말하는 것이다.

자원 제한 가설

비유창성 실어증 환자들이 문장을 통사적으로 분석할 수 있다면, 왜 그렇게 해서 만들어진 통사적 표상을 활용하여 문장에 적절한 의미를 부여하지 못하는 것일까? 어쩌면 통사 구조를 만드는 과정과 만들어진 구조에 의미를 부여하는 과정 둘 다에 '자원'이 필요할지 모른다. 정상적인 사람의 경우에는 이 두 과정을 동시에 수행할 수 있을 만한 자원이 충분히 있을 것이다. 그러나 뇌 손상을 가진 사람의 경우에는 자원의 양이 줄어들었기 때문에, 덜 어렵고 보다 자동적인 과정(통사적 분석과 같은 과정)은 잘 수행되는 반면, 더 어렵고 덜 자동적인 과정(통사 구조를 사용해서 의미 역할을 부여하는 것과 같은 과정)은 도중에 실패해 버리는 것일 수 있다.

이 주장은 다소 모호하긴 하지만('자원'이라는 것을 독립적으로 측정할 수 있는 좋은 방법이 딱히 없기 때문이다), 이 주장을 뒷받침하는 실제 데이터가 있다(Caplan and Hildebrandt, 1988; Pregla et al., in press). Caplan과 Hildebrandt가 1988년에 보고한 대규모 연구에서는 실어증 환자가 다양한 언어 과제에서 다양한 종류의 문장에 대해 보일 수행 양상을 예측하려면 병변의 위치를 아는 것보다 뇌 손상의 크기를 아는 것이 더 중요하다는 사실이 발견되었다. 만약 온전한 뇌 조직의 양과 '자원' 사이에 어느 정도 일정한 상관관계가 있다면 병변의 크기가 다양한 문장 해석 과제에서 환자들이 보이는 정확도 및 속도와 관련되어 있을 것이라고 예상해 볼 수 있다. 또 이러한 관점은 왜 한 환자의 수행이 동일한 종류의 문장에 대해서도 어떤 과제에서는 매우 좋았다가 또 다른 과제에서는 나빠지는지를 설명해 줄 수 있다. 문장 자체는 처리 자원에 동일한 부담을 주지만, 서로 다른 과제들(예를 들어, 그림 대응이나 문법성 판단 과제)이 인지적 자원에 동일한 크기의 부담을 줄 거라고 믿을 만한 이유는 없다. 만약 요구되는 자원의 총량이 문장 자체와 환자가 수행하고 있는 과제가 요구하는 자원의 합 또는 곱이라면, 자원 제한 가설(resource restriction hypothesis)은 요구되는 총량이 환자가 사용할 수 있는 자원의 양보다 낮아야만 높은 수준의 수행이 나타날 것으로 예상한다. 한 종류의 문장에 대해 이해 과제가 요구하는 자원의 양이 미미하다면 정상적인 수행이 관찰될 것이고, 이해 과제가 보다 많은 자원을 요구한다면 동일한 종류의 문장에 대해서도 정상적이지 않는 수행이 관찰될 것이다.[15]

느린 통사 가설

느린 통사 가설(slowed syntax hypothesis)은 비유창성 실어증 환자들의 주된 결함이 정상인들에 비해 느린 속도로 통사 구조를 구성하는 데 있다고 가정한다. 이것은 문장을 분석하는 데 필요한 자원의 감소, 즉 '통사적 작업 공간(syntactic workspace)'의 감소로 인한 결과일 수 있다(Caplan and Hildebrandt, 1988; Waters and Caplan, 1996). 또는 비유창성 실어증 환자들이 문장을 해석하는 데 거쳐야 할 과정들의 속도를 맞출 만큼 빠르게 개별 단어의 정보를 활성화시키지 못하기 때문일 수도 있다(느린 어휘 접속). 어떻게 보면 이 가설은 대응 가설과 자원 제한 가설을 연결시킨 모습이다. 느린 어휘 접속과 느린 구문 분석은 제한된 자원 때문에 생긴 결과일 수 있으며, 느린 구문 분석은 통사적 구조를 활용해 의미를 부여하는 과정의 실패를 야기할 수 있다. 만약 통사 구조가 다 만들어진 시점에 어휘집으로부터 인출된 정보가 없다면, 의미 역할을 부여하는 것이 불가능할 것이다. 반대로 활성화된 어휘 정보가 감퇴하기 시작했는데 통사 구조가 아직 만들어지지 않았다면, 환자들은 개별 단어들의 의미 역할을 결정해 줄 통사 구조에 각 단어를 배치시킬 수 없다.

Linebarger와 동료들(1983a, p. 388)은 이러한 관점을 다음과 같이 요약하였다. "비문법적 실어증 환자들은 정상인들에 비해 문장의 구문 분석에 있어 단지 덜 효율적일 뿐이다. … 그들은 필요한 과정들을 수행하여 입력된 문장을 완전히 분석할 수 있는 능력이 있지만, 보통 사람들의 경우에 비해 더 많은 노력과 계산 비용을 필요로 한다." 대응 가설과 자원 제한 가설을 잠재적으로 통합시킨다는 점 이외에도, 느린 어휘 접속 가설은 기능어에 대한 비유창성 실어증 환자들의 반응을 보여주는 결과들도 함께 설명할 수 있다. Linebarger와 동료들(p. 388)은 이어 다음과 같이 말했다. "폐쇄적 범주의 어휘들에 접속하는 특수한 경로가 없기 때문에 구문 분석이 느려지지만, 그렇다고 해서 구문 분석이 전혀 일어날 수 없는 것은 아니다."

연구자들은 보다 직접적인 실험을 통해 느린 어휘 접속 가설을 시험해 보았다. 앞선 연구(Caramazza et al., 1981; Zurif et al., 1993)에서 비유창성 실어증 환자들이 문장의 공백을 잘 채우지 못했다는 것을 살펴보았다. 즉, 목표 단어가 공백의 바로 뒤 위치에서 제시되었을 때 비유창성 실어증 환자들은 채움 구문과 의미적으로 관련된 단어에 대해 점화 효과를 보이지 않았다. 그렇다면 이것은 비유창성 실어증 환자들이 공백을 채워 이해하는 능력이 전혀 없다는 것을 의미할까? 그럴 수도 있다. 하지만 만약 그들이 통사 구조를 만드는 과정이 단지 느릴 뿐이라면 어떨까? 이것이 사실이라면, 환자들은 공백을 채워 이해하는 능력은 있지만 단순히 정상인들보다 속도가 느릴 뿐이다. 비유창성 실어증 환자들이 공백을 채울 수 있지만 그 속도가 느릴 뿐이라면, 이들에게서도 점화 효과는 나타나되 단지 정상인의 경우보다 늦게 나타날 것이다.

이러한 예측을 검증하기 위해 Burkhardt와 동료들(2003)은 한 집단의 비유창성 실어증 환자들을 대상으로 앞서 실어증 환자와 정상인들의 공백 채움 과정을 조사하기 위해 사용되었던 교차 양상 어휘 점화 기법(cross-modal lexical priming method)을 사용한 연구를 수행했다. 이 실험에서는 세 명의 비유창성 실어증 환자들에게 다음과 같이 목적격 관계절을 포함한 문장을 들려주었다.

(16) The kid loved *the cheese* [채움어] which the brand new *1* microwave melted [공백] *2* yesterday afternoon *3* while the entire family was watching TV.

(*1*, *2*, *3*은 목표 단어가 제시된 세 시점을 표시한다.) Burkhardt와 동료들은 채움어와 의미적으로 관련된 목표 단어(cheddar 등)에 대한 비유창성 실어증 환자들의 반응을 시험했다. 그들의 반응은 문장 안에서 (16)의 예시에 별표로 표시된 것과 같이 세 개의 다른 시점에서 시험되었다. 첫 번째 시점은 공백의 앞, 두 번째는 공백의 위치, 그리고 세 번째는 공백으로부터 약 0.5초가 넘은 시점이었다. 이전 실험들에서와 마찬가지로 비유창성 실어증 환자들은 공백의 위치(*2* 지점)에서는 아무런 점화 효과도 보이지 않았다. 그러나 그 이후의 위치(*3* 지점)에서는 점화 효과를 보였다. 공백의 위치로부터 약 0.5초 후에는 비유창성 실어증 환자들이 채움어와 상관없는 통제 단어에 비해 채움어와 의미적으로 관련된 단어(예: cheddar)에 대해 더 빠르게 반응했다.

Tracy Love와 동료들은 또 다른 여덟 명의 비유창성 실어증 환자들을 대상으로 비슷한 문장에 대해 실험을 했고, 동일한 결과를 얻었다. 점화 효과는 공백의 위치에서는 나타나지 않았고 공백으로부터 약 0.5초 이후의 지점에서 나타났다(Love et al., 2008, 2001). 다른 연구들 또한 비유창성 실어증 환자들이 정상인보다 문장의 해석이 느리다는 증거를 재귀대명사(reflexive pronoun; himself, herself 등)와 기타 이동된 구문들(Burkhardt et al., 2003; Lissón et al., 2021; Piñango and Burkhardt, 2001; Yoo et al., 2022)을 통해 보여 주었다. 이러한 결과는 비유창성 실어증 환자들의 구문 분석 과정이 정상인들에게 일어나는 것만큼 자동적이지 않음을 시사한다.[16] 자동성을 잃는 것이 제한된 자원이나 어휘 접속의 어려움에 대한 원인인지 혹은 그 결과인지에 대해서는 후속 연구가 필요하다.

요약 및 결론

이 장을 요약하며, 이 장을 처음 이끌어 낸 질문들로 다시 돌아가 보자.

1. 뇌의 다른 영역들이 특정 언어 처리 과제를 수행할 수 있도록 전문화되어 있을까? 정상적인 뇌 영상 자료들을 살펴보면, 여러 사람들에 걸쳐 뇌의 특정 부분이 일관적으로 언어 기능에 관여한다는 상당한 증거들이 있다. 뇌 손상을 가진 환자들을 대상으로 하는 연구들도 특정 뇌 영역이 특정한 언어 기능에 결정적으로 기여한다는 증거를 보여 준다. 특히 뇌섬은 말소리 산출에서 결정적인 역할을 하는 것으로 보인다.

2. 만약 그렇다면, 어떤 영역이 어떤 과제를 담당할까? 이 질문은 답하기가 좀 더 어렵다. 언어를 산출하고 이해하기 위해서는 고전적으로 감각 영역이라고 불리는(후방) 뇌 영역과 고전적으로 운동 영역이라고 불리는(전방) 뇌 영역이 함께 작동해야 한다. 일부 연구자들은 구문 분석과 같은 특정한 작업들이 특정한 뇌 영역(예: 브로카 영역)에서 일어난다고 주장하기도 하지만, 신경해부학적 연구들과 행동적 연구들은 이러한 주장에 대해 상당한 의문을 제기한다. 개별적인 사례 연구들을 제외하면, 신피질의 특정 영역이 손상되었을 때 이것이 언어를 산출하고 이해하는 데 필요한 과정의 일부에만 영향을 미친다는 일관된 증거는 없는 것으로 보인다. 따라서 특정한 언어 기능이 뇌의 작고 잘 정의된 영역에 국재화되어 있다는 명백한 증거는 없다.

3. 뇌에서 언어를 담당하는 부분은 서로 다른 사람들의 뇌에 동일한 방식으로 조직되어 있을까? 앞에서 살펴보았듯이, 뇌의 서로 다른 영역이 손상되었을 때 언어 처리 기능이 나빠지는 방식을 연구함으로써 우리는 언어에 대해 많은 것을 알 수 있다. 여러 사람들이 동일한 언어 처리 과제를 수행할 때 동일한 뇌 영역이 사용된다면, 동일한 영역에 뇌 손상을 가진 여러 사람들은 동일한 장애 패턴을 보일 것이다. 그러나 특정 언어 기능과 뇌의 특정 위치를 연결짓는 이론들에 대한 안타까운 사실은, 완전히 동일한 뇌는 없으며, 사람들이 뇌에 손상을 입었을 때 정확하게 똑같은 위치에 병변이 생기는 일은 없다는 것이다. 실제로 뇌의 비슷한 위치에 손상을 가진 사람들 사이에 나타나는 언어 처리의 장애 패턴은 서로 매우 다르다. 고전적으로 브로카 영역이라고 불리는 좌측 전두엽에 병변을 가진 일부 환자들은 브로카 실어증의 전형적 증

상인 끊기는 말, 비문법적인 말, 온전한 언어 이해 능력을 보이지 않는 반면, 전두엽에서 다른 위치에 손상을 입은 환자들이 브로카 실어증 증상을 보이는 경우도 있다. 따라서 특정 언어 기능이 뇌의 특정 영역에 완벽히 국재화되어 있다거나 모든 사람들의 뇌가 똑같이 조직되어 있다고 결론을 내리기는 어렵다. 보다 가능성 있는 가설은, 문장을 말하는 것과 같은 주요 언어 기능에는 뇌 영역들 사이의 광범위한 네트워크를 통한 협동적 활동이 필요하다는 것이다. 이러한 활동이 정확히 어떻게 협동적으로 이루어지는지는 앞으로 밝혀져야 할 문제이다. 따라서 이 장을 끝내며 나는 오래전 Mathews와 동료들(1994, p. 461)이 던졌던 질문을 가지고 당신들에게 숙제를 내주고자 한다. "확산적 병변이 사실상 국소적 병변과 동일한 패턴의 언어 장애를 야기하는 것이 가능한 이유는 무엇일까?"

🗣 스스로 점검하기

1. WADA 검사가 무엇인지 설명해 보자. WADA 검사를 통해 언어의 신경적 기반에 대해 알 수 있는 것은 무엇인가?

2. 국재화 가설과 동등잠재력 가설을 서로 비교, 대조해 보고, 각 관점을 뒷받침하는 증거로는 무엇이 있는지 설명해 보자.

3. Wernicke의 '감각'과 '운동' 실어증에 대한 이론을 설명해 보자. 그가 말한 각 결함의 원인은 무엇인가? Geschwind는 실어증에 대한 '고전적인' WLG 모형을 발전시키면서 Wernicke의 이론에 더해 어떤 생각을 (무슨 이유로) 추가하였는가?

4. 브로카/비유창성 실어증, 베르니케/유창성 실어증, 전도성 실어증을 서로 비교, 대조해 보자.

5. WLG 모형이 틀렸다는 증거로는 무엇이 있는가? WLG 모형의 대안은 무엇인가?

6. 브로카와 베르니케 실어증 환자들은 어떤 유형의 통사 분석 장애를 겪는가? 흔적 제거 가설은 이러한 장애를 얼마나 잘 설명하는가? 흔적 제거 가설에 대한 반증으로는 무엇이 있는가? 유창성 실어증과 비유창성 실어증에서 문법 지식이 보존된다는 것을 시사하는 연구 결과를 설명해 보자.

7. 대응 가설, 자원 제한 가설, 느린 통사 가설을 서로 비교, 대조해 보자.

💡 더 생각해 보기

1. 브로카 영역의 역할에 대한 언어 과학자들의 의견은 크게 갈린다. 일부 과학자들은 브로카 영역이 아주 특정한 언어 처리(흔적을 구성하는 것과 같은)를 수행한다고 믿는다. 반면, 다른 과학자들은 브로카 영역이 작업기억 자원을 공급함으로써 언어 처리에 기여한다고 믿는다. 또 브로카 영역이 말소리 움직임의 계획과 배열을 담당한다고 믿는 과학자들도 있다. 당신의 의견은 어떤가? 브로카 영역이 하는 일이 무엇이라고 생각하는가?

14장

언어 발달 장애

이 장에서는 다음과 같은 질문들을 다룬다.

1. 언어 발달 장애란 무엇인가?
2. 전문가들은 어떻게 해당 장애를 가진 아동들을 식별하는가?
3. 해당 장애의 원인은 무엇인가?

언어 발달 장애란 무엇인가

언어 발달 장애(developmental language disorder: DLD)[1]는 약 7~10%의 아동에게 영향을 미친다 (Leonard, 1998; Norbury et al., 2016). 비정상적으로 낮은 수준의 언어 수행은 주로 아동들의 발화에서 처음으로 관찰되며, 이는 언어 DLD의 주요한 진단 준거다. 아동은 정상적인 속도보다 말하기를 느리게 시작할 수도 있고, 비정상적으로 많은 형태통사적(morphosyntactic) 말소리 오류를 보일 수도 있다. DLD를 가진 아동들의 대부분은 비언어적 지능이 정상이며, 명백한 신경 손상이 없고, 언어 습득을 방해할 수 있는 다른 인지적, 정서적, 행동적 장애가 없다. DLD 아동들은 그렇지 않은 아동들에 비해 평균 학업 성취도가 낮고 사회적 환경에서 또래들에게 덜 긍정적으로 평가되는데, 이것은 이들의 언어 학습에서의 지연 또는 결함이 실용적 측면에서 중요하다는 점을 함의한다(Gertner et al., 1994; McKean et al., 2017 Morgan et al., 2011; Norbury et al., 2016; Whitehouse et al., 2009).

이 장에서는 DLD 아동의 언어 산출과 이해가 보통과 어떻게 다른지에 대해 탐구한다.[2] 또한 이러한 언어 문제가 학업 성취나 사회적 상호작용 등과 같은 다른 기능에 어떻게 영향을 미치며, 이러한 영향이 시간이 지남에 따라 달라질 수 있는지에 대해 알아볼 것이다. DLD를 가진 아동과 정상 발달을 보이는 아동 간 차이를 만들어 내는 '커튼 뒤에서' 무슨 일이 일어나고 있는지를 설명하

는 이론에 대해 배우게 될 것이다. DLD에 대한 일부 설명은 언어에 특화된 인지 처리의 문제를 사용하여 아동의 낮은 언어 수행력을 설명한다. 예를 들어, Rice, Wexler 및 동료들은 확장된 선택적 부정사(extended optional infinitive) 가설을 제안했다(Rice et al., 1995, 1998). 다른 설명에서는 DLD 아동의 신경 조직과 기능에 영향을 미치는 유전적 요인을 지목한다(Bishop, 2002; Friederici, 2006). DLD 아동이 말소리를 포함하여 소리를 다른 아동과는 다르게 처리한다고 주장하는 이들도 있다(Ehrhorn et al., 2021).

Him going fishing! Jim hold… water. And go fish

다음과 같이 말하는 초등학생과 대화하고 있다고 상상해 보라(Leonard, 1998).

> 나 (Little Jimmy의 그림을 들고): Tell me a story about Jim.
> 아동: Him going fishing! Jim hold… water. And go fish.
> 나 (Kathy의 그림을 들고): This is Kathy. Tell me a story.
> 아동: Kathy brush teeth. Her eat. And her get clothes on.

아동의 말에서 무엇을 발견했는가? 일반적이지 않은 점을 발견했는가? 만약 아동이 정상적인 언어 규칙을 따랐다면, 이 표현들이 어떻게 달라졌을까? (또한 언어 산출 측면에서 이 아동이 잘한 점은 무엇인가?)

방금 묘사한 것과 같은 말소리 양상이 DLD를 가진 아동이 산출하는 언어에 나타난다.[3] 즉, 아동의 표현성 언어에는 많은 오류가 관찰되는데 그중 많은 오류가 형태통사론 범주에 속한다. 즉, 아동이 표현한 단어들이 적절한 의미를 전달하지만, 단어의 형태는 문법에서 지정한 규칙에 맞지 않는 경우이다. 아이는 동사의 시제, 격, 일치를 정확하게 표시하지 않을 수 있고, 조동사를 생략하거나 잘못 사용할 수 있으며(She is going 대신에 *She going), 대명사의 격 표시를 틀릴 수 있다(She is eating 대신에 *Her is eating).

DLD 아동의 특징

DLD 아동의 산출 특징

(DLD) 아동은 정상 발달 아동과 결코 동일한 프로필을 보이지 않는다.

가장 두드러지는 차이는 (DLD) 아동이 가진 '문법 형태소', 즉 영어의 경우 과거 시제와 3인칭 단수 굴절 등과 같은 의존 형태소, 그리고 관사와 조동사 등과 같은 기능어에 굉장한 어려움을 보인다는 것이다.

-Larry Leonard

DLD 아동이 말할 때 범하는 오류 유형은 정상 발달 아동이 범하는 오류와 유사하다(Leonard, 1998). DLD 아동과 다른 아동이 구별되는 점은 일부 오류 유형의 발생 빈도이다. 두 집단을 연령 또는 평균 발화 길이(mean length of utterance: MLU)를 기준으로 비교해 보면, DLD 아동은 규칙 동사의 과거 시제 형태소(불규칙 과거 시제 동사 사용은 좀 더 잘 사용하는 것 같다), 소유격의 −s 형태소(복수형 −s 형태소는 아니다), 조동사 및 연결 동사와 관련된 문법적 오류를 더 많이 범한다(Bishop, 1994; Rice et al., 1999). 이러한 관측 가능한 발화 양상의 근원적인 원인을 찾는 연구자들은 문법(언어를 생성하는 데 사용되는 규칙 또는 원칙에 대한 저장된 지식; 2장, 4장 참조)을 유력한 주범으로 주목해 왔다. 만약 DLD 아동의 문법적 지식이 다른 아동과 다르다면, 이것은 DLD 아동의 발화가 다른 양상을 보이고 일반적인 문법 규칙(가령, 'Mommy's cup'에서 소유격을 표현하기 위해 's를 추가'하거나, 'The girl walks'에서 현재 시제를 표현하는 것)을 따르지 않는 이유를 설명해 줄 것이다.

DLD를 가진 개개인들의 동사 산출에 중점을 둔 연구에 따르면, 적어도 게르만어 사용자일 경우, 이들은 일반적인 사람들보다 다양한 동사 유형에서 훨씬 더 많은 오류를 범한다(Krok and Leonard, 2015; Vargha-Khadem, Watkins, Price et al., 1995 a). KE 가족을 살펴보자. 영국에 거주하는 이 가족은 어떤 두드러진 양상의 언어 문제를 보여서 언어학자들과 심리학자들에 의해 대대적으로 연구되었다. 가족 구성원 중 일부는 언어에 심각한 문제가 있었으나, 다른 일부는 언어 사용에 있어서 완전히 정상이었다. [그림 14.1]은 KE 가족의 동사 산출 과제 결과를 보여 준다. 언어 문제가 있는 가족 구성원은 규칙 과거 시제(예: walk-walked; bake-baked), 불규칙 과거 시제(예: throw-threw; catch-caught), 규칙 현재 시제(예: walk-walks; bake-bakes), 그리고 불규칙 현재 시제(예: have-has; do-does)의 동사 형태에서 많은 오류를 범했다.

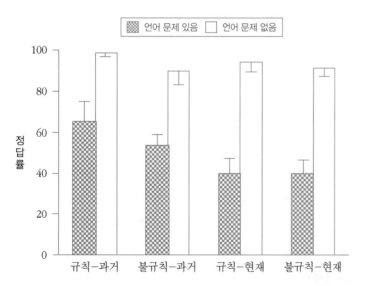

[그림 14.1] **KE 가족 구성원들의 동사 발화 과제 결과.** 언어 문제를 보이는 가족 구성원들은 회색 막대, 언어 문제가 없는 가족 구성원들은 하얀색 막대. 이 그림은 네 종류 동사(왼쪽부터 규칙-과거 시제, 불규칙-과거 시제, 규칙-현재 시제, 불규칙-현재 시제)에 대한 결과를 보여 준다.

출처: Vargha-Khadem, Watkins, Price et al. (1995), National Academy of Sciences, USA

THE DOG THAT DIDN'T BARK

셜록 홈즈는 미스터리를 해결하는 것을 좋아한다. 그는 영국의 미스터리 해결사이다. 그는 침입자가 있었다면 짖었어야 할 개가 짖지 않았다는 점을 근거로 미스터리의 해답을 추론했다. 이와 비슷하게, DLD를 가진 사람들이 언어의 특정 영역에서 보이는 뛰어난 성과는 놀랄 만하다. 가장 놀랄 만한 것 중 하나는 복잡한 구문(문장 구조)이다. 어떤 특정한 종류의 형태론에서 제약이나 어려움을 가지고 있더라도, DLD를 가진 성인과 나이가 어리지 않은 아동은 어떤 정교한 (그리고 문법적으로 정확한) 구문을 일상적으로 생성해 낸다. 예를 들어, 다음은 DLD를 가진 16세 청소년이 산출한 표현이다(Weiner, 1974).

That boy climbing a rope to get to get to the top the rope.

(이 문장에서 무엇을 발견했는가? 무엇이 정확한가? 어떤 오류가 보이는가? '오류'가 오류가 아닐 수 있는 상황이 존재하는가?) 정확하고 복잡한 통사의 문장(짖지 않는 개) 안에 형태론적 오류들(짖는 개)이 존재하는 조합은 DLD의 중요한 특징으로서 형태론을 두드러지게 한다. DLD 아동은 입력에서 규칙성을 추출하고 이를 사용하여 문법 원리 전반에 대해 가설을 세울 수 있는 것 같다. 만약 DLD가 전반적인 문법 결함을 포함하는 것이었다면, 보다 저하된 통사 및 문법(마치 피진어에서처럼, 또는 극단적 비문법적 실어증과 같은 수준)이 기대됐을 것이다. 이와는 다르게, 형태통사론 영역에서의 저하된 수행과 일부 문법 영역에서의 우아한 수행이 결합된 모습을 보인다.

짖기를 거부하는 또 다른 개가 있음을 기억하자[4]: DLD를 가진 아동은 그렇지 않은 아동에 비해 형태통사론의 일부 영역에서 저하된 수행을 보이지만 모든 영역에서 그러한 것은 아니다(가령, 현재 진행형 동사 굴절 −ing, 복수형−s 등).

DLD 아동의 이해 특징

DLD를 가진 아동이 보이는 어려움은 수용성 언어보다는 산출에서 더 명백해 보이긴 하지만, 정밀한 검사에 따르면 단어 학습 및 다른 이해 측면에서도 DLD가 영향을 미친다(Rice and Hoffman, 2015). Mabel Rice와 Lesa Hoffman은 DLD를 가진 약 250명에 이르는 사람들을 $2\frac{1}{2}$세부터 성인기까지 추적했다. 그들은 DLD를 가진 아동과 DLD 영향을 받지 않은 또래 연령의 통제 집단을 피보디 그림 어휘력 검사(Peabody Picture-Vocabulary Test: PPVT)를 사용하여 검사하였다. DLD를 가진 아동은 수용 어휘력에서 전체 연구 기간에 걸쳐 더 느린 성장을 보여 주었고, 정상 또래 집단을 한 번도 따라잡지 못했다. 연구는 또한 어린 남아의 수행이 어린 여아보다 뒤처지다가 아동이 나이가 많아짐에 따라 이 관계가 역전되는 결과를 보여 주었다([그림 14.2] 참조; 집단에 대한 결과에서 어떤 다른 점이 보이는가?). 이 종단 연구는 준실험적 연구 결과[5]를 강화해 준다. 준실험 연구는 DLD를 가진 아동이 DLD 영향을 받지 않은 통제 아동보다 실험실 검사 기간 동안 더 적은 수의 단어를 학습하였고 어떤 단어를 적절하게 사용할 수 있으려면 더 많은 노출이 필요하다는 것을 보여 주었다(Gray, 2005; Rice et al., 1994; Riches et al., 2005).

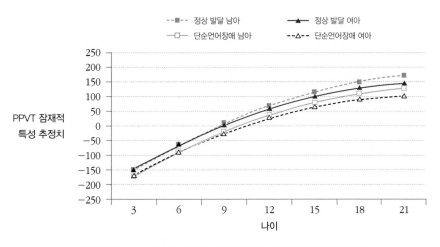

[그림 14.2] DLD 아동과 매칭이 이루어진 정상 아동의 어휘 성장 곡선

출처: Rice and Hoffman (2015), American Speech-Language-Hearing Association

DLD 아동들의 문장 수준에서의 이해를 평가한 연구가 많지는 않지만, Dorothy Bishop의 연구는 어순 정보가 문장 이해에 중요한 역할을 할 때 DLD를 가진 아동들이 문제에 부딪힐 수 있다는 것을 밝혔다(Bishop, 1979). 다른 연구에서는 언어 산출과 수용성 언어의 수행이 서로 연결되어 있을 수 있다는 점을 제안한다(Rice et al., 1998; Rice et al., 1999). Rice와 동료들의 연구에 따르면 아동들이 말을 할 때 특정 유형의 오류를 저지르며, 동일한 유형의 오류가 있는 문장을 들을 때에도 잘못 알아듣는다. 그들의 연구에서, 연구 조교들은 아이들과 놀면서 그들의 비문 감지 능력을 시험했다. 조교가 말하는 대로 실연하는 데 사용할 장난감 로봇을 어린 아이들에게 제공했다. 조교는 '로봇 언어'로 말하는 척하고 어린 아이는 그 로봇 언어가 '좋다' 또는 '좋지 않다'를 판단하여 말해야 했다.[6] 조교는 문법적으로 맞지 않은 문장(*He is cough; *He hiding)을 문법적으로 맞는 문장(Wow, he looks good; Maybe he loves you)과 섞어 말했다. 2.5세(2년 6개월) 아동이면 이 로봇 언어 판단 과제를 수행할 수 있다. DLD 아동들은 (문법적으로) 나쁜 문장 전체가 아닌 일부에 대해서만 '(문법적으로) 좋음'으로 평가하였다. 정상 언어 발달 또래에 비해 높은 비율로 비문법적 문장들을 잘못 판단하였다. DLD 아동들은 특히 보조 동사 is가 없는 문장이나 주어-동사 일치가 잘못된 문장(*He look happy now)에 대해 오인하였다. Rice의 연구팀은 일부 아동들을 대상으로 최대 3년에 걸쳐 재검사를 실시하였다. 아이들이 성장함에 따라 그들의 언어 말소리 산출은 점점 더 성인들과 비슷해졌다(DLD 집단은 완벽하게 따라잡지는 못했고 여전히 형태통사적 오류를 비정상적으로 많이 범했다). 아동의 언어 산출이 개선됨에 따라 '(문법적으로) 좋은' 문장과 '(문법적으로) 나쁜' 문장을 구분하는 능력도 향상되었다. 이는 기저의 문법적 표상이 통합된 시스템을 가지며 이것이 산출과 이해 수행 모두를 주도하고 있다는 것을 보여 준다.

DLD 아동과 성인의 결과

DLD를 가진 아동과 성인은 일상 기능에서 여러 가지 어려움을 겪을 수 있다. DLD를 가진 아동은 사회적 · 교육적 환경에서 어려움을 겪을 수 있으며, 이는 그들의 행동뿐만 아니라 그들에 대한 또래와 어른들의 인식에 영향을 미칠 수 있다. "부모와 임상가가 2~5세 어린이의 웰빙(wellbeing)을 묘사할 때, 대인관계, 학교 활동 및 놀이 활동 참여, 학습, 사회화 그리고 행동이 모두 우려의 대상으로 지적되었다"(Eadie, 2018, p. 801). 아동기에서 성인기까지 이어지는 종단 연구들은 DLD를 가진 사람들과 그렇지 않은 동료들 간에 교육적, 사회적, 정서적 측면에서 차이가 나타남을 보여준다(L. B. Leonard, 2017; Clegg et al., 2005).

언어 장애 진단을 받은 아동 중 최대 90%가 교육적 성취에서 동년배들에 비해 뒤처질 것으로 예상된다(Conti-Ramsden et al., 2018; Norbury et al., 2016). 초등학교 초반에 아동이 낮은 구두 언어 능력을 보인다면, 이 문제는 지속될 가능성이 높다. 낮은 언어 능력과 낮은 비언어적 지능을 모두 가지고 있는 아동은 학업 성취에서 장기간 뒤처짐을 경험할 가능성이 특히 높다(Rice and Hoffman, 2015; Thompson et al., 2015). DLD를 가진 사람들 전체로 보면, 그들은 DLD 영향을 받지 않은 동료들에 비해 더 높은 비율로 직업 기술 교육을 받고, 언어와 문해 능력에 덜 의존하는 직업을 갖게 된다(Conti-Ramsden et al., 2018; Johnson et al., 2010; Whitehouse et al., 2009).

경제적 결과에 대한 데이터는 다소 혼합된 양상을 보인다. 일부 연구에서는 DLD를 가진 적이 있는 사람들과 그렇지 않은 사람들 간에 수입이 유사하다고 보고하고 있지만, 다른 연구에서는 DLD 집단이 그렇지 않은 또래 집단에 비해 소득이 낮다는 결과를 보고하기도 한다. 이는 교육과 사회경제적 제도가 서로 다른 국가에서 연구가 수행되었기 때문일 수 있다(즉, 국가 정책이 DLD를 가진 사람들의 경제적 결과에 영향을 미칠 수 있다). 마찬가지로 고용 결과의 경우 일부 연구는 고용 가능성 측면에서 두 집단이 유사하다고 보고하지만, 다른 연구에서는 DLD를 가진 성인들의 실업률이 더 높다는 것을 보여 준다.

사회적 환경에서 또래들에게 덜 호의적으로 평가되는 아동은 이로 인한 어떤 정서적 결과를 경험할 것으로 보인다. 실제로 몇몇 연구들은 초기 언어 능력과 이후 정서적 기능의 질 사이 상관관계를 보여 준다(Conti-Ramsden et al., 2019; St. Clair et al., 2011; Yew and O'Kearney, 2015). 어떤 종류의 연구에서는 교사들에게 학급 아동들의 정서적 특성 및 사회적 기술에 대해 평가하도록 하는 설문조사를 실시했다. 언어 장애가 있는 아동은 그렇지 않은 아동보다 더 높은 비율로 사회적, 정서적 어려움을 경험한다고 보고되었다. 그러나 두 가지 유형의 어려움이 항상 서로 연관되어 있는 것은 아니다. 사회적인 부분에서 어려움을 겪는 아동들 중에는 정서적 어려움이 뚜렷하지 않은 경우가 있다. 시간이 지남에 따라 사회적 그리고 정서적 기능의 변화 패턴은 복잡해진다. 어린 시절에 언어 장애가 존재한다고 해서 사회적 또는 정서적인 어려움이 시간에 따라 반드시 증가하는 것은 아니다. 일부 아동들은 성숙하면서 정서적인 문제가 개선되는 것으로 나타난다. 또한 언어 발달 장애가 없는 아동의 사회적 그리고 정서적 기능에 영향을 미치는 환경적 요인들(예: 양육 스타일, 심리적 장애의 가족력)은 언어 장애를 가진 아동의 발달에도 유사한 영향을 미치는 것으로 보인다.

삶의 질

DLD를 가진 사람들은 그렇지 않은 동료들과는 다른 삶의 궤적을 가지고 있다(Clegg et al., 2005; Johnson et al., 2010; Norbury et al., 2016; Whitehouse et al., 2009). 그러나 이것이 그들의 삶이 덜 의미가 있다거나 충족되지 않았음을 의미하는 것이 아니다. 어른으로서 자신의 삶의 질에 대해 조사를 실시한 결과, DLD를 가진 사람들의 삶의 만족도는 DLD의 영향을 받지 않은 동료들과 유사했다. 사회적 네트워크와 가족 환경의 질이 삶의 만족도 차이를 만들어 내는 변인들로 보이는데, 이러한 변인들은 언어 상태(DLD 있음 vs. 없음)와 크게 상호작용하지 않는 것으로 보인다.

초등학교 시기의 아동인 경우, 언어 능력이 삶의 질에 영향을 미친다는 몇몇 증거들이 있다(Eadie et al., 2018). 부모를 대상으로 자녀들의 삶의 질에 대한 설문조사를 실시하면, 부모들은 DLD를 가진 아동이 그렇지 않은 또래들에 비해 삶의 질이 낮다고 평가한다. DLD 아동의 부모들은 자신의 삶의 질 또한 다른 부모들에 비해 낮다고 평가한다.

어떻게 DLD 아동을 식별하는가

언어 문제의 진단은 일반적으로 자신감 있게 이루어질 수 있다.
핵심은 언어 문제를 동반하는 다른 장애 상태들을 DLD와 구별하는 것이다.

-Larry Leonard

단순히 형태통사적 오류의 존재 자체가 DLD의 존재 여부를 결정하는 유일한 주요 특징은 아니다. 일반 발달 아동들이 말을 할 때에도 다양한 형태통사적 오류뿐만 아니라 다른 다양한 오류를 범한다. 어린 아이가 말하면서 문법, 의미, 음운 및 그 외 유형의 실수를 저지르는 것에 놀랄 필요가 없다. 영아나 아동이 동일한 연령의 다른 또래들보다 언어 수행에서 크게 뒤처지더라도 그들의 언어 능력은 시간이 지나면서 정상화된다(Reilly et al., 2010). 그렇다면 아동이 DLD를 가지고 있는지를 판단하는 기준은 무엇일까? 아동이 DLD를 가지고 있는지 여부를 판단할 수 있는 관찰 가능한 행동은 무엇이 있을까? 초기 경고 신호는 무엇일까? 이처럼 겉으로 보기에 간단한 질문들이 과학자들과 실무 전문가들 간에 상당한 논의를 불러일으켰다.[7] 가능한 답을 찾기 위해 두 가지 일반적인 접근법(즉, 불일치 기준(discrepancy criteria) 접근법과 기능적 손상(functional impairment) 접근법)을 비교해 보자.

불일치 기준 접근법

불일치 기준 접근법을 지지하는 이론가와 실무자들은 아동의 전반적인 정신 능력을 고려했을 때 아동이 무엇을 할 수 있어야 하는지를 기반으로 언어 능력을 판단한다. 만약 아동이 많은 말소리 오류를 범하지만 그 오류가 동일 연령의 다른 아이들에게서도 일관된다면, 그것은 우려를 불러일으키지 않는다. 불일치 기준 접근법에 따르면 실무자들은 (단순히 낮은 수준의 기술이 아닌) 놀라울 정도의 낮은 언어 기술을 찾는다. 만약 아동이 심각한 건강상 문제(예: 언어 네트워크에 영향을 미치는 뇌 기형)를 겪고 있다면, 그 아동이 언어를 산출하거나 이해하는 데 어려움이 있다는 점에 놀라지는 않을 것이다. 만약 그 아동에게 언어 문제가 있다면 우리는 이것을 기저질환의 결과로 볼 것이며, 이것이 언어 처리의 어떤 기능 장애 자체라고 보지는 않을 것이다. 만약 언어 학습에 방해가

될 수 있는 건강, 인지, 또는 행동적 조건을 찾지 못했는데 아동의 언어 능력이 낮은 것을 발견한다면 우리는 놀랄 것이다(왜냐하면 일반적으로 아동들은 마치 작은 스펀지처럼 특별한 개입 없이도 자신의 모국어를 높은 수준으로 습득하기 때문이다). 우리는 언어와 관련된 어떤 것이 어려움을 일으키고 있는 것으로 의심할 것이다. 언어 산출과 이해를 돕는 계산 또는 신경 시스템의 어떤 측면에서 뭔가 이례적인 일이 일어나고 있을 수 있다. 아동의 청지각이 전반적으로 온전함에도 불구하고 다른 아동들과 동일한 방식으로 말소리를 지각하거나 처리하지 않을 수도 있다. 다른 명백한 문제가 없음에도 불구하고 언어에서는 어떤 분명한 문제를 보이는 아이들은 아동기 언어 장애에 관한 문헌에서 중요하게 다뤄지고 있으며, 많은 문헌에서 단순 언어 장애(specific language impairment: SLI)라는 용어를 사용한다.

불일치 기준 틀 안에서 실무자는 언어 능력 검사를 통해 언어 문제를 식별한 다음 비언어적 조건이 언어 능력을 낮추는 원인일 수 있는지를 확인한다. 이러한 언어와 지적 기능에 대한 개념에서는 전반적인 지적 기능에 비해 언어 능력이 일정한 (꽤 임의적이기도 한) 양만큼 뒤처지는 경우에만 아동이 DLD로 진단받을 수 있다. 이 접근법은 낮은 수준의 언어 수행에 기여할 수 있는 여러 요인들을 평가함으로써 언어처리체계를 넘어서 존재하는 언어 어려움의 원인들을 제거하도록 한다. 청력 손실, 뇌 질환 또는 언어 학습의 기회 부족 등을 평가할 필요가 있을 것이다. 아동이 자폐증이나 발달 장애(저지능)로 진단되었고 동시에 언어에서도 어려움을 보인다면, 우리는 자폐증이나 발달 장애가 기저 장애인지를 확인할 것이고 언어 문제가 이 장애에서 비롯된 것으로 해석할 것이다. 이 경우에는 불일치가 존재하지 않는데, 그 이유는 기저 질환으로 인해 언어 기능이 저하되었다는 것이 놀랍지 않기 때문이다. 마찬가지로 청각장애를 진단 받은 아동의 언어 문제가 청각이나 시각 언어 입력의 결핍에서 비롯된 경우라면 이 아동에게 DLD를 진단하지 않을 것이다.

언어와 다른 인지적 능력 사이 불일치가 확인되면 다른 잠재적인 원인들도 제거되어야 한다. 〈표 14.1〉은 DLD를 평가하는 동안 실무자가 확인해야 할 일부 조건들을 나열하고 있다.

불일치 접근법이 직면한 한 가지 문제는 다양한 사람들이 서로 다른 검사를 사용하며 언어 장애가 있는 아동과 그렇지 않은 아동을 분류하는 데 서로 다른 기준을 적용한다는 점에서 비롯된다(Nitido and Plante, 2020). 우리는 불일치를 발견하고자 한다. 언어 결함이 충분히 놀랍기 위해서는

표 14.1 DLD 진단을 위한 포함 및 제거 기준

요인	기준
언어 능력	언어 검사 점수가 집단 평균보다 적어도 1.25 표준편차 이하
비언어 IQ	비언어 IQ가 85 이상(평균보다 1 표준편차 이하 이내)
청력	정상 범주 내 청력
중이 속 체액	최근 사례 없음
신경학적 기능 장애	발작, 뇌성마비, 뇌 종양의 증거 없음; 현재 발작을 통제하기 위한 약물 복용 중이 아님
구강 구조	구조적 이상 없음
발성 기관 움직임 능력	정상 범주 이내
신체적 및 사회적 상호작용	신체적 및 사회적 상호작용을 저해하는 자폐 스펙트럼 장애의 증거 없음

도대체 언어 능력과 다른 능력 간의 차이가 얼마나 커야 하는 것일까? 그리고 어떤 검사를 사용해야 할까? 초기언어발달검사(Test of Language Development-Primary: TOLD-P)와 같은 표준화된 검사는 음운 능력, 어휘, 그리고 통사에 대한 하위 검사들로 구성되어 있으며, 이 하위 검사들은 연속 범위의 점수를 갖는다(Newcomer and Hammill, 1991). 이러한 검사들은 아동이 DLD를 가지고 있는지 여부를 보여 주는 하나의 구체적인 결과나 숫자를 제공하지 않는다. 그 대신, 실무자들은 언어 능력 검사의 점수를 비언어 IQ와 같은 다른 지적 능력 검사 결과와 비교한다. 언어 점수가 다른 지적 능력보다 상당히 낮다면 DLD 진단이 고려될 것이다. 정확한 준거 점수는 연구에 따라 다르며 어느 정도 임의적이기도 하다. 유명한 몇몇 학자들은 (1) 언어 능력 점수가 집단 평균보다 1.25 표준편차 이상 낮고, (2) 비언어적 지능 점수가 정상 범위 내에 있을 때 아동을 DLD로 식별한다(Leonard, 1998; Records and Tomblin, 1994). (비언어적 지능 검사의 결과에 따라 언어 장애를 진단함으로써 발생되는 결과를 예측할 수 있는가? 이 방법을 사용했을 때 어떤 사람들이 언어 장애 범주에서 제외될 수 있을까? 이 분류 방법에 의해 어떤 결과가 일어날 수 있을까?)

다른 연구에서는 아동의 자연스러운 발화를 관찰함으로써 그들의 언어 능력을 평가한다 (Leonard et al., 1992; Rice and Oetting, 1993). 이 유형의 연구에서는 종속 변수로 MLU를 사용한다. MLU는 단어 수나 형태소 수를 기반으로 계산할 수 있다. 기본적으로 아동이 하는 말을 듣는다. 녹음을 한 연속된 말소리를 조각으로 나눈다. 그런 다음 각 조각에서 몇 개의 언어 단위(형태소 또는 단어)가 있는지 세는 방식으로 계산한다. 일반 지능 및 기타 관련 특성이 정상 수준에 근접한다는 가정하에, MLU 측면에서 아동의 자연스러운 발화가 동일 연령의 평균보다 현저히 짧다면 그 아동은 언어 장애 집단에 속한다고 볼 수 있을 것이다.

기능적 손상 접근법

누가 DLD를 가지고 있다고 봐야 하는지 혹은 아니라고 봐야 하는지 결정하는 것은
극도로 어려울 수 있다.

-Dorothy Bishop

일부 실무자들은 DLD를 식별하기 위한 불일치 접근을 지지하지 않는다. 실제로 현재 APA 진단 및 통계 메뉴얼(Diagnostic and Statistical Manual: DSM-5)에서는 언어 능력과 비언어적 지능 간의 불일치를 진단 기준으로 포함하고 있지 않다(APA, 2013; Norbury et al., 2016). 다른 영역 간 불일치에 기반을 둔 결정 대신, 실무자들은 아동의 수용성 및 표현성 언어 수행이 (동시에 존재할 수 있는 다른 여건과 관계없이) 기능 장애로 이어지는지를 평가한다(Bishop et al., 2017). 아동의 언어 문제가 중재 (intervention) 없이는 상당한 개선이 어려울 것이라는 점 또한 중요한 특징이다. "예후는 언어 장애의 정의에서 핵심적인 요소여야 한다. … 이 용어는 전문가의 도움 없이 해결하기 어려운 심각한 기능적 장애로 이어지는 언어 문제를 포함해야 한다."(Bishop et al., 2017, p. 1070) 이러한 방식으로 언어 장애를 정의하는 것은 다른 장애 진단에 사용되는 과정과 동일하다. 예를 들어, 누군가가 이전에 다른 질환으로 진단을 받았다거나, 그의 불안이 다른 문제보다 현저하게 더 심하지 않다고 해

서 그에게 불안 장애가 없다고 말하지 않는다. 그 대신, 불안 장애의 존재 또는 부재는 그 자체에 의거하여 자체 기준에 따라 판단한다(유사한 증상이나 징후를 보이는 다른 기저 질환을 제외시키거나 여러 불안 장애 종류 중 무엇인지 차이를 구분하기 위해서는 여전히 감별 진단이 필요할 수 있다).

'다른 문제는 없다.'라는 기준을 제거하면 언어 장애가 있는 것으로 간주될 수 있는 사람들의 수가 약 2~3% 정도 자연스레 증가한다(Norbury et al., 2016). 이 수정된 정의에 따르면, 인구의 약 7%가 아닌 약 9~10%가 DLD 진단을 받을 가능성이 있다. 이 10% 중 약 7%는 원인을 알 수 없는 언어 장애가 있다고 평가될 것이다(이는 이전 SLI 정의와 비슷). 나머지 약 2%에서 3%는 언어 능력 측면에서 원인을 알 수 없는 장애 집단과 유사하게 보일 테지만, 이들의 언어 능력이 또래들보다 뒤처지는 이유를 설명하는 식별 가능한 어떤 부가적 특성이 있을 것이다(예: 비언어적 IQ가 낮거나 뇌전증으로 인한 신경 손상 등). Dorothy Bishop과 동료들은 청각 손실로 인한 구어 사용 제약, 뇌 손상, 다운 증후군과 같은 상태를 DLD 범주에 포함하는 것을 권장한다(Bishop et al., 2017). 그러나 그녀는 이러한 상태를 x와 관련된 언어 장애(x는 낮은 지능, 신경 이상, 심각한 행동 장애 등이 될 수 있다)라는 용어를 사용함으로써 특발성(idiopathic) DLD(명백한 물리적 또는 환경적 원인이 없는 DLD)와 구별할 것을 권장한다. x와 관련된 것을 포함함으로써 DLD의 다양한 하위 유형 간에 차이가 있을 수 있는 잠재적 치료 방법들을 강조하고, 또한 근본적 원인과 상관없이 언어 문제가 있는 아동들은 언어 기술을 향상시키기 위해 지원을 받아야 한다는 사실도 강조한다.

DLD의 조기 지표 및 예후

DLD의 진단과 관련된 두 가지 추가적인 고려 사항은 상태를 조기 감지하는 것과 비정상적인 모국어 학습을 정상적인 언어 발달의 지연과 구분하는 것이다. 어떤 아동들은 보통보다 늦게 단어를 말하기 시작하는데, 이 늦게 말하는 아동 중 일부만이 실제로 DLD 진단을 받는다(Leonard, 1998; Petruccelli et al., 2012). 실제로, 늦게 말하는 아동 중 70%는 3세까지 언어 능력이 향상되며, 보통 성장해 가면서 언어 수행이 일반 수준에 도달하게 된다(Bello et al., 2018; Rescorla, 2011). 만약 어떤 영아가 일반적인 발달 시기, 즉 약 12~18개월 사이에(Clark, 1991) 단어 발화를 시작하지 않는다면, 의료 전문가가 이 영아를 검사해 보기를 원할 수는 있겠지만 불안해할 필요는 없다. 일부 아이들이 일반적인 경우에 비해 조금 늦게 말하기를 시작하더라도 그들은 괜찮아질 것이다. 그러나 이러한 상황은 DLD를 가진 아동의 조기 식별을 복잡하게 만든다. 질문은 다음과 같다. 아동 중에서 단순히 늦게 말하는 아동(결국 괜찮아질 아동)과 미래에 결과가 나빠질 아동(즉, DLD를 가진 아동)을 조기에 식별할 방법을 찾을 수 있을까?

아동의 말소리에서 관찰되는 행동 패턴 중 일부는 DLD의 선행 지표로 작용할 수 있는데, 그 이유는 그러한 행동 패턴이 추후 아동기에 DLD 진단을 받을 확률과 관련되어 있기 때문이다. 예를 들어, Rudolph와 Leonard의 연구(2016)에서 연구자들은 언어 발달의 두 가지 중요한 이정표를 평가했는데, 그것은 바로 아동의 첫 단어 발화 시작 시점과 아동의 첫 두 단어 조합의 시작 시점이다. 아동이 첫 번째 단어를 말하기 시작한 나이는 DLD 진단과 관련이 없는 것으로 드러났다(일반적인 속도보다 늦게 첫 번째 단어를 말했던 아동이 일찍 말했던 아동에 비해 더 높은 비율로 DLD 진단을 받지 않았다). 반면에, 아이가 두 단어 조합을 말하기 시작한 나이는 중요했다. 단어 조합이 늦었던 아동은 일반적인 발달 속도에 따라 단어를 조합하는 아동에 비해 DLD 진단을 더 많이 받았다. 그러나 상황을 조금 더 복잡하게 만드는 것은 아동기 후반에 DLD 진단을 받은 많은 아동들이 한 단어, 두 단어, 그리고 여러 단어 발화를 정상적인 스케줄 안에 시작했었다는 점이다(Snowling et al., 2016; Zambrana et al., 2014). (정상 발달 아동과 DLD가 있는 아동의 늦은 발화에 대한 전반적인 양상이 무엇을 의미한다고 생각하는가? 이 양상을 설명할 수 있는가? 한 단어와 두 단어 발화의 시작 시점은 DLD를 가진 아동을 식별하기 위한 진단 도구로 사용되어야 할까? 아니면 이들을 제외하기 위하여 사용되어야 할까?)

말하기를 늦게 시작하는 아동의 미래 결과를 예측할 때, 연구자들은 아동이 대화를 할 때 제스처(예: 손가락질)를 사용하는지 아니면 다른 사람의 몸 동작을 흉내 내는지를 평가하기도 한다(Dohmen et al., 2016; Ellis and Thal, 2008). 제스처를 사용하지 않거나 몸 동작을 흉내 내지 않는 어린 아동(3세 미만)은 나중에 언어 결과가 좋지 못할 가능성이 있다. 그러나 이러한 아동의 언어 결과를 예측하는 능력은 여전히 제한적이다. "언어가 늦게 나타나기 시작하는 것으로부터 추후 학령기 언어 장애를 예측하는 것은 놀랍도록 부실하다. 그 이유 중 일부는 말하기를 늦게 시작한 많은 아동들이 (언어 지연을) 따라잡기도 하고, 학령기에 언어 장애가 있는 몇몇 아동들이 말을 늦게 시작하지 않았었다는 점 때문이다"(Bishop et al., 2017, p. 1070).

표 14.2 DLD 위험 요인

느린 두 단어 조합 발화
이해 문제
제스처를 통해 의사소통하지 않음
다른 사람의 몸 동작을 흉내 내지 않음
DLD 또는 정상 미만 문해력의 가족력; DLD가 있는 형제자매

연령이 높은 아이들(4세 이상)의 경우에는 현재 언어 능력과 미래 언어 능력 간의 상관관계가 더 강하다. 즉, 미래 언어 장애를 예측하는 능력은 연령이 높아질수록 향상된다. TOLD–P 및 언어 기능 임상 평가(Clinical Evaluation of Language Function: CELF)와 같은 검사는 언어 기술의 여러 다양한 구성 요소들을 평가한다. 아동이 평균 이하의 점수를 보이는 구성 요소들이 많을수록 언어 문제가 지속될 가능성이 높아진다(Bishop and Edmundson, 1987). 문장 반복과 비단어 반복 두 측정치는 문헌에서 많은 관심을 받는다. 아동이 문장을 그대로 따라서 반복하는 능력은 미래 언어 장애를 예측하는 데 사용될 수 있다(Everitt et al., 2013). 일부 연구는 비단어를 반복하는 능력도 지속되는 언어 문제와 상관이 있음을 보여 준다(Archibald and Gathercole, 2007; DLD와 연관이 있는 것으로 알려진 일부 위험 요인들은 〈표 14.2〉 참조).

조기 평가를 통해 미래의 언어 결과를 예측할 수 있는 능력이 어느 정도 있긴 하지만, 검사 영역은 확실히 개선이 필요하다. 실무자들은 DLD를 진단하기 위해 다양한 검사를 사용하고 있지만, 이러한 검사 중 많은 것들이 문제가 될 수 있는 심리측정의 속성들을 가지고 있으며, 어떤 종류의 검사에서는 DLD 아동이 항상 평균 이하의 점수를 보이지는 않는다(Spaulding et al., 2006). 올바른 검사 수행은 중요하다. 그 이유는 보다 엄격하고 철저하게 진행되는 선별 방법들과 비교했을 때 현재 현장에서 널리 사용되는 검사 방법들이 많은 DLD 아동을 놓치고 있는 것으로 보이기 때문이다(Oetting et al., 2016; Weiler et al., 2018). 초등학교 저학년 아동을 가르치는 교사들이 DLD를 식별하는 데 중요한 역할을 할 수 있다. 하지만 교사들은 교육, 지원, 더 나은 검사 도구를 필요로 한다(Antoiniazzi et al., 2010). (아동들이 현재와 같은 방식으로 검사를 받음으로써 발생될 수 있는 결과에는 무엇이 있다고 생각하는가?)

원인

DLD의 근본적인 원인은 알려지지 않았으며 이에 관한 다양한 연구들은
단일한 원인이 존재하는 것이 아니라고 시사한다.

–Christophe Parisse and Christelle Maillart

우리는 DLD의 원인에 대해 알지 못한다. 유전, 뇌 구조 및 연결성, 언어 기능의 편재화 차이, 다양한 인지 표상 및 인지 처리 가설(비정상적인 음운 부호, 저하된 음운 작업기억 체계, 문법 지식의 정신적 표상)을 조사해 볼 만하다. 이러한 다양한 요소가 어떻게 조합되어 DLD를 유발하는지에 대한 결정적인 답은 아직 없다. 많은 연구가 행해져야 하고 많은 질문은 답을 기다리고 있다.

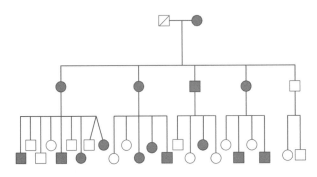

[그림 14.3] **여러 세대에 걸친 KE 가족의 DLD 분포.** 여성은 원, 남성은 네모로 나타낸다. 회색 기호는 DLD 영향을 받은 가족 구성원을 나타낸다. 하얀색 기호는 영향을 받지 않은 구성원을 보여 준다.
출처: Bishop (2002), Elsevier

DLD에 대한 유전적 원인

만약 유전이 DLD에 원인을 제공한다면, 이 질병이 가족 내력인지를 확인해야 할 것이다. 이는 바로 영국의 KE 가족에게 발생됐다. KE 가족 구성원들 내 여러 세대에 걸쳐 DLD가 일반적으로 예측되는 비율보다 훨씬 더 높은 비율로 나타났다(Bishop, 2002; Gopnik and Crago, 1991; Hurst et al., 1990). 그러나 모든 가족 구성원이 영향을 받은 것은 아니다. [그림 14.3]은 KE 가족 내 DLD 패턴을 보여 준다. (형제자매, 부모–자식 쌍 등에서 DLD 발생에 관한 어떤 패턴을 찾아볼 수 있는지 살펴보자. 남

성이 여성보다 더 크게 영향을 받는가? 혹은 그 반대인가? 이것이 DLD의 유전적 전파에 대해 무엇을 말해 줄 수 있는가? 어떻게 이 패턴을 환경적 영향으로 설명할 수 있는가?)

일부 유전학자들은 KE 가족 개별 구성원의 DNA를 조사했다. 그들은 영향을 받은 가족 구성원들의 특정 염색체의 특정 영역이 어떤 하나의 형태를 취하는 반면, 영향을 받지 않은 가족 구성원들은 다른 형태를 가지고 있음을 확인했다(Bishop, 2002; Lai et al., 2001). 해당 유전자는 Fox P2로 알려졌다. 모두 매우 흥분했다! "우리가 문법 유전자를 찾았다!"라고 말했다. 누군가가 Fox P2의 진화적 역사를 추적하였고, 약 50,000년 전 발생한 돌연변이가 우리 인류의 문화 및 언어 혁명과 동시에 일어났다는 결론을 내렸다(Wade, 2002). 간단한 이야기를 좋아하는 사람들에게 이것은 진정 흥미진진한 것이었다. 이 이야기는 다음과 같다. 돌연변이 유전자가 인간 마음의 문법 기계를 가동시킨다. 이제 인간은 복잡한 사고를 생각하고 표현할 수 있다. 이것이 물질적, 문화적 지진을 일으킨다. 짠! 현대인이 되었다.

이 이야기는 거의 즉시 무너져 내렸다. 일부 논문들은 Fox P2가 KE 가족의 언어 장애와 공변하긴 하지만, Fox P2와 언어 능력 간의 상관관계가 간단하지 않다는 것을 올바르게 지적했다. 첫째, Fox P2 자체가 다른 여러 유전자들과 복잡한 관계를 가지고 있어서 Fox P2의 활성화가 다른 여러 유전자들의 활성화에 변화를 일으킬 수 있다. 둘째, 연구자들은 Fox P2 유전자가 언어 자체와 관련이 있는 것인지 아니면 언어 능력의 비언어적 측면, 가령 유창한 말소리를 산출하기 위해 필요한 미세한 운동 통제나 연속적인 행동의 계획 및 실행 등과 관련이 있는 것인지에 대해 의문을 제기하기 시작했다(Vargha-Khadem, Watkins, Alcock et al., 1995; Vargha-Khadem, Watkins, Price et al., 1995). KE 가족 구성원에게서 발견된 Fox P2의 특정 형태가 그들 뇌를 구조적이고 생리적으로 다르게 만들었을 수 있다. 이러한 신경적 요인들이 운동 및 일반 지적 장애의 원인이 됐을 가능성은 있지만 문법 지식 문제 자체의 원인은 아니었을 것 같다. 마지막으로 Fox P2의 이형과 DLD의 유무 간의 연결은 KE 가족이 이례적임(이상치)을 보여 주었다. "(KE) 가족은 … 유전자와 장애(DLD) 간에 이처럼 간단한 상관관계를 가졌다는 점에서 이례적이다"(Bishop, 2002, p. 312).

지금까지도 우리의 유전학자 친구들은 언어 유전자를 찾지 못했으며, 아마도 결코 찾지 못할 것

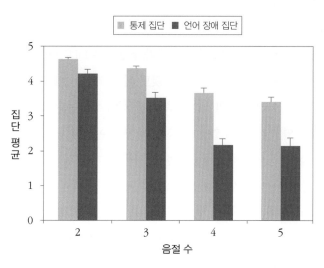

[그림 14.4] DLD 영향을 받지 않은 아동(왼쪽 밝은 회색 막대)과 DLD를 가지고 있는 아동(오른쪽 어두운 회색 막대)의 비단어 반복 과제에서 비단어 반복 수행 결과

이다. 언어는 산출 및 이해 측면 모두에서 수많은 하위 기술로 구성된 매우 복잡한 능력이다. 이렇게 복잡한 인지 능력이 단일 유전자의 통제를 받는다는 것은 그럴 듯하지 않다. 비록 DLD와 같은 언어 관련 질환들에 대한 간단한 설명이 있으면 좋겠지만 말이다.

앞서 언급한 내용이 유전은 언어 능력이나 DLD에 아무런 역할을 하지 않는다라고 말하는 것이 아니다. 그 반대이다. 유전자 변이, 표현형 및 언어 능력 간의 관계는 복잡하지만, 유전적 요인이 DLD 특징에 기저가 된다는 증거가 있다(Newbury and Monaco, 2010).

일부 증거는 꽤 간단한 과제(비언어 반복)를 수행한 아동들을 대상으로 한 유전 연구에서 나온 것이다(일부 대표적인 결과는 [그림 14.4] 참조). 이 과제에서 DLD를 가진 아이들은 그렇지 않은 아이들과 과제를 다르게 수행한다(Bishop, 2002). 비단어 반복 수행을 위해 아동들은 누군가가 'moop' 'blefen' 'conbarstip'과 같은 비단어를 말하는 녹음을 듣는다. 목표 자극이 길어질수록 과제는 점점 더 어려워진다. 이와 같은 과제를 아동들이 어떻게 수행하는지는 이들의 음운 작업기억에 달려 있다. 목표 자극은 기억에 저장된 의미 표상과 연결되어 있지 않기 때문에 이 과제의 수행은 얼마나 잘 아이들이 말소리를 작업기억에서 유지할 수 있는지에 따라 달라진다(이 과제를 사용하여 친구의 음운 작업기억을 어떻게 테스트해 볼 수 있을까?)

비단어 반복 수행에 대한 유전적 기여를 확인하기 위해 Dorothy Bishop은 DLD가 있는 아동과 영향을 받지 않은 아동을 비교했다. 이들은 일란성 또는 이란성 쌍둥이였다. Bishop 박사는 쌍둥이 한 명의 성과를 쌍둥이의 다른 한 명과 비교함으로써 비단어 반복 과제의 수행이 얼마나 공유된 유전자에 의해 결정되었는지를 추정할 수 있었다(일란성 쌍둥이는 이란성 쌍둥이보다 유전적으로 더 유사하다). 결과는 이란성 쌍둥이에 비해 일란성 쌍둥이가 더욱 비슷하게 수행했음을 보여 주었다. 흥미로운 점은 말소리가 아닌 소리(서로 다른 청각 주파수의 음조로 이뤄진 다양하고 짧은 배열)에 대한 작업기억을 요구하는 과제들에서 이란성 쌍둥이의 수행이 일란성 쌍둥이만큼 유사했다는 것이다. (만약 DLD에 음운 처리는 유전될 수 있지만 말소리가 아닌 단순한 청각 자극 처리는 유전될 수 있는 것이 아니라면 어떤 결론을 낼 수 있을까?)

뇌의 구조와 기능의 편재화

구조적 뇌 영상 연구(구조적 및 기능적) 및 신경생리학 실험은 DLD 아동과 일반 발달 아동 사이에 차이가 어느 정도 있음을 보여 준다. 이 연구들은 몇몇 뇌 영역에서 비정상적인 크기의 대뇌반구 간 비대칭성을 가리키고 있다. 이러한 영역에는 좌측 하전두회, 상측두회 및 실비안열 주변(perisylvian) 의 일부 영역(두정엽, 후두엽 그리고 측두엽을 연결하는 뇌 부위)이 포함된다(Evans and Brown, 2016). 구조적 연결성 및 기능적 뇌 반응에서의 발생 가능한 차이들 몇 개를 살펴보도록 하자.

구조적 신경 영상 방법(MRI)을 사용하면 뇌의 전반적인 물리적 구성 요소들을 평가할 수 있고, 다양한 집단 간 비교도 할 수 있다. 일부 연구들은 뇌 형태학(brain morphology)(뇌 여러 부분들의 상대적인 크기)이 (평균적으로) DLD를 가진 아동과 그렇지 않은 아동 간에 다르다는 것을 보여 준다(Leppanen et al., 2004; Liegeois et al., 2014; Plante et al., 1991).[8] 우리는 DLD 아동의 뇌 일부 영역이 DLD 영향을 받지 않은 또래와 비교하여 더 작은지 또는 더 큰지에 대해 궁금해 할 수 있다. Nicholas Badcock과 동료들은 이러한 질문에 답하기 위해 복셀 기반 형태계측법(voxel-based morphometry)을 사용했다(Badcock et al., 2012; Raschle et al., 2017). 이 구조적 신경 영상 기술에서는 각 아동의 뇌를 표준형에 배치하는데, 표준형은 복셀(컴퓨터 화면의 픽셀을 3차원으로 만든 것과 같다)이라고 불리는 정육면체 모양의 구역들로 이뤄져 있다. 연구자들은 MRI 신호를 사용하여 각 복셀의 부피가 얼마나 회질, 백질 및 뇌척수액(cerebrospinal fluid: CSF)으로 이뤄져 있는지를 추정했다. 연구자들은 회질에 특히 관심이 있었기 때문에, 각 복셀에서 백질과 뇌척수액을 뺐다. 복셀 기반 형태계측법은 DLD 아동과 비교 집단 간에 차이를 보여 주었다. DLD 아동은 어떤 영역에서는 더 큰 회질 부피를 가지고 있었고 다른 영역에서는 더 적은 회질 부피를 가지고 있었다.

그 외 뇌 부피 측정 기술들은 DLD 아동과 DLD 영향을 받지 않은 아동 사이의 차이가 매우 초기 발달단계에서 발생한다는 점을 제시한다. 초음파는 태아의 뇌 부피와 반구 대칭을 측정하는 데 사용될 수 있다(Gallagher and Watkin, 1997). Gallagher와 Watkins의 태아 초음파 연구에 따르면 추후 DLD로 진단받게 될 아이들은 그렇지 않은 아이들과 매우 유사한 뇌 부피를 태아 발달 동안 갖는 것으로 보인다. 그러나 두 반구의 상대적인 크기에서는 차이가 있음을 발견했다. DLD 영향을 받지 않은 태아는 대칭적인 대뇌 반구를 가졌으나(왼쪽 반구와 오른쪽 반구의 부피가 거의 일치한다) DLD를 가진 아이는 우측 반구로 편향된 비대칭 대뇌 반구를 가졌다(오른쪽 반구가 왼쪽보다 부피가 크다).

언어 처리의 편재화 차이가 DLD의 한 원인이 될 수 있을까? 어떤 설명은 언어 처리가 왼쪽 편재화되어 있으며 그 이유가 왼쪽 반구가 빠르게 달라지는 소리 패턴 및 순차적으로 펼쳐지는 정보를 포함하는 언어 처리 기능에 더 적합하기 때문이라고 제안한다. 대부분 성인의 경우 언어 처리 기능, 특히 언어 통제는 왼쪽 반구 편재화를 보인다. 그러나 이 왼쪽 반구 편재화는 아주 어린 아이들에게서는 존재하지 않으며 시간이 지남에 따라 발달한다(Newport et al., 2017). 다양한 연령의 일반 시민들을 대상으로 언어를 듣는 동안 fMRI 데이터(Oluade et al., 2020; Ressel et al., 2008도 참조)를 획득하였다. 청각적 서술 판단 과제에서 참가자들은 큰 회색 동물은 코끼리이다와 같은 서술을 듣고 그것이 사실인지 아닌지를 판단하였다. 그 결과, 나이가 어린 참여자와 나이가 많은 참여자 간에 이 과제 수행을 위한 기능의 편재화가 뚜렷하게 변화하였다.

이러한 편재화 변화가 DLD를 가진 아이들에게도 일어날까? 일부 연구들은 그렇지 않음을 보여 준다. DLD를 가진 아동들의 뇌자도(magnetoencephalogram: MEG) 데이터는 언어 관련 활동의 편재화가 시간이 지남에 따라 좌측이 아닌 우측으로 이동한다는 것을 보여 준다(Flagg et al., 2005). 기능성 뇌 영상 연구들 또한 DLD 아동과 DLD 영향을 받지 않은 아동 간에 언어 과제에 대한 신경 활동의 편재화에서 차이가 있음을 제시한다(de Guibert et al., 2011). de Guibert 및 동료들은 DLD를 가진 아동들의 '핵심 언어 영역(하전두피질, 측두엽-후두엽-두정엽 연결 지점인 실비안열 주변 영역들)'의 신경 활동이 좌측으로 편향되지 않았음을 밝혔다. DLD를 가진 아동들은 좌측 반구의 신경 반응이 적었고, 전측뇌섬엽과 하전두회(브로카 영역에 대응하는 우반구 영역)를 포함한 전두엽 영역이 상대적으로 큰 활성화를 보였다.

그러나 편재화 차이에 대한 증거가 항상 발견되는 것은 아니다. 어떤 연구들은 성인 DLD 참가자와 DLD 영향을 받지 않은 대조군 참가자 간에 신경 활성화 패턴이 높은 유사성을 보인다고 밝혔다(fMRI로 측정)(Plante et al., 2017). Elena Plante는 DLD 참가자 집단과 DLD 영향을 받지 않은 대조

[그림 14.5] 그림 서술 과제 수행 중 기능적 두개경유 도플러 초음파 검사를 받는 아동을 보여 주는 실험 장면. 아동은 그림에서 본 것에 대해 30초 동안 말한다. 무서운 것이 아니다![9]

출처: Lohmann et al. (2005), Elsevier

군을 대상으로 유창한 외국어 말소리를 들으면서 목표 단어를 식별하도록 하는 과제를 실시하였다. 그녀의 연구는 과제 수행 동안 활성화된 뇌 네트워크가 두 집단 간에 전반적으로 매우 유사했음을 보여 주었다. 그러나 그녀는 두 집단의 행동에서 몇 가지 미묘한 차이를 관찰했다. 구체적으로, DLD 영향을 받지 않은 참가자들은 단지 몇 분 안에 외국어 목표 단어들을 식별하기 시작했지만, DLD 참가자들은 상당히 더 오랜 시간이 걸렸다. 이 차이를 설명할 수 있는 좀 더 구체적인 뇌 영역을 조사하였고, Plante 박사는 단어 순서를 식별하는 데 관여하는 뇌 영역의 활성화가 다른 참가자들에 비해 DLD 참가자들에서 더 컸음(더 노력함)을 발견했다. 이러한 영역에는 브로드만 영역 44(브로카 영역의 일부), 상측두회, 변연상회가 포함되었다.

초음파를 사용하는 기술은 편재화 쟁점에 다소 다른 관점을 제시한다. 기능적 두개경유 도플러 초음파(functional transcranial Doppler ultrasound)는 DLD를 가진 아동들과 DLD 영향을 받지 않은 또래들을 대상으로 두 대뇌 반구의 혈류 양상을 측정할 수 있다(Bishop, 2013; Bradshaw et al., 2019; Knecht et al., 1998; Lohmann et al., 2005; [그림 14.5] 참조). 아동이 언어 관련 과제를 수행하는 동안 초음파 신호는 중간대뇌동맥의 상대적인 혈류에 의해 결정된다. 이러한 종류의 연구는 DLD를 가진 아동들이 그렇지 않은 또래들보다 좌측에 덜 편재화된 신경 활동(혈류로 측정)을 보여 준다는 점을 밝혔다. 어떤 누군가는 다음과 같이 결론을 내리고 싶을 수 있을 것이다. 우반구의 부피가 더 크기 때문에 언어를 처리할 때 우반구의 관여가 더 크게 발생하고, 그 결과 언어 과제를 수행하는 동안 우반구에서 상대적으로 더 큰 혈류 활동이 발생하며, 이것이 결과적으로 언어 능력의 장애를 가져오게 된다. 왜냐하면 이유가 뭐건 간에 좌반구가 언어 관련 정보 처리에 더 적합하기 때문이다.

그러나 Dorothy Bishop은 다른 이론을 가지고 있다. 그녀는 편재화 차이 자체가 일반 발달 아동과 DLD를 가진 아동 간의 능력 및 수행 차이로 이어지지 않는다고 생각한다. 대신, 그녀는 뇌 반응의 특이성에서 관찰되는 발달적 차이를 범인으로 지목한다. [그림 14.6]을 살펴보자. Bishop은 먼저 언어를 포함한 인지 과제들에 대한 아동들의 신경 활성화 양상이 시간이 지남에 따라 더 '초점'화되는 경향이 있으며, DLD를 가진 아동들이 DLD 영향을 받지 않은 아동들에 비해 일부 언어 과제에 대한 초점 반응이 느리게 발달한다는 점을 지목했다(Bishop et al., 2012).[10] 그녀는 일반적이지 않은 언어 기능의 우측 편재화가 저하된 언어 수행이나 발달의 지연을 일으키는 것이 아니라고 제안한

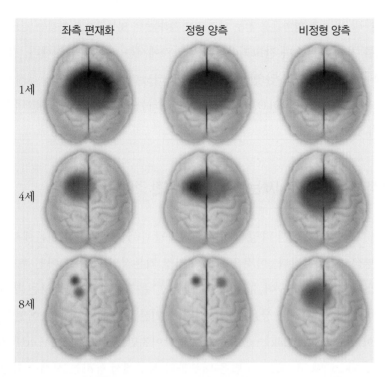

| | 좌측 편재화 | 정형 양측 | 비정형 양측 |

1세

4세

8세

[그림 14.6] DLD를 가지고 있는 (가상의) 아동 집단(오른쪽 열)과 DLD 영향을 받지 않은 두 유형의 아동 집단(왼쪽 2개 열) 간의 편재화 및 반응 특이성 차이. Bishop 박사는 언어 기술의 증진이 언어 과제 수행 중에 나타나는 초점 활성화의 증가와 관련이 있다는 가설을 세웠다. 이러한 초점 활성화는 좌뇌나 우뇌에서 발생할 수 있다.

출처: Bishop (2013), American Association for the Advancement of Science

다. 그녀는 손잡이를 사용하여 유용한 설명을 한다. 왼손잡이 사람들은 손의 미세한 운동 통제에 대해 일반적이지 않게도 우측 반구 편재화를 보이지만, 이것이 이들을 오른손잡이보다 손을 사용함에 있어 미숙하게 만드는 것은 아니다. 마찬가지로, 양손잡이인 사람들은 좌우 반구가 대칭적으로 조직되어 있으며 양쪽 손에 대해 높은 수준의 미세한 운동 통제를 가지고 있다. 다시 말해, 편재화 자체는 중요하지 않아 보인다. 그 대신, 언어 과제에 대한 초점 활성화 정도가 그 개인이 보이는 해당 과제를 수행하는 기술의 수준과 관련이 있다. 이것은 닭과 달걀 문제를 일으킨다. 기술의 발달이 더 정교하고 초점화된 뇌 네트워크를 이끄는 것일까? 혹은, 연결성이나 네트워크 구조의 어떤 측면이 언어 기술을 빨리 습득하고 더 높은 수준에 도달하게 하는 것일까? (어떻게 생각하는가? 네트워크 '온전함'이 언어 기술에 기여하는 것인지 아니면 그 반대인지 어떻게 알 수 있을까? 다른 대안으로는 무엇이 있을까?)

연결성은 어떠한가

DLD를 가진 아동들이 언어 과제 중에 다른 편재화된 반응을 보인다면, 이러한 차이의 배경은 무엇일 수 있을까? 한 가지 가능한 요인은 뇌의 동일 반구 내 다양한 부위 간 소통 방식, 그리고 양 반구가 정중선을 넘어 서로 소통하는 방식이다. Gemma Northam과 동료들은 DLD를 가진 아동들이 일반적이지 않은 신경 반응 양산을 보이는 이유를 이해하기 위해 구조적 연결(structural connectivity) 가설을 탐구하였다(Northam et al., 2012). 그들은 동일 반구 내의 서로 다른 영역을 연결하는 신경 섬유 경로(궁상다발과 갈고리다발)와 양 반구를 연결하는 섬유 경로(뇌량과 전측 교련)를 함께 살펴보았다. 그들은 궁상다발(뇌 후측 영역들을 전두 피질로 연결하는 뇌 윗부분으로 향하는 경로: 등쪽 경로)에서는 집단 간 차이를 찾지 못했으나 갈고리다발(배쪽 경로)에서는 차이를 발견했다. 갈고리다발의 부피 감소가 DLD와 관련이 있었고 양 반구에서 모두 나타났다. (이러한 결과에 대해 어떻게 생각하는가?) 두 반구 간 연결 측면에서는 DLD가 두 반구를 연결하는 두 가지 경로(뇌량팽대와 전측교련)의 부피 감소와 관련이 있었다.

확장된 선택적 부정사 설명: 시제는 패배자들을 위한 것이다

하나의 동사는 다양한 발화에서 다양한 형태로 나타날 수 있다. 언어학 이론에서 동사의 기초이자 기본 형태를 부정사라고 부른다. 이것은 동사의 가장 기본적인 형태로, 어떤 추가적이고 화려한 부분도 덧붙어 있지 않다. 예를 들어, 'I walk every day.' 문장에서 walk 동사는 부정사다. 문장의 주어를 변경하거나 동사의 시제나 상을 변경하려면 그 기본 형태에 추가적인 어떤 것, 즉 굴절이나 조동사를 추가해야 한다. *She walk는 문법적으로 엉망이지만 굴절 −s 또는 −ed를 추가하면 괜찮아진다(She walks; She walked). 보통, 문법은 대부분의 상황에서 동사는 시제를 할당받아야 하며, 동사에 할당되는 시제는 문법적 주어의 특성뿐만 아니라 동사의 시제와 상에 따라 달라진다고 말한다. 확장된 선택적 부정사(extended optional infinitive) 가설은 DLD를 가진 아동들이 동사의 표현형을 생성하는 데 사용하는 문법 중 일부분이 다른 설정을 가지고 있다고 주장한다. 구체적으로, DLD를 가진 아동들은 '시제에 대해서 걱정하지 마세요. 시제는 패배자들을 위한 것입니다. 언제든 시제가 없는 (부정사) 형태를 사용하세요.'라는 문법 규칙을 가지고 있다.

보다 격식을 차려서 말하면,

> DLD 아동들이 아는 것과 모르는 것의 패턴은 … 이들보다 나이가 어린 정상 발달 아동들이 아는 것과 모르는 것의 패턴과 매우 유사하다. 사실, SLI 아동들은 매우 오랜 기간 동안 '어린' 문법을 가지고 있는 것처럼 보인다. 이 '어린' 문법은 … 문법적 형태의 표층적인 속성보다는 기저 문법에서 정형성 표시(initeness−marking)에 대한 속성에 의해 더 잘 특징지어진다. (Rice et al., 1995, p. 851)

확장된 선택적 부정사 이론에 대한 증거 체계를 구축할 수 있는 출발점은 DLD 아동들이 그들과 동일한 나이나 평균 발화 길이(MLU)를 가진 정상 발달 아동들이 사용하는 특정 형태소들을 사용하지 않는 경향이 있다는 관찰에서 시작된다. 특히 네 가지 종류의 형태소가 누락되는 것으로 보인다. 규칙 동사의 과거 시제 −ed 굴절(*He walk_), 3인칭 단수 −s(*He swim_), 조동사 BE(*He _ walking), 그리고 조동사 DO(*He _ go)이다. 정상 발달 아동들은 대략 4세에 이러한 시제 형태소들을 적절하게 사용하는 법을 배운다. 그러나 DLD 아동들은 발달 기간이 훨씬 더 오래 걸려서, 대략 7세가 되어서야 정상 발달 4세 아동들이 보이는 정확성을 획득한다(Rice et al., 1998). 이에 못지않게 중요한 것은 DLD를 가진 아동들이 일부 문법 형태소에 대해서는 DLD 영향을 받지 않은 아동들과 비슷한 속도로 습득하는 것 같다는 점이다. "언어 장애를 가진 아동들은 /−ing/, 복수 /s/, 또는 in과 on과 같은 위치사에 어려움을 보이지 않는다" (Kamhi, 2014, p. 97).

DLD 아동들은 이 네 종류의 형태소를 말소리 산출에서 빠뜨리는 것뿐만 아니라 언어 이해 과정에서도 이 형태소들을 다르게 처리하는 것으로 보인다. 예를 들어, Mabel Rice는 아동들에게 문장이 문법적인지 아닌지를 판단하도록 함으로써 아동들의 문장 지각을 알아보았다. 이와 같은 연구에서 아동들의 문법성 판단은 그들 자신이 말하는 방식과 일치한다. 특정 유형의 문법 오류를 많이 범하는 아동은 그 유형의 오류를 포함하고 있는 문장을 판단할 때 더 많은 실수를 보였다. 또한 이 유형의 연구는 DLD 아동들이 DLD 영향을 받지 않은 아동들(나이 또는 MLU 기준에서 일치)에 비해 전반적으로 더 많은 오류를 범한다는 것을 밝혔다(Hallin and Reuterskiold, 2017; ML Rice et al., 1999).

표층 설명

언어 학습자인 (DLD) 아동들의 언어 입력은 원칙에 입각한 방법으로 왜곡되거나 걸러진다.
이들 언어의 특성은 결국 이 입력과 언어 학습 메커니즘 간 상호작용의 결과다.

-Larry Leonard

DLD에 대한 표층 설명(surface account)은 문법 형태론에 대한 어려움이 상대적으로 정확하지 않은 음운 처리의 결과라고 제안한다(Leonard, 1989; Leonard et al., 1992). 2장과 9장에서 서로 다른 요소로 표현되면 서로 다른 길이와 강도로 전달된다고 했던 내용을 상기하자(예: 단독으로 발화된 음절 ham은 hamster 단어의 해당 부분보다 더 크고 길게 들린다). 표층 설명에 따르면 짧거나, 상대적으로 소리가 작거나, 낮은 강도로 표현된 부분들은 DLD 아동의 지각 처리 과정에서 걸러내질 후보라고 본다. 그 결과, DLD를 가진 아동들은 상대적으로 부드럽고 꽤 짧은 신호로 표시되는 문법적 특징들을 선택적으로 처리하거나 생략할 가능성이 높다. 이러한 문법적 특징이 더 크고 더 긴 '이웃'과 빈번하게 함께 사용된다면 특히 그러하다.

문법적 지식은 아이들이 듣는 말소리에 기반하여 발달하는데, 만약 그들이 말소리에서 실제로 지각하는 것이 정상 발달 아이들이 지각하는 것과 다르다면, 말소리 신호의 어떤 부분들은 사실상 없어진 (또는 매우 퇴화된) 것일 수 있다. 이것은 이 아이들이 청각이 없거나 청각이 어렵다는 것을 의미하는 것이 아니라, 이들이 말소리 신호의 특정 부분들을 감지하기가 어렵다는 것을 뜻한다. 특히 DLD 아동들은 매우 짧고 강세가 없는 음절을 감지하는 데 어려움을 겪을 수 있다.

DLD 아동의 말소리 예시를 다시 살펴보자.

*Michelle like coffee.   Michelle likes coffee와 비교
*Mommy drinking tea.   Mommy's drinking tea와 비교

왼쪽에 제시된 발화에서 무언가 빠진 부분이 있다고 친다면, '무엇이 빠졌는가?'라고 물을 수 있다. 음운론을 좋아하는 사람들은 각 경우에서 누락된 것이 매우 짧고 강세가 없는 하나의 음운 조각(likes에서 짧은 'ssss' 소리, Mommy's에서 짧은 'zzzz' 소리)이라고 말할 것이다. 그렇다면 왜 이 조각들이 빠졌는지에 대한 질문이 생긴다. Leonard(1998, p. 37)에 따르면 "DLD를 가진 아동들의 기본

문법은 결함이 없다. 오히려 문제는 상대적으로 짧은 길이를 가진 형태소들을 감지하고 이것들이 기억에서 사라지기 전에 이들의 문법 기능에 대한 가설을 세우는 것에 있다."

실제로 DLD 아동들은 DLD 영향을 받지 않은 또래들에 비해 음운 지각 및 처리가 덜 견고할 수 있다. 불일치 부적파형(mismatch negativity) 방법을 사용한 사건 관련 전위(event-related potential) 연구에 따르면, DLD 아동들은 정상 발달 또래들과는 다르게 음운에 반응하며, 이러한 뇌 반응에서 의 차이는 이들이 영아일 때도 관찰될 수 있다(Kujala and Leminen, 2017; Shafer et al., 2005).

만일 DLD 아동들이 음운을 다르게 지각한다면, 체계적인 음운 표상에 의존하는 과제에서 이들 이 어려움을 겪을 것으로 예상할 수 있다. 이것은 실제로 그러한데, DLD 아동은 정상 발달 또래보 다 음운 단기기억 과제에서 수행이 떨어졌다(Gathercole and Baddeley, 1990; Boudreau and Costanza-Smith, 2011; Montgomery and Evans, 2009). Susan Gathercole과 Alan Baddeley의 연구에서 아이들 은 비단어 자극 목록(예: moop, crebunda)을 소리 내어 따라 말했다. 이러한 과제들은 음운 작업기 억을 반영하는 반면, 의미 기억이나 서술 기억 저장소는 반영하지 않는다고 여겨지는데, 그 이유는 비단어가 의미와 연결되어 있지 않으며 아동이 이전에 그 자극을 접해봤을 가능성이 매우 낮기 때 문이다. DLD 아동들은 DLD 영향을 받지 않은 또래들보다 평균적으로 더 적은 수의 음절을 반복했 는데, 이는 음운과 관련된 청각 네트워크의 일부에서 문제가 발생했다는 것을 시사한다. 이 유형의 연구가 다른 언어로 진행될 때도 같은 일이 일어난다. DLD를 가진 아동들이 그렇지 않은 아동들보 다 수행을 못한다(Balilah et al., 2019).[11] 나의 동료 Katie Graf-Estes의 메타 분석에서는 수십 개의 비언어 반복 연구를 대상으로 하였고, DLD 아동이 일반 발달 아동보다 평균적으로 $1\frac{1}{4}$ 표준편차 이상 낮은 수행을 보인다는 것을 확인하였다(Graf-Estes et al., 2007). (비언어 반복 과제가 어떻게 작동 한다고 생각하는가? 이 과제를 수행하기 위해 인지적으로 무엇을 해야 한다고 생각하는가? 이 과제의 인지 적 구성 요소는 무엇이라고 생각하는가? 이러한 구성 요소 중 어떤 것이 DLD 아동에게서 다르게 작동한다고 생각하는가?)

한 가지 반대되는 증거는 영어에서 다루기 어려운 굴절이 특정 소리 자체와 관련이 있기보다는 그 굴절의 문법적 기능과 관련이 있는 것으로 보인다는 것이다. DLD 아동들은 −s 형태소의 소유 격 사용(Susan's dog)에서 더 많은 오류를 범하고, 동일한 발음이 복수 명사 표지로 사용될 때(two dogs)는 실수를 덜 한다. 단지 아이들이 어떤 이유로 −s 소리를 듣거나 산출하는 데 어려움을 겪 는 것이 문제라면, 소유격과 복수 모두에 대해 실수를 보여야 할 것이다(Gopnik, 1999; Webster and Shevell, 2004).

절차적 결함 가설

Michael Ullman은 DLD를 가진 아동들을 제2언어 성인 학습자를 보는 시각으로 바라본다(11장 참조). 이 관점에 따르면 제1언어 습득은 주로 암묵적 기억 구조와 처리(비교적 자동적인 기술을 배울 때 사용하는 기억 체계)에 의존한다. 일반적으로 암묵적/절차적 기억 체계는 초기 민감기(sensitive) 또는 결정적(critical) 시기 동안의 언어 학습에 이용된다. 이 시기가 끝나도 언어를 배울 수는 있지 만, Ullman에 따르면 그 이후에는 서술/명시적 기억 체계를 사용하여 언어를 배운다. 그 결과 일반적인 원칙이나 규칙(예를 들어, 문법 규칙이나 절차)을 도출하는 것이 더 어려워지고, 언어를 말하거나 들을 때 명시적 기억의 예시들에 더욱 의존하게 되며, 산출은 저장된 규칙이나 원칙보다는 저장된 예시들에 의존하므로 실수를 저지르기 쉬워진다. Ullman은 이를 DLD 아동에 적용하여, 이들이 모국어 습득을 할 때 주로 명시적 기억에 의존하고 그 결과 모국어 화자가 아닌 것처럼 보이는 결과가 나타난다고 설명한다.

> 절차적 결함 가설(Procedural Deficit Hypothesis: PDH)에 따르면, 언어 발달 장애(DLD)를 가진 아동들의 언어 결함은 주로 절차적 기억의 기저를 이루는 뇌 구조의 이상으로 설명된다. 이러한 이상은 절차적 기억의 핵심 결함으로 이어지며, 이는 이 장애의 문법 문제를 설명하는 데 기여한다. (Lum et al., 2012)

만약 DLD 아동들에게 절차적 기억 결함이 있다면, 이들의 문제는 언어 과제를 넘어 다른 영역으로 확장되어야 할 것이다. 실제로, DLD를 가진 개인들은 그들의 또래들에 비해 순차적인 행동들(언어 산출 및 다른 종류의 운동 과제들에 포함되는 행동들)을 수행하는 데 더 큰 어려움을 겪는다. "단순 언어 장애(SLI)를 가진 아동들은 순차적 행동들을 생성하는 능력(전형적인 절차적 과제)에서 뚜렷한 결함을 보인다"(Saletta et al., 2018).[12]

일부 연구는 DLD 아동들이 암묵적-절차적 기억을 사용하여 언어의 기술들을 학습할 수 있다고 제안한다. Sara Ferman과 그녀의 동료들은 여러 아동 집단을 대상으로 인공 문법을 사용한 내재적 학습 과제를 실시하였다(Ferman et al., 2019). 그녀는 DLD 아동들과 DLD 영향을 받지 않은 아동 집단을 실험하였다. 약 한 달 반 동안, 아이들은 각 동사에 대해 두 가지 형태를 가지는 인공 언어에 대해 총 15시간의 훈련을 받았다. 각 훈련 세션은 약 1시간 동안 진행되었다. 동사의 한 형태는 주어가 생물일 때 나타났고, 다른 형태는 동사가 무생물일 때 나타났다. 아이들이 동사의 올바른 형태를 식별(판단)하고 해당 동사를 올바른 형태로 스스로 산출할 수 있는지에 대해 확인했다. DLD 아동들은 15시간의 교육 동안 올바른 동사 형태를 생성하는 데 능숙해졌다(DLD 영향을 받지 않은 참가자들도 그러했다). 그러나 DLD 아동들은 연구 과정 중에 어떤 형태의 동사가 올바른지 판단하는 데는 능숙해지지 않았다(영향을 받지 않은 참가자들은 능숙해졌다). (이러한 결과를 어떻게 해석하겠는가? 이는 Ullman의 절차적-암묵적 기억 가설에 어떤 영향을 미칠 수 있을까?)

결론 및 미결 문제

DLD는 복잡하고 서서히 전개되는 질문과 답의 집합을 보여 준다. DLD를 가진 사람들을 특징짓는 언어 산출 패턴, 그리고 산출보다는 덜 명확하나 언어 이해와 관련된 문제도 일부 파악할 수 있다. 그러나 현재 연구 및 임상 실무에서 사용되는 기준이 100%로 통일되진 않았다. DLD의 유전자적 표현형(phenotype)을 식별하는 것은 진지한 논의가 계속 진행 중인 문제다. 또한 DLD의 정확한 원인에 대해 명확하게 알지는 못하지만, 유전학, 신경 구조, 뇌 연결성 및 기능, 일반 인지 체계

(가령 작업기억), 그리고 언어에 특화된 인지 체계(가령 음운 지각 및 문법 지식)를 포함한 여러 영역이 DLD를 유발시킬 수 있는 좋은 후보들이다. 향후 연구는 이러한 다양한 요인들이 DLD에 어떻게 관여하는지를 명확하게 밝혀줄 것이다. 추측을 한다면, 나는 다요인 접근을 제안하는 동료들에게 동의를 할 것이다. 즉, 단일 요인이 잘못되어서 DLD가 유발되는 것이 아니라, 다양한 요인들이 여러 개인들에게 서로 다른 방식으로 결합되어 유발되는 것이다.

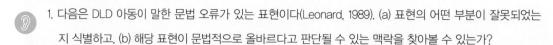

스스로 점검하기

1. 다음은 DLD 아동이 말한 문법 오류가 있는 표현이다(Leonard, 1989). (a) 표현의 어떤 부분이 잘못되었는지 식별하고, (b) 해당 표현이 문법적으로 올바르다고 판단될 수 있는 맥락을 찾아볼 수 있는가?

   'Her get clothes on.'

   'Kathy brush teeth.'

   'The boy hitting ball.'

   'Zip jacket.'

   'Patsy happy.'

   'Baby eat.'

2. 일반 발달 아동들과 비교했을 때 DLD를 가진 아동들이 어떻게 다르다고 생각하는가?

3. DLD 아동의 표현성 및 수용성 언어 능력을 향상시키기 위하여 우리가 할 수 있는 중재에는 무엇이 있다고 생각하는가?

4. 2장에서 다룬 언어 생성 모델을 기억하는가? 만약 그 모델 중 하나를 사용하여 아동의 언어 산출을 설명한다면, DLD 아동이 경험하는 문제는 모델의 어떤 단계와 관련이 있겠는가? 언어 산출 과정의 어떤 부분이 DLD 아동과 정상 아동 사이에 다르게 작동하는가? 그 차이는 어떻게 나타나는가?

자폐 특성은 비자폐인들에게도 널리 분포되어 있다;

어떤 사람들은 이러한 특성을 더 많이 가지고 있고 어떤 사람들은 더 적게 가지고 있다.

역사적으로 볼 때 오늘날 우리가 자폐증으로

진단할 법한 많은 사람들이 우리의 예술, 수학, 과학, 문학에 심오한 공헌을 했다.

−Morton Ann Gernsbacher, Sir Frederic C. Bartlett 심리학 교수

자폐 스펙트럼 장애(Autism Spectrum Disorders: ASD)는 미국에서 태어나는 어린이 150명 중 약 1명에게 영향을 미치는 일련의 발달 장애를 의미한다. 자폐 스펙트럼 장애는 언어 및 사회적 상호작용에 문제가 있을 뿐만 아니라 반복적이고 의식적인 행동을 수반한다. Chris Frith와 Uta Frith는 자폐증 환자의 세 가지 특징을 확인했다(Frith and Frith, 2016, p. 43).

1. 냉담함, 수동성, 특이성을 포함한 사회적 관계 장애
2. 언어 및 비언어적 의사소통 장애
3. 정형화된 행동을 대체하는 가상적 활동 장애

자폐 아동은 말하기 학습의 지연을 경험한다. 그들은 종종 언어 이해에도 지연을 경험한다(DSM IV-TR). 이 장에서는 자폐증의 본질, 원인 및 치료와 관련된 일반적인 이론을 살펴볼 것이다.

자폐증은 복잡하고 현재까지 잘 이해되지 않은 질환이다. 자폐증의 정확한 본질과 원인에 대한 광범위한 합의는 아직 없다. 다양한 유전적 가설이 제시되어 왔지만, 아직까지 자폐증을 유발하는 특정 유전자는 발견하지 못했다.[1] 다만, 비전형적인 뇌 발달 패턴이 자폐증과 특정 언어 장애(발달성 언어 장애라고도 한다, 14장 참조)의 원인이라는 것에 점차 합의가 이루어지고 있다. 따라서 이 장에서는 몇 가지 잠정적인 유전적 가설을 살펴볼 것이다.

장애의 복잡성에도 불구하고 자폐증에 관한 연구 논문들은 자폐증이 상당히 동질적이라는 인상을 준다. 이는 부분적으로는 연구자들이 여러 측면에서 어느 정도 유사한 개인을 연구 대상으로 선택하기 때문이다. 이러한 논문을 읽다 보면 일반적으로 자폐증을 가진 사람들이 어느 정도 비슷하다는 인상을 받기 쉽다. 이는 자폐증의 핵심적인 특징(사회적 상호작용에 심각한 문제가 없는 한, 사람들은 자폐증 진단을 받지 않는다)에 대해서는 사실일 수 있지만, '자폐증'이라는 라벨은 범주에 속하는 사람들 간의 상당한 차이를 외면하게 한다. 모든 대학생이 똑같다거나 모든 배우가 똑같다거나 모든 교수가 똑같다고 가정해서는 안 되는 것과 마찬가지로 모든 자폐증 환자가 똑같다고 가정해

서는 안 된다.

　실제로 자폐 스펙트럼에 속하는 사람들의 다양성은 연구를 매우 복잡하게 만든다. 동일한 질문을 던지는 두 개의 연구에서 전혀 다른 답이 나올 수 있는데, 이는 공통된 진단에도 불구하고 연구 참여자의 특성이 크게 다르기 때문이다. 자폐증 환자들 사이에는 너무 많은 다양성이 존재하고 개인을 정확히 어떻게 특성화해야 하는지에 대한 불확실성이 너무 커서 APA의 최신 진단 매뉴얼(DSM-5)은 기존의 진단 범주를 완전히 없애고 이러한 다양성을 보다 명확하게 인정하는 더 간단한 시스템으로 대체했다.

　자폐증 환자는 자폐 이외에도 또 다른 심리적, 정서적, 행동적 문제를 동반하는 경우가 많기 때문에 상황이 더욱 복잡하다. 자폐 아동의 일반적인 동반 질환으로는 과잉 행동, 주의력 결핍, 파괴적 행동, 공격적 행동, 감정 조절 문제(우울증, 불안, 강박적 행동; Lord and Jones, 2012) 등이 있다. 자폐증과 다른 정신과적 장애 사이의 동반 질환 가능성 추정치는 매우 다양하다. 일부 연구에 따르면 자폐증 환자의 5% 정도만이 정신과적 문제를 동반하고 있는 것으로 나타난 반면, 다른 연구에서는 80%로 추정하기도 한다(Levy and Perry, 2011).

　동반 질환은 변이와 마찬가지로 자폐증 연구를 매우 복잡하게 만드는 요인이다. 자폐 스펙트럼 장애 진단을 받은 사람 중 많은 사람에게서 자폐증과 언어 이해 장애는 동반된다(전부는 아니지만). 자폐증을 연구하기 위한 실험을 수행하려는 경우, 이 때문에 어려움이 있을 수 있다. 연구를 위해 자폐증을 가진 그룹과 대조군 두 그룹으로 실험을 진행할 수 있는데 두 그룹 간에 차이가 발견되면 그 차이의 원인을 자폐증으로 돌리고 싶은 유혹을 느낄 수 있다. 그러나 이러한 결론은 다른 특성을 통제한 연구일 경우에만 정당화될 수 있다. 자폐 아동 그룹과 같은 연령대의 정상 발달 아동 그룹을 무작위로 선정했다면, 두 그룹은 자폐 여부 외에도 여러 측면에서 차이가 있을 가능성이 높다(언어 및 비언어적 IQ, 가정 및 학교 환경, 아버지의 평균 연령 등). 이러한 차원에서 두 그룹이 잘 일치하지 않으면 결론을 도출하기가 훨씬 더 어렵다. 자폐증(또는 다른 장애)에 관한 연구를 읽을 때 다음과 같은 질문을 스스로에게 물어보는 것이 좋다: 대조/비교 그룹은 어떤가? 대조군의 구성원이 진단 측면에서만 실험군과 다른가, 아니면 두 그룹 사이에 한 가지 이상의 차이가 있나? 한 가지 이상

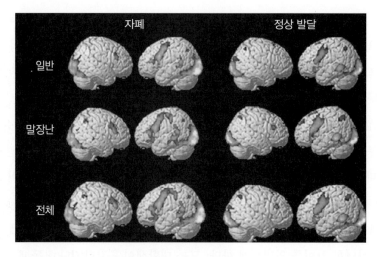

[그림 15.1] 말장난 이해 시 자폐 아동(왼쪽)과 정상 발달 아동(오른쪽)의 뇌 활성화 fMRI 영상(휴지상태와 비교)
출처: Kana et al., (2012), Elsevier

의 차이가 있다면 연구의 결론을 신중하게 받아들이는 것이 좋다.

어휘 모호성 해결에 관한 Courtenay Norbury의 연구(2005)가 좋은 예가 될 수 있다. 그녀의 연구에서는 자폐 아동, 정상 발달 아동, 특정 언어 장애가 있는 아동을 대상으로 그림-단어 확인 과제를 수행했다. 실험의 테스트 단어는 지배적인 의미와 부수적 의미를 가진 중의어였다. 예를 들어, bank라는 단어는 돈을 보관하는 장소(지배적 의미) 또는 강둑(부수적 의미)을 나타낼 수 있다. 그림은 이 모호한 단어의 의미 중 하나를 묘사했으며 참가자들은 그림과 단어가 일치하는지 판단해야 했다. 그림과 단어는 의미 중 하나를 뒷받침하는 문맥에서 제시되었다(나는 은행에 수표를 입금했다; 낚시를 갔을 때, 우리는 강둑에 앉았다). 자폐 아동은 문맥 정보에 둔감할 것으로 예측되었는데 (Frith의 약한 중앙 응집성 이론(weak central coherence theory)에 근거) 실제로 자폐증 그룹은 전체적으로 맥락에 덜 민감한 것처럼 보였다. 그러나 자폐증 그룹을 비슷한 언어 능력을 가진 아동 그룹과 비교했을 때 이러한 차이는 사라졌다. 즉, 아동이 문맥에 민감한지 여부를 결정하는 것은 자폐 진단 여부가 아니라 전반적인 언어 능력 수준이었다. 언어 능력이 높은 아동은 자폐증 여부와 관계없이 문맥에 더 민감했다.

자폐 아동의 놀이 능력에 대해서도 비슷한 결론을 도출할 수 있다. 자폐 아동은 일반적인 아동보다 사회적 상호작용과 놀이 기술이 떨어지는 것으로 알려져 있다. 그러나 언어 능력이 서로 비슷한 자폐 아동과 일반 아동을 비교했을 때, 놀이 기술은 매우 유사하였다(Thiemann-Bourque et al., 2012).

Rajesh Kana와 Heather Wadsworth(2012)의 fMRI 연구는 또 다른 사례를 제시한다. 이 연구에서 자폐증을 가진 청년과 대조군 참가자들은 말장난이 포함된 문장(내 기하학 수업은 사각형으로 가득 차 있다; 고고학자의 경력은 폐허로 끝났다)을 들었다. [그림 15.1]에서 볼 수 있듯이 두 그룹에서 서로 다른 패턴의 신경 활성화가 관찰되었다. 그러나 [그림 15.2]에서 볼 수 있듯이 자폐 아동 그룹의 경우 활성화 패턴이 참가자의 전반적인 언어 능력과 상관관계가 있었다.

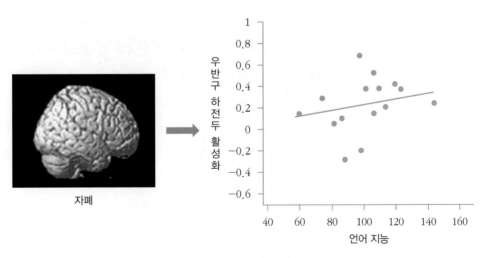

[그림 15.2] 자폐 아동의 경우, 말장난 이해 시 우반구 하전두회(IFG)의 활성화 정도와 언어 능력이 상관이 있었다. 언어 IQ가 높은 아이들의 경우 IFG에서 더 큰 활성화를 보였다.
출처: Kana et al., (2012), Elsevier

자폐는 어떻게 진단되는가

자폐증은 1943년 Leo Kanner에 의해 처음 묘사되었다. 이 장애는 정상에서 경증, 중간, 또는 중중 장애에 이르기까지 다양하다(Gresham et al., 1999). 자폐증의 유병률은 시간이 지남에 따라 증가한다. 현재 미국에서 태어나는 어린이 150명 중 약 1명이 자폐증 진단을 받는다(Fombonne, 2003; Centers for Disease Control and Prevention, 2007). 1990년대 후반의 어린이 1,000명 중 약 1명에서 증가했다(Bailey et al., 1998; Gresham et al., 1999). 남아가 여아보다 4배 더 자주 자폐증 진단을 받지만, 자폐증 진단을 받은 여아는 심각한 정신 지체를 보일 가능성이 더 높다. 자폐증은 같은 가족 내에서 함께 발생하는 경향이 있다. 자폐증을 앓고 있는 형제가 없는 사람들에 비해 가족 중 한 자녀가 자폐증을 앓고 있는 경우, 다른 형제자매가 자폐증을 앓을 확률이 25~100배 더 높다(Geschwind and Levitt, 2007). 자폐 아동이 자폐 진단을 받는 평균 연령은 4세(Network AaDDM, 2006)이지만, 훨씬 어린 나이에 자폐 아동을 식별하려는 시도가 이루어지고 있다(Matson et al., 2008; Pierce et al., 2011; Zwaigenbaum et al., 2009).

자폐증은 보다 일반적인 범주인 전반적 발달 장애(pervasive developmental disorders)에 속한다(American Psychiatric Association, 2000). 자폐증 외에도 전반적 발달 장애에는 아스퍼거 증후군, 레트 장애(Rett's disorder), 아동기 붕괴성 장애(Childhood Disintegrative disorder), 전반적 발달 장애-기타 명시되지 않은 장애(PDD-NOS)가 포함된다. 자폐증의 핵심 증상으로는 사회적 상호작용과 의사소통에 심각한 장애를 들 수 있으며 "반복적이고 정형화된 행동, 관심사, 활동 패턴이 제한적"인 특징을 보인다(American Psychiatric Association, 2000, p. 75). 사회적 상호작용 문제의 징후로는 다른 사람을 완전히 무시하거나, 다른 아이들과의 놀이에 참여하지 않거나, 사람을 기계적인 물건이나 도구로 취급하는 것(예: 자폐 아동은 어른의 손을 사용하여 문 손잡이를 돌리기도 한다; Hobson, 2012) 등이 있다. 의사소통 문제에는 말하기 학습이 지연되거나 완전히 실패하는 것이 포함될 수 있다. 말을 사용하여 의사소통을 하는 아동도 비정상적인 운율, 말의 리듬, 강세 및 멜로디 억양 패턴 또는 비정상적인 화법을 사용하기도 한다. 예를 들어, 자폐 아동에게 점심으로 무엇을 먹었는지 물어보면 '음식'이라고 대답할 수 있다. 고정관념 행동에는 전화번호에 대한 관심처럼 강렬하고 좁은 관심사 또는 정해진 일과를 엄격하게 준수하는 것과 같은 것들이 포함된다. 영화 〈레인맨〉에서 더스틴 호프만의 배역인 Raymond는 매일 같은 시간에 TV 쇼 〈Judge Wapner〉를 시청해야 한다. 이러한 의식적 행동은 자폐 아동의 약 $\frac{1}{4}$에서 나타난다(Lord and Jones, 2012). 정형화된 행동에는 머리를 부딪치거나 자신의 팔이나 손을 물어뜯는 등의 자해 행동도 포함될 수 있다. 자해는 일부 자폐 아동에게만 발생하지만, 일반 아동보다 더 높은 비율로 발생한다.

자폐 스펙트럼에 속하는 행동을 하는 사람들을 어떻게 특성화할 것인지에 대한 논의가 계속되고 있다(Ghaziuddin, 2010). 특히, 자폐, 아스퍼거 증후군, PDD-NOS를 범주적으로 구분하는 것의 유용성에 대한 의문이 제기되고 있다. 이 장에서는 단순화를 위해 이러한 구분을 강조하지 않을 것이다. 한 가지 이유로, 대부분의 자폐증에 대한 언어심리학 연구가 자폐증 그 자체보다는 일반적으로 아스퍼거 증후군에 해당하는 '고기능' 자폐를 가진 것으로 간주되는 사람들을 대상으로 진행되는 것을 들 수 있다. 아스퍼거 증후군으로 진단받은 사람들은 사회적 상호작용에 결함이 있지만 언어 지연이 두드러지지는 않는다(Koolen et al., 2012; Tager-Flusberg et al., 2005). 아스퍼거 증후군 아동의 언어는 전반적인 지연은 없지만 지나치게 형식적인 말하기, 비정상적인 운율, 화용적인 문제 등 여러 측면에서 비전형적이다(Koning and Magill-Evans, 2001). 우리는 이처럼 고기능 자폐증을 가진 사람들을 연구함으로써 언어 기능에 대해 많은 것을 배울 수 있다.

자폐 아동과 일반 아동은 광범위한 인지 및 지각 기능에서 차이가 있다. 대부분의 자폐 아동은 전반적인 지적 기능이 손상되어 있다. 표준 IQ 테스트에 따르면 자폐 아동의 75%는 정신지체 범위에 속하며, 11%는 85 이상의 IQ(아이큐의 평균은 100이며 표준편차는 15이다. 평균보다 1 표준편차 이상 낮을 경우 일반적으로 비정상 IQ로 간주된다; Bailey et al., 1998; Dahlgren and Gillberg, 1989; Gresham et al., 1999; Landry, 2012)를 가지고 있다. 일부 자폐 아동은 청각, 시각 및 촉각 자극에 대해 비정상적인 민감성이나 기타 비정상적인 반응을 보인다(Dahlgren and Gillberg, 1989). 또한 수면 주기에 장애를 경험할 수도 있다.

자폐 아동은 일반적으로 일반 아동에 비해 지적 기능이 낮지만, 몇 가지 능력은 더 뛰어나다. 자폐 아동은 음높이가 다른 청각 자극을 구별해야 하는 과제를 더 빠르고 정확하게 수행할 수 있다(Heaton et al., 2008; [그림 15.3] 참조). 자폐 아동은 또한 두 개의 실제 단어(예: meat vs. heat) 또는 두 개의 유사 비단어(예: deat vs. leat)를 구별해야 하는 과제에서 정상 발달 아동보다 더 나은 성과를 보인다. 이러한 유형의 변별 과제 수행을 위해서는 자극의 아주 작은 세부 사항에 세심한 주의를 기울여야 한다(deat와 leat는 첫 음소만 다르다). 자폐 아동이 이 과제를 더 잘 수행한다는 사실은 그들이 자극의 세부 사항에 더 세심한 주의를 기울인다는 생각과 일치한다. 세부 사항에 주의를 기울이는 능력과 전체에 주의를 기울이는 능력이 상충한다고 가정하면(예: Luck et al., 1993), 세부 사항 중심의 과제에서 우수한 수행 능력을 보이는 사람은 전체적인 정보에 더 많은 주의를 기울여야 하거나 세부 사항을 더 큰 맥락에 통합해야 하는 과제에서 수행 능력이 저하될 수 있다.

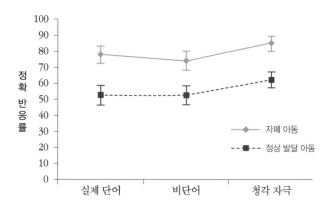

[그림 15.3] 자폐 아동들은 실제 단어(왼쪽), 비단어(중간), 청각 자극의 음높이(오른쪽)를 구별하는 과제에서 정상 발달 아이들보다 더 정확한 반응을 보였다.
출처: Heaton et al., (2008, p. 777), Taylor & Francis

자폐 아동들은 나아지는가

자폐증이 나이가 들면서 저절로 좋아지지는 않는다. 유아기부터 성인기까지 자폐아를 추적한 종단 연구에 따르면 문제가 지속되는 것으로 나타났다(Ballaban-Gil et al., 1996). 어린 시절에 행동 문제가 있는 대부분의 개인은 성인기에도 계속해서 문제를 경험한다. 자해 행동은 사회성 및 언어 문제와 마찬가지로 성인기에도 계속 발생한다. 이러한 지속적인 문제는 자폐증 성인이 독립적으로 생활하기 힘들게 한다. 따라서 소수의 자폐성 장애인들만이 관리자가 있는 집단 시설과 같은 곳이 아닌 자신의 집에서 홀로 생활한다. 그러나 서로 다른 코호트(비슷한 시기에 태어난 사람들의 집단) 간에는 약간의 차이가 있다. 한 가지 긍정적인 면은 상대적으로 최근의 코호트에 속한 아동의 장기적인 결과가 이전에 비해 더 좋다는 것이다(Fecteau et al., 2003; Levy and Perry, 2011). 이는 자폐 아동에 대한 인식이 높아지고, 조기 진단이 이루어지며, 치료법이 발전한 것과 관련이 있을 수 있다. 최근의 코호트 연구에서 자폐 아동은 사회적 행동에서 가장 큰 향상을 보였고, 언어와 의사소통에서는 적은 향상을 보였으며, 자해 및 반복 행동에서는 가장 적은 향상을 보였다.

자폐증에서 나타나는 언어 장애의 특징

자폐증의 언어는 매우 다양하다.

–Helen Tager–Flusberg, Rhea Paul, Catherine Lord

〈표 15.1〉에는 자폐 영유아에게 자주 발생하는 언어 기능 장애의 몇 가지 징후가 나와 있다(Landry, 2012). 자폐 아동의 언어 능력은 천차만별이지만, 일반적으로 언어 능력이 저하되어 있다(Charman et al., 2003).[2] 35%만이 정상 또는 거의 정상에 가까운 언어 능력을 달성한다(Ballaban-Gil et al., 1996). 이들 중 최소 $\frac{1}{4}$에서 최대 절반은 기능적 언어를 거의 혹은 전혀 사용하지 않는데, 이는 다른 사람들과 의도적으로 의사소통하기 위해 말하거나 수어를 사용하지 않는다는 것을 의미한다(Luyster et al., 2008; Sigman and McGovern, 2005). 가장 낙관적인 추정치에서도 자폐 아동과 성인의 25%는 '비언어적' 상태를 유지한다. 일반적으로 자폐증 진단은 PDD-NOS 및 아스퍼거 증후군보다 전반적인 언어 기능 저하와 관련이 깊다. 그리고 언어 기능의 정도는 지적 능력과 상관관계가 있다(Luyster et al., 2008). 그러나 일반 지능이 자폐 아동의 언어 기능 부족을 완전히 설명해 주지는 않는다. 아동의 비언어적 지능이 일반적인 범위에 속하더라도 연령에 적합한 언어를 이해하거나 산출하는 데 어려움을 겪을 수 있다(Kjellmer et al., 2012).

언어 문제는 청소년기와 성인기에도 남아 있으며, 사회성, 행동 및 언어 문제에 대해 집중적인 치료를 받고 있는 아동의 경우에도 마찬가지이다(Cantwell et al., 1989). 어떤 아이들은 다른 아이들보다 더 많이 개선되기도 하며 초기에 문제가 덜 심각한 아동은 행동, 사회성 및 언어 기술 결함이 더 심각한 아동보다 시간이 지남에 따라 언어 기능이 더 크게 향상된다.

표 15.1	자폐 영유아의 언어기능 장애 징후
출생부터 1세	
울음소리 또는 표현의 사회화가 나타나지 않거나 지연됨	
소리, 단어, 행동을 모방하지 못함	
의사소통을 위한 제스처의 사용이 거의 없음	
언어지연 또는 적절히 말하다가 퇴행	
상호작용하는 동안 눈마주침 부재	
보호자에게 물건을 보여 주거나 가리키지 않음	
1~3세	
반향음 또는 지연된 반향음	
대명사 반전	
비정상적인 운율, 강세 없음, '공허한' 혹은 비정상적 리듬의 목소리	
말이나 행동 이해의 부재	
시선을 사용하여 남들과 주의를 공유하지 못함	

출처: Landry (2012)

자폐 아동과 일반 아동의 언어 기능 차이는 발달 초기에 나타난다. 자폐 영아는 다른 사람의 말에 잘 반응하지 않는다(Klin, 1992). 자신의 이름을 부르는 소리에 강하게 반응하지 않으며, 다른 사람의 목소리보다 어머니의 목소리를 선호하는 현상을 보이지 않을 수 있다(Tager-Flusberg et al., 2005). 유아는 일반적으로 비슷하게 복잡한 청각 및 시각 자극보다 언어적 자극, 즉 말이나 수화를 선호한다(Jusczyk, 1997; Krentz and Corina, 2008). 또한 정상 발달 유아는 다른 사람의 목소리보다 엄마의 목소리를 더 선호한다. 자폐아에게서는 이 두 가지 모두가 잘 나타나지 않는다.

자폐 아동은 말하는 법을 배우는 데 상당한 지연을 경험한다. 추정치는 다양하지만 자폐 아동의 25%에서 50% 정도는 다른 사람과 의사소통할 때 구어를 사용하지 않는다(Eyler et al., 2012; Lord et al., 2004; Tager-Flusberg et al., 2005). 일반적으로 발달 중인 영아는 만 1세 정도가 되면 처음으로 말을 산출하므로(Clark, 2009), 언어 부재가 나중에 자폐증 진단을 받게 될 어린 영아의 첫 징후가 되는 경우가 많다(Luyster et al., 2008).[3] 자폐 아동의 약 $\frac{1}{3}$은 언어 퇴행이 특징이다(Kurita, 1985). 이러한 아동의 경우, 초기에는 언어가 정상적이거나 심지어 남들보다 발달한 것처럼 보이지만 이후에는 말을 하지 않게 된다. 말을 할 수 있는 자폐 아동은 종종 반향어, 즉 원래 화자와 동일한 억양을 사용하여 그대로 들은 구절이나 문장을 반복하는 것을 보인다. 예를 들어, 누군가 "안녕, 지미!"라고 인사하면 아이는 "안녕, 지미!"라고 응답한다.

언어 지연보다 제스처 발달 지연이 선행될 수 있다. 정상 발달 유아는 무언가를 거부하거나, 성인의 주의를 끌거나, 요청을 하는 등 다양한 목적으로 제스처를 자발적으로 사용한다(Clark, 2009). 하지만 자폐증이 진행되는 유아는 이런 종류의 자발적인 몸짓을 하지 않는 경우가 많다. 자폐증이 있는 2~3세 유아의 경우 의사소통을 위한 제스처 사용은 그들이 가진 어휘의 크기와 상관관계가 있다. 제스처를 거의 사용하지 않는 아이는 어휘가 거의 없거나 전혀 없으며, 제스처를 많이 사용하는 아이는 어휘가 더 많다. 이 발견은 자폐 아동의 제스처와 언어 장애의 원인이 근본적인 사회적 의도의 장애일 수 있다는 것을 보여 준다.

자폐아의 단어학습

자폐 아동은 어휘를 습득하고 다른 사람들과 같은 방식으로 사용하는 데 어려움을 겪는 경우가 많다. 자폐 아동은 다른 아동보다 신조어나 합성어를 사용할 가능성이 더 높다(예: 'praise' 대신 'commandment'라 말하기; 'cuts and bruises' 대신 'cutses and bluesers'라 말하기; Tager-Flusberg et al., 2005; 헤어드라이어를 'poomba'라 말하기, Lord and Jones, 2012; 'She's bawcet'과 같은 문장, Volden and Lord, 1991). 연구자들은 자폐 아동의 어휘 습득에 영향을 미치는 변수로 선행 기술 습득의 차이, 개념을 범주화하는 방식의 차이, 사회적 상호작용의 차이를 꼽았다.

일부 이론가들은 상징적 놀이를 단어 학습의 중요한 선행 기술로 간주한다. 단어는 의미를 가리키는 소리의 집합체이다. 따라서 새로운 단어를 습득하려면 아이는 추상적인 소리 패턴과 그 추상적인 소리 패턴이 나타내는 세상의 사물이나 사건을 연결해야 한다.[4] 흉내 내기 놀이에서 흔히 나타나는 한 사물을 다른 사물로 표상하는 능력은 단어 학습에 선행하는 중요한 선행 기술로 간주된다(Jusczyk, 1997). 자폐 아동은 정상 발달 아동만큼 흉내 내기 놀이에 참여하지 않는다. 이는 추상적인 정신적 표상을 구축하고 조작하는 능력이나 한 사물을 다른 사물로 표상하는 능력의 근본적인 결함을 반영할 수 있으며, 자폐 아동의 어휘 증가가 일반 아동에 비해 더 느린 이유를 설명할 수 있다(Thiemann-Bourque et al., 2012).

어린 아이들은 일반적으로 보호자와의 상호작용을 통해 새로운 단어(발음 방법, 의미)를 스스로 습득한다(Clark, 2009). 나이가 많은 아동은 상호작용이 포함되지 않은 우연한 학습 경험(예: TV 시청, 대화 엿듣기)을 포함한 더 다양한 수단을 통해 새로운 단어를 습득한다. 또한 나이가 많은 아동들은 문맥 단서를 사용하여 자기를 향해 직접적으로 언급되지 않은 단어의 의미를 파악한다. 따라서 직접적인 사회적 상호작용은 나이가 많은 아동보다 어린 아동의 단어 학습에 더 중요하다.

일부 이론가들은 공동 주의(joint attention)가 소리와 개념을 연관시키는 원리를 제공하기 때문에 초기 단어 학습에 중요한 요소라 주장하지만, 공동 주의가 단어 학습의 필수 구성 요소인지는 계속 논쟁이 되는 주제이다(Akhtar and Gernsbacher, 2007; Landau and Gleitman, 1988 참조). 영유아는 능동적(active) 주의집중(아이가 성인의 주의를 흥미로운 물체로 유도하는 경우)과 반응적(reactive) 공동 주의집중(아이가 성인의 주의가 어디에 집중되어 있는지에 대한 단서에 반응하는 경우)에 모두 참여하는데, 두 경우 모두 아이와 보호자의 주의 상태가 일치한다. 주의가 정렬되어 있고 보호자가 주의 집중된 물체에 이름을 붙여주면 아이가 이것을 물체와 성공적으로 연관시킬 가능성이 생긴다(이 간단한 과정을 통해 아동이 단어에 성인과 동일한 의미를 부여한다고 보장할 수 없는 이유는 9장을 참조).

자폐 아동은 다른 아동과 같은 정도의 공동 주의를 발휘하지 못한다(Carpenter et al., 2002; Gillespie-Lynch et al., 2012; Mundy et al., 2009). 일부 연구자들은 공동 주의의 부재가 이름을 사물과 연관시키는 과정을 방해하기 때문에 자폐 아동의 어휘 습득이 느려진다고 결론지었다(Luyster et al., 2008; Rogers et al., 2003; Sigman and Ruskin, 1999). 그러나 이것이 전부는 아닐 수 있다. 자폐 아동도 단서를 따라 목표 대상에 주의를 집중할 수 있는 것처럼 보이지만, 그럼에도 불구하고 해당 대상과 동시에 발화된 단어를 연관시키지 못하는 경우도 있다(Gliga et al., 2012). 따라서 주의가 잘못 정렬되는 것 외에 다른 인지적 요인으로 인해 어휘 습득이 느려질 수도 있다.

어휘 습득의 차이는 학습 속도가 느린 것보다 더 큰 문제로 확장된다. 자폐 아동은 일반 아동과 같은 방식으로 단어를 일반화하지 못한다(McGregor and Bean, 2012; Parish-Morris et al., 2007). 정상 발달 아동은 주어진 이름을 너무 광범위하게 일반화하여 적용하거나(어떤 아이들은 모든 성인 남성을 "아빠"라고 부른다), 반대로, 너무 좁혀서 적용하기도 한다(오직 자신의 반려동물만을 "강아지"라고 부르고 다른 개는 그렇게 부르지 않는다). 아동의 용어 사용은 일반적으로 개념적 지식이 성인 체계에 수렴함에 따라 성인과 비슷해진다. 그러나 개념 체계가 성인 체계에 수렴하더라도 여전히 특정 용어가 얼마나 일반적인지 결정해야 할 필요가 있다(예를 들어 '포크'라는 단어는 뾰족한 부분이 있는 것을 가리키는 좁은 의미로 사용하지만, '식기'는 '포크'와 함께 사용하는 다른 유형의 도구를 가리키는 더 넓은 의미로 사용한다). 이를 위해 아동들은 성인이나 다른 유능한 언어 사용자에게서 단서를 찾는다. 하지만 자폐 아동은 정상 발달 아동이 특정 용어를 좁게 적용할지 넓게 적용할지 결정할 때 사용하는 사회적 단서들에 민감하지 않을 가능성이 있다. 그 결과, 정상 발달 아동들보다 더 자주 용어를 부적절하게 사용할 수 있다.

단어는 성인의 개념과 범주 체계에 대한 단서를 제공한다. 하지만 자폐 아동은 사회적 단서에 덜 민감하기 때문에 성인의 범주화 체계와 비슷하게 수렴하지 못할 수도 있다. 어떤 경우에는 아동이 계속 개념을 일반화시키지 않은 상태를 유지하기도 한다(Hobson, 2012; Rutter, 1987). 예를 들어, 한 자폐 아동은 한 종류의 특정 그릇을 가리킬 때만 '그릇'이라는 단어를 사용하였는데, 개 밥그릇에 개 사료를 넣으라는 요청을 받았을 때 찬장에서 그 특정 그릇을 골랐다(이 아이의 어휘집에서는 개 밥그릇을 '그릇'이 아니라 '접시'라고 해야 한다).

자폐 아동은 개념과 범주의 추상적인 특성을 이해하지 못하여 범주의 예시 전반에 적용되는 추상적인 특징을 표현하지 못할 수 있다. 달걀의 정의를 묻는다면 달걀의 외형, 기원(출처), 일반적인 용도(예: 달걀은 타원형의 물체로, 보통 흰색 또는 갈색이며, 겉은 딱딱하고 속은 액체로 되어 있고, 닭에서 나오며, 음식의 일종이다)에 대해 이야기할 수 있다. 하지만 자폐 아동은 달걀이라는 개념을 '내가 먹는 것'으로 정의할 수 있다. 이는 정확하지만, 추상적인 개념이 아닌 구체적인 것에만 초점을 맞춘 좁은 관점이다. 고기능 자폐로 분류되는 아동은 이러한 어휘 결핍을 경험하지 않을 수 있지만, 고기능 아동조차도 정신 상태와 관련된 어휘(예: 생각하다, 알다, 믿다, 척하다 등의 동사)를 습득하는 데 어려움을 겪는 것으로 보인다(Tager-Flusberg et al., 2005).

자폐 아동은 또한 지시 표현(대명사 및 다른 종류의 대용어)을 일반적인 발달 아동과 다르게 사용한다. 자폐 유아는 '나'와 '너' 같은 대명사를 잘못 사용하는 경우가 많다. 예를 들어, 유아는 "나는 우유를 원해."라고 말하고 싶을 때 "너는 우유를 원해."라 말하기도 한다. 정상 발달 아동들도 이런 식으로 대명사를 뒤바꾸는 단계를 거치는 경우가 많지만 이러한 오류는 대개 자연스레 해결된다.

이전에 소개한 개념을 언급할 때 화자는 일반적으로 대상 개념의 중요도를 반영하는 지시 표현을 선택한다. 지시 표현은 고유명사('아브라함 링컨')로부터 명사구('전직 대통령'), 대명사('그' '그 분'), 무형 대용어('Abraham Lincoln went to Ford's Theater and [무형 대용어] sat in the balcony')에 이르기까지 그 범위가 매우 넓다. 일부 자폐 아동은 대부분의 사람들이 덜 명시적인 대용어 형식을 사용하는 곳에서 지나치게 구체적인 대용어를 사용한다(예: 'Abraham Lincoln went to Ford's Theater and

Abraham Lincoln sat in the balcony').

이러한 지나친 구체성은 마음 이론(TOM) 처리의 결함을 반영할 수 있다. 일반적으로 사람들은 지시 대상에 대한 기억 검색 프로세스를 원활하고 효율적으로 실행할 수 있는 대용어를 선택한다 (6장 참조). 이러한 검색 과정의 원활함과 효율성은 청자의 머릿속에서 지시 대상의 표상이 얼마나 활성화되어 있는지에 따라 달라진다. 하지만 청자의 현재 마음 상태를 정확하게 파악하지 못하는 화자는 적절한 종류의 지시 표현을 선택하지 못할 것이다.[5] 자폐증에 대한 인지적 관점에 따르면 자폐증의 핵심 요소는 다른 사람의 관점을 이해하지 못하는 것이다(Baron-Cohen et al., 1994; Holt et al., 2014). 비정상적인 패턴의 대명사 지시는 청자의 마음속에 있는 지시 대상에 대한 부정확한 이해로 인해 발생할 수 있다.

이해력 문제

자폐 아동은 어휘 학습 문제를 넘어서는 이해력 문제를 가지고 있을 수 있다. 일부 아동은 문장-그림 맞추기 과제를 제대로 수행하지 못한다. 이 과제에서는 문장의 의미를 파악한 다음 그 의미에 해당하는 그림을 선택해야 한다. 이러한 어려움은 언어 이해 문제를 반영하기보다는 다양한 시나리오의 현실적 가능성을 판단하거나 지식을 활성화하고 적용하는 보다 기본적인 문제와 관련이 있을 수 있다(Tager-Flusberg, 1981).

비문자적 언어 문제

비문자적 언어에는 은유(그 사람은 짐승이야), 반어법과 풍자(이 영화 좋은 영화네(비꼬는 의미임), 간접적인 요청(소금 줄 수 있어? (능력을 묻는 것은 아님)) 등이 포함된다. 일부 이론에서는 자폐 아동이 매우 '문자 그대로' 생각한다고 제안한다(Hobson, 2012). 이 접근 방식에 따르면 자폐 아동은 문자 그대로의 표현을 해석하는 능력은 유지될 수 있지만, 비문자적 해석을 계산하는 능력은 떨어지거나 불가능하다.[6] 자폐 아동이 '문자적 사고'를 하는 표면적인 이유는 다른 사람의 의도를 유추할 수 없기 때문이다. 친구가 〈Ishtar〉라는 최악의 영화를 본 후 '정말 멋진 영화'라고 말했을 때 그 의도가 영화를 칭찬하려는 것이 아니라 영화가 정말 끔찍했다는 이야기를 비꼬아 표현한다는 것을 알 수 있다. 즉, 친구가 풍자를 사용하고 있다고 추론함으로써 영화에 대해 알고 있는 것과 친구의 말 사이의 차이를 해소할 수 있다. (마음 이론에 따르면) 자폐인의 약점은 자폐인이 다른 사람의 정신 상태를 이해하는 데 있다. 자폐인은 화자의 마음속 내용을 정확하게 이해하지 못하기 때문에 상대방의 관점이 자신과 같다고 추론할 근거가 없고, 따라서 풍자를 감지하지 못한다.

그러나 비문자적 언어 처리의 실패를 마음 이론의 차이로 돌리는 것은 보편적으로 지지되지는 않는다. 한 연구에서 참가자들은 해변 여행의 전형적인 시나리오를 따르는 일련의 그림을 보았다 (Colich et al., 2012; [그림 15.4] 참조).

존과 린다가 수영하러 해변에 갔다.

또는

그들이 거기에 도착했을 때, 하늘은 맑고 쾌청했다.
존은 "정말 멋진 날이야!"라고 말했다.

그들이 거기에 도착했을 때, 하늘이 점점 어두워지고
비가 오기 시작했다. "정말 멋진 날이야…"라고 말했다.

[그림 15.4] 해변 그림 자극

사진을 보고 캡션을 읽은 후, 참가자들은 대사가 진심인지 여부를 표시했다("존이 말한 것이 진심
이었나요?"). 자폐 아동은 풍자 감지 과제에서 대조군 아동과 마찬가지로 정확했으며, 실제로 자폐
아동이 아닌 또래보다 더 빠르게 반응했다. 이 연구는 자폐 아동이 아이러니하거나 비꼬는 말을 이
해하는 데 특별한 문제가 있다는 생각을 뒷받침하지 않는다.

자폐증 환자의 화용적 결함

사람들이 대화할 때 전달하고자 하는 의미는 문자 그대로의 발화 내용뿐만 아니라 대화가 이루
어지는 배경과 맥락, 그리고 사회적 관습에 따라 달라진다. 일부 연구에 따르면 자폐 아동은 문법
과 구문이 온전하고 어휘력이 충분하더라도 대화 전반에 걸친 화용적 규칙을 위반하여 의사소통에
실패할 수 있다(Surian et al., 1996; Tager-Flusberg et al., 2005). 대화에서 성공하려면 의도한 의미를
표현할 수 있는 올바른 단어를 선택해야 하며, 올바른 단어를 선택하려면 대화 상대방의 요구 사항
을 정확하게 이해해야 한다. 누군가 아침에 무엇을 먹고 싶은지 묻는다면 "전기를 사용하는 토스터
로 데운 토스트가 먹고 싶어요."라고 말할 수 있다. 이 표현은 핵심 정보(토스트를 원한다)를 전달할
수는 있지만, 불필요하고 관련 없는 정보가 많이 포함되어 있기 때문에 이상하다. 즉, 표현이 화용
적으로 이상하다.

대화의 방식도 많은 자폐 아동에게 비전형적으로 나타난다. 자폐 아동은 고기능으로 분류되는
경우에도 대화를 먼저 시작하지 않는 경향이 있으며, 자신의 경험을 설명하기 위해 대화를 사용하
지 않는 경향이 있다(Tager-Flusberg et al., 2005). 또한 누가 언제 말할지의 차례에 관한 일반적인 규

칙을 준수하지 않을 수도 있다. 그들은 대답을 들은 후에도 같은 질문을 반복해서 하기도 한다.

자폐 아동은 정상 발달 중인 또래보다 화용적으로 이상한 발화를 감지하는 정확도가 떨어진다. 일부 학자들은 자폐증의 원인을 마음 이론 결함에서 찾기도 한다. 다른 사람의 마음속 내용을 정확하게 평가하지 못하면(예: 사람들은 일반적으로 토스트는 전기로 작동하는 토스터로 만든다는 것을 알고 있다) 질문에 답할 때 이러한 세부 사항을 포함하는 것이 이상하게 느껴지지 않을 수 있다는 것이다. 다른 사람의 관점에 대한 인식 부족은 자폐 아동이 대화에서 이전 발화와 직접 관련이 없는 발화를 더 많이 생성하는 이유도 설명할 수 있다(Paul and Cohen, 1984; Tager-Flusberg and Anderson, 1991).

요약하자면, 자폐 아동의 경우 비전형적인 언어 이해 및 산출 패턴이 매우 일찍 시작된다. 이러한 차이에는 언어에 대한 덜 민감함, 언어 시작 전 제스처 사용 감소, 빈번한 언어 지연, 느린 어휘 습득, 지나치게 좁거나 넓은 용어 사용, 단어 의미를 추론하는 데 사용되는 사회적 단서에 대한 덜 민감함, '지나치게 구체적인' 인지 스타일, 마음 이론의 부족을 반영할 수 있는 특이한 화용론 등이 있다. 그러나 자폐증이 문자 그대로 해석하는 경향을 야기하며 비문자적 형식에 대한 인식 부족을 야기한다는 주장은 연구결과와 완전히 일치하지는 않는다.

자폐증의 원인: 유전의 영향

'자폐증 유전자'는 존재하지 않는다. 돌연변이를 포함한 여러 유전적 요인이 자폐증 발병 위험과 관련된다는 것이 현재의 합의된 의견이지만, 유전자, 뇌 구조 및 기능, 사고 및 행동 사이의 정확한 연관성은 아직 밝혀지지 않았다(Lord and Jones, 2012). 일부 이론가들은 자폐증이 여러 가지 하위 유형으로 구성되며, 각 유형은 서로 다른 유전자와 관련이 있을 수 있다고 제안한다. 또한 자폐 아동의 하위 유형들과 관련된 유전자가 다른 인지 또는 신체 장애와도 관련이 있을 수 있다. Catherine Lord와 Rebecca Jones가 언급했듯이(p. 491), "(현대의 유전적 접근법은) 자폐증과 매우 특정한 유전적 이상 사이의 단순한 대응관계에 대한 이전의 기대에서 벗어날 것을 요구한다."

일부 연구에 따르면 언어 발달에 기여하는 유전자 CNTNAP2는 일부 자폐아에서 다르게 기능한다(Scott-Van Zeeland et al., 2011). 이 유전자는 전두엽이 측두엽과 기능적으로 연결되는 방식에 기여하는 것으로 보이며, 따라서 이것은 말소리 입력이 처리되는 방식에 영향을 미칠 수 있다. 다른 연구에 따르면 돌연변이가 특발성 자폐증의 약 10%를 차지한다(특발성이란 명백한 단일 불량 유전자나 기타 식별 가능한 생물학적 원인이 없음을 의미한다; Geschwind, 2011). [그림 15.5]는 Geschwind의 가설적 경로 모델을 보여 준다. 이 모델은 비정상적인 두뇌 성장 패턴이 유전적 및 환경적 영향에 기인한다고 설명한다. 이 모델에 따르면 비정상적인 뇌 발달 패턴은 대규모 신경망의 비전형적인 조직으로 이어지고, 이는 결국 자폐증을 유발한다.

자폐증과 상관관계가 있는 개별 유전자(해당 유전자의 특정 변종이 다른 사람보다 자폐증 환자에게 더 자주 나타난다는 점에서)가 왼쪽에 제시되었다. '자폐증 유전자'의 발현에 영향을 미치기 위해 상호작용할 수 있는 다른 유전자는 하단의 상자에 표시되었다. Geschwind의 가설은 유전자가 뇌 발

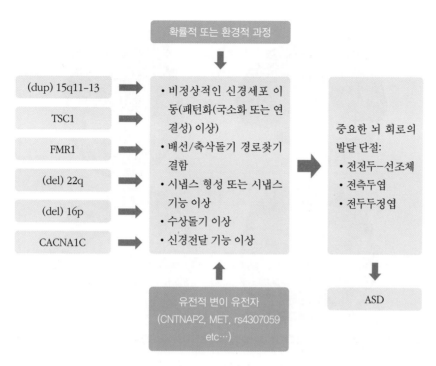

[그림 15.5] 자폐증과 관련이 있는 개별 유전자들

출처: Geschwind (2011), Elsevier

달에 미치는 영향을 통해 자폐증을 유발한다는 것을 나타낸다(가운데 상자). 마지막으로, 이 모델은 환경적 영향과 무작위적인 사건(확률적 과정)이 유전자가 뇌 발달에 미치는 영향을 매개할 수 있다는 가설을 제시한다.

자폐증의 신경학적 가설: '일찍 시작된다'

일반 아동과 자폐증 아동의 뇌의 구조적 또는 기능적 차이의 정확한 본질은 아직 제대로 이해되지 않았다. 그러나 비전형적인 신경 발달이 자폐증 발생에 큰 역할을 한다는 증거가 축적되고 있다. 예를 들어, 자폐아 중 최소 $\frac{1}{4}$은 신경 활동의 조절 장애와 진행성 뇌 손상을 수반하는 간질을 앓는다(Bailey et al., 1998). [그림 15.6]은 자폐 아동의 경우에 일반 아동과 구조와 기능이 다를 수 있는 뇌 영역의 목록을 보여 준다(Amaral et al., 2008; 또한 Brambilla et al., 2003; Palmen et al., 2004 참조).

자폐 아동과 비자폐 아동의 뇌 구조 영상과 관련된 최근 연구에 따르면 두 그룹의 뇌 성장 패턴이 서로 다르다(Courchesne et al., 2007; Hoeft et al., 2011). 자폐 아동은 자폐가 없는 아동보다 태어날 때 평균적으로 뇌가 약간 작다. 그러나 자폐 아동의 초기 뇌 성장은 가속화되는 것으로 보인다. 3~5세가 되면 자폐 아동의 평균 뇌 크기(~1.5kg)는 성인과 동일해진다. 그러나 뇌 성장이 뇌 전체에 걸쳐 균일하게 나타나지는 않는다. 성장의 촉진은 모든 영역에서 발생하는 것은 아니며 일반적으로 나중에 성숙하는 뇌 영역에서 가장 두드러지게 나타난다(예: 후두피질은 이러한 촉진이 나타나지 않는다). 반면, 전두엽, 측두엽, 두정엽은 자폐 아동이 다른 아동에 비해 더 빨리 성장하는 것으로 보인다(Carper and Courchesne, 2005; Schumann et al., 2010). Geschwind와 Levitt(2007, p. 105)에

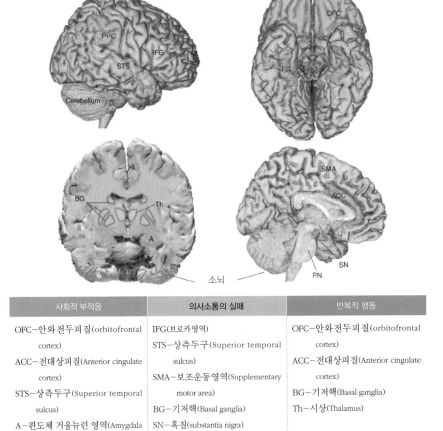

사회적 부적응	의사소통의 실패	반복적 행동
OFC-안와전두피질(orbitofrontal cortex)	IFG(브로카영역)	OFC-안와전두피질(orbitofrontal cortex)
ACC-전대상피질(Anterior cingulate cortex)	STS-상측두구(Superior temporal sulcus)	ACC-전대상피질(Anterior cingulate cortex)
STS-상측두구(Superior temporal sulcus)	SMA-보조운동영역(Supplementary motor area)	BG-기저핵(Basal ganglia)
A-편도체 거울뉴런 영역(Amygdala mirror neuron regions)	BG-기저핵(Basal ganglia)	Th-시상(Thalamus)
IFG-하두정엽(Inferior frontal gyrus)	SN-흑질(substantia nigra)	
PPC-후두정피질(Posterior parietal cortex)	Th-시상(Thalamus)	
	PN-교뇌핵(Pontine nuclei)	

[그림 15.6] 자폐 아동과 정상 발달 아동에게서 구조와 기능이 다를 가능성 있는 뇌 영역들
출처: Amaral et al. (2008), Elsevier

따르면, "전두엽, 측두엽, 두정엽을 포함한 피질의 여러 영역에서 백질과 회백질의 면적이 비정상적으로 넓다."

두뇌 성장 패턴의 차이는 출생 전부터 시작될 가능성이 높다(Courchesne et al., 2007; Hazlett et al., 2005). 신생아 및 유아에 대한 구조적 MRI 데이터는 없지만 일부 연구에서 나중에 자폐증 진단을 받은 아동의 소아과 기록을 살펴보았다(현재 소아과 의사들은 자폐증을 훨씬 늦게(보통 4세 정도) 진단함). 이 기록에 따르면 자폐증 진단을 받은 아동의 출생 시 두개골 둘레(머리 크기를 측정하는 척도)가 비슷한 대조군보다 더 작았다. 두개골 크기와 뇌 크기 사이의 관계는 완벽하지는 않지만, 나중에 자폐증이 될 신생아의 평균 뇌 크기가 다른 아이들과 다르다는 결론을 내릴 수 있을 정도에 근접한다. 이 차이는 태어날 때부터 존재하기 때문에 아이가 태어난 후에 시작되는 환경적 영향의 결과일 수는 없다. 따라서 연구자들은 아이의 유전적 특성이 태아기 환경과 관련된 요인과 결합하여 태아를 비전형적인 뇌 발달로 이어지는 발달 궤도로 밀어 넣는다고 믿는다.

모든 포유류 종에서 태아기에 기본적인 두뇌 연결성의 기초가 형성되며, 이 과정을 지배하는 유전적 메커니즘이 있다. 자궁 환경의 특징(예: 영양실조, 스트레스, 면역 체계에 도전하는 감염, 독소나 약물 노출)에 의해 유전적 산출물이 크게 영향을 받을 수 있지만, 패턴화된 전기생리학적 활동을 자극하는, 외부 세계의 정보(예: 경험)는 감각 및 운동 시스템의 초기 구조를 확립하는 데 필요하지 않은 것으로 보인다. (Geschwind and Levitt, 2007, p. 106)

(미래의) 자폐아 태아와 영유아의 뇌 발달에는 어떤 차이가 있을까? 연구자들은 서로 연관된 세 가지 신경 메커니즘을 지적했다. 하나는 초기 뇌 발달 과정에서 뉴런의 생성과 이동, 두 번째는 근거리 및 장거리 네트워크에서 뉴런 간의 연결, 세 번째는 뇌 발달의 정상적인 부분인 세포 사멸(계획된 세포 사멸)이다(또 다른 신경 발달 가설은 신경교 세포(glial cells)와 관련이 있다. 이 세포는 뇌에 '견고함과 뼈대'를 제공하고, 뇌에서 노폐물이나 파편을 제거하며, 뇌의 축삭돌기를 감싸고 절연하는 수초(myelin)를 제공하고, 뉴런 이동 과정을 촉진한다(Kandel and Schwartz, 1985)).

태아의 뇌 발달은 주변 조직과 별로 차이나지 않은(미분화되지 않은) 세포 그룹에서 시작된다. 이 세포는 배아의 세포 외층(외배엽)에 있다. 태아 발달 후기에는 외배엽의 일부에 있는 세포가 안쪽으로 접혀서 신경세포로 발달할 세포의 기초가 된다. 이 기본 구조가 갖추어지면 발달 중인 뉴런이 이동하여 뇌의 특징적인 층 구조를 형성한다. 몇몇 연구에 따르면 자폐증 아동의 경우 일부 뉴런의 방향과 층으로 구성되는 방식이 정상 아동과 다르다(Bailey et al., 1998). 이것은 발달하는 뇌에서 정상적인 세포 이동 패턴이 어떻게든 변경되었음을 나타낸다. 이러한 비전형적인 세포 이동 패턴으로 인해 일부 층에서는 평균보다 높은 세포 밀도를 보이지만 다른 층에서는 평균보다 낮은 밀도를 보일 수 있다. 예를 들어, 일부 연구에 따르면 자폐 아동의 소뇌에 있는 퍼킨지(Purkinje) 세포의 수가 정상 아동들보다 작다(Carper and Courchesne, 2000; Courchesne and Pierce, 2005). 또한 자폐증 아동의 경우 뇌 발달 시 더 많은 양의 뉴런이 생성될 수 있다(Courchesne and Pierce, 2005). 이는 결국 '밀집' 상태로 이어질 수 있으며, 정상보다 더 많은 회들(gyri)이 있는 전두엽과 같은 뇌의 전반적인 형태의 차이를 유발할 수 있다.

뇌가 발달함에 따라 가까운 거리의 뉴런은 서로 연결을 형성한다. 잘 조직된 국지적 연결은 국지적 네트워크의 원활한 기능에 중요하다. 동시에 뇌는 더 큰 규모의 더 분산된 기능적 네트워크를 조직한다. 이러한 대규모 네트워크는 언어를 포함한 복잡한 운동 및 인지 능력의 발달에 매우 중요하다. 이러한 대규모 네트워크는 주로 뉴런의 유수 축삭으로 구성된 뇌의 백질(white-matter) 연결에 의존한다. 일부 연구에 따르면 자폐 아동의 경우 이러한 백질 연결의 발달 궤적과 물리적 구조가 정상 발달 아동과 다르다(Ben Bashat et al., 2007; Chung et al., 2004; Courchesne et al., 2007).

[그림 15.7]에서 볼 수 있듯이 정상적인 뇌 발달 패턴은 뇌 네트워크에서 시냅스 연결 수가 급격히 증가하는 것을 포함한다. [그림 15.7]은 0~2세까지의 대표적인 뇌 발달 패턴을 보여 준다. 발달 후기에는 시냅스 가지치기와 세포 사멸로 인해 국소 연결의 수가 감소한다. 일부 연구자들은 자폐 아동의 전두엽 피질에 일반적인 양보다 더 많은 양의 시냅스가 존재한다고 가정한다. 또한 계획된 세포 사멸이 정상적으로 진행되지 않아 자폐 아동의 국소 네트워크가 더 조밀하게 연결되어 있고 전두엽과 측두엽 내 뉴런 수가 정상보다 많을 수 있다는 가설도 있다. 이 가설은 자폐 아동(2~5세)

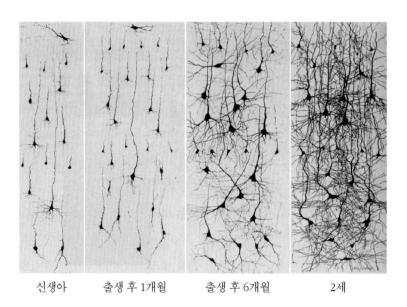

| 신생아 | 출생 후 1개월 | 출생 후 6개월 | 2세 |

[그림 15.7] 영아의 시냅스 발달 패턴

출처: Adapted from Courchesne et al. (2007), Elsevier

의 평균 뇌 크기가 더 큰 이유를 설명할 수 있지만, 더 많은 수의 뉴런으로 더 조밀하게 연결된 네트워크가 어떻게 많은 자폐 아동의 특징적인 사고 및 행동 패턴으로 이어질 수 있는지에 대해서는 추가 연구가 필요하다(이 장의 뒷부분에서 몇 가지 잠정적 가설을 고려할 것이다).

신경염증 가설

자폐증에서 비전형적인 뇌 성장의 한 가지 가능한 원인은 면역계 기능과 관련이 있을 수 있다. 일부 연구자들은 자폐증 환자의 뇌에 대한 사후 연구를 바탕으로 신경염증 증거를 보고했다(Vargas et al., 2005). 즉, 뇌가 마치 감염된 것처럼 반응하는 것이다. 이러한 반응은 환경오염에 의해 촉발될 수 있다(일부 이론은 오염의 증가가 시간이 지남에 따른 자폐증 발병률의 증가의 원인이라 주장한다(Volk et al., 2014)). 신경염증은 신경 교세포의 기능을 변화시켜 신경 이동에 변화를 일으킬 수 있으며 또한 뉴런을 손상시킬 수도 있다. 이러한 효과에 대한 반작용으로, 신경염증은 발달 중인 뇌가 손상되거나 파괴된 뉴런을 대체하기 위해 더 많은 뉴런을 생성하도록 유도할 수 있다. 이 과정은 나중에 자폐증 진단을 받은 어린 영유아의 뇌 무게가 평균보다 더 많이 증가하고 비정상적으로 조밀한 뉴런 간격을 보이는 연구결과를 설명할 수 있다(Kemper and Bauman, 1998).

미니컬럼 가설

일부 연구에 따르면 자폐증 환자는 특히 전두엽의 미니컬럼([그림 15.8] 참조)이 다르게 조직되어 있다(Courchesne and Pierce, 2005). 뇌의 신피질(뇌 세포의 6개의 최상층)은 세포 기둥으로 구성되어

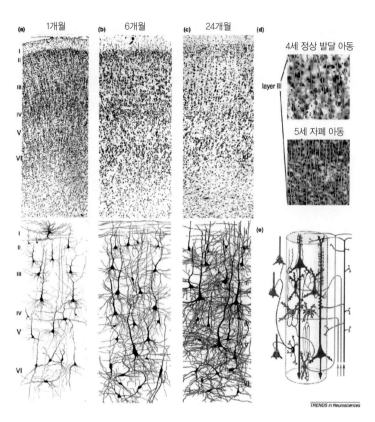

[그림 15.8] 미니컬럼

출처: Amaral et al. (2008), Elsevier

있다([그림 15.2] 참조; Buxhoeveden and Casanova, 2002). 이러한 세포 기둥은 한 층에서 생성된 신호가 다른 층으로 전파되도록 배열되어 있다. 일차 시각 피질(V1 영역)에 있는 것과 같은 일부 미니컬럼은 반응하는 자극의 종류가 매우 구체적이다. 피질의 일부 미니컬럼은 시야의 특정 부분, 특정 방향, 특정 길이의 빛줄기에만 반응한다. 다른 미니컬럼은 색상과 같은 자극의 다른 특징에 반응한다. 뇌의 특정 부위에 있는 미니컬럼은 반응하는 자극에 대해서는 덜 선택적이지만 특정 정보 처리 작업을 수행하도록 조직화되어 있다. 일부 해부학 연구에 따르면 자폐증 환자의 뇌에 있는 미니 컬럼은 상대적으로 늦게 발달하는 전두엽에서는 평균보다 작지만 상대적으로 일찍 성숙하는 후두피질에서는 평균과 거의 같은 크기이다(Casanova et al., 2002).

연결성 가설: 연결성 과잉/저하 변이

자폐 유아는 강력한 하위 수준의 처리 잠재력을 가지고 있지만 기능적으로 무질서하고 오류가 많고 사실상 '연결이 끊긴' 전두엽 피질로 인해 복잡한 사회적 및 비사회적 세상을 이해하는 데 어려움을 겪는다.

−Eric Courchesne and Karen Pierce

이상적인 자폐증 이론은 유전적, 환경적 요인이 신체적(구조적), 기능적 뇌 발달에 어떻게 기여하는지, 그리고 신체적, 기능적 뇌 발달이 자폐증의 비전형적 사고, 감정, 행동 패턴과 어떻게 연결되는지를 설명할 수 있어야 한다. 하지만 아직 이렇게 이상적인 이론은 없다. 그러나 연결성 가설은 이러한 종류의 '수직적 통합'을 가진 이론을 개발하려는 시도를 대표한다. 연결성 가설은 복잡한 사고와 행동에는 국소적인 세포 네트워크의 미세 조정된 행동이 필요하지만, 공간적으로 분산된 대규모 기능 네트워크 전반에 걸친 활동의 조정도 필요하다는 널리 받아들여진 가정을 채택한다. 연결성 가설의 주요 주장은 자폐증 환자의 경우 대규모 기능 네트워크에 걸친 장거리 연결이 중단되었다는 것이다(Cherkassky et al., 2006; Geschwind and Levitt, 2007; Rudie et al., 2012). 특히 정상 발달 아동에 비해 자폐 아동의 전두엽 내 네트워크는 다른 멀리 있는 뇌 영역에 영향을 미치지 못한다. 그러나 전두엽 피질 내에서의 의사소통은 자폐증 아동이 더 클 수 있다. 또한 반구 간 의사소통도 영향을 받을 수 있다(Chung et al., 2004; Zaehle and Herrmann, 2011). 이 이론은 비전형적인 뇌 발달로 인해 뇌 내 장거리 통신의 '인프라'가 정상보다 덜 효율적이고 이것이 자폐 아동의 이상 행동을 초래한다고 가정한다. 연결성 가설은 자폐증 환자들의 서로 다른 뇌 영역 간의 연결이 정상보다 적다고 주장하지는 않는다. 이 가설에 따르면 일부 장거리 연결은 정상보다 약할 수 있지만 (저연결성, hypo connectivity), 다른 일부는 정상보다 더 강할 수 있다(과연결성, hyper connectivity) (Di Martino et al., 2011).

최근의 구조적 및 기능적 영상 연구를 통해 이 가설을 지지하는 증거들이 축적되었다(반대의견에 대해서는 Mottron et al., 2006 참조). 예를 들어, 최근의 fMRI 연구에서는 POP(preparing to overcome prepotency) 과제를 수행하는 동안 발생하는 뇌 활동 패턴을 조사했다(Solomon et al., 2009). 이 과제에서는 화살표가 컴퓨터 화면의 왼쪽 또는 오른쪽에 있는 두 가지 자극 중 하나를 가리킨다. 참가자는 일반적으로 화살표가 가리키는 자극에 해당하는 키를 눌러야 한다. 그러나 일부 조건에서는 참가자에게 화살표와 반대 방향의 버튼을 누르도록 지시하는 색상 단서가 나타난다. 이때 색상 단서는 화살표보다 먼저 나타난다. 따라서 색상 단서가 있는 동안 참가자는 화살표에 반응하여 일반적으로 하는 행동과 반대되는 행동을 할 준비를 한다(색상 단서는 참가자에게 익숙한 행위를 극복

단서-무자극(자폐 아동 N=22)   단서-무자극(정상 발달 아동 N=23)

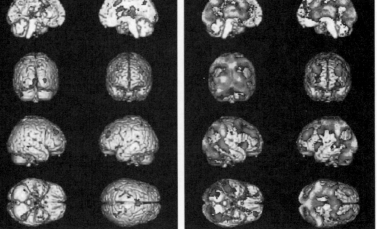

[그림 15.9] 자폐 아동의 경우 과제를 준비하고 계획하는 동안 뇌의 장거리 기능적 연결이 덜하다.

출처: Solomon et al. (2009), Elsevier

할 준비를 하라고 알려준다). [그림 15.9]의 왼쪽은 이 준비 기간 동안 자폐 아동의 뇌 활동을 보여 준다. 오른쪽은 일반적으로 발달하는 아이들의 뇌 활동 패턴을 보여 준다. 그림에서 볼 수 있듯이 자폐 아동의 뇌 영상은 이 준비 및 계획 기간 동안 장거리 기능적 연결이 덜하다는 것을 보여 준다. 이 발견은 연결성 가설에 부합된다. 특히, 일반적으로 실행 제어가 필요한 작업 중에 활성화되는 전두–두정 네트워크의 기능적 연결성이 떨어지는 것으로 보인다(실행 통제에는 현재 목표가 무엇인지 기억하고, 반응이 충돌하는 지점을 파악하고, 그 충돌을 해결하는 방법을 결정하고, 선택한 반응과 경쟁할 수 있는 행동을 억제하는 것이 포함된다).

Redcay와 Courchesne(2008) ([그림 15.10] 참조)는 자폐 아동 그룹과 두 개의 대조군, 즉 육체 연령을 일치시킨 그룹과 정신 연령을 일치시킨 그룹 간에 서로 다른 기능적 연결 패턴을 발견했다.

구조적 형태 측정(Structural morphometry) 연구에 따르면 자폐 아동의 경우 뇌량 및 기타 백질(유수 축삭)의 하위 영역이 연령이 일치하는 대조군보다 작을 수 있다(Chung et al., 2004). 또한 뇌량 구조가 대조군보다 자폐 아동에서 더 큰 다양성을 보인다. 뇌량은 두 대뇌 반구 간에 정보가 공유되는 주요 구조이기 때문에 뇌량 구조의 차이는 두 반구 간에 신경 활동이 조정되는 정도의 차이로 이어질 가능성이 높다.

복잡한 정보 처리 과정은 광범위하게 분산된 신경 시스템 전반에서 협응된 활동을 필요로 한다. 최근 신경 영상 연구자들은 상호 보완적인 방식으로 작동하는 것으로 보이는 두 개의 대규모 네트워크를 확인했다. 과제 관련(task-related) 네트워크는 사람들이 외부에서 지시된 과제를 수행할 때 활성화되는 다양한 뇌 영역을 의미한다(Raichle et al., 2001; Rudie et al., 2012). 기본 상태 또는 휴식 상태(default mode or resting state) 네트워크는 쉬고 있을 때 활성화되는 연결된 뇌 영역들을 의미한다. Cherkassky와 동료들의 fMRI 연구에 따르면 자폐증 환자 그룹에서는 휴식 상태 네트워크의 신경 활동이 대조군보다 덜 동기화되는 것으로 나타났다. 휴식 상태 활동은 명백한 과제가 없을 때 발생하기 때문에, 이러한 연구 결과는 자폐증 환자가 특정 과제에 비효율적으로 반응한다는 생각과 달리 뇌 영역 간 장거리 의사소통이 본질적으로 덜 효율적이라는 가정을 뒷받침한다.

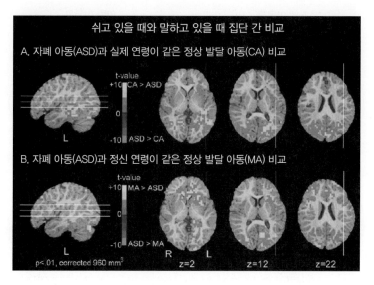

[그림 15.10] 자폐 아동과 정상 발달 아동의 기능적 뇌연결 연구

출처: Redcay and Courchesne (2008)

하지만 모든 사람이 연결성 가설을 지지하는 것은 아니다. 일부 연구에서는 서로 다른 뇌 영역 간의 연결성 패턴과 자폐증 증상의 심각성 사이의 연관성을 찾지 못했다(Di Martino et al., 2011). 이는 기능적 영상 연구가 아직 부족하기 때문일 수 있고, 서로 다른 연결 정도가 그 자체로 자폐증의 징후와 증상을 유발하지 않는다는 것을 보여 주는 것일 수도 있다.

좌반구 가설

일반인의 언어 처리는 좌반구에 국재화되어 있다(Gazzaniga, 1983; Ross, 1984). 그러나 아이들이 애초에 이렇게 태어나지는 않는다. 언어에 대한 좌반구 우위는 발달 과정에서 시간이 지남에 따라 나타난다(Basser, 1962). 인간의 경우 좌반구는 우반구보다 늦게 성숙한다(Geschwind and Levitt, 2007). 따라서 좌반구의 최종 형태와 기능은 환경 및 경험 관련 요인에 의해 영향을 받기 쉽다. 자폐 아동의 경우 언어에 대한 일반적인 좌반구 우세 패턴이 발달하지 않을 수 있다. 몇몇 fMRI 연구들은 자폐 아동을 일반 아동과 비교했을 때 좌반구 우세 대신, 우반구 우세나 두 반구 사이의 균형이 더 크게 나타난다고 제안한다([그림 15.11], Herbert et al., 2002 참조). 특히, 우반구 우세는 언어 처리, 특히 통사적 처리를 담당하며 일반적으로 브로카 영역이라고도 불리는 하전두엽 영역(브로드만 영역 44, 45)에서 가장 두드러지게 나타났다. 이런 비전형적 우세는 어휘 및 음운 처리와 관련된 두정엽 영역(Hickok and Poeppel, 2016)과 측두엽의 윗부분으로 알려진 측두평면(planum temporale)에서도 발견되었다(Rojas et al., 2005).

한 연구에서는 자폐증 발병 위험이 있는 유아를 대상으로 fMRI 촬영을 실시했다(Eyler et al., 2012). fMRI 기계는 시끄럽고 무섭기 때문에 보통 유아들이 잠을 자는 동안 촬영을 한다. 연구에서는 유아들이 잠을 자는 동안 친숙한 잠자리 이야기를 녹음하여 들려주었다. 나중에 자폐증이 발병한 유아는 이야기에 좌반구가 반응하지 않았지만 같은 조건에서 검사를 받은 정상 발달 아이들은

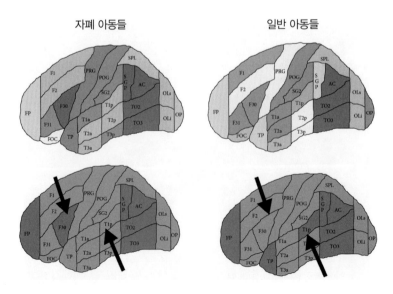

[그림 15.11] 자폐 아동의 대뇌 비대칭(왼쪽)과 일반 아동의 대뇌 비대칭(오른쪽)
출처: Herbert et al. (2002), John Wiley & Sons

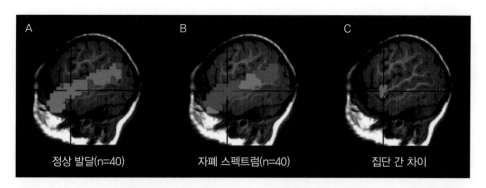

[그림 15.12] 자폐 유아의 신경 반응이 정상 발달 유아들과 어떻게 다른지를 보여 준다.

출처: Eyler et al. (2012), Oxford University Press

좌반구 활동이 나타났다. [그림 15.12]는 자폐 유아의 신경 반응이 일반적으로 발달하는 또래와 어떻게 다른지 보여 준다(Eyler et al., 2012).

거울 뉴런 가설: '깨진 거울' 가설

특정한 기능적 시스템인 거울 뉴런 시스템(MNS)의
기능 장애가 자폐 스펙트럼 장애의 행동 장애의 근간이다.

–Lindsay Oberman and Vilayanur Ramachandran

자폐증, 자폐 스펙트럼 장애, 아스퍼거 증후군이라는 용어는 모두 비정상적인 발달 패턴의 집합을 설명하는 일반적인 용어이다. 자폐증 단체(Autism Speaks)에 따르면, "자폐증은 전반적 발달 장애(PDD)로 알려진 복잡한 발달 뇌 장애 집단을 설명하는 데 사용되는 일반적인 용어"이다. 자폐 스펙트럼 장애의 특징적인 증상으로는 사회적 자극에 대한 비정상적인 반응, 비정상적인 사회적 상호작용, 반복적인 행동, 종종 언어 지연 또는 현저하게 비정상적인 의사소통 등이 있다. 자폐증이나 그 원인에 대해 널리 합의된 통일된 이론은 없다. 그러나 이 증후군의 범위에 속하는 많은 개인은 포괄적인 마음 이론에 속하는 인지 과정을 수행하는 데 상당한 문제가 있을 수 있다(Baron-Cohen, 1997).

아직 논란의 여지가 많지만(예: Gernsbacher, 2011; Leighton et al., 2008), 거울 뉴런 기능 장애가 자폐증의 원인으로 제안되었다(Iacoboni and Dapretto, 2006; Pineda et al., 2008; Ramachandran and Oberman, 2006; Williams et al., 2001, 2008). 거울 뉴런은 그 자체로는 모방이나 마음 이론을 담당하지 않는 것으로 보인다.[7] 거울 뉴런 시스템을 자폐증(및 모방, 기타 고등 인지 기능)과 연결하려면 이 시스템이 거울 뉴런이 처음 발견된 종인 원숭이에게서와는 질적으로 다른 방식으로 인간의 인지 기능에 작동한다고 가정해야 한다. 자폐증에 거울 뉴런의 역할을 지지하는 Williams와 동료들은 "거울 뉴런이 핵심 요소로 기능하는 정교한 피질 신경계가 사회적 인지 기능을 수행하는 데 활용되기 위해 진화했다."고 지적한다(2001, p. 287). 이 그룹은 말소리 지각에서 일어나는 시각적 신호와 청각적 신호의 통합과 같은 교차 감각 통합이 거울 뉴런 시스템에 기인한다고 설명한다. 이들은 비정상적인 거울 뉴런 반응으로 인해 화자의 입술 움직임에 따른 시각적 단서를 효과적으로 사용하지 못하기 때문에 자폐증 환자의 교차 감각 통합이 비자폐증 환자에 비해 덜 강력하다고 주장한다. 또한 이들은 거울 뉴런 시스템에 의해 구현되는 모방 기능이 마음 이론 능력에 선행한다고 제안한다(표상 능력이 단어 의미 습득에 선행하는 것과 마찬가지로; Bloom, 2002). 이들은 인간의 모방 능력이 선행하는 거울 뉴런 시스템의 수정으로 발생하거나 또는 선행하는 거울 뉴런 시스템이 더 최근에 진화한 신경 및 인지 메커니즘에 의해 보완될 때 발생한다고 제안한다(pp. 291, 293). "인간의 모방 능력 진화는 기존의 거울 뉴런 시스템을 활용했을 가능성이 높다. ⋯ 단순한 '거울 뉴런-기능 장애', 모방 장애 모델은 (자폐증에 대한) 전체 이야기를 제공하지 않는다. 그러나 다른 사람을 모방하는 것처럼 반복적이고 유연하지 않으며 고정관념화된 행동 및 언어를 보이는 자폐증의 특징을 설명해야 하는 한 ⋯ 자폐증 상태의 이질성은 단일 원인 가설에 반하는 증거이다."라고 설명한다.

이러한 경고에도 불구하고 또 다른 거울 뉴런 옹호론자들은 자폐증의 사회적 상호작용 결함의 원인을 거울 뉴런 시스템의 탓으로 돌리고 있다. 이러한 유형의 설명은 다른 사람의 정신 상태를 시뮬레이션하는 것이 효과적인 사회적 상호작용을 수행하는 데 핵심적인 단계임을 시사한다. 이 설명은 또한 거울 뉴런 시스템이 이러한 시뮬레이션을 가능하게 하는 주요 메커니즘이라 주장한다. 이 시스템이 오작동하면 시뮬레이션이 제대로 이루어지지 않아 사회적 상호작용에 장애가 발생한다. Oberman과 Ramachandran(2007, p. 316)은 "자폐 스펙트럼 장애(ASD)를 가진 사람들에게서 나타나는 모방 결손은 MNS(거울 뉴런 시스템) 손상으로 인한 시뮬레이션 장애로 가장 잘 설명된다."고 지적한다. 자폐증에 대한 깨진 거울(broken mirror) 설명은 마음 이론 결손이 비정상적인 사회적 상호작용의 근본 원인이라는 설명과는 다르다.

Theoret와 동료들(2005, p. R85)은 "(자폐 스펙트럼 장애에서) (거울 뉴런 시스템의) 기능 장애는 ⋯ 자폐 스펙트럼 장애의 특징적인 사회적 결함의 신경적 토대를 반영하며, 궁극적으로 비정상적인 자기-타인 표상, 사회적 상호작용 능력 감소, 공감과 완전한 마음 이론 발달의 방해를 초래할 수 있다."고 주장한다(Hadjikani et al., 2006 참조). Oberman과 Ramachandran은 마음 이론이 거울 뉴런 기반 시뮬레이션의 파생물이라고 주장하며, "마음 이론은 단순히 시뮬레이션을 통해 타인의 행동을 해석하는 능력의 산물"이라고 말한다(p. 316).

뇌 영상 연구는 자폐증에 대한 깨진 거울 이론의 증거를 제공하는 데 사용되었다. 한 연구에서는 자폐아 9명과 대조군 9명이 분노, 기쁨, 슬픔과 같은 감정 표현이 담긴 사진을 보았다(Dapretto et al., 2005). 참가자들이 160초간 이 사진에 노출되는 동안 fMRI를 사용하여 뇌 활동을 측정하였다. 그 결과, 자폐증 참가자와 대조군 참가자 모두 사진을 보는 동안 후두 영역에서 더 큰 활성화가 나타났다. 그러나 대조군 참가자들은 사진을 관찰하는 동안 하전두회(IFG)의 활성화에 유의미한 변화를 보인 반면(통제 과제와 비교), 자폐아 그룹은 그렇지 않았다. 또한 IFG가 기준치 이상으로 활성화된 정도는 자폐증 진단에 사용되는 두 가지 임상 테스트인 ADOS-G(Autism Diagnostic Observation Schedule-Generic) 및 ADI-R(Autism Diagnostic Interview-Revised)과 부적 상관관계가 있었다. 감정 표현을 단순히 보기만 하는 것이 아니라 모방하는 과제를 수행했을 때도 그룹 간에 IFG 활동의 활성도에 차이가 있었다. 다른 연구에서도 자폐증 환자 그룹과 비자폐증 환자 그룹이 감정적 내용을 전달하는 사진 또는 영상에 반응하는 활성화 패턴에 차이가 있음을 발견했다. 자폐증 그룹과 비자폐증 그룹 간의 차이는 상측두구, 하두정엽, 전운동 피질에서 나타났다(Grezes et al., 2009). 또한 자폐증 그룹은 손가락 동작을 모방하는 과제를 수행하는 동안 비자폐증 참가자 그룹에 비해 우측 측두–두정엽 연결 부위의 신경 활동이 더 약한 것으로 나타났다(Williams et al., 2008). 뇌 활성화의 차이는 시선 위치를 자극의 위치에 대한 단서로 사용해야 하는 과제에서도 발견되었다(Greene et al., 2011).

깨져버린 깨진 거울 가설

고전적 뇌 영상 연구들은 마음 이론 과제에 따른 신경 활성화가 일반적으로 거울 뉴런 시스템 외부에 있는 내측 전두엽 영역에서 발견된다는 점에서 깨진 거울 가설에 큰 문제를 제기한다(예: Hartwright et al., 2014). Oberman과 Ramachandran(2007, p. 318)은 확장된 거울 시스템을 주장함으로써 이러한 잠재적 문제를 피하고자 했다: "내측 전전두피질에 있는 뉴런은 정신 상태의 경험과 지각에 대해 거울과 유사한 공유된 표상을 만드는 역할을 할 수 있다." Pineda와 Hecht(2009, p. 306)도 "다른 사람의 정신 상태를 마치 자신의 정신 상태인 것처럼 표현하려면 … 거울 뉴런 시스템의 관여가 필요하다."고 주장한다. 따라서 타인의 생각, 신념, 감정을 시뮬레이션해야 하는 작업에서 활성화되는 모든 시스템에는 반드시 거울 뉴런이 포함되어 있어야 한다. 하지만 이런 식의 순환 논리는 언어심리학 연구자들에게 인기가 없다.

자폐증의 인지 이론

마음 이론 가설

사람들이 다른 사람의 감정 상태와 지식에 대해 추론하는 데 사용하는 일련의 과정을 통칭하여 마음 이론이라고 한다. 어린 아이들은 성장하면서 다른 사람의 내적 동기, 감정, 지식 상태를 모델링하는 능력을 발달시킨다. 일부 연구에 따르면 마음 이론 능력의 전조는 생후 1세 미만 아동에게서 관찰될 수 있다(Tomasello and Haberl, 2003; Wellman and Peterson, 2013). 정상 발달 아동과 성인은 다른 사람의 마음속 작용을 유추할 수 있는 정교한 수단을 가지고 있지만, 자폐증 환자는 다른 사람의 정신 상태에 대한 이해가 필요한 다양한 과제에서 정상 발달하는 사람보다 수행 능력이 떨어진다(Baron-Cohen, 1993; Baron-Cohen et al., 1994, 1997). 마음 이론 검사는 때때로 다른 사람의 생각을 추론하거나(1단계 마음 이론 검사), 다른 사람의 생각에 대해 또 다른 사람이 생각하는 것을 추론하는(2단계 마음 이론 검사) 과제를 포함한다. 자폐증 환자는 1단계와 2단계 마음 이론 검사 모두에서 일반적인 또래보다 더 낮은 성적을 보이는 경우가 많다.[8] 정신 연령이 비슷하지만 자폐증이 없는 아동은 이러한 테스트를 훨씬 더 잘 수행하기 때문에 마음 이론 과제 수행 시 나타나는 문제는 자폐 아동의 일반적인 지적 능력의 결함에서 비롯된 것은 아니다. 따라서 일부 이론가들은 자폐 아동의 사회적 및 의사소통 결함의 근본(인지적) 원인은 다른 사람의 마음속 내용을 정확하게 추론하지 못하기 때문이라고 결론짓는다. 자폐증 환자는 핵심적인 마음 이론 결핍으로 인해 "다른 사람이 가진 신념을 이해하거나 그들의 행동을 예측할 수 없다."고 제안된다(Baron-Cohen et al., 1985, p. 2).

약한 중앙 응집성 관점

약한 중앙 응집성 관점은 정상 발달 아동의 지각 능력은 개별적 세부 사항을 더 크고 일관성 있게 조직하는 게슈탈트적(gestalts) 정신 표상으로 특징지을 수 있다는 관찰에서 시작된다. 이러한 게슈탈트 표상을 통해 개인은 서로 다른 세부 사항이 어떻게 서로 부합되는지 인식할 수 있다(마치 인상파 그림처럼 각각의 점은 각기 독립된 것이지만 모든 점이 모여 복잡한 장면을 표현한다). Happe와 Booth(2008, p. 51)는 "정상적인 인지 체계에는 가능한 한 광범위한 자극에 대해 일관성을 형성하고, 가능한 한 광범위한 맥락에 대해 일반화하려는 성향이 내재되어 있다."고 설명한다. 약한 중앙 응집성 설명은 자폐 아동이 복잡하고 상호 연결된 정신적 표상을 구축할 수 있는 능력은 있지만, 개별적인 세부 사항에 주의를 기울이는 데 좀 더 편향되어 있기 때문에 약하게 조직화된 표상을 구축한다고 주장한다. "(자폐증에서는) … 전체적인 일관성에 대한 이러한 추진력이 약하며, 이는 상대적으로 정보 조각을 일관된 전체로 통합하는 능력이 부족한 것으로 반영된다"(Happe and Booth, 2008, p. 51).

이러한 인지 스타일의 차이에는 비용이 든다. 언어 처리 시 음성의 지각적 세부 사항에 집착하게 되면 단어 의미 수준에서의 음성 분석이 손상될 수 있다. 구문이나 문장과 같은 긴 단위의 분석도 마찬가지이다. 하지만 세부 사항에 대한 주의는 때로는 특정 과제의 수행을 용이하게 한다. [그림 15.13]은 여러 구성 요소로 이루어진 그림을 보여 준다. 왼쪽의 더 복잡한 그림에서 오른쪽 삼각형의

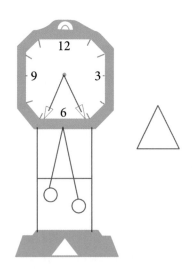

[그림 15.13] 세부 사항 탐지 과제 수행에서 사용된 그림

출처: Witkin et al. (1971), Consulting Psychologists Press

[그림 15.14] 블록 디자인 과제에서 사용된 자극의 예

출처: Happe & Booth (2008), Taylor & Francis.

존재를 탐지하는 과제가 있다면, 큰 패턴을 인식하는 것보다 세부 사항에 집중하는 사람이 더 잘할 수 있다. 실제로 자폐 아동은 정상 발달 아동보다 삼각형을 더 빨리 감지한다(Shah and Frith, 1993).

마찬가지로 자폐 아동은 블록 디자인 과제에서 정상 발달 아동보다 우수한 수행을 보인다(Shah and Frith, 1993; [그림 15.14] 참조).

세부 사항에 주의하는 것이 자폐 아동의 고정적이고 불가피한 특징이 아니라는 점에 유의할 필요가 있다. 세부 사항에 주의하는 편향은 교육이나 훈련을 통해 극복할 수 있는 것으로 간주된다(Happe and Frith, 2006; Mottron et al., 2006). 이러한 편향은 실행 기능과도 관련이 있을 수 있다. 일반적으로 사람들은 장면을 볼 때 더 넓은 패턴(예: [그림 15.13]의 시계)에 주의를 기울이거나 특정 세부 사항(예: 그림의 일부를 구성하는 삼각형 모양)에 주의하는 것을 선택할 수 있다. 전두-두정엽 축에 의해 지배되는 주의 시스템은 일반적으로 시각적 장면을 지각하는 동안 주의가 어디에 할당되는지를 결정한다(Luck et al., 1993). 자폐증의 연결성 가설은 자폐증 환자의 비정상적인 주의 패턴을 전두엽과 나머지 뇌 사이의 기능적 연결성이 감소한 결과로 설명한다.

약한 중앙 응집성이 마음 이론 과제와 지각 과제에서 보이는 자폐 아동의 수행 패턴을 설명할 수 있다는 데 모두가 동의하는 것은 아니다(Plaisted, 2001). 일련의 연구들은 마음 이론 능력과 세부 정보에 초점을 두고 처리하는 능력은 독립적이므로, 서로 다른 원천을 가지고 있다고 제안한다(F. G. E. Happe, 1994; F. G. Happe, 1997). 이들의 연구에서 자폐 아동들 중 일부는 마음 이론 과제에서 매우 저조한 성적을 보였고, 일부는 더 나은 성적을 보였다. 동일한 아동들을 대상으로 동음이의어에 대한 반응도 또한 검사하였다. 동음이의어는 철자는 같지만 문맥에 따라 다르게 발음되는 단어이며 문장의 문맥이 동음이의어를 어떻게 발음해야 하는지를 나타낸다(예: 'record'는 'Mickey played the record.'와 'Mickey will record the song.'에서 다르게 읽힌다). 만일 마음 이론 수행 능력과 문맥에 주의를 기울이는 능력이 동일한 원천에서 비롯된 것이라면, 마음 이론 과제를 더 잘 수행한 자폐 아동은 (과제의 더 넓은 문맥적 특징에 주의를 기울이는 능력이 더 뛰어나기 때문에) 동음이의어 발음도 더 잘해야 한다. 하지만 모든 자폐 아동은 마음 이론 과제에서 얼마나 잘했는지에 관계없이 정신 연령이 일치하

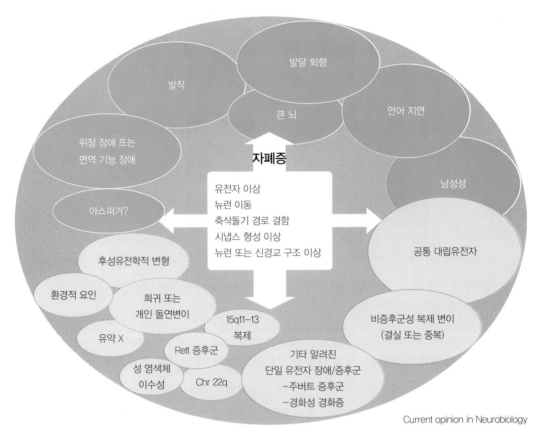

[그림 15.15] **자폐증과 관련 있는 요인들**

출처: Geschwind and Levitt (2007) / Lipincott Williams & Wilkins

는 대조군보다 동음이의어 발음 과제에서의 정확도가 떨어졌다. 따라서 Happe와 동료 연구자들은 일반적인 중앙 응집성 결핍이 자폐 아동이 어떻게 기능하는지를 설명하지 못한다고 결론지었다.

요약 및 결론

자폐증은 사회적 관계, 언어 및 비언어적 의사소통의 결함과 의식적 행동을 수반한다. 비전형 언어 발달은 발달 초기(생후 1년 미만)에 관찰될 수 있으며, 가장 명백한 징후는 언어 지연 또는 부재이다. 자폐증에서 나타날 수 있는 일반 아동과 다른 언어 특성으로는 단어 학습(어휘 발달 양상), 비문자적 언어 이해('문자 그대로 사고'), 화용적 결함(화자가 특정 발화를 하게 된 의도를 추론하지 못하는 것과 관련이 있을 수 있음) 등이 있다. 자폐증의 원인은 아직 잘 알려져 있지 않지만, 유전적 요인과 환경적 요인의 복잡한 상호작용과 관련이 있을 가능성이 높다(예: Geschwind, 2011; 자폐증과 관련된 요인을 그래픽으로 표현한 [그림 15.15] 참조). 자폐증의 인지적 근본 원인은 마음 이론 기능(Baron-Cohen, 1995) 또는 큰 맥락보다는 세세한 부분에 부적절하게 집중하는 것(약한 중앙 응집성)에서 찾을 수 있다(Frith and Frith, 2016). 자폐증 치료법은 입증된 치료법(예: Lovaas 방법과 같은 집중적 행동 중재)부터 유망하지만 입증되지 않은 치료법(일부 기술-기반 치료법), 해가 되는 치료법(의사소통 촉진, 소위 말하는 애착 치료)에 이르기까지 다양하다.

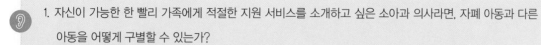

스스로 점검하기

1. 자신이 가능한 한 빨리 가족에게 적절한 지원 서비스를 소개하고 싶은 소아과 의사라면, 자폐 아동과 다른 아동을 어떻게 구별할 수 있는가?

2. 자폐 아동의 언어 산출 및 이해력 특성은 다른 아동과 어떻게 다른가?

3. 어떤 요인이 결합하여 자폐증을 유발하는가?

4. 자폐 아동과 비자폐 아동의 신경 조직은 어떻게 다를 수 있는가?

검은색 코트에 검은색 플랩 모자를 쓰고 정원의 캠프 의자에 앉았을 때,

나는 마치 먼 옛날에서 낯선 세계로 돌아온 마블 영화의 등장인물같이 느껴졌다.

−Daniel Schreber

이 장에서는 조현병이 있는 환자(이하 환자)의 언어와 신경 기능의 관계에 대해 다룬다. 조현병은 전 세계 인구의 약 1%에 영향을 미친다(DSM IV−TR, 2000). 이 질환은 양성 증상과 음성 증상이 특징인데, 양성 증상으로는 환각, 망상, '심하게 와해된' 행동, 비조직화된 언어 등이 있다. 음성 증상으로는 무감정, 의지 부족, 사회적 접촉 기피 등이 있다. 일부 분류 체계에서는 조현병의 증상을 앞서 언급한 양성 증상과 음성 증상, 그리고 형식적 사고 장애의 세 가지 유형으로 분류한다. 형식적 사고 장애는 (때로는 양성 사고 장애와 음성 사고 장애로 세분화되기도 함) 응집성과 집중력이 결여된 심하게 무질서한 말을 하거나 전반적으로 산출하는 말의 양이 줄어드는 결과를 초래한다.『정신 장애 진단 및 통계 편람(DSM)』에 따르면, 형식적 사고 장애는 환자들 사이에서 가장 두드러진 증상일 수 있다. 명시적인 발화 양상과 그 기저의 신경 및 심적 기능의 결함이 연결되어 있을 가능성이 크기 때문에, 이 질병에 관한 연구의 중심은 환자들의 언어 산출의 기저에 있는 신경 기제와 인지 과정의 모형을 개발하는 것이 되어 왔다. 또한 이 분야의 또 다른 중요한 집중 연구 주제 중 하나는 감정 및 사회적 기능의 이상을 포함하여 환각이나 망상과 같은 정신증적 증상의 원천을 이해하는 것이다.

조현병의 원인

조현병 발현에는 유전과 환경이 모두 영향을 주는 것 같다. 조현병의 발현 위험은 1차 친족(부모, 형제, 자매)이 이 질환을 앓고 있을 때 훨씬 더 높아진다. 또한 일란성 쌍둥이는 이란성 쌍둥이나 다른 형제, 자매보다 함께 조현병이 발현할 확률이 훨씬 높다(즉, 일란성 쌍둥이 중 한 명이 조현병을 앓고 있다면 다른 쌍둥이도 같은 질환이 있을 가능성이 증가한다). "조현병이 있는 개인의 1차 친족은 2차 친족보다 이 질병이 발현할 위험이 더 크다. 그리고 조현병이 있는 개인의 일란성 쌍둥이는 이란성 쌍둥이보다 더 큰 위험에 처해 있다"(Lewis and Levitt, 2002, p. 410).

그러나 유전만 가지고 모든 결과가 결정되는 것은 아니다. 일란성 쌍둥이의 질병 일치율은 이란성 쌍둥이보다 높긴 하지만, 50%에 불과하다. 또한 환자의 60%는 조현병을 앓고 있는 1차 혹은 2차 친족이 없다(Lewis and Levitt, 2002). 따라서 환경적 요인도 조현병을 일으키는 데 중요한 역할을 한다(McDonald and Murray, 2000). 환경적 요인에는 사회경제적 지위 변수가 포함될 수 있는데, 경제적 자원이 적은 개인이 만성 스트레스를 더 많이 경험하기 때문에 가난한 사람들 사이에서 조현병이 더 많이 발병하는 예와 같은 것이다.

태아기 환경과 출산 관련 합병증도 나중에 조현병이 발병하는 것과 관련이 있다(이에 대한 개관은 Lewis and Levitt, 2002 참조). 임신 중 바이러스 감염이 조현병 발현 증가와 관련이 있다는 설명도 있지만, 바이러스 감염 자체가 조현병을 유발한다는 결정적인 증거는 아직 없는 것으로 보인다. 일부 연구에서는 임신 중 바이러스 노출과 자녀의 조현병 발병률 증가 사이의 연관성을 보여 주지 못했다. 조현병과 출산 합병증 사이의 연관성은 더 강력할 수 있다. 출산 중 합병증은 조현병 발병 확률을 약 두 배로 높이지만, 실제 조현병 환자의 80%는 출산 합병증 병력이 없다. 저체중 출생과 조현병도 상관관계가 있다. 한 가지 가능한 연관 관계는 태아 발달의 신경 이상이라는 제3의 변수를 통한 것인데, 이는 출생 합병증과 추후 삶에서의 조현병 발병의 관계에 영향을 미칠 수 있다(Lewis and Levitt, 2002, p. 416).

발달적 요인

조현병을 일으키는 유전적 조건은 출생 당시부터 존재함이 틀림없지만, 실제 이 질환의 발현은 일반적으로 훨씬 늦게, 대부분 청소년 후기나 성인 초기에 나타난다. 나중에 조현병 환자가 되는 많은 사람은 아동기와 청소년기에 경미한 신체적 이상을 보인다. 이러한 증상들로는 '낮은 위치에 있는 귀, 고랑이 있는 혀, 높은 아치형의 입천장, 구부러진 손가락, 귓불이 붙어 있는 경우'[1]가 있으며(Lewis and Levitt, 2002, p. 414), 상대적으로 낮은 운동 능력을 갖추고 있다. 사소하지만 또 다른 특이한 특징으로는 또래와의 기이한 사회적 상호작용과 낮은 평균 지능이 있다. 또한 발달 연구에 따르면 나중에 조현병이 발병할 아동에게는 미묘한 인지 장애가 (아마도 경미한 형태로) 이미 어느 정도 존재한다고 한다. 그러나 조현병의 명백한 증상은 일반적으로 아동기에는 관찰되지 않는다.[2] 이는 유전적 취약성이 명백한 장애로 전환되는 발달 과정에서 어떤 일이 일어났음을 시사한다.

몇몇 이론가들(Feinberg, 1978; Hoffman and McGlashan, 1997; Lewis and Levitt, 2002; Maynard et al., 2001; Weinberger, 1987)은 이 장애가 신경계의 비정상적인 물리적 발달에 기인한다고 설명한다. 좀 더 구체적으로 말하면, 발달 초기에 우리 뇌에 미묘한 병변, 신경전달물질의 기능 결함, 혹은 전형적이지 않은 신경 회로가 나타날 수 있다. 초기에 나타난 이러한 미묘한 이상으로 인해 조현병으로 발전할 수 있는 방향으로 신경계의 발달이 왜곡될 수 있다. Weinberger(1987)은 "조현병에 관하여 병리 생리학적으로 구별되는 특징은 '병변'의 위치도 원인도 아니다. 오히려 이 '병변'과 그 영향을 받는 신경계의 정상적인 성숙 과정 사이의 상호작용이다."(p. 660)라고 지적한다. 미묘한 병변으로부터 신경망이 자라고 서로 연결되는 방식의 결함에 이르는 경로가 바로 병변에서 조현병으로 가는 인과적 연결을 제공하는 것 같다. Lewis와 Levitt(2002, p. 423)은 "시냅스 형성, 수초화,[3] 또는 생화학적 성숙과 같은 신경계 발달 후기의 사건들이 바로 발달 장애의 표적이 될 수 있다."라고 제안한다.

조현병의 정확한 원인은 아직 알려지지 않은 채 남아 있지만, 지난 20년의 신경영상학과 신경생리학 연구들은 조현병이 미묘한 신경계의 이상과 관련이 있다는 것을 확인시켜 주었다. 이러한 이상은 일반적으로 맨눈으로는 잘 보이지 않고, 감별 진단(differential diagnosis)의 근거를 제공하지도 않는다. 즉, 뇌만 보고, '이것은 조현병의 뇌이다.' 또는 '이것은 조현병의 뇌가 아니다.'라고 말할 수는 없다. 하지만 환자의 뇌를 자세히 검사하면 조현병 뇌의 전반적인 물리적 구조와 신경 세포가 배열되고 서로 연결된 방식에서 수많은 차이를 발견할 수 있다.

무덤을 지나가며 휘파람 불기: 조현병의 신경 이상

조현병은 신경 병리학자들의 무덤이다.

-Paul 교수[4]

조현병 연구에서 뇌 구조와 뇌실 크기(뇌실은 뇌 안에 체액으로 채워진 구별된 공간을 의미)에 대한 초기 조사에는 사망한 환자의 뇌를 분석하는 것이 포함되었다. 이후 뇌실 크기에 관한 연구에서는 기뇌조영술을 실시하였다. 이 절차는 고통스럽고 위험했지만 다행히도 지금은 더 이상 사용되지 않는다.[5] 기뇌조영술 검사에서는 요추를 통해 척수에 바늘을 삽입한다. 척추는 그 중심부를 관통하는 구조로 되어 있는데, 여기에는 뇌의 뇌실을 채우는 액체와 동일한 뇌척수액(CSF)이 들어 있다. 모든 뇌실은 서로 연결되어 있고 척수와도 연결되어 있다. 의사는 주사기를 사용하여 뇌척수액을 제거하고 같은 양의 공기로 그 공간을 대체한다(D. Caplan과의 개인적인 대화). 그런 다음 환자는 특수 제작된 의자에 묶여 회전하면서 뇌실로 공기가 순환하도록 했다. 1970년대 후반까지 유일한 영상 기술은 엑스레이뿐이었고, 연조직은 엑스레이 이미지에 잘 나타나지 않기 때문에 이 방법을 사용했다. 뇌실에 공기를 주입하면 뇌실과 주변 뇌 조직 사이의 대비가 엑스레이 이미지에 더 잘 나타나게 된다. 지금까지 수행된 소수의 기뇌조영술 검사 연구에서는 죽은 환자의 뇌를 해부하는 연구와 마찬가지로 환자의 뇌실, 특히 좌반구 외측뇌실의 측두각이 조현병이 없는 사람들보다 더 큰 것으로 나타났다(Shenton et al., 2001).

표 16.1 건강한 통제군 대비 조현병 환자가 크기의 차이를 갖는 뇌 구조들

외측 뇌실
측두엽: 하측두엽, 내측두엽(편도체, 해마, 해마방회), 상측두회
전두엽: 전전두(배외측 및 복외측)회, 안와전두피질, 하전두회
두정엽: 하두정엽(연상회, 각회)
피질하구조: 투명중격강, 기저핵, 뇌량, 시상
백질 관통로: 상세로속, 갈고리속, 하세로속, 대상 다발, 해마

출처: Shenton et al. (2001); Karlsgodt et al. (2010)에서 각색됨

현대의 비침습적 영상 기술은 환자의 비전형적인 뇌 구조를 보여 주는 초기 연구 결과를 재확인했다(Haznedar et al., 1997; Karlsgodt et al., 2010; Shenton et al., 2001 참조, 대략적 개관은 〈표 16.1〉 참조). 이러한 연구들에 따르면 환자들은 실제로 뇌실이 비대해져 있으며, 좌반구의 외측 뇌실의 측두각은 여러 연구에서 환자와 건강한 대조군 간에 가장 신뢰할 수 있는 차이를 보였다(Bogerts et al., 1990). 대뇌 피질의 부피는 감소하고, 구(뇌의 특징적인 주름 모양을 만드는 움푹 들어간 부분 또는 균열; Andreasen et al., 1986; Bogerts, 1999)의 크기는 증가한다. 조현병 환자의 좌반구 해마와 같은 피질하구조의 부피도 감소할 수 있지만, 이러한 발견은 남성에게만 나타나는 것 같다. 환자의 뇌는 또한 건강한 대조군과 비교하여 일부 영역의 두 반구에서 크기의 차이를 보일 수 있다. 일부 환자에서는 측두극이라고 하는 후측두피질의 일부가 좌반구보다 우반구에서 더 큰 것으로 보인다(Rossi et al., 1994).[6]

구조적 자기공명영상(MRI) 연구에서도 환자의 대뇌 피질 조직(뇌의 최상층 세포)이 광범위하게 얇아지는 것으로 나타났다(Kuperberg et al., 2003). 대뇌 피질 조직 감소는 뇌의 양쪽 반구에서 좌하측 전두회와 하측 측두엽에 나타났다. 안와전두피질(눈과 가장 가까운 뇌의 맨 앞부분의 바닥면), 좌측 후두측두피질(후두피질과 측두피질의 접합부), 우반구의 내측(뇌의 중심을 향하는 방향) 측두피질과 내측 전두피질 등 다른 부위에서도 조직이 얇아지는 것으로 나타났다.

이와 같은 뇌 영역에서 피질의 두께가 얇아지는 것은 조현병의 인지적 결함과 관련될 가능성이 큰데, 해당 뇌 영역들은 다양한 고차 인지 기능과 연관된 영역들이기 때문이다. 하측 전두 영역은 사람들이 언어 처리, 작업기억, 장기기억에서의 인출 등의 과제를 수행할 때 활성화되는 뇌 영역이다. 하측 측두 피질과 후두측두 영역은 시지각에 관여한다. 내측 전두회는 '마음 이론' 과제(타인의 심적 상태를 추론하도록 요구하는 과제)와 관련이 있다. Gina Kuperberg와 동료들(Kuperberg et al., 2003, p. 886)이 지적했듯이, "조현병 환자의 기능적 자기공명영상 연구에 따르면, 피질이 얇아진 모든 영역에서의 비정상적 활성화 양상이 언어 및 의미 처리, 선언적 기억, 작업기억, 감정 처리, 사회 인지와 관련된 과제를 수행하는 동안 나타남을 보여 주었다."

Katherine Karlsgot와 동료들이 수행한 구조 영상 연구에 관한 메타분석 결과에서는 심지어 항정신증 약물을 복용하지 않은 초발 환자에게도 뇌의 광범위한 영역에서 피질이 얇아지는 것을 확인할 수 있었다(Karlsgodt et al., 2010). 같은 환자를 반복해서 검사하는 종단 연구 결과에 따르면 조현병 환자의 피질 두께 변화는 시간이 지나면서 더욱 심각해지는데, 적어도 명백한 증상이 처음 나타난 초기 기간에는 특히 더욱 그렇다. 더 놀라운 것은 정신병 발병 위험이 크지만, 검사 당시는 아직 아프지 않은 사람들로부터 구조 영상을 얻어 분석해 보면 결국에는 완전한 조현병 증상이 발현된 고위험군과 시간이 지나도 발병되지 않은 고위험군 간의 뇌 구조에 차이가 있음을 보여 주었다.

뇌의 전체적인 모양과 부피의 차이 외에도, 환자들은 건강한 대조군과 더 미세한 수준에서도 차이가 있다. 사후 부검 연구는 피질 부피의 감소가 신경 세포의 숫자 감소에 의해 나타나는 것은 아니라는 사실을 보여 주었다. 오히려 평균 부피의 감소는 (시냅스가 형성되는 뉴런의 부분인) 수상돌기 구조의 차이에 기인한다. 조현병 환자들은 일부 뇌 영역에서 수상돌기의 구조가 성기고 시냅스의 수가 더 적다(Hoffman and McGlashan, 1997; Karlsgodt et al., 2010). 신경 세포 배열에 나타나는 이러한 차이는 특히 전두 영역에서 명백하다(Beckman, 1999). 이러한 비정상성은 미성숙 또는 '난쟁이'

뉴런의 수가 훨씬 더 많은 것을 포함한다. 측두엽 영역뿐만 아니라 이 영역에서도 뉴런의 연결망이 시냅스를 형성하는 방식 역시 다르게 나타난다. 신경망 모사 연구에 따르면 청각 처리 네트워크에서의 시냅스 과손실이 환각과 관련이 있다고 한다(Hoffman and McGlashan, 1993, 1997). 또한 환자들은 신경전달물질, 특히 도파민의 조절 기제가 다를 수 있고, 이는 비정상적인 신경 발달과 조현병의 명백한 증상 발현 모두에 기여할 수 있다(Braver et al., 1999). 신경 세포의 구조와 기능의 이상은 도파민성 뉴런이 집중적으로 분포하고 있는 뇌 영역에서 발생한다(예: 기저핵의 미상핵; Kircher, Bulimore et al., 2001).

뇌의 전두 영역에서의 신경 세포 연결 감소는 광범위한 인지 과제 수행에 심대한 영향을 미친다. 예를 들어, 건강한 통제 집단보다 환자들은 배외측 전전두 피질에서 더 적은 시냅스를 가지고 있다(Frankie et al., 2003). 이러한 시냅스의 감소는 "피질의 신경섬유망의 감소와 연관된다. 신경섬유망은 신경 세포 안 세포체 사이에 존재하는데, 세포체를 둘러싼 축색과 수상돌기가 촘촘하게 얽혀 있는 조직이다"(p. 1687).[7] 시냅스는 한 뉴런의 활동이 다른 뉴런의 활동에 영향을 미칠 수 있는 물리적 기제를 나타내며, 복잡한 정보 처리를 위해서는 대규모 뉴런 집단 간에 미세하게 조정된 상호작용이 필요하다. 학습 과제 시행 중 촬영한 뇌 영상 연구에 따르면 환자는 배외측 전전두 피질이 어려운 과제에 반응하는 방식에서 건강한 대조군과 차이가 있다(Fletcher et al., 1998). 건강한 집단에서는 이 영역이 과제가 어려워지면 더 많이 활성화된다. 하지만 환자 집단은 과제가 약간 어려워질 때는 이 영역의 활성화가 커지지만, 과제가 더 어려워지면 더 이상 활성화가 증가하지 않았다. 인지 과정에 관한 수학적 모델링은 네트워크의 뉴런 간 연결의 가중치를 변화시키는 방법을 통해, 신경 신호의 감소가 인지 과정 수행 능력에 중대한 영향을 미칠 수 있음을 보여 준다. 다양한 작업기억 및 집행 통제 과정에 배외측 전전두 피질이 관여함을 고려할 때, 이 영역에서의 연결성 감소는 조현병에 나타나는 인지적 결함에 기여할 가능성이 크다.

뇌 영역 간 연결성의 차이

> 조현병은 시냅스의 조직화에 장애가 나타난다는 특징이 있다.
> 즉, 피질에 뉴런이 존재하지만, 건강한 뇌만큼 이들이 서로 의사소통하지 않는다.
> −Frankle et al. 2003, p. 211

조현병 환자들은 대뇌 피질이 얇아지는 것뿐만 아니라 뉴런이 서로 연결되는 방식인 연결성(connectivity)에서도 건강한 집단과 차이가 있다. 이러한 연결성의 차이는 개별 뇌 영역 내에서도, 멀리 떨어진 영역 간에도 발생한다. 물 분자가 뇌의 신경 섬유를 따라 이동하는 방식을 측정하는 MRI의 한 형태인 확산 텐서 영상은 환자의 뇌에서 광범위한 연결성 감소가 나타남을 보여 준다(Mitelman et al., 2006; Segal et al., 2010). 인지 기능, 특히 언어 이해와 산출과 같은 상위 수준의 기능은 뇌의 분산된 기능 네트워크 사이의 의사소통이 필요하다. 조현병 환자에게 나타나는 인지적 결함의 연결성 가설에 따르면, 조현병 환자는 이러한 네트워크 내 혹은 네트워크 간에 이상한 신호가 발생하거나 활동의 조정이 정상적이지 않다고 한다. 이 가설에 따르면, 국소적으로 시냅스가 감소하거나 뇌의 더 먼 부분을 서로 연결하는 신경 조직의 손실과 같은 구조적 변화는 이러한 뇌 영역이 외부 자극에 대한 반응을 조정하고 복잡한 인지의 기초가 되는 내적으로 생성된 계산을 조절하는 능력을 저하한다(Frankie et al., 2003; Jennings et al., 1998; Wolf et al., 2007).

일부 연구에서 연결성 패턴의 차이가 환자의 상태와 상관관계가 있는 것으로 나타났기 때문에 연결성은 조현병의 일부 징후와 증상을 설명하는 데 유망한 접근 방식이다. 각 대뇌 반구 내의 상호 연결성은 환자와 건강한 집단 간에 다를 수 있다. 연결성 손실이 우반구에 국한되고 좌반구는 거의 손상되지 않은 경우 일반적으로 상태가 양호하다. 양쪽 반구 모두의 연결성 상실은 가장 나쁜 상태가 나타나는 것과 관련이 있다(Mitelman et al., 2006).

주의 및 집행 통제 조절에 영향을 줄 수 있는 다른 연결 패턴도 조현병의 원인이 될 수 있다. 예를 들어, 전대상피질(ACC)은 "편도체, 안와전두피질, 내비피질과 강력하게 연결되어 있어 조건화된 정서 학습, 정보 처리 및 동기 부여에 기능적으로 관여한다."(Segal et al., 2010, p. 358)고 한다. 전대상피질은 다양한 인지 과제 수행중 발생하는 내부 갈등 상황을 모니터링하는 데 관여하며, 이는 적응적 반응과 과제에 적합한 반응을 선택하는 데 필요하다. 전대상피질과 다른 뇌 영역 사이의 연결성이 감소하면 자극이나 반응의 충돌을 감지하는 데 장애가 생길 수 있으며, 이는 결국 적절한 반응 능력을 저하할 수 있다. 나중에 살펴보겠지만, 환자들은 전대상피질이 뇌의 다른 구조와 함께 기능하는 방식에서 대조군과 차이가 있다.

언어 관련 영역에서 환자가 단어를 부호화하고 인출하는 데 성공하는 정도는 전두엽과 측두엽 네트워크의 활성화를 어떻게 조정하느냐에 따라 달라진다. 기능적 자기공명영상(fMRI)과 양전자 방출단층촬영(PET) 연구에 따르면 환자 집단에서는 건강한 대조군에 비해 배외측 전전두피질과 후측두피질 활성화의 동기화가 감소하는 것으로 나타났다(Jennings et al., 1998). 그러나 비정상적인 언어 처리를 보이는 환자에서 연결성이 전반적으로 단순히 감소하는 것은 아니다. 복측 전전두피질(VLPFC)의 활성화는 일부 언어 과제에서 건강한 대조군에 비해 환자의 측두엽 활성화와 더 높은 상관관계를 보일 수 있으며, 이러한 활동 양상은 이 과제 수행 시 일반적으로 관여하는 분산 네트워크에서 신경 활동이 제대로 조정되지 못했으므로 이를 보상하려는 시도로 볼 수 있다.

경험과 신경 배선은 상호 관계가 있으므로 좋은 연결성[8]은 신경 및 인지 발달에 특히 중요하다. 뇌의 뉴런이 서로 연결되는 방식은 환경적 자극과 내적으로 생성된 경험을 처리하는 방식에 영향을 미친다. 그러나 환경적 자극과 내부적으로 생성된 경험은 뇌의 뉴런이 서로 연결되는 방식을 변화시키기도 한다. 뇌는 발달하고 학습하면서 자신을 재구성하는 '자기 조직화' 체계이다. 유년기와 청소년기의 뇌의 물리적 발달과 성인기의 학습된 행동 및 정서적 반응에서의 지속적인 변화는 뉴런 간 연결의 변화에 따라 달라지며, 그 반대의 경우도 마찬가지이다. 경험과 시냅스 성장의 상호작용을 교란하는 요인은 비정상적인 신경계를 발달시키는 과정으로 이어질 수 있으며, 이는 다시 환경 자극에 대한 학습 및 반응의 비정상적인 결과로 이어질 수 있다.

Karl Friston은 발달 과정에서 신경전달물질 체계(특히 도파민과 아세틸콜린)의 미묘한 조절 실패로 인해 발생하는 비정상적인 가소성(분산된 기능 체계의 뉴런 간 연결 강도의 변화)을 조현병의 원인으로 지목한다. 그의 설명에 따르면, 조현병은 (연결이 잘 형성된 피질 영역 내의 병리가 아니라) '피질 영역들 사이의 병리적 상호작용'에서 비롯된다. 이 주장을 뒷받침하기 위해 Friston(1998, p. 122)

은 '전전두 영역과 상측두 영역 사이에는 상관관계가 없고 전전두 영역과 후측–중측 측두 피질 사이에 이상한 양의 상관관계가 나타나는 비정상적인 기능적 연결 패턴'을 지적한다(중측 측두 피질은 시지각과 기억에 중요한 역할을 하는 영역이다).

조현병에 나타나는 언어 결함

다음은 사고 장애가 있는 사람이 발화한 몇몇 예시[1]이다.[9]

> Well there are schools of play and schools of fish, mostly you see fish school, people edumacating themselves, you see, sea is one thing and education is another. Fish is school in their community, that's why the community of man stands in the way of community of fish.
>
> After John Black has recovered in special neutral form of life the honest bring back to doctor's agents must take John Black out through making up design meaning straight neutral underworld shadow tunnel.

조현병에서 가장 극적인 기능적 언어 이상은 발화에서 나타난다. Kerns와 Berenbaum(2002, p. 211)은 "조현병 환자는 종종 무질서하거나 응집성이 없는 말을 한다. 예를 들어, 주제를 무질서하게 바꾸거나, 질문에 엉뚱하게 대답하거나, 지어낸 단어를 사용하거나, 완전히 이해할 수 없는 말을 하는 경우이다." 환자의 담화 생성에서 나타나는 명제 구조도 건강한 대조군과 다르다(Leroy et al., 2005). 환자들은 글의 작은 세부 사항들(미시 명제들)을 연결할 가능성이 더 큰데, 이는 중심 주제를 가리거나 숨길 수 있다. 부가 명제에 집중하는 경향은 응집성 있는 이야기로 엮는 데 필요한 문맥 정보를 유지하는 데 문제가 있기 때문일 수 있다(Boudewyn et al., 2017, 2015). 응집성 있는 발화 산출의 어려움은 조현병 기간이 길어질수록 더 커질 수 있다(King et al., 1990; Thomas et al., 1990). 환자들은 다른 사람의 언어가 무질서할 때 이를 인식하는 능력은 어느 정도 있지만, 그들 자신의 발화에 나타나는 결함을 인식하는 데는 어려움을 겪는다(Harrow and Miller, 1980). 응집성이 결여된 의사소통은 조현병 질환에서만 특별히 나타나는 것으로 보이는데, 다른 만성 정신 질환(예: 양극성 장애)을 앓고 있는 환자는 이러한 언어 발화 기술의 감퇴를 경험하지 않는다.

조현병 환자에게서 나타나는 무질서한 언어는 뇌 구조 및 뇌 연결성의 이상과 관련되어 있다. 형식적 사고 장애가 있는 환자는 발화의 질 문제가 클수록 발화 시 좌뇌의 상측 및 중측 측두회의 불활성화(기저 조건과 비교했을 때의 활성화 감소)가 커졌다(Kircher, Bulimore et al., 2001). 이러한 증상은 우뇌의 소뇌, 전두 피질, 기저핵의 더 큰 활성화와 관련이 있다. 또한 양전자방출단층촬영 연구 결과에 따르면, 형식적 사고 장애의 증상은 양반구의 하전두회, 대상회, 좌반구 상측 측두엽의 불

---

1) 역자 주: 제시되어 있는 두 예시는 한국어로 번역하기 불가능할 정도로 그 의미를 이해하기 힘들다.

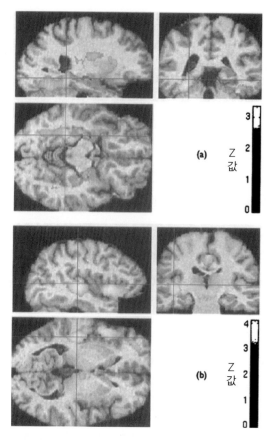

[그림 16.1] 양전자방출단층촬영 연구 결과 정적 사고 장애의 중증도와 상관이 큰 반응을 나타내는 뇌 영역

출처: McGuire et al. (1998), Royal College of Psychiatrists

활성화와 연관되어 있다([그림 16.1] 참조; McGuire et al., 1998). 사고 장애의 중증도는 또한 측두극의 구조 이상과도 연결되어 있다. 특히 사고 장애가 심각할수록 우반구와 좌반구 측두극 부피의 차이가 큰 것으로 나타났다(Rossi et al., 1994; Shenton et al., 1992).

핵심 언어 체계의 문제

아마도 조현병의 언어 산출 및 이해 문제를 설명하는 가장 간단한 방법은 질병 과정이 핵심 언어 산출 및 이해 체계 내의 기제와 과정을 손상한다는 가설을 세우는 것일 것이다. 이 가설에 따르면, 장애의 근원에 있는 신경 이상이 언어 능력의 근간이 되는 뇌 시스템을 손상한다. 핵심 언어 결핍 가설은 실어증과 같은 다른 언어 장애에 대한 표준 모델과 약간 유사하다(13장 참조). 두 가지 설명 모두 손상된 신경 조직과 손상된 언어 기능 사이에 연관이 있다는 것을 주장한다.[10] 실어증의 경우, 손상으로 인해 어휘 의미 및 형태 구문 체계 내에서 조직이 손실된다. 조현병의 경우 측두엽, 하두 정엽, 전두엽 간 네트워크의 미묘한 손상이나 이상으로 인해 실어증과는 질적으로 다른 무질서한 언어 양상이 나타난다. 조현병의 언어 처리에 정확히 무엇이 잘못되었는지 설명하기 위해 다양한 설명이 제기되어 왔다. 이러한 설명들 가운데 다수는 어휘-의미 조직화 및 처리에 문제가 있음을 지적한다. 이러한 설명에 따르면 신경 이상으로 인해 의미 표상이 저하되거나(그러나 의미기억 치매에서 발생하는 저하와는 질적으로 다름) 언어 산출 및 이해에서 의미 표상이 활성화되는 방식에 이상이 생긴다고 한다.

의미기억 체계의 문제

많은 조현병 환자의 언어는 '무질서한' 것으로 특징지어지며, 이는 무질서한 기저 사고 과정을 반영하는 것으로 간주한다. 그렇다면 이러한 무질서의 원인은 무엇일까? 한 가지 가능성은 이들이 장기기억에서 개념 및 어휘(단어) 표상을 구성하는 방식이 건강한 사람의 방식과 다르기 때문일 수 있다. 일반적인 개념 조직화 모형에서는 의미가 상호 연결된 네트워크 내에 존재한다고 본다(Collins and Quillian, 1972; Collins and Loftus, 1975; Elman, 2004; McRae et al., 1997; Landauer and Dumais, 1997; 3장 참조). 개념과 단어의 의미는 상호 연결된 일련의 처리 단위 내에서의 활동 양상으로 표상된다. 이러한 시스템에서는 서로 의미가 더 밀접하게 연관된 개념들은 가상의 개념 공간에서 서로 더 가까운 것으로 간주한다. 더 먼 거리에 있는 개념들은 더 멀리 떨어져 있다고 본다. 또한 개념 표상이 네트워크 안에서 서로 연결되어 있기 때문에 한 개념의 활성화는 자동으로(빠르게, 의식적 의지와 관계없이, 의식적 통제를 벗어난 상태에서) 다른 개념의 활성화로 확산할 수 있다. 정상적인 언어 이해와 산출의 과정에서 문맥과 관련된 표상과 연결된 개념의 활성화는 문맥상 부적절한 개념의 활성화를 이끌 수도 있는데, 이는 기존의 개념 혹은 어휘 표상 사이에 연결이 있기 때문이다. 따라서 이해와 산출에서 개인은 활성화된 표상 집합 중에서 현재 담화와 가장 관련성이 높은 것을 선택해야만 한다.

환자의 경우 의미 네트워크가 조직화되지 않아서 무질서한 언어 산출과 이해가 일어날 수 있다. 특히 이 네트워크가 일반적으로 멀리 떨어진 연결이 강조되고 가까운 연결이 감소하도록 구성되면 관련 없는 개념과 어휘 표상이 부적절하게 활성화될 수 있다. 이 경우, 관련 없는 개념이 정상적인 언어 산출의 흐름을 침투 및 방해하여 무질서하고 응집성이 없는 발화를 만들어 낸다.

실제로 환자들은 건강한 대조군과 의미 지식을 다르게 조직화하는 것으로 나타났다. 다차원척도 분석을 이용한 연구들에서 환자와 통제 집단은 쌍으로 제시된 단어들을 보고 서로 얼마나 관련되어 있고 유사한가를 판단하였다. 예를 들어, 개와 고양이는 높은 점수를 받을 것이고, 개와 말은 낮은 점수를, 개와 토스터는 더 낮은 점수를 받게 될 것이다. 이와 같은 연구들은 환자들이 건강한 통제 집단과는 다르게 개념들을 범주화함을 시사하는데(Moelter et al., 2005; Paulsen et al., 1996), 통제 집단은 서로 멀다고 본 개념들을 환자들은 더 가깝게 볼 가능성이 크다는 결과를 얻었다.

환자들은 또한 단어 회상 과제에서도 통제 집단과는 다르게 반응한다. 건강한 개인의 경우, 학습한 단어의 회상에 성공할 가능성은 해당 단어가 얼마나 많은 연관어를 가졌는지와 그 집합 내 단어들 사이의 연결 양상에 따라 달라진다(Nelson et al., 1993). 특정 단어가 몇 개의 연관어만 있고, 이 단어들이 서로 상호 연관성을 공유할 경우, 건강한 통제 집단은 일련의 단어 목록을 학습할 때 그 단어를 쉽게 기억한다. 그 단어가 많은 연관어를 가진 경우에는 상호 연관성의 강도의 효과가 작아진다. 이와는 대조적으로 환자들은 연관어의 수와 관계없이 연결성 불이익(connectivity penalty) 경향을 보인다(Nestor et al., 1998, [그림 16.2] 참조). 즉, 얼마나 많은 연관어가 있는지에 상관없이 환자

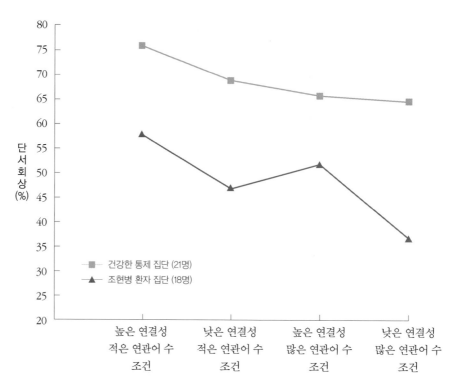

[그림 16.2] **환자와 건강한 통제 집단의 단어 회상 검사 수행 결과.** 통제 집단은 연결성과 연관어의 수가 상호작용하지만, 환자들은 두 가지 주 효과만을 보이는데, 연결성이 높은 단어를 낮은 단어들보다 더 잘 회상하고, 연관어가 적으면 많을 때보다 더 잘 회상한다.

들은 다른 연관어들과 강한 상호 연관성을 갖는 단어들을 더 쉽게 기억하는 것으로 나타났다.

다른 연구들은 언어 유창성(verbal fluency) 과제를 사용하여 조현병 환자들의 의미 네트워크 내 조직화와 활성화 양상을 평가한다(Kremen et al., 2003). 이 과제에서 실험 참여자들은 특정 시간, 보통 1분 안에 주어진 범주에 맞는 최대한 많은 단어를 산출해야 한다(예: 1분 안에 최대한 많은 꽃의 종류를 말하시오. 시작!). 두 가지 종류의 유창성 과제가 의미 네트워크와 조현병 연구에 특히 관련이 있는데, 음운(phonological) 유창성과 의미(semantic) 유창성 과제이다. 음운 유창성 과제에서는 참여자들은 특정 글자로 시작하는 단어를 최대한 많이 산출해야 한다. 이 과제에서는 참여자들이 과제 지시 사항 혹은 목표를 잘 기억하고 적절한 후보 단어를 활성화하고 부적절한 단어를 억제 혹은 무시해야 한다. 또한 이 과제를 잘 수행하려면 이미 산출한 단어의 활성화를 억제할 수 있는 능력이 요구된다. 왜냐하면 최근에 활성화된 단어는 해당 범주에 맞는 추가적인 단어를 찾고 산출하는 과정에 방해를 일으킬 수 있기 때문이다. 의미 유사성 과제도 유사한데, 참여자들은 일련의 단어들을 산출하는데, 시작하는 글자나 음소에 기반하는 것이 아니라, 동물이나 과일과 같은 특정 범주나 의미 단위에 속한 단어들을 산출해야 한다. (대부분의 개념 및 어휘 조직화 모형은 음운(단어의 소리)과 의미는 서로 다른(하지만 상호작용하는) 시스템에 의해 작동된다고 간주한다.)

음운 유창성 과제와 의미 유창성 과제에서의 수행을 대비 분석함을 통해 연구자들은 의미 네트워크 내의 활성화를 평가할 때 일반적인 인지 기능(예: 집행 기능, 주의, 작업기억, 기억 인출)의 관여를 고려할 수 있다. 음운 유창성 과제보다 의미 유창성 과제에서 더 낮은 점수를 받는다면 범주 관계를 부호화하는 의미 네트워크에 특정 이상이 있음을 나타낼 수 있다. 음운 유창성 과제와 의미

유창성 과제 모두에서 저조한 성적을 보인다면, 이는 의미 표상이나 활성화에 특정한 문제가 있다기보다는 더 큰 인지 시스템 내의 장애로 인한 결과일 가능성이 크다. 또한 의미 네트워크 내의 특정 문제가 환자에서 발견되는 언어 산출 문제의 원인이라면 음운 유창성 과제와 의미 유창성 과제 간의 수행 차이는 형식적 사고 장애의 심각성과 상관관계가 있어야 한다. 대신 일반적인 인지 장애(집행 기능 저하, 작업기억 저하, 억제 능력 저하)가 형식적 사고 장애의 언어 산출 문제의 원인이라면 음운 유창성 검사 또는 음운 및 의미 유창성을 모두 포함하는 합산 점수가 형식적 사고 장애의 심각성과 상관관계가 있어야 한다.

안타깝게도 조현병 환자에게서 보이는 음운 및 의미 유창성 과제의 결과는 다소 복잡한데, 몇몇 연구는 음운 유창성보다는 의미 유창성에서 더 큰 어려움을 나타냈고(Elvevag et al., 2001; Goldberg et al., 1998), 다른 연구에서는 두 과제 사이의 수행 차이를 발견하지 못했다(Kremen et al., 2003). Kremen의 연구 결과에 따르면 편집증(paranoid)으로 분류되는 일부 조현병 환자들은 음운 유창성 과제보다 의미 유창성 과제에서 더 낮은 수행을 보였다.

여러 개별 실험의 결과를 하나의 메타분석으로 결합한 결과, 환자들이 음운 유창성 과제보다 의미 유창성 과제에 더 큰 어려움을 겪는다는 것을 알 수 있다(Bokat and Goldberg, 2003). 그러나 또 다른 결과는 환자들이 두 종류의 유창성 과제(의미 및 음운) 모두에서 건강한 사람보다 더 많은 어려움을 겪는다는 것을 보여 준다. 따라서 이들의 수행 능력은 의미 네트워크의 비정상적인 조직보다는 (집행 통제, 주의 또는 억제와 관련된, 두 가지 과제 모두에서 저하된 수행을 설명하는) 일반적인 인지 과정의 장애에 기인할 수 있다. 또한 환자는 단어 회상과 관련된 과제에서 (단어의 시작 또는 끝 음소와 같은 단어의 표면적 특징에 주의를 기울이는 시행과는 달리) 의미 처리가 필요한 시행으로부터는 통제 집단과 유사한 이득을 얻는 것으로 보인다(Ragland et al., 2006, 2003). 이 후자의 결과는 환자의 의미 표상이 실질적으로 저하되었다면 일어날 수 없는 것이다.

이중 흐름 가설

이중 흐름 가설(dual streams hypothesis)은 조현병에서 나타나는 언어 산출 및 이해 장애에 관한 언어 특정적 결함 모형의 대표적인 예시를 제공한다(Kuperberg, 2010a, 2010b). 이 가설에 따르면, 환자의 언어 산출 및 이해는 상위 수준의 조합, 통합, 추론 생성 과정을 희생하며 오로지 원거리에 있는 어휘 간 연합에 의해 지배되는 형태로 나타난다. Kuperberg 등(2010, p. 69)은 "조현병의 특징적인 언어 이상은 의미기억 기반의 처리와 조합적 처리의 불균형으로 인해 발생하는 것일 수 있는데, 이러한 불균형은 조합적, 통합적 분석의 흐름을 희생해서 상대적으로 의미 연합적 활성화에 지나친 의존을 하는 형태로 나타난다."라고 지적한다.

이중 흐름 가설은 어휘 및 조합 정보처리의 상호작용과 이 과정이 어떻게 의미를 구성하는 데 영향을 주는지에 중점을 둔다(조합 정보처리는 다중 단어 및 다중 문장 표상을 구축하고 해석하는 과정이다). 의미론에 관한 표준적인 설명에 따르면 의미는 어휘-의미 표상에 대한 효율적인 접근과 구조화된 입력을 받아 의미 규칙이나 원칙을 적용하여 상위 수준의 의미를 도출하는 조합 정보처리에 따라 달라진다(예: Chomsky, 1993; Jackendoff, 2002). 언어 표현의 의미는 그 표현에 포함된 개별 단어(어휘-의미 표상)에 의해 결정될 뿐만 아니라 단어를 구조화된 표상으로 결합하고, 새로 구성된 표현을 이전 문맥과 통합하고, '부족한 부분을 채우거나' 명시적으로 제공된 정보를 정교화하는 데 필요한 정보를 추가하는 통사, 담화 및 추론 생성 과정에 의해 결정된다. 순수한 어휘 수준 정보에서도 상당한 의미 정보를 도출할 수 있지만, 특히 화자의 전체 메시지가 어휘 개념 간의 기본적 연결과 충돌하는 경우 화자가 의도한 메시지를 완전히 이해하려면 더 높은 수준의 조합 및 추론 생성 과정이 필요하다.

이중 흐름 가설의 출발점은 환자가 다양한 과제 환경에서 비정상적인 방식으로 단어에 반응한다는 관찰로부터 시작된다. 또한 환자들은 텍스트와 음성을 처리하여 단어의 의미를 활성화할 때 문맥 정보에 덜 민감하게 반응하는 것으로 보인다.

단어에 대한 비정상적 반응의 예는 목록(단어-단어) 점화 실험에서 환자가 반응하는 방식에서 나타난다. 이 실험에서 참여자가 현재 단어에 반응하는 방식은 최근에 제시된 단어의 영향을 받을 수 있다. 최근에 제시된 단어가 현재 제시된 단어에 대한 반응 속도를 높이는 것을 점화(priming)라고 한다. 정확한 반응 양상에 관한 결과는 다소 엇갈리지만, 일반적으로, 특히 형식적 사고 장애가 있는 환자들은 특이한 점화 양상을 보인다고 해도 무방할 것 같다(Kuperberg et al., 2010; Manschreck et al., 1988; Minzenberg et al., 2003).[11] 이러한 점화 양상은 행동(반응 시간 및 정확도) 방법과 신경생리학적 방법(사건관련전위, ERPs)을 사용하여 평가할 수 있다.

한 전형적인 연구에서 참가자는 단어 목록을 제시받는다. 이 목록에는 실제 단어와 함께 발음 가능한 비단어(예: mobe)가 섞여 있는 때도 있으며, 주어진 자극이 단어인지 아닌지를 말해야 하는 과제(즉, 어휘 판단)가 사용된다. 참가자는 인식할 수 없지만, 일부 목표단어는 이전에 제시된 단어와 관련이 있다. 따라서 사자라는 단어가 호랑이라는 단어 다음에 목표단어로 나타날 수 있다. 이러한 조건에서 참가자는 일반적으로 비교적 빠르게 반응한다('호랑이'라는 단어는 '사자'라는 단어에 대한 반응을 점화한다). 때로는 팔꿈치와 같이 관련 없는 단어 뒤에 사자라는 단어가 나타날 수도 있다. 관련(호랑이-사자) 조건과 비관련(팔꿈치-사자) 조건의 반응 시간 차이는 선행 단어에 의한 목표단어의 '사전 활성화' 또는 점화를 측정하는 척도로 사용된다.

건강한 성인들에게서 나타나는 정확한 점화 양상은 점화단어와 목표단어의 특성에 달려 있다(Neely, 1977). 자주 함께 사용되는 단어들은 일반적으로 강한 점화 효과를 나타낸다. 실험 과제의 세부사항 역시 행동 및 사건관련전위 연구의 결과에 영향을 미치는데(Kreher et al., 2009; Mathalon et al., 2002), 이러한 세부사항이 참여자들의 반응이 (통제된 혹은 전략적 정보 처리와 대비하여) 자동적 정보처리로 영향을 받는 정도를 결정한다. 목표단어가 점화단어에 바로 이어서 (즉, 200~250밀리초 이내에) 제시될 때 자동적 정보처리는 참가자의 반응에 가장 강한 영향을 준다. 점화단어와 목표단어 사이의 제시 간격이 더 길어지면 참가자는 목표단어를 특정 단어로 예측하거나, 기대를 생성할 충분한 시간을 가지게 된다. 따라서 점화단어와 목표단어 사이의 시간 간격이 긴 조건(더 큰 자극 소멸 시간(stimulus offset time: SOA))에서는 전략적 처리의 효과가 더 크게 나타난다(목표단어가 제시된 후 전략적 처리가 활성화되기 위해서는 일정 시간이 걸린다). 자극 소멸 시간이 짧을 때 나타나는 점화 효과는 제시된 단어의 의미 표상과 연관된 의미 네트워크의 표상들이 자동으로 활성화 확산된 결과임을 반영한다. 반면에, 이 시간이 길 때 나타나는 점화 효과는 의미 네트워크의 기본 구조를 반영하기보다는 노력이 필요하며 덜 자동적인 심적 과정을 반영하는데, 이는 초기의 자동적 활성화 과정의 산물을 능동적으로 조절하는 과정이라 할 수 있다. 전체 시행 중 의미적 관련성이 높은 시행(예: 호랑이-사자)의 비율 역시 전략적 처리의 가능성에 영향을 줄 수 있다. 관련성이 높은 시행의 비율이 높을수록 참가자의 반응에 영향을 주는 복잡한 추측 전략이 더 많이 관여한다.

사건관련전위 실험에서도 같은 종류의 단어 목록 설계를 사용할 수 있다. 이러한 종류의 연구에서 참가자는 채움 시행 중에만 반응하므로 목표단어에 관한 의사 결정과 관련된 심적 과정에 의해 결과가 반드시 영향을 받지는 않는다. 사람들이 단어를 처리할 때 뇌는 전기 활동을 생성하는데, 이는 두피에 부착된 민감한 전극으로 감지할 수 있다. 이러한 전기 활동의 파동은 양전류와 음전류를 번갈아 가며 생성된다. 뇌는 단어를 접할 때마다 N400 반응을 일으키는데, 이는 단어를 접한 후 약 400밀리초에 정점에 도달하는 전압의 부적 진행 파형이다. 이 N400 효과의 크기는 다양한 요인에 따라 달라진다. 단어가 앞 문맥과 통합되기 어렵거나 상대적으로 잘 사용되지 않기 때문에 처리하기 더 어려운 단어의 경우 N400이 더 크게 나타난다. 건강한 개인을 대상으로 단어 목록 실험을 할 때, 의미상으로 관련 있는 점화단어(호랑이-사자)가 선행할 때는 목표단어에 대한 N400 효과가 작고, 목표단어가 점화단어(팔꿈치-사자)와 의미적으로 관련이 없을 때는 이 효과가 더 크게 나타난다(사건관련전위 연구 방법에 관한 개요는 Kutas et al., 2006 참조).

몇몇 행동 연구에서는 환자의 '과잉 점화'에 대한 증거를 발견했다. 이러한 발견은 환자의 점화 효과의 크기와 건강한 대조군의 크기를 비교한 결과에 근거한다. 어떤 경우에는 관련(호랑이-사자) 조건과 무관련(팔꿈치-사자) 조건의 절대적인 차이가 건강한 대조군보다 환자 집단에서 더 크다(Manschreck et al., 1988; Moritz et al., 2001a; Spitzer et al., 1994).[12, 13] 특히 형식적 사고 장애 검사에서 높은 점수를 받은 환자들의 경우, 중의어의 의미들에서 흔히 쓰이지 않는 의미에 대해 건강인보다 더 큰 점화 효과를 보일 수 있다. 공(ball)과 같은 단어는 더 자주 해석되는 의미(던지는 것; 지배적(dominant) 의미)와 덜 자주 해석되는 의미(차려 입고 춤을 추러 가는 행사; 비지배적(subordinate) 의미)가 있다. 목표단어인 공(ball)이 점화단어인 춤(dance) 뒤에 오면 건강한 대조군보다 환자에게서 더 큰 점화 효과가 나타나며, 이는 환자들이 부차적 의미를 선호한다는 것을 말한다.

그러나 이 분야의 많은 연구에서 건강한 대조군과 비교했을 때 환자 그룹에서 직접 연관된 단어에 대한 점화 효과의 크기가 같거나 적은 것으로 나타났다(Condray et al., 2003[14]; Kiang et al., 2008; Weisbrod et al., 1998). 비교적 초기의 점화 연구에 대한 메타분석에 따르면 사고 장애와 과잉 점화 효과 사이의 연관성은 약하거나 존재하지 않는 것으로 나타났으며(Kerns and Berenbaum, 2002), 일부 연구에서는 중의어의 지배적 의미(비지배적 의미보다는)에 대한 점화 효과가 더 큰 것으로 나타났다(Titone et al., 2000). Kreher와 동료들의 연구에 따르면 과잉 점화는 사고 장애가 있는 환자의 실험 연구에서만 관찰될 수 있으며, 환자가 반응하기 전에 자극에 대해 명시적인 결정을 내릴 필요가 없는 경우에만 관찰될 수 있다고 한다(Kreher et al., 2009).[15] Maher와 동료들(Maher et al, 1996; Maher et al., 2005)은 점화 양상이 양성 증상의 심각성 및 환자의 질병 기간과 상관관계가 있음을 보여 주었지만, 일부 연구에서는 이러한 상관관계가 나타나지 않는다(예: Minzenberg et al., 2003, 일반적인 느린 반응이 사고 장애의 심각성과 상관이 있음을 발견함).[16, 17]

사고 장애는 또한 더 큰 매개된 점화(mediated priming) 효과를 나타내는 것과도 관련되어 있는

데, 조현병 관련 문헌에서는 간접 점화(indirect priming)라고도 불린다(Kerns and Berenbaum, 2002; Kreher et al., 2007, 2009; Moritz et al., 2001b, 2002; Balota and Lorch, 1986; Weisbrod et al., 1998). 매개된 점화는 두 단어 사이의 연합이 제3의 단어를 통해 이루어질 때 나타난다. 예를 들어, 사자라는 단어와 줄무늬라는 단어는 호랑이라는 단어에 의해 연결된다(사자—호랑이—줄무늬). 표준적인 자극 제시 방법을 이용한 행동 실험에서 매개된 점화 효과는 믿을 만하게 관찰되지만, 직접 점화보다는 점화의 크기가 작다. 사건관련전위 연구에서 사고 장애가 있는 환자들은 건강한 통제 집단과 비교했을 때, 목표단어가 제시된 직후(300~400밀리초 후), 관련성이 약한 단어 쌍(사자—줄무늬)에서 더 큰 반응을 보였다(Kreher et al., 2007, 2009). 이 결과는 사고 장애 환자들은 의미 네트워크에서 멀리 떨어진 노드까지 더 빠르게 활성화 확산이 일어남을 시사한다.

젊고 건강한 참가자들이 더 큰 매개된 점화 효과를 보일 때 이를 우반구와 연결한다. 목표단어의 편측 제시 실험에서는 자극을 좌시야(우반구에서 담당)에 제시할 때 일반적으로 더 강력한 매개된 점화 효과가 나타난다(Beeman, 2005, 1993). 이러한 일련의 연구 결과를 통해 거친 부호화(coarse coding) 가설이 정립되었는데, 이는 우반구의 어휘 네트워크는 더 멀리 떨어진 연관된 개념 사이의 활성화 확산을 담당하며, 좌반구의 반응에 비해 시간적 역학 역시 다르다는 것이다.

사고 장애가 있는 환자에게서 보이는 먼 의미 관계의 '과잉 점화'는 건강한 성인에게서 관찰되는 '우반구' 연구 결과와 유사하다(Mitchell and Crow, 2005). 흥미롭게도 조현병의 신경 이상에는 좌반구와 우반구 후측 측두엽 구조의 상대적 부피 변화가 포함된다(Kircher et al., 2002). 대부분의 사람은 좌반구 후측 측두엽이 우반구보다 크지만, 많은 환자에게서는 우반구 후측 측두엽이 더 크다. 상관관계가 인과관계를 의미하지는 않지만, 후측 측두엽의 물리적 구조의 차이와 환자의 어휘 활성화 양상 사이에 연관성이 있을 것으로 추측할 수 있다. 활성화 확산이 더 먼 관련 개념으로 일어나거나 '거칠게 부호화된' 의미 표상에 더 많이 관여하는 것은 환자가 유창성 과제에서 덜 밀접하게 관련된 단어를 산출하는 이유를 설명하는 데 도움이 될 수 있다(Kerns et al., 1999).

비정상적인 어휘 활성화 양상만으로는 환자의 언어 장애를 일으키는 이유로 충분하지 않을 수 있으므로 이중 흐름 가설은 조합 작업의 결함을 다른 이유로 제기한다. 이 가설의 이러한 측면에 대한 증거는 환자가 건강한 사람보다 문맥 정보(Ditman and Kuperberg, 2010)와 문장(Done and Frith, 1984; Kircher, Bulimore et al., 2001)에 덜 민감하다는 연구 결과에서 찾을 수 있다.

이러한 처리 차원을 조사하는 일부 실험에는 단어 모니터링 과제가 포함된다. 이 과제에서는 참가자에게 목표단어에 대한 정보를 제공하고 해당 단어를 탐지할 때마다 가능한 한 빨리 버튼을 누르라고 요청한다. 목표단어는 다양한 종류의 작은 이야기의 맥락에서 제시된다. 이 이야기들 중 일부는 이해가 되지만, 일부는 이해가 되지 않는 이야기였다. 두 조건은 다음과 같다(Kuperberg et al., 1998, 2006, 2007).

(1) 이해되는 글:

군중들은 간절히 기다리고 있었고, 그 청년은 기타를 잡았다.

(The crowd was waiting eagerly; the young man grabbed the guitar.)

(2) 이해되지 않는 글:

군중들은 간절히 기다리고 있었고, 그 청년은 기타를 묻었다.

(The crowd was waiting eagerly; the young man buried the guitar.)

이 경우 목표단어는 기타이다. 일반적으로 사람들은 이야기가 이해될 때 그렇지 않을 때보다 목표단어에 더 빠르게 반응한다. 이러한 차이를 가져오는 정확한 기제에 대해서는 여러 이론이 있지만, 본질적으로 이야기가 전체적으로 의미가 있을 때(또는 (2)에 비해 (1)에서 기타라는 단어의 출현이 더 쉽게 예측될 때) 목표단어가 문맥과 더 쉽게 통합된다. (1)과 같은 맥락을 주면 기타와 같은 목표단어를 더 쉽게 인식할 수 있다. 점진적 차폐 제거 실험에서는 목표 관련 정보(단어의 시각적 이미지 또는 소리)가 점차 증가함과 동시에 방해가 되는 시각적 또는 청각적 정보는 감소한다. 적절한 문맥이 주어지면 일반적으로 목표단어에 대한 지각 임계치가 낮아진다(목표 관련 정보가 덜 필요). 그러나 이 효과는 건강한 통제 집단보다 환자에게서 더 작다.

사고 장애가 있는 환자는 (1)과 (2)와 같은 이야기를 들으면서 목표단어를 모니터링할 때 이해가 되는 문맥과 이해가 되지 않는 문맥 사이에 건강한 집단에서 나타내는 차이보다 작은 차이를 보인다. 이들은 건강한 통제 집단과 마찬가지로 (2)보다 (1)에서 목표단어인 기타에 더 빠르게 반응하지만, (1)과 (2)의 속도 차이는 통제 집단보다 적다(Kuperberg, Kreher et al., 2006).[18] 이는 사고 장애 환자가 새로운 단어를 통합할 때 문맥의 정보에 덜 주의를 기울이거나, 유지 능력이 떨어진다는 것을 시사한다. 사건관련전위 실험 결과도 이러한 주장을 뒷받침한다. 사건관련전위 실험에서 N400 반응은 환자보다 건강한 통제 집단에서 두 조건의 차이가 더 컸다(Kuperberg, Sitnikova et al., 2006; McCarley et al., 1999; [그림 16.3] 참조).

또한 기능적 영상 데이터에 따르면 환자는 의미 위반에 대해 건강한 통제 집단과 다르게 반응한다. Kuperberg와 동료들의 기능적 자기공명영상 연구에서 건강한 통제 집단은 의미 위반 문장(예: 젖소 20마리가 빨간색 벤치에 보관되어 있다)에 대해 환자보다 더 강력한 반응을 보였다(Kuperberg et al., 2008). 이러한 차이는 중측 전두회와 상측 전두회, 하측 두정엽, 전측-하측 측두 피질에서 최대

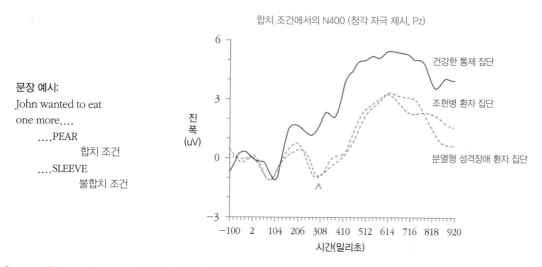

[그림 16.3] 건강한 통제 집단과 비교하여 조현병 환자 및 분열형 성격장애 환자에게서 보이는 줄어든 문맥 합치성 효과를 보여 주는 사건관련전위 결과

출처: MaCarley et al., 1999/Springer Nature

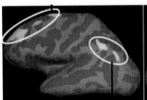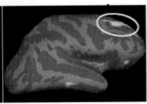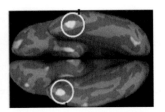

[그림 16.4] **의미 위반 문장에 대한 반응에서의 뇌 활성화 양상.** 원으로 표시된 영역에서 건강한 통제 집단은 환자 집단보다 의미가 이상한 문장과 정상인 문장 사이의 차이가 더 크게 나타났다. 건강한 통제 집단은 이 영역에서 정상 문장보다 의미 위반 문장에서 더 큰 신경 활동을 보였다.
출처: Kuperberg et al. (2008), Elsevier

로 나타났다([그림 16.4] 참조).

환자들은 담화에서 공지시(co-reference)를 설정해야 하는 과제(이야기에서 서로 다른 두 단어가 같은 개념을 지칭하는 경우를 탐지하는 과제)를 수행할 때도 다른 신경생리학적 반응을 보인다. Ditman 등(2011)은 다양한 맥락에서 목표단어에 대한 신경생리학적 반응을 평가했다. 어떤 경우에는 목표단어가 이전 단어(outfit-costume)의 연관어였으며 문맥에 적합했다("수는 할로윈 파티를 위해 새 의상(outfit)을 샀어요. 의상(costume)은 …"). 다른 경우에는 목표단어가 연관어였지만 문맥에 맞지 않았다("수는 일을 위해 새 의상(outfit)을 샀어요. 의상(costume)은 …"). 건강한 통제 집단은 목표단어(costume)가 문맥에 맞을 때 더 작은 N400을 생성했다. 환자들의 반응은 목표단어가 앞 문맥에 얼마나 부합하는지에 따라 결정되기보다는 단어 간의 연관성에 따라 대부분 또는 전적으로 결정되는 것으로 나타났다(outfit은 할로윈 문맥에서와 업무 문맥에서 같은 정도로 costume에 영향을 준다). 환자들의 이러한 특이한 N400 반응은 시각적 장면 처리까지 확장된다(Sitnikova et al., 2009). 언어와 시각적 장면 실험을 종합해 보면, 환자들은 언어에 국한된 결함을 나타내기보다는 새로운 정보를 이전 맥락에 통합하는 데 있어 일반적인 결함을 보인다는 것을 알 수 있다.

선행연구 결과들은 환자들이 다른 문장의 단어들 사이의 지시적 연결을 만드는 데 문맥 정보에 민감하지 못함을 시사한다. 추가적인 연구 결과들은 환자들은 문장 사이의 인과적 응집성을 만드는 데 필요한 추론 방식 역시 건강한 통제 집단과는 다르다는 것을 보여 준다(Ditman and Kuperberg, 2007; Duffy et al., 1990 역시 참조). 이 실험들은 다음과 같은 짧은 글 (3)과 (4)를 포함한다.

(3) 티미의 형은 그를 계속 때렸다. 다음 날, 그의 몸은 멍투성이였다.

Timmy's brother punched him again and again. The next day, his body was covered in bruises.

(4) 티미는 그의 이웃의 집에 놀러 갔다. 다음 날, 그의 몸은 멍투성이였다.

Timmy went to his neighbor's house to play. The next day, his body was covered in bruises.

글 (3)에서 두 문장 간의 인과관계는 명확하다. 맞은 것 그 자체로 사람은 멍이 들 수 있다. 글 (4)에서는 이 관계가 훨씬 덜 명확하다. 독자가 두 문장에서의 사건을 연결하기 위해서는 '아마도 티미가 싸웠고, 계단에서 굴러 넘어졌겠지.'와 같은 다리 잇기 추론(bridge inference)이 반드시 이루어져야 한다. 읽기 시간을 측정하는 연구에서 참가자들은 글 (3)보다 (4)를 읽을 때 더 긴 시간이 걸린다. 사건관련전위 연구에서는 멍(bruises)이라는 단어를 처리할 때 글 (3)보다 (4)에서 더 큰 N400 파형이 나타난다. 그러나 이러한 결과가 환자들에게는 참이 아니다. 특히, 형식적 사고 장애 징후에서 높은 점수를 받은 환자들은 말이다. 그러나 (사건관련전위 연구에서 후기 정적 파형과 같은) 후기 정보처리를 측정하는 파형을 보면 환자들도 결국 (3)보다 (4)가 덜 응집력이 있다는 것을 인식하는 결과를 보인다.

기능적 영상 연구 역시 사고 장애가 있는 환자들이 건강한 통제 집단과는 담화 문맥에 다르게 반응함을 시사하는 결과를 얻었다(Kircher et al., 2001). 환자들은 문장을 완성하기 위해 단어를 넣을 때 새로운 단어를 이미 존재하는 이야기 문맥에 통합하거나 추론을 생성하는 것과 같은 담화 처리 기능과 연관된 우반구 측두 피질에서 특이한 양상의 활성화를 보인다(Beeman, 1993; St. George et al., 1999).

조현병에서의 일반화된 인지 결함들

> 정신증 환자의 언어 산출을 언어 장애로 보는 것은 전혀 이득이 되지 않는다.
>
> −P. S. Holtman et al.

단어를 문맥에 통합하거나 말하기 계획을 세우는 것과 같은 특정 언어 과제는 주의 통제, 작업기억 자원, 일반적인 문제 해결 능력과 같은 보다 일반적인 인지 체계의 맥락에서 이루어진다. 정신 능력의 개인차 이론은 왜 어떤 사람들은 특정 작업을 더 쉽게 수행하고 어떤 사람들은 어려움을 겪는지 설명하기 위해 이러한 심리적 구성물의 중요성을 언급하는 경우가 많다(Just and Carpenter, 1992; Salthouse, 1996). 일부 이론은 조현병의 인지적 이상을 보편적 인지 체계나 능력에 기인한다고 설명한다(Barch and Smith, 2010).

인지의 다양한 측면에 초점을 맞춘 대규모 개인차 과제를 포함한 연구에 따르면 광범위한 인지 과제에 걸쳐 개별 환자 내에서 상당한 일관성이 있는 것으로 나타났다(Dickinson et al., 2006, 2008). 즉, 집행 기능 또는 작업기억 과제에서 낮은 점수를 받은 환자는 언어 능력 및 처리 속도 과제에서도 낮은 점수를 받을 가능성이 높다. 종단 데이터에 따르면 개별 환자가 다른 환자와 비교하여 인지 결함을 경험하는 정도는 시간이 지나도 안정적으로 유지된다(Cervellione et al., 2007). 이러한 결과는 질병 과정이 전반적인 인지 기능 장애로 이어진다고 할 때 예상할 수 있는 결과이다. 조현병이 자신의 내면의 생각과 외부에서 오는 말을 구별하지 못하는 것과 같이 개별적이고, 매우 좁은 범위의 인지 능력 상실만을 야기한다면 예상치 못한 결과일 것이다. 또한 조현병의 인지적 결함은 환자 집단 내의 유전적 특성이나 취약성을 반영하기보다는 질병 과정 자체와 상관관계가 있는 것으로 보인다. 환자를 (유전자를 100% 공유하는) 자신의 일란성 쌍둥이와 비교했을 때, 환자가 다양한 인지 과제에서 더 낮은 점수를 받았다(Goldberg et al., 1990).[19]

광범위한 인지 결함이 조현병 환자에게서 흔히 발생하지만, 이들 사이의 인과 관계를 어떻게 끌어내느냐는 전혀 명확하지 않다. 즉, 일반적인 인지 능력 저하가 어떻게 그리고 왜 조현병의 특정 증상으로 이어지는지 알 수 없다. 표준화된 지능 검사에서 낮은 점수를 받은 상당수의 사람들은 망상이나 환각이 없으며, 윌리엄스 증후군에서와 같이 정신 능력이 전반적으로 심각하게 떨어지는 경우에도 언어 산출은 본질적으로 정상일 수 있다. 따라서 조현병이 전반적인 인지 능력의 저하를 초래하더라도 그 자체가 일반적인 인지 결함과 조현병의 징후 및 증상 사이의 인과 관계를 제공하는 것은 아니다. 그러므로 일반적인 인지 문제와 조현병의 관찰 가능한 증상을 연결하는 설명은 인과적 연결의 본질을 규명해야 한다.

의사소통의 실패와 형식적 사고 장애에 관한 Nancy Docherty의 설명은 이러한 연결의 한 예시가 될 수 있다(Docherty, 2005). 형식적 사고 장애는 일반적으로 사람이 말하는 방식을 조사해서 진단한다. 이 장애가 있는 사람의 구어 의사소통은, 놀라울 것 없이, (서로 애매하게 연관된 개념이 이어지는 특징이 있는) 뒤죽박죽인데, 서로 멀리 떨어져 있거나, ('느슨하게' 연결된) 관련 없는 개념들이 자주 튀어나온다(Bleuler, 1911; Elvevag et al., 2007). 이러한 무질서한 발화 양상의 원인은 무엇일까? 한 가지 일반적인 설명은 무질서한 사고 때문이라는 것이다. 하지만 이 설명은 순환까지는 아니더라도 약간 모호해 보인다.[20]

Docherty의 통찰은 외적 증상(무질서한 언어)과 내적 과정(사고)이 모두 더 기본적인 인지 기능 장애에 의해 방해받을 수 있다는 것이었다. 특히, 그녀는 무질서한 주의 기제가 활성화된 정보를 적절한 순서에 배치하는 능력에 영향을 주고, 무질서한 언어 계획 과정, 무질서한 언어 산출, 의사소통 실패로 이어지는 인과적 사슬로 이 과정을 설명한다.

이러한 설명에 대한 증거를 제공하기 위해 Docherty는 발화의 특정 측면이 의사소통을 방해하는 방식을 기준삼아 형식적 사고 장애 증상을 보다 구체적인 하위 유형으로 분류하는 측정 도구를 개발했다. 예를 들어, 모호한 지시(vague reference)는 사고 장애가 있는 사람들의 발화 특징이다. 이는 환자가 충분히 구체적이지 않은 용어를 사용할 때 발생한다(예: '사물'이라는 단어가 듣는 사람에게 지시 대상을 식별할 수 있는 충분한 정보를 제공하지 않는 맥락에서 '사물'이라고 말하는 경우). 누락 정보(missing information) 지시는 환자가 '난데없이' 어떤 개념을 소개하면서, 더 큰 맥락에 기초하지 않을 때 발생한다. 다른 유형의 실패도 이름 자체가 비관적인 의사소통 실패(communication failure) 점수에 영향을 미친다. 전체 점수는 환자와의 10분간의 표준화된 인터뷰를 기반으로 하며 환자의 언어가 얼마나 심각하게 손상되었는지에 대한 추정치를 제공한다. 환자는 건강한 통제 집단보다 의사소통 실패 척도에서 평균적으로 높은 점수를 받으며, 1급 친척(조현병이 없는 부모, 형제자매, 자녀)과 비교해도 마찬가지이다(Doherty et al., 1999). 사실 환자들은 의사소통 실패 척도 중 단 하나의 하위 검사에서만 자신의 형제자매보다 높은 점수를 받았다(Docherty et al., 2004). 의사소통 실패 검사는 조현병의 발화 양상과 작업기억과 주의와 같은 더 기본적인 인지의 측면 사이의 관계를 드러낸다. 연속적인 수행을 측정하는 주의 과제나 참가자가 검사지를 훑어보며 일련의 연속적인 숫자나 문자를 따라 선을 이어서 그려야 하는 과제인 선로 검사(trails test) 점수는 표준 사고 장애 검사와 상관관계가 있지 않다. 그러나 의사소통 실패 검사의 점수는 상관관계가 있었다(Docherty, 2005; Docherty et al., 2006). 따라서 환자의 의사소통 문제의 본질에 대한 적절하고 상세한 가설을 세울 때, 더 기본적인 인지의 측면(예: 경계 및 순서)과 더 복잡하고 상세한 기능의 측면(언어 장애) 사이의 연관성이 분명해진다.

연쇄적 결함

이중 흐름 가설과 같은 접근 방식과 달리, 일부 설명은 환자의 언어 문제에 대한 책임이 보다 일반적인 목적의 인지 기제에 있다고 주장한다. 이러한 설명은 언어 내적 기제와 과정은 손상 없이 그대로 유지되지만, 핵심 언어 기능을 지원하는 신경 및 인지 체계의 장애로 인해 이러한 기제와 과정을 전개하는 능력이 손상된다는 생각을 기반으로 한다. 즉, 조현병의 언어 문제는 집행 통제, 주의, 작업기억 또는 언어 체계에서 이루어지는 계산을 지원하기 위해 필요한 기타 인지 자원의 주요한 결함에 의해 부가적으로 발생한다.

특정 결함이 보다 일반적인 인지 기제와 과정으로부터 영역 특수적인 인지 기제와 과정(예: 언어, 계획, 문제 해결, 반응 선택)으로 연쇄적으로 이어진다는 생각은 환자가 과제를 성공적으로 완료하는 데 필요한 노력이나 전략의 정도와 무관하게 광범위한 인지 과제에서 건강한 통제 집단보다 더 나쁜 수행을 보인다는 사실에 기반한다(Barrera et al., 2004; Cohen et al., 1999; Kerns and Berenbaum, 2002, 2003). 예를 들어, 수량 추정(자극 X를 몇 번이나 본 적이 있는가?)과 단서 회상(목록 안의 항목들을 외우고 적절한 단서가 주어지면 이를 회상하는 것)은 모두 장기기억에서 정보를 검색해야 한다. 그러나 수량 추정은 친숙함을 기반으로 할 수 있으며, 이는 완전하지는 않더라도 대체로 자동 시스템에 의해 지배된다(Yonelinas, 1994). 단서 회상에는 더 많은 정신적 노력이 필요하며 어떤 기억 전략을 적용하느냐에 의해 크게 영향을 받을 수 있다. 만약 조현병 환자가 노력이 필요하고 전략적인 과정에 관여하는 데 특정 문제가 있다면, 단서 회상보다 수량 추정과제를 더 잘 수행해야 한다. 그러나 두 가지 유형의 과제 모두에서 건강한 통제 집단과 비교하면 수행에 문제가 있다(Gold et al., 1992). 또한 음운 및 언어 유창성 과제 모두에서 환자의 수행 능력은 전반적인 처리 속도로 예측할 수 있다(Vinogradov et al., 2002). 이와 같은 연구 결과는 조현병의 문제가 자동적 처리와 통제적 처리 과제를 모두 수행하는 데 필요한 일반적인 인지 능력 차원에서 발생한다는 것을 시사한다.

일반적인 인지의 여러 측면은 환자가 실험 과제를 수행하는 방식과 일상 생활에서 기능하는 방식 모두에 영향을 미칠 수 있다. 집행 통제가 잘되면 목표 유지를 잘 할 수 있게 되고 목표 지향적 과정과 표상을 선택적으로 강화하기 때문에, 집행 통제의 실패는 언어 산출을 저하시키거나 중심에서 벗어나거나 일관성 없는 언어가 나타나도록 할 수 있다(Barrera et al., 2004; Kerns and Berenbaum, 2003). 여타 영역 일반적인 인지 기제와 과정의 실패도 마찬가지로 언어 산출과 이해 능력을 손상시킬 수 있다. 대화에 적절하게 기여하고 대화를 이해하려면 화자와 청자가 서로의 대화 당시의 지식 상태를 지속해서 파악해야 하는 것을 생각해 보면, 마음 이론 과정의 실패는 부적절하거나 일관성 없는 발화로 이어질 수 있다. (하지만 표준화된 마음 이론 과제에서 낮은 수행을 보이는 것은 집행 통제와 관련이 있을 수 있는데, 이러한 과제 수행은 과제 세트를 유지하고 오랜 시간 자극에 집중하는 능력을 포함하기 때문이다.) 따라서 언어 산출과 이해의 실패가 반드시 핵심 언어 체계 내의 실패를 의미하는 것은 아니다. 대신, 핵심 언어 시스템 외부의 실패가 연쇄적인 실패로 이어질 수 있으며, 이는 언어 시스템을 모든 문제의 근본 원인으로 암시하는 것처럼 보일 뿐이다.

조현병의 주의 문제

과제와 관련된 정보에 집중하고 잠재적인 방해 요소를 무시할 수 있는 능력은 언어 이해를 포함한 많은 인지 과제를 성공적으로 완수하는 데 중요한 역할을 한다. 초점 주의는 잠재적인 산만함이 증가하고 과제 난이도가 증가함에 따라 더욱 중요해진다. 따라서 주의를 조절하는 체계 내의 결함은 조현병의 광범위한 인지 장애에 영향을 줄 수 있다(Barrera et al., 2004; Cohen et al., 1999). 이 가설은 주의 산만 자극이 다른 종류의 정신과 환자(예: 조증 삽화를 경험하는 환자)와 건강한 통제 집단보다 조현병 환자에게 더 큰 영향을 미치는 이유를 설명할 수 있다. 숫자 폭과제(무작위 숫자 목록 기억하기; Miller, 1956)와 같이 매우 간단한 과제에서도 기억해야 할 숫자 사이에 잠재적으로 산만할 수 있는 자극을 제시하면 환자의 수행에 큰 부정적인 영향을 미친다(Harvey et al., 1986; Oltmanns and Neale, 1975). 주의 산만에 대한 취약성은 조현병의 언어 이상, 특히 응집성이 없는 언어와 내용의 느슨한 연결의 원인일 수 있다. 일관된 사고의 흐름을 전달하려면 목표를 유지하고 발화 계획 중에 발생하는 목표 달성에 도움이 되지 않는 정보를 무시해야 한다. 주의가 산만해지면 목표와 무관한 자료나 주변 정보가 중심 흐름에 침입할 수 있다. 방해 자극과 이상한 발화 양상이 포함된 인지 과제에서 환자의 낮은 수행은 모두 주의력과 관련된 근본적인 문제를 가리킨다.

작업기억 체계의 결함

많은 인지 과제들을 성공적으로 완수하기 위해서는 일정 종류의 작업기억의 지지가 필요하다(Baddeley and Hitch, 1994; Just and Carpenter, 1992). 여러 이론에서 각기 다른 특징을 이야기하지만,[21] 일반적으로 말해서 작업기억은 활성화가 강화된 상태에서 과제 관련 정보를 유지하고 이를 조작하는 심적 기제로 구성되어 있다. 작업기억 용량을 측정하는 (n-back 과제나 Sternberg 항목 재인 과제와 같은) 과제의 수행 역시 형식적 사고 장애의 증상과 관련이 있다(Kerns, 2007). 또한 작업기억의 결함은 언어 및 시각적 양상에 걸쳐 확장된다(Lee and Park, 2005). 이러한 작업기억 결함은 조현병 증상의 심각성과 상관관계가 있다. 평균적으로 작업기억 과제에서 낮은 점수를 받은 환자는 더 심각한 형식적 사고 장애와 관련이 있다. 그러나 환자가 언어를 산출하는 동안 외부 작업기억 부하에 노출되면 사고 장애 증상이 증가하지 않는다(Melinder and Barch, 2003). 대신, 그들은 단순히 말을 적게 한다. 따라서 작업기억 결함과 사고 장애 사이의 인과 관계의 본질은 명확하지 않다.

작업기억 결함은 조현병의 언어 이해에도 문제를 일으킬 수 있다. 이해 문제는 언어 산출 문제보다 더 미묘한 경향이 있지만, 환자는 언어 이해의 일부 측면에 어려움을 겪는다(Condray et al., 1995). 환자가 문장을 읽고 이에 대한 이해 문제에 응답할 때 건강한 통제 집단보다 정확도가 떨어지며(Bagner et al., 2003), 문장의 구문적 복잡성이 증가함에 따라 이해력 부족이 증가하는 것으로 보인다.[22] 이는 문장의 복잡성이 증가함에 따라 환자의 작업기억 시스템에 더 많은 부담이 가해지기 때문에 발생할 수 있다.

맥락 유지 가설

Cam Carter와 그의 동료들은 조현병의 무질서한 사고 및 언어가 과제에 적합한 표상, 그리고 반응을 선택하는 데 필요한 맥락 정보를 유지하지 못하는 일반적인 무능력의 결과라는 설명을 제안했다(Botvinick et al, 2001; Cohen et al., 1999; MacDonald et al., 2005; Boudewyn et al., 2015, 2017; Rabagliati et al., 2019 참조).[23] 일반적인 발화에서 응집성 있는 언어 산출은 대화의 주제나 이를 명시하는 맥락 정보를 적극적으로 유지하는 데 달려 있다. 주어진 맥락을 유지하면 화자는 활성화된 개념 집합에서 대화와 가장 관련성이 높은 개념을 선택할 수 있다. 마찬가지로, 음성 산출(및 이해)은 일상적으로 관련성 있는 표상과 관련성 없는 표상 간에 경쟁을 일으키기 때문에 문맥 정보(최근 대화 내용이 무엇에 관한 것이었는지)를 유지하면 화자(또는 청자)가 과제와 관련이 없는 표상을 억제 대상으로 지정하여 음성 산출을 하향적으로 제어할 수 있다. 현재의 주제 또는 화제가 활성 상태로 유지되지 않거나 방해가 되는 생각이나 주의 산만으로부터 보호되지 않으면 그 결과 발화는 일관성이 없고 단절된 것처럼 보일 것이다. 따라서 맥락 유지 가설은 환자가 형식적 사고 장애가 있을 때 발화에서 발생하는 특징인 내용의 느슨한 연관성과 비일관성을 설명할 수 있다.

맥락 유지 가설은 언어 산출 및 실험 인지 과제를 통해 관찰한 행동과 뇌 영상 연구 결과로부터 도출되었다. 앞서 검토한 바와 같이, 전두 피질 영역은 이상이 발견된 뇌 영역 중 하나이다(Carter et al., 1998; MacDonald et al., 2005; Segal et al., 2010). 배외측 전전두 피질(DLPFC) 및 전대상 피질(ACC)과 같은 전두엽 영역은 주의(과제 관련 자극에 대한 집중, 과제 관련 정신적 표상의 선택적 강화 및 활성화된 과제와 무관한 표상의 억제, 강력하지만 과제와 무관한 반응의 억제) 및 작업기억(과제 관련 표상의 선택적 활성화 및 조작)에 관여하는 것으로 밝혀져 있다. 전대상 피질의 구조와 신경 활동은 건강한 통제 집단과 비교하여 환자 집단에서 차이를 보이는 것으로 나타났다(Benes, 1993; Haznedar et al., 1997).

이러한 영역(DLPFC 및 ACC)은 자극 관련 표상의 단기 활성화에 관여하는 영역과 기능적으로 분리된 것으로 보인다(Miller et al., 1996). 맥락 정보를 유지해야 하는 과제에서는 하측두 영역의 뉴런이 자극이 바뀔 때마다 반응을 달리한다. 이러한 활성화 패턴은 자극 표상의 활성화에 대한 단기적인 변화를 반영하는 것일 수 있다. 그러나 전전두엽 뉴런은 과제와 관련된 맥락이 동일하게 유지되는 한 자극이 바뀌어도 반응이 변하지 않는다. 이러한 전전두 뉴런의 지속적인 활성화는 자극을 평가하고 반응을 선택하는 데 사용되는 맥락 정보의 유지를 반영할 수 있다. 따라서 정상적인 전전두엽 기능이 망가지면 보다 기본적인 지각 기능에는 큰 지장을 주지 않으면서도 맥락 유지가 필요한 과제 수행에 장애가 생길 수 있다.

맥락 유지 가설은 사고와 언어의 무질서를 특히 과제 관련 표상의 활성화를 관리하는 데 필요한 정보를 유지하지 못하기 때문이라고 설명한다. Kerns와 Berenbaum(2003, p. 348)은 맥락 유지와 일관성 있는 말하기 사이의 연관성에 대해 "맥락 처리가 제대로 이루어지지 않으면 … 발화 주제와 목표를 표현하고 유지하는 능력에 장애를 일으키고, (그리고) 발화 오류를 감지하고 수정하는 능력에 장애를 일으킬 수 있다."라고 설명한다. 맥락 유지의 실패가 무질서한 발화의 핵심 원인을 제공한다면, 환자의 작업기억 기제(정보의 활성화 및 조작), 억제 기제(활성화된 표현을 비활성화하는 능력), 언어 내적인 음성 생성 기제는 온전하게 유지될 수 있다. 그러나 맥락에 대한 강력한 표상이 없으면 환자는 활성화된 (자극) 표상 중 어떤 것을 강화하고 어떤 것을 억제할지 결정할 근거가 없게 된다. 만약 환자의 맥락 표상을 유지하는 능력을 회복할 수 있다면, 무질서한 증상들이 엄청나게 완화되거나 없어질 수 있다. 왜냐하면 보다 정확한 맥락 표상에 의해 집행 통제 및 주의 체계가 목표에 정확히 도달할 수 있도록 만들 수 있기 때문이다.

맥락 유지 가설을 지지하는 경험 연구는 다양한 인지 과제에서 나타나는 환자의 수행에 대한 상세한 분석과 구조적 및 기능적 신경 영상 결과에서 찾을 수 있다(Cohen et al., 1999; MacDonald et al., 2005). 맥락 유지, 반응 선택 및 억제의 상대적 기여도를 평가하기 위해 연구자들은 실험 과제들을 개발했는데, 조건에 따라 각 기능이 서로 다른 정도로 관여되도록 설계하였다.

맥락 유지의 난이도와 적절한 응답 선택의 난이도를 조작하기 위해 이러한 연구에서는 알파벳 A와 X가 연속해서 나올 때만 반응해야 하는 연속 수행 과제(AXCPT)를 사용한다. 이 과제는 매우 간단한 과제이다. 컴퓨터 화면에 글자가 한 번에 하나씩 표시된다(때로는 글자 대신 숫자나 다른 자극이 사용되기도 한다). 참가자의 임무는 문자 'x'가 문자 'a' 뒤에 올 때마다 가능한 한 빨리 버튼을 누르는 것이다. 여기서 주의할 점은 'x'가 'a'가 아닌 다른 문자 뒤에 오는 때도 있다는 것이다. 따라서 참가자가 문자 'b' 다음에 문자 'x'를 본 경우라면 버튼을 누르지 말아야 한다.[24] 과제를 더욱 어렵게 만들기 위해 대부분의 시행에서는 'x'가 'a' 뒤에 나온다. 결과적으로 대부분의 시행에서 참가자는 'x'를 볼 때 버튼을 눌러야 한다. 이렇게 하면 버튼을 누르는 반응이 실험의 맥락에서 우세하게 된다. 과제를 잘 수행하려면 참가자는 맥락의 표상을 유지해야 하며(바로 전 글자가 무엇인지 기억), 집행 통제 능력을 발휘하여 목표 문자 'a'가 아닌 다른 문자 다음에 올 때 버튼을 누르는 반응을 자제해야 한다(전제 조건에 따른 억제 반응). 일부 연구에서는 맥락 자극('a' 또는 'b')의 제시와 목표 자극('x')의 제시 사이의 시간 길이를 조작한다. 이렇게 하여 맥락을 유지해야 하는 시간이 길어지면 과제가 더 어려워진다. 환자가 과제 지시를 기억하거나 부적절한 반응을 억제하는 데 일반적인 결함이 있는 것이 아니라 맥락 표상을 유지하는 데 특정한 문제가 있다면, 목표 자극의 출현이 지연되면 목표 자극이 맥락 자극 다음에 즉시 나타날 때보다 과제 수행에 더 큰 어려움을 겪을 수 있다.

맥락 유지 및 부적절한 반응 억제를 평가하는 데 사용되는 다른 과제에는 스트룹 색상 이름 대기 과제와 단어 완성 과제가 있다. 스트룹 과제에서는 색(예: 빨강, 파랑, 초록)을 나타내는 단어가 다른 색상으로 표시된다. 한 조건은 표시 색상이 단어와 동일하게 제시되고(빨간색으로 빨강이란 단어가 표시되고 파란색으로 파랑이란 단어가 표시됨), 이를 일치 시행이라고 한다. 다른 조건은 표시 색상이 단어와 다른데(빨강이라는 단어가 파란색으로 표시되거나 파랑이라는 단어가 빨간색으로 표시됨), 이를 불일치 시행이라고 한다. 이 과제에는 일련의 문자 x(예: XXXXX)가 여러 번 다른 색상으로 제시되는 통제 조건도 포함될 수 있다. 스트룹 과제에서 참가자가 해야 할 일은 가능한 한 빠르고 정확하게 제시된 단어가 무슨 색상으로 쓰였는가를 말하는 것이다. 통제 조건은 전반적인 처리 속도를 측정한다. 일치 시행의 수행을 통해 참가자가 단어의 색상과 단어가 일치할 때 얼마나 많은 이점을 얻을 수 있는지를 추정한다. 불일치 시행을 통해서는 단어가 가리키는 의미와 필요한 반응(글꼴의 색상)이 다를 때 참가자가 얼마나 어려움을 겪는지 추정한다. 대부분의 경우, 참가자는 한 블록에서 동일한 유형의 여러 시행을 수행한다(단어 읽기 또는 제시된 색상 말하기). 맥락 정보 유지와 관련된 부하를 늘리기 위해 한 블록에서 시행의 유형을 혼합할 수 있다(한 시행에서는 단어를 읽고 다음

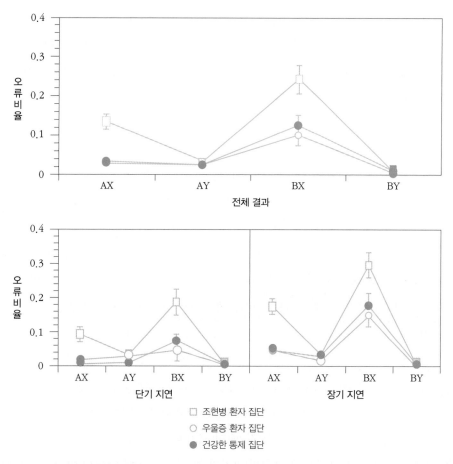

□ 조현병 환자 집단
○ 우울증 환자 집단
● 건강한 통제 집단

[그림 16.5] 조현병 환자 집단, 조현병이 없는 우울증 환자 집단, 건강한 통제 집단의 연속 수행 과제의 오반응 비율. 상단의 그래프는 단기 및 장기 간격 조건이 합쳐진 네 가지 시행 유형에 대한 수행을 나타낸다. 조현병 환자는 우울증 환자 및 건강한 대조군보다 놓침(AX 시행 시 응답 실패)과 오경보(BX 시행 시 부적절하게 응답함)가 더 많음을 주목하기 바란다. 하단의 두 그래프는 단기 지연(좌측) 및 장기 지연(우측) 조건의 결과를 나타낸다. 모든 참가자가 장기 간격 조건에서 더 많은 오류(더 많은 놓침 및 오경보)를 범하고 있지만, 단기 간격 조건에 비해 장기 조건에서 오류가 증가하는 경향은 다른 두 집단보다 조현병 환자에게 더 크게 나타남을 볼 수 있다.

출처: Cohen et al. (1999), American Psychological Association

시행에서는 제시된 색상을 말하기). 또한 주어진 시행에 대한 지시(단어 읽기, 제시된 색상 말하기) 사이에 시간 간격을 늘려서 과제의 맥락 유지 요소를 더 어렵게 만들 수 있다.

단어 완성 과제에서, 참가자들은 P_RK와 같은 단어 일부를 제시받는다. 참가자의 과제는 이로부터 단어를 만들기 위해 빈칸을 채우는 것이다. 완성된 단어 중 일부(예: PARK)는 자연스러운 상황에서 더 자주 나타나고, 일부(예: PORK)는 덜 자주 나타난다. 연속 수행 과제 및 스트룹 과제와 마찬가지로, 단어 완성은 우세한 반응(PARK)과 덜 우세한 반응(PORK)을 포함한다. 맥락 유지의 효과를 평가하기 위해, 단어 일부(P_RK)는 우세한 반응('우리는 개를 데리고 밖으로 산책하러 나갔다.') 또는 덜 우세한 반응('우리는 개에게 고기를 주었다.')을 강화하는 맥락에서 제시될 수 있다. 또한 맥락 유지를 더 오래도록 하게 만들기 위해, 맥락 문장과 목표 자극 사이에 중립적인 채움 자극 문장을 추가하여 제시할 수 있다('그 일은 지난 화요일에 일어났다.').

[그림 16.5]는 연령, 학력 및 다양한 인구통계학적 변수에 대해 환자와 일치시킨 건강한 대조군, 환자 대조군(검사 당시 조현병이 아닌 주요 우울증 환자), 그리고 환자의 연구 결과를 제공한다(Cohen et al., 1999). 연속 수행 과제를 수행하려면 참가자가 문자 'x'가 문자 'a'에 이어 나올 때를 인식하고 응답해야 한다. 또한 참가자는 'x'가 'b' 뒤에 올 때 응답하지 않도록 해야 한다. 조현병 환자 집단은 두 대조군에 비해 'ax' 시행에서 더 많은 오류(놓침 반응이 많음)가 있었을 뿐만 아니라 'bx' 시행에서도 더 많은 오류(오경보 반응이 많음)가 있었다. 연속된 문자 사이에 짧은 지연이 있을 때 환자는 두 대조군보다 더 많은 오류를 범했다. 연속으로 제시되는 문자 사이에 시간 간격을 두면 모든 사람이 과제를 수행하는 데 더 어려워했지만, 조현병 환자는 다른 두 집단보다 더 많은 영향을 받았다.

단어 완성 과제에서도 유사한 결과가 나타났다(Cohen et al., 1999). 조현병 환자들의 단어 완성 결과는 전반적으로 문장 맥락에 민감하다는 것을 보여 주었는데, 목표 자극에 선행하는 맥락에 일치하는 방식으로 단어를 완성했다(즉, 환자들은 '개 산책' 맥락에서 '돼지고기'보다 '공원'이라고 더 자주 말했다). 그러나 맥락 문장과 목표 자극 사이에 중립적인 문장이 제시되었을 때는 결과가 전혀 달랐다. 실제로 맥락 문장과 목표 자극 사이에 지연이 있고 맥락 문장이 빈도가 낮은 단어인 '돼지고기(PORK)' 반응과 연합되어 있을 때 환자들의 반응 대부분은 맥락과 일치하지 않았다(즉, 맥락 문장이 '우리는 개에게 고기를 좀 먹었다.'고 제시될 때 '공원(PARK)'이라고 말했다).

스트룹 과제의 결과는 그렇게 딱 떨어지지는 않았다. 세 집단의 참가자들이 우세한 반응(예: 파란색으로 인쇄된 '빨강'이라는 단어가 제시되었을 때 '파랑'이라고 반응해야 하는 경우)을 억제해야 할 때 조현병 환자 집단은 다른 두 집단에 비해 더 나쁜 수행을 보였다. 그러나 이 방해 효과는 과제 지시와 목표 자극의 개시 시작 시간 사이의 간격이 길 때 더 크게 나타나지는 않았다.

이러한 연구 결과의 두 가지 측면은 조현병 환자가 보이는 인지 및 언어의 어려움을 설명하는 데 도움이 될 수 있다. 첫째, 다른 정신질환 환자가 조현병 환자보다 과제를 더 잘 수행했다는 사실은 과제의 특정 특징과 조현병의 특정 측면이 결합되어 이러한 결과를 낳았음을 시사한다. 따라서 조현병 환자와 우울증 환자에게 공히 나타나는 일반화된 스트레스 또는 일반적 삶의 질이 이러한 어려움에 영향을 미친다는 설명을 배제할 수 있다. 특정 약물의 효과를 배제하기는 더 어렵지만, 항정신병 약물이, 특히 신경이완제의 사용이 가져오는 광범위한 신경 및 인지적 효과를 고려할 때 맥락을 더 오래 유지해야 하는 조건에서 수행을 더 크게 나쁘게 만드는 이유는 명확하게 설명되지 않는다. 둘째, 다양한 과제(연속 수행 과제, 스트룹 과제, 단어 완성 과제)의 수행이 서로 관련되고, 조현병의 비조직화 증상 척도의 점수와 관련된다는 사실은 이러한 과제들 각각의 기저에는 공통 요소가 있다는 것을 가리킨다. 세 가지 과제의 다양한 특성을 고려할 때, 맥락 정보를 유지하는 데 나타나는 결함이 바로 이 기저의 공통 요소가 될 수 있다.

점화 연구와 다양한 집행 기능 과제의 증거는 또한 인지 과제가 맥락 정보의 유지를 필요로 할 때 조현병 환자가 더 큰 어려움을 겪는다는 것을 시사한다. 이러한 어려움은 환자가 활성화된 표상 간의 경쟁 또는 다른 가능한 반응 간의 경쟁을 관리해야 할 때, 특히 우세한 반응을 보류해야 할 때 가장 심하게 나타난다. 뇌 영상 연구 결과는 전대상회의 활성화와 현재 과제와 관련된 갈등이나 경쟁의 정도 사이의 연관성을 밝혀냈다(Carter et al., 2000). (참가자가 제시된 단어가 무슨 색상인지 명명해야 하는 스트룹 과제에서와 같이) 자극이 반응 충돌을 일으킬 때 전대상 피질은 더 큰 활성화가 나타난다. 전대상 피질의 반응은 추가적인 '하향적' 집행 기능의 관여 또는 전략적 통제가 필요하다는 신호를 제공함으로써 적응적 반응에 중요한 역할을 할 수 있다. 이러한 전대상 피질의 활동이 없다면, 더 큰 인지 체계는 서로 다른 표상 또는 반응들이 경쟁 중에 있다는 것을 깨닫지 못할 수 있고, 따라서 전략적 통제가 이루어지지 않을 수 있다. 이 가설은 신경학적 결과(전대상 피질의 구조와 기능은 조현병 환자와 건강한 통제 집단이 다르다), 언어심리학적 과제로부터의 결과(전략적 과제 조건하에서 특이한 단어 모니터링 결과 및 특이한 양상의 단어 점화 효과), 그리고 회상 과제의 결과(조현병 환자는 기억해야 할 단어 목록을 구성하기 위해 자발적으로 전략을 적용하지 못하는 것으로 보인다; Gold et al., 1992)를 하나로 통합한다.[25]

맥락 유지가 더 쉬워지는 과제 조건(예: 실험 과정에서 반복적으로 맥락 정보를 제시함으로써)에서는 환자의 신경생리학적 반응이 건강한 통제 집단의 반응과 더 유사하다(Debruille et al., 2010). 또한 단어를 비교적 자동적으로 활성화하는 것과 관련된 언어 유창성 과제에서도 기능적 자기공명영상(fMRI) 결과는 환자의 신경 반응이 건강한 통제 집단의 반응과 매우 유사하다는 것을 보여 준다(Ragland et al., 2008). 그러나 일반적인 범주 유창성 과제(예: 동물 이름의 목록을 생각하는 것)와 같은 집행 통제 기능을 더 많이 필요로 하는 유창성 과제에서는 조현병 환자들이 전대상 피질, 측두 피질, 전두엽의 다른 영역들 등의 다른 뇌 영역에서 건강한 통제 집단과는 다른 양상의 뇌 활성화를 보인다. 따라서 조현병 환자와 건강한 통제 집단 사이의 차이는 과제가 통제적 정보처리에 더 많이 관여될수록 두드러진다고 볼 수 있다.

마음 이론 과정의 실패

효과적인 의사소통을 위해서는 화자와 청자가 반드시 협력해야 한다(Grice, 1989). 대화에 적합하게 발화를 조정하는 것은 자기중심적 과정과 협력(타인 중심적) 과정 사이의 미세한 상호작용을 포함한다. 청자와 협력하려면 화자는 청자의 요구에 대한 어느 정도의 이해를 하고 있어야 한다. 청자가 이미 알고 있는 것은 무엇인가? 청자는 무엇을 알아야 하는가? 노력을 최소화하는 자기중심적 과정과 타인 중심의 협력 과정 사이의 이 긴장은 화자가 선택하는 지시 표현의 유형과 구문 형식, 화자가 대화에 도입할 개념의 범위 등 대화에서의 다양한 특성을 결정한다. 사람들이 다른 사람의 감정 상태와 지식에 대한 추론을 끌어내기 위해 사용하는 정보처리 과정의 집합을 마음 이론(theory of mind)이라고 통칭한다.

일부 설명에 따르면 조현병에서 보이는 언어 산출 및 이해의 이상은 마음 이론과 관련된 문제로 인해 나타난다(King and Lord, 2011; Marjoram et al., 2005; Tenyi et al., 2002). 조현병 환자들은 만화 속에서 등장인물의 심리 상태나 생각을 추론하도록 요구하는 과제에서 건강한 개인보다 수행 능력이 떨어진다. 이 환자들은 또한 신체적 유머를 묘사하는 만화를 설명하는 과제에서도 통제 집단보다 수행 능력이 떨어지는데, 특히 '마음 이론'과 관련된 만화에서 수행이 떨어진다. 환자들은 또한 속담을 이해하는 데 어려움을 겪는 것으로 보인다(예: 그것은 이미 지나간 일이다, 제때의 한 땀이 나중의 아홉 땀을 던다, 호랑이가 없는 굴에는 토끼가 왕이다). 그리고 이런 어려움은 속담의 유형에 따라 달라지는 것 같다. 어떤 속담은 은유적 의미와 문자적 개념 사이의 연결이 더 어려운데, 예를 들어 호랑이와 토끼의 이야기를 인간들의 삶과 연결시켜야 하는 경우가 있다(Titone et al., 2002). 조현병 환자들은 '힐러리는 아주 행복했다(Hillary was on cloud nine).'와 같이 문자적으로 해석하면 말이 되지 않는 속담을 은유적으로 해석하는 것에 큰 어려움을 겪지 않는 것 같다. '존이 사망했다(John kicked the bucket).'와 같이 문자 그대로 해석해도 문제가 없는 속담의 경우, 조현병 환자들은 문자적 해석에만 얽매이기 때문에 속담 의미 파악에 어려움을 보인다고 할 수 있다. 그리고 이는 조현병 환자가 집행 통제나 억제와 같은 일반적인 인지 능력에 문제가 있음을 시사한다.

이러한 문제는 질병 과정의 특별한 효과라기보다는 환자들 사이의 일반 지능에서 나타나는 개인차와 관련된 것일 수 있다(Brune, 2003; Rossetti et al., 2018도 참조).[26] 대규모의 개인차 연구에서 Bozikas 등(2007)은 조현병 환자들이 만화를 설명할 때 보이는 어려움이 우세한 반응을 억제해야 하는 억제 능력, 지속 주의, 음운 유창성 등 기본적인 인지 능력 측정 과제의 수행과 상관이 있는 것을 보여 주었다.[27] Kiang과 동료들의 연구에서는 조현병 환자들이 속담을 다른 말로 바꾸어 표현하는 과제를 수행했는데, 속담 해석의 어려움이 조현병 증상의 심각도가 아니라 작업기억 용량의 감소와 연관된 것을 보고하였다(Kiang et al., 2007). 다른 사람의 내적인 마음 상태를 얼마나 잘 추론할 수 있는지를 측정하는 마음 이론 과제의 수행 결과는 속담 이해 능력과 중간 수준의 상관이 있는 것으로 나타났다(Brune and Bodenstein, 2005). 따라서 이러한 결과들을 종합하면, 이것은 핵심 언어 체계 내의 결함을 나타내는 것이 아니라, 영역 일반적인 인지 능력의 결함이 언어 이해에서 연쇄적인 효과로 나타나는 것임을 시사한다.

마지막으로, 조현병 환자들은 담화 속 문장의 사회적 함의를 이해하기에 어려움을 보인다(Tenyi et al. 2002). Paul Grice는 일련의 대화 격률(conversational maxims)을 설명했는데, 이는 화자가 발화를 생성하는 방식을 안내하는 규칙 혹은 원리이다(Grice, 1989). 이러한 규칙에는 필요한 만큼의 정보를 담을 것, 모호하지 않게 말할 것, 진실을 말할 것, 전체 맥락에 관련지어 말할 것과 같은 지침들이 포함된다. 때로는 화자들은 종종 부정적인 억양으로 암묵적인 메시지를 전달하려고 일부러 이러한 규칙을 위배하기도 한다. 예를 들어, 만약 당신이 사장님에게 '제가 회사 생활을 잘하고 있나요?'라고 물어봤을 때, 사장님이 '어, 신발이 아주 멋지네요(you have nice shoes).'라고 말한다면 당신은 아마도 새로운 직장을 찾아보기 시작해야 할는지도 모른다. 이러한 암묵적 메시지를 이해하기 위해서 청자는 '왜 사장님은 질문에 대한 직접적인 답을 주지 않았을까? 그 말에 뼈가 있나?'와 같이 타인의 심적 상태에 관한 추론을 할 수 있어야 한다. 조현병 환자는 그라이스 규칙을 위배하는 숨겨진 메시지의 내용을 정확하게 평가하는 일을 건강한 통제 집단과 비교하면 잘하지 못하는데, 이는 이들이 마음 이론과 관련된 정보처리에 어려움을 갖기 때문일 것이다.

조용히 하고 여기서 나가줘: 자가 모니터링, 연쇄적 송출, 그리고 환청

환각, 특히 환청은 조현병의 가장 극적인 양성 증상 중 하나이다. 한 환자는 신이 그녀에게 '닥치고 여기서 나가라.'고 말했다고 보고했다(Frith, 1991, p. 3). 질병의 어느 시점에서든 조현병 환자의 70%가 환청을 경험하게 된다(Ditman and Kuperberg, 2005). 이들은 일반적으로 환청의 정확한 내용을 기술할 수 있다. 환각은 일반적으로 특정 의미의 주제를 따르며, 종종 환자 자신을 향한 부정적이거나 모욕적인 발언을 포함한다. 일부 환자는 환청을 실제 청각적 사건으로 경험하지만, 그런데도 환청이 실제가 아님(즉, 외부에서 들려 온 것이 아님)을 인식한다. Ditman과 Kuperberg는 언어적 환각은 정신적 사건이 내부적으로 생성되는 경우와 외부에서 주도하는 지각 과정에서 발생하는 경우를 구분하지 못하기 때문에 발생한다고 제안한다(Strauss, 1993 참조). 이들은 "(환각은) 내부에서 발생한 사건과 외부에서 발생한 사건을 구별하는 과정인 현실 모니터링의 장애에서 비롯된다."라고 지적한다.

환자의 환청은 일반적으로 내적 발화를 생성하는 정신 과정의 교란으로 인해 발생할 수 있다. 사람들은 정상적인 사고 과정의 일부로 정기적으로 혼잣말을 한다. 이러한 내면의 생각은 종종 언어 생성에 관여하는 신경 근육계 내에서 매우 미묘한 활동을 유발한다(이러한 활동이 '내면의 목소리'에 대한 생각이나 경험에 필요한 것은 아니다; Smith et al., 1947). 내적 발화, 자가 모니터링, 환각 사이의 연관성은 두 가지 증거에 의존한다. 첫째, '내적 발화'를 생성하는 과정을 방해하면 환자의 주관적인 환청 경험이 감소한다. 이는 비언어적 과제(Bick and Kinsbourne, 1987) 또는 명시적 언어 산출(예: 소리 내어 읽기, Slade, 1974) 수행 시 목소리를 내지 않는 발화에 관여하는 근육을 사용함으로써 이루어질 수 있다. 환자에게는 내부적으로 생성된 사건이 더 생생할 수 있으므로('지각적, 시공간적, 의미적, 정서적 정보'가 더 많으므로) 청각적 정신 사건이 내부적으로 생성된 것인지 외부에서 생성된 것인지 인식하는 자가 모니터링의 어려움이 발생할 수 있다(Ditman and Kuperberg, 2005). 마찬가지로, 외부에서 생성된 지각 경험의 생생함이 감소하면 조현병에서는 내부와 외부 사건이 더 비슷해져 구분하기가 더 어려워질 수 있다. 일부 설명에서는 환청의 원인을 기본적인 언어 지각 시스템에서 찾기도 한다(Hoffman et al., 1999). 그러나 환자의 정신적 이미지가 다른 사람들보다 더 풍부하다는 것을 보여 주는 확실한 증거는 없다.

모든 환자가 환각을 경험하는 것은 아니며 환각을 경험하는 환자도 항상 환각을 경험하는 것은 아니다. 따라서 비슷한 프로필을 가진 환자 중 일부는 현재 환각을 경험하고 있고 다른 일부는 그렇지 않다는 점만 차이가 있는 경우를 비교하는 것이 가능하다. 또한 환각이 있는 동안의 행동과 뇌 활동을 환각이 없는 '조용한' 기간의 행동과 뇌 활동과 비교하는 개별 환자 내 비교 방법을 사용할 수도 있다. Ralph Hoffman과 동료들은 환자의 환청의 원인을 파악하기 위해 전자의 접근 방식을 사용했다(Hoffman et al., 1999). 그는 두 그룹의 환자에게 주의 집중력을 유지하고 지시를 따르는 능력을 평가하기 위한 연속 수행(경계) 과제를 하도록 요청했고, 소음 환경에서의 말소리 지각 과제를 수행하도록 했다. 한 그룹은 과제 수행 후 1주일 이내에 환청을 경험했지만 다른 그룹은 그렇지 않았다. 환각이 일반적인 인지 장애로 인한 것이라면 환각 경험자는 비경험자보다 연속 수행 및 말소리 지각 과제 모두에서 더 낮은 점수를 받아야 한다. 하지만 환각의 원인이 말소리 지각 기제의 어딘가에 있고 일반적인 인지 장애의 연쇄적인 결과로 발생하는 것이 아니라면 환각 경험자는 말소리 지각 과제에서만 환각 비경험자보다 수행이 저조해야 한다. 실제로 Hoffman의 연구팀이 발견한 결과도 두 번째 가설과 일치했다. 환각 경험자와 비경험자는 연속 수행 과제에서는 똑같이 잘 수행했지만, 다양한 수준의 무작위 소음으로 차폐된 문장을 들을 때에는 환각 비경험자는 경험자보다 더 빠르고 정확하게 따라 말할 수 있었다.

뇌 영상 연구는 환각 중 환자의 기본 청각 처리 영역 내 신경 이상 및 기능 장애에 대한 추가 증거를 제공한다(Onitsuka et al., 2004). 환각 환자에게 청각 이미지(다른 사람이 말하는 것을 상상)를 생성하도록 요청할 때, 환각 환자는 말소리 지각 및 자신의 음성을 모니터링하는 것과 관련된 뇌 영역에서 건강한 통제 집단보다 신경 반응이 감소하는 것으로 나타났다(Shergill et al., 2000).[28]

만성 환자는 좌뇌의 중측 및 상측 측두회, 양쪽 뇌의 하측 측두회 및 방추회 등 말소리 지각과 관련된 영역의 회백질 부피가 감소한다. 조직 감소 정도는 환각의 중증도와도 상관관계가 있다. 또한 환각 경험은 고전적인 청각 처리 영역의 신경 활동과 관련이 있다(Shergill et al., 2000). 한 연구에서는 환각의 패턴을 기준으로 세 명의 참가자를 매우 주의 깊게 검사했다(Dierks et al., 1999; Onitsuka et al., 2004). 이 환자들은 목소리가 들리는 환청을 자주 경험했으며 환각은 일시적인 방식으로 발생했다. 그 결과 환자들은 환각이 언제 시작되고 언제 멈추는지를 매우 정확하게 나타낼 수 있었다. 기능적 자기공명영상(fMRI) 촬영 결과, 이 환자들은 환청을 경험하는 동안 일반적으로 상측 측두엽 부위, 특히 헤슬회(Heshcl's gyrus)에서 국소 대뇌 혈류량이 증가했다(즉, 이 부위의 활동은 '조용한' 기간보다 환청이 들리는 기간에 더 왕성했다). 헤슬회에는 청각 자극을 일차적으로 받아들이는 일차 청각 피질 영역(A1)이 포함되어 있으므로, 뇌의 이 부분의 기능 장애가 환청으로 이어질 수 있다는 것이 놀라운 일은 아니다(다른 뇌 영역은 해당 영역의 실제 활동의 특성과 관계없이 일차 청각 피질 영역의 활동을 외부 자극으로부터 발생하는 것으로 해석할 수 있기 때문이다). 그러나 일차 및 이차 청각 피질의 활동 조절이 잘못된 것이 반드시 환청(혹은 이명)과 같은 환각의 발생으로 이어질 이유는 없다. 따라서 이 현상의 본질을 이해하기 위해 더 자세한 연구가 필요하다.

말소리 지각 시스템의 장애가 환청의 원인이 될 수 있지만(즉, 이 영역에 기능 장애가 없으면 환각이 발생하지 않을 수 있음), 이 장애의 본질은 정확히 무엇일까? 그리고 왜 신경 기능 장애가 목소리에 대한 주관적인 경험으로 이어질까? 한 가지 가능성은 환청이 정상적인 발화 계획 및 조음 기제의 실패를 나타내는 것일 수 있다는 점이다(Feinberg, 1978). 보다 구체적으로, 정상적인 발화 계획에는 내부 모니터링 과정과 연쇄적 송출(또는 전달 모형; Lestou et al., 2008) 과정이 포함된다. 우리가 발화 계획을 할 때 조음 계획 기제는 생성될 말소리의 음운 및 운율적 내용을 내부적으로 표상하여 음파를 생성하는 근육의 움직임을 구동하는 운동 계획을 생성한다. 이 계획의 결과물은 의도한 출력과 실제 생성된 말소리 간의 불일치를 감지하는 모니터링 시스템으로 전송된다. 이 연쇄적 송출 또는 전달 모형은 지각 시스템에 행동의 가능한 지각적 결과를 알려준다. Ford 등(2007, pp. 459, 464)은 "전방 모형은 내부에서 생성된 정보와 외부에서 생성된 정보를 각 감각 양상에 따라 자동으로 구분해 주는 기제를 제공한다. … 만약 생각이나 내적 경험의 원심성 복사본이 기대되는 지각적 결과의 연쇄적 송출을 만들어내지 않는다면 내적인 경험이 외적인 것으로 경험될 수 있다."라고 지적한다.

청지각에서의 이 가설적인 기전은 시각에서 도약 억제를 담당하는 기제와 유사하게 작동한다. 우리의 눈에서 빠른 도약 안구 운동이 이루어질 때 빛의 패턴이 빠른 속도로 망막을 가로질러 지나가면서 망막의 자극이 급격하게 변화한다. 이러한 시각 자극의 급격한 변화에도 불구하고 우리는 세상을 안정된 것으로 인식할 수 있다. 이는 눈을 움직이는 운동 계획의 복사본이 시지각 시스템으로 전달되기 때문이다. 이러한 연쇄적 송출은 눈의 자발적인 움직임으로 인해 발생하는 시각 자극의 급격한 변화로 인한 지각적 결과를 상쇄한다. 눈 근육을 사용하는 대신 손가락으로 눈꺼풀을 눌러 안구를 움직이면 세상이 움직이고 있다고 주관적으로 인식한다. 손가락으로 눈꺼풀을 찌르는 경우에서와 같이 연쇄적 송출이 없는 경우, 내적으로 생성된 사건이라도 외부에서 생성된 것으로 인식할 수 있다. 따라서 환각의 주관적 경험을 연쇄적 송출의 실패로 관련지어 설명하는 견해도 일부 존재한다(Ford et al., 2001, 2007).

환자는 내적 발화를 생성하는 동안 상측 측두엽에서 비정상적인 신경생리학적 반응을 나타내는 것으로 보인다(Ford et al., 2001). 사건 관련 전위에서 나타나는 N1 파형은 청각 자극에 대한 신경생리학적 반응 초기에 발생하는 뇌파인데, 이 성분은 외부에서 생성된 청각 자극으로 발생하며 사람들이 현재 해당 자극에 주의를 기울이지 않을 때도 나타난다. 정상인은 내적 발화를 하는 동안 N1 반응이 감소하는 것으로 나타났는데, 이는 내적 발화 계획 과정의 연쇄적 송출로 인한 정상적인 청각 피질 활동의 억제를 반영한 결과라고 할 수 있다. 조현병 환자들에게는 청각 자극에 대한 N1 반응의 크기가 내적 발화를 생성할 때와 하지 않을 때 서로 다르지 않다. 이러한 결과는 연쇄적 송출 기제의 실패로 해석될 수 있다. 종합하면, 조현병 환자는 건강한 통제 집단과 비교했을 때 내적 발화에 청각 피질이 반응하는 방식과 외부 청각 자극에 반응하는 방식이 훨씬 유사하다. 이는 조현병 환자들이 내적 발화와 외적 발화를 구분하는 것을 더 어렵게 만든다.

풍선 녀석들에게 시달리며: 언어와 망상

조현병 환자는 종종 망상을 경험한다. 즉, 그들은 '오컬트 세력에 의해 매혹되고 간섭받는다.' 또는 '풍선 녀석들에게 시달린다.' 같은 기괴한 내용의 사고를 한다(Frith and Johnstone, 2003, p. 9). 망상에 대한 일부 이론에 따르면 망상은 자극의 감정적 가치를 평가하는 시스템의 문제 때문이라고 설명한다(Bozikas et al., 2004; Jensen et al., 2008; Kapur, 2003).[29] 이러한 시스템은 적응 기능에 매우 중요한데, 자극의 감정적 어조를 평가하는 방식은 우리가 반응하는 방식(매력적인 자극에 접근하고 부정적인 자극을 회피하는 방식)에 큰 영향을 미치기 때문이다. 조현병의 망상, 특히 피해 망상('그들이 나를 노리고 있다.')은 중립적이거나 긍정적인 자극을 부정적이거나 위협적인 것으로 잘못 인식하면 발생할 수 있다.

일부 언어심리학적 연구 결과는 조현병 환자가 언어적 자료의 유인가를 평가하는 데 특정한 문제가 있음을 시사한다(Holt et al., 2006). 이들은 중립적인 단어의 감정적 어조를 판단하는 데 더 오랜 시간이 걸리며, 중립적인 단어를 부정적으로 평가할 가능성이 더 크다. 그러나 일련의 문자열이 단어를 형성하는지(어휘 판단)와 같은 비감정적 판단은 똑같이 빠르고 정확하다. 또한 긍정적이고 부정적인 감정 어조를 가진 단어에 대한 환자의 신경생리학적 반응은 중립적인 감정 어조를 가진 단어에 대한 반응과 거의 차이가 없다. 이는 '조현병 환자가 사회적으로 관련성이 높고 정서적으로 두드러진 자극의 정서적 중요성을 평가하고 신경 자원을 (해당 자극들에) 할당하는 데 실패함'을 나타낸다(Kuperberg et al., 2009, p. 160).

중립적 자극에 대한 감정적 어조의 비정상적 귀인은 환자의 감정적 운율에 대한 비정상적인 인식과 관련이 있을 수 있다(Leitman et al., 2007). 운율은 '구어 문장의 강세, 리듬, 억양'의 패턴으로 구성된다(Speer and Blodgett, 2006, p. 505). 이러한 운율 패턴은 구어 발화에서 의미를 전달하는 데 중요한 역할을 한다. 이와 같은 패턴은 문장의 구문적 특성에 따라 달라지며, 화자의 감정적 어조에 따라 변화하기도 한다. 환자는 감정적 어조가 서로 다른 문장(예: 행복한 어조와 중립적인 어조)을 구별하는 능력이 떨어지는데, 특히 부정적인 감정(예: 슬픔, 분노, 두려움)을 전달하는 운율 패턴을 인식하는 데 어려움을 겪을 수 있다. 이러한 결함은 일차 및 이차 청각 피질 내의 신경 이상과 측두-두정 영역과 전두 영역 간의 연결성 이상과 관련이 있다(확산 텐서 영상으로 평가한 결과; Leitman et al., 2007).

타인의 행동에 담긴 감정적 의미를 정확하게 파악해야 사회적 상황에서 적응적으로 대응하는 데 필요한 정보를 얻을 수 있으므로 자극을 잘못 인식하면 사회적 기능이 손상될 수 있다. 건강한 개인은 미묘한 사회적 단서를 포착하여 자기 행동이 다른 사람에게 어떤 영향을 미치는지 정확하게 평가할 수 있다. 이러한 단서에 둔감하거나 잘못 파악한 단서에 근거하여 감정적 의미를 잘못 해석하면 사회적 상호작용에서 부정적인 반응과 문제가 발생할 수 있다. 조현병 환자는 종종 사회적 상호작용에 어려움을 겪으며 사회적 위축으로 이어져 질병의 부정적인 정서적 결과를 악화시킬 수 있다.

사회적 단서에 부정적인 감정 신호를 잘못 귀인하는 것은 뇌의 정중선 근처에 있는 구조의 기능 장애와 관련이 있다(Holt et al., 2009). 건강한 통제 집단과 조현병 환자는 긍정적이거나 부정적인 감정적 의미가 있는 이야기를 들을 때 이 영역에서 서로 다른 신경 반응 패턴을 보인다(산드라의 옛 남자친구가 아파트에 들렀는데, 이번에는 장미/총을 가져왔다; Holt et al., 2009, p. 165). 건강한 통제 집단은 중립적인 이야기(…이번에는 그가 편지를 가져왔다)에 비해 감정이 담긴 이야기를 듣는 동안 두 개의 뇌 영역(내측 전전두 피질과 후측 대상 피질)에서 더 큰 수준의 신경 활동을 보인다. 환자들은 중립적인 이야기를 듣는 동안 해당 영역에서 더 큰 신경 활동을 보이는 반대 패턴의 반응 양상을 보여 준다. 또한 환자가 보이는 망상의 심각성은 감정적 의미를 지닌 이야기에 반응하는 신경 활성화의 크기와 상관관계가 있다.

Kapur(2003)에 이어 Holt와 동료들(2006)은 대뇌피질의 정중선 조절 장애가 사회적 단서를 잘못 해석하여 망상적 사고를 일으킨다는 이론을 지지한다. 이러한 비정상적인 사고 양상은 학습에 관여하는 신경전달물질, 특히 도파민의 이상과 관련이 있을 수 있다. 기능적 뇌 영상 연구 결과에 따르면 환자는 복측 선조체(고전적 조건 형성 중에 반응하는 정중선의 피질 구조; Jensen et al., 2008)에서 비정상적인 패턴의 신경 반응을 보이는 것으로 나타났다. Jenson 등(2008, p. 477)에 따르면, 환자의 복측 선조체에서 나타나는 비정상적으로 강한 반응은 '중립적인 자극에 대한 동기 부여의 현저성에 의한 비정상적인 귀인'을 나타낸다. 도파민은 연합 학습이 일어나는 수단을 제공하는 것으로 생각된다. 도파민은 직접적인 보상을 주는 활동이나 자극을 경험할 때 분비된다. 중립적인 자극과 직접적으로 보상을 주는 자극 또는 사건 사이에 연합이 형성되면 중립적인 자극에 대한 반응으로 도파민이 방출된다. 도파민 조절이 잘못되면 부적절한 '현저성에 의한 귀인(사건과 생각이 주의를 끌고 행동을 유도하며 목표 지향적 행동에 영향을 미치는 과정)'(Kapur, 2003, p. 14)으로 이어질 수 있다.

Kapur(2003)에 따르면 망상은 환자가 비정상적인 현저성을 이해하려고 시도하는 사고 과정을 반영한다(예: '왜 내가 저 사람에 대해 이상한 기분이 드는 걸까? 날 노리는 게 틀림없어!'). 이 설명은 인지적 속성과 결합된 생리적 반응이 주관적인 감정 경험으로 이어진다는 Schacter와 Singer의 감정 이론에서 크게 벗어나지 않는다.

결론

조현병은 환각, 망상, 언어 장애와 같은 특징을 가진다. 현대의 뇌영상 연구에 따르면 조현병 환자에게는 뇌의 전반적인 구조, 뉴런의 구조, 근접 및 원거리 뇌 영역이 연결되는 방식에 광범위한 이상이 있는 것으로 밝혀졌다. 이러한 신경 이상 중 일부는 질병이 진행됨에 따라 더 심해지는 것으로 보인다. 이와 같은 신경 이상은 사고와 행동에 중대한 변화를 수반한다. 언어 산출 장애는 핵심 언어 시스템 내의 특정 기능 장애와 관련이 있을 수 있다. 조현병 환자는 의미 네트워크의 구성이 달라서 건강한 통제 집단과는 차별적으로 개념을 표상하고 범주화하는 것 같다. 또한 환자는 건강한 통제 집단보다 서로 멀리 떨어진 개념들 사이에 더 큰 활성화 확산이 일어날 수 있다. Kuperberg와 동료들의 이중 흐름 가설에 따르면 조현병의 무질서한 언어는 언어적 맥락 유지 및 다중 단어 표현으로부터의 의미 생성에 관여하는 조합 과정의 결함에 의해 악화되는 어휘-의미 네트워크 내의 비정상적 활성화 양상에 기인한다. 조현병의 언어 장애에 대한 다른 설명은 집행 통제, 주의, 작업기억, 마음 이론을 포함한 영역 일반적 인지 기제 및 과정의 문제에서 그 원인을 찾는다. 환각은 내부에서 생성된 감각 경험과 외부에서 생성된 감각 경험을 구별하지 못하는 데서 기인하며, 이는 연쇄적 송출과 관련된 문제로 인해 발생할 수 있다. 망상은 정중 피질 및 피질 하부 구조의 조절 장애에 기반한 정서적 어조 평가의 실패에 기인한다.

스스로 점검하기

1. 조현병의 특징은 무엇인가? 조현병 환자들이 다른 사람들과 다른 점은 무엇인가?

2. 조현병 환자들의 언어 산출은 다른 사람들과 어떻게 다른가?

3. 연구자들은 조현병의 원인을 무엇이라고 생각하는가? 만약 당신이 다른 종류의 원인을 범주화해야 한다면, 어떤 범주가 필요한가? 이러한 원인은 얼마나 잘 이해되는가?

4. 조현병 환자의 뇌는 다른 사람들의 뇌와 어떻게 다른가? 이러한 차이가 조현병 환자에게 나타나는 징후와 증상을 어떻게 유발할 수 있을까? 어떤 연결성 차이가 관찰되었으며 이러한 연결성 차이가 장애에 어떻게 기여할 수 있을까?

5. 조현병 환자와 다른 집단 사람들 사이에 나타나는 인지 정보 처리의 차이는 어떻게 나타날까?

6. 조현병 환자와 다른 집단 사람들 사이에 나타나는 단어 처리 과정의 차이는 어떻게 나타날까?

7. 조현병 환자와 다른 집단 사람들 사이에 나타나는 담화 처리 과정의 차이는 어떻게 나타날까?

8. 맥락 유지 가설은 무엇인가? 이 가설은 조현병 환자의 인지 및 언어 기능을 어떻게 설명하는가?

9. 조현병 환자의 환청을 설명하는 이론(들)은 무엇인가? 이러한 설명을 지지하는 증거는 무엇인가?

찾아보기

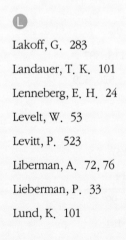

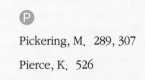

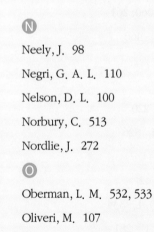

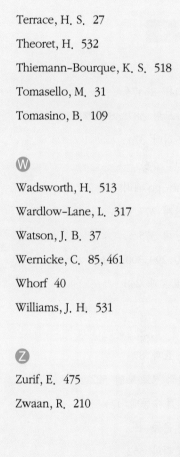

내용

저자 소개

Matthew J. Traxler

캘리포니아 주립대학교 데이비스 캠퍼스의 심리학과 교수로서, 언어와 인지, 언어심리학, 일반 심리학 과목을 가르친다. Traxler 교수는 『Journal of Memory and Language』 『Journal of Experimental Psychology: Learning, Memory, and Cognition』 『Language and Linguistic Compass』 『Quarterly Journal of Experimental Psychology』 『Memory and Cognition』과 같은 학술지의 편집위원을 역임하였다. Traxler 교수는 안구 추적과 사건관련전위(ERP) 방법을 이용하여 건강한 청년이나 노인, 시각 장애인, 조현병이 있는 환자의 언어 처리와 이해를 연구하고 있다.

역자 소개

최원일(Choi Wonil)
광주과학기술원 기초교육학부 교수
이메일: wichoi@gist.ac.kr

김나연(Kim Nayoun)
성균관대학교 영어영문학과 교수
이메일: nayoun@skku.edu

남윤주(Nam Yunju)
한양대학교 독어독문학과 교수
이메일: yjnam05@hanyang.ac.kr

백현아(Baek Hyunah)
아주대학교 영어영문학과 교수
이메일: hyunahbaek@ajou.ac.kr

윤홍옥(Yun Hongoak)
제주대학교 영어영문학과 교수
이메일: hongoakyun@jejunu.ac.kr

이윤형(Lee Yoonhyoung)
영남대학교 심리학과 교수
이메일: yhlee01@yu.ac.kr

최지연(Choi Jiyoun)
숙명여자대학교 사회심리학과 교수
이메일: jiyoun.choi@sookmyung.ac.kr

이동훈(Lee Donghoon)
부산대학교 심리학과 교수
이메일: dhlee@pusan.ac.kr

언어심리학

Introduction to Psycholinguistics (2nd ed.)

2024년 7월 20일 1판 1쇄 인쇄
2024년 7월 25일 1판 1쇄 발행

지은이 • Matthew J. Traxler
옮긴이 • 최원일 · 김나연 · 남윤주 · 백현아
　　　　윤홍옥 · 이윤형 · 최지연 · 이동훈
펴낸이 • 김진환
펴낸곳 • ㈜ **학지사**
　　　　04031 서울특별시 마포구 양화로 15길 20 마인드월드빌딩
대표전화 • 02-330-5114　　팩스 • 02-324-2345
등록번호 • 제313-2006-000265호

홈페이지 • http://www.hakjisa.co.kr
인스타그램 • https://www.instagram.com/hakjisabook

ISBN 978-89-997-3152-5　93180

정가 29,000원

역자와의 협약으로 인지는 생략합니다.
파본은 구입처에서 교환해 드립니다.

출판미디어기업 **학지사**

간호보건의학출판 **학지사메디컬** www.hakjisamd.co.kr
심리검사연구소 **인싸이트** www.inpsyt.co.kr
학술논문서비스 **뉴논문** www.newnonmun.com
교육연수원 **카운피아** www.counpia.com
대학교재전자책플랫폼 **캠퍼스북** www.campusbook.co.kr